U0892759

21 世纪法学系列教材　　普通高等教育国家精品课程规划教材

中国民法学

The Chinese Civil Law

第三版

主　编　谭启平

副主编　王　洪　孙　鹏

撰稿人　张　力　谭启平　孙　鹏　吴春燕　徐　洁　王　洪　黄　忠　朱　凡　侯国跃

以撰写章节先后为序

法律出版社

——北　京——

始创于 1954 年

好书,同好老师和好学生分享

图书在版编目(CIP)数据

中国民法学 / 谭启平主编. -- 3 版. -- 北京 : 法律出版社, 2021 (2022.4 重印)
ISBN 978 - 7 - 5197 - 5870 - 7

Ⅰ. ①中… Ⅱ. ①谭… Ⅲ. ①民法 - 法的理论 - 中国 - 高等学校 - 教材 Ⅳ. ①D923.01

中国版本图书馆 CIP 数据核字 (2021) 第 171379 号

中国民法学(第三版)
ZHONGGUO MINFAXUE(DI - SAN BAN)

谭启平 主编

责任编辑 刘 琳
装帧设计 凌点工作室

出版发行 法律出版社
编辑统筹 法律教育出版分社
责任校对 晁明慧
责任印制 刘晓伟
经 销 新华书店

开本 787 毫米 × 1092 毫米 1/16
印张 56 字数 1290 千
版本 2021 年 10 月第 3 版
印次 2022 年 4 月第 3 次印刷
印刷 永清县金鑫印刷有限公司

地址:北京市丰台区莲花池西里 7 号(100073)
网址:www. lawpress. com. cn
投稿邮箱:info@ lawpress. com. cn
举报盗版邮箱:jbwq@ lawpress. com. cn
销售电话:010 - 83938349
客服电话:010 - 83938350
咨询电话:010 - 63939796
版权所有 · 侵权必究

书号:ISBN 978 - 7 - 5197 - 5870 - 7
定价:118.00 元

凡购买本社图书,如有印装错误,我社负责退换。电话:010 - 83938349

出 版 说 明

法律出版社作为中国历史最悠久、品牌积淀最深厚的法律专业出版社，素来重视法学教育图书之出版。

原"21 世纪法学规划教材"系列作为本社法学教育出版的重心，延续至今已有十余年。该系列一直以打造新世纪新经典教材为己任，遍揽名家新秀，因其卓越品质而颇受瞩目并广受肯定。当前，根据法学教育发展变化的客观需要，本社将原有教材系列调整重组，形成新编"21 世纪法学系列教材"，以便更好地为法学师生服务。

中国的法学教育正面临深刻变革，未来的法学教育势必以培养高素质法律人才为目标，以知识教育与应用教育相结合、职业教育与素质教育相结合、精英教育与大众教育相结合为导向，法学教育图书的编写与出版也将由此进入变革与创新的时代。

为顺应未来法学教育的改革方向和发展趋势，本社将应时而动，为不同学科、不同层次、不同阶段、不同需求的法学师生量身打造法学教材及教学辅助用书。在教材方面，将推出课堂教学系列、实训课程系列、通识课程系列、简明本系列、双语教学系列等；在教学辅助用书方面，将推出案例教程系列、法规教程系列、练习与测验系列、法学讲座系列、专业培训系列等。或革新，或全新，以厚基础、宽口径、多元化、开放性为基调，力求从品种、内容和形式上呈现崭新风采，为法学师生提供更好教本与读本，同享规划教材之盛。

"好书，同好老师和好学生分享"。本社在法学教育图书出版上必将继往开来，以精益求精的专业态度，打造全新"21 世纪法学系列教材"，传播法学知识，传承法学理念，辅拂法律教育事业，积累法律教育财富，服务于万千法学师生和明日法治英才。

法律出版社

出版说明

作者简介

谭启平　男，湖北京山县人，法学博士。西南政法大学民商法学院教授、博士生导师。现任西南政法大学民法教研室主任、《民法学》国家精品课程、国家精品资源共享课和国家级线下一流课程负责人；兼任中国法学会民法学研究会副会长、中国科学技术法学会副会长、重庆市学术技术带头人（民商法学）、重庆市哲学社会科学学术委员会委员、西南政法大学创新型国家建设法治研究院院长等职务。著有《"民法人"的探索》等著作；先后主持承担多项国家软科学研究计划重大项目、国家社会科学基金项目及重庆市软科学研究、哲学社会科学研究、教育教学改革研究重大或重点项目。享受国务院政府特殊津贴；获"重庆市有突出贡献的中青年专家"等荣誉称号；教学和科研成果多次获重庆市人民政府优秀教学成果一等奖、二等奖，社会科学优秀成果二等奖、三等奖，科技进步二等奖、三等奖。

王　洪　男，四川江油市人，法学博士。西南政法大学教授、博士生导师。兼任中国仲裁法学会常务理事、中国婚姻家庭法学会常务理事。曾先后在意大利罗马第二大学（TOR VERGATA）（1996年至1997年）、意大利特伦托大学（TRENTO）（2002年至2003年）做高级访问学者；在我国台湾地区中央研究院法律所做访问教授（2008年）。出版《从身份到契约》《民法》《合同法》《婚姻家庭法》等学术专著、教材十一部；发表《从比较法视域论情势变更规则的适用》《要物合同的存与废——兼论我国民法典的立法抉择》《合同形式欠缺与履行治愈论》等学术论文三十余篇。

孙　鹏　男，四川岳池县人，法学博士。西南政法大学教授、博士生导师。兼任中国民法学研究会常务理事、副秘书长。曾于2004年至2005年在日本广岛修道大学做访问学者。出版《物权公示论——以物权变动为中心》等学术专著、教材十八部；发表"论违反强制性规定行为之效力"等学术论文六十余篇。获"重庆市优秀中青年法学专家""重庆市名师""霍英东教育基金会高校青年教师奖"首届"西政名师"等荣誉和奖励，入选"重庆市高层次人才特殊支持计划"、教育部"新世纪优秀人才支持计划"。

张　力　男，重庆市人，法学博士。西南政法大学教授、博士生导师。现任西南政法大学民商法学院副院长、比较私法研究中心主任；兼任中国法学会民法学研究会理事、中国法学会婚姻家庭法学研究会理事、中国法学会比较法学研究会理事。曾于2007年9月至2008年10月在白俄罗斯国立大学做访问学者。主持国家社科基金项目等国家级、省部级科研及教研项目13项。出版《法人独立财产制研究——从历史考察到功能解析》等专著与教材七部；发表《民法转型的法源缺陷：形式化、制定法优位及其校正》《国家所有权遁入私法：路径与实质》等论文一百余篇。入选教育部"长江学者"奖励计划青年学者、"重庆市高层次人才特殊支持计划（哲学社会科学领军人才）"、"重庆市高校优秀中青年骨干教师"，获得第四届"中国法学优秀成果奖"、第四届"中国法学教育研究成果奖”、第五届“中国法律文化研究成果奖”“第十届重庆市优秀社科成果二等奖”等荣誉。

徐　洁　男，四川江安县人，法学博士。西南政法大学教授、博士生导师。主要从事民商法基本理论及物权法、合同法、担保法的研究，曾参与和主持多项国家社会基金和省部级课题研究。出版《抵押权论》《担保物权功能论》《民法理论若干问题研究》等专著；曾于《中国法学》《法学研究》《法学》《现代法学》等学术刊物上发表论文三十余篇，较具代表性的为《担保物权与时效的关联性研究》《论动产抵押物的转移与抵押权的效力》《论用益权的物权属性》《担保物权功能的重新解读》《论诚信原则在民事执行中的衡平意义》《建立和完善股份公司机关的策略》《中日公司并购制度现状研究》等。

侯国跃　男，四川广元市人，法学博士。西南政法大学教授、博士生导师。兼任中国卫生法学会理事、重庆市建筑房地产法研究会理事、多家仲裁机构仲裁员。曾主持或主研国家级、省部级科研项目八项。出版《中国侵权法立法建议稿及理由》《契约附随义务研究》等专著及《中国继承法立法建议及立法理由》《新中国民法典 50 年起草回顾与展望》《合同法》《侵权责任法》《民法》《民事诉讼业务办理规范与技能》《侵权责任纠纷裁判依据新释新解》等合著；发表《输血感染损害责任的归责原则和求偿机制》等学术论文四十余篇；荣获“金平法学教育基金西南政法大学教学贡献奖”“西政好老师”等殊荣。

吴春燕　女，四川隆昌县人，法学博士。西南政法大学教授、硕士生导师。兼任重庆市法学会民法经济法研究会理事、重庆仲裁委员会仲裁员。出版《土地征收补偿制度研究》等专著，主编与参编著作近十本；在《法学评论》《现代法学》《社会科学研究》《经济体制改革》等刊物发表学术论文二十余篇。主持或参与多项国家社科基金项目、教育部、司法部及重庆市的哲学社会科学研究项目；教学和科研成果获得过重庆市人民政府优秀教学成果一等奖、社会科学优秀成果三等奖、重庆市政府发展研究奖三等奖等奖励。

黄　忠　男，浙江淳安人，法学博士。西南政法大学教授，博士生导师。主要从事民法学、土地法的教学与研究，主持国家社科重点项目等课题十余项，出版《违法合同效力论》《地票制度研究》等著作，在《法学研究》《中国法学》等发表论文八十余篇；获全国优秀博士学位论文提名论文、重庆市社会科学优秀成果奖一等奖、霍英东教育基金会高等院校青年教师奖等奖励；兼任中国法学会民法学研究会理事，系第五批国家“万人计划”青年拔尖人才人选，重庆英才计划（名家名师）首批人选，重庆市高层次人才培养计划（青年拔尖）首批人选和第三批重庆市学术技术带头人后备人选。

朱　凡　女，四川江油市人，法学博士。西南政法大学副教授、硕士生导师。现任西南政法大学婚姻家庭继承法教研室主任、西南政法大学外国家庭法及妇女理论研究中心执行主任。兼任中国法学会婚姻家庭法学研究会理事、重庆市公证质量评审委员会委员、重庆市妇女理论研究会理事。出版《人的担保基本制度研究》《物权法配套规定案例解读》等著作、教辅，发表“现代监护法发展趋势及热点问题比较研究”“论人事保证制度的构建”“论离婚协议中继父母对继子女抚养约定之效力”等论文二十余篇。教学及科研成果获得重庆市人民政府优秀教学成果一等奖、社会科学优秀成果二等奖、三等奖。

第三版前言

2020年5月28日，第十三届全国人民代表大会第三次会议表决通过了《中华人民共和国民法典》。民法典是中华人民共和国成立以来第一部以"法典"命名的法律，是新时代我国社会主义法治建设的重大成果，具有里程碑意义。2020年5月29日下午，中共中央政治局就"切实实施民法典"举行第二十次集体学习。习近平总书记在主持学习时强调，民法典在中国特色社会主义法律体系中具有重要地位，是一部固根本、稳预期、利长远的基础性法律，对推进全面依法治国、加快建设社会主义法治国家，对发展社会主义市场经济、巩固社会主义基本经济制度，对坚持以人民为中心的发展思想、依法维护人民权益、推动我国人权事业发展，对推进国家治理体系和治理能力现代化，都具有重大意义。民法典是一部体现我国社会主义性质、符合人民利益和愿望、顺应时代发展要求的民法典，是一部体现对生命健康、财产安全、交易便利、生活幸福、人格尊严等各方面权利平等保护的民法典，是一部具有鲜明中国特色、实践特色、时代特色的民法典。习近平总书记的重要讲话，高屋建瓴，思想深刻，将民法典在中国特色社会主义法律体系中的重要地位提升到了新高度，更为民法典时代的中国民法学教学提出了新任务和新使命。

编纂民法典是党的十八届四中全会确定的一项重大政治任务和立法任务，是以习近平同志为核心的党中央作出的重大法治建设部署，是一项系统、重大的立法工程。我国《民法典》，是对我国既有的民事法律制度规范进行系统整合、编订纂修而成的，由总则、物权、合同、人格权、婚姻家庭、继承、侵权责任等七编及其附则构成，共1260条，是中国特色社会主义法律体系中条文最多、体量最大、编章结构最复杂的一部法律，是一部适应新时代中国特色社会主义发展要求，符合我国国情和实际，体例科学、结构严谨、规范合理、内容完整并协调一致的法典。《民法典》颁布后，最高人民法院将司法解释清理和制定工作作为重点任务予以部署，将中华人民共和国成立以来至2020年5月28日《民法典》颁布日止最高人民法院发布的所有有效的591件司法解释全部纳入清理范围，以民商事司法解释（380件）为主要清理对象，尤其将以《婚姻法》《继承法》《民法通则》《收养法》《担保法》《合同法》《物权法》《侵权责任法》《民法总则》等九部民事法律为制定依据的司法解释作为重点清理对象。在依法清理后，最高人民法院对既有的司法解释按照直接废止、废旧立新、简单修改、保留适用四种情形予以了分别处理。同时，为保障《民法典》的施行，最高人民法院又在民法典施行前后，制定发布了《关于适用〈中华人民共和国民法典〉时间效力的若干规定》《关于适用〈中华人民共和国民法典〉有关担保制度的解释》《关于审理使用人脸识别技术处理个人信息相关民事案件适用法律若干问题的规定》等规定，以解决新旧法衔接适用、现有司法解释效力及民法典统一法律适用等问题。2021年7月27日，国务院公布《中华人民共和国市场主体登记管理条例》（国务院令第746号）并决定自2022年3月1日起施行。《民法典》、最高人民法院与民法典有关的司法解释、《市场主体登记管理条例》等，极大地丰富了中国民法学教学的内容，拓宽了中国民法学教学的空间。

在高等法学教育中，民法学是教育部确定的法学专业核心课，是法学本科课程中体量最大、教学时间最长、学分最多的课程。民法学的教育质量提升对于高素质法治人才的培养、一流法学学科建设以及中国特色社会主义法治体系的建设具有极其重大的意义。“良好的民法学教科书是步入民法殿堂的利器,也是普及与传播民法知识的重要桥梁。”(王利明教授语)编著“体系完整、表达严谨、简明扼要、体例创新、与时俱进”的好教材,一直是我们的愿望和努力的目标。为适应民法典时代的中国民法学教学的需要,我们在《中国民法学》(第二版)基础上,对《中国民法学》教材从结构到内容进行了较大幅度的修改。从结构上,我们将人格权的内容从自然人章析出,扩充内容并独立成编,位列第二编;增加了婚姻家庭(第五编)、继承(第六编)两编全新的内容;将第二版教材“债的担保”中的担保物权内容独立成章,位列于物权编(第十六章)。我们对原“债权法”的体系进行了重构,新名第四编“债与合同”,并进行了较大幅度的内容增补与调整。在内容上,我们尽可能全面体现《民法典》、最高人民法院与民法典有关的司法解释、《市场主体登记管理条例》等最新立法文件(截止于 2021 年 8 月底)的精神,同时也参考借鉴了民法典颁布后国内民法学界最新的民法学教材成果。

本书由我们八位合作完成。王洪、孙鹏任副主编,谭启平任主编。统稿由主编承担。具体承担写作任务的作者为(按写作章节顺序):

张　力:第一章至第三章、第十章至第十二章;

谭启平:第四章至第六章;

孙　鹏:第七章至第九章、第十三章、第二十五章保理合同、物业服务合同、合伙合同部分;

吴春燕:第十四章、第十五章、第十七章;

徐　洁:第十六章;

王　洪:第十八章至第二十六章(孙鹏、黄忠承担部分除外);

黄　忠:第二十五章技术合同、保证合同部分;

朱　凡:第二十七章至第三十五章;

侯国跃:第三十六章至第四十章。

西南政法大学是中国法学教育的重镇。几十年来,学校一直高度重视民法学的教学与课程建设。我校的民法学,在获得教育部“国家精品课程”“国家精品资源共享课”荣誉称号的基础上,2020 年 11 月,又获得教育部“国家级线下一流本科课程”称号。这些荣誉称号,既是对我们过去民法学课程建设成果的肯定,也是对我们进一步做好民法学教学工作的鞭策,更是我们进一步做好民法典时代民法学教学工作的动力。编著好高水平的民法学教材,是搞好民法学教学工作的一项基础性工程。呈现在读者面前的本书,虽然各位作者也尽了很大的努力,但由于主编的学术水平和统筹协调能力等多方面的原因,书中的问题与瑕疵一定在所难免。在此,我们真诚欢迎各位读者通过邮件(mfjpkc@ 163. com)或其他方式,指出本书存在的问题,以便我们在后续修订中不断完善。

对《中国民法学》的编著出版工作,法律出版社丁小宣分社长一直给予高度重视。对此,我们心存感激!本书的责任编辑刘琳,为《中国民法学》第一版、第二版付出极多,我们的感谢之意无以言表。《中国民法学》第三版,凝聚了刘琳编辑的太多心血。刘琳编辑和善友好、精益求精的工作作风和态度,给我留下深刻和美好的印象。在此,谨对刘琳编辑为本书的辛勤付出表示真诚的感谢!

谭启平

2021 年 9 月 10 日

第二版前言

《中国民法学》初版于2015年3月年面市。相较于之前学界前辈或同仁已多版的（经典或非经典的）众多民法教材，本书算是一本"新书"了。近三年来，本教材除作为我校（西南政法大学）法学专业学生本科教学的指定教材外，也被不少高校选定为所在学校法学专业民法教学的指定教材。同时，本书自出版以来，销量一直稳定且具一定市场规模。作为本书的编著者，欣慰有之。在此，谨向校内外的莘莘学子、学界同仁和广大读者表示衷心的感谢！

我们认为，高等学校法学专业民法学的课程建设与教材建设是相辅相承的。特别值得一提的是，在2010年6月我校《民法学》被教育部批准为国家精品课程后，我们并未懈怠，而是在新起点上以更高标准来进行民法学的课程建设。2016年6月28日，我校《民法学》被确定为第一批"国家精品资源共享课"。在教育部主办的"爱课程"（http://www.icourses.cn/mooc/）网上，我校"民法学"的在线注册访问量一直长期位居法学类课程的第一名，这无疑是对我们长期持之以恒高标准进行民法学课程建设的极高褒奖，也是我们进一步搞好民法学课程和教材建设的动力。

自2015年以来，我国民事立法进入加快建设和发展的新时期。根据2014年10月23日中国共产党第十八届中央委员会第四次会议通过的《中共中央关于全面推进依法治国若干重大问题的决定》，2015年3月全国人大常委会正式启动中国民法典编纂工作。由全国人大常委会法制工作委员会牵头，最高人民法院、最高人民检察院、国务院法制办、中国社会科学院、中国法学会等单位参与下，《中华人民共和国民法总则》得以顺利编纂完成并于2017年3月15日在第十二届全国人民代表大会第五次会议上获得高票通过。我们认为，《民法总则》是中华人民共和国形式民法的开篇之作，它不是《民法通则》的简单升级版，而是一部采用新的立法形式（编纂）、具有新的时代意义和新的价值理念的新立法。《民法总则》极大地丰富和发展了我国既有民事立法的知识概念、权利体系、规范规则和各项制度，也给民法学的教学带来了新的问题和新的挑战。

要搞好民法学课程建设，教材建设必须与时俱进。为此，我们根据《民法总则》的新规定及2015年以来其他民事立法司法的成果（如《不动产登记暂行条例》《最高人民法院关于适用〈中华人民共和国物权法〉若干问题的解释（一）》《关于审理医疗损害责任纠纷案件适用法律若干问题的解释》等），由承担初版写作任务的老师们按照各自承担的对应章节，对《中国民法学》初版的内容进行了修改、补充和完善（有些章节的内容是大幅度的改写），进而形成《中国民法学》的第二版。

在本书第二版编辑出版前，法律出版社决定将本书列入该社"21世纪法学系列教材"，这无疑是对我们和本教材的肯定、提携和鞭策。需要特别说明的是，法律出版社黄闽社长（最近刚刚荣休）及丁小宣分社长对本书的出版一直给予高度重视和支持，对此，我们心存感激。在本书第一版及第二版的编辑出版中，法律出版社的刘琳编辑，不辞辛劳，为本书的编辑和出版付出了极大的心血。在此，我们谨向刘琳编辑表示衷心的感谢！

编著一本好教材是我们的愿望和目标，但也不是一件容易的事情。感谢读者们在第一版使用中提出的宝贵意见(特别感谢硕士就读于我校,现在中国人民大学攻读博士学位的庞伟伟同学)！对本书的编著,我们虽力求体系完整、表达严谨、简明扼要、精益求精,但由于时间、作者能力及主编水平等多方面的原因,本书一定还存在不少的瑕疵和问题。对于您认为存在的问题,敬请您发送邮件至 mfjpkc@163.com 或通过其他方式告知我们,以便我们对本教材进行再修改时予以瑕疵修补与问题改进。

我校民法学国家精品课程和国家精品资源共享课建设的方针是:“人无我有,人有我精;没有最好,只有更好。”《中国民法学》教材,是我们民法学课程建设的重要环节和组成部分。在此意义上,将《中国民法学》编著好并对其不断提高与完善是我们永远的义务。在中国民法学发展与繁荣的道路上,我们期待法学前辈、民法同行、广大读者和同学们给我们更多的鞭策、鼓励和帮助。作为西政民法人,我们将以更好的《中国民法学》和课程教学及建设成果来回报大家,回报社会,回报时代！

谭启平

2018 年 2 月 6 日

前　言

民法是人法、私法、权利法，是调整市场经济关系的基本法。在国家的法律体系中，民法与市场经济的关系最直接、最密切。民法学，是以民法为研究对象的法律科学，以具体的民法制度、理论及其发展规律为主要研究对象的基础学科、应用学科。在高等法学教育中，民法学是法学专业学生的专业必修课程（教育部将之确定为法学专业十六门核心课程之一）。民法学的学习，对于法学专业学生而言，是必不可少和非常重要的。

西南政法大学的法学本科教育，历来重视民法学教材建设。1978 年恢复高考招生以后，在老一辈资深法学家金平教授、张序九教授的带领下，我校民法教研室的老师们，在当时教学参考资料极其匮乏、教学条件极其落后的条件下，即于 1980 年 5 月率先编写和出版了国内最早和最具影响力的民法学教材之一——《中华人民共和国民法讲义》。此后，由金平教授、李开国教授、张玉敏教授单独或共同主编，先后编著出版了《民法通则教程》《中国民法学》《民法》等高水平教材，对保证我校法学本科教学水平的不断提高、促进中国民法学研究的繁荣，发挥了巨大的作用。

进入二十一世纪以来，在民法教研室全体老师的共同努力下，2003 年，我校《民法学》课程被评为重庆市首批精品课程。此后，民法教研室全体老师精诚团结，不断进取，按照“人无我有，人有我精”的课程建设方针，努力探索新形势下高等教育教书与育人相结合的新路径，立足民法学精品课程教学和建设的实践，创造性地提出了“民法人”的教学理念，并将“民法人”的素质或品质凝练概括为：民法人是讲诚实、守信用的人，民法人是具有平等价值观和公平观念的人，民法人是懂得尊重他人权利的人，民法人是具有社会公德意识的人，民法人是具有义务观和责任感的人，民法人是系统掌握和精通民法知识的人。2010 年 6 月，我校《民法学》被教育部批准为国家精品课程。2013 年 10 月，我校《民法学》进入教育部国家级精品资源共享课立项项目名单。目前，我校《民法学》国家精品资源共享课的教学资源（http://www.icourses.cn/coursestatic/course_3127.html）已成为我校及部分国内高校学生进行民法学学习的第二课堂。

我们认为，《民法学》精品课程建设，永无止境！为适应我校《民法学》国家精品课程教学和建设需要，我们组织民法教研室部分有丰富教学经验和较高理论水平的教师编著了此本新的《中国民法学》教材。具体承担写作任务的教师为（按写作章节顺序）：

张　力：第一章至第三章；

谭启平：第四章至第六章；

孙　鹏：第七章至第十章；

吴春燕：第十一章至第十三章；

王　洪：第十四章至第十九章、第二十一章至第二十三章；

徐　洁：第二十章；

侯国跃：第二十四章至第二十八章。

民法学体系庞大，内容精深。本书二十八章内容，是在基本顾全民法学基本理论体系的基础上，按照我校目前实际执行的《民法学》教学计划和内容而确定的写作范围（专业必修课，合计教学学时为192学时；传统民法学中知识产权法、继承法的教学内容，现由其他教研室承担教学任务，因而相关内容未列入本教材范围）。全书由王洪、孙鹏担任副主编，谭启平担任主编。统稿由主编承担。

编著一本好教材，是我们的愿望，但也是一件很困难的事情。在教材编著过程中，虽然我们力求全面做到体系完整、表达严谨、简明扼要、体例创新、与时俱进，每位作者都为此付出了极大的努力（用一句2014年的流行语："大家都蛮拼的！"），但由于作者的编写时间、专业水平、认识差异及主编能力等多种因素影响，教材中可能的错误或瑕疵一定在所难免。对于您认为存在的问题，敬请大家不吝指正（可发邮件至：mfjpkc@163.com），以便我们以后的修改和完善，同时帮助和促进我们不断提高民法学国家精品课程建设的水平和质量，进而为中国民法学的进一步繁荣做出我们西政民法人更大的贡献。

谭启平

2015年2月20日

主要法律文件及缩略语

《中华人民共和国宪法》	《宪法》
《中华人民共和国民法典》	《民法典》
《中华人民共和国民法通则》	《民法通则》
《中华人民共和国民法总则》	《民法总则》
《中华人民共和国物权法》	《物权法》
《中华人民共和国担保法》	《担保法》
《中华人民共和国合同法》	《合同法》
《中华人民共和国侵权责任法》	《侵权责任法》
《中华人民共和国婚姻法》	《婚姻法》
《中华人民共和国继承法》	《继承法》
《中华人民共和国收养法》	《收养法》
《中华人民共和国合伙企业法》	《合伙企业法》
《中华人民共和国招标投标法》	《招标投标法》
《中华人民共和国城市房地产管理法》	《城市房地产管理法》
《中华人民共和国土地管理法》	《土地管理法》
《中华人民共和国农村土地承包法》	《农村土地承包法》
《中华人民共和国环境保护法》	《环境保护法》
《中华人民共和国食品安全法》	《食品安全法》
《中华人民共和国劳动法》	《劳动法》
《中华人民共和国劳动合同法》	《劳动合同法》
《中华人民共和国道路交通安全法》	《道路交通安全法》
《中华人民共和国产品质量法》	《产品质量法》
《中华人民共和国消费者权益保护法》	《消费者权益保护法》
《中华人民共和国反不正当竞争法》	《反不正当竞争法》
《中华人民共和国反垄断法》	《反垄断法》
《中华人民共和国公司法》	《公司法》
《中华人民共和国票据法》	《票据法》
《中华人民共和国证券法》	《证券法》
《中华人民共和国保险法》	《保险法》
《中华人民共和国企业破产法》	《企业破产法》
《中华人民共和国信托法》	《信托法》
《中华人民共和国个人独资企业法》	《个人独资企业法》
《中华人民共和国外商投资法》	《外商投资法》
《中华人民共和国律师法》	《律师法》
《中华人民共和国注册会计师法》	《注册会计师法》
《中华人民共和国电子签名法》	《电子签名法》
《中华人民共和国涉外民事关系法律适用法》	《涉外民事关系法律适用法》

《中华人民共和国民事诉讼法》	《民事诉讼法》
《中华人民共和国仲裁法》	《仲裁法》
《中华人民共和国市场主体登记管理条例》	《市场主体登记管理条例》
最高人民法院关于适用《中华人民共和国民法典》时间效力的若干规定	《民法典时间效力规定》
最高人民法院关于适用《中华人民共和国民法典》物权编的解释(一)	《物权编解释(一)》
最高人民法院关于适用《中华人民共和国民法典》有关担保制度的解释	《担保制度解释》
最高人民法院关于适用《中华人民共和国民法典》婚姻家庭编的解释(一)	《婚姻家庭编解释(一)》
最高人民法院关于适用《中华人民共和国民法典》继承编的解释(一)	《继承编解释(一)》
最高人民法院关于贯彻执行《中华人民共和国民法通则》若干问题的意见(试行)	《民法通则意见》
最高人民法院关于审理劳动争议案件适用法律问题的解释(一)	《劳动争议解释(一)》
最高人民法院关于审理建设工程施工合同纠纷案件适用法律问题的解释(一)	《建设工程施工合同解释(一)》
最高人民法院关于审理食品安全民事纠纷案件适用法律若干问题的解释(一)	《食品安全解释(一)》
最高人民法院关于审理民事案件适用诉讼时效制度若干问题的规定	《诉讼时效规定》
最高人民法院关于审理建筑物区分所有权纠纷案件具体应用法律若干问题的解释	《建筑物区分所有权解释》
最高人民法院关于审理物业服务纠纷案件具体应用法律若干问题的解释	《物业服务纠纷解释》
最高人民法院关于审理房屋登记案件若干问题的规定	《房屋登记案件规定》
最高人民法院关于审理涉及农村土地承包纠纷案件适用法律问题的解释	《农地承包纠纷解释》
最高人民法院关于审理涉及国有土地使用权合同纠纷案件适用法律问题的解释	《国有土地使用权合同解释》
最高人民法院关于审理矿业权纠纷案件适用法律若干问题的解释	《矿业权解释》
最高人民法院关于审理涉及农村土地承包经营纠纷调解仲裁案件适用法律若干问题的解释	《农地承包经营纠纷解释》
最高人民法院关于审理买卖合同纠纷案件适用法律问题的解释	《买卖合同解释》

最高人民法院关于适用《中华人民共和国合同法》若干问题的解释(一)	《合同法司法解释(一)》
最高人民法院关于适用《中华人民共和国合同法》若干问题的解释(二)	《合同法司法解释(二)》
最高人民法院关于审理商品房买卖合同纠纷案件适用法律若干问题的解释	《商品房买卖合同解释》
最高人民法院关于审理城镇房屋租赁合同纠纷案件具体应用法律若干问题的解释	《城镇房屋租赁合同解释》
最高人民法院关于审理融资租赁合同纠纷案件适用法律问题的解释	《融资租赁合同解释》
最高人民法院关于审理民间借贷案件适用法律若干问题的规定	《民间借贷规定》
最高人民法院关于审理技术合同纠纷案件适用法律若干问题的解释	《技术合同解释》
最高人民法院关于审理旅游纠纷案件适用法律若干问题的规定	《旅游纠纷规定》
最高人民法院关于审理环境侵权责任纠纷案件适用法律若干问题的解释	《环境侵权责任解释》
最高人民法院关于审理医疗损害责任纠纷案件适用法律若干问题的解释	《医疗损害责任解释》
最高人民法院关于审理人身损害赔偿案件适用法律若干问题的解释	《人身损害赔偿解释》
最高人民法院关于确定民事侵权精神损害赔偿责任若干问题的解释	《精神损害赔偿司法解释》
最高人民法院关于审理道路交通事故损害赔偿案件适用法律若干问题的解释	《道路交通事故赔偿解释》
最高人民法院关于审理利用信息网络侵害人身权益民事纠纷案件适用法律若干问题的规定	《信息网络侵权规定》
最高人民法院关于审理使用人脸识别技术处理个人信息相关民事案件适用法律若干问题的规定	《人脸识别规定》
最高人民法院关于审理食品药品纠纷案件适用法律若干问题的规定	《食品药品规定》
最高人民法院关于审理生态环境损害赔偿案件的若干规定(试行)	《生态环境损害赔偿规定》
最高人民法院关于审理铁路运输人身损害赔偿纠纷案件适用法律若干问题的解释	《铁路运输人身损害赔偿解释》
最高人民法院关于审理铁路运输损害赔偿案件若干问题的解释	《铁路运输损害赔偿解释》

最高人民法院关于适用《中华人民共和国公司法》若干问题的规定(二)	《公司法司法解释(二)》
最高人民法院关于适用《中华人民共和国公司法》若干问题的规定(三)	《公司法司法解释(三)》
最高人民法院关于适用《中华人民共和国公司法》若干问题的规定(四)	《公司法司法解释(四)》
最高人民法院关于审理不正当竞争民事案件应用法律若干问题的解释	《不正当竞争民事案件解释》
最高人民法院关于印发《全国法院民商事审判工作会议纪要》的通知	《民商事审判会议纪要》
最高人民法院关于适用《中华人民共和国民事诉讼法》的解释	《民事诉讼法解释》
最高人民法院关于民事诉讼证据的若干规定	《民事诉讼证据规定》
最高人民法院关于印发修改后的《民事案件案由规定》的通知	《民事案件案由规定》

目　录

第一编　民法总论

第三编　物　　权

第四编 债与合同

第六编 继 承

第七编　侵权责任

第一编 | 民法总论

第一章 民法概述

学习要点

- 民法的语源
- 民法的私法属性
- 民法的市民法属性
- 编纂民法典的意义与方法
- 民法法源的类型、层次及效力
- 民法的独特调整方法
- 民法的适用与解释

第一节 民法的语源与概念

一、民法的语源

民法是调整平等主体之间的人身关系与财产关系的法律规范的总和。作为与老百姓生活息息相关的法律部门，民法由于体系庞大、所调整社会生活复杂，较其他法律部门更难于把握。在我国，"民法"是一个须仔细品味才不至于得出似是而非的结论的法学及法律术语。

（一）古罗马"市民法"

通说认为，"民法"一词的古代渊源可追溯至古罗马时代的市民法（ius civile）。古罗马法律体系依所调整社会关系的参与主体的国籍身份不同，分为市民法（ius civile）与万民法（ius gentium）。[1] 市民法约束罗马市民——罗马城邦的公民，万民法约束罗马市民以外的人。随着所有罗马居住者都被赋予市民权，市民法与万民法间的区别遂告终止，统称罗马市民法。这时的市民法无论在内涵还是外延上，与今天的民法都有所不同：在古罗马法学中已经产生了今天关于公、私法律体系的划分，即所谓关于罗马城邦的法与私人生活的法，但却不能将市民法当然归入"私人生活的法"的范畴中。市民法首先关注的恰恰是罗马市民——城邦国家公民——在政治生活中对国家尽义务，享受政治权利，继而才是关于其他社会生活方面。从习惯法、十二铜表法，到由《学说汇纂》《法学阶梯》等构成的古罗马"国法大全"，皆为既包括民事法规也包括刑事与行政法律规范的混合型典章。当然，这些不同并不能掩盖古罗马"市民法"对后世民法发展所起的重要渊源性作用。

一方面，古罗马市民法是在当时简单商品经济发展的推动下发展起来的，其规范体系中的大

〔1〕 参见［意］彼德罗·彭梵得：《罗马法教科书》，中国政法大学出版社 1992 年版，第 12～13 页。

部分内容都调整简单商品经济,或与之有关的财产关系与人身关系。以致这些规范对后世民法的发展起到了重要的指导作用,于是才有所谓"罗马法是简单商品生产即资本主义前的商品生产的完善立法,但它也包含着资本主义时期大多数法权关系"。[2]

另一方面,罗马市民法力求实现个人意义上的平等。早期罗马社会简单商品经济的参与者主要是家长管理下的"罗马家庭",并不存在真正意义上的个人平等主体。罗马市民法首先在政治领域内实现了罗马市民——个人——自家庭脱胎,从而在政治生活中的独立与平等。政治领域中的个人平等进而带动了与简单商品经济有关的财产与人身关系中的个人自家庭脱胎,成为独立的民事主体。

可见,古罗马市民法虽然具有同时代所有古代法律体系的共同特征——"诸法合体",但由于自身特点——"以'民'为主",从而成为后世民法的语源及制度体系滥觞。中世纪以来,市民法随着商业的复兴而逐步重归历史舞台,此时的市民法更加褪去公法遗痕,成为同时代商业法律的同义语。至资产阶级大革命,资本主义商品经济大发展推动"商品经济基本法"在近代的体系化与法典化,以"市民法"作为有关法律部门之名号,也就顺理成章了。今日通行之著名民法典或民事法律规范"民法"的词源,如法语 droit civil、德语 bürgerliches Recht、荷兰语 Burgerly Regt、俄语 Гражданское право、英语 civil law 等,皆可直译为"市民法"。

在我国古代法律典籍中,既无"市民法"一词,又无"民法"一说,直至清末变法图强,借鉴日本维新经验创立新法才引进了"民法"概念。日本学者在其维新期间将荷兰语中的 Burgerly Regt 与法语中的 droit civil 译为"民法",并以《德国民法典》和《法国民法典》为蓝本制定明治三十一年(1898 年)《日本帝国民法典》。日文汉字"民法"在同一时期传入我国,逐步正式成为中国法律词汇库中对应西方"市民法"概念的正式用语,并最终为《中华民国民法典》所采用,直到今天。

维新时代的日本学者在翻译欧洲大陆的有关法律术语时未直译为"市民法",而是缩略为"民法",是考虑到东方世界所拥有的幅员辽阔的乡村社会,与欧洲以城市为中心的城邦社会的差别——若以"市民"指代全部民事主体,在东方社会则意味着忽略多数乡村农业人口的社会存在。是故,只能删除"定语"——"市",以"民"概括"城市人"与"乡村人",以完整赋予全体国民以民事主体地位,可谓既承继了市民法的本质,又体现了东方特色。[3]

(二)中国历史上的"民事"与"民律"

中国传统法制史中虽缺乏民法的直接语源与独立概念,[4]但却不能认为在中国传统法制进程中没有实质上的民事生活与民法现象。在中国法制史上,"诸法合体、以刑为主"的法制体系长期存在,与之伴生的是官方意识形态中处于次要地位却也不可或缺的民事立法。有学者认为,我国春秋之时与"刑"对立的"礼"就是世界最古老的民事法规之一。[5] 而后经商鞅变法,礼刑合一,汉代又将约法之三章扩充为九章,使其民事法规主要为"杂""户"两章统括。此后不断演

---

〔2〕《马克思恩格斯全集》(第 36 卷),中共中央马克思恩格斯列宁斯大林著作编译局译,人民出版社 1974 年版,第 168 页。

〔3〕李开国:《民法总则研究》,法律出版社 2003 年版,第 34 ~ 35 页。

〔4〕有人曾主张"民法"一词为我国古代典籍所原有,而非源自日本,其最早见于《尚书·孔氏传》。经后世学者考证《尚书·孔氏传》系晋人委托西汉经学家孔国安对《尚书》经文的注释。在《尚书·汤诰》中有"咎单作明居"一语,《尚书·孔氏传》对其注释道:"咎单,臣名,主土地之官,作明居民法一篇,忘。"这里的"民法"一词便被认为是"民法"的本土语源。实际上这里的"明居民法"是中国古代的"堪舆之术",即民间营造房屋时的"阳宅风水"问题,与作为法律概念的"民法"实在是风马牛不相及。

〔5〕梅仲协:《民法要义》,中国政法大学出版社 2004 年版,第 15 页。

变，至唐代长孙无忌领衔，终完成集中国古代成文法传统大成的《唐律》（含十二篇），其民事部分，仍旧主要为“户婚”“杂律”记载。如此格局又为后世立法所传承，直至清代的国家基本法《大清律例》，其民事部分散于“田土”“户婚”“钱债”等部分。加上远发达于成文法体系的，广泛通行于中国民间的民事习惯法，也可以认为，中国古代也有“发达”的民事法律传统。其“田土”“户婚”“钱债”等“事”，就是与“军事”相对应的民间生活范畴；就是与“公事”对应的非行政性、非权力性的社会活动领域，称其为“民事”未尝不可。

但中国民事法律传统中的“民事”与西方市民法传统下的“民事”相比仍有区别：

第一，在当时的官方看来，中国之“民事”接近于与“重案”对应的，与江山社稷没有直接关系的“小事”（或称为“细事”）〔6〕。如此定位直接导致民事及民事立法在一国法律体系中地位降低，它正好对应了中国传统社会中商品经济在局部上、一定阶段上相对发展甚至形成繁荣，而从全局、长远上看，与自然经济相比仍处于弱势地位的基本国情。在排除了商品经济的主导地位以后，中国传统“民事”始终无法成为推动民事立法大发展的社会基础力量。

第二，民事的依附地位使国家无意致力于民事法律规范的体系化与法典编纂，然而正是民法典的制定维护了欧洲大陆国家民事司法的独立与统一，促进了其商品经济的发展。制定法供给的不足促使本该是补充渊源的民事习惯在中国古代异常发达。

第三，民事的“细事”地位，反映了中国古代缺乏当时市民法传统发达的国家中的决定政治国家命运的基础性力量——市民社会。这从根本上妨碍了当时中国民事法律规范的体系化。

由此看来，虽然中国古代民事及有关法律规范，与西方之市民社会及市民法传统在形式上有相似性，但实质上却有差异。近代以来，中国仁人志士力求变法图强，引入与西方市民法渊源颇深的“民法”一词就不仅是语词之变，更是希望以语词的转换，引起对中国传统法律文化的补充与完善。

二、民法的概念

民法内容浩瀚庞杂，历史源远流长且不断发展。在传统民法著述中，多避免正面归纳其概念，而多是从民法的某些特征、性质、功能等角度进行不同侧面的描述，如民法为权利法、民法为实体法、民法为国内法等。根据《民法典》第2条的规定，〔7〕民法的概念可归纳为：调整平等民事主体之间的，即自然人之间、法人之间、非法人组织之间，以及上述主体之间的人身关系与财产关系的法律规范的总和。〔8〕在大陆法系民法传统看来，民法的“法律规范总和”是否经过了体系化

---

〔6〕黄宗智：《民法的表达与实践——清代的法律、社会与文化》，上海书店出版社2001年版，第11页。

〔7〕《民法典》第2条规定，“民法调整平等主体的自然人、法人和非法人组织之间的人身关系和财产关系”；原《民法通则》第2条规定，“中华人民共和国民法调整平等主体的公民之间、法人之间、公民与法人之间的财产关系与人身关系”。

〔8〕《民法典》第2条与原《民法通则》第2条相比有诸多变化：一是将“公民”改为“自然人”。此种变化顺应了改革开放的要求，原《民法通则》只规范公民，但公民一般被认为是公法上的概念，与民法的私法属性不相吻合。而且公民范围较窄，而自然人不仅包括本国人，还包括外国人和无国籍人。二是在自然人和法人之外，增加了非法人组织。实践中非法人组织参与社会生活的局面大量存在，而《民法典》适时变迁与承认正是对于社会生活的基本尊重。三是将“人身关系”置于“财产关系”之前。此种变化是时代发展与文明进步的必然产物。在原《民法通则》的制定时代，中国尚处于改革开放初期，发展是第一要务，故立法侧重于发展过程中所形成财产的确权与保护问题。虽然当时规范人身关系的法律也有不少，但相较财产关系调整法还是不足的。随着我国经济社会的飞速发展，与人的主体地位直接相关的法律保障机制的相对不足的法制缺陷也日益显现，亟须弥补。经济社会发展的最终目的是满足人的需求，因此，《民法典》调整人身关系与财产关系在民法体系中的位置关系，显示了立法者对人的基本尊重以及未来的制度侧重。

的过程,最终汇集成《民法典》(或类似《民法典》的集成性法律文本,如我国历史上的《民法通则》,是民法发达程度的重要标志。以民法概念中是否附加形式化、法典化等额外的体系要求,[9]从而减、增民法概念的外延为标准,可以将民法分为"实质民法"与"形式民法",这也是对民法的最基本分类。

(一)实质民法

实质民法,是不附加形式化、法典化之额外要求,由仅满足"调整平等主体之间的人身和财产关系"这一内涵性要求的法律规范所组成的民事法律体系,也就是通常探讨的"民法的概念"中的"民法",是作为独立法律部门的"民法"。其外延既包括最典型的民事法律规范——《民法典》,又包括符合民法渊源要求的其他成文法规范,还包括发挥民法渊源作用的不成文法规范,如民事习惯、法理等。

我国的实质民法,迄今已形成了以《民法典》为核心,《中华人民共和国著作权法》(以下简称《著作权法》)、《中华人民共和国商标法》(以下简称《商标法》)、《中华人民共和国专利法》(以下简称《专利法》)等单行法为主干,以《中华人民共和国土地管理法》《中华人民共和国城市房地产管理法》《城市公有房屋管理规定》《商品房销售管理办法》等综合调整民事关系与行政管理关系的法律、法规,以及在司法实践中有条件地发挥民事法律渊源作用的民事习惯为两翼的基本框架格局。

值得注意的是,实质民法仅须满足民法内涵最低水平的要求,所以它又是广义的民法。近年来有学者认为,诸如商法、婚姻法、劳动法等,由于这样那样的独特性而在实质上已经脱离民法的范畴,成为独立的法律部门。我们认为,除非上述法律范畴不以平等主体之间的人身和财产关系为调整对象,否则就无法跳出实质民法的范畴,而无论是否制定独立的商法典(或商法通则)、知识产权法典、婚姻法典、劳动法典等。这些法律范畴与实质民法范畴的差异,是实质民法内部各子部门与民法总体之间的区别,是特别民法与普通民法的区别(更何况商事规则与民法典之间也表现出极强的亲和性、婚姻法业已回归民法典等)。特别民法,是附加关于适用之特别领域、适用之特别社会阶层、适用之特别事项等条件,较普通民法对特别法律关系有优先适用效力的民法规范。[10] 未附加上述条件的实质民法中的剩余规范,则为普通民法。

(二)形式民法

形式民法是拥有法典或类似形式的民法规范体系。形式民法不是在独立部门法意义上研究民法概念的外延整体,而是从民法的发展、发达形态上考察民法的局部。编纂概念准确、体系完备的民法典,是继受古罗马法的大陆法系各国尊奉的民法演进规律。民法典的编纂推动了民法体系化,增进了民法对社会生活的覆盖面与适应性,是故大陆法系各国近代以来皆经历了一次民法法典化的运动。我国自清末制定《大清民律》而开始了民法的引进,而后在德国、苏俄民法典的影响下制定了《中华民国民法典》。1949 年以后,我国积极进行社会主义条件下的民法典编纂工作,但由于种种原因,直到 1986 年《民法通则》才出台。原《民法通则》是在"宜粗不宜细"的原则指导下制定的,在民法典所必需的分则方面尤其欠缺,与真正意义的形式民法——民法典——尚有明显差距。如今,《民法典》已正式生效,其全面而充分地发挥着调整市民社会生活的功效,不仅为民众生活提供一般化的指引,而且也为国家机关的行权履职确立了基本标准。

[9] 郑玉波:《民法总则》,中国政法大学出版社 2003 年版,第 13 页。

[10] 参见王雷:《民法典适用衔接问题研究——动态法源观的提出》,载《中外法学》2021 年第 1 期。

三、民法的调整对象

一定的法律部门总是以一定的社会关系作为调整对象。民法是调整平等主体之间的人身关系与财产关系的法律部门，这一法律部门之所以能够从复杂的社会法律规范体系中脱胎而出，首要原因就是有关法律规范共同的调整对象——平等民事主体之间的人身性与财产性的社会关系——本身的独立性。从经济基础决定上层建筑的立场看，民法作为独立法律部门，被上层建筑的法律与政治全局所承认，归根结底是因为需要民法专门调整的民事社会生活与社会关系，具体而言就是，平等主体之间的人身关系与财产关系的长期存在与发展。

（一）平等民事主体之间的财产关系

1. 财产关系的本意

从经济学的角度看，财产关系就是以财产为客体，具有经济内容的社会关系。这里的“财产”，是指具有经济价值的有形物质资料，或虽缺乏物质形态，却能够带来经济利益的，社会公认的客体范畴，如专利技术、商业秘密等。所谓经济内容，是指人类物质资料的生产、分配、交换与消费的经济过程。

根据所体现经济内容的类型不同，财产关系有不同的分类体系。根据所体现的所有制之不同，财产关系被区分为公有制中的财产关系与私有制中的财产关系；根据社会物质资料配置机制的不同，财产关系可分为自然经济中的财产关系、计划经济中的财产关系与市场经济中的财产关系；而根据财产带来经济价值之正负，财产关系还可被分为体现经济价值增长趋势的积极财产关系与体现经济价值减损趋势的消极财产关系（如负债关系）。

财产关系一旦进入法律调整的视野，就成为法律上的财产关系，被打上法律的烙印。它或体现为平等主体之间的，与商品经济有密切联系的，崇尚意思自由的财产关系，或发生在国家与公民之间，在“命令与服从”的行为模式中，贯彻国家强制的经济计划。但无论怎样不同的法律部门为社会财产关系打上多么不同的烙印，法律都不能凭空创造财产关系，它是将已经为社会生活普遍承认的社会关系中的财产关系，依照自己特有的趋利避害的法律观，进行效力评价、合法性保障与违法性矫正。历史已反复证明，那种无视社会历史规律的，滥用法律工具创造财产关系的举动，最终都会产生严重的社会危害。

2. 平等民事主体之间的财产关系的含义与特征

社会财产关系一旦纳入民法调整的视野，就成为平等民事主体之间的财产关系。从民法上看，财产关系是民事主体之间因财产的归属、利用或流转而形成的，具有直接物质利益内容的民事法律关系。它或以定分止争为主要功能，通过财产归属及有关法律状态的确定，解决财产静态安全与利用效率问题，故又称为静态财产关系，如财产所有权关系、占有关系等；或在静态财产关系的基础上，为实现财产在更大的社会范围内的有效流转、配置与利用，作为权利变动的桥梁的动态财产关系，如财产租赁合同关系、买卖合同关系等。

民法调整的财产关系有如下特征：

第一，以民法认可的“财产”为客体。客体，是法律关系指向的对象。无论是有形、无形的物质资料，还是虽缺乏物质形态，却能够带来经济利益的，社会公认的客体范畴，都应具备这样一些特性：(1)客观性，即财产应有物理上的或社会观念中的存在形式。(2)应具有经济价值与有用性，即在社会观念看来，财产应具有起码的价值与使用价值，具有现实或潜在的可流通性。值得注意的是，某些财产即便在社会评价当中价值与使用价值微乎其微，但由于其本身的某些特殊性质,使其以满足特定权利主体的某些个别化需要,如体现为精神安慰的功能,也不能否认其财产的性质,正如所谓“敝帚自珍”。(3)可支配性。财产的经济价值与使用价值,可通过人类的支配而体现出来。某种东西即使在人们的预期中具有极高的经济价值与使用价值,但其用途却由于种种原因无法通过人类的有效支配而现实化,这种东西至少在现阶段就不属财产之列,如月球、火星上的某种在地球上极为稀缺又十分有用的矿藏。

第二,发生在平等民事主体之间。民事财产关系发生在平等民事主体之间,这是民事财产关系区别于发生在非平等法律主体之间的财产关系,如经济法、行政法中的财产关系的显著标志。无论是静态财产关系还是动态财产关系,无论参与民事财产关系的主体在民事生活以外的社会角色是社会管理者还是被管理者,一旦参与到民事财产关系中来,都应体现平等主体之间意思自由、不为强制、等价有偿等民法原则。

第三,财产、财产利益与人身的可分离性。财产权利主体除可亲自享有财产权、行使财产权,实现财产利益外,还可通过转让、继承等方法使财产、财产利益与主体自身分离,为其他主体取得。民法是商品经济、市场经济的基本法。市场经济是围绕商品的生产与交换运行的,而商品生产与交换有赖于两个基本条件:作为权利主体的人是自由的,作为权利主体的人应享有可自主处分的财产权。两大条件的结合,促使通过商品交换而实现资本增值,通过市场引导而实现物质资源的有效配置。易言之,从法律上看,财产与财产利益能够与财产权利主体相分离,而为其他民事主体取得。

(二)平等民事主体之间的人身关系

1. 人身关系的概念与基本分类

人身关系,本意是指以人身利益为内容,不直接体现财产利益的社会关系。在人类历史上,人身关系主要分为两个方面:一是塑造主体资格从而令个人从人类社会总体中脱胎出来的人格关系,二是与保持个人在社会总体中的稳定角色从而形成与社会紧密联系的身份关系。

民法针对上述两个方面进行调整,形成了民法中的人身关系——民事主体之间因人格和身份而形成的民事法律关系。

关于人格关系。其是以人格利益为内容的人身关系。“人格”(caput)一词可追溯到古罗马法中,是指一个生物学意义上的人,成为法律上的主体的资格,是人之为“人”的前提条件。[11] 依据各种社会评价标准决定的人格之有、无、圆、缺,决定了一个人取得权利与承担义务的范围,及由此受到法律保护与约束的程度。近代资产阶级革命以来,随着“天赋人权”“法律面前人人平等”等启蒙思想的传播与贯彻,人格概念相对固定在两个意义层面上使用:(1)继承古罗马法渊源,多与“法律”二字连用成为术语“法律人格”,表达人或组织体成为法律主体的资格之意,此时人格与“权利能力”基本同义。(2)“人格权”中的人格,是指人类个体或组织体作为民事主体不可缺少的,受法律保护的自然性或社会性的主体要素。例如,支持人类个体——自然人——作为主体存在的,与生俱来的自然性要素,包括身体、生命、健康等,或非与生俱来的,但对于个人顺利参与社会生活不可或缺的社会性要素,包括姓名、肖像、名誉、自由、隐私等。又如,支持社会组织体作为法律主体的社会性要素,譬如法人被法律赋予的名称、名誉、商业秘密等。

关于身份关系。其是以身份利益为内容的社会关系。“身份”的本意是指人基于先天的血缘或后天的社会活动,在一定的稳定社会组织结构体系中所处的地位。在古罗马法上,不同的身

---

〔11〕 周枏:《罗马法原论》(上册),商务印书馆2014年版,第115页。

份，如外国人与本国人、家长与家庭子女、自由人与奴隶，是导致不同人群取得不同的人格，进而处于不平等法律地位的主要社会与法律依据。在这里，身份体现了相对性，即身份总是针对两个以上不同身份拥有者在稳定社会结构中不同地位的相对关系而言的，如上级与下级、丈夫与妻子、家长与家庭子女等，在这种相对关系中，产生了人格不平等的区别效应。随着“天赋人权”“法律面前人人平等”等启蒙思想的传播与贯彻，身份概念在近代发生了变化，也逐步固定在两个意义层面上使用。第一层含义中的身份发生在国家社会组织机构中，与权力与职责相联系，如行政首长与被领导者间的身份对应、上级与下级的身份对应。这样的身份对应，导致不同身份拥有者在权力与职责关系中，分别居于形式上“不平等”的命令者与服从者的地位。第二层含义中的身份主要发生在市民社会组织结构中，与权利（身份权）及义务相联系，如婚姻家庭中的夫妻、父母子女等身份对应关系。在此，身份的不同并不导致人的主体资格——人格——的等级差异，而是针对特殊的社会关系结构，专门识别、确定、保护那些特殊社会角色的特殊权益。例如在婚姻关系中，法律特别关注基于配偶身份所赋予当事人的特定身份利益的实现，从而保障配偶双方从对方得到那些在夫妻关系以外无法实现的利益，如相互请求扶养帮助、同居、忠实等；而在亲子关系中，法律尤其关注未成年子女从父母处获取的抚养、照料、关爱、教育等利益的保障。在第二层含义上，身份虽然同样意味着社会关系中人与人之间的角色“差别”，但却体现了法律追求的身份关系中实质意义上的平等，体现了对弱者特别关照的人文精神。民法所调整的身份关系主要是关于这第二层含义的身份。

2. 人身关系的特征

第一，人格的独立、平等。与古罗马法上不同的身份导致人格等级差别的逻辑不同，今天民法所调整的人身关系首先立基于对自然人独立、平等的人格的充分尊重。身份虽仍有其法律意义，但无外围绕特殊平等主体的特殊民事权利而存在。人格的独立进而是平等，已经成为今天一切民事法律关系得以存在的基本前提，也成为民法寻得独立调整对象，进而成为独立法律部门的逻辑起点。〔12〕

第二，人身关系体现了不同程度的非财产性。一般认为，人身关系与财产关系的显著区别就在于，人身关系不以经济利益为内容，而以人身利益为内容。人身利益，是指主体可以充分享有人身，利用自己的人身条件，谋求自己生存和发展的种种精神利益，如利用自己的身体素质、聪明才智、名誉、地位充分发展自我，为自身的生存与发展创造更好的条件，等等。强调人身关系的非财产性，对塑造人的主体地位与倡导人格尊重的社会氛围，防止历史上将人身作为客体以役使的局面的复辟，有着重要的现实意义。但也必须看到，不同人身关系与各种财产关系间的联系紧密程度不同。例如，人格权一旦受到损害，往往引起主体财产利益的连带性损失（如自然人被他人殴打致伤引起的医疗费、误工费等损失）；又如，某些身份权本身就包含了财产性请求权（如夫妻相互请求扶养、给予物质帮助的权利）；再如，随着市场经济发展而出现的某些新型人格权形态，本身就鲜明体现了某种商业运营功能，体现了以人格权为“体”，却以财产权为“用”的发展趋势（如所谓商业主体享有的“商事人格权”：公司法人的名称权、名誉权、商誉权等）。可见，人身关系与财产关系之间从体系上看已难以保持截然的界限。根据商品经济关系对人身关系各领域渗透力度的不同，当代人身关系在总体上保持“非财产性”的同时，也不同程度地体现了财产性特色。

〔12〕 李开国：《民法总则研究》，法律出版社2003年版，第8～9页。

第三,人身关系中的人身利益体现了不同程度的专属性。人身利益的专属性是指,特定主体享有的人身利益仅由该主体享有,不能以让与、继承等方法与主体分离,并为其他主体取得。人身利益的专属性是人身关系的非财产性的直接要求,旨在防止经由人身利益流转而可能引发的民事主体人格减等、消灭等情形。但如前所述,不同类型的人身关系在实践中体现为对非财产性的高低不同的要求,因此对于具有较为明显的财产性色彩,特别是要发挥商业运营功能的人身关系,应允许放松其人身利益专属性要求,承认有关人身权利的流转性。如公司法人的名称权、商业秘密权等。

四、民法的调整方法

法律调整,是指国家根据自己的价值取向,以法的形式对人的行为进行规范,对现实社会生活施加影响,以期建立理想的社会生活秩序的活动,它包括立法、守法与执法的全过程。因循法律作用于社会生活的一般逻辑,立法活动位于第一阶段,此时通过行为规范的订立,对具体行为的要求、允许或禁止,以表明态度,使行为人对将来行为后果产生合理预期,达到法律事前调整的目的。接下来,随着法律所调整的社会行为的现实出现,法律对该行为的效果进行合法或非法、有效或无效的事后评价,将已发生的行为纳入社会秩序体系,实现法律事后调整的目的。

民法是调整平等民事主体的部门法,“平等”二字,既是对其调整对象的精确注释,又是对民法独特的调整方法的基本要求。从历史上看,正是对某些社会纠纷的法律调整由以刑罚为主而以平等的民事补偿为辅的混合格局,向专门的民事赔偿性、恢复性调整方法的过渡,民法才真正得以从诸法合体的原始法律形态中脱胎。概言之,民法的调整方法,就是民法借以作用于平等主体之间的财产关系和人身关系的方式、手段与办法的总称。对民法的调整方法,我们同样可以划分为事前调整与事后调整这两个逻辑阶段。

(一)民法的事前调整

民法的事前调整,就是通过制定民法规范、宣传民法原则,使社会主体之间的财产关系与人身关系转化为民事权利义务关系,建立民法期望中的、理想的市民社会秩序。例如,通过立法活动,确立民事主体的普遍平等地位,规定民事主体彼此间在权利之取得与享有、义务与责任的承担等问题上一律平等,彼此间以自愿、协商的方式建立民事关系,使人人均得意思自由地参与民事生活;要求他人、社会、国家对民事主体的合法权益保持充分尊重与理解。最终,民法为广大社会主体提供了为实现个体利益而从事合法行为,而不实施违法行为的,法律规范中的行为模式选项,确立了社会公众关于民事生活的行为性质、效力的概然性判断标准。

值得注意的是,民法规范依其所提供的行为模式是否允许当事人自由取舍、更改,分为任意性规范与强行性规范:前者允许行为人以自由意思于法律规定的行为模式以外而为;后者则要求行为人必依法律规定的特定行为模式而为,否则即为违法,带来对其不利的法律后果。两种规范在民法中并存,以任意性规范为主体,这是由民法为市民社会基本法的性质所决定的。强行性规范虽占少数,但对于民法的有效调整而言不可或缺,体现了民法作为法律所必然体现的维护社会整体利益和安全的价值要求,以及国家通过民法对民事生活进行合理、有效干预的现实需要。

(二)民法的事后调整

从广义上说,民法的事后调整是指因民法规范所规定的法律事实的发生,令规范意义上的法律关系下降到社会生活中,成为事实意义上法律关系的过程。在这里,我们仅仅关注狭义上的民法事后调整,即通过民事责任制度,令被违法性法律事实破坏的民事法律关系恢复圆满状态的过程。民法的事前调整主要是将生活关系转化为民事法律关系,形成一种关于理想社会秩序的判断标准。若日后行为人之行为完全合法,自动履行自身法律义务使权利人权利得到满足,则民法也无进一步干预必要。但此种良好期望往往因现实生活中种种违反民法义务、损害民事权利的行为发生而落空,于是必须通过建立民事责任制度,在违法行为发生后进行民事法律关系的修复与弥补工作。

与刑法、行政法等部门法相比,民法中的责任虽仍以国家强制力为后盾,但并非以国家对责任人的制裁为主旨,[13]而以对被害人的同质救济为特征,以回复被侵害权利原状为原则,在回复原状不可得时,按照等价有偿原则赔偿受害人的损失。与此同时,民法认可民事主体在承担民事责任的具体方式、程度等问题上引入和解、调解等争端解决机制,尊重民事主体在不损害公共利益及第三人合法权益的前提下,自主处分民事权利,修改民事权利救济方案。

问题与思考

"民法"从来都是指调整平等主体之间的人身关系与财产关系的法律规范的总和吗?"民法"一词在历史上曾有多重含义:作为民法词源的"市民法"(ius civile)指古罗马民族法的整体,区别于外族法;民法还可指世俗世界或文明社会法律的整体,而区别于神法或自然秩序;它亦可指制定法的整体,如艾伦·沃森所著《民法法系的演变及形成》一书书名中的"民法",而对应判例法系。此外尚有谓"共同法"(ius commune)"世俗宪法""尘世的圣经""百科全书""超级部门法"等。近代以来,民法的多义项被"一般私法"逐步替代或融合,这是法制史上的重要转型。民法的转型,从形式上得益于法典编纂及民法体系化工作对全部私法的概括能力,从实质上,则是现代民法的调整范围的相对限制并相对固定在平等主体之间的人身与财产关系之上——这便是现代民法"调整对象"的形成。但要说明的是,对"民法调整对象"的内涵与外延的认识,在不同国家与历史时期是不同的,例如,在苏俄民法传统中,土地关系、家庭关系、劳动关系均不属于民法调整对象,以国家企业管理关系为核心的企业经济关系也不属于民法调整对象。在我国 20 世纪七八十年代还发生了民法与经济法调整对象之争,并最终随着原《民法通则》的出台,基本厘清了经济法与民法调整对象的纵横区分。今天,民法调整对象的内涵虽然仍旧存在所谓"商品经济说""主体平等说"等之间的争论。但总体来说,在我国以市场关系为核心的,囊括平等主体之间人身关系与财产关系全部的综合民法调整对象体系已经事实上建立起来。这也是曾经指导民法典编纂工作,规划民法典内部体系划分,科学处理民法典与民事单行法、民事特别法,与其他法律部门相互关系的重要依据与基础。

第二节　民法的性质

民法的性质,是指民法之为民法,而区别于其他法律部门的内在规定性。在民法传统发达的国家,民法的性质是通过其基本原则、制度体系、概念构造、法理推导、法律适用等,在民法调整社会生活的过程中自然而然展现的。但对于我国这样正在经历社会转型与民法现代化的东方传统

〔13〕　张旭:《民事责任、行政责任和刑事责任——三者关系的梳理与探究》,载《吉林大学社会科学学报》2012 年第 2 期。

国家而言，专门探讨民法的性质问题对于准确把握民法内涵，有效发挥民法功能，完善有中国特色的社会主义法律体系，有特别的现实意义。

一、民法是市场经济的基本法

市场经济是市民社会与现代文明的经济基础，作为市民法的民法自然成为调整市场经济的基本法律制度。党的十八届四中全会报告《中共中央关于全面推进依法治国若干重大问题的决议》提出“加强市场法律制度建设，编纂民法典”，意在强调民法在我国市场法制完善中举足轻重的地位，而现行《民法典》更是被誉为市场经济建设中的一部固根本、稳预期、利长远的基础性法律。〔14〕

市场经济是以市场实现资本、资源、商品、服务、智慧等要素配置的经济模式。如前文所述，作为权利主体的人是自由的与作为权利主体的人应享有自主的财产权是商品生产与交换的两个必要条件。这两个条件经由民法基本原则阐释，继而通过民事权利能力、行为能力、法律行为、权利、义务、责任等制度体系而保障其安全。言市场经济是法治经济，必首先承认民法对市场经济的直接与首要的调整功能，通过民法的调整，使市场经济成为既不同于缺乏法律秩序的自然状态，又不同于国家权力直接干涉的计划经济形态，而是自治与文明的经济形态。

具体而言，民法平等、意思自治、诚实信用等基本原则本身既是市场经济长期发展总结出的一般精神，同时，也是保障市场经济可持续发展的规则基础。通过规定主体制度，对自然人、法人、其他组织等各类主体的内涵与外延进行控制，使社会主体参与市场经济的行为更为可见、可量、可预见，提高了信用水平与交易安全；通过规定物权、知识产权等财产权制度，使市场主体支配与增值其有形或无形财产的市场行为获得基本法律制度保障；通过规定合同制度与债的担保，为市场交易提供直接的法律服务；通过规定民事责任，为受到损害的市场交易关系提供救济与恢复的制度工具；等等。

当然，民法作为市场经济基本法之属性并不能代表民法调整对象之全部。只因市场经济秩序占据了民法调整对象的核心地位，而民事法律规范中的大量规范又是针对市场经济秩序的，且市场经济秩序中所总结出来的规范又体现民事法律规范的规律性，所以，我们才将其称为市场经济的基本法。对此，《民法典》第1条“为了维护社会和经济秩序”〔15〕的立法规定，也一再表明市场经济秩序是民法调整对象的基本组成部分，而非全部。

二、民法是权利法

社会发展的第一直观感受者是“人”，这就注定了民法的制定与革新必须围绕人而展开。综观民事法律制度，其在实现这一任务时与义务特色鲜明的公法形成了天壤之别，其不仅采用了“权利”这一立法技术结构，而且规范特性趋于授权性规范，更是以保障人的权利为目标等，这使民法在学界被称为“权利法”“写着人民权利的纸”等。

首先，从民法的体系上看，民法是一个以权利为中心，并按照民事权利的分类而层次性建立

〔14〕　习近平：《充分认识颁布实施民法典重大意义　依法更好保障人民合法权益》，习近平总书记2020年5月29日于十九届中央政治局第二十次集体学习时的讲话。

〔15〕　《民法典》第1条规定：“为了保护民事主体的合法权益，调整民事关系，维护社会和经济秩序，适应中国特色社会主义发展要求，弘扬社会主义核心价值观，根据宪法，制定本法。”

起来的规范体系。例如,民法规定了民事权利的主体和客体范围,通过民法的调整对象宏观性地架构民法,从而保障民事主体的人身权与财产权。在人身权序列之下又充分地建立人格权与身份权;人格权项下更是有一般人格权的宏观设定,也有具体人格权(生命权、身体权、健康权、姓名权、肖像权、名誉权、荣誉权、隐私权等)的微观表达;身份权项下则饱满地规定了配偶权与亲权等。至于财产权序列下则有物权与债权作为基础性支柱。同时,为了全方位地保护民事主体的合法权益,民法还对诸多综合性权利(如知识产权、继承权、成员权等)和新生性权利(如股权和其他投资性权利等)也适时的给予了确认和承认。不仅如此,民法还规定了民事权利的行使方式(如可代理行使)及权利行使的限制(包括实质性的限制和时间性的限制,如权利不得滥用和诉讼时效、除斥期间等)。同时,民法还规定了民事权利的转让、保护方式与侵犯民事权利的责任等,凡此种种的规定都表明民法基本上是以民事权利为轴心而构建起来的规范体系。〔16〕

其次,从民法规范体系群的整体特质来看,民法中的诸多规范类型为授权性规范。所谓授权性法律规范,是指人们可以作为、不作为或者要求别人作为、不作为的规范。综观整个民事法律规范体系,多数规范便是如此。例如,民事法律规范中,不仅有主体有权从事合同、物权与人身法律关系的作为之自由,也有有权要求他人不得侵犯人身权、财产权以及其他权利的不作为之自由。而民事法律规范正是通过这种授权性规范授予民事主体广泛的财产权与人身权,进而鼓励、支持和引导民事主体在权利范围内积极主动地进行活动。同时,就另一个侧面而言,授权性规范背后的权利享有正是任何形式的人类社会生活的一部分,因为如果要有人类社会生活,就必须要有权利。〔17〕 而民法正好通过这种形式广泛、实质多样的授权性法律规范中的可以作为、不作为来要求别人作为和不作为,以此续写和展开人类社会生活的全部。

最后,就民事立法的目的而言,是以实现人的权利保护为己任。遍览域内外各国及地区民法典或民事规定,我们可以清晰地看到其制度设计均以人的权利保护(自然人、法人和非法人组织的利益)为旨归。通过规定人在市民社会的一般性主体资格、行为能力、责任能力等锁定人之为人而享有权利时的前提;通过规定民事法律行为——如代理、合同等制度——以弥补和拓宽人在市民社会行使权利的方式与手段;通过规定生命权、健康权、名誉权和肖像权等以提升人在市民社会的生存尊严、生存感受与生存价值。对此,作为资产阶级大革命产物的《法国民法典》第一卷便开宗明义的以“人”为立基点,通过第一编民事权利、第二编身份证书、第三编住所、第四编失踪、第五编婚姻、第六编离婚、第七编亲子关系、第八编收养子女、第九编亲权等进行人的各种权利述写。与《法国民法典》相媲美的《德国民法典》第一章也是以“人”为立基点,进而展开法典的编纂。同时,继受社会主义苏联立法的《俄罗斯联邦民法典》开章也是以“民事权利和义务的产生,民事权利的实现与保护”作为主旋律等。故而,一定意义上可以说,民事法律制度或整个民事法律规范的目的都是以人的权利保护为立基点,为中心,为己任。

作为新时代我国社会主义法治建设重大成果的《民法典》,更是充分地彰显了民法是保护人民权利的权利法之基本特性。当然,这一切与习近平总书记的法治思想密不可分。习总书记曾在多个场合明确指出:“全面依法治国,是涉及亿万人民切身利益的伟大事业;一切为了人民,是法治中国的目标指引;坚守人民立场、饱含人民情怀、植根民心,才能走出依靠人民推动法治进步

---

〔16〕 张驰:《民法性质论》,载《华东政法大学学报》2008年第1期。

〔17〕 [英]A. J. M 米尔恩:《人的权利与人的多样性——人权哲学》,夏勇、张志铭译,中国大百科全书出版社1995年版,第143页。

的人间正道。"这一思想内涵也在2020年11月16日至17日党的历史上首次召开的中央全面依法治国工作会议上,被精准地凝练概括为"坚持以人民为中心"的法治思想。正是基于习总书记"坚持以人民为中心"的法治思想指引,才使民法典在制定过程中能够统揽全局地对人民权利保护提出新要求、推向新高度、实现新格局。而作为中华人民共和国历史上的首部法典,《民法典》充分保护人民权利的特质主要表现在两个方面:(1)在《民法典》总则编以专章形式提纲挈领地、宏观性地确认了各种民事权利。其间,不仅有传统的人身权、物权、债权、知识产权、继承权及股权跃然于纸上,而且也有对现代化的其他投资性权利、个人信息(权)、虚拟财产(权)、数据(权)等适逢其时地肯认。这不仅是对传统大陆法系《法国民法典》《德国民法典》《日本民法典》等精华的有益借鉴,更是对此些法典的超越。(2)《民法典》分编单设"人格权编"再次凸显保护人的权利的重要性。世界法典化运动史上我国是首次以单独成编的形式确认"人格权"的国家,也是将民法保护人民权利的特质推向新高度的国家。民法典分编通过人格权编的单独成编,突出了人的主体地位,凸显了民法典的人文关怀,真正体现了"一切权利均因人而设立",从而有效防止人的客体化,使"大写的人"在立法中得以体现,真正实现了"民法中的人的再发现"。[18]

问题与思考

关于民法的性质,传统民法学界还将其定性为"私法"。而有关"公法"与"私法"的讨论最早可追溯至古罗马法时期,其中乌尔比安在《学说汇纂》中写道,"它们(指法)有的造福于公共利益,有的则造福于私人"。公法"有关罗马国家的稳定",私法"涉及个人的福利"。[19] 查士丁尼在《法学总论》中也指出,"法律学习分为两部分,即公法和私法。公法涉及罗马帝国的政体,私法则涉及个人利益"。[20] 其实,公法与私法的一般划分,缘于关于人类社会关系存在的两种基本类型的判断:第一种社会关系直接发生于社会成员之间,有关内容取决于社会成员个人的意志,第二种社会关系通过了国家权力的中介,国家必将其意志体现其中。体现社会成员个人意志的社会关系以私人利益为出发点和归宿,而体现国家意志的社会关系则以国家或公共利益为出发点和归宿。时至今日,公法与私法的划分依其所采纳标准的侧重点不同,大体也形成了三种学说:(1)利益说,认为私法规定与保护私人利益,公法则规定与保障公共利益;(2)主体说,认为私法所调整社会关系中的主体均为私人,公法所调整社会关系的参加者至少有一方为国家机构;(3)意思说,认为私法保障行为人意思自由,各行为人之间的意思是须通过协商而形成合意的对等意思,公法则规定权力者与服从者间的意思,这一对意思间体现了"命令"与"服从"的非对等性。正是在这种公法与私法的类型划分之下,传统理论普遍认为公法在外延上包括宪法、刑法、行政法、各种诉讼法等,而私法的外延则与实质民法相当,即"民法是私法",且业已被认为是继受罗马法的大陆法系国家对民法性质的基本共识。

但是,"民法是私法"之认识在我国一段时期内学界却存在争议。由于中华人民共和国成立初期废除了以《六法全书》为代表的"伪法统",苏联民法理论长期以来也深刻影响了我国,加之对经典理论的教条主义曲解,我国长期以来否认民法的私法属性。例如,在我国广为流传的1959年版《列宁全集》中,就记载了列宁在1922年写给司法人民委员库耳基斯的信中的一句话:

---

〔18〕 王利明:《体系创新:中国民法典的特色与贡献》,载《比较法研究》2020年第4期。

〔19〕 [意]彼德罗·彭梵得:《罗马法教科书》,黄风译,中国政法大学出版社1992年版,第9页。

〔20〕 [古罗马]查士丁尼:《法学总论》,张企泰译,商务印书馆1989年版,第5~6页。

"我们不承认任何'私法',在我们看来,经济领域中的一切都属于公法范围,而不属于私法范围。"[21]这直接成为后来我国在否认民法之私法性质时的经典理论依据。然而,这里所谓"不承认任何'私法'"的正确翻译其实是"不承认任何'私的'",这个错误直到1987年10月新版《列宁全集》中译本发行才得以更正。实际上,列宁的本意并非要绝对否认私法的存在,只是在当时苏俄实行新经济政策的背景下,国家经济生活的主要方面都已经处于高度政府计划控制之下,商品自由流通在极大的程度上被限制起来,自然在经济生活的主要方面可以说不承认"私的"东西——私的生产资料所有权、私的契约自由观念等。但这既不能否认苏维埃国家在经济生活以内的技术上采纳民法的制度体系,更不能否认对国家经济生活以外的,需要贯彻主体平等原则的民间领域,不得不承认还存在这样那样的"私的"东西。而后,随着我国民法学界对"民法与经济法"之间关系的讨论与澄清,随着原《民法通则》的出台,民法是私法的属性也渐趋在学界被承认。言民法是私法也再不必受到"狠斗私心一闪念"式的责难。言民法是私法,也被认为是有利于建设中国特色的社会主义市场经济。

然而,一个值得注意的现象是,20世纪以来,公法与私法间的楚河汉界早已发生了某种程度的模糊——出现了所谓的"私法公法化"与"公法私法化"倾向。例如,在私法公法化较为明显的商法领域,就越来越多地体现了对私法原则的政府经济职权介入色彩和干预意志,如商业登记制度、商业账簿制度;公司法中的公司组织形态、公司章程的法定记载事项、公司股份转让的限制等领域,均不同程度的存在公法性质的规范渗透。而民法领域则表现为所有权绝对性的限制、契约自由的限制、无过错责任原则的确立等。微而言之,我国现行《民法典》也不乏诸多公法性、管理性的条文存在。如第34条第4款规定,突发事件等紧急情况下,(居)村委会或民政部门可为监护人安排临时性生活照料措施;第285条第2款规定,物业服务企业或其他管理人应配合政府开展疫情等应急防控管理措施;第942条第2款规定,物业服务区域内有违反治安、环保、消防等行为的,物业服务人负有向有关行政主管部门报告并协助处理的义务;第1254条第3款规定,发生高空抛物的,公安等机关应当依法及时调查,查清责任人;等等。因此,当下对于民法私法性质的认识在一定意义上需要更新,很难再单纯地将民法作为一种纯粹私法去认识。

第三节　民法的渊源

一、民法渊源概述

(一)实质渊源与形式渊源

法的渊源,即法的效力来源,通常在"实质"与"形式"两个层次上使用。所谓法的实质渊源,是指法律作为以暴力为后盾的公共规则体系,获得社会认可从而得以实施的信仰基础。法律是对个人自由的合理束缚,而如何使自由的个人甘心就缚,或者说法律的效力从何而来,却是人们在信服法律以前,对法律本身的正当性追问。于是在法律诞生以后的时代里,统治阶级莫不为法律的效力寻找最具有社会公信力的证据。在神秘主义盛行的古代,人们会利用外在自然强力的化身——神的力量——来解释法律的效力来源;在政教分离的阶级社会中,人们又会利用"口含

[21]《列宁全集》(第36卷),人民出版社1959年版,第587页。

天宪”的君王的意志来说明法律的效力来源;而在历史唯物主义看来,法律的效力最终源于全社会听命的统治阶级的意志。在我国,法律也包括民法的实质渊源,是工人阶级领导的全体人民的意志。

所谓法的形式渊源,是指社会公认的法的创立方式,以及借以表达自身存在的载体形式。易言之,是关于那称为“某某法”的规范集合,是由何种国家机关,通过何种方式创立,又最终以何种文本形式(或非文本形式,如习惯)为载体存在的问题。凡具备法的形式渊源特征的社会规范,均被推定为同时具有了法的实质性渊源,从而具有现实的社会约束效力。与法的实质渊源相比,形式渊源具有程序化、公开化、严格性的特点,它有效地从广泛的社会规范中识别出属于法律的那一部分。实质渊源与形式渊源共同构成广义的法律渊源,而作为部门法的民法的研究对象,主要是指狭义的法律渊源——法的形式渊源。

(二)直接渊源与间接渊源

法的形式渊源,根据是否由专门国家机关(立法机构或者有立法权的行政机构)经由国家立法程序制定,而分为直接渊源与间接渊源。前者指专门国家机关经由一定程序制定并颁布实施的,具有成文法外观的法律表现形式——制定法,如宪法、法律、行政法规、地方性法规等。制定法的形式本身即是该法取得国家强制效力的直接证据,无须其他补充性证明,故为法的直接渊源。间接渊源则是未经国家专门制定,本不具备法律的效力,但一经国家专门认可,就可以作为法律调整社会关系的社会规范。如民间习惯;或是可以起到规范功能的案件处理先例,如判例;又或是可以指导规范形成的原则,如法理。由于非制定法除了本身的社会存在形式以外,尚需要国家将之作为法律来对待的专门认可,才能取得法律的效力,在取得法律效力的途径上较法的直接渊源为曲折。总之,间接渊源所具有的法律效力,是在缺乏法的直接渊源,或者法的直接渊源一旦适用到某些特殊生活领域中将造成显失公正的后果时,才应发挥作用的补充性效力,故而有关社会规范被称为法的间接渊源。

在法的形式渊源问题上兼采直接渊源与间接渊源两种形式,称为法的渊源的多元主义;反之,若仅以直接渊源为法的渊源,则为一元主义。在人类社会发展的早期,走过了一条由不成文法为主,到成文法与不成文法并存互助的发展道路。随着成文法的发达与法典编纂的推动,随着反封建、反压迫、反专断的近代思想启蒙运动的影响,被认为最能体现人类理性与善端的制定法——法的直接渊源——被推上了社会规范体系的顶峰,而间接渊源的作用被极大的限制。例如,1804 年《法国民法典》第 5 条规定:“法官对其审理的案件不得以一般规则的处理方法进行判决。”这曾被认为是在法国民法体系中排斥法的间接渊源,从而奉行法的渊源的一元主义的证据。但我们认为,纯粹的法的渊源的一元主义,在整个民法的意义上并不真正存在,充其量是作为一种理想而被坚持。近代的民法一元主义的理想,被认为在解决封建社会法出多门,从而造成地方割据、法源随意、司法专断等严重社会问题方面展现了大刀阔斧的整饬力度,法典的制定更是对人类法治进程的极大推动。但是,若期望人类理性精心编制的制定法之网,能囊括一切需要法律调整的社会生活方面,则又犯了人类理性过度自负的老毛病。即便再伟大的法典,都不可能在发展的复杂社会关系面前保证自身永远正确与完备。同样是在《法国民法典》中,其第 4 条规定:“法官借口法律无规定、规定不明确或不完备而拒绝判决者,得以拒绝审判罪追诉之。”这样一来,为了避免遭受“拒绝审判罪”的追诉,法官在面临缺乏民法的直接渊源时寻求间接渊源的帮助已是必然之举。在嗣后的德国、瑞士、荷兰、意大利、俄罗斯等国家颁布的民法典中,无不为民法的间接渊源留下足够的进入通道。

我国《民法典》第10条规定:“处理民事纠纷,应当依照法律;法律没有规定的,可以适用习惯,但是不得违背公序良俗。”可见,我国并未坚持法渊源的一元主义。《民法典》第10条中所指的“法律”是指广义的法律,包括全国人大及其常委会制定的法律和国务院制定的行政法规,还包括地方性法规,自治条例和单行条例等。与原《民法通则》第6条〔22〕相比,民事习惯的法源地位则被现行《民法典》予以明确承认。其实,早在原《物权法》和原《合同法》相关立法中,已规定习惯可作为判断当事人权利义务的依据。〔23〕《民法典》第10条则使习惯可适用于整个民事领域。习惯在民事纠纷中的适用并非毫无限制,而是只在法律没有规定且该习惯不违背公序良俗的前提下方可适用,以达到合理弥补成文法不足的目的。

二、民法的直接渊源

民法的直接渊源,即民事制定法。它在我国包括以下几种类型:

1. 宪法

宪法是具有最高法律效力的根本大法。宪法的调整对象具有囊括公、私社会领域的全面性与广泛性。作为民法渊源的宪法,仅仅指其调整平等主体之间的人身关系与财产关系的那一部分宪法规范。这些规范包括关于我国财产所有制形式,所有权类型,对国家、集体、私人财产权的平等保护态度,与财产与人身有关的公民的基本权利与义务,允许外国企业与个人在我国境内投资等问题的规定,是具有最高效力的民法渊源,任何后续民法渊源都不得与其抵触。

2. 民事基本法

在大陆法系国家,民事基本法一般就是其民法典。民法典是按照一定逻辑体系集中编纂的民事法律规范体系集合,及由此形成的法律文本。民法典以逻辑严密、体系完备、条文众多、调整全面为特点,具有突出的权威性与稳定性,因而享有“市民社会大宪章”的美誉,〔24〕也由此担当起民事基本法的重任。

我国属于大陆法系国家。在中华人民共和国成立以后相当长的时期里,法律虚无主义曾严重干扰了我国的民事立法进程。到20世纪80年代中期,有中国特色的社会主义市场经济建设及改革开放初见成效,但总的来说,许多经济关系尚未成熟,市民社会处于萌芽阶段。我国当时还缺乏出台一部统一民法典的社会基础。在此背景下,1986年4月12日的第六届全国人民代表大会第四次会议通过了《民法通则》。原《民法通则》虽然不是成熟的、全面的、体系化的民法规范集成,但它及时建立了我国民法体系的梗概,为社会主义市场经济提供了初步体系化的调整规范,为民法典编纂奠定了较好的文本基础和实践基础。党的十八届四中全会之后,在全面推进依法治国的战略部署下,民法典编纂工作再次被提上日程。2017年3月15日,第十二届全国人民代表大会第五次会议通过了《民法总则》。原《民法总则》是民法典的开篇之作,以“提取公因式”的方法规定了民事法律制度中的基础性、共通性的制度规范,对此后的各民法分编具有统领作用。而后,2020年5月28日,第十三届全国人民代表大会第三次会议审议通过了《民法典》,并于2021年1月1日起正式生效。

---

〔22〕 原《民法通则》第6条规定,“民事活动必须遵守法律,法律没有规定的,应当遵守国家政策”。

〔23〕 参见常鹏翱:《多元的物权法源及其适用规律》,载《法学研究》2014年第4期;高其才:《民法典中的习惯法:界定、内容和意义》,载《甘肃政法大学学报》2020年第5期。

〔24〕 李开国:《民法总则研究》,法律出版社2003年版,第58页。

3. 民事单行法

民事单行法,是指民事基本法以外的,针对所调整的专门性民事关系而制定的民事法律。在我国,民事单行法由全国人民代表大会或其常务委员会制定,如《著作权法》《商标法》《专利法》《公司法》《中华人民共和国海商法》(以下简称《海商法》)、《票据法》《合伙企业法》等。当下,在社会主义市场经济条件下,民事单行法仍构成我国民法的基本内容,成为我国民事生活中极为重要的直接渊源。

4. 综合性单行法

综合性单行法,是针对待调整的特殊社会关系领域,而制定的由民事法律规范、行政法律规范、经济社会法律规范甚至刑事法律规范组成的法律规范综合体。综合性单行法体现了针对所调整的特定社会关系,公、私法律规范在彼此分工基础上的紧密协作与配合的调整方法特色。针对不同的社会关系,彼此配合,共同调整的公、私法律规范在量上也会有不同的侧重,从而使综合性单行法发生倾向于公法,或倾向于私法的定性。例如,《土地管理法》《中华人民共和国矿产资源法》《中华人民共和国水法》《中华人民共和国森林法》《中华人民共和国企业破产法》《消费者权益保护法》《反不正当竞争法》等,其中就包含有较多的实质民法规范,从而也成为重要的民法渊源。

5. 国务院制定的有关法规

国务院是我国的最高行政机关,可以根据宪法、法律赋予的行政立法权制定,或批准其各部委制定行政条例、办法、措施、决议,以及对法律作出具有行政执法解释性质的实施细则。这些条例、办法、措施、决议、实施细则等定期在《国务院公报》上公布。上述规范性文件中,就有相当部分为含有较多民事规范,甚至以民事规范为主,如《工矿产品购销合同条例》《农副产品购销合同条例》《建筑安装工程承包合同条例》《中华人民共和国专利法实施细则》《中华人民共和国商标法实施条例》《中华人民共和国著作权法实施条例》《国内航空运输旅客身体损害赔偿暂行规定》《国内水路运输管理条例》《期货交易管理条例》等。

6. 地方性法规

地方性法规,是省、自治区、直辖市级人民代表大会依据宪法与法律赋予的地方立法权而制定的,调整本地方社会关系的法律规范,以及省、自治区、直辖市级人民政府依据其地方行政立法权而制定的地方性法规、行政规章及其他规范性文件,它们包括自治条例、单行条例、规章、措施、办法等。例如,重庆市人民代表大会制定的《重庆市物业管理条例》《重庆市招标投标条例》《重庆市轨道交通条例》等。又如,政府规章《重庆市企业知名字号认定和保护办法》等。这些地方性法规中含有的民事规范,也是我国民法的渊源之一,但其空间效力仅限于本地方行政区划内。

7. 最高人民法院出台的指导性文件

最高人民法院是我国的最高司法机关,对法律拥有司法解释权。在总结民事审判经验的基础上,最高人民法院根据民法原理、原则,对一些规定尚欠具体、明确的民法规范进行解释。例如,曾经的最高人民法院《关于适用〈中华人民共和国担保法〉若干问题的解释》、最高人民法院《关于适用〈中华人民共和国合同法〉若干问题的解释》等;或针对各级地方法院在民事审判工作中遇到的疑难问题进行的个案指导性批复,这些指导性文件都会定期由《最高人民法院公报》公布,在事实上发挥了指导下级法官的裁判活动。最高人民法院审判委员会通过的《最高人民法院关于案例指导工作的规定》第 7 条规定,“最高人民法院发布的指导性案例,各级人民法院审判类似案例时应当参照”,再一次提升了指导性案例对法院审理工作的指导意义。但是,就最高人民法院出台的指导性文件的主体形式——司法解释及指导性案例而言——它归根结底是对已经存在的法律渊源的具体化,是有关法律渊源效力的延伸,因此它既不能违背原有法律渊源本意而肆意解释,更不能在本就缺乏有关法律渊源的情况下无中生有,单独发挥法律渊源的效力。

三、民法的间接渊源

除民事制定法以外,发挥民法效力的社会规范形式,都是民法的间接渊源。一般认为,民法的间接渊源分为习惯、判例与法理三类,但结合我国的法律传统以及判例本身的性质考虑,以民事习惯与法理为主来作叙述。

1. 民事习惯

习惯,是独立于国家制定法体系,在某种社会组织内部,因其社会成员的自觉遵守而形成的,具有一定权威性乃至强制力的行为规范。根据所适用的领域大小,它可分为全社会的习惯和特定地区的习惯两种。前者流行于全国;后者适用于大到一省,小到一县一村的地域。若习惯以调整民事主体之间的人身及财产关系为功能,则成为民事习惯。

早在国家产生以前,人类社会就在氏族内部形成了处理人们相互关系的习惯。[25] 奴隶制国家出现以后,国家将统治阶级采纳的习惯进行筛选,并通过文本的方式固定下来,传扬开去,始产生成文法。成文法的出现与发达在很大程度上替代了习惯的法律渊源的功能。但是,成文法的严格、集中、统一的制定过程,使其不可能一次性囊括社会生活的方方面面,更不可能随机、灵活地随社会关系之变而变,这对在成文法时代,习惯作为补充性法律渊源继续发挥作用提出了要求。这一要求在所调整社会关系空前复杂且多变的民法领域中尤其明显。当下,我国《民法典》正式确立了习惯可作为法律渊源。在成文法为法律渊源主导的社会与时代,民事习惯要成为民法的补充性渊源必须具备以下三项条件:

第一,须能证明有习惯的存在。欲援引习惯为民法渊源的当事人不仅须证明,在一定时期、一定地区内人们就同一事项均受某种统一行为模式的指导,还须证明该模式在当地被公众认为有相当于法律的效力,对违反有关行为模式的行为足以报以否定性评价,可以施以制裁。

第二,须就有关问题在成文法上无明文规定。对习惯所调整的特定社会关系,须于成文法中没有用于调整的对应性规范。若成文法中已有与习惯相同或近似的规定,说明成文法已吸纳习惯之内容,无须适用习惯;若成文法中已有与习惯不同甚至相反的规定,原则上当然应以成文法为渊源,排斥习惯的法律效力,以体现国家法治的统一与权威。当然,若成文法不仅与当地习惯相悖,而且已经严重损害当地人民的正常生活秩序、民族感情(尤其在少数民族聚居区),从而可能危害安定团结的大局,则对成文法进行变通、修改甚至废止,又另当别论。

第三,须不违反公序良俗、不损害社会公共利益。民法基本原则不仅是成文法的原则,也是全部民法渊源所应共同遵循的一般准则,是民法公平、正义价值的体现,是民法追求之公共利益的最终保障。对于违反民法基本原则、严重损害社会公共利益的陋习,即便在社会传统中根深蒂固,也不得作为民法的间接渊源。为此,《民法典》第 10 条明确规定,适用民事习惯不得违背公序良俗。

2. 法理

“法理是广义的法学家(包括法律教授和法官等)就民法问题所陈述的观点。因此,法理有

---

〔25〕 王伯琦:《近代法律思潮与中国固有文化》,清华大学出版社 2005 年版,第 285 页。

学说和判例两种形式,前者为学者法,后者为法官法。它们共同在习惯不能补充制定法之漏洞的情况下,对制定法的漏洞进行补充。"[26]早在古罗马时代,查士丁尼皇帝主持编写的法学教科书《法学阶梯》,和摘录权威法学家言论的《学说汇纂》就已被纳入其《民法大全》,被明确奉为法律。在欧洲中世纪,研究古罗马法的某些权威学者的见解,仍经常被法院援引,作为断案依据。而今天,在英美法系国家作为主要法律渊源的判例形式,其实也不过是被法官援引并据以作出先前判例的法理而已。

我国《民法典》并未将法理规定为我国民法的渊源。但事实上,法理不仅可以,而且在某种程度上已经作为民法的间接渊源而发挥作用了。[27] 一方面,与成文法及习惯相比,法理是一个通过法学的系统研究、教育而形成与传承的抽象范畴。正因为这种抽象性,法理拥有了最为强大的对法律概念、制度、推理的解释力与补充力,能够在成文法以及作为第一补充手段的习惯法都存在漏洞时,进行最终的查漏补缺。另一方面,由于在司法实践中,由最高人民法院公布的指导性案例及其他疑难案件的判例,以及法学专家对于疑难案件所给出的咨询意见,在某种程度上都形成了理论指引性影响,[28]法理的间接渊源作用正日益加强。原《民法通则》第6条曾规定"国家政策"可作为民法的补充性渊源。[29] 国家政策充当法源用以裁判民事纠纷是源于当时我国大量民事法律制度阙如的特殊国情所限,一定意义上是一种实事求是态度的体现。[30] 但由于国家政策并非经由法学研究提炼,也不经过法学教育传承,故而在全面推进依法治国的当下其并不适合担当民法的渊源。当然,某些与民事生活密切相关的国家政策确实起过弥补成文法漏洞的功能,[31]也体现某些一般性法律原理的意味,是故在未来的民事立法中,国家政策的法律渊源的功能可望部分转移于法理之中。

问题与思考

建立有中国特色的指导性案例制度,是我国最高人民法院近年来大力推进的重大司法改革举措,但指导性案例的性质仍存在争议。有人认为,指导性案例就是中国"判例法"的雏形,是面向未来的独立法源类型。但来自最高人民法院内部的意见却倾向认为,至少在现阶段,指导性案例是人民法院适用法律的一种机制,是对法律适用的解释,其目的是实现司法统一,它不同于英美法系的判例制度。当然,指导性案例也不同于历史上由《最高人民法院公报》刊载的各类案例。因为按照《最高人民法院关于案例指导工作的规定》,各级人民法院在处理与指导性案例类似案件时应当参照执行。即法官应当参照指导性案例的裁判要点等,作为其案件说理的依据,但不能直接以指导性案例的裁判结果、裁判要点等本身作为判决主文中的裁判依据。当事人及代理人提出参照指导性案例时,法官要明确对此回应。至于指导性案例对后案的"参照"效力,假以时日是否会引起我国法律渊源体系的实质改变,尚须时间的检验。

---

〔26〕 马俊驹、余延满:《民法原论》,法律出版社2007年版,第31页。
〔27〕 参见张志坡:《民法法源与法学方法——〈民法总则〉第10条的法教义学分析》,载《法治研究》2019年第2期。
〔28〕 参见杨群、施建辉:《〈民法总则〉"法理"法源规则缺失与实践重建》,载《南京大学学报(哲学·人文科学·社会科学)》2019年第3期。
〔29〕 原《民法通则》第6条规定,"民事活动必须遵守法律,法律没有规定的,应当遵守国家政策"。
〔30〕 参见刘贵祥:《〈民法典〉实施的若干理论与实践问题》,载《法律适用》2020年第15期。
〔31〕 参见齐恩平:《私法自治与民事政策的互动及检视》,载《政法论坛》2021年第1期。

第四节　民法的体系化与法典编纂

一、历史上的民法体系化与法典编纂

民法由习惯法向成文法过渡的历史过程，同时也是在民法学理研究的指导下，民法实体规则依据一定逻辑规律被系统整理、归类的体系化过程，是在形式上逐步取得法律的最终渊源形态——法典——的过程。

（一）古典时期民法的初步体系化

古典时代的民法体系化与法典编纂的工作，可一直追溯到公元前5世纪的古罗马《十二铜表法》的编纂。其鼎盛时期，则是简单商品经济获得大发展、军事征伐带来巨大胜利，以及法学家取得法律解释权等特权，从而在国家立法活动中的地位空前提高等因素的共同推动下，于公元二三世纪开始的大规模法典编纂运动时代。该运动最终在公元6世纪为东罗马帝国皇帝查士丁尼集为大成：在查士丁尼的组织下，主要摘录法学家著述的《学说汇纂》、主要作为法学教科书使用的《法学阶梯》、作为法律和谕令汇编的《查士丁尼法典》，以及记载对前律的变通内容的《新律》，均编纂完成。其中，《学说汇纂》将所收录的39位古罗马法学家的9142条言论进行的系统的整理与归类，分别纳入了七大部分：第一部分为总则，涉及法的概念、渊源，人的法律地位等内容；第二部分涉及审理；第三部分关于物；第四部分为核心，涉及抵押、利息、航海、文书、证人、证据、推定、婚姻、监护等内容；第五部分关于遗嘱；第六部分包括遗产占有、无遗嘱继承、赠与、死因赠与、占有、所有权取得等内容；第七部分涉及合同、担保，债的清偿、免除，刑法、捐税和城邦管理等内容。而《法学阶梯》是在编纂《学说汇纂》的同时被编写，为之配合的一部法学教科书，它由四编组成：第一编关于“人”；第二编论述物的划分、所有权、其他物权等，第三编论述无遗嘱继承与契约之债，第二编、第三编合而为“关于‘物’”；第四编论述侵权行为与诉讼。至此，对后世民事立法演进影响甚巨的人法、物法与诉讼法三分体系模式，在古罗马法中正式确立。

以《学说汇纂》《法学阶梯》等为代表的古罗马法律典籍，在总体上有民刑不分、实体法与程序法合体的问题，但对民事实体法部分的着重研究、整理、编纂，以实现其体系化的努力已经取得了显著成效，并在罗马帝国覆亡数百年以后，又引发了绵延数百年之久的罗马法复兴运动，最终催生了一批划时代的民法典。[32]

（二）近现代的民法典编纂

近代以来，随着资本主义的全面发展与罗马法复兴运动的深入，民法典的编纂运动随之兴起，二百多年来，一系列民法典相继诞生，根据各自继受古罗马法有关典籍的侧重不同，逐步体现出分别以《法国民法典》与《德国民法典》为代表的两大模式。作为近代范式民法典的《法国民法典》和《德国民法典》，其编纂活动分别完成于19世纪初叶与末期，二者在法典体系上分别取材于古罗马时代的《法学阶梯》或《学说汇纂》。

1804年颁布的《法国民法典》以《法学阶梯》为蓝本，但将诉讼法分离开来，创民事实体法与民事程序法分离之先例。该法由总则加三编组成（颁布时共2281条，至1975年增为2283条）：

---

〔32〕［英］芬纳：《统治史（卷一）：古代的王权和帝国——从苏美尔到罗马》，马百亮、王震译，华东师范大学出版社2010年版，第418页。

总则规定法律的公布、效力与适用;第一编关于“人”,包括民事权利的享有与丧失、身份证书、住所、失踪、结婚离婚、血缘关系、收养、亲权、监护等;第二编关于“财产及财产所有权的各种变更”,包括财产的分类、所有权、用益权、使用权、居住权、役权及地役权等;第三编关于“取得财产的各种方法”,包括继承、生前赠与及遗嘱、契约或合意之债的一般规定、非合意之债、夫妻财产契约及夫妻财产制、买卖等各种契约类型、和解、仲裁、质押、优先权及抵押权、强制执行及债权人之间的顺位、时效及占有等。除去非实体性规定的总则部分,《法国民法典》缔造了由“人法”“财产法”“财产取得法”组成的三编制体例。

1896 年颁布的《德国民法典》以《学说汇编》为基础,经由潘德克顿法学派的进一步归纳与总结而创立五编制体例。第一编为总则,对人(包括自然人与法人)、物、法律行为、代理、时效与期间、权利的行使与保护等基础性、共同性的民事问题进行了规定;第二编为债的关系法,对债的内容、因契约所生之债、债的消灭、债的移转、多数人之债等方面进行了规定;第三编关于物权,分别对占有、所有权、地上权、役权、先买权、土地负担、抵押权、质权等内容进行了规定;第四编为亲属法,规定婚姻、亲属关系及监护等内容;第五编为继承法,包含继承顺序、继承人法律地位、遗嘱、继承契约、特留份、继承权的丧失与抛弃、继承证书、遗产买卖等规定内容。

一般认为,《法国民法典》以法典的形式总结、重申了资产阶级大革命的精神,巩固了革命成果,确立了所有权神圣、契约自由与过失责任等对后世民法产生深远影响的基本原则。同时,该法典相对生活化的体系安排,朗朗上口、明确流畅的法典行文,又使其更为贴近民众,便于法典精神的国民教育、领会与贯彻。晚于《法国民法典》近百年诞生的《德国民法典》由于更多地借助了法学家严谨的逻辑推导,使其在技术上更为全面、精密、科学,在民法体系化上更胜一筹。自此之后的民法法典编纂工作,莫不深受法国模式或德国模式的影响,如荷兰、比利时、西班牙等国民法典即仿效《法国民法典》编纂,而日本以及我国台湾地区的“民法”,又体现了德式的五编制体例。当然,也有所谓折中模式的第三条道路,如 1926 年颁布的《瑞士民法典》在形式上近似法国模式,在实质上又近似德国模式。又如,1942 年制定的《意大利民法典》,是对法国模式与德国模式的双重借鉴与扬弃。这也说明,后世国家与地区在制定民法时,多是基于本国与地区的本土情况与法律继受的历史传统,更多地以某种模式为基础,辅以另一模式,取长补短,形成有各自国家与地区特色的民法典。

(三)编纂民法典的意义

民法典的编纂,是民法体系化工作水到渠成之举。若徒有法典之外观,而缺乏体系化工作的理论底蕴,民法典不过是贻笑大方的“空架子”;反之,及时的法典化则会使体系化的复杂工作最终得到立法的认可,使其应有的社会功能更好地实现,对推动社会历史进步产生深远影响。

从形式上看,以法典的形式,系统、全面地将民事主体的民事生活规范,在短时间内形成一种全新的法律框架,以提高民法的覆盖率与适应性。民法典所体现的由民法总则到分则,由基本原则到具体制度,由一般性规定到特别规定的体系逻辑,更是可以使普通社会公众与法官在面临具体个案时,先从低位阶的具体规定入手,待其不济时“拾级而上”到较高位阶的规范中去寻找规则依据,直至民法基本原则;反之,民法基本原则处于民法典规则体系中的最高位阶,其地位使其所包含的民法基本价值得以“拾级而下”,层层贯彻,最终到达并储存在每一个具体民法规则中,通过民法典的内部上下协调,从而实现了民法价值的储存与贯彻。[33] 最后,民法典以其统一而

〔33〕 李开国:《民法总则研究》,法律出版社 2003 年版,第 54 页。

宏大的体系相对替代过去系出多门、复杂烦琐的单行法律法规体系，则可以最大限度地避免民法规范间的重复与冲突，使民法规范简明扼要、和谐一致。

从实质上看，民法法典化不仅是一国民法体系化高度发展、民法理论研究与技术总结相对成熟的体现，更是该国市民社会相对独立与发展的标志。纵观近代以来民法法典化的历程，凡伟大法典诞生的时代，必也是破旧立新、市场经济形式与市民社会模式全面发展的时代。民法典的功用在此已非局限于民法的最终渊源形式，而跃为同时代的权利宣言书乃至社会革命的纲领，这又使民法包孕的社会理想不滞于某些落后社会现实的牵掣，而是反过来作为改革社会的法制标准。在民法发达国家是这样，在东方传统国家就更是这样。实际上，在传统社会形态中，要等待民法得以完全贯彻所需的一切社会条件之具备，再推出民法典是不现实的。对于一个传统社会而言，借助民法典的制定和颁行，可以有效地培养人们的权利意识和平等观念，促进其市民社会的缔造，为从传统文化向现代文化的转型，奠定依法治国的观念基础。在此方面，《日本民法典》与我国台湾地区"民法"的历史功用便是范例，而 1994 年《俄罗斯联邦民法典》的颁布，更是以"理想化"的立法模式为俄罗斯经济社会转轨制定法律纲领性文件，民法法典化之社会功能得以集中体现。

二、我国的民法典编纂

(一)近代中国民法移植过程中的民法典编纂

中国近、现代意义上的民法的体系化工作，始于清末变法图强的法制改革。1902 年清朝光绪帝提出参酌西方法律制定本国律例，1907 年由沈家本等主持，并聘请日本民法学者松冈义正等人参与，开始起草民法典。至 1911 年完成《大清民律草案》，共五编 1569 条，但未及颁行清朝便覆灭。我国近代史上第一次民法法典化过程虽由此夭折，却把西方市民法所体现的不同于中国民事法律传统的原则、思想、精神等要素，首次系统地引进了中国。而《德国民法典》《日本民法典》所包孕的法律概念、制度框架、体系逻辑等，也给当时处于萌芽阶段的中国法学界留下了深刻印象，对后来中国的民事立法与民法理论的发展产生了深远影响。

南京国民政府时期，相关机构参照《大清民律草案》继续进行民法典的编纂工作。南京国民政府在 1927 年成立立法局，终于在 1929 年 5 月至 1930 年 12 月分编分期颁布了《中华民国民法典》，该法典也成为我国第一部民法典，含总则、债、物权、亲属与继承共五编，1225 条。该法在 1949 年中华人民共和国成立后被废止。

(二)中华人民共和国成立后的民事立法进程

中华人民共和国成立后，包括民法典在内的国民政府六法全书作为"伪法统"被迅速废除，制定新的、社会主义的民法法典的工作也逐步展开。1954 年全国人大常委会开始组织民法典的起草，此次起草以 1922 年颁布的《苏俄民法典》为蓝本，于 1956 年完成草案，分总则、所有权、债、继承四编，共 525 条，该草案终因历史的局限而未能颁行。1962 年全国人大常委会第二次起草民法典，至 1964 年草拟完成《中华人民共和国民法(施行稿)》，它包括总则、所有权与财产流转三编，计 262 条。该草案一方面将侵权行为、亲属继承等内容排斥在外；另一方面却将财政预算、税收征管等公法性内容纳入其中，立法指导思想中的弊端不言而喻。接下来的十年，民法典的制定工作陷入停顿状态。

"文化大革命"结束，改革开放来临。以经济建设为中心，提高生产力，改善人民生活的基本方针的确定，再次对制定民法典提出了迫切要求。1979 年全国人民代表大会常务委员会第三次组织起草民法典,主要参考1962年《苏联民事立法纲要》、1964年《苏俄民法典》和1978年修订的《匈牙利民法典》,于1982年5月完成了《中华人民共和国民法草案(第四稿)》,包括我国民法的任务和基本原则、关于民事主体的规定、财产所有权、合同、智力成果、财产继承权、民事责任、关于期限与诉讼时效和民法适用范围等八编,计465条。该草案同样因为当时的政治经济局势,以及草案自身技术上的欠缺等原因未能颁布施行,但却为后来的《民法通则》的制定创造了条件。

1986年4月12日全国人民代表大会通过《民法通则》,虽与一部体系完备的民法典尚有距离,但作为中华人民共和国成立以来第一部民事基本法性质的立法文件,《民法通则》为调整与巩固我国新生的民商事社会关系作出了不可磨灭的贡献,并结合在这一时期相继颁布的单行法,如原《继承法》、《著作权法》、《商标法》、《专利法》、《海商法》、《票据法》、原《担保法》、《合伙企业法》等,共同构成我国改革开放初期以来的基本民事法律体系。然而,随着中国特色社会主义市场经济的深入发展,旧有的民法体系日益显示出自身的不适应性。《民法通则》本身涵盖范围与针对性的局限与滞后、《民法通则》与单行法之间的冲突、单行法之间的冲突等问题对民法调整效率的影响日益显现。制定一部统一的、有中国特色的民法典则是解决问题的根本途径。

1998年1月13日,全国人大常务委员会副委员长王汉斌邀请民法学者王家福、江平、王保树、梁慧星、王利明座谈民法典起草事宜,大家一致认为起草民法典的条件已经具备。王汉斌副委员长遂决定立即恢复民法典编纂,并委托有关专家学者负责编纂草案。[34] 2002年12月23日,第九届全国人民代表大会常务委员会第三十一次会议对民法基本草案进行了初次审议。该草案分为九编:总则、物权、合同、人格权法、婚姻、收养、继承、侵权责任、涉外民事关系的法律适用,共1229条。[35] 值得注意的是,该民法草案有四编是对现有立法成就的汇编,即合同法(收纳1999年制定的统一合同法)、婚姻法(收纳1980年制定,在2002年经修改的《婚姻法》)、继承法(收纳1985年制定的《继承法》)、收养法(收纳1991年制定,1998年经修改的《收养法》)。剩余各编纳入以后的立法计划分别完成。至第十届全国人民代表大会常务委员会立法规划将物权法、侵权责任法、涉外民事关系的法律适用法三编列入其中,且不排除对草案中总则和人格权法进行审议的可能。这表明,中国民法典的编纂采取了分编审议、通过的方式。[36]

作为民法典重要组成部分的物权法,于第九届全国人民代表大会常务委员会任期内进行了审议,第十届全国人民代表大会常务委员会第十二次、第十六次会议进行了再审、三审,并于2005年7月10日由全国人民代表大会常务委员会办公厅向社会全文公布,广泛征求意见。经

---

〔34〕 分工情况:委托中国社会科学院法学研究所梁慧星研究员负责起草总则编、债权总则编和合同编;人民大学法学院王利明教授负责起草人格权编和侵权行为编;中国社会科学院法学研究所郑成思研究员负责起草知识产权编;最高人民法院唐德华副院长负责起草民事责任编;中国政法大学巫昌桢教授负责起草亲属编和继承编;最高人民法院退休法官费宗祎负责起草涉外民事关系的法律适用编。

〔35〕 除了该草案文本以外,迄今为止出台的我国民法典草案的学者建议稿还有:由中国社会科学院法学研究所的梁慧星研究员主持起草的《中国民法典草案建议稿》,该稿由总则、物权、债权总则、合同、侵权行为、亲属、继承等七编构成;中国人民大学法学院的王利明教授主持起草的民法典建议稿;厦门大学的徐国栋教授也组织起草了一个民法典的建议稿(即其《绿色民法典》);广西大学的孟勤国教授组织起草了物权法部分的建议稿;西南政法大学的张玉敏教授起草了继承部分的建议稿;等等。

〔36〕 全国人民代表大会法律委员会副主任委员胡康生于2002年12月22日,在向第十届全国人民代表大会常务委员会第十二次会议汇报物权法草案的修改情况时说,在对民法草案进行初次审议时,不少常委会组成人员以及有关方面认为,民法涉及面广、内容复杂,一并研究修改历时较长,以分编审议通过为宜,当前应抓紧制定物权法。

过近两年的不断修改完善,《物权法》最终于2007年3月16日,在第十届全国人大第五次会议上获得通过,并于2007年10月1日起施行。物权法立法工作的完成,是迄今为止我国民法法典化进程中取得的最为重要的成果。同样,作为民法典重要组成部分的《侵权责任法》也由第十一届全国人民代表大会常务委员会第十二次会议于2009年12月26日通过,于2010年7月1日起施行。继而,《涉外民事关系法律适用法》由第十一届全国人民代表大会常务委员会第十七次会议于2010年10月28日通过,于2011年4月1日起施行。

2014年10月23日通过的十八届四中全会报告《中共中央关于全面推进依法治国若干重大问题的决议》提出"加强市场法律制度建设,编纂民法典"。根据国家立法战略部署,法典编纂由全国人民代表大会常务委员会法制工作委员会牵头,最高人民法院、最高人民检察院、国务院法制办、中国社会科学院、中国法学会参与。根据立法规划,民法典编纂分两步走:第一步是从2015年开始起草《民法总则》,到2017年3月完成。2015年3月,全国人民代表大会常务委员会法制工作委员会正式启动了民法典的编纂工作,着手第一步的《民法总则》制定工作。该工作开展主要以1986年制定的《民法通则》为基础,系统梳理总结有关民事法律的实践经验,提炼民事法律制度中具有普遍适用性和引领性的规则,最终形成了《民法总则(草案)》。2016年由第十二届全国人民代表大会常务委员会进行了三次审议,2017年3月由第十二届全国人民代表大会第五次会议审议,并予以施行。制定《民法总则》为民法典整体编纂工作奠定了坚实的基础。第二步是到2020年左右完成民法典分则各编的编纂工作。[37] 在《民法总则》通过后,第十二届、第十三届全国人民代表大会常务委员会接续努力、抓紧开展作为民法典编纂第二步的各分编编纂工作。全国人民代表大会常务委员会法制工作委员会与民法典编纂工作各参加单位全力推进民法典各分编编纂工作,系统梳理、研究历年来有关方面提出的意见,开展立法调研,广泛听取意见建议,以当时物权法、合同法、担保法、婚姻法、收养法、继承法、侵权责任法等为基础,结合我国经济社会发展对民事法律提出的新需求,形成了包括物权、合同、人格权、婚姻家庭、继承、侵权责任等六个分编在内的民法典各分编草案,提请2018年8月召开的第十三届全国人民代表大会常务委员会第五次会议审议。其后,2018年12月和2019年4月、6月、8月、10月,第十三届全国人民代表大会常务委员会第七次、第十次、第十一次、第十二次、第十四次会议对民法典各分编草案进行了拆分审议,对全部六个分编草案进行了二审,对各方面比较关注的人格权、婚姻家庭、侵权责任三个分编草案进行了三审。在此基础上,将《民法总则》与经过常委会审议和修改完善的民法典各分编草案合并,形成《中华人民共和国民法典(草案)》,并提请2019年12月召开的第十三届全国人民代表大会常务委员会第十五次会议审议。经审议,全国人民代表大会常务委员会作出决定,将民法典草案最终提请2020年5月28日第十三届全国人民代表大会第三次会议进行审议。当代中国的民法典化运动发生于跨世纪的时代,不能完全重踏西方近代民法之路,其从一开始就与现代民法的发展合拍同步,同时还担负着回归和重建近代民法及超越近代民法和实现民法现代化的双重使命。[38]

《民法典》是一部整合了中华人民共和国成立以来70年法治成果,汲取了中华民族5000年

---

〔37〕 其实,在民法典分编的制定中是存在几十年的民事立法成果与民事司法实践的经验积累的,如《物权法》《合同法》《婚姻法》《继承法》《侵权责任法》《涉外民事关系法律适用法》等,而更为重要的是需对已有成果作出科学合理的技术性统摄,进而完成《民法典》分编的编纂工作。

〔38〕 梁慧星:《从近代民法到现代民法》,载《民商法论丛》(第7卷),法律出版社1997年版,第229页以下。

优秀法律文化,符合我国社会主义性质,符合人民利益与愿望,体现中国特色与开放时代性的法典。其在我国社会主义法律体系中居于重要地位,是一部"固根本、稳预期、利长远"的基础性法律,对全面推进社会主义法治国家建设、社会主义市场经济发展、人民利益保护及国家治理体系和治理能力现代化的提升,发挥着无可替代的作用。[39] 同时,《民法典》作为中华人民共和国历史上第一部以法典命名的法律,开创了我国法典编纂立法的先河,具有里程碑意义。在法典编纂过程中,始终高举中国特色社会主义伟大旗帜,以马克思列宁主义、毛泽东思想、邓小平理论、"三个代表"重要思想、科学发展观、习近平新时代中国特色社会主义思想为指导,增强"四个意识",坚定"四个自信",做到"两个维护",全面贯彻党的十八大、十九大和有关中央全会精神,坚持党的领导、人民当家作主、依法治国有机统一,紧紧围绕统筹推进"五位一体"总体布局和协调推进"四个全面"战略布局,紧紧围绕建设中国特色社会主义法治体系、建设社会主义法治国家,总结实践经验,适应时代要求,对我国现行的、制定于不同时期的民法通则、物权法、合同法、担保法、婚姻法、收养法、继承法、侵权责任法和人格权方面的民事法律规范进行全面系统的编订纂修,进而形成了一部具有中国特色、体现时代特点、反映人民意愿的民法典,为新时代坚持和完善中国特色社会主义制度、实现"两个一百年"奋斗目标、实现中华民族伟大复兴中国梦提供完备的民事法治保障。为贯彻以上法典编纂指导思想,在法典编纂中还坚持从五个方向进行制度展开:(1)坚持正确的政治方向,全面贯彻习近平总书记全面依法治国新理念、新思想、新战略,坚决贯彻党中央的决策部署,坚持服务党和国家工作大局,充分发挥民法典在坚持和完善中国特色社会主义制度、推进国家治理体系和治理能力现代化中的重要作用。(2)坚持以人民为中心,以保护民事权利为出发点和落脚点,切实回应人民的法治需求,更好地满足人民日益增长的美好生活需要,充分实现好、维护好、发展好最广大人民的根本利益,使民法典成为新时代保护人民民事权利的好法典。(3)坚持立足国情和实际,全面总结我国改革开放40多年来民事立法和实践经验,以法典化方式巩固、确认和发展民事法治建设成果,以实践需求指引立法方向,提高民事法律制度的针对性、有效性、适应性,发挥法治的引领、规范、保障作用。(4)坚持依法治国与以德治国相结合,注重将社会主义核心价值观融入民事法律规范,大力弘扬传统美德和社会公德,强化规则意识,倡导契约精神,维护公序良俗。(5)坚持科学立法、民主立法、依法立法,不断增强民事法律规范的系统性、完整性,既保持民事法律制度的连续性、稳定性,又保持适度的前瞻性、开放性,同时处理好、衔接好法典化民事法律制度下各类规范之间的关系。

在当下,实现民法法典化具有重大的历史意义:

其一,编纂民法典是坚持和完善中国特色社会主义制度的现实需要。回顾人类文明史,编纂法典是具有重要标志意义的法治建设工程,是一个国家、一个民族走向繁荣强盛的象征和标志。我国民事法律制度伴随着新时期改革开放和社会主义现代化建设的历史进程而形成并不断发展完善,是中国特色社会主义法律制度的重要组成部分。在系统总结制度建设成果和实践经验的基础上,编纂一部具有中国特色、体现时代特点、反映人民意愿的民法典,不仅能充分彰显中国特色社会主义法律制度成果和制度自信,促进和保障中国特色社会主义事业不断发展,也能为人类法治文明的发展进步贡献中国智慧和中国方案。

其二,编纂民法典是推进全面依法治国、推进国家治理体系和治理能力现代化的重大举措。

---

[39] 习近平:《充分认识颁布实施民法典重大意义 依法更好保障人民合法权益》,习近平总书记2020年5月29日于十九届中央政治局第二十次集体学习时的讲话。

民法是中国特色社会主义法律体系的重要组成部分,是民事领域的基础性、综合性法律,它规范各类民事主体的各种人身关系和财产关系,涉及社会和经济生活的方方面面,被称为“社会生活的百科全书”。建立健全完备的法律规范体系,以良法保障善治,是全面依法治国的前提和基础。

其三,编纂民法典是坚持和完善社会主义基本经济制度、推动经济高质量发展的客观要求。编纂民法典,进一步完善我国民商事领域基本法律制度和行为规则,可为各类民商事活动提供基本遵循,有利于充分调动民事主体的积极性和创造性、维护交易安全、维护市场秩序,有利于营造各种所有制主体依法平等使用资源要素、公开公平公正参与竞争、同等受到法律保护的市场环境,推动经济高质量发展。

其四,编纂民法典是增进人民福祉、维护最广大人民根本利益的必然要求。中国特色社会主义法治建设的根本目的是保障人民权益。编纂民法典,健全和充实民事权利种类,形成更加完备的民事权利体系,完善权利保护和救济规则,形成规范有效的权利保护机制,对于更好地维护人民权益,不断增加人民群众获得感、幸福感和安全感,促进人的全面发展,具有十分重要的意义。〔40〕

(三)民法典编纂的立法技术

历史上所形成的法国“三编制”与德国“潘德克顿”立法模式对后世产生了重大影响。我国历来受德国潘德克顿立法体系影响较深。现行法典编纂时也基本采取潘德克顿立法技术中的“提取公因式”方式进行。就《民法典》总则编而言,立法机关主要以法律关系理论作为框架结构。至于《民法典》总则编的主要内容则包括:(1)民事法律关系的主体;(2)民事法律关系的内容,也就是民事权利、义务与责任;(3)民事法律关系的客体,也就是民事法律所要保护的对象。除上述民事法律关系三方面要素,还包括引起民事法律关系产生、变更和消灭的民事法律事实,这又包括民事法律行为、代理、时效及期间。同时,民法典各分编也渐次按照总则编中所确定的潘德克顿式立法技术而逐步展开,最终确立了总则、物权、合同、人格权、婚姻家庭、继承、侵权责任七编制结构,使民事生活各场域得以全面化叙述。具言之:

第一编“总则”。主要规定了民事活动必须遵循的基本原则和一般性规则,统领民法典各分编。该编基本保持原《民法总则》的结构和内容不变,根据法典编纂体系化要求对个别条款作了文字修改,并将“附则”部分移到《民法典》的最后。该编共 10 章、204 条。

第二编“物权”。在原《物权法》的基础上,按照党中央提出的完善产权保护制度,健全归属清晰、权责明确、保护严格、流转顺畅的现代产权制度的要求,结合现实需要,进一步完善了物权法律制度。该编共 5 个分编、20 章、258 条。

第三编“合同”。在原《合同法》的基础上,贯彻全面深化改革的精神,坚持维护契约、平等交换、公平竞争,促进商品和要素自由流动,完善合同制度。该编共 3 个分编、29 章、526 条。

第四编“人格权”。在原有关法律法规和司法解释的基础上,从民事法律规范的角度规定了自然人和其他民事主体人格权的内容、边界和保护方式,但不涉及公民政治、社会等方面权利。该编着重就民事主体对其特定的人格利益享有的权利进行了细致入微的构造。该编共 6 章、51 条。

---

〔40〕 王晨:《关于〈中华人民共和国民法典(草案)〉的说明》,2020 年 5 月 22 日在第十三届全国人民代表大会第三次会议上的讲话。

第五编"婚姻家庭"。以原《婚姻法》和原《收养法》为基础,在坚持婚姻自由、一夫一妻等基本原则的前提下,结合社会发展需要,修改完善了部分规定,并增加了新的规定。该编共5章、79条。

第六编"继承"。在原《继承法》的基础上,根据我国社会家庭结构、继承观念等方面的发展变化,结合人民群众生活水平的提升和财富的增长修改完善了继承制度,以此满足人民群众处理遗产的现实需要。该编共4章、45条。

第七编"侵权责任"。主要结合原《侵权责任法》实施以来在保护民事主体合法权益、预防和制裁侵权行为等方面所发挥的重要作用及实践经验的基础上,针对侵权领域出现的新情况,吸收借鉴司法解释的有关规定,对侵权责任制度作了必要的补充和完善。该编共10章、95条。

问题与思考

应当提防民法法典化之毕其功于一役的简单、浮躁心态。实际上,民法法典化并不是一个天经地义、理所当然的命题,也就是说,民法并不必然要法典化。历史上,德国民法界就是否应当制定民法典发生过激烈的争论。萨维尼反对法典化,他站在历史法学派的立场上,认为在法学理论尚不成熟、法律界尚显稚嫩的条件下,法典编纂时机未到,不应仓促立法。他主张从德国本土法律资源中进行深入研究,法学家与法院应加强交流。在他及同时代法学家的努力下,通过逻辑抽象与理论概括,具有普遍意义的法律概念与原则得以产生,潘得克顿式概念法学逐步形成,为日后《德国民法典》的制定奠定了坚实的基础。

萨维尼的观点给我们的启示是:虽然在当下中国市场经济走向成熟,作为基本法的民法法典化业已完成,但即便看似我国与世界法典化运动浪潮保持了形式的一致性,然而也要重视中国民法典民族精神与理念的发掘、传递与供给,要重视中国民法典对世界社会治理中的"中国经验"的分享与输出,并在"文化自信"的前提下进一步反哺中国民法典的现代化发展。

第五节　民法与主要相关法律部门的关系

作为重要的法律部门,民法总是与其他法律部门在保持界限、相互分工的基础上又密切联系、充分合作。民法是私法,故与公法部门,如行政法、刑法等,界限是相对分明的,却与新兴复合型法律部门——经济法——存在复杂的联系与区别。同时,民法作为一般私法,又与作为特别私法的商法、婚姻家庭法、劳动法等法律部门保持复杂的联系。

一、民法与劳动法

劳动法是调整以联合劳动为基础的社会劳动关系的法律规范的总和。其基本功能是保障劳动者与用人单位在劳动关系中的地位平等、利益均衡,保障劳动者与用人单位在建立、维持劳动关系过程中自由与公平的有机统一。劳动法仍可被认为是符合民法性质要求的民事特别法。[41]

但是,劳动法在广义民法体系中又体现出明显的自身特色:

---

〔41〕 谢鸿飞:《民法典与特别民法关系的建构》,载《中国社会科学》2013年第2期。

其一,从调整对象上看,劳动法所调整的"劳动关系"并不是泛指任何形态的劳动力交易关系,而是特指随着生产社会化程度及社会分工程度的提高,由个体化的、无组织的、对应简单商品经济生产方式的简单劳动雇佣关系发展而来的社会化、组织化、对应发达商品经济生产方式的劳动用人关系(在资本主义国家则为劳资关系)。此类社会关系首先承认劳动者与用人单位在生产过程中处于劳动纪律约束下的非平等地位,即劳动者对用人单位劳动管理、劳动纪律的遵守义务。同时,劳动者出于生计考虑,在事实上对用人单位所占有的生产资料具有依附性,且难以根本改变劳动者的分散状态,这与用人单位高度集约的悬殊实力形成对比。以至于在劳动关系中,存在明显的法律期望中的形式上的劳动者与用人单位间的平等性要求,与实际上的二者之间在多个方面的维护自身利益能力上的不平等性的矛盾与冲突。

其二,从调整方法上看,为了扭转上述劳动关系中的形式平等而实质不平等的局面,在无法改变社会化大生产基本模式的前提下,更好地维护处于弱势地位的劳动者的权益,劳动法在很多方面采用了旨在约束用人单位的,形式上非平等、非自愿性的调整方法。例如,对用人单位课以强制缔约,强制劳保,强制医疗等社会保障性义务,辅以劳动者维权等特殊方法。同时,在法律规范的适用上,劳动法也与行政法等公法规范紧密配合。

其三,从开放程度上看,劳动法同时体现了国际化与本国性。从劳动者基本权利类型、劳动者可维护自身权益的基本方法等方面看,国际公约中的有关规定对本国劳动法的规制有指导作用正日益显现。但同时,本国法对本国劳动关系中劳动者权利的实现程度,又因各国生产力发展水平的巨大差异而无法完全统一。例如,在以我国为代表的广大发展中国家中,劳动力价格低廉往往是被政府强调的基本国情,故在劳动者取得劳动报酬的基本权利的保护水平上就与发达国家存在相对的不可比性。

二、民法与经济法

经济法,是指国家为了克服市场失灵而制定的调整需要国家干预的具有全局性和社会公共性的经济关系的法律规范的总称。[42] 与前面提到的几种民事特别法不同,经济法是与民法处于同等位阶的,是当代法律体系中的一个独立法律部门,二者互不隶属,存在显著区别。[43]

其一,从产生的历史过程上看,民法的历史渊源可上溯到简单商品经济相对繁荣的古希腊、罗马时代。民法是不断进步的,是各个时代商品经济规律的法律总结。而在西方国家,经济法是在商品经济与民商事法律体系已经相对发达,但以经济生活为核心的社会各方面利益分配格局不平衡状况日益严重的情况下,国家针对该失衡状态进行积极干预、制衡过程中总结出的,关于国家干预社会经济生活的新型法律部门。

其二,从调整对象上看,民法调整笼统的平等主体之间的人身关系与财产关系,具有广泛的社会覆盖性、基础性与普遍性。而经济法的调整对象,严格地说并不是与其他法律部门所调整对象相互排他的独立社会关系类型,而是经由民法进行第一次调整,却仍然存在严重社会利益分配

---

〔42〕 李昌麒主编:《经济法学》,北京大学出版社 2002 年版,第 41 页。

〔43〕 关于民法与经济法孰为调整社会经济关系的基本法,在我国历史上曾发生过激烈的争论。随着当年民法通则的颁布,这一争论才告一段落。王汉斌同志在第六届全国人大第四次会议上所作的《关于〈中华人民共和国民法通则(草案)〉的说明》中指出:"民法主要调整平等主体之间的财产关系,即横向的财产、经济关系。政府对经济的管理,国家和企业之间以及企业内部等纵向经济关系或者行政管理关系,不是平等主体之间的经济关系,主要由有关经济法、行政法调整。"

不平衡、不协调、不公平现象,但又尚不需或不应由国家权力直接强制性干涉的商品经济社会关系。可见,经济法的调整对象具有二次属性,且同时具有“有所为,有所不为”的选择性。

其三,从调整方法上看,民法以意思自由为基本原则,以任意法为主要法律形式,讲求效率优先,兼顾公平(其商法部分更是如此)。经济法的调整目的是从社会公共利益的角度,再次审视商品经济发展规律的有效性与局限性,以国家有限干预的手段弥补商品经济规律的不足,而不是彻底代替商品经济规律,所以经济法不能等同于直接体现命令与服从关系,排斥市民自由、市场自治的行政法。但是,政府为扭转民法调整之后仍然存在的社会经济非秩序、利益分配非公平局面,所采取的各种宏观调控手段,客观上也体现了排斥当事人意思自由的强制性,体现了公平优先、兼顾效率的矫正取向。从这一点上看,经济法又确实在某种程度上具有特别公法的属性。

问题与思考

在大陆法系国家,民法有着崇高的地位。民法学者提出了民法乃万法之母的观点,认为在民法与其他法律部门的关系上,民法是其他一切法律的来源。民法既是市场经济的基本规则,同时也是保障基本人权的基本法。在大陆法系的发展过程中,从罗马法开始,民法对其他的法律领域的价值理念、范畴、方法产生了重大影响。如罗马法中所蕴含的人人平等、公正至上的法律观念,具有超越民族文化差异、时间、地域的永恒价值,对世界各国的诸如商法的特别民法,对宪法、经济法、行政法等其他法律部门都产生了重大影响。对此,我们尤其需注意“民法与宪法”“民法与商法”这两个面向的思考:

一是民法与宪法的关系问题。近几十年来,宪法学界与民法学界发生着宪法与民法谁是根本法的争议。实际上不管民法抑或宪法,其追求的价值目标都是维护人民权利。在我国现行体制下,最高人民法院无权解释宪法,也不以宪法来解决民法问题。法院不能直接援引宪法条文作出裁判,相关案件应以民事侵权案由来予以解决。

二是关于民法与商法的关系问题。众所周知,商法起源于中世纪的商人为规避身份世界中的封建法约束,根据平等、自由的商业理念创立的,调整其营业事务的商业习惯法。从其本意看,是适用于商人,调整商事活动的法律规范体系;从适用主体的角度看,被称为“商人法”;从调整对象的角度,又被称为“商事法”。总而言之,商法是调整平等商事主体之间的,商业财产关系的法律规范的总和。商法的调整对象是民法调整对象集合中的一个特殊领域;商法的调整方法,是民法调整方法在商业活动中的特殊表现。因此,商法与民法的关系,应当是特别法与普通法的关系。对此,《民法典》第 11 条也规定:“其他法律对民事关系有特别规定的,依照其规定”。这使得诸如商法、知识产权法、涉外民事关系法等不同于一般性民事领域的特别民事关系法具有法律适用上的优先性。当然,民法典从立法上进行这种区分性构造,是旨在明确特别法优先的法律适用原则,其有助于减少认识上的分歧,统一法律适用上的顺序与标准。[44] 然而,我们需要注意的是在商法学界仍有诸多学者基于商法与民法两者适用主体的差异、调整对象范围的差异、调整方法的差异、开放程度上的差异等而秉持“民商分离”。但是,从“实质商法”的角度而言主张“民商

〔44〕 最高人民法院民法典贯彻实施工作领导小组主编:《中华人民共和国民法典总则编理解与适用》(上),人民法院出版社 2020 年版,第 93 页。

分离”,主张商法是民法以外的独立法律部门是没有历史依据的,而且此次民法典编纂的实际规定情况也一再表明我国坚持的是民商合一的立法模式。

第六节　民法的适用

民法的适用,是民法作为调整工具对全部调整对象的调整过程,是通过执行民法的活动,将民法规范具体运用于社会生活的实践。民法的适用有广义、狭义之分。广义的民法的适用既包括民事诉讼程序中或仲裁程序中执法者运用民法规范解决当事人间民事纠纷的实践,又包括民事主体在民事活动中运用民法规范形成、变更、终止法律关系,或自发解决矛盾、冲突,协调双方或多方民事关系的实践。狭义的民法的适用仅指前者。以下主要介绍狭义的民法的适用。民法的适用涉及民法的适用范围,适用原则、方法、技巧,还涉及执法者对民法价值目标、体系功能及民法规范的解释与理解问题,以及执法者的业务素质与职业道德问题等。

一、民法的适用范围

(一)民法在时间上的适用范围

民法在时间上的适用范围,又称民法在时间上的效力,是指某个民事法律、法规生效、失效的时间,以及生效后的民事法律规范对其生效前的民事法律关系是否具有溯及既往的效力。

民法生效的时间一般根据法律的具体性质和实际需要来决定。从我国的民事立法实践来看,主要有以下几种情况:(1)自法律公布之日起开始生效。如《中华人民共和国中外合资经营企业法》第 17 规定,“本法自公布之日起生效”。(2)由法律规定具体的生效时间。如《民法典》第 1260 条规定:“本法自 2021 年 1 月 1 日起施行。……”此所谓“施行”之日,也即是生效之日。(3)规定法律公布后到达一定期限开始生效。如曾经的《中华人民共和国企业破产法(试行)》第 43 条规定:“本法自全民所有制工业企业法实施满三个月之日起试行……”

民法的失效时间,是指某个民事法律、法规终止其效力或者被废止的时间。在我国,民事法律、法规之失效主要有如下几种情况:(1)明示的废止,即在新的法律或法令中明文规定对旧法加以废止。如《民法典》第 1260 条规定:“本法自 2021 年 1 月 1 日起施行。《中华人民共和国婚姻法》、《中华人民共和国继承法》、《中华人民共和国民法通则》、《中华人民共和国收养法》、《中华人民共和国担保法》、《中华人民共和国合同法》、《中华人民共和国物权法》、《中华人民共和国侵权责任法》、《中华人民共和国民法总则》同时废止。”(2)默示的废止,即新法并不明确规定废止旧法,而只是规定旧法与新法相抵触的条款无效。如《商标法》第 73 条规定:“本法自 1983 年 3 月 1 日起施行。1963 年 4 月 10 日国务院公布的《商标管理条例》同时废止;其他有关商标管理的规定,凡与本法抵触的,同时失效。……”

民事法律规范都是在实施以后发生效力,即原则上只适用于生效后所发生的民事法律关系。但是,在实际生活中,往往出现法律规范实施以前所发生的民事关系,在实施后发生纠纷。这就发生了新的民事法律规范对其生效以前发生的民事法律关系是否适用的问题,即法律是否有溯及力的问题。如果适用,说明这一民事法律规范具有溯及既往的效力;如果不适用,说明其没有溯及既往的效力。

从我国目前实施的民事法律规范来看,一般没有溯及既往的效力。如最高人民法院《关于适用〈中华人民共和国民法典〉时间效力的若干规定》(以下简称《民法典时间效力规定》)第1条规定:民法典施行后的法律事实引起的民事纠纷案件,适用民法典的规定。我国民事法律规范之所以确立"法律不溯及既往"的原则:一方面是为了维护社会关系的相对稳定和法律的统一性与稳定性。已受旧法支配的法律关系已经发生法律上的效果,如果要适用新法而改变这种效果,必然要否定已经形成的社会关系而影响社会秩序的安定,且也使法律失去统一性、稳定性。另一方面,是为了更好地保护民事主体的合法权益。法律作为一种特殊的行为规范,只有在它施行时才能要求人们共同遵守,人们也才能以此规范自己的行为。如果要求人们把现在的法律作为过去必须遵守的行为规则,无异于要求人们遵循当时尚不存在的法律规范,其结果只能会侵犯民事主体的合法权益。

我国民事法律规范原则上不具有溯及既往的效力,但是,根据《中华人民共和国立法法》(以下简称《立法法》)第93条之规定并结合审判实践确定认为,"是否更有利于保护民事主体合法权益""是否更有利于维护社会和经济秩序""是否更有利于弘扬社会主义核心价值观"此三项标准符合《立法法》第93条"但书"部分的立法精神,而使得民事法律规范应具有溯及力。[45] 具体而言,《民法典时间效力规定》明确了三种情形下的溯及适用:(1)法律、司法解释另有规定的溯及适用。如《民法典时间效力规定》第1条第2款规定,民法典施行前的法律事实引起的民事纠纷案件,适用当时的法律、司法解释的规定,但是法律、司法解释另有规定的除外。又如,《民法典时间效力规定》第1条第3款规定,民法典施行前的法律事实持续至民法典施行后,该法律事实引起的民事纠纷案件,适用民法典的规定,但是法律、司法解释另有规定的除外。(2)适用民法典的规定更有利于落实《立法法》第93条"但书"精神的可溯及适用。对此,《民法典时间效力规定》第2条规定,民法典施行前的法律事实引起的民事纠纷案件,当时的法律、司法解释有规定,适用当时的法律、司法解释的规定,但是适用民法典的规定更有利于保护民事主体合法权益,更有利于维护社会和经济秩序,更有利于弘扬社会主义核心价值观的除外。同时,《民法典时间效力规定》第6条、第7条、第8条、第9条、第10条、第13条分别对第2条中的三个有利于还进行了具体的细化。(3)当时的法律、司法解释没有规定而民法典有规定的,可溯及适用民法典的规定。对此,《民法典时间效力规定》第3条规定,民法典施行前的法律事实引起的民事纠纷案件,当时的法律、司法解释没有规定而民法典有规定的,可以适用民法典的规定,但是明显减损当事人合法权益、增加当事人法定义务或者背离当事人合理预期的除外。同时,《民法典时间效力规定》第11条、第12条、第14条、第15条、第16条、第17条、第18条、第19条分别对第3条中的情形还进行了具体的细化。

(二)民法在空间上的适用范围

民法在空间上的适用范围,又称民法对地的效力,是指民法在什么领域内适用。

我国《民法典》第12条规定:"中华人民共和国领域内的民事活动,适用中华人民共和国法律。法律另有规定的,依照其规定。"当然,这里的中国法律,既包括国内法也包括我国加入的双边和多边条约。另外,当事人可以自愿约定处理其纠纷所应适用的法律。如果其选择适用国外或境外法律,应当予以尊重。这就是说,原则上我国民法普遍适用于中华人民共和国的领土、领空、领海以及根据国际法视为我国领域的我国驻外使馆和航行于公海和外国海域的我国船舶,飞

---

[45] 王利明:《一部及时配合民法典实施的重要司法解释——评最高人民法院关于适用〈中华人民共和国民法典〉时间效力的若干规定》,载《人民法院报》2021年1月2日,第3版。

行于我国领空以外的我国飞行器等。

我国是一个幅员广阔的统一的多民族国家,各地区、各民族在政治、经济、文化等方面的发展很不平衡,风俗习惯的差异也很大。因此,在适用中华人民共和国中央机关统一制定的民事法律、法规时,也有例外情况。对此,《立法法》第75条作了如下规定:自治条例和单行条例可以依照当地民族的特点,对法律和行政法规的规定作出变通规定,但不得违背法律或者行政法规的基本原则,不得对宪法和民族区域自治法的规定以及其他有关法律、行政法规专门就民族自治地方所作的规定作出变通规定。这意味着,在少数民族地区,对某一民事问题,如果当地自治法规中有变通性规定,应适用其变通性规定,可以不适用中央民事立法中的相关规定。这里还需进一步指出的是,对某一民事问题,如果少数民族有特殊风俗习惯,即使当地自治法规中没有变通性规定,也应尊重其特殊风俗习惯,作变通处理,不能硬性适用中央立法中的相关规定。当然,《立法法》第75条还存在原则性限制,即变通时不得违背法律或行政法规的基本原则,更不得违背宪法、民族区域自治法、其他有关法律及行政法规就民族自治地方所作的专门性规定。

民事法律、法规因颁布的机关不同,其在空间上的适用范围亦有差别。一般而言,民事法律、法规在空间上的适用范围与其制定颁布机关的管辖范围相一致。凡属于全国人民代表大会及其常务委员会、国务院或国务院的各部、委等中央国家机关颁布实施的民事法律、法规,除有特别规定外,适用于我国的一切领域;凡属于地方各级人民代表大会或地方各级人民政府、民族自治地方的自治机关制定或公布的民事法规只适用于该行政区域,即在本行政区域内发生效力。如果当事人双方分属于两个行政区域,且这两个行政区域的地方性民事法规的有关条款又相互抵触时,当事人已经事先约定了适用的地方性民事法规,且不违反国家法律禁止性规定,不与国家法律相冲突的,应适用当事人所选择的地方性民事法规;当事人事先没有约定的,在发生纠纷后,可以依据我国民事诉讼法关于案件管辖地的规定确定其适用的法律,即民事案件依其性质、内容的不同,可适用民事法律关系发生地或履行地的地方性民事法规。当然,从理论上讲,法院所在地的地方性民事法规自应优先适用。

(三)民法对人的适用范围

民法对人的适用范围,又称民法对人的效力,是指民法对哪些人发生效力的问题。从世界各国的民事立法来看,民法对人的适用范围主要有属人主义、属地主义、保护主义、以属地主义为主属人主义与保护主义相结合四种立法例。

根据我国现行的民事法律规范的规定,我国民法对人的适用范围采用的是以属地主义为主并与属人主义、保护主义相结合的原则。这主要体现在如下几个方面:

其一,无论是中国公民或法人,还是外国公民、法人及无国籍人,只要在中华人民共和国领域内进行的民事活动,除法律另有规定的外,都应适用我国民法。对此,我国《民法典》第12条有明确的规定。

其二,中华人民共和国的公民和法人,在国外发生的民事法律关系,依照中华人民共和国的法律、法规和中华人民共和国所签订的国际条约,或在没有签订国际条约时,依照国际惯例应当适用本国法的,也应适用我国民法。

其三,外国自然人、法人在我国进行的民事活动,原则上应适用我国民法,但法律、法规另有规定者除外。这些除外情况主要包括如下两种:(1)《涉外民事关系法律适用法》中所规定的例外情况;(2)我国制定的其他法律和缔结或参加的国际条约所规定的例外情况。这类例外主要是指享有外交特权与豁免的外国人、外国组织或者国际组织在我国发生的民事纠纷,一般不适用我国民法,而是通过外交途径或其他办法解决。不过,在下列情况下仍应适用我国民法:享有司法豁免权的外国人,其所属主管机关明确宣布放弃司法豁免权的;外交代表及领事官员从事非职务活动而引起的民事纠纷,如在我国用私人名义所涉及的不动产争议,以私人身份作为遗嘱执行人、遗产管理人、继承人或者受遗赠人所卷入的继承纠纷,超出公务范围在我国领域内进行商务活动所引起的民事纠纷,在公务范围以外使用车辆肇事而引起的损害赔偿诉讼,在未表明其外交公职身份的情况下因订立合同所引起的纠纷等;外交代表本人向我国法院提起诉讼,因而引起对方当事人反诉的。

二、民法适用的原则

(一)制定法先于非制定法

制定法是指由国家机关制定和公布,以成文的形式出现的法律,故又称为成文法。非制定法是指由国家认可其具有法律效力的非成文行为规范,又称不成文法。

我国是制定法国家,但仍存在一定数量的非制定法,只不过其占的比例较小。

既然我国也存在非制定法,那么,如果制定法与非制定法发生冲突时应如何适用呢?一般而言,非制定法只具有补充制定法的效力,非制定法不得与制定法相抵触。如有制定法,就应适用制定法。只有在制定法没有规定,或虽有规定但不明确时,才能适用有关非制定法的规定。

(二)具体规则先于抽象规则

民法规范由于其规范事项的宽泛和复杂,可分为具体规则和抽象规则。依照法律适用的一般原理,有具体规则时应适用具体规则,在具体规则缺失时方能适用抽象规则,依照抽象规则所确立的法律原则和精神予以处理。

具体规则先于抽象规则而适用的原则,只是在抽象规则无法律效果的规定或者其规定的法律效果不能涵盖具体规则所规定的法律效果时,才有可能。如抽象规则所规定的抽象法律效果能够涵盖具体规则所规定的具体法律效果,则抽象规则与具体规则应同时适用。如按照《民法典》第 123 条、第 176 条和第 179 条的规定而言,侵犯著作权应当承担民事责任,但如对何种行为构成侵犯著作权,以及赔偿损失的范围如何确定等,并未作具体规定。而《著作权法》明确规定了侵犯著作权行为的种类,同时也明确规定了损失赔偿的确定办法。因此,在审理因侵害著作权引起的诉讼中,须同时适用《著作权法》的相关法律条文。

(三)强行法优于任意法

法律有强行法与任意法之分。强行法规范是不问当事人的意愿如何,必须加以适用的规范。任意法规范是指在法律许可的范围内适用与否由个人自由选择的规范。民法兼有强行法规范与任意法规范,例如关于公平、诚实信用原则的规定,关于民事权利能力与民事行为能力的规定,关于法人设立、终止的规定,关于诉讼时效的规定等在民法适用上,都属于强行法,而关于合同的规定则多为任意法。依强行法优于任意法的原则,凡对该事项有强行法规定,即应适用强行法规定,而不应适用任意法规定。例如,《民法典》合同编关于合同条款的规定为任意性规定,而《中华人民共和国技术引进合同管理条例》(以下简称《技术引进合同管理条例》)第 9 条关于限制性条款的规定为强行性规定。那么,在涉及技术引进合同限制性条款时,应适用《技术引进合同管理条例》的有关规定,而不适用《民法典》合同编中的合同任意性条款之规定,系因《技术引进合同管理条例》中的有关规定已然属于《民法典》第 153 条的强制性规定,故此时必须接受《民法典》有关强制性规定的规则构造。凡对该事项有强行法规定的,如当事人的约定违反了该强行法规定，该约定全部或部分无效，应适用强行法规定。如《民法典》第683条第2款规定："以公益为目的的非营利法人、非法人组织不得为保证人。"如果合同双方当事人存在此种违法保证的情形则因违反该条款而无效。

（四）例外规定排除一般规定

民法规范对于一般情形予以适用时，为一般规定；对于特别情形予以适用时，为例外规定。如《民法典》第18条第1款规定成年人为完全民事行为能力人，此为一般规定；该条第2款规定16周岁以上的未成年人，以自己的劳动收入为主要生活来源的，视为完全民事行为能力人，则为例外规定。

一般规定与例外规定的关系是不同于前面所说的抽象规定与具体规定的关系的。具体规定的适用并不完全排除抽象规定的适用，有时二者是可以同时适用的。而一般规定与例外规定之适用，以例外规定排除一般规定为原则，即对于某事项有例外规定时应适用例外规定，而不适用一般规定，只有在无例外规定时方能适用一般规定。

（五）新法优于旧法

所谓新法优于旧法原则，是指相对于同一民事法律关系，若前后有两部以上的法律予以调整时，原则上应适用后颁布的法律即新法的规定。因为新法的颁布就意味着旧法的废止。在一般情况下，新法优于旧法原则只是对于同一级的法律、法规而言。如果是不同级别的法律、法规发生冲突，就应适用上位法优于下位法原则，而不适用新法优于旧法原则。

新法优于旧法原则只适用于不同法律之间，而不适用于同一法律的不同条文之间。这是新法优于旧法原则与例外规定优于一般规定原则的不同点。同一法律中的任何条文的修正或增加，对于其他法条并不构成后法与前法的关系。因为其他法条，虽未经修正或增加，但其与修正或新增法条一起在同一法律中容许其继续存在的事实，即意味着立法者并不因所争法条的修正或新增而否认其他旧法条的效力。

三、作为民法重要适用方法的民法解释

（一）法律解释对于法律适用的意义

广义的法律解释是指面向具体案件事实探求法律规定之目的、内容，以及补充法律漏洞或回避恶法，以期案件获得妥当法律适用的工作。狭义的法律解释则仅限于对法律规定目的、内容的探求，不包括弥补法律漏洞及回避恶法之适用等作用。法律解释对法律适用具有十分重要的意义。案件的正确处理须具备两个条件：一是案件事实清楚；二是适用法律得当。而要使案件获得妥当的法律适用，则必须要有妥当的法律解释。法律解释与法律适用的相互关系是：使案件获得妥当的法律适用是法律解释追求的最终目的，而妥当的法律解释则是案件获得妥当的法律适用的前提条件。由此可见，法律解释是法律适用的基本问题。它贯穿于法律适用之中，与法律适用密切关联。[46]

一方面，法律解释与法律适用的关联性。我国台湾地区学者王泽鉴先生曾说道，"凡法律均须解释始能适用"[47]，一语道出了法律解释对法律适用的重要意义。法律均须解释，始能适用，出于以下原因：

〔46〕　陈辉：《论功能主义法律解释论的构建》，载《现代法学》2020年第6期。

〔47〕　王泽鉴：《民法实例研习基本理论》，中国政法大学出版社2002年版，第128页。

第一,法律表现形式与法律内容之间的矛盾。在制定法中,法律规定的内容以法律条文的语言文字作为其表现形式。按哲学观点,形式与内容是一对矛盾,形式不能确切表现其内容的情况,是难于避免的。在法律条文的语言文字与法律规定的内容之间也存在这样的矛盾。

第二,制定法的不周延性。在制定一个法律时立法者首先要确定立法目的和规范计划,然后按立法目的和规范计划展开具体法律规定。由于立法者主观认识的局限性及其他因素的制约,制定法在具体法律规定的制作方面较之其立法目的和规范计划,难免发生以下偏差:(1)应当规定的问题没有规定。对应当作出具体规定的问题法律竟然没有作出具体规定,常常出于以下两个方面的原因:一是由于社会生活的无限性,立法者对某些问题欠缺应有的认识;二是对某些有认识的问题立法者亦可能不为规定,故意留待其他法律去规定,或者留待国家行政机关、司法机关的执法解释、司法解释去补充规定。如果其他法律,执法解释、司法解释对此类问题没有作出应有的具体规定,就会在整个法律规范体系中欠缺对该问题的具体规定。(2)已有的具体法律规定可能违背立法目的或法律的基本原则。例如,民法的具体规定可能违背《民法典》第1条所定立法目的或第4条至第9条所定民法基本原则。与法律漏洞难于避免的情况一样,由于立法者主观认识的局限性,其制作的具体法律规定背离立法目的或法律原则的情况,也同样是难以避免的。在历史上,原《民法通则》第58条关于乘人之危的民事行为无效的规定就有违原《民法通则》第1条所定维护公民、法人合法民事权益之目的。因为就危难被乘一方的利益来衡量,其要求并不在于使这类行为无效,而在于变更这类行为中使其不利的苛刻条件。

第三,制定法的滞后性。较之判例法,制定法稳定性有余而灵活性不足。判例法作为法官的法,其规定是由法官的判例形成的。当有旧案判例可循时,法官即依旧案判决的精神裁判新案,当无旧案判例可寻或者旧案判例有违新形势的要求时,法官则可以作为立法者创造一个新的规则对本案进行判决。制定法不是法官的法,其制订与修改均须按立法权与司法权分离的原则由立法机关依严格的立法程序进行。制定法的这一特征,使制定法既具有判例法所不能比拟的优点:有利于法律适用的统一性与安定性,同时又给制定法带来了判例法所没有的缺点:立法滞后,跟不上生活发展变化的步伐。制定法的滞后性主要表现在以下两个方面:(1)制定法不能对生活中出现的新问题立即作出反映,常常欠缺对新问题的法律规定。社会生活具有易变性,特别是在商品经济飞跃发展的现代历史条件下,需要法律作出具体规定的新问题层出不穷。由于制定法之修订须按严格的立法程序进行,较为困难,因此制定法也就不可能立即对新问题作出反映,从而在制定法修订的间歇中出现法律空白,欠缺对新问题的法律规定。(2)制定法不能迅速修订、删除过时的规定,以适应新形势的要求。曾经我国民法在这方面的滞后性也是十分突出的。尤其20世纪80年代按计划经济体制要求制作的一些规定,如原《民法通则》第7条关于民事活动不得破坏国家经济计划的规定,第58条关于违反国家指令性计划的经济合同无效的规定,第91条关于合同权利、义务的转让不得牟利的规定等,虽然此些规定随着我国经济体制改革后期的深入发展早已不适应新形势的要求,但却在很长一段时间内存在于我国正式的法律条文当中。

第四,制定法难以避免规范之间的冲突。制定法的渊源包括宪法、部门法典(或法典式法律)、部门单行法律、跨部门的综合性法律,国家行政机关的条例、章程、细则,国家司法机关的指导性意见、规定,以及地方法规等。各法律、法规,由于制定机关不同、起草者不同,或者制定的历史条件和背景不同,都可能发生规范冲突。所谓规范冲突,是指对同一问题在不同的法律、法规中有不同的法律规定。有的法律、法规甚至被塞进了部门利益保护主义、地方利益保护主义一类私货,直接同宪法或国家的一些基本法律相抵触,或者违反法律的最高价值目标——公平、正义的要求。在我国司法实践中，几乎所有民事案件的代理律师都能从众多的法律、法规或文件之中找到有利于己方委托人的法律规定。这从一个侧面反映了我国法律、法规中的规范冲突对我国司法实务所造成的不利影响。由此观之，对冲突规范必须通过法律解释加以调和，方能适用。否则，个案的裁判就会失去公正性。

另一方面，法律解释在不同场合对法律适用所具有的不同意义。制定法上述问题的存在，不仅说明了制定法须经解释方能适用的道理，而且制定法存在的上述问题亦决定着法律解释在不同场合对法律适用所具有的不同意义。就广义的法律解释而言，案件审理自寻法开始，到获得妥当的法律适用为止，法律解释即贯穿其中，并对这一过程的每一阶段具有意义。在寻法阶段法律解释对寻法者理解相关法律条文，并对相关法律条文加以比较，看对其手中案件是否存在可适用性具有重要意义。由制定法存在的种种问题所决定，寻法可能出现不同的结果，法律解释又依寻法结果的不同而对案件的法律适用具有不同的意义。

第一，寻法结果从某一法律条文中找到了对本案具有针对性的完整法律规定。[48] 在这种情况下法律解释对阐明该法律规定的意义内容，并将该法律规定中的法律要件具体化，看能否涵摄案件法律事实，以及将该法律规定中的法律效果具体化，确定当事人的权利、义务或责任，均具有重要意义。

第二，寻法结果虽未从某一法律条文中找到对本案具有针对性的完整的法律规定，但发现数个法律条文对本案处理都从不同角度具有针对性，将其整合可以获得处理本案的完整法律规定。在这种情况下，法律解释对寻法者进行法条整合作业，从而获得处理本案的完整法律规定具有重要意义。

第三，寻法结果找到了对本案有针对性的法律规定，但该规定或因违反法律目的，或因不适应新形势的要求而不能妥当地适用于待处理案件。在这种情况下，法律解释对回避恶法的适用具有重要意义。

第四，寻法之结果发现不同法律、法规中的数个法律规定对本案的处理均具有针对性。在这种情况下，法律解释对选择妥当的法律规定，或者调和冲突规范使案件获得妥当的法律适用具有重要意义。

第五，寻法结果根本找不到对本案具有直接针对性的具体法律规定。在这种情况下，法律解释对弥补法律漏洞具有重要意义。

（二）民法解释的具体方法

在探求法律规定意旨、内容时，可运用以下法律解释方法：

1. 文义解释方法

文义解释方法，是指通过揭示法律条文用语之通常文义或特定含义，来阐明法律规定意旨、内容的法律解释方法。[49] 法律规定的内容以规定所使用的语言文字作为其表现形式，因此欲了解法律规定的内容，必先由文义解释入手。通过文义解释，阐明法律规定所用词语的意义，特别是其使用的核心词汇的意义，方能确定法律规定的内容。例如，《民法典》第164条第2款规定：“代理人和相对人恶意串通，损害被代理人合法权益的，代理人和相对人应当承担连带责任。”对此规定，如不从文义解释入手，阐明该规定所使用的“代理人”“相对人”“被代理人”“连带责任”

---

〔48〕 王琳：《所有法律适用都涉及法律解释吗？》，载《华东政法大学学报》2020年第3期。

〔49〕 梁慧星：《民法解释学》，中国政法大学出版社1995年版，第214页。

等词语的意义,就不可能了解该规定的内容。

法律规定所使用的用语,有取之于日常生活的日常生活用语,也有由法律或法学专门给予定义的专门术语。前者如父母、子女、夫妻、姐、妹、兄、弟、土地、房屋、矿藏、水等;后者如民事权利能力、民事行为能力、公民、法人、民事法律行为、代理、时效、所有权、知识产权、债权等。因此,在对法律规定进行文义解释时,应注意区分两种不同的法律用语。对取之于日常生活的用语,应按通常的文义而为解释;而对法律或法学给予特别定义的专门术语,则应按法律或法学所给定义而为解释。在为文义解释时,对民法上的专门术语应切忌望文生义。例如,不能把"法人"望文生义地解释为"法律人",而应按《民法典》第57条的规定解释为"具有民事权利能力和民事行为能力,依法独立享有民事权利和承担民事义务的组织"。

文义解释方法是探求法律规定意义内容的基本解释方法。要探求法律规定的意义内容,在任何情况下均须首先使用文义解释方法。但是,由于语言自身的局限性以及立法者在立法当时语言挑选的失误,法条的语言文字未能准确表达其规范意旨与规范范围的情况也是常有的。因此,解释者在进行法律解释时,既应尊重法条的文义,又不能拘泥于法条的文义。当运用文义解释不能确定法律规定的意义内容时,或者文义解释之结果有违立法本旨时,应选用其他解释方法进行解释,以确定法律规定的真实内容。

2. 扩张解释方法

扩张解释方法,是指将失之狭窄的法条文义加以扩张,以求正确阐释法律规定意旨内容的法律解释方法。法律条文之文义是否失之狭窄,不能凭解释者主观想象,而应将法条所使用的词语的文义范围与该条法律规定的目的范围加以比较,然后作出判断。例如,原《民法通则》第43条规定,企业法人对它的法定代表人和其他工作人员的经营活动,承担民事责任。不难看出该条规定的立法目的是:使企业法人对其法定代表人和其他工作人员以企业法人名义所进行的一切活动,即企业法人法定代表人和其他工作人员履行职务的一切行为负责。与这一目的范围比较,其使用的"经营活动"一词的文义显然失之过窄,应作如下扩张解释:企业法人应对其法定代表人和其他工作人员履行职务的行为承担民事责任。对此,现行《民法典》第62条和第170条进行了精准调整。

3. 限缩解释方法

限缩解释方法,是指将失之宽泛的法条文义加以限缩,以正确阐释法律规定意旨、内容的法律解释方法。限缩解释与扩张解释的解释目标似乎相反,但实际则是:通过解释使失之宽泛或狭窄的法条文义与法律规定之目的范围趋于一致。[50] 因此,在为限缩解释时,法条文义之范围是否失之宽泛,仍不能主观臆断,而应将法条所用的词语之通常文义范围与法律规定的目的范围加以比较、衡量。例如,《民法典》第185条规定,"侵害英雄烈士等的姓名、肖像、名誉、荣誉,损害社会公共利益的,应当承担民事责任"。本条中的"英雄"不是泛指英勇果敢的人,而是具有特定的历史、法律内涵。该条立法的基础在于认为英雄和烈士是民族精神的缩影,是引领社会风尚的标杆。通过对他们人格利益的保护,旨在弘扬爱国主义精神,维护社会公共利益。因此,此处的"英雄烈士"应限缩解释为包括为了人民利益英勇牺牲,堪为楷模的人,还包括在保卫国家和国家建设中作出巨大贡献、建立卓越功勋,已经故去的人。

---

〔50〕 姜福东:《扩张解释与限缩解释的反思》,载《浙江社会科学》2010年第7期。

4. 当然解释方法

当然解释方法,是指将法律未明文规定的事项与已明文规定的事项比较,通过说明两事项性质相同,甚至未明文规定的事项较之已明文规定的事项更有适用理由,从而径行适用该法律规定的一种法律解释方法。

运用当然解释方法进行法律解释的条件是:某法律规定虽未明定某事项或某情况可以引起其规定的法律效果,但某事项或某情况实属该法律规定的目的范围之内。如某事项或某情况虽与法律规定的事项或情况类似,但已超越了该法律规定的目的范围,则不能运用当然解释方法。

当然解释方法通常在两种情况下采用:(1)列举式法律规定所列事项不全,如某事项与已列举的事项同在该法律规定的目的范围之内,即可运用当然解释方法将该法律规定直接适用于其未列举到的某事项上。这种当然解释的理论依据是举一而可反三的普通道理。(2)法律就性质较轻的行为规定了某种法律责任或者就某项权利的取得规定了较宽松的条件,如果个案当事人的行为的性质重于法律的规定,或者个案当事人创造的条件已超越了法律规定的条件,其承担法律规定的责任或取得法律规定的权利自属当然。这种当然解释的理论依据是人人都能理解的"举重以明轻"或者"举轻以明重"的普通道理。例如,根据《民法典》第 154 条规定,行为人与相对人恶意串通,损害他人合法权益的民事法律行为无效。如果个案中当事人订立的合同属于恶意串通损害国家利益和社会公共利益,该合同更应认定为无效。

5. 体系解释方法

体系解释方法,是指以被解释法条在法律体系中的位置,或相关法条之旨趣为依据来阐明被解释法条的规范意旨和内容的一种解释方法。

制定法是按一定逻辑体系编制起来的。从表现形式看,一个制定法按编、章、节、条、款、项之顺序加以编制,各编、章、节、条、款、项之间存在一定逻辑联系。从规范内容看,一个制定法的法律规定有原则规定、一般规定、具体规定之分,表现出一定的位阶性。不同位阶之间的法律规定存在上位性规定控制下位性规定、下位性规定是上位性规定具体化的逻辑联系。在制定法之间,也存在宪法、部门法、单行法、行政法规、司法解释之自上而下的层层控制与具体化的逻辑联系。由于制定法的各规定之间无论在表现形式上或规范内容上都存在一定的逻辑联系,因此在对某一法律规定进行解释时,绝不能将其孤立看待,必须充分考虑它在法律体系中的位置及与其他相关规定的联系,把体系因素作为探求法律规定意旨、内容和控制解释结果的重要因素。

作为狭义法律解释方法,即探求法律规定意旨、内容的法律解释方法而言,体系解释方法通常在以下两种情况下采用:(1)确定法律规定用语的意义内容。当法律规定的法律要件或法律效果用法律专门术语来表达时,该法律专门术语的意义内容可借助相关法律条文的规定予以阐明。例如,《民法典》第 1156 条第 2 款规定,"不宜分割的遗产,可以采取折价、适当补偿或者共有等方法处理"。何谓共有?可借助《民法典》物权编"共有"一章之规定进行解释。当法律规定的用语的含义模糊时,也可采用体系解释方法予以明确。例如,"民事责任"一词在《民法典》中广为使用,但在不同场合其使用意义并非一致。"民事责任"按其科学定义是指违反法律规定的或合同约定的民事义务而产生的法律后果,即民事违法行为的法律后果。在《民法典》总则编中,除"民事责任"一章(第八章)在使用"民事责任"一词时遵循上述严格定义外,在其他场合均未严格遵循,含义比较模糊。其确切含义究竟如何,均须根据法律条文之体系因素进行推论方能确定。例如,《民法典》第 60 条规定,"法人以其全部财产独立承担民事责任",这里的"民事责任"依其体系考虑,应解释为以法人全部财产所保障的法人民事义务与民事责任的总和。由于体系解释具有明确法条模糊用语的功能,因此在对法条文义为扩张解释或限缩解释时,当受体系解释之控制。(2)补充不完全法律规定和消除规范间的冲突。由制定法的体系因素所决定,制定法的法条与法条之间,以及法条各款之间,均具有相互补充其内容的意义。因此,当被解释的法条的内容不完整,不能构成一项可处理待决案件的法律规定时,可采用体系解释方法,用相关法条的内容来补充,使之形成一项完整的法律规定。在本章的前面,我们曾谈到寻法过程中的法条整合作业。其实,法条整合之方法论基础,就是体系解释方法。当个案的法律适用面临几个互相矛盾的冲突规范时,也可采用体系解释方法予以消除。如前所述,法律规范具有位阶性。依其位阶性下位性规范应受上位性规范之控制。当下位性规范违反体系,背离上位性规范的精神时,可以用上位性规范的精神对下位性规范进行解释,使之符合上位性规范的要求,即体系的要求。同位阶的法律规范相冲突时,也可通过体系解释方法,按上位阶规范的精神加以协调。

6. 目的解释方法

目的解释方法,是指以法律规定的目的为依据,来阐明法律规定意义内容的法律解释方法。目的解释源于普通法上的"制定法的衡平"理念,经由现实主义法学的发展和法律过程学派的衔接,得以成为主流解释方法之一。[51]

法律以人的社会生活关系为调整对象,任何法律均有一定的立法目的,并受该目的的支配。在法律目的与法律内容之间,存在法律目的决定法律内容,法律内容服务于法律目的的相互关系。正是法律目的与法律内容的这种相互关系,使法律目的具有了解释法律内容的价值。

法律目的,包括整个法律的立法目的,个别法律制度和个别法律规定的立法目的,对法律规定的内容都具有解释的价值。法律目的对法律规定内容的解释价值主要表现在以下几个方面:(1)法律目的具有说明法律规定内容的价值。对某一问题,法律为什么要作如此之规定,往往须用立法目的来解释说明。例如,表见代理的规定、善意取得的规定,就需要通过其立法目的来说明。(2)法律目的具有澄清法律规定内容疑义的价值。当某项法律规定的内容有疑义时,可用法律目的予以澄清。例如,《民法典》第 35 条第 1 款规定:"监护人应当按照最有利于被监护人的原则履行监护职责。监护人除为维护被监护人的利益外,不得处分被监护人的财产。"此规定存在这样一个疑问:监护人可否为被监护人的较小利益而处分被监护人的价值较大的重要财产?根据本条所欲达到的立法目的——"最有利于被监护人的原则",应解释为:只有上述处分是最有利于被监护人的处分方案,方才合法。(3)法律目的具有衡量、判断规定之是否妥当的价值。法律目的常常是学者批评、指点法律规定是否妥当的重要依据。如果一项法律规定违反法律目的,包括整个法律的目的,其所在法律制度的目的,或者其自身应有之目的,其妥当性就值得怀疑。

7. 历史解释方法

历史解释方法,又称法意解释方法,是指以法律制定过程中有关历史文献资料及背景情况为依据,阐释法律规定意旨、内容的法律解释方法。

法律解释目的论之主观说,即立法者意思说,虽不足为取,但并不能据此否定历史解释方法的价值。如果通过法律草案、审议记录、立法理由书等文献资料及立法当时的背景情况所探求到的立法者意思仍然符合当今的历史潮流,此种意思仍不失为法律内部的合理意思。如果探求到的立法者意思不符合当今的历史潮流,通过立法背景情况与现实条件差异的比较研究,也有利于确定法律规定应有的合理意思,或者提出修订的意见,促进法律的发展。我们认为,问题的关键

[51] 王云清:《制定法中的目的解释——以英美国家为中心》,载《法制与社会发展》2020 年第 1 期。

并不在于对历史解释方法或法意解释方法的意义作何种评价,即要不要探求立法者意思,问题的关键在于对探求到的立法者意思采取何种态度:是奉若神明,墨守成规,或是实事求是,该肯定的肯定,该否定的否定。

8. 比较法解释方法

比较法解释方法,是指将外国之相关法律规定及判例学说引为解释依据,以阐明本国法律规定意旨、内容的法律解释方法。

比较法解释方法源于比较法但又不同于比较法。所谓比较法,是指对不同国家法律的比较研究。对不同国家法律的比较研究,包括总体性的比较研究与个别性比较研究。比较法解释较之法律的总体性比较研究,其差别至为明显。即使较之个别性比较研究,亦是似乎相似,而实则不同。所谓个别性比较研究,是指对解决特定问题的个别法律制度或个别法律规定的比较研究,其目的在于通过这种比较研究寻求解决该问题的最佳法律对策。而比较法解释的目的并不在于比较本国法律规定与外国法律规定的异同,寻求解决特定问题的最佳法律对策,而在于以外国相关法律规定及判例学说为依据,阐释本国法律规定的意旨和内容。

9. 社会学解释方法

社会学解释方法,是将社会学研究方法运用于法律解释,以法律规定的社会效果为衡量标准,来阐释法律规定意旨、内容的法律解释方法。

法律不是孤立的,它与社会的政治、经济、文化、道德等因素密切联系。法律作为规范人的行为,调整社会生活关系的手段,应当追求最佳的社会效果,特别是在社会生活发生重大变革时,对旧的法律不能墨守成规,应当以其对现实生活的意义,即社会效果为标准,加以解释或修正,使之适应新形势发展的要求。社会学解释方法以社会效果作为解释法律的标准,符合实践是检验真理的唯一标准的理论,应受十分的重视。

社会学解释方法对法律解释具有以下两方面的重要意义:(1)当法律规定的内容存在疑义,可有多种解释时,社会学解释方法以社会效果作为衡量标准,可使法律解释获得符合社会实践要求的结果。(2)当社会生活发生重大变革时,社会学解释方法以实践的观点、发展的观点解释旧有的法律,可区分旧法中合理成分与不合理成分,使之灵活地适用于发展变化了的新情况。

四、社会主义核心价值观对民法适用的引导

《民法典》第1条规定:“为了保护民事主体的合法权益,调整民事关系,维护社会和经济秩序,适应中国特色社会主义发展要求,弘扬社会主义核心价值观,根据宪法,制定本法。”“弘扬社会主义核心价值观”被开宗明义地写进了《民法典》,至少表明了三层内涵:(1)我国高度重视社会主义道德建设;(2)通过法治途径,弘扬社会主义道德;(3)社会主义核心价值观将全面引导民事立法、司法与守法活动。对此,不仅司法机关要在司法实践中考虑如何贯彻社会主义核心价值观,能动司法,在民法理论研究中,也不能只关注私法传统中法权结构的技术性含义,还应关注权利和义务背后的价值理念。社会主义核心价值观在《民法典》中并非孤立的条款存在,其他很多条文都与之呼应,如“好人条款”、赡养规定、未成年遭受性侵害诉讼时效的特殊起算等,都是弘扬社会主义核心价值观的民法制度体现。

五、司法解释对民法适用的配套支持

法律的生命在于实施,在于应对和处理复杂多变的社会生活与现实。习总书记指出,民法典

的颁行实施并非一劳永逸地解决了民事法治中的所有问题,诸多问题仍需通过实践进行检验与探索,亦须不断地配套、补充与细化。鉴于此,在民法典生效之初最高人民法院就对既有的司法解释及规范性文件进行了详细清理,并及时出台了新的司法解释以应对法典化时代所产生的新问题。具体而言,最高人民法院对中华人民共和国成立以来共计591件司法解释及相关规范性文件进行了全面清理,其中与民法典规定相一致的364件继续适用、对名称和部分条款需要进行修改的111件司法解释和规范性文件在修改后与民法典一同施行、与法典存在抵牾的116件司法解释及规范性文件给予被废止。同时,最高人民法院按照"统一规划、分批制定,急用先行、重点推进"的原则,制定了与民法典配套的第一批共7件新的司法解释,也于2021年1月1日与民法典同步施行。这7件司法解释主要涉及:(1)关于适用民法典时间效力的司法解释。根据《立法法》的精神,"法不溯及既往,除非有利溯及"。因此,关于民法典时间效力的司法解释必须对新旧法衔接问题给予处理,进而以统一裁判尺度,保证法典的正确实施。(2)关于适用民法典担保制度的司法解释。民法典对担保制度进行了重大革新,为配套法典实施,司法解释切实以规范担保交易秩序,减轻融资成本,促进资金融通,扩大增信手段,保障债权实现等为现实出发点,制定了关于适用民法典担保制度的司法解释。(3)另外5件分别涉及物权、婚姻家庭、继承、建筑工程合同、劳动争议等方面。根据民法典的新精神,亦如为弘扬社会主义核心价值观,加强家庭文明建设,树立优良家风,在废止原7件有关司法解释基础上,分别制定了适用民法典婚姻家庭编和适用民法典继承编等2件司法解释。例如,为维护和谐劳动关系、维护建筑市场公平竞争秩序,在废止原7件有关司法解释的基础上,分别制定了劳动争议和建设工程施工合同等2件司法解释。再如,物权编司法解释,相应增加了民法典物权编规定的"居住权"等新型用益物权。

问题与思考

民法解释是当前法律解释逐渐与部门法结合的成效斐然的领域。民法解释与法官追求实质正义行使自由裁量权关联密切。要正确运用民法解释,就必须准确把握其特征。首先,民法解释在对象上具有多元化的特征。民事解释要综合考量包括制定法以及当事人之间的合同、交易惯例、默示条款等内容。而刑法解释由于罪刑法定则要严格遵循制定法。其次,民法解释要突出对意思自由的尊重。相比于刑法解释,民法解释使法官拥有更多的自由裁量权以应对纷繁复杂、瞬息万变、包罗万象、创意丰富的民事活动,民事诉讼允许为个别正义、实质正义而出现所谓"同案不同判"的现象。最后,民法解释从实质意义上来说是一种利益衡量。民事活动大多与利益有关,而且这种利益大多表现为财产利益。对于私人主体间纯粹利益的衡平,有时难以进行价值判断,此时,形式上机械的三段论无法指引法院的判决,真正起作用的是实质的判断,即主张利益衡量先行。民法解释使法官不得拒绝审判原则得以实现,通过权衡轻重来及时定分止争,提高民事审判效率,为市场经济条件下市民社会的建立发挥出很大的作用。要注意的是,民法解释要在绝对严格规则主义与绝对自由裁量主义间寻求平衡,尤其不可认为通过民法解释法官取得了绝对的自由裁量权,这将极大损害法的确定性与权威性。

拓展阅读推荐

1. 梁慧星:《民法解释学》(第四版),法律出版社 2015 年版。
2. 孙莹:《我国民法调整对象的继受与变迁》,法律出版社 2012 年版。
3. 苏永钦:《寻找新民法》,北京大学出版社 2012 年版。
4. 张玉敏主编:《新中国民法典起草五十年回顾与展望》,法律出版社 2010 年版。
5. 中国审判理论研究会民商事专业委员会编著:《〈民法总则〉条文理解与司法适用》,法律出版社 2017 年版。
6. 沈德咏:《中华人民共和国民法总则条文理解与适用》(上、下),人民法院出版社 2017 年版。
7. 江必新、何东宁编著:《民法总则与民法通则条文对照及适用提要》,法律出版社 2017 年版。
8. 张力:《民法转型的法源缺陷:形式化、制定法优位及其校正》,载《法学研究》2014 年第 2 期。

第二章　民法基本原则

学习要点

- 民法基本原则的特征与功能
- 民法基本原则的体系
- 诚信原则的修补功能
- 公序良俗原则的兜底功能
- 绿色原则的时代意义

第一节　民法基本原则概述

一、民法基本原则的概念与特征

"原则"一词在《现代汉语词典》中是指"说话或行事所依据的法则或标准"[1]。但"原则"在法律中有其特殊的含义,据《科林法律词典》,"原则"是指"基本点或一般规则"[2];《布莱克法律词典》将"原则"解释为"法律的基本性的公理或原理;为其他(指法律)构成基础或根源的全面的规则或原理"[3]。由上述考证可知,"法律原则"是指构成法律基础和根源的总的或根本性的规则与原理。据此,民法基本原则是集中反映民法之社会与经济基础,贯穿于民事立法、司法、守法及民法学研究始终,具有普遍适用效力和衡平作用的指导思想和基本准则,是高度抽象的民事行为规范和价值判断准则,是民法精神实质之所在。与民事法律规范及其他部门法的基本原则相比,民法基本原则有如下特征:

第一,效力的贯穿性。民法基本原则不仅深刻反映了民法所调整的社会生活的本质特征,还凝练而科学地确定了民法调整方法的特点,从而在纷繁复杂的人类法律体系中,划清了民法与其他法律部门的基本界限。由此,民法基本原则的效力得以自上而下的贯穿于整个民事立法、司法与民事守法活动的始终。

第二,内容涵盖的广泛性。民法基本原则是统率整个民法制度、民事生活乃至民法文化的"灵魂",其指导作用已经渗透到了民事生活的各个方面,以及与之相对应的各类民事规范中。对此,不仅法律调整之下的当事人没有选择的余地,调整特殊民事生活领域的各民事特别法也必须无条件接受(当然,接受的程度又有深浅之分)。反之,只体现在特定民法规范中、只能对特定领域民事活动起指导作用的原则,只能认定为是特别民事法律领域的具体性原则,如"物权法

---

[1] 中国社会科学院语言研究所词典编辑室编:《现代汉语词典》(第三版),商务印书馆 1996 年版,第 1549 页。

[2] Dictionary of Law 2nd ed. by Peter Collin Publishing Ltd. 1992,428.

[3] Blacks Law Dictionary,Fifth Edition,by Henry Campbell Black,M. A 1979,462.

定”原则，只是物权法的基本原则。

第三，存在形式上的抽象性与非规范性。与一般民法规范不同，无论是否在成文法中被明确的规定与罗列，民法的各项基本原则都是针对全部民事领域的，关于民法基本价值取向的抽象准则与指导思想，而不是针对哪一个特定民事关系领域的具体规定，因此它不对民事主体的特定民事权利、义务与责任的发生、变更机制提供具体的调整方案，也无法直接地、单独地适用到民事案件的处理中。但是，正是其高度抽象性与非规范性，使其可以在具体民法规范出现错漏时，作为解释、弥补、发展具体规范的工具，使本难以适用的具体规范继续保持其可适用性。

二、民法基本原则的功能

作为民法规范体系的“灵魂”，民法基本原则在以下几方面发挥了不可替代的功能。

一是立法准则的功能。近代以来，随着民法的进一步体系化与法典化，各国的民事立法工作均面临前所未有的技术性难题：一方面是对随着市场经济发展而日益复杂的，需要民法调整社会关系网络的梳理与总结的巨大难度；另一方面则是对相应的日益庞杂的民法具体规范间的与时俱进、体系统一与功能协调的更高要求。作为民事立法总的指导思想的民法基本原则，不仅能有效衡量现有民法渊源体系，及时发现问题，总结不足，找到需要通过民事立法过程破旧立新的制度方面，更能在立法、修法过程中，有效发挥普通法与特别法之间、各特别法分支之间乃至各项具体原则、具体制度之间的关系润滑剂的作用，从而在民法之各部分、各具体原则、具体制度的设计中取得关于民法基本价值取向的基本认识一致，防止或减少民法内部各方面的价值冲突与体系矛盾。

二是法律解释准则的功能。在成文法作为主要法律渊源的时代，针对发展着的社会关系，“法无明文”、准据法竞合且彼此矛盾、“善法”在立法者未能预料到的新型社会关系中变为“恶法”等立法漏洞都是难以避免的。对此，无论是通过立法者在立法阶段更为审慎、注意，使立法具有尽可能大的覆盖面与前瞻性，还是在立法完成以后通过特定程序及时解释、修改错漏的法律条文，都无法企及法官在面临立法漏洞时，结合具体生活实际而以“自由裁量”的方式，对法律条文进行“现场弥补”，所体现的灵活性、及时性与务实性。〔4〕 但是，为了防止法官自由裁量权被滥用，架空成文法的适用功能，导致本应分离的立法权与司法权在法官手中重新集中，进而重回专断的旧时代，法官裁量权的“自由”，就不是其任意阐发个人赞同之法理的学术自由，而是在成熟的民法基本原则体系的疏而不漏，重重约束之下的有限自由。具体言之，就是在民法基本原则的综合指导下，在法无明文时，找到与案件最相适合的相邻准据法；在案件可适用法律存在竞合的情况下，结合案情找到最符合民法基本原则要求的法律适用方法；即便在法有明文的情况下，时时以民法基本原则为衡量当事人行为的准绳，都是防止对法律条文错误理解的好办法。

三是指导守法的功能。民法基本原则并非仅仅是法学家自上而下的，对浩繁而具体的民法规范体系的抽象、提炼与总结的结果，它更是对业已成为市民社会之基本共识的某些基本行为准则的，自下而上的，法律化的重述，其生命力源于民众广泛参与的社会生活本身。所以，即便由于某些民法具体规范的专业性、技术性，而令普通社会行为人无法深刻领悟其法学含义，但是，拥有正常心智的行为人却几乎不可能声言其不懂得具体法律制度背后的，民法基本原则的朴素社会

〔4〕 从广义上看，这里自由裁量的主体既包括作为一线具体审判人员的法官个体，又包括对具体案件有权形成审理结论性意见的上级司法单位，如最高人民法院对下级人民法院可就疑难案件的法律适用进行结论性批复。

含义。由此,民法基本原则克服了民法具体规范的宣传与普及的困难,较之具体规范具有更为直接与通俗的指导人们守法的功能。

三、民法基本原则的体系演进

在各个历史时代,法学家与立法者总是及时总结其所处历史时代的市民社会中,最为根本与通行的行为准则,以为民法基本原则,这令民法基本原则具有其体系上与社会演化相协调的演进性与开放性。这一点在近代民法向现代民法的演化过程中尤其明显。

(一)近代“私法三原则”

近代民法,是自由资本主义反封建所取得革命成果的重要表现形式。近代民法所总结的“私法三原则”,即所有权神圣、契约自由与过错责任,更是当时打破封建身份等级格局,追求主体独立、平等与自由的启蒙思想在民法领域中的集中体现。

“所有权神圣”,是指所有权的行使应充分自由,任何人包括国家都不得非法干涉。在这里,民法以所有权为代表,树立了权利人在权利范围以内享有不受限制的自由的观念,从而为个人(权利)冲破封建身份束缚与等级枷锁,建立资本主义市场经济秩序提供了基本的私权保障。

“契约自由”,则是以契约为代表树立意思自由观念。在市民社会生活中,无论是设定权利还是义务,都应取决于参与主体对事实的完全了解与真实自愿,反对误导、欺诈、胁迫等干扰当事人自由决策的外力干涉。契约自由有效抵御了封建等级社会对个人民事生活的无孔不入的干涉,成为诸如自由生活、自主经营、自由竞争、积累资本等资本主义社会运行方式的有效法律保障。

“过错责任”,指民事主体仅在负有过错(包括故意与过失)的情况下,才为自己的加害行为承担法律责任。过错责任原则否认了封建等级社会中不计较主观过错之有无的,特权阶层“严格无责任”,而平民阶层“严格有责任”的双重悖谬,有效提高了社会普通公众对行为后果的可预测性,降低了其行为的不确定风险,从而极大地激励了人们的创业精神与竞争意识。

(二)对“私法三原则”的修正与发展

无论是通过直接影响社会意识形态,还是通过指导立法、司法活动而间接影响社会民事关系,近代私法三原则都为市民社会发展作出了巨大贡献。但是,随着自由竞争资本主义进入垄断阶段,发展了的社会经济条件反倒使过去不甚明显的,私法三原则在面对新型社会不公、利益分配失衡等社会问题时的冷漠、无能、失效,甚至是推波助澜的负面功能显现出来。对私法三原则的现代化修正与发展,已成为近代以来西方各国民法现代化工作的最为重要的内容之一。

首先,“所有权神圣”原则在社会财富分配的巨大社会不公的前提下,极易成为财富拥有的强者对弱者的“新型身份压迫”的手段,或者成为巨大社会浪费、财富闲置的肇因。对此,须强调以所有权为代表的私权利行使过程中应遵守的社会义务。诚如 20 世纪初德国《魏玛宪法》第 153 条规定的“所有权附有义务”,如今,这更已经明确表达为“权利不得滥用”的重要民法原则。[5]

其次,在缔约各方社会实力,尤其是经济实力存在巨大差距的情况下(如劳资双方),契约自由所体现的交易起点上的形式公正,很难转化为交易终点的实质公正,契约自由反而会成为以强

---

[5] 关于“权利不得滥用”的立法例很多,例如,《日本民法典》第 1 条即规定“私权应服从公共福利”,《瑞士民法典》也在第 2 条规定“权利的明显滥用,不受法律保护”,等等。

凌弱的合法性借口。于是，西方各国竞相加强了对缔约、履约与解约等过程的国家干预，以诚实信用、公共秩序、善良风俗等原则束缚强势主体的契约自由，平衡社会各阶层社会利益分配格局。

最后，针对新的社会条件下，严格实行过错责任原则对被害人造成的不公平问题，人们逐步认识到，现代高科技、社会化或是高风险行业的经营者也是受益人，若其从事对自己有利而对他人有风险的事业造成他人损害，纵其没有过错，但根据公平原则，仍应承担相应的民事责任。

总之，在近代私法三原则的基础上，现代民法已发展出一系列补充修正性原则，如诚实信用、公序良俗原则、权利不得滥用原则。这时，民法基本原则在现代民法理论中出现了前所未有的开放性，关于民法基本原则的体系构成也成为争论的话题。但无论在传统原则以外作为补充的民法基本原则是一项、两项、三项或是几项，都不能否认，这些原则都是对近代民法基本原则乃至整个近代民法固有缺陷的弥补手段，它们提高了民法实现社会正义的功效，增强了民法对变化了的社会生活的适应能力，是发展了民法，而不是削弱了民法。

问题与思考

近代私法三原则反映了近代欧洲启蒙思想个人主义与权利本位的思想精华，承载了近代私法的崇尚自由平等的价值观念。但不得不指出的是，所谓基本原则，其必须是不同于合同法、物权法、侵权法等民法中具体制度的基本理念，其应当是贯穿民法始终的、集中反映民法的内容和基本精神的指导思想和准则，其抽象性、概括性应当具有最高的程度。这样看来，在近代私法三原则中的所有权绝对、契约自由、过错责任三原则，放到当时的历史条件下，当然是当之无愧的基本原则，而以当下的评价标准来看，就不能成为现代民法的基本原则。原因在于，所有权绝对实际上只是财产法中的制度性原则；契约自由则只能是合同法中的制度性原则；过错责任则只能是侵权法中的制度性原则。因而，只有对其以更高程度的升华抽象，方可成为民法的基本原则。即是说，所有权绝对必须上升为私权神圣原则或权利神圣原则；契约自由原则必须上升为私法自治原则或意思自治原则。

第二节　民法基本原则各论

一、平等原则

平等，是指法律确保所有参与民事生活的当事人都平等地享有主体资格，在一切民事活动中，各方当事人地位平等，任何一方均不得将自己的意志强加给对方。该原则由《民法典》第4条规定："民事主体在民事活动中的法律地位一律平等。"

对平等原则可以从三个方面来理解：

其一，民事主体地位应平等赋予最广义的"自然人"。如果仅就自然人而言，近代民法实现了无遗漏地赋予符合自然生命规律的"人"以法律上的主体资格，消灭了千百年来基于身份、民族、种族、宗教信仰、性别等因素剥夺决定特定自然人的法律主体资格的做法。[6] 这种主体地位的广泛性又通过国民待遇原则，取消了本国人与外国人的主体资格差异。

〔6〕 马俊驹：《人与人格分离技术的形成、发展与变迁——兼论德国民法中的权利能力》，载《现代法学》2006年第4期。

其二,一切民事主体法律地位形式平等。平等历来有所谓实质的平等与形式的平等之分。实质的平等原则要求社会主体通过社会活动能取得利益结果上的大体平等;形式的平等仅仅保障社会主体参与社会生活的机会平等。作为民法基本原则的主体平等是体现民法之市民法本质的平等,必然侧重于保障民事主体参与机会的平等,而不会直接承诺民事主体通过参与民事活动在最终受益结果上的必然平等。易言之,无论参与民事活动的民事主体的经济实力、民族宗教、意识形态、性别年龄等身份因素方面有多大的现实差异,也不论有关民事主体之间在民事活动领域以外是否存在彼此间命令与服从的非平等关系(如在民事活动以外的,行政法律关系中的政府职能部门与行政相对人之间的地位差异),一旦进入民事领域,这些差异就失去了意义,任何一方都不得将自己的意志强加给对方。同时,不同民事主体只要进入同样的民事领域,从事同样的民事活动,原则上不得在同一项法律规范的适用上进行区别对待。再则,同类型的民事权利、义务与责任性规定对不同民事主体,应同等适用。

其三,一切民事主体的权利与义务对等。权利义务对等,即要求对同一个民事主体取得权利与承担义务上的相互牵连,原则上不允许通过法律规定或当事人约定,使民事主体只享有权利而不承担义务,或只承担义务而不能享有权利,以使参与民事生活的各方在民事活动中大体实现等价有偿、互利互惠,防止出现一方纯受益而他方纯受损失的显失公平的局面。值得注意的是,法律禁止的仅仅是当事人违背主体平等及意思自由原则,而破坏权利义务对等关系的违法行为,对于完全处于各方当事人真实自愿,又未损害他人利益与公共利益的,片面增加一方权利或限制一方义务的,法律则是允许的,如赠与、无偿借用行为等。

二、意思自治原则

意思自治,是指民事主体依自身的理性判断,自主参与民事活动,管理自身事务,而不受公权力与其他民事主体非法干涉的行为自由。意思自治原则由《民法典》第5条规定:“民事主体从事民事活动,应当遵循自愿原则,按照自己的意思设立、变更、终止民事法律关系。”意思自治是市民社会内的利益多元化与决策分散化的反映,更是市场经济条件下实现社会资源市场配置的保障性原则。意思自治的内容可从正、反两个方面来理解:从正面看是基于主体正常理性而选择行为方式的自由;从反面看,则是所选择行为方式引发的后果,无论好坏,皆由选择人自己承担。

一方面,是参与的自由。民事主体作为市民社会的成员往往被假设是他自身利益的最佳判断者,是一个“理性人”;由此也假定,对于一个理性能力健全的民事主体的自身事务,没有任何其他主体可以在不征求本人意愿的情况下的代替处理,可以比本人自由决策取得更优的效果。法律鼓励与保护民事主体自己为自己的民事活动做主:自主取得民事权利、行使民事权利;自主决定是否进行或放弃某项民事活动;自主选择进行民事活动的相对人;自主决定所进行民事活动的形式、内容与目的;等等。而上述选择与参与自由均受到法律保护,除受法律限制外,任何人不得非法干涉,法律禁止欺诈、胁迫、乘人之危等限制、操纵他人选择与参与自由的行为。

另一方面,是自己承担法律后果。承担因自由选择与自主参与而产生的法律后果,乃是选择与参与自由的必然逻辑后果,是一个“理性人”实现人格健全化的标志。所从事行为带来的权利之享有、利益之取得一类的“善果”,自是权利人追求的;但所从事行为引起义务的负担,是义务人换取权利或利益的代价,自也应勉励承担;对所从事行为中有加害他人的故意或过失,所引起对受害人的民事责任的“恶果”,虽非责任人追求担当,但由于存在加害行为与主观过错,故也必须承担,即承担“过错责任”。反之,非因故意与过失,纵然加害他人,除非法律另有规定,不承担对受害人的民事责任。

选择与参与的自由是自己承担法律后果的逻辑前提，若非基于当事人真实意思自由选择与参与的行为，当事人非必须承担所引起的不利后果。例如，因误解、被欺诈、被胁迫、危难被他人所乘的而为的民事行为，当事人可通过民事行为无效或可撤销制度而不承担不利的法律后果。

三、公平原则

公平，要求民事活动公正、平允，不偏不倚，反对暴利。公平原则由《民法典》第6条规定："民事主体从事民事活动，应当遵循公平原则，合理确定各方的权利和义务。"

公平原则是衡量民事主体之间损益得失的尺度，旨在防止某一方利用自身优势地位取得明显不成比例的利益。如果说诚实信用原则侧重于从主观心理层面要求人们善意公允，那么公平原则便更多地关注民事活动的客观结果是否公正合理。同时，公平原则在一定程度上是对意思自治的限制。意思自治原则建立在"民事主体是理性人"的假定之上，而现实生活中的民事主体不乏缺少理性判断的特殊情形，这种特殊的主体状态可能导致民事活动的结果显失公平。这时公平原则便会适当突破私法对意思自治的保护，认定这样的民事法律行为具有一定瑕疵，从而给予一时缺乏理性判断的民事主体补救的机会以达到公平合理的效果。

作为民法的基本原则，公平原则不仅是民事活动应遵循的基本准则，也蕴含在具体的法律条文的制度精神里，成为诸如《民法典》第151条[7]等条文的价值目标，具有重要的解释功能和填补功能。《民法典》第6条在规定公平原则时采用了"双重模式"：一方面，公平原则作为民事活动时的过程性观测基准而存在。具体体现在民事主体进行民事活动时应当遵循公平原则，重在强调民事活动过程中各方当事人权利义务的平衡。另一方面，通过"合理确定"的法技术概念，将公平原则作为处理民事活动纠纷的裁判标尺。当民事主体对法律条文或合同约定的解释发生争议时，尤其是对格式条款的理解不一致时，往往应该按照公平原则作出合理解释。在法律无明文规定且当事人无约定或发生情势变更时，审判机关也可借助公平原则弥补规范或约定的不足，进行公正的裁判。

四、诚实信用原则

诚实信用，原本就是人类历史上，各文明社会形态中最为基本的道德准则。针对贯彻近代民法基本原则而无意间放纵的"专门利己，毫不利人"、形式平等掩盖实质不公、市场失灵、劳资冲突、恃"财"凌弱等社会弊端，现代民法积极主动寻求道德规则，如诚实信用对民法基本原则的修正与发展，以实现民事主体个体与所在社会的协调发展。诚实信用原则由《民法典》第7条规定："民事主体从事民事活动，应当遵循诚信原则，秉持诚实，恪守承诺。"

诚实信用，反映了人们对彼此交往中主观善意、彼此关照、尽心尽力的主观心态与行为方式的理想预期。其中的"诚实"要求当事人在民事活动中实事求是，诚实待人。对涉及双方利益的事实应主动、全面、真实地告之，不为欺诈、隐瞒，不故意利用对方的误解与所处险情而为自己牟利，而是善意的告知对方误解之处，以及所处险情，等等。"信用"要求当事人在民事活动中讲究信誉，恪守诺言，严格、善意、全面的履行自己承担的义务，不为违约、毁约或为加害性质的履行，

---

[7] 《民法典》第151条规定："一方利用对方处于危困状态、缺乏判断能力等情形，致使民事法律行为成立时显失公平的，受损害方有权请求人民法院或者仲裁机构予以撤销。"

等等。

同时，诚实信用也延伸地反映了人们对其所处历史时代利益分配机制与分配格局的理想预期：通过某种客观的利益格局来反证，也是反向衡量与要求当事人主观诚实信用的诚实信用标准客观化。这犹如中国传统文化中倡导实现利益均衡的“中庸之道”：当事人对于损、益分配应持待人如己的公平态度，于利益不自取太多，而与他人过少，于损害亦不自取过少而与人太多；在民事活动中尽力实现机会均等，互利互惠。

五、公序良俗原则

公序良俗原则，即要求民事主体所从事民事活动不得违反社会公共秩序与善良风俗习惯的基本民法准则。该原则由我国《民法典》第8条规定：“民事主体从事民事活动，不得违反法律，不得违背公序良俗。”“公序良俗”包括公共秩序和善良风俗。

公共秩序，是指国家安全与社会发展所依赖的一般秩序。[8] 然国家与社会一般秩序种类繁多，因各国治国方略，基本国情、社会传统、时代任务之不同而变迁，民事行为当遵守的公共秩序又有哪些？善良风俗，是指国家社会存在及其发展所必需的一般道德。[9] 然国家与社会的一般道德更是体系繁杂，民事行为当遵守的善良风俗又是哪些？

我国曾有学者力图从反面概括违反公共秩序与善良风俗的行为类型，以反衬公序良俗的范围：危害国家公共秩序类型；危害家庭关系类型；违反性道德行为类型；射幸行为类型；违反人权和人格尊严的行为类型；限制经济自由的行为类型；违反公平竞争行为类型；违反消费者保护的行为类型；违反劳动保护的行为类型；暴利行为类型。[10]

应当说，这样的总结虽有相当大的涵盖范围，但仍不能认为是对民事行为应当遵循的公序良俗外延的周延罗列。事实上，与前面各项基本原则相比，“公序良俗”原则的名称已经清楚地告诉我们，该原则并不试图概括出所谓“公序良俗”的实体性内容，而只不过是要指引人们：如果适用民法具体规范乃至前述诸项原则都不足以形成公平的法律调整方案，应返璞归真的回到早已取得社会共识的，开放而发展的一般秩序与一般道德体系中去寻找依据。当然，所要寻找的一般秩序与道德应当是被有关民事活动直接涉及的而非无关的，一般秩序应当是符合同时代国家基本国策的，而一般道德不仅应是通行的，还应是与民法的本质相协调的。

六、绿色原则

绿色原则，要求民事活动符合人与自然和谐相处的环保理念。我国《民法典》第9条规定：“民事主体从事民事活动，应当有利于节约资源、保护生态环境。”首次将环境资源保护之原则上升到民法基本原则的地位。

绿色原则不仅顺应我国自古以来“天地人和”的文化传统，符合新时代下生态文明建设的宏伟目标，也是社会主义核心价值观及科学发展观的体现。这一原则基于资源耗尽的必然性假设，通过限制民事活动对资源的浪费、对环境的破坏，从而维持人类可持续发展。[11] 在人与环境矛

---

〔8〕 史尚宽：《民法总论》，中国政法大学出版社2000年版，第39～40页。

〔9〕 史尚宽：《民法总论》，中国政法大学出版社2000年版，第40页。

〔10〕 梁慧星：《市场经济与公序良俗》，载梁慧星主编：《民商法论丛》（第1卷），法律出版社1994年版，第57～58页。

〔11〕 徐国栋：《民法哲学》，中国法制版社2009年版，第431页。

盾日益突出的现实国情下，以民法基本原则的方式强调人与自然和谐相处，具有明显的时代意义。

与其他民事基本原则有所不同，除了在环境侵权责任领域，资源与环境保护原则一般不直接涉及某项特定的权利义务规定，或行为效力的评价。在文本表述上，《民法典》第 9 条使用了相对温和的“应当有利于”，而不是更为严格的“应当遵循”“不得违反”等字眼，这使《民法总则》中的绿色原则尚属于政策性原则。[12] 在指导民事行为方面，绿色原则讲求不拘泥于民事主体之间的利益衡量，而追求“人与自然”整体与长远利益最大化，并由此成为法律解释和漏洞填补的依据。未来立法应着眼于对绿色原则贯彻途径的制度化完善，尤其是相关民事权利与义务范围的确定，对相应民事行为效力判断的依据设计，使之发挥更大的调整能力。

问题与思考

关于民法基本原则的体系向来学说多门，不同的教材论著中，从一原则论到六原则论、七原则论甚至更多者皆可发现。在本书罗列原则范围外，尚可以发现存在如“权利神圣”（或“私权神圣”）等“重要原则”。我们认为，民法基本原则体系面向复杂生活的变化发展而保持一定的体系开放性是必要的，但不同于一般法律规范，民法基本原则是贯穿民法全域的根本性、指导性纲领。所入列者自然必须符合此标准。“权利神圣”之倡导对权利羸弱时代走向权利昌明时代具有重大价值，但这更多是从创造有利于民事立法、司法的外部政治环境的角度而言，很难落实为对具体民法规范的解释与补漏方法。

拓展阅读推荐

1. 徐国栋：《民法基本原则解释》，北京大学出版社 2013 年版。
2. 董学立：《民法基本原则研究：在民法理念与民法规范之间》，法律出版社 2011 年版。
3. 梁慧星：《从近代民法到现代民法》，载《中外法学》1997 年第 2 期。

[12] 张文显：《法理学》（第三版），高等教育出版社、北京大学出版社 2007 年版，第 123 页。

第三章　民事法律关系

学习要点

- 民事法律关系的特点、功能
- 民事法律关系的要素
- 民事法律关系的变动
- 民事法律事实
- 民事法律关系的一般客体——物

第一节　民事法律关系概述

一、民事法律关系的概念

民事法律关系是在民事主体之间发生的，具有民事权利、义务内容的民事关系，它是法律关系的一种类型。民事法律关系是民法调整平等主体间的财产关系和人身关系的结果，是平等主体间的财产关系和人身关系与民事法律形式相结合的产物，是受到民法强制保护的民事关系。[1]

（一）民事法律关系与民事关系

谈到民事法律关系，就必须将其与“民事关系”区别开来。民事关系，是市民社会平等主体间的人身关系与财产关系，是民法所调整的生活对象。自脱离野蛮蒙昧时代以来，人与人之间的人身关系与财产关系就不可能绝对排斥法律的调整了，因此民事关系不能等同于假设的自然状态中的，未能取得法律调整的社会关系。但是，生活事实中的民事关系事无巨细、包罗万象、因时而变，民法体系，特别是成文法时代的民法体系无法与之形成一一对应的制度设计与调整关系，唯对其内部各类型作出须得到民法调整的轻、重、缓、急等程度之分。于是民事关系依民法调整的力度大小分为两类：(1)民法强制践行其正当内容的法律关系。此类民事关系对市民社会生活意义重大，不实现其内容（权利被尊重、义务被履行、禁止被遵守），即使以较低标准的道德来衡量也无法容忍，例如一般的财产归属、利用与交易关系，或监护、婚姻、继承关系即属此类。(2)民法不直接强制实现法律关系的内容，听凭当事人自处的民事关系。例如，基于纯粹道德礼仪上的关系，亲朋好友、师生同僚间发生的纯粹礼尚往来的民事关系，法律一般不强制其实现内容。又如，社会尚能容忍的轻微违法行为引起的民事关系，如基于小额赌博而发生的债务关系，

---

〔1〕 李开国：《民法总则研究》，法律出版社2003年版，第83页。

当事人若不自动履行其债务内容，法律不强制其践行，若已自愿履行，则法律不许债务人请求返还。[2] 上述两类民事关系中，前一类因受到民法的积极调整而当然上升为民事法律关系。

（二）规范意义上的民事法律关系与事实意义上的民事法律关系

谈到民事法律关系，还必须注意到规范意义上的民事法律关系，与事实意义上的民事法律关系这一组基本逻辑分类。

规范意义上的民事法律关系是在民法规范中记载的，模型化的民事权利、义务关系，它是通过立法活动，从复杂而具体的民事生活中高度抽象、概括、归类而成的，以合法—保护、违法—制裁为基本推理逻辑的，对广大民事主体的将来行为具有指导、预测功能的法律准绳。事实上，整个民法体系，就是由民事主体的财产权、人身权、知识产权及对应义务与责任为内容的，规范意义上的法律关系组成的法律关系的网络。

事实意义上的民事法律关系，是在存在规范意义上的法律关系的前提下，由于发生了法律规定的法律事实——"原因"，而将规范意义上法律关系中的权利、义务、与责任的预测，在现实生活中化为具体的"法律后果"。例如，当事人进行某物的具体买卖行为（原因），根据合同法与物权法的规范意义上的法律关系的内容，就在当事人之间实实在在发生了具体的买卖合同的债权债务关系，以及物权变动的法律后果。又如，当事人恶意毁损他人的财产，根据侵权法中规范意义上法律关系的规定，加害人与被害人间便发生了侵权责任关系。这些由特定法律原因在特定当事人之间引起的，生活中的具体法律关系的"结果"，就是事实意义上的法律关系。

二、民事法律关系的要素

针对发展变化的生活事实中的民事关系，法律首先在规范意义的法律关系中建立起以主体、客体与内容三大要素构成的通用结构，继而在法律适用到生活事实中以后，拟制的从静态角度描绘某些特定时刻的，当事人的具体情况（主体）、权利义务的具体情况（内容），以及权利义务所指向的对象的具体情况（客体），从而"庖丁解牛"般地将法律视角下的民事关系，在各个时刻的内部要素与细节呈现在世人面前，并以之为法律评价、调整的对象。民事法律关系静态结构的基本要素包括以下三方面：

（一）主体要素

民事法律关系的主体，简称民事主体，是指享受民事主体能力，参加民事法律关系的人，即所谓"权利义务之所属"。民事主体能力分为权利能力、行为能力与责任能力。民事权利能力又称为法律人格，或简称人格，是充当民事主体，享有民事权利与承担民事义务的资格。民事行为能力，是民事主体据以独立参加民事法律关系，以自己的行为取得民事权利和承担民事义务的资格。民事行为能力以行动主体一定的意思能力，即判断行为性质、预测行为后果、作出行为选择的主观能力为基础与依据，因此行为能力与权利能力对同一民事主体可能出现背离：如自然人权利能力人人平等，但出于对事实意思能力欠缺的未成年人与精神病人的保护考虑，法律会限制其行为能力水平，从而限制其亲自而为的资格。民事责任能力又称侵权行为能力，指民事主体独立承担民事责任的法律资格。民事责任能力之有无一般以民事行为能力之有无为依据，民事责任能力与民事行为能力的区别在于：民事行为能力是决定民事行为效力状态的根据，民事责任能力

---

〔2〕 李开国：《民法总则研究》，法律出版社2003年版，第84～85页。

是决定民事主体是否独立承担民事责任的根据。民事主体可分为以下几大类：

1. 自然人

自然人是因出生而获得生命，并取得民事主体资格的人类个体，是“自然”形成的主体。自然人权利能力的获得具有平等性与普遍性，只要符合自然生命规律，具有自然生命现象，均能获得平等的一般性权利能力，但法律规定为特殊权利能力的除外。这如个体工商户的商事权利能力的获得以一定的商业登记程序为条件。自然人的行为能力则以自然人的主观意思能力的发展、完好程度为转移，由此形成了无行为能力、限制行为能力与完全行为能力三个状态。

2. 法人

法人是由法律赋予民事主体资格的组织，是为了自然人利益最大化而在法律上“拟制”的主体。由此，法人与自然人在权利能力与行为能力等方面均存在显著差异：法人依据其设立目的、准据法的不同而获得各不相同的权利能力范围，在其权利能力范围内具有与之相应的行为能力，故一般不存在“无行为能力”或“限制行为能力法人”；法人不享有某些自然人基于自然属性而享有的权利能力内容，如自然人可以享有的结婚、收养、继承等自由，法人无从享有。

3. 非法人组织

作为民事主体类型之一的非法人组织，是未获得法人资格，但在长期社会生活实践中被逐步认可，并且在法律实践中被承认具有某种程度的民事程序法与实体法上享有权利、承担义务与责任资格的组织。根据《民法典》第 102 条的规定，非法人组织是不具有法人资格，但是能够依法以自己名义从事民事活动的组织。非法人组织包括个人独资企业、合伙企业、不具有法人资格的专业服务机构等。同时，学界一般也将“非法人组织”称为“其他组织”。〔3〕 非法人组织不同于法人的是，其出资人或设立人承担无限责任。法律另有规定的，依照其规定。

4. 进入民事生活的公法组织

国家与自治地方是国家主权与地方自治权的化身，国家机关是行政权的行使者。原则上它们都是公法关系中的主体，但在特殊情况下这些主体也以当事人的身份参与民事活动，如成为国家所有权的主体、发行公债、国家采购、承担赔偿责任等，此时它们就成为民事主体了，处于平等原则的调整之下。《民法典》第 96 条至第 101 条专门规定了“特别法人”，其中的“机关法人”即是承担公权力的各类国家组织在民事法律关系中的主体转化形式。

（二）客体要素

民事法律关系的客体，是指民事主体所享有的民事权利与承担的民事义务、民事责任所指向的对象，是权利人实现利益的中介。正是因为存在了客体，权利与义务才能据以存在，所以客体又称为“权利义务之所附”。在规范意义上的民事法律关系中，依据权利义务的大体分类，民事法律关系的客体要素又被分为了以下几大类：

1. 物

其是指自然人身体以外，能够满足人们需要，并且可以被支配的物质实体或自然力。物是物

---

〔3〕 根据 2015 年 2 月 4 日起施行的最高人民法院《关于适用〈中华人民共和国民事诉讼法〉若干问题的意见》（法释〔2015〕5 号）第 52 条的规定：“其他组织”是指“合法成立、有一定的组织机构和财产，但又不具备法人资格的组织”，包括：（1）依法登记领取营业执照的个人独资企业；（2）依法登记领取营业执照的合伙企业；（3）依法登记领取我国营业执照的中外合作经营企业、外资企业；（4）依法成立的社会团体的分支机构、代表机构；（5）依法设立并领取营业执照的法人的分支机构；（6）依法设立并领取营业执照的商业银行、政策性银行和非银行金融机构的分支机构；（7）经依法登记领取营业执照的乡镇企业、街道企业；（8）其他符合本条规定条件的组织。

权法律关系中的客体要素,也是民事法律关系中最主要、最普遍的客体要素。

2. 行为

其是指能满足权利主体的某种利益需求的人类活动。依行为的具体方式不同,行为又可分为三类:(1)交付某物或其他财产的行为,例如为履行买卖合同而向买主交付货物的行为,又如为承担侵权责任而向受害人交付赔偿金的行为。(2)完成一定工作并交付工作成果的行为,例如为履行加工承揽合同而为定做人加工定做物,并在完成后向定做人交付定做物的行为。(3)单纯提供劳务、服务的行为,这类行为本身并不再指向物,不为受益人创造任何物质实体上的增值,但该行为本身就是使利益主体受益的过程,如为履行保管合同而为所有权人保管其交托的贵重物品若干,又为履行服务合同而为受益人美容美发,等等。行为,是债权债务关系中的客体要素。

3. 智慧财产

或称智力成果,其是指主要依靠人类脑力劳动创造出的精神财富,如发明成果、设计方案、作品、商标等。与物相比,智慧财产本身虽没有物质属性,但借助文字、符号、模型等物质化的载体形式可以表现自己,为人感之,为人支配,并实现自身的价值与使用价值。可见,智慧财产也是一类法律关系的客体,即著作权、专利权、商标权等知识产权法律关系中的客体要素。

4. 人身利益

其包括人格利益与身份利益。人格利益是指民事主体得以存在的自然性的或社会性的基础要素,如生命、健康、姓名、肖像、名誉、荣誉、隐私等。身份利益,是指特定身份关系中取得相互帮助,特别是取得一定财产保障的利益,如配偶之间要求相互扶助,供养的利益等。人身利益,是人身权法律关系的客体。要特别指出的是,《民法典》对"个人信息"的民法保护进行了专门规定,使其从传统人格利益类型中正式分离而出。其第111条规定:"自然人的个人信息受法律保护。任何组织和个人需要获取他人个人信息的,应当依法取得并确保信息安全,不得非法收集、使用、加工、传输他人个人信息,不得非法买卖、提供或者公开他人个人信息。"个人信息是指与一个身份已经被识别或者身份可以被识别的自然人相关的任何信息,包括个人姓名、住址、出生日期、身份证号码、医疗记录、人事记录、照片等单独或与其他信息对照可以识别特定的个人的信息。[4]目前,《民法典》将个人信息作为一种民事权益的概括性客体加以规定。个人信息之上的具体民事权利类型、性质与效力内容,及与传统人身权的区别等问题,仍需嗣后由专门性立法具体回答。

5. 网络虚拟财产

网络虚拟财产是互联网技术催生的新事物,是指在网络环境下,模拟现实事物,以数字化形式存在的,既相对独立又具排他性的信息资源。[5] 我国《民法典》第127条规定:"法律对数据、网络虚拟财产的保护有规定的,依照其规定。"《民法典》同样将网络虚拟财产作为一种民事权益的概括性客体加以规定。网络虚拟财产之上的具体民事权利类型、性质与效力内容也需要嗣后专门性立法具体规定。

(三)内容要素

民事法律关系的内容,就是指民事主体所享有的权利、承担的义务或责任。在民事法律关系的内容中,权利往往居于主导的地位,决定着义务的性质与类型,以及义务不履行而产生的民事

---

〔4〕 转引自张新宝:《从隐私到个人信息:利益再衡量的理论与制度安排》,载《中国法学》2015年第3期。

〔5〕 林旭霞:《虚拟财产权性质论》,载《中国法学》2009年第1期。

责任的特征。正是权利、义务与责任,将不同民事主体联系到一个个具体的法律关系网络中;正是根据权利、义务与责任的具体状况及在各当事人处的具体分布,决定了通过法律关系这一制度中介,法律是对特定当事人的行为模式采取许可、约束还是禁止的态度;也正是根据权利、义务与责任的性质特征,又特别是权利的性质与特征,法律关系在规范意义上被区分为物权法律关系、债权法律关系、知识产权法律关系、人身权法律关系等几大类型;而在事实层次上,不同的权利、义务与责任更是构成了此法律关系区别于彼法律关系的判断标准,以及当事人行为合法性、妥当性的评判标准。

三、民事法律关系的理论与实践功能

一是在民法调整过程中的认识功能。规范与事实两个层次上的民事法律关系的转化逻辑告诉我们,"民事法律关系"是民法"认识"其调整对象,并在此基础上进行调整的中介性制度结构。借助规范意义上的法律关系,民法将复杂、随意、具体的生活事实中的民事关系抽象、总结为便于理解、相对简洁的权利义务关系模型。易言之,通过民事法律关系,我们才可以将无比复杂的描述生活事实的生活语言,"翻译"为以"主体""客体""内容""法律事实(原因)""法律后果"等专门词汇组成的,关于人们行为模式的"法言法语"。继而,以之衡量各个具体民事关系,将有关生活事实都置于民事法律关系的解释框架之中,为法律关系的诸要素再代入当事人身份、权利义务之数量、程度等具体的值,生成事实意义上的法律关系,以表达法律对当事人行为的具体态度。如此由"具体"到"抽象",又由"抽象"回到"具体"的民事法律关系的类型转换,正是民法调整社会生活的一般方法与路径。

二是对民法法典化的指导功能。一部完备的民法典的总则部分,犹如是民法法律关系的总论,其中的自然人、法人等是法律关系中的主体性要素,法律行为、代理、诉讼时效与期间等则是各种法律事实引起法律关系的变动的制度范畴。而法典的分则部分,无外是以法律关系内容中的具体要素为线索,编纂出物权、债权等各编。由此看来,一部民法典无外是以各种逻辑线索编制起来的,规范意义上的民事法律关系的系统集合。

三是对民法学习与研究的指导功能。民事法律关系对民法典体系安排的指导功能,又影响今天民法教材的内容体例、教学顺序的安排。民法学研究范围颇为广泛,但其研究对象只有纳入民事法律关系的框架才是可以理解与把握的,故民法学研究的中心问题就是民事法律关系问题。具体而言,民法学主要就是研究作为民事法律关系发生根据的各种法律规范,研究作为民事法律关系发生原因的各种法律事实,研究民事法律关系的发生、变更与终止的各种机制等。总之,民事法律关系理论是民法学理论的基础。

问题与思考

民事法律关系是民法的一种独特思维方式,是民法的核心概念和制度,学者们称其为民法的"枢纽性制度",民法学实际上即是民事法律关系之学,各个民事法律制度的具体讲述都是围绕民事法律关系的构成要素和法律关系的变动这样一个顺序展开。从实务角度讲,这一节为我们处理实例问题提供了方法论支持。民事法律关系可以从规范层面和事实层面两个不同的角度来理解。也就是对具体实例进行法律关系分析,在具体事实和抽象规范之间来回穿梭,最终实现民法定分止争的目的。

结合民事法律关系的分析框架，还有助于对前章民法适用的重要方法——请求权分析法——加深理解与运用能力。请求权分析法是通过寻求请求权基础，将小前提归入大前提，从而确定请求权是否能够得到支持的一种案件分析方法，核心即“谁得向谁，依据何种法律规范，主张何种权利”。也称为“找法”，即寻找该请求权的实体法依据，尤其是现行法律依据。[6] 这一分析工作的前提即进行请求权所在法律关系的各要素整体描绘和精确定位，在法律关系的变动过程中发现请求权所处阶段，判断当事人的诉讼请求在民法请求权体系中为何种请求：物上请求、债上请求、或因侵权而发生的请求。以前一步骤所作出的判断为基础，寻找有关法律规定，查清该项请求权构成的法律要件。如合同债权人的给付请求权的构成要件有：(1)合同成立（具备要约与承诺，当事人意思表示一致）；(2)合同有效。将该项请求权构成的法律要件与案件事实进行比较，看案件事实是否符合该法律要件。如符合，当事人提出的诉讼请求为正当之请求，应予以保护；如不符合，当事人提出的诉讼请求为不正当之请求，则不应给予保护。

第二节　民事法律关系的变动

生活中的民事关系是流变发展的，所以，当从相对静态的视角描绘了特定时间的一个法律关系以后，还必须探求其来龙去脉，应当追问，是什么样的法律上的原因导致法律关系以现在的主体、客体与内容的搭配状况呈现在我们面前；如果没有这样的原因，那过去的法律关系本该如何；现在的法律关系中的内容要素，如权利、义务与责任，又决定了这一法律关系应当向哪种法律所期望的未来形态发展，以及它还可能因为其他哪些原因，向其他哪些方向发展。民事法律关系的发生、变更与消灭，就是因特定法律事实的出现，根据法律规定而引起的当事人之间一定民事法律关系的形成，或消灭，或该法律关系的主体、客体与内容要素的一项或几项发生变化。易言之，民事法律关系的发生、变更与消灭，就是因一定法律原因的具备而引起的法律关系变动。

一、依据——规定民事法律关系变动的法律规范

在传统民法中，引起民事法律关系变动的原因就是指某种事实或客观现象——法律事实，但事实意义上法律关系的变动方向，无外是在规范意义上的法律关系中早已预测并决定了的，所以从广义上看，法律规范本身就是决定将来法律关系如何发生、变更与终止的依据。

作为依据的法律规范只是为发生什么样的法律事实（其中主要是当事人进行怎样的行为），将引起怎样的法律后果，在哪些当事人之间形成以什么性质的权利、义务或责任为要素的法律关系，或这个法律关系的各要素会发生怎样的变化，规定了抽象的指引性模式，从而供社会公众据以行事。所以，有了法律规范并不是说就会产生事实意义上的法律关系的变动，只能说有了这种可能性，只有当法律规定的法律事实真实发生，这种可能性才能转化为现实性。

这也提醒我们，要预测一个法律事实引起的法律后果，必须以当时有效的法律规范为准绳。同样一个法律事实，在过去的法律规范，与现在已经修改的法律规范中，可能引起的法律后果的类型与内容就可能是不同的。

---

〔6〕 吴香香：《请求权基础思维及其对手》，载《南京大学学报（哲学·人文科学·社会科学）》2020年第2期。

二、原因——引起民事法律关系变动的法律事实

民事法律事实,是法律所规定的,能够引起民事法律关系产生、变更和消灭的客观现象与具体事实性的根据。并非任何事实都能引起民事法律关系的发生、变更或消灭,自然界绝大多数能引起各种自然变化的自然现象,如风雨雷电、日出日落,多无法引起民法上的后果;人类日常行为,如日出而作,日落而息,也往往难以引起民事法律关系的变化;即使某些人类行为可以引起其他法律部门中的法律后果,如单纯的行政命令与服从行为会引起行政法律关系的变化,但却不一定能引起民法上的某种后果。所以,一个客观事实能否成为民事法律事实,关键就要看是它能否根据民事法律规范,引起民事法律关系的变动。在学理上,一般将民事法律事实分为事件、行为,以及由两个以上事件、行为,或由它们混合组成的事实构成。其中,事件与行为以是否由人类意志控制其发生而区别,是民事法律事实最基本的一组分类。

(一)事件

事件,又称为自然事实,是指与主体的意志无关,依法能够引起民事法律后果的客观现象,例如,人的死亡、物的灭失,时间的经过、不可抗力等都属于事件,它们一旦在特定民事关系中发生,就能够引起婚姻关系、所有权关系的消灭,时效的完成,民事责任的免除等法律后果。

(二)行为

行为,是指受主体意志支配,依法能够引起民事法律后果的人类活动。行为是最为常见与重要的法律事实,它有以下几组基本分类:

1. 表意行为与事实行为

表意行为,是指行为人基于意思表示而进行的,并希望其意思表示中所设想的法律效果能够被法律承认,从而产生法律上的效力,引起民事法律关系发生、变更或终止的行为,通常的民事活动都以表意行为的方式为之,如买卖、赠与、遗嘱等。表意行为能否真令行为人"心想事成",还要视表意行为是否符合法律关于民事法律行为的成立与生效要件的规定。

事实行为,是指行为人没有,或缺乏完整的引起民事法律关系发生、变更或终止的意思表示,法律不考虑行为人内心所欲及行为能力,径行规定该行为引起法律效果的行为。民法径行赋予一定行为以法律效果所考虑的因素一般有:依诚实信用原则以衡平各方当事人的利益关系的需要,或依公序良俗原则以实现社会利益分配、再分配的公正的需要等。事实行为包括先占无主物、拾得遗失物、发现埋藏物、生产劳动成果、创作作品的行为等。

2. 合法行为与违法行为

合法行为,是指符合或至少不违反民事法律规范,并能够引起一定民事法律后果的行为。其中,合法的表意行为就是民事法律行为。

违法行为,是指违反民事法律规定,或违反民法基本原则,侵害他人合法权益,依法应承担民事责任的行为。违法行为包括:违反合同约定义务,侵害合同债权的行为,即违约行为;违反法定义务,因过错,或在特殊条件下的无过错的侵害他人的财产、人身性权利,应承担民事责任的行为,即侵权行为。

3. 非权力行为与权力行为

这里的非权力行为,是特指以引起民事法律关系的发生、变更与消灭为唯一目的的,市民社会内部的纯粹民事活动。但是,能引起民事法律后果的行为往往不限于此。某些引起公法上法律效果的行为,也能附带性的引起民事法律关系的变动,如调拨财产的行政命令;针对变更之诉

的法院判决;没收公民个人财产的行政、司法制裁措施;等等。这些行为本是行使国家权力的行为,但由于能够引起民事法律关系的附带变动,仍可认为是民事法律事实的特殊组成部分。

(三)事实构成

事实构成,又称民事法律事实的结合,是依法引起某种民事法律关系的发生、变更与消灭,需要两个或两个以上的法律事实相结合的情况。通常情况下,一个法律事实即可引起一定的民事法律后果,但在某些情况下,法律规定必须有两个或者两个以上的事件、行为,或它们的混合体,才能引起一个法律后果。例如,遗嘱继承法律关系的发生,需要存在被继承人生前进行了合法有效的遗嘱行为、被继承人死亡两个法律事实。

三、结果——民事法律关系的发生、变更、消灭

因一定法律原因的出现,依法产生民事法律关系发生、变更与消灭的法律结果。

(一)民事法律关系的发生

民事法律关系的发生,是指在民事主体之间建立了权利义务关系,民事主体取得了权利,或承担了义务、责任。民事法律关系的发生可分为绝对发生与相对发生两种基本形态。

民事法律关系的绝对发生,是指一项民事法律关系就世上任何人而言皆原始的创生,法律关系的当事人原始的取得权利与承担义务的情况。例如,先占而取得无主物的行为,便会在先占人与其他不特定民事主体之间引起一项以被占物为客体的,所有权法律关系的绝对发生。

民事法律关系的相对发生,是指特定民事主体加入一项在其加入以前就已经存在的法律关系,从而成为该项法律关系的主体的情况。这里所谓法律关系的发生,仅就特定加入者而言,故为对其个体的相对发生,如债务承担,即取代原债务人地位成为一个已经存在的债权债务关系中的新债务人,对新债务人而言,即债权债务关系的相对发生。

(二)民事法律关系的消灭

民事法律关系的消灭,是指民事主体之间原有的权利义务关系的绝对或相对的终止,也即权利人的权利行使完毕或权利被让渡,义务人履行义务完毕或义务被转让、被解除。对应于民事法律关系的发生的基本分类,民事法律关系的消灭也可分为绝对消灭与相对消灭两种形态。

民事法律关系的绝对消灭,是指一项民事法律关系对世上任何人皆告完全的,终极的消灭。例如,因客体物的灭失而导致的所有权法律关系的绝对消灭。又如,因债务完全履行而导致债权债务关系的绝对消灭。

民事法律关系的相对消灭,是指特定民事主体退出一项在退出以后仍将继续存在的法律关系的情况。这里所谓法律关系的消灭,仅就特定退出者而言,故为对其个体的相对消灭,如债务承担,原债务人被他人替代而退出该债权债务关系,对新债务人和债权人而言,债权债务关系继续存在,对原债务人而言,债权债务关系相对消灭。

(三)民事法律关系的变更

从广义上看,民事法律关系的变更包括民事法律关系要素的各个方面,主体、客体与内容的变化。

民事法律关系的主体变更。在很多情况下,民事法律关系的主体变更就是指民事法律关系的相对发生与相对消灭。此外,民事法律关系的主体变更还包括主体人数的增减,如当事人的入伙、退伙会导致合伙法律关系的主体数量的增减。

民事法律关系的客体变更,是指民事法律关系中,权利义务所指向的对象发生了变化。例

如,合同当事人协商将合同履行方式的给付一头耕牛换为提供劳务若干。客体的变更常会连带引起法律关系内容的变化,例如,因侵权行为损坏他人之物,会赋予所有权人提出恢复原状的物上请求权及损害赔偿之请求权,而侵权人则被课以相应的民事责任。

民事法律关系的内容变更,是指民事法律关系中权利、义务与责任的类型、范围、程度等方面的变化。例如,因合同当事人违约行为而导致其承担的合同债务转化为违约责任。又如,债务因部分清偿而减轻了债务人的债务负担程度。再如,买卖双方因交付客体物的行为,而变更了各自在标的物所有权法律关系中享有的法律关系内容要素的类型:出卖人丧失所有权而降为标的物所有权法律关系中的一般义务人,而买受人则由一般义务人上升为所有权人。

问题与思考

民事法律事实是民事法律关系变动的基础,但如何对民事法律事实进行区分则存在较大争议。主要有详细区分说、简略区分说与折中说之争。[7] 详细区分说对行为进行适法性与违法性之分,认为人的行为和自然事实属于法律事实。我国大陆学者主要采取简略区分说,该学说并未进行行为的适法性与违法性区分,认为违法行为是事实行为的一类。折中说认为,适法行为与违法行为是表示行为与非表示行为区分的并列存在,违法行为是一种具体的事实行为。详细区分说、简略区分说以及折中说间的争议,其实是不同学者对法律所确认的民事法律事实类型冠之以抽象学术名称,并进行分门别类。其实,学术见解的差异并不会直接影响民法规范设计与适用。从方便法律适用以及学术研究的角度出发,简略区分说操作更便捷。因此,可以考虑选择适用简略区分说。

第三节　民事权利、义务与责任

民事权利、义务与责任,构成民事法律关系的内容。由民法的性质可知,民事权利在民事法律关系要素体系中居于主导地位,民事义务与民事责任为保障与救济民事权利而存在。

一、民事权利

(一)民事权利的概念

1. 权利

"权利"作为法律术语,是19世纪日本学者由西方法律名词意译而得,后随我国对日本民事立法的借鉴而传入我国。"权利"的本意有正义、公道、当然、合法等义项。近代以来,随着启蒙运动对法学研究的重振,围绕"权利"展开的学术归纳与论争,使义项纷呈的各种权利观念为之整饬一清,较有影响的关于权利本质的学说有利益说、意思说与法力说,围绕此三说遂构建起关于法律权利,乃至民事权利概念的基本框架。

"利益说"。此说由19世纪德国法学家耶林(Jhering)提出,认为权利的本质可归结为受法律保护的利益。这里的利益,包括一切为自然人、法人等民事主体的存在与发展所必需的物质条

---

〔7〕 王轶:《论民事法律事实的类型区分》,载《中国法学》2013年第1期。

件与精神条件。

"意思说"。此说由19世纪德国法学家温得夏特(Windscheid)提出,认为权利的本质直接体现为法律保护之下的权利人的意思自由。易言之,就是权利人对民事生活的自由选择,自由支配的最大范围。

"法力说"。此说由19世纪德国法学家梅克尔(Merkel)提出,认为权利实为受法律保护的权利人,为实现自身利益而采取的某种支配力。这里的支配力,既包括对其合法拥有或利用的财产的事实支配,又包括为实现前一支配而得对其他义务人的消极支配(如物权人对物权义务人的排他效力),还包括权利人为实现利益而直接对他人的合法"支配"(如债权人对债务人的履行请求权)。因法力说揭示了权利的效力来源,渐成欧洲、日本、我国台湾地区等地的通说。

上述三说由内而外地揭示了权利在各个层次上的基本内涵与主要功能:"利益说"突出权利对于权利人的好处,明确了法律创设、保护权利的目的是权利人自己的利益;"意思说"则揭示了权利人在实现自身利益的基本方法乃是行使选择自由、参与自由;"法力说"则在权利人与非权利人之间,在权利人受法律保护的权利行使自由与不受法律保护的权利滥用之间,建立了分明的法律界限。所以,如今关于权利的通说,乃是上述三说的有机集合。例如,在我国被广为采纳的关于权利解释的"手段说",就体现了这种权利本质的复合性:权利是法律允许范围内的,权利人为满足自身利益而采取的,由他人法律义务所保障的法律手段。

2. 民事权利

关于民事权利的概念,在民法学界也有不同的解释,但我们认为,无论采取怎样的解释,都不能否认民事权利同样应当是一个包含了利益、自由与法力等多层次内涵的复合性概念。民事权利是权利概念在民法领域中的具体适用,它是指"民事主体为实现其某种利益依法为一定行为,或者请求民事义务主体为一定行为或不为一定行为的可能性或者说意思自由"。[8] 这一概念表述以"利益"为起始,代表民事权利的利益核心;以意思自由为归宿,体现了民法通过权利概念对私法自由的推崇;以对自己、对他人的合法支配为连接利益与自由的中介纽带,又揭示了民法欲以国家强制力为后盾,令权利人的自由行为取得他人、社会尊重的负责任的态度。由上可知,一项完整的民事权利概念一般包括三大内容:

第一,权益。权益在此处不是权利与利益的合并简称,而是特指民事权利的存在目的,即其所保护的民事主体的"私益"。它包括人身利益与财产利益两大类,利益类型的不同,决定了行使权利的方式、权限范围、权能组合之不同,最终决定了民事权利的类型。实现自身的利益,是民事主体以权利为手段,参与市民社会生活,独立行使意思自由所追求的最终目的。

第二,权限。权限在此特指民事权利的行使范围。民事主体实现自身权益的直接方法往往不是坐等其自动实现,而是在法律允许的范围内自由地向特定或不特定的义务人为一定意思表示。权限标明了一项权利所赋予权利人的合法自由行动空间的最大范围。超越权限之外界行使权利给他人造成损失的,则构成滥用权利的违法行为。

第三,权能。权能是权利的作用机理,是权利的具体运用方式,是以法律强制力为后盾的权利人实现自身权益、保障自身意思自由、排斥干涉、对抗侵害、自我救济的措施与手段。民事权利的权能大体有三类:(1)支配权能,即民事主体在法律许可范围内直接支配权利客体,享受支配过程带来的利益,实现权利目的的手段。它是诸如物权、知识产权、人身权等权利类型的基本权

---

〔8〕 李开国:《民法总则研究》,法律出版社2003年版,第90页。

能。依所实现利益之具体形态不同,支配权能又有不同的表现形式,如在所有权中,支配权能就被细化为占有、使用、收益、处分四种形式,在专利权中,支配权能有实施专利、转让或许可他人实施专利等形式。除了对权利客体的直接支配,支配权能还令权利人得排斥非权利人干涉、妨碍,令非权利人承担消极的,不作为的义务。(2)请求权能,即民事主体根据法律规定或合同的约定,请求特定义务人为,或不为一定行为,从而实现自身利益的,实现权利目的的手段。请求权能是债权的基本权能,但当物权被他人非法损害,物权人丧失正常行使支配权能的事实上的可能(如物被他人非法占有、损坏)时,物权人也可以向侵害人行使请求权能,要求其承担返还原物、恢复原状等形式的民事责任。(3)公力救济权能。在正常情况下,权利人直接行使支配权能或请求权能利益就能得到满足。但当权利受到侵害,支配权能与请求权能无法自动运行时,权利人只得寻求法院等国家机构的帮助,通过诉讼、仲裁等程序,请求国家专门机关运用国家强制力恢复权利、制裁不法,此即为民事权利的公力救济权能。

(二)民事权利的分类

1. 人身权与财产权

依民事权利所保护的利益类型不同,民事权利分为人身权与财产权。

人身权是保护人身利益的民事权利。人身利益一般作为特定民事主体人格完整、身份完全的基本自然与社会条件存在,无法或不允许与特定民事主体人格、身份相分离,具有非经济属性,无法进行经济评价,这使人身权无法在民事主体之间进行移转。当然,这并不妨碍以经济手段来补偿侵害人身权造成的非财产性损害的可能。根据《民法典》总则编第五章的有关规定,人身权包括人格权与身份权。人格权包括生命权、身体权、健康权、姓名权、肖像权、名誉权、荣誉权、隐私权、婚姻自主权等,此外还包括自然人的人格尊严、人身自由、个人信息,以及法人的名称权等特殊形态;身份权包括"自然人因婚姻、家庭关系等产生人身权利",实践中这包括监护权、配偶权等。

财产权是保护财产利益的民事权利。财产利益具有经济属性,可以进行经济价值的衡量,可以与财产权主体顺利的分离,这使财产权本身具有可转让性。根据《民法典》总则编第五章"民事权利"的相关规定,财产权包括物权、债权、知识产权(不包括其中的人身权部分)、继承权、股权及其他投资性权利、网络虚拟财产(权)等。

在标准的人身权与财产权的权利类型之间,存在复杂的过渡权利形态,因其所保护的利益形态在经济属性或非经济属性上的侧重,而或偏向于财产权,或偏向于人身权。[9] 例如继承权,虽以继承人与被继承人间特定身份关系为前提,但其利益指向却是为被继承人取得遗产,故仍认为其基本上是一种财产权。又如配偶权,虽也赋予配偶一方对另一方的扶养请求权,但配偶权总体保护的利益仍是基于夫妻关系所生的身份利益,又基本上是一种身份权。至于知识产权,则内部各类型间又有不同,如著作权通过著作人格权与著作财产权两个分支权利内容,兼顾保护作者人身利益与财产利益,可说是财产权与人身权的混合形态,而专利权、商标权则因法律赋予的人身权内容太少,更多倾向于财产权的性质。

2. 绝对权与相对权

依义务人的范围不同,民事权利分为绝对权与相对权。

绝对权,又称对世权,是指可以对一切人主张的权利。绝对权的义务人是不特定的一切民事

---

〔9〕 王利明:《民法总则研究》,中国人民大学出版社 2003 年版,第 209 页。

主体,不特定民事主体仅仅承担对权利人行使权利行为的尊重、容忍与不干涉的消极义务。绝对权包括物权、人格权、知识产权等。

相对权,又称对人权,是指权利人仅仅可向特定义务人行使的权利。相对权的义务人只能是法律规定或约定的特定民事主体,特定民事主体的义务是,应相对权人的要求,在法律规定与约定的范围内,向权利人为,或不为一定的行为。相对权的主要类型是债权。

3. 支配权、请求权、形成权与抗辩权

支配权是以支配权能为基本权利行使方式的权利。一方面,权利人直接支配权利客体,无须义务人的积极行为或协助,就可以实现自身利益;另一方面,权利人可禁止其他一切义务人妨碍、干涉其支配过程,支配权具有排他效力。

请求权是以请求权能为基本权利行使方式的权利。在此,权利人无法直接支配权利之客体而实现利益,而只能请求特定义务人为,或不为一定行为,以实现权利人之利益。

一般认为,作为"权利"类型的支配权的外延大体与绝对权之外延相当,而请求权则对应相对权。但是,若将支配权与请求权仅仅作为两种"权能",而不是"权利"进行比较的话,就会发现,无论是债权,还是物权、人身权、知识产权,都离不开请求权,在物权、人身权与知识产权之场合,除了以支配权之常态行使权利,也免不了以物上请求权、人身权上之请求权或知识产权上之请求权等方式行使权利。所以,请求权不能等同于债权,债权、物权、人身权与知识产权都是可以生成请求权——这一具体权利行使方式的基础。

形成权,是指依权利主体单方意思表示,就能引起牵涉他人的民事关系变动后果的权利类型。例如,一经单方行使就能使有多方当事人参与的法律关系失去效力的撤销权;又如,一经行使就能产生消灭债权债务关系法律后果的债务免除权;再如,一经行使就能使效力待定的民事行为变为有效法律行为,或无效民事行为的追认权;等等。

抗辩权,是指用于对抗他人请求权的权利类型。抗辩权与请求权是两种居于对立地位的权利类型,其作用有"防御"的性质,旨在暂时阻止对方已经行使的请求权的效力,而不在于消灭对方请求权。抗辩权的这种阻止效力来源于法律规定的行使抗辩权的理由,即抗辩事由的存在,一旦抗辩事由消失,抗辩权即失去效力,请求权之效力即告恢复。依抗辩事由之不同,抗辩权可分为同时履行抗辩权、不安抗辩权、先诉抗辩权等。

4. 主权利与从权利

依权利在相互依存关系中所处地位不同,民事权利分为主权利与从权利。

主权利,是指在相互关联的两个以上民事权利中,可以独立存在的权利;反之,不能独立存在,须以其他民事权利之存在为自身存在前提的,则为从权利。例如,在担保物权法律关系中,被担保的主债权即使失去担保也能独立存在,故为主权利;而为担保主债权而产生的抵押权、质权、留置权,在主债权消灭以后则难以独立继续生存,故为从权利。归纳起来,主权利与从权利间的主从关系有两个方面:(1)主权利存在,从权利才能存在,主权利因履行、抵销、免除、剥夺等方式消灭时,从权利一同消灭;(2)从权利不得与主权利分离而单独转让。

5. 专属权与非专属权

依权利与主体结合的紧密程度之不同,民事权利分为专属权与非专属权。

专属权,是指紧密结合于民事主体,与主体不可分离,不得转让与继承的权利类型,它一般包括人格权与身份权。反之,与民事主体可以分离,可以转让或继承的民事权利类型则为非专属权,财产权一般均为非专属权。

6. 既得权与期待权

依权利是否已具备行使所需的全部要件,民事权利分为既得权与期待权。

既得权是为权利人完全、实际享有,可即时行使的民事权利,通常情况下民事权利都是既得权。期待权是暂时欠缺权利行使条件,待条件齐备以后才可实际行使的民事权利类型。例如,以附延缓条件与期限的法律行为设定的权利,在条件成就与期限届满以前为期待权;又如,继承权在继承开始以前也为期待权;等等。期待权虽不可立即行使,为"生成过程中的权利",[10]但法律仍要保护该生成过程的自然延续,以及由此给权利人带来的将来实现利益的可期待性,故任何人不得非法干涉期待权的自然发展过程,否则同样构成对期待权的现实侵权。

7. 原权与救济权

依权利间是否存在救济与被救济的手段关系,民事权利分为原权与救济权。

原权,是法律欲保护的民事权利的正常状态,它或在义务人履行义务的情况下得以自动实现、保持,或因义务人不履行义务的违法行为而受到损害,无法自动实现与保持。救济权,是民事权利在受到侵害,或有侵害之重大危险时的变化形态,其目的是排除侵害、恢复受到破坏的原权。

一般而言,因有对民事权利的不法侵害而生救济权,所以发生不法侵害是比较原权与救济权概念的前提。但考虑到任何民事权利都有法律赋予的排斥他人非法干涉的"法力",故即使在权利未受到侵害时,救济权也已经作为权利的效力内容被赋予了权利人,只不过此时的救济权尚处于欠缺行使要件的"期待状态"中,是备而不用,有备无患。

(三)民事权利的行使与保护

1. 民事权利的行使

民事权利的行使,是权利主体在权限范围内,通过权能之手段而享受权益的行为过程。民事权利的行使有两种方式:

第一,为以事实行为的方式行使民事权利。即不以意思表示为要素,也无须接受他人意思表示的行使权利的方式。譬如,财产所有权人对物的占有、使用、收益乃至事实上的处分,均可基于一己之力,通过改变标的物的物理性状而满足自身的利益需求(例如,用木柴生火取暖,将生米煮成熟饭)。在此,有关法律关系仅仅发生客体的自然变化,即使引起附带的法律关系的其他要素的变化(如因木柴烧毁而引起所有权关系的绝对消灭),权利人也无须向法律关系的其他当事人表达任何自己欲行使权利,改变法律关系的意思,更无须征得其他人的同意。

第二,为以法律行为的方式行使民事权利。在此,权利人须将行使民事权利,进而引起相关法律关系变动的内心意思,以法律行为的方式向不特定或特定的当事人表达出来,这一表达行为可以无须征得对方的同意就能产生权利人期待的法律效果,如抛弃所有物而令所有权绝对消灭,即以单方法律行为的方式而为。但在更多情况下,单方意思表示还需要对方的同意,即协商一致,方产生权利人期待的法律后果,如商品出卖人向买受人交付标的物,而对方受领的行为,在此,权利人借助双方法律行为行使自身的权利。

无论是以事实行为的方式还是以法律行为的方式行使权利,无论权利人行使权利是否向其他民事主体作出意思表示,也不论这一意思表示是否需要求得相对人的同意,根据《民法典》第130条规定,"民事主体按照自己的意愿依法行使权利,且不受干涉"。在法律或合同对这一权限有明确规定时,权利人应从其规定,在没有规定或规定不明确时,权利人行使权利应本着诚实信

[10] 申卫星:《期待权基本理论研究》,中国人民大学出版社2006年版,第112~113页。

用,尽量接近公平的理想状态,遵循《民法典》第 132 条所规定的不得损害国家利益、公共秩序与善良风俗,否则,在行使权利中因故意或过失损害国家、社会或他人合法权益,构成权利滥用的,将承担相应的民事责任。

2. 民事权利的保护

民事权利的保护,是指民事权利受到侵害,或有受到侵害的重大危险时,排除侵害,救济权利的法律制度设计与实施过程。民事权利的保护,可通过私力救济与公力救济两种途径实现。

第一,民事权利的私力救济。民事权利的私力救济,是指民事权利受到侵害时,权利人不借助国家机关,而依靠一己私力排除侵害,保护权利的方法。在法治社会,权利的私力救济因与权利救济机制国家垄断性相矛盾,故原则上是禁止的,但考虑到在权利受害与国家公力救济介入以前,尚存在事实上的时间差,对权利如不及时救济,将给权利人造成无可挽回的重大损失的情况,所以法律仍允许在有限的情况下,在有限的程度上,权利人得进行合法的私力救济。[11] 私力救济主要包括自卫与自助两种形式:(1)自卫,是指权利人在自己或他人的民事权利受到不法侵害或紧急危险时的防卫与避险行为,它又可分为正当防卫与紧急避险。正当防卫,是指对于现时的不法侵害,为保护自己或他人的合法权益或公共利益,不得已而实施的加害侵害人以阻止其侵害行为的防卫行为。我国《民法典》第 181 条规定,因正当防卫造成损害的,不承担民事责任。正当防卫超过必要的限度,造成不应有的损害的,正当防卫人应当承担适当的民事责任。第 182 条规定,因紧急避险造成损害的,由引起险情发生的人承担民事责任。如果危险是由自然原因引起的,紧急避险人不承担责任或者给予适当补偿。紧急避险采取措施不当或者超过必要的限度,造成不应有的损害的,紧急避险人应当承担适当的责任。(2)自助,是指权利人为保护自身合法权益,不得已对侵害人的自由加以拘束,财产加以拘束、毁损的行为。例如,暂时扣留拒不支付饭钱的用餐人的人身等。自助,须针对侵害行为发生突然,来不及向国家机关请求救助的情况,自助人一旦实施对侵害人人身、财产的拘束或毁损,应不迟延的请求国家机关依法处理。对自助过程中采用不必要的手段,造成他人不应有的损失的,自助人应承担民事责任,如若将来国家机关驳回了自助人据以自助的基础性权利的保护请求,自助人还要为自己的错误自助行为承担民事责任。对此,《民法典》第 1177 条也对自助行为进行了明确规定。

第二,民事权利的公力救济。民事权利的公力救济,是权利人请求国家机关,通过特定程序排除侵害,保护其民事权利的方法。公力救济是法治社会的主要权利救济方法,又可分为行政救济与司法救济两大类,其中司法救济是最为常见的民事权利公力救济途径。在现实生活中,当事人主要可以通过以下几种诉讼模式来救济自己的民事权利:(1)确认之诉,即请求确认特定民事法律关系存在,或不存在的诉讼。此种诉讼多发生在权利归属主体、义务与责任的承担主体发生争议时。(2)变更之诉,即请求将现有法律关系变更到新法律关系状态之诉。它多发生在权利人、义务人或责任人认为自身所在法律关系中,享有权利或承担义务与责任问题上显失公正,或缺乏法定或约定根据时。例如,监护人因自认缺乏监护能力而要求变更监护人,或合同债务人认为合同本身显失公正而要求撤销合同,消灭债权债务关系等。(3)给付之诉,即请求强制义务人、责任人履行义务与责任内容,以实现权利人的合法权益的诉讼。这是在义务人不自觉履行义务的情况下,法院以国家强制力强制其履行,以实现对民事权利救济的终极手段。

在实践中,权利人为维护自身权利,往往根据案情需要综合运用上述诉讼手段,形成"确

---

〔11〕 徐昕:《论私力救济》,中国政法大学出版社 2005 年版,第 11 ~ 13 页。

认—变更”之诉、“确认—给付”之诉、“变更—给付”之诉,以及“确认—变更—给付”之诉的不同诉的组合形态。

二、民事义务

根据权利义务的对等性原则,义务是与权利对应存在、相辅相成,共同作为民事法律关系的内容性要素。民事义务,就是民法课以民事主体为实现他人民事权利而实施一定行为的必要性与法律拘束。

民事义务具有三大特征:(1)利他性,履行义务的直接目的是他人——权利人——的利益,而非自己的利益;(2)限定性,与作为权利内容的权限的相对广泛相比,义务的范围具有限定性,相对权的义务人仅仅在权利人的请求权范围内承担义务,绝对权的义务人仅仅承担尊重、容忍、不干涉的消极义务;(3)法律拘束性,民事义务虽不意味着直接的国家强制,但义务人履行义务的必要性仍是现实的,义务人不得擅自更改、解除与推卸义务,若义务人不自觉履行义务,义务将转化为民事责任,届时权利人可请求国家机关强制义务人履行义务,这一义务人不履行义务的不利法律后果的预期,正是义务之法律拘束性的体现。

民事义务的内容是为满足权利人而必须实施的行为,它又可分为作为与不作为两种形式。这里的“作为”,是指义务主体为实现他人的权利而必须进行的积极行为,如债务人依债权人的要求到期付款的行为,以作为为内容的民事义务也就称为“积极义务”。“不作为”,是指义务主体为实现他人的权利而不得从事的一定行为。例如,债务人不得将约定交付的标的物再行转借、转让与他人。又如,所有权的义务人都必须尊重权利人对客体物的自主支配,而不得进行干涉,再如相邻关系义务人必须容忍相邻权人通过自己土地,而不得加以禁止等。以不作为为内容的民事义务,为“消极义务”。积极义务与消极义务,是民事义务最基本的分类。

除了积极义务与消极义务,根据权利义务的对等性原则,有关民事权利的分类方法与体系,大体也能在民事义务中适用。例如,可以将民事义务分为财产义务与人身义务、绝对义务与相对义务、主义务与从义务、专属义务与非专属义务等。有关分类的具体内容,可对应权利分类中的相关内容推知,在此不再赘述。

三、民事责任

(一)民事责任的概念

若将民事义务认为是民法关于“当为”的告诫,则民事责任就是关于“必为”的现实强制了。民事责任是民事法律关系中的义务人违反法律规定或合同约定的民事义务,侵害民事主体的民事权利,而承担的法律后果。由于民事责任是违法行为引起的法律后果,这一后果就包含了对违法行为的否定性评价、对权利人权利的强制保护与恢复措施以及对违法行为人的制裁这三层含义。民事责任,是民事义务被违反时的当然逻辑结果。

然而在传统民法理论中,违反民事义务的后果也无外是国家强制之下的某种作为与不作为,从性质上看,这里的作为或不作为,与作为义务内容的作为或不作为并没有实质的区别,只不过其受到的国家强制力更为明显与直接,所以并没有严格区分民事义务与民事责任两个范畴。例如,侵权行为引发的法律后果,被视同侵权行为之债,与合同之债、无因管理之债、不当得利之债并列。[12]

原《民法通则》首次将侵权、违约行为引起的法律后果相对完整的从债法中划分出来,并以专章(第六章)规定,首创了"民事责任法",从而系统地区分了民事责任与民事义务。而此亦为现行民法典所继受。应当说,从法律关系的静态结构看,民事义务与民事责任是不同的内容性要素,二者对应的权利形态不同;从法律关系的动态结构看,因义务不履行的违法行为而导致民事义务向民事责任的转化,这是典型的民事法律关系的内容的变更,所以在立法上确定民事义务与民事责任的界限,正是严格按照动、静结合的法律关系理论认识问题、解决问题,从而得出的正确结论。这同时也体现了在民事生活中划清合法与违法、肯定与否定、保护与制裁之间界限的负责任的态度,以及法律惩前毖后的预测与教育功能。

(二)民事责任与民事义务的比较

总结民事责任与民事义务之间的区别与联系,将使我们更为清晰地理解民事责任概念在现代民法中的特有性质与功能。

1. 区别

一是法律性质上的区别。民事义务基于法律直接规定,或当事人间的合法协议而发生,其对应的权利形态应是"原权"。当事人负担某种义务并不意味着其已处于违法者的地位,更不意味着将受到法律的否定性评价与制裁,而只代表法律对义务人履行此义务的必要性的告诫,以及如果不按照法律规定或约定方式履行义务,则将会成为违法者的预测。民事责任则是因义务人不履行义务的违法行为而引起的法律后果,其对应的权利形态是"救济权",责任人已经处于违法者地位,其所承担的法律后果中必然包括国家的否定性评价与制裁色彩。[13]

二是法律拘束力程度不同。义务相当于法律上的"当为",义务人自受法律上的拘束,但这种拘束仅仅是对其如不履行义务,行为不法,将会引起民事责任,在将来受到国家强制的不利后果,或者称潜在危险的合理预报,以促使义务人自觉履行,打消违法之心。可见,此时的法律拘束力主要以对义务人的"心理压力"的形式发挥作用。民事责任则相当于法律上的"必为",对责任人的法律上的拘束力,将直接体现为对其财产与人身的现实强制。

三是义务人与责任人所受"不利益"的性质不同。民事义务与民事责任同有为权利人利益服务的利他性,但这一利他性负担,对负担人而言在长远看是否构成真正的损失,则有显著的不同。根据权利与义务对等性原则,义务人履行义务多是作为从权利人处取得对待义务履行的代价,所以义务人与权利人实际上可以身份互换,互惠互利,从而总体上体现了等价有偿原则。而责任与权利之间不存在对等性原则,责任人所承担不利后果,无论是财产上的,如赔偿损失、支付违约金等,还是人身上的,如赔礼道歉,都是纯粹的"损失",不能再要求权利人支付对价。

2. 联系

一方面,义务是责任产生的前提,责任是义务被履行的法律保证。民事责任的产生原因是在先的民事义务被违反,民事义务的确切存在,也就成为民事责任产生的大前提。反之,之所以现实生活中大多数的民事义务仍能被自觉遵守,除了靠大多数义务人履行义务的法治与道德自觉性以外,也不可忽视民事责任作为对违法行为的制裁手段,对潜在的不履行义务的行为倾向的威慑与吓阻作用。

---

〔12〕 魏振瀛:《债与民事责任的起源及其相互关系》,载《法学家》2013 年第 1 期。

〔13〕 高留志:《论民事义务与民事责任的区分》,载《河南社会科学》2009 年第 4 期。

另一方面,民事义务与民事责任的内容表现形式基本相同,都是对权利人为一定行为(包括作为与不作为),而与行政责任及刑事责任显著不同。民事责任并非旨在剥夺责任人的人身自由乃至生存资格,而是要通过返还原物、恢复原状、赔偿损失等手段,恢复权利人受到损害的权利,具有同质救济性。就算在事实上要将受损权利恢复原状已无可能(如客体物已因侵权人的加害而彻底毁灭),也将采取价值上赔偿的方式,使权利人拟制的接近过去的圆满状态。所以,责任中的作为与不作为,不外是之前义务中有关内容,在国家直接强制条件下的相对延续,从这一角度看,责任也可以被认为是"第二位的义务",这也正是传统民法将民事责任归入债的范畴的直接原因。

(三)民事责任的形式

民事责任的形式是违法行为人承担民事责任的具体方式。《民法典》第179条规定了11种主要民事责任形式,分别是:停止侵害;排除妨碍;消除危险;返还财产;恢复原状;修理、重作、更换;继续履行;赔偿损失;支付违约金;消除影响、恢复名誉;赔礼道歉。原《民法通则》第134条规定了10种主要民事责任形式,分别是:停止侵害;排除妨碍;消除危险;返还财产;恢复原状;修理、重作、更换;赔偿损失;支付违约金;消除影响、恢复名誉;赔礼道歉。根据违法行为的不同性质,不同情节,以上承担民事责任的方式,可以单独适用,也可以合并适用。另作为特殊的损失赔偿形式,我国《民法典》第1183条规定,侵害自然人人身权益,造成他人严重精神损害的,被侵权人可以请求精神损害赔偿。

问题与思考

在民法实践中还存在不少名为"民事责任",或某某"责任",却与上述民事责任概念的基本含义有所不同的概念范畴。以下列举几种主要形式:(1)指某种法律后果的"归属"机制。例如,我国《民法典》第62条规定,法定代表人因执行职务造成他人损害的,由法人承担民事责任。这里的民事责任并不是指,因企业的法定代表人违反民事义务的违法进行职务活动,而使企业承担的国家否定性评价与制裁,而是指企业法定代表人以企业法人名义从事经营活动而取得的一切法律后果,包括民事权利、义务以及真正意义上的民事责任,都归法人承担。(2)指债务履行的"担保"。如我国《民法典》合同编中有保证人承担"保证责任"之谓,保证责任显然不是保证人的违法行为引起的法律制裁,而只不过是保证人因保证合同约定而对债权人负担的,担保主债务顺利履行的"保证债务"。(3)指保障债务履行的"财产范围"。公司法中往往有"有限责任公司""股份有限公司"之谓,合伙法中也有合伙人承担"无限连带责任"之说。上述各种民事责任,或某某责任,虽含义各不相同,但与真正的民事责任概念相比,却又可以总结出它们共同的,与真正民事责任概念的区别之处:它们都不是,或至少基本上不是,因违法行为引起的否定性评价与制裁性后果,这也正是我们今后在阅读法律条文与著述时,判断有关相同或类似语词下,各自不同的真实含义时的重要判断标准。

第四节　民事法律关系的一般客体——物

一、物的概念与特征

“物”,是许多自然科学部门研究的对象(如物理学——研究物的运动、能量转化;化学——研究分子结构、化学反应;生物学研究生物新陈代谢、遗传、变种,等等)。民法学主要是从自身部门法意义研究物,在这里主要就是讨论作为民事法律关系客体的物,它是指位于人身以外,在自然界占有一定空间的物体或自然力。能够成为民事法律关系客体的物具有以下特征:

第一,物理属性。物应是可为人感知其客观存在并占用一定物理空间的实体(固体、液体、气体等),或是能被计量与控制的自然力(如电流、无线电频谱资源),是为“有体物”。《德国民法典》第90条规定,本法所称的物为有体物;《日本民法典》第85条规定,本法所称的物,谓有体物。但不具备物理属性却被作为“物”来对待的情况在历史与现实中都存在,如在古罗马法上无体物主要指权利,《法国民法典》继承了这一传统,认不动产的使用收益权,请求返还不动产的诉权为不动产(无体物)。我国《民法典》第115条规定:“物包括不动产和动产。法律规定权利作为物权客体的,依照其规定。”这说明我国民法中的物以有体物为原则,但同时认可法律特别规定情况下的无体物。

第二,财产属性。物必须通过支配而体现财产属性或经济价值。物的经济价值包括使用价值和交换价值两个方面。物的使用价值在于满足人们生产、生活的需要。但有使用价值的物却不一定具有交换价值。例如,阳光对人类具有重要使用价值,但它没有交换价值,任何人都可以享用,不需据为己有、交换获取,因此它不是民法上的物。物的财产属性与经济价值是通过人的控制、支配实现的。那种到目前为止尚不能被人们支配的物,如天上的月亮、星体等,就不是民法上的物。

第三,非人身性。作为法律关系的物应是身外之物。人(自然人)体虽为有机体,是物理、化学、医学等自然科学中的物,但作为文明社会的基本原则,人只能是社会关系的主体而不得作为民法中的客体要素。从善良风俗看,假牙、假眼、假肢等助残工具在与人体结合时,应视为人体的一部分,不属于物。与人体相分离的人体器官与组织,如捐献的肾脏、血液、被手术摘除的病变器官、产妇产后遗留体外的胎盘、所堕胎儿等,已为身外之物,可成为民事法律关系的客体。但公序良俗乃至强行法都会对关于此类物的民事法律关系严格管制,尤其限制其中的财产属性,对这些物的支配自由被限定在一个非常狭窄的范围内(如器官移植中的器官捐献无偿性原则)。同理,生命结束的自然人其主体地位随之终结,此时遗留的尸体虽也可成为物,成为民事法律关系的客体,例如医学教学等用的人体标本、人体骨架标本,就是用尸体或其组成部分加工处理制成的,它们作为教具、展品均是物,但这同样受到强行法或公序良俗对其法律关系的严格控制,尤其是限制其财产属性。

二、物的分类

(一)动产与不动产

以物的空间位置能否方便转移而不损害物的用途与价值为标准,物被分为动产与不动产。这一分类是各国民法上对物的最基本的分类。我国《民法典》第115条规定,本法所称的物,分为动产与不动产。

动产,是能够移动而不损害其价值与用途的物。例如,座钟、电视机、桌子、书架,等等,绝大多数物都属于此类,可以成为民事法律关系客体的各种自然力也可归为动产。不动产,是按其性质不能移动其位置,或者不经毁损就不能移动其位置的物。不动产包括土地与土地定着物。这里的土地是指一定范围的地球表面及其上下空间范围,包括江河湖海等水域及其上下空间。土地表面的支配范围较为确定,对土地上空及地下的可延伸范围除非法律专门规定在理论上并无限度,但这仍不得超过依人类现有手段可能支配的范围,同时这一范围的确定也不得违背公共秩序与善良风俗。对包含于土地地下部分的有特殊价值的组成部分,如矿藏,其是否作为土地的一部分而与所在土地同其归属各国有不同的规定,在我国《宪法》《民法典》均专门规定矿藏归国家所有,这是将矿藏自所在土地中独立出来专门对待。定着物,是指紧密依附于土地,但因有独立用途而不属于土地本身的物,例如房屋和其他建筑物,在土地上生长的林木等。

动产与不动产的区分意义在于:(1)区分可设定物权的类型。根据我国《民法典》物权编,对不动产除可设定所有权外,还可设定农村土地承包经营权、建设用地使用权、海域使用权、水域使用权、采矿权、探矿权、取水权、地役权、抵押权等限制物权;对于动产,除了所有权,仅限于设定质权与留置权两项限制物权。(2)区分物权变动要件。我国《民法典》第209条规定:“不动产物权的设立、变更、转让和消灭,经依法登记,发生效力;未经登记,不发生效力,但法律另有规定的除外。”其第224条规定:“动产物权的设立和转让,自交付时发生效力,但是法律另有规定的除外。”(3)区分诉讼管辖与法律适用的不同确定方法。涉不动产民事纠纷一般由不动产所在地法院管辖,若是涉外纠纷则应适用不动产所在地法律;涉动产民事纠纷在这一问题上则灵活多样。

(二)流通物、限制流通物与禁止流通物

根据流通能力(又称融通性)的强弱,物被分为流通物、限制流通物与禁止流通物。

流通物是法律对其流通性并无专门禁止或限制,得在民事主体之间自由流通的物。大部分物都属于流通物。

限制流通物是法律对物的流通范围、渠道、方式、参与主体等均进行明确限定的物。主要包括:(1)麻醉药品、毒品等,出于公共安全的考虑,此类物品的生产、流通、使用、保管等各环节均有严格控制,禁止私自、随意买卖;(2)执行国家指令性计划购销的物资,如某些大型成套设备、原油等;(3)私人收藏的文物不得擅自出售给外国人;(4)假冒伪劣产品、变质有害的食品药品等,只能按照法律规定的渠道处置,不得自由流通;(5)法律规定可以归国家也可以归某些特定民事主体所有的基础设施,如铁路、公路、电力设施、电信设施和油气管道等;(6)法律规定的其他限制流通的物。

禁止流通物,是依法不能进入市场流通的物。要说明的是,这里所禁止的流通仅指在市场上转让所有权的法律行为,而既不能包括非依法律行为引起物权变动的情况,更不能涵盖商业流通的全部形态。禁止流通物在我国主要是因某物被规定为专属财产,不得为其他民事主体通过流通手段取得所有权而产生。如根据《民法典》相关规定:国防资产、无线电频谱、城市的土地、矿藏、水流、海域、无居民海岛等只能归国家所有,法律规定归国家所有的森林、山岭、草原、荒地、滩涂等自然资源,其他民事主体也无从通过法律行为取得所有权,故为禁止流通物。另外,法律规定归农村集体所有的土地、森林、山岭、草原、荒地、滩涂等自然资源虽然可以通过征收而归国有,但征收不是法律行为,而除此之外并无将此类财产所有权转让给其他民事主体的其他合法渠道,故也实为禁止流通物。我们可以发现,很多财产虽名为禁止流通物,但出于物尽其用的考虑,不可能完全禁止一切面向市场的流通。例如,城市土地虽归国家专有而不得转让所有权,但这并不妨碍国家向民事主体基于商业途径(如拍卖)有偿出让建设用地使用权,并允许建设用地使用权广泛参与市场流通,而创造了有中国特色的"土地市场"。也正是因为禁止流通物所禁止之流通的狭隘性,使禁止流通物概念本身受到质疑,以致在某些教材中取消禁止流通物概念,而将其内容纳入限制流通物之列。[14]

上述分类在民法上的意义是确定民事主体实施相关行为的效力,违反关于物的禁止流通与限制流通规定的流通行为,属于违反强行法的行为,将引起相关民事行为的效力瑕疵。

(三)特定物与种类物

依物是否具有不可替代的独特性质,可将物分为特定物与种类物。

特定物是具有独特性质,不能以其他物替代的物。它既包括因物理属性而在世界上独一无二的物。例如,徐悲鸿的奔马图真迹,又包括本非独特,但由于所处特殊社会关系而被打上公认的特定化烙印,而生成的特定物。又如,徐悲鸿创作时常常使用的一方砚台,虽然同等物理属性(规格)的砚台数量甚多,本为种类物,但由于打上了名人的人格烙印,公认无可替代,而变为了观念中的特定物。

种类物是具有相同物理属性,可以用度量衡加以计量且可以同质替代的物,如大米、汽油、货币等。种类物也可以特定化,即由于有关当事人的指定行为,使种类物集合中的特定部分或个体分离,而成为特定化的种类物,如顾客在商场同款自行车中选中要购买的那一辆。特定化的种类物仅仅体现了具体民事法律关系有限当事人对物的特定化要求,既不具有社会公认效应,也不能改变同类物之间的共同性质与相互可替代性,因此仍属于种类物。

区分特定物和种类物的意义在于:(1)若以特定物为债务履行的标的,标的物灭失义务人免去交付义务,权利人只能请求损害赔偿或保险赔偿。(2)若以种类物为履行标的,标的物灭失,包括已经特定化的标的物灭失时,债务人须以同类物替代履行。

(四)可分物与不可分物

以物是否可以不损害其用途与改变其性质的实物分割,可将物分为可分物与不可分物。

可分物是可以实物分割而不损害其用途、不改变其性质的物,如布料、大米、牛奶等;不可分物是无法实物分割,在更多的情况下则是实物分割会损害物的原有用途、改变其原有性质的物,如一件衣裳、一头牛、一辆汽车等。

将物分为可分物与不可分物分对于解决债的履行、共有财产的分割等问题具有法律意义:(1)对可分共有物可采用实物分割,对不可分共有物只能采取变价分割与作价补偿的方法。(2)在同一个多数人之债中,若债的履行标的为不可分物,此债为连带之债,即债务人应认为是连带债务人,债权人应认为是连带债权人;反之,如果履行标的为可分物则产生按份之债。

(五)主物与从物

根据两个独立物在用途上相互主辅关系中所处地位不同,物可被分为主物与从物。

两个物都能单独存在,但需共同使用,其中一物起主要作用,另一物起辅助作用。其中,起主要作用的为主物,起辅助作用的为从物。例如,锁与钥匙关系就是主物与从物关系。主物与从物间的主从关系是相对的,从物并非离开主物就不能独立存在,亦不是没有自己的经济价值,只是在功能发挥上须辅助主物,这一点将从物与物的组成部分区别开来。例如,房屋与构成房屋的砖

〔14〕 魏振瀛:《民法学》,北京大学出版社、高等教育出版社2000年版,第120页。

瓦就是物与物的组成部分的关系,而不是主物与从物的关系。

主物与从物的分类意义是:(1)法律如无相反规定,主物所有权人同时应为从物所有权人。(2)如果法律或合同没有相反规定或约定,主物所有权转移时,从物所有权应随同转移。

(六)原物与孳息

依物与物之间的相生关系,物可分为原物和孳息。

原物是依自然规律或法律规定可以产生新物的物,这里由原物产生的新物就是孳息。根据取得方式的不同,孳息分为自然孳息与法定孳息。自然孳息是原物依自然规律产生的新物,如树上掉落的果实,母牛生产之牛犊等;法定孳息是原物依据法律规定产生的新物,如存款利息、股票红利、房屋租金等。

将物区分为原物和孳息的法律意义在于确定原物所生利益的归属。我国《民法典》第321条规定:天然孳息,由所有权人取得;既有所有权人又有用益物权人的,由用益物权人取得。当事人另有约定的,按照其约定。法定孳息,当事人有约定的,按照约定取得;没有约定或者约定不明确的,按照交易习惯取得。

(七)独立物与集合物

依据物的独立性程度,物可分为独立物与集合物。独立物是指依据自然属性而独立存在、自成一体,并与其他物保持符合社会习惯的界限的物,如一块手表、一幅画等;集合物是由多个独立物组成,在功能上被社会观念或交易习惯视为一个整体的物的集群,如一个企业的全部财产综合体。

这一分类的意义在于:对于独立物可设定完整的物权,但对于集合物,只有在法律有特别规定的情况下,才可能对其存在一个综括的所有权或其他物权。在更多的情况下,集合物只是作为集合买卖或其他集合交易时的合同之债的客体,而不是物权的客体,对其并不存在统一的综括的物权,而存在的是由针对其要素的各个独立物的独立物权组成的权利束。

三、货币和有价证券

(一)货币

货币是作为商品的一般等价物的特殊商品,是现代社会最为常见的民事法律关系客体。在民法上货币体现为特殊种类物。这是因为货币作为价值尺度与支付手段,只要货币币面记载金额能够指向一定的社会财富,人们就不会在意这几张货币与那几张货币的区别,甚至不同货币区的币种也可通过汇率机制而在质上相通。货币不仅是种类物,在商品社会中它还是各种种类物中可替代性最强的一种,因此它是特殊种类物。当然,当货币不再或不仅作为一般等价物,还被赋予了其他功能时,如作为搜集收藏、考古研究的对象时,其又会逐步趋于不可替代,甚至演变为特定物,如古罗马时代铸造的流传甚少的古币,但此时它也不再是典型意义上的货币了。

我国的法定货币是人民币,既包括纸币也包括铸币,既包括一般意义上的流通币,也包括具备确定币值,可流通,但又有纪念收藏价值的纪念币,如我国发行的2008年北京奥运会纪念钞、纪念币等。除非法律有特别规定,人民币是我国境内的唯一流通货币,外币与非货币的贵金属等不得流通。

除了强大的可替代性,货币作为特殊种类物的法律特殊性还在于:货币的所有权与占有结合极为紧密,占有状态具有显著大于其他物的对其占有人系所有权人的证明与推定力,因此即便是借贷合同,交付引起的也是货币的所有权转移;对货币不发生返还原物请求权与占有回复之诉的问题,仅能要求返还不当得利或侵权损害赔偿。

(二)有价证券

有价证券,是指设定并证明持券人享有某项财产权的书面凭证,它也是一种特殊的物。

依据所设定与证明的财产权利性质的不同,有价证券可分为:(1)针对一定物,代表权利人对该物的所有权、他物权或物权取得权的有价证券,如提单、仓单、抵押单等;(2)代表一定货币债权的有价证券,如国库券、本票、汇票、支票等;代表一定社员权的有价证券,如股票等。

依据证券转移方式不同又可将有价证券分为:(1)记名有价证券,指记载权利人的姓名、名称等身份信息的有价证券,这种有价证券的转移一般要依债权让与程序办理;(2)不记名有价证券,指不记载权利人的姓名、名称等身份信息的有价证券,它一般可由持有人自由转让;(3)指示有价证券,是指记载第一位证券权利人的姓名、名称等身份信息的有价证券。在此证券义务人只对证券上记载的权利人负担履行义务。这种证券的转让须由载明的权利人背书并指示下一个权利人的姓名、名称等身份信息。

作为特殊类型的物,有价证券具有以下法律特征:(1)文义证券,权利人享有权利的类型、内容、期限等均记载于证券券面,证券文义就是证券权利的来源与证券价值的证明,权利行使无法离开权利人提交证券;(2)证权证券,有价证券是权利证券化的结果,这将有价证券与仅仅证明权利却没有财产价值的某些文书区别开来,如房屋所有权证、借据等;(3)证券持有人只能向证券记载的有履行义务的特定义务人主张权利,它无法成为可向一切人主张权利的一般等价物,因此区别于货币。

问题与思考

物并非唯一的民事法律关系的客体类型却被专节讨论,意义何在?物是最古老、典型,最常见、形象,从而也是最易于为人们思维把握的一般性客体。一切法律上之"力"及相应的权利观念,都起源于人类早期实践中对实践对象支配事实的认识与评价。最古老、最常见的支配对象,正是以劳动工具、果实猎物等为代表的"物"。随着社会生产力的提升,可支配的"物"的范围逐步扩大,最终在出现"信用经济"以后分化出了新的客体——行为,在出现知识经济以后分化出新的客体——智力成果等,这也令对这些客体的"支配"本身也发生了巨大变化。如今,虽然民事法律关系客体类型多样,但大多数民事财产关系都要直接或间接的涉及物,物权(法律关系)的客体是物,即便债权(法律关系)的客体被认为是债务人的行为(给付),但仍不能否认很多债务人的履行行为是以交付一定的物为内容的(如买卖、借贷、承揽等)。并且在人们的思维中,对于非物的其他客体类型往往或多或少的沿用、准用"物化"的思维,以使之更形象而便于理解。例如,当一项权利被作为权利质权的客体时,它可能被称为"抽象物",而过去对于预售商品房的权利概括转让,也被人形象化为买卖"楼花"。[15]

拓展阅读推荐

1. 尹田:《民法典总则之理论与立法研究》(第二版),法律出版社 2018 年版。
2. 梁慧星:《民法总论》,法律出版社 2017 年版。
3. 王泽鉴:《民法思维:请求权基础理论体系》,北京大学出版社 2009 年版。

〔15〕 施峰:《论楼花按揭中的担保链及其优越性》,载《当代法学》2002 年第 5 期。

第四章　自　然　人

学习要点

- 自然人的民事权利能力
- 自然人的民事行为能力
- 监护
- 宣告失踪与宣告死亡
- 自然人的住所和身份证明
- 个体工商户和农村承包经营户

第一节　自然人的民事权利能力

一、自然人与公民

自然人是指依自然规律出生而取得民事主体资格的人。

自然人是以生物意义上的人为基础构造出来的民事主体。生物意义上的人是基于自然规律出生和存在的生命体,强调的是人的自然属性。自然人属于法律上具有民事主体资格的人,除自然属性外,还具有相应的法律属性。生物意义上的人上升为法律上的自然人并被全面承认为民事主体经历了漫长的历史进程。在古罗马社会,只有自由民才具有民事主体资格,奴隶只是被视为会说话的工具和奴隶主所有权的客体。近代以来,民法受到人文主义和天赋人权思想的影响,普遍地赋予生物意义上的人平等的民事主体资格,自然人与生物意义上的人的范围终趋一致。

自然人与公民是两个既存在联系又相互区别的概念。在内涵上,公民是指具有一国国籍并按该国宪法享受权利和承担义务的自然人,与自然人存在差异。在外延上,公民是指所有具有一国国籍的人,而自然人则是指一切具有自然生命形式的人,包括本国公民、外国公民和无国籍人。〔1〕 在使用的领域和表现的权利上,公民为宪法概念,多用于公法领域,表明一个人所享有的宪法和政治权利;而自然人为私法概念,使用在私法领域,多与一个人拥有的民事权利相关联。此外,自然人的身份会伴随一个人的始终而不会丧失或改变,但公民身份是可以改变或丧失的(如脱离一国国籍而加入另一国国籍)。两者之间的联系主要体现为,公民必须是自然人,而绝大部分自然人又具有公民身份。

民法上使用"自然人"一词体现了民事活动的开放性,任何自然人不论其有无国籍、国籍为何,均可以成为民事主体,享受民事权利和承担民事义务。宪法上使用"公民"一词显示出政治

---

〔1〕《民法学》编写组编:《民法学》,高等教育出版社 2019 年版,第 49 页。

生活的封闭性，任何一国的选举、参政等活动只会对本国公民开放，不允许其他国家的公民参与。政治国家与市民社会的二元划分以及政治生活与民事活动的不同特点，决定了自然人与公民应予区分的必要性。受苏联民事立法的影响，我国原《民法通则》第二章以“公民（自然人）”为标题，将公民作为民法概念，这“反映了我国民事活动某种程度上的封闭性，也是我国计划经济体制下国家事务与私人事务不加区分的产物”[2]。此后的《合同法》、《民法总则》和《民法典》摒弃了这一做法，统一使用自然人概念，这一转变是值得肯定且具有重要意义的。

二、自然人民事权利能力的开始

根据《民法典》第13条的规定，自然人的民事权利能力始于出生。自然人一旦出生，就当然地取得民事权利能力，成为民事主体。出生是自然人取得民事权利能力的唯一条件，在性质上属于事件。

（一）出生的意义

何谓出生？民法理论上存在“受孕说”“阵痛说”“一部露出说”“全部露出说”“断（脐）带说”“初啼说”“独立呼吸说”等多种观点。我国通说认为，出生是指自然人脱离母体并保有生命的法律事实，具体包括“出”和“生”两个构成要件。“出”是指必须脱离母体，至于脱离原因与方式均在所不问。未脱离母体之胎儿，即使已有一部分身体露出，也不构成出生，其人格为母体所吸纳；反之，若身体已完全脱离，即使尚未断脐，也构成出生。“生”是指脱离母体时须保有生命，但时间长短则在所不问。若胎儿出生时即为死胎，就不构成出生，不存在民事权利能力开始的问题。如果胎儿出生后随即死亡，则属于胎儿取得民事权利能力但又马上终止的情形。对于此类胎儿，既应办理出生登记，也应办理死亡登记。可见，我国通说采纳的是“独立呼吸说”。

（二）出生时间的证明

自然人出生的时间不仅涉及自然人民事权利能力的取得，还涉及自然人的年龄以及与年龄密切相关的结婚条件、劳动能力、刑事责任能力、政治权利资格等诸多问题，因而具有重要的法律意义。根据《民法典》第15条的规定，自然人的出生时间以出生证明记载的时间为准；没有出生证明的，以户籍登记或者其他有效身份登记记载的时间为准；有其他证据足以推翻以上记载时间的，以该证据证明的时间为准。可见，医院出具的出生证明不仅可以在没有户籍证明的情况下发挥证明效力，而且在与户籍证明发生冲突时还具有推翻户籍证明的效力。在既没有户籍证明，也没有出生证明的情况下，出生时间也可以参照亲友、邻居提供的说明等其他方式进行认定。当然，如果有其他确切证据证明出生的时间与上述证明确定的时间不一致，应以该确切证据证明的时间为出生时间。

某些领域的权利能力，法律特别规定只有达到一定年龄或其他条件才能具有。此类权利能力被称为特殊的民事权利能力。如我国《民法典》第1047条规定，结婚年龄，男不得早于22周岁，女不得早于20周岁。依此，公民只有达到法定年龄才有结婚的权利能力。又如，我国原《婚姻法》第7条规定，患有医学上认为不应当结婚的疾病的人，禁止结婚。但值得注意的是，《民法典》在“婚姻家庭编”中没有保留此项禁止结婚的条件，只是在第1053条将“隐瞒重大疾病”作为撤销婚姻的条件进行规定。

---

〔2〕 张玉敏：《民法》（第二版），高等教育出版社2011年版，第51页。

(三)胎儿利益的保护

胎儿,是指在母体内的幼体。自然人的民事权利能力始于出生,胎儿尚未出生,因而不具有民事权利能力。因胎儿出生后即成为民事主体,为了保护未来民事主体的利益,需要对胎儿的利益加以特别保护。在胎儿利益的保护模式上,大致有三种立法体例:(1)总括保护主义,即以将来出生时生存为条件,将胎儿一律视为既已出生,赋予其普遍的民事权利能力,瑞士和我国台湾地区"民法"采此主义;(2)个别保护主义,即以将来出生时生存为条件,在继承权、损害赔偿请求权等特定情形视为胎儿既已出生,赋予其相应的民事权利能力,法国、德国、日本等国民法采此主义;(3)绝对主义,即严格坚持自然人的民事权利能力始于出生的原则,绝对不承认胎儿具有民事权利能力,仅对其特定利益给予保护,苏联民法采此主义。我国原《民法通则》对胎儿的保护未作规定。但根据原《继承法》第28条的规定,遗产分割时,应当保留胎儿的继承份额。有学者认为,这与总括保护主义的视为已出生因而有民事权利能力,以及个别保护主义的于若干特别情形视为有民事权利能力,均不相同。[3] 但另有学者主张,无论是利益还是民事权利,只能为民事主体所享有,而要成为民事主体必须具有民事权利能力,承认对胎儿利益的保护,也就承认了胎儿的民事权利能力,因此我国采取的是个别保护主义。[4] 我们同意第一种观点,胎儿不是法律关系的主体,法律对其的保护只是为了保护未来民事主体的利益,并未赋予其民事权利能力。绝对主义立法模式最不利于实现对胎儿利益的保护。例如,我国司法实践中出现的胎儿出生后可否就其出生前遭受的健康损害请求赔偿的问题,在此模式下的答案便是否定的,而这显然不利于胎儿利益的保护。

鉴于此,《民法典》第16条规定:"涉及遗产继承、接受赠与等胎儿利益保护的,胎儿视为具有民事权利能力。但是,胎儿娩出时为死体的,其民事权利能力自始不存在。"该条规定扩大了胎儿在遗产继承中的利益范围,其不再限于原《继承法》第28条规定的特留份利益。同时,该条的"等"也表明,胎儿所享有的利益可能并不限于"遗产继承、接受赠与"两项,如在胎儿出生以前,其健康遭受损害的,也可在其出生后独立提出损害赔偿请求。当然,该条文将胎儿视为具有民事权利能力,说明胎儿本身并不是民事主体,只是在需要受法律保护的情形下,可适用民事主体的相关规则加以保护。[5] 这已非常接近上述总括主义的保护模式。

三、自然人民事权利能力的终止

根据《民法典》第13条的规定,自然人的民事权利能力终于死亡。自然人一旦死亡,即不再具有民事权利能力,不再是民事主体。死亡是自然人民事权利能力终止的唯一原因。

(一)死亡的意义

死亡,是指自然人生命的终结。自然人的死亡在法律上包括自然死亡和宣告死亡两种。自然死亡又称生理死亡,是自然人生命确定的终结,至于是正常死亡还是非正常死亡在所不问,性质上属于自然事件。在自然死亡的认定标准上,存在"脉搏停止说""呼吸停止说""心跳停止说""脑死亡说"等多种观点。我国实践中,一般以呼吸和心跳均停止作为自然人生理死亡的标准。但随着生命维持系统的出现,一个脑组织已不可逆转地坏死的人可能继续保持呼吸和心跳。针

[3] 梁慧星:《民法总论》(第五版),法律出版社2017年版,第88页。
[4] 马俊驹、余延满:《民法原论》(第四版),法律出版社2010年版,第78页。
[5] 王利明、杨立新、王轶、程啸:《民法学》(上)(第六版),法律出版社2020年版,第64页。

对此种情形,“脑死亡说”应运而生,即应以脑组织的永久性死亡作为死亡标准,而不管心跳和呼吸是否停止。该标准虽然受到越来越多国家立法的认可与采纳,但在理论上还有争议,值得进一步关注和研究。宣告死亡,又称法律死亡,是人民法院按照法定程序对自然人死亡进行的宣告和推定,性质上属于审判行为。在引起自然人民事权利能力终止这一结果上,宣告死亡和自然死亡是完全一样的。

(二)自然死亡时间的证明

自然人死亡的时间不仅涉及自然人民事权利能力的终止,还涉及自然人婚姻关系的消灭、遗产继承的开始、遗嘱或遗赠效力的发生以及委任合同的终止等多项问题,因而具有重要的法律意义。根据《民法典》第15条的规定,自然人的死亡时间,以死亡证明记载的时间为准;没有死亡证明的,以户籍登记或者其他有效身份登记记载的时间为准;有其他证据足以推翻以上记载时间的,以该证据证明的时间为准。可见,医院或基层主管部门出具的死亡证明和户籍注销登记(其他有效身份登记记载)仅具有推定的证据效力,均可能被其他更确切的死亡证据推翻。

此外,在一些情形,如果自然人死亡的时间不能确定,则需要依据法律推定其死亡时间。例如,根据《民法典》第1121条的规定,相互有继承关系的数人在同一事件中死亡,难以确定死亡时间的,推定没有其他继承人的人先死亡。都有其他继承人,辈分不同的,推定长辈先死亡;辈分相同的,推定同时死亡,相互不发生继承。该规定源于最高人民法院《关于贯彻执行〈中华人民共和国继承法〉若干问题的意见》第2条,除了文字的技术性修改外,具体规范内容没有变化。

(三)死者人格利益的保护

自然人死亡后,其人格利益是否仍应受保护?如果给予保护,保护的理论依据为何?一般认为,法律对死者的人格利益仍应给予一定的保护。但对于保护死者人格利益的依据,理论上有不同的观点。[6] 一种观点认为,自然人的民事权利能力终于死亡属于一般性规定,例外情形下死者的某些人格权仍应受法律保护。其理论根据有“死者权利保护说”“死者利益延伸保护说”等。另一种观点认为,自然人死亡后,其民事权利能力终止,死者不是民事主体,不享有民事权利,对死者人格利益的保护并非保护死者的利益。其理论根据有“遗族利益维护说”“社会利益维护说”“遗族利益与社会利益共同维护说”等。

我们认为,自然人的民事权利能力始于出生、终于死亡是民事主体制度的理论基石,不容舍弃。法律对死者姓名、肖像、名誉、荣誉、隐私等利益的保护,不是对死者的保护,而是对死者遗族的物质和精神利益的保护。同时,由于遗族受损害的范围与其和死者关系的亲疏程度密切相关,主张权利的遗族范围应受到一定的限制。因此,《民法典》第994条规定,死者的姓名、肖像、名誉、荣誉、隐私、遗体等受到侵害的,其配偶、子女、父母有权依法请求行为人承担民事责任;死者没有配偶、子女且父母已经死亡的,其他近亲属有权依法请求行为人承担民事责任,将主张权利的主体限定在近亲属之内。[7] 如果死者没有近亲属,就不存在权利的享有和主张问题,此时法律对死者人格利益的保护只是出于社会公共利益的考虑。我国《民法典》第185条规定:“侵害英雄烈士等的姓名、肖像、名誉、荣誉,损害社会公共利益的,应当承担民事责任。”该条对于英雄烈士人格利益的保护规定,也是基于社会公共利益维护的价值考量。

---

〔6〕 屈茂辉:《中国民法》(第二版),法律出版社2014年版,第94页。

〔7〕 黄薇主编:《中华人民共和国民法典释义》,法律出版社2020年版,第1818页。

问题与思考

根据传统民法原理,自然人的民事权利能力始于出生、终于死亡,但各国法律均承认对胎儿利益和死者的人格利益进行特殊保护。有学者据此认为,胎儿与死者仍具有某些方面的民事权利能力,应在我国构建部分权利能力制度。[8] 这种观点是值得商榷的。史尚宽先生早已指出,"为权利之主体,第一须有适于享受权利之社会存在;第二须有法律之承认"。[9] 胎儿尚未成为独立的生命体,死者的生命体亦不复存在,均不能使权利、义务驻足集散,也无从形成独立的意志,因此无法成为民事主体。民事权利能力是民事主体享有权利的资格和范围,[10] 主体尚不存在,民事权利能力自然无从谈起。至于对胎儿利益的保护,即使是对胎儿保护最为充分的总括保护主义,也只是在涉及胎儿利益时,视胎儿为已出生,仅为立法技术上的变通处理。法律对胎儿的保护只是为了保护胎儿将来出生后的权益,而非承认胎儿具有民事权利能力。至于对死者人格利益的保护,死者的名誉、荣誉等利益仅是法律保护的对象,保护的客体其实是死者亲属的经济和精神利益。当死者没有亲属时,法律对其人格利益的保护,只是出于社会公共利益的考虑。因此,对胎儿利益和死者人格利益的保护并不会对民事权利能力始于出生、终于死亡这一民法原则造成冲击。[11]

第二节 自然人的民事行为能力

一、自然人民事行为能力的概念

自然人的民事行为能力,是指自然人能够独立地参加民事法律关系,以自己的行为取得民事权利或承担民事义务的资格。

自然人的民事行为能力和民事权利能力同为自然人主体资格的重要内容,它们是一对既相互联系又相互区别的概念。二者的联系体现在:(1)民事权利能力是民事行为能力的前提和基础。若无民事权利能力,则必无民事行为能力。(2)有民事权利能力,却不一定就有民事行为能力。具有民事权利能力的人只有在符合年龄、智力等条件的情况下,才能取得民事行为能力,才有机会通过民事行为现实地享受权利和承担义务。因此,民事行为能力又是实现民事权利能力的手段和条件。二者的主要区别在于:(1)民事权利能力是自然人享有权利、承担义务的资格,而民事行为能力则是自然人通过自己的行为取得权利、承担义务的资格,二者的性质不同。(2)每个自然人从出生到死亡均平等地享有民事权利能力,且不受限制和剥夺,具有平等性和不变性;而民事行为能力须达到一定年龄且精神正常才可能享有,且可依法定原因和程序作出限制,具有差异性和可变性。(3)民事权利能力与意思能力没有关系,但民事行为能力却以意思能力的存在为前提。

法律在赋予自然人民事权利能力的同时又设置民事行为能力制度,其目的在于:一方面,为

---

[8] 刘召成:《部分权利能力制度的构建》,载《法学研究》2012 年第 5 期。

[9] 史尚宽:《民法总论》,中国政法大学出版社 1997 年版,第 81 页。

[10] 多数学者将主体资格与权利能力等而视之,其实二者是有重要区别的。具体参见谭启平、朱涛:《论非法人团体的法律地位》,载《云南大学学报》2004 年第 6 期。

[11] 谭启平:《论民法典第 16 条的限缩解释——以胎儿不能成为征地补偿对象而展开》,载《东方法学》2020 年第 4 期。

了保护无民事行为能力人和限制民事行为能力人的利益，使其不因自己的不当行为而蒙受损失；另一方面，将民事行为能力欠缺者排除在其能力不能承担的民事活动之外，有助于维护交易安全和秩序。

二、自然人民事行为能力的划分标准和类型

（一）划分标准

自然人的民事行为能力以其意思能力的状态为划分标准。意思能力是指自然人识别自身行为后果（认识能力）并控制自身行为（控制能力）的能力。一般而言，自然人的意思能力随年龄的增长而逐步成熟，因此年龄便成为划分自然人民事行为能力的基本标准。同时，精神健康状态对自然人的意思能力也有重要的影响，因而成为划分自然人民事行为能力的补充标准。所以，各国在自然人民事行为能力的划分上，大多采取“年龄主义 + 有条件的个案审查”的综合判断标准。我国原《民法通则》和《民法典》根据此项标准，将自然人的民事行为能力划分为完全民事行为能力、限制民事行为能力和无民事行为能力三种，学理上称为“三分法”。

在自然人民事行为能力的划分上，有学者从保障无民事行为能力人融入社会权利的角度考虑，主张取消无民事行为能力的概念，采用完全民事行为能力、限制民事行为能力的“两分法”。但鉴于自原《民法通则》实施以来，“三分法”的分类方式已经深入司法实践，具备了较为坚实的实践基础，并且对社会形成了明确的导向，得到了普遍的认可；同时，无民事行为能力制度有利于更好地保护儿童和严重精神、智力障碍成年人的合法权益，无充分依据，不宜轻易改变，因而，《民法典》仍然保留了民事行为能力“三分法”的分类方式，但也考虑到对未成年人自主意识的尊重，适当下调了限制民事行为能力的未成年人的年龄下限。[12]

（二）类型

1. 完全民事行为能力

完全民事行为能力，是指自然人能够独立地参加民事法律关系，以自己的行为取得民事权利或承担民事义务的资格。

根据《民法典》第 17 条、第 18 条的规定，我国具有完全民事行为能力的自然人包括：（1）18 周岁以上且精神智力正常的自然人。一般认为，年满 18 周岁的人为成年人，已有相当的社会经验和知识，其对外界的各种情况已经能有自己独立的判断能力，可以独立实施各种民事法律行为，故有必要规定其为完全民事行为能力人。（2）16 周岁以上不满 18 周岁，能以自己的劳动收入为主要生活来源的自然人，视为完全民事行为能力人。一般认为，“以自己的劳动收入为主要生活来源”主要是指能够以自己的劳动取得收入，并能维持当地群众的一般生活水平。法律之所以将此类自然人“视为”完全民事行为能力人，主要基于这样的考虑：每个自然人的情况并非完全相同，所以应在一般规定以外允许例外情况存在；我国《劳动法》规定，16 周岁以上的自然人具有劳动能力，承认 16 周岁以上且有自己的劳动收入的自然人具有完全民事行为能力，有利于他们从事生产经营活动，是对其意思能力的尊重及合法利益的保护。[13]

2. 限制民事行为能力

限制民事行为能力，是指自然人达到一定年龄但尚未成年或虽已成年但精神智力不健全、不

---

〔12〕 李适时主编：《中华人民共和国民法总则释义》，法律出版社 2017 年版，第 54 ~ 55 页。

〔13〕 魏振瀛主编：《民法》（第八版），北京大学出版社、高等教育出版社 2021 年版，第 58 页。

能完全辨认自己行为及后果的自然人所享有的可以从事与其年龄、智力、精神状况相适应的民事活动的资格。

根据《民法典》第19条、第22条的规定,我国限制民事行为能力的自然人包括:(1)8周岁以上的未成年人(16周岁以上不满18周岁、以自己的劳动收入为主要生活来源的自然人除外)。8周岁以上的未成年人对事物有一定的识别能力和判断能力,可以独立实施日常生活所必需的民事法律行为和纯获利益的民事法律行为。但此类未成年人毕竟仍处于生长发育阶段,其意思能力和判断能力不能完全等同于成年人,故对于复杂、重要的民事法律行为,应由他们的法定代理人代理或征得其法定代理人的同意、追认。(2)不能完全辨认自己行为的成年人。此类自然人为精神智力有障碍的成年人。他们虽有精神智力障碍,但并未完全丧失意思能力,能够独立进行适合其智力状况的民事法律行为和纯获利益的民事法律行为,但对于比较复杂或者重大的民事法律行为则缺乏判断能力和自我保护能力。故将其归为限制民事行为能力人。

需要特别注意,《民法典》将限制民事行为能力的未成年人的年龄下限标准由原《民法通则》规定的10周岁下调为8周岁。此种调整主要基于以下考虑:随着经济社会的发展和生活、教育水平的提高,未成年人生理、心理的成熟程度和认知能力均有所提高,适当降低年龄有利于其从事与其年龄、智力相适应的民事活动,更好地尊重这一部分未成年人的自主意识,保护其合法权益。[14]

3. 无民事行为能力

无民事行为能力,是指自然人不具有能够独立地参加民事法律关系,以自己的行为取得民事权利或承担民事义务的资格。

根据《民法典》第20条、第21条的规定,我国无民事行为能力的自然人包括:(1)不满8周岁的未成年人;(2)不能辨认自己行为的成年人;(3)8周岁以上不能辨认自己行为的未成年人。不满8周岁的未成年人一般处于生长、发育的最初阶段,智力水平普遍较低,一般难以进行民事法律行为,故将他们归为无民事行为能力人。对于上列后两类自然人,因其患有完全不能辨认自己行为后果的疾病,故也将其列为无民事行为能力人。法律将上列自然人归为无民事行为能力人,主要是为了保护其自身利益。

三、无民事行为能力和限制民事行为能力的认定

为了减少对不能辨认或者不能完全辨认自己行为的成年人的举证困难,避免使其交易相对人发生误解,我国对不能辨认或者不能完全辨认自己行为的成年人的无民事行为能力和限制民事行为能力采取认定制度。

根据《民法典》第24条的规定,认定不能辨认或者不能完全辨认自己行为的成年人为无民事行为能力或限制民事行为能力,必须具备以下条件:

其一,须被申请人不能辨认或者不能完全辨认自己的行为。被申请人是否患有精神病以致不能辨认或者不能完全辨认自己的行为,应当根据司法精神病学鉴定或者参照医院的诊断、鉴定确认。在不具备诊断、鉴定条件的情况下,也可以参照群众公认的当事人的精神状态认定,但应以利害关系人没有异议为限。

其二,须经利害关系人或者有关组织申请。没有利害关系人申请,人民法院不得主动宣告。

---

〔14〕 李适时主编:《中华人民共和国民法总则释义》,法律出版社2017年版,第57页。

根据《民事诉讼法》第187条的规定，此处的利害关系人包括近亲属和与其有法律上利益关系的其他利害关系人。例如，当委托代理人变成精神病人时，委托人就属于可以申请宣告委托代理人为无民事行为能力人的利害关系人，因为其可据此宣告依法终止委托代理关系。根据《民法典》第24条第3款的规定，有关组织包括：居民委员会、村民委员会、学校、医疗机构、妇女联合会、残疾人联合会、依法设立的老年人组织、民政部门等。

其三，须经人民法院认定。人民法院经审理认定申请有事实根据的，应判决被申请人为无民事行为能力人或限制民事行为能力人。具体的判定标准为：如果被申请人没有判断能力和自我保护能力，不知其行为后果的，可以认定为无民事行为能力人；如果对于比较复杂的事物或者比较重大的行为缺乏判断能力和自我保护能力，并且不能预见其行为后果的，可以认定为限制民事行为能力人。

自然人被认定为无民事行为能力人或限制民事行为能力人的，其民事行为能力只是处于一时受限制的状态。当被认定为无民事行为能力或限制民事行为能力的自然人恢复智力时，经本人、利害关系人或者有关组织申请，人民法院可以根据其智力、精神健康恢复的状况，作出新判决或撤销原判决，认定其恢复为限制民事行为能力人或完全民事行为能力人。

四、自然人民事行为能力的范围和效力

完全民事行为能力人可以独立实施民事法律行为，其民事行为能力的范围不受限制。

限制民事行为能力人可以独立实施与其年龄、智力或精神健康状况相适应的民事法律行为和纯获利益的民事法律行为，其他民事法律行为应由其法定代理人代理或征得其法定代理人的同意（或追认）。限制民事行为能力人自己实施的该"其他民事法律行为"，在行为人的法定代理人同意（或追认）之前，属于效力未定的民事法律行为；若经法定代理人同意（或追认），则对行为人产生法律效力；若法定代理人明确拒绝或在法定期间经过后法定代理人仍不予追认，则对行为人不产生法律效力。至于行为是否"与年龄、智力或精神健康状况相适应"，可以从行为与本人生活相关联的程度、本人的智力或精神状态能否理解其行为并预见相应的行为后果以及行为标的数额等方面加以衡量。一般认为，与限制民事行为能力人年龄、智力或精神健康状况相适应的民事法律行为主要指日常生活所必需的行为（或日常生活中的定型化行为）。所谓纯获利益的民事法律行为，如接受赠与、奖励等，是指限制民事行为能力人从某项民事法律行为中纯粹获得利益而没有任何负担。[15]《民法典》第19条和第22条也明确规定，限制民事行为能力人可以独立实施纯获利益的民事法律行为。

无民事行为能力人不具有独立实施民事法律行为的资格，其民事活动应由其法定代理人代理，其独立实施的民事法律行为无效。《民法典》第144条规定，无民事行为能力人实施的民事法律行为无效。但年满6周岁的无民事行为能力人难免会从事诸如购买学习用品、玩具、零食以及乘坐公共交通工具等日常生活行为，若按照以上规定认定此类行为均为无效，显然违背社会生活经验，不合情理。而且，根据《民法通则意见》第6条的规定，无民事行为能力人接受奖励、赠与、报酬，他人不得以行为人无民事行为能力为由主张以上行为无效。因此，应当参照国外立法经验，类推适用《民法典》第19条关于限制民事行为能力人"可以独立实施纯获利益的民事法律行为或者与其年龄、智力相适应的民事法律行为"的规定，认为不满8周岁的未成年人可以独立

---

〔15〕　王利明、杨立新、王轶、程啸：《民法学》（上）（第六版），法律出版社2020年版，第70页。

实施以下行为:纯获利益或被免除义务的行为;日常生活中的定型化行为。[16]

问题与思考

《民法典》承袭原《民法通则》的规定,以年龄为标准将自然人的民事行为能力划分为无民事行为能力、限制民事行为能力和完全民事行为能力三类。但这一类型划分具有如下局限:一是成年年龄标准过高,事实上具有完整意思能力的人在法律上只能享有部分民事行为能力;二是限制民事行为能力年龄标准过高,事实上具有一定意思能力的人在法律上完全被禁止为任何法律行为(尽管《民法典》的相关规定有所调整,但此问题仍未根本解决)。[17] 为克服成年年龄过高的局限,原《民法通则》第 11 条第 2 款、《民法典》第 18 条第 2 款规定了拟制成年制度。但民事行为能力制度以保护行为能力欠缺者的合法利益为目的,其着眼点在于行为人的意思能力而非劳动能力,更不是是否拥有财产或财产的数量。一些艺术天才或少年明星虽然能取得高额的收入,但并不一定就能认识到自己的行为后果。赋予以自己劳动收入为主要生活来源的未成年人以民事行为能力,在一些情形会违背民事行为能力制度的立法本意。虽然国外也有承认未成年人例外享有完全民事行为能力的立法例,但其以结婚(《俄罗斯民法典》第 21 条第 2 款)或法定代理人的经营许可(《日本民法典》第 5 条)为标准,都是从未成年人对行为的意思能力出发,而非以行为人是否劳动、有无财产为标准。因此,我国的拟制成年制度有进一步改进之必要。为了克服限制民事行为能力标准过高的局限,《民法通则意见》第 6 条规定,无民事行为能力人接受奖励、赠与、报酬,他人不得以行为人无民事行为能力为由,主张以上行为无效。学者也普遍主张,无民事行为能力人亦可实施与其年龄、智力或精神状况相适应的日常生活中的定型化消费行为。[18] 但这与原《民法通则》第 58 条第 1 款第 1 项、《民法典》第 144 条有关无民事行为能力人实施的民事法律行为无效的规定相矛盾,而且模糊了无民事行为能力和限制民事行为能力的划分标准。我国的无民事行为能力制度虽然旨在保护无民事行为能力人的利益和交易安全,但事实上反而忽略了对无民事行为能力人自我决定权的尊重以及交易信赖的保护,与 20 世纪末以来的民法发展潮流不一致。

第三节　监　　护

一、监护的概念

监护,是指民法上所规定的由特定主体对无民事行为能力人和限制民事行为能力人的人身、财产和其他合法权益进行监督和保护的法律制度。其中,履行监督和保护职责的人为监护人,被监督和保护的人为被监护人。

我国原《民法通则》、原《民法总则》及《民法典》未对监护和亲权作出区分。[19] 有学说认为,

[16] 梁慧星:《民法总论》(第五版),法律出版社 2017 年版,第 104 页。

[17] 朱广新:《民事行为能力类型化的局限性及其克服》,载《法学评论》2014 年第 1 期。

[18] 马俊驹、余延满:《民法原论》(第四版),法律出版社 2010 年版,第 94 页。

[19] 黄薇主编:《中华人民共和国民法典释义》,法律出版社 2020 年版,第 56 页。

将亲权纳入监护的立法模式,不利于对未成年人的充分保护,也违背民俗习惯,应对二者作出区分。[20] 监护与亲权的主要区别有:(1)法律属性不同。亲权是一种身份权,规定在亲属法中;而监护则是一项职责,是从属于民事主体制度的内容。(2)主体不同。亲权的主体只能是父母;而监护的主体非常广泛,包括被监护人的近亲属、关系密切的其他亲属、朋友及有关单位或部门。(3)保护的对象不同。亲权仅限于父母对未成年子女的教养和保护,其保护对象是未成年人;而监护的保护对象则包括未成年人和精神病人。(4)内容不同。亲权是父母对未成年人在人身和财产方面权利与义务的统一,人身方面的亲权可以分为保护权、教育权和惩戒权,财产方面的亲权可分为财产管理权、使用收益权、处分权和财产上的代理权、同意权等。法律对亲权人行使亲权持较为宽松的态度,基本上没有限制。而监护的内容主要体现为对行为能力欠缺者的人身、财产及其他合法权益的监督和保护。法律对监护人的监护活动进行比较严格的限制,例如在监护过程中,除为被监护人的利益,监护人不得处分其财产。

民法设立监护制度的目的有二:(1)保护被监护人的合法权益。被监护人为无民事行为能力人或限制民事行为能力人,其民事权利能力的实现因民事行为能力不足而受到影响,监护人代替或协助其进行民事活动,可以补充被监护人民事行为能力的不足,满足其物质和精神生活的需要,有效地保护其合法权益。(2)维护正常的社会秩序。由监护人对被监护人进行监督,代理或协助其进行民事行为,可以避免无民事行为能力人和限制民事行为能力人的行为造成社会秩序的不稳定。同时,通过监护人对被监护人的管教和约束,可防止被监护人实施违法行为,当被监护人实施违法行为造成他人损害时,由监护人承担责任,有利于社会秩序的稳定。

关于监护的性质,理论上有权利说、义务说、权利义务一体说以及职责说几种观点。[21] 从设置监护制度的目的来看,其主要是保护被监护人的利益,并不允许监护人从监护行为中谋取自身利益。权利的最终落脚点是权利人从权利中获得利益,如果监护人无法从监护中获得利益,监护也就难谓其为权利。虽然监护人也享有一定的权利(如代理权),但法律赋予其权利只是为了让其更好地履行监护职责;从我国现行法的规定看,监护的主要内容体现为监护人的职责,《民法典》第35条第1款更是明文规定监护为职责。故而,监护的性质并非权利,而是一种职责。

关于监护制度在民法典中的应有位置,之前一直有安排在总则的自然人部分或安排在分则中的亲属法部分两种方案。《民法典》选择了前一种方案,主要基于以下考虑:一是监护制度主要是对自然人民事行为能力的补充,理应成为自然人民事行为能力制度的组成部分;二是监护制度本身并不一定涉及亲属关系,若将其规定在亲属法中,难以涵盖所有类型的监护,会人为地割裂监护制度的内容。[22]

二、监护的分类

(一)法定监护、指定监护、协议监护、委托监护、遗嘱监护与意定监护

这是以监护的设立方式为标准进行的分类。

法定监护,是指由法律直接规定监护人的监护。《民法典》第27条、第28条规定了法定监护

---

〔20〕 张玉敏:《民法》(第二版),高等教育出版社2011年版,第57页。

〔21〕 魏振瀛主编:《民法》(第八版),北京大学出版社、高等教育出版社2021年版,第60页。

〔22〕 王利明、杨立新、王轶、程啸:《民法学》(上)(第六版),法律出版社2020年版,第72页。

制度。法定监护的特征体现在:(1)监护人范围具有法定性;(2)具有监护资格的人担任监护人时有法定的顺序限制,仅在顺序在前的人无法担任监护人时,才以顺序在后的监护人替补;(3)被监护人具有特定性,限于未成年人、无民事行为能力或限制民事行为能力的成年人。

指定监护,是指没有法定监护人或法定监护人对担任监护人有争议的,由有关单位或人民法院指定监护人的监护。根据《民法典》第31条、第36条的规定,对监护人的确定有争议的,由被监护人住所地的居民委员会、村民委员会、民政部门或者人民法院指定监护人。人民法院指定监护人有两种情形:(1)当事人对被监护人住所地的居民委员会、村民委员会、民政部门指定的监护人不服的,可以由人民法院指定监护人;(2)人民法院也可以直接依据当事人的申请指定监护人。

协议监护,是指具有监护资格的人之间通过协议确定由其中一人或数人担任监护人的监护。例如,在父母有多个子女,或者未成年人有多个兄姐时,协议确定由何人担任监护人。根据《民法典》第30条的规定,依法具有监护资格的人之间可以在尊重被监护人的真实意愿的情况下,协议确定监护人。本条是在吸收《民法通则意见》第15条内容及司法实践经验的基础上所作的规定。需强调的是,协议监护仍属于法定监护方式,而非下文所列的意定监护;于协议监护而言,协议主体和协议确定的监护人均须是依法具有监护资格的人。同时,父母是未成年子女当然的法定监护人,不能通过协议将父母排除在监护人范围以外。

委托监护,是指监护人以协议的方式将自己的监护职责全部或部分地委托给他人而形成的监护。根据《民法通则意见》第22条的规定,在委托监护中,因被监护人的侵权需要承担民事责任的,除另有约定外,应当由监护人承担;被委托人确有过错的,负连带责任。《民法典》没有规定委托监护制度。原因在于:监护人资格具有人身专属性,不得随意转移,若允许通过合同转移监护资格,将不利于保护被监护人的利益,监护制度的目的将难以实现;实践中存在的"委托监护"只是受托人基于委托合同帮助监护人履行一定的监护职责,监护人的资格并未因此而移转,监护人仍应对被监护人损害他人的行为依法承担监护人责任。[23]

遗嘱监护,是指被监护人的父母以遗嘱方式选定监护人的监护。《民法典》第29条规定:"被监护人的父母担任监护人的,可以通过遗嘱指定监护人。"据此,遗嘱监护的适用前提是父母正在担任监护人;有权以遗嘱的形式指定监护人的主体仅限于父母;父母既可以为未成年子女指定监护人,也可以为成年子女指定监护人。遗嘱指定监护优先于法定监护适用,通过遗嘱监护指定的监护人也应当不限于具有法定监护资格的人。[24] 同时,遗嘱指定监护的生效需要以被指定的人同意指定和立遗嘱人死亡为条件。

需要特别注意的是,与原《民法通则》不同,《民法典》顺应我国人口老龄化趋势,新设了意定监护制度。根据《民法典》第33条的规定,具有完全民事行为能力的成年人,可以与其近亲属、其他愿意担任监护人的个人或者组织事先协商,以书面形式确定自己的监护人;协商确定的监护人在该成年人丧失或者部分丧失民事行为能力时,履行监护职责。意定监护制度有利于成年人基于自己的意愿选任监护人。一般而言,意定监护优先于法定监护予以适用,[25] 不需要受法定监护人范围和法定监护顺序的限制。

---

〔23〕 王利明、杨立新、王轶、程啸:《民法学》(上)(第六版),法律出版社2020年版,第73~74页。

〔24〕 参见李适时主编:《中华人民共和国民法总则释义》,法律出版社2017年版,第85~87页。

〔25〕 李适时主编:《中华人民共和国民法总则释义》,法律出版社2017年版,第99页。

（二）单独监护与共同监护

这是以监护人的人数为标准进行的分类。

单独监护，又称一人监护，是指由一个人担任监护人的监护。

共同监护，又称数人监护，是指由两个或两个以上的人担任监护人的监护。各共同监护人一般对监护职责负连带责任。

（三）未成年人监护与成年监护

这是以监护的对象为标准进行的分类。未成年人监护，是指对未达到法定成年年龄的人的监护。成年监护，是指对无民事行为能力或限制民事行为能力的成年人的监护。

鉴于原《民法通则》规定的监护制度有失完整、理念陈旧、可操作性差，原《民法总则》及《民法典》对原《民法通则》规定的未成年监护制度予以充实完善，并废除原《民法通则》中的精神病人监护（禁治产）制度，创设了为不能辨认或者不能完全辨认自己行为的成年人设置监护人的成年监护制度。[26] 有学者认为，《民法典》规定的成年监护，不仅包括该法第 28 条规定的对辨认能力不足的成年人的法定监护，还包括该法第 33 条规定的意定监护。[27]

三、监护人的设立

我国《民法典》构建的监护制度是以家庭监护为基础，以社会监护为补充，以国家监护为保障的立体监护制度。

（一）未成年人的法定监护人

根据《民法典》第 27 条、第 32 条的规定，未成年人的监护人由以下主体按顺序担任：

第一，未成年人的父母为未成年人的法定监护人。未成年人一经出生，具有监护能力[28]的父母便当然成为该未成年人的法定监护人，一直到延续到子女年满 18 周岁。这种监护关系因子女出生而即刻发生，无须其他原因或程序。担任未成年人的监护人是父母的法定义务。根据《民法典》第 1111 条的规定，养子女与生父母间的权利义务关系，因收养关系的成立而消除。因而，养父母是养子女的法定监护人。在父母离婚后，抚养子女的一方为未成年子女的监护人。但抚养子女的一方不履行监护职责或其行为对子女明显不利时，另一方可以向人民法院申请撤销其监护人资格，由自己担任。

第二，未成年人的其他近亲属担任监护人。[29] 父母双方死亡或者没有监护能力或者被取消监护人资格的，应由未成年人的下列近亲属担任监护人：(1)祖父母、外祖父母；(2)兄、姐。担任未成年人的监护人也是这些近亲属的法定义务。上述主体担任监护人，应当按照先后顺序进行，而且都应当具有监护能力。

第三，其他愿意担任监护人的个人或者组织。未成年人的父母死亡或者没有监护能力或者被取消监护人资格的，除近亲属外，其他个人或者组织也可以担任监护人。但其他个人或者组织

---

〔26〕 梁慧星：《民法总论》（第五版），法律出版社 2017 年版，第 106 页。

〔27〕 王利明、杨立新、王轶、程啸：《民法学》（上）（第六版），法律出版社 2020 年版，第 74 页。

〔28〕 一般认为，具有监护能力首先要求应具有完全民事行为能力，其他条件须依据具体情况进行判断。根据原《民法通则意见》第 11 条的规定，"认定监护人的监护能力，应当根据监护人的身体健康状况、经济条件，以及与被监护人在生活上的联系状况等因素确定"。

〔29〕 所谓近亲属，依照《民法典》第 1045 条第 2 款的规定，其范围，包括配偶、父母、子女、兄弟姐妹、祖父母、外祖父母、孙子女和外孙子女。

没有担任监护人的法定义务,他们担任监护人,除应有监护能力外,还须具备两个条件:(1)他们愿意担任监护人;(2)须经未成年人住所地的居民委员会、村民委员会或者民政部门同意。《民法典》第27条第2款第3项将原《民法通则》规定的自愿担任监护人的"关系密切的其他亲属、朋友"修改为愿意担任监护人的"个人",体现了扩大监护人范围以尽量避免无人担任监护人情况的立法宗旨。[30]

第四,没有上述监护人的,监护人由民政部门担任,也可以由具备履行监护职责条件的被监护人住所地的居民委员会、村民委员会担任。对此情形,原《民法通则》的相应规定是由被监护人住所地的居民委员会、村民委员会或者民政部门一起承担兜底性的监护责任,没有区分承担兜底性监护责任的主次顺序。《民法典》第32条从有利于保护被监护人合法权益以及民政部门的主要职能定位的角度出发,规定没有依法具有监护资格的,主要由民政部门承担兜底性的监护责任,由具备履行监护职责条件的居民委员会、村民委员会作为承担监护职责的补充主体。[31]

(二)无民事行为能力或限制民事行为能力的成年人的法定监护人

根据《民法典》第28条的规定,无民事行为能力或限制民事行为能力的成年人的监护人,由下列有监护能力的人按顺序担任:(1)配偶;(2)父母、子女;(3)其他近亲属;(4)其他愿意担任监护人的个人或者组织。其中,配偶、父母、子女及其他近亲属为法定监护人,其担任监护人是法定义务,只要具备监护能力,就不应借故推诿。其他愿意担任监护人的个人或者组织没有担任监护人的法定义务,其担任监护人,除应有监护能力外,还须具备两个条件:一是他们愿意担任监护人;二是须经被监护人住所地的居民委员会、村民委员会或者民政部门同意。《民法典》第28条规定的需要设立监护人的成年人为无民事行为能力人或限制民事行为能力人,包括因精神智力障碍以及年老、疾病等各种原因,导致辨识能力不足的成年人。如前所述,该条在原《民法通则》规定的基础上,增加了具有监护资格的人"按顺序"担任监护人、"愿意担任监护人的组织"担任监护人的规定,并将愿意担任监护人的"关系密切的其他亲属、朋友"修改为愿意担任监护人的"个人",扩大了监护人的范围。

根据《民法典》第32条的规定,没有上述监护人的,监护人由民政部门担任,也可以由具备履行监护职责条件的被监护人住所地的居民委员会、村民委员会担任。

四、担任监护人的争议解决程序

担任监护人的争议包括相互争当监护人和互相推诿不愿担任监护人两种情形。对此,《民法典》第31条规定了监护争议解决程序制度:"对监护人的确定有争议的,由被监护人住所地的居民委员会、村民委员会或者民政部门指定监护人,有关当事人对指定不服的,可以向人民法院申请指定监护人;有关当事人也可以直接向人民法院申请指定监护人。"据此,享有监护人指定权限的主体为被监护人住所地的居民委员会、村民委员会或者民政部门。因考虑到新形势下就业人员的流动性增强、个人与所在工作单位关系的稳定性减弱,同时,民政部门作为社会救济和社会福利的工作机构,其在监护中的职责和作用应予加强,所以,本条款删除了原《民法通则》规定的未成年人父母所在单位或者成年被监护人所在单位指定监护人的内容,增加了民政部门指定监护人的内容。该条规定的"有关当事人"是指对监护人的确定有争议的人。此外,按照原

---

〔30〕 李适时主编:《中华人民共和国民法总则释义》,法律出版社2017年版,第82页。

〔31〕 李适时主编:《中华人民共和国民法总则释义》,法律出版社2017年版,第94~97页。

《民法通则》的相关规定,对担任监护人有争议的,在向人民法院起诉前,必须经有关单位或者居民委员会、村民委员会指定。鉴于实践中因这些机构迟延指定或无力指定导致监护争议久而不决的现象时有发生,基于减轻有关当事人负担的考虑,[32]《民法典》取消了该诉前指定程序,规定有关当事人对监护人的确定有争议时,可以不经相关居民委员会、村民委员会或者民政部门处理,直接向人民法院起诉申请指定监护人。

《民法典》对近亲属担任监护人设有一定顺序。对于未成年人,父母为当然监护人,故不列入法定顺序。祖父母、外祖父母为第一顺序,兄、姐为第二顺序。对于成年人,其配偶为第一顺序,父母、子女为第二顺序,其他近亲属为第三顺序。但是,此法定顺序在指定监护人时对指定权主体仅有参考意义,只要符合最有利于被监护人的原则,尊重了被监护人的真实意愿,甚至可以打破上述法定顺序指定监护人。

另外,《民法典》还创设了临时监护人制度。根据该法第 31 条第 3 款的规定,担任监护人发生争议时,在由居民委员会、村民委员会、民政部门或者人民法院指定监护人以前,被监护人的人身权利、财产权利以及其他合法权益处于无人保护状态的,由被监护人住所地的居民委员会、村民委员会、法律规定的有关组织或者民政部门担任临时监护人。该款中的"依照本条第一款规定指定监护人前"应当从宽理解,不能仅限于监护争议解决程序启动后的争议解决期间,在监护争议解决程序启动之前,只要发现因无人履行监护职责、被监护人处于无人保护状态的,就由该款规定的居民委员会、村民委员会、法律规定的有关组织或者民政部门担任临时监护人,随后再依法启动监护争议解决程序,指定监护人。该款所称的"法律规定的有关组织"主要是指符合法定条件的公益组织,至于应当符合哪些具体条件,哪些公益组织有资格担任临时监护人,可以在将来由法律根据实践发展情况作出规定。[33]

五、监护人的职责

《民法典》第 34 条规定了监护人的职责和责任,同时规定了监护人因履行监护职责所产生的权利:代理被监护人实施民事法律行为,保护被监护人的人身、财产及其他合法权益。设立监护制度的重要目的在于弥补被监护人民事行为能力的不足,因而,被监护人不能独立实施的民事法律行为,由监护人代理实施。监护人应当照顾被监护人的生活,保护被监护人的身心健康和其他人身方面的合法权益;监护人应当管理和保护被监护人的财产,而且在管理过程中应尽善良管理人的注意义务,除为被监护人的利益外,不得处分被监护人的财产;此外,监护人还应当保护被监护人的其他合法权益,例如根据《中华人民共和国义务教育法》第 11 条的规定,父母或其他监护人必须使适龄的子女或被监护人按时入学,接受规定年限的义务教育。

监护人因履行监护职责所产生的权利。例如,监护人因为保护被监护人的人身权益,享有医疗方案的同意权;监护人为了保护被监护人的财产权益,享有财产的管理和支配权;当被监护人涉及诉讼时,监护人有权代理其参与诉讼。这些权利的享有,是为履行监护职责所需要,目的还是保护被监护人的人身、财产及其他合法权益。

监护人的责任。监护人的责任主要包括两个方面:(1)承担被监护人致人损害的侵权责任。根据《民法典》第 1188 条的规定,无民事行为能力人、限制民事行为能力人造成他人损害的,由

---

〔32〕 魏振瀛主编:《民法》(第八版),北京大学出版社、高等教育出版社 2021 年版,第 62 页。

〔33〕 黄薇主编:《中华人民共和国民法典释义》,法律出版社 2020 年版,第 67 页。

监护人承担侵权责任。监护人尽到监护责任的,可以减轻其侵权责任。有财产的无民事行为能力人、限制民事行为能力人造成他人损害的,从本人财产中支付赔偿费用。不足部分,由监护人赔偿。(2)监护人不履行监护职责或侵害被监护人的合法权益造成被监护人人身、财产损害的,应当承担停止侵害、赔偿损失等民事责任。此时,人民法院可以根据有关人员或组织的申请,撤销其监护人资格。

此外,《民法典》第34条还规定了监护人暂时无法履行监护职责时的临时生活照料制度。《民法典》第34条第4款规定,因发生突发事件等紧急情况,监护人暂时无法履行监护职责,被监护人的生活处于无人照料状态的,被监护人住所地的居民委员会、村民委员会或者民政部门应当为被监护人安排必要的临时生活照料措施。这是根据新冠肺炎疫情防控工作的实际情况和经验总结确定的新规则。据此,如果出现因疫情等突发事件的紧急情形,监护人因被隔离、治疗或其他原因暂时无法履行监护职责,导致被监护人的生活处于无人照料状态的,为了被监护人的利益,被监护人住所地的居民委员会、村民委员会或者民政部门便应当安排对被监护人进行临时生活照料。

六、监护人资格的变更、撤销、恢复和终止

(一)监护的变更

监护的变更,是指在监护期间内更换监护人。监护人的变更有当事人自行协商变更和依法定程序变更两种方式。如果是协议监护,其变更可以由当事人协商确定,如果当事人对变更监护人不能达成新的协议,诉请人民法院裁决的,在人民法院作出裁决之前,原监护人不能免除监护责任。而对于指定监护,监护人被指定后,应按原指定的程序进行更换,不得自行变更。未经人民法院或有关机构重新指定而擅自变更的,不免除被指定的监护人的责任。

(二)监护的撤销与恢复

根据《民法典》第36条的规定,监护人有下列情形之一的,人民法院根据有关个人或者组织的申请,撤销其监护人资格,安排必要的临时监护措施,并按照最有利于被监护人的原则依法指定监护人:(1)实施严重损害被监护人身心健康行为的。如性侵害、出卖、遗弃、虐待、暴力伤害未成年人,严重损害未成年人身心健康的。(2)怠于履行监护职责,或者无法履行监护职责并且拒绝将监护职责部分或者全部委托给他人,导致被监护人处于危困状态的。如因吸毒、赌博、长期酗酒等恶习无法正确履行监护职责或者因服刑等原因无法履行监护职责,且拒绝将监护职责部分或者全部委托给他人,致使被监护人处于危困状态的。(3)实施严重侵害被监护人合法权益的其他行为的。如胁迫、诱骗、利用未成年人乞讨,经公安机关和有关组织三次以上批评教育拒不改正,严重影响未成年人正常生活和学习的;教唆、利用未成年人实施违法犯罪行为,情节恶劣的。[34]

有权申请撤销监护人资格的个人、组织包括:其他依法具有监护资格的人,被监护人住所地的居民委员会、村民委员会,学校,医疗机构,妇女联合会,残疾人联合会,未成年人保护组织,依法设立的老年人组织,民政部门等。上述个人和民政部门以外的组织未及时向人民法院申请撤销监护人资格的,民政部门应当向人民法院申请。

---

〔34〕 魏振瀛主编:《民法》(第八版),北京大学出版社、高等教育出版社2021年版,第65页。

根据《民法典》第38条的规定,被监护人的父母或者子女被人民法院撤销监护人资格后,除对被监护人实施故意犯罪的外,确有悔改表现的,经其申请,人民法院可以在尊重被监护人真实意愿的前提下,视情况恢复其监护人资格。人民法院决定恢复其监护人资格的,同时终止此前指定的新监护人与被监护人的监护关系。依照该条的规定,恢复监护人资格须有严格的程序和条件限制:(1)必须向人民法院申请,由人民法院决定是否予以恢复。(2)适用对象仅限于被监护人的父母或子女,其他个人或组织的监护人资格一旦被撤销,即不得再恢复。[35] (3)要恢复监护人资格,对监护人而言,还需要满足一些条件,如没有对被监护人实施故意犯罪、确有悔改表现、尊重被监护人真实意愿等。

(三)监护的终止

监护的终止即监护关系的消灭。监护的终止分为两种:一是绝对的终止,即因被监护人方面的原因而终止;二是相对的终止,即因监护人方面的原因而终止。这种情况下,由于发生监护的内在根据依然存在,将发生监护职责的转移。

从我国的情况看,监护终止的主要原因有:(1)被监护人取得或者恢复完全民事行为能力。若未成年人已经成年且能完全辨认自己行为或具备视为完全民事行为能力的条件,则自动取得完全民事行为能力,对其的监护也自动终止;被认定为无民事行为能力或限制民事行为能力的人恢复健康后,对其的监护却不会自动终止,而是须经人民法院依特别程序撤销认定,才能恢复完全民事行为能力,从而终止对他的监护。(2)监护人或者被监护人一方自然死亡或被宣告死亡。监护人或被监护人一方死亡,无论是自然死亡或者宣告死亡,监护关系均自然终止。(3)监护人丧失监护能力。监护关系的成立以监护人有监护能力为条件,监护人丧失了监护能力,则监护关系自然终止。(4)人民法院认定监护关系终止的其他情形。例如,当监护人不履行监护职责或侵害被监护人的合法权益时,人民法院可以根据有关人员或者组织的申请,撤销其监护人资格,监护关系因此而终止。

此外,监护人有正当理由(如患病、迁居、家庭困难等)时,除父母担任监护人外,应允许其辞去监护职责,随之终止监护关系。

问题与思考

为应对人口老龄化的社会问题,两大法系均建立了成年意定监护制度。所谓成年意定监护,是指成年人在意思能力健全时可以预先选定监护人并与之缔结委托监护合同,由当事人决定合同的内容,并由公立机关予以监督的制度。成年意定监护制度体现了意思自治和国家干预的有机统一,在其他国家的监护体系中发挥着尤为重要的作用。我国原《民法通则》没有规定意定监护制度。此后,《中华人民共和国老年人权益保障法》第26条第1款规定,具备完全民事行为能力的老年人,可以在近亲属或者其他与自己关系密切、愿意承担监护责任的个人、组织中协商确定自己的监护人。监护人在老年人丧失或者部分丧失民事行为能力时,依法承担监护责任。此规定弥补了我国意定监护制度的立法空白,有利于老年人权益的保护,也体现了"尊重自我决定权"、"活用残存的能力"以及"正常化"的现代国际人权保障理念,因而具有重要意义。但于意定监护制度的构建而言,其还存在诸如可操作性不强、设立主体范围过窄等不足。根据《民法典》

[35] 李适时主编:《中华人民共和国民法总则释义》,法律出版社2017年版,第113页。

第33条的规定,具有完全民事行为能力的成年人,可以与其近亲属、其他愿意担任监护人的个人或者组织事先协商,以书面形式确定自己的监护人;协商确定的监护人在该成年人丧失或者部分丧失民事行为能力时,履行监护职责。这标志着我国首次在民事基本法层面上认可了意定监护制度,将意定监护的设立主体范围扩展至整个成年人,体现了对原有制度的超越与发展。而该项制度的最终落地,尚有待于与我国传统的家庭伦理观念的磨合以及专门立法在监护人的资格、委托监护合同的内容、监督机制等方面的细化推进。

第四节 宣告失踪与宣告死亡

一、宣告失踪

(一)宣告失踪的概念

宣告失踪是指自然人下落不明达到法定期限,经利害关系人申请,由人民法院宣告其为失踪人的法律制度。

宣告失踪是对一种确定的自然事实状态的法律确认,目的在于为失踪人设置财产代管人,结束失踪人财产关系的不稳定状态,以保护失踪人的利益并兼顾利害关系人的利益。

(二)宣告失踪的条件

根据《民法典》第40条的规定,宣告失踪必须满足以下条件:

其一,须自然人下落不明满2年。所谓下落不明,是指自然人离开自己的住所或居所后没有任何消息、生死不明的状况。例如,渔民出海打鱼,去而不返,生死未卜。关于下落不明的时间计算,原《民法通则》同时在第20条第2款、第23条第2款重复规定:"战争期间下落不明的,下落不明的时间从战争结束之日起计算",但却没有规定一般情况下自然人下落不明的时间如何计算。对此,《民法典》在综合原《民法通则》上述规定和《民法通则意见》的基础上,于第41条明确规定,自然人下落不明的时间从其失去音讯之日起计算。战争期间下落不明的,下落不明的时间自战争结束之日或者有关机关确定的下落不明之日起计算。根据《民法典》第201条第1款的规定,自然人下落不明满2年的期间分别从其失去音讯、战争结束之次日开始计算,失去音讯、战争结束之当日不算入。同时,此期间必须是持续、不间断地满2年。关于战争期间下落不明的时间计算,《民法典》第41条除了承袭原《民法通则》"自战争结束之日"起算的规定以外,还增列了自"有关机关确定的下落不明之日起计算"规定,主要是为了应对战争期间参加军事行动的人员失踪和战争期间平民失踪的不同情形。《民法典》单列此条表明,此条为有关下落不明时间计算的一般规定,同样适用于宣告死亡等制度中的相关时间计算,使得《民法典》得以在第46条仅规定宣告死亡的条件,从而解决了旧法重复规定的问题。[36]

其二,须经利害关系人申请。所谓利害关系人,是指在法律上与被申请人有一定人身关系或财产关系的人,依照《民法通则意见》第24条的规定,包括被申请人的近亲属以及其他与被申请人有民事权利义务关系的人。根据《民法通则意见》第28条第2款的规定,利害关系人应向被宣告失踪人住所地的基层人民法院提出申请,住所地与居住地不一致的,应向最后居住地基层人民

---

〔36〕 参见李适时主编:《中华人民共和国民法总则释义》,法律出版社2017年版,第118~121页。

法院提出申请。[37] 法律没有对申请人的范围和顺序进行限制，任何利害关系人均可提出申请。

其三，须经人民法院依法定程序宣告。宣告失踪属于民事诉讼中的特别程序。根据《民事诉讼法》第 185 条的规定，人民法院受理利害关系人的申请后，应当发出寻找下落不明人的公告，公告期间为 3 个月。若公告期届满后该自然人依然下落不明，则法院可作出判决，宣告其为失踪人。

（三）宣告失踪的法律后果

根据《民法典》的规定，宣告失踪的法律后果是为失踪人设立财产代管人。

关于财产代管人的确定。人民法院宣告下落不明的自然人为失踪人后，应为其指定财产代管人。根据《民法典》第 42 条的规定，代管人的范围为失踪人的配偶、成年子女、父母或者其他愿意担任财产代管人的人。其中，"其他愿意担任财产代管人的人"既包括原《民法通则》第 21 条规定的"其他亲属、朋友"，也包括有关组织。代管人应具有完全民事行为能力。无民事行为能力人、限制民事行为能力人失踪的，其监护人为其财产代管人。确定代管人有争议的，可以由人民法院根据有利于保护失踪人财产的原则在上述范围内指定。如果没有上述规定的代管人，或者他们无能力或不宜作为代管人的，人民法院也可以指定其他自然人或者有关组织为代管人。

关于财产代管人的职责。财产代管人在性质上为失踪人的代理人，其职责为代理失踪人管理财产。关于财产代管人的职责，原《民法通则》仅在第 21 条第 2 款规定了以失踪人的财产支付失踪人所欠的税款、债务和应付的其他费用。《民法典》第 43 条将其扩充为以下三方面内容：(1)代管人应妥善保管失踪人的财产，维护其财产权益。代管人的管理权限不仅包括保存行为（如对财产的维护和收益等）和改良行为，还包括必要的经营行为和处分行为。代管人在对财产进行保存和改良时，应尽到与管理自己财产相同的注意义务，而在进行必要的经营和处分时，应尽到善良管理人的注意义务。同时，代管人有权追索失踪人的债权。代管人向失踪人的债务人要求偿还债务的，可以作为原告提起诉讼。(2)代管人应从失踪人的财产中支付失踪人所欠的税款、债务和应付的其他费用。根据《民法通则意见》第 31 条的规定，这里的"其他费用"包括赡养费、扶养费、抚育费和因代管财产所需的管理费等必要的费用。代管人拒绝支付上述费用，债权人提起诉讼的，人民法院应当将代管人列为被告。(3)当财产代管人因故意或者重大过失造成失踪人财产损失时，应当承担赔偿责任。由于对宣告失踪人的财产代管是一种无偿的行为，所以财产代管人承担的赔偿责任较轻。

关于财产代管人的变更。根据《民法典》第 44 条的规定，财产代管人的变更有两种情形：(1)当财产代管人不履行代管职责、侵害失踪人财产权益或者丧失代管能力时，失踪人的利害关系人可以向人民法院申请变更财产代管人；(2)当财产代管人有正当理由时，也可以自行向人民法院申请变更财产代管人。人民法院变更财产代管人的，变更后的财产代管人有权要求原财产代管人及时移交有关财产并报告财产代管情况。原《民法通则》未对财产代管人的变更问题作出规定，《民法典》第 44 条是在综合《民法通则意见》第 35 条及专家建议稿相关内容的基础上作出的。此外，根据最高人民法院《民事诉讼法解释》第 344 条的规定，财产代管人自行申请变更财产代管人的，人民法院比照特别程序审理；失踪人的其他利害关系人申请变更的，人民法院应

---

〔37〕 该规定和《民事诉讼法》第 183 条的规定存在差异。《民事诉讼法》第 183 条规定："公民下落不明满二年，利害关系人申请宣告其失踪的，向下落不明人住所地基层人民法院提出。"

当告知其以原指定的代管人为被告起诉,按普通程序审理。

（四）失踪宣告的撤销

宣告失踪是对自然人失踪事实的法律确认,一旦被宣告失踪人重新出现或确知其下落,则认定该自然人为失踪人就丧失了事实根据。根据《民法典》第 45 条的规定,被宣告失踪的人重新出现,经本人或利害关系人申请,人民法院应当撤销对他的失踪宣告。解释上,本条所称"失踪人重新出现",应指重新得到了失踪人的音讯,从而消除了其下落不明的状态;涵盖了原《民法通则》第 22 条所述的确知失踪人下落的情形。失踪宣告一经撤销,代管人的代管权即随之终止。代管人应交还其代管的财产和收益,并汇报财产管理详情,提交财产收支账目。

二、宣告死亡

（一）宣告死亡的概念

宣告死亡是指自然人下落不明达到法定期限,经利害关系人申请,由人民法院宣告其死亡的法律制度。

宣告死亡是基于一种自然事实状态所作的法律推定,其目的不仅在于结束被宣告死亡者财产关系的不稳定状态,而且还在于结束被宣告死亡者人身关系的不稳定状态,保护被宣告死亡者的利害关系人的合法权益。

（二）宣告死亡的条件

其一,须自然人下落不明满法定期限。和宣告失踪一样,宣告死亡也要求存在自然人下落不明的事实,但对下落不明的期限要求更为严格。通常情况下,申请宣告死亡要求自然人下落不明必须满 4 年,此为普通期限;因意外事件下落不明的,[38] 申请宣告死亡要求自然人下落不明必须满 2 年,此为特别期限。下落不明的时间计算,统一遵照《民法典》第 41 条的规定执行。从概念的外延范围、用语的规范性和准确性的角度考虑,原《民法总则》及《民法典》将原《民法通则》中的"意外事故"修改表述为"意外事件"。同时,根据《民法典》第 46 条第 2 款的规定,因意外事件下落不明,经有关机关证明该自然人不可能生存的,申请宣告死亡不受 2 年期限的限制。此款系依据现行《民事诉讼法》第 184 条第 1 款的内容所作的补充规定。原《民法通则》没有关于此款内容的规定。

其二,须经利害关系人申请。所谓利害关系人,是指在法律上与被申请人有一定人身关系或财产关系的人,包括被申请人的近亲属及与其有民事权利义务关系的自然人和组织。例如,配偶、继承人、受遗赠人、债权人、债务人、法定代理人、人寿保险合同的受益人等。值得注意的是,根据《民法通则意见》第 25 条的规定,申请宣告死亡的利害关系人是有顺序限制的,前一顺序的利害关系人未提出死亡宣告申请的,后一顺序的利害关系人不得提出申请。但鉴于宣告死亡制度的宗旨在于侧重保护利害关系人的利益,而利害关系人的法律地位不应有所差别,且实践中存在因顺序在先的利害关系人不申请导致相关法律关系长期不能稳定的问题,《民法典》第 46 条明确放弃了以上关于利害关系人须依顺序申请的解释意见,规定自然人失踪符合宣告死亡条件的,利害关系人均可以向法院申请宣告该自然人死亡。[39]

---

〔38〕 因意外事件而失踪,是指遭遇战争、地震、海难、空难及其他重大火变而失踪。参见梁慧星:《民法总论》(第五版),法律出版社 2017 年版,第 112 页。

〔39〕 参见梁慧星:《民法总论》(第五版),法律出版社 2017 年版,第 112 页。

其三，须经人民法院依法定程序宣告。根据《民事诉讼法》第185条的规定，人民法院受理宣告死亡的案件后，应当发出寻找下落不明人的公告，公告期为1年。因意外事故下落不明，经有关机关证明该自然人不可能生存的，宣告死亡的公告期为3个月。如果公告期届满以后，该自然人依旧下落不明，人民法院应作出宣告该自然人死亡的判决。《民法典》第48条规定，宣告死亡的判决作出之日视为被宣告死亡人的死亡日期，但因意外事件下落不明宣告死亡的，意外事件发生之日视为其死亡的日期。据此，人民法院判决宣告某人死亡，若该人属于意外事件失踪，则应在判决书中认定该意外事件发生之日（或战争结束之日）为该自然人死亡日期；如该人不属于意外事件失踪，则判决书中无须认定该自然人死亡日期，此时，“判决作出之日”即被视为该人的死亡日期。[40] 原《民法通则》没有关于此条内容的规定。

（三）宣告死亡的法律后果

通说认为，宣告死亡在以被宣告死亡人原住所地、居住地为中心的活动范围内产生与生理死亡相同的法律效果。宣告死亡后，被宣告死亡人丧失民事主体资格，其民事权利能力和民事行为能力终止，其原先参与的民事法律关系归于消灭：被宣告死亡人的个人财产转化为遗产，继承开始，受遗赠人可以取得遗赠；其婚姻关系自然解除，配偶可以另行结婚。《民法典》第51条第1句规定：“被宣告死亡的人的婚姻关系，自死亡宣告之日起消除。”

如果被宣告死亡人实际还生存在其他地方，其在当地所实施的民事法律行为不因其在原住所地被宣告死亡而无效。《民法典》第49条规定：“自然人被宣告死亡但是并未死亡的，不影响该自然人在被宣告死亡期间实施的民事法律行为的效力。”针对此种情形，原《民法通则》第24条第2款规定，有民事行为能力人在被宣告死亡期间实施的民事法律行为有效；《民法通则意见》第36条第2款规定，被宣告死亡和自然死亡的时间不一致的，被宣告死亡所引起的法律后果仍然有效，但自然死亡前实施的民事法律行为与被宣告死亡引起的法律后果相抵触的，则以其实施的民事法律行为为准。应该说，《民法典》第49条的规定弥补了原《民法通则》第24条第2款表述情形不周延的漏洞，但却回避了《民法通则意见》第36条第2款规定的“自然死亡前实施的民事法律行为与被宣告死亡引起的法律后果相抵触”[41] 时哪个民事法律行为效力优先的问题，原因是对此问题争议较大，故仍留待司法实践继续总结经验。[42]

（四）宣告死亡的撤销

宣告死亡只是一种法律上的推定，被宣告死亡的人可能并未死亡。《民法典》第50条规定：“被宣告死亡的人重新出现，经本人或者利害关系人申请，人民法院应当撤销死亡宣告。”此条所述的“重新出现”涵盖了原《民法通则》第24条第1款所述的确知没有死亡的情形。据此条规定，撤销死亡宣告的条件有三：(1)须有被宣告死亡人重新出现或确知其下落的事实。(2)须经本人或利害关系人申请。此处的利害关系人与宣告死亡申请人的范围相同，申请时同样没有顺序限制。(3)须由人民法院依法定程序作出新判决，撤销原判决。

死亡宣告一经撤销，被宣告死亡的人应被认为自始未丧失民事权利能力，继承也未发生过。[43] 根据《民法典》第51条至第53条及相关司法解释的规定，具体将产生如下法律效果：

---

〔40〕 梁慧星：《民法总论》（第五版），法律出版社2017年版，第114页。

〔41〕 如在并未死亡的自然人被宣告死亡期间，其配偶和本人均将同一房屋或者其他财产出卖。

〔42〕 参见黄薇主编：《中华人民共和国民法典释义》，法律出版社2020年版，第95页。

〔43〕 ［德］迪特尔·梅迪库斯：《德国民法总论》，法律出版社2001年版，第789页。

一是在财产关系方面:被撤销死亡宣告的人有权请求返还财产。依《民法典》继承编取得其财产的自然人或组织,应当返还财产;无法返还的,应当给予适当补偿。原物已被第三人合法取得的,第三人可不予归还,由利害关系人给予适当补偿。利害关系人故意隐瞒真实情况致使他人被宣告死亡而取得财产的,除应返还原物和孳息外,还应对给他人造成的损失予以赔偿,情节严重的,还可依法追究其他法律责任。关于此方面内容的规定,《民法典》与原《民法通则》、《民法通则意见》的相关规定大体一致。

二是在婚姻关系方面:被宣告死亡人的配偶尚未再婚的,婚姻关系从撤销死亡宣告之日起自行恢复。但是,即便被宣告死亡人的配偶尚未再婚,如果死亡宣告被撤销后,其配偶向婚姻登记机关书面声明不愿意恢复婚姻关系,则其配偶的自由意志应予尊重,婚姻关系不能自行恢复。同时,如果配偶已经再婚的,则应保护现行婚姻关系。即使配偶再婚后又离婚或者再婚后配偶又死亡的,双方的婚姻关系也不自行恢复。如果双方自愿恢复婚姻关系,必须进行结婚登记。原《民法通则》没有关于此方面内容的规定。《民法典》在吸收《民法通则意见》第 37 条规定和相关实践经验的基础上作出此方面内容的规定。

三是在父母子女关系方面:被宣告死亡人在被宣告死亡期间,其子女被依法收养的,被宣告死亡人在死亡宣告被撤销后,不得以未经本人同意为由主张收养关系无效。原《民法通则》没有关于此方面内容的规定。《民法典》在吸收《民法通则意见》第 38 条规定的基础上作出此方面内容的规定。

(五)宣告死亡与宣告失踪的关系

宣告死亡和宣告失踪在法律条件上都要求有自然人下落不明达到法定期限的事实,经利害关系人提出申请,由人民法院依法定程序作出宣告,而且都能产生一定的法律效果。但二者仍存在以下区别:(1)性质不同。宣告失踪是对失踪事实在法律上的确认,而宣告死亡则是对死亡事实在法律上的推定。(2)目的不同。宣告失踪制度主要是为了保护失踪人的利益,而宣告死亡则主要是为了保护失踪人的利害关系人的利益。(3)要求的下落不明的期限不同。宣告失踪要求自然人下落不明满 2 年,而宣告死亡则要求自然人下落不明满 4 年或者因意外事故下落不明满 2 年。(4)公告期不同。宣告失踪的公告期为 3 个月,宣告死亡的公告期,除因意外事故下落不明经有关机关证明其不可能生存的公告期为 3 个月外,其余均为 1 年。(5)法律效果不同。自然人被宣告失踪后,其民事主体资格并未消灭,仅发生为其设置财产代管人的法律效果,但自然人被宣告死亡后,在以其原住所为中心的活动范围内将发生与生理死亡相同的法律效果。

此外,根据《民法通则意见》第 29 条的规定,宣告失踪并非宣告死亡的必经程序。自然人下落不明,符合申请宣告死亡条件的,利害关系人可以不经申请宣告失踪而直接申请宣告死亡;但利害关系人只申请宣告失踪的,应当宣告失踪。对于同一自然人,有的利害关系人申请宣告死亡,有的利害关系人申请宣告失踪,按照《民法典》第 47 条的规定,凡符合宣告死亡条件的,人民法院应当宣告死亡。《民法典》的此条规定是吸收了已被广泛认可的最高人民法院相关司法解释精神的成果,有利于更好地解决当事人之间的纠纷。

问题与思考

各国与地区的自然人失踪法律制度总体上可分为三种模式:(1)法国式,在立法上仅规定宣告失踪制度,日本以及瑞士等国的民法采此模式;(2)德国式,在立法上仅规定宣告死亡制度,西班牙、瑞士以及我国台湾地区的“民法”采此模式;(3)苏俄式,在立法上同时规定宣告失踪和宣告死亡制度,苏联民法以及我国原《民法通则》采此模式。我国目前的失踪人制度以宣告失踪为设置财产代管人的前提条件,这不利于在宣告失踪前失踪人利益的保护,而宣告失踪制度由于程序复杂在事实上也很少得到应用,因此有加以整合、完善的必要。但我国的失踪法律制度应采取哪种模式,理论上存在不同观点。第一种观点认为,宣告失踪制度过分保护失踪人的利益却忽视了其他利害关系人的人身、财产权益,而且程序复杂,使死亡问题以及相关的人身、财产关系长期悬而不决,影响了物的效率的发挥,因此应当采取宣告死亡模式。[44] 第二种观点认为,宣告死亡只是一种推定,被宣告死亡的失踪人生还者不在少数,用“失踪”代替“死亡”较吻合现实状况,而且由于受传统文化观念的影响,人们对死亡以及宣告死亡制度往往存在心理障碍,因此应采用宣告失踪模式。[45] 第三种观点认为,宣告失踪和宣告死亡具有不同的制度目的,应当继续坚持苏俄模式。从《民法典》规定的失踪人制度内容看,现行法最终采纳的是苏俄模式。

第五节 自然人的住所和身份证明

一、自然人的住所

(一)住所的概念

自然人的住所,是指自然人以长住的意思而经常居住的地方,是自然人生活和活动的主要基地和中心场所。住所的构成包括长住之意思和经常居住之事实两个要件。

在理论上,住所有意定住所、法定住所和拟制住所之分。意定住所,又称任意住所,是指基于当事人的意思而设立的住所。意定住所与迁徙自由紧密相连。随着我国市场经济的发展,以及住所和户籍分离的广泛存在,客观上要求法律承认自然人的意定住所。法定住所,是指不依当事人的意思而设立,而是由法律直接规定的住所。拟制住所,是指法律规定在特殊情况下把居所视为住所。我国民法规范和司法实践肯认的拟制住所包括:(1)自然人的经常居住地与住所地不一致的,经常居住地视为住所;(2)自然人由其户籍所在地迁出后至迁入另一地点前,无经常居住地的,仍以原户籍所在地为住所;(3)当事人的住所不明或不能确定的,以其经常居住地为住所。[46]

住所不同于居所。居所是自然人居住的处所,通常指自然人为特定目的而暂时居住的处所,也可以指自然人长期居住的处所。住所与居所的主要区别在于:(1)住所是自然人以长住的意思而居住的地方,而居所是自然人暂时居住的地方,有无长住之意思是住所和居所最为重要的区别;[47](2)住所是为了一般的生活目的而居住的地方,而居所则是为了特殊的生活目的而居住的地方;(3)住所具有严格的法律意义,而居所一般不具有法律意义;(4)大多数国家法律规定,自然人只能有一个住所,但可以有一个以上的居所。二者的联系主要体现为,在自然人的经常居住地与住所不一致时,经常居住地视为住所。

---

〔44〕 张学军:《失踪法律制度基本模式述评》,载《法学杂志》2007年第2期。

〔45〕 冯乐坤:《宣告死亡制度存废之探究》,载《当代法学》2007年第3期。

〔46〕 魏振瀛主编:《民法》(第八版),北京大学出版社、高等教育出版社2021年版,第69页。

〔47〕 王泽鉴:《民法总则》,中国政法大学出版社2001年版,第140页。

(二)住所的确定

各国与地区的民法中确定住所的标准,归纳起来主要有三种主张:一是主观说,强调意思因素,认为自然人有长期居住意思的地方就是住所。法国、日本民法以及英美法系国家多采此说。二是客观说,强调事实因素,认为自然人实际长期居住的地方为住所。德国和苏联民法采取此说。三是折中说,强调将意思因素和事实因素结合起来,认为自然人以长住的意思而经常居住的地方为住所。瑞士和我国台湾地区民法采纳此说,我们也赞成此种观点。

我国《民法典》第25条规定:"自然人以户籍登记或者其他有效身份登记记载的居所为住所;经常居所与住所不一致的,经常居所视为住所。"根据《民法通则意见》第9条的规定,所谓经常居住地是指自然人离开住所最后连续居住1年以上的地方,但住院就医的除外。公民由其户籍所在地迁出后至迁入另一地之前,无经常居住地的,仍以其原户籍所在地为住所。此外,一个人没有进行户籍登记的,成年人应以其经常居住地为住所,未成年人应以其监护人的住所为住所。

(三)住所的法律意义

自然人的住所在私法上具有重要意义,主要体现在:

第一,有利于确定自然人的民事主体状态。住所是确定自然人身份的重要因素,要确定一个人的身份,往往需要和其住所相联系才具有意义。住所还是确定自然人失踪的空间标准,自然人离开住所而下落不明是宣告失踪和宣告死亡的重要条件。

第二,有利于确定民事法律关系中的合同履行地、婚姻登记地和继承发生地。住所是确定合同履行地的依据之一,如果合同中的履行地点不明确,给付货币的,在接受给付一方的住所地履行,其他标的在履行义务一方的住所地履行;住所是确定婚姻登记机关的依据,自然人办理结婚或离婚登记手续,均须到户籍所在地即住所地的婚姻登记机关进行;住所是继承的发生地,被继承人死亡后,一般以其最后住所地为继承活动开始的地点。

第三,有利于确定民事诉讼的案件管辖地和法律文书送达地。在民事诉讼中,住所是确定案件管辖的重要依据。例如,对自然人提起诉讼的,一般由被告人住所地人民法院管辖,被告住所地与经常居住地不一致的,由经常居住地人民法院管辖;宣告失踪或宣告死亡的案件,由下落不明人住所地的基层人民法院管辖;仲裁裁决、公证债权文书由被执行人住所地或被执行人财产所在地的人民法院执行等。对一个主体送达法律文书,其住所是法律文书送达的地点。

第四,有利于确定涉外民事法律关系的准据法。在处理涉外民事法律关系时,如婚姻、收养、继承、侵权等,均可以当事人一方住所地的法律为准据法。

此外,自然人的住所在公法上也具有重要意义,如选举、纳税、服兵役、义务教育等公法上的权利和义务都和住所有紧密的联系。

二、自然人的户籍

户籍是以户为单位记载自然人的姓名、出生、住所、结婚、离婚、收养、失踪和死亡等事项的法律文件。依据《中华人民共和国户口登记条例》的规定,中华人民共和国公民出生后,都应当进行户籍登记。在我国,户籍由公安机关登记制作和管理,在性质上属于行政法律文件,是国家对人口进行统计和管理的重要法律形式。同时,户籍也是证明自然人民事身份的重要文件,它对于确定自然人民事权利能力和民事行为能力开始和终止的时间,确定自然人的姓名权,确定自然人的婚姻家庭及收养和继承关系,确定监护责任的承担者,确定自然人的住所等都有重要的法律意义。

值得一提的是,我国的户籍制度还不当地承载了许多有悖公平正义的附加功能,导致在求学、就业、社会保障甚至损害赔偿等方面存在广泛的城乡和地域差异,引发了一定程度的户籍歧视现象,因而户籍制度的改革必然是大势所趋。

三、自然人的身份证明

在我国,自然人的身份证明是居民身份证。根据《中华人民共和国居民身份证法》的规定,居住在中华人民共和国境内的年满16周岁的中国公民,应当依法申请领取居民身份证;公民应当自年满16周岁之日起3个月内,向常住户口所在地的公安机关申请领取居民身份证。未满16周岁的中国公民,可以申请领取居民身份证。居民身份证登记的项目包括:姓名、性别、民族、出生日期、常住户口所在地住址、公民身份号码、本人相片、证件的有效期和签发机关。每个公民都有一个身份证号码,公民身份号码是每个公民唯一的、终身不变的身份代码,由公安机关按照公民身份号码国家标准编制。

公民从事有关活动,需要证明身份的,有权使用居民身份证证明身份,有关单位及其工作人员不得拒绝。公民在发生常住户口登记项目变更、兵役登记、婚姻登记、收养登记、申请办理出境手续以及法律、行政法规规定需要用居民身份证证明身份的其他情形时,应当出示居民身份证证明身份。人民警察依法执行职务,需要查明身份的,经出示执法证件,可以查验居民身份证。但除公安机关依照《中华人民共和国刑事诉讼法》执行监视居住强制措施的情形外,任何组织或个人不得扣押居民身份证。公安机关和人民警察对因制作、发放、查验、扣押居民身份证而知悉的个人信息,应当予以保密。

问题与思考

原《民法通则》第15条规定,自然人以其户籍所在地的居住地为住所。这使我国的法定住所制度与户籍制度紧密相连。但住所和户籍具有不同的制度功能。住所是人与特定地域的连接点,是个人生活关系和法律关系的中心,可以表明人与特定地域的关联性。在功能上,住所可以作为民法上债务履行地、民事诉讼中案件管辖地以及国际私法中法律连接地的确定标准,在公法上也有一定意义,但通常不具有行政管理和限制迁徙自由的功能。而我国户籍管理制度却在行政管理和限制迁徙自由方面发挥着重要的作用。我国现行户籍管理的基本规范是《中华人民共和国户口登记条例》,该条例确立了中国目前城乡二元划分的户籍管理体制,不仅严格限制城乡间的人口流动,而且限制自然人离开常住地的行为。严格的户籍管理制度以及住所和户籍制度的紧密联系,在一定程度上限制了我国意定住所的存在空间。为了克服其局限,原《民法通则》第15条同时规定,经常居住地与住所不一致的,经常居住地视为住所。但此拟制住所的规定也难谓周全。例如,某人由户籍地迁出至甲地连续居住1年以上,但其并无在甲地长期生活的意思,主要财产和生活关系也没有转入此地,如果此时将经常居住地(甲地)视为住所就有违背当事人的真实意思,使住所制度偏离其本质的嫌疑。住所作为个人生活关系和法律关系的中心,其设定与变更和迁徙自由密切相关,应由自然人根据其意愿自主决定。《民法典》第25条规定:"自然人以户籍登记或者其他有效身份登记记载的居所为住所;经常居所与住所不一致的,经常居所视为住所。"此规定明确将公民居住证、外国人的有效居留证件等"其他有效身份登记"记载的居所作为住所,体现了将住所与户籍制度适度分离、尊重迁徙自由的立法思路,适应了我国现阶段人口流动的实际需求;但对自然人意定住所的承认仍显不足。

第六节　个体工商户和农村承包经营户

一、个体工商户的概念与特征

《民法典》第54条规定:“自然人从事工商业经营,经依法登记,为个体工商户。个体工商户可以起字号。”依据此概念,个体工商户的特征包括:

第一,个体工商户是个体劳动者。这里的户是指工商管理登记上的户,包括单个自然人或家庭。个体工商户以自然人个人或家庭财产为经营资本,财产所有者与经营者和劳动者不发生分离,在性质上属于个体经济范畴。

第二,个体工商户必须依法进行核准登记。自然人或家庭必须依法向工商行政管理部门提出申请,并由受理机关核准登记,颁发个体经营的营业执照后,才能取得个体工商户的经营资格。

第三,个体工商户应在法律允许的范围内从事工商业经营活动。这里的工商业经营活动是广义的,除手工业、加工业、零售业外,还包括修理业、服务业等。不论从事何种工商业经营活动,都应在法律允许的范围内进行。所谓法律允许的范围内,不仅指生产经营的行业范围属于法律允许的范围,还指必须按照行政管理机关核准登记的生产经营方式、项目、范围进行生产经营活动。

第四,个体工商户以自己的名义独立进行民事活动。个体工商户可以起字号,有字号的个体工商户可以以字号名义对外进行民事活动。没有字号的个体工商户,对外以户的名义独立进行民事活动,即以工商行政管理机关登记的经营者姓名的名义从事活动。这与自然人以个人名义独立进行民事活动不同。

二、农村承包经营户的概念与特征

《民法典》第55条规定:“农村集体经济组织的成员,依法取得农村土地承包经营权,从事家庭承包经营的,为农村承包经营户。”依据此概念,农村承包经营户的特征包括:

第一,农村承包经营户是农村集体经济组织的成员。农村承包经营户是在推行联产承包责任制中,通过承包合同形式,把农民家庭由生活单位变成生产和生活相结合的单位所产生的。与个体工商户在性质上属于个体经济不同,农村承包经营户是集体经济的一种生产经营方式。

第二,农村承包经营户是基于各种承包合同发生的。农村承包经营户在生产和经营活动中所享有的权利和承担的义务,是根据其与集体经济组织之间订立的承包合同来确定的。农村承包经营户的设立、存续与终止均无需工商行政管理机关的核准登记。

第三,农村承包经营户应在法律允许的范围内从事生产经营活动。

第四,农村承包经营户以自己的名义独立进行民事活动。农村承包经营户不论是个人经营还是家庭经营,都必须以户的名义独立参加民事法律关系,取得民事权利,承担民事义务。这反映了农村承包经营户与公民个人的区别。

三、个体工商户和农村承包经营户的财产责任

根据《民法典》第56条,个体工商户和农村承包经营户承担财产责任的规则包括:(1)自然

人个人出资、独立经营、收益归己的个体工商户和农村承包经营户，对外所欠债务应以该自然人的个人财产承担清偿责任。(2)全体家庭成员共同出资、共同经营、共同收益的个体工商户和农村承包经营户，对外所欠债务应以家庭共有财产清偿。如果事实上是由部分家庭成员出资经营和收益的，对外所欠债务由这部分家庭成员对外承担连带清偿责任。(3)以个人名义登记的个体工商户和以个人名义承包的农村承包经营户，如果用家庭财产投资的，或者收益的主要部分供家庭使用的，对外所欠债务应以家庭共有财产清偿。(4)在夫妻关系存续期间，一方从事个体经营或承包经营，其收入为夫妻共同财产的，其债务亦应由夫妻共同财产清偿。

四、个体工商户和农村承包经营户的法律地位

关于个体工商户和农村承包经营户的法律地位，目前学术界尚有争议。第一种观点认为，个体工商户和农村承包经营户并非独立的民事主体，不过是自然人作为民事主体参与民事活动的特殊形式而已。[48] 其理由是，原《民法通则》、原《民法总则》及《民法典》将个体工商户和农村承包经营户规定于自然人一章，而且个体工商户与农村承包经营户也通常没有独立的组织机构和财产权。第二种观点认为，个体工商户和农村承包经营户独立于自然人主体而存在，属于非法人组织。[49] 其理由为：(1)它们属于相对独立的组织体；(2)它们在工商登记或承包合同的范围内从事经营行为，具有明确的经营目的，属于有目的性事业的组织体；(3)它们有相对独立的财产，可以以自己的名义进行民事活动。我们认为，对个体工商户和农村承包经营户的法律地位不能一概而论。个体工商户经过核准登记取得营业执照，具有明确的经营范围和相对独立的财产，而且享有经营权、起字号权、商标权等权利，可以以自己的名义独立进行民事行为，已成为独立于自然人或家庭的具有独立意志的组织体。因此，个体工商户无论是一人经营、家庭经营或数人共同经营，均应归于非法人组织的范畴。而农村承包经营户只是对承包经营中承包方主体(农户或自然人)的特殊称谓，在合同主体之外并没有形成新的组织体，其法律地位应取决于承包方主体自身的性质。若为个人承包，应为从事承包经营的自然人，若为数人共同承包，其性质为合伙，若为家庭承包，则为从事承包经营的农户。至于农户的法律地位为何，则有待进一步研究。

问题与思考

关于“户”的法学研究，目前侧重于探讨具体的个体工商户和农村承包经营户的法律地位，对一般意义的“户”的法律地位的讨论尚未充分展开。“户”作为基本的生产和生活单位，除因工商经营或承包经营而参与法律关系外，在其他方面也常常以主体身份参与法律关系。例如，根据《农地承包纠纷解释》第3条和第4条的规定，承包合同纠纷的当事人一方为承包方，即以家庭承包方式承包本集体经济组织农村土地的农户，由其代表人进行诉讼。此时，农户便为诉讼主体，可以由其代表人参与民事诉讼。又如，《国有土地上房屋征收与补偿条例》第29条明确规定，对国有土地上房屋的征收实行分户补偿。而农村土地的征收补偿款也常常按户进行分配。在此类补偿协议中，农户也事实上成为了合同主体。尽管“户”在现实生活中广泛地参与各种法律关系，但关于其具体界定和法律地位等问题，现行法律却未有规定。立法上的缺失在一定程度

〔48〕 龙卫球：《民法总论》(第二版)，中国法制出版社2002年版，第312页。
〔49〕 梁慧星：《民法总论》(第五版)，法律出版社2017年版，第116页。

上影响了"户"的功能的有效发挥,不利于保护"户"以及其成员的合法权益。同时,这也给司法实践带来了不便。例如,在农村土地补偿款的分配上,同样是按"户"分配,有的法院按自然户分配,有的法院按各户的人口分配,有的法院则按户籍分配,这便导致了同案不同判现象的产生,从而给司法公正和司法权威造成不利影响。为了保障"户"的正常活动和合法权益并适应司法实践的需要,户与家庭的关系、户的法律地位以及户与个体工商户、农村承包经营户的关系等问题尚待进一步解决。

拓展阅读推荐

1. 朱涛:《自然人行为能力制度研究》,法律出版社 2011 年版。
2. 李永军:《论民法典上"自然人"的概念》,载《苏州大学学报(哲学社会科学版)》2020 年第 4 期。
3. 谭启平:《论民法典第 16 条的限缩解释——以胎儿不能成为征地补偿对象而展开》,载《东方法学》2020 年第 4 期。
4. 谭启平:《民事主体与民事诉讼主体有限分离论之反思》,载《现代法学》2007 年第 5 期。
5. 朱广新:《民事行为能力类型化的局限性及其克服》,载《法学评论》2014 年第 1 期。
6. 彭诚信、李贝:《现代监护理念下监护与行为能力关系的重构》,载《法学研究》2019 年第 4 期。
7. 李永军、王伟伟:《民法上的住所制度考》,载《政法论坛》2009 年第 6 期。

第五章 法 人

学习要点

- 法人的概念、特征和条件
- 法人的分类
- 法人的设立与成立
- 法人的能力
- 法人的机关
- 法人的变更、终止
- 法人的责任

第一节 法人制度概述

一、法人的概念、意义与特征

（一）法人的概念

中国法学理论和立法中的“法人”一词是从德语 juristische Person 一词翻译而来，相应地，法人理论也主要继受于德国法。而德国法上的法人理论与罗马法又有直接的理论传承关系。早在罗马法时代，罗马法学家就已经注意到在民事活动中除了自然人外，还存在另一类民事主体，就是社团。虽然罗马法没有直接提出明确的法人概念，但已经提出了抽象人格的概念，为后来法人概念的提出奠定了基础。“法人”作为法学用语，是12 世纪至13 世纪意大利注释法学者创立的，但当时还仅仅用来说明团体的法律地位。真正赋予团体法律人格的是教会法学者。14 世纪罗马教皇英诺肯季四世提出了著名的“法人拟制说”，并为后来的萨维尼等人所发展和完善。

一般认为，现代法人理论始于 19 世纪。德国法学家胡果可能是最早将法人概念作为专门术语用于民法教学的学者。而赋予法人现代意义的学者是海泽。在首版于 1807 年的《供学说汇纂讲授之用的普遍民法体系纲要》一书中，海泽将法人作为民法的一个抽象概念使用；在该书中，法人与“生物人”（physische Person）对称，是“除了个人之外，所有在国家中被认可为独立的权利主体者”。而“法人”作为制定法上的概念，首次出现在 1794 年《普鲁士邦法》中，后来被 1900 年《德国民法典》采用。[1] 自《德国民法典》以来，自然人不再是民法上唯一的“人”，作为法律构造物的法人亦被纳入其中。

在我国的民事立法中，1986 年的《民法通则》首次界定了法人的含义。原《民法通则》第 36

---

〔1〕 王利明：《民法总则研究》（第二版），中国人民大学出版社 2012 年版，第 263 ~ 264 页。

条第1款规定:“法人是具有民事权利能力和民事行为能力,依法独立享有民事权利和承担民事义务的组织。”《民法典》第57条规定:“法人是具有民事权利能力和民事行为能力,依法独立享有民事权利和承担民事义务的组织。”这一立法定义沿用了原《民法通则》的规定。《民法典》第57条对法人的定义是法人一般规定的立足点,是对所有法人类型提取“公因式”的结果,具有体系统摄功能。因此,该定义适用于法人一章规定的所有类型的法人。

(二)法人的意义与功能

在社会生活中,自然人受到生命、时间、精力的限制,所能涉猎的范围有限,因此借助他人之力拓展自身能力成为一种必需。除利用代理制度外,自然人还可以成立组织,形成团体,为共同目的合众人之力,超越时间、精力甚至生命的限制,成就恒久的事业。数人从事共同目的之事业必然面临应采用何种形式来组织的问题。历史上,最初也最为自然的选择是合伙。合伙具有团体性,存续期限无固定限制,大多无须履行法定手续,简单灵活,故被广泛采用,至今仍充满活力,不断翻新。但合伙存在的问题是,合伙与成员的人格、信用与财产存在密切联系,未能实现完全的独立,尤其是责任的独立。例如,当合伙财产不足以清偿合伙债务时,各合伙人对于不足部分,负无限连带责任。这种风险使得不少人踌躇不前,甚至望而却步。因此,为适应现代社会经济活动的需要,就有必要进一步强化自然人组织的团体性,使其能像自然人那样取得权利能力,享有权利和承担义务,拥有独立的法律人格。于是,法人制度便应运而生。

法人制度具有两方面的功能:(1)节约交易成本,便利交易活动。法人是自然人借以实现意思自治的手段,是以团体构造的方式实现自然人某种目的追求的工具。法人制度方便了成员众多的组织参与交易活动,避免了因缺乏统一法律关系载体而必须将权利义务落实到每个个体身上所产生的昂贵交易成本。同时,还避免了因成员变动给交易和共同目的事业带来的不稳定。另外,法人制度还为法人成员通过诉讼途径维护权利提供了便利,避免了人数众多的组织维权时很难实现成员共同到场和共同行动的问题。(2)限制责任,降低交易风险。组织体成为具有独立人格的法人,自然意味着其应独立承担行为的后果和责任,其成员的责任则被限制在一定范围内,降低了成员参与市场活动的风险,有利于鼓励社会成员积极投资、参与经济活动,从而为经济与社会发展提供助力。从这个意义上讲,法人制度实有聚沙成塔、集腋成裘之功能。

(三)法人的特征

第一,法人是一种社会组织。自然人是生命体的存在,而法人是由法律特别创设的民事主体。法人与自然人的区别在于,自然人是单个的主体,而法人是集合的主体。法人可分为社团法人和财团法人。社团法人是人的集合,要先有人,然后由人出资构成法人的资产;而财团法人是财产的集合,要先有财产,然后由专门委任的人去管理经营。所以说,法人是由自然人或者财产的集合而组成的社会组织。

第二,法人是具有民事权利能力和民事行为能力的社会组织。现代社会存在许多社会组织,但并不是所有的社会组织都可以成为法人,只有具备法定的条件时,这些社会组织才可以按照法律规定的程序成为法人。具备法人资格的社会组织不是多个自然人的简单相加,而是自然人按照一定的宗旨和条件建立起来的,具有明确的活动目的和内容、有一定组织结构的有机整体。法人作为自然人以外的另一类权利义务主体,像自然人一样具有民事权利能力和民事行为能力。法人作为独立的民事主体,可以自己的名义参与民事法律关系,享有民事权利并承担民事义务,也可以自己的名义进行诉讼活动。

第三,法人是依法享有独立人格的社会组织。法人具有独立人格,有自己的意思机关,法人的权利义务与法人成员的权利义务是彼此分离的。也就是说,法人虽然通常由自然人组合而成,但却与组成它的自然人相互独立,各有自己的人格。法人的独立人格具体表现在以下几个方面:(1)独立的组织。一方面,法人的民事主体资格与组成法人的自然人的民事主体资格是相互独立的。法人的活动是自己的活动,不是组成法人的自然人的活动。法人作为拟制的人,其所为的行为总是由具体的自然人做出,法人的意志必须靠自然人来具体实现,一般由法定代表人、代理人或者其他雇员来实施。但法人即为民事主体,任何自然人在代表法人从事任何活动时,其不再是代表自己,其行为名义上属于法人,其法律效果也当然由法人承担。另一方面,法人的组织体无须依附其他组织体或者单位而存在。在组织上必须依赖其他组织体而存在的组织都不是法人,如工厂的生产车间、机关单位的科室等。(2)独立的财产。法人作为独立的民事主体,必须要有自己的财产。法人的人格是以其财产为基础的,无财产即无人格。不仅如此,法人的财产也构成了法人对外独立承担责任的物质基础。法人财产属于法人所有,独立于其出资人或成员。法人的财产虽然源于法人成员的出资、政府的拨款或他人的捐助,但这些财产一旦转化为法人的财产,便与法人成员、政府及捐助人相分离成为法人独立的财产。对于这些财产只有法人享有完整的占有、使用、收益和处分的权能,而法人的成员不对法人财产享有直接支配权。(3)独立的责任。法人的独立责任,是指法人以自己所有的或经营管理的财产独立承担由自己的活动所产生的民事责任。也就是说,法人应该以自己的财产承担自己行为的法律后果,而非以法人成员、法人设立人或者其他法人的财产承担责任。法人独立承担责任是其独立人格的必然要求,也是其拥有独立财产的必然结果。因为法人具有独立的人格,所以也理所当然地要独立承担由其活动产生的债务与责任。既然法人的财产和法人成员的其他财产以及设立人的其他财产相互独立,除法律另有规定外,法人成员或设立人对法人债务只需以出资为限负有限责任。

二、法人的本质

法人的本质,就是法人何以得与自然人同样具有民事权利能力,成为可以享有权利、负担义务的民事主体。关于法人本质的探讨,曾经是19世纪德国法学家激烈争论的问题。迄今为止,还是民法学说争论的焦点。

(一)法人本质的学说

关于法人本质的学说,概括而言,可以归纳为三种:法人拟制说、法人否定说和法人实在说。

1.法人拟制说

法人拟制说萌芽于罗马法时期,初创于中世纪欧洲的教会法学,完善于近代,其代表人物是德国法学家萨维尼。该学说认为,民事主体必须有自由意志和意思表达能力,因而只有自然人才具有法律上的人格,而法人能够取得人格,只是法律将其拟制为自然人的结果。也就是说,法人不过是国家运用法律手段人为地拟制而成,仅是法律的虚构,或者说仅在观念上存在的一种民事主体。法人拟制说是与当时的法律理念相吻合的,遂成一时之通说。法人拟制说在论证法人的拟制民事主体资格时证明了法人与其成员在财产、人格和责任上的区分,为后来法人独立人格制、法人独立财产制和有限责任制提供了理论支持,为法人制度的确立与发展作出了重大的贡献。但法人拟制学说并没有真正的回答法人的本质是什么,以及法人在多大程度上和自然人存在区别。同时,该学说自身也存在矛盾,因为自然人取得民事主体资格同样也是法律赋予的,不存在法律特别拟制法人一说。

2. 法人否定说

法人否定说,即不承认法人存在的各种学说。该学说从实证角度论证了在国家和个人之间不应该存在一个"中介"——法人。因为法人仅仅是多个自然人或者财产的集合:社团法人作为人的集合,最终受益人是其成员;财团法人作为财产的集合,最终受益人是社会公众或财团所特指的对象。按照此说,权利的最终归属均为个人,法人本身不存在独立的利益,不能成为民事主体。具体而言,法人否认说可分为目的财产说、受益人主体说、管理者主体说三派。

一是目的财产说。该学说的主要代表人物是德国法学家布林兹。该学说认为法人只不过是为了一定的目的而存在的无主财产。法人本身不具有独立的人格,而是为了达到一定的目的而由多数人的财产集合而成的财产,它已经不属于单个自然人所有,法律便将它拟制为一个权利主体。

二是受益人主体说。该学说的主要代表人物是德国法学家耶林。他不赞同法人有拟制人格的看法,他认为,团体不具有权利能力,具有权利能力的是从中受益的自然人。因为权利的本质就是受法律所保护的利益,谁享有利益,谁就是权利主体。法人作为人或财产的集合,其仅仅是形式上的权利义务主体,实际上的权利义务主体仍是享有法人财产利益的多数自然人。同时,他还认为,集合体的意思是不存在的,由集合体目的所决定的个人意思才是团体的意思。立法者所要保护的既不是存在于团体的集合意思,也不是团体的独立人格,而是团体成员所追求的目的。该学说强调自然人的本体地位,以利益归属于个人为由否定法人的团体意思。

三是管理者主体说。该学说的主要代表人物是德国学者赫尔德。该学说认为,权利主体必须具有意思表示能力,而法人不具有意思能力。法人财产并不属于法人本身所有,而属于管理财产的自然人,只有管理法人财产的自然人才能是法律上的法人。

总而言之,法人否定说从法人是否具有意思能力以及财产归属等问题上探讨了法人的本质。相较于法人拟制说将法人仅视为观念上的产物,该说具有进步性。但它却从根本上否定了法人作为民事主体的存在,与现实社会中社会组织客观存在的事实相违背。

3. 法人实在说

法人实在说认为,法人不是法律拟制出来的主体,更不是法律的虚构,而是一种客观存在的实体,它和自然人一样有自己的意思能力,可以依法享有民事权利和承担民事义务,是一种独立的民事主体。这是法人实在说和法人拟制说、法人否定说的根本区别。法人实在说又可以具体分为法人有机体说和法人组织体说。

一是法人有机体说。法人有机体说又称"团体人格说"或者"意思的实在说"。该学说的代表人物是德国学者基尔克。他认为法人和自然人一样都有自己的机体和意思能力。主要表现在法人不仅有自己的意思机关,还有自己的名称与住所。法人的机关及其下属的各个单位就是法人机体的各种系统。该学说将民事主体资格与其意思能力联系在一起,认为法人是具有意思能力的团体,因而,法律就需要赋予这种实际存在的社会有机体独立的人格。

二是法人组织体说。该学说的主要代表人物是法国学者米休德等。该学说认为,法人的本质并不是作为社会的有机体,而是作为权利能力者的组织体。认为法人具有区别于其成员的团体利益,具有表达和实现自己意志的组织机构。因此,法律就要赋予法人这种社会组织以法律人格,并承认其独立的民事主体地位。这一理论不仅为大多数大陆法系国家的民法学者所接受,也为多数国家的民事立法所采用。

法人实在说肯定了法人的客观存在,与法人这一社会组织在社会生活中客观存在的现实相契合，相较于法人拟制说和法人否定说具有很大进步。特别是，法人组织体说以法人的组织特征、法人与其机关以及其成员之间的关系为立足点来阐明法人的本质，为20世纪以来的民事立法所采纳。然而，该理论也并非尽善尽美，法人实在说没有说明社会组织成为法人的根据；也没有完全考虑到法人与自然人的区别；另外，此说将法人机构的行为等同于法人的行为，可能导致法人机构所从事的违反法人意志的损害法人利益的行为均要由法人负责的不利后果。[2]

（二）各国和地区对法人本质的规定

1. 采法人拟制说

各国和地区的法律对于法人本质一般未直接在条文中言明，理论上多是通过对各相关规定的体系解读得出结论。例如，《德国民法典》第26条第1款规定："董事会在诉讼上和诉讼外代表社团；具有法定代理人身份。"[3]第30条规定："可以通过章程规定，在董事会之外对某些事务选任特别的代理人。"[4]结合这两条规定可以认为，《德国民法典》采法人拟制说。又如，《日本民法典》虽然在第53条规定"理事就法人的一切事务代表法人"，[5]但第44条第1款规定，"法人对于理事及其他代理人因执行其职务给他人造成的损害，负赔偿责任"。[6]《日本民事诉讼法》第37条明文规定，该法关于法定代理及法定代理人的规定，适用于法人代表人起诉或被诉的情形。[7] 这与认为法人系法律的拟制、并无意思能力和行为能力的学说基本吻合。

2. 采法人组织体说

我国台湾地区"民法"关于法人明确表示采法人组织体说，并在第27条第2款规定，"董事就法人一切事务，对外代表法人"。其"民事诉讼法"进一步规定，本"法"关于法定代理之规定，于法人之代表人准用之。由此可见，其不采法人拟制说，而采法人实在说中的组织体说。

（三）《民法典》关于法人本质的规定

《民法典》关于法人本质采何种学说并未见立法理由予以明示，但其第57条规定："法人是具有民事权利能力和民事行为能力，依法独立享有民事权利和承担民事义务的组织。"第58条规定："法人应当依法成立。法人应当有自己的名称、组织机构、住所、财产或者经费。……"第61条第2款规定："法定代表人以法人名义从事的民事活动，其法律后果由法人承受。"从这些法律条文以及我国学界历来的主流观点可以判定，关于法人本质，我国《民法典》采用的是法人实在说中的组织体说。

问题与思考

是否应将"独立承担责任"作为法人的基本特征，在《民法典》制定过程中曾发生争议。一种观点认为，应"打破传统意义上将有限责任作为认识法人的唯一标准，将所有具有法律人格的组织都视为法人"[8]，即删去法人须具备"能够独立承担民事责任"的要件，将合伙企业等"其他组

[2] 王利明、杨立新、王轶、程啸：《民法学》（第六版），法律出版社2020年版，第99页。
[3] 《德国民法典》，杜景林、卢谌译，中国政法大学出版社2014年版，第5页。
[4] 《德国民法典》，杜景林、卢谌译，中国政法大学出版社2014年版，第6页。
[5] 《最新日本民法》，渠涛编译，法律出版社2006年版，第16页。
[6] 《最新日本民法》，渠涛编译，法律出版社2006年版，第14页。
[7] 《日本新民事诉讼法》，白绿铉编译，中国法制出版社2000年版，第43页。
[8] 范健：《对〈民法总则〉法人制度立法的思考与建议》，载《扬州大学学报（人文社会科学版）》2016年第2期。

织”纳入法人范畴。[9] 无论依据公法还是私法设立,无论营利还是非营利,无论承担有限责任还是无限责任,无论由一人还是多人创设,只要是民法上的组织体,履行了法定程序,都具有法人资格。另一种观点认为,中国的法人概念无须重构,仍应继续坚持以“独立承担责任”为其基本特征。[10]

我们赞成后一种观点。理由在于:(1)我国原《民法通则》确立的法人制度以法人实在说为理论基础,独立承担责任是我国法人的重要特征,也是法人人格的应有之义。德国立法者将自然人人格转用于团体并创设法人概念的目的就在于,使这些组织拥有与成员相互独立的人格,成为能够被独立归责的主体。(2)独立承担责任的法人制度在我国经济体制及国有企业改革中发挥了重要作用,在国有企业仍占有重要地位之今日,独立承担责任的法人制度,对激发社会主体创新创业活力、促进市场经济发展具有重大意义。(3)法人独立承担责任已经为我国立法、理论以及实务界所知晓和熟悉。如果对我国法人制度予以重构,必然导致我国既有法律体系中整个法人制度基本概念和体系的紊乱,大幅增加立法、司法和普法的成本。(4)若将非法人组织纳入法人范畴,将难以在《民法典》之“法人”章节中对非法人组织的权利能力、具体类型、行为责任等方面进行详细的体系化构建,从而容易导致非法人组织制度供给上的不足。[11]

第二节　法人的分类

法人的分类有理论上的分类与法律上的分类。理论上的分类是指学术研究上的分类,法律上的分类是指本国法律明确采纳的分类方式。就理论上的分类,我们主要阐述大陆法系国家对法人的分类;就法律上的分类,我们主要阐述我国《民法典》对法人的分类。

一、大陆法系国家对法人的分类

(一)公法人和私法人

这是以法人设立的法律标准为依据对法人作出的划分。公法人与私法人的概念界定实际上取决于人们对于这种分类标准的认识。各种划分标准虽有差异,但实质是一样的,即同国家权力与公共利益的关联性,归根结底还是社会公共利益的问题。一般认为,公法人是指以社会公共利益为目的,由国家或公共团体依公法所设立的行使或分担国家权力或政府职能的法人。私法人是指以私人利益为目的,由私人依私法而设立的法人。但公法人得为法人,应指其涉及私法领域时主体性的一面,而不指其行使公权力的一面。[12]

对法人作出这样的划分是基于西方学者将法律分为公法和私法这一现实。这种区分的意义在于:(1)确定管辖法院和诉讼程序。通常而言,有关公法人的案件应该适用行政程序,由行政法院管辖;有关私法人的案件,通过民事诉讼程序解决,由普通法院管辖。(2)能否行使和分担国家权力。公法人以社会公共利益为目的,具有分担国家权力和政府职能的功能,无独立的财产

---

〔9〕 柳经纬:《民法典编纂中的法人制度重构——以法人责任为核心》,载《法学》2015年第5期。

〔10〕 梁上上:《中国的法人概念无需重构》,载《现代法学》2016年第1期。

〔11〕 谭启平:《中国民法典法人分类和非法人组织的立法构建》,载《现代法学》2017年第1期。

〔12〕 龙卫球:《民法总论》,中国法制出版社2002年版,第335页。

和利益，其利益就是社会公共利益。而私法人中有相当一部分为营利法人，因营利的目的与政府职能可能相冲突，所以私法人一般不承担政府职能。（3）公法人和私法人在设立、变更、撤销和权利义务等方面存在重大差别。[13] 例如，私法人必须有自己的章程，法人的成员依章程而统一起来，而公法人活动的依据是宪法，不可能有自己的章程。再如，法律要求多数私法人必须登记，而公法人成立一般不需要登记。

（二）社团法人和财团法人

根据法人成立基础的不同，私法人可以区分为社团法人和财团法人。社团法人是指以社员权为基础的人的集合体，也称人的组合，如公司、合作社、各种协会与学会等。财团法人是指为一定目的而设立，并由专门委任的人按照规定的目的进行使用的各种财产，也称财产的组合，如各种基金会组织、寺院、慈善组织等。这种划分是大陆法系国家对法人所作的主要分类。

社团法人与财团法人虽同为私法人，有其共同点，但仍有以下区别：（1）成立的基础不同。社团法人的成立以人为基础，有自己的组织成员或社员；财团法人以财产为基础，因而没有法人成员（社员）。（2）设立人的法律地位不同。社团法人的设立人在社团法人成立之时成为法人的成员，当然取得社员权；而财团法人的设立人在法人成立之时与法人相脱离。（3）设立行为不同。社团法人通常由发起人通过协议约定彼此之间权利义务的方式设立，一般是生前行为；而财团法人的设立行为为单方行为，有的是以遗嘱的方式设立，为死后生效的行为，如诺贝尔基金的设立。（4）有无意思机关不同。社团法人为人的集合，有自己的意思机关，故又称“自律法人”；财团法人为财产的集合，没有自己的意思机关，故又称“他律法人”。（5）目的不同。社团法人主要是营利法人，也可以是非营利法人；但财团法人设立的目的是公共利益，所以财团法人只能是公益法人。

此外，社团法人与财团法人在设立、变更、解散等方面均有不同。

（三）营利法人、公益法人和中间法人

依据法人设立或活动的目的不同，可将法人划分为营利法人、公益法人和中间法人。营利法人设立的目的就是从事商业活动，取得利润并将利润在成员中进行分配，如公司。公益法人是指以公益为其活动目的的法人，如学校、医院、慈善机构等。中间法人是指既非为了公共利益也非为了成员的经济利益的法人，如商会、工会等。[14] 值得注意的是，认定法人是否具有营利性的关键不在法人是否从事经营活动和谋取经济利益，而在其所获取的利益的归属。因此，仅法人自身营利，如果不将所获得的利益分配给成员，而是作为自身发展经费，则不属于营利法人。

营利法人和公益法人的区别主要体现在：（1）目的不同。营利法人是以取得利益并将利益在成员中进行分配为目的；而公益法人以社会公共利益为目的。（2）法律依据不同。营利法人一般依据特别法如公司法的规定而设立；而公益法人如无法律的特殊规定，一般依民法的一般规定设立。（3）设立的程序不同。除非法律有特殊规定，营利法人的设立一般不需要事先取得主管部门的许可；而公益法人一般是取得许可后方可设立。（4）法律形式不同。营利法人只能采取社团法人的形式。（5）权利能力和行为能力有差异。营利法人可从事经营活动以营利；而公益法人无权从事以向其成员（社员）分配营利为目的的营利性事业，否则将构成违法。

---

〔13〕 尹田：《民事主体理论与立法研究》，法律出版社 2003 年版，第 163～164 页。

〔14〕 参见《民法学》编写组编：《民法学》，高等教育出版社 2019 年版，第 57 页。

(四)本国法人和外国法人

这是根据法人国籍的不同所作的划分。具有本国国籍的法人为本国法人,不具有本国国籍的法人为外国法人。这一分类的主要意义在于各国法律一般对外国法人的设立进行专门规定,并对外国法人的民事权利进行特别地限制。根据我国《公司法》的规定,外国公司是依照外国法律在中国境外成立的公司。外国公司在中国境内设立分支机构,必须向中国主管机关提出申请,并提交其公司章程、所属国的公司登记证书等文件,经批准后,向公司登记机关办理登记,领取营业执照。外国公司属于外国法人,其在中国境内设立的分支机构不具有中国法人资格。外国公司应对其分支机构的经营活动承担民事责任。[15]

二、英美法系国家对法人的分类

在英美法系国家,所有的法人都是社团法人,而不承认财团法人概念。英美法主要是通过信托制度来实现大陆法系财团法人的相应制度功能的。信托是将财产交给专门委托的人进行经营管理的制度。如果有人将一定的财产捐赠给慈善机构,可依据信托制度,将财产委托某自然人或者社团法人,由受托人按照捐助设立人的意愿和要求去使用和管理。

英美法系国家根据法人社员的多寡将法人分为集体法人和独任法人。集体法人也称合体法人,是指由多数人组成而可以永久存在的集合体。它类似于大陆法系的社团法人,如商业公司、合作社等。地方政府法人、公用事业法人、科研机构等亦属于此类法人。独任法人也称单任法人,是指担任特定职务的人由于法律的确认而享有法人资格。这种职务本身具有恒久的存续性,并通过任职者之间的继任实现,如英王、主教、牧师等。

三、我国立法对法人的分类

原《民法通则》以法人的活动性质为标准,将法人分为企业法人与非企业法人。企业法人概念是中国民法学者的新创,是指以营利为目的,独立从事商品生产和经营活动的法人。在我国法律框架内,企业法人存在两种分类方法:(1)根据投资主体和所有权归属的不同,将企业法人分为全民所有制企业法人、集体所有制企业法人、私营企业法人,以及中外合资经营企业法人、中外合作企业法人、外资企业法人。(2)根据企业法人的组织形式,将企业法人分为公司法人和非公司法人。我国《公司法》又将公司法人进一步分为有限责任公司和股份有限公司。非企业法人是指以从事国家管理、社会公益事业等非生产经营活动为目的的法人组织,具体包括机关法人、事业单位法人和社会团体法人三类。

在《民法典》制定过程中,关于法人的分类曾引起广泛争论。一种观点认为,应按照大陆法系特别是《德国民法典》及我国台湾地区"民法"关于法人分类的经验,将社团法人和财团法人作为私法人的基本分类。另一种观点则主张继续沿用原《民法通则》将法人分为企业法人和非企业法人的立法经验,将企业法人改为营利法人,非企业法人改为非营利法人。最终,《民法典》仍然遵循原《民法通则》关于法人分类的基本思路,并结合我国的现实国情,按照法人设立目的和功能的不同,将法人分为营利法人、非营利法人和特别法人三个类型。[16]

---

〔15〕 魏振瀛主编:《民法》(第八版),北京大学出版社、高等教育出版社2021年版,第81页。
〔16〕 黄薇主编:《中华人民共和国民法典释义》,法律出版社2020年版,第107页。

（一）营利法人

根据《民法典》第 76 条的规定，营利法人是指以取得利润并分配给股东等出资人为目的成立的法人，即以营利为目的的法人。营利法人主要从事经营活动，是社团法人的一种，其设立目的在于将获得的利润分配给出资人，终止后的剩余财产也将分配给成员。在我国，营利法人可分为公司法人和非公司企业法人。公司法人受《公司法》调整，包括股份有限公司和有限责任公司。非公司企业法人主要是指全民所有制企业、集体所有制企业以及三资企业（中外合资经营企业、中外合作经营企业、外商独资企业）。

营利法人是重要的法人类型，也是市场经济的主要参与者。赋予营利法人独立人格，确认出资人的有限责任，极大地刺激了投资积极性，对经济的发展起着巨大的推动作用。然而，现实中却经常出现营利法人及其出资人、实际控制人、董事、监事、高级管理人员为谋取不正当利益，滥用法人制度赋予的权利损害他人和社会利益的情形。为了促使营利法人规范经营，《民法典》对实践中常见的权利滥用行为进行了规制。《民法典》第 83 条规定，营利法人的出资人不得滥用出资人权利损害法人或者其他出资人的利益。滥用出资人权利给法人或者其他出资人造成损失的，应当依法承担民事责任。营利法人的出资人不得滥用法人独立地位和出资人有限责任损害法人的债权人利益。滥用法人独立地位和出资人有限责任，逃避债务，严重损害法人的债权人利益的，应当对法人债务承担连带责任。《民法典》第 84 条规定，营利法人的控股出资人、实际控制人、董事、监事、高级管理人员不得利用其关联关系损害法人的利益；利用关联关系造成法人损失的，应当承担赔偿责任。此外，《民法典》第 86 条还强调，营利法人从事经营活动，应当遵守商业道德，维护交易安全，接受政府和社会的监督，承担社会责任。

（二）非营利法人

根据《民法典》第 87 条第 1 款的规定，非营利法人是指为公益目的或者其他非营利目的成立，不向出资人、设立人或者会员分配所取得利润的法人。

相对于营利法人，非营利法人具有如下特征：（1）基于公益或者其他非营利目的而设立。营利法人是基于私益的目的而设立，通常都是为了设立人或成员的利益而设立的。例如，公司的设立就是为了股东获得利润。而非营利法人的设立目的是公益或者其他非营利目的。例如，为了奖励对我国法治建设作出贡献的人士而设立的基金会。（2）不向出资人、设立人或者会员分配利润。营利法人所取得的利润可以分配给其出资人、设立人或者会员，例如，上市公司可以向其股东分红。而非营利法人则不允许进行此种利润分配。虽然非营利法人也可能从事一定的经营活动取得收益，但取得的收益只能用于目的事业，而不能进行分配。（3）终止后剩余财产的分配具有特殊性。据《民法典》第 95 条规定，非营利法人终止时，不得向出资人、设立人或者会员分配剩余财产。剩余财产应当按照法人章程的规定或者权力机构的决议用于公益目的；无法按照法人章程的规定或者权力机构的决议处理的，由主管机关主持转给宗旨相同或者相近的法人，并向社会公告。这与营利法人终止后将其剩余财产分配给其成员不同。

除了上述几项特征与营利法人相区别之外，营利法人和非营利法人的区别还体现在如下几个方面：（1）设立原则不同。营利法人的设立一般采取准则主义，而非营利法人的设立大多采取许可主义。（2）法律形式不同。由于营利法人是以向出资人分配利润为特征的法人，因此通常都是社团法人。而非营利法人既可能是社团法人，也可能是财团法人。（3）组织机构不同。营利法人必设有权力机构或执行机构，可设立监事机构。而部分非营利法人不设权力机构，只有决策机构。这也是因选取的法律形式不同所决定的。（4）所能享受的税收政策不同。出于公益目的设立的非营利法人一般享有税收上的优惠。我国《慈善法》第79条规定:"慈善组织及其取得的收入依法享受税收优惠。"除此之外,《基金会管理条例》[17]《企业所得税法》[18]都对符合条件的非营利组织给予了税收上的优待。这一区别也是营利法人和非营利法人这一分类方式的实际意义所在。

《民法典》第87条第2款规定:"非营利法人包括事业单位、社会团体、基金会、社会服务机构等。"本款使用非穷尽列举的办法规定了几类典型的非营利法人,除此之外的凡符合非营利法人概念特征的组织都可被纳入非营利法人的范畴之内。

1. 事业单位法人

事业单位法人是指从事各类社会公益事业的法人。包括从事文化、教育、卫生、体育、新闻等公益事业的法人。这些法人不以营利为目的,一般不参与生产与经营活动。虽然其有时也会取得一定的收益,但属于辅助性质的。而且,即使其从事了营利活动,也并不能将利润分配给其设立人、出资人或成员。例如,出版社虽然要追求经济效益,但也要追求社会效益,其获得的收益并没有分配给出资人,因此其在性质上仍然属于非营利法人。事业单位法人的经费主要源于国家财政的拨款,也可以通过集资入股或由集体出资等方式取得。事业单位法人以其名义从事民事活动所产生的债务,应该以其独立经费负清偿责任。在设立上,我国《民法典》第88条规定,具备法人条件的事业单位,经依法登记成立,取得事业单位法人资格;依法不需要办理法人登记的,从成立之日起,具有事业单位法人资格。

根据《事业单位登记管理暂行条例》第2条,事业单位由国家机关举办或者其他组织利用国有资产举办,因此事业单位法人既包括国有事业单位法人,也包括符合条件的民办事业单位法人。例如,《民办学校分类登记实施细则》第7条规定,正式批准设立的非营利性民办学校,符合《民办非企业单位登记管理暂行条例》等民办非企业单位登记管理有关规定的到民政部门登记为民办非企业单位,符合《事业单位登记管理暂行条例》等事业单位登记管理有关规定的到事业单位登记管理机关登记为事业单位。到事业单位登记机关登记的非营利性民办学校便为民办事业单位法人。

2. 社会团体法人

社会团体法人是指具备法人条件,基于会员共同意愿,出于公益目的或者会员共同利益等非营利目的设立的社会团体。社会团体法人可分为国家主办的社会团体法人和民间主办的社会团体法人。国家主办的社会团体法人,经费主要由国家财政拨款,如中国残联、中国文联、中国法学会、对外友协等;民间主办的社会团体法人,经费主要源于会员会费或捐助款,如中国长城研究会、中国保险学会等。

依据《社会团体登记管理条例》第3条的规定,社会团体分为需要登记的团体和不需要登记的团体两类。不需要登记的团体有三类:(1)参加中国人民政治协商会议的人民团体(包括中华全国总工会、中国共产主义青年团、中华全国妇女联合会、中国科学技术协会、中华全国归国华侨联合会、中华全国台湾同胞联谊会、中华全国青年联合会、中华全国工商业联合会等);(2)由国

---

[17] 《基金会管理条例》第26条规定:基金会及其捐助人、受益人依照法律、行政法规的规定享受税收优惠。

[18] 《中华人民共和国企业所得税法》第26条规定:"企业的下列收入为免税收入:(一)国债利息收入;(二)符合条件的居民企业之间的股息、红利等权益性投资收益;(三)在中国境内设立机构、场所的非居民企业从居民企业取得与该机构、场所有实际联系的股息、红利等权益性投资收益;(四)符合条件的非营利组织的收入。"

务院机构编制管理机关核定,并经国务院批准免于登记的团体(包括中国文学艺术界联合会、中国作家协会、中华全国新闻工作者协会、中国人民对外友好协会、中国人民外交学会、中国国际贸易促进会、中国残疾人联合会、宋庆龄基金会、中国法学会、中国红十字总会、中国职工思想政治工作研究会、欧美同学会、黄埔军校同学会、中华职业教育社等);(3)机关、团体、企业事业单位内部经本单位批准成立、在本单位内部活动的团体。根据《社会团体登记管理条例》第10条的规定,成立社会团体法人须满足以下条件:有50个以上的个人会员或者30个以上的单位会员;个人会员、单位会员混合组成的,会员总数不得少于50个;有规范的名称和相应的组织机构;有固定的住所;有与其业务活动相适应的专职工作人员;有合法的资产和经费来源,全国性的社会团体有10万元以上活动资金,地方性的社会团体和跨行政区域的社会团体有3万元以上活动资金;有独立承担民事责任的能力。

3. 捐助法人

捐助法人是指为实现一定公益目的,以捐助财产为基础依法成立的基金会、社会服务机构以及宗教活动场所等组织。捐助法人具有如下特征:(1)捐助法人具有非营利性,根据《民法典》第92条第1款的规定,捐助法人的设立必须出于公益目的。(2)它以财产的集合为基础,是一种典型的财团法人。虽然捐助法人是通过捐助人捐助一定的财产形成,但其一旦成立便与捐助者脱离关系。捐助人并不是捐助法人的成员,也并不当然会成为捐助法人的管理人员。捐助法人设立后,其将取得法人资格,与捐助人同属独立的民事主体。[19] (3)在组织机构上,捐助法人没有自己的成员或会员,也没有像社团法人那样的意思形成机关(成员大会)。捐助法人依据法人章程的规定进行运作,而且法人理事会等管理机构都不得改变基金会章程。(4)为了规范捐助法人的设立与运行,立法强化对捐助法人的监督并赋予捐助人一定的权利。例如,根据《民法典》第92条第1款,捐助法人的设立都必须经过登记,这与其他非营利法人存在差异。又如,根据《民法典》第93条的规定,设立捐助法人应当依法制定法人章程。捐助法人应当设理事会、民主管理组织等决策机构,并设执行机构。捐助法人应当设监事会等监督机构。同时,为了使捐助法人能够贯彻捐助人的设立意志,《民法典》第94条赋予捐助人查询捐助财产的使用管理情况、提出意见和建议以及请求法院撤销捐助法人不当决定三项权利。

捐助法人一般包括:(1)基金会法人。基金会是捐助法人的最典型形式。我国的基金会分为公募基金会和私募基金会两种。公募基金会又可以按地域分为全国性公募基金会和地方性公募基金会。对于基金会的性质素有争议。由于受到原《民法通则》中法人类型规定的限制,1998年的《基金会管理办法》将基金会归为社会团体法人。此后,2004年的《基金会管理条例》将基金会定义为非营利性法人,并在各方面规范基金会的运营。《民法典》第92条明确规定,基金会属于捐助法人。基金会本质上是为捐助目的而存在的独立的财产集合,根据章程由基金会的管理人员运作。我国典型的基金会有茅盾文学奖基金会、宋庆龄儿童基金会等。(2)社会服务机构法人。《慈善法》首次用"社会服务机构"代替"民办非企业单位"。民办非企业单位更早称为民办事业单位,本质上是从事公益事业的事业单位,只不过主要由民间力量兴办。正是因为其民间性的特征,《民办非企业单位登记管理暂行条例》才将民间力量兴办的事业单位与利用国有资产兴办的事业单位区别开来,单独对其进行规制。在《慈善法》立法过程中,对于社会服务机构法人的名称问题有过争议。之所以不再沿用"民办非企业单位"这一名称:一是因为考虑到用否

〔19〕 胡岩:《财团法人之研究》,中国政法大学出版社2013年版,第112页。

定式的定义会造成内涵上的混乱。实践中的民办非企业单位存在公益性和准公益性两种类型，同时受相同制度的规制不尽合理。“社会服务机构”进一步明确了概念界限，将其中真正从事公益事业的组织区别出来，余下的部分则会通过民办非企业单位改革使其回归营利法人的范畴。二是实践中专门从事各类社会服务的组织大量涌现，它们的组织结构和活动形式均有独特性，需要借助单独的配套法规予以规范。同时，民众对养老、育幼、助残、扶贫等公共服务的社会需求也逐渐增大，此类公共服务的有效供给亦需要制度层面的促进。因此，《慈善法》规定了“社会服务机构”这一组织形式，赋予提供公益服务的组织以明确的法律身份，将其纳入自己的调整范围，通过配套措施促进其发展。《民法典》沿用这一名称也是对此种做法的认可。(3)宗教活动场所法人。宗教活动场所法人是指取得捐助法人资格的宗教活动场所。我国主要有佛教、道教、伊斯兰教、天主教、基督教五大宗教，宗教活动场所数量较多。宗教活动场所与宗教团体相区别，前者是指活动的场所，后者是指社会团体(如佛教协会、道教协会等)。我国 1994 年国家宗教事务局制定的《宗教活动场所登记办法》规定宗教活动场所适用法人登记的制度。随着该办法的废止，宗教活动场所的性质一度不能明确。由于主体地位不明导致了实践上的一系列问题。例如，进行民事活动受限，无法以法人身份独立订立合同、开设账户、进行财产登记等。又如，没有独立的主体地位，部分地方政府将其作为国有资产进行管理。出于利益驱动，部分地方政府将宗教活动场所商业化，甚至传出少林寺上市的新闻。可见，赋予宗教活动场所以独立从事民事活动的主体地位和自主管理的权利势所必然。虽然《宗教事务条例》中规定了宗教活动场所的设立和管理制度，体现了其组织体的特性，但是没有明确其法人地位。《民法典》第 92 条第 2 款规定，“依法设立的宗教活动场所，具备法人条件的，可以申请法人登记，取得捐助法人资格。法律、行政法规对宗教活动场所有规定的，依照其规定”。这就在法律上确立了宗教活动场所的捐助法人地位。同时，依据该规定，宗教活动场所要取得法人资格，一是应具备法人条件，二是应履行登记手续。

(三)特别法人

特别法人概念为我国《民法典》所独创，是我国法律上营利法人与非营利法人之外的一类法人。根据《民法典》第 96 条的规定，其是指机关法人、农村集体经济组织法人、城镇农村合作经济组织法人和基层群众性自治组织法人。

1. 机关法人

所谓机关法人，是指依法享有国家赋予的各种权力，并因行使职权的需要而享有相应的民事权利能力和民事行为能力的国家机关。机关法人包括权力机关法人、行政机关法人、司法机关法人及军事机关法人等。

机关法人具有以下特点:(1)机关依法从事各种管理工作时，它与有关社会组织或自然人之间是领导与被领导或监督与被监督的关系，不同于民事主体法律地位的一律平等。(2)机关因行使职权的需要而进入私法领域时，如购置办公用品、租用房屋或交通工具等，其才会以法人的身份出现。(3)机关法人的独立经费是由国家或地方财政拨款而来，作为机关法人从事民事活动的物质保障。机关法人以自己的名义参加民事活动所产生的债务，应以它的独立经费予以偿还，若债务超过其经费而需要抵补的，应由国家有关立法加以保证。(4)国家机关依照法律或行政命令成立，不需要进行核准登记，即可取得机关法人资格。

2. 农村集体经济组织法人

所谓农村集体经济组织法人，是指利用农村集体的土地或其他财产，从事农业经营等活动的组织。目前，我国的农村集体经济组织法人包括乡镇集体、村集体以及村民小组三类。

农村集体经济组织法人具有以下特点:(1)农村集体经济组织法人的财产主要是集体所有的财产,农村集体经济组织利用集体的财产从事农业经营等活动。(2)农村集体经济组织法人的成员具有身份性,其加入和退出均与特定的身份联系在一起。(3)农村集体经济组织法人的职能主要是经营、管理农民集体所有的土地,从事农业生产经营活动。(4)农村集体经济组织法人是我国农村集体所有制的组织形式,在形式上具有一定的稳定性,不能随意地解散、清算,非依法律规定不能消灭。[20]

3. 城镇农村合作经济组织法人

城镇农村合作经济组织法人,是指劳动者在互助的基础上,自筹资金,共同经营、共同劳动并分享收益的经济组织。我国目前的城镇农村合作经济组织包括生产合作社、流通合作社、信用合作社以及服务合作社等。城镇农村合作经济组织法人具有以下特点:(1)合作经济组织是一种成员自愿联合的经济组织,成员享有进入和退出的自由,而且成员存在一定的身份限制。(2)合作经济组织的财产主要来源于成员出资及公积金、国家补助、他人捐赠等,但不得接受非合作社成员的投资,更不得向社会广泛募集资金。(3)合作经济组织法人主要以社员之间的互济、互助、互惠、互利为目的,其基本目标是为社员服务。(4)合作经济组织法人实行民主管理,所有成员均参与共同经营,且每一个成员拥有平等的投票权,其投票权基础在于成员身份而非股份数额。(5)合作经济组织的盈余分配主要不是按资分配,而是采取按交易额、劳动量分配等多种方式。

4. 基层群众性自治组织法人

基层群众性自治组织法人是指居民委员会法人和村民委员会法人。基层群众性自治组织法人具有以下特点:(1)基层群众性自治组织法人依据《居民委员会组织法》《村民委员会组织法》等法律法规直接设立,非基于设立人的意愿,也无须办理登记。(2)居民委员会法人和村民委员会法人只能依法开展与其职能相关的民事活动。但如果未设立集体经济组织,村民委员会可以依法代行村集体经济组织的职能(《民法典》第101条第2款)。(3)居民委员会和村民委员会的成员都要经过居民或村民的直接选举而产生,而且必须按照法律的规定设置。例如,《村民委员会组织法》第6条规定,村民委员会由主任、副主任和委员共3~7人组成。村民委员会成员中,应当有妇女成员,多民族村民居住的村应当有人数较少的民族的成员。

问题与思考

《民法典》没有规定农村集体经济组织成员资格认定的问题。关于农村集体经济组织成员资格的认定,理论与实践中均存在争议。理论上的一种意见认为,应当采用单一的判断标准,其可进一步分为以下几种学说:其一,"户籍主义说",即以是否具有户籍作为唯一的判断标准。其二,"生活关系说",即以是否形成了稳定的生产、生活关系,是否以土地为其基本生活保障为判断依据。其三,"权利义务说",即以是否履行缴纳税费、提供集资等村民义务作为判断依据。另一种意见认为,应当采用综合性判断标准,具体又包括"户籍主义+生活关系""户籍主义+权利义务""生活关系+权利义务""户籍主义+生活关系+权利义务"等多种学说。目前,一些地方正在进行改革试点,探索在群众民主协商基础上确认农村集体经济组织成员的具体程序、标准和

---

〔20〕 石宏主编:《中华人民共和国民法总则条文说明、立法理由及相关规定》,北京大学出版社2017年版,第232页。

管理办法。如何按照尊重历史、兼顾现实、程序规范、群众认可的原则,统筹考虑户籍关系、农村土地承包关系、对集体积累的贡献等因素,协调平衡各方利益,科学地确认农村集体经济组织成员的身份仍是一个有待探究的问题。[21]

第三节 法人的设立与成立

一、法人设立与法人成立的关系

法人的产生需要经过设立和成立两个阶段。法人的设立和法人的成立是两个相互联系又相互区别的概念。法人的设立是指为创办法人组织,使其具有民事主体资格而进行的多种连续行为;法人的成立是指社会组织历经设立阶段,具备法人条件,进行成立登记,获得法人资格的行为。

可以说,法人的设立是法人成立的前提,法人的成立是法人设立行为的结果,法人的设立并不必然导致法人的成立,当设立行为无效时,法人就不能成立。法人的设立和法人的成立存在如下区别:(1)性质不同。法人的设立是一种准备行为,属于法人产生的“准备阶段”,因而这种准备行为既有法律性质的,也有非法律性质的。而法人的成立则是法人产生的“形成阶段”,行为的性质属于具有法律意义的法律行为。(2)要件不同。法人的设立一般要有合法的设立人、存在设立基础和设立行为合法等要件。而法人成立则一般应具备依法成立、有必要的财产或经费、有自己的名称、组织机构和场所等条件。正由于两者的要件不同,法人的设立并不能当然导致法人的成立,当设立无效时,法人就不能成立。(3)效力不同。法人在设立阶段尚不具备法人主体资格,不能以法人名义开展民事活动。因法人设立行为所产生的债权债务,应由法人的设立人享有或承担。而法人成立后,法人即具备民事主体资格,可以以法人自己的名义对外进行民事活动,享有民事权利和承担民事义务,所发生的债权债务应由法人享有和承担。[22]

二、法人的设立

(一)法人设立的原则

1. 法人设立原则的主要体例

在不同的历史发展时期,法人的设立原则也不相同。法人设立原则大体上有以下几种:

一是自由设立主义。也称放任主义,即国家对法人的设立采取自由放任态度,不加任何干涉与限制。欧洲中世纪商事公司发展时期,此主义一度盛行。如今,仅瑞士民法对非营利性社团采自由主义立法例,其他国家已经鲜有采用。须予说明的是,有学者认为,将自由设立主义原则作为法人的设立原则是不符合历史事实的。其认为,任何一个国家的统治者对于团体均抱有警惕之心,法人本身即是法律之物而非自由产生之物,是国家将团体取得的人格纳入其统治与管辖领域的结果,而法人制度产生前的公司(或者称为团体)仅仅是一种事实而自然存在,只有统治者意识到有必要对这些团体进行控制时,才可能产生法人这样一种主体。[23]

二是特许设立主义。其是指法人的设立须经特别立法或国家元首的许可。这一原则曾在中

〔21〕 参见黄薇主编:《中华人民共和国民法典释义》,法律出版社2020年版,第193页。

〔22〕 魏振瀛主编:《民法》(第八版),北京大学出版社、高等教育出版社2021年版,第82页。

〔23〕 李永军:《民法总论》(第二版),法律出版社2009年版,第301页。

世纪及近代初期的英国采用,也曾盛行于法国。因其对法人设立的干涉、限制太多,目前极少有国家将之作为一般原则采用。特许设立主义原则目前在私法中已经少有使用,但在公法中仍然可以作为重要的原则。

三是许可设立主义。又称核准主义,即法律规定法人的成立条件,但是否批准法人的设立,须经行政机关的许可,或者说政府有一定的自由裁量权,有时候具备了法律规定的条件,也不一定获得批准。德国民法对财团法人的设立采此主义,日本民法对公益法人的设立也采此立法模式。在我国,成立社会团体法人、基金会法人、社会服务机构法人等非营利法人以及有特别规定的公司的设立,采核准主义的立法模式。

四是准则主义。也称登记主义,即由法律规定法人的条件,法人设立时如具备法定要件,无须经过主管部门的批准,就可直接向登记机关登记,法人即告成立。从目前来看,准则主义是私法人成立的主要原则,为世界许多国家的立法所确认。如德国对于商法上的公司法人以及民法上的非经营性社团法人的设立采此原则,日本民法对营利法人的设立采此原则。

五是强制设立主义。其是指以法律规定某种行业或者某种情况下必须设立一定的法人组织的原则。此种设立原则适用于特殊产业或特殊团体,如我国台湾地区有关规定明确,商业同业工会、工业同业工会、建筑师工会、律师工会等必须设立法人组织。

2. 我国现行法律确立的法人设立原则

从我国的法律规定来看,不同类型的法人,设立的原则也不尽相同。具体如下:

一是营利法人的设立原则。我国的营利法人可分为公司法人和非公司企业法人。设立公司法人,除法律、行政法规规定必须报经批准之外,仅须向公司登记机关申请设立登记,系采准则设立主义。对此,《公司法》第 6 条规定,设立公司,应当依法向公司登记机关申请设立登记。符合本法规定的设立条件的,由公司登记机关分别登记为有限责任公司或者股份有限公司;不符合本法规定的设立条件的,不得登记为有限责任公司或者股份有限公司。准则主义是我国公司设立的一般原则。对于非公司企业法人的设立,依据《企业法人登记管理条例》[24] 规定,首先经过主管部门或有关审批机关批准,然后再向登记机关申请登记,其属于行政许可主义。对此,《企业法人登记管理条例》第 5 条规定,经国务院或者国务院授权部门批准的全国性公司、企业集团、经营进出口业务的公司,由国家工商行政管理局核准登记注册。中外合资经营企业、中外合作经营企业、外资企业由国家工商行政管理局或者国家工商行政管理局授权的地方工商行政管理局核准登记注册。全国性公司的子(分)公司,经省、自治区、直辖市人民政府或其授权部门批准设立的企业、企业集团、经营进出口业务的公司,由省、自治区、直辖市工商行政管理局核准登记注册。其他企业,由所在市、县(区)工商行政管理局核准登记注册。

二是非营利法人的设立原则。事业单位法人和社会团体法人的设立,依照《民法典》第 88 条、第 90 条的规定,分为两类:一类是依法不需要办理法人登记的,如中国科学院、中国社会科学院等,其设立应属于特许设立主义,从成立之日起,即具有法人资格;另一类是依法需要办理法人登记的,如各种学会、协会、研究会、行业团体等,应当经过业务主管部门的审查同意,向登记机关申请登记,其设立原则属于行政许可主义。对此,《社会团体登记管理条例》第 3 条作了明确规

〔24〕 根据 2021 年 7 月 27 日中华人民共和国国务院令第 746 号,《企业法人登记管理条例》将于 2022 年 2 月底废止。自 2022 年 3 月 1 日起,在中华人民共和国境内以营利为目的从事经营活动的公司、非公司企业法人及其分支机构等,适用《市场主体登记管理条例》办理登记。

定:成立社会团体,应当经其业务主管单位审查同意,并依照本条例的规定进行登记。社会团体应当具备法人条件。下列团体不属于本条例规定登记的范围:(1)参加中国人民政治协商会议的人民团体;(2)由国务院机构编制管理机关核定,并经国务院批准免于登记的团体;(3)机关、团体、企业事业单位内部经本单位批准成立、在本单位内部活动的团体。[25] 捐助法人,包括基金会、社会服务机构和宗教活动场所,均须经依法登记才能取得法人资格。根据《基金会管理条例》第8条、第9条、第11条的规定,基金会的成立采取准则设立主义。而根据《民办非企业单位登记管理暂行条例》第8条及《宗教事务条例》第21条的规定,社会服务机构法人和宗教活动场所法人的设立采取许可主义,经主管机关审批之后方可申请登记。

三是特别法人的设立原则。依《民法典》第97条的规定,机关法人从成立之日起即具有法人资格,无须进行登记。而各种国家机关的设立,取决于宪法和国家机关组织法的规定,因此相当于理论上所谓的特许设立主义。关于农村集体经济组织法人以及城镇农村合作经济组织法人的设立,《民法典》第99条、第100条仅规定"依法取得法人资格",而将其设立原则及是否办理法人登记等问题留给特别法规定。《民法典》第101条第1款规定,居民委员会、村民委员会具有基层群众性自治组织法人资格,可以从事为履行职能所需要的民事活动,其法人资格为法律直接赋予,无须办理法人登记,应相当于特许设立主义。

(二)法人设立的方式

在我国,法人设立的方式主要有:(1)命令设立。即政府以其命令的方式设立法人,这种设立方式主要适用于国家机关和全民所有制事业单位。(2)发起设立。是指由发起人认购法人应发行的全部股份的设立方式,这种设立方式适用于有限责任公司和股份有限公司。(3)募集设立。即法人组织所需的资金在发起人未认足时向社会公开募集的一种法人设立方式。这种方式主要适用于股份有限公司。(4)捐助设立。即由法人或者自然人募足法人所需资金的一种法人的设立方式,这种方式主要适用于基金会法人。

(三)法人设立的民事责任

在法人设立过程中,发起人往往要实施一系列的民事行为,这些民事行为所产生的民事责任应由谁承担呢?《民法典》第75条规定:(1)设立人为设立法人从事的民事活动,其法律后果由法人承受;法人未成立的,其法律后果由设立人承受,设立人为2人以上的,享有连带债权,承担连带债务。(2)设立人为设立法人以自己的名义从事民事活动产生的民事责任,第三人有权选择请求法人或者设立人承担。可见,这里实际上是按照间接代理的规则,允许第三人选择请求法人或设立人承担法律后果。[26] 根据《公司法》第94条的规定,股份有限公司的发起人应当承担下列责任:(1)公司不能成立时,对设立行为所产生的债务和费用负连带责任;(2)公司不能成立时,对认股人已缴纳的股款,负返还股款并加算银行同期存款利息的连带责任;(3)在公司设立过程中,由于发起人的过失致使公司利益受到损害的,应当对公司承担赔偿责任。此外,《公司法司法解释(三)》还将《公司法》第94条的立法精神扩展到包括有限责任公司在内的所有公司,在其第2条至第5条就公司设立中产生的对外债务的承担作了较为全面的规定。

---

〔25〕 参见黄薇主编:《中华人民共和国民法典释义》,法律出版社2020年版,第172页。
〔26〕 王利明、杨立新、王轶、程啸:《民法学》(上)(第六版),法律出版社2020年版,第110页。

三、法人的成立

法人设立后取得法人资格,即为法人的成立。根据《民法典》第 58 条,法人的成立须满足以下条件:

第一,依法成立。依法成立是指依照法律规定的条件和程序而成立。一方面,法人组织的设立必须合法,其设立的目的、宗旨须符合国家和社会公共利益的要求,它的组织机构、设立方式、经营范围、经营方式等要符合国家法律和政策的要求。简言之,法人的活动内容必须合法。另一方面,法人成立的审核和登记程序要符合法律法规的规定。也即法人设立的程序必须合法。如设立营利法人需办理法人登记,自领取营业执照之日起取得法人资格。又如,《民办教育促进法》规定了民办教育法人申请筹设和正式设立的批准主体和具体程序要求。

第二,有必要的财产或者经费。一般而言,“财产”是对营利法人的要求,“经费”则是针对非营利法人或者特别法人而言的。[27] 营利法人多是为了实现一定经济目的而存在的经济实体。拥有必要的财产或者经费,是其享有民事权利和承担民事义务、开展民事活动的物质基础,也是其承担民事责任的财产保障。至于法人成立时,以多大数额的财产或经费为“必要”,通常由特别法具体规定。2014 年 3 月 1 日新修订的《公司法》取消了有限责任公司最低注册资本 3 万元、一人有限责任公司最低注册资本 10 万元、股份有限公司最低注册资本 500 万元的限制。和营利法人不同的是,非营利法人和特别法人一般不直接从事生产经营活动,但它们各有自己的管理职能和社会职能,为了保障这些职能的实现,需要一定的经费作为支持,这些经费可能来自国家的拨款,也可能来源于法人自筹。无论该经费来源如何,有必要的经费是法人成立的实质性条件。

第三,有自己的名称、组织机构和住所。(1)名称。法人的名称是法人之间相互区别的标志,也是其独立人格的体现。法人的名称,须符合法律的规定。机关法人的名称通常由法律直接规定,而企业法人的名称必须符合《企业名称登记管理规定》的规定。根据该规定,企业的名称一般依次由字号、行业或者经营特点、组织形式组成,并在名称前冠以“中国”或企业所在地省级或市级或县级行政区划名称。(2)组织机构。法人的组织机构也称为法人机关。和自然人一样,法人作为重要的民事主体,具备民事权利能力和民事行为能力,以自己的名义参与经济活动和社会活动。自然人的活动由大脑、肢体等人体器官进行。法人是拟制的人,无法通过自己的大脑决策并指导自己的活动,但法人要独立参与活动,就必须依靠由自然人组成的专门机构来实现自己的各项活动,这些机构便是法人机关。一般而言,法人机关分为权力机关、执行机关和监督机关。(3)住所。法人和自然人一样,也应当有自己的住所。法律要求法人应有自己的住所,有利于交易安全和国家对法人的监督和管理,同时也便于债务的履行、诉讼的管辖等。法人的住所不同于法人的场所。法人的场所包括法人的住所,除了住所之外,还包括法人从事经营活动的其他地点及其分支机构所在地。可以说,一个法人可以有多个场所,但只有一个住所。《民法典》第 63 条规定,法人以其主要办事机构所在地为住所。依法需要办理法人登记的,应当将主要办事机构所在地登记为住所。

关于法人的成立条件和程序,法律、行政法规有特别规定的,从其规定。

值得注意的是,原《民法通则》第 37 条还将“能够独立承担民事责任”作为法人成立的条件。但从学理上看,能够独立承担民事责任是法人的特征而不是法人成立的条件。独立承担责任,是

---

〔27〕 参见张新宝:《〈中华人民共和国民法总则〉释义》,中国人民大学出版社 2017 年版,第 111 页。

社会组织取得法人资格后的必然法律效果,是法人与非法人组织的重要区别,也是法人与其他社会组织相比较所具有的基本特征。〔28〕 因此,《民法典》第58条删除了这一法人成立条件。

问题与思考

企业登记制度改革是党的十八大后国务院确定的政府部门机构改革和职能转变的重要内容之一,属于国家事权、顶层设计的范畴。《国务院关于印发注册资本登记制度改革方案的通知》(国发〔2014〕7号)指出:改革注册资本登记制度,是深入贯彻党的十八大和十八届二中全会、三中全会精神,在新形势下全面深化改革的重大举措,对加快转变政府职能、创新政府监管方式、建立公平开放透明的市场规则、保障创业创新,具有重要意义。企业登记制度改革的实质和基本原则是"宽进严管,规范统一,便捷高效",具体而言:一是放松管制,降低门槛,推进工商注册制度便利化,优化营商环境,促进市场主体加快发展;二是强化信用监管,促进协同监管,提高监管效能;三是加强信息公示,扩大社会监督,促进社会共治。企业登记制度改革的核心内容包括五个方面:(1)注册资本实缴登记制改为认缴登记制。公司的设立登记,不再登记实收资本,登记机关只登记全体股东认缴的注册资本。放宽注册资本登记条件:除法律、行政法规以及国务院决定对特定行业注册资本最低限额另有规定的外,取消有限责任公司最低注册资本3万元、一人有限责任公司最低注册资本10万元、股份有限公司最低注册资本500万元的限制;不再限制公司设立时全体股东(发起人)的首次出资比例;不再限制公司全体股东(发起人)的货币出资金额占注册资本的比例;不再规定公司股东(发起人)缴足出资的期限。(2)"先证后照"改为"先照后证"。除关系国家安全和生态安全、涉及全国重大生产力布局、战略性资源开发和重大公共利益等项目外,实行主体登记和经营资格登记相分离,经营资格许可不再作为主体登记的前置条件,企业经营许可项目,可在取得营业执照后再办理经营许可证。(3)放宽工商登记其他条件,例如,住所、经营场所等。(4)年检改为年报制度、经营异常名录及抽查制度。(5)建立市场主体信用公示制度。登记机关公示企业基本登记信息,公司公示股东出资信息。

法人的设立、成立制度与企业登记制度改革具有极大的关联性,对之加以关注是十分必要的。需要特别注意的是,营利法人等市场主体登记管理制度是市场主体开展经营活动的基础性制度,事关市场主体合法权益保护、市场秩序维护以及营商环境持续优化。2021年7月27日,国务院总理李克强签署第746号国务院令,公布《中华人民共和国市场主体登记管理条例》,自2022年3月1日起施行。按照《市场主体登记管理条例》规定:在中国境内以营利为目的的从事经营活动的各类市场主体,包括:公司、非公司企业法人、个人独资企业、合伙企业、农民专业合作社(联合社)以及它们的分支机构,个体工商户,外国公司分支机构,以及法律、行政法规规定的其他市场主体等,应当依照《市场主体登记管理条例》办理市场主体登记。市场主体登记包括设立登记、变更登记(包括歇业登记)和注销登记。除法律、行政法规规定无需办理登记的外,未经登记,不得以市场主体名义从事经营活动。

---

〔28〕 参见《民法学》编写组编:《民法学》,高等教育出版社2019年版,第56页。

第四节　法人的能力

《民法典》第 57 条规定:“法人是具有民事权利能力和民事行为能力,依法独立享有民事权利和承担民事义务的组织。”因此,在我国法律上,法人作为民事主体,和自然人一样,具有民事权利能力和民事行为能力。

一、法人的民事权利能力

（一）法人民事权利能力的概念

法人的民事权利能力,是指法律赋予法人享有民事权利和承担民事义务的资格。它是法人取得民事主体资格的标志,也是法人以自己的名义进行民事活动,享有民事权利,承担民事义务的依据、前提和基础,其目的在于使法人成为法律效果的归属载体。根据《民法典》第 59 条的规定,法人的民事权利能力从法人成立时产生,到法人终止时消灭。需要注意的是,此处所讲的法人的民事权利能力,是法人在参与市场经济活动中所应享有的能力,而不包括法人在公法领域中享受权利和承担义务的资格。从这个意义上说,法人的能力只限于市民社会的生活而不能及于政治国家的生活。[29]

（二）法人民事权利能力的特点

尽管法人和自然人一样具有民事权利能力,但是法人的民事权利能力与自然人的民事权利能力具有显著区别。法人的民事权利能力和自然人的民事权利能力相比较,具有以下特点:

第一,法人不享有与自然人的人身不可分离的权利。自然人享有的民事权利能力,法人并不全都享有。《瑞士民法典》第 53 条规定:“所有的权利和义务中,除以诸如性别、年龄或亲属关系等人类之自然属性为要件者外,法人对其均有权利能力。”[30] 换言之,法人不享有与自然人人身不可分离的权利。自然人作为一个生命体,依法享有的民事权利能力的范围较广,既包括财产权,如物权、债权等,也包括与自然人人身密不可分的人身权,如生命权、健康权等。而法人作为一个社会组织体,不是一个生命体,自然人基于自然属性所享有的生命权、身体权、健康权等权利,以性别、身份及亲属关系等为前提的权利义务,法人当然不享有。但是,根据《民法典》第 110 条第 2 款的规定,法人可以享有名称权、名誉权、荣誉权等权利。

第二,法人的民事权利能力的范围受到更多的限制。自然人享有的民事权利能力由法律统一规定,具有普遍性和平等性,不因自然人的性别、年龄、智力、健康状况等不同而有所区别。而法人的民事权利能力具有差异性,不仅受到法律法规的限制,还受到设立人意志的约束,设立人在设立法人时确立的目的范围直接决定了法人的能力范围。[31] 不同的法人,因其目的范围的不同,其民事权利能力的范围也不一样。需要说明的是,法人的民事权利能力的差异性并不影响法人在民事活动中的地位,各类法人在民事活动中依然享有平等的法律地位。

---

〔29〕　江平主编:《法人制度论》,中国政法大学出版社 1994 年版,第 22 页。

〔30〕　《瑞士民法典》,魏永盛译,中国政法大学出版社 2016 年版,第 25 页。

〔31〕　王利明、杨立新、王轶、程啸:《民法学》(上)(第六版),法律出版社 2020 年版,第 103 页。

(三)法人民事权利能力的限制

尽管法人与自然人一样,具有民事权利能力,但法人的民事权利能力并不同于自然人的民事权利能力,而是要受到自然性质、法律规定以及其他各种条件的限制。[32] 因此,法人的民事权利能力是不完全的,其仅具有部分权利能力,主要表现为财产权利能力以及在此领域参与法律交易之能力。

1. 自然性质的限制

法人作为一个社会组织体,不同于自然人的生命体。由于法人自然性质的限制,法人不享有与自然人的人身不可分离的那些权利。就人格权而言,依康德哲学,人之尊严根植于人的自在目的性这一先验纯粹理性,以自然人的身体存在为前提的生命权、身体权等,法人不能享有。法人可以依法享有名称权、名誉权、荣誉权等权利,但其是否属于人格权,学术界尚存有争议。就身份权而言,以自然人的身份利益为内容的亲权、配偶权等,法人当然不能享有。

2. 法律规定的限制

法人的民事权利能力不具有自然人的民事权利能力那种普遍性和平等性,法人只能在法律规定的范围内享有民事权利能力,这是法人之权利能力系法律拟制的当然结果。如《公司法》第15条规定:"公司可以向其他企业投资;但是,除法律另有规定外,不得成为对所投资企业的债务承担连带责任的出资人。"《合伙企业法》第3条规定:"国有独资公司、国有企业、上市公司以及公益性的事业单位、社团不得成为合伙企业的普通合伙人。"《私营企业暂行条例》第12条第2款规定:"私营企业不得从事军工、金融业的生产经营,不得生产经营国家禁止经营的产品。"而自然人则不因其种族、性别、年龄、健康状况等不同而在民事权利能力上存在差别,自然人之权利能力因人的出生而圆满获得,并无对自然人权利能力限制之说。

3. 法人目的的限制

法人的民事权利能力不仅受到法律法规的限制,还受到设立人意志的约束,设立人在设立法人时确立的目的范围直接决定了法人的权利能力范围。由于法人的目的范围不同,故其民事权利能力也存在差异。

以机关法人为例,其是依法享有国家赋予的各种权力,并因行使职权的需要而享有相应的民事权利能力和民事行为能力的国家机关,其设立的目的在于实现国家行政管理、司法、国防安全等职能。因此,法律对机关法人在其目的范围之外的行为给予一定的限制,如原《担保法》第8条规定,国家机关不得为保证人,但经国务院批准为使用外国政府或者国际经济组织贷款进行转贷的除外。再如,机关法人从事以营利为目的的生产经营活动,即超出其设立的目的范围,其经商的行为应属无效。

法人的民事权利能力之所以要受其目的范围的限制,其原因有三:(1)法人在其目的范围内进行民事活动,有利于实现其在社会政治经济生活中的特定作用;(2)法人在其目的范围内进行民事活动,有利于保护发起人或投资者的利益;(3)基于法人的独立财产制,法人在其目的范围内进行民事活动,有利于保护与法人进行民事活动的当事人的利益,确保交易安全。

值得说明的是,法人的目的范围不同于法人的经营范围。法人的目的是指法人的社会作用,法人的目的范围是指法人为了实现其社会作用而需要的活动范围。法人的经营范围是指营利法人从事的经营活动范围。也可以说,任何法人都有其目的范围,法人是为了特定目的而存在的。

---

〔32〕 魏振瀛主编:《民法》(第七版),北京大学出版社、高等教育出版社2017年版,第86页。

但并非所有的法人都有经营范围，只有企业法人有其经营范围。[33]

我国的民事立法和司法曾长期将法人超越其经营范围的行为认定为无效。原《民法通则》第42条规定："企业法人应当在核准登记的经营范围内从事经营。"同时，该法第49条规定，如果法人超出核准登记的经营范围从事非法经营活动，除法人承担责任外，还可以对法定代表人依法追究行政责任或者刑事责任。

随着市场经济体制的确立，一个日渐清晰的认识是：法人应当在其经营范围从事经营活动，仅是法律对法人自身的约束，代表着法人对国家和社会的承诺，当法人违反时也仅产生公法上的责任，不应当由此否定其行为的私法效力。将法人超越核准登记的经营范围所实施的民事行为认定为无效的做法，是有计划的商品经济理论的产物，存在明显的缺陷。因此，我国原《合同法》否定了超出经营范围的民事行为无效的法律规定，该法第50条规定，法人或者其他组织的法定代表人、负责人超越权限订立的合同，除相对人知道或者应当知道其超越权限的以外，该代表行为有效。《合同法司法解释（一）》第10条规定："当事人超越经营范围订立合同，人民法院不因此认定合同无效。但违反国家限制经营、特许经营以及法律、行政法规禁止经营规定的除外。"

需要注意的是，对于机关法人而言，其主要职能是在法律法规授权的范围内行使国家公权力，发挥国家机关的管理职能，其从事民事活动应受到其目的范围的限制。如果超出目的范围，从事以营利为目的的生产经营活动，就超出了其权利能力和行为能力的范围。[34]

二、法人的民事行为能力

（一）法人民事行为能力的概念

法人的民事行为能力，是指法人作为民事主体，以自己的行为享有民事权利并承担民事义务的资格。

在比较法上，德国民法不承认法人具有行为能力，仅具有被代理能力，其活动依靠法人机关代理。[35] 英美法也不承认法人具有行为能力，将法人机关看成是法人的代理人。[36] 而瑞士民法承认法人具有行为能力。《瑞士民法典》第54条规定："法人依照法律或章程设立必要的机关后，取得行为能力。"[37]

针对法人有无民事行为能力的问题，因对法人本质的不同认识而有不同的结论。法律拟制说认为，法人乃是法律拟制，是想象中的人格化的权利主体，自然不具有民事行为能力。法人否定说认为，任何社会组织都是个人的集合，社会组织的事务只是全体个人的事务，法人不具有民事权利能力和民事行为能力。而法人实在说认为，法人是社会的实在物，有意思能力，具有独立的意思，其意思由法人的意思表示机关向第三人表示，法定代表人作为法人机关成员，其行为就是法人本身的行为。我国《民法典》第57条规定，法人是具有民事权利能力和民事行为能力，依法独立享有民事权利和承担民事义务的组织；其第61条规定，法定代表人以法人的名义从事的民事活动，其法律后果由法人承担。

---

〔33〕 杨立新：《民法总则》，法律出版社2013年版，第257页。

〔34〕 王利明、杨立新、王轶、程啸：《民法学》，法律出版社2020年版，第104～105页。

〔35〕 龙卫球：《民法总论》，中国法制出版社2002年版，第370页。

〔36〕 曾世雄：《民法总则之现在与未来》，中国政法大学出版社2001年版，第161页。

〔37〕《瑞士民法典》，魏永盛译，中国政法大学出版社2016年版，第25页。

(二)法人民事行为能力的特征

与自然人的民事行为能力相比,法人的民事行为能力具有以下特征:

第一,法人享有民事行为能力的时间与享有民事权利能力的时间一致。法人的民事行为能力和民事权利能力的取得和消灭时间是一致的,始于法人的成立,终于法人的消灭。自然人虽然一出生就具有民事权利能力,但其民事行为能力受其年龄、智力或者精神健康状况等因素的影响,有民事权利能力不一定有民事行为能力,民事权利能力和民事行为能力的取得在时间上存在分离。

第二,法人的民事行为能力范围与其民事权利能力的范围一致。法人的民事行为能力范围与其民事权利能力的范围一致,即法人能够以自己的行为取得权利和承担义务的范围与其民事权利能力的范围是一致的。自然人的民事行为能力受其年龄、智力或精神健康状况因素的影响,有完全民事行为能力人、限制民事行为能力人和无民事行为能力人之分,而其民事权利能力不受影响,故其民事权利能力和民事行为能力范围不尽一致。

第三,法人的民事行为能力由法人机关或代表人实现。民事行为能力的前提是有一定的意思能力。因此,法律拟制说认为,无意思能力之法人无民事行为能力。法人实在说则认为,同每个自然人一样,法人是一个身体精神的单元,甚至还是高于自然人的生命单元。作为生命的有机体,法人各项机构有如人体各项器官,其机关行为如同人的嘴在说话或手脚在动。因此,法人是一个具有意思能力和行为能力的“现实整体人”。自然人可以通过自己或代理人、监护人表示意思。与自然人不同,法人作为一个组织体,有自己的内部结构,可以通过其内部机构产生自身的团体意思,并通过法人的机关或者代表人来实现其意思。

三、法人的民事责任能力

法人的民事责任能力,是指法人由于自己的行为而使他人的合法权益受到损害而独立承担民事责任的能力或资格。

法人作为独立的民事主体,具有自己独立的意思,享有民事权利能力和民事行为能力,以自己的名义从事民事活动并以自己的财产对外承担责任。具体而言,法人的民事责任是独立的自己责任,法人对因自己的行为而产生的合同责任和侵权责任,应以法人的全部财产负责清偿,而法人成员仅以其出资为限承担有限责任。《民法典》第60条规定:“法人以其全部财产独立承担民事责任。”这是我国关于法人民事责任能力的基本规定,奠定了我国法人民事责任能力制度的基础。

问题与思考

关于法人目的限制的性质,学术界现存权利能力限制说、行为能力限制说、代表权限制说及内部责任说等几种学说。[38] 因所持学说的不同,关于法人目的外的行为是否无效,及在无效的场合有无补正的可能,将得出不同的结论。(1)权利能力限制说。此说认为,法人目的所生的限制,乃是对于法人权利能力的限制。依此说,则法人目的外行为当然无效,无补正的余地。(2)行为能力限制说。此说认为,法人的权利能力仅受其性质及法规的限制。法人作为权利义务主体,

〔38〕 魏振瀛主编:《民法》(第八版),北京大学出版社、高等教育出版社2021年版,第87页。

其目的的限制,只是对其行为能力的限制。依此说,法人目的外的行为,类似于无行为能力的自然人的行为,而作为无行为能力人的行为并非当然无效。如果事后得到追认或取得行为能力,则行为的效力可以得到补正。此外,也存在类推适用表见代理规定,发生表见责任的余地。(3)代表权限制说。此说认为,法人的目的不过是划定法人机关的对外代表权的范围而已。依此说,法人的目的外行为属于超越代表权的行为,存在依代理予以追认的可能性,并且也有适用表见代理的余地。(4)内部责任说。此说认为,法人目的不过决定法人机关在法人内部的责任而已。所以,法人目的外行为当然应为有效。对此问题,有进一步探讨的必要。

第五节　法人的机关

一、法人机关的概念与特征

法人是法律的构造物,想要获得并维持法律上的生命,其内部结构就必须遵守设立人以及法律制度的安排,即法人必须有相应的“组织机构”。私法自治理念下,私法人的内部结构理应取决于设立人意志,但实证法或基于维护交易安全的考虑,或旨在规范法人行为,甚或为了加强管制,常对法人的必设机关作出强制要求。法人机关是指根据法律、章程或条例的规定,于法人成立时产生,不需要特别委托授权就能够以法人的名义对内负责法人的生产经营或业务管理、对外代表法人进行民事活动的集体或个人。法人机关是法人的组成部分,法人机关本身并没有独立的人格,其行为即是法人的行为。法人因其机关而存在,因其机关的活动而有自己的活动。因此,机关之存在为法人维持其人格的条件。法人机关具有以下特征:

第一,法人机关根据法律、章程或条例的规定而设立。《民法典》第80条、第81条规定,营利法人应当设立权力机构和执行机构。第89条规定,事业单位法人的法定代表人依照法律、行政法规或者法人章程的规定产生。第91条第2款、第3款规定,社会团体法人应当设立会员大会或会员代表大会等权力机构,应当设立理事会等执行机构。第93条规定,捐助法人应当设立理事会等权力机构,并设立执行机构和监事会等监督机构。

第二,法人机关是法人的有机组成部分。法人机关不是独立主体,不能独立于法人之外,而是作为法人的一个组成部分存在。设立自己的机关,是社会组织成为法人的一项条件,否则,法人就不能实现其民事权利能力和民事行为能力。故应将法人机关与担当法人机关之自然人,在法律上严加区别。例如,董事或董事会为法人机关,与担当董事或董事长的自然人截然不同。法人机关为法人组织之一部,系与法人不可分离之抽象观念。法人机关之担当者或为一人或为数人,担当者时有变更,而法人机关本身并不因而变更。[39]按照我国法律规定,一般法人组织在成立之前必须首先确定自己的机关,并把法人机关作为法人设立登记的事项之一。如根据《公司法》第89条、第90条的规定,股份有限公司发起人应当自股款缴足之日起30日内主持召开公司创立大会,选举董事会、监事会成员。

第三,法人机关是形成、表示和实现法人意志的机构。法律赋予法人独立的民事主体地位,意味着法人和自然人一样,有自己的独立的意志。而法人作为一种社会组织,不同于自然人,其

〔39〕　梁慧星:《民法总论》(第五版),法律出版社2017年版,第138页。

意志是通过机关形成、表示和实现的,法人机关的意志就是法人的意志,法人机关所为的民事行为即为法人的民事行为,其法律后果由法人承担。

第四,法人机关是法人的领导或代表机关。法人机关对内管理法人事务,通过对法人的生产经营或者业务进行管理,促进法人活动走向有序化、高效化的轨道。法人机关对外代表法人实施民事法律行为,在法律、行政法规、章程规定的范围内,法人机关的行为即是法人的行为,无须法人的特别授权,即法人机关的任何章程范围内的活动都具有默示授权的效力,其法律后果当然归属于法人。

第五,法人机关由单个的个人或集体组成。由单个人组成的法人机关称为独任制机关,如全民所有制企业的厂长;由两个以上的自然人组成的法人机关称为合议制机关,如股份有限公司的股东大会、监事会和董事会。

二、法人机关的构成

根据机关在法人活动中发挥作用的不同,法人机关包括意思机构、执行机构与监督机构。

1. 意思机构

意思机构也称权力机构、决策机构,是形成法人意志的机构。在不同的法人类型中,意思机构的具体表现形式不一。根据《民法典》第 80 条的规定,意思机构是营利法人的必设机构,行使修改法人章程,选举或者更换执行机构、监督机构成员,以及法人章程规定的其他职权。公司法人(有限责任公司与股份有限责任公司)的意思机构为股东(大)会。根据《公司法》第 66 条第 1 款第 1 句的规定,国有独资公司不设股东会,由国有资产监督管理机构行使股东会职权。对于非公司企业法人而言,根据《全民所有制工业企业法》第 7 条及《乡村集体所有制企业条例》第 22 条的规定,此两类企业实行厂长(经理)负责制;因此,在该两类企业中,厂长(经理)既是法人的意思机构或权力机构,也是法人的执行机构和代表机构。[40] 根据《中外合资经营企业法》第 6 条及《中外合作经营企业法》第 12 条的规定,中外合资经营企业的意思机构为董事会,中外合作经营企业的意思机构为董事会或者联合管理机构。

在非营利法人中,社会团体法人是以人为基础而设立的组织,属于社团法人,因此,其应当设立会员大会或会员代表大会等为其意思机构(《民法典》第 91 条)。对于事业单位法人和捐助法人而言,由于其没有成员,因此不能像社团法人那样组建意思机构,因此更多地由理事会、民主管理组织充当决策机构。基于此,《民法典》第 89 条规定,事业单位法人设理事会的,除法律另有规定外,理事会为其决策机构;第 93 条规定,捐助法人应当设理事会、民主管理组织等决策机构。

2. 执行机构

执行机构是指执行法人意思机构所形成的决议或其他指定事项的机构。任何法人都有其执行机构,以对外表达法人的意思,否则法人目的无法实现。营利法人的执行机构一般为董事会或执行董事,未设董事会或执行董事的,以法人章程规定的主要负责人为其执行机构。在非营利法人中,事业单位法人以其负责人为执行机构,社会团体法人应设立理事会等执行机构,捐助法人的执行机构则一般由捐助章程指定,通常由自然人组成的团体来担当。

3. 监督机构

监督机构是指监督执行机构的机构。监督机构不是一切法人的必设机构,是否设立监督机

---

〔40〕 梁慧星:《民法总论》(第五版),法律出版社 2017 年版,第 139 页。

构依法律规定、法人章程、设立命令或者决策机关的决定而定。《民法典》第 82 条规定,营利法人设监事会或者监事等监督机构的,监督机构依法行使检查法人财务,监督执行机构成员、高级管理人员执行法人职务的行为,以及法人章程规定的其他职权。此外,《民法典》第 93 条第 2 款规定,捐助法人应当设监事会等监督机构。

三、法定代表人

(一)法定代表人的概念与特征

根据《民法典》第 61 条的规定,法定代表人是指依照法律或者法人章程的规定,代表法人从事民事活动的负责人。法定代表人具有以下特点:

第一,法定代表人是法律或者法人章程确定的。营利法人的法定代表人,《民法典》第 81 条第 3 款规定,执行机构为董事会或者执行董事的,董事长、执行董事或者经理按照法人章程的规定担任法定代表人;未设董事会或者执行董事的,法人章程规定的主要负责人为其执行机构和法定代表人。《公司法》第 13 条规定,董事长、执行董事或者经理可以担任公司的法定代表人。《全民所有制工业企业法》第 45 条第 1 款规定,“厂长是企业的法定代表人”。在非营利法人中,事业单位法人的法定代表人依照法律、行政法规或者法人章程的规定产生(《民法典》第 89 条),社会团体法人的法定代表人由理事长或者会长等负责人按照法人章程的规定担任(《民法典》第 91 条第 3 款),捐助法人的法定代表人由理事长等负责人按照法人章程的规定担任(《民法典》第 93 条第 2 款)。

第二,法定代表人是代表法人行使职权的负责人。法定代表人一般是执行机关的负责人,其可以依照法律或者章程的规定,不需要法人机关的特别授权,就可以法人的名义代表法人对外为民事行为。同时,根据《民法典》第 61 条第 3 款的规定,法人章程或者法人权力机构可对法定代表人的代表权进行限制,但此类限制不得对抗善意相对人。

第三,法定代表人是代表法人从事业务活动的自然人。法定代表人只能是自然人,且该自然人只有代表法人从事民事活动和民事诉讼活动的时候才具有这种身份。当法定代表人从事法人的业务活动时,其不是独立的民事主体,仅仅是法人这一民事主体的代表。

第四,法定代表人以法人名义从事的民事活动,其法律后果由法人承受。法定代表人没有独立的法律人格,其与法人共享一个法律人格,其对外以法人名义执行法人事务的行为就是法人的行为,相应的行为后果应由法人承受。此处的“承受”,既包括行为所生权利和利益的享受,也包括行为所致义务与责任的承担。因此,《民法典》第 62 条第 1 款规定,法定代表人因执行职务造成他人损害的,由法人承担民事责任。同时,如果法定代表人对损害的发生存在过错的,法人承担民事责任后,可以依照法律或者法人章程的规定,向有过错的法定代表人追偿(《民法典》第 62 条第 2 款)。

(二)法定代表人应具备的条件

法定代表人应具备的条件有:(1)必须具有完全民事行为能力;(2)必须具有一定的管理能力和业务知识;(3)须不存在不得担任法定代表人的情形。

根据《市场主体登记管理条例》第 12 条的规定,有下列情形之一的,不得担任公司、非公司企业法人的法定代表人:(1)无民事行为能力或者限制民事行为能力;(2)因贪污、贿赂、侵占财产、挪用财产或者破坏社会主义市场经济秩序被判处刑罚,执行期满未逾 5 年,或者因犯罪被剥夺政治权利,执行期满未逾 5 年;(3)担任破产清算的公司、非公司企业法人的法定代表人、董事或者厂长、经理,对破产负有个人责任的,自破产清算完结之日起未逾3年;(4)担任因违法被吊销营业执照、责令关闭的公司、非公司企业法人的法定代表人,并负有个人责任的,自被吊销营业执照之日起未逾3年;(5)个人所负数额较大的债务到期未清偿;(6)法律、行政法规规定的其他情形。

四、法人机关的决议(决定)

(一)法人机关的决议(决定)的概念

法人机关的决议(决定),是指法人机关按照法律或章程规定的程序表决形成的决议,法人机关的决议(决定)是法人机关的意思表示。法人机关的决议(决定)包括权力机关的决议(决定)、执行机关的决议(决定)和监督机关的决议(决定)。

(二)法人机关决议(决定)的无效和撤销

当法人机关的决议(决定)在内容上违反法律、行政法规时,即属于无效的决议(决定)。《公司法》第22条第1款规定,"公司股东会或者股东大会、董事会的决议内容违反法律、行政法规的无效"。根据《公司法司法解释(四)》第1条、第3条的规定,公司法人机关决议无效之诉的原告为公司股东、董事、监事等,被告为公司。由于《民法典》第134条已将法人的决议行为归为民事法律行为的一种类型,当法人机关的决议(决定)存在无效情形时,可以适用《民法典》第153条关于民事法律行为无效的规定。因此,《民法典》并未直接规定决议(决定)无效制度。法人机关决议(决定)的无效,属于自始无效、确定无效、当然无效。

当法人机关的决议(决定)在内容上违反法人章程,或程序上违反法律、行政法规、法人章程时,即属于可撤销的决议(决定)。依据《公司法》第22条第2款的规定,"股东会或者股东大会、董事会的决议召集程序、表决方式违反法律、行政法规或者公司章程,或者决议内容违反公司章程的,股东可以自决议作出之日起六十日内,请求人民法院撤销"。在此基础上,《民法典》第85条规定,营利法人的权力机构、执行机构作出决议的会议召集程序、表决方式违反法律、行政法规、法人章程,或者决议内容违反法人章程的,营利法人的出资人可以请求人民法院撤销该决议。《民法典》第94条第2款还规定,捐助法人的决策机构、执行机构或者法定代表人作出决定的程序违反法律、行政法规、法人章程,或者决定内容违反法人章程的,捐助人等利害关系人或者主管机关可以请求人民法院撤销该决定。

法人机关的决议(决定)被撤销后,自作出之时起自始无效,但法人依据该决议(决定)与善意相对人形成的民事法律关系不受影响。此外,如果决议(决定)内容不具有可分性,部分决议(决定)事项被撤销当然导致整个决议(决定)自始无效;若决议(决定)内容具有可分性,则部分决议(决定)事项被撤销并不必然导致决议(决定)中的其他事项被撤销。换言之,权利人提起决议(决定)撤销之诉时,可以选择只申请撤销部分决议(决定)事项,而保留其他决议(决定)事项的效力。

问题与思考

关于法人机关与法人之间的关系,理论上存在代理说和代表说两种观点。通说认为,法人机关为法人组织体的构成部分,其与法人的关系为部分与整体的关系,这种关系与代理关系不同。第一,在代理关系中,代理人与被代理人属于两个独立的民事主体,亦即存在代理人与被代理人之间二元的对立关系;而法人机关与法人的关系,为部分与整体的一元关系。第二,在代理关系中,必须有代理人的意思与被代理人的意思,亦即存在两个意思;而在法人机关与法人的关系中,仅有一个意思,即法人意思。第三,在代理关系中,代理行为系代理人自身的行为,并非被代理人的行为,只不过其行为效果依代理制度而直接及于被代理人而已;而法人机关的行为就是法人的行为,其行为效果归属于法人本属当然。[41]

第六节　法人的变更、终止

一、法人的变更

法人的变更是指法人在存续期内,在组织上分立、合并以及在活动宗旨、业务范围上的变化。法人的变更包括经营范围、法定代表人、住所等登记事项的变化,也包括法人组织形式的变化,如从有限责任公司变为股份有限公司。在法人的变更中,最重要的是法人的合并与分立。

(一)法人的合并

法人的合并是指两个以上的法人,无须清算而归并为一个法人的法律行为。法人的合并分为吸收合并和新设合并。吸收合并是一个或多个法人合并到一个现存的法人中去,被合并法人的主体资格消灭,存续的法人主体资格仍然存在。新设合并是两个以上的法人合并为一个新法人,原有的法人消灭,新法人产生。如《公司法》第172条规定,公司合并可以采取吸收合并或者新设合并。一个公司吸收其他公司为吸收合并,被吸收的公司解散。两个以上公司合并设立一个新的公司为新设合并,合并各方解散。根据《民法典》第67条第1款,法人合并的,其权利和义务由合并后的法人享有和承担。

法人合并通常包括以下几个阶段:(1)法人的意思机关作出与其他法人合并的决议;(2)合并双方达成合并协议;(3)对债权人进行通知或公告;(4)报各自的或共同的主管机关或政府授权部门审批;(5)制定章程,产生法人机关等;(6)在一定的期限内向登记机关申请变更登记或解散登记、设立登记。对此,《公司法》第173条规定:公司合并,应当由合并各方签订合并协议,并编制资产负债表及财产清单。公司应当自作出合并决议之日起10日内通知债权人,并于30日内在报纸上公告。债权人自接到通知书之日起30日内,未接到通知书的自公告之日起45日内,可以要求公司清偿债务或者提供相应的担保。

(二)法人的分立

法人的分立是指一个法人分成两个以上的法人。法人的分立有新设分立和派生分立。新设分立是指解散原法人,而分立为两个以上的新法人,如中国保险总公司分为中国财产保险总公司和中国人寿保险总公司就属此类。派生分立是指原有的法人继续存在,但分出一部分财产和人员设立新法人。法人分立时需要办理相关的登记,分立出来的法人需要办理设立登记,消灭的法人需要办理注销登记,存续的法人需要办理变更登记。根据《民法典》第67条第2款,法人分立的,其权利和义务由分立后的法人享有连带债权,承担连带债务,但是债权人和债务人另有约定的除外。

(三)法人组织形式的变更

法人组织形式的变更,主要是指法人成立后组织类型发生变化,如从有限责任公司变为股份

---

[41] 梁慧星:《民法总论》(第五版),法律出版社2017年版,第139页。

有限公司。由于法人组织形式是必须明确公示的事项,因此,其变更需要依照法律规定进行。如我国《公司法》第9条规定:有限责任公司变更为股份有限公司,应当符合本法规定的股份有限公司的条件。股份有限公司变更为有限责任公司,应当符合本法规定的有限责任公司的条件。有限责任公司变更为股份有限公司的,或者股份有限公司变更为有限责任公司的,公司变更前的债权、债务由变更后的公司承继。

(四)法人其他重要事项的变更

法人其他重要事项的变更是指法人的活动宗旨和业务范围等事项的变化。《民法典》第64条规定:"法人存续期间登记事项发生变化的,应当依法向登记机关申请变更登记。"依照《市场主体登记管理条例》的规定,市场主体改变名称、住所、经营场所、法定代表人、经济性质、经营范围、经营方式、注册资金、经营期限,以及增设或者撤销分支机构,应当申请办理变更登记。

二、法人的终止

(一)法人终止的概念

法人的终止又称法人的消灭,是指法人丧失民事主体资格,其民事权利能力和民事行为能力终止。法人终止后,民事主体资格丧失,终止后的法人不能再以法人的名义对外从事民事活动。法人终止不同于法人解散,法人终止是指法人在实体意义上已经消灭,而法人解散是指法人将要终止,在清算完结并向登记机关办理注销登记后,法人才消灭。

(二)法人终止的原因

根据《民法典》第68条第1款的规定,法人终止的原因主要包括以下情形:

1. 法人解散

根据《民法典》第69条的规定,法人解散的原因主要包括:(1)法人章程规定的存续期间届满或者法人章程规定的其他解散事由出现。如有的项目公司在章程中规定,项目结束后3个月内解散。(2)法人的权力机构决议解散。法人基于成员的共同意思而设立,当然可依成员的共同意思而解散。(3)因法人合并或者分立需要解散。在法人合并中,新设合并的原法人资格都要消灭,因此都需解散;吸收合并中被吸收的法人,其法人资格消灭,也需要解散。在法人分立中,新设分立的原法人资格消灭,需要解散;而派生分立中没有需要解散的法人。(4)法人依法被吊销营业执照、登记证书,被责令关闭或者被撤销。根据《市场主体登记管理条例》第44条、第45条、第46条、第48条的规定,市场主体提交虚假材料或者采取其他欺诈手段隐瞒重要事实取得市场主体登记、实行注册资本实缴登记制的市场主体虚报注册资本取得市场主体登记、未依照本条例办理变更登记以及伪造、涂改、出租、出借、转让营业执照,情节严重的,除处相应罚款外,还应当吊销营业执照。《社会团体登记管理条例》也作出了相应的规定,其第29条规定,社会团体在申请登记时弄虚作假,骗取登记的,或者自取得《社会团体法人登记证书》之日起1年未开展活动的,由登记管理机关予以撤销登记。其第33条规定,社会团体有下列情形之一且情节严重的,予以撤销登记:"(一)涂改、出租、出借《社会团体法人登记证书》,或者出租、出借社会团体印章的;(二)超出章程规定的宗旨和业务范围进行活动的;(三)拒不接受或者不按照规定接受监督检查的;(四)不按照规定办理变更登记的;(五)违反规定设立分支机构、代表机构,或者对分支机构、代表机构疏于管理,造成严重后果的;(六)从事营利性的经营活动的;(七)侵占、私分、挪用社会团体资产或者所接受的捐赠、资助的;(八)违反国家有关规定收取费用、筹集资金或者接受、使用捐赠、资助的。"(5)法律规定的其他情形。例如当法人内部治理出现僵局时,法院应法人成员的请求,可依法解散法人。《公司法》第 182 条规定:“公司经营管理发生严重困难,继续存续会使股东利益受到重大损失,通过其他途径不能解决的,持有公司全部股东表决权百分之十以上的股东,可以请求人民法院解散公司。”

2. 依法被宣告破产

当法人出现不能清偿到期债务且资不抵债等破产事由时,人民法院可根据债权人或法人自身等相关主体的申请,依法宣告其破产。法人被依法宣告破产的,由人民法院依照有关法律的规定,组织法人的特定成员、有关机关及专业人员成立清算组,对法人进行破产清算。法人清算束后,清算组应当制作详细的清算报告,报法人权力机关或者有关主管机关确认,并报送法人登记机关,申请注销法人登记,自此法人终止。

3. 法律规定的其他原因

法律上还可能在解散和破产之外,规定法人消灭的其他事由。如机关法人因国家机关调整或改革而被撤销。《民法典》第 98 条规定,机关法人被撤销的,法人终止,其民事权利和义务由继任的机关法人享有和承担;没有继任的机关法人的,由作出撤销决定的机关法人享有和承担。又如,具有人数限制的社团法人因成员不足法定人数而终止。

(三)法人的清算

1. 法人清算的概念

法人清算是指清理将终止的法人的财产,了结其作为当事人的法律关系,从而使法人归于消灭的必经程序。《民法典》第 70 条规定,法人解散的,除合并或者分立的情形外,清算义务人应当及时组成清算组进行清算;第 73 条规定,法人被宣告破产的,依法进行破产清算并完成法人注销登记时,法人终止。

2. 法人清算的分类

根据我国法律的规定,法人的清算可以分为破产清算和非破产清算两种程序。破产清算是指法人在宣告破产以后,由主管部门或人民法院组织有关人员成立清算组织,依照破产法规定的程序进行清算。非破产清算是指法人因破产以外的原因消灭时所进行的清算。但在清算时发现其具备破产原因的,即应申请破产,适用破产清算程序。

3. 清算期间法人的性质

《公司法》第 184 条第 7 项规定,在清算期间清算组“代表公司参与民事诉讼活动”。《公司法司法解释(二)》第 10 条第 1 款进一步明确规定:“公司依法清算结束并办理注销登记前,有关公司的民事诉讼,应当以公司的名义进行。”这表明,在清算期间公司仍然具有当事人能力,清算人不过是公司的代表人。在此基础上,《民法典》第 72 条规定:“清算期间法人存续,但是不得从事与清算无关的活动。法人清算后的剩余财产,按照法人章程的规定或者法人权力机构的决议处理。法律另有规定的,依照其规定。清算结束并完成法人注销登记时,法人终止;依法不需要办理法人登记的,清算结束时,法人终止。”

可见,清算期间的法人的法律人格依然存在,只是其民事活动的范围因清算程序的开始而受到限制,只能进行清算范围以内的活动,在清算完结并办理了注销登记之后,法人的资格才最终归于消灭。

4. 清算义务人及清算组织

清算义务人,是指法人解散后有义务依法启动清算程序的主体,其义务在于根据法律规定及时启动相应的清算程序以终止法人。清算义务人不同于《公司法》《合伙企业法》《个人独资企业法》规定的"清算组"或"清算人"。后者是具体负责清算事务的主体。如果法人解散程序中未进行清算,则不存在清算组或清算人,但始终存在清算义务人。特别的情形下,如清算义务人直接担任清算人进行清算时,则存在清算义务人与清算人主体竞合的情形。

根据《民法典》第70条第2款的规定,法人的董事、理事等执行机构或者决策机构的成员为清算义务人。法律、行政法规另有规定的,依照其规定。法人董事、理事等执行机构或决策机构的成员,对法人负有忠实义务和善管义务,对法人的经营或管理状态是最为了解的。当法人解散事由出现时,董事、理事有义务及时依法启动清算程序,以保证法人财产不因无人管理而遭受损失。如果清算义务人不及时履行清算义务,即存在主观上的过错,如给债权人造成利益损害的,应当承担相应的民事责任。主管机关或者利害关系人可以申请人民法院指定有关人员组成清算组进行清算。

清算组织是法人在清算过程中的意思机关和执行机关,对内执行清算事务,对外代表法人从事清算范围内的一切活动。法人自行解散的,由法人自行成立清算组织;法人被撤销、被宣告破产的,应当由主管机关或者人民法院组织有关机关或有关人员成立清算组织。《民法典》第71条规定:"法人的清算程序和清算组职权,依照有关法律的规定;没有规定的,参照适用公司法的有关规定。"根据《公司法》第184条的规定,清算组在清算期间行使下列职权:清理公司财产,分别编制资产负债表和财产清单;通知、公告债权人;处理与清算有关的公司未了结的业务;清缴所欠税款以及清算过程中产生的税款;清理债权、债务;处理公司清偿债务后的剩余财产;代表公司参与民事诉讼活动。另外,根据《公司法》第187条、第188条的规定,清算组还负有在公司支付不能时申请宣告破产以及清算结束后申请注销登记之责。

5. 清算终结

清算终结,即清算人完成上述清算职责。《民法典》第72条第2款、第3款规定:"法人清算后的剩余财产,根据法人章程的规定或者法人权力机构的决议处理。法律另有规定的,依照其规定。清算结束并完成法人注销登记时,法人终止;依法不需要办理法人登记的,清算结束时,法人终止。"第73条规定:"法人被宣告破产的,依法进行破产清算并完成法人注销登记时,法人终止。"

问题与思考

关于清算期间法人的性质,《民法典》颁布之前,理论上有三种学说。(1)清算法人说。认为法人一经解散,即为法人的终止,法人的民事主体资格消灭。但为了便于清算,应在清算时把原法人视为一个以清算为目的的清算法人,清算法人不享有原法人的民事权利能力和民事行为能力。(2)同一法人说。[42] 认为法人的解散并不等同于法人的消灭,只有清算终结时,法人资格才归于消灭。虽然法人在清算期间已经不能进行各种积极的民事活动,但它还必须以原法人的名义对外享有债权和负担债务。在清算期间,法人资格仍然存在。(3)拟制法人说。认为法人解散即为法人消灭,只是为了清算的目的,法律上拟制法人在清算目的范围内享有民事权利能力,从法人解散至清算完结视为法人仍然存续。我们认为,同一法人说较为合理。清算前的法人和清算后的法人具有同一人格。因为法人在解散后,其权利能力并不是完全归于消灭。如果法人

〔42〕 王利明、杨立新、王轶、程啸:《民法学》(第六版),法律出版社2020年版,第114页。

因解散而丧失其权利能力，不再具有主体资格，就难以清理并了结法人与他人所从事的民事法律关系。我国《民法典》也采取了这一立场。

第七节　法人的责任

一、法人责任的概念与特点

法人的责任是指法人作为民事主体对其行为应承担的法律责任。《公司法》第3条规定：公司是企业法人，有独立的法人财产，享有法人财产权。公司以其全部财产对公司的债务承担责任。有限责任公司的股东以其认缴的出资额为限对公司承担责任；股份有限公司的股东以其认购的股份为限对公司承担责任。《民法典》第60条进一步明确，“法人以其全部财产独立承担民事责任”。法人责任具有以下特点：

第一，法人责任主要是一种财产责任。与自然人不同，对法人不能进行具有人身性质的责任追究，只能通过减少其财产而达到追究其责任的目的。与此相对应，法人的责任也主要限于财产性质的责任。但在特殊情况下，也可以适用具有人身性质的强制措施，如要求法人公开向被受害人赔礼道歉等。

第二，法人责任是一种独立责任。法人为具有民事权利能力和民事行为能力的社会组织，作为具有独立人格的民事主体，法人应当以其享有所有权的全部财产对外独立承担民事责任。法人与其发起人和成员在人格上是彼此独立的，财产上也是彼此分离的。这就决定了法人只对法人行为所负债务承担责任，对发起人和成员的个人行为不负责任。

第三，法人责任是一种无限责任。法人的民事责任不能由法人的成员承担，也不能由国家或其他法人组织承担，即使法人出现资不抵债、无法清偿到期债务的情况，也只能依照破产程序宣告破产，以其全部财产按比例清偿所欠债务。对于法人的债务，法人的投资人只在其投资额的范围内承担清偿责任，即投资人对于法人债务承担有限责任。〔43〕我们通常所说的有限责任是指出资人仅以其出资数额为限承担责任。有限责任实质上是法人出资人的有限责任，而不是法人本身的有限责任。法人与自然人一样具有民事主体资格，应当以其所有的或经营管理的全部财产对外承担无限责任。

二、法人承担民事责任的范围

（一）法人对其法定代表人及其他工作人员的职务行为承担民事责任

根据我国法律规定，法人的法定代表人及其他工作人员执行职务的行为视为法人的行为，其职务行为的一切法律后果都由法人承担。《民法典》第62条规定：“法定代表人因执行职务造成他人损害的，由法人承担民事责任。法人承担民事责任后，依照法律或者法人章程的规定，可以向有过错的法定代表人追偿。”《民法典》第170条规定：“执行法人或者非法人组织工作任务的人员，就其职权范围内的事项，以法人或者非法人组织的名义实施的民事法律行为，对法人或者非法人组织发生效力。法人或者非法人组织对执行其工作任务的人员职权范围的限制，不得对

---

〔43〕　但是，依法设立并担负某种公共职能的法人，如国家机关以及由国家设立的邮电、铁路、自来水、煤气、电力等提供公共服务并关系国计民生的特别法人，依法不适用破产程序，在不能清偿债务时，应当按照有关法律规定处理。

抗善意相对人。”这是因为,法人对其法定代表人及其他工作人员的选任及职务授权不仅负有直接的责任,还负有监督其法定代表人及其他工作人员的业务活动的义务,使其职务活动符合章程和授权的规定。当然,法人并非对其法定代表人及其他工作人员的一切活动都要承担责任,法定代表人及其他工作人员以自然人的身份从事民事违法行为所产生的责任,应由其个人承担。

(二)法人对自己实施的违法行为承担法律责任

按照原《民法通则》第49条的规定,企业法人对自己实施的以下违法行为承担责任:超出登记机关核准登记的经营范围从事非法经营;向登记机关、税务机关隐瞒真实情况、弄虚作假;抽逃资金、隐匿财产逃避债务;解散、被撤销、被宣告破产后,擅自处理财产;变更、终止时不及时申请办理登记和公告,使利害关系人遭受重大损失;从事法律禁止的其他活动,损害国家利益或者社会公共利益行为的。在法人承担责任后,法人可以依据法律或者章程规定,追究法定代表人及其他有过错的工作人员一定的法律责任。

(三)法人对其分支机构的行为承担民事责任

《民法典》第74条第2款规定,分支机构以自己的名义从事民事活动,产生的民事责任由法人承担;也可以先以该分支机构管理的财产承担,不足以承担的,由法人承担。因此,法人除了对其法定代表人及其他工作人员的职务行为和自己的违法行为承担责任外,尚须对其分支机构的行为承担民事责任。

法人的分支机构是指由法人为实现其职能而设立的一种可以其自己的名义进行民事活动但不能独立承担民事责任的独立机构。分支机构根据法人章程、决议的授权从事法人的部分经营业务。法人的分支机构可以设在法人的住所地,也可以设在法人住所地以外的地方。

以是否领取营业执照为标准,法人的分支机构可以分为领取了营业执照和未领取营业执照的两种。两者具有明显区别:(1)未领取营业执照的分支机构,不得以自己的名义独立从事民事活动,而只能以法人的名义从事民事活动。领有营业执照的分支机构,可以以自己的名义对外从事经营活动。(2)在诉讼上,有营业执照的分支机构可以成为独立的诉讼主体,以自己的名义起诉、应诉,但无营业执照的分支机构只能以法人的名义起诉、应诉。《民事诉讼法解释》第53条规定:“法人非依法设立的分支机构,或者虽依法设立,但没有领取营业执照的分支机构,以设立该分支机构的法人为当事人。”(3)在责任方面,有营业执照的分支机构可以先以自己的财产承担责任,无营业执照的分支机构应当直接由其所属法人承担责任。

三、法人人格否认制度

(一)法人人格否认制度的概念

法人人格否认制度,是指在具体法律关系中,基于特殊事由,否认法人的独立人格,而要求法人成员对法人债务承担连带责任的一种制度。我国《公司法》第20条规定,公司股东滥用公司法人独立地位和股东有限责任,逃避债务,严重损害公司债权人利益的,应当对公司债务承担连带责任。同时,《公司法》第63条又针对一人有限责任公司的股东承担连带责任的情形作了专门规定,一人有限责任公司的股东不能证明公司财产独立于股东自己的财产的,应当对公司债务承担连带责任。由此,我国《公司法》明确规定了公司人格否认制度。通过成文法的形式确立法人人格否认制度,是我国《公司法》的首创,无论是英美法中的揭开公司面纱制度,还是德国法中的责任直索制度,都是通过一系列判例确立起来的。《民法典》第83条第2款在此基础上进一步规定:“营利法人的出资人不得滥用法人独立地位和出资人有限责任损害法人债权人的利益;滥用法人独立地位和出资人有限责任,逃避债务,严重损害法人债权人的利益的,应当对法人债务承担连带责任。”从而使法人人格否认制度的适用范围扩张至全体营利法人。

法人的独立财产和出资人的有限责任,是法人制度的两大特征,也是法人制度得以最终确立和法人组织得以迅猛发展的“魔力”所在。尤其是出资人的有限责任,当法人的财产不足以清偿全部债务时,债权人也不得请求出资人承担超出其出资范围的责任。但这也为投资者谋取法外利益创造了机会,成为规避法律责任的工具。法人人格否认制度的价值即在于遏制出资人或其他人利用法人制度规避自身责任,使权利义务的分配符合公平正义的要求。值得说明的是,法人人格否认制度仅适用在具体的法律关系中,不具有普适性;它不是对法人制度本身的否定,而恰恰是对法人人格内涵的严守。

(二)法人人格否认制度的适用条件

一是法人成员客观上滥用了法人的法律人格。在判断法人成员是否滥用了法人的法律人格时,通常参考以下因素:法人成员的资产与法人的财产是否混同;法人成员的业务与法人的业务是否独立开展;法人成员的账目和法人的账目是否分别记录并分别保管等。

二是法人成员滥用法人人格客观上损害了法人债权人的利益或社会公共利益。法人人格否认制度的根本目的在于矫正法人制度中出资人有限责任所可能带来的利益失衡。在判断法人成员滥用法人人格是否损害了法人债权人的利益或社会公共利益时,既要考察现实所发生的损失,也要考察可能造成损失的潜在风险。具体表现为利用所控制的法人进行规避法律、逃避债务等。债权人在主张适用法人人格否认制度时,必须证明自己所遭受的损失和法人成员滥用法人人格之间有直接的关系。

(三)法人人格否认的价值取向

法人人格否认制度是法人制度具体运用发生异化时应运而生的一种法律制度,是对有限责任原则的修正。因为滥用法人人格,以法人作为损害他人利益工具的行为是违背法人制度的目的的,也违背了民法规定的诚实信用原则和权利不得滥用原则。法人制度和法人人格否认制度从正、反两方面确保了法人人格的独立性和股东的有限责任,即当法人具备独立性人格特征时,适用法人制度,股东享受有限责任的庇护;当因某些股东滥用法人人格造成法人缺乏独立性人格特征时,则适用法人人格否认制度,否认滥用者的有限责任,直接追究其对法人债务的无限责任。法人人格否认制度是对法人制度必要的、有益的补充,是对法人制度的严格遵守,是以维护法人人格独立为使命的。

该制度的设计理念是为个案中债权人的权利实现提供司法救济,以对失衡的公司利益关系进行事后规制,实现法律公正、公平的价值目标,而不是为了对公司法人人格作出是否合法的评价。其目的是通过对事实上已经丧失独立人格特征的法人状态的揭示来凸显隐藏于公司背后的人格滥用者,借此突破股东有限责任的局限,以使滥用者的责任由有限责任向无限责任复归,实现股东与公司之间责任的再分配。法人人格否认制度的适用是在承认公司具备独立法人人格前提下,针对特定法律关系对法人人格暂时地、个案的否认,而不是从根本上全面地否认其法人人格。且个案中对法人人格否认的效力不及于公司其他法律关系,也不影响该公司作为独立法人继续存在,即法人人格否认的效力是对人的,而非对世的,是基于特定原因,而非普遍适用。

问题与思考

法人的责任与法人成员的有限责任具有紧密联系。法人成员是法人社团的社员,如公司法人的股东、合作社法人的社员。法人成员的有限责任,是指法人成员以其出资于法人的财产为限对法人的债务承担责任,故又称为出资人的有限责任。法人成员有限责任的适用,是以法人成员的资格或身份的存在为前提。当法人成员以第三人地位出现时,则不能适用有限责任原则,如法人成员与法人订立买卖合同或向法人实施了侵权行为,法人成员应以其所有的全部财产向法人清偿其债务。成员有限责任制度是法人责任制度的高级形态。法律确立该制度的目的在于:一是为了减轻投资风险,从而鼓励投资的热情,募集社会资金,发挥财产的效用,促进社会生产力的发展;二是为了树立和巩固法人的独立人格,从而充分发挥法人应有的社会经济功能。

拓展阅读推荐

1. 张力:《法人独立财产制研究》,法律出版社 2008 年版。
2. 胡岩:《财团法人之研究》,中国政法大学出版社 2013 年版。
3. 江平主编:《法人制度论》,中国政法大学出版社 1994 年版。
4. 冯珏:《法人概念论》,法律出版社 2021 年版。
5. 方流芳:《“法人”进入当代中国法律,意义何在?》,载《中国法律评论》2019 年第 6 期。
6. 张力:《法人功能性分类与结构性分类的兼容解释》,载《中国法学》2019 年第 2 期。
7. 宋亚辉:《营利概念与中国法人法的体系效应》,载《中国社会科学》2020 年第 6 期。
8. 谭启平、黄家镇:《民法总则中的法人分类》,载《法学家》2016 年第 5 期。
9. 谭启平:《中国民法典法人分类和非法人组织的立法构建》,载《现代法学》2017 年第 1 期。

第六章　非法人组织

学习要点

- 非法人组织的概念与特征
- 合伙的概念、分类、设立
- 合伙事务的执行
- 合伙的财产、合伙的债务承担
- 非法人组织的类型

第一节　非法人组织概述

《民法典》吸纳了我国改革开放四十多年来民事立法、民事司法和民法理论研究成果，在自然人、法人之外规定非法人组织，丰富了民事主体的类型，是我国民事主体制度的重大创新，[1]有利于在法律上对其进行规范和管理，也有利于解决民事实体法之间、民事实体法与民事程序法之间关于主体制度规定的矛盾。[2]

关于非法人组织的民事主体地位，学术界曾存在广泛争议。[3] 在《民法典》编纂过程中，对于在自然人、法人之外是否要规定第三类民事主体，也存在不同观点。一种观点认为，法人之外的一些组织虽然能订立合同，参与诉讼，但这类组织没有独立的财产，无法独立承担民事责任，不宜承认其为独立的民事主体。[4] 另一种观点认为，应当改造法人理论，放弃法人成员承担有限责任的观念，将法人的外延扩展到成员可以承担无限责任，没有必要增设新的民事主体类型。[5]但多数意见主张，《合同法》规定其他组织可以订立合同，《民事诉讼法》规定其他组织可以参与诉讼，《民法典》承认其民事主体地位，既符合民事主体多元化的历史发展趋势，能够满足现实需要，又有助于完善我国法律制度，实现法律之间的统一。[6] 立法机关经过调查研究认为，鉴于合伙企业、个人独资企业等不具有法人资格的组织已为我国相关立法所承认，且在现实生活中发挥

〔1〕参加黄薇主编：《中华人民共和国民法典总则编释义》，法律出版社2020年版，第264页。

〔2〕参见最高人民法院民法典贯彻实施工作领导小组主编：《中华人民共和国民法典总则编理解与适用》（下），人民法院出版社2020年版，第516页。

〔3〕参见尹田：《论非法人团体的法律地位》，载《现代法学》2003年第5期；谭启平、朱涛：《论非法人团体的法律地位》，载《云南大学学报（法学版）》2004年第6期；马俊驹：《法人制度的基本理论和立法问题之探讨》（中），载《法学评论》2004年第4期等。

〔4〕李适时主编：《中华人民共和国民法总则释义》，法律出版社2017年版，第324页。

〔5〕范健：《对〈民法总则〉法人制度立法的思考与建议》，载《扬州大学学报（人文社会科学版）》2016年第2期；柳经纬：《民法典编纂中的法人制度重构——以法人责任为核心》，载《法学》2015年第5期。

〔6〕参见《民法总则立法背景与观点全集》编写组：《民法总则立法背景与观点全集》，法律出版社2017年版，第17页。

着重要作用,为便于其参与民事活动,有必要赋予其民事主体资格。[7] 因此,《民法典》最终确认了其民事主体地位,并在第一编第四章用七个条文(第102条至第108条)分别就非法人组织的概念和种类、设立程序、出资人责任、对外代表、解散情形、清算程序以及对法人一般规定的参照适用进行了规定。

一、非法人组织的概念和特征

所谓非法人组织,是指不具有法人资格,但是能够依法以自己的名义从事民事活动的组织。非法人组织,在德国仅指无权利能力社团,在日本包括非法人社团和非法人财团,在我国台湾地区称为非法人团体。非法人组织主要具有如下特征:

第一,非法人组织必须依法设立。非法人组织一般依据法律规定的条件和程序设立。从比较法上来看,有的国家明确规定,所有团体以登记作为取得权利能力的条件,未登记者,将作为无权利能力社团存在。依据《民法典》第103条的规定,非法人组织的设立原则上必须依照法律的规定登记,如果法律、行政法规规定非法人组织的设立必须经有关机关批准的,则设立非法人组织还应当经过批准。

第二,非法人组织是组织体。非法人组织虽然不是法人,但其也是组织体。即其是不具有法人资格的组织体,与单纯的不具有法人资格的财产的集合体,如信托财产、破产财团等是相区别的。法人是具有法律要求条件的组织体,其设立程序、财产数额、机构设置、议事规则等均由法律所明定,法人章程只能在法律规定的范围内进行具体规定。非法人组织虽也存在设立程序、机构设置和议事规则等事项,但这些更多的是由组织成员自己决定,法律对此一般不予规定。

第三,非法人组织可具有自己的财产。如果非法人组织有自己的财产,则首先应当以自己的财产对外承担责任。例如,《合伙企业法》第20条规定,合伙人的出资、以合伙企业名义取得的收益和依法取得的其他财产,均为合伙企业的财产。在承担债务时,首先以合伙企业的财产承担责任,在合伙财产不足以承担责任时,由各合伙人承担无限连带责任。但是,法人必须具有独立财产,且法人的财产完全独立于法人成员的个人财产。

第四,非法人组织以自己的名义从事民事活动。依据《民法典》第102条的规定,非法人组织必须能够以自己的名义从事民事活动。因此,作为一类独立的民事主体,其并非松散的民事主体的集合,而是能够以自己的名义对外行为的组织体。既然有民事主体资格,当然应有民事权利能力和民事行为能力。故而,非法人组织对外订立合同,自可以享有合同债权、负担合同债务,取得不动产物权,也能以自己名义登记为物权人等。

第五,非法人组织不能独立承担民事责任。非法人组织虽然属于独立的民事主体,可以享有民事权利,负担民事义务,但其与法人不同,不能对外独立承担民事责任。在非法人组织的财产不足以清偿债务时,其出资人或者设立人需要对非法人的债务承担无限责任。但是,法人可以对外独立承担民事责任,法人的责任与其成员的责任是严格区分的,在法人的财产不足以清偿其债务时,法人的成员仅以其认缴的出资额为限承担有限责任,而无须以自己的全部财产对法人债务承担责任。

非法人组织与法人虽然存在诸多区别,但二者均为组织体,具有密切联系,法人的许多规则都可以参照适用于非法人组织。根据《民法典》第108条的规定,非法人组织首先应适用《民法

---

〔7〕 石宏主编:《〈中华人民共和国民法总则〉条文说明、立法理由及相关规定》,北京大学出版社2017年版,第244页。

典》第一编第四章规定，但在第四章没有规定的情形下，还可参照适用第一编第三章第一节即法人组织的一般性规定。具体而言，非法人组织可以参照适用第三章第一节的规定还包括如下方面：(1)《民法典》第59条关于法人的民事权利能力和民事行为能力与法人存续期间一致的规则。因为非法人组织和法人一样，都是组织体，都能够以自己的名义为行为，而且二者作为独立的民事主体，具有民事权利能力和民事行为能力，因此，有关非法人组织民事权利能力和民事行为能力存续期间的规则可以参照适用法人的规定。(2)《民法典》第61条第2款、第3款关于法定代表人职务行为的效果归属和越权行为的效力的规则。(3)《民法典》第62条关于法定代表人因执行职务致他人损害的责任承担的规则。依据《民法典》第105条的规定，非法人组织可以确定一人或者数人代表非法人组织对外活动，但该条并没有对非法人组织法定代表人因执行职务致他人损害的责任承担规则作出规定，此时，可以参照适用《民法典》关于法人法定代表人的相关规则。(4)《民法典》第63条关于法人以其主要办事机构所在地为住所，该规则也可以适用于非法人组织。(5)非法人组织合并的，其权利和义务由合并后的组织享有和承担；分立的，其权利和义务由分立后的组织享有连带债权，承担连带债务。因此，《民法典》第67条关于法人合并、分立后的权利义务承担，也可适用于非法人组织。(6)非法人组织终止时的清算规则。依据《民法典》第107条的规定，非法人组织解散的，应当依法进行清算，但该条并没有对非法人组织清算的具体规则作出规定，此时，可以参照适用《民法典》第70条至第72条关于法人解散后的清算规则。(7)由于非法人组织也需要登记，因此，《民法典》第64条至第66条关于法人登记的若干规则，同样可适用于非法人组织。(8)《民法典》第75条关于法人设立人的责任，也可适用于非法人组织。

需注意的是，《民法典》第108条规定可参照适用者仅为法人的一般规定，因此关于法人的其他规定不可依第108条参照适用即准用于非法人组织，但是并不排除类推适用于非法人组织。例如，合伙企业的合伙人所作的决议，违反合伙协议约定或《合伙企业法》规定的表决办法时，合伙人是否有权撤销决议，《合伙企业法》未规定，此时可以类推适用法人的相关规定。

二、非法人组织的设立

(一)非法人组织设立应具备的要件

其一，须为有自己目的的社会组织体。非法人组织应为社会组织体，这既是非法人组织的特征，又是非法人组织的第一要件。非法人组织，与法人一样，须有自己的目的。所谓目的，可以是非营利目的，例如发展科学、技术、文化、教育、艺术、体育、宗教、慈善事业等；也可以是营利目的，如以获取经济利益为目的。对于营利性非法人组织来说，即具有特定的经营范围或目的事业。

其二，须有自己的名称。非法人组织须有自己的名称并以组织的名义对外进行民事活动。如不以组织的名义对外进行活动，而以个人的名义对外进行活动，其行为则不为非法人组织的行为。

其三，须有自己能支配的财产或者经费。非法人组织，须有属于自己能支配的财产或者经费，这是非法人组织进行民事活动的物质基础。与法人组织不同，非法人组织并不要求该财产或者经费属于自己独立享有，只要求独立支配即可。非法人组织的财产也不要求必须与其成员的财产截然分开，如个人独资企业。

其四，应设有代表人或者管理人。非法人组织，须设有代表人或者管理人。非法人组织为实现自己的目的，应设立代表人或者管理人，对外代表非法人组织，进行民事行为。《民法典》第

105 条规定:“非法人组织可以确定一人或者数人代表该组织从事民事活动。”

(二)非法人组织设立的登记

《民法典》第 103 条第 1 款规定:“非法人组织应当依照法律的规定登记。”从该条规定来看,非法人组织原则上都应当进行登记。我们认为,之所以作出此种规定,一方面是因为非法人组织的类型较多,登记有利于对各类非法人组织进行更有效率的管理;另一方面,要求非法人组织原则上都进行登记,有助于使不特定第三人了解对方当事人的主体资格和交易能力,进而维护交易安全。例如,《合伙企业法》第 9 条第 1 款规定,申请设立合伙企业,应当向企业登记机关提交登记申请书、合伙协议书、合伙人身份证明等文件。该条对合伙企业的登记问题作出了相应规定。再如,《个人独资企业法》第 9 条第 1 款规定:申请设立个人独资企业,应当由投资人或者其委托的代理人向个人独资企业所在地的登记机关提交设立申请书、投资人身份证明、生产经营场所使用证明等文件。委托代理人申请设立登记时,应当出具投资人的委托书和代理人的合法证明。该条对个人独资企业的登记问题作出了相应规定。

(三)非法人组织设立的批准

《民法典》第 103 条第 2 款规定:“设立非法人组织,法律、行政法规规定须经有关机关批准的,依照其规定。”非法人组织设立需要经有关机关批准的情形主要包括如下两种:(1)某种类型的非法人组织设立本身需要经过批准。例如,设立律师事务所和会计师事务所即需要经有关机关批准,对此,《律师法》第 18 条和《注册会计师法》第 25 条第 1 款均有规定。(2)某种类型的非法人组织设立本身不需要经过批准,但如果其经营范围属于需要批准的事项,则其也应当经有关部门批准。例如,依据《合伙企业法》第 9 条第 2 款的规定,如果合伙企业的经营范围属于法律、行政法规规定应当批准的项目,则该合伙企业的设立即应当经有关机关批准。

当然,一般对于应当经批准设立的非法人组织而言,在批准之后,仍然应当办理登记。批准和登记的功能存在一定的区别,批准主要是基于管理的需要,而登记主要起到一种公示的作用,即通过登记公示非法人组织的主体资格状况。

三、非法人组织的代表

(一)非法人组织可以确定代表人

《民法典》第 105 条规定:“非法人组织可以确定一人或者数人代表该组织从事民事活动。”允许非法人组织确定代表人具有重要意义:一方面,非法人组织作为独立的民事主体,能够以自己的名义对外活动,因此为了便于非法人组织参与民事活动,就应当允许非法人组织确定代表人;另一方面,允许非法人组织确定代表人从事民事活动,第三人与非法人组织从事交易时能够明确知道谁有权代表非法人组织进行行为,从而有利于维护交易安全。此外,规定非法人组织代表人制度也有利于控制非法人组织自身的风险,以防止非法人组织成员的不当实施行为。例如,根据《合伙企业法》第 26 条第 2 款的规定,按照合伙协议的约定或者经全体合伙人决定,可以委托一个或者数个合伙人对外代表合伙企业,执行合伙事务。此时,如果确定了代表人,应当由代表人代表非法人组织作出代表行为,其他成员不得代表。

需要注意的是,非法人组织的代表人不同于法人的法定代表人。法定代表人为一人,非法人组织的代表人可以为多人。法定代表人依据法律规定代表法人活动,而非法人组织的代表人则是依据章程、协议或者成员的共同决定对外代表非法人组织为行为。由于非法人组织代表人的产生原因具有多重性,这决定了与非法人组织进行交易的第三人对该代表人负有更多的审查义务。

同时,依据《民法典》第105条的规定,非法人组织"可以"确定代表人,而非必须确定。因此,如果非法人组织确定了代表人,则由该代表人代表非法人组织为行为;如果非法人组织未确定代表人,则非法人组织的所有成员都可代表非法人组织作出代表行为。例如,《合伙企业法》第26条第1款规定:"合伙人对执行合伙事务享有同等的权利。"因此,如果合伙企业未确定代表人,则每一位合伙人均可对外代表合伙,其执行合伙事务的行为对全体合伙人均发生效力。

另外,非法人组织的代表人并非一定需要登记。例如,个人独资企业的代表人并非法定登记事项,其代表人可以是投资人或受托人、被聘用人。合伙企业,以执行合伙事务的合伙人为代表人,为法定登记事项。

(二)非法人组织代表人的义务

非法人组织的代表人虽然有权代表非法人组织对外行为,但其也应当负担一定的义务,这些义务主要包括:(1)勤勉义务。代表人应当在执行事务中遵循诚信原则,尽到充分谨慎的作为义务。不得擅自转委托、怠于执行非法人组织的事务等,并要按照业务判断规则的要求,为非法人组织的最大利益从事事务的执行。如果因自己的过错而给非法人组织造成损失,应当对非法人组织承担赔偿责任。(2)忠实义务。该项义务要求非法人组织的代表人应当对非法人组织负有忠诚的义务,在执行非法人组织的事务时,应当按照非法人组织利益最大化的原则进行,不得借执行非法人组织事务的便利牟取私利,不得侵夺非法人组织的商业机会,不得与第三人恶意串通损害非法人组织的利益,也不得经营与非法人组织事业相竞争的事业。(3)报告义务。非法人组织代表人在执行非法人组织的事务时,应当及时向非法人组织的其他成员报告事务执行情况、非法人组织的经营状况、财务状况等,以便其他成员对其进行必要的监督。

四、非法人组织的财产责任

(一)非法人组织财产责任的一般规则

如前所述,非法人组织不同于法人,不能独立承担民事责任,在其财产不足以清偿其债务时,其出资人或者设立人仍然需要对该债务承担责任。依据《民法典》第104条的规定,非法人组织的偿债规则包含如下两个方面:

其一,应当首先以非法人组织的财产清偿债务。法律之所以确认非法人组织的民事主体资格,在很大程度上就是确认其能够以自己的名义承担责任,履行义务。而且法律一旦确定其为独立的民事主体,原则上,凡是非法人组织有自己财产的,都应当以自己的财产承担责任。例如,《合伙企业法》第38条规定,合伙企业对其债务,应先以其全部财产进行清偿。《个人独资企业法》第31条规定,个人独资企业财产不足以清偿债务的,投资人应当以其个人的其他财产予以清偿。上述规则都确立了首先由作为非法人组织的合伙企业、个人独资企业的财产偿还债务。

其二,非法人组织的财产不足以清偿债务的,则应由其出资人或者设立人承担无限责任。此处的无限责任,是指非法人组织的出资人或者设立人需要以其个人的全部财产对非法人组织的债务承担责任。就非法人组织的出资人或者设立人之间的关系而言,其应当对非法人组织的债务承担连带清偿责任,即每个非法人组织的出资人或者设立人对债权人承担连带清偿责任,债权人可以选择其中一人、数人或者请求其全体承担全部清偿责任。某一出资人或者设立人在清偿全部债务后,其他出资人或者设立人对债权人的清偿责任也随之消灭。

非法人组织的出资人或者设立人承担无限责任的特点在于:(1)它是一种法定责任,即非法人组织的出资人或者设立人不能通过约定免除此种责任,当事人如果作出了此种约定,该约定只能在其内部产生效力,而不能对抗债权人。但如果债权人认可的也应当对债权人发生效力。(2)它是一种对外责任。也就是说,非法人组织的出资人或者设立人应该以个人财产对非法人组织的债务负责,任何人都不能以非法人组织的债务非因个人行为造成的而提出抗辩。但是这并不妨碍某个非法人组织的出资人或者设立人在对外承担责任以后,享有向其他出资人或设立人追偿的权利。

(二)非法人组织财产责任承担的例外

如果有法律特别规定非法人组织的出资人或者设立人无须对非法人组织资不抵债部分的债务承担无限连带责任或者有其他限制的,则依据该具体规定确定出资人、设立人的责任。例如,依据《合伙企业法》第2条的规定,有限合伙人以其认缴的出资额为限对合伙企业债务承担责任。再如,《个人独资企业法》第28条规定,个人独资企业解散后,原投资人对个人独资企业存续期间的债务仍应承担偿还责任,但债权人在5年内未向债务人提出偿债请求的,该责任消灭。

五、非法人组织的解散

(一)非法人组织解散的概念与特征

所谓非法人组织的解散,是指非法人组织章程或者法律规定的事由出现,或者基于出资人、设立人的决议,使非法人组织停止积极活动,并开始清理相关财产关系的法律程序。

非法人组织解散具有如下特征:(1)解散原因具有多样性。其既可以基于法律规定的原因解散,也可以基于章程规定的事由解散,还可以基于出资人或者设立人的决定解散。(2)并不当然导致非法人组织的终止。在非法人组织解散后,还需要进行清算。(3)非法人组织一旦解散,其民事行为能力就受到严格限制,其只能从事与清算活动相关的活动,如向债务人主张债权、接受债务人的履行等。

非法人组织的解散与撤销不同,非法人组织的解散除了法律规定的原因外,其还可以基于章程规定或者出资人、设立人的决议而解散,其解散一般要体现非法人组织的自主自愿;而非法人组织的撤销一般不由非法人组织自己决定,而是由法律规定或由行政命令决定。

(二)非法人组织解散的原因

《民法典》第106条规定:“有下列情形之一的,非法人组织解散:(一)章程规定的存续期间届满或者章程规定的其他解散事由出现;(二)出资人或者设立人决定解散;(三)法律规定的其他情形。”这些解散事由大体上可以分为两类:(1)任意解散事由,即基于组织成员(出资人、设立人等)的意愿而解散,包含了“章程规定的存续期间届满或者章程规定的其他解散事由出现”和“出资人或者设立人决定解散”两种法定情形。(2)强制解散事由,即非法人组织基于法律规定而被迫解散。例如,《合伙企业法》第85条第6项规定,合伙企业因为违法行为被主管机关依法吊销营业执照、责令关闭或撤销而解散;《个人独资企业法》第26条第3项规定,个人独资企业被依法吊销营业执照时应当解散。

依照《民法典》第106条的规定,对于非法人组织的解散,还应注意以下三个问题:(1)非法人组织的组织文件并不都称为章程,在合伙企业称为合伙协议,在个人独资企业则一般无章程,更无协议,因此,本条所称章程,应作扩张解释,包含合伙协议等非章程形式的组织文件在内。[8]

---

[8] 李宇:《民法总则要义:规范释论判解集注》,法律出版社2017年版,第304页。

(2)本条第1项所称的存续期间届满而解散的事由,并不当然适用于合伙企业,对于合伙企业的合伙期限届满,另外需要"合伙人决定不再经营"这一要件方可解散。(3)与法人解散相比,由于非法人组织无权力机构,因此无权力机构解散这一事由。

(三)非法人组织解散后的清算

《民法典》第107条规定:"非法人组织解散的,应当依法进行清算。"因此,在非法人组织解散后,其必须进行清算,以及时了结其相关的权利义务关系,并规范非法人组织的退出行为。如果非法人组织在解散后长期不清算,可能导致相关的权利义务关系始终处于不确定状态,这会影响交易安全和交易秩序。

关于非法人组织清算的程序,《民法典》并没有作出统一规定,但相关的立法对个别类型的非法人组织的清算规则作出了规定。例如,《合伙企业法》第86条至第90条对合伙企业的清算规则作出了规定,《个人独资企业法》第27条、第29条、第30条、第32条对个人独资企业的清算作出了规定,此时,非法人组织的清算应当适用上述特殊规则。

同时,依据《民法典》第108条的规定,如果相关立法没有对非法人组织的清算规则作出规定,则可以准用法人清算的一般规则。具体而言,在清算开始时,应当确定非法人组织的清算人,从而由其在清算期间代表非法人组织处理与清算相关的事务。一旦清算程序开始启动,非法人组织即应当停止与清算无关的活动。清算人应当及时通知该非法人组织的债权人,以便于债权人进行债权申报,清算人应当登记各债权人的债权。如果因为清算人未及时通知导致债权人未及时申报债权的,则债权人有权请求清算人承担责任。清算人应当按照债权平等原则,清偿各债权人的债权。清算结束,清算人应当编制清算报告。另外,还应向登记机关报送清算报告,申请办理注销登记,此时,非法人组织的主体资格消灭。

问题与思考

1. 自然人、法人之外第三类民事主体的名称表达是《民法典》编纂过程中争议颇大的一个问题。"其他组织"这一概念不仅在原《合同法》、原《担保法》、《民事诉讼法》等民事法律规范中得到广泛应用,而且在商法、经济法、行政法、宪法等领域的法律规范中被普遍使用,其已成为中国特色社会主义法律体系中的一个特有概念。通过对"其他组织"这一术语进行法律文本梳理,可以发现,"其他组织"的含义在主体意义与非主体意义两个层面进行使用。作为主体意义的"其他组织"在实体法和程序法上应具有相同含义,即均是指自然人、法人之外的第三类民事主体。"其他组织"可以作为民事主体进行必要的民事活动,也可以作为民事诉讼主体以自己的名义参加民事诉讼。就"非法人组织"与"其他组织"的关系而言,从文义上看,"非法人组织"的定义强调"能够以自己的名义从事民事活动",而"其他组织"的定义则强调"有一定的机构和财产"。但事实上,"其他组织"都可以以自己的名义从事民事活动,而"非法人组织"也一定会有相应的组织机构和财产。因此,"非法人组织"与主体意义上的"其他组织"在定义上并无本质差异。另一方面,从立法过程来看,"非法人组织"实质上是对"其他组织"的立法修改。我国立法此前一直使用"其他组织"来指称第三类民事主体,由于在《民法典》编纂过程中认识到"其他组织"一词具有不明确性等缺陷,才使用"非法人组织"一词予以替代。此系为实现立法语言规范化,用准确词语代替不准确词语的立法举措,属于立法语言的修改方式之一。因此,"非法人组织"并不是立法者在"其他组织"之外重新创设的一个与其并列的法律概念,而是通过新法优于旧法的法律适用原理而完成的法律术语的默示修改。[9]

2. 在实践中,应当注意区分非法人组织与非经登记的组织、非法组织的概念。非法人组织所表征的是该组织不具有独立法人资格和地位;非经登记的组织是未履行登记程序的组织,仅仅是揭示该组织设立或成立没有履行法定的或必要的注册登记程序,不能简单地认为其所从事的或实施的行为违反法律;非法组织则是指该组织所从事的事业或所实施的行为违反法律、行政法规的规定,危害国家政权,社会秩序或公共利益的组织,非法组织本身具有违法性。[10]

第二节 合 伙

一、合伙的概念、特征及法律地位

(一)合伙的概念

合伙是一种远比法人更为古老的经济组织形式。公元前18世纪的《汉谟拉比法典》第一次规定了合伙的原则。罗马共和国时期,罗马法对合伙作了极为详尽的规定。到了中世纪,在地中海沿岸商业发达的城市里,出现了有限合伙的最初组织形式,[11]被认为是后世法人制度的萌芽。19世纪末20世纪初,法律虽然确立了法人制度,但由于合伙的经营形式具有法人制度不可替代的作用,[12]合伙制度不仅没有衰败反而得到空前发展,合伙企业与个人独资企业、公司企业成为西方国家并驾齐驱的三大企业形态。因此,西方各国民事立法对合伙多有较为完备的规定。

我国改革开放以来,一度隐退的合伙再次活跃于社会主义市场经济的舞台,成为我国当下经济和社会生活中不可忽视的力量。我国合伙的现实形态各异。除了典型的合伙企业以外,在科技、教育、文化、卫生及其他社会事务中存在大量非企业合伙:有个人间基于一般合同约定的松散式合伙,亦有法人间较为固定的合伙组织;实践中还有大量隐名合伙的形式;现行法律又在普通合伙以外为有限合伙的存在提供了制度空间。

鉴于合伙形态的差异性和多样化,有学者索性将合伙的概念定义为"二个以上的人互约出资,经营共同事业"。[13] 亦有学者将民事合伙与商事合伙的概念分别加以概括。[14] 我们认为,对于合伙概念的界定,过于抽象的概括有失明确。尽管合伙的存在形式多样,但仍然有其典型形态可以成为我们判断合伙概念一般特征的基础;同时,依我国现行制度模式,也不宜以大陆法系民商分立的思维概括我国的合伙概念。

---

〔9〕 谭启平:《论民事主体意义上"非法人组织"与"其他组织"的同质关系》,载《四川大学学报(哲学社会科学版)》2017年第4期。

〔10〕 肖海军:《非法人组织在民法典中的主体定位及其实现》,载《法商研究》2016年第2期。

〔11〕 中世纪时期,因为航海的需要,在地中海沿岸的意大利等港口,出现了名为"康孟达"(commenda)的组织形式。这种组织形式一般包括一位有无限责任的海运商人和一些有限责任的投资者。但此种组织不具有常设性,在航运结束后,通常要对"康孟达"进行清算并分红。因而此种组织形式的企业属性并不显着。直到14世纪,随着社会经济的发展,在"康孟达"的基础上,出现了更具有普遍性的有限合伙形式(societa' in accomandita)。参见王利明:《民法总则研究》,中国人民大学出版社2012年版,第377~378页。

〔12〕 例如,合伙人之间的亲和程度远高于公司的股东,可避免人事关系紧张;合伙企业的条件门槛低,出资方式灵活;合伙人间利益攸关,比公司股东更关心企业的经营。参见李永军:《民法总论》,法律出版社2009年版,第371页。

〔13〕 魏振瀛主编:《民法》(第八版),北京大学出版社、高等教育出版社2021年版,第113页。

〔14〕 李永军:《民法总论》,法律出版社2009年版,第356~357页。

因而,在我国法律语境中,就其典型形态而言,合伙是指两个或两个以上的自然人、法人或非法人组织以经营共同事业为目的,根据合伙协议共同出资,共同经营,共负盈亏,按照合同约定或法律规定承担责任的组织。合伙协议、合伙组织构成了合伙概念的两大必备要素,前者体现了合伙人之间的内部权利义务关系,后者是合伙人作为整体与第三人发生法律关系的外部表现形式。据此,合伙组织一般指合伙人间较稳定的组合形式,除特别说明以外,指合伙企业;民事主体之间为了共同的事业目的,订立的共享利益、共担风险的、临时性的、组织松散的合伙,归于合同关系,由《民法典》第三编合同第二十七章合伙合同调整,不作为本节的介绍内容。

(二)合伙的法律特征

合伙以其团体性和共同的目的事业显著区别于自然人。因而,关于合伙的法律特征,更有价值的探讨应体现在其与同为组织体的法人尤其是与社团法人的比较上。与法人相比较,合伙的法律特征可从以下方面加以认识:

第一,合伙以合伙协议为成立基础。合伙协议是各合伙人确定彼此权利义务关系的重要依据,是合伙组织最重要的内部法律文件;而恰因其内部性,合伙协议不具有对抗第三人的效力,基于协议的合伙经营亦是暂时的。与之不同,法人以章程行为为成立基础,章程须经登记而有公示效力。

第二,合伙为典型的人合性组织体。合伙组织赖以结成的重要基础是各合伙人间的高度信任关系,组织成员间的人身信赖需求浓厚,对于新成员的接纳往往设有严格的程序。而法人中,社团法人为超个人的单一组织体,虽亦兼有人合性质,但其成员间的资合色彩远强于合伙;财团法人则主要为资合性的组织。

第三,合伙财产属合伙人共有,合伙人对合伙债务负无限连带责任。合伙财产对于合伙人个人财产的独立性是相对的,在承担合伙债务时,二者界限模糊,各合伙人须以其个人财产负无限连带责任。而法人财产完全独立于其成员的个人财产,二者界限分明,法人设立人以其出资额为限对法人债务承担有限责任。不过,按照我国现行的《合伙企业法》,在有限合伙企业中,有限合伙人的财产与合伙企业的财产分离,其以出资额为限对合伙企业债务承担有限责任。

第四,合伙人可直接参与合伙事务管理。依我国法律规定,除了有限合伙企业中的有限合伙人以外,普通合伙人对合伙企业事务的执行均享有同等权利,直接参与合伙事务的管理。而法人,如在公司法人内部,股东一般不能直接参与公司的事务管理。

(三)合伙的法律地位

在《民法典》颁布之前,关于合伙是否具有独立的民事主体资格,理论上存有争议。“否定说”认为,合伙不具有独立的民事主体资格,而只是自然人、法人进行民事活动的特殊形式。因为合伙不具备组织体作为民事主体所须有的要素,即独立的组织、独立的财产以及独立承担民事责任,合伙与合伙人不可分离。[15] “肯定说”则认为,合伙应当为民事主体。主要理由在于:合伙对外作为整体存在,能够以自己名义与第三人产生法律关系,具有了团体的属性;拥有与个人财产相区别的独立财产或者共同财产;能够以自己名义参与诉讼;在现代社会经济生活中的作用日

---

〔15〕 参见江伟等:《合伙不具有民事诉讼主体资格》,载《法商研究》1999 年第 1 期;龙卫球:《民法总论》,中国法制出版社 2002 年版,第 415 页;江平主编:《民法学》,中国政法大学出版社 2007 年版,第 127 页。

益重要,赋予其主体资格符合社会经济的现实需要和现代民法的发展趋势。〔16〕 另有观点则主张,应视合伙是否有自己的字号而区别对待,有字号的合伙应有独立的民事主体资格,反之则没有。〔17〕 鉴于合伙在人格、财产、责任等方面具有一定的独立性,且作为一种经济组织形式,其在现代社会经济生活中的团体性和自身存在性日益显著,《民法典》明确规定合伙企业为非法人组织,具有独立的民事主体资格。

二、合伙的分类

(一)民事合伙与商事合伙

在大陆法系实行民商分立的国家里,立法例上区分了民事合伙和商事合伙。民事合伙由民法典规定,合伙人之间的权利义务关系适用民事法律规范;此类合伙一般被作为一种契约关系规定在债法中,故可将其定义为以契约为纽带结合起来并对外承担无限连带责任的组合体。商事合伙由商法典或者商事单行法规定,合伙本身的法律地位及合伙人间的法律关系适用商法调整;此类合伙一般被规定在商法总则部分,在内涵上可将其理解为从事较为固定的营利性活动但不具有法人资格的组织体。

民事合伙和商事合伙的主要区别在于:(1)民事合伙是契约性的共同体,而商事合伙则是主体性组织体。在前者,合伙人间的权利义务关系靠契约维持,各合伙人是合伙债权债务的归属者。在后者,合伙具有某些法人的特征,合伙组织以自己名义从事经营活动所产生的权利义务均由组织体享受和承担。〔18〕 (2)民事合伙一般不以营利为目的,可以不建立商业账簿,亦不必有字号或商号。相反,商事合伙往往是以营利为目的的组织体,为经营所需应当建立商业账簿,一般要有字号或商号,在商号的名义下从事活动。(3)民事合伙不需要进行商事登记,只要合伙协议生效就可成立。而商事合伙一般均须依法进行商事登记。(4)在对外关系上,民事合伙的合伙人一般须以全体合伙人名义执行合伙事务,否则,效果不归全体合伙人。而商事合伙则实行代理制或者代表制,只要以合伙组织名义从事行为,结果即归合伙组织。〔19〕

我国实行民商合一的立法体制,故现行法律中没有明文区分民事合伙和商事合伙。但是,《民法典》中规定的合伙合同基本上可被归类为民事合伙,《合伙企业法》中规定的合伙企业基本上可被归类为商事合伙。

(二)企业型合伙与契约型合伙

依设立的根据及程序的不同,可将合伙划分为企业型合伙与契约型合伙。所谓企业型合伙,是指各类民事主体依据《合伙企业法》在中国境内设立的,并在工商行政管理机关登记注册,对外承担无限连带责任的营利性组织,包括普通合伙企业和有限合伙企业。契约型合伙是根据合伙合同而形成的合伙,此类合伙并未在工商行政管理机关登记、注册成为一个组织体,其类似于民商分立国家中的民事合伙。

企业型合伙与契约型合伙的共同点在于:均需要两个以上的合伙人,均须订立合伙协议,各合伙人共同承担责任和风险。但是二者的法律地位、设立条件、持续性、运营及终止程序均有不

---

〔16〕 参见方流芳:《合伙的法律地位及其比较》,载《中国法学》1986年第1期;马俊驹、余延满:《民法原论》,法律出版社2010年版,第146~149页;王利明:《民法总则研究》,中国人民大学出版社2012年版,第338页。

〔17〕 吴汉东、陈小君:《民法学》,法律出版社2013年版,第108页。

〔18〕 李永军:《民法总论》,法律出版社2009年版,第359页。

〔19〕 佟柔主编:《中国民法》,法律出版社1990年版,第141页。

同。企业型合伙有字号、组织管理机构，有着较强的团体性，可成为独立的民事主体；其存在具有一定的稳定性，为持续性合伙。契约型合伙在性质上仅为一种合同关系，不享有民事权利能力，不能成为独立的民事主体；合伙人间的结合多为临时的、偶然的，一旦合伙事业目的完成，合伙即宣告结束。

（三）普通合伙与有限合伙

依合伙人对于合伙企业债务所须承担的责任类型不同，可将合伙划分为普通合伙与有限合伙。所谓普通合伙，指根据合伙协议而组成的合伙企业，所有合伙人对外都要承担无限连带责任。有限合伙则是指由至少 1 名以上普通合伙人和至少 1 名以上有限合伙人组成的合伙企业；对于有限合伙企业的债务，普通合伙人承担无限连带责任，有限合伙人在其出资额度内承担有限责任。在有限合伙企业中，有限合伙人在缴付出资后，除法定情形以外，一般不再以个人财产对企业的债务负清偿责任。在此点上，有限合伙人的地位相当于公司法人中的股东。

依据我国现行《合伙企业法》，普通合伙企业与有限合伙企业的主要区别有：(1)设立条件不同。普通合伙企业的设立须两个以上的合伙人，所有合伙人均为普通合伙人，均须承担无限连带责任。普通合伙人共同经营、共担风险，人数不可能过多，所以法律对普通合伙人的数目并无最高限制。在有限合伙企业，合伙人既有有限合伙人，也有须承担无限责任的普通合伙人，且至少须有 1 个普通合伙人，因此规定有限合伙企业由 2 个以上 50 个以下合伙人设立。(2)经营管理方式不同。除合伙协议另有约定外，在普通合伙企业中，所有合伙人均享有同等的合伙事务执行权，均有权参与合伙经营管理。根据合伙协议约定或经全体合伙人决定，可委托 1 个或数个合伙人对外代表合伙企业，执行合伙事务。而在有限合伙企业中，因有限合伙人对外仅承担有限责任，其经营管理权受到限制，故只负出资义务，分享利润，不得参与合伙事务的执行，合伙事务的执行权仅由普通合伙人行使。(3)出资方式不同。在普通合伙企业中，合伙人的出资形式可以是多样的，包括货币、实物、知识产权、土地使用权或者其他财产权利，也可以用劳务出资。而在有限合伙企业中，有限合伙人可以用货币、实物、知识产权、土地使用权或者其他财产权利出资，但不得以劳务出资。(4)责任承担方式不同。普通合伙中所有合伙人对外都要承担无限连带责任。而在有限合伙中，仅普通合伙人对合伙企业债务承担无限连带责任，有限合伙人在其认缴的出资额度内对合伙企业债务承担有限责任。(5)合伙人交易权限不同。在普通合伙中，合伙人不得自营或与他人合营与本合伙企业相竞争的业务，除合伙协议另有约定或全体合伙人一致同意外，合伙人不得与本企业进行交易；而在有限合伙中，除合伙协议另有约定外，有限合伙人不负竞业禁止义务和禁止与本企业交易的义务。(6)合伙财产份额流转限制不同。在普通合伙中，合伙人将自己的财产份额向合伙人以外的人出让或出质，须经其他合伙人一致同意；在合伙财产份额向外转让时，除非合伙协议另有约定，其他合伙人同等条件下享有优先购买权。而在有限合伙中，除非合伙协议另有约定，有限合伙人可以自行决定将其财产份额向外出质；提前30 日通知其他合伙人后，亦可将其财产份额向外转让；转让时，其他合伙人一般不享有优先购买权。(7)利润分配限制不同。在普通合伙中，合伙协议不得约定将全部利润分配给部分合伙人；而在有限合伙中，合伙协议可以作出此种约定。

与普通合伙和公司制度比较，有限合伙具有独特的制度优势。有限责任公司与股份有限公司出资者的责任是有限的，但设立的法定条件要求较高。普通合伙虽然设立的法定条件要求较低，但出资人须对企业债务承担无限连带责任。采用有限合伙的方式，既可使投资人享受到了合伙企业较低的设立条件，又可使其作为有限合伙人，将自己的投资风险与责任控制在出资范围以内,而获得高额的回报。同时,在内部治理机制上,有限合伙具有更大的灵活性。有限合伙人一般只出资和分享利润,而不参加经营管理与决策;管理形式也较简单,重要事项亦不像普通合伙那样需要全体合伙人一致同意。

(四)显名合伙与隐名合伙

以合伙人是否在合伙中公开其姓名、是否参加合伙的经营管理以及对合伙债务是否承担无限连带责任为标准,合伙可被分为显名合伙与隐名合伙。显名合伙是指所有合伙人都要公开合伙人身份和姓名并参与合伙事业的经营管理活动的合伙。[20] 隐名合伙是指其合伙人中至少有一名隐名合伙人的合伙,该隐名合伙人不公开其姓名而仅出资并分配利益,不参加合伙事业的经营管理,且仅以其出资为限对合伙债务承担有限责任。在隐名合伙契约关系中,出资人往往为隐名合伙人,经营人往往为显名合伙人,被称为"出名营业人"。[21] 我国《合伙企业法》未承认隐名合伙的形式。

显名合伙与隐名合伙的主要区别体现在:(1)显名合伙中所有合伙人都必须公开其姓名,而隐名合伙中的隐名合伙人无须公开身份和姓名;(2)显名合伙中所有合伙人均须共同参与合伙事业的经营管理,隐名合伙中,合伙事业仅仅是出名营业人的事业,并非各个合伙人的共同事业,隐名合伙人无权参与合伙的经营管理,[22]无权代表合伙与他人发生民事法律关系;(3)显名合伙中除有限合伙人以外的其他合伙人都要对外承担无限连带责任,而隐名合伙中隐名合伙人仅对合伙债务承担有限责任。

隐名合伙与有限合伙颇有相似之处,但二者为不同概念,主要区别有:(1)隐名合伙无须经登记而仅仅以契约即可成立,隐名合伙人与显名合伙人之间的关系主要靠契约来维持;而有限合伙一般须经登记方可成立,有限合伙人作为组织的成员与其他合伙人形成较固定的关系。(2)从外在形式上看,隐名合伙可能是一人经营的独资商号,而有限合伙则为合伙组织(合伙商号)。[23]

三、合伙的设立

(一)合伙设立应具备的一般条件

其一,必须有2个以上的自然人、法人或者非法人组织作为合伙人。一人为"独",二人为"伙"。因而,合伙设立的出资人人数不得少于2人。在合伙出资主体资格的设定上,我国法律经历了一个认识逐步深化的过程。2006年修订的《合伙企业法》明确规定自然人、法人或者其他组织均可成为合伙人。

其二,合伙人之间须签订书面合伙协议。合伙以合伙协议为基础,故其设立须有书面合伙协议。我国《合伙企业法》第18条和第46条规定,合伙协议应当载明下列事项:(1)合伙企业的名称和主要经营场所的地点;(2)合伙目的和合伙经营范围;(3)合伙人的姓名或者名称、住所;(4)合伙人的出资方式、数额和缴付期限;(5)利润分配、亏损分担方式;(6)合伙事务的执行;(7)入伙与退伙;(8)争议解决办法;(9)合伙企业的解散与清算;(10)违约责任。合伙协议未约

---

[20] 高富平等:《合伙企业法原理与实务》,中国法制出版社1997年版,第10页。
[21] 马强:《合伙法律制度研究》,人民法院出版社2000年版,第294页。
[22] 参见郑玉波:《民法债编各论(下)》,台北,三民书局1985年版,第710页。
[23] 刘黎明:《隐名合伙及相关的法律问题》,载《法商研究》1998年第6期。

定或约定不明的事项，由合伙人协商决定；协商不成的，依照《合伙企业法》和其他相关法律、行政法规的规定处理。合伙协议经全体合伙人签名、盖章后生效。合伙人根据合伙协议享有权利、履行义务。

其三，必须由合伙人共同出资。出资是合伙人为筹集合伙事业所需资本而实施的给付。合伙人的出资是合伙进行业务活动的物质基础，也是自然人、法人或非法人组织成为合伙人的先决条件。故合伙人出资构成合伙企业设立的必备条件。

（二）普通合伙企业的设立

其一，须有 2 个以上合伙人，合伙人为自然人的，应当具有完全民事行为能力。至少有 2 名合伙人，才能成其为合伙。同时，普通合伙企业的合伙人在数量上没有上限要求。因普通合伙企业的合伙人均须对企业债务承担无限连带责任，出于保护限制民事行为能力人和无民事行为能力人的利益以及合伙利益的考虑，在合伙人为自然人时，法律要求其应具有完全民事行为能力。[24] 由于所须承担的责任性质特殊，学理上对于法人能否成为普通合伙企业的合伙人存有争议。从我国现行《合伙企业法》的规定看，只是出于维护社会公共利益以及保护国有资产和上市公司股东利益的需要，为防止其陷入无限连带责任，规定国有独资公司、国有企业、上市公司及公益性的事业单位、社会团体不得成为普通合伙人。

其二，有书面合伙协议。我国现行《合伙企业法》第 4 条规定："合伙协议依法由全体合伙人协商一致，以书面形式订立。"可见，合伙协议是一个要式的、诺成性合同。作为一种共同的民事法律行为，合伙协议亦须具备一般民事法律行为的生效要件，如当事人须有相应的民事行为能力、意思表示真实、协议内容不违反法律、行政法规的强制性规定，不违背公序良俗。同时，合伙协议须载明《合伙企业法》第 18 条要求的事项。

其三，有合伙人实际交付的出资。合伙人可以用货币、实物、土地使用权、知识产权或者其他财产权利出资。对于货币以外的出资需要评估作价的，可以由全体合伙人协商确定，也可以由全体合伙人委托评估机构进行评估。经全体合伙人协商一致，合伙人也可以用劳务出资，具体评估办法可由全体合伙人协商确定。

其四，有合伙企业的名称和生产经营场所，且名称中应当标明"普通合伙"字样。名称是合伙成为特定化组织的重要标志，有了名称，企业才能以自己名义对外进行民事活动，故名称为普通合伙企业设立的条件之一。且为了与特种合伙相区别，以保护交易安全，我国《合伙企业法》规定，普通合伙企业的名称中应标明"普通合伙"字样。生产经营场所是合伙企业成立后开展经营活动的基础，也是其有相对独立财产的标志，故亦为其设立的必备条件。

其五，法律、行政法规规定的其他条件。若法律、行政法规对合伙组织的设立规定了其他条件，则合伙的设立亦须具备这些条件。如合伙企业的经营范围中有属于法律、行政法规规定在登记前须经批准的项目的，该项经营业务应事先履行批准手续。

（三）有限合伙企业的设立

有限合伙企业的设立，除了适用普通合伙企业设立的一般规定以外，还须满足一些特殊规定的设立条件，主要有：（1）须有 2 个以上 50 个以下的合伙人，其中至少有 1 个为普通合伙人。有限合伙企业仅剩有限合伙人的，应当解散；仅剩普通合伙人的，应当转为普通合伙企业。法律对

---

〔24〕 参见《合伙企业法》修改起草工作组：《〈中华人民共和国合伙企业法〉（修订）条文释文》，上海财经大学出版社 2006 年版，第 94 页。

有限合伙企业的合伙人数目设定最高限,是为了防止有人利用有限合伙企业形式进行非法集资活动,体现合伙企业人合性的特性,并为今后的实践留有必要的空间。规定至少应当有1个普通合伙人,是因为如果没有普通合伙人,就没有人对合伙债务承担无限责任,与有限合伙的性质相违背。(2)书面合伙协议除了须有普通合伙企业协议一般记载事项以外,还须载明有限合伙企业的特有事项,如执行事务合伙人的产生程序、权限、责任,有限合伙人的入伙、退伙及责任等。[25] (3)有限合伙人应以劳务以外的形式实际缴付出资。有限合伙人非合伙事务的实际执行人,故不得以劳务出资。(4)合伙企业名称中须注明"有限合伙"字样。

欲设立合伙企业,除了须符合以上设立条件外,还须申请合伙企业设立登记,获企业登记机关批准登记并签发营业执照后,方可成立。申请设立登记,应当向企业登记机关提交登记申请书、合伙协议书、合伙人身份证明等资料。合伙企业营业执照的签发日期为合伙企业的成立日期。领取营业执照以前,合伙人不得以合伙企业名义从事合伙业务。合伙企业设立分支机构,亦应向分支机构所在地的企业登记机关申请登记,领取营业执照。

四、合伙事务的执行

(一)普通合伙企业合伙事务的执行

1. 合伙事务执行的方式及其运行规则

其一,全体合伙人共同执行。

合伙企业为人合性组织,合伙人相互合作、共同经营是合伙的应有之义。所以,合伙人对执行合伙事务应享有同等的权利,每个合伙人均有合伙事务的执行权、异议权。据此,全体合伙人共同执行应为合伙事务执行方式之一。根据《合伙企业法》第29条的规定,合伙人分别执行合伙事务的,执行事务合伙人可以对其他合伙人执行的事务提出异议;提出异议时,应当暂停该项事务的执行。如果发生争议,应按合伙协议约定的表决办法决定;若合伙协议未约定或者约定不明确的,则按照合伙人1人1票并经全体合伙人过半数通过的表决办法决定。[26]

其二,委托一名或数名合伙人执行。

为了缓和合伙人平等执行权的不便,法律允许合伙人商定执行权委托条款。依《合伙企业法》第26条规定,按照合伙协议的约定或者经全体合伙人决定,可以委托1名或者数名合伙人对外代表合伙企业,执行合伙事务;作为合伙人的法人、其他组织执行合伙事务的,由其委派的代表执行。可见,法律允许全体合伙人约定几名合伙人执行合伙事务,也认可推荐能力强、威信高的合伙人为负责人执行合伙事务。

由1名或者数名合伙人执行合伙事务的,其执行合伙事务所产生的收益归合伙企业所有,所产生的亏损或费用,由合伙企业承担;若对执行合伙事务事先约定有报酬的,事务执行人可请求合伙企业支付报酬;受托合伙人对于合伙事务应亲自执行,不得借机谋取私利;并应定期向合伙人报告事务执行情况以及合伙企业的经营和财产状况。其他合伙人不再执行合伙事务,但有权监督执行事务合伙人执行合伙事务的情况。受委托执行合伙事务的合伙人不按照合伙协议或者全体合伙人的决定执行事务的,其他合伙人可以决定撤销该委托。合伙人为了解合伙企业的经营状况和财务状况,有权查阅合伙企业会计账簿等财务资料。

---

[25] 参见《合伙企业法》第63条。

[26] 参见《合伙企业法》第30条。

被委托执行合伙企业事务的合伙人与合伙企业之间是一种基于委托产生的代理关系,[27]对于执行事务的合伙人可准用有关委托代理中受托人权利义务的规定。但合伙代理与一般委托代理之间仍有区别。一般委托代理是基于委任合同而产生,但委任合同的成立与生效,并不当然产生代理权,只有委托人作出委托授权的单方行为,代理权才产生。而合伙代理则是直接根据合伙合同关系而产生,被委任的合伙事务执行人没有正当理由不得辞任。[28]

其三,聘任合伙人以外的经理人执行。

合伙企业可以聘任合伙人以外的人为合伙企业的经营管理人员,被聘人员被授权管理合伙内部事务,也可以被授权对外代表合伙企业。受聘人员按照授权进行的经营管理活动,其法律后果由合伙企业承担;超越授权范围执行事务造成损失的,依法承担赔偿责任。

2. 合伙事务的决议规则

合伙是个人权利的结合,合伙经营活动应由合伙人共同决定。按照《合伙企业法》第 30 条的规定,合伙人对合伙企业有关事项的决议,按照合伙协议约定的表决办法办理;合伙协议未约定或者约定不明确的,实行合伙人 1 人 1 票并经全体合伙人过半数通过的表决方法。可见,对于一般合伙事项的决策办法,在无协议约定的情况下,依法实行过半数票决通过制。

而对于部分重要事项的决议,因其事关合伙企业整体利益或市场交易秩序的维护,《合伙企业法》第 31 条规定除合伙协议另有约定外实行全体合伙人全票通过制。这些事项包括:(1)财务类事项。如转让或处分合伙企业财产权(不动产所有权、知识产权等),以合伙企业名义为他人担保,合伙人增加或减少对合伙企业的出资。(2)人事类事项。如推选合伙负责人,聘任合伙人以外的人担任合伙企业的经营管理人员。(3)企业主体资格要素变更事项,包括合伙协议的修改或补充,合伙企业名称、经营范围、场所变更及登记。

合伙人对必须经全体合伙人一致同意才能执行的事务擅自处理,给合伙企业或者其他合伙人造成损失的,应依法承担赔偿责任。

3. 合伙人对企业的忠实义务

为了合伙事业目的的实现,合伙人必须忠实地维护企业的整体利益。出于防止普通合伙人利用自身便利损害企业及其他合伙人利益的考虑,《合伙企业法》第 32 条对普通合伙人规定了竞业禁止义务和不得与本企业交易的义务。竞业禁止是指普通合伙人不得自营或者同他人合作经营与本合伙企业相竞争的业务。该规定的目的在于防止企业成员或经营管理人员利用企业的经营资源谋取个人利益。普通合伙人不得与本企业交易的义务是由合伙人作为企业的当然代理人的地位决定的,符合代理人不得自己代理的一般原理。当然,若合伙协议有约定或全体合伙人同意,或者事后得到全体合伙人的追认,合伙人与本企业的交易行为可以有效。合伙人违反法律规定或者合伙协议的约定,从事与本合伙企业相竞争的业务或者与本合伙企业进行交易,给合伙企业或者其他合伙人造成损失的,依法承担赔偿责任;对于合伙人因违反该两项义务所得的收益,其他合伙人可将其直接归入合伙企业所有。

4. 合伙事务的执行与善意第三人保护

《合伙企业法》第 37 条规定,合伙企业对合伙人执行合伙事务以及对外代表合伙企业权利

---

〔27〕 即使对于设立的合伙事务负责人,亦有别于法人的法定代表人,因为合伙事务负责人所代表的,为各合伙人,而非合伙本身。参见王泽鉴:《民法总则》,北京大学出版社 2009 年版,第 148 页。

〔28〕 马俊驹、余延满:《民法原论》,法律出版社 2010 年版,第 161 页。

的限制,不得对抗善意第三人。据此,合伙协议、聘任协议的效力具有内部性,其中关于合伙事务的执行及执行人对外代表权限的约定仅对合伙人、聘任的经理人有约束效力,善意第三人对合伙协议及内部事务执行的决定无查知义务。因而,出于保护交易安全的考虑,当合伙事务执行人(合伙人、聘任的经理人)超越协议权限以合伙企业名义与善意第三人交易时,所产生的法律后果依表见代理的规则处理。

(二)有限合伙企业合伙事务的执行

在有限合伙企业中,普通合伙人对企业债务负无限连带责任,有限合伙人承担有限责任。按照权利与义务相一致的原则,有限合伙企业合伙事务执行权专属于普通合伙人,由普通合伙人对外代表合伙企业。普通合伙人执行合伙事务时,应当遵守法律关于普通合伙的合伙人执行事务的规定,具体办法由普通合伙人协议确定。合伙协议可以约定给予事务执行人一定的报酬,以利于合伙事务的顺利运营。

有限合伙人无权执行有限合伙企业的事务,对外不得代表合伙企业。根据《合伙企业法》第76条的规定,有限合伙人未经授权以合伙企业的名义与第三人进行交易,给合伙企业或者其他合伙人造成损失的,该有限合伙人的行为构成无权代理,应当承担相应的赔偿责任。该条同时规定,第三人有理由相信有限合伙人为普通合伙人并与其交易的,该有限合伙人对该笔交易承担与普通合伙人同样的责任。据此,第三人若能举证证明其有确切理由相信与其交易的有限合伙人为普通合伙人,则可要求有限合伙人对该笔合伙债务承担无限连带责任。这项旨在保护有限合伙企业债权人利益的规则学理上称为“表见合伙”。所须注意的是,有限合伙人须对之承担无限连带责任的只是与第三人的“该笔交易”产生的合伙债务,对于有限合伙企业的其他债务,有限合伙人仍然承担有限责任。[29]

为了保护有限合伙人的利益,《合伙企业法》第68条第2款规定了有限合伙人参与有限合伙事务经营管理的几项权利,主要包括参与决定普通合伙人的入伙与退伙、对企业经营管理提出建议、参与审计机构的选择、获取财务会计报告、查账、监督合伙事务的执行、担保本企业债务等;但同时强调,这些行为均“不视为执行合伙事务”。

与对普通合伙人的相关规定不同的是,《合伙企业法》第70条、第71条规定,除非合伙协议另有约定,有限合伙人可以同本有限合伙企业进行交易,且可以自营或者同他人合作经营与本有限合伙企业相竞争的业务。之所以有此差异,主要原因在于:(1)有限合伙人不参与有限合伙企业的经营活动,一般也不会对企业的经营活动产生重大影响,因而,其与合伙企业进行交易一般也不会出现不公平交易的现象;(2)有限合伙人不享有合伙事务的执行权,不参与合伙事务的执行,一般不了解企业的商业秘密等信息,其从事与合伙企业相竞争的业务就不会发生争夺商业机会从而损害合伙企业利益的情况。[30]

---

〔29〕 魏振瀛主编:《民法》(第八版),北京大学出版社、高等教育出版社2021年版,第125页。

〔30〕 李飞主编:《中华人民共和国合伙企业法释义》,法律出版社2006年版,第116页。

五、合伙财产、损益分配与合伙债务承担[31]

(一)合伙财产

1. 合伙企业财产的来源和性质

《合伙企业法》第20条规定,合伙人的出资、以合伙企业名义取得的收益和依法取得的其他财产,均为合伙企业的财产。据此,合伙财产的来源由三部分构成:(1)合伙人出资投入企业的财产;(2)合伙从事经营活动积累的财产,主要包括因经营所得的利润及合伙财产所生的孳息等;(3)依法从其他渠道取得的财产,例如接受赠与的财产等。

关于合伙财产的性质(亦即合伙财产的归属),我国学界有过较集中的争论。归纳起来,较有代表性的观点有三种:一是按份共有说。此说的主要根据是《合伙企业法》第22条有关合伙人可以向其他合伙人以及合伙人以外的人转让合伙财产份额的规定,据此推定合伙企业的财产属于合伙人按份共有。[32] 二是共同共有说。此说的主要理由有:按共同共有处理,有利于维持合伙组织与合伙财产的连续性和稳定性,有利于保障合伙事业的进行;依照《合伙企业法》第21条的规定,合伙人在合伙企业清算前,一般不得请求分割合伙企业的财产。[33] 三是区分说。认为合伙经营积累的财产归合伙人共同共有,对于作为合伙人出资部分的财产的性质,应视合伙人间的约定、投入财产的种类以及法律对合伙人权利义务的规定等情形具体分析而定。如现金、其他种类物、技术专有权等可归合伙人共同共有,而实物的他物权、信用、劳务等形式则只能归出资人个人所有。[34] 在合伙财产的性质问题上,我们赞同上述第三种观点。

2. 合伙财产的保全

合伙财产是实现合伙目的事业的物质基础。为了保证合伙人共同经营目标的实现,同时保护第三人的合法权益,我国《合伙企业法》效仿世界多数国家民法,设以下专门规定保全合伙财产:

第一,合伙财产分割之禁止。根据《合伙企业法》第21条的规定,除合伙协议另有约定、全体合伙人一致同意以外,合伙人在合伙企业清算前,不得请求分割合伙企业的财产。这里的“不得请求分割”当然包括不得请求返还出资和不得请求分配其他财产中的应有份额。[35] 当然,有限合伙人可以依协议约定于清算前转让财产份额,此情形属于该条所称的“本法另有规定”的除外情形。为了保护第三人利益,该条同时规定,“合伙人在合伙企业清算前私自转移或者处分合伙企业财产的,合伙企业不得以此对抗善意第三人”,依此,清算前私自处分的合伙企业财产仍须作为担保善意第三人债权实现的责任财产,承担无限连带责任。

第二,合伙份额流转(转让、出质)之限制。为了维护合伙财产的整体稳定性,《合伙企业法》对合伙财产份额的流转设定了严格的限制程序。根据该法第22条的规定,除合伙协议另有约定外,合伙人向合伙人以外的人转让其在合伙企业中的全部或者部分财产份额时,须经其他合伙人

---

〔31〕 为了叙述方便,本部分内容除特别指明适用于有限合伙企业以外,均针对普通合伙企业而言。

〔32〕 魏振瀛:《关于合伙理论与实践的几个问题》,载《法学研究》1986年第6期。

〔33〕 参见王利明:《民法总则研究》,中国人民大学出版社2012年版,第350~351页。另外,王泽鉴先生亦认为,各合伙人的出资及其他合伙财产为合伙人全体的共同共有,除有特别规定外,应适用物权编关于共同共有的规定。参见王泽鉴:《民法总则》,北京大学出版社2009年版,第148页。

〔34〕 马俊驹、余延满:《民法原论》,法律出版社2010年版,第155~156页。

〔35〕 马俊驹、余延满:《民法原论》,法律出版社2010年版,第156页。

一致同意;合伙人之间转让在合伙企业中的全部或者部分财产份额时,应当通知其他合伙人。该法第23条同时规定,除非协议另有约定,合伙人向外转让其合伙财产份额时,其他合伙人同等条件下有优先购买权。另依据该法第25条的规定,合伙人以其合伙财产份额出质的,亦须经其他合伙人一致同意;未经一致同意,其行为无效,由此给善意第三人造成损失的,由行为人依法承担赔偿责任。当然,鉴于有限合伙人特殊的法律地位,该法赋予其较独立的财产份额流转权。据该法第72条、第73条的规定,只要提前30日通知其他合伙人,有限合伙人可将其合伙财产份额向外转让;在不违背合伙协议约定的前提下,有限合伙人亦可将其合伙财产份额出质。

第三,债权人抵销权和代位权行使的限制。为保持合伙财产的稳定性与独立性,《合伙企业法》采合伙企业与合伙人个人的债权债务相区分的原则。为此,该法第41条规定,合伙人发生与合伙企业无关的债务,相关债权人不得以其债权抵销其对合伙企业的债务;也不得代位行使合伙人在合伙企业中的权利。例如,甲、乙办一合伙企业A销售电脑,丙餐馆从A企业购买电脑一台,欠款1万元到期未还;甲曾引家人到丙餐馆消费,欠餐费1万元未还;后丁亦从A处购电脑一台,欠款1万元经甲乙催要仍未还。则:丙不能以甲所欠1万元餐费抵销对A的1万元电脑货款;若甲过期不还餐费,丙亦不能以甲作为A之合伙人的身份向丁索取电脑货款。之所以规定合伙人个人债务的债权人不得代位行使合伙人在合伙企业中的权利,一般认为合伙的权利不同于单纯的财产权,有专属权的性质,不得与合伙的地位相分离;〔36〕为了维持合伙组织的团体稳定性,有必要将合伙财产、债务与合伙人的个人财产、债务适当分离。〔37〕

(二)合伙内部的损益分配

有关合伙内部的利润分配、亏损分担办法,2006年修订后的《合伙企业法》于第33条第1款规定:合伙企业的利润分配、亏损分担,按照合伙协议的约定办理;合伙协议未约定或者约定不明确的,由合伙人协商决定;协商不成的,由合伙人按照实缴出资比例分配、分担;无法确定出资比例的,由合伙人平均分配、分担。

由普通合伙的性质决定,合伙人必须共享收益、共担风险,因而《合伙企业法》规定合伙协议不得约定由部分普通合伙人分享全部利润或分担全部亏损。而在有限合伙企业中,依《合伙企业法》第69条的规定,尽管原则上亦不得将全部利润分配给部分合伙人,但是,若合伙协议另有约定,则允许将全部利润分配给部分合伙人。这样规定的目的,是适应特定行业的投资特殊性需求。在实践中,有限合伙人多为风险投资机构,它们参与合伙的初衷在于尽快获得投资回报,而高技术产业的投资回报周期一般较长,若按技术生产周期兑现投资收益,势必使风险投资机构快速取得投资回报的预期落空。因而,为了调动合伙投资人的积极性,使合伙企业获得充足的外来投资,法律作出例外规定,允许合伙人协议约定在一定时期内将利润全部分配给部分合伙人。〔38〕

(三)合伙债务的承担

1. 合伙债务与合伙人个人债务

合伙债务是指合伙关系存续期间,在以合伙或全体合伙人的名义与第三人发生民事法律关

---

〔36〕 而对于合伙人的利益分配请求权,《德国民法典》第725条第2项和我国台湾地区"民法"第684条规定其可被代位行使,因为该请求权并无专属性,而是独立财产。我国现行法对此未作规定,但应作相同解释。马俊驹、余延满:《民法原论》,法律出版社2010年版,第157页。

〔37〕 张玉敏主编:《民法》,高等教育出版社2011年版,第86页。

〔38〕 参见《合伙企业法》修改起草工作组:《〈中华人民共和国合伙企业法〉(修订)条文释文》,上海财经大学出版社2006年版,第243页。

系中所承担的债务，通常为合伙人在执行合伙事务中对他人所欠的债务，一般排除合伙对于合伙人的出资返还请求权之债务。合伙债务可因合同、侵权、无因管理、不当得利等而发生。保证合伙债务实现的责任财产为合伙人的共有财产和各合伙人的个人财产。[39]

合伙人个人债务系指合伙人以个人名义参与民事活动所产生的债务，应由合伙人以个人名义以个人财产、合伙财产中的个人份额清偿。根据《合伙企业法》第42条的规定，合伙人的个人财产不足清偿其与合伙企业无关的债务的，该合伙人可以以其从合伙企业中分取的收益用于清偿；债权人也可以依法请求人民法院强制执行该合伙人在合伙企业中的财产份额用于清偿。人民法院强制执行合伙人的财产份额时，应当通知全体合伙人，其他合伙人有优先购买权；其他合伙人未购买，又不同意将该财产份额转让给他人的，应当为该合伙人办理退伙结算，或者办理削减该合伙人相应财产份额的结算。

如果合伙债务与合伙人个人债务同时存在，且合伙与合伙人均陷入资不抵债的境地时，便存在两种债务的清偿顺序问题。据此，英美等国家采取了“双重优先原则”（jingle rule），就是合伙人个人的债权人优先于合伙的债权人从合伙人的个人财产中得到清偿，合伙的债权人优先于合伙人个人的债权人从合伙财产中得到清偿。换句话说，合伙的财产优先清偿合伙的债务，合伙人个人的财产优先清偿个人的债务。这样处理比较公平，我国多数学者赞成这种办法。[40]

2. 普通合伙人对合伙债务的责任

依据我国《合伙企业法》等法律及司法解释的规定，在性质上，合伙人对合伙债务的责任可归纳为补充性责任、无限责任、连带责任：

第一，补充性责任。关于合伙财产和合伙人的个人财产清偿合伙债务的顺序，比较法上有两种立法例：（1）并存主义。即对于合伙债务，由合伙财产和合伙人的个人财产负担连带清偿责任，合伙的债权人可就合伙财产和合伙人的个人财产选择请求清偿，没有先后次序的法定限制。德国和瑞士采此立法例。（2）补充连带主义。即对于合伙债务，合伙的债权人应首先要求以合伙财产清偿，对于以合伙财产清偿不足的部分，才能请求合伙人以个人财产连带清偿；合伙人的个人财产对于合伙债务的实现处于补充担保的地位。我国《合伙企业法》第38条规定，合伙企业对其债务，应先以其全部财产进行清偿。第39条规定，合伙企业不能清偿到期债务的，合伙人承担无限连带责任。由此可见，我国采取的是补充连带主义立法例，合伙人对合伙债务的责任为一种补充性责任。此种立法例考虑到了合伙的团体性，兼顾了合伙债权人和合伙人个人的利益，体现了债权平等的原则，同时亦有利于交易和诉讼成本的节约。[41]

第二，无限责任。所谓无限责任，是指合伙人对于合伙债务的履行担保不以其在合伙中的出资额为限，当合伙财产不足以清偿全部合伙债务时，合伙人应以其全部个人财产作为清偿担保。我国《合伙企业法》对合伙企业中普通合伙人规定的即是这种无限责任。此种无限责任是一种法定责任，不能由当事人协议排除或变更；它也是一种加重责任，意味着合伙人不仅要以其合伙出资而且须以其全部个人财产为限对合伙债务承担清偿责任。之所以规定无限责任，与合伙人的出资方式和合伙财产的规模有关。[42] 法律对合伙人的出资形式和数额很少限制，这使合伙的

---

〔39〕 马俊驹、余延满：《民法原论》，法律出版社2010年版，第157页。

〔40〕 魏振瀛主编：《民法》（第八版），北京大学出版社、高等教育出版社2021年版，第120页。

〔41〕 王利明：《民法总则研究》，中国人民大学出版社2012年版，第355页。

〔42〕 马俊驹、余延满：《民法原论》，法律出版社2010年版，第159页。

债权人若仅以合伙财产为偿债担保将面临很大的风险,为维护债权人的利益和正常交易秩序,法律规定了此种无限责任。

第三,连带责任。所谓连带责任,是指每个合伙人对合伙债务均负有全部清偿的义务,合伙的债权人有权向任何一个、多个或全体合伙人提出履行债务的请求,被选定的合伙人均须满足合伙债权人提出的偿债请求。已经履行了清偿义务的合伙人,可就其给付中超过自己应承担的部分向其他合伙人追偿。每个合伙人对合伙债务的清偿,对其他合伙人均有清偿效力:一个合伙人清偿全部合伙债务后,其他合伙人对债权人的清偿责任随之消灭;同时,其他合伙人亦不能以清偿未经其同意为由,抗辩清偿合伙人的追偿权。连带责任的立法意图在于:通过在各个合伙人之间设定互为担保的机制,加重其清偿合伙债务的责任,以强化对债权人债权实现的担保。所须强调的是,此种连带责任仅适用于合伙债权人的债权兑现,在合伙人内部,对合伙债务按份额分担,未清偿合伙债务的合伙人对追偿权人不负连带责任。从法理上讲,此种连带责任也应为法定责任,不以当事人协议排除或变更。

3. 特殊普通合伙企业的责任

特殊普通合伙企业,是指以利用专业知识和专门技能为客户提供有偿服务为目的,部分合伙人在特定条件下仅承担有限责任的企业。它是普通合伙企业的一种特殊类型,除了特定情况下合伙人对合伙债务承担的责任不同以外,均适用普通合伙企业的规定。特殊普通合伙是我国《合伙企业法》上的称谓,原理上参考了20世纪90年代美国、英国等国的“有限责任合伙法”。为了与有限合伙相区别,未用“有限责任合伙”之名,而改称“特殊普通合伙”。[43] 其产生背景是:20世纪80年代,美国有会计师事务所和律师事务所因部分执业人的故意或重大过失而陷入严重的债务危机,无过失的合伙人因此承担了巨额的连带债务,出现严重不公平问题。为了减轻无过失合伙人的风险,赋予其有限责任保护,以促进专业服务行业的健康发展,出现了这一合伙企业形式。

特殊普通合伙企业的核心“特殊”点在于其责任承担规则。根据我国《合伙企业法》第57条、第58条的规定,在该类合伙企业中,一个或数个合伙人因故意或重大过失造成合伙债务时,由该直接责任人承担无限责任(直接责任人为一人时)或无限连带责任(直接责任人为数人时),其他合伙人对该合伙债务仅承担有限责任;合伙人执业虽造成合伙债务,但无故意或重大过失时,责任配置回归普通合伙企业的状态,即全体合伙人承担无限连带责任;合伙人故意或重大过失造成合伙债务,虽可先以企业财产对外清偿,但由此造成的企业损失,最终仍须按协议由该合伙人赔偿。

4. 有限合伙人对合伙债务的责任

按照《合伙企业法》的规定,有限合伙人以其认缴的出资额为限对合伙企业债务承担责任。也就是说,有限合伙人对合伙债务承担的是一种有限责任。当有限合伙企业的财产不足以清偿全部合伙债务时,有限合伙人亦无义务以其出资以外的个人财产再对合伙债务承担清偿责任。因而,有限合伙人承担的责任亦非补充责任。

六、入伙、退伙及合伙的终止

(一)入伙

入伙是非合伙人中途加入合伙,成为合伙人。入伙应经原全体合伙人同意并签订书面入伙

---

〔43〕 魏振瀛主编:《民法》(第八版),北京大学出版社、高等教育出版社2021年版,第122页。

协议。合伙人以外的人依法受让合伙人在合伙企业中的财产份额的,经修改合伙协议即可成为合伙企业的合伙人。订立入伙协议时,原合伙人应当向新合伙人如实告知原合伙企业的经营状况和财务状况。

入伙人与原合伙人依法签订入伙协议书后即取得合伙人的资格。入伙的新合伙人与原合伙人享有同等权利,承担同等责任;入伙协议另有约定的,从其约定。

新的普通合伙人对入伙前的合伙债务承担无限连带责任。这一强制性规定主要是为了保护债权人的利益,避免合伙人串通用推迟入伙日期的方法逃避债务。[44] 但是,新入伙的有限合伙人对入伙前有限合伙企业的债务,以其认缴的出资额为限承担责任。

除合伙协议另有约定外,普通合伙人与有限合伙人的身份性质对向转变的,须经全体合伙人一致同意,且均须对转变前在伙期间的企业债务负无限连带责任。

(二)退伙

退伙是合伙人在合伙存续期间退出合伙组织、消灭合伙人资格的行为。

1. 普通合伙人的退伙

根据退伙的原因不同,普通合伙人的退伙可分为自愿退伙、法定退伙和除名退伙。

其一,自愿退伙。

自愿退伙是指合伙人依约定或单方向其他合伙人声明退伙。它体现了对意思自治原则的贯彻。我国《合伙企业法》第45条规定,合伙协议约定了合伙企业的经营期限,出现下列情形之一的,合伙人可以退伙:(1)合伙协议约定的退伙事由出现;(2)经全体合伙人一致同意;(3)发生合伙人难于继续参加合伙的事由;(4)其他合伙人严重违反协议约定的义务。退伙涉及其他合伙人的利益,因此对自愿退伙也有一定的限制。根据《合伙企业法》第46条的规定,合伙协议未约定合伙企业的经营期限的,合伙人在不给合伙企业事务执行造成不良影响的情况下可以退伙,并应提前30日通知其他合伙人。合伙人违反《合伙企业法》第45条、第46条的规定退伙的,应当赔偿由此给合伙企业造成的损失。

其二,法定退伙。

法定退伙是指基于法律规定的事由而退伙。此类退伙多由客观原因造成,无须通知相关当事人或经全体合伙人一致同意,为当然退伙,退伙事由发生日为退伙生效日。根据《合伙企业法》第48条的规定,法定退伙事由包括:(1)作为合伙人的自然人死亡或者被依法宣告死亡;(2)个人丧失偿债能力;(3)作为合伙人的法人或其他组织依法被吊销营业执照、责令关闭、撤销,或者被宣告破产;(4)法律规定或者合伙协议约定合伙人必须具有相关资格而丧失相关资格;(5)合伙人在合伙企业中的全部财产份额被人民法院强制执行;(6)被认定为行为能力欠缺或不全的合伙人,其他合伙人未能一致同意其转为有限合伙人的。

根据《合伙企业法》第50条的规定,合伙人死亡或者被依法宣告死亡的,对该合伙人在合伙企业中的财产份额拥有合法继承权的继承人,按照合伙协议的约定或者经全体合伙人一致同意,从继承开始之日起,取得该合伙企业的合伙人资格。但是,有下列情形之一的,合伙人的继承人不能取得合伙人资格,合伙企业应当向合伙人的继承人退还被继承合伙人的财产份额:(1)继承人不愿意成为合伙人;(2)法律规定或者合伙协议约定合伙人必须具备相关资格,而该继承人未取得该资格;(3)合伙协议约定不能成为合伙人的其他情形。合伙人的继承人为行为能力欠缺

---

〔44〕 魏振瀛主编:《民法》(第八版),北京大学出版社、高等教育出版社2021年版,第120页。

或不全者,经全体合伙人合意,可以依法成为有限合伙人;全体合伙人未能一致同意的,合伙企业应当将被继承合伙人的财产份额退还该继承人。

其三,除名退伙。

除名退伙又称强制退伙,是指因合伙人出现过错或除名事由时,经全体合伙人一致同意,撤销其合伙人资格。根据《合伙企业法》第49条的规定,除名退伙的事由包括:(1)未履行出资义务;(2)因故意或重大过失给合伙企业造成损失;(3)执行合伙事务有不正当行为;(4)发生合伙协议约定的事由。除名退伙必须遵守一定的程序。对合伙人的除名决议,应当书面通知被除名人。被除名人接到除名通知之日起,除名生效。被除名人对除名决议有异议的,可在自接到除名通知之日起30日内向人民法院起诉。

合伙人退伙,其他合伙人应当与该退伙人按照退伙时的合伙企业财产状况进行结算,退还退伙人的财产份额。退伙人在合伙企业中的财产份额的退还办法,由合伙协议约定或者由全体合伙人决定,可以退还货币,也可以退还实物。合伙人退伙时,合伙企业财产少于合伙企业债务的,退伙人应当依照其应分担的比例分担亏损。

为了避免退伙人借机逃避合伙债务从而加重其他合伙人的负担,法律规定退伙人对基于其退伙前的原因发生的合伙债务承担无限连带责任,即使合伙债务已按结算结果进行了分担,一旦发现退伙人退伙前仍有其他合伙债务未了结,退伙人也应承担无限连带责任。

2. 有限合伙人的退伙

根据《合伙企业法》第78条的规定,有限合伙人当然退伙的事由有:(1)作为有限合伙人的自然人死亡;(2)作为有限合伙人的法人的团体资格消灭(被吊销执照、责令关闭、撤销、宣告破产);(3)法定或约定资格丧失(如律师、医师被吊销执业证);(4)在合伙财产中的全部份额被人民法院强制执行。

需强调的是,与普通合伙人的情形不同,“个人丧失偿债能力”未被列为有限合伙人当然退伙的事由。这是因为有限合伙人对合伙债务承担有限责任,因而对其行为能力和责任能力要求不严。同时,因为有限合伙人不执行合伙事务,其丧失行为能力对合伙经营没有实质影响。所以,《合伙企业法》第79条规定,除非合伙协议另有约定,作为有限合伙人的自然人在有限合伙存续期间丧失民事行为能力的,其他合伙人不得因此要求其退伙。另外,为了维持有限合伙财产的稳定和减少退伙结算的麻烦,《合伙企业法》第80条规定,有限合伙人民事主体资格消灭时,其继承人或者权利承受人可以依法取得其在有限合伙企业中的资格。有限合伙人退伙后,对退伙前发生的企业债务,以其退伙取回的财产份额为限承担责任,这与普通合伙的合伙人退伙不同。

(三)合伙的解散与清算

1. 合伙的解散

合伙企业解散是指各合伙人解除合伙协议,合伙企业终止活动。根据《合伙企业法》第75条、第85条的规定,合伙企业有以下情形之一的,应当解散:(1)协议约定的经营期限届满,合伙人不愿意继续经营;(2)约定解散事由出现;(3)全体决定解散;(4)不具备法定人数满30天;(5)约定合伙目的已实现或无法实现;(6)依法被吊销营业执照、责令关闭或者被撤销;(7)有限合伙企业仅剩有限合伙人;(8)法定其他原因。

2. 合伙的清算

合伙解散并不是合伙立即消灭,合伙解散后,应当进行清算。在清算期间,合伙视为存续,但合伙的活动应限于与清算有关的事务,不得开展与清算无关的经营活动。清算应遵循以下基本程序:确定清算人;通知、公告债权人;财产清偿;编制、报送清算报告和注销登记。

清算人由全体合伙人担任;经全体合伙人过半数同意,可以自合伙企业解散后15日内指定一名或者数名合伙人,或者委托第三人担任清算人。自合伙企业解散事由出现之日起15日内未确定清算人的,合伙人或者其他利害关系人可以申请人民法院指定清算人。

清算人依法执行下列事务:清理合伙企业财产,分别编制资产负债表和财产清单;处理与清算有关的合伙企业未了结的事务;清缴所欠税款;清理债权、债务;处理合伙企业清偿债务后的剩余财产;代表合伙企业参与民事诉讼或者仲裁活动。

清算人自被确定之日起10日内将合伙企业解散事项通知债权人,并于60日内在报纸上公告。债权人应当自接到通知书之日起30日内,未接到通知书的自公告之日起45日内,向清算人申报债权。清算时,合伙企业财产应按以下顺序支付:清算费用,职工工资、社会保险费用、法定补偿金,所欠税款,合伙债务。剩余的财产按照各合伙人应得的比例进行分配。

清算结束,清算人应当编制清算报告,经全体合伙人签名、盖章后,在15日内向企业登记机关报送清算报告,申请办理合伙企业注销登记。为了保障债权人的利益,《合伙企业法》规定,合伙企业注销或依法被宣告破产后,原普通合伙人对合伙企业存续期间的债务仍应承担无限连带责任。

问题与思考

1. 在普通合伙企业中,若作为合伙人的自然人为限制民事行为能力人或无民事行为能力人,其以合伙名义对外进行的民事行为是否当然无效?答案应当是否定的。因为尽管此类自然人不具备作为普通合伙人的主体资格,但其行为已不再是个人行为,而是具备了合伙组织团体行为的全部外观,出于维护交易安全的考虑,当交易相对人为善意时,应认可此时的民事行为的效力。况且,此种情况下,完全可能是其他合伙人接受了该类合伙人行为能力不全的事实而自愿承担其中的风险,将此时的民事行为判为无效实无必要。

2. 合伙事务执行人对外行为的法律性质如何?学界有代表行为说和代理行为说的争论。代表行为说将合伙事务执行人与合伙企业的关系等同于法定代表人与法人间的关系。[45] 代理行为说为通说,将合伙负责人与合伙的关系视为代理关系。[46] 相较之下,代理说更为合理。因为合伙事务执行人的对外行为是以合伙名义进行的,其权限由其他合伙人授予,应认为其他合伙人与合伙事务执行人之间有一层委托授权关系存在。同时,合伙企业为人合性组织,各合伙人共同出资、共同经营、共负盈亏;因而,从权限归属上看,各合伙人均为合伙事务执行权利主体,只不过在推举有事务执行人的情况下,其他合伙人暂时让渡了其自身的管理权,但其参与合伙事务管理的主体资格并未因此而消灭,这体现在其他合伙人对于合伙事务执行人的监督上面。而在企业法人,股东完成出资后,便从法人的经营机制中隐退,不再直接参与法人的管理事务;在对外关系上,法定代表人代表企业进行活动,其代表行为即被视为企业行为。由此可见,代理行为说更能反映合伙人内部在合伙事务管理权上的委任关系实质。另外,以代理关系规制合伙事务执行人

〔45〕 马特主编:《民法总则讨论教学案例》,对外经济贸易大学出版社2006年版,第291页。
〔46〕 王利明:《民法总则研究》,中国人民大学出版社2012年版,第357页。

与合伙企业的关系,将合伙事务执行人与合伙企业作为彼此独立的民事主体看待,在合伙事务执行关系中嵌入转承机制,亦有利于实现合伙企业、其他合伙人、合伙事务执行人之间的利益制衡与协调。

3. 并存主义、补充连带主义和英美法上的“双重优先原则”解决的是否为同一问题(或是否针对同一情形而言)?答案是其针对的不是同一问题。并存主义、补充连带主义针对的是一般情况下合伙财产和合伙人的个人财产清偿合伙债务的顺序问题;具体而言,即在合伙企业的债权人实现自己的债权时,他能否任意选择以合伙财产和合伙人的个人财产清偿。并存主义、补充连带主义解决的核心问题是合伙债务的实现问题,所阐明的是合伙债务实现顺序的一般规则,规则的适用不问是否存在合伙人的个人债务,亦即使合伙人存在个人债务,在并存主义模式下,亦可优先选择以个人财产清偿合伙债务。因而,“双重优先原则”针对的却是合伙债务与合伙人个人债务并存且合伙与合伙人均资不抵债时的特殊状态,解决是这一特殊状态下如何协调相互冲突的合伙债务与合伙人个人债务的实现问题。由于所针对的不是同种情形下的问题,三者不可在同一逻辑层次上并列。

第三节　其他非法人组织

关于非法人组织的分类,学理上根据不同的标准有多种分类行使,例如将非法人组织分为非法人社团、非法人财团;再根据是否具有营利目的将非法人社团分为营利性非法人社团、公益性(非营利性)非法人社团等。[47] 在我国,由于非法人组织在现实生活中涉及的领域非常广泛、数量庞大,难以细致规范,因此,《民法典》没有根据特定标准分类列举,而是采取概括加列举的立法技术,对非法人组织进行界定。《民法典》第102条第2款规定:“非法人组织包括个人独资企业、合伙企业、不具有法人资格的专业服务机构等。”

一、个人独资企业

(一)个人独资企业的概念

根据《个人独资企业法》第2条的规定,个人独资企业是指在中国境内设立,由一个自然人投资,财产为投资人个人所有,投资人以其个人财产对企业债务承担无限责任的经营实体。个人独资企业在民商分立的国家也称为商自然人。个人独资企业虽然是由一个自然人投资设立的,但其与自然人不同,而属于独立的民事主体,能够以自己的名义对外开展民事活动。当然,个人独资企业虽然以企业的形式存在,但其并不能独立对外承担责任,作为投资人的自然人仍然需要对个人独资企业的债务承担无限责任。在个人独资企业中,企业主不一定直接参加劳动,或者不是劳动的主要力量,需以雇佣劳动力作为生产经营活动的基本力量或者主要力量。一般情况下,个人独资企业作为经济组织必须具备一定的规模,包括有投资者申报的资金,有自己的名称,有一定数量的从业人员,有固定的生产经营场所和必要的生产经营条件,有一套符合法律、法规的企业管理和财务、会计制度等。

---

[47]　最高人民法院民法典贯彻实施工作领导小组主编:《中华人民共和国民法典总则编理解与适用》(下),人民法院出版社2020年版,第516页。

（二）个人独资企业的法律地位

关于个人独资企业民事主体资格的性质，颇有争议。有人认为，个人独资企业具有主体性，但其主体身份是自然人；有人认为，个人独资企业属于非法人组织。我们同意后一种主张。理由是：首先，个人独资企业具有组织体要件。依照我国现行法律，个人独资企业有自己的名称，有自己相对独立的财产，有一定数量的从业人员，有适于自己经营的组织机构等，这些均说明个人独资企业具有组织体要件。个人独资企业还享有作为组织体才享有的民事权利，如申请注册商标的权利等。其次，个人独资企业有自己的经营目的和经营范围。在该经营范围内，个人独资企业享有相应的民事权利能力和民事行为能力。个人独资企业可以自己的名义而不是企业主或者投资人的名义从事经营活动。最后，个人独资企业不能独立承担民事责任。这表明个人独资企业不具有法人资格。个人独资企业的资产虽具有相对独立性，但企业主仍能够凭借其所有权人身份转移资金。因此，为了保护债权人的利益和维护经济生活的稳定，个人独资企业的投资者应以个人财产对企业债务负无限责任；个人独资企业投资人在申请企业设立时，明确以其家庭共有财产作为个人出资的，应当依法以家庭共有财产对企业债务承担无限责任。

（三）个人独资企业与合伙企业的区别

个人独资企业与合伙企业二者虽同为中小企业较易采用的组织形式，但由于受不同的法律规范调整，有着不同的运行机理。其最为显着的区别体现在企业财产、责任与投资人个人财产、责任的分离程度上。在前者，依据《个人独资企业法》的规定，个人独资企业投资人对本企业的财产享有所有权，企业财产与投资人的财产不可分离；对于企业的债务，由投资人个人负责清偿，若在企业设立登记时明确以家庭共有财产出资的，应以家庭共有财产对企业债务承担无限责任。在后者，合伙企业的财产（合伙人投入财产和合伙经营积累的财产）与合伙人的个人财产相对独立；对于合伙企业的债务，普通合伙人承担无限连带责任，有限合伙人以其认缴的出资额为限承担责任。

二、不具有法人资格的专业服务机构

专业服务机构是为社会公众提供专业服务的社会组织。具备法人条件，取得法人资格的专业服务机构属于法人；不具备法人条件，未取得法人资格的专业服务机构，则属于非法人组织。[48] 不具有法人资格的专业服务机构，主要是指不具有法人资格的律师事务所、会计师事务所、资产评估机构等。

根据《律师法》第14条规定，律师事务所是律师的执业机构。设立律师事务所应当具备下列条件：（1）有自己的名称、住所和章程；（2）有符合本法规定的律师；（3）设立人应当是具有一定的执业经历，且3年内未受过停止执业处罚的律师；（4）有符合国务院司法行政部门规定数额的资产。律师事务所包括合伙律师事务所和个人律师事务所，合伙律师事务所可以采取普通合伙或者特殊的普通合伙形式设立。其中，设立合伙律师事务所，还应当有3名以上合伙人，设立人应当是具有3年以上执业经历的律师；设立个人律师事务所，设立人还应当是具有5年以上执业经历的律师。合伙律师事务所属于非法人组织，此无疑问。但对于个人律师事务所是否属于非法人组织，则有不同观点。我们认为，个人律师事务所尽管由一人设立，但其不是以自然人的名义而是以律师事务所的名义从事民事活动、提供律师服务的，所以它应属于不同于自然人的非法

---

〔48〕 张鸣起主编：《民法总则专题讲义》，法律出版社2019年版，第300~301页。

人组织,其地位相当于个人独资企业。[49]

根据《注册会计师法》第3条、第23条、第24条的规定,会计师事务所是依法设立并承办注册会计师业务的机构,其可以由注册会计师合伙设立,也可以设有限责任的法人制会计师事务所。因此,只有合伙制的会计师事务所才属于非法人组织。

特别需要说明的是,《民法典》第102条第2款仅列举了几种典型的非法人组织,对于其他组织体是否属于非法人组织,需要根据具体情况判断。例如,根据《乡镇企业法》的规定,乡镇企业只有符合企业法人条件的,依法取得企业法人资格。因此不具备法人条件的乡镇企业也属于非法人组织。有争议的是,筹建中的法人是否属于非法人组织呢?我国法学理论界尚未形成统一认识,主要有以下四种观点:(1)"合伙说"。此说认为,发起人在公司成立前为合伙人,发起人所形成的团体为合伙,"若公司未经核准登记,即不能认为其有独立人格",而由发起人对该团体的债务负无限连带责任。(2)"无权利能力社团说"。此说为传统大陆法理论,以同一体说为基础。公司作为营利的社团法人,享有独立人格,而筹建中的法人为将成立公司的前身和基础,其应具有社团属性,但尚未取得法人资格,不具有权利能力,所以属于无权利能力社团。(3)"非法人团体说"。这是英美法国家一些学者的观点,认为筹建中的法人是一种非法人团体,是为了某种合法目的而联合为一体的,可以享有一定的权利和承担一定的义务,其财产受法律保护。(4)"具有自身特性的非法人团体说"。此说认为,筹建中的法人是一种具有自身特性的非法人团体。在设立公司的活动中具有相对独立性,具有有限的法律人格。该学说以民事能力理论为基础,认为筹建中的法人作为公司的雏形,在接受了股东出资之后已经有相应的财产承担责任;建立了相应的组织机构之后已经具有了行为能力和意思能力,能够以团体的意思去从事一定行为。但从法律形式上看,由于其未履行登记,因此未获法律人格。[50] 我们认为,筹建中的法人是为成立法人,自有法人组织契约后到法人登记完成前这一阶段的组织。虽然筹建中的法人被规定在法人一章(《民法典》第75条),但其不具有法人特征是明确的。因此,从理论上讲,鉴于筹建中的法人具有相对独立的名义、相对独立的组织,且其主体地位已经获得普遍的承认,应当归属非法人组织的范畴。只是,鉴于《民法典》第103条明确规定非法人组织必须依照法律的规定登记,而我国目前又尚未建立筹建中的法人的登记制度,因此关于筹建中的法人的法律地位,仍有进一步探讨的需要。

问题与思考

非法人组织的类型化是一个开放的范畴,立法者当前难以对未来现实生活中可能出现的其他组织类型做出全面、准确的预判,因此随着社会经济的不断发展,其他组织的类型将会不断增多。以一些创新主体的法律地位为例。在大众创业、万众创新的背景下,各类新型创新主体(如智库、创客、众创空间等)日益涌现。这些创新参与者既不是简单的自然人联合也不是法人组织体。例如,创客既可能是个人、单位,也可能是团队或合伙,很难将其完全归入自然人或法人主体之中。从促进创新型国家建设的角度出发,有必要不断将一些相对成熟的新型创新主体归入非法人组织(其他组织),从而赋予其应有的法律地位。因此,维持非法人组织(其他组织)的开放

〔49〕 张鸣起主编:《民法总则专题讲义》,法律出版社2019年版,第301页。

〔50〕 参见秦守勤编著:《公司法案例研究》,世界图书北京出版公司2014年版,第12页。

性，对于促进各类新型主体的出现和发展也具有极其重要的意义。[51] 关于非法人组织的类型，《民法典》第102条第2款采用了“等”这一兜底表述，正是表明了上述立法价值取向。

因此，我国非法人组织的类型并不限于第102条所明确列举的合伙企业、个人独资企业以及不具有法人资格的专业服务机构。以法人分支机构为例，《民法典》基于法人分支机构与法人的天然联系而将其置于法人一章，但这种结构安排并不意味着将法人分支机构排除在“非法人组织”之外。《民法典》第102条第2款属于不完全性列举，仍然可以通过法律解释将法人分支机构纳入其中。有自己的财产、已经办理登记并且能够以自己的名义对外活动的组织，应当属于我国《民法典》所规定的非法人组织，如一些商业银行的分支机构。再以业主委员会为例，依法成立的业主委员会也应属于《民法典》中的非法人组织。理由主要是业主委员会是合法成立的人合组织，具有一定的目的性和稳定性，并且拥有自己的名称、组织机构和代表人或管理人，可以以自己的名义从事签订物业服务合同等民事活动。而且根据《民法典》第280条第2款、《物业管理条例》第12条第5款的规定，[52] 在业主委员会的决定侵害业主权益的情况下，业主委员会可以作为被告参加诉讼，可见现行法律并未否定业主委员会的民事主体资格和诉讼权利能力。

拓展阅读推荐

1. 石碧波：《非法人团体研究》，法律出版社2009年版。
2. 《合伙企业法》修改起草工作组：《〈中华人民共和国合伙企业法〉条文释文》，上海财经大学出版社2006年版。
3. 魏振瀛：《关于合伙理论与实践的几个问题》，载《法学研究》1986年第6期。
4. 方流芳：《合伙的法律地位及其比较》，载《中国法学》1986年第1期。
5. 谭启平：《非法人组织与其他组织的关系困局及其破解》，载《法学研究》2020年第6期。

---

〔51〕 谭启平：《创新型国家建设须认真对待的四个法治问题》，载《光明日报》2016年7月18日，第11版。

〔52〕 原《物权法》第280条第2款规定，业主大会或者业主委员会作出的决定侵害业主合法权益的，受侵害的业主可以请求人民法院予以撤销。《物业管理条例》第12条第5款规定：“业主大会或者业主委员会作出的决定侵害业主合法权益的，受侵害的业主可以请求人民法院予以撤销。”

第七章　民事法律行为

学习要点

- 民事法律行为的概念与特征
- 民事法律行为的成立要件
- 无效民事法律行为的类型及其法律效果
- 可撤销民事法律行为和效力未定民事法律行为的类型及其法律效果
- 附条件的民事法律行为

第一节　民事法律行为概述

一、民事法律行为的概念和特征

（一）民事法律行为的概念

民事法律行为，简称为法律行为，是指民事主体通过意思表示设立、变更、终止民事法律关系的行为，是引起私法上效果的最重要的法律事实。大量的民事法律关系的产生、变更和消灭，都是由法律行为引起的。《民法典》第133条对民事法律行为作出了以上定义性规定，并在总则编第六章详细规定了民事法律行为的成立、内容和效力。由此可见，民事法律行为制度是我国民法的一项重要制度。

民事法律行为制度是从合同制度和遗嘱制度中抽象出来的。在罗马法中，即有了法律行为制度的萌芽。罗马法中"契约构成要件"以及"适法行为"的概念，已有现代的法律行为理论色彩。《法国民法典》第450条则使用了"民事行为"的概念，在字面表述上与民事法律行为已经相当接近，但与现代的法律行为在含义上仍然相去甚远。完备的法律行为概念，出自德国法学家的创造，是德国法学家运用卓越的抽象思维能力，对民事生活中的各种合同、遗嘱等行为进行理性提纯的产物。《德国民法典》第一次将现代意义上的法律行为概念立法化，此后为各国所广泛接受。现今大陆法系各国普遍确定了法律行为制度。英美法中，法律行为理论的影响也是存在的。目前，法律行为理论已不仅存在于民法领域，法哲学、行政法等领域也引入了这一理论。这种现象表明了民法作为法律之本体，对法律之整体以及法哲学理论的广泛渗透。

（二）民事法律行为的特征

第一，法律行为是人为的法律事实。从法律行为的定义可以看出，法律行为是民事主体旨在设立、变更和终止民事法律关系的行为，因此，法律行为是民事法律关系得以发生的原因之一。在民事法律关系的发生原因中，包括事件和行为两大类，前者与人的意志无关，后者介入了人的意志因素。法律行为属于行为的范畴，因为其包含人的意志因素，因而是人为的法律事实。由于行为相较于事件，是民事法律关系发生更经常的原因，因此可以说，法律行为是民事法律关系得以发生的最大量、最普遍的法律事实。

第二，民事法律行为是一种表意行为。在作为民事法律关系发生原因的行为中，可区分为表意行为和非表意行为。表意行为的行为人，具有导致一定法律效果之发生的意图。非表意行为又称事实行为，其行为人主观上并无产生法律效果的意图，但行为依法律规定引起了某种法律效果的发生。技术发明创造、发现埋藏物、拾得遗失物等行为，皆属于事实行为。

第三，民事法律行为以意思表示为要素。确认了法律行为为表意行为，法律行为含有意思表示，就是题中之意。所谓意思表示，是表意人将其期望发生某种法律效果的内在意图以一定方式表现于外部的行为。由于法律行为不过是私人愿望的法律表达方式，意思表示是法律行为不可或缺的内容，意思表示遂成为法律行为最基本的要素。甚至有些学者将意思表示等同于法律行为。的确，在许多情况下，意思表示就是法律行为，例如订立遗嘱时所为的意思表示，就是订立遗嘱的法律行为。在诺成合同中，也只需当事人意思表示一致，合同（法律行为）即告成立。但在另一些情况下，仅有行为人的意思表示并不构成法律行为，法律行为之构成，还须辅之以行为人交付实物的行为。实践合同的订立，就是如此。因此我们说，意思表示是法律行为的基本要素，但并非法律行为的唯一要素，故不能将其完全等同于法律行为。

需要特别强调的是，依传统大陆法系立法与学说，民事法律行为不以合法为要件，那些内容或形式上有所欠缺的行为，如无效、可撤销、效力待定等以意思表示为要素的行为，亦可称为民事法律行为。就效力角度而言，民事法律行为系由有效法律行为、无效法律行为、可撤销法律行为、效力待定法律行为构成的完整的体系；而我国原《民法通则》第 54 条、第 55 条明确规定民事法律行为应具有合法性，这与无效的民事法律行为、可撤销的民事法律行为、效力待定的民事法律行为等概念相矛盾，给学习民事法律行为制度带来困难。为避免这一矛盾，原《民法通则》第 58 条、第 59 条使用了“民事行为”这一概念。具体而言，民事行为是指民事主体通过意思表示，设立、变更、终止民事权利义务关系的行为。民事行为符合法律要求者（具备合法性），为民事法律行为，欠缺法律要求应当具备的条件者（不具备合法性），根据欠缺条件的性质和重要程度，民事行为或者无效，或者可撤销，或者效力待定。也就是说，民事行为包括民事法律行为、无效民事行为、可撤销民事行为、效力待定民事行为。由此可见，在原《民法通则》语境下，传统大陆法系中的民事法律行为概念被置换为民事行为这一概念，但这一概念置换引发了不少问题：第一，将民事行为界定为民事主体通过意思表示设立、变更、终止民事权利义务关系之行为，其与表意行为的概念完全重叠，如此合乎逻辑的结论是：非表意行为即事实行为并非民事行为。而在中文语义下，民事行为本为与刑事、行政行为相对应的概念，引发民事权利义务的事实行为若非民事行为，难道其属于刑事行为抑或行政行为？第二，传统大陆法系立法将民事法律行为与民事表意行为概念相等同，形成了民事表意行为（法律行为）、民事非表意行为（事实行为）相对应的术语体系，民法上的很多概念也围绕着这一术语体系而展开。特别是，对法律行为的基本评价手段为效力判断（有效、无效、可撤销、效力待定），而对事实行为则不存在效力判断，只有适法性判断（合法与不合法）。因此，原《民法通则》对法律行为附加合法性要件，不仅使我国的相关民法概念游移于传统大陆法系民法术语体系外，从而增加了制度运行的成本，而且也遮蔽了法律行为区分于事实行为的本质特征。正是立足于以上认识，《民法典》第 133 条规定，“民事法律行为是民事主体通过意思表示设立、变更、终止民事法律关系的行为”，不再坚持法律行为的合法性要件，而《民法典》总则编第六章第三节将无效行为、可撤销行为、效力待定行为也称为民事法律行为，更是完全表明我国民事立法上的民事法律行为概念已彻底回归了大陆法系的传统。

二、民事法律行为的分类

(一)单方法律行为、双方法律行为和多方法律行为

单方法律行为。是指根据一方当事人的意思表示就可成立的法律行为,特点在于不需要他方当事人的同意就可发生法律效力。订立遗嘱、抛弃继承权、撤销委托代理、免除债务等行为,皆属于单方法律行为。

双方法律行为。是指当事人双方相对应的意思表示达成一致才可成立的法律行为,也是最典型、最普遍的法律行为。在双方法律行为中,有时双方当事人的意思是对立的,如买卖;有时则是平行的,如合伙。传统民法将前者称为“契约”,将后者称为“合同”,但在我国,契约与合同实际上是同一法律概念。

多方法律行为。又称协定行为,是两个以上当事人并行的意思表示达成一致才可成立的法律行为。两个以上的合伙人订立合伙合同的行为、发起人为设立公司而达成的协议,即为多方法律行为。

(二)有偿法律行为和无偿法律行为

有偿法律行为。行为使当事人双方承担互为对待给付义务的,是有偿法律行为。所谓对待给付,指当事人一方以付出某种利益为代价换取对方的给付,其反映为双方存在利益上交换的事实,并不要求双方所获利益绝对对等。由于民法的相当一部分内容调整市场交换关系,因此,有偿法律行为为法律行为之常态,买卖、租赁、承揽等均为有偿行为。

无偿法律行为。在双方法律行为中,一方当事人承担给付义务,他方当事人不承担对待给付义务,为无偿的法律行为。赠与、使用借贷、无息借贷等,皆属此类。无偿的法律行为,反映了人类的互助活动,不是法律行为的基本形态。

(三)单务法律行为和双务法律行为

单务法律行为。是指行为人身份单纯,即要么为债权人,要么为债务人的民事法律行为。如赠与行为、借贷行为等。

双务法律行为。是指行为人身份复合,即既为债权人,又为债务人的民事法律行为。如买卖行为、租赁行为等。

(四)诺成法律行为和实践法律行为

诺成法律行为。是指仅以意思表示为成立要件的法律行为。大多数民事法律行为,如买卖、租赁等均是诺成行为。

实践法律行为。又称要物行为,指除意思表示外,还须交付标的物才可成立的法律行为。如民间保管、自然人之间的借贷等行为。

(五)要式法律行为和不要式法律行为

要式法律行为。是指依法律规定或当事人约定,必须采取一定形式才可成立的法律行为。民法规定某些法律行为必须采取特定形式,主要是为了促使当事人谨慎进行民事活动,使法律关系明确具体并留下可靠证据,防止发生纠纷,切实保障民事流转的正常进行。要式法律行为,主要适用于标的重要(如不动产、机动车辆等)或标的数额大的民事法律关系。以牺牲民事流转的迅速灵活换取交易的安全。

要式法律行为缺乏法律规定或当事人约定之形式,其通常不能成立。但若法律规定或当事人约定必须采用某种形式,当事人事实上没有采用,一方履行主要债务,对方接受的,视为行为已经成立。理论上将要式行为的这一成立情形称为“履行治愈形式瑕疵”,对此,我国《民法典》第490条也作有明确规定。

不要式法律行为。是指法律不要求采用特定形式,当事人可自由选择一种形式即能成立的法律行为。此为法律行为之多数,它更强调民事流转的灵活迅速。

(六)主法律行为和从法律行为

主法律行为。是指不需要有其他法律行为的存在就可独立成立的法律行为。

从法律行为。指从属于其他法律行为而存在的法律行为。例如,当事人订立一个借贷合同,为保证债的履行,又订立了一个抵押合同,在这两个合同关系中,借贷合同是主法律行为,抵押合同是从法律行为。从法律行为的成立和效力取决于主法律行为。主法律行为未成立,从法律行为无由成立;主法律行为无效,原则上将导致从法律行为无效。

需要注意的是,《民法典》第134条第2款将决议也纳入法律行为进行调整。决议是团体成员依照法律、行政法规、相关规约、章程规定的条件和程序,通过表决而形成的团体共同意志,对团体和团体成员具有约束力。在一般法律行为,作为其内容的意思表示反映了法律行为主体的意志,法律行为之所以对当事人有拘束力,乃因当事人必须对自己的意志负责。但在决议的情形,其反映团体成员的“公意”而非“共意”,决议内容可能与部分团体成员的意志相违背,但对该部分成员依然具有约束力,决议效力不完全源于意思自治,而有较强的民主自治色彩。

三、民事法律行为的形式

《民法典》第135条规定,民事法律行为可以采用书面形式、口头形式或者其他形式;法律、行政法规规定或者当事人约定采用特定形式的,应当采用特定形式。具体而言:

1. 口头形式

指以谈话的形式所进行的意思表示。“谈话”的外延包括电话交谈、托人带口信、当众宣示自己的意思等;口头形式的法律行为,是不要式的法律行为。具有简便迅速的优点。但同时有缺乏客观记载,一旦发生纠纷,日后难以取证的缺点。大多适用于即时清结、标的数额小的交易。

2. 书面形式

指用书面文字所进行的意思表示。书面形式可促使当事人深思熟虑后才实施法律行为,使权利义务关系明确化,并可保存证据,有助于预防和处理争议。书面形式是要式法律行为的一种形式,是否采用,或由法律规定、或由当事人约定。主要适用于不能即时清结、标的数额较大的交易行为。书面形式又可分为一般书面形式和公证形式。经公证赋予执行力的书面法律行为具有直接的执行力,可不经过诉讼阶段而直接进入执行阶段。关于公证形式,于法律有特别规定时,当事人必须采取,否则将影响法律行为的效力。在法律无特别规定时,当事人可以自由选用。

3. 推定形式

指当事人通过有目的、有意义的积极行为将其内在意思表现于外部,使他人可以根据常识、交易习惯或相互间的默契,推知当事人已作某种意思表示,从而使法律行为成立。如租期届满后,承租人继续交纳房租,出租人接受之,由此可推知当事人双方作出了延长租期的法律行为。

4. 沉默形式

指既无语言表示又无行为表示的消极行为,在法律有特别规定的情况下,视为当事人的沉默已构成意思表示,由此使法律行为成立。

通常情况下,内部意思之外部表达须借助于积极的表示行为,沉默不是表示行为,因此,沉默不是意思表示,不能成立法律行为。只有在法律有特别规定时,当事人的消极行为才被赋予一定的表示意义,并产生成立法律行为的效果。如《民法典》第1124条第2款规定,受遗赠人应当在知道受遗赠后60日内,作出接受或者放弃受遗赠的表示;到期没有表示的,视为放弃受遗赠。

问题与思考

有偿行为与无偿行为、单务行为与双务行为之间是否存在某种逻辑上的对应关系?即单务行为是否皆为无偿行为,而双务行为又是否皆为有偿行为?应当说,有偿行为与无偿行为,单务行为与双务行为是基于不同标准对法律行为的类型化,彼此之间不存在直接的对应。具体而言,单务法律行为并非都是无偿法律行为,有些单务法律行为是无偿的,如赠与合同;有些则为有偿,如自然人之间的借款合同。根据《民法典》第679条的规定,自然人之间的借款合同,自贷款人提供借款时成立。这时,只有借款人负有返还借款的义务,出借人没有什么义务,因此,可以认定是单务民事法律行为。根据《民法典》第680条第2款的规定,借款合同对支付利息没有约定的,视为没有利息。亦即借贷双方可以就利息支付作出约定,若借款人支付利息,则为有偿行为,若借款人不支付利息,则为无偿行为。与此相对应,双务法律行为通常系有偿法律行为,但却未必都是有偿法律行为。例如,银行对企业发放无息贷款,借贷合同从成立时生效,银行对借款人负担发放贷款的义务,借款人对银行负担到期还款的义务,因此可认定为双务法律行为。但借款人到期还款并非对银行负担的对待给付义务,故仍为无偿行为。

第二节 民事法律行为的成立与有效

一、民事法律行为的成立要件与有效要件的关系

民事法律行为的成立要件,是按照法律规定成立法律行为所必不可少的事实要素。当行为人的某一表意行为符合特定法律行为的成立要件时,其行为构成特定的法律行为。当行为人的具体表意行为不符合任何法律行为的成立要件时,在观念上应视为法律行为不存在。设立法律行为成立规则的意义,在于将社会生活中民事主体有意从事法律行为的活动与无意从事法律行为的活动区别开来,使一切法律行为都具有法律规定的典型特征。法律行为的成立规则,所要揭示的是法律行为是否已经存在的问题,而法律行为的有效规则,所要揭示的是已经存在的法律行为,是否合乎法律规定的要求之问题。

长期以来,我国民法理论并不将法律行为的成立要件和有效要件加以区别,以法律行为的有效取代了法律行为的成立。但是,法律行为成立与法律行为有效的区别是非常直观的:(1)法律行为成立是一个事实判断,其回答的问题是"有没有某一民事行为存在",在回答这一问题时,并不融入回答人的主观判断;而法律行为的有效是一个价值判断,其回答的问题是"已经存在的某一民事行为是否能获得法律的保护以及能在何种程度上获得法律保护",在回答这一问题时,必然融入相应的主观判断和价值因素,从而带有比较强烈的正义等感情色彩。可以说,为事实判断或者价值判断,是法律行为成立与法律行为有效最为本质的区别。(2)如果法律行为不成立,对

一切问题的讨论均属枉然，民事行为本身也不可补正；而如果民事行为无效，特别是在部分无效的情形下，其行为效力还有可能进行补正。(3)法律行为的成立与有效虽然都要求当事人、意思表示等要素，但其侧重点并不相同。以意思表示为例，法律行为成立仅要求意思表示在形式上达成一致，而无论意思表示本身的质量；但在法律行为的有效，却特别注重意思表示本身的质量，瑕疵意思表示将影响法律行为的效力。(4)法律行为成立比较单纯地体现当事人意志，因此在当事人对法律行为的主要条款(只要不是核心条款)规定有遗漏或不明确而当事人又不否认法律行为存在的情况下，可以通过法律行为解释方法的运用，探求当事人的真实意思，确定法律行为具体内容，弥补法律行为漏洞；而在法律行为的效力，由于其体现了国家对法律行为内容的评价和干预，一旦行为内容不符合法律规定的生效要件，就意味着当事人对国家意志的违反。此刻，不能通过法律行为解释的方法促使民事行为有效，而只能依法确认民事行为无效。(5)如果法律行为不成立，一方当事人有过错，导致对方信赖利益损失，可能产生也只能产生缔约过失责任，这是一种典型的民事责任；而如果行为无效，除了引发缔约过失责任这一民事责任外，还可能引起行政责任甚至刑事责任。也就是说，法律行为成立问题为纯粹的当事人利益衡量问题，而法律行为效力问题，除了涉及当事人利益平衡外，更为重要的是体现出法律对社会公共利益和秩序的关注。(6)就国家主动干预的角度而言，无效民事行为因其内容具有非法性，即使当事人不主张行为无效，国家也可能主动干预，认定其无效；但对于法律行为不成立的问题，由于其表现为当事人合意问题，而与合法性没有必然的、直接的联系，即使法律行为内容不全、条款不清，只要当事人自愿接受该法律行为关系，特别是在当事人已经履行的情况下，法律应认为该法律行为已经成立，国家不应当也没有必要进行主动干预。

不过，法律行为有效与法律行为成立也有相似与相联系之处，这主要表现在几个方面：(1)法律行为成立是法律行为有效的前提，在法律行为不成立的情况下，谈不上法律行为有效与无效的问题。多数情况下，法律行为成立也同时发生了效力。(2)法律行为不成立的法律后果与无效的法律后果相同，如均由有过失的当事人承担缔约过失责任。(3)在构成要素上，法律行为成立与有效也有很大的相似之处，都要求具备当事人、意思表示等要素。(4)法律行为不成立时当然不发生任何当事人期待的法律效力，而此处所谓不发生效力单从字面上理解与无效并无差别。所有这些方面，无疑增加了对其混淆的可能性。

二、民事法律行为的成立要件

(一)民事法律行为的一般成立要件

民事法律行为的一般成立要件，是确认一切法律行为是否成立的标准。包括当事人、标的、意思表示三项内容。没有当事人的参与，法律行为不可能设定，此为不言而喻的道理。没有标的，或者标的不确定、不可能，法律行为失去依托，也肯定不能成立。而如果没有意思表示，则法律行为不具备其最核心的要素，使其成立也是不可想象的。单就意思表示而言，作为法律行为的一般成立要件，包括以下基本要求。

一是行为人的意思表示中必须包含设立、变更或终止民事法律关系的意图。换言之，必须包含追求一定法律效果的意思，无这种意思，不成立法律行为。

二是行为人的意思表示必须完整地表达了将要设立、变更或终止的民事法律关系的必需内容。内容残缺不全的意思表示，通常不能使法律行为成立。

三是行为人必须以一定的方式将自己的内心意图表示于外部，可以由他人客观地加以识别。

仅存在于内心的意图,内心意图虽已表达于外部,但他人无法识别的,均不能成立法律行为。

(二)民事法律行为的特别成立要件

法律行为中的双方或多方行为、要物行为和要式行为的成立,除了须具备一般成立要件外,还须具备特别成立要件。在双方、多方行为的成立中,须具备当事人各方意思表示达成一致的特别成立要件。在要物行为的成立中,须具备交付标的物的特别成立要件。在要式行为中,须具备采用特别表意形式的特别成立要件。

三、民事法律行为的有效与生效

(一)民事法律行为的有效要件

民事法律行为的有效,是指民事法律行为因符合法律规定而能发生当事人预期的法律效果之效力。依《民法典》第143条的规定,任何法律行为皆须符合如下有效要件:

其一,行为人具有相应的民事行为能力。法律行为以当事人的意思表示为基本要素,具有健全的理智,是作出合乎法律要求的意思表示的基础,因此,法律行为的行为人,必须具有相应的民事行为能力。

其二,当事人的意思表示真实。意思表示真实,是指当事人在能认识到自己的意思表示之法律效果的前提下,内心意图与外部表达相一致的状态。将意思表示真实作为法律行为的有效要件,是为了贯彻意思自治原则,维护民事流转的正常秩序。

其三,不违反法律或社会公共利益。法律行为要取得法律效力,必须以符合法律的规定为前提。此处所谓法律,不仅包括民法规范,而且包括其他部门法的规范。但是,就民法规范而言,它不仅包括强制性规范,同时包括任意性和补充性规范,后两者属当事人可自由选用的规范,对它们的违反,并不构成违法。因此,法律行为不得违反的民法规范,只包括民法中的强行性和禁止性规范。考虑到法律的禁止性规范和强行性规范存在不足,《民法典》第143条直接设立了不得违背公序良俗的补充性条款,并在第153条予以全面强化,如此有助于在法律之整体出现空白时发挥规制作用,从而形成对法律行为合法性的严密控制。

(二)民事法律行为之生效

如前所述,民事法律行为有效系指民事法律行为因符合法律规定而能发生当事人预期的法律效果之效力;而民事法律行为之生效,则是此种能发生当事人预期法律效果之效力之实际发动。通常情况下,法律行为具备前述有效要件,即产生法律效力。但在特殊情况下,法律行为除具备前述有效要件外,还须具备其他特别要件,其法律效力才能实际发动,例如附延缓条件或延缓期限的法律行为,遗嘱行为,成立且具备有效要件后,并不马上生效,只有在条件成就、期限届至或遗嘱人死亡后,上述法律行为才现实地发生法律效力。依《民法典》第136条之规定:民事法律行为自成立时生效,但是法律另有规定或者当事人另有约定的除外。行为人非依法律规定或取得对方同意,不得擅自变更或者解除民事法律行为。因此,法律行为在具备有效要件后,纵然尚未满足法律规定或者当事人约定的特别要件,虽然该法律行为效力暂不发动,但其仍然受到法律的保护,当事人不得擅自变更或解除。

(三)民事法律行为的转换

在判定民事法律行为的效力时,固然应当看该行为是否满足上述有效要件,但不同性质和类型的法律行为,法律要求的有效要件可能不同,于是,就出现了这样的可能:按照一种法律行为的有效要件来判断可能无效,而按照另外一种法律行为的有效要件来判断可能就有效。当出现这种情况时，如果可以认为行为人若知其无效，即欲为他种法律行为者，就应当将其转化为应当归属的那一类行为，使其按该种法律行为发生效力。而不应简单地认定其无效。

问题与思考

民事法律行为不成立与民事法律行为无效皆不发生当事人期待的法律效果，并且，若一方当事人对法律行为不成立或无效有过错，同时损害对方当事人利益，皆应承担损害赔偿责任，则区分法律行为的成立和效力究竟有何意义？

第三节　意思表示

一、意思表示的构造

如前所述，意思表示是民事法律行为最核心的要素，是民事法律行为区别于事实行为的根本标志。所谓意思表示，是民事主体将其发生一定民事法律后果的内在意图加以表达的行为。意思表示是一个动态的行为过程，通说认为，该过程由三项要素构成，即效果意思、表示意思与表示行为。

所谓效果意思，是指表意人基于某种动机形成的、存在于内心的、意欲发生一定民事法律后果的意思，即所谓真意。例如，欲购房屋、欲赠与他人财物等。

所谓表示意思，是指表意人欲将其效果意思表现于外部的意思。表示意思作为表意人将内心之效果意思以行为表示于外部的有意识的思想指挥过程，是联系效果意思与表示行为的中介和桥梁。

所谓表示行为，是指表意人将其效果意思予以表达的行为。例如，表意人将欲购买房屋的效果意思通过签订合同的行为向卖房人加以表达，让对方知晓。

二、意思表示之生效

民事法律行为以意思表示为要素，民事法律行为之形式即意思表示之形式。不同形式之意思表示，其生效时间有所不同。以对话方式作出的意思表示，在相对人知道其内容时生效。以非对话方式作出的意思表示，在到达相对人时生效。以非对话方式作出的采用数据电文形式的意思表示，相对人指定特定系统接收数据电文的，该数据电文进入该特定系统时生效；未指定特定系统的，相对人知道或者应当知道该数据电文进入其系统时生效。当事人对采用数据电文形式的意思表示的生效时间另有约定的，按照其约定。无相对人的意思表示，表示完成时生效。法律另有规定的，依照其规定。以公告方式作出的意思表示，公告发布时生效。以推定方式作出的意思表示，在一方当事人完成积极的、有目的、有意义的行为时，该意思表示生效。若基于法律规定，当事人之约定或当事人之间的交易习惯，能以沉默的方式作出意思表示，则该方当事人之沉默不仅作出了意思表示，而且该意思表示旋即生效。

在意思表示生效前，行为人可以撤回其意思表示，但撤回意思表示的通知应当在意思表示到达相对人前或者与意思表示同时到达相对人。

三、意思与表示不一致

(一)意思与表示在法律行为中的意义

表意人的效果意思与表示行为经常是一致的,但也会发生不一致的情形。当效果意思与表示行为不一致时,就出现了意思表示瑕疵。在存在意思表示瑕疵的情况下,产生了如何确定意思表示的内容,并进而决定法律行为效果的问题。在确定意思表示内容时,是以效果意思为重,或者以表示行为为重,代表着意思主义与表示主义的对立。在个人本位的法律观念下,个人取得权利、负担义务,应纯粹按照个人之意思,故效果意思为意思表示之本体,法律行为的效果随效果意思而定,即采意思主义。然而,个人之内心效果意思如何,外部很难窥知,如完全贯彻意思主义,则会使交易相对人蒙受不测之损害。因此,在社会本位的法律观念下,逐渐放弃了绝对的意思主义立场,认为意思表示并非以个人内心效果意思为本体。作为约束私人生活关系的规范,意思表示应以表示行为为本体,对其内容进行客观的观察,此即所谓的表示主义。考虑到私法自治的理想和社会交易安全的理想既矛盾又同一的关系,近现代民法在确定意思表示内容时,一般都采行以意思主义为主,表示主义为辅的立场。《民法典》第142条规定,有相对人的意思表示的解释,应当按照所使用的词句,结合相关条款、行为的性质和目的、习惯以及诚信原则,确定意思表示的含义。无相对人的意思表示的解释,不能完全拘泥于所使用的词句,而应当结合相关条款、行为的性质和目的、习惯以及诚信原则,确定行为人的真实意思。从该条内容来看,在有相对人的意思表示,表示所使用的词句相对于无相对人的意思表示意义更大,在解释确定意思表示之内容时更应作为重要的考量因素。然而,无论意思表示有无相对人,在确定意思表示内容时,实际上均不能完全拘泥于所使用的词句,皆应结合相关条款、行为的性质和目的、习惯以及诚实信用原则,确定意思表示的真正含义。由此可见,我国民法事实上也践行了以意思主义为主,表示主义为辅的立场。

(二)故意的不一致

1. 真意保留

所谓真意保留,是指表意人故意隐匿其内心真意,而表示与其真意不同的意思的意思表示,又称单独的虚伪表示。真意保留应具备三项条件:(1)须有意思表示;(2)须表示与真意不符;(3)须表意人明知其表示与真意不符。在真意保留的情况下,法律行为原则上有效。但如果真意保留的事实为相对人所明知,法律行为无效。

2. 虚伪表示

所谓虚伪表示,是指表意人与相对人通谋而为的虚假的意思表示。虚伪表示应具备三项要件:(1)须有意思表示;(2)须表示与真意不符;(3)须表意人与相对人通谋为不真实的意思表示。在虚伪表示的情况下,双方当事人都无意发生表示出来的法律后果,因此法律行为原则上不发生效力。

值得注意的是,虚伪表示虽不代表当事人的内心真意,但可能隐藏当事人的真意。该真意所构成的行为在民法理论上被称为隐藏行为。隐藏行为是否有效,应看该行为本身是否符合法律规定的有效要件。例如,为规避纳税义务,在房屋买卖中作成赠与的虚伪表示,赠与行为因虚伪表示而无效,但被赠与行为隐藏的买卖行为,如果并不违反法律的规定,应当认定为有效。因此,《民法典》第146条规定,行为人与相对人以虚假的意思表示实施的民事法律行为无效。以虚假的意思表示隐藏的民事法律行为的效力,依照有关法律规定处理。

(三)无意的不一致

1. 错误

所谓错误,是指表意人因误认或不知,导致其表示与意思不一致。其中,误认指认识不正确,如误认甲为乙;不知指通常之笔误、口误,如将1万元误写为1元。误认与不知仅在认识程度上有别,在法律效果上并无差异。意思表示的错误包括多种情形:(1)关于当事人本身的错误。如误认甲为乙。但此种错误仅在委任、雇佣等注重当事人个人因素的法律行为中,才构成意思表示内容之错误。(2)关于标的物本身之错误,如误认骡为马。此种错误当然构成意思表示内容之错误。(3)关于当事人资格之错误。如误认甲为会计师,而实际上并非会计师。此刻是否构成意思表示内容之错误,取决于该资格对法律行为是否重要。(4)关于标的物性质之错误,如误认赝品为真品。此刻是否构成意思表示内容之错误,以标的物性质在交易上是否重要为断。(5)关于法律行为性质之错误。如误当典为卖、误当卖为赠,此种错误也当然构成意思表示内容之错误。(6)关于价格、数量、履行地点、期限与方式等之错误,以交易上认为重要者为限,构成意思表示内容之错误。(7)关于动机之错误。动机深藏于行为人内心,外界很难认识,故动机之错误原则上不影响法律行为之效力。但如果动机已表示于外,且相对方知道或应当知道表意人动机之错误,则构成意思表示内容的一部分,应构成意思表示内容之错误。

关于错误之效力,各国法律规定不一。但较为普遍的做法是,因错误而为的民事法律行为可撤销,发生错误的当事人拥有撤销权。但在撤销民事法律行为后,对无过失之对方当事人所受的损害,应负赔偿责任。

我国民法并未使用意思表示错误的概念,而是使用重大误解的概念,根据最高人民法院的有关司法解释,行为人因对行为的性质、对方当事人、标的物品种、质量、规格和数量等的错误认识,使行为的后果与自己的意思相悖,并造成较大损失的,可认定为重大误解。单就字面含义而言,误解仅相当于传统民法错误概念中的误认(认识错误),而不包括不知(表示错误),但在法律适用时,我国法律上的重大误解应解释为同时包括对他人意思表示内容认识的错误,以及自己意思表示本身的错误。在法律效力上,我国法律追随大陆法系的传统,规定因重大误解而实施的民事法律行为可撤销。

2. 误传

所谓误传,是指因意思表示传达人之错误而导致的表示与意思的不一致。从表面上看,误传是因传达人传达错误所致,与表意人自己造成的错误不同。但传达人在法律上相当于表意人之喉舌,因此误传的法律效力应与错误相同。

值得注意的是,误传与故意误传是不同的。所谓故意误传,是指传达人故意违背表意人之指示,擅自变更意思表示之内容。一些学者认为,故意误传不能由表意人负责。而传达人故意误传表意人之意思,其情形与无权代理相类似,应类推适用无权代理之规定,由误传人对善意相对人负担履行法律行为或损害赔偿等责任。但通说认为,表意人使用他人传达意思表示,造成传达人故意误传之危险性,而表意人比相对人更容易控制这些危险,因此,该传达不实的危险由表意人负担更为合理。

四、意思表示不自由

(一)欺诈

欺诈,是指当事人一方故意编造虚假情况或隐瞒真实情况,使对方陷入错误而为违背自己真实意思表示的行为。

构成欺诈须具备以下要件:

第一,须有欺诈人的欺诈行为。欺诈行为的情形有三:(1)捏造虚伪事实;(2)隐匿真实事实;(3)歪曲真实事实。沉默是否构成欺诈?通说认为,应以行为人是否具有告知义务为标准。主观意见陈述是否构成欺诈?通说认为,应以行为人是否具备故意为标准,如鉴定人故意以非自己的意见为自己的意见,应为欺诈。

第二,欺诈人必须有欺诈的故意。即行为人须有使对方受欺诈而陷入错误,并因此为意思表示的目的。欺诈的故意含义有二:(1)使相对人陷于错误的认识,如果行为人非明知其表述的事实为虚假或虽明知其表述之事实虚假,而没有使相对人陷入错误的意思,则不构成欺诈;(2)使相对人因错误而为一定意思表示的意思,故行为人虽明知自己表述的意思为虚假,而无利用相对人的错误,使其为一定意思表示的意思,不为欺诈。

第三,须表意人因相对人的欺诈而陷入错误。所谓表意人陷入错误,不仅指表意人原无错误,受欺诈人的欺诈而陷于错误,而且包括表意人已有错误,受欺诈人的欺诈而陷入更深的错误。如果相对人未受欺诈而陷于错误,则不构成欺诈。例如,出卖人用各种手段隐瞒货物瑕疵,仍被买受人发现,而未购买其货物的,不构成欺诈。

第四,须对方因陷入错误而为意思表示,即错误与意思表示之间有因果关系。错误与意思表示之间的因果关系可分为两种情况:(1)无此错误,则根本不为意思表示;(2)无此错误,则不以此条件为意思表示。相对人的意思表示非由于错误而生,不为欺诈。例如,小贩以每条中华香烟10元的价格叫卖,吸烟的顾客明知是假烟而购买,不为欺诈。

(二)胁迫

胁迫包括威胁和强迫。威胁是指行为人一方以未来的损害相恐吓,使对方陷入恐惧,并因此作出有违自己真实意思的表示。强迫是指行为人一方以现实的身体强制,使对方处于无法反抗的境地而作出违背自己真实意思的表示。

构成胁迫须满足以下要件:

第一,须胁迫人实施胁迫行为。胁迫行为既可以直接对相对人实施,也可以对其亲友实施。胁迫的对象不仅包括人的生命、身体、健康及自由,也包括人的名誉、隐私、财产等。已经开始的损害,不足以构成胁迫,但若告知对方将通过自己的作为或不作为使其损害继续而使其陷入恐惧的,也为胁迫行为。

第二,胁迫人须有胁迫的故意。所谓胁迫的故意,是指胁迫人有通过胁迫行为而使表意人产生恐惧,并因此而为意思表示的目的。胁迫的故意含义有二:(1)有使表意人陷于恐惧的意思;(2)有使表意人因恐惧而为一定意思表示的意思。

第三,胁迫的本质在于对表意人的自由意思加以干涉,所以胁迫行为应具有违法性,不仅以违法手段实现不当利益(如威胁杀害对方全家逼迫对方与自己签订合同)构成违法,而且以合法手段不当地迫使对方向自己让渡利益(如以揭发对方犯罪行为相威胁,迫使对方与自己签订合同)也构成违法。也就是说,胁迫违法性的关键不在于行为人的胁迫手段,而在于胁迫人是否欲通过该手段,将自身意志凌驾于对方之上,不当地迫使对方让渡利益。如果一方对另一方有合法之权利,即便其以威胁或强迫之手段迫使对方履行其本该履行之义务(如债权人以散布债务人隐私相威胁,逼迫债务人清偿到期债务),也不构成法律行为意义上的胁迫,而仅仅构成权利行使方式之不当,而权利行使方式之不当并不能排除权利人的权利,也不能当然否定义务人义务履行之效力。当然,面对着权利人以不当方式行使权利的行为,义务人虽不能拒绝履行义务,却可以要求权利人以合法方式行使其权利。若权利人的不当行为给义务人造成损害,义务人可要求权利人赔偿相应的损失。

第四,须相对人受胁迫而陷入恐惧状态。恐惧状态应依被胁迫人的主观状态而定,包括表意人原无恐惧,因胁迫而陷入恐惧以及原有恐惧,后恐惧因胁迫而加深两种情形。

第五,须相对人受胁迫而为意思表示,即表意人陷入恐惧或无法反抗的境地,与意思表示之间有因果关系。

意思表示不自由的法律行为,根据原《民法通则》的规定,一律为无效行为。考虑到将因欺诈、胁迫而实施的法律行为认定为无效,不一定能充分保护受害人,甚至会纵容欺诈、胁迫者,严重助长其不诚行为,传统大陆法系国家一般将此等行为作为可撤销行为,即将其命运的最终决定权交给受害人自己。有鉴于此,我国原《合同法》与《民法典》先后对原《民法通则》的规定进行了一定程度的修正,规定因欺诈、胁迫而实施的法律行为可撤销。

值得注意的是,欺诈通常发生于法律行为双方当事人之间。但现实生活中,也可能因受到第三人之欺诈,一方当事人与对方实施民事法律行为。此刻,受欺诈的一方当事人虽意思表示不真实,但若相对人不知道也不应当知道其受欺诈之事实,若允许受欺诈的当事人撤销该法律行为,必将无端损害相对人的正常期待与合法权益。为保护相对人之合理信赖并维护社会交易安全,《民法典》第149条规定,第三人实施欺诈行为,使一方在违背真实意思的情况下实施的民事法律行为,对方知道或者应当知道该欺诈行为的,受欺诈方有权请求人民法院或者仲裁机构予以撤销。

在第三人胁迫一方当事人与相对人实施法律行为之情形,又能否作与第三人欺诈时同样的处理?应当说,当事人受欺诈而作出不真实意思表示,在相对于欺诈一方的关系上,其是完全无辜的,故法律行为一方被另一方欺诈时,受欺诈方可撤销法律行为。但受欺诈也多与过于轻信或贪念有关,在相对于善意无过失的相对方的关系上,相对方的信赖和交易安全更值得保护,受欺诈方不能将自己因被第三人欺诈所受的损失转嫁给法律行为相对方,故受欺诈人不能撤销法律行为。然而,法律行为一方当事人被第三人胁迫,并因此与相对人实施法律行为时,被胁迫方在伦理上不应受到任何指责,其较相对方也更值得同情,故《民法典》第150条规定,纵然一方受第三人胁迫而与对方实施法律行为,其也可向人民法院或仲裁机构请求撤销该法律行为。

问题与思考

以威逼义务人的方式行使权利,为权利之不当行使,其与法律行为中的胁迫有何区别?在胁迫,行为人对相对人本无任何权利,其以胁迫行为强制对方与自己发生权利义务关系,法律对该意思表示不自由的行为进行调整;而在权利之不当行使,行为人对相对人本有权利,即便其以不当手段威逼相对人履行本该履行的义务,也不应对固有的权利义务结构产生影响,法律仅需对行使权利之不当手段进行规制。

第四节　效力有瑕疵的民事法律行为

一、无效民事法律行为

(一)无效民事法律行为的概念与特征

无效民事法律行为是已经成立,但欠缺法律行为的有效要件,不能按照行为人的意思表示发生法律效力的民事法律行为。无效民事法律行为也能产生一定的法律后果,但因其不符合法律规定的有效要件,法律对其采取否定的效力评价,因此,它造成的法律效果并不符合行为人的愿望甚至完全与之相反。

通过无效民事法律行为的概念,可进一步概括出其四项特征:(1)无效民事法律行为绝对无效,即其对任何人都不发生行为人所期待的效力,而只能发生当事人意思表示之外的,由法律直接规定的效力;(2)无效民事法律行为自始无效,即从其成立的那一刻起就不发生效力;(3)无效民事法律行为当然无效,即无效民事法律行为处于确定的不发生效力的状态,不需要任何人主张,也不需要法院等有关机关认定而自动无效(当然,这并不妨碍当事人和利害关系人提出无效主张,也不妨碍有关机关作出无效之认定);(4)无效民事法律行为永远无效,即其因根本欠缺法律规定的有效要件,以至于不能以一定时间的经过或某种手段补正其效力。

(二)无效民事法律行为的种类

根据我国民事立法,下列民事法律行为无效:

1. 行为人不具有相应的行为资格

就自然人而言,行为资格主要表现为行为能力,原《民法通则》规定无民事行为能力人实施的行为、限制民事行为能力人实施的依法不能独立实施的行为无效,除非该行为对无民事行为能力、限制民事行为能力人构成纯获利益(如接受奖励、赠与、报酬)的行为,或者是与其年龄、智力、精神健康状态相适应的行为。原《合同法》对此进行了修正,规定限制民事行为能力人超越其行为能力范围签订的合同效力待定,但对无民事行为能力人签订的合同之效力未予涉及。《民法典》第144条明确规定无民事行为能力人实施的民事法律行为无效。我们认为,该规定过于机械,也缺乏合理性,因为,限制民事行为能力人超越其行为能力范围而行为时,本质上亦无民事行为能力,其行为效果与无民事行为能力人应无二致。从行为能力欠缺者利益最大化的目的出发,将无民事行为能力人实施的行为、限制民事行为能力人超越其行为能力范围实施的行为统一确定为效力待定,更具有正当性。就法人而言,其行为资格主要涉及法定代表人的代表权和法人的经营范围。由法定代表人实施的超越代表权范围的行为,在相对人为善意时,仍发生效力。但如果相对人知道或应当知道法定代表人超越代表权限的事实,则行为无效。至于法人行为超越经营范围,其效力原则上不受影响,但如果法人超越国家特许经营、限制经营、禁止经营的经营范围,无论相对人是否善意,行为均为无效。

2. 恶意串通,损害他人合法权益

指法律行为的双方或多方当事人,故意合谋,弄虚作假所实施的损害国家、集体或第三人利益的民事行为。例如,代理人与相对人恶意串通损害被代理人利益而签订的合同、通过收受回扣的方式签订的损害国家利益的合同。对此,《民法典》第154条规定,行为人与相对人恶意串通,损害他人合法权益的民事法律行为无效。

3. 以合法形式掩盖非法目的

又称为脱法行为,是指行为人采取合法的形式实施内容违法的民事法律行为。脱法行为包括虚假的民事行为和伪装的民事行为。虚假的民事行为,是指行为人表面上实施了一种民事行为,实际上什么民事行为也没有,只是以徒具合法形式的民事行为掩盖其非法目的,用来掩盖的行为是法律行为,被掩盖的非法目的本非法律行为。例如,为逃避法院对财产的强制执行,虚假地赠与财产。由于双方当事人的赠与(法律行为)本为虚假,更由于该赠与行为旨在逃避强制执行(非法律行为),所以无效;而逃避强制执行本非法律行为,无须判断有效无效。伪装的民事行为,是指以一种表面上合法的民事行为掩盖另一种真实的法律行为。用来掩盖真实民事行为的行为因无真实效果意思且其目的不合法而无效,被掩盖的真实民事行为其效力应当按照其自身的条件判断。若真实行为乃非法目的本身,则其因不合法而无效。如以联合开发的形式掩盖擅自转让划拨建设用地使用权的行为,真实行为即当事人之非法目的,其因违法而无效。若真实行为并非非法目的本身,则其并不具有违法性,仍应有效。如为避税,双方当事人以 100 万元的房屋买卖合同掩盖客观上为 200 万元的买卖合同,此刻,非法目的为避税,但真实行为即 200 万元的买卖合同本身不是避税行为,其效力应不受合法形式掩盖非法目的之影响。

4. 违反法律、行政法规中的强制性规定

民事法律行为的内容违反法律、行政法规中的强制性规定无效。把握该种无效民事行为应注意:(1)此处所谓法律、行政法规既包括民法,也包括民法之外的其他部门法乃至于宪法;(2)只有法律、行政法规中的强制性规定才影响行为之效力,若违反法律、行政法规中的任意性规范,行为的效力不受影响;(3)违反的强制性规定应是法律、行政法规中的强制性规定,民事法律行为若仅违反行政规章、地方性法规中的强制性规定,其效力未必受影响;(4)即便违反法律、行政法规中的强制性规定,若该强制性规定为单纯的管理性规定,民事法律行为也不一定无效。只有违反其中的效力性强制性规定,才能直接导致行为无效。《民法典》第 153 条第 1 款规定,违反法律、行政法规的强制性规定的民事法律行为无效,但是该强制性规定不导致该民事法律行为无效的除外。通说认为,所谓该强制性规定不导致该民事法律行为无效,即指违反管理性强制性规定之情形。

5. 违背公序良俗

民事法律行为虽未违反法律、行政法规中的强制性规定,但若使其有效将损害社会公共利益,或者败坏社会公德,根据公序良俗原则,仍然应当将其认定为无效。对此,《民法典》第 153 条第 2 款规定,违反公序良俗的民事法律行为无效。

二、可撤销的民事法律行为

(一)可撤销民事法律行为的概念与特征

可撤销民事法律行为是指因为行为欠缺法律规定的有效要件,因该行为受损害的当事人可依其自主意思,请求法院或仲裁机构撤销该行为,使其效力归于消灭的民事行为。

可撤销的民事法律行为,只是相对无效,不同于无效民事法律行为的绝对无效。可撤销民事法律行为制度之设立,既体现了法律对公平交易的要求,又体现了意思自治原则,是对上述两项价值的调和。

可撤销民事法律行为的特征如下:

第一,可撤销民事法律行为在被撤销前,已针对无撤销权的当事人发生效力,而且在撤销权人行使撤销权之前,其效力继续保持。

第二,是否使可撤销民事法律行为的效力归于消灭,取决于撤销权人的意思,撤销权人以外的人不得主张撤销民事法律行为。

第三,撤销权人可行使其撤销权使法律行为的效力归于消灭,也可以通过承认的表示抛弃撤销权,此时,可撤销的民事法律行为转化为有效法律行为。

第四,可撤销民事法律行为效力的消灭,必须有撤销行为,仅有可撤销事由而无撤销行为时,法律行为的效力并不消灭。

第五,撤销权一旦行使,可撤销民事法律行为原则上溯及其成立之时,其效力归于消灭。

(二)可撤销民事法律行为的种类

根据《民法典》第147条、第148条、第149条、第150条、第151条的规定,有如下种类的可撤销民事法律行为:

一是因重大误解而为的民事法律行为。重大误解的民事法律行为指法律行为的当事人在作出意思表示时,对涉及民事法律行为法律效果的重要事项存在认识上的显著缺陷,在此基础上而实施的民事法律行为。关于重大误解之构成,从主观方面看,行为人的认识应与客观事实存在根本性的背离。从客观方面看,因为发生这种背离,应给行为人造成了较大损失,例如,行为人因对行为的性质、标的物的品种、规格、质量和数量,以及法律关系的主体发生错误认识,使行为的后果与行为人的意思完全相悖,造成较大损失的即构成重大误解。

二是显失公平的民事法律行为。显失公平的民事法律行为是出于非自愿的原因,对一方当事人过分有利、对他方当事人过分不利的民事法律行为。最高人民法院有关司法解释对因显失公平而生的可撤销民事法律行为中的"显失公平"进行了限制性解释,即只有一方利用自己在政治、经济、人身上的优势地位或者利用对方轻率、没有经验而产生的显失公平,才按显失公平的行为处理。另需特别强调的是,显失公平的客观状态,应在民事法律行为成立时就已经存在,如果在民事法律行为成立后,才发生显失公平的事实,则构成商业风险或者情势变更。

需要强调的是,原《合同法》将乘人之危作为可撤销法律行为之独立类型。乘人之危,是指行为人利用对方当事人的急迫需要或危难处境,迫使其作出违背本意而接受于其非常不利条件的意思表示。构成乘人之危须满足以下要件:(1)须有表意人在客观上正处于急迫需要或紧急危难的境地。表意人所处的这种境地是客观的,而不是想象或臆测的。(2)须有行为人乘人之危的故意,即相对人明知表意人正处于急迫需要或紧急危难的境地,却故意加以利用,使表意人因此而被迫作出对行为人有利的意思表示,若行为人没有利用表意人的危难迫使表意人作出意思表示,则不构成乘人之危的意思表示。例如,溺水人甲说"君若救我,与君千元",并非乘人之危的意思表示。(3)须相对人实施了足以使表意人为意思表示的行为。如甲家境困难,母亲病重,无钱救治,向乙借款,乙以年息百分之百为条件,即属于此种情况。(4)须相对人的行为与表意人的意思表示之间有因果关系。(5)须表意人因其意思表示蒙受重大不利。考虑到在乘人之危情况下实施的法律行为,当事人之间利益通常会显著失衡,《民法典》不再将乘人之危作为独立的可撤销法律行为,而仅将其作为显失公平的原因,最终整合到了显失公平的法律行为之中。

三是因欺诈、胁迫而实施的民事法律行为。

(三)撤销权的行使

撤销权是法律行为中的一方当事人,通过自己单方面的意思表示使法律行为的效力归于消灭的权利。由于仅以单方行为就可影响法律行为的效力，撤销权为形成权。根据《民法典》第152条之规定，享有撤销权的人为重大误解的民事行为的误解人和显失公平的民事行为的受害人，以及欺诈、胁迫等情形的受害人，其他当事人一概无撤销权。

根据我国现行法律，撤销权人行使撤销权的意思表示，须向法院或仲裁机关作出，而非仅向相对人作出。因此，撤销权的最终实现，必须借助于法院或仲裁机关的裁断。若法院或仲裁机关承认撤销权人的撤销权，则法律行为的效力原则上溯及于其成立之时消灭。但在法律行为为继续性行为（如劳动合同行为）的情况下，撤销民事行为的裁断只对将来生效，不具有溯及力。

（四）撤销权的消灭

撤销权因下列原因而消灭：

一是抛弃。撤销权为建立在意思自治原则基础上的一种权利，权利人可以抛弃。抛弃的方式有两种：(1)明确表示放弃撤销权；(2)以自己的行为（如履行义务）放弃撤销权。有效的抛弃应当是在撤销权人知道有撤销事由的前提下自愿作出的行为。

二是在法律规定的撤销期限内没有行使撤销权。撤销权人怠于行使撤销权，将使法律关系长期处于不稳定中。为敦促撤销权人早日行使权利，法律为其设置了除斥期间，该期间的长度通常为1年，但在重大误解的情况下只有90日。关于该除斥期间的起算点，原《民法通则意见》规定从行为成立时起算，原《合同法》规定从撤销权人知道或者应当知道撤销事由之日起算，《民法典》沿袭了原《合同法》的规定，同时规定当事人受胁迫时，从胁迫行为终止之日起算。从新法优于旧法之原则，应适用《民法典》之规定。此外，为进一步稳定法律关系，《民法典》第152条还规定，当事人自民事法律行为发生之日起5年内没有行使撤销权的，撤销权也归于消灭。在撤销权消灭后，可撤销法律行为转化为有效的民事法律行为。

三、效力未定的民事法律行为

（一）效力未定民事法律行为的概念

效力未定民事法律行为，是指民事行为有效或者无效尚未确定，需要由第三人意思表示辅助或特定事实要件的成就效力才能确定的民事行为。效力未定民事法律行为与可撤销民事法律行为，都欠缺法律规定的一部分有效要件，均非确定发生效力和确定不发生效力的行为。但二者之间也存在明显的区别：(1)效力未定的行为在获得补正前其有效或者无效悬而未决，但可撤销行为在被撤销前已经相对于无撤销权的当事人发生了效力；(2)可以通过意思表示补正效力未定行为的，通常为行为之外的当事人，而可撤销行为中拥有撤销权的，则为行为中的受害人或认识上发生错误者；(3)发生原因不同，可撤销行为的发生原因已如前述，效力未定行为则因下述与可撤销行为俨然不同的原因而发生。

（二）效力未定民事法律行为的种类

1. 无权代理行为

指行为人无代理权，而以被代理人名义所实施的民事行为。无权代理行为能否按行为内容发生效力，取决于本人即被代理人的意志。在本人未追认前，其效力处于不确定状态。只有本人予以追认，才能对本人发生效力。不过，此处所谓的无权代理，是民法理论上的狭义无权代理，不包括表见代理，在表见代理，行为确定地对被代理人发生效力，而无须取决于被代理人的意志。

2. 债务承担行为

所谓债务承担是指债务人与第三人约定，由第三人承担债务人债务的民事行为。因为第三人的信用及履行债务的能力对债权人利益攸关,所以要使债务承担行为对债权人有效,发生债务转由第三人承担的效力,就必须经债权人同意。需要指出的是,除债务人与第三人达成协议的债务承担外,还可能直接在债权人和债务人之间形成债务承担协议,该债务承担协议系债权人对自身权利的处分行为,只要其不存在其他瑕疵,当然发生效力,而非效力未定行为。

3. 行为能力欠缺者实施的超越其行为能力范围的民事行为

根据《民法典》第 145 条的规定,限制民事行为能力人超越行为能力范围实施的法律行为效力未定,如获法定代理人同意,则成为确定有效的民事法律行为,如法定代理人拒绝追认,则成为确定无效的民事行为。诚如此前已经指出的那样,除限制民事行为能力人超越其行为能力范围签订合同外,一切行为能力欠缺者实施的一切行为,除非与其年龄、智力、精神健康状况相适应,或者属于接受奖励、赠与、报酬等纯获利益的行为,本着行为能力欠缺者利益最大化之原则,都不能将其行为直接认定为无效,而均应确定为效力未定行为。

需要特别强调的是,根据原《合同法》第 51 条的规定,无权处分人处分他人财产,经权利人追认或者无处分权的人订立合同后取得处分权的,该合同有效,显然将无权处分人因处分他人财产而实施的民事行为认定为效力未定,其最终是否有效取决于真正权利人是否追认或者无权处分人事后是否取得处分权。而原《买卖合同解释》第 3 条则明确规定,当事人一方以出卖人在缔约时对标的物没有所有权或者处分权为由主张合同无效的,人民法院不予支持,又显然不再将处分权作为影响买卖合同等法律行为的条件,即无权处分人处分他人财产而签订的合同,只要在别的方面不存在法律上的问题,其应认定为有效。通说认为,这是在原《合同法》颁行十余年后,我国对无权处分行为效力的最新的,也是最符合法理和最具有科学精神的认识。无权处分的事实不妨碍无权处分人签订的合同的效力,但其将影响该合同的履行,只要权利人对无权处分不予追认且行为人事后不能取得处分权,则无权处分人订立的合同在法律上陷入履行不能,若受让人尚未取得动产之占有或不动产之登记,不得诉请动产交付或不动产登记;即便受让人已经取得动产之占有或不动产之登记,动产或不动产的权利也不会发生变动,受让人仍不能取得其期待的权利。不过,无权处分人因未取得所有权或者处分权致使标的物权利不能转移的,受让人有权要求无权处分人承担违约责任或者要求解除合同。鉴于此,《民法典》第 597 条在原《买卖合同解释》第 3 条的基础上,进一步规定"因出卖人未取得处分权致使标的物所有权不能转移的,买受人可以解除合同并请求出卖人承担违约责任",确立了行为人出卖他人之物的科学的、合理的处理规则,在法律适用上更具正当性,更能彰显法治。

还需指出的是,前述几种不同类型的效力未定行为,其法律本质并不完全相同。在行为能力欠缺者超越其行为能力范围实施的行为,效力未定系指行为能力欠缺者与其相对人之间的行为效力未定,即行为对行为人双方效力未定。法定代理人追认使行为对行为人双方发生效力,拒绝追认则不对行为人发生效力。但无论法定代理人追认与否,均不直接产生行为人之间的行为对法定代理人发生效力的问题。而在无权代理行为、债务承担行为,效力未定并非指无权代理人和第三人、债务人和债务承担人之间的行为效力未定,相反,在无权代理人和第三人、债务人和债务承担人之间行为可能已经发生效力。所谓效力未定,本质上为行为人之间已经发生效力的行为之效果是否归属于相关利害关系人负担,即无权代理人与第三人之间的行为效果是否由被代理人负担,债务人和债务承担人之间的行为后果是否由债权人负担。立足于这样的认识,无权处分与无权代理、债务承担似乎也具有某种程度上的共性,即无权处分人和受让人之间行为的效力不受处分权和真正权利人意志的影响,其本为有效而非效力未定。但该有效行为的效力不能当然及于真正权利人,若真正权利人予以确认,则其受该行为之拘束;若真正权利人予以拒绝,则该行为不能对真正权利人发生影响。在这一意义上,原《合同法》第51条规定的效力未定,不能理解为在无权处分人和受让人之间效力未定,而可理解为无权处分人与受让人之间的行为对真正权利人效力未定。

(三)效力未定民事法律行为的追认

其一,追认权的性质。追认权是权利人事后确定民事行为效力的一种形成权。追认权人对需要追认的民事行为既可以追认,也可以拒绝追认。追认权人追认或拒绝追认的意思表示从到达相对人时发生效力,无须相对人承诺,其作用在于补正相关行为所欠缺的生效要件。一般而言,无权代理的追认权人是被代理人(本人);债务承担的追认权人是债权人;行为能力欠缺者实施的超越其行为能力范围的行为的追认权人是法定代理人,行为能力欠缺者取得完全民事行为能力后,对其过去实施的效力未定的民事行为也享有追认权。需要说明的是,无权代理人与被代理人地位混同、债务人取得其移转的债务所对应的债权后,其无权代理行为、债务承担行为也由效力未定转化为确定的有效,但此刻效力未定行为效力的确定是因为特定事实要件的成就,而不同于追认权人的追认。

其二,追认权的行使。一方面,追认权人追认或拒绝追认的意思表示应向效力未定行为的相对人为之,向无权代理人、债务人、行为能力欠缺者所为追认或拒绝追认的意思表示,不发生效力。另一方面,追认权人追认的意思表示必须在法定的催告期间内以明示的方式向相对人作出,过期不为追认的意思表示,视为拒绝追认。

其三,追认与拒绝追认的法律效果。效力未定的民事行为经追认后,自始确定地发生效力,被拒绝追认后,自始确定地不发生效力。

(四)相对人的催告权与撤销权

关于相对人的催告权。效力未定行为的相对人在得知其与对方实施的民事行为存在效力未定的事由后,可以将此事实告知追认权人,并敦促追认权人在一定期限内答复是否追认。经相对人催告后,追认权人应于相对人依法确定的期限内答复是否追认,不予答复的,视为拒绝追认。《民法典》第145条第2款规定相对人催告追认权人追认的期限为30日。

关于相对人的撤销权。根据《民法典》第145条第2款的规定,效力未定的民事行为被追认前,善意相对人有撤销的权利,撤销应当以通知的方式作出。相对人撤销其意思表示的意思,可以向追认权人表示,也可以向对方行为人即无权代理人、债务移转人、行为能力欠缺者表示,相对人撤销其意思表示后,效力未定民事行为相当于未成立,因此也就不发生效力。相对人撤销权受几方面的限制:(1)相对人仅于追认权人追认前享有撤销权,效力未定行为经追认后已经确定地发生效力,不能再撤销;(2)相对人须为善意,如在进行行为时就知道对方行为能力方面有缺陷,则不享有撤销权;(3)相对人撤销的意思表示应当用通知的方式作出,任何默示的方式都不构成撤销。

四、民事法律行为被确认无效或被撤销的法律后果

民事行为因违反民事法律行为的根本有效要件,从成立时起就确定无效,与民事行为违反民事法律行为的非根本有效要件,成为可撤销的民事行为或效力未定的民事行为,撤销权人行使撤销权予以撤销或追认权人不予追认后无效,在法律效果上没有什么区别。但是,所谓无效,仅仅是不发生当事人在意思表示中期待的效力,并非不发生任何效力。根据《民法典》第157条的规

定,民事法律行为无效,主要有以下法律效果:

其一,财产返还。法律行为自成立、生效至被确认无效或被撤销的期间,当事人可能已根据该法律行为取得对方的财产。民事行为被确认无效或被撤销或被拒绝追认后,当事人取得财产的法律根据已丧失,交付财产的一方可基于所有权的效力,请求受领财产的一方返还财产。只有一方交付财产的作单方返还,双方皆交付了财产的,作双方返还。原物存在的,返还原物;原物已不存在的,折价返还其价值。除返还原物外,还应返还由原物所生的孳息。总之,原则上应使财产关系恢复到法律行为成立之前的状态。

其二,赔偿损失。民事行为被确认无效或被撤销或被拒绝追认,由一方或双方的过错造成的,皆发生赔偿损失问题,有过错的一方应向无过错的一方赔偿因民事行为被确认无效或被撤销或被拒绝追认所发生的损失。在双方皆有过错的情况下,各自承担相应的责任。这种赔偿责任就是缔约上过失责任,通过缔约过失责任,可以弥补信赖法律行为已经有效成立的当事人所受到的损害。

其三,其他法律后果。在当事人双方恶意串通,实施民事行为损害国家、集体、第三人利益时,追缴双方所取得的财产,收归国家、集体所有或返还给第三人。

问题与思考

1. 原《民法通则》第 58 条、原《合同法》第 52 条均规定了恶意串通、损害国家、集体和第三人利益,以合法形式掩盖非法目的,损害社会公共利益,违反法律、行政法规的强制性规定这四种法律行为无效之情形,这四种情形是彼此独立或者相互交叉吗?我们认为,显然四种情形之间存在交叉关系,而交叉点均在于行为内容上的违法性。在违法性对民事法律行为效力之影响这一点上,我国民事立法经历了由严到宽的历程。原《民法通则》第 58 条规定违反法律的民事行为无效;原《合同法》第 52 条规定违反法律、行政法规的强制性规定无效;原《合同法司法解释(一)》第 4 条规定人民法院不得以地方性法规、行政规章为依据认定合同无效;原《合同法司法解释(二)》第 14 条规定,只有违反法律、行政法规中的效力性强制性规定,合同才会无效。《民法典》第 153 条规定,违反法律、行政法规的强制性规定的民事法律行为无效,但是该强制性规定不导致该民事法律行为无效的除外。这就提出了一系列问题:第一,究竟什么是法律、行政法规中的强制性规定?第二,违反地方性法规、行政规章中的强制性规定,行为效力是否一定不受影响?第三,效力性强制性规定和管理性强制性规定的区分是否可能?第四,违反法律、行政法规的强制性规定与损害社会公共利益、违反公序良俗存在什么关系?对于第一个问题,我们认为,强制性规定在规范措辞上通常含有"应当""不得"等词句,但不能因此将含有这些词句的规范均作为强制性规定。一些由"应当"引领的规范,如《民法典》规定某种合同"应当"采用书面形式,这些规范就并非强制性规定,而仅仅为倡导性规范,其作用为倡导、劝告当事人以书面形式订立合同,而并不具有强制意义。倡导性规范并非当事人的行为准则,甚至也不具有裁判规则之意义。对于第二个问题,为尽可能尊重意思自治,实现交易安全,禁止以地方性法规、行政规章中的强制性规定作为认定法律行为无效之依据确有道理,但绝不意味着违反地方性法规、行政规章的行为其效力一定不受影响。若行为损害社会公共利益,违反公序良俗,仍应认定为无效。对于第三个问题,有一部分强制性规定的确可以进行类型区分。如涉及不动产物权变动的强制性规定仅旨在控制物权的移转,核心是对不动产登记机关的管制,显然为管理性规定;而涉及基本人权和人格尊严、基本社会秩序的强制性规定如禁止吸毒贩毒则肯定为效力性强制性规定。然而,更多的强制性规定很难作出这样的性质区分,理由在于:违反同一强制性规定,其违法的主观动因和客观危害皆可能不一样,而其主观动因和客观危害的不一样,也就意味着违法行为反社会的程度不一样,最后对违法行为的效力评价也不一样。故我们认为,对前述第三个问题和第四个问题应做统一的把握,也就是说,法律行为违反法律、行政法规中的强制性规定,其是否有效主要不取决于其违反的对象为效力性强制性规定或管理性强制性规定,而更应取决于其违法行为的主观恶性和客观危害性,即其是否同时损害社会公共利益,违背公序良俗,从而以社会公共利益和公序良俗作为最高判断标准,结合个案的具体情况,对违法行为的效力作出灵活的、柔软化的认定。

2. 原《合同法》第 51 条规定无权处分人处分他人财产而订立的合同效力未定,而原《买卖合同解释》第 3 条规定无权处分对合同效力不发生影响,《民法典》第 597 条吸收了该司法解释之精神。但其正当性依据究竟何在? 无权处分大体上包括两种情形:一是行为人对标的物无任何处分权,典型如原《合同法》第 51 条规定的处分他人之物;二是行为人对标的物虽有处分权,但其处分权受限制,典型如擅自处分抵押物、擅自处分被查封、扣押之物。无论在无权处分的哪一种情形,只要坚持未经权利人(真正权利人如所有权人,以及对他人处分权享有限制权益者如抵押权人)同意,在无权处分人和受让人之间不发生权利变动的规则,则无权处分人与受让人之间行为有效,能最大限度地实现权利人、无权处分人、受让人之间利益配置的合理性。因为:第一,虽然无权处分人与受让人之间行为有效,但基于意思自治和债的相对性原则,该行为效力不能当然约束权利人。在未取得权利人同意的情况下,无权处分人与受让人之间不能发生权利变动,权利人的权利也不会因无权处分人和受让人之间行为有效而受到影响。第二,无权处分人与受让人之间行为有效,有助于保护受让人利益,维系社会交易安全。在权利人不同意的情况下,受让人虽不能取得其期待的权利,但可根据有效行为对无权处分人主张违约责任,并通过追究无权处分人违约责任,尽可能地实现自己的利益。第三,无权处分人与受让人之间行为有效,在权利人不同意而不能发生权利变动的情况下,无权处分人对受让人承担违约责任也是“咎由自取”,是无权处分人应当负担的代价。相反,若认定无权处分人与受让人之间行为无效,对权利人之保护并不会因此而增强,受让人受保护之程度却将大大降低,而无权处分人也疏于对自身的行为负责,三方利益平衡关系被打破。除了前述利益衡量外,在现实生活中,民事主体实施的相当一部分民事行为,行为人在行为时对标的物皆没有所有权和处分权,若认定其与受让人之间的法律行为无效,也将背离民事生活的习惯和市场经济的规律。例如,出卖人与买受人签订买卖合同时,其对出卖标的物未必享有所有权和处分权,而是在合同签订后从第三方组织货源,以完成对买受人的履行行为。该买卖合同效力显然不应受出卖人无权处分之影响,若出卖人事后不能组织货源向买受人进行履行,当然应承担违约责任而非合同无效之际的缔约过失责任。

第五节　民事法律行为效力的限制

一、附条件的法律行为

(一)附条件的法律行为的概念

附条件的法律行为,是指法律行为效力的开始或终止取决于将来不确定事实的发生或不发生的法律行为。

(二)条件的构成

法律行为所附的条件,必须具备以下要件:

第一,未来性。条件应是将来的事实,已经发生的事实不能作为条件。

第二,可能性。条件应是将来可能发生的事实,根本无发生可能的事实,不能作为条件。

第三,约定性。条件应是当事人选定的事实,法定事实不能作为条件。

第四,合法性。条件应是合法的事实,违法的事实不能作为条件。

第五,或然性。条件应是可能发生,也可能不发生的事实。以必然发生的事实为条件的,其实为附期限。

(三)条件的种类

1. 依条件的功能不同分为延缓条件和解除条件

延缓条件又称停止条件或生效条件,指法律行为效力发生的条件,在条件成就之前,法律行为已经成立,且符合有效要件,但其效力处于停止的状态,当事人此刻拥有的权利为期待权,待到条件成就,期待权才转化为既得权。在延缓条件成就之前,尚待生效的法律行为受到法律的保护,当事人非依法律规定或者取得对方同意,不得擅自变更或解除。

解除条件,又称终止条件或失效条件,指导致民事法律行为效力消灭的条件。在条件成就前,法律行为已经发生效力,于条件成就时其法律效力终止。

2. 依条件的客观形态为标准分为积极条件和消极条件

积极条件,是指以将来事实的发生为条件成就的条件;消极条件,是指以将来事实不发生为条件成就的条件。

(四)对附条件法律行为的保护

附条件的法律行为,是当事人基于意思自治原则,使行为人的动机获得法律表现的形式,因而受到法律的保护。按照法律的要求,作为条件的事实必须是因其自然进程发生或不发生的,不能假之于任何一方当事人的影响,否则,都难免对他方当事人产生不公平的结果。因此,对当事人恶意促使条件成就的,法律视为条件不成就;恶意促使条件不成就的,法律视为条件已成就。

二、附期限的法律行为

(一)附期限的法律行为的概念

附期限的法律行为,是以一定期限的到来为效力开始或终止原因的法律行为。期限与条件不同,任何期限都是确定地要到来的;而条件的成就与否具有不确定性。

(二)期限的种类

1. 延缓期限

又称始期,即法律行为所附的使法律行为成立、有效后并不发生效力,而待期限到来后才开始生效的情况。

2. 解除期限

又称终期,即法律行为所附的使法律行为成立、有效后即发生效力,而待期限到来时使其效力消灭的情况。

法律行为所附的期限,可以是期间,也可以是期日,还可以是特定事件的发生。

(三)期限到来

一是以期日设定期限者,以该期日到来的时限为期限到来时限。

二是以一定期间为期限者,以该期间的最后1日的终止日为期限到来。期间的最后1日的截止时间为24时,有业务时间的,到停止业务活动的时间截止。期间的最后1天是法定假日的,以假日的次日为期间最后1天。

三是以事件的发生为期限者,以该事件发生的时点为期限到来。

三、需要行政审批的法律行为

(一)需要行政审批的法律行为的概念

根据《民法典》第502条第2款的规定,需要行政审批的法律行为,是指按照法律、行政法规的规定应当办理批准、登记等手续,从办理完批准、登记等手续后才生效的法律行为。

(二)需要行政审批的法律行为的主要类型

根据我国相关法律,需要行政审批的法律行为主要有外商投资合同、涉外贸易买卖合同、技术引进合同、对外合作开采海洋石油资源合同、探矿权与采矿权转让合同、国有小型企业出售合同、向外国人转让专利权或专利申请权的合同等类型。

(三)我国法律和司法实践对需要行政审批的法律行为的认识变迁

我国民事立法和司法实践对需要行政审批的法律行为,经历了不同的认识,大体上表现为五个阶段。

第一阶段,在原《合同法》生效前,一般认定在获得行政审批前合同无效,当事人承担合同无效的责任。

第二阶段,在原《合同法》生效后至原《合同法司法解释(二)》生效前,根据原《合同法》第44条第2款和原《合同法司法解释(一)》第9条的规定,一般认定在一审法庭辩论终结前仍未办理行政审批的,合同未生效。而且,司法实践中普遍将合同未生效按合同无效处理。

第三阶段,原《合同法司法解释(二)》生效后至2010年8月16日《最高人民法院关于审理外商投资企业纠纷案件若干问题的规定(一)》[以下简称《外商投资企业解释(一)》]生效前,根据原《合同法司法解释(二)》第8条,在需行政审批的合同,有义务申请审批的一方当事人未按照法律规定或者合同约定申请审批的,属于原《合同法》第42条规定的缔约过失中的"其他违背诚实信用原则的行为",法院可以根据案件的具体情况和相对人的请求,判决相对人自己办理有关手续,对方当事人对由此产生的费用和给相对人造成的实际损失,承担损害赔偿责任。在该阶段,法院仍倾向于将未获行政审批的合同作为无效合同处理,但同时强调了审批义务人应履行其审批义务,明确了其怠于履行审批义务的法律后果。

第四阶段,《外商投资企业解释(一)》生效后,根据该解释第1条之规定,当事人在外商投资企业设立、变更等过程中订立的合同,依法律、行政法规的规定应当经外商投资企业审批机关批准后才生效的,自批准之日起生效;未经批准的,人民法院应当认定该合同未生效。当事人请求确认该合同无效的,人民法院不予支持。而且,合同因未经批准而被认定未生效的,不影响合同中当事人履行报批义务条款及因该报批义务而设定的相关条款的效力。

第五阶段,《民法典》生效后,根据《民法典》第502条的规定,依照法律、行政法规的规定,合同应当办理批准等手续的,依照其规定。未办理批准等手续影响合同生效的,不影响合同中履行报批等义务条款以及相关条款的效力。应当办理申请批准等手续的当事人未履行义务的,对方可以请求其承担违反该义务的责任。依照法律、行政法规的规定,合同的变更、转让、解除等情形应当办理批准等手续的,适用前款规定。

经过以上考察,可以得出的结论为,对需要行政审批的法律行为,《民法典》的立场是:未经审批前,行为未生效而非无效,且即便行为未生效,其中当事人履行报批义务的条款可独立的发生效力。

问题与思考

附停止条件的法律行为、附始期的法律行为、需要行政审批的行为有一个共同点,即在条件成就、始期届满、审批通过之前,行为都处于未生效状态。但法律行为未生效究竟是一个什么样的效力状态?未生效的法律行为对当事人是否有拘束力,有何种拘束力?如果所附条件确定不成就,或报行政审批后未获批准,此等法律行为的效力又将如何?是民法理论和实践面对的重大问题。我们认为,把握前述三类行为的效力时应注意以下几点:第一,条件成就、始期届满、审批通过是法律行为的生效要件,其与有效要件相对应,系与有效要件处于不同层面的问题。若法律行为欠缺有效要件,则没必要探讨是否具备生效要件。即便法律行为具备生效要件,只要其欠缺有效要件,其依然不能发生当事人期待的效力。第二,条件成就、始期届满、审批通过前法律行为未生效,与欠缺有效要件之无效、可撤销、效力未定存在根本性的区别。无效民事行为除产生法律规定的后果外,对行为当事人并无任何约束力;可撤销行为在除斥期间内只能约束不享有撤销权的一方当事人,而撤销权人可以任意撤销该行为;效力未定行为与无效民事行为一样,对双方当事人均无约束力,一方有权拒绝追认,对方也有权在他方追认之前予以撤销。与此相反,在条件成就、始期届满、审批通过前未生效的法律行为,其对行为人已经发生了法律上的约束,任何一方当事人都不能擅自撤销、拒绝该行为对自己的拘束。第三,在前述法律行为未生效的阶段,法律行为虽对当事人产生了一定的拘束力,但其核心效力尚未发动,即便法律行为约定了履行期,且该履行期限已经届满,任何一方当事人都不能要求对方履行,更不能通过诉讼强制对方履行该行为中的核心义务。不过,该类法律行为的核心效力虽未发动,并不意味着法律行为中的一切义务均不能被对方当事人请求履行。例如,在需要行政审批的行为,一方当事人所负担的报批义务,无论其出于当事人约定或法律之直接规定,都可独立于核心义务之外单独发生效力,对方当事人也有权要求其履行报批义务,或追究不履行报批义务的违约责任。第四,若条件确定不成就,或未能审批通过,则未生效的法律行为确定不能发生效力,但只要其满足有效要件,也不能就此认定其无效,相反,应将此等法律行为解释为因目的不能实现而自动解除。

拓展阅读推荐

1. 董安生:《民事法律行为》,中国人民大学出版社 2016 年版。
2. 鲁春雅:《法律行为制度研究》,法律出版社 2019 年版。
3. 顾全:《民事法律行为效力评价体系研究及司法实证——以区分原则和法益位阶为视角》,人民法院出版社 2021 年版。
4. 沈达明、梁仁洁:《德意志法上的法律行为》,对外经济贸易大学出版社 2015 年版。

5. [德]卡尔·拉伦茨:《法律行为解释之方法——兼论意思表示理论》,范雪飞、吴训祥译,法律出版社 2018 年版。
6. 陈卫佐:《〈民法总则〉中的民事法律行为——基于法律行为学说的比较法分析》,载《比较法研究》2017 年第 4 期。

第八章 代 理

学习要点

- 代理的特征与适用范围
- 委托代理中代理权的产生
- 代理权行使的原则与禁止代理的事项
- 狭义无权代理与表见代理

第一节 概 述

一、代理的概念和特征

（一）代理的概念

代理，是行为人以他人名义实施行为，由此产生的法律效果直接归属于他人的法律制度。在代理制度中，以他人名义为他人实施法律行为的人，叫作代理人。其名义被他人使用，被他人代为实施法律行为的人，叫作被代理人，也称本人。与代理人实施法律行为的人，叫作第三人或相对人。代理关系因此也就包括三方面的关系：(1)本人与代理人之间的关系，此为代理的基础关系，也是代理的内部关系，该基础关系可以表现为委托、劳动等关系，代理权正是在这些基础关系上产生的。(2)本人与相对人之间的关系，此为代理人进行代理活动的结果所产生的民事法律关系，为代理的外部关系，如买卖合同关系。(3)代理人与相对人之间的关系，此也为代理的外部关系，通常情形下，代理人与相对人之间并不发生任何法律关系，只有在特殊情形如代理人超越代理权而本人不予追认时，代理人与相对人之间才发生民事法律关系，即由该无权代理人作为法律关系之当事人对相对人承担责任。

（二）代理的特征

第一，代理人应在代理权限内独立地为意思表示。代理是被代理人利用代理人的技能和知识为自己服务，因此，代理人应以自己的技能和知识为被代理人的利益独立为意思表示，才符合代理制度的上述目的。所谓独立为意思表示，是指代理人在实施法律行为时，须根据实施代理行为的实际情况，独立决定并表达代理行为的效果意思，以及独立决定是否接受相对人向自己表达的意思。代理的这一特点使其与使者和居间（中介）区别开来，因为使者只传达他人的意思、居间（中介）人只为他人提供媒介服务，二者都不独立为意思表示，更不能决定民事法律行为是否成立。由于意思表示是法律行为的基本要素，因此，代理人的基本使命就是代他人为法律行为。如订立合同、履行债务、受领债的给付、请求损害赔偿等。不为意思表示的行为，不成立代理，由此使代理行为区别于其他委托行为，如代人保管物品、照看儿童等事实行为，这些行为尽管也出于他人委托,但受托人不必对第三人为意思表示,因而不是代理行为。

第二,代理人必须以被代理人的名义进行活动。代理人必须以被代理人名义活动,即代理法上所谓的“显名主义”,该特征是由代理制度的目的决定的。代理人与第三人为民事法律行为,其目的并非为代理人自己设定民事权利义务,而是基于被代理人的委托授权或依照法律规定,代替被代理人参加民事活动,其活动产生的全部法律后果,直接由被代理人承受,因此,代理人只能以被代理人名义进行活动。通过这一特征,可以将代理与行纪区别开来,在行纪中,行纪人受委托人的委托,以自己的名义为委托人从事购买、销售及其他商业活动,因其活动系以自己的名义,故相对第三人而言,其活动后果只能直接由自己承受,然后再依委托合同的规定转移给委托人。值得注意的是,在国际范围内,对代理存在狭义代理与广义代理两种不同的理解。狭义代理仅指直接代理,即以被代理人的名义所进行的代理行为,大陆法系各国采用对代理的这种理解。广义的代理不仅包括直接代理,而且包括间接代理。所谓间接代理,就是受托人不以委托人名义,而以自己的名义代他人为法律行为。英美法采用对代理的广义理解。《民法典》采用直接代理概念,第925条、第926条则针对特定的民事活动规定了两种间接代理的适用效力。

第三,代理行为的法律效果直接归属于被代理人。被代理人利用代理人的目的是增进自己的利益,因此,代理行为的法律效果直接归属于被代理人,为代理制度的题中之意。“直接归属”指代理行为的法律效果不必经过代理人的中介达于被代理人。具体而言:(1)代理行为所产生的民事权利归被代理人享有,所产生的民事义务归被代理人承担。此外,代理行为所取得的其他利益也归属于被代理人。(2)代理人代理活动产生的不利后果应由被代理人承受。代理人在代理活动中对第三人造成的损害,应当先由被代理人对第三人承担责任。但是,如果对不利后果或损害的造成,代理人有过错的,被代理人有权追究代理人的民事责任。

二、代理的适用范围

(一)可以适用代理的行为

严格来说,代理只能适用于法律行为。但为了保护当事人的合法权益,促进正常民事流转和维护社会经济秩序,允许将代理制度及有关规则扩展适用于法律行为以外的其他行为。主要有:(1)申请行为。即请求国家有关部门授予某种资格或特许权的行为。例如,向国家专利行政部门申请授予专利权的行为,即可由代理人进行,这是为了利用专利代理人的特殊技能。(2)申报行为。即向国家有关部门履行法定的告知义务和给付义务的行为,如向税务局申报纳税的行为。(3)诉讼行为。即在民事诉讼、行政诉讼和刑事附带民事诉讼中,作为原告、被告或第三人的诉讼代理人参加诉讼。以上行为,皆可准用民法中的代理制度。

(二)不可适用代理的行为

并非一切行为均可适用代理,依照法律规定,下列行为不得适用代理:(1)具有人身性质的行为。代理的适用,仅限于不具有人身性质的行为。凡意思表示具有严格的人身性质,必须由表意人亲自作出决定和进行表达的行为,不许代理。例如,订立遗嘱、婚姻登记、收养子女等人身性的行为,即不得代理;此外,当事人约定只能由义务人亲自履行的债务,也不能被代理。(2)违法行为。《民法典》第167条规定,代理人知道被代理事项违法仍然进行代理活动的,或者被代理人知道代理人的代理行为违法不表示反对的,由被代理人和代理人负连带责任。(3)事实行为。代理行为是以代理人在代理权限内独立为意思表示为特征的,事实行为不适用代理。例如,代为劳务、演出、照顾小孩等,即非真正意义上的代理。

三、代理的分类

(一)委托代理、法定代理

以代理权发生原因之不同,代理可分为委托代理、法定代理,该种分类是我国立法上关于代理最基本的分类。委托代理,又称意定代理,是基于被代理人的委托授权而发生的代理,是最常见、最广泛适用的一种代理形式,我国民法关于代理的规定主要围绕委托代理而展开。法定代理是指基于法律的直接规定而发生的代理。在法定代理中,代理权之授予基于法律的直接规定。法律之所以作出这种规定,一是为了保护处于特定情况下的民事主体的利益,二是为了维护交易安全。法定代理主要适用于被代理人为无行为能力人或限制行为能力人的情况,如监护人就是被监护人的法定代理人。在法律有特别规定的情况下,社会团体也可成为其成员的法定代理人。例如,工会在特定情况下是其会员的法定代理人,可代理会员签订集体劳动合同、参加与劳动争议有关的诉讼等。

(二)本代理与复代理

以代理人选任和产生的不同,可将代理分为本代理和复代理。本代理,是指由本人选任代理人或直接依法律规定、有关单位指定产生代理人的代理。复代理,又称再代理,是指由本代理之代理人为本人选任代理人而产生的代理。它是本代理的代理人为了行使代理权,为本人选任代理人而发生的,所以又称转委托。复代理人仍然是本人的代理人,而不是本代理关系中代理人的代理人。

(三)概括代理与限定代理

以代理权是否被限定为标准,可分为概括代理与限定代理。代理权范围无特别限定之代理,为概括代理,又称全权代理、总括代理。代理权范围有特别限定之代理,为限定代理,又称部分代理。在法定代理与指定代理中,代理人可以实施被代理人需要实施的民事行为,故都为概括代理。委托代理既可为概括代理,也可为限定代理,如果被代理人在委托授权时没有言明,则推定为概括代理。

(四)单独代理与共同代理

以代理人的人数为标准,可分为单独代理与共同代理。凡代理权为一人所有者,为单独代理。在单独代理的情况下,代理人有权就代理事务独立作出决定,故又称独立代理。凡代理权为二人以上共同享有者,为共同代理。在共同代理的情况下,代理事务应由全体代理人共同作出决定。如果因此给被代理人造成损害,各共同代理人彼此之间,承担连带责任。

问题与思考

《民法典》总则编采狭义代理概念,将代理限定为以被代理人名义而展开的代理(以下简称显名代理)即直接代理,而合同编却采广义代理概念,规定了不以被代理人名义而展开的代理(以下简称隐名代理)即间接代理,合同编的规定对我国代理制度将发生何等影响,其与《民法典》总则编所规定的代理怎样衔接,是一个值得深入思考的问题。实际上,《民法典》第925条、第926条规定了两种不同类型的隐名代理。根据第925条的规定,受托人(代理人)以自己名义,在委托人(被代理人)的授权范围内与第三人订立合同,第三人订立合同时知道委托人(被代理人)与受托人(代理人)之间代理关系的,该合同原则上直接约束委托人(被代理人)与第三人。

此刻，虽形式上代理人未以被代理人名义行为，但第三人知悉代理人与被代理人之间的代理授权关系，代理人是否以被代理人名义行为对各方关系影响不大，《民法典》总则编确立的代理制度未受到实质性冲击。根据《民法典》第926条的规定，受托人(代理人)以自己名义与第三人订立合同，第三人不知道受托人(代理人)与委托人(被代理人)之间的代理关系，若受托人(代理人)因第三人原因而不能向委托人(被代理人)履行义务，应向委托人(被代理人)披露第三人，除非第三人如果知道委托人(被代理人)就不会订立合同，委托人(被代理人)可因此行使受托人(代理人)对第三人之权利。受托人(代理人)因委托人(被代理人)原因而不能向第三人履行义务时，应当向第三人披露委托人(被代理人)，第三人因此可以选择委托人(被代理人)或者受托人(代理人)作为相对人主张权利。在《民法典》第926条规定之情形，被代理人委托代理人与第三人签订合同，但不知道第三人具体是谁；而第三人与代理人签订合同时，并不知道被代理人是谁，甚至不知道代理人系代理他人与自己签订合同。在被代理人委托代理人与第三人签订合同这一点上，其与《民法典》总则编规定的代理并无不同，但由于委托人不知具体第三人，且第三人不知具体委托人甚至不知委托代理之事实，其与《民法典》总则编规定的代理结构又存在重大差异。因此，《民法典》合同编规定代理人与第三人之间的合同原则上不直接拘束被代理人。但在代理人披露第三人或被代理人后，只要第三人愿意，则直接在被代理人和第三人之间发生合同权利义务关系也不违反被代理人的意志，故《民法典》第926条又规定此种情形发生与显名代理同样的后果。由此可见，在被代理人、代理人、第三人的三方关系中，在被代理人和第三人之间发生直接权利义务之关键，并不在于代理人之行为名义，而在于被代理人与第三人是否意欲在彼此间缔结法律行为，正是在这点上，合同编规定的两种隐名代理与《民法典》总则编上的显名代理取得了共鸣。

第二节　代　理　权

一、代理权的性质

代理权是整个代理关系的基础，代理人凭借代理权展开代理活动。代理权的有无，原则上决定着代理行为是否对被代理人发生效力。但关于代理权的性质，学者们有种种解释，而且到目前都未形成定论。主要有权利说、权力说和资格说。权利说认为代理权如同其名称所表明的那样，是代理人所依法享有的权利。这种权利，是代理人在代理权限范围内独立地为意思表示，以本人名义，与第三人为法律行为的表现，是代理人为代理行为的自由意思的结果，符合权利是行为自由的民法表达的本质属性。权力说认为，代理权是对本人不可抗拒的法律拘束力，是代理人可以凭借其改变本人与其他人的法律关系的权力。该权力并不是由本人授予的，而是由法律授予的，只是由于本人或代理人的行为使法律规则发生作用。也就是说，本人的授权是一种法律事实，代理人获得代理权是关于代理的法律规则适用于这一法律事实的结果。资格说认为，代理权是代理人以被代理人名义为法律行为的法律地位或资格，是代理人实施代理行为的行为能力。我们认为，代理人取得代理权，即应对被代理人善尽职责，与其说是代理人享有什么权利，不如说代理人对被代理人负担了义务，权利说与代理权的内容不相吻合。而且，代理权是民事主体之间发生的关系，与公法上的权力存在天壤之别，将代理权界定为权力不合时宜。相比而言，将代理权理解为代理人以被代理人名义为法律行为的地位和资格既体现了其私法属性,又切中其内容,具有更高的科学性和合理性。

二、代理权的产生

在立法上,不同类型的代理,其代理权产生的原因和途径不一样。法定代理的代理权依法律规定而直接发生,如《民法典》总则编规定监护人为无民事行为能力人、限制民事行为能力人的法定代理人,监护人的代理权即因此而生。在法定代理中,法律赋予代理人的代理权是抽象的,凡是需要被代理人实施的行为,法定代理人均可代理实施。因此,法定代理都是概括代理,法定代理人拥有行为需要的一切代理权,在法定代理中,不存在无权代理的情形。委托代理的代理权因被代理人的委托授权行为而发生。由于委托代理是最广泛、最普遍的代理类型,而且其代理权的产生也最复杂,故对其作重点介绍。

(一)委托授权行为的概念

委托授权行为,是指被代理人以单方意思表示对代理人发生代理权授予效果的单方民事法律行为,是直接引起委托代理权产生的法律事实。

(二)委托授权行为与委托合同的关系

委托代理的产生特别是其中代理权的产生,需要两个法律事实共同作用:(1)构成被代理人与代理人之间基础关系的法律事实;(2)在基础关系上进一步发生的,被代理人将代理权授予给代理人的事实。基础法律关系既包括委托合同关系,也包括劳务、服务合同关系等。其中,委托合同关系是最普遍的基础法律关系,故我们通过对委托合同与委托授权行为关系的分析,就足以把握委托代理的基础关系与委托授权行为相互之间的关系。

如前所述,委托合同与委托授权行为均推动委托代理的形成和委托代理权的发生,但两者也存在区别。委托合同又称委任法律行为,是委托人和受托人之间关于受托人以委托人的名义和费用在委托权限内为委托人办理委托事务的协议。委托合同是委托代理的基础关系。委托授权行为是被代理人以委托的意思表示将代理权授予代理人的行为,是委托代理产生的直接根据。一般情况下,委托合同是产生委托代理授权的原因和基础,但委托合同的成立和生效,并不当然地产生代理权;在委托人作出委托授权的单方行为后,代理权才发生。因此,委托代理人之取得代理权,通常要以委托合同和委托授权行为两个法律行为为前提。例如,一个律师接受某法人的委托为其与第三人签订合同,这是一个委托合同。律师在委托合同中的基本义务,是为委托他的法人与第三人签订合同。但该律师代理法人前往第三人处签订合同时,还须取得法人的代理授权。

委托合同与委托授权行为之间明显的区别如下:(1)委托合同是双方法律行为,须经双方协商一致才可成立,而委托授权行为是单方的法律行为,以委托人单方的意思表示即可成立。(2)委托合同是代理中的内部关系,旨在确定当事人双方的权利义务,而委托授权行为是一种对外行为,旨在向第三人昭示代理人的代理权以取得第三人的信任。(3)委托授权并不一定基于委托合同而进行,如前所述,其还可以基于劳务、服务等基础关系而进行。(4)委托授权行为具有独立性,委托合同无效或被撤销后,只要未取消委托授权行为,代理人的代理权并不消灭。一般认为,这是为了保障交易的安全,因为第三人无从知道代理的内部关系发生的变化。因此,被代理人在撤销委托合同时,必须同时撤销委托授权行为,方能实现终止委托代理关系的目的。

(三)委托授权行为的形式

根据我国民法的相关规定,委托授权行为既可以采用书面形式,也可以采用口头形式。法律规定采用书面形式的,应当用书面形式。委托授权的书面形式即代理证书,也称委托证明、授权委托书等。在代理证书中,应当载明代理人的姓名或者名称、代理事项、权限和期间,并由委托人签名或盖章。代理证书应制作得尽可能地详尽具体,不易发生歧义。在实际生活中,介绍信也被作为代理证书使用,司法实践承认其法律效力。此外,执行法人或者非法人组织工作任务的人员,就其职权范围内的事项,以法人或者非法人组织的名义实施法律行为,构成职务代理。在职务代理关系中,法人、非法人组织向外彰显执行工作任务人员的职权范围,即意味着在该职权范围内概括地授予了代理权,而无须针对具体的法律行为进行单独授权。

代理证书是向第三人证明代理人拥有代理权的文件,它以委托合同行为为基础作出。但委托合同行为为代理的内部关系,作为第三人,无必要知道有否委托合同行为的存在,只凭代理证书,即可认定持有者具有代理权,根据这种信赖产生的法律关系受法律保护。由于委托授权行为具有独立性,委托合同行为已经消灭而代理证书未收回的,持有者与第三人发生的法律关系,其效果仍由被代理人承受,这是为了保护善意第三人的利益以及交易安全。因此,被代理人对代理证书管理不善或已取消委托关系但未及时收回代理证书的,将自负其法律后果。

另外需注意的是,在个别情况下,代理权甚至可以因本人的默示授权而产生。

三、代理人的义务

由于前述代理权的特殊性质,代理权之行使,就是代理人的义务之履行。通过履行自己的义务,代理人就实现了被代理人设立代理的目的。一般而言,代理人负有如下义务:

第一,为被代理人的利益实施代理行为的义务。代理制度为被代理人的利益而设,被代理人设立代理的目的,是利用代理人的知识和技能为自己服务,代理人的活动,是为了实现被代理人的利益。因此,代理人的代理行为,应从被代理人的利益出发,而不是从他自己的利益出发,在遵从被代理人指示的情况下,为被代理人勤勉地工作,在工作中尽相当的注意。如果是法定代理、指定代理或其他无偿代理,代理人实施代理行为时,应尽与处理自己事务同样的注意;在有偿的委托代理,代理人处理代理事务时,应尽善良管理人的注意。代理人违反此等注意,则构成代理人过失,应负担过失赔偿责任。

第二,亲自代理的义务。被代理人之所以委托特定的代理人为自己服务,是基于对该代理人知识、技能等方面的信赖,因此,代理人必须亲自实施代理行为,才合于被代理人的愿望。除非经被代理人同意或有不得已的事由发生,不得将代理事务转委托他人处理。

第三,报告义务。代理人应将处理代理事务的一切重要情况向被代理人报告,以使被代理人知道事务的进展以及自己利益的损益情况。报告必须是忠实的,不能包括虚伪不实等可能使被代理人陷于错误的情况。在代理事务处理完毕后,代理人还应向被代理人报告执行任务的经过和结果,并提交必要的文件材料。

第四,保密义务。代理人在执行代理事务过程中知晓的被代理人的个人秘密和商业秘密,不得向外界泄露,或利用它们同被代理人进行不正当竞争。

四、代理权滥用之禁止

代理人违反其义务进行代理行为,即损害了被代理人的利益。因此,应对代理权设立若干限制,禁止代理人滥用代理权,以维护被代理人的利益。

(一)自己代理之禁止

所谓自己代理,是指代理人在代理权限内与自己为法律行为。在这种情况下,代理人同时为代理关系中的代理人和第三人。交易双方的交易行为实际上只由一个人实施。由于交易皆是以对方利益为代价追求自身利益的最大化,很难不发生代理人为自己的利益牺牲被代理人利益的情况,但也并不必然发生这种情况。因此,自己代理,除非事前得到被代理人的同意或事后得到其追认,法律不予承认。

(二)双方代理之禁止

双方代理又称同时代理,是指一个代理人同时代理双方当事人为法律行为的情况。在交易中,当事人双方的利益总是互相冲突的,通过讨价还价,才能使双方的利益达到平衡。而由一个人同时代表两种利益,难免顾此失彼,最终倾向于一方利益而损害另一方利益。又由于一个人同时代表两种利益,无法实现讨价还价的过程,两种利益难以达到平衡。因此,对于双方代理,除非事先得到过双方当事人的同意或事后得到其追认,法律亦不予承认。

(三)代理人懈怠行为与诈害行为之禁止

代理人的懈怠行为,是指代理人不履行勤勉义务、疏于处理或未处理代理事务,使被代理人设定代理的目的落空,并使其蒙受损失的行为。根据《民法典》第164条第1款的规定,被代理人由此受到的损失,由代理人予以赔偿。

代理人的诈害行为,是指代理人与第三人恶意串通,损害被代理人利益的行为。这种行为违背了代理关系的诚信性质,根据《民法典》第164条第2款的规定,代理人和第三人应对被代理人负连带责任。

五、复代理

(一)复代理的概念

复代理又称再代理,是代理人为了实施代理权限内的全部或部分行为,以自己的名义选定他人担任自己的被代理人的代理人,该他人称为复代理人,其代理行为产生的法律效果直接归属于被代理人。复代理是与代理人的转委托紧密联系在一起的,如前所述,代理人之被选定,基于被代理人对他的知识、技能、信用的信赖,因此,代理的内部关系具有严格的人身信任性质,代理人因此负有亲自执行代理事务的义务。不得擅自转委托他人处理代理事务,此为常例。但在发生紧急情况使代理人不能亲自处理代理事务,让这种状况持续将进一步损害被代理人之利益时,法律允许复代理之发生,以更好地保护被代理人之利益。此外,被代理人对代理人的信任包括对后者所选择的人的信任,在事先得到被代理人同意或事后得到其认可的情况下,法律也允许产生复代理。这些皆为例外情况。由于复代理人总是先由代理人所选择的,复代理之形成,为行使代理权的一种方式。代理人选择他人担任复代理人的权利,称为复任权,是代理权的一项内容。

(二)复代理人与被代理人的关系

复代理人是被代理人的代理人,而不是代理人的代理人,因此,他只能以被代理人的名义为法律行为,其行为的法律效果直接归属于被代理人而不必通过代理人这一中间环节。转委托经被代理人同意或追认的,被代理人可以就代理事务直接指示复代理人,并对复代理人的行为承担责任,代理人仅就复代理人的选任以及对复代理人的指示承担责任。转委托未经被代理人同意或追认的,代理人应当对复代理人的行为向被代理人承担责任,但在紧急情况下为维护被代理人利益需要转委托的情形除外。

(三)复代理人与代理人的关系

在发生复代理之后,复代理人并不取代代理人,代理人的地位不变,而只是由复代理人分担了他的部分职责。代理人之代理权并未完全让与于复代理人,而只是在代理权之下,派生出另一个代理权。因此,选任复代理人之后,代理人仍可继续行使代理权。复代理人的行为,受代理人的监督。代理人对复代理人还享有解任权,可取消其代理权限:因为复代理人是代理人以自己的名义选任的,而不是以被代理人的名义选任的,其选任根据为复任权。被代理人对代理人的信任,延伸至对代理人所选任的人的信任,由此使代理人的复任权得以成立。

六、代理权的消灭

(一)委托代理权的消灭

委托代理权消灭的主要原因有:(1)代理期限届满或代理事务完成;(2)被代理人取消委托或代理人辞去委托;(3)代理人死亡;(4)代理人失去行为能力;(5)作为被代理人或代理人的法人终止。

值得注意的是,在委托代理中,出于稳定社会经济秩序的要求,被代理人死亡并不必然导致代理权的消灭。在下列情况下,委托代理人实施的行为就不受被代理人死亡的影响:(1)代理人不知道且不应当知道被代理人死亡;(2)被代理人的继承人均予以承认;(3)被代理人与代理人约定到代理事项完成时代理权终止;(4)在被代理人死亡前已经进行而在被代理人死亡后为了被代理人继承人的利益继续完成的事项。《民法典》第 174 条还规定,作为被代理人的法人、非法人组织终止的,可参照适用前述规定。

(二)法定代理权的消灭

法定代理权消灭的主要原因有:(1)被代理人已取得或恢复行为能力,使代理成为不必要;(2)代理人丧失民事行为能力;(3)代理人或者被代理人死亡;(4)法律规定的其他情形。

(三)代理权消灭的效果

其一,代理权消灭后,代理人不得再以被代理人的名义进行活动,否则即为无权代理。

其二,代理权消灭后,代理人在必要和可能的情况下,应向被代理人或其继承人、遗嘱执行人、清算人、新代理人等,就其代理事务及有关财产事宜作出报告和移交。

其三,委托代理人应向被代理人交回代理证书及其他证明代理权的凭证。

问题与思考

委托代理中,代理授权为什么是单方法律行为,为什么单方法律行为即能让代理人取得代理权? 应当说,在代理授权这一环节,之所以无须考虑代理人之意志,是因为代理人之意志已反映在基础关系中。具体而言,在基础关系中,被代理人委托或指派代理人代自己与第三人实施法律行为,代理人已接受此种委托或指派的工作任务,而取得代理授权则是代理人完成受托或指派任务的条件。代理人为完成其任务,不可能不接受代理授权。对代理人而言,不存在其是否接受代理权的问题,而只发生其是否行使代理权之问题。若代理人不积极行使代理权,其将不能完成因委托或指派而产生的工作任务,将在基础关系层面对被代理人负担不利法律后果。

第三节　无 权 代 理

一、无权代理的概念和特征

(一)无权代理的概念

无权代理,是代理人不具有代理权所实施的代理行为。这种代理行为,具备一般代理行为的表面特征,但不具有代理行为的实质特征,因而不是真正的代理,而属于类似于代理的一种情况。

无权代理,包括如下三种情况:(1)根本未经授权的代理。即"代理人"实施代理行为,根本未获得被代理人的授权,"代理人"或明知这一事实而为代理行为,或误以为被代理人已作授权而为代理行为。这些无权代理行为不可混同于无因管理行为,因为无权代理人实施的是关涉他人的法律行为:而无因管理人所实施的,是关涉他人的事实行为。(2)超越代理权的代理。即代理人获得了被代理人的授权,但他实施的代理行为,不在被代理人的授权范围之内。他的代理行为中超越代理权限的部分,成立无权代理。(3)代理权已终止后的代理。即代理人获得了被代理人的授权,但在代理证书所规定的期限届满后,代理人继续实施代理行为,就超过代理权存续期限后实施的代理行为,成立无权代理。

(二)无权代理的特征

第一,行为人所实施的法律行为,符合代理行为的表面特征。代理行为的特征有表面特征和实质特征两类。表面特征为:代理人以进行意思表示为使命、代理人必须以被代理人的名义进行活动。实质特征为:代理行为的法律效果直接归属于被代理人。无权代理是符合代理行为的表面特征而不具备其实质特征的行为。若不符合代理行为的表面特征,则不属于代理行为,无由成立无权代理,而属于其他的行为,如无因管理行为、无权处分行为等。

第二,行为人就所实施的代理行为不具有代理权。不具有代理权的原因,可以是原始的(自始未授予代理权),也可以是嗣后的(已授予代理权,但超越了其范围或期限行使)。在就代理权之有无发生争议时,无权代理人有责任证明其代理权。在无代理权的事实由被代理人或第三人主张时,由他们负举证责任。

以无权代理人在客观上是否拥有足以使第三人相信其有代理权的事由为标准,可以将无权代理区分为狭义无权代理和表见代理。狭义无权代理和表见代理不仅各自构成要件不一样,而且法律后果也存在显著的区别。

二、狭义无权代理

(一)狭义无权代理的概念

狭义无权代理是表见代理之外的无权代理,在狭义无权代理中,客观上并不存在足以使第三人相信无权代理人拥有代理权的事实,第三人通常明知代理人没有代理权,或者虽然不知代理人没有代理权,但其不知系因过失所导致。

(二)狭义无权代理之法律效果

狭义无权代理行为,对被代理人而言,为效力未定行为。被代理人拥有追认权和拒绝权。追认权和拒绝权在性质上为形成权。一旦被代理人对狭义无权代理行为作出追认,则该行为确定地对被代理人发生效力。与此相反,一旦被代理人拒绝追认,则该行为确定地对被代理人不发生效力。考虑到被代理人可能迟迟不予追认或拒绝,从而使狭义无权代理的法律效果长期处于不确定状态,损害第三人利益。法律赋予第三人以催告权和撤销权。就催告权而言,第三人可以催告被代理人在30日内进行追认,如果催告期满,被代理人不作出明确的意思表示,则视为拒绝追认。就撤销权而言,第三人在被代理人追认之前,可以主动撤销其与无权代理人之间的行为,以结束法律关系上的不确定状态。不过,根据《民法典》的规定,只有善意第三人才拥有撤销权,如果第三人恶意,即明知无权代理人没有代理权,依然与其实施民事行为,不仅不享有撤销权,而且在被代理人利益因此受到损害的情况下,应与无权代理人连带地对被代理人负担损害赔偿责任。

(三)被代理人拒绝追认的法律后果

如前所述,在狭义无权代理,如果被代理人拒绝追认,则其确定地对被代理人不发生效力。根据《民法典》第171条第3款之规定,未经追认的无权代理行为,善意相对人有权请求无权代理人履行债务或赔偿损失,亦即无权代理人自己作为当事人履行该民事行为中对第三人的义务,或者在不能履行时对善意第三人承担损害赔偿责任。而且,无权代理人的这一责任,因法律规定而直接发生,属于一种特别责任,不以无权代理人主观上具有故意、过失为要件,实际上是一种无过失责任。

三、表见代理

(一)表见代理的概念

表见代理,是被代理人的行为足以使善意第三人相信无权代理人具有代理权,基于此项信赖与无权代理人进行交易,由此造成的法律效果强使被代理人承担的制度。表见代理为无权代理之一种,属广义的无权代理。表见代理制度之设,是为了保护善意第三人的信赖利益与交易的安全,对疏于注意的被代理人,令其自负后果。

(二)表见代理的构成要件

其一,客观上存在使善意第三人相信无权代理人拥有代理权的理由。如无权代理人持有被代理人的授权委托书,无论这一证书的来源如何,皆足以使第三人相信其拥有代理权。

其二,第三人为善意且无过失。即第三人无从知道无权代理人不拥有代理权,而且这种不知情并非由第三人的疏于注意所致。

其三,无权代理人与第三人所为的民事行为,合于法律行为的有效要件和代理行为的表面特征。如果两者之间的民事行为不具备有效要件或不符合代理行为的表面特征,也不发生由被代理人承担其法律效果之问题。

在表见代理的构成是否需要被代理人过错,即无权代理人的代理权外观是否因为被代理人方面的原因而形成这一问题上,立法并不明确,民法理论上存在严重的分歧,至今也未能统一。但是,如果将直接规范表见代理的《民法典》第172条和第171条联系起来观察,实际上可以得出表见代理之构成需要被代理人过错这一要件。因为,《民法典》第171条规定第三人善意的狭义无权代理,在被代理人追认前,第三人享有撤销权。而第三人善意,居然不构成表见代理,只能因为被代理人无过错,即被代理人过错为表见代理构成要件。

(三)表见代理的发生原因

关于表见代理的发生原因或者说适用情形,在理论上被概括为以下几个方面:

一是被代理人以书面或口头形式直接或间接地向第三人表示以他人为自己的代理人,而事实上他并未对该他人进行授权,第三人信赖被代理人的表示而与该他人为交易。

二是被代理人将有证明代理权之存在意义的文件如本人印鉴、单位业务介绍信、合同专用章、盖有公章的空白合同书交给他人,第三人信赖这些文件与该他人为交易,而事实上,被代理人对该他人并无授予代理权的意图。

三是代理证书授权不明,代理人超越代理权限为代理行为,第三人善意无过失地因代理证书的授权不明相信其为有权代理。

四是代理关系终止后被代理人未采取必要措施公示代理关系终止的事实并收回代理人持有之代理证书,造成第三人不知代理关系终止而仍与代理人为交易。

五是被代理人知道他人以自己的名义进行活动而不作否认表示。

(四)表见代理的效力

表见代理具有与有权代理同样的效力,代理行为的法律效果直接归属于被代理人。被代理人承担表见代理的法律后果,如果因此受到损失,有权向无权代理人请求赔偿。如果损失因双方的过失发生,按双方过错的性质和程度分担损失。第三人可自由选择主张表见代理或主张狭义无权代理,即其可抛弃享受表见代理效力的地位,转而承认无权代理人的行为为狭义无权代理,依民法关于狭义无权代理的规定追究无权代理人责任。

问题与思考

1. 在狭义无权代理,被代理人拒绝追认时,第三人固然不可以要求被代理人承担责任,而只能对无权代理人提出请求。问题在于,第三人请求无权代理人承担责任时,该责任为何种性质?对此,应区分不同的情形进行分析。若第三人行为时明知代理人没有代理权,却仍与代理人实施相应的行为,只可能产生第三人与无权代理人对被代理人的损害赔偿责任,不太可能在第三人与无权代理人之间发生权利义务关系。若第三人行为时不知代理人没有代理权,其显然旨在与被代理人实施法律行为,而无意与无权代理人发生权利义务关系,因此,即便被代理人拒绝追认,也不能简单地认为在无权代理人和第三人之间发生有效的法律行为,从善意第三人利益最大化角度出发,法律上最好赋予第三人选择权,其要么以无权代理人为相对人主张法律行为有效之责任,要么直接要求无权代理人赔偿自己的信赖利益损失。正是基于前述考虑,《民法典》第171条第3款规定,行为人(无权代理人)实施的行为未被追认的,善意相对人(第三人)有权请求行为人履行债务或者就其受到的损害请求行为人赔偿,但是赔偿的范围不得超过被代理人追认时相对人所能获得的利益。

2. 表见代理之构成是否要求被代理人方面具有可归责性,是民法理论和立法实践中一直存在重大争议的问题。表见代理的制度价值,本在于被代理人利益(交易中静的安全)与第三人利益(交易中动的安全)发生冲突时,牺牲被代理人利益以保护第三人利益。然而,即便表见代理是优位保护第三人的制度,其也不应以过度牺牲被代理人利益为代价,也应在保护第三人利益时努力谋求第三人与被代理人利益之平衡。而平衡参数就在于被代理人对无权代理人代理权外观之形成是否具有可归责性。若因被代理人原因形成无权代理人代理权外观,构成表见代理应无疑问;而非因被代理人原因而形成无权代理人代理权外观时,构成表见代理对被代理人过于严苛。事实上,在我国民事审判中,也已经将被代理人方面的可归责性作为了表见代理的构成要件。

拓展阅读推荐

1. 葛文:《表见代理疑难问题解析》,人民法院出版社 2020 年版。
2. 林优智:《中国大陆民事代理法制之研究》,致知学术出版社 2016 年版。
3. 周清林:《伪造印章下的表见代理构造》,载《法商研究》2020 年第 2 期。
4. 周清林:《合理类型化下的无权型表见代理确定》,载《政法论坛》2018 年第 1 期。
5. 朱虎:《表见代理中的被代理人可归责性》,载《法学研究》2017 年第 2 期。
6. 迟颖:《〈民法总则〉无权代理法律责任体系研究》,载《清华法学》2017 年第 3 期。

第九章 时效和期间

学习要点

- 时效制度的功能
- 诉讼时效完成的法律效力
- 诉讼时效的适用范围
- 诉讼时效的起算、中断和中止

第一节 时效制度概述

一、时效的概念和性质

民法中的时效是法律所规定的一定的事实状态持续满法定期间，即依法产生取得权利或消减权利的法律后果的制度。权利人在法定期限内不行使权利，其权利即依法消减的时效称为消灭时效，我国民法称其为诉讼时效。以法定状态占有他人财产满法定期间，即依法取得所行使之权利的时效为取得时效，我国《民法典》并未规定取得时效。

由于时效能引起民事法律关系的变动，故为重要的民事法律事实，同时，由于时效完成即产生法律规定的后果，而不以当事人的意志为转移，故其属于民事法律事实中的事件。

时效是强行性法律规范，当事人不能约定排除其适用，不得事先抛弃时效利益，以免处于优势地位的一方利用其优势地位迫使对方放弃时效利益，但在时效完成后，由于不复存在以强凌弱的问题，当事人可以放弃已经取得的时效利益。此外，包括我国在内的绝大部分立法禁止当事人约定改变（无论是延长还是缩短）时效期间，但该原则在新近的立法上正呈现松动的迹象。例如，2002 年现代化改革后的《德国民法典》第 202 条原则上允许当事人约定时效期间，但禁止减弱因故意而造成的责任的时效以及约定时效超过 30 年。《国际商事合同通则》（2004 年版）第 10:3 条规定当事人可以修改法定时效期间，同时禁止将普通时效缩短至不足 1 年，将最长时效缩短至不足 4 年，将最长时效延长超过 15 年。《欧洲合同法原则》（2001 年第三部分）第 14:601 条的精神也与《国际商事合同通则》基本一致。

二、时效的类型

如前所述，时效包括消灭时效与取得时效，虽然二者都体现了时间在法律上的效力，都代表着法律从期限上对权利行使的限制，且在时效期间届满后都将使原有的权利关系发生变动，并可能因此适用一些共同的规则，但也存在很大的不同：

第一，法律后果不同。消灭时效完成后，将消减权利人的权利，义务人可以拒绝履行其义务，但不存在由义务人取得原权利人权利的问题;取得时效完成后,直接的效果是义务人取得原权利人的权利,原权利人的权利消灭仅仅是义务人取得该权利的反射效果。

第二,构成要件不同。在消灭时效,除了权利人无正当事由长期不行使权利外,时效的完成不需要其他条件;在取得时效,仅仅权利人无正当理由长期不行使权利,尚且不能导致时效的完成,时效完成更取决于返还义务人是否按法定方式占有他人之物达到法定期间。

第三,适用对象不同。消灭时效主要适用于债权关系,旨在时效完成后免除义务人的清偿义务;取得时效主要适用于物权和类似于物权的关系,旨在时效完成后免除义务人的返还义务,并使义务人取得他人之物的所有权。

三、时效的立法模式

立法上如何处理消灭时效与取得时效的关系,这涉及时效的立法模式问题。总体而言,当今世界存在五种立法模式:

一是同一并合模式。以《法国民法典》为代表,不严格区分取得时效与消灭时效,时效完成要么使一方取得财产所有权,要么使一方自行免除义务,但在观念上仍维持消灭时效与取得时效的区别。

二是并列并合模式。以《日本民法典》为代表,在民法总则中既统一规定了消灭时效与取得时效的共同内容,又对二者各具特色的那部分内容与效力分别作出详细的规定。

三是相对分立模式。以《德国民法典》为代表,将消灭时效规定于民法总则,而将取得时效规定于物权法中,该模式还为《俄罗斯联邦民法典》所追随。

四是绝对分立模式。以《阿尔及利亚民法典》为代表,认为消灭时效与取得时效各有其不同的适用范围,在物权编规定取得时效,债权编规定消灭时效,《瑞士民法典》也大体上采用了这种模式。

五是单一时效模式。以英国法为代表,只规定消灭时效,不承认独立的取得时效。

我国民法大体上属于第五种立法模式。

四、时效的功能

一般认为,时效制度有以下几项功能:

第一,稳定法律关系。一定事实状态持续存在,必然发生以该事实状态为基础的各种法律关系,特别是因信赖该事实状态而发生的法律关系。若允许权利人无限期地行使权利,势必推翻建立在事实状态上的各种法律关系,辜负他人对该事实状态的合理信赖,造成社会经济秩序的混乱。时效制度规定权利人在法定期间内才能行使权利,在该期间完成后以事实代替权利,直接赋予长期形成的事实状态以法律效力,有利于稳定社会经济秩序。

第二,促使权利人行使权利。时效制度能增强权利人行使权利的动力和压力,促使其尽快行使权利,避免其在权利上"休眠"。而权利人勤勉地、积极地行使权利,有利于更好地发挥财产的效用,加速社会经济的流转,增进社会经济效率。

第三,方便法院审判。根据时效制度,法律不支持时效期间外的权利请求,故时效期间届满本身就是法院裁判的根据,当时效期间届满时,法院可直接根据时效完成的事实,驳回原告的诉讼请求,使法院免除远年纠纷的纠缠,集中力量解决现实的纠纷,节约审判资源,提高审判效率。

第四,克服举证困难。一定事实状态长期持续存在,可能导致证据湮灭、证人死亡,导致对权利关系是否仍然存在、义务是否已经履行的举证异常艰难,义务人可能因举证困难而遭遇重大的不利益。时效制度不保护法定期间外的权利主张,义务人即便不能证明权利人的权利已经消亡、自己的义务已经履行,仍能获得法律的保护,避免因举证不能而遭遇诉讼上的不利益。

问题与思考

一般认为,时效有稳定法律关系、敦促权利人行使权利、方便法院审判、克服举证困难四项功能,但这四项功能能否成立,能否对时效制度的合理性作出充分的解释,其对时效本质的认识是否相同?颇值深思。我们认为,立足于前三项功能,时效是"权利消减"的制度。但仅仅因为时间的经过,即让权利人权利消减,并使疏于履行义务之人可拒绝履行义务或取得原权利人的权利,与一般的道德观念和法律感情不相吻合,相关解释也难以令人信服。第一,时效制度直接保护了不及时履行义务之人,而非保护对特定事实状态之信赖。第二,权利人何时行使权利是其行为自由的当然内容,法律没有理由敦促权利人行使权利。而且,即便"懈怠"的权利人应受惩罚,也不能让迟延履行义务者获得利益。第三,原告请求虽已年代久远,但却事实清楚、证据确凿,法院直接驳回原告诉讼请求虽节约审判资源,但也推脱审判责任,难以获得"良好社会评价"。但立足于第四项功能,时效并非"权利消减"的制度,而是将义务人从举证困难中解放出来,使其免受时间带来的不利。例如,已经清偿的债务人因年代久远而不能证明其已经清偿债务,已经取得所有权的占有人因时间流逝而不能证明其如何取得所有权,则法律直接推定它们已经清偿债务或取得所有权。如此一来,时效制度本质上为"权利推定"的制度,其出发点是保护已经免责的债务人和真正的所有权人,而并非消减真正权利人的权利。尽管真正的权利人也可能因这种"推定"而受到损失,但那只是时效的例外效果,而绝非时效制度本身的目的。如此解释时效制度符合道德精神,也更有助于人们从情感上接受时效制度。

第二节　诉讼时效的效力

一、诉讼时效完成后的法律效果

(一)诉讼时效完成后对当事人的效力

诉讼时效完成后对当事人发生何种影响?一般认为有三种立法例:(1)实体权消灭主义。时效完成后,将直接消灭权利人的实体权利。通说认为《日本民法典》为实体权消灭主义的典型,因为其第167条规定:债权,因10年不行使而消灭;债权或所有权以外的财产权,因20年不行使而消灭。(2)诉权消灭主义。时效完成后,其权利本身仍然存在,仅仅诉权归于消灭。通说认为罗马法时代的消灭时效即采诉权消灭主义,而近代的《法国民法典》也为诉权消灭主义的典型,因其第2262条规定:一切物权和债权的诉权,均经30年的时效而消灭。(3)抗辩权发生主义。时效完成后,实体权利和诉权仍然存在,但义务人取得拒绝履行的抗辩权。通说认为《德国民法典》为抗辩权发生主义的典型,因其第214条规定:时效届满后,债务人有权拒绝履行。

我国通说认为现行法采实体诉权即胜诉权消灭主义,在诉讼时效完成后,法院仍应受理权利人的起诉,但可以时效完成为由驳回权利人的诉讼请求。该通说存在两个问题:第一,与司法实践中的做法相悖。实际上只有在债务人援用时效完成的抗辩时,法院才能判决权利人败诉,故与其说是胜诉权消灭主义，不如说是抗辩权发生主义。第二，诉讼时效并非单纯的“审判时效”，也表现为执行时效。对获得胜诉生效判决的权利人而言，在申请执行阶段时效完成无论如何也不存在丧失胜诉权的问题。因此，我国诉讼时效完成的后果应当是债务人取得拒绝履行的抗辩权。

（二）诉讼时效完成后对从权利的效力

按民法原理，原则上从权利与主权利同其命运。因此，主权利因时效而消灭时，其效力及于从权利。《德国民法典》《瑞士债法典》《俄罗斯民法典》等法典对此有明确规定。我国台湾地区学理上亦采此见解。因此，如果本债权之请求权因时效而消灭，其利息请求权虽然时效尚未届满，亦应随同消灭。但在担保物权是否因主债权时效完成而消灭这一问题上，各国与地区法的规定有所不同。《德国民法典》第216条规定，请求权时效届满不能阻止债权人从抵押物、质押物等担保物上受偿。而根据我国《民法典》第419条的规定，抵押权人在主债权时效完成后向法院申请实行抵押权，法院不予支持，显然规定抵押权受主债权时效完成之影响。但在主债权时效完成是否影响质押权、留置权效力这一问题上，我国现行法的规定并不明朗。

（三）时效利益可否放弃

时效利益不得事先放弃是各国通例。因为若许事先放弃，居于优势地位的当事人就可能利用其优势地位迫使对方当事人放弃时效利益，有违法律设置时效制度的本意。但是，在时效完成后，已取得时效利益的一方当事人自愿放弃时效利益则是允许的。《民法典》第192条明确规定，诉讼超过诉讼时效期间，当事人自愿履行的，不受诉讼时效的限制。

时效完成后，双方当事人就义务的履行达成的协议是否具有法律效力，在我国曾有争论。后最高人民法院明确此种协议具有法律效力，殊值赞同。这个问题的实质是如何看待民事主体处分自己民事权利的自由，以及合同自由的问题，此外，还涉及对诚实信用原则的尊重。

二、时效抗辩及其限制

（一）时效抗辩的作用

如前所述，诉讼时效完成并不当然消灭权利人的权利，而仅仅使债务人取得拒绝履行的抗辩权。时效完成后，债权债务沦为没有法律强制力的“裸体债权”“自然债务”，债权的实现和债务的履行不取决于法律的强制，而只能取决于债务人的良心，取决于债务人是否援用时效完成的抗辩。如果债务人援用时效完成的抗辩，拒绝履行债务，则债权确定不能实现，其实际后果与权利消灭并无不同。但若债务人未提出时效抗辩，法院绝对不能主动适用诉讼时效的规定进行裁判，甚至不能对诉讼时效的问题进行释明或以其他方式提醒当事人注意诉讼时效问题。

（二）抗辩权行使的主体

毫无疑问，债务人本人可援用时效完成抗辩，但根据各国立法规定与民法学界共识，与债务人有关联的利益相关人也可援用时效完成抗辩。

1. 债务人的承继人

债务人若为法人，其承继人将直接负担债务人的债务；债务人若为自然人，其承继人也将在继承遗产的范围内负担其债务。因此，时效的完成不仅对原债务人意义重大，而且对其承继人也有同样重大的影响，承继人可以援用时效完成的抗辩权。

2. 连带债务和连带债权中的抗辩权人

根据连带债务和连带债权的性质，连带债务人中一人诉讼时效完成者，其他债务人就该债务人应分担部分之债务，得向债权人主张抗辩，即得拒绝对该部分债务承担连带清偿责任；与此同理,连带债权人中一人之债权时效完成者,债务人对于该债权人之应有部分,得向其他连带债权人主张抗辩,即得拒绝该部分债务之清偿。

3. 保证人

基于保证的从属性,保证人的责任强度不能超越主债务人。故主债务时效完成,保证人可以援用抗辩权拒绝承担保证责任,否则其保证责任将比主债务人责任更重。而且,基于保证的相对独立性,纵然债务人抛弃其抗辩,保证人仍可独立主张时效抗辩。此外,若抵押人、出质人为第三人,其也可援用主债务时效完成的抗辩。

4. 诈害行为的受益人、转得人

诈害行为指债务人放弃到期债权或无偿转让财产,或以明显不合理的价格转让或买入财产,损害债权人债权的行为。受益人、转得人可否以债权人的债权已过时效期间为由抗辩?由于债权人撤销权的效力将直接对抗第三人,债权人之请求权是否因时效消灭对受益人、转得人有直接利害关系,因此此等人也可主张时效抗辩。

当时效抗辩权人为数人时,其中一人主张时效抗辩,仅具有相对效力,对其他未提出抗辩的人不发生效力。

(三)时效抗辩的时间

时效抗辩可在诉讼外主张,但通常是在诉讼中主张。根据我国现行法,若当事人在一审期间未提出诉讼时效抗辩,除非有新的证据证明对方当事人的请求权已超过诉讼时效,不得在二审期间提出时效抗辩,也不能以诉讼时效完成为由申请再审或者提出再审抗辩。

(四)时效抗辩的放弃

时效利益不可以预先抛弃,但允许因时效而受利益者事后抛弃。在诉讼时效完成后,债务人可放弃时效完成的抗辩权。放弃的方法包括:(1)主动履行全部或部分债务。由于债务人未援用时效抗辩,债权人的权利依然如故,可以受领并保有债务人的给付,债务人不得以不当得利等为由要求债权人返还已经作出的给付。(2)明确同意履行债务。除与债权人达成同意履行债务的协议外,也包括在债权人发出的债权催收等通知单上签名确认的行为。(3)明确表示放弃抗辩权,或虽未明确放弃但在诉讼程序中并未援用抗辩权。

值得注意的是,无论是哪种形式的放弃,都不以债务人知道诉讼时效完成为条件。即便债务人不知道诉讼时效已经完成,只要存在前述行为,均已然发生放弃的效力。而且,在抗辩权人为数人的情况,其中一人放弃抗辩权,也只发生相对效力,其他人仍可继续主张时效完成的抗辩。

(五)诚实信用原则对时效抗辩的限制

时效抗辩应依诚实信用的方法行使,如其行使有悖于诚实信用原则,应不允许债务人进行抗辩。在实践中,在下列两种情形中应禁止债务人以时效完成为由对抗债权人的请求。

1. 先履行抗辩权对时效的限制

在双务合同中,应当先履行义务的一方在自己没有履行义务的情况下请求本应后履行义务的一方履行,后履行义务一方有权拒绝该履行请求,后履行方的此种权利在法律上称为先履行抗辩权。在应当先履行的一方请求后履行方履行时,其对后履行一方所负担的债务可能已完成诉讼时效,而其对后履行一方的债权的时效则可能尚未完成。此刻,应当先履行的一方不能以时效完成为由,对抗后履行一方的先履行抗辩权,后履行一方仍可主张先履行方首先履行,再由自己向先履行一方履行。

2. 登记请求权对时效的限制

在不动产交易如房屋买卖中，买方支付价款并已实际占有了房屋，但没有在诉讼时效期间内要求出卖人办理过户登记，出卖人不能以诉讼时效完成为由对抗买房人的过户登记请求权。因为如果出卖人可以援用时效完成的抗辩，则买受人虽然占有房屋却永远不能取得其所有权，出卖人虽保有所有权却不能要求买受人返还房屋（因为买受人基于买卖合同有权占有该房屋），从而出现了权利归属与标的支配相脱节的混乱状况。出卖人甚至可能违反诚实信用原则再将其名下的房屋转让给第三人并从中获利，导致原买受人因第三人的追夺而陷入更大的不利之中。

问题与思考

通说认为，关于时效完成的法律后果，存在实体权利消灭主义、诉权消灭主义、抗辩权发生主义几种不同立法例，然而，这种立法例上之区分是否真实存在？我们认为，前述通说实为"通缪"。认为《日本民法典》采实体权消灭主义、《法国民法典》采诉权消灭主义均是对这些民法典断章取义的产物。《日本民法典》第167条的确规定债权等权利在时效完成后消灭，但其第145条还规定法院不能依职权援用时效，足以说明只要义务人不援用时效，权利人的权利不受影响，实体权利不会消灭。而《德国民法典》第214条虽规定消灭时效完成后债务人取得拒绝履行的抗辩权，但其第194条也规定请求权因时效而消灭，如果因《日本民法典》第167条的措辞，就断言其为实体权消灭主义，那么同样可因《德国民法典》第194条的用语，得出其亦为实体权消灭主义之结论。实际上，实体权消灭主义和诉权消灭主义的立法根本就不存在，各国法律上消灭时效完成的后果基本上是一致的，那就是债务人取得拒绝履行的抗辩权，一旦债务人援用时效完成的抗辩，则权利人的请求权不能实现（也可以说权利人的权利归于消灭）；相反，若债务人不援用时效完成的抗辩，甚至同意履行或者实际履行债务，则权利人的权利不因时效完成而受到影响。因此，诉讼时效完成的后果为债务人抗辩权的发生。

第三节　诉讼时效的适用范围

我国原《民法通则》对诉讼时效的适用范围未曾作出明确的规定，但《民法典》、相关单行法和司法解释对此已在一定程度上进行了明确。

一、诉讼时效只适用于请求权

基于权利的行使方式，可将权利分为支配权、请求权、抗辩权、形成权。由于诉讼时效完成的后果是使义务人取得拒绝履行的抗辩权，其终极目的是通过抗辩消灭请求权，故诉讼时效只适用于请求权，而不适用于支配权、形成权、抗辩权。

二、诉讼时效原则上只适用于债权请求权

诉讼时效并不适用于所有的请求权。按照生活常理，无论是发生在物权、知识产权或者人身权领域的停止侵害请求权、排除妨害请求权、消除危险请求权、确认权利请求权都不适用诉讼时效，否则将导致权利继续被侵害的荒唐后果。例如，甲持续性地侵犯乙的专利，纵然乙在诉讼时

效完成后才要求甲停止侵害,甲也不能以诉讼时效已经完成为由对抗乙的停止侵害请求并继续侵害乙的专利权。在诉讼中,法院无论如何也将责令甲停止侵害。

除上述请求权外,在物权关系中,共有物分割请求权不适用诉讼时效。无论该共有是按份共有或者共同共有,也无论该共有的基础关系是婚姻家庭关系或其他关系。因为到底是维持共有关系或者结束共有关系,纯属当事人的自愿,而且无论维持或结束共有关系对他人和社会均无直接的不当影响,故法律没有进行干涉的必要。在人身关系中,基于特定身份关系而产生的请求权如扶养请求权、赡养请求权、离婚请求权、解除收养关系请求权等不受诉讼时效的限制。

三、不适用诉讼时效的债权请求权

诉讼时效主要适用于债权请求权,但并不适用于一切债权请求权。根据《诉讼时效制度规定》第1条,下列债权请求权不适用诉讼时效:(1)支付存款本金及利息的请求权;(2)兑付国债、金融债券以及向不特定对象发行的企业债券本息请求权;(3)基于投资关系产生的缴付出资请求权;(4)其他依法不适用诉讼时效规定的债权请求权。

上述债权请求权之所以不适用诉讼时效,是其各自的本质和特征决定的。例如,支付存款本息请求权,就是存款自愿、取款自由原则所决定的。而基于投资关系产生的缴付出资请求权不适用诉讼时效,则是由出资本身的目的决定的。

问题与思考

返还原物请求权是否适用诉讼时效,在我国是一个争议较大的问题,各个国家和地区的立法也有所不同。在不规定取得时效的国家和地区,返还原物请求权通常都适用消灭时效;而在承认取得时效之立法,有的规定返还原物请求权仍适用消灭时效,有的则将其排除在消灭时效适用范围之外。我们认为,从时效的功能出发,实在找不出返还原物请求权不适用时效制度的理由。在我国现行法未规定取得时效,同时也没有明确将诉讼时效的适用范围限定于债权请求权的背景下,解释上应认为返还原物请求权也适用诉讼时效。如果我国未来立法设立取得时效制度,为避免重叠适用两种时效可能导致的“权利真空”,返还原物请求权应不适用诉讼时效,而只适用于取得时效,但其也将在占有人因取得时效完成而取得占有物所有权后反射性地消灭。《民法典》第196条规定,不动产物权和登记的动产物权的权利人请求返还财产,不适用诉讼时效。该规定事实上认可其他返还原物请求权适用于诉讼时效。但在不动产和登记的动产物权,因登记具有物权公示的功能,若返还原物请求权适用诉讼时效,则登记公示的权利之实质内容被抽空,故此情形又例外不适用诉讼时效。

第四节 诉讼时效期间

一、诉讼时效期间的长度

诉讼时效期间分为普通时效期间和特殊时效期间。普通时效期间对请求权具有普遍的适用效力,除法律有特别规定外,均应适用该时效期间。特殊时效期间只能适用于法律特别规定的某些类型的请求权。

(一)普通时效期间

各国关于普通时效期间的规定差异很大,总体来说,早期立法规定的期限较长,如1804年《法国民法典》、1896年《德国民法典》规定的普通时效期间均为30年。但在新近之立法,普通时效期间呈现出缩短化趋势。例如,2002年现代化改革后的《德国民法典》将普通消灭时效期间缩短为3年,而《欧洲合同法原则》《国际商事合同通则》规定的普通消灭时效期间也为3年。

我国原《民法通则》曾规定普通时效期间为2年。因为该期间偏短,《民法典》第188条顺应时效的国际立法潮流,将其延长为3年。

(二)特殊时效期间

特殊时效期间是为了适应不同性质、不同种类的民事法律关系的需要而规定的。

相对于普通时效期间,特殊时效期间可能是短期时效,也可能是长期时效。《日本民法典》规定的普通时效期间为10年和20年,而特殊时效期间则为1到5年的短期时效。现代化改革后的《德国民法典》规定普通时效期间为3年,而特殊时效期间为10年或30年的长期时效。

在我国,《海商法》《票据法》《国家赔偿法》《产品质量法》《民用航空法》《保险法》《拍卖法》等单行法律,都有关于特殊时效期间的规定。例如,《民法典》第594条规定,国际货物买卖和技术进出口合同的诉讼时效期间为4年;《海商法》第257条、第260条、第263条规定,海上货物运输赔偿时效、拖航合同赔偿时效、共同海损分摊时效为1年;《产品质量法》第45条规定,因产品存在缺陷造成损害要求赔偿的诉讼时效期间为2年;《民用航空法》第135条、第171条规定,航空运输、地面第三人损害赔偿的诉讼时效期间为2年;《保险法》第26条规定,人寿保险的被保险人或者受益人向保险人请求给付保险金的诉讼时效期间为5年;《拍卖法》第61条第3款规定,因拍卖标的存在瑕疵未声明的,请求赔偿的诉讼时效期间为1年。

二、诉讼时效期间的起算

按照各国立法通例,诉讼时效期间从权利人知道或者应当知道其权利被侵害以及义务人时起算,我国《民法典》第188条的规定也与此完全相同。一般而言,各种具体请求权的诉讼时效应依此原则确定,但在实践中仍有必要注意一些相对特殊的起算规则。

第一,有履行期的债权,诉讼时效从履行期届满之日起算。但当事人约定同一债务分期履行的,诉讼时效从最后一期履行期限届满之日起算。根据最高人民法院(2011)民提字第304号民事判决(秦皇岛华侨大酒店与秦皇岛市海港区工商行政管理局租赁合同纠纷案),在当事人约定分期缴纳租金的租赁合同,诉讼时效也在最后一期租金交付期限届满后起算。

第二,根据《诉讼时效制度规定》第4条的规定,无履行期的债权,应由当事人协商确定或法院解释确定履行期,诉讼时效从履行期届满之日起算;不能确定履行期的,诉讼时效从债权人要求债务人履行义务的宽限期届满之日起算,但债务人在债权人第一次向其主张权利时明确表示不履行义务的,诉讼时效从债务人明确表示不履行义务之日起算。

第三,根据《诉讼时效制度规定》第5条的规定,因合同无效、被撤销、效力未定合同不被追认而产生的返还财产和损害赔偿请求权,诉讼时效从合同确定无效或被撤销之日起算。

第四,附停止条件、附生效期限的请求权,诉讼时效从条件成就、期限届满之日起算。

第五,根据《诉讼时效制度规定》第6条的规定,不当得利返还请求权,诉讼时效从当事人知道或者应当知道不当得利事实以及对方当事人之日起算。

第六,根据《诉讼时效制度规定》第7条的规定,管理人因无因管理行为产生的给付必要管理费用、赔偿损失请求权的诉讼时效,从无因管理行为结束并且管理人知道或应当知道本人之日起算;本人因不当无因管理行为产生的赔偿损失请求权的诉讼时效,从其知道或者应当知道管理人及损害事实之日起算。

第七,标的为不作为的请求权,诉讼时效从义务人违反义务开始作为之日起算。

第八,无民事行为能力人或者限制民事行为能力人对其法定代理人请求权的诉讼时效,自该法定代理终止之日起计算。

第九,未成年人遭受性侵害的损害赔偿请求权,诉讼时效自受害人年满18周岁之日起计算。

三、诉讼时效期间的中断

时效期间开始以后完成之前,因法定事由的出现使已经进行的时效期间归于无效,时效期间重新开始计算,叫诉讼时效的中断。

(一)时效中断的法定事由

根据《民法典》第195条之规定,引起诉讼时效中断的法定事由有:

1. 请求

请求是权利人要求义务人履行义务的意思通知,其在性质上属于观念通知。请求的方式多种多样,口头和书面皆可,但无论以何种方式请求,权利人在请求中断时效时必须对已经请求的事实承担举证责任。根据《诉讼时效制度规定》第8条的规定,下列情形都应认定为请求,并发生时效中断的效力:(1)权利人直接向义务人送交主张权利的文书,义务人在文书上签字、盖章或者虽未签字、盖章但能够以其他方式证明该文书到达义务人的。在该种情形,义务人为法人或者其他组织的,签收人为其法定代表人、主要负责人、负责收发信件的部门或者被授权主体。义务人为自然人的,签收人为自然人本人、同住的具有完全行为能力的亲属或者其他被授权主体。(2)权利人以发送信件或者数据电文方式主张权利,信件或者数据电文到达或者应当到达义务人的。(3)权利人为金融机构,依照法律规定或者与义务人的约定从义务人账户中扣收欠款本息的。(4)义务人下落不明,权利人在国家级或者下落不明义务人住所地有影响的省级媒体上刊登具有主张权利内容的公告的。

将请求作为中断时效的法定事由,能最大限度地方便权利人,以免权利人动辄向法院起诉,节约司法资源。但这也产生了一个问题,权利人可不断请求导致诉讼时效反复中断,最终违背通过诉讼时效早日稳定社会关系的目的。有鉴于此,绝大部分国家和地区不将请求作为中断事由。但若请求不能中断时效,则权利人为中断时效必须向法院起诉,不仅增加了权利人行使权利的困难,而且也让法院不胜其烦。于是,《日本民法典》和我国台湾地区"民法"采用了折中主义的做法,赋予请求相对中断时效的效力,即请求原则上不能使诉讼时效中断,如果权利人在第一次提出请求之后6个月内不提起诉讼,则请求不能中断时效。该规定既考虑到现实情况,又可防止因当事人反复请求,致使纠纷久拖不决,值得借鉴。

2. 承认

承认是义务人向权利人承认自己负有义务并表示愿意履行义务的行为。承认在性质上属于观念通知,不以有中断时效的意思为必要,因此,即便义务人不知时效制度而承认,也不影响时效的中断。但权利人必须对债务人承认负担举证责任。根据各国立法通例以及我国现行法,义务人作出分期履行、部分履行、提供担保、请求延期履行、制订清偿债务计划等承诺或者行为的,都构成有效的承认,足以使诉讼时效发生中断。

3. 提起诉讼或申请仲裁

权利人向法院提起诉讼是行使权利的最强有力的手段，故起诉中断时效具有充分的正当性。除起诉外，根据各国立法通例与我国现行法，申请仲裁，申请支付令，申请破产，申报破产债权，为主张权利而申请宣告义务人失踪或死亡，申请诉前财产保全、诉前临时禁令等诉前措施，申请强制执行，申请追加当事人或者被通知参加诉讼，在诉讼中主张抵销，向人民调解委员会以及其他依法有权解决相关民事纠纷的国家机关、事业单位、社会团体等社会组织提出保护民事权利的请求，向公安机关、人民法院、人民检察院报案或者控告以请求保护其民事权利等也被作为类似于起诉的行为，具有中断诉讼时效的效力。

根据《民法典》第 195 条的规定，诉讼时效期间自诉讼或仲裁程序终结时起重新计算。权利人起诉后若获得胜诉的生效判决，根据《民事诉讼法》第 239 条的规定，申请执行时效为 2 年，从判决确定的履行期限届满之日起重新计算，未确定履行期限的，从判决生效之日起重新计算。权利人起诉后若遭遇败诉的生效判决，由于法院否定其权利，不复存在时效问题，权利人只能在法定期限内申诉以启动再审程序。权利人的起诉若存在程序上的瑕疵，被法院裁定不予受理或驳回起诉，或权利人主动撤回诉讼请求，起诉是否仍然发生时效中断的效果？不同国家规定不一，但在我国，由于诉讼外请求为法定中断事由，起诉有程序瑕疵时，只要起诉状副本已送达对方当事人，可以作为诉讼外请求中断时效。

权利人向人民调解委员会以及其他依法有权解决相关民事纠纷的国家机关、事业单位、社会团体等社会组织提出保护民事权利的请求的，诉讼时效从提出请求之日起中断；权利人向公安机关、人民法院、人民检察院报案或者控告，请求保护其民事权利的，诉讼时效从报案或控告之日起中断，公安机关、人民法院、人民检察院决定不立案、撤销案件、不起诉的，诉讼时效期间从权利人知道或应当知道不立案、撤销案件或不起诉之日起重新计算；刑事案件进入审理阶段，诉讼时效期间从刑事裁判文书生效之日起重新计算。

新近的一些立法如《国际商事合同通则》、《欧洲合同法原则》和 2002 年现代化改革后的《德国民法典》将起诉作为时效中止事由，而不再是中断原因。尽管这些规定有一定道理，但由于在我国诉讼外请求能中断时效，若规定起诉只能中止诉讼时效，将在法律上产生明显的不平衡，因此在我国时效制度没有进行全面变革之前，不宜单独将起诉从中断事由调整为中止事由。

（二）时效中断的效力

诉讼时效中断的效力是使已经经过的时效期间归于无效，诉讼时效在中断事由结束后重新计算。在把握时效中断的效力时，应注意几个相对特殊的问题：(1) 权利人对同一债权中的部分债权主张权利，除非权利人明确表示放弃剩余的债权，诉讼时效中断的效力及于剩余债权。(2) 对于连带债权人中之一人发生诉讼时效中断效力之事由，应当认定为对其他连带债权人也发生诉讼时效中断的效力；与此相对应，对于连带债务人中之一人发生诉讼时效中断效力之事由，应当认定为对其他连带债务人也发生诉讼时效中断的效力。(3) 债权人提起代位权诉讼，不仅债权人的债权的诉讼时效因此中断，而且债务人对次债务人的债权也将因此而中断。(4) 债权转让的通知到达债务人时，相当于债权人对债务人作出请求，诉讼时效应从这一刻发生中断。在债务承担时，若构成原债务人对债务的承认，例如债务人与第三人达成债务承担协议并通知债权人时，诉讼时效从债务承担的意思表示到达债权人时发生中断。

四、诉讼时效的中止

在诉讼时效期间进行过程中,因不可抗力或其他障碍使权利人不能行使权利时,诉讼时效暂时停止,待障碍消除后时效继续进行的制度叫诉讼时效的中止。

(一)诉讼时效中止的法定事由

原《民法通则》第139条规定的能够引起诉讼时效中止的法定事由是不可抗力和其他障碍。《民法典》第194条对其他障碍进行了细化。不可抗力是不能预见、不能避免、不能克服的客观情况。其他障碍指除不可抗力外,足以使权利人不能行使请求权的客观情况,主要包括后述几种情形:(1)权利人欠缺行为能力又没有法定代理人,或法定代理人死亡、丧失行为能力或因其他原因丧失代理权;(2)权利人或义务人死亡,继承人或遗产管理人尚未确定;(3)权利人被义务人或者其他人控制无法主张权利。按照我国现行法,以上法定事由需发生在诉讼时效期间的最后6个月内,才能发生中止时效的效力,所谓"发生在最后6个月"是指中止事由实际发生于或存续到时效期间的最后6个月之内。我国法律之所以如此规定,是考虑到这些法定事由若发生于时效期间最后6个月之前,在中止的事由消除后权利人尚有足够的时间去行使权利,没有必要使时效中止。

除前述法定事由外,其他国家和地区还将债务人与债权人磋商、夫妻关系存续期、父母子女关系存续、监护关系存续、义务人给付延期或由于其他原因暂时有权拒绝给付等作为时效中止事由,这些规定对我国立法有重要的借鉴意义。

(二)时效中止的效力

按原《民法通则》的规定,发生时效中止后,中止的时间不计入时效期间,中止的事由消除后,时效继续计算,即采合算制,将中止前后的时间合并计算。这种计算方法的缺点是,中止事由消除后剩下的时间可能很短,即使权利人十分抓紧,也可能来不及行使权利。为解决该问题,《民法典》第194条规定,引起时效中止的事由消除后,无论剩余时效期间之长短,诉讼时效皆在中止事由消除之日起满6个月后才届满。

五、20年最长保护期

《民法典》第188条规定,民事权利从权利被侵害之日起超过20年的,人民法院不予保护。有特殊情况的,人民法院可以延长诉讼时效期间。该20年期间与诉讼时效存在较大的差别:(1)起算的时间不同,前者从权利被侵害时起计算,后者从权利人知道或应当知道权利被侵害时起计算;(2)前者不能中止、中断,后者可以中止、中断。正因为这两点不同,不能在概念上将该20年期限等同于诉讼时效,而应将其作为不同于诉讼时效的权利最长保护期。该最长保护期作为诉讼时效的补充,能更进一步地实现早日稳定社会关系的目标。其作用机理为:(1)在权利人不知道而且不应当知道权利被侵害时,原则上不能起算诉讼时效,但在权利被侵害超过20年最长保护期后,纵然诉讼时效仍未起算,或起算的诉讼时效尚未完成,权利人的权利也不再受法律保护。(2)诉讼时效期间可以中止和中断,而中止和中断事实上都会导致诉讼时效期间的延长,但无论诉讼时效怎样中止和中断,只要权利被侵害已满20年,法院也不再保护该权利。

六、诉讼时效期间的延长

《民法典》第188条规定,在特殊情况下,人民法院可以延长诉讼时效。延长的对象包括普通时效和特别时效，而且，20 年最长保护期也可以延长。

如前所述，中止和中断也会导致诉讼时效的延长，但无论中止或中断，其事由都由法律进行规定，而且，一旦出现中止或中断事由且为当事人所主张，诉讼时效当然延长，不以法官的意志为转移。在这一意义上，也可以说中止和中断是法定的诉讼时效延长制度。而《民法典》第 188 条所规定的延长具有特殊含义，专指在不具备中止、中断事由，诉讼时效又已经完成，若直接发生时效完成的效果，对权利人显失公平的情况下，由法院酌情延长诉讼时效期间，将本已完成的时效在一定期间内视为未完成的制度。

除我国《民法典》外，其他国家和地区的立法几乎都未规定诉讼时效的延长。我国如此规定可能是考虑到普通诉讼时效期间太短，也可能是因为法定中止、中断事由太少。伴随近年来我国法对时效中止、中断事由的扩充解释，法官延长诉讼时效期间的可能性已经越来越小，加之该制度授予法官太多的能动性，在实践中又不易把握，建议未来立法废除诉讼时效延长制度。

七、除斥期间

除斥期间是预定的权利存续期间，超过该期限，权利消灭。

除斥期间和诉讼时效的区别是：(1)除斥期间是不变期间，而诉讼时效可以通过中止、中断等而延长。(2)除斥期间除法律另有规定外，从权利产生之日起计算，诉讼时效从权利人知道或应当知道权利被侵害之日起计算。(3)适用范围不同。诉讼时效适用于请求权，而除斥期间原则上只适用于形成权，如撤销权、变更权、解除权、追认权、买回权等。(4)法律效果不同。除斥期间以维持现有法律关系为目的，权利人在期间内行使权利使现存之法律关系变更或消灭，未在期间内行使权利则使现存之法律关系得以确定或维持。如撤销权人未在规定的期限内行使撤销权，可撤销的民事行为的效力即确定下来，得以维持，如果撤销权人行使撤销权，该民事行为则确定无效，现存法律关系被消灭。诉讼时效以消灭现存之法律关系，生成新的法律关系为目的，权利人在时效期间内行使权利产生维持原法律秩序的效果，不行使权利则产生消灭原法律秩序，生成新法律秩序的效果。如债权人未在时效期间内行使请求权，则请求权消灭。所以，就法律效果而言，除斥期间和诉讼时效正好相反。

问题与思考

按期累积债权特别是按日累积违约金债权的诉讼时效如何起算，我国现行法律和司法解释未作明确规定，理论和实践中争议极大。第一种观点主张应从债务人违约之日起算诉讼时效；第二种观点主张从债权人起诉之日倒计 3 年起算诉讼时效；第三种观点主张从债务人实际履行义务之日起算诉讼时效；第四种观点主张以债权人提出的支付违约金期限届满或债务人明确拒绝支付违约金之日为诉讼时效起算点。我们认为，第一种观点没有考虑到按日累积违约金债权的特殊性，依此观点，在迟延时间 3 年以上的情况下，3 年以外部分的违约金在尚未发生时，即已经罹于诉讼时效，对于债权人显然有失公平，逻辑上亦难以自圆其说，且违约方迟延的时间越长，对其越为有利，也有鼓励违约的嫌疑。第二种观点似乎充分衡平了债权人和债务人双方之利益，也在一定程度上回应了按日累积违约金债权的特性。但其实质为将每日产生的违约金作为一个独立债权，并分别起算诉讼时效。而事实上，违约金请求权是一个整体性的债权，违约金按日累积仅仅是一种计算方式，不应当改变违约金债权的整体性。何况，即便将每日发生的违约金分别作为一个债权,从每一笔违约金发生之日起算诉讼时效仍存在理论上的问题,因为违约金发生之日未必是债务人应当实际支付违约金之日,该种观点显然也混淆了违约金债务之发生与违约金债务之履行。第三种观点有利于保护债权人的利益,且操作上亦相对便捷。但无论立法上或学理上均缺乏债权数额明确后诉讼时效方才起算的规定和见解,更为重要的是,该观点仅适用于债务人最终履行了合同义务的情形,而无法适用于债务人最终并未履行合同义务的诸多情形,从而也具有巨大的不周延性。第四种观点一方面将按日累积违约金债权作为一个整体性的债权,另一方面还将其视为未约定履行期限的债权,从而在债务人明确拒绝支付违约金或债权人要求支付违约金后才起算诉讼时效。我们认为,该观点对按日累积违约金债权特点的认识最为准确,也能最大限度地保护债权人利益,制裁债务人违约之行为,总体上较为可取。

第五节　期日和期间

一、期日和期间的法律意义

时间在法律上有重要的意义,是重要的法律事实。例如,人的出生、死亡,权利能力和行为能力的取得,法律行为效力的发生和消灭,诉讼时效、取得时效,票据法上付款的到期日,合同中的履行期限、保证期间,刑事责任能力的有无、刑罚的执行,诉讼法、行政法上的各种期限等,都是时间在法律上的效力,这些时间如何计算和确定,对当事人具有十分重要的法律意义。因此,期间的计算和确定是民法上的一项重要制度。我国《民法典》第 200 条至第 204 条对此作了明确规定。

时间可分为期日和期间,《民法典》未规定期日,只规定了期间。但期日在民法上有其重要意义,所以,亦应当加以研究。

二、期日

民法上的期日指不可分或视为不可分的一定时间点,如 2010 年 1 月 1 日、3 月 1 日 16 时、5 月 2 日 10 时 25 分,等等。

在民法上,期日主要用来确定意思表示或给付的时间。如合同规定,义务人应当于 2 月 5 日交货,火车票载明,10 时 25 分发车,电话要约中要约人要求对方于 9 时答复等。如果当事人以期日作为应当为某种行为的时间或法律行为生效或效力终止的时间,该期日的到来,即发生相应的法律效果。

如果以日表示期日,该日的全日应视为不可分的期日。但是,当事人为意思表示或给付的时间原则上应当在通常的营业时间或作息时间之内。

三、期间

期间指期日与期日之间的时间,即时间的一定长度。《民法典》第 200 条规定,民法所称的期间按照公历年、月、日、小时计算。实际上,期间也有按分甚至秒计算的。

(一)期间的表示

《民法典》第 1259 条规定:“民法所称的‘以上’、‘以下’、‘以内’、‘届满’,包括本数;所称的

‘不满’、‘超过’、‘以外’，不包括本数。”在有法律意义的文件中表示期间，应当遵守以上规定。

（二）期间的计算

以小时计算期间的，从规定的时间开始计算。如 8 时交一份材料打印，约定 4 小时交付，则应从 8 时起计算，至 12 时为交付时间。以分、秒计算期间的，亦应如此计算。

以年、月、日计算期间，有历法计算法和自然计算法。历法计算法是指按国家规定的历法计算的方法。《民法典》第 201 条规定，按照日、月、年计算期间的，开始的当日不算入，从下一日开始计算。如 1 日指 0 时至 24 时；1 年指 1 月 1 日至 12 月 31 日或某月某日至次年该日的前一天，而无论是平年闰年；1 月指某月 1 日至该月最后一天，或某月某日至次月该日之前一天，而无论是大月小月。自然计算法是按实际时间精确计算的方法，如 1 小时为 60 分钟，1 月为 30 天，1 年为 365 天，月不分大小，年不分闰否，皆按此计算。

《民法典》第 200 条规定：“民法所称的期间按照公历年、月、日、小时计算。”明示我国采历法计算法，而且以公历为标准。但是，从实际情况来看，历法计算法和自然计算法各有其适用范围。连续期间应采用历法计算法，如诉讼时效期间、除斥期间，当事人约定的合同履行期限等，都应当采用历法计算法。而非连续期间，则应采自然计算法，如村民每年应出 10 个义务工，每个义务工为 1 天，出工 1 天即应计算 1 天，不可能从次日起计算。村民 1 年内出满 10 个义务工为符合要求。

（三）期间的终点

《民法典》第 203 条规定，期间的最后一天的截止时间为 24 点，有业务时间的，到停止业务活动的时间为止。如果期间的最后一日为星期日或其他法定的休假日，以休假日的次日为期间的最后一天。

拓展阅读推荐

1. 杨巍：《民法时效制度的理论反思与案例研究》，北京大学出版社 2015 年版。
2. 刘国林：《物权请求的诉讼时效适用问题研究》，法律出版社 2016 年版。
3. 张雪梅：《诉讼时效审判实务与疑难问题解析》，人民法院出版社 2019 年版。
4. 杨巍：《论不适用诉讼时效的请求权——我国〈民法总则〉第 196 条的问题与解决》，载《政治与法律》2018 年第 2 期。
5. 房绍坤：《论诉讼时效期间的起算》，载《法学论坛》2017 年第 4 期。
6. 冯洁语：《诉讼时效正当理由和中断事由的重构》，载《法律科学》2018 年第 4 期。

第二编　人　格　权

第十章　人格权总论

学习要点

- 人格权的概念与特征
- 人格权的分类
- 人格权民事法律关系
- 人格权的民法保护

第一节　人格权的发展

一、人格权的制度演进

在罗马法中，有三个关于人的概念，分别是 homo、persona 和 caput。homo 指生物学意义上的人，原则上不能作为权利义务主体；persona 用来指权利义务主体的各种身份；caput 则被转借指权利义务主体，表示法律上的人格。[1] 由此可见，罗马法中这三个关于人的概念，是从民事权利义务主体的角度来界定人格。而且罗马法上的人格具有极强的身份性特征，罗马法上所谓的"人法"，首要解决的是人格拥有的问题，罗马法上的人格涉及自由人身份、市民身份、家庭身份，只有同时拥有自由人、市民身份的家长在罗马法中才具有最充足的人格。[2] 在罗马法时代界定"人格"的标准是人的身份，在不同的血缘关系、不同等级的人之间，他们的"人格"是不平等的。罗马法上的"人格"带有强烈的等级性、身份性和一定的可变性，实质上是划分社会阶层或社会阶级的工具，存在等级性和不平等性等落后因素，而且没有从生命权、荣誉权和名誉权中抽象出人格权的概念。[3] 因此，罗马法并没有真正的人格权，罗马法时代人格"带有强烈的身份性与等级性，这使得近代私法意义上的人格无法在人法上得以确立"，[4] 也不可能产生作为主体固有权利并具有平等性的人格权概念。但是，罗马法在"侵辱之诉"中包括了对身体、名誉和尊严的保护。

近代以来，在文艺复兴及启蒙思想运动的推动下，人们渐以"自由""平等""博爱""人权"等价值析评法律。进而普遍平等的自然人人格确立，罗马法上的"人格"的身份性色彩即阶级区分功能丧失殆尽。在欧洲人文主义思潮的催动下，个体开始摆脱宗教束缚，从身份关系的桎梏中挣脱出来，成为独立自主的个体。与此同时，人的理性在人文主义思潮以及科技进步之下得以凸

---

〔1〕 周枏：《罗马法原论》（上册），商务印书馆 2017 年版，第 115 ~ 116 页。

〔2〕 黄风：《罗马私法导论》，中国政法大学出版社 2003 年版，第 80 页。

〔3〕 李景义：《人格权基本问题论纲》，知识产权出版社 2014 年版，第 88 ~ 89 页。

〔4〕 马俊驹、刘卉：《论法律人格内涵的变迁和人格权的发展》，载《法学评论》2002 年第 1 期。

显,“天赋人权”获得人们普遍的认可并极受推崇。通过对人与生俱来的自由和天赋的人权进行权利界定,形成自然法时期的人格权。“只有一种天赋的权利,即与生俱来的自由——这是每个人生来就有的品质,根据这种品质,通过权利的概念,他应该是他自己的主人。”[5]“根据人格权的一般结构,人格权是一种受尊重权,也就是说,承认并且不侵害人所固有的‘尊严’,以及人的身体和精神,人的存在和应然的存在。”[6]由此可知,“人正因为是伦理学意义上的‘人’,因此他本身具有一种价值,即人不能只是作为其他人达到目的的手段,人具有其‘尊严’”。[7] 近代以来欧洲历次思想解放的革命亦是“从身份到理性”的运动,其结果是改变了罗马法中以身份作为衡量人格标准。但是“天赋人权”这种自然法思想影响下的人格权,并未成为法定人格权为法律所明定,[8]在同时期的欧洲社会看来,人格与生俱来,先于法律,不能作为法律规定的权利而存在,而是作为法律中当然的权利而存在。

随着历史法学派的兴起,自然主义法学派逐渐受到冲击而呈现衰落迹象。19世纪末法律实证主义在德国兴起,德国创制权利能力即民事主体制度,《德国民法典》将人格解释为“对于权利以及义务的承载能力”,正式将人格与民事权利能力相关联,具言之,人格是从“平等独立的人”出发,赋予民事主体法律地位,“民事权利能力”则是对抽象人格的具体功能以及实际地位的阐述。[9] 人格是主体制度层面的概念,而人格权是一种独立的权利。完成人格向人格权的转化是德国法学家基尔克,其在著作《德国私法》中最早对人格权作了系统的、体系的研究论述。他将“人格权”当作“存在于人自身上的权利”,权利主体通过这种权利来保证管理自身部分人格权领域的实现。其指出通过这种权利,人能够独自、合法地管理自我,并以此来反抗他人的一定的合法入侵。[10] 基尔克完成了从“人对自己的权利”到“对人权”,再到“人格权”的转化。[11]

历经罗马法、近代“天赋人权”的自然主义学说以及历史法学派的发展,“人格权”的概念最终被承认。自此后,不同时期的各国与地区以不同形式在立法中确认“生命”“健康”“身体”“姓名”等具体人格权益的法律保护,“人格权”的概念被学界提出并得到广泛使用。《法国民法典》第9条及第16条以下条款,明文规定了任何人的私生活均受尊重的权利、尊重人身体的权利等各项人格权利。《德国民法典》于侵权法第823条第1款规定了侵害生命、身体、健康、自由的侵权责任,此外,在第12条规定姓名权、第824条规定信用权、第825条规定性自主权等几项具体的人格权。德国还通过大量司法案例并基于其基本法创设一般人格权的概念,并规定于第823条第1款中的“其他权利”,由此指导大量司法裁判。《瑞士民法典》于第一编人法第一节明确规定人格权,完善人格权内容,强化对人格权的保护。

二、人格权制度在我国的发展

人格权制度在百余年的中国民事立法活动中曲折发展,大致可分为三个阶段。[12] 第一阶段

---

[5] [德]康德:《法的形而上学原理——权利的科学》,沈叔平译,商务印书馆1991年版,第50页。
[6] [德]卡尔·拉伦茨:《德国民法通论》(上册),王晓晔等译,法律出版社2013年版,第282页。
[7] [德]卡尔·拉伦茨:《德国民法通论》(上册),王晓晔等译,法律出版社2013年版,第47页。
[8] 李景义:《人格权基本问题论纲》,知识产权出版社2014年版,第88~90页。
[9] 梅夏鹰:《民事权利能力、人格与人格权》,载《法律科学:西北政法学院学报》1999年第1期。
[10] 张红:《人格权总论》,北京大学出版社2012年版,第16~17页。
[11] 徐国栋:《人格权制度历史沿革考》,载《法制与社会发展》2008年第1期。
[12] 张红:《人格权总论》,北京大学出版社2012年版,第114~128页。

从1910年到1949年,是人格权法的发展期。1930年颁布实施的《中华民国民法典》在人格权问题上继受瑞士的相关制度,首次引入人格权概念。在此之前,1910年完成的《大清民律草案》及1925年《民国民律草案》虽然均在其中规定与人格权相关内容,但均因政权更迭而未及实施。第二阶段为中华人民共和国成立至20世纪70年代末,是人格权法的曲折期。中华人民共和国成立后,废"六法全书",开我国民事立法新历程,立法者因受苏联法律体系影响,完全否定人格权的存在,而民法学者虽然没有完全否定人格权的存在,但他们也仅在例外情况下才承认人格权的存在。人格权制度成为民法理论中无足轻重的部分。第三阶段为20世纪80年代初至今,是人格权法的复兴期。从1986年开始,我国立法者对待人格权的态度发生了巨大的转变,在1986年的《民法通则》当中,人格权被明确规定为一种重要的民事权利,原《民法通则》第2条明确规定,民法的调整对象是平等主体之间的财产关系和人身关系。原《民法通则》还专设"民事权利"一章规定了人身权,其中规定了生命健康权、姓名权、名称权、肖像权、名誉权、荣誉权、婚姻自主权等人格权;2005年8月,第十届全国人民代表大会常务委员会第十七次会议通过《关于修改〈中华人民共和国妇女权益保障法〉的决定》,首次在法律中使用了"人格权"的概念;2009年《侵权责任法》第2条对原《民法通则》规定的人身权再次明确,与此同时学术界关于人格权的研究已形成一套较为完整的人格权法理论体系。直至2020年《民法典》的颁布,人格权独立成编,表明我国人格权立法秉持以人格尊严为中心的价值理念,构建起了完整的人格权规则与制度体系。[13]

问题与思考

党的十九大报告明确要求"完善以宪法为核心的中国特色社会主义法律体系",明确提出"保护人民人身权、财产权、人格权"。这体现了以人民为中心的发展思想,为人格权立法打下坚实的政治基础。在立法过程中,就人格权是否独立成编,一直有不同的观点:赞成独立成编者认为,人格权独立成编符合民法典体系结构的内在逻辑。民法本质为权利法,民法分则体系按照民事权利体系构建。从民法权利体系角度看,人格权应该独立成编。传统民法过于强调财产权制度,未能将人格权作为一项独立的制度,存在"重物轻人"的不合理现象。人格权独立成编不仅能突出其作为民事基本权利的属性,还能凸显人的价值,改变传统民法"重物轻人"的现象。反对者认为:第一,人格权具有先在性和防御性,其权利构造与物权、债权不同,法律可以规定的内容很少;第二,对人格权的保护完全可以通过总则编和侵权责任编的立法来实现;第三,人格权独立成编会导致法律适用中出现人格权编与侵权责任编"双重适用"问题等。总的来看,各方都对立法加强人格权的保护持肯定意见,最终经过多方面的考量,在《民法典》中增加人格权编。人格权独立成编的重要意义主要有以下几点:第一,人格权独立成编体现以人民为中心的发展思想。民法典编纂的一大特点即是注重保障民生。人格权单独成编贯彻落实了《宪法》"公民的人格尊严不受侵犯"的要求,体现我国对公民人格权的确认与保护。人格权编明确规定了公民的各种具体人格权以及保护人身自由与人格尊严的一般人格权,彰显《民法典》的人民立场与人文关怀。第二,有利于弘扬社会主义核心价值观,实现人民对美好生活的追求,充分彰显《民法典》编纂的中国特色。人们所向往的美好生活是有尊严的生活。我国《民法典》借鉴他国民法典编制体例的同时独具特色将人格权单设一编,充分体现我国民法典编纂的时代特色,不但是我国民

〔13〕 王利明:《民法典人格权编的亮点与创新》,载《中国法学》2020年第4期。

事立法的一次重大创新,也为世界各国人格权保护问题提供了中国方案。第三,人格权独立成编满足了社会发展的需要。立法需要反映社会现实。技术的发展革新给人们生活带来便利的同时也对人们的人格权提出新的挑战,网络信息技术发展催生了许多新型的人格权益,如虚拟财产(权)、数据权利等;生物技术、克隆技术等的发展,对生命权、健康权等人格权提出新的挑战。针对上述挑战,人格权编独立可以为人格权的制度设计及未来发展提供充足的空间,从而使得该编可以回应我国当下所面临的诸多重要社会热点问题,如个人信息保护、隐私保护、人格要素商品化使用、基因编辑技术的规范、性骚扰的规制等。与此同时,人格权编能够指导司法实践,为裁判提供统一的标准。

第二节　人格权的概念

一、人格权的概念与特征

根据《民法典》第990条关于人格权的规定可知,所谓人格权,是指民事主体所享有的各种各样的具体人格权和因人身自由和人格尊严而产生的一般人格权。此为一种类型化的界定方式,即指通过明确列举人格权的不同类型明确人格权的含义。通说关于人格权的一般含义为,人格权是民事主体所必须享有的,以其自身的人格利益为客体的民事权利。人格权具有如下特征:

第一,人格权是民事主体所固有的权利。(1)某些人格权的获得无须依据一定的法律事实或者行为。自然人的人格权是与生俱来的,自出生时起就当然享有。而且,自然人的人格权具有平等性,不因人的自然状况(如性别、年龄及其他生理特征等)和社会状况(如宗教信仰、政治观点、经济状况等)的差异而有所不同。法人一旦成立,其主体资格被确认,就自动享有名称权、名誉权和荣誉权。(2)人格权具有不可剥夺性。任何人所享有的人格权都不受他人非法剥夺,因为人格权一旦被剥夺,人的主体资格就会受到影响。人作为特定历史条件和社会环境下的人,必须享有与生俱来的人格权。(3)一些人格权具有不可克减性。例如,生命、身体、健康等权利,任何人都不得以任何形式对这些权利进行非法限制,妨碍权利人权利的享有和实现。

第二,人格权的客体为民事主体的人格利益。与财产权和物权不同,人格权的客体为人格利益,根据《民法典》列举的具体人格权及一般人格权可知人格利益内容丰富,概括而言,主要指人的人身自由、安全及人格尊严等利益。

第三,人格权只能为特定的权利人所享有。《民法典》第992条明确规定,人格权不得放弃、转让或者继承。据此可看出:(1)人格权具有不可转让性。人格权与权利主体不可分离。换言之,人格权只有权利人本人才能享有,除非法律有明确规定,否则不能转让。例如,法律特别规定,法人名称权可以转让。(2)人格权不得放弃。人格权具有专属性,通常与民事主体相伴随,是民事主体最基本、最重要的权利。在民法意义上,具备各种人身基本权利是成为完整民事主体的前提。自然人人格权是自然人独立存在所必需的权利。没有人格权的保障,自然人就难以生存,就不能顺利、安全地进行一切民事活动。为此多国法律明确禁止人格权的随意抛弃或规定抛弃生命权、身体权等人格权的约定无效。(3)人格权不得继承,权利主体生前享有的人格权在其死亡时不能够作为遗产转移给自己的继承人继承。即人格权作为专属于特定主体的权利,因权利人死亡而消灭。(4)权利人可以许可他人对其人格权加以利用。《民法典》第993条即是关于姓名、名称、肖像等的许可使用的规定。但并非所有人格权均能够被许可使用,依照法律或者依据其性质不得许可使用的除外。

第四,人格权为对世权,除权利人之外的其他人都负有不得侵害权利人人格权的义务。人格权受法律保护。权利人所享有的人格权依法可以向任何人主张。在人格权遭受侵害后,权利人有权请求加害人承担停止侵害、排除妨害、消除影响等民事责任。人格权的绝对性决定了人格权的排他性,这一点与物权、知识产权等绝对权无异。

第五,人格权具有一定的支配性。人格权作为绝对权,在一定范围内具有支配性。人格权的支配性指的是权利人对其人格利益的支配,并非指权利人对自己身体部分的随意支配。权利人能够在法律规定的范围内,随意支配或允许其他主体利用自己的人格权,比如权利人有权决定自己姓名的更改,有权决定是否授权信息处理者处理信息,有权允许他人使用自己的肖像,有权决定自己的隐私是否公开等。但也应当注意并非所有的人格权均具有此种支配性,例如物质性人格权即生命权、健康权和身体权的利用权能则受到严格限制。

第六,人格权是一种开放的不断发展的权利体系。随着社会的发展,人们的法治观念日益强化,精神生活日益丰富,与人格利益相关的权利内容会不断显现。如近些年来随着实践出现的"祭奠权""性自主权""个人信息保护"等,这些人格利益在之前的《民法通则》《侵权责任法》等法律中未有明文规定,均是因社会发展而逐渐产生的与人的尊严相关的新型的人格权益。此外,某些人格权的商业化利用因经济社会的发展而愈加明显,这也可能促使新的人格利益的产生。

二、人格权与相关权利的辨析

(一)人格权与人权

关于人权的概念众说纷纭,通说认为,人权是指人之为人所享有或应当享有的权利。从人权的发展历史和内容看,人格权是人权的重要组成部分,是人权在民法上的重要体现。人权运动的发展也对人格权制度的完善起到了重要的推动作用。但二者也存在明显的区别:(1)二者包含内容不同。人权内容广泛,是各种权利的综合统一体,其包含"公权"和"私权"两个方面的权利,既包括法定权利,又包括道德权利,既包含民事性权利,还包括政治性权利;但人格权仅指以人格利益为客体的个体性权利。(2)主体范围不同。人权不仅包含个体权利还包含集体权利,且人权的范围正在不断扩展;人格权的主体范围仅为特定的民事主体。(3)保护方式不同。人权不仅受宪法及部门法的保护,而且还受社会舆论的保护,但有些道德性人权难以在法院获得救济;而人格权均受到法律保护,且均可以通过法院获得救济。

(二)人格权与身份权

身份权是民事主体基于特定身份而享有的民事权利。人格权和身份权都属于人身权的范畴,二者存在共性:(1)均具有专属性。人格权与身份权均与民事主体的人身密切相关,具备专属性,两者的客体都表现为与人身不可分离的利益。例如,民事主体的生命、健康等不得抛弃;再如,身份也只有与特定人联系在一起才有意义,一旦和人身相分离,也就失去了其存在的价值。(2)均具有支配性。人身权为绝对权、对世权,民事主体对自己享有的人身利益得直接支配,无须他人的协助就可以实现其权利。这两种权利的义务主体都是不特定的人,权利主体以外的一切人均为义务主体,负有不作为(不为侵害行为)的义务。(3)均非财产权。人格权和身份权都是以非财产利益为客体的民事权利。

但二者也有明显的区别,具体体现在:(1)主体范围不同。人格权的主体既包括自然人还包括法人与非法人组织,而身份权主要是因婚姻家庭关系等产生,其权利主体多为自然人。(2)权利客体不同。人格权的权利客体为人格利益,身份权的权利客体则为身份利益。(3)权利取得不同。人格权是民事主体的固有权利,自然人的人格权基于出生这一事实而取得,法人的人格权自其依法成立时取得。而身份权不属于民事主体固有的权利,自然人的身份权只能基于特定的身份关系而产生。(4)权利的存续期限不同。人格权的存续期限与民事主体的存续相关联,其本身没有权利期限的限制。一般情况下,人格权因民事主体的出生或成立而取得,因民事主体的死亡或终止而丧失。但身份权的存续需要以特定身份关系的存续为前提。例如,夫妻离婚即会导致配偶权的丧失。(5)权利的作用不同。人格权的目的在于维持民事主体的法律人格,是民事主体的必备权利,只有享有人格权,自然人的法律人格才能真正实现。身份权的目的在于维护主体间基于身份形成的权利义务关系,没有特定身份权,自然人依然可以进行其他民事活动。

(三)人格权与财产权

根据《民法典》第2条规定可知,民法调整的是民事主体之间的人身关系与财产关系。可以说,人身权与财产权是民法最基本的两类民事权利,人身权与财产权关系密切,人身权又由人格权和身份权组成,换言之,人格权与身份权与财产权亦有密切关联。具言之,人格权与财产权的关系可从以下几方面展现:(1)两者均为基本民事权利,是民事主体参与社会生活,实现自身发展不可或缺的权利。(2)人格权在某种意义上讲是财产权的基础与前提。人格权尤其是其中的生命权、健康权是自然人可以享有并行使各项财产权的逻辑前提。民事主体的人格权始于出生或成立,若个人的生命、健康等人格权受到侵害,就不可能正常地行使财产权。(3)随着人格权商业化利用的发展,人格权与财产权之间的关系越来越密切,许多人格权(如名称权、肖像权等)中的财产利益越来越被重视,并被商业化利用,权利人可以通过利用其人格权而获得经济利益。行为人未经许可对他人的人格权进行商业化利用,在构成对他人人格权侵害的同时,也会使权利人遭受一定的财产损害。可见,人格权与财产权具有密切的关联性。

人格权与财产权虽然联系密切,但两者存在显著的差别:(1)两者的性质不同。传统民法认为,财产权具有经济的、金钱的、物质的、商事的内容,人们能够以金钱方式客观地评估其价值大小,而作为一种非财产权,人格权则仅具有精神的、心理的、情感的内容,人们无法以金钱方式客观地评估其价值大小。[14] (2)两者的权利主体不同。就人格权而言,自然人能够享有各类人格权,但是法人及非法人组织享有的人格权较为有限。对法人来说,其不享有物质性人格权和某些精神性人格权(如隐私权、肖像权等)。就财产权而言,民事主体对于财产权的享有是无差别的。自然人、法人及非法人组织均享有财产权。当然每个主体所实际享有或者所有的财产不可能完全同一,但法律平等保护民事主体的财产权。(3)两者权利客体不同。人格权以人格利益为客体;财产权以财产利益为客体。(4)两者取得方式不同。就人格权而言,一般情况下,自然人人格权的产生与消灭是基于法律事实中的事件即出生与死亡,法人人格权的产生则主要基于民事法律事实中的法律行为,即法人的设立行为。就财产权而言,其取得的方式具有多样性,无论是自然人还是法人,都可能通过事件、法律行为乃至事实行为取得。比如,买卖、继承、生产等。总而言之,财产权并非与生俱来的,大多数财产权,特别是债权,都需要通过实施一定的行为而取得。(5)两者特征不同。人格权都具有专属性,除法律特别规定外,通常只能为权利人所享有,

---

〔14〕 张民安:《法国民法》,清华大学出版社2015年版,第59页;张民安:《法国民法总论》(Ⅱ),清华大学出版社2020年版,第181页。

不能转让和继承;而财产权基本上都是非专属权,可以抛弃、转让和继承。人格权不具有可强制执行性,财产权则具有强制执行性。人格权具有不得适用时效性,而财产权则具有适用时效性。(6)两者保护方式不同。人格权遭受侵害时,有两种保护方式,一种是人格权请求权,即要求行为人停止侵害、恢复名誉、赔礼道歉、消除影响;另一种是损害赔偿请求权,在侵害生命权、身体权、健康权这些物质性人格权的情形,行为人应当赔偿受害人医疗费、护理费、交通费、误工费等损失。而在侵害除此外的精神性人格权的情形,由于其权利客体具有无形性,比如名誉侵权,权利人往往很难证明其遭受了多大程度的财产损失,甚至难以证明其遭受了何种财产损失,故在很多情形下损害赔偿请求权难以适用或获得法院支持。而在财产权遭受侵害的情况下,则主要采用损害赔偿的方法进行保护,而且损害赔偿要采取完全赔偿的原则,即造成多少损害就赔偿多少损失。

问题与思考

我国《民法典》第990条关于人格权的规定中存在两方面问题。第一,本条第1款中列举的具体人格权类型与《民法典》总则编第五章列举的人格权存在重复,而且总则编第110条列举的人格权类型要比本条第1款列举的类型更全面。第二,本条第2款中关于一般人格权基于"人身自由"而产生的规定值得商榷。人身自由也称人身自由权,指民事主体所享有的决定是否离开某一个地方的自由。民事主体享有免受行为人实施的非法拘禁、非法监禁或者其他非法限制其离开或者进入某一个地方的自由。《德国民法典》第823条第1款所保护的"自由"也就是"人身自由",它属于一种具体人格权。我国《民法典》第1011条所规定的"行动自由"实际上也就是本条第2款规定的"人身自由",而"行动自由"是属于身体权这一具体人格权。

第三节 人格权的分类

一、一般人格权和具体人格权

这是依据人格权客体的范围进行的分类。[15]

一般人格权,是相对于具体人格权而言的,自然人所享有的以人身自由、人格尊严为价值指引的,以一般人格利益为客体的人格权。《民法典》第109条和第990条第2款被认为是我国一般人格权的法律规定。具言之,《民法典》第109条规定:"自然人的人身自由、人格尊严受法律保护。"第990条第2款规定:"……自然人享有基于人身自由、人格尊严产生的其他人格权益。"具体人格权,是指以权利人某种特定人格利益为客体的权利。我国《民法典》明文列举的具体人格权包括自然人享有的生命权、身体权、健康权、姓名权、名称权、肖像权、名誉权、荣誉权、隐私权等权利,以及法人、非法人组织享有的名称权、名誉权、荣誉权等权利。

---

〔15〕 虽然大多数学者对此种分类持肯定态度,但亦有不少学者对一般人格权的概念以及此种分类提出了质疑。参见马俊驹、余延满:《民法原论》(第四版),法律出版社2010年版,第78页;熊谓龙:《权利,抑或法益?——一般人格权本质的再讨论》,载《比较法研究》2005年第2期;李莉:《法律思维与法律方法下的人格权立法模式——兼论否定一般人格权立法》,载《当代法学》2013年第6期。

一般人格权作为任何人都应当尊重的权利,是所有具体人格权的基础,具有产生、解释以及补充具体人格权的功能。两者间的差别主要体现在:(1)具体人格权类型多种多样,而一般人格权不存在多种多样的类型。(2)具体人格权通常会被立法者明文规定于法律之中,因而具体人格权的种类往往取决于制定法的规定。而立法通常仅对一般人格权作出抽象性的规定,其所包含的内容有哪些,则由法官根据社会发展变化的状况在自己的司法判例当中予以确定。(3)具体人格权的客体单一,而一般人格权的客体多样。每一具体人格权的客体单一且明确,而一般人格权的客体为一般人格利益,并不具备单一性。

区分一般人格权与具体人格权的意义在于:凡是法律上有具体人格权规定的,即应适用该具体人格权的规定;无具体人格权规定的,才适用关于一般人格权的规定。例如,侵犯他人的生命、身体,或侵犯他人的肖像、名誉,因法律有具体人格权规定,应当直接适用法律关于具体人格权的规定。又如,近些年来出现的新型权益"祭奠权""指纹权""性自主权"等,并未被规定为具体人格权,当侵犯他人的这些权益时,应当适用一般人格权的有关规定。

二、物质性人格权和精神性人格权

这是依据人格权客体的性质进行的分类。

物质性人格权是以自然人的物质性人格利益为客体的权利,主要包括生命权、身体权、健康权。精神性人格权是以自然人的精神性人格利益为客体的权利,包括姓名权、肖像权、名誉权、隐私权等。

物质性人格权和精神性人格权的区别在于:(1)两者权利主体不同。物质性人格权的权利主体为自然人;精神性人格权的权利主体较为广泛,既包含自然人还包含法人与非法人组织。(2)两者权利客体不同。物质性人格权的客体是物质性人格利益,与自然人的人身息息相关,脱离自然人的人身,就无所谓物质性人格权。而精神性人格权的客体属于物质性人格权之外的各种精神性人格要素,如姓名、名誉等。(3)两者得否克减不同。物质性人格权,特别是生命权,是为人的最低限度需求,因而不得克减。而精神性人格权,在特定情况下,可以作出适当的克减。(4)损害后果不同。侵害物质性人格权造成的损害后果主要是受害人的人身伤亡这一有形损害,具体体现为财产损失和生理上的痛苦等。而侵害精神性人格权的损害后果往往不涉及生理上的痛苦,主要是受害人的精神痛苦。(5)两者救济方式不同。物质性人格权的载体是肢体、器官、组织等人体组成部分,受到损害的人身利益最终表现为财产上的损失(如医疗费、护理费、丧葬费、误工费等)和精神上的痛苦,因此对其救济的手段既包含人身损害赔偿又有精神损害赔偿。而侵害精神性人格权除主要适用精神损害赔偿外,还可以适用人格权请求权,如赔礼道歉、恢复名誉、消除影响等。

三、自由型人格权、尊严型人格权与标表型人格权

自由型人格权是以人身和精神自由为主要内容的人格权。自由型人格权又分为人身自由权和精神自由权。尊严型人格权是指以名誉、荣誉等对权利人的特定社会评价为内容的人格权,包括名誉权、荣誉权等。标表型人格权是指以姓名、肖像、名称等主体的对外区别于他人或者组织的外在标识为内容的人格权,包括姓名权、肖像权、名称权等。

自由型人格权与尊严型人格权的区别表现在:(1)权利主体不同。前者权利主体只能为自然人;后者则包括法人和非法人组织。(2)权利客体不同。前者的客体为人身和精神自由;后者

则以名誉、荣誉等特定社会评价为保护客体。(3)侵害方式不同。侵害前者的方式主要为非法拘禁、限制自由等;侵害后者则主要通过侮辱、诽谤等方式。(4)责任方式不同。侵害前者主要承担的是停止侵害、排除妨碍、赔偿损失等责任;侵害后者则包含消除影响、恢复名誉等方式,消除影响和恢复名誉不适用于前者的责任承担。

标表型人格权与其他人格权的区别主要表现在:(1)标表型人格权主要作用在于使民事主体区别于其他主体。(2)标表型人格权人身专属性较自由型人格权和尊严型人格权弱,其可以商业化利用,某些权利的权能可以转让,因此,它与财产权联系密切。(3)标表型人格权受侵犯常常导致主体财产方面的损失,从而会产生对这些损失的赔偿问题。

四、自然人人格权与法人、非法人组织人格权

根据权利主体的不同,人格权可以分为自然人的人格权与法人及非法人组织的人格权。自然人既享有一般人格权,即人身自由、人格尊严,也享有具体人格权,如姓名权、肖像权、名誉权、隐私权、婚姻自主权等;法人及非法人组织的人格权包括法人及非法人组织对于其名称、名誉、信用等享有的权利。两者的区别在于:(1)内容和范围不同。法人和非法人组织不可能享有与自然人的人身具有密切联系的物质性人格权,法人和非法人组织享有的人格权为标表型人格权。(2)性质不同。自然人的人格权更具人身专属性,而法人和非法人组织的人格权则直接与其财产利益相关,是其财产利益的基本前提和保障。例如,法人的名称权具有双重属性,既具备人格权属性也具备财产属性。侵害法人人格权可能会直接影响其财产利益,故侵害法人人格权通常需要承担财产损害的赔偿责任。(3)是否具有可转让性不同。法人、非法人组织的某些人格权如名称权可以转让。但自然人的物质性人格权即生命权、身体权及健康权不得转让。(4)侵害方式不同。比如,侵害自然人的名誉权主要通过侮辱、诽谤等方式,但侵害法人的名誉权则主要通过诽谤即捏造散布虚假事实损害法人的商业信誉,达到削弱法人竞争力的目的,而且通常侵害法人名誉权的行为会同时触犯不正当竞争法的规制内容。(5)侵害后果不同。对自然人人格权的侵害会造成自然人精神上的损害和痛苦,所以应采取精神损害赔偿的方式。而法人、非法人组织不会像自然人那样产生精神痛苦,侵害法人的人格权一般不适用精神损害赔偿。《民法典》第1183条第1款规定:“侵害自然人人身权益造成严重精神损害的,被侵权人有权请求精神损害赔偿。”2020年修正的《精神损害赔偿司法解释》第4条规定:“法人或者非法人组织以名誉权、荣誉权、名称权遭受侵害为由,向人民法院起诉请求精神损害赔偿的,人民法院不予支持。”由此可见,自然人的人格权与法人、非法人组织的人格权之间存在较大差别。

问题与思考

基于不同的分类标准可将人格权分为不同种类,除了上述列明的几种典型分类外,随着人格权商业化利用的发展,人格权出现了以是否可商业化利用为标准的类型区分。无论人格权分类的标准如何,关键是要掌握不同分类标准下的人格权的各自特征。

第四节　人格权民事法律关系

一、人格权的主体

人格权的主体指在人格权法律关系中享有权利、承担义务的法律关系主体。其中享有权利的人为权利主体,其可以是自然人、法人或非法人组织;负有义务的人是义务主体。根据《民法典》第13条的规定,自然人从出生时起到死亡时止,具有民事权利能力,依法享有民事权利,承担民事义务。据此,自然人自出生时就成为人格权的主体。自然人死亡、民事权利能力消灭时,其人格权主体的资格也同时消失。此处需要特别注意的是胎儿与死者可否为人格权主体。一般情形下自然人的权利能力死亡即消灭,而根据《民法典》第994条关于死者人格利益保护的规定,可知法律确认死者在法律明确规定情形下能够享有某些人格利益。但是就胎儿能否作为人格权主体而言,《民法典》第16条规定:"涉及遗产继承、接受赠与等胎儿利益保护的,胎儿视为具有民事权利能力。但是,胎儿娩出时为死体的,其民事权利能力自始不存在。"换言之,该条仅明确规定胎儿在涉及遗产继承、接受赠与且出生时为活体的,能够视为具有民事权利能力,胎儿是否享有人格利益却并未提及,但此条中的"等"字,为胎儿人格权的享有埋下伏笔,有学者就此认为胎儿有关自身的健康利益可以纳入"等"的内容,如胎儿在母体内受到外界侵害,造成出生时残疾的,胎儿能够向行为人主张承担损害其健康权的民事责任。

《民法典》第59条规定:"法人的民事权利能力和民事行为能力,从法人成立时产生,到法人终止时消灭。"第103条规定:"非法人组织应当依照法律的规定登记。设立非法人组织,法律、行政法规规定须经有关机关批准的,依照其规定。"又根据《民法典》第110条第2款规定的内容可知,法人、非法人组织是人格权的主体,享有部分人格权。因此,法人、非法人组织人格权的产生和消灭要根据其成立和终止确定。

二、人格权的客体

人格权的客体指的是人格权民事法律关系中权利义务指向的对象,是人格权所指向的具体的人格利益。关于人格权的客体,有多种学说:人格说认为,人格权的客体就是人格;人的身体等多元说认为,人格权的客体本身具有多元性,如人的名誉与荣誉、人的身体、人的劳动力等;人的伦理价值说认为,人格权的客体为人的伦理价值,人格权是人的伦理价值的外在化;人格要素或人身要素说认为,人格权的客体为人格要素,或者为人身的某些方面,人格权的直接客体不是人格或人格要素,而是人身要素中的一般主体要素,其间接客体才是人格或者说人格要素。本书认为,人格权的客体指各种应受法律保护的人格利益,人格利益分为一般人格利益和具体人格利益,前者主要是指自然人的人身自由和人格尊严,后者包括生命、身体、健康、姓名、名誉、隐私、肖像等具体人格利益。此外,人格利益既包括了生者所享有的人格利益,也包括死者等特殊主体的人格利益。

三、人格权的内容

人格权的内容就是人格权法律关系的内容,是指人格权法律关系主体享有的权利和负有的义务。人格权的权利主体所享有的权利,是指在人格权法律关系中的权利主体,根据法律规定,依据自己的意愿,为实现自己人格利益而为某种行为或不为某种行为的可能性。人格权的义务是人格权法律关系中的义务主体为了满足权利主体实现其人格利益,而不为一定行为的必要性。人格权是绝对权,权利主体权利的实现不需要义务主体的积极行为的协助,只要义务人不为一定行为即可,因而人格权法律关系中的义务是不作为的义务。具言之,人格权内容主要通过以下两方面展现:

其一,权利主体享有对其人格利益积极的支配和实现等权能。因为人格权对世性和支配性的特征,权利主体对自己的人格利益能够依法控制,具体包括对人格利益的享有、维护、保有、在法律规定范围内的利用、对人格利益的控制以及在法律规定范围内的处置等。人格权的实现权能是由其支配权能所决定的,但权利主体对人格利益的支配和实现都必须在法律规定和公序良俗的范围内进行。

其二,权利主体有权禁止他人对自己的人格权进行非法干涉或侵害。人格权作为一种对世权,可以对抗任何不特定人的非法干预,任何不特定的第三人都负有不得加以侵害的义务。当人格权受到非法干预或侵害时,人格权主体有权依法向法院主张加害人承担停止侵害、排除妨碍、消除影响、恢复名誉、赔礼道歉、赔偿损失等民事责任。

问题与思考

关于法人的人格权,历来存在两种不同的观点:一是否定说,该说认为人格权是一个历史概念,其保护的是专属于自然人格的那些伦理性要素,不适用于团体人格。法人的名称权、名誉权等权利无精神利益,实质上是一种财产权,且不具有专属性,非为任何团体人格存在所必需。由于法人的人格权并不包含精神利益,其实质上是一种财产权,对法人名称、名誉、信用、商业秘密的侵害,其损害的只能是其商业上的利益。对法人人格权的保护实际是对法人的财产利益的保护。二是肯定说,该说认为,法人享有人格权属于立法技术上的安排,法人人格权是与法人的存在有本质联系的法人的基本利益。这些利益被作为法人正常发挥社会作用的前提条件而得到保障,从而构成法人的人格权。承认法人具有人格权主要基于以下几点:第一,社会现实的需要。人格权最初的确是与自然人密切相关,在许多国家,判例学说承认的人格权主体限于自然人。特别是认为一般人格权仅由自然人享有,法人并不享有该权利。但随着人格权制度的发展,仅规定自然人享有人格权已经无法满足人格权发展的需要,人格权主体的范围需要逐渐扩大。第二,法人作为独立的民事主体,也应当具有名誉、名称等人格利益。例如,法人的名称权是其对外与其他民事主体相区别的重要标识。第三,财产权的保护方式无法满足对法人权益的全面保护。否定说认为,法人所享有的所谓的人格权益实质为财产利益,的确,对于营利法人和营利非法人组织而言,其人格权具备财产属性,因为其名称权可以对外转让以获取经济利益,但该说忽视了不具备营利性的法人及非营利性非法人组织,对机关法人、捐助法人、学校等社会团体法人而言,其名称不具备财产性质和交易价值,无法受到财产权保护。因此,在法人人格权遭受侵害的情况下,仅采取财产权保护的方法是不够的,承认法人享有人格权,有利于强化对法人权益的保护。第四,我国现行立法也已经承认了法人可以享有人格权。从我国立法来看,《民法典》第 110 条第 2 款规定:“法人、非法人组织享有名称权、名誉权和荣誉权。”该条对法人、非法人组织的人格权作出了规定,肯定了法人享有名称权、名誉权、荣誉权。

第五节 人格权的民法保护

在权利体系中,依权利间是否存在救济与被救济的手段关系,民事权利分为原权与救济权。

原权,是法律欲保护的民事权利的正常状态,它或在义务人履行义务的情况下得以自动实现、保持,或因义务人不履行义务的违法行为而受到损害,无法自动实现与保持。救济权,是民事权利在受到侵害或有侵害之重大危险时的变化形态,其目的是排除侵害、恢复受到破坏的原权。救济权以保护原权为目的,基于原权的义务被违反而产生。[16] 救济权是请求违反原权义务的特定的人为或不为特定的行为,其并非支配权,救济权的行使必须要求存在侵权行为,以损害后果是否发生作为节点分为绝对权请求权和侵权损害赔偿请求权。前者作用于权利遭到侵害或有侵害之危险时,发挥防范权利受损的作用;后者出现于损害后果发生之后,对所有权益损害的后果一视同仁,加以事后救济。两种救济权同时存在,民事权利可得完整保护。

我国《民法典》人格权编构建了人格权请求权体系,同时还采用行为人承担侵权责任的方式对人格权提供保护。《民法典》第995条规定,人格权受到侵害的,受害人有权依照本法和其他法律的规定请求行为人承担民事责任。此处所说的"本法",实际上就是指《民法典》人格权编的相关规定,此处所说的"其他法律",就包括了《民法典》侵权责任编。由于承担侵权责任的主要形式是损害赔偿,在人格权遭受侵害之后,如果受害人遭受了精神损害或者财产损失,其可依据侵权责任编的规定主张损害赔偿。因此,民法上赋予权利人人格权请求权以及损害赔偿请求权以保护人格权。综上所述,人格权的民法保护方法分为两个系统,即人格权请求权系统和损害赔偿请求权系统。

一、人格权请求权

人格权请求权,是指民事主体在其人格权的圆满状态受到妨害或者有妨害之虞,可以向行为人或者人民法院请求行为人为一定行为或者不为一定行为,以回复人格权的圆满状态或者防止妨害的权利。无论何者,权利人均可以直接向行为人行使,也可以诉请法院救济。而且,人格权请求权的行使,不以有损害后果及行为人过错为要件,只要行为人实施了危及民事主体人格权的行为,民事主体即可向其主张人格权请求权。这是民事主体基于人格权绝对权的性质而享有的与物权请求权性质一致的人格权请求权。

《民法典》人格权编第995条规定了人格权保护的一般规范,第997条规定了诉前禁令,在具体人格权中规定相应的人格权请求权,人格权请求权的框架基本建构完毕。人格权请求权在《民法典》人格权编的具体体现如下:

(一)一般规定

《民法典》第995条规定:"人格权受到侵害的,受害人有权依照本法和其他法律的规定请求行为人承担民事责任。受害人的停止侵害、排除妨碍、消除危险、消除影响、恢复名誉、赔礼道歉请求权,不适用诉讼时效的规定。"该条文是关于人格权受到侵害时,行为人承担民事责任的一般规定。该条文包含人格权请求权与损害赔偿请求权两方面内容。结合人格权的对世性以及人

---

〔16〕 马俊驹:《民法上支配权与请求权的不同逻辑构成——兼论人格权请求权之独立性》,载《法学研究》2007年第3期。

格权请求权为绝对权请求权的属性,《民法典》第995条中的人格权请求权的内容包括停止侵害、排除妨碍、消除危险、消除影响、恢复名誉和赔礼道歉。

停止侵害,即指在侵害人格权的行为持续进行尚未结束的情况下,受害人要求行为人停止侵权行为。不管侵权行为是否已经给侵权人造成实际损害,只要侵权行为依然存在,被侵权人就可以要求侵权人停止侵害。停止侵害作为一种民事责任,对防止不良影响的扩大,妥善处理纠纷具有重要作用。

排除妨碍,即指行为人实行的侵权行为使受害人已无法行使或无法正常行使其人格权时,受害人有权要求行为人将此种妨碍加以排除的责任承担方式。

消除危险,即指侵权行为虽然既未对他人的人格权造成实际损害,也没有构成现实的侵害或者妨碍,但是存在造成损害或者妨害的现实的危险,受害人有权要求行为人消除该危险。《民法典》第1167条规定:"侵权行为危及他人人身、财产安全的,被侵权人有权请求侵权人承担停止侵害、排除妨碍、消除危险等侵权责任。"

消除影响、恢复名誉,即指当他人人格权受到不法侵害,造成不良社会影响时,受害人有权要求行为人以适当的方式,在其人身利益遭受损害的同等范围内,消除所造成的不良影响,以恢复受害人的名誉和人格尊严。就"消除影响"而言,《民法典》中规定权利人享有更正、删除的权利,此种权利是"消除影响"责任承担方式的具体化,这令权利人名誉权、荣誉权以及个人信息权益在更大程度上获得保护。例如,《民法典》第1028条确认权利人在报道失实侵害名誉权情况下的更正、删除请求权;第1029条规定民事主体发现自己的信用评价不当时具有提出异议并请求更正、删除的权利等。

赔礼道歉,即行为人对其侵害他人人格权的不法行为主动向受害人承认错误,致以歉意,请求受害人予以宽恕。它是侵害人格权所承担的民事责任中最轻的一种,但可起到在道义上弥补受害人心理所受到的无形损害的特殊作用。《民法典》第1000条对消除影响、恢复名誉、赔礼道歉等民事责任作出具体规定。第1款明确了侵害人格权需承担消除影响、恢复名誉、赔礼道歉等民事责任的,行为人责任承担的范围与行为造成的影响大致相当。第2款明确行为人拒不承担消除影响、恢复名誉、赔礼道歉等民事责任的,人民法院可以采取在报刊、网络等媒体上发布公告或者公布生效裁判文书等方式执行,产生的费用由行为人负担。

《民法典》第196条除规定侵害人格权需承担的责任外还同时规定,停止侵害、排除妨碍、消除危险的请求权不受诉讼时效的限制。原因在于,人格权属绝对权、对世权,任何人都负有不得侵犯他人人格权的义务。若人格权请求权受诉讼时效的限制,必然影响人格权的周全保护。但是侵害人格权造成权利人财产损失,权利人主张损害赔偿请求权时,该请求权要受诉讼时效的限制。

（二）诉前禁令

《民法典》第997条规定:"民事主体有证据证明行为人正在实施或者即将实施侵害其人格权的违法行为,不及时制止将使其合法权益受到难以弥补的损害的,有权依法向人民法院申请采取责令行为人停止有关行为的措施。"诉前禁令,是指侵害他人权益的行为已发生或将发生时,若未及时制止,将导致损害后果迅速扩大或难以弥补,受害人有权请求法院责令行为人停止相关行为。[17] 该规定对人格权保护具有重要意义,能有效预防损害的发生和扩大。人格权益的损害

〔17〕 王利明:《论侵害人格权的诉前禁令制度》,载《财经法学》2019年第4期。

后果一般具有不可逆转性,保护上注重事前预防和防范。诉前禁令的适用需要满足三个前提条件:(1)行为人正在实施或者即将实施侵害权利人人格权的行为;(2)不及时制止将使权利人的合法权益受到难以弥补的损害。例如,在信息网络时代,一旦将权利人的私密照片放到网上,造成的损害后果不可逆转,单纯损害赔偿也难以弥补权利人的损失。(3)权利人有证据证明侵害行为即将发生或者已经发生。此处的证据仅需要能够令人相信即可,不需要达到民事诉讼中的证明标准,因为诉前禁令的制度目的在于阻止不可逆的人格权损害后果发生或扩大,若严格按照民事诉讼中的证明标准提供证据,则不利于对人格权的及时保护。此外,本条中强调行为人实施的是"违法行为",这是基于《民法典》人格权编有关条文中合理使用的考虑,如第 1020 条关于权利人肖像的合理使用情形就不需要经过权利人的同意,此时的合理使用行为并非"违法行为"。

"诉前禁令"制度有两面性。一方面,能有效预防和避免难以弥补的损害的发生;另一方面,诉前禁令的滥用则会损害被申请人的合法权益。例如,在网络名誉权侵权案件中,诉前禁令的滥用会妨碍公民的言论自由权。因此法院在审查诉前禁令时,应当衡量申请人可能被损害的人格权与被申请人因诉前禁令的颁布而可能遭受的损害,同时,就禁令颁布的结果还需要考虑是否会对公共利益产生不利影响。

二、损害赔偿请求权

民法保护人格权的另一重要方法,是赋予权利人损害赔偿请求权。与人格权请求权不同,除法律特别规定适用无过错责任外,损害赔偿请求权的行使须以损害结果的存在和行为人的过错为要件。

(一)侵害人格权的认定

民事主体向他人主张人格权损害赔偿请求权要符合侵权责任构成的一般要件,即存在侵权行为、产生损害后果、行为人主观有过错、侵权行为与损害后果间存在因果关系。《民法典》人格权编在认定侵害人格权时规定一项新的条款,此条款将指导司法实践中人格权侵害的认定。《民法典》第 998 条规定:"认定行为人承担侵害除生命权、身体权和健康权外的人格权的民事责任,应当考虑行为人和受害人的职业、影响范围、过错程度,以及行为的目的、方式、后果等因素。"该条实际是对物质性人格权与精神性人格权侵权责任区分认定的规定。根据该条规定,认定物质性人格权即生命权、身体权和健康权的侵权责任无须考虑行为人和受害人的职业、影响范围、过错程度以及行为目的、方式、后果等因素,但认定除此之外的精神性人格权则需要考虑上述因素。

具言之,就责任承担与否而言,从行为人与受害人的职业、影响范围来看:(1)从行为人方面看,如果行为人从事的是新闻报道或舆论监督等职业,那么必须要注意协调新闻报道、舆论监督与人格权保护之间的关系,《民法典》第 999 条规定:"为公共利益实施新闻报道、舆论监督等行为的可以合理使用民事主体的姓名、名称、肖像、个人信息等……"(2)从受害人方面看,受害人方面的因素比较复杂。首先,受害人主体种类涵盖所有民事主体。其次,要考虑是否为公众人物及何种类型公众人物。公众人物的姓名权、肖像权等人格权在合理范围内受一定限制,对媒体的适当监督,负有合理的容忍义务。最后,对于某些特定主体,例如未成年人,人格权的保护程度会相对较高,即使是合理使用的新闻报道,如未成年人犯罪新闻的报道,在其中也不得体现能推断出特定未成年人的个人信息。

行为人的过错程度与行为的目的、方式、后果等因素则主要影响责任承担的范围。人格权请求权不以行为人过错和损害后果为行使的要件，只要行为人有危及权利人人格权的，权利人就有权向行为人行使人格权请求权。但是损害赔偿请求权的行使要以行为人的过错为前提，因此行为人主观过错程度越高，越可能构成侵害人格权而承担民事责任，在行为人主观过错程度较低的情况下，要谨慎认定，如未经朋友同意将其邮箱发给其他人，造成朋友被诈骗，此时行为人的主观过错程度较低，是否构成侵害人格权的行为还需谨慎认定。就行为目的而言，假若行为人的行为目的不在于侵犯权利人的人格权，则不能认定构成侵权行为，如行为人检举、控告他人，导致他人的社会评价降低，名誉贬损，一般不构成名誉权侵害。就行为方式而言，如果行为人采取了较为恶劣的行为方式，如暴力侮辱他人，则构成侵权的可能性更大。就行为后果而言，后果越恶劣，造成人格权受侵害程度越高，人格权受保护的强度越大。需要注意的是，上述各要素需要在具体个案中综合衡量，需要考虑比例原则，考虑目的是否妥当、手段是否有助于实现目的、手段的收益与成本的衡量等，针对个案具体分析，避免适用时过于机械和僵化，最终结果要达致案件中侵权人侵权行为与责任认定和后果承担相适应。

（二）赔偿损失

自然人、法人或非法人组织的人身权因不法侵害受到损失时，受害人有权要求行为人赔偿损失，该损失既包括受害人因人身损害而引起的财产上的损失，也包括受害人精神上的损害。

《民法典》第1182条规定了损害赔偿的标准，该条规定："侵害他人人身权益造成财产损失的，按照被侵权人因此受到的损失或者侵权人因此获得的利益赔偿；被侵权人因此受到的损失以及侵权人因此获得的利益难以确定，被侵权人和侵权人就赔偿数额协商不一致，向人民法院提起诉讼的，由人民法院根据实际情况确定赔偿数额。"本条明确侵害他人人身权益造成财产损失的赔偿标准。根据此规定，可知：

第一，按照被侵权人受到的损失赔偿。但是侵害他人物质性人格权和非物质性人格权的损失赔偿不同。前者按照《民法典》第1179条规定赔偿，该条明确："侵害他人造成人身损害的，应当赔偿医疗费、护理费、交通费、营养费、住院伙食补助费等为治疗和康复支出的合理费用，以及因误工减少的收入。造成残疾的，还应当赔偿辅助器具费和残疾赔偿金；造成死亡的，还应当赔偿丧葬费和死亡赔偿金。"对于侵害后者的行为，按照传统理论认为，人格权不具有财产权的性质，因此侵害非物质性人格权不会造成权利人的财产损失，但随着社会经济的发展，一些人格权逐渐商业化，已经具有一定经济利益，应肯定其兼具财产权的性质。因此，当侵权人侵害他人人格权并获得应归属于他人的合法权益时，应肯定被侵权人的损害赔偿请求权。

第二，按照侵权人因此获得的利益赔偿。一些侵害人身权益的行为造成的财产损失难以确定，特别是在侵害名誉权、知识产权等情形下。此时可以基于侵权人因侵权行为而获得的利益确定其损失赔偿额。赋予被侵权人获得赔偿的请求权，侵权人不能因为没有获利或者获利难以计算就不承担赔偿责任。侵害他人人身权益但没有获利或者获利难以计算的情况下，当事人可以就赔偿数额进行协商。

第三，由人民法院根据实际情况确定赔偿额。在双方对于损害赔偿额难以通过前述两种方式确定或者双方对于根据前述两者确定的损害赔偿额有争议时，诉请法院，由法院根据实际情况如侵权人的过错程度、行为方式及后果等因素确定赔偿数额。

除了前述规定的物质损害赔偿外，《民法典》第1183条还规定了精神损害赔偿："侵害自然人人身权益造成严重精神损害的，被侵权人有权请求精神损害赔偿。因故意或者重大过失侵害自然人具有人身意义的特定物造成严重精神损害的，被侵权人有权请求精神损害赔偿。"该条明确了请求精神损害赔偿的条件。

第一,请求精神损害赔偿的主体只能为自然人。此处的自然人既包括被侵权人本身也包括其近亲属,当被侵权人因侵权行为死亡时,其近亲属因为家人的离世当然遭受痛苦,故此处的自然人当然包含了死亡被侵权人的近亲属。《精神损害赔偿司法解释》第 1 条也明确规定,因人身权益或者具有人身意义的特定物受到侵害,自然人或者其近亲属向人民法院提起诉讼请求精神损害赔偿的,人民法院应当依法予以受理。此外,《精神损害赔偿司法解释》第 4 条明确规定,法人或者非法人组织以名誉权、荣誉权、名称权遭受侵害为由,向人民法院起诉请求精神损害赔偿的,人民法院不予支持。换言之,当前司法部门并不认可法人与非法人组织享有要求行为人承担精神损害赔偿的权利。

第二,精神损害赔偿的范围仅限于人身权益不包括财产权益。换言之,财产权益不在精神损害赔偿范围内。

第三,必须要造成严重精神损害才能够赔偿。我们此处所说的精神损害赔偿实际上应该理解为精神抚慰金,因为精神损害赔偿是难以用金钱去量化的。并非只要人身权益受侵害就能够获得精神损害赔偿,被侵权人只是遭受一般的或者轻微的精神损害,无法获得精神损害赔偿金。所谓严重的精神损害必须要严格解释,若超出了社会一般人的容忍限度,可被认定为“严重”。一般情况下,因侵害人身权益造成被侵权人死亡或者残疾的,当然会对被侵权人或其近亲属造成严重精神损害。

第四,因故意或者重大过失侵害自然人具有人身意义的特定物造成严重精神损害的,被侵权人有权请求精神损害赔偿。此处特别注意“具有人身意义的特定物”的范围问题,在实践中主要包括:与近亲属死者相关的纪念物(如遗像、骨灰盒、遗物等);与婚姻相关的纪念物(如录像、照片等);与家族祖先相关的纪念物(如祠堂、族谱等)。以上列举仅是目前实践中出现的几种类型,并非完全列举,只有当侵权人明知是“具有人身意义的特定物”还故意侵害,并造成被侵权人严重精神损害的,才能适用此款规定。

(三)责任竞合下精神损害赔偿请求权

同时,《民法典》第 996 条规定:“因当事人一方的违约行为,损害对方人格权并造成严重精神损害,受损害方选择请求其承担违约责任的,不影响受损害方请求精神损害赔偿。”根据该条可知因违约行为造成合同一方当事人人格权受到侵害,当事人在主张违约责任的同时可以请求精神损害赔偿。在侵害人格权的情形中,经常会产生违约责任与侵权责任的竞合,受害人因此遭受严重的精神损害。例如,在旅游合同中,旅客身体受到伤害的同时精神也受到严重伤害;再如,受害人购买的照明产品爆炸,造成受害人毁容的结果,这既侵害了受害人的健康权也造成受害人精神上的严重损害。

《民法典》第 186 条规定:“因当事人一方的违约行为,损害对方人身权益、财产权益的,受损害方有权选择请求其承担违约责任或者侵权责任。”在实践中,一般认为违约责任不包含精神损害赔偿,当事人无论选择对方承担违约责任还是侵权责任,均不利于保护受损的人格权。但是损害赔偿的目的在于填补损害,损害既包括物质性损害也包括精神损害,在同一行为既造成物质损害又造成精神损害的情况下,当事人仅能选择其中一项获得补偿,不利于当事人权益的保护。因此,《民法典》第 996 条关于违约精神损害赔偿的规定就是对第 186 条的补充完善也充分体现我国关于人格权保护制度的完善。

综上所述,违约精神损害赔偿请求权的适用应有以下条件:(1)适用的前提是损害人格权的违约责任和侵权责任竞合;(2)因当事人一方的违约行为损害对方自然人的人格权并造成严重精神损害。这意味着损害的必须是自然人的人格权且给自然人造成严重精神损害,精神损害与违约行为之间存在因果关系。(3)受损害方选择请求违约方承担违约责任。受损害方如果仅要求对方承担侵权责任的话,则适用的法条为《民法典》第1183条第1款规定。适用《民法典》第996条,则是请求对方承担违约责任的同时请求其承担精神损害赔偿责任。

三、死者人格利益的保护

《民法典》第994条规定:"死者的姓名、肖像、名誉、荣誉、隐私、遗体等受到侵害的,其配偶、子女、父母有权依法请求行为人承担民事责任;死者没有配偶、子女且父母已经死亡的,其他近亲属有权依法请求行为人承担民事责任。"本条是关于死者人格利益保护的立法规定。保护死者的人格利益,一方面是社会主义核心价值观在民法中的体现,有助于维护良好风尚,树立文明价值观,促进社会进步;另一方面有助于抚慰死者近亲属,维护其正当权益。

《民法典》此次于人格权编对死者人格利益的保护作出了明确规定,为死者人格利益保护提供了明确的规范依据。根据该条规定,死者人格利益保护适用的前提是:(1)被侵害者必须已经死亡;(2)死者的姓名、肖像、名誉、荣誉、隐私、遗体等受到侵害。《精神损害赔偿司法解释》第3条在《民法典》第994条列举的侵害死者人格利益的种类的基础上,将死者的"遗骨"也列为受保护的死者人格利益。该解释明确规定:"死者的姓名、肖像、名誉、荣誉、隐私、遗体、遗骨等受到侵害,其近亲属向人民法院提起诉讼请求精神损害赔偿的,人民法院应当依法予以支持。"

侵害死者人格权益的法律后果是:(1)近亲属有权依法请求行为人承担民事责任。就近亲属范围而言,《民法典》第1045条第2款对近亲属的范围予以明确规定,配偶、父母、子女、兄弟姐妹、祖父母、外祖父母、孙子女、外孙子女为近亲属,而且近亲属要依法提出请求权,这要求近亲属请求行为人承担民事责任要符合法律规定;(2)近亲属提出请求有顺位的限制,配偶、子女、父母为第一顺位,若存在第一顺位的近亲属,则由其提出请求,若无第一顺位的近亲属,则由其他近亲属提出。还需要注意的是,《民法典》第185条规定了特殊死者的人格利益保护,即对英雄烈士的人格利益保护。

问题与思考

死者人格利益保护条款中,就死者的配偶、子女和父母在内的近亲属是以自己的名义还是以死者的名义向法院主张侵权请求权的问题尚未明定,理论上有两种可能性:(1)死者的近亲属以死者的名义起诉。此种理论认为,死者仍然享有人格权,他们生前享有的人格权并不会因为其死亡而消灭,这就是死者仍然享有人格权的理论。但该理论与民法上的代理制度相冲突,因为,根据代理制度的相关规定,一般情况下,被代理人死亡的,委托代理即终止。(2)死者的近亲属以自己的名义起诉。此种理论认为,一旦自然人死亡,他们生前享有的财产权和非财产权均能够作为遗产转移给自己继承人继承,这就是道德权利的可继承性、可转移性理论。因此,作为一种非财产权,自然人生前享有的人格权也具有可继承性、可转移性,一旦他们死亡,他们生前的人格权就会作为遗产转移给自己的继承人继承,在行为人侵犯死者的人格特征时,死者的继承人当然有权以自己的名义向法院起诉,要求行为人对自己承担侵权责任。

拓展阅读推荐

1. 王泽鉴:《人格权法:法释义学、比较法、案例研究》,北京大学出版社 2013 年版。
2. 王利明、程啸:《中国民法典释评》(人格权编),中国人民大学出版社 2020 年版。
3. 黄薇主编:《中华人民共和国民法典人格权编解读》,中国法制出版社 2020 年版。
4. 张翔:《民法人格权规范的宪法意涵》,载《法制与社会发展》2020 年第 4 期。

第十一章　一般人格权

学习要点

- 一般人格权概述
- 一般人格权内容与适用

第一节　一般人格权概述

一、一般人格权的诞生

一般人格权理论创立于德国。起初《德国民法典》关于人格权的规定仅有两个条文:(1)第12条姓名权;(2)第823第1款〔1〕中的生命、身体、健康、自由四项人格法益。但这对人格权的保护显然不足。1898年,德国著名政治家俾斯麦离世。两名记者潜入俾斯麦子女家中偷拍了俾斯麦的遗照,准备高价出售牟利。俾斯麦的子女得知此事后,立即请求法院判令被告返还照片并销毁底片。由于德国民法上并未有"肖像权"这一人格权,故而帝国法院只能避开是否侵害人格权的问题,以被告不法侵入他人住宅拍摄照片构成《德国民法典》第817条第1句规定的"违反法律和善良风俗的不当得利"为由,判令被告负返还义务。这起案件被称为"俾斯麦照片案件",该案件充分暴露了法典中关于人格权保护捉襟见肘的窘迫局面。直到第二次世界大战之后,联邦德国颁布《德国基本法》,该法第1条、第2条〔2〕明确将人格尊严和人格自由发展作为最高的法律原则与价值。与此同时,人们日渐认识到,"法律制度不仅要考虑人对其身体的自我保护的利益,而且还要考虑精神和心灵领域中最重要的基本需求"。〔3〕1954年德国发生一起著名的案件——"读者来信案",该案中被告在出版的周刊上刊文,对原告新设立的银行提出批评。原告律师以原告名义向被告致函,要求被告更正文章中不实之处,结果被告未作答复,并且将原告律师致函进行删改后刊登在周刊的"读者来信"一栏。原告认为被告的行为对读者造成误导,让人误以为原告所发律师函仅是简单表达不同意见的读者来信,故以人格权受侵害为由诉至法院。联邦最高法院审理该案时,以《德国基本法》第1条、第2条为依据,发展出了"一般人格权",并将之作为《德国民法典》第823条第1款中的"其他权利"加以保护。自此一来,一般人格权在德

---

〔1〕《德国民法典》第823条第1款规定:"因故意或过失不法侵害他人生命、身体、健康、自由、所有权或者其他权利者,对被害人负有损害赔偿的义务。"

〔2〕《德国基本法》第1条:人之尊严不可侵犯,尊重及保护此项尊严为所有国家机关之义务。因此,德意志人民承认不可侵犯与不可让与之人权。为一切人类社会以及世界和平与正义之基础。下列基本权利拘束立法、行政及司法而为直接有效之权利。第2条:人人有自由发展其人格之权利,但以不侵害他人之权利或不违反宪政秩序或道德规范者为限。人人有生命与身体之不可侵犯权。个人之自由不可侵犯。此等权利唯根据法律始得干预之。

〔3〕[德]迪特尔·施瓦布:《民法导论》,郑冲译,法律出版社2006年版,第209页。

国产生并被德国的法院广泛地运用,对许多法律中没有明确规定为具体人格权的人格利益进行保护。

二、一般人格权的概念与特征

(一)一般人格权的概念

一般人格权通常被认为是相对具体人格权而言的,自然人所享有的以人格尊严、人身自由为内容的,以一般人格利益为客体的人格权,是具有高度概括性的人格利益的集合体。我国《民法典》第109条以及第990条第2款被认为是我国关于一般人格权的规定。第109条规定,自然人的人身自由、人格尊严受法律保护。第990条第2款规定,除前款规定的人格权外,自然人享有基于人身自由、人格尊严产生的其他人格权益。根据第990条第2款的规定,仅自然人享有一般人格权,并且自然人享有的一般人格权可以基于两种渊源而产生:(1)基于"人身自由"而产生的一般人格权。在制定法没有规定的情况下,如果法官认为应当对他人主张的某种人格构成要素提供保护,他们可以基于"人身自由"的理念对他人主张的此种人格构成要素予以保护。(2)基于"人格尊严"而产生的一般人格权。在制定法没有规定的情况下,如果法官认为应当对他人主张的某种人格构成要素提供保护,他们可以基于"人格尊严"的理念对他人主张的此种人格构成要素予以保护。

(二)一般人格权的特征

相对于具体人格权而言,一般人格权具有如下特征:

第一,一般人格权的主体为自然人。我国《民法典》明确规定,只有自然人才能够享有基于人身自由及人格尊严产生的除具体人格权以外的其他人格权益。因此,相对于具体人格权的权利主体为自然人、法人和非法人组织以外,我国规定的一般人格权的主体为自然人。究其原因主要在于,我国一般人格权的价值指引为《宪法》中公民的人身自由及人格尊严,而对于法人和非法人组织而言,其无法基于《宪法》而享有人身自由和人格尊严。

第二,一般人格权的内容具有抽象性。相较于具体人格权以某一具体人格要素作为权利客体且有明确的权利内容而言,一般人格权无明确具体的人格要素,其内容是在人身自由或人格尊严价值指引之下所能涵盖的一般人格利益。一般人格权需要法官在个案中通过解释予以补充。一般人格权可以包括各种人格利益,但不包括已经为法律确定的具体人格权的利益。正是由于一般人格权内容的抽象性,其涵盖范围较为广泛。但这并不意味着一般人格权没有范围限定。例如,我们享有人身自由,但对自由的保护应充分考虑社会的现实情况,不允许个人享有脱离社会实际条件的自由。

第三,受保护的程度不同。具体人格权因法律有明文规定其类型、保护对象、内容等,因此对于侵害具体人格权的行为方式可直接根据法律进行判断。但就一般人格权而言,一方面,其是法律保护的在人身自由、人格尊严价值指引下产生的人格利益,这些人格利益在个案中并非必须受保护;另一方面,不同的法律价值之间需要协调,没有一个统一的价值标准,因此在判断是否构成侵害一般人格权时,需要在以比例原则为引导的利益权衡下对个案进行详细判断,才能最终判定是否构成对一般人格权的侵害。

第四,一般人格权具有兜底性。从前文一般人格权的诞生历史看来,一般人格权产生的原因在于《德国民法典》中有限的人格权列举无法满足人格权保护的需求,因而,法院有必要以判例的方式发展一般人格权以保护法典未列举的人格权益。社会在不断发展变化,法律无法穷尽具体人格权的类型,类型化的具体人格权总是不周延的,因而需要通过一般人格权的设定形成兜底条款,为人格权权益提供较为充足的保护。

三、一般人格权的实质与功能

(一)一般人格权的实质

对一般人格权实质进行探析要回归到其创设国德国。德国侵权法出于保护行为自由、限制侵权责任的考虑,采取的是封闭列举式的侵权行为结构。《德国民法典》规定了三个小概括条款,侵害第 823 条第 1 款中“生命、身体、健康、自由、所有权、其他权利”需要以过错为要件,侵害其他对象则以第 823 条第 2 款“违反保护他人的法规”或第 826 条“故意违反善良风俗加害于他人”为要件。从该法典的表述看,“其他权利”的内涵和外延是模糊的。“该概念单纯从语言上说是非常模糊和宽泛的,但它实际上需要限缩解释……因为如果人们把一切受法律保护的利益都作为‘其他权利’来理解,则(其他权利)与生命、健康和所有权这些已被命名的法益和权利的相似性就会丧失,这与民法典第 823 条以下的体系是不相容的。”[4]

德国学者对“其他权利”提出了“归属效能”“排除效能”“社会典型公开性”三项判断标准,即一项保护客体必须具备清晰确定的利益内容、必须能够排除一切他人之非法干涉、必须能够让社会一般主体有识别保护客体的一般可能性。德国通说认为满足以上标准的其他权利,包括限制物权、期待权、先占权、占有、无形财产权等。而一般人格权没有确定的内涵与外延,不能满足这三项标准。因为一般人格权不具备清晰确定的利益内容,也不能排除一切他人的非法干涉,无法让社会一般主体有识别保护客体的一般可能性。以“贞操权”为例,通过比较所有权与贞操权(或“性决定权”等)可发现,贞操权的客体存在明显的识别困难,它究竟是某种人身还是精神范畴,或者是二者的特定结合,在不同历史时期、不同地区、不同阶层中,社会公众的认识莫衷一是,远谈不上客体清晰、“毫不含糊”地归属权利人,更谈不上为排除干涉而对侵权人的一般化的警示功能,以及面向义务人利益边界的“文化与社会共识”,从而致使其无法纳入权利范围。[5] 事实上,德国法官在运用一般人格权时也只能通过判例总结典型的应受保护的人格法益,并且在具体的案件中只能通过利益衡量的个案判断方法来确定应受保护的人格法益。综上所述,一般人格权本身并不属于“其他权利”的范畴,一般人格权虽名为权利,实质应为法益。

(二)一般人格权的功能

“采纳一般人格权,就意味着人格性质的法益的民法保护非常严密、全面,不会存在因为法律滞后于社会的发展而出现的法律漏洞。”[6]一般人格权不是一个权利,而是一个功能性的概念,“就是按其期待功能界定其意涵的概念”,[7]是为了给法官一个解释、创造、补充的依据,对生活中可能出现的新型人格法益提供升格性保护。通过第 990 条第 2 款,我们亦能从中发现一般人格权创造、补充解释具体人格权的功能。(1)一般人格权为法律尚未类型化为具体人格权却又基于人身自由、人格尊严产生的其他人格权益提供了法律保护的基础和条件。立法者据此可以对尚未立法明确的人格权益进行权衡救济,充分实现以人为本的法治要求。法律之所以要将

---

〔4〕 于飞:《侵权法中权利与利益的区分方法》,载《法学研究》2011 年第 4 期。

〔5〕 张力:《权利、法益区分保护及其在民法总则中的体现——评〈民法总则(草案)〉第五章》,载《河南社会科学》2016 年第 11 期。

〔6〕 王利明:《试论人格权的新发展》,载《法商研究》2006 年第 5 期。

〔7〕 黄茂荣:《法学方法与现代民法》(第 5 版),法律出版社 2007 年版,第 621 页。

具体人格权以外的某些人格利益上升为一般人格权,就是希望通过一般人格权的设定形成兜底条款,为受法律保护的新型人格利益上升为独立的权利形态提供充分的空间,并经法官的公平裁量使之类型化,将其上升为法律保护的权利,形成一种开放的人格权体系,不断扩大人格权保护的范围。[8] (2)补充功能。随着社会发展,人们对于人格权保护的需求日益强烈,人格权的类型会逐步增加,具体的人格权列举方式势必会造成人格权保护的漏洞。游离于既有的具体人格权以外的人格利益不乏存在。而当该人格利益受到侵害时,便需要发挥一般人格权的补充功能,弥补法律对其保护的不足。一般人格权实际上是对基于人格而发生的全部利益从整体上进行保护,在遇有具体人格权保护不足时,自然可以借助作为总括性权利的一般人格权加以弥补。

此外,一般人格权是宪法规范具体化的典型体现,具有承接宪法基本价值取向的功能。宪法是国家的根本大法,是法律法规的源头和统领。我国《宪法》确立了保障公民人身权利的原则,具体条文涉及《宪法》第33条第3款、第37条至第40条。《宪法》的这些规定强调的是国家对公民基本权利的保障义务,约束的义务主体主要是公权力机构。但《宪法》的这些规定不仅调整国家和公民之间的关系,其作为客观价值秩序,对于平等主体之间的私法关系也具有重要的价值指引作用。但宪法规范不能直接适用于私人之间的法律关系,只能通过其所体现的人权价值影响私法的解释和适用。《宪法》第38条明确,公民的人格尊严不受侵犯。据前所述,宪法虽然对人格尊严进行保护,但其规则往往是粗线条的,具有高度抽象性,宪法确认的保护人格尊严的原则必须通过民法具体予以落实。《民法典》开宗明义宣告,"根据宪法,制定本法",并规定人格尊严条款,这实际上是对《宪法》"人格尊严"保护规则的一种具体化,具有承接宪法规则的意义。

问题与思考

国内学者对一般人格权概念始终有质疑之声。如有学者认为:"一般人格权的标的为自然人的全部人格利益,其产生的原因和存在的必要性在于民法典缺少人格保护的一般性条款,故其并非对特别人格权及其他应受保护的人格利益的抽象概括。在我国民法典设置人格权保护一般条款的条件下,应当废除一般人格权的概念。"又如,有学者认为:"中国民法理论关于一般人格权的种种立法构想,在很大程度上建立在对这一概念的错误理解的基础之上。"一般人格权在德国产生有其深刻的理论背景,当时德国关于人格权的保护捉襟见肘,急需通过引入一般人格权概念进行扩充,但是在我国并没有一般人格权概念产生的语境和渊源,因此,应当深入分析一般人格权概念的存在是否合理。一般人格权这个概念,并不具有权利这一概念通常所具有的规范性的内涵,而只是一个描述性的指称:它被叫作权利,但实际上并不被当作权利来对待。另外,在外延上,一般人格权的概念与具体人格权、人格权等概念也存在着逻辑上的矛盾之处。

第二节 一般人格权的内容与适用

一、一般人格权的内容

根据《民法典》第109条以及第990条第2款的规定,一般人格权的内容包含两方面:一是人

[8] 薛军:《人格权的两种基本理论模式与中国人格权立法》,载《法商研究》2004年第4期。

身自由;二是人格尊严。

（一）人身自由

一般人格权中的人身自由不能单纯从文义上理解为个体身体活动的自由,根据《民法典》关于身体权的规定,身体活动的自由属于身体权内容之一,这是一种具体人格权。因此,在理解一般人格权中的人身自由时需从广义的角度出发,将人身自由理解为一种经高度概括与抽象的人格不受约束与控制、可自我决定的状态。人身自由包含以下几方面的内容:

第一,保持人身自由。即民事主体对人身自由享有自主决定的权利,排除他人的不当干涉。民事主体只有保持自己的人身自由,才能使其成为主体。人身自由是民事主体自主参与社会生活、享有与行使权利的前提和基础。此处的自主决定也非通常意义上理解的自主决定,而是指可包含在人格自由中的人格利益。例如,《民法典》所规定的婚姻自主是对婚姻利益的一种自主决定。再如,德国基于一般人格权理论发展出的对个人信息提供保护的"信息自决权"。

第二,发展人身的自由。人身自由是民事主体与生俱来的资格,民事主体在参与社会生活的过程中,能够通过各种方式不断发展完善自己的人格,从而令自身更为完善,参与社会活动更加自如。发展人身自由体现在方方面面,比如财产权方面,确保个人依财产的存续状态行使其自由使用、收益及处分的权能,并免受公权力或第三人之侵害;又如,契约自由方面,基于个人的人格发展自由,个人得自由决定其生活资源的使用、收益及处分,因而得自由与他人交换生活资源;再如婚姻方面,婚姻根植于人格自由,同时因其具有维护伦理秩序、男女平等、养育子女等社会性功能,国家为确保婚姻制度之存续与圆满,故而制定相关规范,约束夫妻双方互负忠诚义务。

（二）人格尊严

人格尊严的概念历经了长久的演变。中国古代"以人为本"的思想即富有人格尊严的意涵。在西方人格尊严经由自然法思想而成为最高价值并以不同的形式或用语规定于各国宪法及各种人权宣言之中。人格尊严是一种历史性发展的概念同时也是极为抽象的概念,人格尊严是指民事主体作为一个"人"所应有的最起码的社会地位,并且应受到社会和他人最起码的尊重。换言之,所谓人格尊严,即把人真正当成"人",不以人为一种客体、工具或手段,即待人之道,无论对自己或对他人,绝对不可把人当手段,要永远把人当目的。[9]

人格尊严与人身自由不同。人身自由注重人的主观状态,而人格尊严则是主观认识与客观评价的结合。首先,就主观认识而言,人格尊严是个体对自身价值的认识。其是个体基于自己所处的社会环境,所拥有的地位、声望等各种客观条件而对自身价值和社会价值的认识。其次,就客观评价而言,人格尊严是指社会和他人对于个人最基本的尊重。在社会群体中生存的人,不仅要活着更要有尊严地生活。人格尊严的这种客观评价与具备褒贬评价的名誉不同,是对人之为人最起码的资格评定,是对人的最起码的尊重。是故无论人的社会地位、家庭情况等有何种不同,对其尊严的评价应无差别。最后,人格尊严既包括自我认识的主观因素,也包括社会和他人评价的客观因素,这两种因素结合在一起,才构成完整的人格尊严。

二、一般人格权的适用

一般人格权具有开放性,发挥着保护人格权的兜底条款的作用。法律上设置一般人格权的重要原因就在于使其适应社会中保护新型人格权益的需要。根据《民法典》第990条第2款的内

〔9〕 王泽鉴:《人格权法:法释义学、比较法、案例研究》,北京大学出版社2013年版,第65页。

容,可知当新型的人格权益产生后,需要以人格尊严和人身自由等基本价值判断其是否构成法律所保护的人格利益。由于一般人格权是一种抽象的高度概括的利益集合体,这就留给法官大量自由裁量的空间,假若不对一般人格权的认定加以限制,可能使得一些不应受到人格权保护的利益受到保护,极可能会造成"权利的泛化"与过度的保护。

一般人格权的认定需要满足以下条件:

第一,只有自然人的人格利益才能通过一般人格权予以保护。我国《民法典》规定的一般人格权的价值基础在于《宪法》中规定的公民的人格尊严与人身自由的基本权利,法人和非法人组织并不具备此项基本权利。法人与非法人组织享有的人格权相对固定,为《民法典》规定的名称权、名誉权、荣誉权,无须开放性的人格权益保护,同时《精神损害赔偿司法解释》第4条规定,法人或者非法人组织以名誉权、荣誉权、名称权遭受侵害为由,向人民法院起诉请求精神损害赔偿的,人民法院不予支持。

第二,必须发生了侵害人格利益的行为,且该人格利益穷尽法律适用方法也无法囊括进具体人格权范围。一方面,法律有具体条款规定,必须先适用具体规定,只有在穷尽了具体条款之后,才能用一般条款进行裁判。否则,就会出现"向一般条款逃逸"的趋势。据此,一般人格权只有在无具体人格权规定时才有适用余地。另一方面,被侵犯的人格利益在穷尽法律适用方法后也无法纳入具体人格权时,才能适用一般人格权。我国1986年的《民法通则》没有关于一般人格权保护的规定,因而在司法实践中出现侵害权利主体非属具体人格权的人格利益时,法院通常通过类推适用的方法提供保护。但类推适用会给予法官较大自由裁量权,极易引发法律适用的不安定性。此外,某些新型的人格利益往往可能与具体人格权内容的涵盖范围不符,采类推适用具体人格权的规则,难免会造成保护上的不周延。因此,对法律尚未规定为权利的具体人格利益,采取类推方式保护的方法是不足取的。

第三,被侵犯的人格利益必须基于人身自由、人格尊严而产生。人身自由是权利主体参与民事活动的前提条件,人格尊严是人之为人的基本条件,是宪法赋予公民的基本权利。是故判断新型人格利益是否需要进行司法保护时应以此为标准,但并非基于人身自由、人格尊严产生的人格利益均为法律保护的一般人格权。人身自由与人格尊严必须与其他价值协调,必须在个案中对所涉人格利益进行充分价值判断。具言之,法官应当首先准确判断是否存在一般人格权遭受侵害的情形。换言之,法官需要在个案中根据具体案件事实,并在衡量各种应受法律保护的利益和价值基础上作出判断。为此,《民法典》第998条可提供一般性的指引,即认定行为人承担侵害除生命权、身体权和健康权外的人格权的民事责任,应当考虑行为人和受害人的职业、影响范围、过错程度,以及行为的目的、方式、后果等因素。同时,法官应当根据一般社会公众的看法、传统伦理道德等多种因素考量,权利主体所遭受的人格利益的侵害是否符合一般人格权的价值。

第四,行为人需要违反保护性规定或故意违反善良风俗。前文关于一般人格权的实质部分已经明确,一般人格权名为权利实为法益。学界通说认为权利与法益应当区分保护,区分保护具体表现在认定侵害权利与法益构成要件方面的差异。认定侵害权利时只要行为人主观上具有过错,即主观上存在故意或过失;由于法益不像权利那样客体确定且边界相对清晰,因此很难对法益划定统一的判断标准。这需要由法官在司法实践中发掘,认定侵害法律规定的有名权利外的受法律保护的法益所依据的标准需借鉴《德国民法典》第823条第2款或第826条的规定,即行为人需违反保护性法律规定或行为人主观上故意且采取违背公序良俗的行为。在前者无法对诉争利益的保护性规定予以证明的情况下,后者是该利益上升为法益的最后证明手段。

此处要特别注意"违反保护性规定"这一适用条件。"违反保护性规定"的侵权责任条款被称为"转介条款","转介条款是立法者在抽象确定侵权责任如过错一般条款的前提下,考虑到社会生活的变迁尤其是行政管制社会的来临,在符合形式侵权法中一般原则的前提下,立法者概括保留了从保护他人法律中引入裁判因素的可能性的条款"。[10] 简言之,此类条款是沟通公法与私法领域规范的渠道,裁判者借由前者的禁止性规范,对可能涉及的民事侵权的行为进行规制。由于此类"转介条款"是将侵权法领域外的规范导入侵权法规制范围,因此在适用时需防止侵权法保护范围的无限扩张。若任何为防范抽象危险发生而设置的禁止性规范均可作为保护性法律法规的话,那么势必会造成侵权法适用范围的无限扩大,对人们生活产生不必要的约束。[11] 虽然保护性法律原则上应为广义范围的法律,包括立法机关制定的法律、行政法规、地方性法规等,但在具体适用时,需要对保护性规范进行分析,要明确某些反射利益[12]受损的情形并不属于违反保护性法律规定的范围。故而在判断保护性法律范围时,我们应该遵循一定的判断标准,美国与德国遵循两条标准:(1)考察受侵害人是否属于某部法律旨在保护的群体范围;(2)受侵害人被侵害的利益或者所遭受的损害是否属于该法律所要保护的内容或旨在避免的侵害。

问题与思考

通说认为一般人格权的内容包含人格独立、人格自由、人格尊严。《民法典》第 109 条以及第 990 条第 2 款明确一般人格权的内容包含人身自由与人格尊严。这可能与《民法典》根据《宪法》制定实施有关,《宪法》中有关条文的表述即为人身自由与人格尊严。但是在民法范畴内,人身自由通常被认为是一种具体的人格权,即权利主体对身体自由的控制。在《民法典》已然将"人身自由"作为一般人格权内容的当下,本书认为需要对一般人格权中的"人身自由"进行扩大解释。

拓展阅读推荐

1. 于飞:《侵权法中权利与利益的区分方法》,载《法学研究》2011 年第 4 期。
2. 张力:《权利、法益区分保护及其在民法总则中的体现——评〈民法总则(草案)〉第五章》,载《河南社会科学》2016 年第 11 期。
3. 王利明:《人格权法》(第三版),中国人民大学出版社 2021 年版。
4. 朱晓峰:《民法一般人格权的价值基础与表达方式》,载《比较法研究》2019 年第 2 期。
5. 王锴:《论宪法上的一般人格权及其对民法的影响》,载《中国法学》2017 年第 3 期。

[10] 王洪、张伟:《违反保护他人法律的侵权责任研究——以绝对权和利益的区分保护为重点》,载《求索》2017 年第 9 期。

[11] 朱岩:《违反保护他人法律的过错责任》,载《法学研究》2011 年第 2 期。

[12] 反射性利益,指的是当法律完全为了实现公共利益,而不是以保护特定个人的利益为目的时,该法实施给私人带来的利益,即为反射性利益。反射性利益受到侵害,公民个人无权以此为由请求法律救济。举例而言,某地方政府为提升群众的生活质量,出台规章表明,行政区域内公园免收门票,该规章一经出台,游园的不特定多数群众为受益者。后来政府取消该规章实施,重新发布规章规定各大公园再次开始收门票。从免费游园到重新收费,必然会造成群众利益受损。这部分受损的利益,就称为"反射性利益"。此种反射性利益受损,个体不能提起法律救济。

第十二章　具体人格权

学习要点

- 生命权、身体权与健康权
- 姓名权、名称权与肖像权
- 名誉权与荣誉权
- 隐私权与个人信息保护

第一节　生命权、身体权与健康权

1986年的《民法通则》于第98条规定:“公民享有生命健康权。”通说认为,“生命健康权”是生命权、健康权和身体权的统称,后来的司法解释也遵循了通说的立场,在诸多司法解释中将均将生命权、健康权和身体权并列。2009年《侵权责任法》的第2条明确规定了生命权和健康权,但并未规定身体权。2017年《民法总则》第110条完整规定了生命权、身体权和健康权。2020年《民法典》于总则编以及人格权编再次明确规定生命权、身体权与健康权。

一、生命权

(一)生命权的概念与特征

1.生命权的概念

《民法典》第1002条规定:“自然人享有生命权。自然人的生命安全和生命尊严受法律保护。任何组织或者个人不得侵害他人的生命权。”生命权是自然人最为重要的人格权益。首先,自然人的民事权利能力始于出生、终于死亡,因此生命是自然人具有民事权利能力的基础;其次,自然人的生命一旦丧失,无任何挽回的可能性,因此生命具有不可替代性;最后,对于社会而言,自然人的生命具有重要意义,社会的发展进步离不开自然人的改造。综上所述,生命是对于自然人最为重要的人格利益,是自然人作为民事主体的前提和基础,不容侵犯与剥夺。所谓生命权就是指自然人享有的维持其生命安全和生命尊严为内容的权利。

2.生命权的特征

第一,生命权具有至高无上性。生命权是其他各项人格权的基础,其他人格权均以生命权的存在为前提,因此生命权是所有人格权中最为重要的权利,当生命权与其他权利发生冲突时,应当优先保护生命权。

第二,生命权不可克减。权利的可克减性指的是权利在一定情况下受到限制,甚至在特定情况下可以剥夺权利人的权利。生命权作为自然人最基本的权利,不可任意剥夺,不受非法限制。

第三,生命权具有平等性。此处的平等指的是任何自然人均无差别的享有生命权,且受法律平等保护。

第四,生命权的救济方式较为特殊。生命权一旦受到侵害,法律救济的唯一功能在于使权利主体的亲属获得财产上的补偿和精神上的抚慰。

(二)生命权的内容

第一,生命安全维护权。生命权为享受生命安全人格利益的权利。[1] 其是指不受他人妨害,排除他人对生命造成的危险状态。生命权只有在生命安全受到威胁或处于危险状态时才能行使。自然人享有向负有救助义务的个人或组织请求救助和保护的权利,对此《民法典》第1005条规定:"自然人的生命权、身体权、健康权受到侵害或者处于其他危难情形的,负有法定救助义务的组织或者个人应当及时施救。"

第二,生命尊严。《民法典》于1002条规定的生命权明确生命权除安全维护权以外还包含生命尊严受法律保护。生命尊严既可以解释为有尊严地活着也可解释为有尊严地死去。这不仅意味着一个人在生命受到威胁的时候有权受到法律的保护,同样也意味着他在生命质量非常低下的时候,有权按照自己的意愿有尊严地离开。[2] 而有尊严地死去则与生命利益支配权密切相关。关于生命利益支配权是否为生命权的内容,学界一直存在争议。肯定说认为,应当承认权利人享有有限的支配权,如果否认生命利益支配权,将使生命权的内容不完整,也无法解释现代社会中的献身和安乐死问题。[3] 否定说认为,如果生命权是一种支配权,那么个人可以随意处分自己的生命,这实际上意味着承认个人有自杀的权利,生命权虽然具有不可侵害性,但不具有支配性。[4] 我们认为,《民法典》在生命权中规定生命尊严则提供了从尊严的角度解释自杀、献身和安乐死问题的可能性。当已无生的可能之时,生命安全维护的价值荡然无存,与其痛苦地逝去,不如无痛地、有尊严地走向死亡,此时,生命尊严与生命安全虽看似矛盾实则内在统一。正因如此,民法学者多认为,《民法典》第1002条可为(消极)安乐死提供正当化依据。[5]

二、身体权

(一)身体权的概念与特征

1. 身体权的概念

《民法典》第1003条规定:"自然人享有身体权。自然人的身体完整和行动自由受法律保护。任何组织或者个人不得侵害他人的身体权。"身体是生命的载体,是自然人得以产生和存续的前提条件。所谓身体权是指自然人享有的以身体完整和行动自由受法律保护为内容的权利,其是自然人维护其身体完整并支配其肢体、器官和其他组织的权利。

2. 身体权的特征

第一,身体权主体特定即其是自然人享有的一项独立的人格权。身体权的权利主体只能是自然人,而不能是法人或非法人组织。同时,身体权是一项独立的人格权。尽管身体权与健康权

---

〔1〕 史尚宽:《债法总论》,中国政法大学出版社2000年版,第146页。

〔2〕 马俊驹:《人格和人格权理论讲稿》,法律出版社2009年版,第251页。

〔3〕 杨立新:《人身权法论》(第3版),人民法院出版社2006年版,第392~394页。

〔4〕 陈民:《论人格权》,载《法律评论》第28卷第9期(1962年)。

〔5〕 石佳友:《人格权立法的进步与局限——评〈民法典人格权编草案(三审稿)〉》,载《清华法学》2019年第5期;杨立新:《人格权编草案二审稿的最新进展及存在的问题》,载《河南社会科学》2019年第7期。

密切关联,但侵害了身体未必就侵害了健康,如未经他人同意剪人毛发,这构不成对他人健康权的侵害,但会侵害他人身体权,因而身体权有独立存在的必要。

第二,身体权的客体是自然人的身体及其利益。身体是指一个自然人的生理组织的整体,它包括肢体、器官和其他组织等主体部分,以及毛发、指甲等附属部分。身体组织的破坏,不以被害人感觉肉体的痛苦为必要。因此,切去他人发须指甲,割取他人赘肉,均构成身体权侵权。[6] 身体具有完整性,破坏了完整性,就侵害了身体权。

第三,身体权具有有限支配性,即自然人对自己身体的组成部分享有支配权。随着现代医学技术的发展,人体组织和器官的移植获得成功,使人们可以支配自己身体的组织或者器官,而不影响人的生存。

(二)身体权的内容

第一,保持身体完整。身体是自然人享有法律人格的物质基础,也是其生命存续的基础。所以,保持身体的完整性在身体权中最为重要。任何破坏自然人身体完整性的行为,均构成对自然人身体权的侵害。身体完整性主要表现为三方面:(1)保持身体组织的完整性;(2)支配其身体组织;(3)保护身体不受他人非法侵犯。

第二,对自己身体组成部分的肢体、器官和其他组织的支配权。传统理论认为身体完整性不得破坏,不得将身体的组成部分转让。随着科学技术的发展和伦理观念的进化,自然人有权决定将自己身体的器官、肢体、血液等捐献给科研、教学、医疗机构或者他人。这体现了自然人对其身体组成部分的支配权。若违背自然人的意愿,强行索取、强行使用其身体组成部分,则构成对其身体权的侵害。《民法典》第1006条及第1007条分别从正反两面对人体组织及人体器官等捐献作出规定。第1006条规定的主要内容包括:(1)自然人享有捐献或者不捐献人体细胞、人体组织、人体器官和遗体的自主决定权;(2)人体捐献的意愿必须合法真实,任何组织或者个人不得强迫、欺骗、利诱捐献;(3)完全民事行为能力人才有权依法自主决定人体捐赠;(4)完全民事行为能力人依据前款规定同意捐赠的,应当采取书面形式,也可以订立遗嘱;(5)自然人生前未表示不同意捐献的,该自然人死亡后,其配偶、成年子女、父母可以共同决定捐献,决定捐献也应当采取书面形式。第1007条实际上是对第1006条中人体无偿捐献原则的重申。第1007条第1款规定:"禁止以任何形式买卖人体细胞、人体组织、人体器官、遗体。"这从反面重申了人体捐献无偿原则,第2款更是进一步明确此类买卖行为无效。

第三,自然人行动自由的权利。《民法典》第1003条于身体权中明确自然人的行动自由受法律保护。该条的规定实际使得身体权包括了原本意义上的身体权和人身自由权。学界通说并未将自然人行动自由作为身体权的内容,但在目前《民法典》已经明文规定的情况下,可以将身体权解释为广义身体权和狭义身体权,前者包含身体自由的人身自由权,后者仅指以维护自然人身体完整为内容的人格权。《民法典》第1011条明确规定:"以非法拘禁等方式剥夺、限制他人的行动自由,或者非法搜查他人身体的,受害人有权依法请求行为人承担民事责任。"根据此规定可知对于身体活动自由的侵害,主要体现在以非法拘禁等方式限制或剥夺他人行动自由或非法搜查他人身体等。但并非所有对身体自由的侵害均需承担民事责任,其他法律明确规定的情形下,民事主体可在法律规定范围内对他人身体自由予以限制,如对触犯刑法的精神病人进行强制医疗。

---

〔6〕 史尚宽:《债法总论》,中国政法大学出版社2000年版,第148页。

三、健康权

（一）健康权的概念与特征

1. 健康权的概念

《民法典》第1004条规定："自然人享有健康权。自然人的身心健康受法律保护。任何组织或者个人不得侵害他人的健康权。"健康指的是人体的机能和功能处于正常状态，包括两方面的内容，生理健康和心理健康。健康权是自然人维护其机体生理机能正常运行和功能正常发挥，从而维持人体正常生命活动的人格权。

2. 健康权的特征

第一，健康权的主体限于自然人，法人、非法人组织不享有健康权。

第二，健康权的客体是健康利益。健康包含生理健康和心理健康。

第三，健康权以维持人体的正常生命活动为根本目的，以人体的生理机能正常运作和功能的正常发挥为具体内容。这两个特点将健康权与生命权、身体权区别开来。就前者而言，健康权维持自然人正常的生命活动，而生命权维持自然人的生命安全。健康权受到侵害后，一般具有可恢复性，并不影响生命的存在；但生命权受到侵害时，生命的丧失具有不可逆转性。就后者而言，身体是肉体之构造，而健康为生理之机能。如果侵害自然人的肉体构造进而影响生理机能的正常运作或功能的正常发挥，则构成对健康权的侵害；如果侵害自然人的肉体构造，但对身体机能运作的正常性以及整体功能发挥的正常性没有明显影响，则构成对身体权的侵害。

（二）健康权的内容

第一，身心健康维护权。这是健康权最重要的内容。其含义是自然人维持自己的身心健康并排除他人非法侵害的权利。身体与心理联系密切，身体健康是心理健康的物质基础，心理健康是身体健康的精神支柱，自然人有权通过各种活动保持其身体健康，心理愉悦，当健康状况下降时，可及时请求和接受医治以恢复健康，任何人不得干涉或强制。当健康权受到不法侵害时，受害人享有请求司法保护的权利。

第二，劳动能力保有、利用和发展权。劳动能力是自然人创造物质财富和精神财富的脑力和体力的总和，是自然人的一项基本人格利益。对于自己的劳动能力，所有的自然人都享有保有、利用及发展的权利。当这些权利受到不法侵害时，受害人可以请求司法保护。

第三，关于健康利益支配权。健康利益支配权是指自然人支配自己健康利益的权利。与生命权、身体权不同，健康作为一种身体机能，似乎天然缺乏支配属性。对此，民法学界确实存在反对意见，但认为健康权为支配权的主张仍占主流地位。[7] 对此，有学者解释道："民法上的支配权不仅意味着对客体的任意支配，只要是绝对权，就应该具有支配性，只是因为各种权利的类型不同，所以支配的效力和范围也不同。"例如，从事危险性很大的竞技活动、舍己救人、见义勇为等都是自然人对自己健康利益予以支配的体现，因此应当承认健康利益支配权。[8] 但另一种观点认为，对于自然人自行损害其健康的行为，法律不可能禁止，但也不可能确定其合法，更不可能

---

〔7〕 李锡鹤：《民法原理论稿》（第二版），法律出版社2012年版，第513页；马俊驹：《人格和人格权理论讲稿》，法律出版社2009年版，第254页；姚辉：《人格权法论》，中国人民大学出版社2011年版，第153页；杨立新：《人格权法》，法律出版社2011年版，第371页。

〔8〕 王利明：《人格权法研究》（第三版），中国人民大学出版社2018年版，第325～332页。

赋予其放弃健康的权利。[9] 与生命利益支配权一样,健康利益支配权是否属于健康权的组成部分仍有深入研究的空间。

四、《民法典》关于生命权、身体权和健康权的其他规定

第一,见义勇为的法律规定。《民法典》第184条规定:“因自愿实施紧急救助行为造成受助人损害的,救助人不承担民事责任。”依据该条规定,在自愿实施紧急救助行为的情形下,即便造成了受助人损害,救助人也无须承担民事责任。法律作出此种规定的目的在于鼓励自愿的救助行为,对于鼓励人们见义勇为、弘扬社会主义核心价值观具有重要意义。形成见义勇为的良好社会风气,有助于对个人生命权、身体权、健康权的充分保护。当然,个人虽应当见义勇为,但这一义务仍然属于道德上的义务,而不应当将其作为法律上的义务,强制人们实施此种行为。

第二,明确规定对于自然人生命权、身体权和健康权的法定救助义务。《民法典》第1005条规定,自然人的生命权、身体权、健康权受到侵害或者处于其他危难情形的,负有法定救助义务的组织或者个人应当及时施救。此条适用时需要注意:(1)必须以自然人的生命权、身体权或者健康权受到侵害或者处于其他危难的情形为前提条件,必须考虑救助的急迫性、危险性等因素。(2)特定的组织或者个人才负有法定的救助义务。此处的特定组织或者个人需要依据《民法典》以及其他法律予以确定。而且其救助义务是法定的救助义务,法定的救助义务既包含法律明文规定的救助义务,又包含法律虽然没有明文规定救助义务,但是该规定中隐含法定救助义务。前者如《民法典》第822条规定的承运人在运输过程中,应当尽力救助患有急病、分娩、遇险的旅客;后者如《民法典》第1198条规定的宾馆、商场、银行、车站、机场、体育场馆、娱乐场所等经营场所、公共场所的经营者、管理者或者群众性活动的组织者的安全保障义务。

第三,人体临床试验的规定。《民法典》第1008条规定:“为研制新药、医疗器械或者发展新的预防和治疗方法,需要进行临床试验的,应当依法经相关主管部门批准并经伦理委员会审查同意,向受试者或者受试者的监护人告知试验目的、用途和可能产生的风险等详细情况,并经其书面同意。进行临床试验的,不得向受试者收取试验费用。”考虑到人体临床试验涉及自然人的身体权和健康权的保护,《民法典》对其作出了规定。本编本条规定严格限定了人体试验的适用条件,实现了对受试者的充分保护。本条明确:(1)人体临床试验应当经过相关主管部门审批并经伦理委员会审查同意。(2)受试者享有是否参加实验的自主决定权。这是基于受试者人格尊严,尊重和保护其合法权益的体现。(3)受试者同意参加临床试验的意愿必须真实合法。这意味着任何组织或个人不得使用欺骗、利诱、胁迫等手段令受试者同意参与试验且必须保证受试者对试验目的、用途和可能产生的风险等详细情况明确知晓并同意试验。(4)知情同意权由受试者或者其监护人依法行使。(5)知情同意必须是书面形式。(6)进行临床试验的,不得向受试者收取试验费用。

第四,与人体基因和人体胚胎等有关的医学和科研活动的规范。《民法典》第1009条规定:“从事与人体基因、人体胚胎等有关的医学和科研活动,应当遵守法律、行政法规和国家有关规定,不得危害人体健康,不得违背伦理道德,不得损害公共利益。”人体基因既是人体组成部分,[10] 同时是隐私权的内容,受隐私权保护。人体基因的不当利用会导致复杂的法律、伦理问

---

〔9〕 尹田:《民事主体理论与立法研究》,法律出版社2003年版,第115~116页。

〔10〕 梁慧星编:《中国民法典草案建议稿附理由:总则编》,法律出版社2013年版,第51页。

题,如贺建奎基因编辑婴儿事件即为典型。体外胚胎从功能上看也属于身体的一部分,其处置还与潜在生命的未来利益以及人类伦理相关。据此,人体基因、体外胚胎的应用应当受到严格限制。本条为原则性的禁止规定,宣示了对人体基因、人体胚胎等有关医学和科研活动的基本立场,即尊重伦理道德和维护社会公共利益。本条的具体适用应当进一步通过相关法律、行政法规和国家有关规定予以明确,科技发展与限制之间需要有限度,因此在具体制定实施规范时,要考虑两者的协调。

第五,规范性骚扰的规则。虽然学界对性骚扰侵害的利益存在争论,但是大多数性骚扰都侵害了受害人的身体权,因此性骚扰条款被安排在人格权编关于生命权、身体权与健康权的规定中。《民法典》第1010条规定:“违背他人意愿,以言语、文字、图像、肢体行为等方式对他人实施性骚扰的,受害人有权依法请求行为人承担民事责任。机关、企业、学校等单位应当采取合理的预防、受理投诉、调查处置等措施,防止和制止利用职权、从属关系等实施性骚扰。”本条意义在于:(1)明确了性骚扰的认定标准。强调了“违背他人意愿”这一认定标准,同时,本条也明确了,性骚扰可以是语言、文字、图像、肢体行为等方式。(2)明确了职场性骚扰的防治。

问题与思考

关于活体捐献中与身体分离的人体组成部分的性质,有学者认为构成法律上的物。“这种与活体脱离的器官已经不再属于身体的组成部分,失去了维护身体完整性的功能……此时器官的‘物’之属性已超出了‘人格’属性从而转化为另一种静态的物。”但也有学者使用了“准人身”的概念,认为“捐献之器官、组织,与供体分离后,属准人身,非供体之一部;移植后,为受体之一部”。本书认为,活体捐献中的人体组成部分因捐献的目的,在与身体脱离后仍然属于人体,其虽未与供体结合,但并不因此丧失事实和法律上的人体功能。“科技在此发挥的作用,不是要使人格要素成为外在的物,而是为其提供特定的存在形态。”

第二节 姓名权、名称权与肖像权

一、姓名权

(一)姓名权的概念与特征

1. 姓名权的概念

《民法典》第1012条规定:“自然人享有姓名权,有权依法决定、使用、变更或者许可他人使用自己的姓名,但是不得违背公序良俗。”姓名是一个自然人的第一社会身份。他人将对姓名主体的认知统摄于其姓名之下。[11] 所谓姓名,指用以确定和代表个体自然人并与其他自然人相区别的文字符号和标记。其有广义和狭义之分。广义的姓名既包括本名,即户籍登记和公民身份证件上显示的正式姓名,还包括艺名、笔名、网名等非正式姓名;而狭义的姓名仅指本名和曾用名。《民法典》区分正式姓名和非正式姓名(如艺名、笔名、网名等)。本条规定的姓名是狭义概念,非正式姓名的规定见《民法典》第1017条。姓名权是自然人决定、使用和依法改变自己姓名

〔11〕 刘文杰:《民法上的姓名权》,载《法学研究》2010年第6期。

的权利。[12]

2. 姓名权的特征

第一，姓名权的主体仅为自然人。我国民事主体包括自然人、法人和非法人组织三类，法人和非法人组织并不享有姓名权，而是享有名称权。

第二，自然人均平等地享有姓名权。自然人从出生时就享有关于姓名权的各项权利并有权防止他人侵害自己的姓名权。自然人的姓名权不因民族、性别等因素而有差别，也不因民族、性别等因素而受到不同的保护。

第三，姓名权的客体为自然人的姓名，不限于在户籍机关正式登记的本名，也包括艺名、笔名等。

第四，姓名权的内容包含精神利益和财产利益。随着姓名权商业化利用的日益发展，姓名权中的经济价值日益凸显，特别是公众人物的姓名权的商业价值。[13]

（二）姓名权的内容

第一，姓名决定权。姓名决定权是指自然人决定自己姓名的权利。自然人不仅有权决定自己的正式姓名，而且有权决定自己的非正式姓名。但自然人决定自己的姓名，以其有意思能力为前提。无民事行为能力人的姓名应由其监护人确定，限制民事行为能力人的姓名应由监护人确定或征得其同意，完全民事行为能力人则可自主决定其姓名。自然人姓名权应当依法决定，这主要体现在：(1)《民法典》第 1015 条对姓氏的选取规则作出明确规定。自然人应当随父姓或母姓，但在法律规定的某些情形下可以选取父姓或者母姓之外的姓氏。(2)《民法典》第 1016 条规定了自然人姓名的决定、变更应当依法向有关机关办理登记手续，但自然人的笔名、艺名等非法定姓名的决定或者变更不需要进行登记。

第二，姓名使用权。姓名使用权是指自然人使用自己姓名以表明身份，以及要求或许可他人正确使用自己姓名的权利。它包括积极使用和消极使用两个方面。前者如，在自己的作品上标示自己的姓名；后者如，在作品上不署名或于特定场合拒绝透露自己的姓名。姓名使用权的限制在于，在特定条件下，如户口登记簿、居民身份证、护照上必须使用正式姓名，而不能使用非正式姓名。

第三，姓名变更权。姓名变更权是指自然人变更自己姓名的权利。每个自然人都有权依据法律规定改变自己的姓名。姓名变更除了因自然人自由意志以外，还可能因收养关系的产生、父母离婚引起的未成年子女姓名变更等。根据《中华人民共和国户口登记条例》的规定，未满 18 周岁的人需要变更姓名的，由本人或者父母、收养人向户口登记机关申请变更登记；18 周岁以上的人需要变更姓名的，由本人向户口登记机关申请变更登记。同时，姓名的变更必须获得户籍管理机关的批准并在户口登记簿和身份证上作变更登记。

第四，许可他人使用姓名的权利。自然人的姓名权一方面具有人身专属性，另一方面随着姓名权的经济价值在商业中日益凸显，因此法律明确规定了自然人许可他人使用姓名的权利。

上述姓名权的行使均应在公序良俗的要求下行使，比如姓名符号应当使用规范汉字，姓名的内容表达亦须遵守公序良俗，不得出现损害国家或者民族尊严、违背民族良好风俗习惯、引起公

---

〔12〕 有学者认为，姓名权不仅是一种人格权，同时也具有身份权的特征。参见李永军：《论姓名权的性质与法律保护》，载《比较法研究》2012 年第 1 期。

〔13〕 王利明：《人格权法研究》（第三版），中国人民大学出版社 2018 年版，第 364 页。

众不良反应的内容,如使用污言秽语等。

二、名称权

(一)名称权的概念与特征

1. 名称权的概念

《民法典》第1013条规定:"法人、非法人组织享有名称权,有权依法决定、使用、变更、转让或者许可他人使用自己的名称。"该条是对名称权的法律规定。名称指的是法人或非法人组织对其在社会活动中用以代表自己并区别于其他法人或者非法人组织的文字符号和标记。名称权指的是法人及非法人组织依法享有的决定、使用、变更、转让、许可他人使用自己的名称,并排除他人非法干涉、盗用或冒用等的具体人格权。

名称与商号密切相关,以至于在编纂民法典过程中,有意见认为,法人、非法人组织的名称权就是商号权。[14] 商号,又称为字号,指的是企业等商事主体区别于其他商事主体的于商业组织活动中所使用的符号和标识。商号与企业名称密切关联,商号属于名称的范畴,但二者并不能等同。名称权的主体范围要广于商号权的主体范围。商号实际上属于《民法典》总则编中规定的营利法人或者非法人组织的名称。名称的主体范围要广于商号,其主体还包括非商事主体的名称,如非营利法人、特别法人和非营利的非法人组织的名称。

2. 名称权的特征

第一,名称权主体具有广泛性。不同于姓名权的权利主体仅为自然人,名称权的权利主体具有广泛性。其权利主体是除自然人以外的法人和非法人组织。换言之,即使是不具备法人资格的组织,也享有区别于另一组织的名称权。

第二,名称权具有专有性。法律并不禁止自然人取相同的姓名,但是在同一地区,法律却不允许法人或非法人组织取相同的名称。名称权为法人或非法人组织所专有,非依法转让,其他组织不得使用。

第三,名称权具有可转让性。人格权一般具固有性的特征,与权利主体不可分割。名称权虽属于人格权,但其又具备一定的财产属性,能够为权利人带来较大的经济利益。权利人可以依法将名称权予以转让,以实现其财产价值。这是其不同于其他人格权的重要特点。当然,名称权的转让必须符合法律的规定和法定的程序。

第四,名称权需依照法定程序取得。名称权与自然人的人格权产生方式不同,自然人人格权无须经过法定程序产生,其多是随主体的产生而自然产生。但名称权的取得具有特殊性。法人与非法人组织的名称权必须经过法定程序才能够取得。具言之,在设立法人或非法人组织的过程中,应当依法对其名称进行审批或核准,且法律对名称的选定、使用等也进行了明确的规定。尤其是企业对其依法选取的名称必须进行登记才能成为法律所保护的名称。不过也有例外情况的存在,在特殊情形下,即便企业名称没有登记注册,但如果其已经具有一定的社会知名度,为社会公众所知悉,也可视为企业名称。

(二)名称权的内容

第一,名称决定权。法人、非法人组织对名称的权利首先体现为名称的决定权,即其有权决定本组织取什么样的名称。法人或者非法人组织通过决定名称对外表征其行业、组织形式等相

---

[14] 黄薇主编:《中华人民共和国民法典人格权编解读》,中国法制出版社2020年版,第113页。

关信息。但是法人、非法人组织名称的确定应当依照法律的规定,不得随意侵犯、盗用、仿冒法人、非法人组织的受法律保护的名称,并且应当依法办理有关的登记手续。他人不得随意干涉法人和非法人组织确定自己名称的权利。根据《民法典》第 58 条的规定:"法人应当依法成立。法人成立应当有自己的名称、组织机构、住所、财产或者经费。……"就非法人组织而言,其成立也有类似要求。换言之,法人、非法人组织的名称是在其成立之前就决定的,是由法人或者非法人组织的设立人行使这种名称的决定权。但是这并不意味着法人、非法人组织无名称决定权,只是因为法律法规对成立的要求,在设立阶段将决定权交由设立人代法人、非法人组织行使而已。这与自然人的姓名是由其父母在其出生后代其先行决定的道理是一样的。

第二,名称使用权。法人或非法人组织对其名称享有独占的使用权,任何人不得干涉和非法使用。在登记的地区内,他人不得再登记该名称经营同一性质的业务;未经登记而使用者,同样构成对名称权的侵害。同时,法律对法人或非法人组织行使其名称权有一定的限制性规定,权利人应遵守这些规定。

第三,名称变更权。法人或非法人组织有权依照自己的意愿变更自己的名称,任何组织或者个人不得非法干涉,不同主体变更名称时决策程序依法律规定而有所不同,例如个体工商户登记使用的名称发生变更的,其权利在于开设店铺的自然人,故而可以依自然人的意愿变更;股份有限公司、有限责任公司名称变更属于章程变更事项,须经公司股东大会或股东会批准,由公司执行。变更名称应当遵循法律规定,除法律、行政法规另有规定外,变更名称必须依照法定程序办理变更登记。变更登记后,原名称就被依法撤销,法人、非法人组织应当使用新名称从事各种民事活动。法人或非法人组织的名称是其对外从事民事活动的标识,法人、非法人组织变更自己的名称,都是其外在标识的改变,其实质并没有变化,其权利义务的归属也不应发生改变,否则会对他人甚至社会公共利益产生重大影响。因此,为了防止实践中不时发生的债务人通过变更名称的方式逃避债务的问题,《民法典》第 1016 条第 2 款特别规定:"民事主体变更姓名、名称的,变更前实施的民事法律行为对其具有法律约束力。"

第四,名称转让权。名称转让权是基于名称权的财产属性而产生的。在我国,法人、非法人组织有权依法转让自己的名称。法人或非法人组织能够将自己的名称权全部转让给其他法人或者非法人组织。但并非所有的法人或非法人组织的名称权都可转让,原则上只有营利法人和营利性非法人组织的名称权可以转让,因为对这两类组织而言,其名称权具有较强的财产性,这两类组织可通过转让名称权获得财产利益。对于名称权的转让而言,我国采取的是绝对权转让主义,即法人或非法人组织转让名称是将营业同时转让,或在终止营业时将名称转让,名称转让后,原名称权人不再享有该名称权。

第五,名称许可使用权。法人或者非法人组织享有在一定范围和时间内允许其他法人或者非法人组织使用自己名称的权利。法人或非法人组织许可他人使用自己名称的同时不影响自身对于名称的使用,而且无特别约定,法人或非法人组织可以同时允许多主体使用自己的名称。名称权的许可使用一般也是针对营利法人或者营利性非法人组织而言,许可使用既可有偿也可无偿。法人或非法人组织许可他人使用自己的名称时,通常情况下要签订许可使用合同,对许可使用基本情况进行约定。

(三)名称权与相关权利

1. 名称权与姓名权

姓名权与名称权在性质上属人格权,两者均表征主体的身份特征,因此都属于标表型人格权。同时二者存在明显的区别:(1)主体不同。姓名权的主体是自然人,姓名被认为是自然人的人格标识,是专属于自然人的人格利益,法人和非法人组织无法享有姓名权。而名称权的主体则是法人或非法人组织,自然人无法享有名称权。(2)产生方式不同。名称权原则上需要经过法定程序才能产生,即需要有关机关核准登记才能产生,姓名权则不需要,姓名权的产生一般随着自然人的出现而产生。(3)性质不同。姓名权相较于名称权而言,没有突出的财产属性,自然人主体无法通过转让自己的姓名获得经济利益。(4)人身专属性不同。姓名权具有很强的人身专属性,而名称权的人身专属性较弱,权利人既可以许可他人使用其名称,也可以将其名称权转让。(5)专有性不同。名称原则上只能有一个,姓名则可以有多个。

2. 名称权与财产权

名称权与财产权具有密切的联系。某些知名的营利法人的名称权由于其蕴含的商誉价值,因而具有强大的经济价值,成为企业无形财产,为企业带来巨大的收益。名称权也可以转让、继承,因此具有较强的财产属性。但名称权与财产权之间存在差别:名称权本质上仍然是人格权,其主要作用在于其是法人或非法人组织对外从事民事活动的标识。尽管名称权可以依法转让,但这种转让是有限制的,必须随着营业资格全部进行转让,以防消费者发生混淆。并非所有的法人或非法人组织的名称权均具有财产属性。对于某些非营利法人而言,其名称仅是对外表明主体的标识,并不具有明显的财产价值。

三、侵害姓名权与名称权的行为

《民法典》第 1014 条规定:“任何组织或者个人不得以干涉、盗用、假冒等方式侵害他人的姓名权或者名称权。”本条基于社会实践,列举了几种典型的侵害姓名权和名称权的方式:

一是干涉,干涉自然人的姓名权指的是无正当理由干涉自然人对姓名决定、使用、变更或者许可他人使用的权利。例如,要求在本人创作的作品上署他人姓名;又如,违背本人意愿,要求其更改正式姓名等;再如,违背本人意愿,要求本人许可他人使用其姓名。此外,干涉行为还可表现为登记机关无合理理由拒绝姓名登记或姓名变更登记。干涉法人、非法人组织的名称权指的是无正当理由干涉法人或者非法人组织对其名称的决定、使用、变更或者许可他人使用的权利。

二是盗用,即未经姓名权人或名称权人同意或者授权,擅自以姓名权人、名称权人的姓名或者名称实施某些行为。在实践中经常发生盗用他人姓名用以工商登记注册的行为,此行为不仅会侵害自然人的姓名权,还会造成被盗名者的其他损失,例如社会信用评价降低等。

三是假冒。假冒自然人的姓名指的是将他人的姓名当作自己的姓名从事民事活动。假冒与盗用都是侵权人故意且在受害人不知情的情形下为之,两者的区别在于:盗用是打着他人的旗号,以被盗用者的信使、代表或关联方身份出现;假冒的目的在于身份的替换,产生令人将侵权人认定为受害人的客观情况。但需要注意的是,生活中会存在同名同姓的情形,此为法律法规所允许。假冒法人、非法人组织的名称权是指通过使用名称来冒充法人、非法人组织的行为。假冒者通过使用法人、非法人组织的名称,制造自己就是该法人、非法人组织的印象。

侵害姓名权与名称权的方式不止上述三种,其他侵害姓名权或者名称权的行为主要指其他影响姓名符号、名称与主体之间的正确联系的行为,例如出于故意或者过失将他人姓名、名称读错或者写错,故意混同等不正当使用他人姓名等行为。

四、肖像权

(一)肖像权的概念与特征

1. 肖像权的概念

《民法典》第1018条规定:“自然人享有肖像权,有权依法制作、使用、公开或者许可他人使用自己的肖像。”肖像是通过影像、雕塑、绘画等方式在一定载体上所反映的特定自然人可以被识别的外部形象。肖像权是自然人享有的以在自己的肖像上所体现的利益为内容的人格权。具体而言,就是自然人对于自己肖像的制作和使用所享有的专属、排他的权利。

2. 肖像权的特征

第一,肖像权的主体只能是自然人。肖像是自然人的人格标识,法人没有肖像,也就没有肖像权。

第二,肖像权是一种具体的识别性人格权。所谓识别性人格权是指该项权利所保护的对象具有证明和象征民事主体人格独立的功能。自然人的形象与生俱来且互不相同,所以每个人的肖像都具有特定性。

第三,肖像权的客体是肖像利益。肖像必须借助一定的物质载体表现出来,但肖像权的客体并非该物质载体,而是基于肖像产生的利益。肖像利益主要是一种精神利益,如维护肖像的完整和尊严,排斥他人非法毁损、恶意玷污等。同时,肖像利益也包含物质利益,即通过肖像的制作、使用而获取经济利益。

(二)肖像权的内容

第一,肖像制作权,肖像制作权是指自然人享有的借助一定的物质载体将自己的形象加以再现的权利,通常表现为制作肖像的决定权和实施权。自然人有权决定是否制作以及以何种方式制作自己的肖像,他人不得干涉。自然人有权允许他人制作自己的肖像,也有权禁止他人非法制作自己的肖像。自然人生而具有肖像,享有肖像权,其肖像权的取得并不以肖像的再现或物化为条件。

第二,肖像使用权。肖像使用权是自然人决定是否使用以及如何使用其肖像的权利。自然人有权以任何方式使用自己的肖像,并获得精神上的满足和财产上的利益。自然人有权有偿或无偿地允许他人使用自己的肖像,也有权禁止他人非法使用自己的肖像。《民法典》第1021条至第1022条对肖像许可使用合同作出专门的规范。

第三,肖像公开权。肖像是自然人外部形象的表征,在一定程度上蕴含自然人的隐私利益。因此,肖像公开权指的是肖像权人对于已经制作的肖像,可以自己对外公开或者许可他人公开,禁止他人擅自公开,并决定肖像在何种范围、以何种方式、向哪些对象公开等。原本肖像公开权应当属于肖像使用权的内容之一,但是允许他人使用肖像并不意味着允许他人以公开的方式使用肖像,因此肖像公开与否对于肖像权人而言影响重大,故将公开肖像权的权利从肖像使用权中独立出来。

第四,肖像维护权。肖像维护权是自然人维护自己肖像的完整性,并禁止他人毁坏、歪曲及玷污的权利。当他人非法制作、非法使用自然人的肖像或恶意毁损、玷污、丑化自然人的肖像时,肖像权人有权请求行为人停止不法行为并承担相应的民事责任。

(三)侵害肖像权的行为

《民法典》第1019条对侵害肖像的行为进行了规定:“任何组织或者个人不得以丑化、污损,或者利用信息技术手段伪造等方式侵害他人的肖像权。未经肖像权人同意,不得制作、使用、公开肖像权人的肖像,但是法律另有规定的除外。未经肖像权人同意,肖像作品权利人不得以发表、复制、发行、出租、展览等方式使用或者公开肖像权人的肖像。”由此可知,侵害肖像权的行为有以下几种:

第一,丑化、污损他人肖像。按照《民法典》第 1019 条第 1 款的规定,丑化、污损他人肖像构成肖像权侵权。“丑化”通常指以加工或改造的方式对他人的肖像加以歪曲、贬低,例如在他人的肖像上乱涂乱画等;“污损”指将他人的肖像损害且弄脏,例如往他人的照片上泼污水、焚烧等。

第二,利用信息技术手段伪造他人肖像。在信息技术发达的当下,出现了利用信息技术手段编造或者捏造他人肖像,以假乱真,以达到利用不存在的事物来谋取非法利益的侵权行为。例如,通过图像 PS 技术、AI 视频换脸技术等将他人的肖像深度伪造到特定场景或者转接到他人身体之上以达到非法目的。有学者称为“深度伪造”技术,即通过机器学习,让计算机在生成具有统计相似性的假实例之前从真实数据中学习,创造出虚假的“现实”,让人真假难辨,形成眼见未必为实的后果。[15]

第三,擅自制作、使用、公开他人肖像的行为,但是法律另有规定的除外。《民法典》第 1018 条明确规定,只有肖像权人有权制作、使用、公开自己的肖像,第 1019 条第 1 款第 2 句的规定实际上是对第 1018 条的复述。因此,未经肖像权人同意,任何民事主体均不得制作、使用、公开他人肖像。此处的“法律另有规定的除外”指的是第 1020 条肖像权合理使用的情形,下文将详细阐述。

第四,未经肖像权人同意,肖像作品权利人以发表、复制、发行、出租、展览等方式使用或者公开肖像权人的肖像的行为。如果肖像制作人经肖像权人同意之后制作肖像作品,那么此时就会出现著作权与肖像权的冲突,根据《民法典》第 1019 条的规定,未经肖像权人的同意,肖像作品权利人是不能公开或者使用肖像作品的,这与“从法益位阶和法的价值位阶上看,肖像权作为民法保护的人格权应当优先”[16]的观点一致。由于肖像作品权利人的肖像制作行为已经获得了同意,那么与权利人的著作权相冲突的只可能是肖像公开权中的隐私利益以及肖像使用权中的财产利益。关于著作权与肖像权的冲突,首先应当明确的基本原则为,在无特别约定的情况下,肖像权人同意的范围限于肖像制作,而不包含肖像的商业利用和隐私利益的放弃。关于著作权与肖像使用权的关系,有约定从约定。在无约定的情况下,著作权人就该作品行使发表权、著作财产权时,必然涉及与肖像人格权之冲突,须经肖像权人同意。[17]

(四)肖像权的合理使用

肖像权的合理使用旨在平衡肖像权人的利益与社会公众利益,即在出于科学研究、新闻报道等公共利益等需要非商业性使用肖像时,不需要经过肖像权人的同意,肖像权人对这些使用负有适当的容忍义务。《民法典》第 1020 条规定了肖像权合理使用的行为:

第一,为个人学习、艺术欣赏、课堂教学或者科学研究,在必要范围内使用肖像权人已经公开的肖像。此种情形规定了合理使用的两个限制条件:(1)合理使用应在“必要范围”,应当避免向

---

〔15〕 杨立新:《人格权编草案二审稿的最新进展及存在的问题》,载《河南社会科学》2019 年第 7 期。

〔16〕 张红:《民法典之肖像权利立法论》,载《学术研究》2019 年第 9 期。

〔17〕 张红:《肖像权保护中的利益平衡》,载《中国法学》2014 年第 1 期。

不特定的公众在不特定的场合使用,超过上述个人学习、艺术欣赏、课堂教学或者科学研究的必要范围,则会构成侵权。(2)只能使用肖像权人已经公开的肖像。肖像权人未公开的肖像不得使用,否则构成侵权。

第二,为了实施新闻报道,不可避免地制作、使用、公开肖像权人的肖像。此种情形中的“新闻报道”要满足三个考量因素:(1)报道行为与公共利益相关;(2)报道行为出于公益目的;(3)报道行为的手段和方法相当。此外要注意对特殊群体的保护,比如针对未成年人犯罪案件,需要注意在报道中不应公布能推断出未成年人的相关信息。

第三,为依法履行职责,国家机关在必要范围内制作、使用、公开肖像权人的肖像。此种情形规定了合理使用的两个限制条件:(1)国家机关必须是在依法履行职责时,才可以制作、使用、公开肖像权人的肖像,若履行职责没有明确的法律依据,则不得制作、使用、公开肖像权人的肖像。(2)国家机关必须在“必要范围”内制作、使用、公开肖像权人的肖像。

第四,为展示特定公共环境,不可避免地制作、使用、公开肖像权人的肖像。例如,某人在景点拍照时,不可避免地拍下周围游客。如果唯有经过游客同意才能拍摄景色,并不符合实际。

第五,为了维护公共利益或者肖像权人合法权益,制作、使用、公开肖像权人的其他行为。

问题与思考

《民法典》第1015条规定了自然人姓氏的选取,该条第1款第3项规定,“有不违背公序良俗的其他正当理由”,立法作此规定,暗示选取姓氏时“应当符合中华传统文化和伦理观念”。可自主选择第三姓的学术观点未获立法支持。所谓“正当理由”可理解为:(1)选取法定范围姓氏与自然人正当利益相悖的情形,例如自然人由法定抚养人以外的人抚养,而法定抚养人又虐待被抚养人。(2)与我国传统文化及伦理观念不相冲突的风俗习惯,例如中国女性与外国男性结婚,愿意按国外习俗改姓男方姓氏等。(3)因个人喜好而随意创设姓氏,则不属于本条所指的正当理由。

第三节　名誉权与荣誉权

一、名誉权

(一)名誉权的概念与特征

1. 名誉权的概念

《民法典》第1024条第1款规定:“民事主体享有名誉权。任何组织或者个人不得以侮辱、诽谤等方式侵害他人的名誉权。”名誉是对民事主体的品德、声望、才能、信用等的社会评价。名誉权是指权利主体就自己获得的社会评价享有利益并排除他人侵害的权利。

2. 名誉权的特征

第一,名誉权的主体具有特定性与普遍性。名誉是他人对民事主体的特定的社会评价,该评价针对的是特定的民事主体,如果他人侵犯的并非特定民事主体的名誉,那么则并不会侵犯民事主体的名誉权。与此同时,名誉权主体又具有普遍性,自然人、法人和非法人组织均享有名誉权。

第二,名誉权的客体是名誉。确定名誉的内涵是保护名誉权的前提和基础。名誉具有两层含义：一是指他人对特定人的属性所给予的社会评价，即外部名誉或客观名誉；二是指自然人对其内在价值的感受，即内部名誉或主观名誉，又称名誉感。名誉权客体第一层含义的名誉，具有社会性、客观性、特定性、观念性。《民法典》第1024条第2款规定的名誉指的是第一层含义的名誉。目前主流观点认为，法律保护名誉权的目的在于使民事主体的社会评价不因他人非法行为而降低，判断社会评价是否降低应当有客观标准，而名誉感属于主观认识的范畴，不能用客观标准予以确定，故不宜纳入名誉权的保护范围。但若自然人的名誉受到伤害危及人格尊严时，法律可对受害人的人格尊严加以保护。

第三，名誉权无财产内容但与财产相关联。(1)名誉本身不能如肖像、名称等转让以直接获取经济利益，但是名誉的好坏却可能与间接的经济利益相关，比如名誉好的企业或商家更容易获得大家的信任，因而能够获取更多的经济利益，又如社会评价好的人更容易就业，在工作中更能获得关注；(2)当自然人的名誉受到侵害时，受害人不仅遭受精神上的痛苦，还会遭受一定的财产损失，如医疗费用、收入减少等。

第四，名誉权的取得具有法定性和社会性。名誉权并非民事主体与生俱来的权利，而是法律规定的权利。名誉权的客体范围、权利限制等均需法律规定，名誉权是民事主体获得的社会评价，而社会评价的产生是因民事主体为一定社会活动。

（二）名誉权的内容

第一，名誉利益支配权。名誉权人对名誉所体现的利益享有支配权。名誉权人可以利用自己良好的名誉，与他人进行广泛的社会活动，使自己获得更好的社会收益和更大的经济利益。但该种支配是有限制的，依据一般理论，名誉权人不得将名誉任意抛弃或转让，名誉权也不能被继承。

第二，名誉维护权。名誉权人有权维护自己的名誉，即维护其社会评价不受贬损，这是名誉权的核心内容。一方面，名誉权人对他人享有不作为请求权，有权要求他人不侵害自己的名誉；另一方面，当其名誉受到非法侵害时，权利人有权寻求司法救济，以维护自己的名誉。

（三）侵害名誉权的行为

侵害名誉权需要满足一般侵权的构成要件：(1)存在侵权行为。(2)有损害后果。名誉权受到损害的后果为受害人的社会评价确因侵害行为而降低。(3)侵权行为与损害后果之间存在因果关系。此处要注意，侵害名誉权的行为必须有特定的指向，如果是非针对特定人的侵害行为则不能认定为侵害名誉权。(4)行为人主观有过错，既可以是故意也可以是过失。

根据《民法典》第1024条规定："……任何组织或者个人不得以侮辱、诽谤等方式侵害他人名誉权。……"由此可知，侵害名誉的行为包含侮辱、诽谤。

第一，侮辱。有观点认为，所谓侮辱，是指行为人以语言、暴力或者其他方式，故意毁损他人人格的行为；[18]也有观点认为，侮辱通常体现为纯粹的谩骂或者对人身缺陷的公然指摘。[19]究其本质，侮辱所强调的是，行为人所实施的是一种十分激烈的贬损权利人名誉的行为，其往往伴随着行为、言语和文字的暴力，远远超过了一般的名誉贬损。因此，侮辱方式指的是公然采取暴力、谩骂等方式公开贬低毁损他人名誉。

第二，诽谤。诽谤方式指的是散布捏造或者夸大事实故意损害他人名誉的行为，诽谤的核心

〔18〕王利明：《人格权法》(第三版)，中国人民大学出版社2018年版，第490页。

〔19〕杨立新：《人格权法》，法律出版社2011年版，第522页。

内容在于虚假的表述,这就意味着民事主体社会评价的损害是由正确的社会评价导致的时候,不能够认定行为人实施了诽谤行为。

《民法典》第1025条、第1027条、第1029条则是对侵害名誉权行为方式具体化的规定。第1025条规定了新闻报道、舆论监督在何种情形下会造成名誉权侵害。根据该条,新闻报道、舆论监督进行不实报道,对他人提供的严重失实内容未尽合理核实义务导致不实报道,使用侮辱性言辞等贬损他人名誉的,会构成对民事主体名誉权的侵害。第1027条对文学艺术作品创作可能产生的名誉侵权作出规定,"作品以真人真事或者特定人为描述对象,含有侮辱、诽谤内容,侵害他人名誉权",法律效果为"受害人有权依法请求该行为人承担民事责任"。第1029条对信用评价维护作出规定。当今社会,信用是名誉的重要组成部分,是民事主体履行义务,特别是表征其经济能力的一种社会评价。信用评价制度是构建社会信用体系的重要措施,正因为信用评估会对民事主体的名誉产生重要影响,故《民法典》在人格权编中专门对信用评价作出规定,主要目的在于民事主体发现其信用评价不当时,提供维护其信用、保障其信誉的法律保护措施。

(四)侵害名誉权的免责及其例外

1. 文学作品创作中的免责及例外

根据《民法典》第1027条第2款的规定:"行为人发表的文学、艺术作品不以特定人为描述对象,仅其中的情节与该特定人的情况相似的,不承担民事责任。"文学艺术作品创作体现了艺术表达的自由,是公民的基本权利之一。但是在文学艺术作品的创作过程中侵害他人名誉权的案件也日益增多,为了实现艺术表达自由和保护民事主体名誉权之间的平衡。本条分为两款,第1款规定了作品侵害名誉权的责任构成,其构成要件为"作品以真人真事或者特定人为描述对象,含有侮辱、诽谤内容,侵害他人名誉权",法律效果为"受害人有权依法请求该行为人承担民事责任"。而第2款则规定了作品侵害名誉权的免责事由,可以视为第1款的例外规定,构成要件为"作品不以特定人为描述对象"。

2. 新闻报道、舆论监督中的免责及例外

《民法典》第1025条规定:"行为人为公共利益实施新闻报道、舆论监督等行为,影响他人名誉的,不承担民事责任,但是有下列情形之一的除外:(一)捏造、歪曲事实;(二)对他人提供的严重失实内容未尽到合理核实义务;(三)使用侮辱性言辞等贬损他人名誉。"根据该条规定,行为人实施新闻报道、舆论监督等行为,影响他人名誉的,原则上不承担民事责任。但是必须要明确是在为公共利益的情形下实施的新闻报道与舆论监督等行为才可以不承担民事责任。新闻报道涉及社会利益与公众利益,关系到言论自由等宪法权利,还关系到人民的知情权,对新闻报道、舆论监督侵害名誉权案件,不能按照一般的侵权案件处理,要权衡多方利益,除了加害人与行为人的利益外,还要考虑行为人实施的新闻报道、舆论监督等是否是为了保护公共利益。此外,本条明确,新闻报道、舆论监督存在捏造、歪曲事实,对他人提供的严重失实内容未尽到合理核实义务,使用侮辱性言辞等贬损他人名誉的,行为人仍然要承担民事责任。

《民法典》第1026条对第1025条中行为人合理核实义务的认定进行了规定,在认定行为人是否尽到合理核实义务时,要考虑如下因素:(1)内容来源的可信度。所谓内容来源的可信度是指新闻的来源依据公认的标准有足够的可信度,对此类内容新闻作者或发布者无须另行核实。(2)对明显可能引发争议的内容是否进行了必要的调查。本项的规定较为抽象,所谓"明显可能引发争议的内容"是指该内容将显著引发非议,非恶意行为人有理由预见自己的行为可能引发

严重的后果，[20]“必要调查”是指出于风险规避，根据内容争议性的大小，所应采取相应的对该内容的真实性进行的补充调查。(3)内容的时限性。新闻都有其时效性，新闻报道时效性与新闻内容核实时间与真实性是负相关的关系，换言之，时效越强，新闻内容的核实时间就越短，对新闻真实性的保证就越弱。法律在这里为了实现时效性和真实性的平衡，要求将新闻内容的时限性纳入考虑。一方面，对于时效性强的新闻内容，由于新闻作者和发布者缺乏足够的时间进行充分的核实，并且由于新闻事件刚发生，很多事件的内容在客观上无法核实，那么在合理谨慎的条件下，可以适当降低核实义务；另一方面，对于发生在过去的新闻内容，由于经过了充分的时间，事件内容已经充分展开，新闻作者和发布者就有义务进行充分的核实，保证新闻内容尽量符合事实。(4)内容与公序良俗的关联性。与公序良俗相关的新闻，新闻作者和新闻发布者理应尽到更大的注意义务，以保证其真实性。因为此类新闻往往具有重大的社会影响，也有可能引发社会的广泛争议。(5)受害人名誉受贬损的可能性，这一因素指的是新闻报道之后，对于受害人名誉可能造成负面评价的预期。(6)核实能力和核实成本。核实能力与核实成本是考察核实义务合理性最为直接的因素。前者即行为人在客观上所能采取的所有手段；而后者则包括时间成本和金钱成本。不同的行为人所具备的核实能力与花费的核实成本存在差别，不应一概而论，需要类型化分析。对于具备核实能力且有核实成本的行为人，其注意义务应适当高些；反之，应相对降低注意义务。

（五）名誉权与相关权利

1. 名誉权与肖像权

名誉权和肖像权均属精神性人格权，与人格尊严密切相关，有时侵害行为会产生竞合侵害，侮辱自然人的肖像也会侵害自然人名誉权。这主要有两种不同情况：(1)未经他人同意使用他人肖像，从事某些有伤风化、道德或贬损肖像权人名誉的商业利用，则可能既侵害了个人的肖像权，也侵害了其名誉权。(2)恶意丑化、玷污、毁损他人的肖像同样也造成对他人名誉的毁损。

但名誉权与肖像权有如下区别：(1)主体不同。名誉权的主体较为广泛，包括自然人、法人或非法人组织，但肖像权的主体仅为自然人。肖像是自然人的对外区别于他人的人格标识，反映的是人的自然属性，法人、非法人组织作为法律上的拟制主体，不具备肖像权。(2)客体不同。名誉权的客体是名誉，而肖像权的客体则是反映个人外部形象的肖像。(3)利用方式不同。名誉权只能由名誉权人享有，不可转让。但肖像权人对其肖像却可以依法有偿或者无偿进行商业性利用。

2. 名誉权与荣誉权

名誉权与荣誉权两者联系密切，这一点在《民法典》人格权编第五章将名誉权和荣誉权两者并列规定就可以看出。名誉权与荣誉权两者均属于人格权，均是一种社会评价，但是两者也存在明显的区别：(1)权利主体范围不同。民事主体均享有名誉权，但荣誉权却并非只要为民事主体就能获得，只有在学习、工作或者其他领域有突出贡献、成绩卓越的民事主体才能获得荣誉，才能享有荣誉权。(2)取得方式不同。名誉权是法律直接赋予民事主体的，名誉这种社会评价无须经过特定程序即可进行。但是荣誉权取得必须经过民事主体作出贡献，其取得有条件，而且荣誉是国家或社会给予民事主体的一种正式评价，其授予、剥夺或者撤销一般都需要按照严格的程序进行。(3)社会评价的内容不同。名誉是社会对民事主体的综合评价，既包括积极的褒奖、中性

---

〔20〕 张红：《民法典之名誉权立法论》，载《东方法学》2020年第1期。

评价也包括消极评价。荣誉则是国家和社会给予民事主体积极褒奖性的评价。(4)与人身密切程度不同。名誉权和民事主体的人身密不可分,不得转让且不得以任何形式被剥夺或撤销。荣誉权虽然也具有与公民人身不可分离和不得转让的特点,但在某些特殊情形下,荣誉称号可被撤销或剥夺。

二、荣誉权

(一)荣誉权的概念与特征

1. 荣誉权的概念

《民法典》第1031条规定:"民事主体享有荣誉权。任何组织或者个人不得非法剥夺他人的荣誉称号,不得诋毁、贬损他人的荣誉。获得的荣誉称号应当记载而没有记载的,民事主体可以请求记载;获得的荣誉称号记载错误的,民事主体可以请求更正。"本条是关于荣誉权的规定。荣誉权的界定需要以荣誉的界定为前提,关于荣誉的界定,学界通常有两种观点:一是评价说,认为荣誉是一种社会评价,进而对社会评价进行进一步划分,如积极与消极评价、正式评价、特定评价等。二是奖励说,认为荣誉指的就是个体获得的奖励或光荣称号。我们对荣誉的学说采评价说,奖励或光荣称号是荣誉的一种外在表现形式,其实质是社会评价,因此有学者将荣誉界定为"特定民事主体在社会生产、社会活动中有突出表现或贡献,政府、单位团体或其他组织所给予的积极正式的评价"。[21] 综上所述,基于对荣誉的界定,所谓荣誉权即指民事主体对自己的荣誉及其利益所享有的保持、支配并排除他人非法侵害的权利。

2. 荣誉权的特征

第一,荣誉权具有严格的人身属性,与权利主体不可分离,不得转让,不可被非法剥夺。同时荣誉权并非民事主体的固有权利。荣誉权和其他人格权不同,不是与生俱来的,而是基于政府或者其他社会机构授予民事主体某种荣誉称号而产生的,具有非固有性的特征。

第二,荣誉权的客体是荣誉。所谓荣誉,是指民事主体在科学研究、文化教育、生产经营等各种社会活动中有突出表现,政府、单位、团体或其他组织所给予的正面、积极、正式的社会评价,如劳动模范、优秀个人、先进集体等称号。荣誉除了能为民事主体带来荣誉感之外,还能为民事主体带来物质利益和精神利益。

第三,荣誉权是一种人格权。关于荣誉权的性质,理论上有"人格权说""身份权说""双重属性说"三种观点。[22] 我们赞成第一种观点。首先,不能以"荣誉权不是民事主体的固有权利"为由否定其为人格权。例如,自然人的婚姻自主权同样不是生而有之,但通说仍将其作为一项人格权。其次,荣誉和名誉在本质上没有根本的区别,其实质就是一种好的名誉,只是这种好的名誉是由特定机构或组织所给予而已,因此荣誉权和名誉权应当具有相同的属性。最后,尽管荣誉权是基于政府或其他社会机构所授予的荣誉称号而产生,但"民法上的身份,依现代法之解释应限于家庭、婚姻和社团中的身份地位而言",[23] 故不能将其视为一种身份权。

---

〔21〕 杨立新:《人身权法论》(修订版),人民法院出版社2002年版,第585页。

〔22〕 人格权说认为,荣誉权与人的尊严密切相关,属于尊严型精神性人格权;身份权说认为,荣誉不是社会给予每个自然人或法人的评价,而是授予成绩卓著、有特殊贡献的自然人或法人的,因而不是人格权而是身份权;双重属性说认为荣誉权兼具身份权和人格权两种属性。参见杨立新:《人身权法论》(第三版),人民法院出版社2006年版,第642~643页。

〔23〕 龙卫球:《民法总论》(第二版),中国法制出版社2002年版,第284页。

（二）荣誉权的内容

第一，荣誉保持权。荣誉保持权是指民事主体保有已经获得的各种荣誉称号的权利。根据《民法典》的1031条第1款、第2款规定，荣誉保持权的内容主要通过两方面表现：(1)实体方面，权利人享有保持自己的荣誉称号不受非法剥夺，以及保持自己的荣誉不受诋毁、贬损的权利；(2)程序方面，权利人对于自己的荣誉享有要求记载以及在记载错误时要求更正的权利。荣誉一经授予，即归民事主体终生享有，除有权机构或组织依照法定程序外不得被撤销或剥夺，也不得转让或继承。对于这些荣誉，权利人有权保持并享有其相应的精神利益和物质利益。为保持荣誉权的持续享有，荣誉权主体还有权要求权利主体以外的任何人不得非法侵害。

第二，荣誉利益支配权。荣誉利益支配权包括对精神利益和物质利益两方面的支配。荣誉权的精神利益，是指荣誉权人因获得荣誉而享有的受到尊敬、敬仰、崇拜以及满足等精神待遇和精神感受；荣誉权的物质利益，是指奖金、奖品、奖杯、奖章等含有价值和使用价值的财物，以及其他具有财产价值的荣誉待遇所体现的财产利益。对于上述荣誉利益，荣誉权人享有占有、控制和利用的权利。例如，权利人有权利用自己的荣誉身份进行社会活动并获取相应的精神满足和物质回报。

（三）侵害荣誉权的行为

根据《民法典》第1031条第1款的规定，侵害荣誉权的行为主要包括非法剥夺他人荣誉称号以及诋毁、贬损他人荣誉。

非法剥夺他人荣誉称号，主要针对的行为人为授予荣誉的组织。荣誉乃是因为民事主体的突出贡献而由组织授予，自然也可因为某些原因而被剥夺。相关荣誉的剥夺理由和程序通常在组织中有明确的规定，通常剥夺荣誉需要有明确且合理的理由，并且要符合组织规定的程序，如果没有理由，或者未经合理程序就剥夺他人荣誉，则符合本条所规定的侵害荣誉权的行为。

诋毁、贬损他人荣誉，主要针对一般民事主体，其行为人没有限制。所谓诋毁是指诽谤和污蔑，而贬损是指贬低和损害，在逻辑上它们既包括对他人荣誉称号的污蔑和贬低，如对荣誉权人进行侮辱和诽谤，也包括对他人荣誉证明的毁坏和损害，如对荣誉奖状、奖牌、奖杯的污损和毁坏。

此外，第1031条第2款针对荣誉未能记载以及记载错误的情况，规定了请求记载和错误更正的请求权。如前所述，荣誉的记载利益是荣誉权主体享有的一项重要利益。通过相关的记载，荣誉权主体可以享受到相应的精神、物质和社会利益。因此，当出现没有记载或者记载错误时，荣誉权主体当然有权请求纠正。

问题与思考

《民法典》并未规定信用权，根据《民法典》第1024条第2款的规定，信用是民事主体名誉的重要组成部分，因此《民法典》第1029条规定的信用评价的维护自然成为名誉权保护的内容之一。理论上一般认为，信用权在内容上包括信用保有权、信用维护权、信用利益的支配权，即民事主体对自身信用利益的利用和支配权利，这种利用和支配，不仅是指自身利用，还可以在法律允许的范围内许可他人利用。信用权的内容与名誉权内容存在差别，信用权兼具人格与财产属性。在《民法典》将信用归入名誉权保护范畴的当下，如何将信用权内容融入民法典体系颇值探讨。

第四节　隐私权与个人信息保护

一、隐私权

(一)隐私权的概念与特征

1. 隐私权的概念

《民法典》第1032条第1款规定:“自然人享有隐私权。任何组织或者个人不得以刺探、侵扰、泄露、公开等方式侵害他人的隐私权。”隐私权是自然人享有的私人生活安宁与私密空间、私密活动和私密信息免受他人非法侵扰、知悉、搜集、利用和公开等的一种人格权。

在人格权的分类之中,如依一般人格权和具体人格权进行划分,则隐私权属于具体人格权;如依物质性人格权和精神性人格权进行划分,则隐私权属于精神性人格权;又如,在精神性人格权下再划分出自由型精神性人格权、尊严型精神性人格权与标表型精神性人格权,则隐私权属于尊严型人格权。

通说认为,美国哈佛大学法学院教授沃伦(Warren)和布兰代斯(Brandeis)1890年发表的《论隐私权》一文,标志着隐私权概念的正式确立。此后,随着现代社会的发展,尤其是信息网络的普及,促使人类生活日益数字化,通过摄像、录影、录音等技术手段窥测、刺探、非法披露他人隐私的事件层出不穷,近现代社会围绕私人隐私产生了尖锐的矛盾与冲突,隐私权的地位与作用越发彰显,成为一项异常引人注目、聚讼纷纭的民事权利。虽然早在1988年,《民法通则意见》第140条的规定就提及了隐私,但是,直至2005年,隐私权才为我国的法律所正式确认——2005年8月28日修正的《妇女权益保障法》第42条规定“妇女的名誉权、荣誉权、隐私权、肖像权等人格权受法律保护”,而我国的民事基本法首次明确规定此项人格权是在2009年颁行的《侵权责任法》之中。2020年5月审议通过的《民法典》,在分则人格权编中,用第1032条与第1033条两个条文对隐私权的概念、内容和具体的侵权行为作了规定,首次从人格权的层面对隐私权加以确认,明晰了隐私权的内涵与外延,并将侵害隐私权的行为予以类型化、具体化,这意味着隐私权在我国的进一步发展与完善,有利于强化《民法典》人格权编与侵权责任编在隐私权保护方面的功能性区分与体系性衔接,提高信息化时代个人隐私的保障水平,更有力地维护自然人的人格尊严和人格自由。

2. 隐私权的特征

第一,主体特定性。隐私权之权利主体能且仅能是自然人,而不包括法人。隐私权源于自然人本身的精神活动,与人之精神利益紧密关联,主要涉及的是个人的私生活安宁、私人活动不受干涉、私人秘密免于非法窥探等,法律保护隐私权之目的在于维护自然人的人格尊严,保障个人个性的健全和人格的充分发展。而法人为法律技术拟制的产物,并非生物意义上的人,法人和非法人组织没有精神活动,故无隐私可言。法人的商业秘密、经营秘密属于财产权益,不具有人格属性,通过反不正当竞争法、商业秘密法、知识产权法等给予保护即为已足,无须再由隐私权进行保护。

第二,内容广泛性。根据《民法典》第1032条第2款的规定:“隐私是自然人的私人生活安宁和不愿为他人知晓的私密空间、私密活动、私密信息。”由此可见,隐私权保护的内容涵盖私人信息秘密、私生活安宁及私人活动等，非常广泛。隐私权实际上是一个权益的集合体，而且其保护范围具有变化性。随着社会的发展，其内容还在不断地扩张，还因不同时代、不同地域而不尽相同，并且受到文化传统和道德观念的影响。同时，隐私权的保护范围还受到公共利益的限制。总之，对隐私的理解，受到政治背景、经济基础、风俗习惯、历史文化等主客观因素的影响。因此，认定隐私权侵权之时，需要综合围绕案件之一切关联情事，采用一种合理期待的标准进行权衡。

第三，对世性与支配性。隐私权是绝对权，具有对世性，可以对除权利主体之外的一切人产生效力，任何人均负有尊重权利人之隐私权的义务，不得以非法方法侵害之，否则，权利人有权请求加害人承担停止侵害、消除影响、赔礼道歉和损害赔偿等侵权责任。支配性意味着隐私排他性地归属于隐私权人所有，权利人能够依照自己的意思进行使用、收益和处分，在不违背法律、行政法规强制性规定和公序良俗的情况下，权利人还有权以自行或授权他人公开自己隐私的方式，对自己的隐私利益予以放弃。其他人在未经权利人允许的前提下，不得通过披露、传播等方式对权利人的隐私加以利用。

第四，可利用性。隐私权的权利内容虽然以精神性利益为主，但仍然具有一定的财产属性。隐私权中可以进行商业利用的部分主要是自然人的隐私性信息，数据企业在大量搜集自然人的隐私性信息的基础上，再利用大数据技术进行比对、分析，能够描绘自然人的数字化人格，并以此开展精准营销等活动，以谋取商业利益。此外，自然人的私人经历等私密信息也可以作为传记、小说、新闻报道的素材，出版传播后能获取稿酬等经济收入。隐私权的商品化业已成为隐私权的重要发展趋势。

第五，可克减性。不同于生命权、身体权、健康权等物质性人格权的不可克减性，隐私权是受到一定限制的，在特定情况下要有所限缩，以免有碍公共利益和他人的合法权益。就隐私权的实质而言，即是要在个人事务和社会公共利益之间寻求平衡。基于维护人格尊严、人格自由的目的，法律应当保护自然人的隐私。但是，出于保障新闻自由、舆论监督等社会公共利益的需要，法律也必须对隐私权范围与行使予以一定程度的限制。隐私权唯有在私人利益和社会公共利益的动态协调中方能得以实现。

（二）隐私权的内容

根据《民法典》第1032条第2款的规定，隐私是自然人的私人生活安宁和不愿为他人知晓的私密空间、私密活动、私密信息。据此可知隐私权的四方面内容：

第一，私人生活安宁。私人生活安宁是指自然人维持其个人生活安宁，不受他人非法侵扰的权利。私人生活安宁是个人获得自尊心和安全感的前提和基础，它是隐私权最主要的权利内容。私人生活安宁概念有广义和狭义之分。广义上的私人生活安宁包括生活空间不受非法侵入和窥视，私人活动不受非法监视或跟踪，生活秩序不受非法干涉或骚扰等一切足以干扰他人的行为，也包括《民法典》第1033条规定的狭义概念上的私人生活安宁，即“以电话、短信、即使通信工具、电子邮件、传单等方式侵扰他人的私人生活安宁”的行为。例如，向他人发送垃圾短信、垃圾微信或者进行电话骚扰。

第二，私密空间不受侵扰的权利。自然人的私密空间指的是个人的隐秘范围，自然人对自己的私密空间有排他控制权并有权加以保密。私密空间不仅包括住宅等物理意义上的空间，还包括电子邮箱、微信群等虚拟空间，根据《民法典》第1033条规定，除法律另有规定或者经权利人同意外，任何组织或者个人不得进入、拍摄、窥视他人的住宅、宾馆房间等私密空间；不得拍摄、窥视他人身体的私密部位。

第三,私密活动不受侵扰的权利。私密活动指的是自然人所进行的无关公共利益的个人活动,每个人都享有私密活动不受他人侵扰的权利。但是需要注意的是,私密活动是一种动态变化的隐私,其并非一成不变,有时某些私密活动随着时间的推移或者某些条件的变化成为非隐私活动,有些非隐私的活动则可能变成私密活动。因此,判断私密活动是否属于隐私要结合具体情境。自然人的私密活动受法律保护,《民法典》第1033条规定,除法律另有规定或者经权利人同意外,任何组织或者个人不得拍摄、窥视、窃听、公开他人的私密活动。

第四,私密信息不受侵扰的权利。私密信息指的是通过特定形式表现出来的能识别到特定自然人且自然人不愿为他人知晓的信息,包括自然人的病例、财产状况、档案资料、行踪信息、基因信息等。自然人的私密信息受法律保护。《民法典》第1033条规定,除法律另有规定或者经权利人同意,任何组织或个人不得处理他人的私密信息。属于隐私的私密信息与《民法典》第1034条规定的个人信息既有联系又有区别。个人信息既包括私密信息又包含非私密信息。

除此之外,隐私权的内容还包含个人隐私使用权。权利主体有权依法自己使用或许可他人使用其隐私,并有权决定使用隐私的方式,他人不得非法干涉。例如,自然人可以允许他人使用自己的隐私写作个人传记。但是,自然人对隐私的使用不得违反法律的强制性规定,不得违背公序良俗,也不得损害第三人的合法权益。

(三)侵犯隐私权的行为

《民法典》第1032条第1款规定了侵害隐私权的典型行为,即以刺探、侵扰、泄露、公开等方式侵害他人隐私权的行为。第1033条则是对这些典型行为的解释与细化,但是均未超出本条刺探、侵扰等行为方式。

刺探,主要是指在未经隐私权人同意的情况下,采取各种手段,如拍摄、窃听、监视等,获悉自然人不愿公开,处于隐秘状态下的私人生活、私人信息等相关内容的行为。需要注意的是,只要实施刺探行为就构成对隐私权人隐私的侵犯。

侵扰,主要是指在未经隐私权人同意的情况下,采取各种手段如打骚扰电话、发垃圾短信等,干扰权利人正常的生活安宁。

泄露,是指行为人将无论是合法还是非法掌握的隐私内容,未经权利人许可,让特定人知悉的行为。首先,泄露的内容为隐私;其次,这里的行为人既包括与权利人关系密切的主体,也包括通过刺探手段获得隐私信息的与权利人不相关的主体;再次,行为人需在未经隐私权人同意的情况下向特定人泄露;最后,行为人的泄露行为的主观状态既可为故意也可为过失。

公开,是指行为人未经隐私权人同意将其所掌握的隐私内容让不特定的社会公众知悉的行为。公开和泄露有差别:(1)对象不同,泄露的对象特定,而公开的对象则是不特定的社会公众;(2)行为人的主观过错不同,泄露可能是故意也可能是过失,而公开通常主观上是故意。

(四)隐私权与相关权利

肖像权是自然人对自己的肖像享有合法权益并排除他人不当干涉的权利。肖像权与隐私权同属精神性人格权,两者具有紧密的联系。未经本人同意而使用其肖像,有时属于侵害他人肖像权的行为,有时则属于侵害他人隐私权的行为。在许多侵权场合,侵害的对象究竟是肖像权抑或隐私权,难以析清。例如,未经人体模特同意,将其裸体艺术照在艺术展览会上公开展览,以侵害肖像权为表象而侵害隐私权。故澄清肖像权和隐私权的区别,有利于准确地判断侵权客体,正确地适用法律。

第一,权利属性不同。自然人(尤其是名人)的肖像具有广泛的商业用途,例如,著名演员的肖像可以运用在广告宣传、商标制作、产品包装等商业活动中，以达到提高产品知名度、促进商品销售的商业目的。肖像权人通过自己使用或者以合同的形式授权他人对自己的肖像加以利用，可以获取一定的经济利益。肖像权的商业化利用的发展，使肖像权由纯粹的精神性利益演变为兼具精神性和财产性的利益。隐私权则是一种比较纯粹的精神利益，法律确立隐私权的目的主要在于维护自然人的人格尊严、人格自由，保障自然人个性的健康发展，涉及的基本是个人内在的主观利益，较少涉及客观的外在经济利益。

第二，权利客体不同。隐私权的客体是隐私，涵盖私人生活安宁、私密空间、私密信息、私密活动等内容，属于主观的范畴。肖像权的客体是肖像，即通过影像、雕塑、绘画等方式在一定载体上所反映的特定自然人可以被识别的外部形象，属于客观的范畴。尽管肖像权和隐私权有着一定的联系，如某些隐私是以肖像的形式存在，但是，此两者在本质上是不同的。当侵权人是以非法利用肖像的方式公开他人的隐私时，如在网上传播偷拍的显示某人身体隐蔽部位有不雅文身的照片，应当认定是侵害隐私权而不是肖像权的行为。

第三，侵权样态不同。隐私是自然人享有的一种免于外界公开和干扰的私人秘密和私生活安宁的状态。侵害隐私权的行为的主要表现形式是非法披露他人的私密信息、非法妨害他人私生活安宁、非法干涉他人的私人活动、非法侵扰他人的私密空间等。而侵害肖像权之行为主要有未经权利人允许而非法制作他人的肖像；非法使用他人的肖像，无论是否以营利为目的；恶意毁损、丑化他人的肖像。

第四，损害后果的可逆性不同。隐私具有私密性，一旦被公开，为社会公众所知悉，便无法再消除人们脑海中对此的记忆，使被公开的隐私回归私密的状态，因此，侵害隐私权的后果是常常是不可逆的，并无任何方法可以恢复原状。而当肖像权受侵害之时，能够通过损毁相片的底片及其他非法肖像制品等方式恢复原状。

二、个人信息保护

（一）个人信息保护概述

随着信息技术的发展，海量数据化信息遍布人类生活领域，大数据技术席卷社会。数字化的个人信息以势不可当的劲头充斥人们的生活。但大数据技术给予人们迅捷高效信息处理方式的同时亦引发个人信息保护的巨大风险与挑战。近三十年来，世界上兴起了个人信息保护的热潮。如德国制定《联邦个人资料保护法》，英国制定《个人资料保护法》，欧盟在《个人数据保护指令》的基础之上制定《一般数据保护条例》，美国则将个人信息纳入隐私权保护的范畴，制定了一系列相关法律。近年来，我国也高度重视个人信息保护的相关立法工作，相继从民事、行政、刑事各方面开展个人信息保护工作。如 2012 年全国人大常委会通过的《关于加强网络信息保护的决定》、2013 年修改的《消费者权益保护法》、2016 年通过的《网络安全法》、2018 年通过的《电子商务法》、《民法典》于总则编第 111 条对个人信息保护作出了原则性的规定，在《民法典》人格权编也对个人信息保护作出了较为基础性、原则性的规定，如规定个人信息处理的原则、信息主体的主要权利义务等。2021 年 8 月 20 日，第十三届全国人民代表大会常务委员会第三十次会议审议通过《中华人民共和国个人信息保护法》，自 2021 年 11 月 1 日起施行，标志着我国个人信息保护法律制度的完善。

《民法典》第 1034 条第 1 款、第 2 款规定，自然人的个人信息受法律保护。个人信息是以电子或者其他方式记录的能够单独或者与其他信息结合识别特定自然人的各种信息，包括自然人的姓名、出生日期、身份证件号码、生物识别信息[24]、住址、电话号码、电子邮箱、健康信息、行踪信息等。在《民法典》编纂过程中，对于是否确立独立的个人信息权，由于目前理论界和实务界还缺乏深入研究，尚未达成共识，因此最终未明确将个人信息规定为“个人信息权”，而是采用了“个人信息保护”的表述，主要是考虑到，个人信息受保护的权利与其他人格权在考量因素上有所不同，个人信息保护要兼顾个人信息保护与其利用之间的关系。此表述既强调了对信息主体的保护又无碍信息的共享、利用以及我国大数据产业的发展。[25]《民法典》中关于个人信息保护作出的是基础性、原则性的规定，并未有太多细致的规定，这既对将来个人信息保护单独立法提供了指引，又为将来发展留有空间。

(二)隐私权与个人信息保护

隐私权和个人信息具有相当紧密的联系，《民法典》人格权编第六章名为隐私权和个人信息保护，合并规定此二者，便足以证明这一点。两者既有联系又相互区别。

第一，权利属性不同，虽然隐私权与个人信息均规定于《民法典》人格权编之中，是法律确认的人格权益，但两者仍有所不同。个人信息实际上兼具人格利益和财产利益，保护个人信息之目的，不仅在于防止对个人信息的各种非法收集、利用行为导致的侵害自然人人格尊严、人格自由之风险，亦在于预防对个人信息的非法商业性使用致使自然人遭受财产损失之危害。而隐私权主要体现的是精神性人格利益，并不如个人信息一般蕴含有丰富的商业性元素。隐私权偏向于消极的防御，具有的权能主要是停止侵害、排除妨害、消除危险、赔偿损失等消极权能，长于事后救济而短于事前防范；而个人信息保护则侧重于强调自然人对个人信息的积极支配控制，既有更正权、限制访问权、删除权等消极的事后救济权能，也有知情权、同意权、数据可携权、访问权、利用收益权等积极事前调控权能，赋予自然人全方位、多层次、宽领域的强力控制手段，实现事前、事中、事后救济的无缝衔接。

第二，权利客体不同，隐私权和个人信息在客体上具有交叉重叠性，但两者在此并非包含与被包含的关系。隐私权的特征在于私密性，其客体包括物理性的私密空间和无形的私密信息，而个人信息的特征在于可识别性，其客体涵盖一切直接或者间接指向特定自然人的信息，两者的交错之处是自然人的基因信息、病历资料、犯罪记录、家庭住址等私密信息。在两者的交集之外，一侧为动态的私人活动过程以及物理性的隐私空间，另一侧是不具备隐秘性的个人信息。[26] 例如，自然人的姓名、身份证件号码、电话号码等的搜集和公开涉及公共管理需要，必须在一定范围之内为社会特定或者不特定人所周知，这些信息显然难以归入隐私的范畴，[27]故属非私密性的信息。

第三，保护方式有差别。首先，如前所述，隐私权是一项消极的、防御性的权利，故对其保护重心在于事后救济；而法律对个人信息的保护更为强调事前的预防。信息主体对其个人信息处理、使用、流通等一系列流程的自主、自治、自决，使自然人主动地参与其中，以达至较为圆满的支

---

[24] 在生物识别信息中较为典型是人脸信息。随着信息技术迅速发展，人脸识别技术为人们生活带来便利的同时也引发个人信息保护问题。为此，最高人民法院在充分研究与调研基础上，依照《民法典》《网络安全法》等法律，制定《最高人民法院关于审理使用人脸识别技术处理个人信息相关民事案件适用法律若干问题的研究》(以下简称规定)，对人脸信息提供司法保护，该规定于2021年6月通过，8月1日起施行。

[25] 黄薇主编:《中华人民共和国民法典人格权编解读》，中国法制出版社2020年版，第213页。

[26] 吕炳斌:《个人信息权作为民事权利之证成:以知识产权为参照》，载《中国法学》2019年第4期。

[27] 王利明:《论个人信息权的法律保护——以个人信息权与隐私权的界分为中心》，载《现代法学》2013年第4期。

配控制状态,个人信息保护甚至还承载着管控国家信息网络安全的公益性目的。其次,隐私权受侵害之时,受害人主要根据《民法典》第 1183 条,请求加害人承担精神损害赔偿责任;而个人信息除人格属性之外,还具有财产价值,非法将他人个人信息用于商业化用途,会导致自然人的财产损失。因此,侵害个人信息之时,除令侵权人承担精神损害赔偿责任之外,财产损害赔偿的救济方法也有适用的余地。当受害人的实际损失难以举证证明时,可以依据侵权获益的标准确定,侵权获益也难以认定的,可由人民法院根据案件实际情况予以酌定。最后,侵犯隐私权时,受害主体常常限于特定的一人或者少数人,而侵害个人信息时,则可能构成大规模侵权,形成一种聚集性的、针对众多人的大规模损害。因此,隐私权的保护以《民法典》人格权编的确权和《民法典》侵权责任编的救济相结合为主;而保护个人信息的方式不限于前述法律途径,当大规模个人信息侵权案件发生时,会有国家力量介入,以行政行为相规制,配合司法诉讼,共同救济受害人的合法权益。

(三)个人信息保护的主要内容

《民法典》第 1034 规定,自然人的个人信息受法律保护,这主要体现在两个方面:其一,个人信息的处理者在处理信息时应当遵循一些基本原则或规则,履行相应的义务;其二,个人信息主体对于自身信息享有一系列的权能。

1. 处理个人信息的原则

首先需要明确的是此处的“处理”内涵丰富,包含个人信息收集、存储、加工、传输、提供、公开等行为。《民法典》第 1035 条第 1 款规定:“处理个人信息的,应当遵循合法、正当、必要原则,不得过度处理,并符合下列条件:(一)征得该自然人或者其监护人同意,但是法律、行政法规另有规定的除外;(二)公开处理信息的规则;(三)明示处理信息的目的、方式和范围;(四)不违反法律、行政法规的规定和双方的约定。”第 1038 条、第 1039 条分别规定了信息处理者的信息保护义务以及国家机关、承担行政职能的法定机构及其工作人员对个人信息的保密义务。根据这些规定,处理个人信息应当遵循以下原则:

第一,合法原则。该原则强调处理个人信息必须要有合法的依据,而且处理的方法应当符合法律规定。当前处理个人信息的合法性源于法律法规的明确规定以及信息主体的同意。就前者而言,除了《民法典》关于个人信息处理的规定之外还有其他法律法规对个人信息处理作出了明确规定,如《网络安全法》《电子商务法》《消费者权益保护法》等,因此处理个人信息要严格遵守这些法律法规的规定;于后者而言,《民法典》第 1035 条第 1 款第 1 项规定,处理个人信息应当“征得该自然人或者其监护人同意,但是法律、行政法规另有规定的除外”。此规定将自然人或其监护人的知情同意作为处理个人信息的主要合法性前提。此处规定“监护人”的同意主要是考虑到无民事行为能力人或限制民事行为能力人的信息被处理时的情况。同意的作出可以有两种方式,一种是明确表示同意信息处理者的行为,一种是明确表示不同意信息处理者收集、处理及利用某种信息,除此之外则表明默示的许可。根据信息的敏感度,同意方式的作出也有一定的限制,如根据《民法典》第 1033 条第 5 项规定,任何组织或者个人除法律另有规定或者取得权利人明确同意,不得处理他人的私密信息。《民法典》第 1035 条第 1 项中“但是法律、行政法规另有规定的除外”指的是不需要经过信息主体同意,处理者即可处理信息的情形,这些例外情形必须由法律、行政法规作出明确规定,如《民法典》第 1036 条即例外规定,这些例外情形主要包括:(1)在该自然人或者其监护人同意的范围内合理实施的行为;(2)合理处理该自然人自行公开的或者其他已经合法公开的信息,但是该自然人明确拒绝或者处理该信息侵害其重大利益的除外;

(3)为了维护公共利益或者该自然人的合法权益,合理实施的其他行为。

第二,正当原则。正当原则指的是处理个人信息应当基于正当的目的且运用正当手段。正当性原则要求信息处理者在处理信息时要尽可能将个人信息处理的目的告知信息主体,满足公开透明的要求,而且要严格遵循信息处理目的而为信息处理工作,在信息处理目的发生变化时要及时告知信息主体。除告知信息主体信息处理的目的之外,还应当保证信息处理的手段正当,这就要求信息处理者在处理个人信息的过程中不得强迫或者变相强迫信息主体提供个人信息,更不得以欺骗、窃取或者其他非法手段收集个人信息。

第三,必要原则。该原则指的是处理个人信息的目的应当特定,其通常要求个人信息收集与利用应当受限于最初确定的目的,与该目的保持一致。处理应当受限制。该原则强调个人信息的处理应当符合个体的预期,当个人信息的处理超出了社会中正常理性人的合理预期时,个人信息的处理者必须对信息主体或其监护人进行告知,确保信息主体或其监护人理解伴随此类收集与处理的风险,并且在此类情形中获得信息主体或其监护人的明确授权。[28] 必要性原则还包括在依照特定目的处理个人信息时,应当按照对信息主体影响最小的方式进行,应当在必要限度内进行。

第四,公开透明原则。该原则强调信息处理者在处理个人信息时应当公开处理信息的目的、规则、方式以及范围,确保信息主体知情同意权的行使。这就需要信息处理者在处理个人信息时将信息处理的目的、范围、方式等通过通俗易懂又显著的方式向信息主体予以公开。

第五,安全保护原则,该原则强调应当采取合理的安全防范措施保证个人信息的安全,防止丢失、未经授权访问、毁坏、修改或公开信息等风险的发生,我国《民法典》第 1038 条规定了信息处理者对个人信息安全保护的义务。该条从三方面对信息处理者的安全保护义务作出规定:(1)信息处理者不得泄露或者篡改其收集、存储的个人信息;(2)信息处理者应当采取技术措施和其他必要措施,确保其收集、存储的个人信息安全,防止信息泄露、篡改、丢失;(3)发生或者可能发生个人信息泄露、篡改、丢失的情况的,应当及时采取补救措施,依照规定告知信息主体并向有关主管部门报告。第 1039 条则对国家机关、承担行政职能的法定机构及其工作人员对个人信息的保密义务作出规定,该条要求前述主体对于履行职责过程中知悉的自然人的隐私和个人信息,应当予以保密,不得泄露或者向他人非法提供。

除了前述《民法典》明确提到的个人信息处理的原则之外,个人信息处理的原则还有很多,比如,信息质量与保存时限原则,该原则在多数国家个人信息保护的基本原则中均有规定。其又可称为信息完整正确性原则,旨在强调收集个人信息应当在明确目的范围内尽可能保持信息的准确、完整并及时更新,而且信息质量原则必须统摄于前述原则之下;个人参与原则,该原则主要强调信息主体的权利,如信息主体对于个人信息应当享有访问权、纠正权以及删除权等;合理使用与流通原则,该原则亦可称为利益平衡原则,其强调要在信息主体本人的利益和国家利益、公共利益、他人的利益之间寻求平衡,法律在保护个人信息的同时,不得妨碍他人的权利和自由,不得损害国家利益与社会公共利益。[29]

---

〔28〕 丁晓东:《论个人信息法律保护的思想渊源与基本原理——基于“公平信息实践”的分析》,载《现代法学》2019 年第 3 期。

〔29〕 周汉华:《个人信息保护法(专家建议稿)及立法研究报告》,法律出版社 2006 年版,第 2 页。

2. 信息主体对个人信息享有的权能

根据《民法典》第1037条规定，信息主体对个人信息有查阅、复制和更正、删除的权利。其实《民法典》第1035条第1项及第1038条可认为是信息主体的知情同意权以及个人信息受保密的权利。

第一，查阅复制权。该权利指的是信息主体有权查询其个人信息被处理的情况，并有对处理的个人信息进行复制的权利。信息主体的查阅复制权是其行使更正删除权的前提，信息主体只有在明确其信息处理情况的前提下，才能够对是否更正删除作出判断。

第二，更正权。更正权指的是信息主体请求信息处理者对不正确、不全面的个人信息进行更正的权利。更正权主要包含个人信息错误的更正，个人信息不全面的补充，个人信息的更新，以此保障个人信息的全面、充分及完整。更正权设定的目的主要在于个人信息的人格属性。由于在大数据时代，人们通过个人信息来完成对一个人的形象刻画已经非常普遍，当人们对他人形象进行刻画时必须要确保展现个人特质的信息的正确性，否则就会得出错误的人物画像，进而造成对个人形象的毁损，更有甚者会造成人格尊严的损害。

第三，删除权。删除权指的是信息主体不再希望个人信息被处理且信息处理者已经没有合法理由保存数据时，信息主体有权要求信息处理者删除其收集的个人信息。通常在以下几种情况下，信息主体可以行使删除权：(1)个人信息收集或处理的目的已经不再必要；(2)处理个人信息的行为不合法；(3)信息主体与信息处理者约定的个人信息处理的期限已满，或者信息主体撤回对于信息处理者处理信息的同意。

前述列举的具体人格权是《民法典》人格权编第990条第1款明确规定的人格权，此外《民法典》第109条还规定了婚姻自主权这一具体人格权。婚姻自主权是指自然人享有的自主决定婚姻的缔结与解除，不受他人强迫或干涉的人格权。婚姻自主权包括结婚自主权和离婚自主权两个方面。结婚自主权，即自然人自行决定缔结婚姻关系，不受他人强迫、包办、干涉的权利。在符合法律规定的情况下，是否结婚，和谁结婚，结婚的时间、地点和方式等均由自然人自主决定。复婚自主权和再婚自主权均包括在内。离婚自主权，即夫妻双方自主决定解除婚姻关系的权利。法律赋予自然人离婚自主权的目的在于，保障自然人能够解除无法继续的婚姻关系，去追寻自己的幸福生活。

问题与思考

《民法典》人格权编规定了个人信息保护，并未明文规定个人信息权，那么个人信息究竟能否权利化？在学界，关于个人信息究竟是民事基本权利抑或法益，存在不同的看法。权利说认为：《民法典》第111条是确权性规定，确立了个人信息权；法益说认为，该条并未明确个人信息的权利属性，只是为个人信息作为法益保护提供了法律依据。本书认为，目前难以明确"个人信息"的权利属性，主要基于以下几点：(1)法律未明文规定个人信息权，未将个人信息权利化。利益保护可采权利化模式、也可采行为规制模式。《民法典》第111条前段原则性地宣示个人信息受法律保护，后段则规定了依法取得并确保信息安全的义务，同时对非法收集、加工、传输、买卖、提供、公开予以禁止，体现出行为规制的特点，应属采行为规制模式。况且，《民法典》第111条全文均未出现"个人信息权"这样的表述，且《民法典》人格权编也仅规定个人信息保护，在权利的认定上，我们应该遵循严格的形式主义标准，只有民事法律明确规定的权利才是民法上的权利,其他的都是利益保护的问题。(2)个人信息无法成为民事权利客体。民事权利客体,即民事权利义务所指向的对象,一般认为需满足特定性、独立性与具有权利表彰功能三个特征。首先,个人信息具有非独占性的特征,常常以在二进制的基础上以0和1的组合而成的比特流形式通过集成电路传输,易于流通和分享,本身处于持续变动的状态,不具有特定性。其次,个人信息不具有独立性。民事客体的独立性指的是,作为民事权利的附着对象,它必须是能实际控制的并能划分与他人利益范围的独立载体。个人信息往往基于网络运营商提供的系统或服务而产生,且存储在其服务器上,无法脱离载体而存在,信息主体一般无法直接控制数据。自然人对个人信息的产生既没有投入生产要素,也没有进行劳动,将个人信息所附着的利益划分给其所指向的自然人也没有合理的根据。最后,在大数据时代,自动化数据处理技术大规模应用,个人在网络空间活动的琐碎的、零散的信息可以被重组、比对、整合成为关联到特定民事主体的个人信息,个人信息和非个人信息之间的界限模糊化。因此,个人信息无法成为社会一般人可以清晰预见和明确感知的对象,不具有权利表彰功能。(3)个人信息保护具有维护个人信息上所承载的法益和保障信息自由流通双重价值,个人信息权利化不利于在两者之间求得平衡,偏重于前者而忽视了后者。(4)个人信息权利化在我国尚不具备成熟的理论基础。且不说我国学界在个人信息究竟是权利抑或法益的判断之上存在巨大的分歧,就是赞同个人信息权的法律属性是权利的诸学说,在个人信息属于何种类型的权利上也有巨大的分歧。有的认为是具体人格权,有的认为是财产权,有的认为是人格权兼财产权,有的认为是一种新型权利。在认为个人信息权是人格权的学者中,关于个人信息权具有何种权能,也有不同的意见,特别是关于被遗忘权与数据可携权的争议比较大。关于个人信息权的权利客体究竟是什么也存在争议,有的认为是个人信息,有的认为是人格利益和财产利益,有的认为是人格要素。由此可见,我国学界对于个人信息权应当属于何种权利类型、具有什么样的权能、权利客体是什么,可谓是众说纷纭,百家争鸣,远未达到可以形成共识的地步,不足以为个人信息的权利化提供坚实的理论基础。即使贸然确立个人信息权,也会因为没有清晰的理论架构,因而在实践中缺乏可操作性;理论上的混乱也会给裁判尺度的统一带来困难。在目前个人信息权利化尚存较大争议的情况下,《民法典》采取"个人信息保护"的表述显得更为科学合理。

拓展阅读推荐

1. 吕炳斌:《个人信息权作为民事权利之证成:以知识产权为参照》,载《中国法学》2019年第4期。
2. 王利明:《论侵害人格权的诉前禁令制度》,载《财经法学》2019年第4期。
3. 张红:《民法典人格权编立法论》,法律出版社2020年版。
4. 徐国栋:《人格权制度历史沿革考》,载《法制与社会发展》2008年第1期。
5. 周枏:《罗马法原论》(上册),商务印书馆2017年版。

第三编 | 物　　权

第十三章　物 权 总 论

学习要点

- 物权的概念和特征
- 物权的效力
- 物权法定原则
- 物权的公示和变动

第一节　物权与物权编概述

一、物权的概念

《民法典》第 114 条规定,物权是权利人依法对特定的物享有直接支配和排他的权利,包括所有权、用益物权和担保物权。在理解物权概念时,应注意以下几个问题:

第一,物权为近现代民法的一项重要概念,其与债权共同构成近现代财产权体系的两大基石。就物权和债权的相互关系而言,物权既是债权关系的起点,也是债权关系的最终归属,民法上的财产权因此呈现"……物权→债权→物权……"之循环往复的运动轨迹。可以说,没有物权、债权等财产权概念,也就无所谓近现代财产权体系和私法制度,更无从构建作为形式民法的民法典。

第二,物权概念的生成经历了长期的历史发展进程。在罗马法时代,虽然出现了所有权、役权、地上权等具体的物权概念和类型,但立法者始终未能提出"物权"一词。一般认为,"物权"一词是由中世纪注释法学派首先提出来的,是注释法学派在研究罗马法时对罗马法规定的所有权、役权等具体财产权予以抽象的结果。而在法律上正式使用"物权"概念始于 1811 年制定的《奥地利民法典》,稍后,1896 年制定的《德国民法典》以"物权"作为其第三编的编名,系统地规定了所有权、地上权、用益权、地役权、抵押权、质权等物权。自此之后,大陆法系各国纷纷仿效《德国民法典》,在自己的民法典中规定符合本国国情的物权制度。我国自清末修律以来,相关民事立法亦追随《德国民法典》规定了物权制度。原《物权法》曾作为一部重要的民事单行法,也是效法《德国民法典》立法模式的产物,我国《民法典》已将其纳入并形成单独的"物权编"。

第三,物权是人对人的权利而不是人对物的权利。物权虽然在现象上表现为权利人对特定物的排他的、直接的控制和支配,但其在法权关系上绝非人对物的权利,而是人对人的权利。法权关系是一种意志关系,表现为权利主体的一定程度的意志自由及对义务主体意志自由的限制。在物权关系中,权利客体虽然是物,但物是没有意志的,其不可能作为义务主体与有意志的人发生法权关系。在物权关系中,物权人之所以能对特定物进行直接的控制和支配,是因为法律赋予了物权以排他效力,限制了其他人占有和支配该物的意志。因此,物权虽直观地表现为人对物的支配,但这种支配中其实隐含了对社会一般人意志的限制,从而构成了对社会一般人的权利。

二、物权的特征

相对于债权、知识产权中的财产权,物权具有下列特征:

(一)物权的客体为物

与债权以给付行为为客体相反,物权的客体为物,但并非所有的物均可构成物权的客体。一般而言,作为物权客体的只能是特定物、独立物、有体物。

1. 须为特定物

物权系对物为支配的权利,由于非特定物难以为权利人所支配,故其不能为物权的客体,而只能成为债权关系的标的物。特定物包括本来的特定物和被特定化了的种类物。在理解种类物的特定化时必须注意这种特定化的相对性,如某商场库存某品牌的某型号彩电 100 台,就这些彩电本身而言,属于种类物无疑,但通过该商场的库存行为,其又成为被特定化的种类物即特定物。但若某公司同该商场订立买卖合同时,只约定购买该库存的100 台彩电中的 1 台,由于这 1 台彩电未被特定化,对合同当事人而言,其仍属于种类物的范畴,只有商场将其中的 1 台彩电交付给公司后,该彩电才得以特定化,公司也才能取得该台彩电的所有权。

2. 须为独立物

作为物权客体的物,须具有与物权的支配性相适应的经济上的独立性,构成物权客体的物原则上是物的整体,物的一部分通常不能作为物权的客体。这是因为,倘若物权人仅支配物的一部分,很难充分享受物之利益,而且也无法向社会公示其物权,难以贯彻物权公示原则。应当注意的是,在判断是否构成独立物时,不应仅从物质形式上判定,而应综合考虑人们的生活需要、经济观念及特别法的相关规定。例如,土地、与土地相连的房屋、树林、庄稼、一幢楼房的若干单元,虽在物理结构上并不独立甚至绵延无垠,但社会观念上承认其独立的经济意义和法律意义,可单独作为物权的客体。此外,依传统民法观点,由数个物集合而成的集合物,并非独立物,不能作为物权的客体。但伴随财团抵押和企业担保的产生,法律上逐步承认在由不动产、动产、无形财产及债权所组成的“流动财团”上得设定抵押权,《民法典》第 396 条、第 403 条、第 404 条也对此进行了规定。同时,在社会生活中,人们亦广泛地承认可以在一项集合物(如一群羊、商店内的全部商品)上成立所有权。因此,对作为物权客体的物的独立性,不能做过于绝对的理解。

3. 原则上须为有体物

物权与知识产权中的财产权的重大差别,表现为物权客体的有体性和知识产权客体的无体性。坚持将物权的客体限定于有体物的范围,有利于形成科学的权利分类体系,也有利于针对不同财产权进行有的放矢的法律调整。但必须注意的是,有体物和有形物并非同一法律概念,二者之间存在种属关系。除了占据一定空间、可以通过视觉感知的有形物之外,有体物还包括可以通过物理的、技术的手段进行控制的无形物。例如,光、热、电、气等自然力,其虽不占据一定的空间,但毕竟与作品、发明创造等无体物存在很大的区别,前者可以通过物理和技术上的手段进行控制,而后者只能通过法律授予作者或发明人垄断权利的方式进行控制,故近现代民事立法和民法理论普遍承认光、热、电等自然力的物权客体地位。除了前述各种自然力之外,个别传统的有体物的范围也不断扩大,例如,土地不再仅指地表,地上或者地下的空间也渐次成为物权的客体,《民法典》第 345 条也认许以土地上、地下的空间为客体设立建设用地使用权。此外,必须强调的是，并非任何无体物都不能成为物权的客体，如根据我国《民法典》，建设用地使用权等物权、应收账款等债权以及知识产权中的财产权等可成为抵押权或质权的客体。

（二）物权具有绝对性

物权的绝对性又称对世性，是指物权的权利主体是特定的一个人或一些人，而义务主体是不特定的多数人，即除物权人之外，所有的人都对物权人负担义务。正是因为物权强大的对世性，在物权人支配标的物的范围内，任何人均负有不得侵害、妨碍或干涉物权人支配状态的不作为义务，作为其反面，物权人可对任何人主张其物权。物权的绝对性特征将其与债权明确区别开来，因为债权具有相对性，在债权关系中，权利人和义务人都是特定的，债权人只能对特定的债务人主张其权利。

（三）物权为支配物的权利

物权最基本、最核心的权能是对特定物的支配。所谓支配，是指物权人依自己的意思，根据标的物的不同属性，对标的物加以管领，其形式包括占有、使用、收益或处分。物权人对于标的物的支配，无须他人意思或行为介入，即其完全可以依自己之意愿作为或不作为，通过径行支配标的物，以享受物之利益。例如，物之所有人可不经他人之配合，即可径行使用或处分其物；抵押权人于债权已届清偿期而未受清偿时，无须抵押人之介入，亦得申请法院拍卖抵押物，以取得抵押物之交换价值而受偿。与物权的支配性相反，债权的主要权能为请求权，在绝大部分情况下，债权需借助债务人的给付行为才能实现。值得注意的是，物权以支配权为其最基本的权能，并不意味着物权关系中就不可能包括请求权的内容，与此相反，当物权人的对物支配权受到妨碍时，为使物权人的支配回复到未受妨害之前的圆满状态，法律无不承认物权人针对义务人的请求权，只不过该请求权在性质和效力上与债权中的请求权存在较大差别而已。

（四）物权以直接享受物之利益为目的

物权为对物的支配权，但对物进行支配，还不是物权人的目的，而仅是物权人实现目的的手段。物权人的直接目的在于通过对物的支配而享受物之利益。在现代市场经济条件下，享受物的利益通常表现为两个方面：一是利用物的使用价值满足生产经营和日常生活的需要；二是利用物的交换价值获取对价或者通过信用担保获得融资。至于物权人究竟享受物的何种利益，根据物权人的支配内容而有所不同。一般而言，由于所有权人为对物的使用价值和交换价值的一体支配，其所享有的是物的全部利益，包括物的最终归属及占有、使用、收益和处分物的利益。用益物权人仅对物的使用价值为支配，其所享受的利益是物的使用价值。担保物权人对物的交换价值为支配，其所享有的仅是物的交换价值。与物权不同，即便是以特定物为给付内容的债权，债权的直接目的也并非享受物之利益。相反，债权本身只是手段性的权利，其直接目的是通过债的履行，将债权转化为物权。只有债权转化为物权后，曾经的债权人才能直接享受物之利益，然而此时，其债权人的身份已经消灭，其实际上是以物权人的资格实现着物之利益。

（五）物权具有排他性

物权的排他性具体表现为两个方面：一方面，物权具有排除他人侵害、妨碍、干涉的性质；另一方面，内容相同的物权之间具有相互排斥性，在同一物上不容同一性质或同一内容的两种以上物权并存。就第一个方面而言，若对物权的妨碍尚未导致物权人具体的损害，物权人可行使物上请求权以回复其支配状态的圆满；若妨碍行为已经给物权人造成了实际损害，致使物权人不能回复或者不能完全回复对物的圆满支配，则物权已成为侵权行为的客体，物权人可主张侵权损害赔偿。但在债权关系中，原则上债权只因债务人不履行债务而受到威胁，不能成为任意第三人妨碍或侵害的对象,债权人只能对债务人主张责任,一般情况下不能对债权债务关系之外的第三人提出权利请求。第二个方面即所谓"一物一权"原则,指当物权性质相互排斥时,不能同时存在一个标的物之上。例如,同一标的物上不能存在两个及两个以上所有权,原则上也不能同时存在两个及两个以上的用益物权和以占有为基础的担保物权。一般而言,相互兼容的物权通常局限于所有权与他物权、用益物权与担保物权以及不以占有为基础的担保物权相互之间。然而,在债权关系中,不同种类的债权原则上并不相互排斥,在一个标的物上发生数个债权的情形虽非普遍现象,但也的确经常出现。

三、物权编的调整对象

我国《民法典》第 205 条规定:"本编调整因物的归属和利用产生的民事关系。"据此可知,我国《民法典》物权编的调整对象,包括物的归属关系和物的利用关系两个方面。

(一)物的归属关系

物的归属关系,是指特定的物归特定民事主体所有的财产关系。物的归属关系是人类社会生活的重要财产关系。就全社会而言,重要生产资料的归属如何,不仅直接决定一个国家的基本经济制度,同时也间接决定一个国家的基本政治制度。就个人而言,将一定物质资料据为己有,供其生产和生活之用,构成了人生存和发展的基本条件。因此人类社会自从出现国家和法律,就一直将物的归属关系作为法律调整的重要对象,调整物的归属关系的法律规范的总和,构成了物权法上的所有权制度。

(二)物的利用关系

对物的利用有两种不同情况:一是自主利用,即所有人将物用于自身生产或消费;二是他主利用,即所有人将物交给他人进行有限的利用并从中获取对价。前一种利用可以为物的归属关系所包含,并不形成新的社会关系。而后一种利用不能为物的归属关系所覆盖,从而形成了有别于物的归属关系的独立的利用关系。故此,所谓物的利用关系,是指物的所有权人基于其意思,将所有物交付他人有限利用而发生的,以该他人为利用主体的社会关系。与物的归属关系一样,物的利用关系也是人类社会重要的财产关系,其能实现物尽其用、充分发挥物质财富经济效用的社会理想。需要指出的是,相对于物的归属关系,物的利用关系更为复杂。面对着错综复杂的利用关系,法律上历来同时存在物权式调整与债权式调整两种不同的调整方法。总体来看,对以动产为标的的用益关系都采用简便、灵活的债权方式进行调整,而对以不动产为标的的用益关系,则同时采用物权和债权两种方式进行调整。在物的担保关系的法律调整上,则普遍采用物权调整方法。以物权形式调整物的利用关系而形成的法律规范的总和,构成了《民法典》物权编中的他物权制度。

最后要强调的是,无论是物的归属关系中的所有人,或者是物的利用关系中的利用人,都可能现实地占有物权的标的物,而此种占有都是以法律上的物权(所有权或者他物权)为基础的,是基于本权的占有。但现实生活中,也可能出现所有人或合法利用人之外的人占有物的情况,此刻,占有人对物无任何法律意义上的权利,其仅具备单纯的、客观的占有事实。围绕着该占有事实而形成的关系绝不是所有权关系、他物权关系所能概括的,其实际上已经构成了一种独立的社会关系。虽然,占有人本身对物没有法律上的权利,但为了社会的秩序与和平,其占有状态也是受法律保护的。时至今日,占有已发展成为一个完整的体系,理论上称为类物权制度,该制度弥补了所有权制度与他物权制度调整范围之外的空白,我国《民法典》第 205 条虽未直接将物的占有关系作为调整对象，但在该编的第五分编却建立了相对完整的占有制度，这表明我国《民法典》物权编除调整物的归属关系和物的利用关系之外，也是调整物的占有关系的。

问题与思考

物权和债权的区分是近代大陆法系民法的杰出成就，构成了整个民法财产法体系的基石，但这种区分能否绝对化？我们认为答案显然应当是否定的。事实上，物权和债权之间的关系远非彼此的法律特征表现出的那样清晰。第一，就绝对性而言，并非所有的物权都具有绝对性，仅以当事人意思变动（意思主义）之物权，在缺乏相应公示手段前，即不能对抗善意第三人，从而缺乏绝对性；与此相对应，并非所有的债权均不具备绝对性，租赁权、预告登记后的债权事实上皆具有对抗第三人之效力，该现象在理论上也被称为“债权物权化”。第二，就支配性而言，支配权的确是物权的核心权能，但也并非物权的唯一，物权事实上也包含请求权能；与此相对应，债权的核心权能为请求权，但债权人也可以转让债权、免除债务等方式对其债权进行支配。第三，就优先性而言，物权法领域奉行先设的物权优于后设的物权之原则，而在债权法中则奉行债权人平等原则。然而，在一物数卖之情形，数买受人都要求出卖人履行债务、移转标的物所有权时，法律上也为债权的实现确立了相应的位序规则。除此之外，作为物权的用益物权，与作为债权的租赁权在本质属性上的区别一直并不明朗，而通过有价证券如仓单、提单记载的权利，储户对银行存款的权利究竟是物权还是债权，在认识上也未必清晰明了。

第二节　物权的效力

一、支配效力

支配效力为物权最基本的效力，指物权人得以通过管领、控制等方式支配标的物之效力。支配效力因物权种类以及同一物上成立的物权的具体状况的不同而有所不同，并总体上表现为直接支配和间接支配两种方式。

（一）直接支配

直接支配指物权人直接占有标的物时，其对标的物所具有的支配力。所有权人、用益物权人、直接占有标的物的担保物权人对标的物都具有直接支配力，只不过其支配强度和范围有所不同。在没有设定任何他物权的情况下，所有权人对标的物的直接支配力最为全面，支配手段最为多样，包括占有、使用、收益和处分。在设定他物权后，所有权人对标的物的直接支配大受限制，相当一部分的直接支配转变为了间接支配。用益物权人对标的物的直接支配通常表现为占有、使用和收益，原则上不能通过处分的方式进行支配。占有标的物的担保物权人，在债权清偿期届满前，只能通过占有的方式直接支配标的物，不能够对标的物进行使用、收益，而且，只有债务履行期限届满未获清偿时，才能取得对标的物的处分效力。

（二）间接支配

间接支配是指在物权人不直接占有标的物的情况下，通过与标的物直接占有人之间的权利义务关系来支配标的物的效力。一般而言，物权的间接支配效力在下列两种情况下发生：(1)在设定用益物权或移转占有的担保物权后，所有权人对标的物的支配主要通过间接支配的方式表现出来。例如,在设定用益物权的情况下,所有权人的支配手段为监督用益物权人使用标的物的情况、分享用益物权人的使用收益、在用益物权消灭后请求用益物权人返还原物。在所有物交给担保物权人占有的情形,所有权人可阻止担保物权人贬损担保物,在担保物权消灭时,可要求担保物权人返还原物。(2)抵押权人不占有担保物,其也不能对抵押物为直接的管领和控制,其对抵押物的间接支配力表现为抵押物有价值贬损之虞时,要求抵押人采取保全措施;在抵押物形态更替或者因毁损灭失获得赔偿或补偿时,将抵押权效力延伸到抵押物的变形物或赔偿(补偿)金上;在债务人到期不履行债务时,通过法院将抵押物变价受偿等。

二、请求效力

(一)物上请求权的概念

物权的请求效力在法律上表现为物上请求权,本来,物上请求权有狭义和广义之分,狭义的物上请求权仅指基于物权而产生的请求权,广义的物上请求权还包括占有人的物上请求权。此处所指显然是狭义的物上请求权,具体言之,物上请求权是指物权人对物的圆满支配状态受到妨害或有被妨害之虞时,为回复其对物的圆满支配状态而产生的请求权。通过物上请求权的概念不难看出,物上请求权基于物权的支配效力而产生,目的在于维护物权人对物的圆满支配状态。基于此,物上请求权只能在有可能回复物之原有支配状态时才能行使,因此,如果物权的标的物毁损灭失,回复物权人对原物的支配已无可能,则物权人不能行使物上请求权,只能依损害赔偿之债请求加害人赔偿损失。

如前所述,物上请求权与物权的支配效力存在极其密切的联系,其本因物权人对物的圆满支配状态受到妨碍而产生,是派生于物权的支配效力、服务于物权的支配效力的权利。由于其与物权支配效力之间的紧密联系,以至于在概念逻辑特别是法律适用上与物权的支配效力很难分开和分辨,如物权人对物的间接支配,在很大程度上就呈现物上请求权的特征。

(二)物上请求权与债权请求权的区别

正因为物上请求权与物权支配效力之间的密切关系,决定了物上请求权与物权支配权一样,并非什么独立的请求权,而是物权的一个重要效力,一项重要权能,如果说支配权是物权人的行使权,那么物上请求权就是物权人的救济权,是物权保护的重要手段,离开特定的物权讨论物上请求权是毫无意义的。但必须注意,作为物权效力的物上请求权与构成债权核心的给付请求权或者损害赔偿请求权存在重大差别:

第一,两者发生的根据不同。债权请求权发生的根据是合同、无因管理、不当得利、侵权行为等;而物上请求权发生的根据是物之圆满支配状态受到妨碍(但并未达到消灭物权之程度)之事实。

第二,两者的目的不同。从微观上看,债权请求权的目的在于满足债权人获得物质资料、知识产品、劳动力、服务等利益的要求;而物上请求权目的在于回复物权人对物的原有支配状态,满足物权人享受物的各种利益的要求。从宏观上看,债权请求权的目的在于维护物的动态安全,即流通的安全;而物上请求权的目的在于维护物的静态安全,即占有、支配上的安全。

第三,两者的行使后果不同。债权请求权的成功行使将导致债权债务关系的消灭;而物上请求权的成功行使则使物权人重回对物之圆满支配状态,物权不仅不因物上请求权的成功行使而消灭,反而将更加健康地存续下去。

第四,两者的效力不同。物上请求权中的排除妨碍请求权、消除危险请求权不受诉讼时效的限制，而债权请求权普遍受到诉讼时效的制约。物上请求权中的返还原物请求权，在不法占有人破产时表现为破产取回权，物权人可凭此对抗不法占有人的其他债权人；而无论债权关系中的给付请求权或者损害赔偿请求权，在债务人破产的情况下，都仅立于普通债权之地位，不能对抗债务人的其他债权人。

（三）物上请求权的具体内容

依对物之圆满支配的不同妨碍状态，物上请求权分为返还原物请求权、恢复原状请求权、排除妨碍请求权、消除危险请求权等。

一是请求返还原物。根据《民法典》第235条，无权占有不动产或者动产的，权利人可以请求返还原物。即当物权的标的物被他人非法占有时，物权人可以依照法律规定，向非法占有人请求返还原物，或者请求人民法院责令非法占有人返还原物。其目的在于追回脱离物权人占有的财产。但物权人要求返还的原物应当是特定物，如果被他人非法占有的是种类物，就不能要求返还原物，而只能要求赔偿损失，或者要求返还同种类物及同质、同量的物。为了维护商品交易安全，稳定某些既成的占有关系，物权人的返还原物请求权可能受到限制，如在第三人善意取得所有权或其他物权时，原物权人的返还原物请求权即被切断。

二是请求恢复原状。根据《民法典》第237条，造成不动产或者动产毁损的，权利人可以依法请求修理、重作、更换或者恢复原状。即当物权人之物因他人非法侵害而受到损坏时，如果能够修复，物权人可以请求侵害人恢复财产原来的状态，或者请求人民法院责令侵害人恢复原状。请求恢复原状的目的，在于恢复物之完好状态，是通过修理、重作、更换或者其他方法使财产在价值或者使用价值上恢复到财产受损害前的状态。被损害的财产经过修复后，如果其价值有所降低，物权人还有权请求侵权行为人赔偿损失。

三是请求排除妨害。根据《民法典》第236条，妨害物权的，权利人可以请求排除妨害。即当他人的不法行为，使物权人行使物权时受到障碍，物权人有权请求妨害人排除妨害或请求人民法院责令妨害人排除妨害。所谓妨害，是指以某种方法阻碍或侵害物权人对其物的支配。构成妨害，必须符合以下条件：须有妨害的状态；须妨害状态继续存在；须对物为直接妨害；妨害须为不法。例如，侵害人在自己房屋上建造阳台，挡住了请求人房屋的日照、光线，则可以责令侵害人拆除阳台。而在不动产相邻关系中，若A只有通过B的田地，才能将自己田里的水排出，由此给B造成了损害，B则不能提出排除妨害请求权，而只能向A提出赔偿请求权。

四是请求消除危险。根据《民法典》第236条，可能妨害物权的，权利人可以请求消除危险。在物权人对物的支配出现被他人妨害之虞时，为预防可能的妨害，物权人可请求该他人消除危险。例如，A准备在楼道里堆放杂物，杂物一旦堆放，将可能使B无法通行，则B可请求A停止堆放杂物，排除可能的妨碍。

需要附带说明的是，上述四项物上请求权作为保护物权的重要手段，被《民法典》第235条、第236条、第237条直接以法律条文的形式固定下来。不过，《民法典》物权编规定的物权的民法保护手段除物上请求权之外，还包括物权确认请求权和损害赔偿请求权。物权确认请求权是指当物权的归属发生争议时，当事人向人民法院提起诉讼，通过诉讼确认物权归属的请求权。物权确认请求权是行使其他物上请求权的前提条件，因为，物权的归属问题不解决，则其他物权保护方法就无法使用。损害赔偿请求权是指因他人的非法行为造成标的物毁损灭失，无法恢复（包括无法完全恢复）原状或者无法返还（包括无法全部返还）原物时，物权人要求他人承担侵权损害赔偿责任的请求权。物权人的损害赔偿请求权既可单独提出，也可在行使物上请求权时一并提出。当侵害人的行为致使标的物毁损灭失,物权人根本不能通过行使物上请求权而恢复其物权时,物权人只能单独提出损害赔偿之请求。当采用排除妨害、恢复原状、返还原物等保护方法仍不能完全挽回物权人所受之损失时,物权人得在行使物上请求权的同时,请求侵害人赔偿其余之损失。对此,《民法典》第238条规定,侵害物权,造成权利人损害的,权利人可以依法请求损害赔偿,也可以依法请求承担其他民事责任。

三、追及效力

物权的追及效力是指物权标的物无论辗转落入何人之手,除法律另有规定之外,物权人均可追及至物之所在,而直接支配标的物。具体而言,物权的追及效力主要表现在以下两种情况中:(1)当标的物由无权处分人转让给第三人时,物权人有权向第三人请求返还原物,此种情形下的物权追及效力实质上为物上请求权中的返还原物请求权。(2)当抵押人擅自转让抵押物给第三人时,抵押权人得追及至抵押物之所在行使抵押权。由于所有权的追及效力与物上请求权中的返还原物请求权没有本质差别,导致在追及力是否为独立的物权效力这一点上,理论界一直存在争议。考虑到返还原物请求权不能覆盖抵押权的追及力,有必要将追及效力作为一项独立的物权效力。尤其重要的是,将追及力作为物权的一项独立效力,有利于从另外一个角度揭示物权与债权的区别。与物权相反,债权原则上不具有追及力,债权的标的物在移转所有权之前,由债务人非法转让或第三人非法占有时,债权人不得请求物的占有人返还财产,只能请求债务人履行债务和承担违约责任。

物权的追及效力不是绝对的。物权法为了交易安全,保护善意第三人的利益,对物权的追及效力设有若干限制:(1)善意第三人依即时取得制度取得标的物的所有权时,原所有人无权请求善意第三人返还原物,只能请求无权处分人赔偿损失。(2)无权占有人因取得时效完成而取得所有权时,原所有人不能要求不法占有人返还原物。(3)物权欠缺法定公示方法时,对善意第三人不具有追及效力。根据《民法典》第403条,以动产设定抵押的,如果未办理抵押登记,抵押权不得对抗善意受让人,因此给抵押权人造成的损失,只能由抵押人承担赔偿责任。

四、优先效力

物权的优先效力是指同一标的物上有两个或两个以上性质上不相互排斥的物权存在,或者该物权的标的物同时为债权的标的物时,成立在先的物权优先于成立在后的物权、物权优先于债权的效力。

(一)物权的对内优先效力

在多个不相排斥的物权并存于同一物上时,原则上先成立的物权优先于后成立的物权。这与同一标的物上设定多个债权的情形不同,在同一标的物上存在数个债权时,法律总体上奉行债权人平等原则,无论债权发生的先后,也无论债权金额的大小,各债权人列于同一次序受偿。先成立的物权相对于后成立物权的优先性表现为两个方面:(1)优先享受权利。例如,在一不动产上设定抵押权后,又在该不动产上设定另一抵押权时,则设立在先的抵押权可优先于设定在后的抵押权从拍卖、变卖抵押物的价款中实现其所担保的债权。(2)先成立的物权压制后成立的物权。后成立的物权若有害于先成立的物权,后成立的物权会因先成立的物权的实行而被排斥或消灭,如设定土地抵押权后,在同一土地上再设定地上权而有害于抵押权时,抵押权人于实行抵押权时,可请求除去之后成立的地上权。

先成立的物权优先于后成立的物权为一般原则,亦有例外,表现为:(1)他物权优先于所有权;(2)法律明确规定了特殊的顺位次序时,依其规定。例如,我国《民法典》第414条规定"抵押权已登记的(可能后成立)先于未登记的(可能先成立)受偿""抵押权未登记的,(不管成立先后)按债权比例受偿"。《民法典》第456条规定:"同一动产上已经设定抵押权或者质权,该动产又被留置的,留置权人优先受偿。"再如,我国《海商法》第25条规定,船舶优先权先于船舶留置权受偿,船舶抵押权后于船舶留置权受偿。(3)若数个物权并非平行地存在于同一物上,而是前后相继地发生在同一物上,则后发生的物权优先于先设立的物权。例如,甲将动产出质给乙,乙擅自将该动产转质给丙,丙将该动产交善意的丁修理后拒付修理费,导致丁留置该动产,丁又将该动产出质给善意的戊,乙、丙、丁、戊均对该动产拥有担保物权,而且这些担保物权前后相继的发生,每一个后发的担保物权都是对前一担保物权的限制,具有比前发权利更为优越的法律地位。

(二)物权的对外优先效力

物权的对外优先效力指当物权与债权并存时,物权具有优先于债权的效力,其具体表现在以下几个方面:(1)物权阻碍债权目的之实现。在某特定物上,并存物权和给付债权时,物权将妨碍债权目的之实现。例如,甲与乙约定将某不动产出卖给乙,事后甲又将该不动产出卖给丙并办理产权移转登记,则丙虽为后买受人,但因产权移转登记而取得争议不动产的所有权,丙的所有权将根本阻止乙的债权目的的实现,因为根据"一物一权"原则,在丙取得不动产所有权后,出卖人甲对乙陷入履行不能,乙只能对甲主张违约责任。(2)担保物权的优先受偿权。享有担保物权的债权可就担保物优先于其他债权受到清偿,其集中表现为两个方面:一方面,在债务人受破产宣告时,担保物权人就其担保财产享有破产别除权,即将担保物从破产财产中扣除,由担保物权人单独受偿。待担保物权人全部受清偿后再将剩余财产列入破产财产,由其他债权人受偿。另一方面,在担保物被其他债权人申请强制执行时,担保物权人可参与该执行程序,通过执行标的价值优先实现自己的债权。(3)优先购买权。优先购买权,是指财产所有人出卖其财产的时候,就该项财产与财产所有人存在物权关系的人在同等条件下可优先于其他人购买。我国《民法典》第305条规定按份共有人出卖其财产份额时,其他共有人在同等条件下享有优先购买权。考虑到租赁权存在物权化的趋势,因此,《民法典》第726条规定了房屋承租人的优先购买权。优先购买权虽然只是物权人优先于一般人的优先权,不能说明物权优先于债权,但它同样是基于物权而发生的,同样体现物权的优先效力。

物权优先于债权的原则也存在例外,主要有:(1)基于租赁权的物权化,承租人的租赁权优先于后设定的物权,该租赁权的效力不受以后租赁物所有权的移转或其他物权的设定的影响。我国《民法典》第725条规定:"租赁物在承租人按照租赁合同占有期限内发生所有权变动的,不影响租赁合同的效力。"《民法典》第405条规定:"抵押权设立前,抵押财产已经出租并转移占有的,原租赁关系不受该抵押权的影响。"(2)基于公益或社会政策的考虑,法律规定某些物权不得优先于被法律特别赋予了优先受偿效力的债权。例如,我国《海商法》规定先设定的船舶抵押权不得优先于船长、船员的工资等劳动报酬、社会保险费等费用的请求权。

问题与思考

《民法典》物权编将返还原物、排除妨害、消除危险、恢复原状等作为物权请求权的具体类型进行规定,《民法典》侵权责任编又将其作为责任承担方式进行规定,那么,返还原物、排除妨害、消除危险、恢复原状究竟是物权请求权还是一种民事责任？对此，在我国民法理论界始终存在巨大争议，而各国民事立法之取舍也未尽统一。我们认为，讨论返还原物等究竟为物权请求权或者民事责任的意义并不大。因为，我们应当从权利、义务、责任的关系层面进行分析，若将其作为物权人之请求权，则必然存在被请求之对象，以及被请求对象之义务，义务人不履行义务，则必然承担法律责任。作为物权人，当其对物的圆满支配状态受到妨碍时，当然有权请求对方返还原物、排除妨害、消除危险、恢复原状，若对方无视其请求，拒不履行相应之义务，则物权人当然可以要求其承担对等的民事责任。因此，物上请求权和民事责任不是对立的，而是统一的。

第三节 物权法定原则

一、物权法定原则的含义

物权法定原则，又称物权法定主义，是指物权的类型，各类物权的内容、取得，均由法律直接规定，禁止任何人创设法律没有规定的物权和超越法律的限制行使权利。我国《民法典》第116条对物权法定原则进行了直接的立法宣示，即“物权的种类和内容，由法律规定”。具体而言，物权法定的内容包括：

其一，类型强制。所谓类型强制，是指物权种类由法律规定，当事人无权自己创设新的物权类型。例如，我国现行法中没有规定不动产质权，当事人因此不得创设不动产质权。

其二，内容固定。所谓内容固定，是指每一物权的具体内容和效力也由法律直接规定，禁止当事人自由改变法定物权的内容。而且，当事人在交易中所确定的物权的内容，也必须按照法律的规定解释。

其三，变动强制。所谓变动强制，是指由法律直接规定各类物权变动（产生、变更和消灭）的方式，非依法律规定的方式不产生物权变动（产生、变更和消灭）的法律效果。例如，我国法律规定不动产必须在登记后才能移转所有权，若当事人在房屋买卖合同中，约定不通过登记而发生所有权的移转，因其违背法律的强行规定而不发生物权变动之效果。

应当说，物权法定原则在一定程度上限制了人们任意创设物权的自由，体现了物权法的强行法性，与不采法定主义、不具有强行法性的债权法有很大不同。但是，物权法定并不从根本上剥夺当事人的自由，并不排除意思自治原则在物权法中的适用。毕竟，物权法要求人们以法律行为创设物权时必须遵守法律有关物权种类、内容及创设形式的要求，但并不强制人们创设或者不创设物权，也不能强制人们创设这种或者那种物权。在法定的物权范围内，人们仍然拥有自由选择所欲创设物权的权利。此外，物权法定原则也不意味着将物权法凝固为一个封闭的体系，事实上，物权法与债权法一样，仍然是开放的法律。禁止个人创设法律没有规定的物权，并不说明物权法就不能规定新的物权。相反，物权法完全可以根据社会经济发展的要求，规定新的物权种类，发展物权体系。另外，物权法也不限制人们以债的形式来调整相互之间的财产利用关系。不仅如此，在法律得以修改之前，一些国家和地区还通过将物权法定当中的“法”进行广义解释的方式，使其包括习惯法，即凡是习惯法上生成且具备一定公示方法的“物权”，在解释上认为并未逾越物权法定原则，从而使物权法定原则在适用上呈现缓和的趋势。

二、物权法定的原因

物权法实行法定原则,主要基于如下考虑:

第一,物权的性质决定了物权法定。物权为支配权,具有绝对性、优先性、排他性和追及性,是民事权利中效力最强的权利。物权应受到社会上每一个人的尊重,但除非通过某种方法使人们知悉各种物权的标准内容,否则就无法对人提出这种尊重上的要求,该方法便是实现物权法定原则。而且,作为效力强大的权利,物权对他人产生巨大的影响,如果容忍当事人自由地创设物权,无异于允许个别当事人将自己的意志凌驾于其他民事主体之上,最终反叛私法自治原则。

第二,物权法的调整对象需要物权法定。物权法所调整的财产归属关系和财产利用关系是一个社会存在和发展的基础,其直接反映社会的所有制关系,如果允许人们自由创设物权,可能危及社会的经济基础。而且,由于各国社会经济、文化等对物权法有重大决定作用的因素的发展程度不同,各国的政治制度、经济制度不尽相同,所以各国对物权的类型、内容以及取得方式的规定当然大相径庭,采纳物权法定原则,只认可和保护本国法律规定的物权,是各国立法的必然要求。

第三,商品交换期待物权法定。商品交换的一种重要类型为物的交换,而物的交换在法律上直接表现为物权交易。实行物权法定原则,由法律统一规定物权的种类和内容,才能为物权交易提供便捷的交易条件。同时,也正因物权法定,作为交易前提和交易对象的物权已经被法律限定在了合理的范围,当事人围绕该物权而实施的交易行为不再、原则上也不须受到法律的其他限制,从而使作为市场交易法的债权法的意思自治成为可能。

第四,物权法定便于物权公示。物权强大的支配力决定了其应有可为外部识别和把握的标准内容,但仅将物权内容标准化尚且不足以保护物权当事人之外的其他人。也就是说,法律不仅应让人们知道社会上承认什么内容的物权,还应让人们知道是谁拥有法律承认的哪种物权,前者是物权法定的问题,后者是物权公示的问题。为了使物权的公示切实可行并产生良好的效果,应当由法律规定统一的公示方法,并赋予该公示方法普遍的社会信赖。因此,物权法定原则能方便物权公示原则的贯彻。

三、违反物权法定原则的后果

根据物权法定原则,如果当事人的法律行为不符合物权法定的要求,便不能产生当事人所欲创设的“物权”的法律后果。但物权法定原则毕竟仅是一项限制物权类型、内容等方面的原则,其规范范围局限于物权的创设,而不能延伸到债权之创设。债权法领域不实行法定原则而实行自治原则。因此,不符合物权法定要求的法律行为,虽不产生创设物权的法律后果,但却可能产生债权法上的效果。具体来讲,违背物权法定原则产生的法律效果包括:

(一)违反法定的物权类型

如果当事人意欲通过法律行为创设法律没有规定的物权类型,则不能产生创设物权的法律效果。但根据法律行为转换的原理,该法律行为可能符合某一债权行为的有效要件,此刻可让其发生债权法上的效果。例如,债权债务关系外的第三人以其特定不动产向债权人设定质押,由于我国《民法典》物权编并未规定不动产质押权,故当事人的行为不能产生物权法上的效果,但根据法律行为转换的原理,完全可以将当事人的行为解释为以物抵债的约定,只要该行为满足了法律行为一般有效要件,在债务人不履行债务时,即可发生代物清偿的效力,债权人虽对该第三人提供的不动产不具有优先受偿权,但却可以要求该第三人以该不动产对自己负担一般的债权法上的义务。

(二)违反法定的物权内容

当事人的法律行为虽旨在创设法律规定的某一类物权,但其约定的具体内容与法律对该类物权的规定不完全吻合,应区分处理。一种情况是剔除违反物权法定原则的那部分内容,剔除之后的部分仍直接发生当事人约定的物权的后果。例如,当事人在抵押合同中约定债务人届期未履行债务,则抵押物归债权人所有,依据原《物权法》之规定,该约定构成了其明确禁止的"流押条款",在法律上应当无效,但将该"流押"条款剔除后,仍可在当事人之间发生抵押权的效力,即《民法典》第401条所规定的,抵押权人只能依法就抵押财产优先受偿。另一种情况是当事人约定的内容与申明创设的物权不相吻合,但却与另一物权的内容不相抵触,只要不违反当事人实施法律行为的真实意图,也可运用民事法律行为转换原理,使其发生另一物权的效力。例如,第三人承诺以其全部财产向债权人设定普通抵押并为债权人接受,由于其违反了普通抵押权所要求的抵押物特定原则,不能在当事人间发生普通抵押权的效力,但该法律行为事实上符合浮动抵押权的条件,只要将当事人的法律行为解释为创设浮动抵押并不违反当事人的客观真意,可以在当事人之间发生浮动抵押担保法律关系。

(三)违反法定的物权移转或创设方式

若当事人意图通过违反法定的方式创设或移转物权,则不能发生物权创设或移转的效力。例如,在不动产买卖合同中,当事人约定其所有权随交付而转移,而《民法典》物权编规定只能因过户登记而转移所有权,纵然在当事人间完成了约定不动产的交付,也绝对不能发生所有权转移的效果,买受人仍然只能以合法的他主占有人的身份,对该不动产进行支配或利用。再如,债权人与第三人约定,由第三人以其房屋向债权人设定抵押权,且抵押权在签订抵押合同之日起成立,由于该约定违反了创设不动产抵押的登记要求,故其不发生创设抵押权的法律效果,充其量发生代物清偿的债权法效果。

四、法定的物权种类

如前所述,物权法奉行法定主义,有关物权的类型由法律直接规定,当事人不得任意创设。由于物权法的固有法性,在大陆法系各个国家或地区,其法定的物权类型不尽相同。我国《民法典》物权编规定的物权类型有:所有权、土地承包经营权、土地经营权、建设用地使用权、宅基地使用权、居住权、地役权、抵押权、质权、留置权;《德国民法典》中确立的物权类型有:所有权、地上权、用益权、地役权、实物负担、抵押权、土地债务、质权、先买权等;《法国民法典》中确立的物权类型有:所有权、用益权、使用权、地上权、地役权、留置权、优先权、抵押权等;《瑞士民法典》中确立的物权类型有:所有权、地役权、土地负担、用益权、居住权、建筑权、抵押权、质权、留置权等;《日本民法典》确立的物权类型有:占有权、所有权、地上权、永佃权、地役权、留置权、先取特权、质权、抵押权等;我国台湾地区"民法"确立的物权类型有:所有权、地上权、永佃权、地役权、抵押权、质权、典权、留置权等。从上述大陆法系主要国家和地区法定的物权类型来看,存在一些较为共同的物权类型如所有权、地役权、抵押权、质权等。但各国家或地区往往也有一些特有的物权类型,如日本民法中的先取特权、德国民法中的土地债务和实物负担、法国民法中的用益权、瑞士民法中的居住权、我国台湾地区"民法"中的典权等。除了共有的物权类型和特有的物权类型之外,其他的物权在本质和内容上未必有很大的差异,而往往表现为名称上的差别。

五、对法定物权的分类

根据不同的标准，可将各个国家和地区的法定物权作出相应的分类：

（一）自物权与他物权

这是以物权主体是否为物的所有人为标准进行的分类。

自物权是物的所有人对自己所有的物依法进行全面支配的物权，即所有权，又称完全物权。他物权是物的非所有人根据法律规定或所有人意思对他人所有的物享有的进行有限支配的物权，包括用益物权和担保物权，又称限制物权。限制物权的限制包括两层含义：一是限制物权本身对物的支配范围是有限而不是全面的；二是因限制所有权权能而从所有权中派生出来的权利。

自物权与他物权的区别表现在：(1)自物权是自主物权，即物的所有人对自己的物享有的物权，他物权为他主物权，是非所有人对他人所有的物享有的物权。(2)自物权为原始物权，而他物权为派生物权，他物权是自物权（所有权）的部分权能与所有权分离的结果。(3)自物权具有弹性力、回复力，即自物权因自身权能的分离而受限制，当外部对自物权的限制被解除后，自物权将重新回复到其未受限制之前的圆满状态。而他物权则原则上不存在权能分离或遭受外部限制的问题，因此其不具有弹性力、回复力。(4)自物权为完全物权，自物权人得对物为全面支配，他物权为限制物权，他物权人只得对物为部分支配。(5)自物权为无期限物权，他物权一般为有期限物权。

区分自物权与他物权之意义在于，当自物权与他物权并存于一物时，他物权的效力优先于自物权。如同一土地上，所有权与地上权并存时，地上权人可优先于所有权人使用该土地。

（二）动产物权、不动产物权与权利物权

这是以物权客体为标准进行的分类。

动产物权的客体为动产，包括动产所有权、动产质权和留置权。不动产物权的客体为不动产，如土地、房屋等，包括不动产所有权、地上权、地役权、永佃权、典权等。权利物权的客体为权利，包括权利质权和权利抵押权。

区分动产物权、不动产物权与权利物权的意义在于，这些物权的成立要件、效力及变动规则有所不同。就动产物权和不动产物权而言，其区别表现为：(1)不动产与动产上可以设立的物权种类不同。除在动产和不动产上均可设立所有权之外，用益物权基本设定于不动产特别是土地之上，动产除依法国、德国民法典之规定，可与不动产一起成为用益权的客体外，一般不能成为其他用益物权的客体。就担保物权而言，一般就不动产设定不动产抵押权，就动产设定质权、动产抵押权和留置权。(2)不动产物权与动产物权的公示方法及效力不同。基于不动产的不可移动性及强化不动产行政管理的需要，各国都对不动产的设立、转让、消灭建立了相应的登记制度，以登记作为不动产物权的公示方法。而对动产物权（除民用航空器、船舶、机动车等重要动产之外）则没有设登记制度，而以占有和交付作为动产物权的公示方法。对于不动产物权变动，不经登记，即使实际占有，或不发生物权变动效力，或不能产生对抗第三人的效力。对于动产物权的变动，如已为占有和交付，即发生物权变动，并具有对抗第三人的效力。(3)不动产物权和动产物权所受限制不同。由于不动产物权的取得与行使直接关系社会公共利益，法律设置诸多限制，特别是对以土地为客体的物权，法律限制极严。而动产物权的取得与行使对社会公共利益影响不大，各国对动产物权的取得与行使一般都没有特别限制。

(三)用益物权与担保物权

这是以物权人对他人之物的支配内容和方式为标准对他物权进行的进一步分类。

用益物权是以支配物的使用价值为内容的物权,如传统民法上的地上权、地役权、永佃权、典权等,以及我国《民法典》上的土地承包经营权、土地经营权、建设用地使用权、居住权、宅基地使用权、地役权等。担保物权是以支配物的交换价值为内容的物权,如抵押权、质权、留置权等。用益物权和担保物权的具体区别为:(1)用益物权与担保物权追求的目的及目的实现时间不同。用益物权设定的目的在于对物为使用收益,在符合法律规定的条件下,用益物权本身可以转让或为担保的标的。担保物权的目的在于确保债权人债权的实现,担保物权人只能就物的交换价值优先受偿,不能对物本身为使用收益。用益物权一旦设定,权利人即可为实现用益目的而对他人之物为使用、收益。但担保物权只能在被担保的债权届期未受清偿时,始得实行,其目的实现的时间系于将来。(2)用益物权具有独立性,担保物权具有从属性。用益物权依法律规定或与所有人的约定而独立存在,不以用益物权人对物的所有人享有其他权利为前提。担保物权,无论是基于法定抑或约定而产生,须以担保物权人对担保物的所有人或其关系人享有债权为前提。(3)用益物权的行使一般以占有标的物为前提,因为若不占有标的物,将无法对物进行使用和收益。担保物权则依种类不同,有些须为占有,如动产质权,有些则不得为占有,如不动产抵押权。为发挥物之效用,不转移占有的担保(包括动产)日渐成为物的担保的普遍形式。(4)担保物权具有物上代位性,用益物权没有物上代位性。担保物权的标的物发生变形或灭失、毁损并受有赔偿金、补偿金时,担保物权并不当然因原担保物实物形态的消灭而消灭,其效力可覆盖到原担保物的变形物或赔偿金、补偿金之上,此即担保物权的物上代位性。用益物权的标的物变形或灭失时,无论其原因如何,均将从根本上影响用益物权人的使用收益,从而导致用益物权的消灭。(5)担保物权的标的物包括动产和不动产,而用益物权的标的物一般为不动产,对他人动产的利用通常是通过设立债权关系完成的。我国《民法典》物权编第十一章至第十五章[即第十一章土地承包经营权(其中《民法典》第十一章第399条、第340条、第341条、第342条还专门规定了土地经营权)、第十二章建设用地使用权、第十三章宅基地使用权、第十四章居住权和第十五章地役权]规定的用益物权都是不动产用益物权。

(四)主物权与从物权

这是以物权有无从属性为标准而进行的分类。

主物权是指不需从属于其他权利,能够独立存在的物权,如所有权及绝大部分用益物权,这些物权,其取得与行使均不以权利人享有其他民事权利为前提。从物权指从属于其他权利而存在的物权,包括抵押权、质权、留置权等担保物权以及用益物权中的地役权。这是因为,担保物权从属于被担保的主债权而存在,地役权从属于需役地之所有权或地上权等而存在,故为从物权。区分主物权与从物权的意义在于主物权可以独立存在,从物权则从属于主权利而存在,且其效力受主权利的影响。

(五)意定物权与法定物权

这是以物权发生原因为标准而进行的分类。

意定物权,是指基于当事人的意思而发生的物权。凡由当事人依法律行为而设定的物权均属之,绝大部分物权均为意定物权。法定物权指非依当事人的意思,而是基于法律的直接规定而产生的物权。《民法典》物权编中的留置权、《民法典》合同编中施工人的建设工程价款优先权、《海商法》上的船舶优先权等都是典型的法定物权。

(六)普通物权与特别物权

这是以物权所依据和适用的法律为标准而进行的区分。

普通物权指由民事基本法所规定的物权,在我国为《民法典》物权编直接规定的物权,又称民法上的物权。特别物权是指由特别法规定的具有物权性质的财产权,又称准物权、特许物权。如矿产资源法规定的探矿权、采矿权,森林法规定的林木采伐权,渔业法规定的捕捞权、养殖权等,水法规定的取水权,海域使用管理法规定的海域使用权等。与民法上的普通物权相比,特别物权具有以下特殊性:(1)它们一般依特别法规定的特许程序取得;(2)权利的行使通常受较强的行政干预;(3)在法律适用上,往往优先适用特别法的规定,只有在特别法没有规定时,才适用民法的规定。

问题与思考

物权法定为物权法的基本原则,其能否成为判断法律行为效力的一般准则?我们认为,作为物权法的原则,只能依物权法定判定当事人所创设的法权关系是否为法律规定的物权类型,是否符合法定物权的内容,是否有违法定的物权变动规则,而绝对不能将物权法定作为判断法律行为效力的一般准则。在我国民法理论和司法实践中,对此虽有所认识,但坚持得并不一贯,故有必要强化物权法定非法律行为效力评价因素这一结论。例如,在民事生活中,大量存在双方签订借款合同后,又签订房屋买卖合同,约定若借款届期未还,则履行房屋买卖合同;届期清偿借款的,房屋买卖合同自动解除。当事人的意图是以房屋买卖合同担保借款债务的履行,不少法院即简单地以我国原《担保法》、原《物权法》无此种担保方式、违反物权法定为由否定当事人约定之效力,不得不说这是认识上的大错误。的确,我国现行法上无此类型的担保物权,但根据物权法定原则,也只能得出当事人之间约定不得发生担保物权效力之结论,断不至于否定行为本身之效力。担保物权的核心在于优先受偿,认可当事人之间约定的效力,同时排除债权人优先受偿权,既满足了物权法定原则,又彰显了对当事人自由意志的尊重。至于房屋价值与借款金额是否均衡,若不均衡对当事人之约定将发生何等影响,已与物权法定原则毫无关联,而属于是否构成显失公平这一法律行为效力判断的一般命题。

第四节 公示公信原则

一、公示原则

(一)物权公示的概念和理由

物权公示原则是指物权的存在和变动,应以一定的方式向外界公开,使外界知悉物权归属或者变动的情况。在动产物权,其公示方法为占有和交付,在不动产物权,公示方法为登记。根据物权公示原则,如果物权的存在没有法定的公示形式,便不能对抗善意第三人;如果物权的变动不采用法定的公示形式,则根据法律的不同规定,要么根本就不发生物权变动的法律效果,要么虽能发生物权变动,但变动后的物权不能对抗第三人。反之,若具备物权的公示方法,如果是物权存在的公示,则推定具备该公示方法者拥有相应的物权;如果是物权变动的公示,则推定当事人之间的确发生了物权变动。不过,无论是物权存在的公示,还是物权变动的公示,当有客观证据证明公示错误或虚假时,可基于该证据推翻对物权权利存在的推定或物权变动的推定。

物权公示是由物权的性质和效力决定的。物权为绝对权、支配权,具有排他性、优先性、追及性等效力。这些性质和效力使物权的存在、变动、行使与实现都涉及他人和社会利益,攸关交易的安全与秩序。为了交易的安全与秩序,强大的物权不能仅存在于当事人的观念里,而必须以一种物质形态昭然于外。物权一旦公示,外界知悉物权关系的存在特别是物权关系的归属,不会因无意招惹他人的物权而承担物权侵权责任。同时,外界不随意染指已经公示的物权,反过来又强化了物权的效力,有利于保护物权人免受伤害。从权利的角度而言,物权是绝对权,不公示不足以明确物权的归属,不利于保护权利人。从义务的角度而言,物权的义务人是不特定的任何人,物权的归属和变动,不仅是权利人个人的事,对于不特定的义务人,也都发生权利义务变动的后果。未经公示的物权,对义务人也就不能称其为权利,一言以蔽之,公示为物权对世效力的源泉。通过公示,物权尽量免于被他人伤害,同时也尽量免于伤害他人,从而实现交易的"静的安全"。

(二)物权公示的性质

物权公示究竟为物权存在(权利)的公示还是为物权变动(行为)的公示?对此,存在不同的看法:第一种观点认为,物权公示是对物上权利的公示;第二种观点认为,物权公示是对物权变动(行为)的公示;第三种观点认为,物权公示既是对物权权利的公示,也是对物权变动的公示,是二者的统一。《民法典》第 208 条规定:"不动产物权的设立、变更、转让和消灭,应当依照法律规定登记。动产物权的设立和转让,应当依照法律规定交付。"该条无疑是我国对物权公示原则的立法表述,从条文的字面含义来看,《民法典》物权编似乎仅将物权公示界定为物权变动的公示。然而,《民法典》物权编不仅调整物权的归属关系,同时也调整物权的变动关系,物权归属关系为静态物权关系,物权变动关系为动态物权关系。一定的物权归属关系是导致物权变动的前提和基础,而任何物权变动最终也必然形成新的物权归属关系。被变动的物权和变动后形成的物权都必须公示,只不过公示手段为前后不同的物权人所拥有,而前一物权人的公示手段为后一物权人取得,也必然公示物权变动的过程,外界因此知悉物权变动的发生。因此,物权公示既是对权利的公示也是对物权变动的公示,是从不同的角度观察而得出的不同的结论。就动产物权而言,占有主要是在物权的静态关系中发挥公示作用,交付主要是在物权的动态关系中发挥公示作用;占有表明动产物权人因占有而具备权利外形,是对权利的公示;而交付则表明动产物权变动的具体行为,是对物权变动的公示。事实上,交付本身也即占有的移转;就不动产物权而言,登记簿的记载为对物权的静态公示,而变更登记簿记载之内容则是对物权变动之动态公示。必须指出的是,虽然物权公示的对象包括物权的变动与物权的现状,但物权变动公示始构成物权公示的重点,只有这样,才与物权公示的动力和目的相吻合。毕竟,物权归属因经常性的物权变动模糊难辨,为保护潜在的物权变动关系中的当事人利益和物权交易的安全,才具公示价值。如果从未发生物权变动,则各物权人可安享其权利,外界也清晰无误地认知其权利,这样也就无须(至少没有太大的必要)对权利进行公示,以昭示其权利的变动了;相反,只有当权利发生变动,物在不停地从一个人移转给另一个人,以至于使人们眼花缭乱时,既为防止发生混淆,也为了昭示新的权利归属,才特别需要将该权利变动的事实予以公布和确定。

二、公信原则

公信原则是指物权依法公示后,即具有社会的公信力。显然,对公信原则的认识建立在把握公信力概念的基础上。公示的公信力是指对于因信赖虚假公示而为物权变动的主体,将公示的权利关系按真实的权利关系处理，使形式与真实的权利关系相分离，并发生独立的法律效力。也就是说，即使公示与实际权利关系不一致，标的物出让人无权处分时，善意信赖公示的受让人仍能取得物权。由此可见，公示的公信力可以治愈物权变动中的权利瑕疵，打破事实上存在的物权关系，使物权的取得无中生有，对真正权利人的利益是一种牺牲。物权公示的公信力具体表现为占有的公信力和登记的公信力，基于占有的公信力，即使占有人对其占有的动产无权处分，自占有人处取得物权的善意第三人的利益也受法律保护。与此同理，基于登记的公信力，即使登记错误或遗漏，因相信登记正确、全面而与登记权利人进行交易的善意第三人，其所得利益亦受法律保护。

公示的公信力牺牲真正权利人的权利，而使信赖公示的第三人取得公示虚假的权利，以维护公示与公众间既存的法律信用关系。其实质在于，当以真正权利人为代表的静的安全和以第三人（受让人）为代表的交易安全因公示的瑕疵，即权利外观与真实情况发生冲突时，法律上以权利外观代替权利实体，牺牲静的安全以谋交易安全。鉴于此，我们完全有理由认为，公信原则是交易安全价值在物权法中的具体化，而为了使公信原则保护交易安全的作用落到实处，近现代民法普遍设立了善意取得物权的制度，我国《民法典》物权编在充分吸收其他国家和地区优秀立法成果的基础上，也规定了涵盖动产和不动产的统一的善意取得制度。

三、动产物权的公示

除法律另有规定之外，动产物权通过占有公示其物权存在，通过交付公示其物权变动。所谓法律另有规定主要是指船舶、航空器和机动车辆等为客体的物权，其存在或变动的公示方法为登记。《民法典》第225条是关于特殊动产登记效力的规定：船舶、航空器和机动车等物权的设立、变更、转让和消灭，未经登记，不得对抗善意第三人。需注意的是，根据《物权编解释（一）》第6条的规定，若转让人已经转让船舶、航空器和机动车等所有权，且受让人已经支付了合理价款并取得占有，即使未经登记，转让人的债权人也不应当认定为前述“善意第三人”，但法律另有规定的除外。

占有是指人对物进行掌握与控制的状态。从占有的客观态样来看，可分为直接占有与间接占有。直接占有是不借助他人而对物进行的直接管领和控制，间接占有是对物无直接管领和控制，而仅依靠与直接占有人的法律关系而对物拥有间接控制力的占有。由于直接占有具有客观的物质形态，能将动产物权昭示于外，故其可作为动产物权存在的公示方法。而间接占有依托于直接占有人与间接占有人的内部法律关系，并无昭示于外的客观形态，不能成为动产物权存在的公示方法。从占有人的主观意思出发，占有可分为自主占有和他主占有。在自主占有，占有人以所有的意思占有标的物；在他主占有，占有人不以所有的意思占有标的物。占有的主观意思是确立占有所公示的物权为何种物权的根据，具体而言，自主占有公示所有权，他主占有公示各种以占有为基础的他物权。然而，占有人的占有到底为自主占有或者他主占有，在占有人不将其占有意思明示于外的情况下，外界是很难知晓的，为了在这种情况下不影响占有公示物权的效果，大陆法系立法上普遍将占有推定为自主占有，通过占有公示的物权因此推定为所有权。

交付是指当事人一方将物之占有移转给另一方，由于移转物的占有的性质不同，交付包括不同的类型：（1）现实交付。即直接占有的移转。包括三种方式：由转让人直接将动产交由受让人占有；通过占有辅助人而为交付，如果甲向乙出售汽车，由甲之司机将汽车交付给乙之司机；根据受让人的指示将动产托运或邮寄而为交付。（2）简易交付。即在受让人本就占有标的物的情况下,根据当事人协议,将受让人原先的他主占有变为自主占有,例如,甲基于借用合同而占有乙之电视机,在此期间,甲乙达成买卖此电视机的协议,自该协议达成时,视为交付之完成。(3)占有改定。即根据当事人的协议,由转让人继续占有标的物,同时将转让人的自主占有改为他主占有,并为受让人设定间接占有。例如,甲基于买卖合同将电视机出售于乙,但甲仍想借用此电视机,在双方达成借用协议时,甲对电视机的占有从原先的自主占有转换为他主占有,乙取得对电视机的间接占有,双方之间的交付视为完成。(4)指示交付。即动产由第三人占有时,依当事人协议,出让人将其对第三人的返还请求权让与受让人,以代替对标的物的现实交付。(5)拟制交付。即出让人将动产的权利凭证(如仓单、提单)交给受让人,以代替动产的实物交付。在上述的各种交付方法中,简易交付、占有改定、指示交付、拟制交付本质上均为观念交付,尤以占有改定的观念性为最强,在占有改定,物权变动实际上仅凭当事人的意思,缺乏外部的物质形式,故其很难发挥公示物权变动的作用。

四、不动产物权的公示

不动产物权以登记为其公示方法。"登记"一词可在名词和动词两个层面上使用,名词层面上的登记指登记簿的记载,其公示不动产物权的存在;动词层面上的登记指在登记簿上进行某种记载的行为,其公示不动产物权的变动。

(一)不动产登记的概念和性质

不动产登记,是指不动产登记机关根据申请人的申请或者依职权将不动产物权设立、变更和消灭等情况,依法定程序记载于专门设置的登记簿上的行为。在通常情况下,一个完整的不动产登记行为包括当事人申请变动物权的行为和登记机关依法做出登记记载的行为。单就登记记载行为而言,其在性质上属于行政行为,体现了国家行政权力对不动产物权关系的合理干预。但当事人申请登记的行为,本质上为变动物权的意思表示,属于私法行为。考虑到绝大部分不动产登记因当事人申请而启动,登记的主要效果又是发生物权变动上的效力,故从总体上看,不动产登记应为私法行为。

(二)统一的不动产登记制度的建立

在原《物权法》颁布前,我国不动产登记制度很不统一。这种不统一性主要表现为登记范围不统一、登记程序不统一、登记效力不统一和登记机关不统一等方面。例如,单就登记机关而言,就有国土管理机关、房产管理机关、矿产管理机关、渔政管理机关、林业管理机关、水管理机关等,它们分别对基于土地、房屋、矿产资源、渔业资源、森林资源、水资源而发生的物权或准物权行使登记管理权。由于不动产登记的不统一,严重妨碍了登记公示不动产物权的机能,鉴于此,原《物权法》提出建立统一的不动产登记制度,统一登记的范围、登记机构和登记办法。在不动产登记制度上,《民法典》物权编与原《物权法》作出了一致的规定。虽然,《民法典》物权编亦将登记机构、登记范围和办法等具体内容留给其他法律、行政法规来规定,但也通过一系列条文明确了统一的不动产登记制度的基本内容。例如,《民法典》第 211 条规定了当事人申请登记时所应提供的必要材料,第 212 条规定了登记机关的职责,第 213 条规定了登记机关的禁止行为事项,第 216 条、第 217 条规定了不动产登记簿、不动产权属证书及二者之间的关系,第 218 条规定了不动产登记信息公开制度,第 222 条规定登记错误时的赔偿责任,第 223 条确立了登记的按件收费原则等。可以说,2007 年的《物权法》已经勾画出了统一的不动产登记制度的基本轮廓。2015 年 3 月 1 日正式施行的《不动产登记暂行条例》(2019 年修订),将集体土地所有权、房屋等建筑物、构筑物所有权、森林、林木所有权、耕地、林地、草地等土地承包经营权、建设用地使用权、宅基地使用权、海域使用权、地役权、抵押权等不动产权利统一纳入登记范围，并对统一的登记机关、不动产登记簿的编制、登记的程序、登记信息的共享与保护等作出了较为系统的规定。

关于不动产登记簿与不动产权属证书之间的关系，根据《民法典》第216条、第217条规定，不动产登记簿是物权归属和内容的根据，不动产权属证书是权利人享有该不动产物权的证明，若二者记载的内容不一致，除非有证据能够证明不动产登记簿确有错误外，否则应当以不动产登记簿为准。同时，《物权编解释（一）》第2条亦对此作出进一步规定，即当事人若有证据证明不动产登记簿的记载与该不动产的真实权利状态不符、其为该不动产物权的真实权利人，那么人民法院应当根据当事人的请求确认其物权。

（三）不动产登记的分类

不动产登记依不同标准，可作如下分类。

1. 实体权利登记与程序权利登记

这是以登记对象为标准进行的分类。实体权利登记是指对于当事人所享有的实体权利的登记，如所有权登记、建设用地使用权登记等。程序权利登记是指不动产权利的顺位登记，主要表现为抵押权的顺位登记。

2. 权利登记与表彰登记

这是以登记内容为标准进行的分类。权利登记是指就所有权及其他物权的发生、移转、消灭、保存和处分限制等所进行的登记。表彰登记是指对土地、建筑物以及其他地上附着物的物理现状如面积、用途、种类、构造等进行公示的制度。权利登记与表彰登记不可分割，权利登记实际上都是建立在表彰登记的基础之上的。

3. 设权登记与宣示登记

这是以登记作用为标准进行的分类。设权登记是指具有创设、移转物权效力的登记，其适用于因法律行为而发生的物权变动。宣示登记是指将已经成立的物权变动，昭示于外的登记，其主要适用于因先占、继承、强制执行、公用征收、法院判决等非法律行为原因而发生物权变动的情形。

4. 本登记与预备登记

这是以登记作成时间和效力为标准进行的分类。本登记又称终局登记，是指能直接发生当事人所期待的不动产物权变动效果的登记。预备登记是对不动产的非终局性登记，其目的是在登记要求的实质要件和程序要件尚不充分时保全当事人的登记请求权。预备登记包括预告登记和异议登记。《民法典》第221条是关于预告登记的规定，当事人签订买卖房屋的协议或者签订其他不动产物权的协议时，为保障将来实现物权，可以向登记机关申请预告登记，在预告登记做成后，未经预告登记权利人同意，处分该不动产的行为不发生物权效力。同时，根据《物权编解释（一）》第4条规定，未经预告登记权利人同意，转让不动产所有权等物权，或者设立建设用地使用权、居住权、地役权、抵押权等其他物权的，即《民法典》第221条中列举的处分行为，同理，应当认定其不发生物权效力。显然，预告登记的实质是赋予特定不动产债权以类似于物权的对抗第三人的效力，是债权物权化的重要标志之一。但应注意的是，在债权消灭或者预告登记权利人自能够进行不动产登记之日起90日内未申请登记的，预告登记自动失去效力。对于此处的“债权消灭”，根据《物权编解释（一）》第5条规定，包括预告登记的买卖不动产物权的协议被认定无效、被撤销，或者预告登记的权利人放弃债权的情形。《民法典》第220条第2款规定了异议登记,根据该条,对不动产登记簿的记载有异议,尚无确凿的证据证明登记错误,且登记权利人又不同意更正登记时,为了切断登记的公信力,防止因错误登记而损害真正权利人的利益,利害关系人可以申请在登记簿上记载其异议。申请人在异议登记之日起15日内不提起诉讼的,异议登记自动失效。异议登记不当,造成权利人损害的,权利人可要求申请人赔偿损失。根据《物权编解释(一)》第3条之规定,异议登记因申请人未在规定期限内提起诉讼而失效,但是,此后当事人提起民事诉讼并请求确认物权归属时,人民法院应当依法受理并对案件进行实体审理,均不受异议登记失效的影响。

5. 总登记与变动登记

这是从登记机关的工作程序出发对本登记作出的进一步划分。总登记又称静态登记,是不动产行政管理机关为发放、调换不动产物权证书,建立或健全不动产物权管理秩序,在对某种不动产物权进行普遍清理的基础上进行的全面登记。变动登记又称动态登记,是不动产物权登记机关日常进行的就不动产物权设立、变更、更正、消灭等事项进行的登记,包括初始(首次)登记、变更登记、转移登记、更正登记、注销登记。初始登记如对新建不动产的登记、创设不动产抵押权之登记,变更登记如共有性质、抵押权次序变更之登记,转移登记如不动产过户登记,注销登记如解除抵押权的登记,而更正登记则是指更正登记簿上错误记载事项之登记。值得注意的是,《民法典》第220条第1款明确了更正登记的条件,即权利人或利害关系人申请、登记权利人书面同意更正或有确凿证据证明登记错误。

问题与思考

不动产登记应当遵循哪些原则?《不动产登记暂行条例》规定不动产登记应当遵循严格管理、稳定连续、方便群众原则,但这样的概括过于抽象,基本上没有可操作性,从登记流程和登记效力的角度,可以提炼出更为具体的登记原则。第一,以不动产单元为基本单位进行登记。不动产单元是具有唯一编码的宗地、宗海、房屋的幢、层、套、间等不动产最小单位,以不动产单元为基本单位进行登记,有助于维护不动产的归属和流转秩序,并有效配合国家对不动产的管理。第二,共同申请原则。不动产登记原则上应由当事人提出申请,登记机构依职权进行登记,而且,登记申请原则上应由当事人双方(如买卖合同中买卖双方、抵押合同中抵押人和债权人双方)共同申请,但尚未登记的不动产首次申请登记的;继承、接受遗赠取得不动产权利的;人民法院、仲裁委员会生效的法律文书或者人民政府生效的决定等设立、变更、转让、消灭不动产权利的;权利人姓名、名称或者自然状况发生变化,申请变更登记的;不动产灭失或者权利人放弃不动产权利,申请注销登记的;申请更正登记或者异议登记的等情形可以由一方当事人单独申请。第三,登记连续性原则。不动产登记应清晰地反映不动产物权变动的全过程。没有进行首次登记的,不得进行其他类型的登记。前一轮物权变动未进行相应登记的,不得进行新一轮物权变动之登记。第四,信息公开原则。建立统一的不动产登记信息管理基础平台,各级不动产登记机构登记的信息均应当纳入该平台,实现国家、省、市、县四级登记信息的实时共享;不动产登记信息与住房城乡建设、农业、林业、海洋等部门审批信息、交易信息实时互通共享;国土资源、公安、民政、财政、税务、工商、金融、审计、统计等部门不动产登记有关信息互通共享。权利人、利害关系人、有关国家机关可以依法查询、复制不动产登记资料。

第五节　物 权 变 动

一、物权变动概述

（一）物权变动的概念

物权变动是指物权的发生（取得）、变更和消灭（丧失）。物权在特定主体之间发生，谓之物权的取得。物权与特定主体分离，谓之物权丧失。而物权的变更包括主体的变更和内容的变更，基于物权法定原则，当事人不能通过约定改变物权的内容，因此物权内容的变更其实仅指物权客体的变更，考虑到客体的变更在法律上没有多大的关注价值，故物权的变更主要是指主体的变更。同时，物权主体的变更，又必然引起原物权人物权的丧失和新物权人物权的取得，从而可最终归入物权取得和物权消灭之中。鉴于此，对物权变动的讨论，主要是围绕物权的取得和消灭两个方面展开的。

作为一种民事法律效果，物权变动离不开一定的民事法律事实。引起物权变动的最主要、也最重要的法律事实是法律行为，除此之外，生产、收益、添附、遗失物之拾得等事实行为，征收、没收、国有化等行政行为，法院判决、强制执行等司法行为也能引发物权的变动。

（二）物权的取得

物权的取得是指物权就特定主体而发生。以物权取得是否基于他人权利与意志为标准，可以区分为原始取得和继受取得。

1. 原始取得

原始取得是指不以他人的权利或意志为依据取得物权。物权之原始取得方法通常有：(1)通过生产而取得产品的物权；(2)通过收益而取得物之天然孳息的物权；(3)通过税收、国有化、征收、征用、没收而取得物权；(4)国家按法定程序取得无人继承的遗产、无人认领的遗失物、所有人不明的埋藏物、隐藏物的所有权；(5)集体组织取得其成员的无人继承的遗产的所有权；(6)通过先占取得无主动产的所有权；(7)通过添附取得所有权；(8)通过即时取得、时效取得制度取得物权；(9)通过新建取得不动产的所有权等。

由于原始取得不以他人的权利和意志为依据，因此其肯定不是基于法律行为而取得，既然原始取得并非通过法律行为而取得，其权利的取得不受取得之前权利人意志的影响，其取得的权利也不应受到取得之前的权利的影响，因此在原始取得所有权时，如果取得之物上曾附有他物权，则这些他物权因新物权人原始取得所有权而消灭。

2. 继受取得

继受取得是指以他人的权利及意志为依据取得物权。继受取得又可分为移转继受取得与创设继受取得两种方式。

移转继受取得是指原物权人以一定的法律行为将自己享有的物权完整地移转给他人，由他人取得该物权。此种继受取得如买卖、互易、赠与、遗赠、继承等。

创设继受取得是指所有权人在自己的所有物上为他人设定他物权，由该他人取得特定的他物权。此种取得如所有权人与他人设立地上权契约、永佃权契约、地役权契约、抵押权契约、质权契约等，由他人取得地上权、永佃权、地役权、抵押权、质权等。

继受取得一般是依法律行为而取得,但通过法定继承而继受取得时,其不属于因法律行为而取得物权。由于继受取得以取得之前的权利及权利人意志为基础,故在继受取得所有权时,继受取得者应承受原权利上的负担,如原物上曾附有他物权,该他物权并不当然地因新物权人继受取得所有权而消灭。

(三)物权的消灭

物权的消灭是指特定主体的物权不复存在。物权的消灭分为绝对消灭和相对消灭。

1. 物权的绝对消灭

物权的绝对消灭指物权与特定主体分离,而他人又未取得其权利。物权的绝对消灭主要包括:(1)物权标的物灭失。但在担保物权,如果标的物灭失后受有赔偿金、补偿金,基于其物上代位性,担保物权并不当然消灭;(2)约定或法定的存续期间届满;(3)因法定原因被撤销,如建设用地使用权人在法定时间内不使用土地而被收回建设用地使用权;(4)担保物权因债权消灭而消灭;(5)物权人抛弃其物权;(6)混同。混同指两个无并存必要的物权同归于一人时,其中的一个物权消灭。具体而言,物权因混同而消灭包括两种情形:第一,所有权与他物权混同。在所有权与他物权混同时,原则上他物权因混同而消灭。但若该他物权的存续对所有人或者第三人有法律上的利益时,该他物权并不消灭。前者如所有权和第一顺序的抵押权混同,为了对抗后顺序的抵押权,第一顺序的抵押权例外地不因混同而消灭。后者如所有权与地上权混同,而地上权是第三人抵押权的客体,该地上权也不能因混同而消灭。第二,所有权以外的物权与以该物权为标的的权利混同,例如建设用地使用权与以该建设用地使用权为客体的抵押权混同时,抵押权消灭。但若以该物权为标的的权利的存续对该物权人或其他第三人有法律上利益时,以该物权为标的的权利也不因混同而消灭。

2. 物权的相对消灭

物权的相对消灭指物权与原主体分离而归于新主体。例如,因出卖、赠与等行为,使出卖人、赠与人的所有权丧失,而买受人、受赠人则取得所有权。严格地说,物权的相对消灭并非物权消灭问题,而是属于物权的主体变更的问题。

二、基于法律行为的物权变动

(一)物权变动模式

在基于法律行为变动物权时,存在两种不同的立法模式,即意思主义和形式主义。

意思主义,是指只要当事人意思表示一致、法律行为有效成立,即可发生物权变动的效果。但是,在动产的交付和不动产的登记完成前,该物权变动的效果不能对抗第三人。由此可见,在意思主义下,物权变动和物权公示发生了分离,物权公示并非物权变动的生效要件,而仅是物权变动得以对抗第三人的条件,故又称公示对抗主义。意思主义最大限度地尊重了当事人的交易自由并促进了交易的便捷,但其承认不具有对抗力的物权、将物权变动的内部关系和外部关系作分别的处理,不仅在物权法理论上有不周延之嫌,在实践上也不利于维护交易的秩序和安全。英美法系各国普遍奉行意思主义,大陆法系的法国、日本、意大利也是坚持意思主义的典型。

形式主义,是指即便当事人意思表示一致、即便法律行为有效成立,只要尚未进行动产的交付、不动产的登记,就不能发生物权变动的效果。由此可见,在形式主义,物权变动与物权公示发生了融合,物权公示直接构成了物权变动的生效要件,故又称公示要件主义。形式主义虽提高了物权变动的成本,但由于其将物权变动的内部关系和外部关系进行一体的处理,避免了缺乏公示的物权出现，不仅在理论上较为圆满，而且有利于维护交易市场的安全与秩序。在立法上，大陆法系的德国、瑞士、奥地利等都是奉行形式主义的典型。

虽然从表面上看，意思主义和形式主义直接对立，但其事实上的差别并不如其概念表现的那样明显。这主要是基于两个方面的原因：(1)意思主义和形式主义在立法上呈现相互融合之势。一方面，在意思主义，在出卖种类物、将来物、他人之物时，所有权并不因意思表示一致而发生转移，法律也普遍允许当事人对物权变动的时间进行自由的约定；另一方面，在形式主义，由于将交付的概念从现实交付扩大到指示交付、占有改定等观念交付形态，并使其发生变动物权的效力，形式主义中的"形式"因此被软化，至少在动产物权变动，意思主义和形式主义不再有明显的区别。(2)在立法本身的结构上，意思主义和形式主义也表现出无限接近的状态，即便在不动产物权变动也是如此。例如，就不动产物权变动的双方当事人而言，若出卖人已将不动产交付给买受人但未登记，在意思主义，买受人取得了该不动产的所有权，可拒绝出卖人的返还请求。在形式主义，买受人虽未取得所有权，但因买卖关系的存在，其对不动产的占有为合法占有，出卖人亦不能要求其返还，在实质效果上与意思主义并无区别。再如，就不动产物权变动中的第三人而言，特别是在不动产二重买卖的情形，无论是意思主义或者形式主义，都由完成不动产登记者最终取得所有权。只不过，在意思主义，完成不动产登记者最终取得所有权是因其物权具有对抗另一买受人的效力，而在形式主义，完成不动产登记者取得所有权是因另一买受人欠缺物权变动的条件，本就不能取得所有权而已。

综上所述，立法上究竟采纳意思主义还是形式主义，更多的不是出于逻辑和价值上的考虑，而是出于一国立法上的习惯和偏好。从《民法典》第 208 条、第 209 条、第 224 条的规定来看，我国总体上实行物权变动的形式主义。但《民法典》第 333 条、第 335 条规定的土地承包经营权的设立和移转，第 374 条规定的地役权的设立，第 396 条、第 403 条、第 404 条规定的动产抵押、浮动抵押权的设立等情形，考虑到与我国相关的民事单行法特别是与国际惯例接轨，实行的是意思主义的物权变动模式。

(二)物权变动的区分原则

如前所述，在意思主义，物权变动在当事人意思表示一致时即行发生，物权变动之结果与物权变动的原因完全融合在一起。在形式主义，当事人意思表示的一致导致法律行为的成立，但该法律行为仅是物权变动的原因，其本身不能直接引发物权变动的效果，物权变动取决于公示之完成。也就是说，在形式主义，物权变动的原因行为与物权变动本身是相互区别的，这就导致了所谓"区分原则"之确立。具体而言，区分原则，是指以物权变动为目的的原因行为，自合法成立之时生效，该原因行为本身不直接导致物权的变动，物权的变动尚须公示方法之完成，即动产需要交付，不动产需要登记。同时，公示形式之完成也仅是物权变动的条件，并非物权变动的原因行为的成立或生效要件，物权变动上的瑕疵不能反射到原因行为之上并影响原因行为的效力。在因公示的缺乏而不能发生物权变动的结果时，有过错的当事人应承担违约责任，而非缔约过失责任。以房屋买卖合同为例：买卖双方订立了买卖合同，且符合主体合格、意思表示真实等要件，该合同即为有效，在买卖双方产生债权债务关系。但买卖合同成立生效，甚至房屋和价款均已交付，并不意味着房屋的所有权发生转移，房屋所有权的移转应以物权法上规定的过户登记的完成为要件。同时，未办理过户登记手续，也只是意味着房屋的所有权尚未移转，出卖人的义务尚未履行完毕，但不能因此而认为买卖合同无效。出卖人不能移转房屋所有权的，买受人有权基于有效的买卖合同要求出卖人承担违约责任，具体的违约责任形式可以是请求实际履行合同，完成过户登记;也可以请求支付违约金或赔偿损失。

长期以来,我国民法不重视甚至违反区分原则,特别是在司法实践中,最高人民法院的一系列司法解释、批复认为城市房屋买卖合同在办理过户登记前不发生效力(或不成立),使物权变动上的瑕疵反射到作为物权变动原因的法律行为之上并影响其效力。事实上,没有办理过户登记仅意味着房屋所有权未发生转移,房屋所有权未发生转移仅意味着出卖人没有履行合同,出卖人没有履行合同仅导致违约责任,违约责任并不意味着合同无效。在1999年《合同法》颁布后,最高人民法院在对其进行司法解释时修正了以往错误的立场,针对有关法律法规规定"应当登记"的合同,只要这些法律法规没有规定不登记合同就不发生效力,当事人未办理登记并不必然导致合同无效,而仅引发不能变动物权的效果。显然,最高人民法院该司法解释充分体现和贯彻了区分原则。但由于司法解释自身固有的局限性,其不能够直接对立法的规定进行修改,在法律明确规定不进行物权登记合同就无效的情形,区分原则仍未获得很好遵守。例如,原《担保法》在不动产抵押、动产质押、权利质押的有关规定中,即错误地将抵押登记、质物交付、权利证书交付等作为抵押合同、质押合同的有效要件。鉴于此,原《物权法》在立法层面上明确了区分原则,其第15条及《民法典》第215条规定:"当事人之间订立有关设立、变更、转让和消灭不动产物权的合同,除法律另有规定或者当事人另有约定外,自合同成立时生效;未办理物权登记的,不影响合同效力。"此外,原《物权法》和《民法典》还修改了原《担保法》的前述错误规定,根据《民法典》第402条、第429条、第441条,抵押登记、质物或权利证书的交付仅是抵押权和质权的设立条件,并非抵押合同、质押合同的效力条件,从而全面体现和贯彻了区分原则。

(三)物权行为理论

在意思主义的物权变动模式,当事人之间一致的意思表示既产生债权债务关系,同时发生物权变动的效果。但在形式主义,当事人一致的意思表示只能在当事人之间发生债权债务关系,而不能直接导致物权的变动,唯有完成公示后物权变动的效果才实际发生。根据前述物权变动的区分原则,在形式主义物权变动模式下存在两个不同的行为,分别为诱发物权变动的原因行为以及直接导致物权变动的公示行为。由于原因行为仅在当事人之间发生债权债务关系,故又被称为债权行为。但在如何认定直接导致物权变动的公示行为的性质的问题上,无论是在学说或者立法上都存在重大的分歧。一种观点认为,直接导致物权变动的公示行为仅是事实行为,其本身没有独立的意思表示内容,是从属于诱发物权变动的原因行为的,是对原因行为的履行;另一种观点认为,直接导致物权变动的公示行为,无论是动产的交付或者不动产的登记,都有其自身的意思表示内容,该意思作为直接变动物权的意思,与原因行为中为当事人设定债权债务的意思存在本质的不同。由于物权公示行为以变动物权的意思表示为内容,故其称为物权行为,与此相反,由于原因行为仅在当事人之间发生债权债务关系,故其称为债权行为。同时,正因为物权行为与债权行为是完全不同的法律行为,尽管债权行为事实上构成了物权行为的原因,但在物权行为作成后,法律上将切断物权行为与债权行为之间的因果牵连,不让债权行为的效力对物权行为发生影响。后一种观点所代表的,就是由德国学者萨维尼提出的,为《德国民法典》与我国台湾地区"民法"所追随的,在民法学上引发了广泛而持续讨论的物权行为理论。

1. 物权行为理论的构成

要完整地认识物权行为理论,需要把握物权行为的概念、物权行为的独立性、物权行为的无因性三个环节的内容。

首先,关于物权行为的概念。关于物权行为的概念,学者们从两个视角进行界定。一是从外在效果视角界定物权行为,认为物权行为是指以发生、变更、消灭物权为目的的法律行为。二是从内在结构视角界定物权行为,但在从内在结构视角界定物权行为时,学说上又存在不同认识。一种意见认为物权变动的意思表示本身即构成物权行为,另一种意见认为唯有物权变动的意思表示与其形式(登记或交付)相结合,始得构成物权行为,后一种认识是关于物权行为内部结构的通说,代表了物权行为概念的本源。据此,可结合前述两个视角,将物权行为的概念表述为:由物权变动的意思表示与登记或交付相结合,产生物权的设定、移转、变更或消灭效果的法律行为。

其次,关于物权行为的独立性。物权行为的独立性是指物权行为和债权行为具有各自不同的意思表示内容,二者在意思表示的内容和法律行为的目的上相互区别,完全独立。债权行为中意思表示的内容是为当事人设定债权债务的负担,其目的并不直接指向物权的变动。物权行为中意思表示的内容则是直接发生物权变动,从而使债权行为中当事人的负担得以消除。以买卖为例,当事人之间缔结买卖合同的合意是债权行为,基于此债权行为,它仅能使双方当事人负担为交付标的物或交付价金的义务。如果要移转标的物和价金的所有权,则当事人必须达成移转标的物所有权和价金所有权的合意,该合意完全蕴含在交付或登记之中,伴随着合意的达成、交付或登记的进行,所有权在当事人之间发生转移。也就是说,在一项买卖中,包含三个法律行为,即买卖合同的债权行为、移转标的物所有权的物权行为、移转价金所有权的物权行为。后两个物权行为是独立于买卖合同这一债权行为之外的。债权行为与物权行为在现实交易中可能表现出以下三种关系:(1)仅有债权行为,而无物权行为,如雇佣、委任、保证等。(2)无债权行为,仅有物权行为,如物权抛弃。(3)既有债权行为,又有物权行为,如买卖、互易、赠与等。在债权行为与物权行为共存的情况下,包括债权行为与物权行为历时态共存和同时态共存两种情形。所谓历时态共存是指债权行为与物权行为具有承续性,表现为先有债权行为,后有物权行为。如在非即时交易的买卖中,基于买卖合同这一债权行为,一方得请求另一方给付标的物或交付价金,交付标的物和价金并移转其所有权的物权行为显然发生在买卖合同这一债权行为之后。所谓同时态共存是指债权行为与物权行为不分先后、同时发生,例如即时交易、通过自动售货机买卖都属于这种情形。

最后,关于物权行为的无因性。物权行为的无因性是指当物权行为与债权行为共存时,作为原因行为的债权行为不成立、无效或被撤销时,并不影响物权行为的效力,物权行为是否有效依据物权行为自身的有效要件独立判断。只要物权行为满足了自身的有效要件,无论债权行为的效力状态如何,都能发生物权变动的效果。物权行为无因性问题,只有在当物权行为与债权行为共存,债权行为为物权行为事实上的原因的情况下才发生,如果只有物权行为或只有债权行为,则没有探讨物权行为无因性的必要。当债权行为与物权行为共存时,其效力关系表现为以下四种情形:(1)债权行为有效,物权行为本身也有效。(2)债权行为无效,物权行为本身也无效。(3)债权行为有效,物权行为本身无效。(4)债权行为无效,物权行为本身有效。只有在第四种情况下,才产生物权行为无因性问题,也即当债权行为无效,而物权行为本身有效,则债权行为无效不影响物权行为本身的有效性,物权变动基于有效的物权行为而发生。在债权行为无效,而物权行为本身有效的情况下发生物权变动,买受人取得标的物的所有权,出卖人则不得依物上请求权请求买受人(标的物的所有人)返还标的物,而只能依不当得利请求权请求返还标的物。

2. 物权行为理论批判

无论是萨维尼创立物权行为理论,还是后来的《德国民法典》等立法采纳物权行为理论,均主要出于以下几个方面的考虑:(1)明晰物权交易关系。物权行为理论将物权交易划分为两个阶段,并注意到前一阶段仅在当事人之间发生债权债务关系,后一阶段才直接发生物权变动的事实,基于这样的事实,将两个效力不同的阶段概括为性质不同的法律行为,从而使人们对物权交易有更为清晰、直观的认识,也方便法律针对不同的阶段进行不同的法律调整。(2)与物权、债权的区分相适应。以《德国民法典》为代表的近现代民法普遍区分物权和债权,并将其作为财产权体系的两个基本支柱。物权和债权的区分不仅表现为客体、内容、效力、性质等方面的差别,而且还包括发生原因上的差别。在基于法律行为产生权利时,物权和债权的区分合乎逻辑地要求将法律行为区分为物权行为和债权行为。(3)保护交易安全。物权行为理论通过将物权交易切割为债权行为和物权行为两个阶段,特别是,通过切断物权行为与债权行为之间的因果联系,在债权行为不成立、无效或者被撤销时,物权行为的效力不受影响,物权变动仍能完成。在物权变动的受让人将标的物再转让给第三人的情形,该第三人能确定地取得相应的物权,原物权变动的出让人不仅不能要求第三人返还,而且也不能对受让人行使物上请求权,相反,只能对受让人要求返还不当得利。显然,通过这样的法律设计,第三人的利益获得了充分的保护,交易安全也因此得以维持。

但支撑物权行为理论的前述理由事实上很难成立。第一,将一个简单的物权交易人为地割裂为两个阶段,区分为两种不同性质的法律行为,非但不能实现明晰物权交易关系的目标,反而使简单的问题复杂化,在某种意义上,甚至构成了"理论对生活的凌辱"。第二,物权、债权的区分与物权行为、债权行为的区分并不存在必然的逻辑联系。毕竟,物权和债权的区分主要源于二者在客体上、内容上、效力上、性质上的差异,而并不取决于产生原因的不同。而且,纵然在发生原因上有所不同,导致物权变动的原因也未必能够构成一个以意思表示为内容的法律行为。何况,在民法上,除了物权和债权的区分之外,还有人身权、继承权等权利,在法律上也未见为这些权利的发生设定单独的法律行为,即所谓的人身权行为、继承权行为。第三,物权行为理论切断物权行为和债权行为的关系,的确有助于保护交易安全,但该理论保护交易安全的功能也存在三个突出的问题:(1)可以为民法上的相关制度如善意取得所取代,由于在物权行为理论创立时,善意取得制度还未真正建立,我们完全有理由相信,在善意取得制度得以广泛确立的今天,物权行为理论保护交易安全的功能几乎已被取代、抽空;(2)物权行为理论无分第三人善意或恶意而对其进行一体保护,超越了交易安全保护的合理界限,毕竟,交易安全保护的本质是对善意信赖的保护;(3)物权行为理论对交易安全的保护是建立在严重损害原物权变动的出让人利益的基础之上的。特别是在第三人明知债权行为无效或被撤销时,物权行为理论仍在所谓交易安全的旗帜下,对该恶意第三人进行保护,将出让人的物权请求权转化为不当得利请求权,严重地违反了交易公平,有违民法的正义追求。

不仅如此,物权行为理论在事实上也是很难成立的。如前所述,物权行为理论的核心是物权行为的独立性和无因性。物权行为的独立性建立在动产之交付、不动产之登记中包含独立的意思表示这一认定的基础上。然而,交付和登记本身只是一个事实,其中并不包括意思表示的内容,物权行为理论所谓的"物权变动的意思"不过是人为拟制的产物。即便认为交付和登记中包含意思表示,该意思表示也不可能真正独立于债权行为的意思表示之外,也必然是从属于债权行为的意思表示的,其作用表现为对债权行为意思表示的重复或履行、贯彻或延伸。例如,动产的交付本来是一个事实行为,绝不能说在交付中必然包含物权变动的意思表示,交付是否能够发生物权变动的效果,取决于与什么样的原因行为相结合。当交付与买卖行为相结合时,由于买卖的目的在于移转所有权,故交付标的物能产生所有权转移的效果。当交付与租赁或者借贷行为相结合时,由于租赁和借贷本来不以所有权转移为目的,故交付标的物不发生所有权变动的效果。纵然物权行为的独立性在事实上能够成立,物权行为的无因性也无发生之可能。如前所述,物权行为的无因性只有在债权行为无效或被撤销,而物权行为本身有效的情况下才能得以适用。然而事实上,债权行为无效或被撤销,物权行为保持有效的情况极其罕见。毕竟,物权行为是以意思表示为要素的法律行为,应受法律行为有效规则的约束。而影响法律行为效力的因素主要是主体不合格、意思表示不真实、内容不合法。我们很难想象,债权行为的主体不合格、意思表示不真实、内容违法的情况下,物权的行为的主体合格、意思表示真实、内容合法,也就是说,在债权行为因某种原因无效或被撤销时,物权行为通常也具备同样的无效或可撤销的原因,物权行为通常因与债权行为有共同的瑕疵,在行为的法律效力上呈现相同的状态,并没有无因性理论发生作用的空间。

基于上述原因,我国民法并不承认物权行为,《民法典》也未规定物权行为制度。

三、非基于法律行为的物权变动

非基于法律行为的物权变动包括因新建、继承、强制执行、公用征收、法院判决,先占、取得时效、混同等原因而发生的物权变动。相对于基于法律行为的物权变动,此类物权变动的特点在于,物权变动的发生未必以公示为要件。例如,《民法典》第229条规定:"因人民法院、仲裁机构的法律文书或者人民政府的征收决定等,导致物权设立、变更、转让或者消灭的,自法律文书或者征收决定等生效时发生效力。"第230条规定:"因继承取得物权的,自继承开始时发生效力。"第231条规定:"因合法建造、拆除房屋等事实行为设立或者消灭物权的,自事实行为成就时发生效力。"其中,对于《民法典》第229条规定的"法律文书",其包括人民法院、仲裁机构在分割共有不动产或者动产等案件中作出并依法生效的改变原有物权关系的判决书、裁决书、调解书,以及人民法院在执行程序中作出的拍卖成交裁定书、变卖成交裁定书、以物抵债裁定书。

非基于法律行为的物权变动之所以不以公示为要件,主要是出于两个方面的理由:(1)避免出现权利真空。例如,在合法建造不动产的情形,在不动产建成后,该不动产上一定有相应的物权尤其是所有权。如果该所有权要在办理登记之后才能取得,则该不动产在建成后、登记前处于无主状态,如此不仅与事实状态不符,而且在法律上易生混乱,规定合法建造的事实行为成就时,合法建造人即取得该不动产的所有权,就能有效地克服这一问题。再如,被继承人死亡后,继承人完成变更登记前,若不规定继承人因被继承人死亡的事实直接取得作为遗产的不动产所有权,该不动产也将陷入无主状态。(2)为了体现国家公权力的严肃性并更好地保护相关当事人利益。例如,在因法院判决而发生物权变动的情况,因判决代表国家公权力,其本身具有很高的权威性和严肃性,可以在相当程度上替代物权变动的公示。何况,在判决生效时即发生物权变动的效力,能方便取得物权的人早日利用其物,也能尽量避免原物权人的不当处分行为。

虽然非基于法律行为的物权变动不以公示为要件,并不意味着变动后的物权也永远不需要公示。相反,物权公示是物权法的一项基本原则,这在非基于法律行为取得的物权也不例外。法律上可通过两个手段促成已经取得物权的当事人公示其物权:(1)在获得公示前,已经取得的物权不具有对抗力。例如,基于法院判决取得的不动产所有权,如果在取得所有权后不及时办理登记,由于原所有权人仍保留了登记,当其凭此登记将该不动产再出让给第三人并办理登记时,则通过判决取得的所有权难以对抗该获得登记的第三人。(2)限制已经取得的物权的进一步变动。《德国民法典》、《瑞士民法典》及我国台湾地区"民法"均规定,非基于法律行为取得的不动产物权,非经登记,不得处分。根据该规定,取得不动产物权者为方便日后对其不动产的处分,一般会主动办理登记。但若权利人一直不办理登记,而且通过出卖、出租等方式处分该不动产,则出卖、出租该不动产的行为效力如何,传统大陆法系立法上并不明确。考虑到权利人处分不动产的行为本身属于法律行为,该处分行为要发生物权变动的效果必须登记,而权利人(处分人)本身的权利尚且没有办理登记,故物权变动的登记事实上很难完成。有鉴于此,我国《民法典》第232条规定,处分依照本节规定享有的不动产物权,依照法律规定需要办理登记的,未经登记,不发生物权效力。显然,根据该条,非基于法律行为而取得的不动产物权,纵然权利人没有办理登记,其处分该不动产的行为在法律上也是有效的,只不过,若其不动产登记的欠缺妨碍了不动产物权的处分登记时,不能发生物权变动的效力而已。需注意的是,根据《物权编解释(一)》第8条的规定,非基于法律行为而取得的不动产或者动产物权,即使权利人没有办理不动产登记或者完成动产交付,当其物权受到侵害时,其依然有权请求返还原物、排除妨害、消除危险、恢复原状、损害赔偿等,即权利人的上述请求权不受公示要件欠缺的影响。

问题与思考

根据《民法典》第215条之规定,当事人之间未办理物权登记的,不影响合同效力,如何理解当事人之间未办理物权登记?《民法典》第215条与第597条是否存在某种逻辑上的联系?我们认为,当事人未办理物权登记包括两种情形:一是能够登记却不积极申请登记或提出申请后登记机构尚未办理完结;二是依照相关法律规定本就不能办理登记。例如,存在权属争议未解决,转让被人民法院查封、扣押之物,申请登记的内容与权属证明资料不一致等情形,在这一情形,当事人要么对不动产没有处分权、要么其处分权受到限制。在原《物权法》颁行后很长一段时间内,我国民法理论界和司法实务界均将重心置于第一种情形,而相对忽略了第二种情形,于是,出卖他人之物的合同,出卖查封、扣押物的合同,出卖有权属争议不动产的合同等被大量认定为无效。然而,从逻辑的层面而言,当事人未办理不动产登记属于未履行合同,不应影响合同的效力;当事人依法不能办理不动产登记属于不能履行合同,也不应影响合同的效力。鉴于此,原《买卖合同解释》第3条规定,当事人以出卖人订立买卖合同时对标的物没有所有权或处分权为由主张合同无效,人民法院不予支持,该解释的精神被《民法典》第597条吸收。可以说,《民法典》第597条在很大程度上呼应了第215条之区分原则,凸显了区分原则得以适用的第二种情形,即不动产物权依法不能发生变动的,也不当然影响合同的效力。

拓展阅读推荐

1. 孙宪忠:《中国物权法总论》,法律出版社2018年版。
2. 梁慧星、陈华彬:《物权法》,法律出版社2020年版。
3. 崔建远:《物权法》,中国人民大学出版社2021年版。
4. 常鹏翱:《物权法的展开与反思》,法律出版社2017年版。
5. 常鹏翱:《物权法的基础与进阶》,中国社会科学出版社2016年版。
6. 孟勤国:《物权二元结构论》,法律出版社2020年版。
7. 刘耀东:《非基于法律行为的不动产物权变动研究》,中国法制出版社2021年版。

第十四章　所　有　权

学习要点

- 所有权的概念和特征
- 所有权取得的特别规则——善意取得、先占、拾得遗失物、发现埋藏物、添附
- 共有关系中的权利和义务
- 相邻关系的类型和处理原则
- 区分所有权的法律构造

第一节　所有权概述

一、所有权的概念和特征

所有权是民事主体依法排除他人干涉而独占某物,并依自己的意思通过占有、使用、收益、处分等方式利用该物,以实现其对该物的垄断利益的权利。从该概念可以看出,所有权是物的归属权。基于该归属权,所有权人垄断性拥有物上利益,包括物的使用价值和交换价值。所有权人通过占有、使用、收益、处分等方式来实现这些物上利益。

所有权是物权的基本形态,是其他物权的基础。其他物权都是从所有权中派生出来的。相对于其他物权而言,所有权具有以下特征:

第一,所有权为自物权。所有权是一种自物权,是对自己的财产所享有的物权。所有权的自物权性质,不仅决定所有权人作为物之主人的法律地位,而且使所有权得以发挥其确定财产归属、定分止争的社会功能。与所有权不同,其他物权都是对别人的财产享有的物权,且不具有确定财产归属的功能。

第二,所有权为完全物权。所有权人对于所有物,在法律规定范围内,不仅享有直接的占有、使用、收益的权利,而且还有最终处分的权利,是最完整、最充分的物权,是对标的物的交换价值和使用价值全面予以支配的物权。与之相比,其他物权,如土地承包经营权、建设用地使用权、抵押权、质权、留置权等,通常只能在特定财产上享有某项或某几项权能,即使个别他物权包括占有、使用、收益和处分四项权能,相对于所有权而言仍然是不充分的,其每一项权能的行使都可能受到来自所有权的限制。当他物权从所有权派生出来后,所有权亦会受到他物权的限制,这虽然不足以湮灭所有权作为完全物权的特征,但是此时的所有权并非圆满意义上的所有权,故历史和学说上曾有“虚有权”之谓。

第三,所有权为恒久物权。所有权的恒久性即所有权的无期限性,指所有权不得因消灭时效而消灭,且法律或当事人也不得为所有权预定存续期间。所有权除因标的物毁损灭失、取得时

效、所有权人抛弃、他人善意取得等事由而消灭外,原则上将一直存续下去。

第四,所有权为原始物权。所有权的原始性是指,所有权不是从其他权利中派生出来的,而是法律直接确认物之归属关系的结果。与所有权不同,其他物权是从所有权派生出来的,是所有权的权能与所有权相分离的结果。

第五,所有权是具有弹力性或回归力的权利。所有权的弹力性或者所有权的回归力,是指所有权人可根据自身利益需要在所有物上为他人设定他物权。在他物权设定后,所有权因受他物权的限制而处于不圆满状态,但在他物权消灭后,所有权受到的限制因此除去,从而回复到此前的圆满状态。而在他物权关系中,由于他物权权能的有限性与恒定性,一旦该权能丧失将导致他物权的消灭,因此也就谈不上弹力性或回归力。

二、所有权的权能

所有权的权能是所有权人行使其所有权的方式。《民法典》第240条规定:"所有权人对自己的不动产或者动产,依法享有占有、使用、收益和处分的权利。"据此,所有权的权能包括占有权能、使用权能、收益权能、处分权能。

(一)占有权能

占有权能是指所有权人对于其不动产或动产进行实际管领和控制的能力。占有权能是所有权的基本权能,构成所有权其它权能的基础和前提。占有权能通常由所有权人行使,但也可与所有权分离而由非所有权人行使。非所有权人的占有权能同样受保护,非有正当理由所有权人不得随意请求返还。占有权能与占有不同,占有权能作为行使所有权的方法,毫无疑问是从属于所有权的,占有权能的行使可形成占有的事实;而占有作为人对物实际控制和掌握的事实,是独立于所有权乃至于整个物权之外的一项法律制度,且占有人也未必拥有占有权能——无权占有人对标的物的占有即不是基于占有权能的占有。占有权能也不同于占有权,占有权是从占有事实中产生出的占有人权利,其未必以特定的权利为基础,而占有权能却一定从属于特定的物权。此外,作为占有制度的主要内容,占有人的占有权比所有权人的占有权能,在内容上要丰富得多。

(二)使用权能

使用权能是发挥所有物使用价值之手段,是指权利主体可依所有物的性能和用途,在不毁损所有物本体或变更其性质的情况下对物加以利用,以满足生活之需要的能力。行使物之使用权能,必须以占有为前提。但在某些情况下,行使物之占有权能,却并不一定以使用为前提,例如,保管人占有保管物,但并不能使用保管物。使用权能可以由所有权人自己行使,也可由非所有权人行使。非所有权人可以根据法律规定或者当事人之间的约定合法使用他人财产,如承租人使用其租赁的房屋。非所有权人对他人财产的使用不是基于法律规定或者当事人之间的约定,则构成非法使用,如未经批准而在国有土地上建筑房屋。通常情况下,所有权人可自由使用自己之物,但该使用自由并非绝对的自由,而仍应受法律限制,例如,建造建筑物要受到规划、建设、环保、消防等方面的法律限制。

(三)收益权能

收益权能是指收取所有物之天然孳息和法定孳息的能力。前者如摘取果树上的果子,后者如收取存款利息、收取房屋租金等。收益权能是实现所有物价值的基本手段。在市场经济高度发达的现代社会,收益权能已上升为所有权最核心的权能,财产所有权人所看重的是如何使自己的财产保值增值,至于财产是自己占有、使用还是交由他人占有、使用则并不重要。因此,市场经济条件下财产的收益权能经常与使用权能相分离。不仅如此，收益权能也可以在特殊情形下与所有权相分离，但其原则上不能永久或全部地分离出去，否则，将使所有权因无收益可言而失去意义。唯有极其个别的情况下，收益权能才能在一定期限内完全从所有权中分离而出，例如，为鼓励开发自然资源，国家将国有荒山、滩涂等划拨给集体或个人使用，并在一定期限内不分享利益。

（四）处分权能

处分权能是指权利主体依法对物进行处置，从而决定物之命运的能力，其是所有权的核心权能、基本权能。处分权能包括事实上的处分和法律上的处分。事实上的处分，是指对物进行实质上的变形、改造或毁损等物理上的事实行为，如拆除房屋。法律上的处分，是指标的物所有权发生转移、限制或消灭，从而使所有权发生变动的法律行为，包括出卖、设定用益物权、设定担保物权、出资入股等。由于处分权能是决定财产命运的一种权能，其直接代表和体现了所有权人的意志，故该权能通常只能由所有权人自己行使，非所有权人只有在有法律规定或者当事人约定的情况下才能处分所有权人之财产。也就是说，处分权能原则上不能从所有权中分离出去，至少不能永久地、全部地分离出去。

除了《民法典》明确列举的所有权的四项权能之外，民法学上认为所有权还包括排除他人非法干涉的权能。所谓干涉是对所有权的直接的、不法的侵夺、干扰和妨碍，如强占他人房屋、建筑房屋阻碍他人房屋的日照采光等。由于此项权能平时隐而不彰，只有在受他人不法干涉时才表现出来，故被称为所有权的消极权能，与前述四种积极权能相对。各国法律对所有权人的消极权能都有一定限制，当法律和公序良俗认为某种干涉正当时，所有权人必须容忍该干涉而不得请求排除。例如，物权法上有关相邻关系的规定就是限制所有权人消极权能的典型制度。

第二节　国家所有权、集体所有权和私人所有权

一、国家所有权

（一）国家所有权概述

在社会主义公有制下，国家不仅是政权的承担者，还是国有财产的所有者。国家所有权是国家对国有财产进行占有、使用、收益、处分的权利。国家所有权本质上是社会主义全民所有制在法律上的表现。社会主义国家代表全民享有并行使国家所有权，最终是为了不断满足广大人民的物质和文化生活需要，实现全体人民的共同利益。因此，国家所有的财产就是全体人民的共同财产。

在我国，各个法律部门关于国家所有权的规定，共同构成了我国国家所有权制度的内容。《宪法》第7条规定："国有经济，即社会主义全民所有制经济，是国民经济中的主导力量。国家保障国有经济的巩固和发展。"此外，还有一些单行法也对国家所有权作出了相应的规定，例如，《中华人民共和国矿产资源法》第3条规定："矿产资源属于国家所有……地表或者地下的矿产资源的国家所有权，不因其所依附的土地的所有权或者使用权的不同而改变……"在这一系列法律规定的基础上，《民法典》从第246条到第259条更是对国家所有权作出了全面、完整的规定，从而标志着我国国家所有权法律体系的正式建成。

(二)国家所有权法律关系

1. 国家所有权的主体

国家所有权的权利主体是国家,义务主体则是除国家之外的任何不特定的组织和个人。这些组织和个人都负有不侵犯国有财产的义务。作为权利主体的国家,同时也是国家行政权的主体,但是国家在行使其权利时,其作为两种不同性质的主体身份是可以分离的。国家作为所有权主体和行政权主体的分离,是促使政企职责分开、发展社会主义市场经济的必要条件。虽然国家在行使所有权时,可以将其所有权的部分权能转移给社会组织和个人享有,但任何组织和个人都不能因此成为国有财产的所有权人。也就是说,国家所有权的主体具有唯一性。

2. 国家所有权的客体

与集体所有权、私人所有权客体受限制的情况相反,法律未对国家所有权的客体进行任何限制,任何财产都可能成为国家所有权的客体。结合《宪法》《民法典》之规定,国家所有权的客体主要包括:(1)矿藏、水流、海域;(2)无居民海岛;(3)城市的土地以及法律规定属于国家所有的农村和城市郊区的土地;(4)森林、山岭、草原、荒地、滩涂等自然资源,但法律规定属于集体所有的除外;(5)法律规定属于国家所有的野生动植物资源;(6)无线电频谱资源;(7)法律规定属于国家所有的文物;(8)国防资产;(9)法律规定属于国家所有的铁路、公路、电力设施、电信设施和油气管道等基础设施;(10)国家出资的企业中属于国家投入的那部分财产权利;(11)国家机关直接支配、依法享有占有、使用以及依照法律和国务院的有关规定处分的不动产和动产;(12)国家举办的事业单位直接支配、享有占有、使用以及依照法律和国务院的有关规定收益、处分的不动产和动产;(13)无人认领的遗失物;(14)无人继承又无人受遗赠的城镇居民的遗产等。

3. 国家所有权的内容

在社会主义公有制下,国家财产的广泛性、国家财产的占有主体的多重性,使国家所有权的内容较之于其他所有权要复杂得多。由于国家既是政治权力的承担者,又是财产的所有者,因此,从表面上看国家所有权的内容似乎是由国家自身决定的,但实际上,国家对国有财产的所有权的内容是由我国公有制的性质决定的,并受其制约。国家所有权的取得也必须合法进行,国家既不能在法律之外,依自己的意志随意创设所有权,也不得凭借其政治权力任意规定国有财产的范围以及对国有财产所享有的权利的范围。

4. 国家所有权的行使

由于国家是拥有主权的一个政治符号,虽可将其作为所有权的主体,但事实上国家不可能自己行使所有权,各国因此都建立了国家所有权的代表行使制度。《民法典》第 246 条明确规定:"法律规定属于国家所有的财产,属于国家所有即全民所有。国有财产由国务院代表国家行使所有权。法律另有规定的,依照其规定。"由此可见,我国国有财产原则上由国务院代表国家行使所有权。此外,《民法典》还针对几种具体情况下国家所有权的行使进行了规定。例如,其第 255 条规定:"国家机关对其直接支配的不动产和动产,享有占有、使用以及依照法律或国务院的有关规定处分的权利。"其第 256 条规定:"国家举办的事业单位对其直接支配的不动产和动产,享有占有、使用以及依照法律和国务院的有关规定收益、处分的权利。"其第 257 条规定:"国家出资的企业,由国务院、地方人民政府依照法律、行政法规规定分别代表国家履行出资人职责,享有出资人权益。"无论是国务院、地方人民政府还是国有企事业单位,在代表国家行使所有权时,都应遵守宪法和其他法律法规。国家所有权的行使本身也必须依法进行。

5. 国家所有权的保护

保护国家所有权是我国宪法和各个法律部门的重要任务。我国《宪法》明确规定:“社会主义公共财产神圣不可侵犯。”《民法典》第258条明确规定:“国家所有的财产受法律保护,禁止任何组织或者个人侵占、哄抢、私分、截流、破坏。”为防止国有资产流失,《民法典》进一步明确了国有资产监管、企业改制等过程中有关方面的义务和责任,从而将国有资产保护落到实处。《民法典》第259条规定:“履行国有财产管理、监督职责的机构及其工作人员,应当依法加强对国有财产的管理、监督,促进国有财产保值增值,防止国有财产损失;滥用职权、玩忽职守,造成国有财产损失的,应当依法承担法律责任。违反国有财产管理规定,在企业改制、合并分立、关联交易等过程中,低价转让、合谋私分、擅自担保或者以其它方式造成国有财产损失的,应当依法承担法律责任。”

二、集体所有权

(一)集体所有权概述

集体所有权是指劳动群众成员集体占有、使用、收益和处分其财产的权利。它是劳动群众集体所有制在法律上的表现,是维护我国社会主义公有制的又一重要法律手段。对此,我国法律也有明确的规定。《宪法》第6条规定:“中华人民共和国的社会主义经济制度的基础是生产资料的社会主义公有制,即全民所有制和劳动群众集体所有制。”该法第10条第2款规定:“农村和城市郊区的土地,除由法律规定属于国家所有的以外,属于集体所有;宅基地和自留地、自留山,也属于集体所有。”其他单行法也对集体所有权进行了规定。例如,《土地管理法》第9条第2款规定:“农村和城市郊区的土地,除由法律规定属于国家所有的以外,属于农民集体所有;宅基地和自留地、自留山,属于农民集体所有。”《民法典》在《宪法》指导下,在继承原《民法通则》等法律所规定的集体所有权的基础上,又进行了进一步的梳理和发展,从而形成了相对完整的集体所有权法律体系。

(二)集体所有权法律关系

1. 集体所有权的主体

究竟谁是集体所有权的主体,在民法学上是一个有争议的问题,我国有关的立法表述也不完全统一。有的认为集体所有权的主体为集体经济组织,有的认为集体所有权的主体为集体成员。事实上,不同类型的集体所有权,其主体是应当有差别的。就农村集体土地所有权来看,由于改革开放以来相关机构设置及其功能的调整,原来的集体经济组织已经不复存在。具体而言,“三级所有,队为基础”时代的人民公社已经被撤销,生产大队和生产队已分别改造为村和村民小组,而村民委员会和村民小组仅是群众自治组织,并非一级经济主体,不可能成为集体财产的所有权人,故所有权人只能是集体内的成员。而就乡镇、城镇集体企业来看,由于企业为经济组织,且通常取得了法人资格,由企业直接作为集体所有权的主体在法律上并无障碍,但该企业本身又归属于集体内的成员。《民法典》第261条第1款规定:“农民集体所有的不动产和动产,属于本集体成员集体所有。”第263条规定:“城镇集体所有的不动产和动产,依照法律、行政法规的规定由本集体享有占有、使用、收益和处分的权利。”通过《民法典》的这一系列规定,不难得出“集体所有权的主体就是集体”之结论,但《民法典》并未对集体本身进行明确的界定。

2. 集体所有权的客体

根据《宪法》《民法典》的相关规定,集体所有权的客体包括:(1)法律规定属于集体所有的土地、森林、山岭、草原、荒地、滩涂等自然资源;(2)集体所有的建筑物、生产设施、农田水利设施;(3)集体所有的教育、科学、文化、卫生、体育等设施;(4)集体所有的其他不动产和动产等。

3. 集体所有权的行使和保护

由于集体所有权的主体具有很大程度上的不确定性,法律上有必要建立详细的集体所有权行使制度。鉴于此,《民法典》确立了集体所有权的行使程序和行使代表制度。根据《民法典》第261条的规定:"农民集体所有的不动产和动产,属于本集体成员集体所有。下列事项应当依照法定程序经本集体成员决定:(一)土地承包方案以及将土地发包给本集体以外的组织或者个人承包;(二)个别土地承包经营权人之间承包地的调整;(三)土地补偿费等费用的使用、分配办法;(四)集体出资的企业的所有权变动等事项;(五)法律规定的其他事项。"《民法典》第262条规定:"对于集体所有的土地和森林、山岭、草原、荒地、滩涂等,依照下列规定行使所有权:(一)属于村农民集体所有的,由村集体经济组织或者村民委员会依法代表集体行使所有权;(二)分别属于村内两个以上农民集体所有的,由村内各该集体经济组织或者村民小组依法代表集体行使所有权;(三)属于乡镇农民集体所有的,由乡镇集体经济组织代表集体行使所有权。"

又根据《民法典》第99条和第101条的规定,如果集体经济组织取得了法人资格,那么原属于集体经济组织所有的财产似乎就应当归属于集体经济组织法人所有。值得注意的是,对于城镇集体所有的不动产和动产,《民法典》第263条并未为其设置行使代表制度,而规定应由本集体依法行使占有、使用、收益和处分的权利。

劳动群众集体所有的财产,是我国社会主义公共财产的重要组成部分,受国家法律的保护。我国《宪法》规定,社会主义公共财产神圣不可侵犯,其中就包括对劳动群众集体所有的财产的保护。《民法典》第265条第1款明确规定:"集体所有的财产受法律保护,禁止任何组织或者个人侵占、哄抢、私分、破坏。"为了使法律对集体所有财产的保护落到实处,防止代表集体行使所有权的组织和个人侵吞集体财产,损害集体成员合法利益,《民法典》第264条规定,农村集体经济组织或者村民委员会、村民小组应当依照法律、行政法规以及章程、村规民约向本集体成员公布集体财产的状况。集体成员有权查阅、复制相关资料。第265条第2款还规定:"农村集体经济组织、村民委员会或者其负责人作出的决定侵害集体成员合法权益的,受侵害的集体成员可以请求人民法院予以撤销。"

三、私人所有权

(一)私人所有权概述

私人所有权是自然人、个体工商户、私营经济等非公有制经济的主体,依法享有的占有、使用、收益和处分其生产资料和生活资料的权利,是私人所有制在法律上的表现。我国《宪法》第11条规定:"国家保护个体经济、私营经济等非公有制经济的合法的权利和利益。"《民法典》第206条也规定:"国家坚持和完善公有制为主体、多种所有制经济共同发展,按劳分配为主体、多种分配方式并存,社会主义市场经济体制等社会主义基本经济制度。国家巩固和发展公有制经济,鼓励、支持和引导非公有制经济的发展。国家实行社会主义市场经济,保障一切市场主体的平等法律地位和发展权利。"这是因为,在我国社会主义初级阶段,只有保护和鼓励私有经济的发展,才能推动竞争和市场的发展,以繁荣我国的社会主义市场经济。

私人所有权包括私人生产资料所有权和私人生活资料所有权。私人对其依法取得的工资、奖金、投资收入、房屋、生活用品等生活资料享有所有权,对其依法取得的劳动工具、原材料等生产资料也享有所有权。作为私人所有权的延伸,私人的继承权和其他合法权益也受到国家法律的保护。

(二)私人所有权的行使和保护

《宪法》第11条规定:"国家鼓励、支持和引导非公有制经济的发展,并对非公有制经济依法实行监督和管理。"《民法典》第267条规定:"私人的合法财产受法律保护,禁止任何组织或个人侵占、哄抢、破坏。"

私人依法对其所有的生产资料和生活资料享有完全的占有、使用、收益和处分的权利。私人在法律规定的范围内行使其生产资料所有权,从事正当的生产经营活动,或利用其生活资料满足个人的需要,都受法律的保护。任何单位和个人都不得以任何方式无偿平调私人的财产。对于各种非法摊派和收费,私人有权予以拒绝。私人在其所有权受到侵犯时,有权要求侵权行为人停止侵害、返还财产、排除妨害、恢复原状、赔偿损失,或依法向人民法院提起诉讼。

当然,私人利用其财产从事生产经营和投资活动,必须遵守国家的法律和政策,依法纳税,服从有关国家机关的监督管理。不得通过非法手段获取财产,不得滥用个人所有权危害社会公共利益和社会主义道德,损害他人的利益,否则应依法承担法律责任。

保护私人财产,要明确合法与非法的界限,并严格禁止采用非法手段获取个人财产。对非法获取的财产,法律不仅不予保护,而且应严加禁止,对违法犯罪者还应绳之以法,这样方能鼓励人们凭合法手段特别是通过自己的劳动获取应得的财产,从而形成良好的经济秩序和社会风尚。

四、国家所有权、集体所有权和私人所有权的平等保护

《民法典》第206条第3款规定:"国家实行社会主义市场经济,保障一切市场主体的平等法律地位和发展权利";第207条规定:"国家、集体、私人的物权和其他权利人的物权受法律平等保护,任何组织或者个人不得侵犯"。再联系《民法典》第258条、第265条、第267条关于保护国家所有权、集体所有权、私人所有权的条款,可以发现我国《民法典》确立了对不同主体的各种物权的平等保护原则,该原则集中通过所有权的平等保护体现出来。

(一)平等保护物权原则的含义

平等保护物权原则是民法平等原则在物权法中的具体化,是指无论是国家的、集体的还是私人的物权,也无论是哪一个集体、哪一个私人的物权,其法律地位都是相同的,都同等地受民法保护。该原则可以从以下几个方面来理解:(1)物权主体平等,任何物权主体在设定、移转、行使物权时,都应当遵循共同的规则;(2)在物权发生冲突的情况下,针对各个主体都应当适用相同的规则解决其纠纷;(3)在物权受到侵害之后,各个物权主体都应当受到平等保护。民法的精神是,只要是合法取得的财产,都要受到民法的保护。公有财产要予以保护,私人的合法财产也要保护。富人的财产要予以保护,穷人的财产也要予以保护。各个权利人无论在保护的范围还是保护的力度上,都是一致的。

(二)平等保护原则与公有制的主体地位并不矛盾

在原《物权法》的制定过程中,有一种观点认为,既然《宪法》规定我国以公有制为主体,而以公有制为主体就意味着各类所有权在法律地位上是不平等的;而且《宪法》在规定社会主义公共财产"神圣"不可侵犯的同时,对公民个人所有的财产并未使用"神圣不可侵犯"之措辞,因此,原《物权法》对国家的、集体的、私人的物权进行平等保护是违背《宪法》规定的。应当说,这种观点是根本错误的。主要理由如下:

第一,《宪法》条款虽然在措辞上存在"以公有制为主体",非公有制经济则当然为非主体的差别,但这只能理解为各种所有制在国民经济中的作用是有差异的,而不能理解为各种所有制的法律地位是不平等的,不是说公有制为主体就意味着公有制处于优越的法律地位,非公有制则处于次要的法律地位。正是因为在宪法上,多种所有制在法律地位上是平等的,因而决定了民法需要规定对各类所有权的平等保护原则。

第二,我们绝不能因为《宪法》第 12 条规定了"社会主义的公共财产神圣不可侵犯",第 13 条规定"公民的合法的私有财产不受侵犯",就认为《宪法》确立了不平等保护原则。我国《宪法》规定,我国目前处于社会主义初级阶段,实行以公有制为主体,多种所有制经济共同发展的方针。只有对各种所有制的物权实行平等保护,才能实现各种所有制经济的"共同发展",若优先保护公有制,而对其他所有制采取歧视的态度,就不可能实现各种所有制经济的"共同发展"。

第三,不可否认,不同的所有制在公共资源的配置、市场准入、银行贷款等方面存在一些差别,但这些差别更多地表现为国家宏观调控政策、产业政策和市场准入上的特别规定,其属于国家宏观调节的范畴,与民法的平等保护原则是不矛盾的。

第四,对各种所有制的物权进行平等保护与加强对国有资产的保护并不矛盾。为防止我国国有财产流失,国有财产保护亟须加强,《民法典》也为此设立了专门的条文。《民法典》第 259 条规定,履行国有财产管理、监督职责的机构及其工作人员,应当依法加强对国有财产的管理、监督,促进国有财产保值增值,防止国有财产损失;滥用职权,玩忽职守,造成国有财产损失的,应当依法承担法律责任。违反国有财产管理规定,在企业改制、合并分立、关联交易等过程中,低价转让、合谋私分、擅自担保或者以其他方式造成国有财产损失的,应当承担法律责任。但这并不意味着应将国有财产置于较其他所有制的财产更加优越的法律地位。对于国有财产流失的防止,应主要从国有财产监督管理体系自身的建立与完善方面来予以解决。与此相对应,对各种所有制物权予以平等保护,并不意味着对国有财产的忽视和轻慢,毕竟,财产保护的好坏直接取决于保护制度和保护措施的质量,而并不取决于其优越的法律地位。要实现对国有财产的有效保护,就必须针对国有财产在管理上的特点,建立完善的监督管理体系,做到制度完善,措施到位,运行有效。

第五,社会主义市场经济决定了对各种所有制物权应予平等保护。社会主义市场经济建立在确保市场主体的平等地位和发展权利的基础上,这就迫切需要确认各类企业,无论它在所有制上是公有还是私有,无论企业是大还是小,都必须在同一起跑线上平等竞争,适用同等的法律规则,承担同样的法律责任,绝不能把企业分成三六九等。否则,就会违背市场经济体制的基本要求,影响市场经济和谐健康发展。

问题与思考

随着《民法典》的颁布实施,对国家所有权、集体所有权、私人所有权予以平等保护不再只是一种理论学说,而成为一种法律实践。这对市场经济的建立和完善,具有积极的意义。我们在对国家所有权、集体所有权和私人所有权平等保护的实践中,不能借平等保护否认国家所有权、集体所有权与私人所有权所存在的差异。我国从计划经济向市场经济转轨的发展历程中,突出的表现就是不断消除不同所有权在各方面的差异,使私人所有权不断向不同经济领域扩张与渗透。但是,目前不同所有权仍然在一定程度上保持了诸如在市场准入、银行贷款、税收政策等方面的差别。我们不能借此差异而否认对不同所有权的平等保护。尽管这些差别可能仍然有继续缩小的空间，但是，这种差别始终是存在的。因为国家正是利用这些差别，即通过产业政策、市场准入、税收政策等来达成对国民经济的宏观调控，以实现经济发展的平衡。反之，我们也不能借不同所有权在产业政策、市场准入、税收政策等方面所存在的差异而否认对不同所有权的平等保护。

第三节　所有权取得的特别规则

一、善意取得

(一)善意取得的概念

善意取得又称即时取得，是指无处分权人将不动产或动产转让给支付了合理对价的第三人(受让人)，第三人受让该不动产或动产时出于善意，则在双方完成物权登记或物之交付时第三人依法即时取得该不动产或动产的所有权或者其它物权。例如，甲借给乙一台电脑，乙擅自将该电脑卖与第三人丙，丙相信占有人乙为所有权人，遂与乙按市价达成交易并钱货两清。此时，虽然乙无权处分电脑，但丙为善意取得占有之人，根据法律规定，其能取得该电脑的所有权。再如，甲之房屋被错误登记在乙之名下，乙据此将该房屋按市价出卖于丙，丙深信不动产登记簿上乙为所有权人的记载，与乙签订买卖合同，并办理了产权转移登记，尽管乙事实上并非所有权人，丙也能确定地取得该房屋的所有权。

善意取得制度起源于日耳曼法的"以手护手"原则。根据该原则，任意将自己动产交付于他人者，仅能向其相对人(受占有人)请求返还，若该相对人将动产让与第三人时，原动产所有人仅可向其相对人请求赔偿，而不得向第三人请求返还。善意取得制度是适应商品交换的需要而产生的一项法律制度。在广泛的商品交换中，从事交换的当事人往往并不知道对方是否有权处分财产，也很难对市场出售的商品逐一调查。如果受让人善意取得某财产后，根据转让人的无权处分行为而使交易无效，并让受让人返还财产，则不仅要推翻已经形成的财产关系，而且使当事人在从事交易活动时，随时担心买到的商品有可能要退还，这样就会造成当事人在交易时的不安全感，也不利于商品交换秩序的稳定。由此可见，善意取得制度虽然限制了所有权的追及效力，在一定程度上牺牲了所有权人的利益，但是，它在保障市场交易安全与交易便捷、贯彻物权公示公信原则上具有重要的作用。因此，许多国家和地区的民法都确认了善意取得制度，我国《民法典》第311条至第313条也通过三个条文对善意取得制度进行了规定。

(二)善意取得的构成要件

善意取得制度的效果，是物的真正权利人丧失对财产的所有权，而善意受让人则取得财产的所有权。所以，如何设定善意取得的构成要件，事关当事人各方的切身利益，各国民法对善意取得制度都规定了比较严格的条件。

1. 处分财产的让与人须是具备公示手段的无处分权人

善意取得关系中的让与人应当是无处分财产权利的非所有权人，其必须具备所处分权利的公示手段，这是善意取得发生的事实前提。具体而言，在处分动产时，无权处分人应当现实而非观念地占有该动产。在处分不动产时，无权处分人应当是该不动产的登记名义人。之所以要求无权处分人占有动产或者为不动产的登记名义人,是因为唯有如此无权处分人才能具备权利外观,并为善意第三人的信赖提供客观的准据。

值得特别强调的是,我国《民法典》有别于大陆法系的传统,并未将善意取得的标的物限定为动产,而是建立了同时覆盖动产和不动产的统一的善意取得制度。这是因为,无论动产还是不动产,都有其公示方法,其公示方法都具有公信力,善意信赖公示的第三人,同样值得法律保护,没有将二者区别对待的理由,更不能将不动产排除在善意取得制度之外。

此外,对于货币和无记名有价证券,民法学上多认为能构成善意取得的客体,但考虑到其具有高度的流通性和不特定性,其事实上并无适用善意取得的必要,故《民法典》并未对此作出规定。

2. 无权处分人与受让人之间存在交易行为

善意取得是保护交易安全的制度,其法律效果的发生离不开无权处分人和第三人之间的交易行为。该交易行为原则上为民事法律行为,最典型的是买卖、互易、出资等具有交换性质的行为,也包括设定质权等提供担保的行为。非交易行为如继承等不能发生善意取得之效果。

唯应注意的是,在动产留置权的情形,留置权的发生并非基于法律行为性质的交易行为,而是源于法律的直接规定,但却可以发生类似于动产质权善意取得那样的效果。

3. 无权处分人与受让人之间的交易行为是有偿行为

作为善意取得基础的交易行为究竟是有偿还是无偿,各国民法规定不一。在多数西方国家及日本等国的立法中,并无有偿还是无偿的规定,只要是属于交易行为均可,即便在赠与的情况下也可能发生善意取得之效果。

考虑到善意取得制度在保护善意第三人和交易安全的同时,牺牲了对真正权利人和财产静态安全的保护,为了平衡真正权利人和第三人的利益,协调财产静态安全和动态的交易安全之冲突,在善意第三人无偿的情况下,没有必要对其利益进行特别保护。因此,我国《民法典》第311条明确规定善意取得以交易行为有偿为条件,而且还要求该交易行为是以"合理价格"转让他人不动产或者动产。《物权编解释(一)》第18条规定,《民法典》第311条第1款第2项所称"合理的价格",应当根据转让标的物的性质、数量以及付款方式等具体情况,参考转让时交易地市场价格以及交易习惯等因素综合认定。

4. 无权处分人和第三人之间的交易行为符合法律行为的其他有效要件

作为善意取得基础的交易行为是存在瑕疵的,该瑕疵表现为转让人欠缺处分权。但交易行为只能存在无权处分这一项瑕疵。除此之外,该交易行为须别无其他法律行为效力瑕疵。例如,该交易行为的主体应当适格、意思表示应当真实、标的物不属于禁止或限制流通物,内容上不违反法律和行政法规中的强制性规定,不违背公序良俗。如果交易行为欠缺上述一项或者几项要素,该交易行为本身可能不发生效力,善意取得的后果也就无从谈起。

《物权编解释(一)》第20条规定,具有下列情形之一,受让人主张依据《民法典》第311条规定取得所有权的,不予支持:(1)转让合同被认定无效;(2)转让合同被撤销。据此,如果转让合同无效,或者转让合同被撤销,均无善意取得适用的前提。

5. 无权处分人的权利外观因真正权利人的原因而产生

善意取得是牺牲真正权利人以保护善意第三人的制度。为了对牺牲真正权利人利益提供合理化依据,也为了尽可能地维持真正权利人和善意第三人之间利益的平衡,传统大陆法系民法多对善意取得的适用范围进行限制,唯有因真正权利人的原因导致无权处分人具有权利外观时,才能适用善意取得制度。如果无权处分人的权利外观之出现与真正权利人无任何联系,原则上不发生善意取得的效果。就动产而言,如果无权处分人基于原所有人的意思而取得占有,如原所有人将财产借与无权处分人,或委托无权处分人保管等,该被无权处分人占有的财产被称为占有委托物,各国法律普遍承认对此等占有委托物的善意取得。

而对于占有脱离物,即非基于所有人意思而由无权处分人取得占有之物,如无权处分人占有的盗赃物、拾得的遗失物等,是否适用善意取得,各国民事立法规定不一。综合起来,大致有三种模式:一是规定不适用善意取得制度,如《苏俄民法典》第152条;二是规定原则上不适用善意取得制度,但通过法定方式取得的,可以发生善意取得的效力。如《日本民法典》第193条、第194条的规定;三是适用善意取得制度。

在英美法上,也有具有类似善意取得制度功能的规定。如《美国统一商法典》的规定。我国《民法典》第312条规定:"所有权人或者其他权利人有权追回遗失物。该遗失物通过转让被他人占有的,权利人有权向无权处分人请求损害赔偿,或者自知道或者应当知道受让人之日起二年内向受让人请求返还原物;但是,受让人通过拍卖或者向具有经营资格的经营者购得该遗失物的,权利人请求返还原物时应当支付受让人所付的费用。权利人向受让人支付所付费用后,有权向无权处分人追偿。"该条规定与《日本民法典》和我国台湾地区"民法"类似,有限地承认对遗失物的善意取得。

值得注意的是,由于我国传统道德普遍谴责销赃买赃行为,加之在长期的司法实践中,已经形成了执法机关追赃到底的习惯做法,故《民法典》未如传统大陆法系立法那样,将盗赃物与遗失物作统一的规定和处理,而是直接将盗赃物排除在善意取得的适用范围之外。

就不动产而言,如果无权处分人基于真正权利人的意思而获得登记名义,如真正权利人故意将不动产登记在无权处分人名下,由于无权处分人的权利外观因真正权利人的行为而产生,发生善意取得的效果应无疑问。而如果无权处分人自己向登记机关提供虚假申请材料,骗取登记机关的登记,则权利外观并非真正权利人所致,理论上应不发生善意取得之问题。我国《民法典》对不动产善意取得的规定较为模糊,结合《民法典》第222条及《不动产登记暂行条例》第29条有关虚假登记责任的规定,当事人(无权处分人)提供虚假材料骗取登记时,发生该当事人或登记机关对真正权利人的损害赔偿问题,而真正权利人的损害赔偿请求权显然建立在失去原权利的基础上,如此似乎可以推导出一个结论,在不动产登记错误的情况下,由于第三人对登记簿的高度信赖,无论登记错误的原因,都有善意取得制度适用之可能。

6. 受让人已完成物权变动的公示

无权处分人与受让人的交易达成后,若无权处分人尚未向受让人实际履行,即动产尚未进行交付,不动产尚未完成权利变更登记,则真正权利人仍拥有其物权,可以向无权处分人要求返还原物,即使受让人同时要求无权处分人交付或办理登记,根据物权优先于债权的原理,真正权利人的返还原物请求权仍不受影响。只有动产进行了交付,不动产进行了物权变更登记,受让人才能确定地取得权利并消灭真正权利人的权利。对此,《民法典》第311条第3项也有明确的规定。由于《民法典》第311条第3项的本质是唯有受让人具备物权变动的公示要件时才能取得物权,故在动产的情形,受让人应获得直接的、现实的占有,故占有改定等观念交付方法不能导致受让人对动产的善意取得。而对于特殊动产,《物权编解释(一)》第19条规定,转让人将《民法典》第225条规定的船舶、航空器和机动车等交付给受让人的,应当认定符合《民法典》第311条第1款第3项规定的善意取得的条件。

7. 受让人取得财产时须出于善意

善意,即在受让财产时,受让人不知道也不可能知道转让人为无权处分人。受让人善意是善意取得制度的主观要件,也是受让人获得法律保护的正当性依据。受让人是否仅须在与无权处分人订立交易合同时为善意,或者应一直持续到完成物权变动公示时为善意,在各国立法上未尽统一,学说上也存有分歧。《民法典》第311条第1款第1项规定:"受让人受让该不动产或者动产时是善意。"然而对何为"受让不动产或者动产"时并未进行明确的解释,通常认为其应指完成物权变动公示时。《物权编解释(一)》第17条规定,《民法典》第311条第1款第1项所称的"受让人受让该不动产或者动产时",是指依法完成不动产物权转移登记或者动产交付之时。当事人以《民法典》第226条规定的方式交付动产的,转让动产民事法律行为生效时为动产交付之时;当事人以《民法典》第227条规定的方式交付动产的,转让人与受让人之间有关转让返还原物请求权的协议生效时为动产交付之时。法律对不动产、动产物权的设立另有规定的,应当按照法律规定的时间认定权利人是否为善意。如果受让人通过代理人或辅助人与无权处分人进行交易,则不仅受让人自身需满足善意条件,而且其代理人或辅助人也必须符合善意要求。至于受让人是否善意,受让人自身并无举证责任,而应由真正权利人举证证明受让人并非善意。当然,在真正权利人举证证明受让人并非善意时,受让人可提出反证证明自己的善意。

为了进一步细化对"善意"的认定,《物权编解释(一)》第14条规定,受让人受让不动产或者动产时,不知道转让人无处分权,且无重大过失的,应当认定受让人为善意。真实权利人主张受让人不构成善意的,应当承担举证证明责任。该解释第15条规定,具有下列情形之一的,应当认定不动产受让人知道转让人无处分权:(1)登记簿上存在有效的异议登记;(2)预告登记有效期内,未经预告登记的权利人同意;(3)登记簿上已经记载司法机关或者行政机关依法裁定、决定查封或者以其他形式限制不动产权利的有关事项;(4)受让人知道登记簿上记载的权利主体错误;(5)受让人知道他人已经依法享有不动产物权。真实权利人有证据证明不动产受让人应当知道转让人无处分权的,应当认定受让人具有重大过失。该解释第16条规定,受让人受让动产时,交易的对象、场所或者时机等不符合交易习惯的,应当认定受让人具有重大过失。

(三)善意取得的效力

一旦构成善意取得,将在真正权利人和受让人之间发生物权取得和消灭的效力,并在真正权利人和无权处分人之间发生以不当得利返还或损害赔偿为中心的债权上的法律效果。

1. 物权效力

符合善意取得的构成要件,即发生善意取得的法律效力,第三人即时取得受让财产的所有权,原所有人对该财产的所有权归于消灭,并不得向善意第三人请求返还原物。由于第三人善意取得所有权在性质上为原始取得,不仅原所有权将因此而消灭,而且设立于物上的其他权利也应消灭。但该物权效力原则上主要适用于对动产的善意取得,因为在不动产上设立的其他权利也应当登记,受让人应当通过查询登记知悉这些不动产权利的存在,若其明知这些不动产权利的存在,而仍然与登记名义人进行交易,自然应当承受该不动产上的一切权利负担。因此,《民法典》第313条规定:"善意受让人取得动产后,该动产上的原有权利消灭。但是,善意受让人在受让时知道或者应当知道该权利的除外。"

2. 债权效力

因为无权处分人的行为,受让人取得物权,导致真正权利人的权利消灭,原权利人不能对第三人提出权利主张,但可以向无权处分人请求返还不当得利或赔偿损失。如果当事人之间有合同关系,可以根据合同要求无权处分人承担违约损害赔偿责任,也可以直接根据无权处分事实要求其承担侵权损害赔偿责任。值得注意的是,在不动产善意取得的情形,真正权利人可以依《不动产登记暂行条例》第29条及《民法典》第222条的规定,向相关责任主体追究损害赔偿责任。

上述对善意取得的讨论基本上是围绕所有权的善意取得而展开的。除所有权之外,《民法典》第311条第3款规定,"当事人善意取得其他物权的,参照适用前两款规定",也认可其他物权的善意取得。例如,建设用地使用权、抵押权、质权的善意取得等。建设用地使用权的善意取得,受让人只取得建设用地使用权,抵押权、质权的善意取得,受让人仅取得相应的担保物权,真正权利人并不失去所有权,故其法律效果较之于所有权的善意取得有较大差别。在这种情况下,真正权利人往往直接对无权处分人主张侵权损害赔偿责任,而不是要求返还不当得利。此外,因受让人善意取得动产所有权而消灭动产上的原有其他权利时,不仅失去所有权的真正权利人可对无权处分人提出损害赔偿等权利请求,失去其他权利者也可向无权处分人主张相应的责任。

二、征收、征用

我国《宪法》第10条规定:"国家为了公共利益的需要,可以依照法律规定对土地实行征收或者征用并给予补偿。"明确地将征收作为国家原始取得所有权的手段。《民法典》第243条至第245条用三个条文对征收、征用的条件、程序和补偿作了更为具体的规定。《民法典》第243条规定:"为了公共利益的需要,依照法律规定的权限和程序可以征收集体所有的土地和组织、个人的房屋以及其他不动产。征收集体所有的土地,应当依法及时足额支付土地补偿费、安置补助费以及农村村民住宅、其他地上附着物和青苗等的补偿费用,并安排被征地农民的社会保障费用,保障被征地农民的生活,维护被征地农民的合法权益。征收组织、个人的房屋以及其他不动产,应当依法给予征收补偿,维护被征收人的合法权益;征收个人住宅的,还应当保障被征收人的居住条件……"

考虑到征用在通常情况下并不导致物权的变动,并非国家取得所有权的手段,故在本处着重讨论征收的相关法律问题。

(一)征收的概念

征收是为了公共利益的需要,依照法律规定的权限和程序,由国家强制取得集体所有的土地和组织、个人的房屋及其他不动产,并对失去土地或其他不动产的集体、组织和个人给予合理补偿的制度。为了准确地理解征收的概念,有必要将其与征用和拆迁区别开来。

1. 征收与征用的区别

征用是指国家为了公共利益的需要,依照法律规定的权限和程序,强制性地使用组织、个人的不动产或动产的制度。在很长一段时间内,我国法律并未严格区分征收与征用这两个概念,2004年的《宪法》修正案明确了征收、征用为不同的制度。《民法典》以《宪法》为依据,区分征收与征用并通过不同的条文规定了其各自的适用条件、程序和补偿措施。《民法典》第245条规定:"因抢险救灾、疫情防控等紧急需要,依照法律规定的权限和程序可以征用组织、个人的不动产或者动产。被征用的不动产或者动产使用后,应当返还被征用人。组织、个人的不动产或者动产被征用或者征用后毁损、灭失的,应当给予补偿。"

具体而言,征收与征用的区别主要有:(1)适用范围不同。征收主要适用于不动产;征用既适用于不动产,也适用于动产。(2)法律效果不同。征收要强制移转所有权,是国家对集体的、私人的所有权所进行的具体而特别的干预;但征用的目的只在获得不动产或动产之使用权。(3)补偿标准不同。由于征收导致所有权的移转,对被征收人造成的损失很大,虽不以全面补偿为原则,但在补偿时也应适当参考征收对象的市场价格,给予公平、合理的补偿;在征用的情况下,由于并不发生被征用物的所有权的移转,故原则上不发生补偿问题,但如果被征用物因征用而毁损、灭失的,则予以补偿。(4)适用条件不同。征用一般在紧急状态下才能采用,《民法典》第245条将其限定在抢险救灾、疫情防控等紧急情形;征收则不一定是在紧急状态中适用,即使不存在紧急状态,为了公共利益的需要也可以征收。(5)适用程序不同。尽管《民法典》将征收、征用的程序都表述为"依照法律规定的权限和程序",但由于征收要发生所有权的移转,故根据相关具体的法律法规,其适用程序比征用更为严格。

2. 征收与拆迁的区别

拆迁包括"拆"和"迁"两方面。"拆"是指拆除地上的建筑物和其他设施;"迁"是指将被拆除的建筑物或其他设施迁移他处,本质上为将被拆迁的业主重新安置。拆迁与征收有紧密的联系,但也存在很大的区别:(1)征收不一定导致拆迁。在很多情况下,拆迁都是因征收引发的,是新的所有人对其所有物进行事实上处分的行为。特别是在征收组织、个人的房屋及其他不动产时,必然导致拆迁问题。但征收未必都导致拆迁,在被征收土地上不存在建筑物时,自然没有拆迁的问题,即便被征收土地上有建筑物,也仅在征收人不想继续使用原有建筑物的情况下才发生拆迁的问题。(2)拆迁不一定以征收为前提。对城镇土地而言,因国家享有土地所有权,故拆迁前就不必进行征收。(3)对农村集体所有的土地而言,拆迁应当是征收以后的后果。在完成征收以前,不得进行拆迁。(4)征收只能服务于公益目的,而拆迁则包括公益性拆迁和商业性拆迁,商业性拆迁并不出于公益上的目的。(5)补偿的方式不同。征收时主要采用金钱补偿的办法。但对拆迁而言,既可以采取金钱补偿,也可以采取产权置换等方法。如果是商业性拆迁,拆迁人还应与被拆迁人就补偿安置问题进行平等的、充分的协商。

从1991年3月22日国务院颁布《城市房屋拆迁管理条例》至2011年1月21日国务院颁布《国有土地上房屋征收与补偿条例》,旧的拆迁制度为国有土地上房屋征收制度所取代。旧的拆迁制度不分"公共利益",只要是在国有土地上的房屋拆迁均适用《城市房屋拆迁管理条例》,而新条例则以国有土地上房屋征收代替"拆迁",且限于公共利益才能对国有土地上房屋进行征收。自此,城市土地上的拆迁制度被征收制度所取代。

(二)征收限于公共利益目的

征收(也包括征用)是对集体或私人财产的强制性限制甚至剥夺,是国家公权力对集体或私人私权利的强烈干预,要使这种干预、限制、剥夺具有正当性和合法性,必须存在为社会普遍接受的理由,该理由就是征收(征用)的公共利益目的。

公共利益是指在法和道德等社会规范所调整的秩序中形成的带有社会普遍性的利益。从抽象的角度而言,大致可对其作如下分类:一是直接关系到社会全体成员的共同利益,如国家主权、国防利益就关系到全体社会成员的共同利益。二是不特定多数人的经济、文化、教育等方面的利益。三是与基本法律价值相联系的有关个人的生命、健康和自由的利益。四是经济的秩序。经济的秩序、交易的安全尽管也体现了具体当事人的利益,但是其关系整个社会经济的运行,从而体现了全体社会成员的利益。从上述公共利益的概念和分类来看,公共利益与国家利益紧密相连,但又不能将其与国家利益完全等同,公共利益可能大于国家利益,也可能小于国家利益,相对于国家利益，公共利益具有更多的不确定性。

（三）征收有严格的程序限制

征收作为行政权对私权的侵害行为，其行为的违法性要被阻却，除了征收要以公共利益为必要之外，其征收行为还必须遵从严格的法律程序，并且通过一套完整、科学的征收程序，来约束行政机关的行政权，防止其滥用征收权侵害私人财产权。同时，通过征收程序制度，也可以确保被征收人运用征收程序权利对抗行政机关滥用行政权力或者违法征收的行为，使被征收人因征收而遭受的损害能够得到最合理和充分的补偿。

征收程序，是指为了保障征收利害关系人的权利，法律规定的国家行使征收权所必须经过的步骤和应当采取的方式。程序保障，应该是权利保障的基础，没有程序保障就谈不上权利保障。如果说征收法律制度的公共利益条件是征收权合法行使的实质保障的话，那么，合理的征收程序设计，则是保证征收权合法行使的有效手段和形式保障。一方面，征收中主要涉及的程序是公共利益如何确定的问题。公共利益目的，是征收的合法性基础，而征收行为是否符合公共利益，是征收行为实施之前需要解决的前提问题。有的国家立法规定，对征收行为是否符合公共利益目的，必须在征收之前予以听证，为保障合法征收提供前提保障。我国的征收制度未将是否符合公共利益目的提交听证的程序要求，使相关权利人和社会一般成员无法对政府发动征收的行为进行监督。另一方面，征收中还涉及的一个重要环节，就是征收补偿问题。我国相关法律规定，对于征收补偿标准，不仅要求征收机关要依照相关程序进行公告，而且还规定被征收人可以要求进行听证。这对于保障被征收人的合法权益具有重要的意义。还有如征收中强制执行程序、征收与补偿的先后顺序设置等，都关系征收权与私权的平衡问题，有待进一步完善。[1]

（四）征收补偿

《宪法》第 10 条规定，国家为了公共利益的需要，可以依照法律规定对土地实行征收或者征用并给予补偿。《民法典》第 117 条规定："为了公共利益的需要，依照法律规定的权限和程序征收、征用不动产或者动产的，应当给予公平、合理的补偿。"在此基础上，《民法典》第 243 条对征收集体所有的土地和组织、个人的房屋以及其他不动产及其相应的补偿原则作出了具体规定。

就各国的情况来看，关于征收补偿的标准大致存在两种模式：一是完全补偿模式，即遵循"财产权绝对保障"原则，以"市场经济之交易价值"作为评估标准，对被征收人进行全额补偿；二是公平、合理补偿模式，即权衡公共利益和集体的、私人的利益，参考当事人的财产状况给予适当数额的补偿。

完全补偿实际上是将征收等同于普通的侵权行为，这显然与征收的性质不符。而且，完全补偿将导致征收成本过高，从而不能起到维护公共利益的目的，故该补偿模式是不妥当的。公平、合理补偿模式，一方面，能充分保护集体和私人的财产，防止行政权力的滥用，从而较好地协调公共利益与集体的、私人的利益之间的关系；另一方面，该模式也可以为国家发展和公共利益留下必要的回旋空间，便于随着市场的发展和社会的变化对补偿标准作出调整。

何为"公平、合理补偿"，可从以下方面进行界定：(1)公平、合理补偿仅是对财产的全部直接损失进行补偿，通常不包括对间接损失的补偿。(2)在进行公平、合理补偿时可参照市场价格给予补偿，如果不存在市场定价，可参照独立的中介机构合理、公正的评估价格，但不等于直接按这

〔1〕　参见吴春燕：《土地征收法律制度研究》，光明日报出版社 2008 年版。

些价格补偿,仅意味着不能与这些价格悬殊太大。在征收集体所有的土地时,由于不存在集体土地(所有权)的市场价格,而且也很难对其进行估价,在补偿时可参考土地使用权的出让价格。

最后要说明的是,不动产或动产被征收时,其上可能存在用益物权,该用益物权可能伴随征收而消灭,或者其权利的行使因征收而受到影响,基于此情形,国家也应当对这些用益物权人给以适当的补偿。不过,考虑到用益物权的他物权性质,从总体来看,对用益物权人的征收补偿应低于对所有权的补偿。《民法典》第327条规定:“因不动产或者动产被征收、征用致使用益物权消灭或者影响用益物权行使的,用益物权人有权依照本法第二百四十三条、第二百四十五条的规定获得相应补偿。”至于担保物权,由于其具有物上代位性,担保物被征收后,担保物权人可对征收补偿金行使担保物权,故无必要另外对其进行补偿。

三、先占

(一)先占的概念

先占是指以所有的意思,占有无主动产,而取得其所有权的法律事实。在先占的适用范围问题上,罗马法奉行自由先占主义,不区分动产和不动产,一律允许通过先占而取得无主物的所有权。日耳曼法采用的是先占权主义,能通过先占取得的仅限于无主动产,无主不动产的所有权只能由国家取得。近代多数国家民法都承认先占为所有权的一种取得方式,且普遍追随日耳曼法的先占权主义。先占在本质上是一种事实行为,而非法律行为。因为,先占取得中先占人“所有的意思”并非法律行为构成上的意思表示,而仅是行为人在事实行为中所融注的意思。

(二)先占取得所有权的条件

在多数国家中,先占取得所有权需满足以下条件:

一是先占的标的物须为无主动产。财产是否无主是就财产目前的状况而言,而无论该物过去是否为人所有。所以,经人抛弃之物,也可成为先占的标的物。先占的标的物还应是动产,不动产在现今大多数国家法律中,都不能成为先占取得的对象。

二是必须以所有的意思取得占有。所有的意思是指占有人将占有的动产归自己管领支配并由自己取得所有权的意思,如果占有人无意取得其所占有的无主动产的所有权,甚至根本就未曾意识到其占有无主动产,则尽管其有先占无主动产的事实,也不能因此先占而取得该无主动产的所有权。

四、遗失物的拾得

遗失物是所有人不慎丢失,不为任何人占有的物。遗失物只能是动产,不动产事实上不可能成为遗失物。遗失物也不是无主财产,只有所有人偶然丧失了占有,现又不为任何人占有的物,才叫遗失物。拾得遗失物,性质上为法律事实中的事实行为而并非法律行为,所以,拾得人不以具有民事行为能力为要件。

(一)遗失物的所有权归属

自罗马法以来,关于遗失物之拾得能否作为所有权的一种取得方式,大致有两种立法体例,即罗马法的不能取得所有权主义和日耳曼法的取得所有权主义。近代以来大多数国家和地区之民法如法国、德国、瑞士、我国台湾地区都沿用了日耳曼法的取得所有权主义,把遗失物的拾得作为所有权的取得方式之一,只有少数国家沿用了罗马法的不能取得所有权主义。

我国《民法典》第314条规定:“拾得遗失物,应当返还权利人。拾得人应当及时通知权利人领取，或者送交公安等有关部门。”由此可见，我国法律认为拾得遗失物者有将拾得物返还权利人的义务，显然采用了罗马法的拾得人不取得所有权的规定。根据《民法典》第315条、第318条的规定，有关部门收到遗失物后，知道权利人的，应当及时通知其领取；不知道的，应当及时发布招领公告。遗失物自发布招领公告之日起1年内无人认领的，由国家原始取得该遗失物的所有权。

（二）拾得遗失物引发的其他权利义务关系

在拾得他人遗失物后，若拾得人及时通知权利人领取或送交公安机关等有关部门，其与权利人之间的关系类似于无因管理关系。拾得人（包括收取遗失物的公安机关等有关部门）因保管遗失物等支出的必要费用，在权利人领取遗失物时，有权要求权利人支付。如果权利人在悬赏寻找遗失物时，曾经承诺向返还其物的拾得人支付报酬或履行其他义务，自应受其悬赏行为约束，兑现其悬赏承诺。如果权利人并未通过悬赏等方式承诺向拾得人支付报酬，鉴于拾得并返还遗失物的无因管理性质以及拾金不昧的社会道德规范要求，拾得人不能主动向权利人索要报酬。在拾得人将遗失物交有关部门前，以及有关部门在遗失物被权利人领取前，应当妥善保管遗失物，因拾得人或者有关机关的故意或者重大过失造成遗失物毁损、灭失的，拾得人或有关部门应当承担相应的损害赔偿责任。在拾得遗失物后，如果拾得人不及时通知权利人或将遗失物交给有关部门，而是侵占遗失物，拒不返还，则其使用遗失物获得的一切利益均构成不当得利，应返还给权利人。而且，在权利人最终领取遗失物时，拾得人不能要求权利人补偿因保管遗失物等原因而产生的费用，也无权请求权利人按照承诺履行支付报酬等义务。此外，根据民法的一般原理，在拾得人侵占遗失物期间，其不仅应对因自身过错而导致的遗失物毁损、灭失承担责任，甚至可能对因不可抗力而引发的遗失物损失承担责任。

《民法典》第316条、第317条明确规定，拾得人在遗失物送交有关部门前，有关部门在遗失物被领取前，应当妥善保管遗失物。因故意或者重大过失致使遗失物毁损、灭失的，应当承担民事责任。权利人领取遗失物时，应当向拾得人或者有关部门支付保管遗失物等支出的必要费用。权利人悬赏寻找遗失物的，领取遗失物时应当按照承诺履行义务。拾得人侵占遗失物的，无权请求保管遗失物等支出的费用，也无权请求权利人按照承诺履行义务。

五、漂流物之拾得与埋藏物、隐藏物之发现

漂流物，即漂浮在湖或河或海或洋上面之物。埋藏物是指埋藏于地下之物，隐藏物是指隐匿于他物之物。埋藏物、隐藏物原则上均为动产，因为不动产很难出现被埋藏于地下或隐匿于他物之情形。漂流物、隐藏物与遗失物一样，属于有主物。拾得漂流物、发现埋藏物、隐藏物的行为也是事实行为，不以拾得人或者发现人具有民事行为能力为要件。

考虑到漂流物、埋藏物、隐藏物除了在被拾得或者被发现时的物理状态存在特殊性之外，在其他方面与拾得遗失物并无多大区别，同时，考虑到相当一部分埋藏物是具有历史、艺术和科学价值的文物，或者漂流物、埋藏物、隐藏物具有其他特殊价值，故《民法典》第319条规定：“拾得漂流物、发现埋藏物或者隐藏物的，参照适用拾得遗失物的有关规定。法律另有规定的，依照其规定。”基于《民法典》该条之规定，即便是发现所有人不明的埋藏物或隐藏物，也不应由国家直接取得所有权，而应经过类似于遗失物的招领程序后，在无人认领的情况下才由国家原始取得所有权。

六、孳息

孳息其实是一个衍生物，或者说是一个衍生收益，是指由原物所产生的额外收益。孳息本为

原物之对称,其概念源于罗马法时代。孳息最初是指由土地产生的按期供人畜食用之物,如蔬菜、水果等。后来,随着法学的日渐繁荣,孳息的含义渐广,不再单指土地的出产物,还包括依原物的用途而按期产生的各种收益等。

在民法上,孳息分为天然孳息和法定孳息。天然孳息指因物的自然属性而获得的收益,例如,果树结的果实、母畜生产的幼畜,母鸡所下的蛋。法定孳息指因法律关系所获得的收益。法定孳息,既可因法律行为而产生,如根据租赁合同而产生的租金,也可因法律规定而产生,如迟延履行的情况下,根据违约责任产生的迟延利息等。

《民法典》第321条规定:"天然孳息,由所有权人取得;既有所有权人又有用益物权人的,由用益物权人取得。当事人另有约定的,按照其约定。法定孳息,当事人有约定的,按照约定取得;没有约定或者约定不明确的,按照交易习惯取得。"

七、添附

(一)添附取得所有权之规则

添附,是指不同所有人之物被结合、混合在一起成为一个新物,或利用他人之物加工出一个新物的事实状态,包括附合、混合、加工三种方式。

添附之所以成为取得所有权之原因,是因为不同所有人之物结合成一体或因加工增加了物的价值时,回复物的原来状态既不可能又无必要,或者在经济上花费巨大而极不合理,而维持共有关系又容易在当事人之间引发纷争或不必要的麻烦。为平衡当事人的利益并避免经济上之不利,势必重新确定整个添附物所有权的归属。具体而言,添附物的所有权归属因添附发生原因的不同而略有差别:

1. 附合

附合是指不同所有人的两个或者两个以上的物相互结合而不能分离,若分离将毁损该物或者分离花费巨大的事实状态。对于附合物的所有权归属,应区分不同的情况而论:动产与不动产附合的,由不动产所有人取得附合物的所有权;动产与动产附合的,如附合之动产有主从关系,由主物的所有人取得附合物的所有权;发生附合之动产无主从关系的,则由价值量较大的一方取得附合物的所有权,价值量相等的,附合物为附合前各动产所有人共有。

2. 混合

混合是指不同所有人之物混杂在一起而不能识别之状态。例如,糖溶解于咖啡而形成的混合。附合与混合的区别在于附合物仍能区分附合前的形态,而在混合的情形,则难以甚至根本不能区分混合之前的形态。对于混合物,一般认为,应由原物价值大的一方取得所有权,如果原物价值相等,则应由各方共有混合物。

3. 加工

加工是指对于他人之物进行加工改造,使之成为价值更高的新物。加工的标的物须为动产,经加工形成的物为加工物。加工物一般由原材料的所有权人取得所有权,但通过加工新增的价值大于原材料的价值时,加工人也可取得加工物的所有权。

值得注意的是,前述添附规则的适用不受善意添附或者恶意添附的影响,即便是恶意添附者,只要满足添附规则,也能取得整个添附物的所有权。还需明确的是,添附规则并非强制性规则,而只是任意性规范,在当事人之间对添附物的所有权归属有特别约定时,应当优先适用当事人之约定。只有在当事人之间缺乏事前约定,又不能协商解决时,才有添附规则之适用。

(二)因添附而产生的债的关系

添附带来的另一个问题就是当事人之间的补偿问题。当添附物归一方所有时,取得添附物所有权的一方和失去其原物所有权的一方之间就存在一个利益补偿问题。在处理补偿问题时,添附人为善意添附或者恶意添附,意义重大。如果添附人善意,无论哪一方取得添附物的所有权,失去原物所有权的一方只能按不当得利的规定,在取得所有权一方受益的范围内请求补偿。如果添附人恶意添附,在添附人取得所有权时,其应对失去原物所有权一方承担侵权损害赔偿责任,即赔偿对方的一切损失。如果由非添附人取得整个添附物的所有权,则该恶意添附人只能依不当得利,请求对方在受益范围内对自己作出补偿。

《民法典》第 322 条规定:“因加工、附合、混合而产生的物的归属,有约定的,按照约定;没有约定或者约定不明确的,依照法律规定;法律没有规定的,按照充分发挥物的效用以及保护无过错当事人的原则确定。因一方当事人的过错或者确定物的归属造成另一方当事人损害的,应当给予赔偿或者补偿。”

问题与思考

1. 对于善意取得的适用范围,学界和立法上多有不同观点。善意取得是否包括不动产,我国《民法典》的规定已经给出了明确的答案,这较之于有的国家而言,已是扩大了善意取得的适用范围。而在立法和学界还有分歧的遗失物是否可以适用善意取得的问题,我国《民法典》也有条件地留有适用善意取得的空间,这对交易安全的维护具有积极的意义。但对于盗赃物是否可以适用善意取得的问题,由于《民法典》上没有明确的排除,也导致学界对此问题继续保持有分歧的状态。我们认为,盗赃物确与一般的脱离原权利人占有的物不同,但是,如果完全排除善意取得制度的适用,由公安机关“一追到底”,难免对交易安全造成损害。因此,对盗赃物适用善意取得采用较之遗失物更为严格的条件限制,应当也具有合理性。

2. 征收制度目前在我国的立法和实务层面均存在较为突出的问题和较大的争议,并为社会各界所关注。在征收中如何实现国家公权力和私权利的平衡?应是解决征收问题的关键。而这种平衡中,最集中的问题又是如何充分尊重和保护私权,以及如何限制公权力的问题。就征收制度本身而言,如何限制公权力可能被滥用的问题,需要我们在征收合法性基础的公共利益上下工夫。在公共利益的立法模式上,应采用列举加兜底的模式更为可行;而在是否符合公共利益要求的认定上,应当建立听证程序,以确保相关权利人的知情权与参与权;在赔偿标准和赔偿范围上,应建立一套科学的评估机制和异议机制。

3. 我国《民法典》并没有规定先占制度。其理由主要在于以下两个方面:第一,由于我国土地等自然资源归属于国家所有,而房屋等不动产很少成为无主财产,故能先占取得的对象事实上主要是无主动产。第二,根据相关法律,绝大部分无主动产属于国家所有,从而不仅排除了先占在不动产的适用,甚至也基本上排除了先占无主动产而取得所有权的可能。例如,绝大部分野生动植物、所有人不明的埋藏物、无人认领的遗失物、无人继承的遗产等都被规定为国家所有,并无先占取得的可能。不可否认,上述理由有一定的道理,但其只能说明我国先占制度的适用范围受限制,而不能从根本上否定规定先占的合理性。这是因为:其一,我国法律并没有规定一切无主财产属于国家所有,而国家事实上也不可能、没必要去独占性地支配所有无主财产。例如,对于被抛弃之物,国家就没有强调同时也没必要强调自己的所有权。其二,从现实生活来看,实际上存在通过先占取得所有权的情形,例如对于他人抛弃的废弃物,谁先取得,谁先所有,如此不仅明确了财产的归属,而且也符合有效利用废弃物的原则。

第四节　共　　有

一、共有概述

(一)共有的概念

共有是指两个或两个以上权利主体共同分享一个财产所有权的法律状态。共有是对所有权从量上进行的分割,是两个或两个以上的权利人分享一个所有权。这并不违反一个物上只能存在一个所有权的原则(物权的排他性)。由于共有是所有权的一种分享机制,其本身是从属于所有权的制度。但在实践中,也大量存在两个或两个以上的主体分享所有权以外的其他物权甚至物权以外的其他财产权利的情形,鉴于此,近现代各国物权法在对所有权的共有作出规定后,一般均规定,对所有权之外的其他财产权的分享,可准用所有权制度中的共有规则,从而确立了理论上所谓的准共有概念。我国《民法典》也对用益物权、担保物权的准共有作出了规定。《民法典》第310条规定,两个以上组织、个人共同享有用益物权、担保物权的,参照适用本章的有关规定。

共有关系是一种具有内外两重关系的所有权法律关系。其外部关系为共有人与非所有人之间的关系,以不特定的任何人为义务主体,具有绝对性。其内部关系为各共有人之间的权利义务关系,各共有人互为权利主体与义务主体,都是特定的人,因此共有的内部关系具有相对性。

共有和公有是两个不同的概念。共有属于所有权范畴,共有主体是两个或两个以上的人,各共有人依法律规定或者约定享有并行使所有权。而公有属于所有制范畴,反映这种所有制形态的所有权主体是单一的。在我国,公有包括国家所有和集体所有,国家所有权的主体是国家,集体所有权的主体是集体,显然,我国的这两种公有形态本质上都是单一主体的所有权。

(二)共有的特征

第一,共有主体多元化。共有主体多元化是指所有权的主体为多人,这是共有与单独所有在主体上的区别。在不同的共有关系中,各共有人间的联系密切程度不一样,并不必然在共有人之间形成团体上的结合关系。

第二,共有的客体是尚未分割的特定的独立物。共有的客体表现为一个尚未分割的统一财产,在共有关系存续期间,不能将共有物分割为各个不同的部分,而由各个共有人分别享有所有权,否则,共有关系将分化为数个单独所有的关系。由于共有物为未分割的一项统一财产,因此,各个共有人的权利和义务必然及于共有物的全部。

第三,权利人行使权利受其他共有人牵制。就所有权的行使而言,共有与单独所有的区别在于,单独所有的权利人可以自由地对其所有物进行占有、使用、收益、处分。而在共有关系中,无论是按份共有或者共同共有,原则上任何共有人都不能擅自对共有物为事实上或法律上的处分,通过其他手段对共有物行使所有权时也必须遵循共有人之间的约定或者法律规定的规则,即便是按份共有人处分其份额,也必须尊重其他共有人的优先购买权。如果共有人擅自行使共有物的所有权,损害其他共有人利益,可能对其他共有人承担违约责任或者侵权责任。

第四,共有是所有权的联合,不是一种独立的所有权类型。我国《民法典》规定了国家所有权、集体所有权、私人所有权三种不同类型的所有权,共有不能与所有权的这三种类型相并列,而只是基于共同生活、共同生产、共同经营等原因而在相同类型或不同类型的所有权之间发生的联合。但从实践中的情况来看,共有主要是集体之间、私人(包括法人)之间所有权的联合,较少发生国家与集体、私人共有的现象。

(三)共有的分类

关于共有的分类,各国与各地区民法的规定并不完全一致。《德国民法典》《日本民法典》上的共有实际上仅指按份共有,此外并无共同共有的规定。我国台湾地区"民法"也将共有限于按份共有,但又在共有之外规定了"公同共有",该"公同共有"包括夫妻共有、合伙共有、共同继承的遗产三种形式。我国《民法典》承袭 1964 年《苏俄民法典》,将共有区分为按份共有和共同共有。《民法典》第 297 条规定,不动产或者动产可以由两个以上组织、个人共有。共有包括按份共有和共同共有。

一个共有关系到底为按份共有或者共同共有,主要取决于当事人之间的约定。如果当事人之间对共有的不动产或者动产没有约定为按份共有或者共同共有,或者约定不明,根据《民法典》第 308 条的规定,除共有人之间具有家庭关系等之外,视为按份共有。

二、按份共有

(一)按份共有的概念

按份共有是指在整个共有关系存续期间,存在显在的权利份额的共有。该权利份额可由当事人约定,当事人没有约定或约定不明时,按照出资额确定,不能确定出资额的,视为等额享有。在理解按份共有概念时应当注意以下几个问题:

其一,在共有关系存续期间内存在显在的权利份额。按份共有中权利份额是明确的、显在的。任何共有人行使所有权时,都不得超出其权利份额,任何人负担因共有物而发生的义务,也不超过其权利份额。共有份额的大小对共有物的处分具有重大的意义。在共有人的权利份额因各种原因而转移时,都并不当然影响原共有关系的存续。

其二,按份共有人的权利义务仍及于全部共有财产。按份共有虽有明确的、显在的份额,但其毕竟不同于分别所有,按份共有人的权利和义务并不仅限于共有物的与其权利份额相匹配的某一部分,而仍然及于共有物的全部。例如,四人按均等份额共有一头牛,就不可能使每人的权利义务各自及于牛的一条腿而不及于其他三条牛腿。

其三,按份共有人对其权利份额拥有相当于分别所有的权利。在没有特别约定或者法律规定限制的情况下,按份共有人可以随时请求分割其权利份额,也可以自由转让其权利份额。按份共有人死亡,继承人有权继承其权利份额。

(二)按份共有人的权利和义务

1. 共有物的管理与处分

关于共有物的管理,有约定的按约定,没有约定或者约定不明时,各按份共有人都有管理的权利,也负担管理的义务。就共有物的处分而言,无论是事实上的处分还是法律上的处分,在各共有人之间有约定时,固然应遵照其约定,没有约定时,原则上应当获得占共有份额三分之二以上的共有人同意,如果仅对共有物实施保存行为,并不构成重大修缮时,各共有人可自行为之。任何共有人违反前述规则对共有物进行事实上处分的,将妨碍甚至侵犯其他共有人的权利,造成损害的,应当承担侵权责任。擅自对共有物进行法律上处分的,构成无权处分,其处分行为原则上不发生效力。第三人善意取得的,擅自处分的共有人应向其他共有人承担相应的责任。

2. 共有物的占有、使用与收益

在共有物的占有、使用与收益问题上,有约定的,当然按约定处理。没有约定或者约定不明时,各共有人自然应当按照确定的份额享有并行使对共有物的占有、使用、收益的权利。

3. 共有份额的处分

按份共有人对其共有份额拥有相当于分别所有的权利,原则上每个共有人有权自由处分自己的权利份额,处分的方式包括分出、转让和抛弃等。就共有份额的分出而言,原则上共有人可以随时请求分割。即便共有人约定不得分割共有物以维持共有关系,在有重大理由确需分割时,共有人仍然可以请求分割。共有人在转让或抛弃自己的权利份额时,无须取得其他共有人同意。共有人还可在自己的共有份额上设定担保物权。《民法典》第 303 条规定,共有人约定不得分割共有的不动产或者动产,以维持共有关系的,应当按照约定,但是共有人有重大理由需要分割的,可以请求分割;没有约定或者约定不明确的,按份共有人可以随时请求分割,共同共有人在共有的基础丧失或者有重大理由需要分割时可以请求分割。因分割造成其他共有人损害的,应当予以赔偿。

4. 优先购买权

当共有人向外转让自己的权利份额时,在同等条件下,其他共有人享有优先购买的权利。因此,共有人在出卖自己的份额时,应及时通知其他共有人,在一定期限内,其他共有人享有优先购买权。若共有人不通知其他共有人,擅自转让其共有份额的,因其擅自转让行为侵害了其他共有人的优先购买权,其转让行为不能发生效力,但受让人善意的除外。《物权编解释(一)》第 9 条规定:"共有份额的权利主体因继承、遗赠等原因发生变化时,其他按份共有人主张优先购买的,不予支持,但按份共有人之间另有约定的除外。"《民法典》第 306 条规定,按份共有人转让其享有的共有的不动产或者动产份额的,应当将转让条件及时通知其他共有人。其他共有人应当在合理期限内行使优先购买权。两个以上其他共有人主张行使优先购买权的,协商确定各自的购买比例;协商不成的,按照转让时各自的共有份额比例行使优先购买权。

《物权编解释(一)》第 10 条规定,《民法典》第 305 条所称的"同等条件",应当综合共有份额的转让价格、价款履行方式及期限等因素确定。且第 11 条对于优先购买权的行使期间,也进一步明确为:优先购买权的行使期间,按份共有人之间有约定的,按照约定处理;没有约定或者约定不明的,按照下列情形确定:(1)转让人向其他按份共有人发出的包含同等条件内容的通知中载明行使期间的,以该期间为准;(2)通知中未载明行使期间,或者载明的期间短于通知送达之日起 15 日的,为 15 日;(3)转让人未通知的,为其他按份共有人知道或者应当知道最终确定的同等条件之日起 15 日;(4)转让人未通知,且无法确定其他按份共有人知道或者应当知道最终确定的同等条件的,为共有份额权属转移之日起 6 个月。依照该解释第 12 条的规定,按份共有人向共有人之外的人转让其份额,其他按份共有人根据法律、司法解释规定,请求按照同等条件优先购买该共有份额的,应予支持。其他按份共有人的请求具有下列情形之一的,不予支持:(1)未在本解释第 11 条规定的期间内主张优先购买,或者虽主张优先购买,但提出减少转让价款、增加转让人负担等实质性变更要求;(2)以其优先购买权受到侵害为由,仅请求撤销共有份额转让合同或者认定该合同无效。该解释第 13 条还规定,按份共有人之间转让共有份额,其他按份共有人主张依据《民法典》第 305 条规定优先购买的,不予支持,但按份共有人之间另有约定的除外。

5. 费用分担和对外债权债务

《民法典》第302条、第307条规定,共有人对共有物的管理费用以及其他负担,有约定的,按照约定;没有约定或者约定不明确的,按份共有人应按照其权利份额负担,共同共有人共同负担。因共有的不动产或者动产产生的债权债务,在对外关系上,共有人享有连带债权、承担连带债务,但是法律另有规定或者第三人知道共有人不具有连带债权债务关系的除外;在共有人内部关系上,除共有人另有约定之外,按份共有人按照份额享有债权、承担债务,共同共有人共同享有债权、承担债务。偿还债务超过自己应当承担份额的按份共有人,有权向其他共有人追偿。

例如,按份共有人甲、乙约定应按份负担因共有物而发生的债务,丙在知悉甲、乙约定的情况下对该共有物进行维修,则就丙的维修费债权而言,甲、乙不负担连带责任。但如果共有物致第三人丁损害,由于丁不知道甲、乙二人之间的约定,甲、乙仍应连带承担损害赔偿责任。即使丁知道甲、乙之间按份承担责任的约定,由于其为非自愿债权人,解释上仍应许其对甲、乙主张连带责任。

三、共同共有

(一)共同共有的概念和特征

共同共有是指在共有关系存续期间,不存在确定和显在的份额,直接由各共有人共同行使所有权各项权能的共有。相对于按份共有,共同共有具有以下法律特征:

第一,共同共有基于共同关系而形成。相对于按份共有,共同共有人之间的联系紧密得多,其必须基于共同关系而形成。所谓共同关系是指两个或者两个以上的人,因共同目的而结合,成为共同共有基础的法律关系。共同关系都以一定的身份关系为基础,表现为婚姻家庭领域的关系,如夫妻关系和家庭成员关系,因此共同共有包括夫妻共有、家庭共有、遗产分割前的共有。

第二,共同共有中不存在明确的、显在的权利份额。共同共有与按份共有最大的区别,是在其存续期间内,不存在明确的、显在的权利份额,如果一定要说共同共有中存在份额,该份额也至少是潜在的。因此,各共有人只能共同地行使所有权的各项权能,共同地负担因共有物产生的一切费用和债务,绝对不会发生共有份额的转让和优先购买权的问题,而且,共有人也不能在维持原共有关系的情况下转让其共有人地位,任何一个共有人的退出都意味着原共同共有关系的消灭。只有因共同共有关系消灭而分割共有财产时,潜在的共有份额才会明确确定下来,也才能发生共有人权利的转让问题。

(二)共同共有的类型

1. 夫妻共有

根据《民法典》第1062条的规定,夫妻之间没有约定或者约定不明确时,在婚姻关系存续期间所得的下列财产,为夫妻的共同财产,归夫妻共同所得:(1)工资、奖金、劳务报酬;(2)生产、经营投资的收益;(3)知识产权的收益;(4)继承或者受赠的财产(遗嘱或赠与合同中确定只归夫妻一方的除外);(5)其他应当归共同所有的财产。夫妻对共同财产,有平等的处理权。

2. 家庭共有

我国立法并未将家庭共有财产明确规定为共同共有,但理论上一致认为家庭共有是共同共有的一种形式。但并不是在任何家庭都会形成家庭共有。一个家庭是否存在家庭共有取决于两个条件:一是有无共同的生产经营活动;二是家庭结构,在一对夫妻和未成年人组成的核心家庭,即便共同从事生产经营,也只形成夫妻共有关系。就家庭共有的财产范围而言,其只应包括家庭共同经营的各项财产、共同经营收入中用于扩大家庭生产经营规模的财产、用于家庭集体消费的财产、家庭共同积累和储蓄的财产,此外的一切财产均不构成家庭共有财产。

3. 遗产分割前的共有

根据我国《民法典》第230条、第1124条的规定,被继承人死亡后,遗产分割前,各继承人对遗产的共有为共同共有。在继承开始后,如继承人有数人时,遗产只能为全体继承人共有,任何一个继承人均不能单独取得遗产的所有权。在财产分割前,虽可抛弃继承权,但不能转让其继承权,只有在遗产分割后才能转让其分得的遗产。

(三)共同共有人的权利和义务

1. 共同共有人之间的权利和义务

如前所述,共同共有人不分份额,甚至不分你我的共同行使所有权的各项权能。在没有相反约定的情况下,若对共有物为法律上的处分,或者对共有物为重大修缮或其他重大的事实上的处分,都应取得全体共有人同意。共同共有人之一擅自对共有物为法律上的处分的,其处分行为为无权处分,若善意第三人取得所有权的,处分人应向其他共有人承担相应的责任。共同共有人擅自对共有物进行重大的事实上的处分,给其他共有人造成损失的,处分人应向其他共有人承担侵权损害赔偿责任。共有人约定不得分割共有财产以维持共有关系的,除非存在重大理由,共有人不得要求分割。在没有就共有分割进行约定或者约定不明时,共同共有人只能在共有基础丧失或者有重大理由需要分割时才能请求分割财产。若在共有基础丧失前分割财产损害其他共有人利益,应当对其他共有人给予相应的赔偿。

2. 共同共有人对外的权利义务

在没有相反约定的情况下,因共有物产生的费用和其他负担,由共有人共同承担。在因共有物而发生的债权债务问题上,《民法典》第307条规定,共有人对外享有连带债权、承担连带债务,而在内部关系上,除当事人另有约定外,共同共有人共同享有债权、承担债务。但实际上,外部的连带债权和连带债务建立在内部的按份债权和按份债务的基础上,既然共同共有内部关系上不存在债权债务份额,很难说在外部产生连带债权和连带债务,也根本不存在一个共有人实现全部债权或清偿全部债务后向其他共有人提出追偿或者向其他共有人追偿的问题。而是直接将实现债权所得并入共有财产和直接以共有财产清偿共有债务,这是不同于连带之债的共同之债,只不过在外部关系上可准用连带之债的规定而已。

四、共有物的分割

《民法典》第304条规定,共有人可以协商确定分割方式。达不成协议,共有的不动产或者动产可以分割且不会因分割减损价值的,应当对实物予以分割;难以分割或者因分割会减损价值的,应当对折价或者拍卖、变卖取得的价款予以分割。共有人分割所得的不动产或者动产有瑕疵的,其他共有人应当分担损失。

(一)共有财产的分割方式

在按份共有人请求分出其份额,或者共同共有关系基础丧失,或者共同共有人因其他重大理由请求分割时,对共有物的分割,共有人可以协商确定分割方式,达不成协议的,若共有财产可以分割并且不会因分割减损价值的,应当对实物予以分割。难以分割或者分割将减损共有物价值的,应当将共有物拍卖或折价变卖,并对其取得的价款进行分割。

（二）共有财产分割的效力

在完成对共有财产的分割后，共有关系消灭，各共有人对分得的财产享有单独的所有权。但若是对共有财产进行实物分割，各共有人都应以其分得的财产，对其他共有人分得的财产承担与出卖人一样的瑕疵担保责任。即如果共有人之一分得的财产因权利瑕疵被其他人追夺，或者因质量瑕疵而影响使用或者受到其他损害，其所受的损失应由其他共有人按其所分得财产的份额比例进行补偿。

问题与思考

对于共有制度的学习，需要区分按份共有与共同共有来分别把握其内部关系与外部关系。而要进一步深刻理解和把握这两种共有类型，必须了解二者的差异。在共同共有外部关系的把握上，要注意共同共有人对外所承担的连带责任，实际上与一般的连带责任有区别，即共同共有人对外所负担的债务，实际上为共同债务，所享有的债权，为共同债权，而不是一般意义上的连带债权与连带债务，但因其与连带之债具有很大的相似性，故而准用连带之债的规定。

第五节　不动产相邻关系

一、相邻关系与相邻权的概念

不动产相邻关系是指不动产的相邻权利人在行使其不动产权利时，因相互间给予方便或接受限制而发生的权利义务关系。在相邻关系中，一方当事人所享有的为了便利自己对不动产的利用，有请求他方当事人提供一定便利的权利，就是相邻权。从本质上讲，不动产相邻关系不属于独立的物权类型，而是对各种不动产权利特别是不动产所有权的限制和扩张。相邻关系制度的设立，通过相邻不动产权利人的互予方便，互相容忍，对于充分发挥不动产的效用，促进经济发展、稳定社会秩序起到了良好的作用。

二、相邻关系的特征

要准确把握相邻关系，必须从相邻关系的如下特征入手：

第一，相邻关系是一种法定的权利义务关系。相邻关系是由法律直接规定的，而非当事人以法律行为自愿创设的。这也是相邻权与地役权的区别之一。

第二，相邻关系的主体为相邻不动产权利人。相邻关系的主体为相邻不动产权利人，包括不动产所有权人、用益物权人，甚至包括因债权而对不动产享有利用权的人，例如，房屋租赁权人也可与相邻不动产权利人发生相邻关系。但就房屋而言，相邻关系主要为相邻不动产所有权人之间的关系。就土地而言，相邻关系则主要发生在建设用地使用权人之间、土地承包经营权人之间。

相邻不动产，即不动产相互毗邻。对于毗邻的理解，应该作扩大解释，包含毗连和邻近。不动产，无论是毗连还是邻近，只要一方行使不动产物权时直接影响到另一方的利益，均可认定为毗邻，从而产生相邻关系。

第三，相邻关系客体的特殊性。相邻关系的客体并不是相邻不动产本身，而是相邻不动产权利人在行使不动产权利时互予对方方便而追求和形成的利益。

相邻关系与用益物权中的地役权极其相似,有些国家因此直接将相邻关系作为地役权的一种情况加以规定,如《法国民法典》即将相邻关系作为法定地役权。但多数国家认为,相邻关系和地役权在法律性质和权利构造上存在区别,相邻关系总体上属于所有权范畴,而地役权则属于用益物权范畴,我国《民法典》也明确区分相邻关系和地役权。

三、相邻关系的性质与基本内容

(一)相邻关系的性质

相邻关系的本质是不动产所有权或者使用权的延伸或者限制。从相邻权来看,是相邻不动产所有权或者使用权的适度扩张;从相邻义务来看,则是对相邻所有权或者使用权的适度限制。

通过这种适度的限制与扩张,不仅可以有效地调和权利之间的冲突,起到定分止争的作用,而且还会提高不动产的社会经济效益,真正做到"物尽其用,地尽其利"。

相邻权,实质上是对不动产所有权或者使用权适度扩张的结果。它的权源是不动产的所有权或者使用权。权能是为充分利用自己的不动产,而在一定限度内合理使用邻人的不动产,并在邻人限制其使用或者为此使用设置障碍时,有权请求取消限制,排除障碍。相邻权的性质究竟是自物权还是他物权,法学界历来存有争议。[2] 我们认为,相邻权应是一种自物权。其具体理由如下:第一,相邻权是从所有权或者使用权延伸出来的,本质上是对所有权或者使用权的扩张;第二,相邻权的目的旨在更好地实现不动产的所有权或者使用权,而不重在利用他人的不动产;第三,这也符合国际上的通常做法。在德国以及我国台湾地区等,也是将相邻关系规定在不动产的所有权部分。

(二)相邻关系的基本内容

相邻关系的基本内容是,相邻不动产一方所有人或者使用人享有的要求对方为其行使权利给予必要方便的权利和对方接受此种必要限制的义务。对该"必要方便"的把握,其应指一方当事人如果不能从相邻方得到此种便利,就不能正常行使其权利。

四、相邻关系的种类

根据《民法典》的规定,相邻关系主要有以下一些类型:

1. 相邻防险关系

根据《民法典》第295条、第296条的规定,不动产权利人挖掘土地、建造建筑物、铺设管线以及安装设备等,不得危及相邻不动产的安全。不动产权利人因用水、排水、通行、铺设管线等利用相邻不动产的,应当尽量避免对相邻的不动产权利人造成损害。

例如,相邻一方在自己的土地上建造建筑物或者挖掘土地、铺设管线以及安装设备等,不得因此而动摇邻人的地基或者损害邻人的建筑物;相邻一方建筑物有倾斜的危险,危及邻人的生命及财产时,相邻一方应采取必要的防范措施,避免危险的发生;相邻一方堆放或者使用易燃易爆、剧毒物品时,应当与邻人建筑物保持适当距离,或者采取必要措施以防止邻人遭遇损害。如果违反上述排除义务,使相邻不动产受到妨害或者有妨害之虞时,相邻不动产权利人得请求消除危险、恢复原状,如果造成损失的,还可请求赔偿损失。

---

[2] 参见李开国、张玉敏主编:《中国民法学》,法律出版社2002年版,第403页。

2. 相邻通行关系

根据《民法典》第291条的规定，不动产权利人对相邻权利人因通行等必须利用其土地的，应当提供必要的便利。

相邻通行关系的核心为相邻不动产权利人的通行权。相邻一方必须在另一方土地上通行的，另一方应当予以准许。通行人应当选择给对方造成损失最小的路径通行。因通行而给相邻不动产权利人造成损失的，通行人应赔偿损失。对于历史上形成的一方所有或者使用的建筑物范围内的必经通道，所有权人或者使用权人不得堵塞，因堵塞而影响邻人通行的，该邻人可要求排除妨碍、恢复原状。

3. 相邻营缮使用关系

根据《民法典》第292条的规定，不动产权利人因建造、修缮建筑物以及铺设电线、电缆、水管、暖气和燃气管线等必须利用相邻土地、建筑物的，该土地、建筑物的权利人应当提供必要的便利。

相邻营缮使用关系是指不动产权利人因建造、修缮建筑物以及铺设电线、电缆、水管、暖气和燃气管线等必须利用相邻土地、建筑物时，相邻土地、建筑物的权利人应当提供必要的便利的权利义务关系。不动产权利人利用相邻土地、建筑物建造、修缮建筑物或铺设管线时，应选择对相邻土地、建筑物损害最小的方式行使相邻权，给相邻土地、建筑物权利人造成损失的，应依法赔偿该损失。

4. 相邻地界关系

不动产权利人在使用自己所有或者经营的自然资源时，不得侵害相邻不动产权利人的利益，当相邻一方在地界一侧修筑建筑物时，应当与地界线保持适当距离，不得越界侵占对方土地。若逾越地界，则相邻他方可请求排除，造成损害的，还可要求赔偿损失。相邻一方于地界一侧种植竹木的，应与地界线保持适当距离，不得逾越邻人境内。若竹木根枝越界，则相邻对方可要求竹木所有人在适当期限内剪除、截取越界根枝。若竹木所有人逾期不为前述行为，则相邻对方可自行剪除、截取越界的竹木根枝，并要求竹木所有人负担费用。相邻对方受到其他损失的，还可要求相应的损害赔偿。

5. 相邻用水排水关系

根据《民法典》第290条的规定，不动产权利人应当为相邻权利人用水、排水提供必要的便利。对自然流水的利用，应当在不动产的相邻权利人之间合理分配。对自然流水的排放，应当遵循自然流向。

不动产权利人在使用水流时，都有自由使用的权利，但不得因此影响和限制相邻权利人的用水利益。水流分为地表水和地下水，对于地下水，土地权利人不得滥钻井眼、开掘土地利用地下水、破坏原有水源，造成邻人水井干枯、水位下降时，邻人可请求恢复原状、赔偿损失。对于地表水，相邻各方应该按照水流的自然流向使用，任何一方不得擅自改变水流的流向，低地用水人不得擅自筑坝堵截水流，高地用水人也不得擅自控制水流阻碍低地人用水。如果由此而损害他人利益的，应承担损害赔偿责任。

相邻排水关系包括相邻自然排水关系和相邻人工排水关系。在自然水流的情况下，低地不动产权利人负有容忍排水的义务，称为承受义务。此承受义务为不作为义务，如高地水流排至低地时受阻，低地权利人不负疏通义务，而应由高地不动产权利人用自己的经费负责疏通。低地权利人违反承受义务，或者设置障碍堵塞水流时，高地权利人有请求排除妨碍和赔偿损失的权利；

在人工排水的情况下,不动产权利人原则上没有使用相邻不动产的权利。不动产权利人不得设置屋檐或者其他工作物,使自己不动产上的雨水直接注入相邻不动产。但作为例外,各国法律又有条件地承认高地不动产权利人有使水流通过低地的权利,学说称为“过水权”。高地不动产权利人行使“过水权”时,应选择对低地权利人损害最小的方式进行排水,如果因排水致低地权利人损失,高地权利人应该负责赔偿。

6. 相邻通风、采光和日照关系

根据《民法典》第293条的规定,建造建筑物,不得违反国家有关工程建设标准,不得妨碍相邻建筑物的通风、采光和日照。

不动产权利人在建造建筑物时,应当遵循国家有关工程建设标准,与邻人建筑物保持适当距离,以免影响邻人建筑物的日照、采光及通风。如果违反国家有关工程建设标准,影响了邻人建筑物的日照、采光和通风,邻人可要求停止侵害甚至拆除该建筑物或者要求承担相应的损害赔偿责任。

7. 相邻环保关系

根据《民法典》第294条的规定,不动产权利人不得违反国家规定弃置固体废物,排放大气污染物、水污染物、土壤污染物、噪声、光辐射、电磁辐射等有害物质。

不动产权利人在行使其权利的过程中甚至在日常生活中,应当注意环境保护,不得违反国家规定弃置固体废物,排放煤烟、臭气、尘埃等大气污染物、水污染物、噪声、震动、光、电磁波辐射、放射性物质等有害物质。不动产权利人违反国家规定排放上述物质侵入相邻不动产,影响相邻不动产权利人的工作和生活的,相邻不动产权利人可请求停止排放等,受到损害的,可要求损害赔偿。

五、处理相邻关系的原则

根据《民法典》第288条的规定,不动产的相邻权利人应当按照有利生产、方便生活、团结互助、公平合理的原则,正确处理截水、排水、通行、通风、采光等方面的相邻关系。因此,处理相邻关系应当依照下列三项原则:

第一,互敬互让、相互团结。每一个社会生活成员,包括国家、集体,都有责任或者义务形成良好、和谐的社会生活状态,这在根本上也符合每一个社会成员包括国家、集体的利益。在实践生活中,应该相互帮助、相互谦让、相互团结,兼顾邻里各方利益,避免邻里矛盾。

第二,有利生产、方便生活。相邻关系是相邻各方就财产的占有、使用、收益、处分而发生的权利义务关系,在正确处理相邻关系时,应该以有利生产、方便生活为原则,尽量减少不必要的损失,发挥最大经济效益、促进生产发展。

第三,公平合理。相邻关系是对一方权利的延伸和对另一方权利的限制,对权利的延伸或限制应当适度,确保对双方都公平合理。而且,各方在享有权利的同时,也应承担一定的义务。除遵循上述原则外,由于相邻关系受习惯的影响很大,在法律、法规就相邻关系的处理没有作出相应规定时,可以依照当地习惯,妥善地处理相邻关系纠纷。

问题与思考

从相邻关系特点上我们不难发现,相邻关系的客体有别于其他物权。而我们一般认为,物权的客体为物,但相邻权是一个例外。相邻关系被纳入物权体系中,本质上是因为相邻关系是对物权即所有权或者使用权的限制或者扩张,而且是为满足不动产权利人对不动产利用的方便而设定的。在处理相邻关系纠纷时，由于相邻关系受习惯影响大，如果没有法律规定时，则应按当地习惯来处理。这也是相邻关系与其他物权关系显著差异之处。

第六节　建筑物区分所有权

一、建筑物区分所有权的概念和特征

建筑物区分所有权，是指在某一特定的物业范围内，建筑物为多人分别所有时，由各所有人的专有部分所有权、共有部分持份权及其因共同关系所生的成员权三要素所构成的特别所有权。需要说明的是，我国《民法典》遵从现实社会生活，将建筑物区分所有权人称为业主，建筑物区分所有权即业主的区分所有权，因此，本书将交替使用区分所有人和业主两个概念。

对建筑物区分所有权的概念，学术界存有分歧，大体存在一元论、二元论与三元论等学说。[3] "一元论学说"认为，区分所有权是区分所有人对其专有部分所享有的权利。该观点最早为法国学者在解释《法国民法典》第664条时所提出，[4] 以后为日本学者所采纳。"二元论学说"认为，区分所有权是由专有部分所有权与共有部分所有权共同组成的权利。我国台湾地区学者王泽鉴先生指出："区分所有，指数人区分一建筑物而各有其专有部分，并就其共享部分按其应有部分享有所有权。"[5] 此观点也为我国台湾地区"民法"所采纳。"三元论学说"认为，区分所有权是由专有所有权、共有所有权及成员权三要素构成的特别所有权。该学说的最早倡导者为德国的贝尔曼。其观点也被德国法所采纳，并被我国学界普遍接受，成为通说，并为我国《民法典》所采纳。《民法典》第271条规定，业主对建筑物内的住宅、经营性用房等专有部分享有所有权，对专有部分以外的共有部分享有共有和共同管理的权利。

相对于一般的不动产所有权，建筑物区分所有权有下列法律特征：

第一，对建筑物区分所有的事实。本来，一栋建筑物是一项物理上的物，该建筑物的某一楼层、某一套房屋都只是建筑物的构成部分，但不能否认的是，作为建筑物构成部分的楼层或房屋在法律上和经济上都具有独立的意义，可以构成民法上的物，而成为物权的客体。事实上，一个权利人拥有一栋建筑物的情况并不普遍，在生活中常见的情形是将一栋大楼分割为经济上、法律上独立的若干部分由不同的人分别所有。对建筑物的区分有三种方式：(1)纵切型区分，指左右纵割分套的建筑物，如一般联栋式或双拼式建筑物；(2)横切型区分，指对一栋建筑物上下横切的水平分割，使各层分别归属于不同的人；(3)混合型区分，指上下横切、左右纵割分套所有的建筑物。在区分建筑物的三种情形，纵切型区分形成的关系最为单纯，横切型区分相对复杂，而混合型区分最为繁杂。自近代以来，各国建筑物区分所有权均以混合型区分为主要规制对象。不仅如此，伴随小区生活模式的形成和发展，建筑物区分所有已经不再停留在对一栋建筑物的区分所有，而已发展为对小区内各建筑物和公共地带的区分所有关系。

第二，权利内容的复合性。建筑物区分所有权由专有部分所有权、共有部分持份权及成员权三个要素构成。而一般的不动产所有权，其构成则是单一的，仅系权利主体对不动产享有占有、

---

〔3〕 李开国、张玉敏主编：《中国民法学》，法律出版社2002年版，第394页。

〔4〕 陈华彬：《现代建筑物区分所有权制度研究》，法律出版社1995年版，第66页。

〔5〕 王泽鉴：《民法物权：通则·所有权》，中国政法大学出版社2001年版，第248页。

使用、收益及处分的权利。

第三,专有部分所有权的主导性。在构成建筑物区分所有权的三要素中,专有所有权具有主导性。表现为:(1)区分所有人取得专有所有权即取得了共有部分持份权及成员权,丧失专有所有权即丧失共有部分持份权与成员权;(2)专有所有权的大小,决定区分所有人共有部分持份权及成员权(表决权)的大小;(3)在对区分所有权进行登记时,只登记专有所有权,而共有部分持份权和成员权则不能单独登记。

第四,权利的一体性。构成建筑物区分所有权的专有所有权、共有部分持份权及成员权须结为一体,不可分离。在转让、抵押、继承时,应将三者一体处分。他人通过任何途径取得区分所有权时,必然同时取得区分所有所内含的这三项权利。

二、专有所有权

(一)专有所有权的概念

专有所有权又称"专有权"或者"特别所有权",是区分所有权的"单独性灵魂",是区分所有人对建筑物内的住宅、经营性用房等单独所有部分予以自由使用、收益和处分的权利。

(二)专有部分的界定

1. 构成专有部分的条件

专有所有权的客体是专有部分,准确地界定专有部分是把握专有所有权的关键。一般而言,构成建筑物的专有部分,需具备三项条件:(1)构造上的独立性。即各区分所有的部分有客观明确的事实区分,任何一个专有部分与另外的专有部分需在建筑物的构造上能客观地判断其各自的范围,其在外观上表现为有独立的出入门户。(2)利用上的独立性。利用上的独立性又称机能上的独立性,指各区分部分与一般独立的建筑物相同,在没有建筑物其他部分辅助的情况下,即能满足一般生活、经营之目的。正是因为区分部分机能上的独立性,使其具有了独立的经济效用,从而成为所有权的客体。(3)具有登记能力。即其能够被登记为特定业主所有权的客体。

2. 专有部分的范围

专有部分的范围如何确定,在理论上一直存在争议,主要如下:(1)中心说。中心说又称壁心说,认为专有部分之范围达到墙壁、柱、地板、天花板等境界部分厚度的中心。(2)空间说。空间说又称"全部属于共享部分说",其以区分所有权的共有权理念为基础,认为专有部分之范围仅限于由墙壁、地板、天花板所合围的空间部分,而界线点上的分隔部分如墙壁、天花板等仍为全体或部分区分所有人共有。(3)最后粉刷表层说。认为墙壁、天花板等境界本体虽为共享部分,但其最后粉刷表层仍属于专有部分。(4)壁心和最后粉刷表层说。认为专有部分之范围应分别内部关系与外部关系而定。在区分所有人之间,尤其是在建筑物的维持和管理关系上,专有部分应仅延伸到最后粉刷表层。但在外部关系上,尤其是因买卖等而发生的对外关系上,专有部分的范围则包含壁、柱、地板、天花板等境界部分厚度的中心线。

应当说,上述有关专有部分范围的各种学说都有一定的道理,但也存在各自的缺陷与问题,相对而言,第四种观点既有利于专有所有权人充分行使自己的权利,也有利于对整体建筑物的管理。《民法典》并未对专有部分的范围进行明确的规定,在实践中可参考上述观点,并结合社会习惯予以确定。

3. 专有所有权的行使

根据《民法典》第272条的规定,业主对其建筑物专有部分享有占有、使用、收益和处分的权利。业主行使权利不得危及建筑物的安全,不得损害其他业主的合法权益。

区分所有人对其单独部分拥有相当于普通单独所有的权利。但其专有部分毕竟为整个物业的一个构成部分,其专有所有权的行使因此不得不受到相应的限制。具体而言,其行使专有所有权时,应遵守法律、法规以及管理规约,不得危及其专有部分所从属的建筑物的安全,不得损害其他区分所有人的合法利益。此外,根据《民法典》第279条的规定,业主不得违反法律、法规及管理规约,将住宅改变为经营性用房。业主将住宅改变为经营性用房的,除遵守法律、法规以及管理规约外,应当经有利害关系的其他业主一致同意。如何界定有利害关系的其他业主?我们认为,本栋建筑物的其他业主当然为利害关系人,建筑区划内本栋建筑物之外的业主能证明其房屋价值、生活质量受到或可能受到影响的,也是利害关系人。

三、共有部分持份权

(一)共有部分持份权的概念和特征

共有部分持份权又称共有所有权,是建筑物区分所有权中的"共同性灵魂",指建筑物区分所有人依照法律或者管理规约的规定,对该建筑物的共有部分所享有的占有、使用、收益和处分的权利。共有部分持份权为按份共有或者共同共有,我国《民法典》虽未直接规定,但根据《民法典》第283条的规定,在没有约定或者约定不明确时,对建筑物及其附属设施的费用分摊和收益分配等事项,按照业主专有部分面积所占比例确定。由此可见,《民法典》事实上是将共有部分持份权视作按份共有的。

相对于一般的共有所有权,共有部分持份权有以下法律特征:

第一,在主体上,区分共有人身份具有复合性,其既是共有所有权人,也是专有所有权人及区分所有人团体之成员。而一般共有所有权人,其身份是单一的,只是共有所有权人。

第二,在内容上,区分共有所有权具有多层次性,包括全体区分所有人在全物业范围内的共有权、一栋建筑屋内的全体业主对该建筑屋的共有权、一栋建筑物内的部分业主之间的共有权等不同的层次,共有业主的范围越大,其共有关系显得越复杂。而一般共有所有权则只因共有同一财产而发生权利义务,在内容上相对简明。

第三,在权利变动上,区分共有所有权的变更取决于专有所有权的变更,专有所有权一旦发生转让,则共有所有权也一并转让。而一般共有所有权之得丧变更,以各共有人独立行为为之。此外,在一般的按份共有,共有人转让其份额,其他共有人在同等条件下有优先购买权,而区分所有人转让其共有持份(实际上为转让其专有部分)时,不仅其他区分所有人(共有持份人)无权优先购买,而且区分所有人也不可能就其共有持份单独进行转让。《民法典》第273条规定,业主对建筑物专有部分以外的共有部分,享有权利,承担义务;不得以放弃权利为由不履行义务。业主转让建筑物内的住宅、经营性用房,其对共有部分享有的共有和共同管理的权利一并转让。

第四,在标的物的分割上,区分共有所有权的标的物不得请求分割。而一般共有所有权的标的物,共有人可以在符合法定或约定条件时请求分割,按份共有人甚至原则上可随时请求分割。

(二)共有部分持份权的客体

在某一物业范围内,属于业主专有的部分之外的其他部分,原则上都是全体或者部分业主的共有部分,都可成为共有部分持份权的客体。考虑到在很长一段时间内,在特定物业范围内,哪些部分才能构成业主共有部分,在业主与物业开发企业之间存在纷争,《民法典》及相关司法解释为平息这些纷争,对共有部分和专有部分进行了较为明确的界定。这些规定主要有:

其一,建筑区划内的道路,属于业主共有,但属于城镇公共道路的除外。建筑区划内的绿地,属于业主共有,但属于城镇公共绿地或明示属于个人的除外。建筑区划内的其他公共场所(如会所)、公用设施(如健身娱乐设施)和物业用房,属于业主共有。《民法典》第 274 条有明确规定。

其二,占用业主共有的道路或者其他场地用于停放汽车的车位,属于业主共有。但在建筑区划内,规划用于停放汽车的车位、车库,并非当然属于业主。根据《民法典》第 275 条的规定,建筑区划内,规划用于停放汽车的车位、车库的归属,由当事人通过出售、附赠或者出租等方式约定。占用业主共有的道路或者其他场地用于停放汽车的车位,属于业主共有。《民法典》该条规定的实质是,这些车库、车位的原始所有权人为物业开发企业,只有物业开发企业以出卖、赠与等方式将车位、车库移转给业主后,业主才能取得其所有权。但《民法典》第 276 条规定,即便原始所有权属于物业开发企业的车位和车库,也应当首先满足业主的需要。物业开发企业按照配置比例将车位、车库,以出售、附赠或出租等方式处分给各业主的,应当认定为首先满足了业主的需要。所谓配置比例是指规划确定的建筑区划内规划用于停放汽车的车位、车库与房屋套数的比例。

其三,建筑物的基础、承重结构、外墙、屋顶等基本结构部分,通道、楼梯、大堂等公共通行部分,消防、公共照明等附属设施、设备,避难层、设备层或者设备间等结构部分,属于业主共有。但露台等可在规划上专属于特定房屋,并通过买卖合同明确约定为特定房屋的业主所专有。除对建筑物、建筑物附属设施等共有物业进行规定外,《民法典》第 281 条还明确规定建筑物及其附属设施的维修资金,属于业主共有。经业主共同决定,可以用于电梯、屋顶、外墙、无障碍设施等共有部分的维修、更新和改造。建筑物及其附属设施的维修资金的筹集、使用情况应当定期公布。紧急情况下需要维修建筑物及其附属设施的,业主大会或者业主委员会可以依法申请使用建筑物及其附属设施的维修资金。

其四,利用共有部分产生的收入,属于业主共有。《民法典》第 282 条规定,建设单位、物业服务企业或者其他管理人等利用业主的共有部分产生的收入,在扣除合理成本之后,属于业主共有。

(三)共有部分持份权的内容

区分所有人对专有部分之外的共有部分,具有共同管理的权利。区分所有人可以根据法律、法规或管理规约,自由地使用共有部分。区分所有人基于对其专有部分特定使用功能的合理需要,可以无偿利用屋顶以及与其专有部分相对应的外墙面等共有部分,但不得损害他人的合法权益。虽然共有持份权性质上为按份共有,但区分所有人对共有物业的使用并不受其份额限制。对共有部分产生的收益,应按照约定在区分所有人之间进行分配,没有约定或者约定不明时,按照业主专有部分占建筑物总面积的比例确定。因共有部分而产生的费用和其他负担,也应比照收益分配的规则,由各区分所有人承担,任何区分所有人都不能以放弃(共有部分持份)权利为由拒绝履行应当由其负担的义务。《民法典》第 283 条规定,建筑物及其附属设施的费用分摊、收益分配等事项,有约定的,按照约定;没有约定或者约定不明确的,按照业主专有部分面积所占比例确定。

四、建筑物区分所有人的成员权

(一)建筑物区分所有人成员权的概念

建筑物区分所有人的成员权,是指建筑物区分所有人基于特定物业范围内建筑物的构造、权利归属及使用上的密切关系而形成的，作为建筑物管理团体之一的成员所享有的权利和承担的义务。

成员权是独立于专有所有权和共有所有权之外的一种权利，是对全体区分所有人的共同事务所享有的权利和承担的义务，其并非单纯的财产关系，而是具有人法要素的管理关系。而且，只要建筑物存在，区分所有人之间的团体关系就会延续，基于该团体关系产生的成员权就不会消灭，在这一意义上，建筑物区分所有人的成员权具有永续性。

（二）建筑物区分所有人成员权的内容

根据《民法典》《物业管理条例》的相关规定，区分所有人的成员权主要有：(1)按照物业服务合同的约定，接受物业管理企业提供的服务；(2)提议召开业主大会会议，并就物业管理的有关事项提出建议；(3)提出制定和修改业主公约、业主大会议事规则的建议；(4)参加业主大会会议，行使投票权；(5)选举业主委员会委员，并享有被选举权；(6)监督业主委员会的工作；(7)监督物业管理企业履行物业服务合同；(8)对物业共享部位、共享设施设备和相关场地使用情况享有知情权和监督权；(9)决定、监督物业共享部位、共享设施、设备专项维修资金的使用和管理。

区分所有人在享有上述成员权的同时，基于其成员地位，也应负担相应的义务：(1)遵守业主公约、业主大会议事规则；(2)遵守物业管理区域内物业共享部位和共享设施设备的使用、公共秩序和环境卫生的维护等方面的规章制度；(3)执行业主大会的决定和业主大会授权业主委员会作出的决定；(4)按照国家有关规定交纳专项维修资金；(5)按时交纳物业服务费用等。

（三）建筑物区分所有人成员权行使中的特殊问题

1. 业主大会和业主委员会

为了集中、统一地行使成员权，方便、强化对共同物业的管理，业主可以设立业主大会，并由业主大会选举成立业主委员会。根据《民法典》第 277 条的规定，业主可以设立业主大会，选举业主委员会。地方人民政府有关部门、居民委员会应当对设立业主大会和选举业主委员会给予指导和协助。根据《民法典》第 280 条的规定，业主大会或者业主委员会作为业主的自治组织和形成业主共同意志的机构，业主大会或者业主委员会依照法律、法规和管理规约作出的决定，对全体业主具有约束力。但在业主大会或者业主委员会作出的决定侵害业主合法权益时，受侵害的业主也可以在知道或应当知道业主大会或业主委员会作出该决定之日起 1 年内请求人民法院予以撤销。《民法典》第 286 条规定，业主应当遵守法律、法规以及管理规约，相关行为应当符合节约资源、保护生态环境的要求。对于物业服务企业或者其他管理人执行政府依法实施的应急处置措施和其他管理措施，业主应当依法予以配合。业主大会和业主委员会，对任意弃置垃圾、排放污染物或者噪声、违反规定饲养动物、违章搭建、侵占通道、拒付物业费等损害他人合法权益的行为，有权依照法律、法规以及管理规约，请求行为人停止侵害、排除妨害、消除危险、恢复原状、赔偿损失。业主或者其他行为人拒不履行相关义务的，有关当事人可以向有关行政主管部门报告或者投诉，有关行政主管部门应当依法处理。从《民法典》的规定来看，业主大会和业主委员会虽然并非《民法典》和有关法律、法规中的法人或其他组织，但在一定情况下，其事实上具有了诉讼主体资格，可以作为原告提起诉讼，也可能被作为被告而被业主甚至他人提起诉讼。

2. 议事规则

关于建筑物区分所有人成员权的行使，《民法典》第 278 条确立了某些事项由业主共同决定的原则，具体而言，下列事项由业主共同决定：(1)制定和修改业主大会议事规则；(2)制定和修改管理规约；(3)选举业主委员会或者更换业主委员会成员；(4)选聘和解聘物业服务企业或者其他管理人;(5)使用建筑物及其附属设施的维修资金;(6)筹集建筑物及其附属设施的维修资金;(7)改建、重建建筑物及其附属设施;(8)改变共有部分的用途或者利用共有部分从事经营活动;(9)有关共有和共同管理权利的其他重大事项。

业主共同决定事项,应当由专有部分面积占比三分之二以上的业主且人数占比三分之二以上的业主参与表决。决定前款第六项至第八项规定的事项,应当经参与表决专有部分面积四分之三以上的业主且参与表决人数四分之三以上的业主同意。决定前款其他事项,应当经参与表决专有部分面积过半数的业主且参与表决人数过半数的业主同意。

这一议事规则,较之原《物权法》的规定,降低了投票通过的要求,更切合我国的实际情况,利于区分所有人成员权的行使。

问题与思考

建筑物区分所有权是一个复合权利。其中专有权的客体范围的界定,学说上有不同观点,在实务上,应结合各学说,兼顾当地习惯,公平合理地确定客体范围。对于某一个物业范围内除属于业主专有部分之外的其他部分,因为其错综复杂,除可以显著认定为全体业主共有的以外,对于在多大范围之内形成部分业主的共有,在实务上也多有难处。这些都有待于实务的总结与归纳,以及法律规定的解释。

拓展阅读推荐

1. 梁慧星、陈华彬:《物权法》(第五版),法律出版社 2010 年版。
2. 王利明:《物权法论》,中国政法大学出版社 2008 年版。
3. 孙宪忠:《中国物权法原理》,法律出版社 2009 年版。
4. 谢在全:《民法物权论》,中国政法大学出版社 1999 年版。
5. 卓洁辉:《区分所有建筑物专有与共有部分的区分标准问题研究》,法律出版社 2012 年版。
6. 黄薇主编:《〈中华人民共和国民法典〉物权编解读》,中国法制出版社 2020 年版。
7. 孙宪忠、朱广新主编:《民法典评注》(物权编),中国法制出版社 2020 年版。

第十五章　用 益 物 权

学习要点

- 用益物权的特征
- 出让建设用地使用权的内容
- 土地承包经营权的内容
- 地役权的性质、地役权关系中当事人的权利和义务

第一节　用益物权概述

一、用益物权的概念和特征

用益物权是以物的使用收益为目的而设立的他物权。在用益物权关系中,用益物权人可以对他人之物进行占有、使用和收益,实现物的使用价值,但不得处分他人之物。在用益物权存续期间,只要用益物权人依照法律规定及其与物的所有权人之约定行使权利,物的所有权人就不得进行任何干涉。用益物权人的权利不仅可以对抗一般的不特定的人,同时也可以对抗物的所有权人。

用益物权作为物权体系中的一个重要组成部分,具有物权的一般特性。与所有权及担保物权相比较,它又具有以下主要特征:

第一,用益物权为限制物权。用益物权的限制物权性质是相对于所有权而言的。所有权是物权体系中最完全、最充分的权利,所有权人在法律规定的范围内,对其所有物具有完全的支配力。用益物权则仅能在一定范围内对他人之物占有、使用、收益,并不包含对他人之物的处分权能。不仅如此,用益物权的内容也要受到来自所有权人方面的限制,如使用他人之物的方式、使用时间等均需与所有权人约定,用益物权人不能违反约定在他人之物上进行使用和收益。

第二,用益物权是具有独立性的他物权。用益物权虽是从所有权权能中分离出来的他物权,但其除依附于他人所有权之外,原则上并不依附于别的权利,也不以别的权利存在为前提,而系依当事人之约定或法律之规定独立地、直接地发生。与用益物权的独立性相反,担保物权具有从属性,其不仅源于所有权,而且其存在须以担保物权人对担保物所有人或其关系人享有债权为前提,债权一旦消灭,担保物权也随之消灭。必须指出的是,不同的用益物权所表现出的独立性程度是不一样的。在地役权关系中,地役权的存在不仅依附于供役地权利人的权利,而且依附于需役地权利人的权利,地役权随需役地权利消灭而消灭、随需役地权利移转而移转,在这种意义上,地役权也具有了相当程度的从属性,只不过其从属性的表现与担保物权略有不同而已。

第三,用益物权是以物的使用收益为目的的他物权。用益物权支配的是他人之物的使用价

值。设置用益物权的目的在于对他人之物的使用收益,以取得物的实际利用价值,而担保物权则重视物的交换价值,目的是通过物之交换价值确保债权得以清偿。在日本民法上,用益物权即指包括使用权能和收益权能的一种被限制了支配权能的物权,这也就是“用益”一词的由来。[1] 用益物权设立后,由权利人自为使用收益。“使用”是指按物的自然属性、法定用途或约定方式,对物进行实际上的利用,包括消费性使用和经营性使用。消费性使用是指用益物权人为满足自己的生活需要而使用他人之物,如在他人土地上建筑房屋自住;经营性使用是指用益物权人以营利为目的而使用他人之物,如在他人土地上建筑房屋用以出售或出租并取得收益。

第四,用益物权的标的物主要为不动产。关于用益物权的标的物范围,在不同国家和地区的立法上差异较大。在罗马法及法国、德国、意大利、瑞士等国民法上,用益物权的标的物范围包括不动产和动产,甚至包括权利。但应当指出,尽管上述国家承认动产或权利可以成为用益物权的标的物,但用益物权仍以不动产为主要的标的物。《法国民法典》《瑞士民法典》上的用益物权可在动产或不动产上设定,但在东方大陆法系国家和地区,一般将用益物权的标的物限定于不动产,如《日本民法典》,我国台湾地区“民法”规定的地上权、永佃权、地役权三种用益物权均只能在不动产上设立。我国《民法典》第323条规定,用益物权人对他人所有的不动产或者动产,依法享有占有、使用和收益的权利。《民法典》虽然规定用益物权可在他人动产上设立,但无论其具体规定的土地承包经营权、建设用地使用权、宅基地使用权、居住权、地役权等普通物权,还是《民法典》第328条、第329条规定的海域使用权、探矿权、采矿权、取水权和使用水域、滩涂从事养殖、捕捞的权利等特别物权,其实都是典型的不动产用益物权。用益物权之所以原则上不设立于动产之上,是因为动产种类繁多且价值较低,如有需要,完全可以买为已有,一般无须设立用益物权。即使偶尔有利用他人动产之必要,也可以通过租赁、借用等债权法上的途径获得满足。何况,用益物权涉及的权利义务关系较为复杂,若将其设定于动产之上,难以通过占有进行公示,而在不动产上设立用益物权时,则可通过登记公示出复杂的权利义务内容。

第五,用益物权以占有标的物为前提。用益物权作为以使用收益为目的的物权,以权利人对标的物的实际占有为必要。既然要对他人之物进行使用收益,就必须对该物进行物质形式上的支配,而对于他人之物,非实施占有就不能进行物质上的支配。与用益物权建立在占有标的物的基础上不同,所有权虽包含占有权能,但其亦可离开占有而观念地存在。担保物权中的动产质权、留置权虽也以占有他人之物为前提,但抵押权却是不以移转占有为条件的权利,而且,随着各国市场经济与信用制度的发展,为同时发挥物的使用价值和交换价值,不移转物之占有的担保正日益成为担保物权的主流。

二、用益物权的社会作用

用益物权的产生缘于人们对物质资料的所有与需求方面的矛盾。众所周知,人离开对物的利用就不能生活,为了实现对物的利用,原则上应取得物的所有权,但对于无力支付相当代价取得所有权的人,利用他人之物是迫不得已而且代价较小的选择。另外,物的所有人未必都有必要、有能力利用其物,与其将物闲置荒废,不如允许他人利用其物并坐收其利。通过这种手段,可以有余补不足,促进社会经济的繁荣。为了避免在物的所有人与利用人之间发生纠纷,有必要通过法律规范因利用他人之物而形成的社会关系。为此,法律上设置了租赁、借用等制度。但这些

[1] [日]近江幸治:《民法讲义Ⅱ·物权法》,日本成文堂2001年版,第259页。

制度终究属于债权法的范畴,通过这些制度获得的利用权期限普遍较短,而且权利内容较为薄弱,通常难以对抗所有人任意终止利用关系的行为。鉴于此,法律上创设了用益物权制度,在规范所有人和利用人相互关系的同时,强化对利用人利益的保护,使其利用具有持久性、稳定性和对世性。《民法典》第326条规定,用益物权人行使权利,应当遵守法律有关保护和合理利用资源、保护生态环境的规定。所有权人不得干涉用益物权人行使权利。

在现代社会,用益物权已经成为一项重要的财产权利,因其特殊的权利结构,使其具有不同于债权、所有权、担保物权的特殊作用。王泽鉴先生认为,用益物权的作用主要有二:一是增进物尽其用的经济效用,即拥有其物者得自不使用,而使他人利用之,以收其利益(对价)。易言之,用益物权具有调剂土地"所有"与"利用"的机能。二是使物的利用关系物权化,巩固当事人之间的法律关系,得对抗第三人,此为用益物权在法律结构上异于债权的特色。[2] 我们认为,用益物权构成物权法上的基本权利,其乃充分利用资源、维护物的利用秩序的法律手段。具体而言,其作用主要体现在以下方面:

首先,用益物权具有完善物权法形式结构的作用。物权法欠缺用益物权制度,物权体系就会不完善。用益物权与担保物权的分类是传统的物权分类法。从民法传统上看,我国民法属于大陆法系,其民法思维也是大陆法系的。此特点决定了我国物权法体系的结构不能不考虑大陆法系的理论体系。何况我国的物权观念不甚发达,若物权法不采纳用益物权制度,而仅代之以占有权,易导致人们仅知道占有而忽视权利的现象,并且以占有权取代用益物权可能造成民法权利体系的混乱,这与物权法的初衷是相违的。

其次,用益物权具有合理配置资源的作用。用益物权是利用他人之物的权利,是主要以不动产如土地、房屋为客体的物权。囿于土地和房屋属于稀缺性资源,不可能每位民事主体皆拥有该稀缺财产。用益物权成为解决土地、房屋的所有与利用矛盾的有效手段。无论是在私有制国家,还是在公有制国家,用益物权都是非所有人利用他人土地、房屋的重要制度之一。例如,在德国、意大利和日本等大陆法系国家,均通过设定地上权来解决非所有人利用他人土地建造建筑物的问题。

最后,用益物权可以提高不动产利用效益。就资源配置而言,法律提供了诸多途径,如取得所有权、建立租赁等债的关系、设定用益物权等。在市场经济条件下,使用上述资源配置方法均无不可,但相比而言,用益物权的制度设计较好地解决了资源所有与利用的矛盾。特别是在土地实行公有制的条件下,以土地为客体的用益物权就显得尤为重要,可以赋予土地所有人以外的其他权利人相对独立的权利,以此充分提高土地的利用效率。

此外,用益物权具有保障生存利益的作用。由于用益物权的标的物主要是土地、房屋等不动产,而这些财产是人类生存的基础。因此,用益物权不仅具有配置资源和提高不动产利用效益的作用,而且还具有保障生存利益的作用,其属于社会保障的重要措施。

在我国社会主义初级阶段,国家实行以公有制为主体、多种所有制经济共同发展的基本经济制度,土地、自然资源等重要不动产都由国家或者集体所有,私人不能享有这些不动产的所有权。然而,作为所有权人的国家或者集体绝不可能事必躬亲地行使其所有权、利用这些不动产,为了避免这些不动产的闲置和浪费,充分发挥其资源价值和社会效用,迫切需要建立用益物权制度。在中华人民共和国成立之初,由于对社会主义公有制的片面理解,将生产资料公有制关系局限于

---

〔2〕 王泽鉴:《民法物权2:用益物权·占有》,中国政法大学出版社2001年版,第10页。

生产资料由全体劳动者所有的关系,未能认识到其还包括全体劳动者对生产资料的实际利用关系。反映到民法上,形成了只有公有生产资料所有权制度,而无实现这种公有生产资料所有权的用益物权制度的局面,或者将用益物权局限于满足公民居住用房、用地的单一目的,严重地影响了社会主义公有制的优越性和生产力的发展。改革开放以来,我国开始重视调节公有生产资料在实际运作过程中所产生的所有者、利用者之间的一系列利益关系,确立了国有土地使用权、农村土地承包经营权等用益物权类型。但用益物权体系长期缺乏一些重要的用益物权类型。《民法典》总结了改革开放以来我国用益物权立法之成果,借鉴其他国家和地区用益物权立法之经验,专编规定了以土地利用为中心的用益物权制度,详细规定了土地承包经营权、建设用地使用权、宅基地使用权、地役权四类土地用益物权以及对他人房屋之利用的居住权。除此之外,还列举式地规定了海域使用权、探矿权、采矿权、取水权、养殖权、捕捞权等权利类型。由于这些用益物权的具体内容由其他特别法另行规定,且其取得多基于行政特许,其行使也多受行政法上的调节和限制,属于民法理论上的特别物权或准物权的范畴,本书不对其展开详细介绍。

问题与思考

对用益物权的客体范围如何确定,长期以来存在学术争议。一种观点认为,用益物权主要以不动产为标的物,但不限于不动产,且被现行立法所采纳;另一种观点认为,用益物权的客体应限于不动产。传统理论认为动产的种类繁多,价值较低,对他人动产的利用可以通过租赁或借用的方式实现,并无必要以设立用益物权的方式对其利用。动产价值较低的假设值得商榷,我们理应走出以价值大小区分物之使用的误区。动产上设定用益物权有其独立的价值,对动产的物权性利用与债权性利用之间存在明显差异,这是由物权与债权两种权利的属性所决定的。用益物权使物的利用关系物权化,巩固了当事人间的法律关系,此为用益物权在法律构造上异于债权的特色。

第二节　土地承包经营权

一、土地承包经营权的概念

承包经营权是指个人或农户依据承包合同,取得对农民集体所有或国家所有由农民集体使用的耕地、林地、草地以及其他用于农业的土地进行占有、使用和收益的权利。除《民法典》之外,《农村土地承包法》也是规范土地承包经营权的重要法律依据。

承包经营权是我国农村集体经济组织实行承包责任制的产物。它在保留农、林、牧业集体经济的基础上,通过分离自然资源的所有权和使用收益权,使农、林、牧民的收益与劳动成果挂钩,从而使其从单纯的劳动者转化为土地的生产经营者,大大地促进了农业经济的发展。

承包经营权究竟是物权抑或债权,在我国曾存在长期的争论。自原《物权法》开始到《民法典》均明确将其定性为土地用益物权,极大地强化了承包经营权的效力,有利于对承包经营权的保护。

承包经营权的期限因承包土地用途不同而有差别。根据《民法典》第 332 条的规定,耕地的承包期为 30 年,草地的承包期为 30 年至 50 年,林地的承包期为 30 年至 70 年。特殊林木的林地承包期,经国务院林业行政主管部门批准还可以延长。为了实现土地承包关系的长期稳定,在承包期限届满后,土地承包经营权人可按照农村土地承包的法律规定继续承包。《农村土地承包法》第21条规定,耕地的承包期为30年,草地的承包期为30年至50年,林地的承包期为30年至70年。耕地承包期届满后再延长30年,草地、林地承包期届满后依照前款规定相应延长。

在承包期内,承包经营权人依法对其承包经营的耕地、草地、林地等享有占有、使用和收益的权利,有权从事种植业、林业、畜牧业等农业生产,有权使用集体经济组织的农、林、牧业设施,其承包收益和承包权均可由继承人继承。《农村土地承包法》第9条还规定,承包方承包土地后,享有土地承包经营权,可以自己经营,也可以保留土地承包权,流转其承包地的土地经营权,由他人经营。

承包经营权人同时应负担维持土地的农业用途,不得用于非农建设,依法保护和合理利用土地,不给土地造成永久性损害等法律、行政法规规定的义务。

二、土地承包经营权的设立

土地承包经营权通过承包人与发包人签订承包经营权合同而取得,承包经营权合同生效时,土地承包经营权即行设立。在土地承包经营权设立后,登记机关应当向土地承包经营权人发放土地承包经营权证、林权证、草原使用权证等证书,并登记造册,确认土地承包经营权。《民法典》第333条规定,土地承包经营权自土地承包经营权合同生效时设立。登记机构应当向土地承包经营权人发放土地承包经营权证、林权证等证书,并登记造册,确认土地承包经营权。《农村土地承包法》第23条规定,承包合同自成立之日起生效。承包方自承包合同生效时取得土地承包经营权。该法第24条还规定,国家对耕地、林地和草地等实行统一登记,登记机构应当向承包方颁发土地承包经营权证或者林权证等证书,并登记造册,确认土地承包经营权。土地承包经营权证或者林权证等证书应当将具有土地承包经营权的全部家庭成员列入。

承包经营权合同的发包方为代表集体行使土地权利的集体经济组织。具体而言,土地属于村农民集体所有的,由村集体经济组织或者村民委员会发包;已经分别属于村内两个以上农村集体经济组织的农民集体所有的,由村内各该农村集体经济组织或者村民小组发包。国家所有由农民集体使用的农村土地,由使用该土地的农村集体经济组织、村民委员会或者村民小组发包。承包经营权合同的承包方原则上为本集体经济组织的农户,但在通过招标、拍卖、公开协商等方式承包荒山、荒沟、荒丘、荒滩等农村土地时,承包方不限于本集体经济组织的农户。

在土地承包方案获得本集体经济组织成员的村民会议三分之二以上成员或者三分之二以上村民代表同意后,发包人和承包人应签订书面承包合同。该承包合同一般包括以下条款:(1)发包方、承包方的名称,发包方负责人和承包方代表的姓名、住所;(2)承包土地的名称、坐落、面积、质量等级;(3)承包期限和起止日期;(4)承包土地的用途;(5)发包方和承包方的权利和义务;(6)违约责任。发包方将土地发包给本集体经济组织以外的单位或个人承包时,应事先经本集体经济组织成员的村民会议三分之二以上成员或者三分之二以上村民代表同意,并报乡(镇)人民政府批准,在同等条件下,本集体经济组织成员享有优先承包权。

三、土地承包经营权的保护

《民法典》第331条规定,土地承包经营权人依法对其承包经营的耕地、林地、草地等享有占有、使用和收益的权利,有权从事种植业、林业、畜牧业等农业生产。依法取得的土地承包经营权受法律保护,任何组织和个人不得侵犯。

在设立土地承包经营权后,国家机关及其工作人员不得利用职权干涉农村土地承包或者变更、解除承包合同。发包方也不得以承办人或者负责人的变动、集体经济组织的分立或者合并等为由变更或者解除承包合同,不得假借少数服从多数强迫承包方放弃或者变更土地承包经营权,不得以划分“口粮田”和“责任田”等为由收回承包地搞招标承包,不得将承包地收回抵顶欠款。国家保护进城农户的土地承包经营权。不得以退出土地承包经营权作为农户进城落户的条件。承包期内,承包农户进城落户的,引导支持其按照自愿有偿原则依法在本集体经济组织内转让土地承包经营权或者将承包地交回发包方,也可以鼓励其流转土地经营权。承包期内,承包方交回承包地或者发包方依法收回承包地时,承包方对其在承包地上投入而提高土地生产能力的,有权获得相应的补偿。

承包期内,发包方不得调整承包地。《民法典》第336条规定,承包期内发包人不得调整承包地。因自然灾害严重毁损承包地等特殊情形,需要适当调整承包的耕地和草地的,应当依照农村土地承包的法律规定办理。第337条规定,承包期内发包人不得收回承包地。法律另有规定的,依照其规定。

承包期内,因自然灾害严重毁损承包地等特殊情形对个别农户之间承包的耕地和草地需要适当调整的,必须经本集体经济组织成员的村民会议三分之二以上成员或者三分之二以上村民代表的同意,并报乡(镇)人民政府和县级人民政府农业农村、林业和草原等主管部门批准。承包合同中约定不得调整的,按照其约定。按照《农村土地承包法》第29条的规定,下列土地应当用于调整承包土地或者承包给新增人口:(1)集体经济组织依法预留的机动地;(2)通过依法开垦等方式增加的;(3)发包方依法收回和承包方依法、自愿交回的。承包期内,承包方可以自愿将承包地交回发包方。承包方自愿交回承包地的,可以获得合理补偿,但是应当提前半年以书面形式通知发包方。承包方在承包期内交回承包地的,在承包期内不得再要求承包土地。

《农村土地承包法》第31条规定,承包期内,妇女结婚,在新居住地未取得承包地的,发包方不得收回其原承包地;妇女离婚或者丧偶,仍在原居住地生活或者不在原居住地生活但在新居住地未取得承包地的,发包方不得收回其原承包地。

承包人应得的承包收益,依照继承法的规定继承。林地承包的承包人死亡,其继承人可以在承包期内继续承包。

四、土地承包经营权的流转

通过家庭承包取得的土地承包经营权可以依法采取转包、出租、入股、互换、转让等方式流转。《民法典》第335条规定,土地承包经营权互换、转让的,当事人可以向登记机构申请登记;未经登记,不得对抗善意第三人。《农村土地承包法》也规定承包方之间为方便耕种或者各自需要,可以对属于同一集体经济组织的土地的土地承包经营权进行互换,并向发包方备案。经发包方同意,承包方可以将全部或者部分的土地承包经营权转让给本集体经济组织的其他农户,由该农户同发包方确立新的承包关系,原承包方与发包方在该土地上的承包关系即行终止。土地承包经营权互换、转让的,当事人可以向登记机构申请登记。未经登记,不得对抗善意第三人。

根据《民法典》第339条的规定,土地承包经营权人可以自主决定依法采取出租、入股或者其他方式向他人流转土地经营权。第341条规定,流转期限为5年以上的土地经营权,自流转合同生效时设立。当事人可以向登记机构申请土地经营权登记;未经登记,不得对抗善意第三人。根据《农村土地承包法》第37条的规定,土地经营权人有权在合同约定的期限内占有农村土地,自主开展农业生产经营并取得收益。承包方流转土地经营权的,其与发包方的承包关系不变。

但土地经营权在流转时应遵循以下规则:(1)依法、自愿、有偿,任何组织和个人不得强迫或者阻碍土地经营权流转;(2)不得改变土地所有权的性质和土地的农业用途,不得破坏农业综合生产能力和农业生态环境;(3)流转期限不得超过承包期的剩余期限;(4)受让方须有农业经营能力或者资质;(5)在同等条件下,本集体经济组织成员享有优先权。

土地经营权流转的价款,应当由当事人双方协商确定。流转的收益归承包方所有。土地经营权流转,当事人双方应当签订书面流转合同。土地经营权流转合同一般包括以下条款:(1)双方当事人的姓名、住所;(2)流转土地的名称、坐落、面积、质量等级;(3)流转期限和起止日期;(4)流转土地的用途;(5)双方当事人的权利和义务;(6)流转价款及支付方式;(7)土地被依法征收、征用、占用时有关补偿费的归属;(8)违约责任。承包方将土地交由他人代耕不超过1年的,可以不签订书面合同。

土地经营权流转期限为5年以上的,当事人可以向登记机构申请土地经营权登记。未经登记,不得对抗善意第三人。

承包方不得单方解除土地经营权流转合同,但受让方有下列情形之一的除外:(1)擅自改变土地的农业用途;(2)弃耕抛荒连续2年以上;(3)给土地造成严重损害或者严重破坏土地生态环境;(4)其他严重违约行为。

经承包方同意,受让方可以依法投资改良土壤,建设农业生产附属、配套设施,并按照合同约定对其投资部分获得合理补偿。

经承包方书面同意,并向本集体经济组织备案,受让方可以再流转土地经营权。

承包方可以用承包地的土地经营权向金融机构融资担保,并向发包方备案。受让方通过流转取得的土地经营权,经承包方书面同意并向发包方备案,可以向金融机构融资担保。担保物权自融资担保合同生效时设立。当事人可以向登记机构申请登记;未经登记,不得对抗善意第三人。实现担保物权时,担保物权人有权就土地经营权优先受偿。

在坚持农村土地集体所有的前提下,农村土地承包经营权流转实践,可促使承包权和经营权分离,形成所有权、承包权、经营权三权分置,经营权流转的格局。承包权和经营权分离源于农地流转实践,相较于集体所有权和承包经营权的二元构造,集体所有权、承包权和经营权的三元权利体系更能适应农业现代化、规模化和产业化的发展要求。

不宜采取家庭承包方式的荒山、荒沟、荒丘、荒滩等农村土地,通过招标、拍卖、公开协商等方式承包的,适用前述土地承包经营权的规定。也应当签订承包合同,承包方取得土地经营权。当事人的权利和义务、承包期限等,由双方协商确定。以招标、拍卖方式承包的,承包费通过公开竞标、竞价确定;以公开协商等方式承包的,承包费由双方议定。在同等条件下,本集体经济组织成员有权优先承包。

荒山、荒沟、荒丘、荒滩等可以直接通过招标、拍卖、公开协商等方式实行承包经营,也可以将土地经营权折股分给本集体经济组织成员后,再实行承包经营或者股份合作经营。

发包方将农村土地发包给本集体经济组织以外的单位或者个人承包,应当事先经本集体经济组织成员的村民会议三分之二以上成员或者三分之二以上村民代表的同意,并报乡(镇)人民政府批准。由本集体经济组织以外的单位或者个人承包的,应当对承包方的资信情况和经营能力进行审查后,再签订承包合同。

通过招标、拍卖、公开协商等方式承包农村土地,经依法登记取得权属证书的,可以依法采取出租、入股、抵押或者其他方式流转土地经营权。依照本章规定通过招标、拍卖、公开协商等方式取得土地经营权的,该承包人死亡,其应得的承包收益,依照继承法的规定继承;在承包期内,其继承人可以继续承包。

此外,《民法典》第343条还规定,国家所有的农用地实行承包经营的,参照适用本编的有关规定。

问题与思考

对于农村土地实行所有权、承包权和经营权的"三权分离",学说上存在不同观点。有学者认为承包权和经营权分离,是在原承包关系不变的基础上,经营权从承包经营权中分离独立为新的权利类型。分离后承包权性质不变,为用益物权;经营权因土地承包经营权部分权能的分离而成,属于次生性的用益物权,具有独立性、稳定性和对抗性。也有学者认为在用益物权之上再设相近用益物权的安排,是人为地将法律关系复杂化。同一土地上过多的权利设置会造成权利体系的混乱和权利内容间的冲突。用益物权人再将土地转由他人使用、经营时,既可转让该用益物权,又可通过设定租赁权这一债权性质的利用权,故而所谓的承包权和经营权分离,不过是承包地的租赁经营方式。土地经营权可否独立为一项权利,其性质为何?这些皆有待于理论研究的深入、农地流转实践的总结和相关法律的完善。我们认为,土地承包权和经营权分离,是在原承包关系不变的基础上,经营权从承包经营权中分离而独立为新的权利类型。赋予土地经营权用益物权性质的理由在于:经营人获得的经营权仅依靠与承包人之间的合同难以得到有效保障。肯定经营权的物权性,则能够对抗承包人随意撕毁合同,为经营权人安心且稳定进行农业生产提供根本保障。承包权和经营权分离源于农地流转实践,承包权和经营权分离并非理论上的生造,具有强烈的社会诉求和深厚的实践基础,是社会实践引导下的制度创新。

第三节　建设用地使用权

一、建设用地使用权概述

建设用地使用权是指以在他人土地上建造房屋或者其他建筑物、构筑物为目的而使用他人土地的权利。按照土地用途,我国《土地管理法》第4条第2款将土地分为农用地、建设用地和未利用地。建设用地是指建造建筑物、构筑物的土地,包括城乡住宅和公共设施用地、工矿用地、交通水利设施用地、旅游用地、军事设施用地等。建设用地使用权事关广大城乡居民、企事业单位的生产、生活,是一项极其重要的土地用益物权。在我国,《宪法》及其已废止的《民法通则》《物权法》为建设用地使用权提供了基本的法律依据,《土地管理法》《城市房地产管理法》《城镇国有土地使用权出让和转让暂行条例》等法律、法规对建设用地使用权进行了具体规范,《民法典》在承继这些法律规范基本精神的基础上，又作出了若干重大调整，专章规定了建设用地使用权。

在传统大陆法系民法，使用他人土地建造建筑物、构筑物的权利被称为地上权。新中国成立以后的很长一段时间内，实行国家和集体土地的无偿利用制度，而且利用关系多因国家行政划拨而产生，并未出现类似于传统民法地上权的权利。在20世纪80年代中后期，随着土地有偿利用制度的确立和土地市场的逐渐发育，迫切地需要从法律上规范和保护土地利用者的权利。就利用国家或集体土地建造建筑物、构筑物的情形而言，虽然其在权利义务关系上与传统民法中的地上权极其相似，但我国一直没有使用地上权的概念，而长期使用土地使用权概念。考虑到土地使用权概念囊括了一切利用土地的情形，其基本上已经等同于土地用益物权概念，将其作为一个法律术语是不严谨的，为此，为了构建科学的土地用益物权体系，并充分尊重我国社会上已经形成的土地用途的习惯性划分，自《物权法》以建设用地使用权概念取代了土地使用权概念，《民法典》沿用《物权法》上的建设用地使用权概念。

建设用地使用权的特征如下：

第一，建设用地使用权的目的在于建造建筑物或其他构筑物。建设用地使用权的目的在于利用他人土地建造城乡住宅和其他建筑物、基础设施等构筑物，实现土地的最大效益，创造社会财富，因此，土木建设是该种用益物权的核心。

第二，建设用地使用权的客体是国家或集体的土地。在我国，只有国家和集体享有土地所有权，因此，其他任何个人或组织建造建筑物或其他构筑物，都必须利用国家或者集体的土地，并形成法律上的建设用地使用权关系。

第三，建设用地使用权的主体具有广泛性。《城镇国有土地使用权出让和转让暂行条例》第3条规定，中华人民共和国境内外的公司、企业、其他组织和个人，除法律另有规定者外，均可依照本条例的规定取得土地使用权，进行土地开发、利用、经营。该条所称"境内外的公司、企业、其他组织和个人"，实际上囊括了一切民事主体，由此可见，建设用地使用权特别是城镇国有土地上的建设用地使用权，其权利主体具有无限广泛性。

第四，建设用地使用权是受到多方面制约的权利。建设用地使用权的设立和行使，将受到土地用途管制、土地利用总体规划、耕地保护、环境和自然资源保护等方面的限制，并通过这些限制，使土地开发利用与经济发展、生态环境保护等保持协调。且为了确保实现这一目标，法律上对建设用地使用权的产生程序也进行了严格的限制。

二、国有出让建设用地使用权

（一）国有出让建设用地使用权的概念和特征

《民法典》第344条、第345条规定，建设用地使用权人依法对国家所有的土地享有占有、使用和收益的权利，有权利用该土地建造建筑物、构筑物及其附属设施。建设用地使用权可以在土地的地表、地上或者地下分别设立。

国有出让建设用地使用权（以下简称出让建设用地使用权）是指根据土地使用权出让行为取得的建设用地使用权。所谓土地使用权出让行为，是指国家将国有土地使用权在一定年限内出让给土地使用者，由土地使用者向国家支付土地使用权出让金的行为。出让建设用地使用权具有以下特征：

第一，商品性。出让建设用地使用权的权利人可以在法定范围内，对土地进行排他性的占有、使用和收益,使用权人有权转让、出租其建设用地使用权,或者以其建设用地使用权设定抵押。也就是说,建设用地使用权是一种可以进入流通领域进行交换的商品。

第二,有期性。出让建设用地使用权是有期限的物权,我国法律对不同用途的出让建设用地使用权规定了最高期限,土地使用权人实际享有的使用土地的期限由当事人通过合同约定,但约定的期限不得超过法定的最高期限。

第三,有偿性。出让建设用地使用权是有偿取得的,使用权人必须向国家交纳出让金,该出让金本质上相当于土地租金。出让建设用地使用权的有偿取得,在一定程度上增强了其商品性和流通性。

(二)出让建设用地使用权的设立

出让建设用地使用权通过国有土地使用权出让行为而设立。根据《民法典》第346条的规定,设立建设用地使用权,应当符合节约资源、保护生态环境的要求,遵守法律、行政法规关于土地用途的规定,不得损害已经设立的用益物权。

出让行为包括签订建设用地使用权出让合同、支付出让金、办理建设用地使用权登记三个阶段。

1. 建设用地使用权出让合同

建设用地使用权出让合同是国家以土地所有者的身份将土地使用权在一定年限内让与土地使用人,由土地使用人支付相应出让金的双方法律行为。出让方为土地所有权人即国家,并由市、县人民政府的土地管理部门具体代表国家与使用人签订出让合同。土地使用权出让合同可以采取拍卖、招标或者双方协议的方式订立。商业、旅游、娱乐和豪华住宅用地,有条件的,必须采取拍卖、招标方式;没有条件,不能采取拍卖、招标方式的,可以采取双方协议的方式。采取双方协议方式出让土地使用权的出让金不得低于按国家规定所确定的最低价。

建设用地使用权出让合同具有标准合同的性质,其出让的地块、用途、年限和其他条件,由市、县人民政府土地管理部门会同城市规划、建设、房产管理部门共同拟订方案,按照国务院规定,报经有批准权的人民政府批准后实施。市、县土地管理部门代表国家出让建设用地使用权时,必须按照统一方案规定的条件提出某些合同条款,并不容受让方提出异议,受让方在订立合同时只有通过协议或竞争决定自己出价的权利。建设用地使用权出让合同的这一特点,是由城市建筑必须服从统一规划等的客观要求决定的。

根据《民法典》第348条的规定,采取招标、拍卖、协议等出让方式订立建设用地使用权出让合同时,应当采用书面形式。合同一般包括下列条款:(1)当事人的名称和住所;(2)土地界址、面积等;(3)建筑物、构筑物及其附属设施占用的空间;(4)土地用途、规划条件;(5)建设用地使用期限;(6)出让金等费用及其支付方式;(7)解决争议的方法。

根据《国有土地使用权合同解释》第2条的规定,开发区管理委员会作为出让方与受让方订立的土地使用权出让合同,应当认定无效。本解释实施前,开发区管理委员会作为出让方与受让方订立的土地使用权出让合同,起诉前经市、县人民政府自然资源主管部门追认的,可以认定合同有效。第4条规定,土地使用权出让合同的出让方因未办理土地使用权出让批准手续而不能交付土地,受让方请求解除合同的,应予支持。

2. 支付出让金

在签订建设用地使用权出让合同后,受让方应在60日内一次性支付全部土地使用权出让金,未按照法律规定或出让合同约定支付出让金的,土地管理部门有权解除合同,并可请求违约赔偿。根据《国有土地使用权合同解释》第3条的规定，经市、县人民政府批准同意以协议方式出让的土地使用权，土地使用权出让金低于订立合同时当地政府按照国家规定确定的最低价的，应当认定土地使用权出让合同约定的价格条款无效。当事人请求按照订立合同时的市场评估价格交纳土地使用权出让金的，应予支持；受让方不同意按照市场评估价格补足，请求解除合同的，应予支持。因此造成的损失，由当事人按照过错承担责任。

3. 办理建设用地使用权设立登记

建设用地使用权自登记时设立。登记机构应当向建设用地使用权人发放权属证书。

土地使用者按照法律规定或合同约定支付完出让金后，市、县人民政府土地管理部门必须按照出让合同约定，提供出让合同约定的土地；未按照出让合同约定提供出让土地的，土地使用者有权解除合同，请求土地管理部门返还出让金，并可请求违约赔偿。

土地使用者支付全部出让金后，根据《民法典》第349条的规定，设立建设用地使用权的，应当向登记机构申请建设用地使用权登记。建设用地使用权自登记时设立。登记机构应当向建设用地使用权人发放权属证书。

（三）出让建设用地使用权的期限与内容

1. 出让建设用地使用权的期限

根据《城镇国有土地使用权出让和转让暂行条例》第12条的规定，土地使用权出让最高年限按下列用途确定：(1)居住用地70年；(2)工业用地50年；(3)教育、科技、文化、卫生、体育用地50年；(4)商业、旅游、娱乐用地40年；(5)综合或者其他用地50年。至于某一类建设用地使用权的具体年限，则由出让合同加以约定，只不过约定的期限不能超出前述最长期限。

2. 出让建设用地使用权人的权利

根据《民法典》《土地管理法》《城市房地产管理法》《城镇国有土地使用权出让和转让暂行条例》之规定，建设用地使用权人享有下列权利：(1)对使用权的客体——四至界线明确的地块，享有占有、使用和收益的权利，有权利用该土地建造建筑物、构筑物及其附属设施；(2)除非有相反证据证明，对在该土地上建造的建筑物、构筑物及其附属设施拥有所有权，从而排除了添附规则在建设用地使用权关系中的适用；(3)对建设用地使用权人有权将建设用地使用权转让、互换、出资、赠与或者抵押，但是法律另有规定的除外。

3. 出让建设用地使用权人的义务

根据《民法典》第350条、第351条以及《城市房地产管理法》《城镇国有土地使用权出让和转让暂行条例》建设用地使用权人负担的义务主要有：(1)应当合理利用土地。(2)依照出让合同的约定和城市规划的要求开发、利用和经营土地，不得使土地闲置。超过出让合同约定的动工开发日期满1年未动工开发的，可征收相当于出让金百分之二十以下的土地闲置费。满2年未动工开发的，可以无偿收回建设用地使用权。因不可抗力或者政府、政府有关部门的行为或者动工开发必需的前期工作造成动工开发迟延的除外。(3)依照出让合同约定的用途使用土地，不得擅自改变土地的用途。建设用地使用权人若欲改变土地用途，必须征得出让方同意，并经土地管理部门和城市规划管理部门批准，重新签订出让合同，调整出让金，并办理登记。依照《国有土地使用权合同解释》第5条的规定，受让方经出让方和市、县人民政府城市规划行政主管部门同意，改变土地使用权出让合同约定的土地用途，当事人请求按照起诉时同种用途的土地出让金标准调整土地出让金的，应予支持。该解释第6条还规定，受让方擅自改变土地使用权出让合同约定的土地用途，出让方请求解除合同的，应予支持。(4)依照法律规定以及出让合同约定支付出让金等费用。需要附带说明的是,针对出让金的用途和管理,有关法律法规的规定并不一致。《城镇国有土地使用权出让和转让暂行条例》第 50 条规定:"依照本条例收取的土地使用权出让金列入财政预算,作为专项基金管理,主要用于城市建设和土地开发。具体使用管理办法,由财政部另行制定。"《城市房地产管理法》第 19 条规定:"土地使用权出让金应当全部上缴财政,列入预算,用于城市基础设施建设和土地开发。土地使用权出让金上缴和使用的具体办法由国务院规定。"《土地管理法》第 55 条第 1 款规定:"以出让等有偿使用方式取得国有土地使用权的建设单位,按照国务院规定的标准和办法,缴纳土地使用权出让金等土地有偿使用费和其它费用后,方可使用土地。"该条第 2 款还规定:"自本法施行之日起,新增建设用地的土地有偿使用费,百分之三十上缴中央财政,百分之七十留给有关地方人民政府具体使用管理办法由国务院财政部门会同有关部门制定,并报国务院批准。"从法律的效力层次而言,当以《土地管理法》的规定为准。(5)依照法律规定交纳各种税收。

(四)出让建设用地使用权的转让、互换、出资、赠与

1. 出让建设用地使用权的转让、互换、赠与、出资

《民法典》第 353 条至第 357 条规定,建设用地使用权人有权将建设用地使用权转让、互换、出资、赠与或者抵押,但是法律另有规定的除外。建设用地使用权转让、互换、出资、赠与或者抵押的,当事人应当采用书面形式订立相应的合同。使用期限由当事人约定,但不能超过建设用地使用权的剩余期限。建设用地使用权转让、互换、出资或者赠与的,应当向登记机关申请变更登记。建设用地使用权转让、互换、出资或者赠与的,附着于该土地上的建筑物、构筑物及其附属设施一并处分。建筑物、构筑物及其附属设施转让、互换、出资或者赠与的,该建筑物、构筑物及其附属设施占用范围内的建设用地使用权一并处分。

需要注意的是,出让建设用地使用权的转让,包含转让合同与建设用地使用权变动两个行为。出让建设用地使用权的变动,以登记为标准,但没有完成登记,并不因此影响转让合同的效力。《国有土地使用权合同解释》第 8 条明确规定,土地使用权人作为转让方与受让方订立土地使用权转让合同后,当事人一方以双方之间未办理土地使用权变更登记手续为由,请求确认合同无效的,不予支持。第 9 条规定,土地使用权人作为转让方就同一出让土地使用权订立数个转让合同,在转让合同有效的情况下,受让方均要求履行合同的,按照以下情形分别处理:(1)已经办理土地使用权变更登记手续的受让方,请求转让方履行交付土地等合同义务的,应予支持;(2)均未办理土地使用权变更登记手续,已先行合法占有投资开发土地的受让方请求转让方履行土地使用权变更登记等合同义务的,应予支持;(3)均未办理土地使用权变更登记手续,又未合法占有投资开发土地,先行支付土地转让款的受让方请求转让方履行交付土地和办理土地使用权变更登记等合同义务的,应予支持;(4)合同均未履行,依法成立在先的合同受让方请求履行合同的,应予支持。未能取得土地使用权的受让方请求解除合同、赔偿损失的,依照民法典的有关规定处理。

为了加强对土地利用的监督和管理,防止出现"炒地皮"等投机行为,国家对建设用地使用权的转让规定了一系列限制条件:(1)未按照出让合同约定支付全部土地使用权出让金、未取得土地使用权证书的不得转让。(2)按照出让合同约定进行投资开发,属于房屋建设工程的,完成开发投资总额的百分之二十五以上,属于成片开发土地的,形成工业用地或者其他建设用地条件后才能转让。(3)建设用地使用权转让,附着于该土地上的建筑物、构筑物及其附属设施一并转让。与此相对应,建筑物、构筑物及其附属设施转让、互换、出资或者赠与时,该建筑物、构筑物及

其附属设施占用范围内的建设用地使用权一并转让。(4)建设用地使用权转让价格明显低于市场价格的,市、县人民政府有优先购买权。建设用地使用权价格不合理上涨时,市、县人民政府可以采取必要措施。

2. 出让建设用地使用权抵押

出让建设用地使用权抵押是指出让建设用地使用权人以其建设用地使用权为标的,为担保特定债权的实现而设定抵押权,在被担保的债务到期不能清偿或出现当事人约定的抵押权实行条件时,债权人有权处分建设用地使用权并通过处分所得优先受偿。出让建设用地使用权抵押也应遵循前述《民法典》有关建设用地使用权转让、互换、出资、赠与或者抵押的规则,以及参考本书抵押权部分的内容。

3. 出让建设用地使用权出租

《民法典》上并未规定建设用地使用权可以单独出租,有关建设用地使用权的相关法律法规则明确规定未按出让合同规定的期限和条件投资开发、利用土地的,建设用地使用权不得出租。所谓建设用地使用权出租是指建设用地使用权人作为出租人将其建设用地使用权连同地上建筑物、构筑物及其他附属设施租赁给承租人使用,由承租人向出租人支付租金的行为。出租行为并不改变建设用地使用权法律关系,出租人仍须履行出让合同中的义务。实质上,此所谓的出让建设用地使用权出租,实质上为享有建设用地使用权的地上建筑物、构筑物及其他附属设施租赁给承租人使用。

(五)出让建设用地使用权的终止

出让建设用地使用权因下列原因而终止:

其一,出让合同约定的年限届满。年限届满是出让建设用地使用权终止的最一般原因。根据《城市房地产管理法》第 22 条,土地使用权出让合同约定的使用年限届满,土地使用者需要继续使用土地的,应当至迟于届满前 1 年申请续期,除根据社会公共利益需要收回该土地的,应当予以批准。经批准准予续期的,应当重新签订土地使用权出让合同,依照规定支付土地使用权出让金。土地使用者未申请续期或者其申请未获批准的,土地使用权由国家无偿收回。值得特别强调的是,在建设用地使用权期限届满的法律后果问题上,《民法典》第 359 条对住宅建设用地使用权和非住宅建设用地使用权,进行了不同的规定。具体而言,住宅建设用地使用权期间届满的,自动续期。续期费用的缴纳或者减免,依照法律、行政法规的规定办理。非住宅建设用地使用权期限届满后的续期,依照法律规定办理。该土地上的房屋及其他不动产的归属,有约定的按照约定;没有约定或者约定不明确的,依照法律、行政法规的规定办理。也就是说,非住宅建设用地使用期间届满,土地使用者应依《城市房地产管理法》第 22 条之规定申请续期,未申请续期或者申请未被批准,且就地上建筑物等不动产的归属没有约定或者约定不明确的,根据《城镇国有土地使用权出让和转让暂行条例》第 40 条的规定,这些不动产应无偿收归国有。

其二,国家根据法定事由提前收回建设用地使用权。根据《民法典》第 358 条等相关法律、法规的规定,下列情况下,国家可提前收回建设用地使用权:(1)为公共利益需要使用土地的;(2)为实施城市规划进行旧城区改建,需要调整使用土地的;(3)除非因不可抗力或者政府、政府部门有关行为或者动工开发必需的前期工作造成动工开发迟延,超过出让合同约定的动工开发日期满 2 年未动工开发的。但在依第(1)项、第(2)项原因收回建设用地使用权时,应按《民法典》第 243 条有关征收的规定对地上的房屋等不动产给予补偿,并退还相应的出让金。

其三,作为出让建设用地使用权标的物的土地灭失。土地权利附着于土地而存在,若土地灭失,则建设用地使用权随之消灭。

三、国有划拨建设用地使用权

(一)国有划拨建设用地使用权的概念和特征

国有划拨建设用地使用权(以下简称划拨建设用地使用权),是指通过行政划拨方式无偿取得的国有建设用地使用权。相对于出让建设用地使用权,其特征为:

第一,无偿性。划拨属于国家行政行为,依划拨方式取得建设用地使用权无须支付对价。不过,土地使用者通常应交纳补偿、安置等费用,并应依法交纳土地使用税。

第二,无期性。除法律、法规另有规定外,划拨建设用地使用权没有使用期限上的限制。但市、县人民政府根据城市建设发展需要和城市规划的要求,可以无偿收回划拨建设用地使用权。此外,土地使用者因迁移、解散、撤销、破产等原因而停止使用土地、公路、铁路、机场、矿场等经核准报废时,市、县人民政府也可无偿收回其划拨建设用地使用权。在无偿收回划拨建设用地使用权时,市、县人民政府可根据实际情况对地上建筑物等给予适当补偿。

第三,限定性。划拨建设用地使用权的设立受到法律、法规的严格限制。唯有在下列情况下,才能由县级以上人民政府批准划拨:(1)国家机关用地和军事用地;(2)城市基础设施用地和公益事业用地;(3)国家重点扶持的能源、交通、水利等基础设施用地;(4)法律、行政法规规定的其他用地。

第四,非商品性。由于划拨建设用地使用权是基于特定的身份和条件,通过划拨方式无偿取得的无期限权利,因此,法律严格禁止划拨建设用地使用权进入流通领域,擅自转让、出租划拨建设用地使用权或以其设定抵押的行为不发生当事人期待的法律效力,而且要受到相应的法律制裁。

(二)划拨建设用地使用权的变更

为了合理配置国有土地资源,促使历史上形成的划拨土地使用权合法进入土地市场,在具备一定的条件,经过法定的程序后,划拨建设用地使用权可以变更为出让建设用地使用权。根据《城镇国有土地使用权出让和转让暂行条例》第45条的规定,领有国有土地使用证并具有地上建筑物等不动产的合法的产权证明的公司、企业、其他经济组织和个人,可以通过补签出让合同并补交出让金之途径,经市、县人民政府土地管理部门和房产管理部门批准,将其划拨建设用地使用权及其地上附着物所有权可以转让、出租或者抵押,并最终转化为出让建设用地使用权。为促进划拨建设用地使用权向出让建设用地使用权转换,该条还允许在办理变更手续的过程中采取变通做法,即先批准划拨建设用地使用权及其地上附着物所有权可以转让、出租、抵押,然后以所获收益抵交土地出让金。《城市房地产管理法》第40条、第51条等规定也体现了这一精神,即以划拨方式取得土地使用权的,转让房地产时,有批准权的人民政府准予转让的,应当由受让方办理土地使用权出让手续,并依照国家有关规定缴纳土地使用权出让金。设定房地产抵押权的土地使用权是以划拨方式取得的,依法拍卖该房地产后,应当从拍卖所得的价款中缴纳相当于应缴纳的土地使用权出让金的款额后,抵押权人方可优先受偿。

四、集体建设用地使用权

（一）集体建设用地使用权概述

集体建设用地使用权是在农民集体所有的土地上设立的，以营造、保有建筑物、其他构筑物及附属设施为目的的土地使用权。集体所有的土地主要是用于农业生产的耕地。国家对耕地进行特殊保护，严格限制农用地转为建设用地。按照是否具有公益性质，集体建设用地使用权可以区分为农村集体经营性建设用地和农村集体公益性建设用地。在符合规划和用途管制前提下，允许农村集体经营性建设用地出让、租赁、入股，实行与国有土地同等入市、同权同价。

集体所有的土地使用权不得出让、转让或者出租用于非农业建设，即集体不能任意在自身土地上设立建设用地使用权。根据相关法律、法规，集体建设用地使用权的设立受如下限制：一是范围上的限制。只有乡（镇）村公共设施（如道路、桥梁、集市等）建设、乡（镇）村公益事业（如文化、体育、教育、卫生）建设、乡（镇）村企业[包括乡（镇）村集体经济组织独资或与他人合资兴办的企业]建设、农民住宅建设四种情形，才可在集体土地上成立建设用地使用权。二是程序上的限制。集体建设用地使用权应当符合乡（镇）土地利用总体规划和土地利用年度计划，并依法报县级以上人民政府批准，其中涉及占用农用地的，还应依法办理土地转用审批手续。由于集体建设用地使用权系批准设立，其在性质上类似于国有划拨建设用地使用权，是无偿、无期的建设用地使用权。但在如下情形，农村集体经济组织报经原批准用地的人民政府批准，可以收回土地使用权：（1）为乡（镇）村公共设施和公益事业建设，需要使用土地的；（2）不按照批准的用途使用土地的；（3）因撤销、迁移等原因而停止使用土地的。但在依据第（1）项原因收回集体所有土地时，应对土地使用人进行适当补偿。

（二）宅基地使用权

从字面上看，宅基地使用权即住宅建设用地使用权。广义的宅基地使用权包括城镇居民和农村村民的宅基地使用权。但在我国，由于城镇居民的宅基地使用权已经被纳入了国有出让建设用地使用权中，故宅基地使用权实际上是一项从属于集体建设用地使用权制度的，只适用于乡村居民住宅建设用地的土地使用权制度。

根据《民法典》第 362 条的规定，宅基地使用权人依法对集体所有的土地享有占有和使用的权利，有权依法利用该土地建造住宅及其附属设施。《民法典》第 363 条规定，宅基地使用权的取得、行使和转让，适用土地管理的法律和国家有关规定。根据《土地管理法》第 62 条的规定，农村村民一户只能拥有一处宅基地，其宅基地的面积不得超过省、自治区、直辖市规定的标准。村民建住宅时，应当符合乡（镇）土地利用总体规划村庄规划，不得占永久基本农田并尽量使用原有宅基地和村内空闲地。村民住宅用地，经乡（镇）人民政府审核，由县级人民政府批准，占用农地的，应办理农地转用审批手续。在依批准程序取得宅基地使用权后，宅基地使用权人可依法占有和使用集体的土地，利用该土地建造住宅及其附属设施，并取得这些住宅和附属设施的所有权。

考虑到城镇居民不能在农村取得宅基地，而村民一户又只能拥有一处宅基地，特别是《土地管理法》第 62 条还规定，村民出卖、出租房屋后，不能再申请宅基地，故事实上很少发生宅基地使用权转让的情形。宅基地被视为一种具有福利性和保障性的住房用地，《民法典》对宅基地的用途予以严格限制，规定仅能用于建造农村住宅及其附属设施，宅基地使用权不能用于经营性的用途。

《民法典》第 364 条、第 365 条规定，宅基地因自然灾害等原因而灭失时，对因此而失去宅基地的村民,应当重新分配宅基地。已经登记的宅基地使用权转让或者消灭的,应当及时办理变更登记或者注销登记。

(三)乡(镇)村企业建设用地使用权

乡(镇)村企业建设用地使用权,是乡、村农民集体经济组织投资兴办的乡(镇)村企业以农民集体经济组织投资、入股的土地为客体而设立的建设用地使用权。《民法典》第361条规定,集体所有的土地作为建设用地的,应当依照土地管理的法律规定办理。《土地管理法》第60条规定,农村集体经济组织使用乡(镇)土地利用总体规划确定的建设用地兴办企业或者与其他单位、个人以土地使用权入股、联营等形式共同举办企业的,应当持有关批准文件,向县级以上地方人民政府土地行政主管部门提出申请,按照省、自治区、直辖市规定的批准权限,由县级以上地方人民政府批准;其中,涉及占用农用地的,还应办理转用审批手续。

乡(镇)村企业建设用地使用权在以下三种情况下可以发生移转:(1)乡(镇)村企业破产时,因将其建设用地使用权作为破产财产分割而发生移转;(2)乡(镇)村企业被兼并时,兼并者取得相应的建设用地使用权;(3)以乡(镇)村企业的厂房等建筑物抵押时,其占用范围内的建设用地使用权一并抵押,抵押权的实行可导致该建设用地使用权的移转,但未经法定程序,不能改变该土地所有权的性质和用途。

问题与思考

如何盘活农村房地上的"沉睡"资产,缓解农村融资压力,并提高农村土地的利用效率,一直是学界关注的问题。虽然宅基地使用权被《民法典》赋予私权之用益物权属性,但《民法典》并未明示其应享有"收益"和"处分"权能。《民法典》第363条将该物权的"取得、行使和转让",交给了"土地管理的法律和国家有关规定"。目前宅基地使用权不能转让或抵押,它的性质被限定为一种不可转让的用益物权。我们认为,市场化是农村宅基地制度改革的基本方向,通过赋予农村宅基地使用权一定的处分权能,使宅基地由原来的保障属性向资源属性、资本属性转化。农村宅基地的制度改造,本质上是在确保农民生存权的基础上,充分发挥宅基地用益物权的经济效益,实现宅基地使用权的市场化和资本化。而《民法典》第363条的规定,也给"土地管理的法律和国家有关规定"留出了空间和使命。

第四节　居　　住　　权

一、居住权概述

(一)居住权的立法背景

在原《物权法》制定过程中,对于是否将居住权纳入原《物权法》,民法理论和实务界曾有过较大的争议,后立法机关认为房屋租赁权等权利能满足民事主体的居住需求,而未将居住权规定在原《物权法》中。在原《物权法》颁布实施后的这些年,随着社会生活环境和条件的变化,民法理论和实务界对于将居住权确立为物权的呼声越来越高。[3]

---

[3] 王利明:《论民法典物权编中居住权的若干问题》,载《学术月刊》2019年第7期。

虽然原《物权法》未规定居住权，但居住权的概念在我国司法实践中并不陌生。最高人民法院《关于适用〈中华人民共和国婚姻法〉若干问题的解释（一）》第27条第3款规定："离婚时，一方以个人财产中的住房对生活困难者进行帮助的形式，可以是房屋的居住权或者房屋的所有权。"据此，在离婚后，为无住处的离婚一方设定居住权是相当常见的法律现象，如在"仲某诉熊某某离婚后财产分割纠纷案"[4]中，房屋虽认定为被告的个人财产，但原告仲某离婚后没有住处，没有稳定的收入来源，且身体健康状况不好，属于婚姻法规定的生活困难，法院判令其可以继续在被告房屋中居住。居住权不仅在离婚案件中发挥出积极的作用，在司法实践中，该条款还被类推适用于养老等情形，并在特定条件下被赋予对抗所有权的效力。

（二）居住权的概念与特征

我国《民法典》第366条规定，居住权人有权按照合同约定，对他人的住宅享有占有、使用的用益物权，以满足生活居住的需要。居住权，是指居住权人对他人住宅的全部或者部分及其附属设施，享有占有、使用的权利。

第一，居住权是居住权人在他人所有的住宅上设立的物权。居住权只能在他人所有的住宅上设立，不能在其他类型的非住宅房屋上设立。当然，居住权也无须在自己所有的住宅上设立。这是由设立居住权制度的目的所决定的。

第二，居住权是为特定自然人设定的。居住权是住宅所有人为特定自然人的利益在自己所有的住宅上设定的由特定自然人享有的权利，不能为法人或者其他组织设定居住权，换句话说，法人或其他组织不能享有居住权。因此，享有居住权的主体范围具有有限性。居住权人以外的人一般不能享有居住权。

第三，居住权是为特定自然人生活居住的需要而设定的权利。居住权人只能将享有居住权的住宅用于满足其生活居住的需要，一般情况下，居住权人不能将其享有居住权的住宅出租，但是当事人另有约定的除外。居住权原则上也不得转让、继承，除非当事人有特别约定。

（三）居住权的性质

居住权是一种用益物权。居住权人对他人所有的住宅的全部或者部分及其附属设施享有占有、使用的权利，以满足生活居住的需要。特别需要注意的是，并非所有居住他人住宅的权利均是居住权。如果当事人之间因存在抚养、扶养、赡养关系而居住或者部分居住他人的住宅，或者当事人之间基于房屋租赁、房屋借用等法律关系而居住他人的住宅，则由此而享有的居住他人住宅的权利，系基于身份关系或者基于租赁债权、借用债权等权利而对他人的住宅享有居住的权利，该类权利并不具有物权的排他效力，不是居住权。

居住权不仅是一种用益物权，而且属于用益物权中的人役权。所谓人役权，是指为特定人的利益而利用他人之物的权利。根据大陆法系国家的民法规定，居住权是在他人的住房之上设定的权利，而且此种权利仅是为特定个人设立的，该权利不得转让也不得继承，只能由特定权利人享有。

（四）居住权的目的和功能

党的十九大报告提出，加快建立多主体供给、多渠道保障、租购并举的住房制度，让全体人民住有所居。实现"住有所居"并不意味着人人都拥有住房所有权，而是指人们能有房屋用于居住并且能长期为其所用。而通过居住权制度，能够更好地实现这一目的。就此而言，在《民法典》

---

[4]　参见江苏省宿迁市中级人民法院（2011）宿中民终字第1190号民事判决书。

物权编确立居住权制度,实际上为实现全体人民“住有所居”提供了重要法律支撑,它有助于缓解住房紧张局面,有利于维护社会稳定,有利于充分保障民生。

虽然住房的租赁和借用制度也在一定程度上能够解决对他人住房的居住问题,但是,其作为债权制度,对居住他人住宅的保护,与作为物权的居住权的保护具有明显的效力上的差别。

居住权的功能表现在:

第一,完善住房保障体系。通过居住权制度来提供住房保障,能够更好地发挥政府提供的保障性住房的作用。政府可以在不转移房屋所有权的前提下,通过居住权来实现“住有所居”的目标,同时限制居住权人对住房的处分。此外,通过居住权制度,还可以有效解决经济适用房等保障性住房产权不清、防范利用保障性用房牟利等现实问题。

第二,为“以房养老”提供制度支持。依据居住权制度,老年人可以与开展有相关养老业务的金融机构达成以房养老的协议,由老年人将其房屋所有权在协议生效后移转给相应的金融机构,同时约定金融机构在该房屋上为老年人设定永久居住权,并根据房屋的价值向老年人进行定期的金钱给付,从而确保老年人生活质量不下降。在老年人有生之年,金融机构虽可取得所有权,但还不能实际占有该房屋,老年人则在获得充足养老金的同时,又能够享有居住权,对该房屋进行长期的居住。

第三,保障拆迁安置中的居住权益。在拆迁安置中,为更好地保障被安置人的居住利益,可以在被安置房屋中为被拆迁人设置居住权,以保障其基本生活。从我国司法实践来看,有的法院也在拆迁安置纠纷中承认了被安置人对被安置房屋的居住权。例如,在“广州市穗港建设开发公司与广州市某区友谊玩具店、曾某、罗某、梁某物权保护纠纷案”中,法院认为,“涉讼的103房虽未办理房产登记,但广州市穗港建设开发公司为涉讼大楼的建设单位,对涉讼的103房享有合法权益。梁某作为原公房承租户,其依据拆迁安置协议回迁入住涉讼的103房,对该涉讼的103房有合法的承租权和居住权。罗某、曾某作为拆迁安置对象,对涉讼的103房也有合法的居住使用权利”。[5]

第四,保障家庭成员对公房享有的居住权。在我国,政府和事业单位工作人员在公有房屋中的居住由来已久,这种权利实际上就是以家庭为主体而设立的居住权,但受制于法律缺失和观念错位,特别是由于公有住房的产权没有登记,哪些人能够居住该房屋并不确定,因而不利于保护相关权利人的居住权。在《民法典》物权编规定居住权,其实就是要明确各方当事人对房屋所享有的居住权益,最大限度地保护这些以家庭为主体的居住权,妥当解决由此产生的法律问题。

第五,充分提升房屋的利用效率。土地和房屋是稀缺资源,应当充分发挥稀缺资源的利用效率,而财产所有权与使用权的分离是提高财产利用效率的必然选择。居住权也是一种使用权,其功能是满足生活居住需要。居住权既能保护弱势群体居住,也能优化房屋所有权与财产利用权的配置,有效提升房屋的利用效率。投资性居住权能为房屋的利用提供新的选择。如合作建房、购买分时度假房屋等,让以投资为主要目的的出资者获得所有权,让主要为了解决居住问题的出资者获得居住权,房屋建造者可以在保有所有权的同时,减轻造价压力,而居住者在缴纳较少价金的同时,对房屋享有有效稳定的利用关系,从而实现“双赢”,促进物尽其用。

---

〔5〕 参见广东省广州市中级人民法院(2015)穗中法民五终字第3791号民事判决书。

二、居住权的取得和消灭

(一)居住权的取得

1. 通过合同设立居住权

《民法典》第367条规定,设立居住权,当事人应当采用书面形式订立居住权合同。居住权合同一般包括下列条款:(1)当事人的姓名或者名称和住所;(2)住宅的位置;(3)居住的条件和要求;(4)居住权期限;(5)解决争议的方法。《民法典》第367条对居住权合同的合同形式和内容进行了明确的规定。根据该条第1款的规定,设立居住权,当事人应当采用书面形式订立居住权合同。住宅所有权人为满足他人生活居住的需要欲在自己所有的住宅上为他人设立居住权的,途径之一就是与他人订立居住权合同,按照订立的居住权合同向登记机构申请居住权登记。从居住权的内容和特征可见,本条第2款所规定的内容并非全部都是居住权合同必须约定的内容。当事人应当对"当事人的姓名或者名称和住所""住宅的位置"作出明确约定,如果欠缺这两项内容将导致居住权的主体和客体不明,无法设立居住权。其他各项内容均非合同必须约定的内容,如果当事人未作约定,不影响居住权的设立。未作约定的内容,可以依照《民法典》及相关法律规范确立的合同填补规则予以弥补。居住权合同的表现形态主要有以下几种:(1)住宅所有权人与相对人签订居住权合同,为相对人设定居住权;(2)住宅所有权人与相对人签订住宅买卖合同(或者其他移转住宅所有权的合同)与居住权合同,为原住宅所有权人设定居住权;(3)住宅所有权人与相对人签订买卖合同(或者其他移转住宅所有权的合同)与居住权合同,住宅所有权人同时为第三人设立居住权;(4)住宅所有权人与相对人签订买卖合同(或者其他移转住宅所有权的合同),同时要求相对人为第三人设立居住权。[6]

《民法典》第368条规定,居住权无偿设立,但是当事人另有约定的除外。设立居住权的,应当向登记机构申请居住权登记。居住权自登记时设立。我国有"登记生效"与"登记对抗"两种物权变动模式。对于居住权的设立,我国《民法典》采用登记生效的物权变动模式。不动产登记簿是确定居住权的根本依据。依据《民法典》第368条的规定,设立居住权的,应当向登记机构申请居住权登记。居住权自登记时设立。根据该条的规定,当事人签订居住权合同后,居住权并未设立,当事人须持居住权合同到不动产登记机构申请居住权登记。不动产登记机构将设立居住权的情况登记在不动产登记簿上,居住权自登记时设立。如果仅就住宅的部分设立居住权,应当在居住权合同及不动产登记簿上予以明确。

2. 通过遗嘱设立居住权

《民法典》第371条规定,以遗嘱方式设立居住权的,参照适用"居住权"一章的有关规定。(1)遗嘱设立居住权的时间。遗嘱虽然是民事法律行为,但触发遗嘱生效条件的是遗嘱人的死亡,即遗嘱人死亡的事实是导致居住权物权变动的原因。因此,通过遗嘱方式设立居住权的,可参照《民法典》第230条的规定,自遗嘱生效即继承开始时,居住权设立。即依遗嘱创设居住权的,不以办理登记为设立条件。(2)设立居住权的遗嘱的性质。在继承法上,无论是遗嘱继承还是遗赠,立遗嘱的人通过遗嘱处理的都是自己的遗产,遗嘱生效,导致的是遗产的所有权变动,系对遗产的所有权的生前处分行为。而遗嘱人以遗嘱方式在自己所有的住宅上为他人设立的居住权并不导致遗产的所有权变动,也不是对住宅所有权的处分行为,因此并不能产生遗嘱继承或遗

---

[6] 房绍坤:《论民法典中的居住权》,载《现代法学》2020年第4期。

赠,其仅是为取得自己住宅遗产的人设立一个居住权,从而对住宅遗产取得人的所有权创设一个负担。(3)设立居住权的遗嘱的内容。通过遗嘱设立居住权,从性质上说是附义务的遗嘱。一般地说,如下情形可以认定为设立了居住权:指明于特定住宅上为继承人之外的人设立居住权,但不影响继承人的继承权;指明于特定住宅上为特定继承人设立居住权,该继承人的继承权不受影响;将特定住宅遗赠给他人,并于该住宅上为受遗赠人以外的人设立居住权。对于创设居住权的遗嘱内容,《民法典》没有明确具体的规定,但鉴于通过遗嘱创设居住权也是基于遗嘱人的意思表示而创设居住权,因此,可以参照前述通过合同设立居住权的内容要求。(4)设立居住权的遗嘱的形式与效力。《民法典》对设立居住权的遗嘱并没有对其形式和效力进行特别规定,应参照《民法典》继承编中遗嘱的形式和效力的规定加以认定。

(二)居住权的消灭

《民法典》第370条规定,居住权期限届满或者居住权人死亡的,居住权消灭。居住权消灭的,应当及时办理注销登记。据此,居住权消灭的原因和后果主要内容如下:

1.居住权消灭的原因

一是居住权期限届满。当事人可以基于其自由意志为居住权设定存续期限。在通过合同创设居住权的情形,可以基于双方当事人的合意为创设的居住权设定存续期限;在以遗嘱创设居住权的情形,遗嘱人可以基于其意愿在遗嘱中为创设的居住权设定存续期限。居住权期限届满的,居住权消灭。居住权因期限届满消灭的,居住权人有返还房屋的义务。

二是居住权人死亡。当事人可以根据意思自由约定居住权期限,如果没有约定,居住权一般于居住权人死亡时消灭。同时,根据《民法典》第370条的规定,居住权消灭的,当事人应当及时到不动产登记机构办理注销登记,将登记于不动产登记簿的居住权信息注销。

除上述两种居住权消灭方式外,学界认为还有以下居住权消灭的情形:(1)住宅灭失。居住权是以住宅的利用为目的而设立的用益物权,住宅的存在与否对居住权的目的实现具有决定性的作用。因此,一旦住宅灭失,居住权的目的就将无法实现,也就没有存在的必要和价值。住宅灭失后,所有权人对居住权人没有重建的义务,亦不负有在重建房屋上重新设立居住权的义务。在住宅部分灭失的情况下,若剩余部分仍可满足生活居住需要的,则居住权于剩余部分继续存在。住宅灭失后,即使有代替物的,居住权也应归于消灭。(2)居住权被撤销。为保护住宅所有权人的利益,在特定情形下,应允许所有权人撤销居住权。这些特定情形主要有:其一,滥用居住权,如对住宅造成严重损害、转让居住权、擅自出租住宅、改变住宅的用途、不进行正常修缮而任其毁损、允许非基于居住权人生活之需的人员居住且情节严重等;其二,如果居住权为有偿的,则约定的付款期限届满后,居住权人在合理期限内经两次催告未支付费用的,居住权消灭。(3)其他事由。其他事由主要包括:所附停止条件成就或所附终止期限届至;抛弃;混同。

2.居住权消灭的法律后果

在居住权因上述事由消灭后,发生如下法律后果:(1)返还住宅。居住权人所返还的住宅,应当符合合同约定的使用后状态或者自然损耗后的状态。(2)赔偿责任。如果因居住权人的原因导致住宅损坏的,需要承担损害赔偿责任;如果因居住权人的原因导致住宅灭失的,不仅居住权归于消灭,而且居住权人还应承担相应的赔偿责任。(3)办理注销登记。要消灭居住权,应当办理注销登记。在住宅部分灭失的情况下,当事人应当办理相应的变更登记。

三、居住权的效力

（一）居住权人的权利

《民法典》第366条规定，居住权人有权按照合同约定，对他人的住宅享有占有、使用的用益物权，以满足生活居住的需要。

1. 合理使用住宅的权利

居住权是为满足居住权人的生活居住需要而设立的用益物权，因此，居住权人对住宅享有占有、使用的权利。关于居住权人使用住宅的权利，应明确如下内容：(1)居住权人使用住宅只限于个人生活所必需；(2)居住权人有权使用住宅的附属设施；(3)居住权人有权使用住宅内的生活设施；(4)居住权人对住宅的使用权不因住宅所有权人的变更而受影响；(5)对于合理使用住宅所造成的损耗，居住权人不承担责任。

2. 允许他人同住的权利

在当事人没有禁止性约定的情况下，居住权人有权允许与其具有特定关系的其他人在住宅中居住。这里的具有特定关系的人，通常包括：(1)家庭成员，包括配偶、子女和其他共同生活的近亲属；(2)为居住权人提供生活服务的人员，如保姆、护工等；(3)居住权人供养的近亲属以外的人员。

3. 出租住宅的权利

依据《民法典》第369条的规定，居住权人原则上不得出租住宅，除非当事人另有约定。即如果居住权合同中明确允许居住权人出租住宅的，则居住权人有权出租住宅。居住权人可以出租全部住宅，也可以出租住宅的一部分，如一个房间。当然，居住权人出租住宅的，不应超过居住权的期限。同时，居住权人应当对承租人的行为负责。如承租人造成住宅损害的，居住权人应当承担赔偿责任。

（二）居住权人的义务

《民法典》第369条规定，居住权不得转让、继承。设立居住权的住宅不得出租，但是当事人另有约定的除外。

关于居住权的限制主要有以下几点：(1)居住权不得转让。居住权对他人的住宅享有占有、使用的权利，但只能由居住权人本人享有，居住权人不得将其享有的居住权转让。(2)居住权不得继承。居住权人死亡的，居住权消灭，居住权人的继承人不能继承居住权人对住宅享有的居住权。(3)设立居住权的住宅不得出租。一般情形下，居住权人不能将住宅出租给他人以收取租金，但当事人根据需要达成协议的除外。

一般认为，居住权人还具有以下义务：

1. 妥善管理住宅的义务

居住权人有权对住宅进行占有、使用，相应地，居住权人对其居住的他人住宅则有妥善管理的义务。居住权人应当按照合同的约定合理使用住宅，不得改变住宅的原有用途，也不得改变房屋的结构。除非事先征得所有权人同意，否则，即便改变房屋的结构和用途后会使房屋的价值有所增加，也系违约或者侵权行为。居住权人违反这一义务造成住宅损害的，应当承担赔偿责任。

2. 住宅的通常维修义务

关于居住权人在居住期间住宅的维修问题，原则上应由当事人约定，在当事人没有约定或约定不明确的情况下，应按如下原则处理：(1)应当区分居住权的设立有偿与否。在居住权无偿设立的情况下,通常维修即一般性维修(如修复被毁坏的门窗、脱落的墙皮等)应由居住权人承担,重大修缮即特殊维修(如屋顶、房梁的翻修、更换等)应由所有权人承担。在居住权有偿设立的情况下,无论是通常维修还是重大修缮均应由所有权人承担。但在应由所有权人承担修缮义务的情形,居住权人负有通知义务,毕竟居住权人实际居住和使用该住宅,对住宅是否需要维修以及需要维修的内容较为了解。(2)在居住权人承担一般维修义务的情况下,若居住权人占有、使用全部住宅的,则居住权人应负担全部维修费用;若居住权人仅占有、使用住宅的一部分的,则居住权人应按比例承担一般维修费用。如果居住权人不进行维修的,所有权人有权维修。与此相对,在所有权人负有修缮义务而不进行维修的,居住权人亦有权进行维修。不负有维修义务的一方进行维修后,有权向负担维修义务的一方请求返还维修费用。

3. 支付使用费的义务

关于居住权的设立,《民法典》采取了以无偿为原则、以有偿为例外的模式。如果当事人对居住权的设立是否有偿没有约定或约定不明确的,居住权的设立应为无偿。如果有偿设立居住权的,居住权人负有支付使用费的义务。

4. 容忍义务

居住权人的容忍义务主要包括两个方面:(1)在设立居住权时住宅上已存在抵押权、地役权等权利负担的,则居住权人也应承受该权利负担的约束。(2)居住权设立后,所有权人仍对住宅享有所有权,因此,居住权人对所有权人为保持所有权的完整状态所为的必要行为,负有容忍的义务。

第五节 地 役 权

一、地役权概述

(一)地役权的概念与特征

地役权是指依一定目的,以他人土地供自己土地便利之用的权利。地役权的发生以存在供役地和需役地为前提。供役地是指供他人便利使用的土地,需役地则指受便利之用的土地。地役权关系中,供役地与需役地并不以邻近为其必要条件,即使二者不相距较远,也不妨成立地役权。地役权关系可以发生在供役地、需役地所有权人之间、使用权人之间以及所有权人和使用权人之间。在我国,由于实行土地公有制,土地所有权只能为国家或者集体所有。由于国家和集体各自拥有广袤的土地,因此在国家和集体之间发生地役权关系的可能性并不是很大。相反,地役权主要发生在土地承包经营权人之间、建设用地使用权人之间,因此,与传统民法建立在土地所有权基础上的地役权不同,我国的地役权实际上是建立在土地用益物权基础之上的。《民法典》第 372 条规定,地役权人有权按照合同约定,利用他人的不动产,以提高自己的不动产的效益。前款所称他人的不动产为供役地,自己的不动产为需役地。

地役权的特征表现如下:

一是地役权的从属性,是指地役权与需役地权利共命运。具体表现为:(1)地役权的设立是为了需役地权利行使方便、实现需役地效用最大化。地役权的存续也以需役地权利的存续为前提。(2)土地所有权人享有地役权的,设立土地用益物权时,该土地用益物权人继续享有已设立的地役权。(3)地役权不得脱离需役地权利单独转让,在需役地权利转让时,除非当事人另有约定,否则需役地上的地役权一并转让。(4)地役权不得离开需役地权利单独抵押,以需役地权利设定抵押的,在实现抵押权时,地役权一并转让。《民法典》第378条规定,土地所有权人享有地役权或者负担地役权的,设立土地承包经营权、宅基地使用权等用益物权时,该用益物权人继续享有或者负担已经设立的地役权。第380条规定,地役权不得单独转让。土地承包经营权、建设用地使用权等转让的,地役权一并转让,但是合同另有约定的除外。第381条规定,地役权不得单独抵押。土地经营权、建设用地使用权等抵押的,在实现抵押权时,地役权一并转让。上述规定即为地役权的从属性的集中体现。

二是地役权的不可分性,是指需役地、供役地的分割以及供役地权利的转让、变更都不影响地役权的整体性。具体表现为:(1)需役地发生分割时,若分割后的各地块都涉及地役权,则分割后的需役地权利人准共有一项地役权。(2)供役地发生分割时,若分割后的各地块都涉及地役权,则分割后的供役地权利人共同负担一项地役权。(3)土地所有权负担地役权的,设立土地用益物权时,土地用益物权人继续负担已设立的地役权。(4)供役地权利部分转让时,转让部分涉及地役权的,地役权对受让人有约束力。(5)需役地权利部分转让时,转让部分涉及地役权的,受让人也同时享有地役权。我国《民法典》第378条规定,土地所有权人享有地役权或者负担地役权的,设立土地承包经营权、宅基地使用权等用益物权时,该用益物权人继续享有或者负担已经设立的地役权。第382条规定,需役地以及需役地上的土地承包经营权、建设用地使用权等部分转让时,转让部分涉及地役权的,受让人同时享有地役权。第383条规定,供役地以及供役地上的土地承包经营权、建设用地使用权等部分转让时,转让部分涉及地役权的,地役权对受让人具有法律约束力。上述规定体现了地役权的不可分性。

(二)地役权的类型

地役权概念的中心为供役地向需役地所提供的便利,该便利的具体内容由当事人约定,包括通行、取水、灌溉、排水、眺望等方面。基于供役地向需役地所提供的便利在具体内容和表现形态上的差异,可将地役权区分为不同的类型。

一是作为地役权与不作为地役权。作为地役权亦称积极地役权,是指需役地权利人在供役地上为一定行为、供役地权利人容忍需役地权利人为该行为的地役权,如通行地役权等。不作为地役权又称消极地役权,是指仅消极限制或禁止供役地权利人为一定行为、需役地权利人也不在供役地上积极行为的地役权,如不得修建高层建筑物妨碍需役地良好采光、眺望的采光地役权、眺望地役权等。

二是继续地役权与不继续地役权。继续地役权,是指连续无间断地行使于供役地上的地役权,如眺望地役权等。一般而言,不作为地役权大多为继续地役权。该类地役权之行使,不需每次皆有地役权人的行为。而不继续地役权,则指地役权人每次行使权利均须以其行为为必要的地役权,如汲水地役权、放牧地役权等。

三是表见地役权与不表见地役权。表见地役权,是指权利之行使可依外在的事实而认知的地役权,如开设道路的通行地役权等。不表见地役权,则指权利之行使不能依外在的事实而认知的地役权,如无通路的通行地役权。不作为地役权通常为不表见地役权。

(三)地役权与相邻权

作为为实现自身土地效用最大化而利用他人土地的权利,地役权与相邻关系中的相邻权极为相似,在个别国家之立法,相邻权甚至被称为法定地役权。但在绝大多数国家和地区之立法,地役权和相邻权为不同的法律权利。我国原《物权法》也将其作为不同的制度予以规范。二者的区别主要表现为:(1)权利性质不同。相邻权的性质是对相邻不动产所有权的限制或延伸,属于所有权的范畴;地役权则是为自己土地的便利而使用他人土地的权利,属于用益物权的范畴。(2)权利发生原因不同。相邻权为法律直接规定的权利,是相邻关系中不动产权利人当然享有的权利;地役权原则上通过当事人的约定而设立,并非供役地和需役地权利人之间当然发生的权利。(3)权利内容不同。相邻权作为法定权利,无论是对自身不动产权利的延伸或者是对相邻对方不动产权利的限制,都在法定的最低限度范围内;地役权关系中供役地向需役地提供的便利的程度和范围则由当事人约定,其肯定超越法定的最低限度。(4)适用范围不同。相邻权依法发生在相互毗邻的不动产权利人之间,既包括土地相邻关系,也包括建筑物的相邻关系;地役权只发生在土地权利人之间,且不受土地是否毗邻的限制。(5)相邻权的行使只要不给邻人造成损失,通常是无偿的;而地役权的取得一般是有偿的,当然也可是无偿的。

二、地役权的取得和消灭

(一)地役权的取得

1. 基于法律行为而取得

作为约定物权,地役权主要基于法律行为而取得,包括设定取得和让与取得两种情形。

第一种,设定取得。设定取得是指供役地权利人和需役地权利人通过法律行为(特别是合同)在供役地上创设地役权。根据《民法典》第 372 条的规定,地役权人有权按照合同约定,利用他人的不动产,以提高自己的不动产的效益。第 373 条规定,设立地役权,当事人应当采用书面形式订立地役权合同。地役权合同一般包括下列条款:(1)当事人的姓名或者名称和住所;(2)供役地和需役地的位置;(3)利用目的和方法;(4)地役权期限;(5)费用及其支付方式;(6)解决争议的方法等。《民法典》第 378 条规定,土地所有权人享有地役权或者负担地役权的,设立土地承包经营权、宅基地使用权等用益物权时,该用益物权人继续享有或者负担已经设立的地役权。在供役地上已经存在用益物权时,未经用益物权人同意,供役地所有人不得擅自设立地役权。若供役地或需役地权利人为用益物权人,则地役权合同约定的期限不能超过剩余的用益物权期限。《民法典》第 377 条规定,地役权期限由当事人约定;但是,不得超过土地承包经营权、建设用地使用权等用益物权的剩余期限。根据《民法典》第 374 条的规定,地役权自地役权合同生效时设立,在地役权设立后,当事人可以向地役权登记机构申请登记,未经登记的,地役权不得对抗善意第三人。

第二种,让与取得。地役权为非专属性用益物权,可以让与。但因地役权的从属性,其只能与需役地权利一并转让。除非当事人之间另有约定,需役地权利的受让人当然取得地役权。《民法典》第 379 条规定,土地上已经设立土地承包经营权、建设用地使用权、宅基地使用权等用益物权的,未经用益物权人同意,土地所有权人不得设立地役权。但在已经取得登记的地役权发生让与时,应及时办理地役权变更登记,否则,该地役权难以再次成为转让的对象。

2. 基于法律行为之外的事实而取得

除通过法律行为取得地役权外,各国法律普遍认可通过继承取得地役权,即继承需役地权利者也能同时取得该需役地上的地役权。此外,在规定了取得时效的国家,还承认地役权的时效取得。

（二）地役权的消灭

除了物权消灭的通常原因外，地役权还可因下列原因而消灭：(1)当事人约定的地役权存续期间届满。(2)需役地灭失。(3)设定地役权的目的已经不可能实现。例如，取水地役权将因供役地上水源的干涸而消灭。(4)地役权人违反法律规定或者当事人之间的约定，滥用地役权，导致供役地权利人解除地役权合同。(5)在有偿设立地役权的情况下，在约定的付款期限届满后的合理期间内，地役权人经两次催告仍不支付费用，导致供役地权利人解除地役权合同的。

依据《民法典》第384条规定，地役权人有下列情形之一的，供役地权利人有权解除地役权合同，地役权消灭：(1)违反法律规定或者合同约定，滥用地役权；(2)有偿利用供役地，约定的付款期限届满后在合理期限内经两次催告未支付费用。

已经登记的地役权消灭后，应当及时办理注销登记。

三、地役权的效力

地役权的效力，是指地役权关系中，地役权人和供役地人各自享有的权利和负担的义务。《民法典》第375条、第376条规定，供役地权利人应当按照合同约定，允许地役权人利用其不动产，不得妨害地役权人行使权利。地役权人应当按照合同约定的利用目的和方法利用供役地，尽量减少对供役地权利人物权的限制。

（一）地役权人的权利和义务

1. 地役权人的权利

第一，供役地的使用权。地役权的基本内容，是在其权利范围内按照约定使用供役地，而且该使用具有优先于供役地权利人的地位，可以排斥供役地权利人的相反使用行为。

第二，为必要附随行为的权利。出于行使或维持其权利之需要，地役权人可在供役地内为必要的附属行为或添置必要的设施。例如，为行使汲水地役权而在供役地上通行、为达到排水的目的而凿沟渠等。

第三，物上请求权。地役权人于其设定的目的范围内，对供役地享有直接支配权。对于他人妨害地役权的行为，地役权人可请求排除；对于有妨害地役权之虞的危险行为，地役权人得请求防止。

2. 地役权人的义务

第一，维持工作物的义务。地役权人有义务维修基于地役权的行使而在供役地修建的设施，以免供役地人因该设施而受到损害。

第二，合理使用供役地的义务。地役权人使用供役地时应选择对供役地损害最小的地点和方法，地役权人因行使权利而造成供役地变动、损害的，应在事后恢复原状并予以补偿。

第三，允许供役地权利人使用设施的义务。地役权人应在不妨碍其权利行使的限度内，允许供役地权利人使用其设施。

第四，支付费用的义务。如地役权系有偿设立，地役权人应依约定支付费用。

（二）供役地人的权利和义务

1. 供役地人的权利

第一，供役地人在不妨碍地役权行使的范围内，可对供役地行使一切权利。

第二，供役地人在不妨碍地役权行使的范围内，有权使用地役权人添置于其地上的设施。

第三，供役地人对有偿的地役权，享有请求给付对价的权利。

第四,在地役权人行使权利不当时,供役地人有权要求变更使用供役地的场所和方法,且该请求权不得以特约限制或排除。

2. 供役地人的义务

第一,供役地人负有容忍地役权人于供役地上为一定行为,或自己在供役地上不为一定行为的义务。

第二,供役地人使用地役权人在供役地上添置的设施的,应按其受益程度,分担为维护设施所支出的费用。

问题与思考

地役权随合同生效而设立,未经登记不能对抗善意第三人。地役权从属于需役地权利,原则上不因需役地和供役地权利的变化而受影响。甲乙均为出让建设用地使用权人,为方便乙眺望远方的风景,双方约定甲不得在其建设用地上修建十层以上高楼,但未办理相应的登记。后甲依法将建设用地使用权转让给丙,乙则在将其建设用地使用权抵押给丁后,又将该建设用地上的房屋抵押给戊。后乙不能清偿到期债务。在上述案例中,乙的眺望地役权已经成立,但因其没有登记,不能对抗善意取得供役地权利的丙。乙虽然单独将建设用地使用权抵押给丁,将地上建筑物抵押给戊,但丁戊的抵押权都覆盖建设用地及其上的建筑物,且丁的抵押权具有优先于戊的效力。若乙丁戊协商,最后由丁戊按比例取得建设用地使用权及地上建筑物,且甲乙间的地役权办理了设立登记,则乙之地役权移转于丁戊,丙必须对丁戊负担地役权。

拓展阅读推荐

1. 王泽鉴:《民法物权 2:用益物权 · 占有》,中国政法大学出版社 2001 年版。
2. 史尚宽:《物权法论》,中国政法大学出版社 2000 年版。
3. 房绍坤:《用益物权基本问题研究》,北京大学出版社 2006 年版。
4. 黄薇主编:《〈中华人民共和国民法典〉物权编解读》,中国法制出版社 2020 年版。
5. 孙宪忠、朱广新主编:《民法典评注》(物权编),中国法制出版社 2020 年版。

第十六章　担保物权

学习要点

- 债的担保的一般理论
- 担保物权的概念与类型
- 抵押权设立与抵押权登记
- 抵押权的效力
- 权利质权的设立方式
- 留置权的实行
- 非典型担保

第一节　债的担保概述

一、债的担保的概念与特征

债的担保,是实现债权的财产保障。在民法理论上,债的担保有一般担保和特别担保之分。本章所称债的担保,专指特别担保,即为特定债权的实现,以第三人的信用或者以特定财产对债务履行所提供的担保。这个担保是在债权人和担保人间成立的独立于债的法律关系,就其存在的目的而言,是为了确保特定债权实现而成立的担保。在债的担保关系中,受担保的债权称为"被担保债权"或"主债权",接受担保的债权人有时被称为"担保权人";债务人以外的提供担保的人一般称为担保人,其中以信用(一般财产)提供担保的人被称为"保证人",以特定物提供担保的债务人以外的第三人称为"物上保证人"。我国规范债的担保的法律,曾经主要是原《担保法》和原《物权法》,《民法典》生效后,这两部单行法律失效,担保制度即主要由《民法典》的物权编和合同编规范,《担保制度解释》进一步充实了担保制度。债的担保的特征如下:

第一,债的担保是一个独立的法律关系。这里所称的债的担保是指特别担保。一般担保是指依债的效力以债务人的一般财产作为履行债的保证,债的实现以债务人的财产为基础,一般担保就是指这种财产基础,并无债之外的法律关系。而此处所谓债的担保并非债的关系的一部分,它与债相联系,但又是处于债之外的另一个法律关系。

第二,债的担保具有从属性。债的担保的从属性是指债的担保依附于被担保的债,二者形成主从关系。债的担保在成立、存续或消灭上均从属于主债的效力,如债权不成立或者无效,债的担保也不发生效力;主债消灭,债的担保也随之消灭。不过,这种从属性并非绝对的规则,立法上也允许存在一些例外,如最高额抵押权的成立就不以债权存在为前提;此外,保证合同的从属性也有例外规定。

第三,债的担保具有补充性。债的担保是对债的效力的一种补充和加强。按照债的一般效力,债权人只能就债务人的一般财产与债务人的其他债权人一同平等受清偿,故其债权存在不能完全实现的危险。债的担保的成立,使特定的债权人可以从债务人以外的第三人的责任财产中受偿,或可以从特定财产上优先受偿,故使债权的实现得到有力的保障。

二、被担保债权的性质

《民法典》第387条规定,被担保的债权应是在借贷、买卖等民事活动中发生的债权,立法列举了上述两种法律关系,主要是因为这两种民事活动比较常见,在交易中所占的比重大,但不意味着担保仅适用于上述两种民事活动。各种交易行为所产生的债权,在不违反法律、法规强制性规定的情况下,均属于被担保的债权。

对于何种性质的债权可以作为担保的对象,我国立法上没有特别限制,一般理论认为,被担保债权应是金钱债权,但非金钱债权在不能实现时,只要能转化为金钱债权(损害赔偿或违约金),也可以作为被担保债权。

被担保债权既可以是既存的现实债权,也可以是尚未发生的未来债权,但必须基于一定法律关系而发生。在我国立法中,最高额保证、最高额抵押、最高额质押、反担保等几种担保类型所担保的债权都具有未来债权的性质。

三、债的担保的类型

债的担保依照担保发生的原因、提供担保的主体和担保自身内容的不同,一般可有这样几种分类:

(一)约定担保和法定担保

根据担保产生的原因,可以分为约定担保和法定担保。

约定担保,又称意定担保,是指根据当事人订立的担保合同而成立的担保。担保合同是由债务人或债务人以外的第三人与债权人在自愿的基础上签订的。在我国,保证、抵押、质押、定金等担保形式的成立均须订立担保合同,属于约定担保的范畴。在高度发达的市场经济中,约定担保的运用极为广泛。

法定担保是根据法律的规定而发生的担保。这种担保无须当事人订立担保合同,而只要在当事人间存在某种特定的法律关系,即可依法律而当然发生。我国《民法典》中规定的留置权、建设工程价款优先受偿权,《海商法》《民用航空法》中规定的船舶优先权、民用航空器优先权属于法定担保。

(二)债务人担保与第三人担保

根据担保人是否由债务人担任,可将担保分为债务人担保与第三人担保。

债务人担保是债务人以自己的特定财产向债权人提供的担保,担保关系发生在债权人和债务人之间;第三人担保则是债务人之外的第三人为债务人向债权人提供的担保,担保关系发生在债权人与第三人之间。债务人担保只能是以特定财产提供的担保,第三人担保则既可以提供保证,也可以其财产提供担保。

(三)人的担保与物的担保

根据担保方式的不同,可以将担保分为人的担保与物的担保。

人的担保是第三人以其信用(资产信用)为债务人的债务提供的担保。人的担保的典型形式是第三人与债权人订立的保证合同,而对债权人承担保证责任。此外,多数债务人依法律的直接规定所承担的连带清偿债务的责任,属于法定的人的担保。人的担保属于债权式担保,即在债权人与担保人之间成立的是债权债务关系,债权人可请求担保人代债务人清偿债务,担保人应以其全部财产承担担保责任。

物的担保是以特定财产为债务履行提供的担保。物的担保和人的担保在担保性质和内容上不同。其一,人的担保以担保人的全部财产为担保标的,物的担保仅以特定的财产为担保标的。其二,人的担保是在债权人和第三人之间形成的债权关系,而物的担保是一种物权关系,物的担保一旦成立,债权人即被赋予相应的物权,由于有特定财产作为履行债务的保证,所以通常情况下物的担保对于债权实现的保障比人的担保更为可靠。

物的担保划分为两个大类:(1)在债务人或第三人提供的特定财产上成立担保物权,即抵押权、质权和留置权,这些权利的成立使债权人对担保物的价值取得优先受偿的权利,被称为"典型担保";(2)借助各种合同交易形式以特定财产的所有权作为履行债务的保证,被称为"非典型担保"。非典型担保包括在合同编中已有规定的具有担保功能的合同形式所设立的担保,如所有权保留、融资租赁、保理,也包括实践中存在的买卖式担保、让于担保,等等。

(四)本担保与反担保

根据担保的对象是债权人的主债权还是担保人的追偿权,可将担保分为本担保与反担保。

本担保,也称正担保,是债务人或第三人为主债权的实现而提供的担保。反担保是债务人或第三人为担保人将来承担担保责任后追偿权的实现而提供的担保。当本担保的担保人是第三人时,该担保人承担担保责任后,即对债务人享有追偿权;此种追偿权性质上是债权,所以反担保的担保对象也是债权。故反担保可以适用法律关于本担保的规定,具体来说,在担保人范围、担保方式、担保的成立与有效、担保人与反担保人的权利义务、担保的实现等方面的规则上,反担保与本担保都是相同的。

反担保虽然在许多方面与本担保相同,可以适用本担保的规则,但是两者毕竟不同,反担保与本担保相比,存在以下特殊之处:(1)反担保成立之时,主债权的担保人尚未代债务人清偿债务,未取得对债务人的追偿权,所以反担保成立时间早于所担保的债权。反担保所担保的债权(追偿权)是附延缓条件的将来债权;而本担保所担保的债权,一般是既存的现实债权。(2)本担保成立与有效不以其他担保成立与有效为条件,反担保则以本担保的成立和有效为条件。(3)本担保的实行以债务人逾期不履行债务为条件,而反担保的实行除债务人破产时可预先行使追偿权的特殊情形外,须以主债权的担保人为债务人承担担保责任为条件。从以上特性可看出,反担保对本担保有从属性。

四、担保法律关系适用的一般规则

以下是适用于保证、典型的和非典型的担保物权的一般规则:

(一)各种担保关系的从属性的具体表现

第一,担保独立性的约定原则上无效。当事人无论在担保合同中约定担保合同的效力独立于主合同,还是约定担保人对主合同无效的法律后果承担担保责任,其意图使担保合同效力独立于主合同效力的约定都不符合担保关系的从属性特征,所以法律都不承认其效力。当然,担保独立性的约定虽然无效,却不影响担保合同的其他条款的效力。然而,这种从属性也是相对的,金融机构开立的独立保函在担保权人接受后生效。

第二,担保的责任范围不超出因主债务而发生的责任范围。无论担保权人与担保人作出何种约定,担保人都可以主张仅在债务人应当承担的责任范围内承担责任;担保人承担的责任超出债务人应承担的责任范围时,如担保人就超出部分向债务人追偿,债务人有权拒绝,但担保人有权请求债权人返还超出部分。

第三,基于担保从属性的主体同一性认定。通常情况下,债权人与担保权人是同一人,否则担保关系与主债权是不相干的法律关系,担保约定的权利不能为该债权提供担保。但特定交易关系中,即使担保物权登记在其他人名下,债权人仍然有权主张就担保物优先受偿。就此,法院认可以下几种特定情形:(1)为债券持有人提供的担保物权登记在债券受托管理人名下;(2)为委托贷款人提供的担保物权登记在受托人名下;(3)担保人知道债权人与他人之间存在委托关系的其他情形。

(二)第三人作为担保人的主体限制

并非所有主体都能充当担保人,即使可以充当担保人的主体,也可能有所限制;反之,原则上不能充当担保人的主体,在某些特定情况下也可以有例外。这些主体上的限制规则是基于利益衡量而形成的,同时它们必须符合社会的总体需要。在我国,现有的规则有以下几项:

第一,通常情况下,机关法人不能充当担保人,包括为他人提供担保或者为自己提供物的担保,如果机关法人提供担保,担保合同是无效的,但是经国务院批准为使用外国政府或者国际经济组织贷款进行转贷的除外。

第二,居民委员会、村民委员会提供担保而订立的担保合同也是无效的,但依法代行村集体经济组织职能的村民委员会,依照村民委员会组织法规定的讨论决定程序对外提供担保却是法律允许的。

第三,以公益为目的的非营利性学校、幼儿园、医疗机构、养老机构等提供担保而订立的担保合同无效,但司法解释仍设有例外。

第四,公司是商业交易活动中最主要的力量,因此法律并不限制公司充当担保人。但是,考虑到在实际运行过程中,公司机关尤其是法定代表人的行为可能脱离公司本身的意志,为避免公司对外担保的行为伤害未参与公司管理的股东的利益,公司法专门设计了公司作为担保人的技术性限制,这就是公司对外担保决议的程序性规定。如果公司的法定代表人违反这一规定与相对人(担保权人)订立担保合同,则应依照《民法典》第 61 条和第 504 条的规定来判断担保合同的效力,即将相对人的主观状态作为担保合同生效的要件之一。倘相对人主观上为善意,担保合同对公司发生效力;倘相对人主观上为非善意,担保合同对公司不发生效力。此处,所谓善意是指相对人订立担保合同时不知道且不应当知道法定代表人超越权限。然此善意需要证明,若相对人有证据证明已对公司决议进行了合理审查,法院即认定为善意;但若公司有证据证明相对人知道或应当知道决议系伪造、变造,则可推翻善意的认定。

但出现以下三种情况,公司便不能以股东会未做对外担保决议为由进行抗辩,相对人也无须证明自己善意,公司必须对相对人承担担保责任。(1)金融机构开立保函或者担保公司提供担保。(2)公司为其全资子公司开展经营活动提供担保。(3)担保合同系由单独或者共同持有公司三分之二以上对担保事项有表决权的股东签字同意。可是,若在第二种和第三种情形时,提供担保的公司是上市公司或其控股子公司,公司则可以未做对外担保决议为由进行抗辩,相对人需证明自己的善意,只是判断相对人是否善意的方法有所不同。简言之,应以上市公司公开披露的关于担保事项决议的信息为基准,倘若公开披露信息为通过决议,相对人订立担保合同时的主观状态为善意；反之，则否。此外，一人公司为其股东提供担保，也不适用对外担保的程序性规定。

五、担保的无效与责任

（一）担保无效的原因

关于担保的无效以及相应的责任的规定适用于约定的担保关系。约定的担保关系由当事人订立合同而成立，因此立法上将这种以设定担保关系为目的的合同称为“担保合同”，包括保证合同、抵押合同、质押合同和具有担保功能的合同。担保合同无效，就不能发生担保的效力。担保合同因以下原因而无效。

1. 主债权债务合同无效

债的担保对主债权具有从属性，所以担保合同与主债权债务合同之间具有主从关系，担保合同是主债权债务合同的从合同。主债权债务合同无效，担保合同亦随之无效，即使担保合同自身的成立符合法律规定，也不生效。但是债的担保并非绝对从属于主债权，也有例外的情况，因此担保合同对主债权的从属性也存在例外。根据《民法典》第388条、第682条，设定担保物权的合同和设立保证的合同原则上具有从属性，但法律另有规定的，担保合同的效力不受主债权债务合同效力的影响。

2. 担保合同自身的瑕疵

担保合同是由债权人和担保人或者债务人通过订立合同的方式成立的，在性质上属于法律行为，因此必须符合法律行为成立的基本要求，具体而言，应当符合《民法典》关于设立保证的合同和设立担保物权的合同的效力规定。此外，担保合同的效力还受到特殊规定的限制，如《民法典》第683条。

（二）担保合同无效的法律后果

根据《民法典》第388条第2款、第682条第2款的规定，担保合同无效，债务人、担保人、债权人有过错的，应当根据其过错各自承担相应的民事责任。至于各方应当如何具体地承担民事责任，目前法律无规定。但《担保制度解释》作出如下规定：（1）如果因主债权债务合同无效而导致担保合同无效，担保人无过错的，担保人不承担民事责任；担保人有过错的，担保人承担民事责任的部分，不应超过债务人不能清偿部分的三分之一。（2）如果主债权债务合同有效而担保合同因自身原因导致无效，债权人有过错而担保人无过错的，担保人不承担赔偿责任；担保人有过错而债权人无过错，担保人对债务人不能清偿的部分承担连带赔偿责任；如果债权人、担保人均有过错的，担保人承担民事责任的部分，不应超过债务人不能清偿部分的二分之一。

上述的担保人的赔偿责任与根据有效合同成立的担保责任存在明显的区别。它是在担保合同无效时发生的；它是一种因过错而产生的民事责任，以担保人对担保合同无效负有过错为条件；它是赔偿债权人损失的赔偿责任。而担保责任则与此相反，担保责任在担保合同有效时发生；担保责任虽称为“责任”，但实际上不是民事责任，而是民事义务，其承担是意思表示的结果，与担保人是否负有过错无关；担保责任不是赔偿债权人的损失，而是代债务人清偿债务的义务。

问题与思考

物的担保的类型。各国关于物的担保的规定各不相同。即使是同种担保物权，在不同国家表现也不相同。例如,我国抵押权的客体既有不动产,也有动产,但德国、法国、瑞士等国的抵押权客体几乎限于不动产;法国、日本和我国抵押权具有从属性,但德国除此之外还有流通抵押权具有独立性;我国质权的客体只能是动产或权利,但在法国法律上承认不动产质权。在我国,抵押权、质权属于意定担保,留置权属法定担保,但在国外民法中并非完全如此,例如,德国、瑞士民法规定法定抵押权,法国、日本民法规定法定质权、优先权等,均属法定担保的范畴。

理论上有典型担保和非典型担保之分。典型担保主要指抵押权、质权、留置权,非典型担保通常指包括所有权担保在内的其他担保类型。对所有权担保,各国法律的态度并不相同。对所有权保留制度各国立法大多给予肯定,对让与担保和买卖式担保则各不相同,例如,德国和日本承认让与担保及附买回条件的买卖,意大利则不承认让与担保,而只承认附买回条件的买卖,法国则两者均不承认。我国《民法典》在此问题上有重大突破,将非典型担保引入到立法中,为金融交易提供了更加广泛的担保手段。

第二节　担保物权概述

一、担保物权的概念、类型与功能

(一)担保物权的概念

担保物权,是指为了确保特定债权的实现,债务人或者第三人以自己的动产、不动产或权利为标的而设定的,当债务人不履行到期债务或者发生实现担保物权的事由时,权利人享有的就该财产变价并优先受偿的一种限制物权。这一概念应该从以下几个方面来理解:(1)担保物权是物权的一种,具有物权的效力;(2)担保物权是在他人(债务人或第三人)财产上成立的权利,是他物权、限制物权;(3)担保物权以担保财产的交换价值为基础,以确保特定债权的实现为目的。

(二)担保物权的类型

依不同的分类方法,可分为不同类型,这些分类对我们了解担保物权有一定帮助。例如,依据标的物不同,可以分为不动产担保物权、动产担保物权、权利担保物权,所谓不动产担保物权系指客体为不动产和用益物权的担保物权,动产担保物权即客体为动产的担保物权,权利担保物权即客体为前述之外的其他权利的担保物权。依登记与否,可以分为登记担保物权与不登记担保物权,登记担保物权指公示方法为登记的担保物权,不登记担保物权指公示方法为登记以外方法(如占有)的担保物权。依是否移转标的物的占有,可分为移转占有的担保物权与不移转占有的担保物权,这个分类十分重要。依是否由法律命名,可分为典型担保物权与非典型担保物权。依发生原因不同,可以分为法定担保物权与约定担保物权,此类已在前文述及。

(三)担保物权的功能

一是确保债权实现,维护交易安全。这是担保物权最核心和最根本的作用。在市场经济条件下,有交易就有风险。为了防范交易风险,债权人必然要求债务人具备履行债务的能力,而这种能力是以债务人的财产为基础的。成立担保物权,不仅可以使债权人享有对债务人的债上请求权,而且使债权人直接把握债务人或第三人的特定财产的交换价值,从而弥补债权效力上的缺陷,降低交易风险,维护交易安全。

二是媒介资金融通,促进商品交易。由于担保物权能确保债权的实现,使债权人获得安全感,所以有助于资金融通,而资金融通则使社会信用扩张,消费者购买力增强,遂能促进商品交易,促成社会经济的繁荣。

二、担保物权的特征

担保物权的范围从抵押权、质权、留置权三种物权扩大到包含多种样态的具有担保功能的非典型担保物权,但这没有改变担保物权的基本特征,作为一类非常重要的物权,担保物权具有物权的一般特征(如绝对性、排他性),但也具有与所有权和用益物权显著不同的特征。

第一,从属性。担保物权的从属性,是指担保物权从属于债权。主要表现在三个方面:担保物权在成立上的从属性、存续上的从属性、消灭上的从属性。其成立以债权成立为前提,因债权的移转而移转,因债权的消灭而消灭。担保物权既为保障债权而发生,性质上属于主权利即债权的从权利,因此具有从属性。《民法典》明确规定了担保物权的从属性,仅承认在法律另有规定的情况下有一定的独立性。

第二,不可分性。担保物权的不可分性,是指被担保的债权在未受全部清偿前,担保物权人可以就担保物的全部行使权利。具体而言,担保物被分割为数个部分或者一部灭失、让与其他人,担保权人仍可就分割、余存的各部分行使其担保物权;被担保债权即使经分割、部分清偿或者消灭,担保物权仍为担保各部债权而存在。

第三,物上代位性。担保物权的物上代位性,是指担保物因意外原因或第三人行为而发生灭失、毁损时,担保物权的效力转移至担保物的赔偿金上的特性。在我国,担保物权发生代位的原因除了担保物灭失或者毁损外,还包括征收。代替担保物价值的其他物,称为代位物,主要有三种:保险金、赔偿金和补偿金。担保物权的代位性旨在加强担保权人对担保物交换价值的控制力,使担保物权的担保功能更为强大。

三、担保物权的成立与消灭

(一)成立

担保物权的成立,有两种情形:(1)由当事人订立合同而设立,诸如抵押权、质权和各种非典型担保物权,这些担保物权是否成立概以合同效力为其基石,登记或交付两种公示手段则是其成立与否或能否发生对抗的一个要件。(2)由法律规定而成立,只要满足法律规定的条件,担保物权即告成立,最为典型的是留置权,其次是工程款优先受偿权。

(二)消灭

关于担保物权的消灭原因,《民法典》第 393 条作了规定。依据该条,担保物权消灭的原因主要有以下几项:主债权消灭;担保物权实现;债权人放弃担保物权。以上三项是担保物权的共同消灭原因,其他属于各种担保物权各自特殊的消灭原因不能列举,故该条还有一个兜底条款——“法律规定担保物权消灭的其他情形”。以下是四种担保物权共同的消灭原因。

第一,主债权消灭。担保物权是主债权的从权利,所以当主债权消灭时,担保物权也随之消灭。这里所谓的“主债权”包括约定的或者法定的担保物权所应当担保的全部债权。因此,仅有部分债权得到清偿,还有债权未清偿时,担保物权仍不消灭。

第二,担保物权实现。担保物权实现就是担保物权人行使担保物权,将担保物变价为一定金钱价值,用以优先清偿债权的行为。担保物权的目的是保障债权的满足,担保权人既然已经实现其目的,担保物权的目的已经达到,再无存在的意义。所以,担保物权一旦实现,即归于消灭。即使担保物价值因低于被担保的债权,而致担保物权虽已实现,但仍不能满足债权时,担保物权亦归于消灭。

第三,债权人放弃担保物权。所谓放弃担保物权就是抛弃担保物权。抛弃是消灭物权的单方法律行为,既然担保物权是债权人享有的权利,自然有权处分。债权人抛弃担保物权后,担保物权消灭,不得为其他人取得。

第四,担保物灭失且无代位物存在。客体消灭,物权亦归于消灭,这是物权的一般消灭原因。但是担保物灭失,担保物权并不当然消灭,如果担保物的价值转化为其代位物,担保物权可继续存在于该代位物上;只有在担保物灭失且没有代位物存在的情况下,担保物权才因客体彻底灭失而消灭。

四、担保物权与保证之并存

在实践中,为确保债权的实现,债权人可以要求债务人提供多种担保,这时就形成了同一债权既有担保物权又有保证作担保,这种情形学说上称为“担保物权与保证之并存”或“混合担保”。当这种情形出现时,有以下问题需要解决:实现债权应以何种顺序行使担保物权与保证债权;物上担保人和保证人承担责任之范围如何确定;物上担保人与保证人承担担保责任后有何种权利。

(一)债权人行使担保权的顺序

同一债权既有担保物权又有保证作担保时,债权人应当先要求保证人承担保证责任还是先实行担保物权。根据《民法典》第 392 条的规定,债权人可以与担保人约定有关行使担保权的顺序,约定之后,债权人应当按照约定的顺序实现债权。如果没有约定或者约定不明确,分为两种情况处理。第一种情况,债务人自己提供物的担保的,债权人只能先就物的担保实现债权。第二种情况,当物的担保是由第三人提供时,债权人既可先就物的担保实现债权,也可先要求保证人承担保证责任。

(二)担保的范围

关于担保的范围,依是否约定分为两种情况:(1)当事人约定担保范围的,各担保人各自对自己所承诺的担保范围承担担保责任,各担保人之间无牵连关系,债权人也只能要求各担保人在其担保范围内承担担保责任,各担保人的关系类似于按份债务中的多数债务人。(2)当事人对保证担保的范围或者物的担保的范围没有约定或者约定不明的,也分两种情况:一是债务人自己提供物的担保的情形下,由于债权人应先就该物的担保实现债权,所以保证人实质上只就物的担保以外的债务承担担保责任;二是物的担保系由第三人提供的情形下,由于债权人可以向任何一个担保人请求承担担保责任,所以各担保人通常应对全部债务承担担保责任。具体而言,物上担保人对全部债务以担保物之全部价值(如未设担保限额)为限承担担保责任,保证人则应以其自身全部财产(如未设担保限额)承担担保责任。

(三)追偿权的行使

根据《民法典》第 392 条的规定,各担保人承担担保责任后有权向债务人追偿。这一规定明确了担保人向债务人追偿的权利,但是并未提及能否向其他担保人要求分摊担保责任的追偿权。对此,司法解释给我们传递的一个明确的信号,即除担保人之间约定承担连带共同担保或可推定为连带共同担保的情形外,各个担保人承担担保责任后,不能相互追偿。

问题与思考

关于人的担保与物的担保的并存时担保人的责任顺序和范围,传统理论有三种不同的学说:(1)物的担保责任绝对优先说,即债权人应向物上保证人主张权利,在其未受清偿的范围内,再向保证人主张权利,保证人仅对物的担保以外的债权额承担担保责任。(2)物的担保责任相对优先说,即债权人可以选择行使担保权利,但保证人在承担责任之后可向债务人求偿,并代位行使债权人享有的担保物权,债权人致使保证人可行使的担保物权消灭的,保证责任消灭。(3)物的担保与人的担保责任平等说,即债权人可以选择行使担保权利,已承担担保责任的担保人可向其他担保人追偿其应承担的份额;债权人放弃物的担保,保证人在物上保证人应分担责任的限度内免除担保责任。

在立法例上,德国、法国民法和我国台湾地区"民法"采第二种学说,日本民法采第三种学说。我国各阶段的立法及司法态度不同。

原《担保法》第28条第2款规定,债权人放弃物的担保,保证人在债权人放弃权利的范围内免除保证责任,这是采第一种学说的逻辑结果。2001年最高人民法院关于适用《中华人民共和国担保法》若干问题的解释修正了这一立场,根据该解释第38条第1款的规定,债权人可任意向任何担保人请求清偿全部债务,各担保人的关系类似于连带债务中的债务人;某一担保人承担了全部担保责任或者承担的担保责任超过其应当负担的份额,该担保人有权向债务人追偿,也可以要求其他担保人清偿其应当分担的份额。这是采第三种学说。原《物权法》第176条规定的"债务人自己提供物的担保的,债权人只能先就物的担保实现债权",显采第一种学说;而规定"物的担保是由第三人提供时,债权人可先选择行使担保权利",又是采第三种学说,及至规定"提供担保的第三人承担担保责任后,有权向债务人追偿",似有否定承担担保责任的担保人向其他担保人追偿的权利。如果立法本意为否定担保人相互间追偿权的话,该规定一方面承认保证人与物上保证人皆为债务人的全部债务承担担保责任,另一方面又否认他们内部有担保责任分担份额,与前述三个学说均无关联。由此可见,原《物权法》关于人的担保与物的担保并存时担保人的责任问题的规定,在理论上未达成共识,《民法典》采用与原《物权法》一致的表述,两者存在同样的问题。

第三节　抵　押　权

一、抵押权的概念与特征

抵押权是指债权人对债务人或第三人提供的、不转移占有而作为债务履行担保的财产,于债务人不履行债务或者发生当事人约定的实现抵押权的情形时,得就其价值(折价或变卖所得的价款)优先受偿的权利。在抵押权关系中,享有抵押权的债权人称为抵押权人,提供担保财产的债务人或者第三人称为抵押人,抵押人提供的担保财产,称为抵押物或抵押财产。

抵押权的特征如下:

第一,抵押权为物权。抵押权不是请求某人给付某物的请求权,而是直接支配某物的支配权,抵押权人在被担保债权清偿期届满而未获清偿时,无须抵押人的介入,便可申请拍卖或者变卖抵押物。因此抵押权为物权。

第二,抵押权为担保物权。抵押权的设立目的不在于财产的使用、收益,而在于利用财产的交换价值使债权获得清偿,因此抵押权为担保物权。担保物权所具有的从属性、不可分性、物上代位性,抵押权都具有。此外,抵押权客体均为债务人或者第三人的财产。

第三,抵押权以不占有抵押财产为特征。抵押权人无须现实地占有抵押物,而是通过支配抵押物的交换价值据以确保债权受清偿。抵押权的成立与存续不以移转抵押财产的占有为必要,这是抵押权与质权、留置权的一个重要区别。

二、抵押权的主体与客体

(一)抵押权的主体

抵押权的主体是指在抵押权法律关系中享有权利承担义务的人。他们以抵押财产为媒介而形成抵押权法律关系,包括抵押权人、抵押人和其他相关利益人。

抵押权人是抵押权的享有人,同时也是主债权的债权人,抵押权人对抵押人提供的抵押财产享有就其价值优先于其他债权人受清偿的权利。抵押人是提供抵押财产以保证抵押权人的债权得以实现的人,抵押人通常是债务人本人,也可以是受债务人委托而以自己特定财产为债务人担保的第三人,此时该第三人也被称为"物上担保人"或"物上保证人"。第三人为抵押人时,应受本章第一节所述的主体限制规则的制约。同时,设定抵押权是一种财产处分行为,因此抵押人应当是对抵押财产享有处分权的人,他可能是财产的所有人,也可能是对财产享有处分权的其他权利人。抵押人在设定抵押时对抵押财产不享有处分权而处分该财产的,应根据有关无权处分的规定处理。以上为抵押法律关系之内部关系,也是抵押合同能否生效的要件。

其他相关利益人是那些与抵押物发生直接利益关系的第三人,包括抵押人的其他债权人、抵押财产的买受人、抵押财产的承租人等。此为抵押法律关系之外部关系。

(二)抵押权的客体

抵押权的客体,称为"抵押财产"或"抵押物",是指抵押人提供的用于保证债权人的债权得以实现的财产。在我国,抵押权的客体十分广泛,不仅不动产、不动产用益物权可以作为抵押财产,动产也可以作为抵押财产。综观世界各国,为了维护公共利益,法律总是会限制在部分财产上设定抵押权。我国法律既规定了允许抵押的财产类型,又规定了不能抵押的财产类型,两个规定的意义不同,前者是一个提示性规定,超出其范围的财产也可以设定抵押权;后者是一个强制性规定,以其所规定的财产设定抵押者无效。

1. 允许抵押的财产

《民法典》第395条第1款第1项至第6项规定了可以抵押的财产的具体种类,同时也规定,除前述6项之外,其他财产只要是法律、行政法规没有禁止抵押的,都可以作为抵押财产,因此我国抵押财产的范围是开放的。以下是允许抵押的几类财产:(1)建筑物和其他土地附着物,包括用于生活、生产、经营的房屋以及其他用途的建筑物,如桥梁、涵洞等人工构筑物;(2)建设用地使用权;(3)海域使用权;(4)生产设备、原材料、半成品、产品;(5)正在建造的建筑物、船舶、航空器;(6)法律、行政法规未禁止抵押的其他财产,这是一项兜底性条款,旨在适应不断变化的经济生活的需要。此外,乡(镇)、村企业的土地使用权虽然不得抵押,但如果以乡(镇)、村企业的厂房等建筑物作抵押,则其占用范围内的建设用地使用权一并抵押。上述规定表明,我国法律规定允许抵押的财产范围涵盖不动产、不动产权利以及动产,同时,对建筑物、船舶、航空器等具有特殊价值的物即使在尚未建成之时也允许其作为抵押财产。另外,《农村土地承包法》还认可从以招标、拍卖、公开协商等方式取得的荒地等土地承包经营权上以及从耕地、林地、草地的土地承包经营权上形成的土地经营权作为抵押财产。

《民法典》第 396 条规定,企业、个体工商户、农村生产经营者可以现有的以及将有的生产设备、原材料、半成品、产品设定抵押,这不但将抵押财产的范围从单一物扩大到集合物上,同时还扩大到“将有”的上述的抵押财产上,大大扩展了动产担保的抵押财产的范围。

2. 禁止抵押的财产

根据《民法典》第 399 条的规定,我国禁止抵押的财产主要包括:(1)土地所有权。(2)宅基地、自留地、自留山等以集体所有的土地为客体的土地使用权,但法律规定可以抵押的除外。此处法律进一步删去了原来立法中“耕地”一词,但并不表明在土地承包经营权上可以设定抵押,仅在《农村土地承包法》中承认耕地、林地、草地的经营权上可以有条件地设定抵押。(3)学校、幼儿园、医疗机构等以公益为目的成立的非营利法人的教育设施、医疗卫生设施和其他公益设施。(4)所有权、使用权不明或有争议的财产。(5)依法被查封、扣押、监管的财产。(6)法律、行政法规规定不得抵押的其他财产。

三、抵押权的设立

抵押权的取得有两种方式:一是基于法律行为而取得;二是非基于法律行为而取得。前者包括抵押权的设立和抵押权的转让两种情形,后者包括法定取得和因继承而取得两种情形。这里首先讲抵押权的设立。抵押权的设立一般须经签订抵押合同和依法登记两道程序,但其效力因抵押财产为不动产或动产而有所不同。

(一)抵押合同

抵押权的设定必须先由债权人与抵押人签订抵押合同。抵押合同可以单独订立,也可以采取在主债权文书上载明抵押条款的方式订立。

1. 抵押合同的内容

《民法典》第 400 条规定,抵押合同一般包括以下条款:(1)被担保债权的种类和数额;(2)债务人履行债务的期限;(3)抵押财产的名称、数量等情况;(4)担保的范围。其中最重要的是被担保债权和抵押财产,这两项内容必须确定。如果抵押合同对被担保主债权种类、抵押财产没有约定或者约定不明,根据主合同和抵押合同又不能补正或者无法推定的,抵押不能成立。

2. 抵押合同的形式要件

当事人必须采取书面形式订立抵押合同。所谓书面形式既可以是单独订立的书面合同、当事人之间的具有担保性质的信件和数据电文等,也可以是主合同中的担保条款。

3. 流质约款的效力

所谓“流质”约款,是指抵押权人在债务履行期届满前,与抵押人约定债务人不履行到期债务时抵押财产归债权人所有的条款,其约定既可能是在抵押合同之中,也可能是抵押合同订立之后、债务履行期届满前。已失效的《担保法》《物权法》皆规定,当事人双方不得作“流质”预约,因而当事人约定的流质条款无效。不过,《民法典》不再禁止流质约款,根据《民法典》第 401 条的规定,流质约款是有效的,但其效力并非当事人约定之原意,而仅发生就抵押财产优先受偿的效力。

(二)抵押权登记

抵押权登记是指依据财产权利人的申请,登记机关将与在该财产上设定抵押权相关的事项记载于登记簿上的事实。抵押权登记的功能主要有三点:一是通过登记簿公示抵押物上的权利状态及其内容,便于第三人在与抵押人进行交易时作出合理的预测;二是强化抵押权的效力,登记的抵押权具有对抗第三人的效力,从而使抵押权所把握的经济价值得以巩固;三是规范同一抵押物上多项抵押权以及抵押权与其他权利之间的关系。

1. 抵押权登记的效力

根据《民法典》第395条、第402条、第403条的规定,不同的抵押财产的抵押权登记的效力不同。(1)不动产抵押权登记。对于不动产及不动产用益物权,采用登记生效要件主义,即以建筑物和其他土地附着物、建设用地使用权、海域使用权、正在建造中的建筑物抵押的,应当办理抵押登记,抵押权自登记时设立。但未办理抵押权登记并不影响当事人之间抵押合同的债权效力,债权内容为债权人请求抵押人办理抵押登记手续的权利。(2)动产抵押权登记。动产抵押权的变动采用意思成立登记对抗主义,即以交通运输工具、生产设备、原材料、半成品、产品以及正在建造的船舶、航空器抵押的,抵押权自抵押合同生效时设立;未经登记,不得对抗善意第三人。

2. 登记机关

国家对不动产权利实行统一登记制度。统一登记的范围、登记机关和登记办法,由法律、行政法规规定。根据《不动产登记暂行条例》的规定,不动产抵押登记机关原则上是不动产所在地的县级人民政府不动产登记机构;直辖市、设区的市人民政府可以确定本级不动产登记机构统一办理所属各区的不动产抵押登记。过去,动产抵押的登记机关因动产的种类不同而有所不同。《民法典》出台以后,动产及权利的担保也采用统一登记制度,由中国人民银行征信中心动产融资统一登记公示系统办理全国的动产和权利担保登记。

(三)抵押行为的撤销

设定抵押权的行为,主要是指签订抵押合同的债权行为,此项行为的性质属法律行为,应适用民法有关法律行为无效、可以撤销的规定。抵押行为除可因民法规定的撤销法律行为的一般原因而被撤销外,还可因下述的特殊原因而被撤销。债务人有多个普通债权人的,在清偿债务时,债务人与其中一个债权人恶意串通,将其全部或者部分财产抵押给该债权人,因此丧失了履行其债务的能力,损害了其他债权人的合法权益,受损害的其他债权人可以请求人民法院撤销该抵押行为。该抵押行为被撤销后,受损害的其他债权人还可根据法院的裁定向登记机关申请涂销抵押权登记。

从性质上讲,此项特殊的撤销权属于债权人撤销权的一种。此种撤销权的构成须具有以下条件:(1)抵押行为不是在债权债务关系成立的当时实施的,而是在债务清偿时实施的;(2)债务人的财产不足以清偿其全部债务,该抵押行为损害了其他普通债权人的债权;(3)抵押行为的双方行为人主观上存在损害其他债权人的故意。该撤销权的主体是债务人的其他普通债权人。

四、抵押权的效力

抵押权成立,即具有法律效力。抵押权的效力是抵押制度的核心。民法理论上,抵押权的效力表现为四个方面:抵押权的优先效力,即抵押权所具有的使抵押权人(债权人)就抵押财产的价值优先于其他债权人而受清偿的效力;抵押权的追及效力,即抵押权所具有的使抵押权人有权追踪抵押财产而行使抵押权的效力;抵押权的保全效力,即抵押权所具有的使抵押权人在抵押权存续期间有权采取必要措施保全抵押财产的效力;抵押权的代位效力,即在抵押财产灭失或者毁损之际,使抵押权人对抵押物的变形物或者赔偿金有优先受偿的效力。

从具体制度上看,抵押权的效力涉及三个方面:(1)抵押权的效力范围;(2)抵押权人与抵押人的内部关系；(3)抵押权与其他权利，诸如其他担保物权、对抵押人的一般债权以及对抵押物的用益权(特别是租赁权)和买受人对抵押物的所有权之间的相互关系。

(一)抵押权的效力范围

抵押权的效力范围包括以下两个方面：

1. 被担保债权的范围

被担保债权的范围，指抵押权人实现抵押权时，可以优先清偿的债权的范围。被担保债权的范围，由当事人自由约定。当事人未作约定的，适用法定的范围，包括以下内容：主债权、利息，违约金、损害赔偿金和实现抵押权的费用。

2. 抵押权效力所及的标的物范围

抵押权效力所及的标的物的范围，指抵押权人实现抵押权时，可以依法变价并优先受偿的标的物的范围。一般而言，抵押权的标的物应是以抵押登记时登记簿所记载的所有物或用益物权为限，然而各国立法为了维护抵押权标的物的经济效用和交换价值，以及兼顾双方当事人的利益，对标的物以外的其他物或权利，在一定条件下，也视同为抵押权的标的物。

一是从物。抵押权的效力应当延伸至标的物的从物，关于何种物可视为抵押物的从物，有两个标准：(1)与主物具有依存关系，两者结合在一起可增进主物的使用价值的物；(2)主物与从物须为一人所有。因此抵押物与有辅助其功能之物虽具有经济上的结合关系，但为两个以上的人分别所有时，抵押权的效力不及于该物。此外，抵押权设定前为抵押物的从物的，抵押权的效力及于抵押物的从物。反言之，抵押权设定后新增的从物不为抵押权的效力所及，但在抵押权实现时可以一并处分。

二是从权利。从权利是为了辅助主权利的效力而存在的一种权利。从权利不能独立地存在，从权利对主权利具有依存关系，主权利消灭，从权利也随之消灭，主权利在主体间转移，从权利也当然转移。地役权就是一种典型的从权利。因此，地役权不能单独抵押，如农地经营权、建设用地使用权等设定抵押时，在实现抵押权时，地役权一并转让。

三是添附物。添附，是指不同所有人的财产合并在一起形成不能分离的财产的一种法律事实，包括附合、混合与加工三种类型。根据《担保制度解释》第 41 条的规定，添附发生，抵押人对添附物享有所有权，抵押权的效力及于添附物，但若添附导致抵押物价值增加的，抵押权的效力不及于增加的价值；第三人与抵押物所有人为附合物、混合物或者加工物的共有人的，抵押权的效力及于抵押人对共有物享有的份额。

四是孳息。抵押权设定后，抵押人并不因此而丧失其对抵押物的使用收益的权利，所以抵押人应有权收取抵押物所产生的孳息；抵押权人不能直接支配抵押物的实体，而只能于债务人不履行债务时，依法就抵押物的变价优先受偿，因此抵押权的效力原则上不及于抵押物的孳息。但是当抵押权实行之时，抵押物被人民法院扣押，抵押人丧失受益之权，抵押权的效力扩张到抵押物的孳息上。孳息有天然孳息与法定孳息之别。抵押权人实行抵押权，抵押财产被人民法院依法扣押的，自扣押之日起抵押权人有权收取该抵押财产的天然孳息。抵押权人收取法定孳息的起始日原则上自扣押之日起计算，但是抵押权人必须通知法定孳息的支付义务人，否则不能收取该法定孳息。此外，抵押权人收取的孳息应当首先用于充抵收取孳息的费用。

五是代位物。抵押权的标的物因灭失、毁损或者征收等原因而获得赔偿金、保险金、补偿金，该赔偿金、保险金、补偿金就成为抵押权标的物的代替物，抵押权人仍可以就该项赔偿金行使优先受偿权，抵押权的这项特性就被称为抵押权的代位性，而该赔偿金就是抵押物的代位物，例如，抵押物因添附而致抵押物的所有权为第三人所有的,抵押权的效力及于补偿金。另外,给付义务人已经向抵押人给付了保险金、赔偿金或者补偿金,则抵押权的代位效力丧失,但是给付义务人接到抵押权人的给付通知后仍向抵押人给付的除外。

六是房地联动的效力。由于我国采用"房地一体"即建设用地使用权和建筑物所有权归属于同一权利人的规则,所以不动产抵押有其特殊性。根据《民法典》第 417 条的规定,建设用地使用权抵押后,该土地上新增的建筑物不属于抵押财产,但抵押权实现时,又应将该土地上新增建筑物所有权与建设用地使用权一并处分,只是抵押权的效力不及于新增建筑物的拍卖价款部分。《担保制度解释》第 51 条进一步明确,法律虽规定正在建造的建筑物上可以设定抵押,但抵押权的效力不能及于正在建造的建筑物的续建部分,其效力范围限于已办理抵押登记部分,抵押合同约定可以及于的部分,只要未做登记,也不进入抵押权的效力范围。上述规则,一方面是遵循房地权利归属同一主体的原则,另一方面是基于保护抵押人及抵押人的其他债权人利益的目的而设计的。

(二)抵押权人与抵押人的关系

在抵押法律关系中,抵押权人和抵押人是两个最重要的主体,他们以抵押物为媒介发生关系。抵押人是抵押物的所有人(或其他享有处分权的人),现实地支配着抵押物;抵押权人则凭借抵押权掌控抵押物的交换价值,潜在地支配着抵押物将来的权利归属。在抵押权存续期间,抵押权人与抵押人各自对抵押物享有一定的权利。

1. 抵押权人的权利

第一,对抵押权的处分权。抵押权人有权对其享有的抵押权进行处分,包括抵押权的转让、抵押权的抛弃、抵押权顺位的抛弃。抵押权属于财产权利,因此具有让与性。但是抵押权是从属于主债权的从权利,所以抵押权不得与所担保的债权分离而单独转让,而只能与债权一并转让;同时,不动产抵押应办理抵押变更登记,才能发生转让的效力。抵押权人有权抛弃抵押权,从而导致抵押权消灭,其债权因此成为无担保的债权。同一物上存在多个抵押权,先顺位的抵押权人有权抛弃抵押权的顺位,导致其抵押权成为后顺位的抵押权。

第二,保全抵押权价值的请求权。抵押权是一种以把握抵押物的交换价值为核心的权利,任何侵害抵押物导致抵押物价值减少的行为都实质性地侵害到抵押权,威胁抵押权保障债权实现的目的,因此,法律有必要赋予抵押权人保全抵押权价值的请求权。侵害抵押物的行为来自两个方面:(1)抵押人自身;(2)抵押人以外的第三人。《民法典》第 408 条明确规定抵押权人可以向侵害抵押物价值的抵押人主张权利。即抵押权人保全抵押权价值的权利由四个请求权构成:抵押人的行为足以使抵押物价值减少的,抵押权人有权请求抵押人停止其行为,以防止抵押物价值减少,这项权利被称为抵押物价值减少防止权;当抵押人的行为已经造成了抵押物价值减少的,抵押权人有权请求抵押人恢复抵押物的价值或提供与减少的价值相当的担保,这两项权利分别称为恢复抵押物价值请求权和增担保请求权;如果抵押人既不恢复抵押财产的价值也不另行提供担保的,抵押权人有权请求债务人提前清偿债务,此项权利称为提前清偿债务的请求权。

2. 抵押人的权利

第一,同一抵押物上设定多个抵押权。抵押权在存续上没有排他性,原《担保法》第 35 条允许抵押人在一个抵押物上设立多个抵押权,但禁止抵押人所担保的债权超出其抵押财产的价值(所谓超额抵押)。此条规定的初衷是保护债权人的利益,但在实际运用过程中,表现出明显不合理之处,因此《民法典》未设那样的限制,而允许抵押人无限额地在一个抵押物上设立多个抵押权。

第二,对抵押物的使用收益权。抵押权最大的特点就在于,抵押人作为抵押物的所有人或者处分权人并不因设定抵押权而丧失对抵押物的用益权能,抵押人不但可以自己使用抵押物,还可以将抵押物出租以获得法定孳息。此外,建设用地使用权人还可能在使用权上设定抵押权后,在该使用权上设立地役权。

第三,抵押物自由转让的权利。原《担保法》和原《物权法》都对抵押人转让抵押物设置了限制规范,现行法改变了这一立场。《民法典》第 406 条规定,抵押期间,抵押人可以转让抵押财产;同时又规定,抵押财产转让的,抵押权不受影响。依此规定可知,现行法允许抵押物自由流转的同时,抵押权的效力仍可凭借登记而继续及于抵押物,对抵押权人而言,抵押物之流转不过是换了一个抵押人。根据该条第 2 款的规定,抵押人转让抵押财产时应当通知抵押权人,这是抵押人对抵押权人负担的一个法定义务,违反此义务,抵押权人在抵押财产可能受损时有权请求抵押人将转让所得的价款支付给抵押权人用于提前清偿债务或提存。此外,该条第 1 款还规定,当事人可以就抵押人能否转让抵押财产进行约定,有约定的从其约定,这表明抵押人自由转让抵押财产的权利是可基于当事人的意思加以限制的;《担保制度解释》第 43 条认可该转让禁止约定可以登记成为抵押权登记之一部分,并发生阻止物权变动的效力,这在一定程度上为当事人通过约定限制抵押物自由转让提供了可能。

(三)抵押权的顺位

1. 抵押权顺位的概念

所谓抵押权的顺位,又称抵押权的顺序或次序,是指为担保两个或者两个以上的债权,在同一抵押物上设立数个抵押权时,各抵押权人优先受偿的先后次序,即同一抵押物上数个抵押权之间的相互关系。相对于一般债权而言,无论抵押权的先后次序如何,抵押权人就同一抵押物卖得的价金均优先于一般债权人受偿。但对各抵押权人而言,仍有必要确定优先受偿的先后次序。

2. 确定抵押权顺位的规则

根据《民法典》第 414 条的规定,同一财产向两个以上债权人抵押的,拍卖、变卖抵押财产所得的价款依照下列规定清偿:

首先,抵押权已经登记的,按照登记的先后顺序清偿;顺序相同的,按照债权比例清偿。此项规定既适用于采登记生效主义的不动产抵押,也适用于采意思成立登记对抗主义的动产抵押。所谓“顺序相同”,是指当事人在同一天里在法定登记部门办理登记,无论时间早晚,视为顺序相同。

其次,抵押权已经登记的先于未登记的受偿。此项规定只能适用于动产抵押权,因为不动产抵押权未登记不能生效,不存在未登记的不动产抵押权之说。动产抵押权因意思而成立,经登记而发生对抗善意第三人的效力,故登记的动产抵押优先于未登记的动产抵押受偿。

最后,抵押权未登记的,按照债权比例清偿。此项规定也适用于动产抵押,综上所述,动产抵押未经登记不能对抗第三人,所以数个抵押权未经登记时,相互间均无对抗力。换言之,均不具有排他性效力,此点与债权无异,各个抵押权只能按照其所担保的债权的比例受清偿。此外,此种未经登记的抵押权,也不能对抗抵押人的其他一般债权人。

但按照《民法典》第 416 条的规定,动产的价款抵押权则与前述的“先登记先受偿”的一般规则不同,即动产抵押担保的主债权是抵押物的价款,只要在该动产交付给买受人(亦即抵押人)的 10 日内办理抵押登记,该抵押权优先于该动产上的其他担保物权。关于这一规则的运用,在本章第六节具体讲解。

3. 抵押权顺位的放弃与变更

抵押权人的顺位对于抵押权人就抵押物的交换价值是否能优先受偿具有重大的意义，抵押权人的顺位越靠前，越有可能优先受偿。因此，抵押权的顺位本身具有一定价值。根据《民法典》第409条的规定，抵押权人可以放弃抵押权的顺位，抵押权人与抵押人在不损害他人利益的情况下也可以协议变更抵押权顺位以及被担保的债权数额等内容，从而导致各抵押权人间的受偿顺序及内容出现变化。

关于抵押权顺位的抛弃。抵押权顺位的抛弃，是指享有先顺位的抵押权人放弃其优先于其他后顺位的抵押权人受偿的地位。根据其抛弃顺位的意思的不同，可以分为两种：一为相对抛弃；二为绝对抛弃。抵押权顺位的相对抛弃，是指同一抵押物上先顺位抵押权人为了特定的后顺位抵押权人的利益而将自己的优先受偿利益加以抛弃的行为，其法律效果是抛弃先顺位的抵押权人与因抛弃而受利益的后顺位的抵押权人处于同一顺位，二者依各自顺位所能获得的合计金额按照各自的债权比例受偿。抵押权顺位的绝对抛弃是指，抵押权人为了全体后顺位抵押权人的利益而将自己的优先利益加以抛弃的行为，其法律效果是抛弃顺位的抵押权人由原先的在先顺位状态变为最后顺位。

关于抵押权顺位的变更。抵押权顺位的变更是指同一抵押物上抵押权顺位发生变化的情形。发生抵押权顺位变化的情形有两种：一是抵押权人与抵押人约定变更抵押权的顺位；二是两个或者数个抵押权人将其抵押权顺位相互交换的情形。抵押权顺位变更的法律效果主要有以下几个方面：首先，抵押权顺位发生变更的是顺位交换的效果，即顺位前移的抵押权取得顺位后移抵押权原先的顺位；其次，抵押权顺位的变更改变了抵押权的顺位，因此与抵押权顺位让与所不同的是，变更抵押权顺位的抵押权人并未退出抵押关系，各个抵押权人在自己抵押权实现条件具备后，均得实现抵押权；最后，债务人的清偿不受抵押权顺位变更的影响。同一物上有数个抵押权存在时，抵押权的顺位发生改变，不免会对其他抵押权产生影响。为了使抵押权顺位的变更不致使其他人的利益受损，法律明确地规定，抵押权的变更，未经其他抵押权人书面同意，不得对其他抵押权人产生不利影响。故抵押权顺位变更的约定如果含有产生损害其他抵押权人的内容，该内容对其他抵押权人无效。

关于放弃抵押权、抵押权顺位和变更抵押权顺位的其他后果。如果债务人以自己的财产设定抵押，抵押权人放弃该抵押权、抵押权顺位或者变更抵押权的，其他担保人在抵押权人丧失优先受偿的范围内免除担保责任，但其他担保人承诺仍然提供担保的除外。

（四）抵押权与其他权利的关系

1. 抵押权与其他担保物权的并存关系

在同一动产上既有抵押权又有质权时，该抵押物拍卖或者变卖所得的价金的受偿顺序应当按照抵押权登记或者质物交付的时间先后来确定，登记在先则抵押权先受偿，交付在先则质权先受偿。

2. 抵押权与租赁权的关系

如前所述，抵押人作为抵押物的所有人或者处分权人并不因设定抵押权而丧失对抵押物的用益权能，抵押人有权出租抵押物，承租人也因此获得抵押物的租赁权。抵押权与租赁权互不干涉。然而，当债务人届期无法清偿债务，抵押权人要实现抵押权时，租赁权与抵押权即发生冲突。抵押权与租赁权之间发生冲突的原因是抵押权的实现将改变抵押物的所有人，新的所有权必然与租赁权发生冲突,该新所有权是否可以排除租赁权取决于抵押权和租赁权的关系。

根据《民法典》第 405 条的规定,抵押权设立前,抵押物已出租且已为承租人占有,抵押权实现对租赁合同不产生影响,租赁合同在有效期内继续有效,租赁合同可以对抗因拍卖而取得抵押物所有权的受让人。但抵押权设立后抵押物才出租的,该租赁关系不得对抗已登记的抵押权,即抵押权实现后即使租赁合同仍未届期,抵押物的受让人也不受租赁合同的约束,可依所有权取回该抵押物的占有,承租人因此丧失对租赁物的利用。如果动产抵押权没有登记,无论租赁关系发生在前或在后,租赁关系均不受抵押权的影响。

3. 抵押权与建设工程价款优先受偿权的关系

根据《民法典》第 807 条的规定,建设工程的承包人在发包人逾期不支付工程价款时,可以就该工程折价或者就该工程变价价款优先受偿。如果在此建设工程上同时存在抵押权时,两个权利即发生冲突。最高人民法院《关于建设工程价款优先受偿权问题的批复》中明确了两者的地位:建设工程的承包人对该建设工程的优先受偿权优于抵押权和其他债权。此规则符合优先保护价值创造者的基本法理。

4. 抵押权与抵押物买受所有权的关系

《民法典》第 406 条规定,抵押财产转让的,抵押权不受影响。根据这一规定,抵押权具有追及效力。因此,当抵押人将抵押物转让给第三人时,该第三人所取得的所有权上负有抵押权。同时根据该条规定,抵押权人可以请求抵押人将转让所得价款用于清偿或代为清偿债务,如能就此清偿债务,抵押权亦可消灭。但如不能清偿,抵押物之受让人可代为清偿债务,用以消灭所有权上之抵押权。但若未清偿全部债务,抵押权人仍然有权追及抵押物之所在,行使抵押权。

作为例外,《民法典》第 404 条规定的动产抵押权即使已经登记也不能对抗正常经营活动中已支付合理价款并取得抵押财产的买受人。这一规定使动产抵押权因抵押物的转让可能失去追及效力。但对该条作逆向解释,即抵押人出售抵押物非属于正常经营活动,抵押权则可对抗买受人。《担保制度解释》第 57 条规定,出现以下情形不会导致抵押权丧失追及效力:购买商品的数量明显超过一般买受人;购买出卖人的生产设备;订立买卖合同的目的在于担保出卖人或第三人履行债务;买受人与出卖人存在直接或者间接的控制关系;买受人应当查询抵押登记而未查询的其他情形。

5. 抵押权与无担保债权

抵押权具有优先效力,因此抵押权人的债权优于其他一般债权人受清偿。但是根据《民法典》第 403 条的规定,动产抵押权未经登记的,该抵押权人不能优先于其他一般债权人受偿,而只能与一般债权人按债权比例平等受偿。

五、抵押权的实现

抵押权的实现,是指抵押权人在债务清偿期已届满,而债务人不履行债务时,有权处分抵押物,从而确保债权优先受偿的行为。抵押权的实现,是抵押权最主要的效力,也是抵押权人最主要的权利,同时还是抵押权人实现其担保利益的最后手段。抵押权实现包括两个内容,即抵押物变价程序和债权人优先受偿程序。

(一)抵押权实现的途径

《民法典》第 410 条是关于抵押权实现途径的规范。依该条规定,抵押权人实现抵押权时,要先与抵押人协商实行的方法,如果达成一致意思,则可自行实现抵押权;在协商不成的情况下,抵押权人可向法院寻求司法救济。由此可见,我国法律对于抵押权的实现,采用当事人自救主义。同时,该条还规定在协商不成时,抵押权人寻求救济的方法是请求人民法院拍卖、变卖抵押财产。这一规定直接赋予抵押权人根据抵押权请求进入强制执行程序,无须通过诉讼来实现抵押权,凸显抵押权的物权属性。

(二)变价程序

1. 抵押权实现的条件

其一,有效的抵押权存在。抵押权必须是真实的,不动产抵押权必须进行正式登记,预告登记的抵押权不能被执行。动产抵押权设立以抵押合同的生效为条件,因此抵押合同也必须是有效成立的,如果抵押合同无效或者已被撤销,抵押权也不能被执行。

其二,债务人不履行到期债务或者发生当事人约定的实现抵押权的情形。"不履行到期债务"是指债务人在债务履行期限届满后不清偿债务;"当事人约定的实现抵押权的情形"是指抵押人与抵押权人特别约定的可以实现抵押权的情形。

其三,无法律上的其他限制。例如,《企业破产法》第 75 条第 1 款规定,在重整期间,对债务人的特定财产享有的担保权暂停行使。这项规定就是对抵押权实现的限制。

2. 变价方法

抵押权是价值权,其本质在于被担保债权可就抵押财产变价所得价款优先受偿。因此,在实现抵押权时,首先要将抵押财产的价值转变为价金。抵押财产变价有三种方法:拍卖、变卖和折价。抵押权人和抵押人可以协商选择任何一种方式实现抵押权,也可通过司法途径采取拍卖或变卖的方式实现抵押权。

一是拍卖。拍卖,是指以公开竞价的形式,将特定物品或者财产权利转让给最高应价者的买卖方式。当事人协商以拍卖方式变价的,抵押权人和抵押人可自行委托拍卖机构进行拍卖;申请法院强制程序的,拍卖由法院委托拍卖机构进行。对抵押权人而言,拍卖使抵押物转化为金钱,可用于优先受偿;同时,抵押权也因此而消灭。对抵押人而言,抵押物经拍卖后,抵押物的所有权转移到受让人,抵押人的所有权消灭;拍卖价款超过债权数额的部分归抵押人所有;抵押人如果是物上担保人,则产生抵押人对债务人的追偿权。对抵押物买受人而言,买受人因拍卖而取得标的物的所有权。

二是变卖。变卖是以一般的买卖形式出卖抵押物以实现抵押权的方式。变卖是对标的物进行变价的一种较为简易的方式,它无须经过严格的程序,也无须竞价,而是由当事人或法院直接将标的物以合理的价格出卖,因此,具有成本低、效率高的优点。其法律效果与拍卖相同。

三是折价。抵押物折价,是指债务人在履行期限届满时未履行债务,经抵押权人与抵押人协议,或者协议不成时经由人民法院裁定,按照抵押物的品质,参考市场价格,以抵押物替代清偿被担保的债权,由抵押权人取得抵押物的所有权,主担保债权在抵押物折价价金范围内消灭的一种抵押权实现方式。从内容上看,抵押物折价与抵押物流质协议均以代物清偿为内容,但两者并不相同:(1)二者在成立时间上不同,流质契约成立于债务不履行之前,而折价成立于债务不履行之后;(2)在抵押权实现时,流质是由抵押权人直接取得抵押物的所有权,不需要对抵押物进行估价,而折价必须参照抵押物的市场价格,对抵押物进行估价。抵押物的价格超过债权的部分,抵押权人应当返还抵押人;不足部分,由债务人清偿。

四是其他债权人的撤销权。抵押权人与抵押人通过协议实现抵押权时,不需要公开进行。但不能损害抵押人的其他债权人的利益,如果造成损害,抵押人的其他债权人有权撤销该协议。

（三）抵押权实现的顺序

抵押权实现的顺序是指在抵押财产被依法拍卖或变卖后，所得的价款在其所担保的债权范围内进行分配的顺序。拍卖、变卖抵押财产所得价款的具体分配顺序如下：

首先，实现抵押权的费用。拍卖所得价款先应用于支付实现抵押权的费用，其中包括委托拍卖、组织变卖被执行人财产等发生的费用。因为这些费用的支出对于全体债权人都具有利益，因此属于共益性费用，应当优先支付。

其次，土地出让金。拍卖划拨的国有土地使用权所得的价款，在依法缴纳相当于应缴纳的土地使用权出让金的款额后，抵押权人有优先受偿权。

最后，抵押权所担保的债权。抵押财产拍卖变卖所得的价款在清偿前述实现抵押权的费用、土地使用权出让金后，按照抵押权顺位依次清偿各抵押权所担保的债权，顺位相同的，按债权比例受偿。清偿时，应当先清偿主债权的利息，然后再清偿主债权。

如果抵押财产拍卖、变卖所得价款在清偿其所担保的债权之后仍有剩余的，归抵押人所有，不足部分由债务人负责清偿。此时，不足部分与债务人的普通债权处于平等受偿地位。

（四）抵押权受保护的时间限制

担保物权依其性质，不宜永续存在，因此担保物权为有期物权。根据《民法典》第419条的规定，抵押权人应当在主债权诉讼时效期间行使抵押权；如未在此时间内行使，抵押权人主张行使抵押权的请求便不能得到人民法院的保护。不仅如此，债权人即使通过对债务人诉讼获得胜诉，其债权得到法院支持，但在法院裁判后债权人未在申请执行的时效期间内对债务人申请强制执行或向抵押人主张行使抵押权，抵押权仍然会因逾期行使而不受保护。

六、特殊抵押

（一）动产浮动抵押权

1. 概念与特征

动产浮动抵押权，是指抵押人以其现有或将有的生产设备、原材料、半成品和产品设定抵押权，在债务人不履行到期债务或者发生当事人约定的实现抵押权的情形下，债权人有权对抵押人设定抵押范围内的动产优先受偿的权利。该项抵押权是由《民法典》第396条规定的一种特殊的动产抵押制度。

动产浮动抵押权具有抵押权的主要特征，也有其自身的特征：

第一，抵押权标的物有三个方面特点。（1）抵押物的范围仅限于法律明确规定的“特殊动产”，包括生产设备、原材料、半成品、产品。（2）抵押物不是单个的财产，而是集合体。（3）抵押物不仅包括抵押人现有的动产，还包括将来的财产。以上三点是区别于一般抵押制度的重要的特征之一。

第二，抵押财产具有浮动性。动产浮动抵押权的抵押财产，是现有或将有的动产集合体，抵押人新取得的、属于被登记抵押财产种类的特别动产，将自动进入抵押标的物范围，同时原有的属于抵押标的物范围的动产也因正常交易而自由地脱离抵押物范围，抵押财产在抵押期间自由地流动，具有不稳定性和不确定性。

2. 动产浮动抵押权的设立

动产浮动抵押权因抵押合同生效而成立。抵押合同生效，债权人取得抵押权。

关于抵押人的范围。只有企业、个体工商户、农业生产经营者能够设立动产浮动抵押权，没有取得商事主体资格的普通自然人、事业单位及政府机关不得设立此项抵押权,农业生产经营者应指有一定规模的经营农业、养殖业、畜牧业的生产经营者。

关于抵押物的范围。抵押物的范围仅限于生产设备、原材料、半成品、产品,这些财产只能是在生产流通过程中的动产,已脱离生产或者销售领域的财产不得设定动产浮动抵押权。

关于合同内容。应当包含一般抵押合同的条款,如被担保债权的种类和数额;债务人履行债务的期限;担保的范围。除此以外,合同还应当载明以下几项:(1)明确约定抵押合同是根据《民法典》第396条签订的,以抵押人现有的和将来的动产设定抵押;(2)动产浮动抵押权的设定,必须在抵押合同中约定抵押财产的范围,如约定抵押财产是仓库中存放的产品、车间内所有的生产设备等;(3)约定抵押物确定的事由。

关于合同形式。合同也必须采用书面形式,仅有当事人间的合意不能设立抵押权。

关于合同的效力。抵押合同生效时抵押权即成立。

3. 动产浮动抵押权的登记

动产浮动抵押权依抵押合同成立后,须办理登记才能发生对抗第三人的效力。动产浮动抵押权在中国动产融资统一登记系统登记。动产浮动抵押权登记十分方便和简单,登记既不必就各个特别动产进行公示,也不必制定抵押财产目录清单,在抵押登记时仅登记作为抵押标的物的"特别动产"种类即可,生产设备、原材料、半成品、产品这些动产在正常经营活动下转让给第三人,或者新的动产进入抵押物的范围时,都不需要进行变更登记。

4. 动产浮动抵押权的效力

抵押权人的权利主要有:(1)抵押权人与抵押人的内部关系。抵押合同生效后,抵押权人即可向抵押人主张抵押权的存在,并可行使保全抵押物价值请求权,设定浮动抵押的抵押人不得以抵押未登记而向抵押权人主张抵押无效。(2)抵押权的外部效力。抵押权未登记前,不能对抗第三人;抵押权登记之后,即发生对抗第三人的效力,这里所指的第三人,包括在同一抵押物上取得抵押权、质权的权利人,抵押物上的租赁人、抵押人的其他债权人,但不包括正常经营活动中已经支付合理价款并取得抵押财产的买受人。

抵押人的权利主要有:抵押人在特定动产上设定动产浮动抵押权后,仍然可以自由处分抵押财产,其正常的经营活动(特指买卖活动)不受影响。抵押人出售的产品,于所有权移转于买受人时,自动退出抵押物的范围。

5. 抵押物的确定

由于动产浮动抵押关系中,抵押人可以自由处分抵押物,所以抵押期间,浮动抵押的客体处于变动不居的状态。如果抵押物不能固定,浮动抵押无法实行,因此,在动产浮动抵押实现之前,有必要先行转化为固定抵押,这种转化,就称为抵押物的确定。

关于抵押物确定的事由。债务的履行期限届满,债务人尚未清偿全部债务;宣告破产或者撤销;发生当事人约定的实现抵押权的事由;发生严重影响债权实现的其他情形。

关于抵押物确定的效果。浮动抵押物转为固定之物,固定的抵押物不能再自由流转;浮动抵押固定化,抵押性质发生根本变化;抵押人对抵押物不能再自由处分,应受抵押权的限制;抵押权人对确定的抵押物,有优先受偿权。

(二)最高额抵押

1. 概念与特征

最高额抵押,是指在预定的最高债权额度内,以抵押财产对一定期间内将要连续发生的债权提供的抵押担保。

最高额抵押有以下特征:(1)最高额抵押是为将来发生的不特定债权所提供的担保;(2)最高额抵押必须预定最高债权限额,由于最高额抵押权所担保的债权是不特定债权,所以必须约定一个最高限额,使抵押权对于物的交换价值的支配范围有一个量上的限度;(3)最高额抵押权的从属性弱化。

2. 设定

最高额抵押权的设定方式。关于最高额抵押权的设定,《民法典》没有直接规定,依该法第424条的规定,应采用一般抵押权的设定规则。所以,最高额抵押权也应与一般抵押权一样,由抵押权人与抵押人订立抵押合同,并依法登记。至于最高额抵押权何时成立,依据《民法典》第402条、第403条的规定,区分抵押物为动产或不动产来确定。

最高额抵押合同。最高额抵押合同应当包括以下特殊内容:(1)抵押权所担保的债权范围;(2)最高债权限额;(3)债权确定原因或期日。

3. 最高额抵押权的效力

关于最高额抵押权担保的债权范围。最高额抵押权担保的债权在最高限额范围内,可以优先受偿。最高额抵押权担保的债权遵循以下规则:抵押期间基于抵押合同所约定的交易活动发生的债权,并且发生的债权未超过最高限额的部分;抵押权人已转让给第三人的债权,不再包括在最高抵押担保的债权范围内;最高额抵押设立前已经存在的债权,经当事人同意,可以包括在最高额抵押担保的债权范围内;除非当事人另有约定,抵押权担保的债权范围还包括利息、迟延利息以及实现抵押权的费用等。

关于最高额抵押权内容的变更。最高额抵押的内容可以通过协议的方式进行变更。抵押权人与抵押人可以变更债权确定的期间;也可以变更债权范围;还可以变更最高债权额。以上内容变更都不得对其他后位抵押权人产生不利影响,如果变更的内容对其他抵押权人产生不利影响,未经其他抵押权人的同意,其产生不利影响的内容对其他抵押权人不发生效力。

关于最高额抵押权的转让。最高额抵押权在其被担保债权确定之前,具有独立性,因此,可以与债权分离而独立存在,也即债权可以单独转让给第三人而最高额抵押权不转让,最高额抵押权可以单独转让给第三人而债权也不转让。

4. 最高额抵押权的确定

最高额抵押权的确定,又称为最高额抵押的决算,是指抵押担保期限届满或发生其他事由需要实行抵押权时,对最高额抵押所担保的债权进行清算,以确定最高额抵押所担保的债权的范围或实际金额的活动。

关于最高额抵押权确定的事由。最高额抵押权确定的事由主要包括以下几种情形:抵押权人与债权人约定的债权确定期间届满;当事人没有约定债权确定期间或者约定不明的情况下,抵押权人或者抵押人自最高额抵押权设立之日起满2年的,可以随时请求确定债权;不可能再有新的债权发生;抵押权人知道或者应当知道抵押财产被查封、扣押的情形;债务人、抵押人被宣告破产或者被撤销的情形;法律规定债权确定的其他情形。

关于最高额抵押权确定的法律效果。最高额抵押权担保的债权确定后,有如下效力:最高额抵押担保的债权确定,新生的债权不能再进入最高额抵押权担保的范围;确定后的债权,不能再部分或全部独立转让,债权与抵押权不可分离;抵押权就抵押物的优先受偿应在确定的债权范围之内,具有一般抵押权的特性。

(三)共同抵押

1. 概念与特征

所谓共同抵押,也称总括抵押、聚合抵押,是指为担保同一债权,而在数个标的物上成立的抵押。共同抵押的主要作用是累积多个标的物的交换价值,确保债权的清偿。从其成立来看,与普通抵押并无不同,以各个标的物分别办理抵押登记即可。唯有特别之处是在数个抵押财产上成立的数个抵押权,共同担保同一债权实现,因此共同抵押有以下两点特征:共同抵押是由数个抵押权担保同一债权;共同抵押权存在多个抵押财产,且该数项财产是各自独立的财产。

2. 共同抵押的效力

共同抵押效力问题可分为抵押权的效力和抵押人就债务数额如何分担两个方面的内容。此两方面内容因以下两种不同情况而有所不同。

一是分配式共同抵押。分配式共同抵押,是指担保同一债权的数个抵押物对被担保债权各自担保一定的债权额。分配式共同抵押需各当事人在抵押合同中明确约定抵押物所担保的债权份额。基于这种共同抵押,债权人只能按各抵押人所承诺的担保额对各个抵押物分别受偿。各抵押人只需清偿自己财产所担保的债权额,就能消灭自己财产上的抵押权。

二是连带式共同抵押。连带式共同抵押,是指数个抵押物对被担保债权不分配担保额,各自都担保全部债权的实现,且依一定规则在各担保物上分配担保责任。依通说,同一债务人以自己的数个财产为同一债权设定抵押权时,或数个第三人或者债务人与第三人数人以各自的财产为同一债权设定抵押权而未约定各自担保的债权份额时,都成立连带式共同抵押。但我国法律并不广泛地承认连带式共同抵押,而是部分地承认。根据新《担保制度解释》第13条的规定,共同抵押具备连带性须有以下任一情形:(1)担保人之间约定相互追偿及分担份额;(2)担保人之间约定承担连带共同担保;(3)担保人约定相互追偿但是未约定分担份额的;(4)担保人之间没有约定但各担保人在同一份担保合同书上签字。不存在上述情况的共同担保,不发生各担保人间的连带关系,承担了担保责任的担保人无权请求其他担保人分担向债务人不能追偿的部分。

问题与思考

关于抵押权顺位的升进主义与固定主义。顺位在先的抵押权因实行抵押权以外的原因而消灭时,顺位在后的抵押权是否依次升进?对此有两种不同的立法例,即抵押权顺位固定主义与抵押权顺位升进主义。

抵押权顺位升进主义,是指抵押权设定以后,其顺位可因一定原因而发生变更,先顺位抵押权担保的债权获得清偿或因其他原因消灭,抵押权随之消灭,后顺位的抵押权的顺位自动上升,后顺位抵押权人获得前顺位抵押权人的顺位,立法上以法国和日本民法为代表。抵押权顺位固定主义,是指抵押权设定后,其顺位固定不变,即使先顺位的抵押权所担保的债权已得到清偿或者先顺位抵押权人抛弃其抵押权,其后顺位抵押权仍保持其原来的顺位,抵押权人仍只能按照该顺位受偿,立法上以德国和瑞士民法为代表。

我国立法对抵押权是否可以升进虽未作明确规定,但是根据《民法典》第393条的规定,实际上采用的是抵押权顺位升进主义。该条“当主债权消灭或债权人放弃担保物权时,担保物权消灭”的规定,使先顺位抵押权因主债权消灭而不存在,那么当后顺位抵押权实现时,即可依据《民法典》第413条自然取代先顺位抵押权的位置,从而形成事实上的抵押权顺位升进主义。

第四节 质 权

一、质权概述

(一)质权的概念与特征

质权是指债权人对债务人或第三人移转占有而供担保的财产,在债务人不履行债务时,以该财产折价或以拍卖、变卖所得价款优先受偿的权利。在质权法律关系中,享有质权的债权人称为质权人;将财产移转给债权人占有而担保债的履行的债务人或第三人称为出质人;出质人移转给债权人占有的用以担保债的履行的财产称为质物或质押物。

质权是一种担保物权,质权与抵押权都具有从属性、不可分性、物上代位性等特性。但质权与抵押权也有不同:

(1)标的物不同。抵押权的客体为不动产、不动产用益物权、动产;质权的客体为动产以及知识产权、债权、股权等财产权利。(2)质权的成立要件和保持要件与抵押权不同。抵押权的成立原则上以抵押权登记为要件,而不以抵押财产的交付为要件,其保持也不以抵押权人占有抵押财产为条件。动产质权的成立,出质人须依约将质物交付债权人占有,没有质物的交付行为,不能成立质权;质权人返还质物于出质人,质权即告消灭。(3)效力范围不同。抵押权仅具有优先受偿效力,而质权兼具留置效力与优先受偿效力。此外,质权效力及于质物的孳息上,也与抵押权不同。

但应注意,权利质权呈现出与抵押权越来越多的相近特征,尤其不转移占有、采登记公示方式等外在特征。

(二)质权的类型

理论上,依质权标的物不同可将质权分为动产质权、不动产质权和权利质权。不动产质权是以不动产为标的物的质权,它曾是欧洲封建社会中一种盛行的物权担保方式,现代社会除少数国家采用外,多数国家已废止了这一制度,我国也未规定这项制度。因此,我国质权的分类是动产质权与权利质权。

除承认普通质权外,我国民法还承认最高额质权,即是质权人与出质人协议,在最高额度内,以质押财产对一定期间内将要连续发生的债权提供的担保。根据《民法典》第439条的规定,最高额质权应适用关于“动产质权”和“最高额抵押”的有关规定,故最高额质权应具有以下特征:(1)最高额质权的质押财产必须转移占有,质权在动产交付时生效,此点与一般质权相同,而与最高额抵押相异。(2)最高额质权是对一定期间内将要连续发生的债权的担保,因此最高额质押所担保的债权是不确定的。(3)最高额质权对将来债权的担保有最高额的限制,当实际发生的债权额没有达到这一额度时,质权人就质物变价价金优先受偿的范围以实际发生的债权额为限;当实际发生的债权额超过这一额度时,超过部分不属于质权担保的范围。

二、动产质权

(一)动产质权的概念与特征

动产质权是指以动产为标的物的质权。动产质权基于动产质押合同而发生。动产质权是指为担保债务的履行,债务人或者第三人将其动产出质给债权人占有,债务人不履行到期债务或者发生实现质权的事由,债权人享有就该动产优先受偿的权利。

动产质权的特征主要有:标的物只限于他人动产,且具有可转让性;质权人对质物所卖价金有优先受偿权;质权具有从属性,随主债权的产生、移转、消灭而产生、移转、消灭;质权以质物的交付作为成立的要件。

(二)动产质权的取得

就债权人方面而言,动产质权的取得,既可基于法律行为,也可基于法律行为以外的原因。基于法律行为取得动产质权的方式有动产质权的设定和动产质权的让与两种。基于法律行为以外的原因有时效取得、法定取得、继承取得、善意取得,我国立法上不承认时效取得与法定取得。以下是动产质权的设定与善意取得的具体规则。

1. 动产质权的设定

动产质权的设定是指债权人与债务人或第三人依法律行为创设质权的行为。设定的过程包括质押合同的签订和质物的交付。

首先,质押合同的签订。质押合同是要式合同,出质人与质权人应以书面形式订立质押合同。质押合同应当包括下列条款:被担保债权的种类和数额;债务人履行债务的期限;质押财产的名称、数量、质量、状况;担保的范围;质押财产交付的时间、方式。当事人订立的质押合同不完全具备上述内容的,只要移交质物于债权人占有之事实存在,质押合同即为有效,所缺的内容可以于事后补正。动产质押的客体限于动产,除一般动产如金银、首饰等生活用品、生产设备等生产资料外,也包括采用登记的动产如机动车、船舶、航空器等交通工具,此外,不具特定性的金钱以特户、封金、保证金等形式特定化后,也可以作为动产质押的客体。质押合同与抵押合同一样,当事人虽可做"流质"之预约,即质权人在债务履行期届满前,与出质人约定债务人不履行到期债务时质押财产归债权人所有,但至实现质权时,质权人也只能主张质物变价而就价金优先受偿,并不能依约定直接取得所有权。质押合同一经签订即发生效力,即出质人负有按质押合同的约定将质物交付债权人,为债权人设立质权的义务。债务人或者第三人未按质押合同约定的时间移交质物,并因此给债权人造成损失的,该债务人或者第三人应当根据其过错承担赔偿责任。

其次,质物的交付。动产质权自质物交付时成立。质物的交付原则上必须是现实交付,即质物的占有从出质人移转到质权人;当事人在质押合同中约定由出质人代质权人占有质物而不为质物的实际交付,不发生质权设定的法律效果。但是出质人以间接占有的动产出质的,将质押合同成立的事实以书面通知的形式告知直接占有人,当书面通知送达该直接占有人时,视为质物的占有已经移交,质权即告成立。商业实践中出现一种被称为"动态质押"的动产质权,其特征是出质人以通过一定数量、品种等概括描述能够确定范围的货物为债务履行提供担保,从商业便利目的出发,为了使这些货物不因质押原因而失去流动性,通常在质押合同中会达成质权人许可在质权存续期间出质人转让货物与第三人而后出质人再补齐货物的约定,同时这些货物是由第三方监管(如仓储公司),货物脱离监管人之占有须得到质权人同意,所以质权人、出质人与监管人须订立三方协议,根据《担保制度解释》第 55 条的规定,这种特殊的动产质权,只有在监管人接受债权人的监管委托并实际占有约定的质物时方能成立。

最后,质押合同不完全履行的效果及责任。(1)出质人交付的质物与质押合同约定的质物不相符时,质权客体以实际交付占有的动产为准。(2)出质人交付的质物有隐蔽瑕疵造成质权人其他财产损害的,应由出质人承担赔偿责任,但是,质权人在质物移交时明知质物有瑕疵而予以接受的,出质人可免除赔偿责任。(3)对质物的占有不仅是债权人取得质权的依据,同时也是质权人对抗第三人的依据,质权设定后,如质权人将质物返还出质人,其质权便失去了对抗第三人的效力。

2. 质权的善意取得

出质是一种财产处分行为,出质人对其出质的动产须有所有权。出质人以其不具有所有权但合法占有的动产出质,而债权人在主观上为善意时,可类推动产所有权的善意取得制度,自无处分权的出质人以出质的意思将动产交付债权人占有时,取得该动产的质权。质物的所有人因此负有质押负担,不能请求债权人返还质物。质权人如行使质权,因此给动产所有人造成损失的,由出质人承担赔偿责任。

(三)动产质权的效力

1. 动产质权担保的债权范围

动产质权担保的债权范围包括:主债权、利息、违约金、损害赔偿金、质物的保管费用以及实现质权的费用。与抵押权的担保范围相比较,质权的担保范围要比抵押权的担保范围广泛,因为质权须转移占有,质权人占有标的物后,可能产生质物的保管费用,以及质物隐蔽瑕疵可能造成损害的赔偿问题。

2. 动产质权效力所及的标的物范围

一般认为质权的效力除了及于标的物本身外还包括标的物的从物、孳息、代位物等。(1)从物。如果质权标的物的从物与标的物一起转移给债权人,动产质权的效力及于从物;反之,如果双方当事人有以从物出质的意思表示,但主物转移占有而从物未转移占有,动产质权效力不及于从物。(2)孳息。质押合同没有关于孳息的特别约定时,动产质权的效力及于孳息,质权人在质押期间有权收取孳息。(3)代位物。(4)添附物。质物若与他物发生添附时,质物所有权为第三人取得,出质人的质物所有权即灭失,质权也随之灭失,但质物原所有人得依不当得利请求权要求因添附取得质物的所有人返还其质物价值,此时质权及于返还的补偿金上;若质物的所有人成为添附后的质物的所有人,则质权继续存在,但质权人只能就原质物的价值优先受偿;若质物所有人和他人成为添附后质物的共有人,则质权应存在于出质人对共有物的应有部分。

3. 质权人的权利与义务

质权人的权利:(1)占有质物的权利。质权人有权在债权清偿前对质物持续地占有,并基于此权利享有对侵害其占有的第三人的物上请求权。(2)质物孳息的收取权。质权人有权收取质物的孳息,收取的孳息应当先充抵收取孳息的费用。(3)偿还费用请求权。质权人对因保管质物所支付的必要费用,享有偿还请求权。(4)保全质物价值的权利。因不可归责于质权人的事由可能使质物毁损或价值明显减少,足以危害质权人的利益时,质权人可以要求出质人提供相应担保。出质人不提供的,质权人可以拍卖或者变卖质物,并与出质人协议将拍卖或者变卖所得价款用于提前清偿所担保的债权或者向与出质人约定的第三人提存。(5)转质权。质权人经出质人同意,可以将质物占有移转给第三人,从而在该质物上设定新的质权;但未经出质人同意转质,造成质物毁损、灭失则应承担赔偿责任。(6)质权的处分权。质权人可以处分质权,包括质权的抛弃、质权的让与或为其他债权担保。(7)变价权。实现质权,就质押物价值优先受偿的权利。

质权人的义务:(1)保管质物的义务。质权人因保管不善致使质押财产毁损、灭失应当承担赔偿责任。(2)不得擅自使用和处分质物的义务。质权人虽然占有质物,但不享有对质物的使用权、收益权;在被担保债务的履行期届满前,也不包括对质物的处分权。(3)返还质物的义务。

债务人履行债务或者出质人提前清偿所担保的债权的,质权人应当返还质押财产。

4. 出质人的权利与义务

出质人的权利:(1)保全质物的权利。根据《民法典》第432条第2款的规定,质权人的行为可能使质押财产毁损、灭失的,出质人可以要求质权人将质押财产提存,或者要求提前清偿债务并返还质押财产。(2)行使质物所有权的权利。质权设定后,出质人仍可于不损害质权的范围内行使其财产所有权。(3)清偿债务并取回质物的权利。出质人向质权人要求清偿债务、取回质物时,质权人不得拒绝。(4)损害赔偿请求权。当质物因质权人保管上的过失而毁损或灭失时,出质人有请求质权人赔偿损失的权利。(5)请求质权人行使质权的权利。出质人可以请求质权人在债务履行期届满后及时行使质权;质权人不行使的,出质人可以请求人民法院拍卖、变卖质押财产。出质人请求质权人及时行使质权,因质权人怠于行使权利造成损害的,由质权人承担赔偿责任。(6)追偿权。当出质人是第三人时,在出质人代债务人履行了债务后,或者出质财产被质权人处分后,对债务人有追偿权。

出质人的义务:(1)容忍和不作为义务。容忍义务是指容忍质权人依法行使质权的行为的义务;不作为义务,是指出质人在其财产所有权受质权限制的范围内对质物不实施行使财产所有权的行为。(2)瑕疵担保责任。质物有隐蔽瑕疵造成质权人其他财产损害的,应由出质人承担赔偿责任。但是,质权人在质物移交时明知质物有瑕疵而予以接受的除外。(3)偿还必要费用的义务。出质人对质权人保管质物支出的必要费用负偿还义务。对于质权人取得出质人同意而为有益行为支出的费用,亦应偿还。

(四)动产质权的实现

动产质权的实现,是指债务人不履行到期债务或者发生实现质权的事由时,质权人与出质人协议以质押财产折价,或以拍卖、变卖质押财产所得的价款优先受偿的行为。

1. 动产质权实现的条件和方法。实现的条件有:首先,动产质权有效存在;其次,债务履行期届满或发生当事人约定的实现质权的情形;最后,债权人的债权未获清偿。实现的方法与抵押相同,即拍卖、变卖、折价。其中,折价方法应该符合以下要求:(1)质权人与出质人订立了转移质物所有权的合同,并且合同必须明确是以清偿质权所担保的债权为目的;(2)协议的订立发生在债务清偿期届满后;(3)其协议不得有害于其他债权人的利益。

2. 质权实现的法律后果。采用折价方式实现质权的,质权人取得质物的所有权,质权消灭,质物价值超过其债权,超过部分应返还出质人。采用拍卖变卖方式的,质物经出卖后,质权消灭,质权人可以卖得价金优先受偿,有余额的应返还给出质人;因卖得价金不足而未受清偿的债权,作为无担保的普通债权向债务人继续求偿。

(五)动产质权的消灭

动产质权的消灭,是指动产质权人对特定动产的质权不复存在。

动产质权消灭的原因除了担保物权消灭的一些共同原因外,还有以下的特殊原因。(1)质权的抛弃。质权之抛弃须返还质物始生抛弃的效力;仅有抛弃的意思而不返还质物不生抛弃的效力。有返还质物的行为而无抛弃质权的意思(如以暂时保管或使用借贷的意思,将质物返还出质人),质权虽不消灭,但该质权因失去公示形式而不能对抗第三人。(2)丧失占有或标的物灭失。若质物因遗失或被第三人侵夺,质权人有权请求不法占有者返还质物,此情形下,质权并未丧失。若质物被第三人善意取得而确定已无法取回,则质权消灭。动产质权因质物的灭失而消灭,但因质物灭失所得的赔偿金,质权可继续存在于该赔偿金之上。

三、权利质权

(一)概念与特征

权利质权,是指以所有权、用益物权以外的可转让的财产权为客体的质权。在传统民法理论上,物权的客体只能是有体物,而权利质权客体是有体物之外的权利,因此权利质权在物权法中被视为物权的例外情况,故而将权利质权称为准质权。各国对权利质权的规定,除了特别规则外,一般都准用动产质权的规定。

权利质权除具有质权的一般特征外,还有其自己的特点,这些特点通过与动产质权比较就能更加明显地表现出来。权利质权与动产质权存在以下区别:(1)质权的客体不同。动产质权的客体是有物质实体的有体动产;而权利质权的客体则是没有物质实体的无形权利。(2)质权设定的方式有所不同。动产质权成立的条件是质物占有的移转;权利质权则有多种方式,交付权利证书、将权利设质情况通知该权利的义务人、登记等。(3)质权的效力内容和实现方式不同。动产质权的主要效力内容表现为质权人对出质动产的实际掌握与控制;权利质权的效力内容表现为对出质人利用或处分出质权利的法律限制。在质权实行方式上,动产质权可采折价、拍卖或变卖入质动产的方式,而权利质权的实行除上述方式外,还可采用代位行使出质权利,收取出质权利所获利益等方式。

(二)权利质权的客体

权利是一个广泛的概念,权利有各种不同类型和性质,并不是所有的权利都可以成为质权的客体。质权的目的在于就标的物的变价价金优先清偿其所担保的债权,因此,质权的标的物必须具备一定的条件。

其一,权利质权的客体必须是财产权。质权既有变卖标的物并就其卖得价金优先受偿的效力,其标的物应当是能够以金钱计算的权利,财产权以财产为内容,自可以金钱计算。

其二,权利质权的客体必须具有可转让性。质权的实现必然伴随着权利主体的变更,所以作为质权的标的物也必须具有可转让性。否则,质权无法实现。

其三,权利质权的客体必须是适于设定质权的权利。何种权利适合出质,受到经济发展水平、立法技术以及价值取向等方面因素的影响,所以权利质权的客体范围在各个时期是不相同的。近代各国尤其注重交易安全,强调权利必须寓于有形物之中,所以以各种票据、仓单、提单等有价证券为载体的权利设定质权得到了承认,而纯粹的无形财产则被排斥其外。随着权利类型增多,在社会生活中所占的地位日渐重要,加之登记制度不断完善、担保观念的转变,各国权利质权的标的物范围扩大了。

《民法典》关于权利质权的规定正是在吸收现代担保观念的基础上,顺应世界潮流而制定的。根据《民法典》第440条的规定,下列权利可以成为权利质权的客体:汇票、本票、支票、债券、存款单、仓单、提单等有价证券;可以转让的基金份额、股权;可以转让的注册商标专用权、专利权、著作权等知识产权中的财产权;现有的以及将有的应收账款;法律、行政法规规定可以出质的其他财产权利。最后一个条款采用授权性规范,为其他更多的权利被承认为权利质权的客体提供了法律上的根据。

(三)权利质权的设定、效力与实现

1. 概说

关于权利质权的设定。权利质权的设立,应订立权利质押合同和移转出质权利准占有。设

立权利质权的质押合同的内容,应准用有关动产质押合同内容的规定,但权利没有一定的形体,不能像对有形物那样具体地占有,只能在观念上抽象地占有。相对于有形物的占有,这种抽象占有民法理论上称为"准占有"。权利准占有的移转通常表现为两种形式:一是交付权利凭证;二是办理质押登记。

关于权利质权的效力。权利质权所担保的债权范围与动产质权所担保的范围基本相同,包括主债权及利息、违约金、损害赔偿金和实现质权的费用。质权合同另有约定,则按照合同约定。由于权利质权中不存在保管质物的问题,所以权利质权的担保范围也就不涉及质物的保管费用问题。权利质权设定后,权利人即享有以质押权利本身及其孳息、物上代位物优先清偿其债权的权利。为了使这一权利得到最终实现,在质权存续期间,质权人有权限制出质人转让出质权利以及许可他人使用该出质权利(如专利权)。

关于权利质权的实现。由于质权的形态各异,权利质权的实现方式具有多样化的特点。权利质权的实现通常采用和其他担保物相同的实现方式,如拍卖、变卖、折价等方式依法处分担保物,以优先清偿其债权,如拍卖商标权;也可能依法排他性地代替出质人行使质押权利,所谓排他,就是排除出质人的其他债权人,以获得优先、独占地代为行使出质权利的地位,例如,以汇票、债券、仓单为代表的这类有价证券设定质押的,质权人通常采用这种方式。

2. 有价证券质权

所谓有价证券质权,是指以汇票、支票、本票、债券、存款单、仓单、提单为客体的质权。这些有价证券作为财产权利的纸质的代表符号,其记载和代表额是以兑现现金或者提取货物为内容的给付请求权,其中既有债权请求权,也有物权请求权。这些有价证券所记载的权利与证券本身不可分,权利实现可靠,且实现之手续简便,是最佳的质押品。

根据《民法典》第441条的规定,以上述客体设定质权,当事人除须订立书面合同之外,还须交付权利凭证,质权自权利凭证交付质权人时成立;没有权利凭证的权利,质权自办理出质登记时成立。不过,有价证券与动产还有不同,动产上通常不会标明其所有人,有价证券则有其自身特点。有价证券分为记名有价证券和无记名有价证券,记名有价证券是记载权利人姓名或名称的有价证券,只有记名的权利人或以记名权利人的"背书"转让而取得权利的受让人才能实现证券上的权利。因此记名有价证券的转让和出质,均须在交付证券时在证券上背书载明"转让"或者"质押"字样,否则不能对抗证券之义务人及其他第三人。《担保制度解释》第58条、第59条特别规定,以汇票质押须交付背书记载"质押"字样的汇票;以仓单质押须交付背书记载"质押"字样且经保管人签章的仓单。以存款单质押的,除背书记载"质押"字样外,还须提请签发银行核押,否则不能对抗签发银行。而无记名证券不记载权利人的姓名或者名称,持券人即推定为权利人,因此以无记名有价证券质押的,只要出质人依质押合同的约定将证券交付债权人,质权即告成立。《担保制度解释》第60条规定,在跟单信用证交易中,开证行持有开证申请人的提单,开证行即享有对开证申请人的提单项下的货物的优先受偿权。

一般而言,质权实现的条件是主债务清偿期届满,债务人不履行债务时,质权人可实行其质权。但是有价证券质权的实现有其特殊性,因为有价证券是一种请求他人履行一定行为的权利,上面记载着行使这种请求权的日期,所以实现有价证券上的权利就不能完全按照主债务时间来确定。如果有价证券上所记载的兑现日期或者提货日期先于主债权到期,质权人可以提前兑现或者提货,并与出质人协议将兑现的价款或者提取的货物提前清偿或者提存。

3. 基金份额质权与股权质权

基金份额和股权有复杂的分类，质权的客体必须是可以转让的基金份额或股权。《公司法》或者其他法律禁止转让的股权在禁止转让期间是不能质押的。

以基金份额、股权出质的，质权自办理出质登记时成立。

基金份额和股权出质以后，出质人无权转让该基金份额和股权，其出让行为属于无权处分行为。如果出质人与质权人协商转让事宜，并获得质权人的同意后，可以取得处分权；出质人转让基金份额和股权所取得的价款，应当向质权人提前清偿债务或者提存。

4. 知识产权质权

知识产权出质，实质上是注册商标专用权、专利权、著作权等知识产权中的财产权出质，属于人身权性质的权利不包含在内。

以知识产权为客体设定质权，当事人应当订立书面合同，而后办理出质登记，质权自质押登记时生效。

知识产权中的财产权出质后，出质人的转让权和许可使用权受到限制。只有当出质人获得质权人同意，取得处分权后，才能将质押的知识产权转让给第三人或者许可他人使用，而且因转让而取得的价款和因许可而取得的使用费（法定孳息），应当用于向质权人提前清偿债务或者提存。

5. 应收账款质权

所谓应收账款，本质上是记载于企业会计账簿中的债权。除企业会计账簿中已经载明的债权之外，各类经营性收费权，如收费公路的收费权，农村电网收费权以及城市供水、供热、公交、电信等基础设施项目的收益权，公园景点、风景区门票等经营性服务收费权都只是未来可能发生的债权，故应收账款包含既有债权和将来债权。根据《民法典》第 440 条的规定，现有的和将有的应收账款均可设定质权。

以应收账款设定质权，也必须进行两个步骤：第一，当事人应当订立书面合同，合同中除应载明被担保债权的种类、金额之外，还应当详细载明用于担保债权的应收账款的有关要素，包括债务人的名称和地址、债权金额、履行期限、支付方式等相关事项。第二，当事人应办理出质登记，质权在办理质权登记时成立。《担保制度解释》第 61 条规定，应收账款质权成立还须一个要件，即应收账款由应收账款债务人确认或者债务人虽未确认但质权人能证明债务的真实性，否则应收账款质权不能成立。此外，以基础设施和公用事业项目收益权、提供服务或者劳务产生的债权以及其他将有的应收账款出质的，当事人为应收账款设立特定账户的，质权人有权就该特定账户内的款项享有优先受偿权。

应收账款出质后，出质人不得转让。但出质人获得质权人同意后，可取得处分权；出质人转让应收账款所得的价款，应当向质权人提前清偿债务或者提存。

问题与思考

质权人能否转质？转质是指质权人为担保自己或他人的债务，将质物交与债权人设定新的质权。转质依其成立条件可以分为承诺转质和责任转质，经出质人同意的转质称为承诺转质，未经出质人同意的转质称为责任转质，因转质而取得质权的权利人，称为转质权人。质权人是否享有转质权，各国和地区规定不一。瑞士民法规定，转质必须依出质人的承诺进行；法国和德国民法未作规定;日本及我国台湾地区"民法"规定,质权人可以以自己的责任转质质物,对于不可抗力造成的损害,质权人应负责任。我国原《担保法》没有规定转质,但司法实践中认可承诺转质,并明确了以下两项规则:一是承诺转质权所担保的债权额应当在原质权所担保的债权额之内,超过部分不具有优先受偿的效力;二是转质权的效力优先于原质权。《民法典》第431条规定,质权人在质权存续期间,未经出质人同意擅自转质,造成质押财产毁损、灭失的,应当向出质人承担赔偿责任。通说认为,这一规定系限制质权人处分质物的规定,与司法实践认可承诺转质而否定责任转质的立场是一致的。但也有学者认为,该规定并未明确否定责任转质,解释上应认可责任转质。

第五节　留　置　权

一、留置权的概念与特征

留置权是指债权人因一定的债权债务关系而占有债务人的动产,在债务人不履行到期债务时,留置该物并从中变价受偿的权利。在留置权法律关系中,享有留置权的债权人称为留置权人,其占有的动产称为留置财产或留置物。

留置权是典型的担保物权之一种,因此具有担保物权通常具备的特征,如对债权的从属性、行使上的不可分性以及物上代位性,除此之外,还有几项重要的特征:

第一,留置权仅以债务人的动产为标的物,这与抵押权和质权均不相同。

第二,留置权为法定担保物权,不能由当事人自由设定。

第三,留置权是具有二次效力的担保物权。留置权人在其债权未受清偿前,享有拒绝债务人返还标的物的请求而继续占有标的物的权利,这是第一次效力即留置效力;当债务人在债务履行期届满后一定期限内仍不履行债务时,留置权人有权以标的物优先受偿的权利,这是第二次效力即优先受偿效力。

第四,留置权不具追及效力。留置权虽为物权,但不具有作为物权属性的追及效力。留置权人丧失占有时,留置权即归消灭,留置权人只能基于占有行使返还请求权。从这一点上看,留置权的物权性弱于抵押权和质权。

二、留置权的成立要件

(一)留置权成立的积极要件

其一,债权人根据合同约定已经合法占有债务人的动产。占有是留置权成立和存续的条件,但并非任何占有都产生留置权。这项条件可分解为以下三要素:(1)必须是占有债务人的动产;(2)必须是债权人直接占有该财产;(3)必须是合法占有。

其二,债权人占有的债务人的财产与其债权具有牵连关系。根据《民法典》第448条的规定,原则上债权人占有的动产与其债权属于同一法律关系,才能成立留置权;但也有例外,如果债权人与债务人均属企业,即使债权人占有的财产与其对债务人的某一特定债权毫无关系,也可以成立留置权。《担保制度解释》第62条对立法关于留置权担保的债权范围的这一扩张作了限制,规定能够发生留置权的仅限于企业持续经营中发生的债权;同时还规定,企业之间留置的动产与债权非同一法律关系，而该被留置动产属于第三人所有而非债务人所有时，留置权不能成立。

其三，债务人不履行到期债务。债权人虽然根据合同约定占有债务人的财产，但是债务履行期间尚未届满，债权人并未取得留置权；只有在债务人到期不履行债务时，留置权才能成立。

（二）留置权成立的消极要件

在一般情况下，具备上述条件，留置权即可成立。但是，有以下特殊情况之一的，留置权不成立：(1)违反社会公德，留置身份证、户口本、荣誉证书等；(2)双方在合同中明确约定不得留置动产的；(3)留置与其承担的义务相抵触的，如在货物发运地留置货物。

三、留置权的效力

（一）留置权担保的效力范围

留置权担保的债权范围主要包括：主债权及利息、违约金、损害赔偿金，留置物的保管费用和实现留置权的费用。留置权为法定担保物权，其担保范围必定为被担保债权的全部，不能由当事人约定为部分担保。

留置权效力所及的标的物范围。依留置权的目的和民法的公平原则，债权人可以留置的债务人财产，以能满足其债权清偿为限，超过部分应依债务人的请求返还债务人，除非留置物为不可分物。

（二）留置权人的权利和义务

留置权人的权利主要有：(1)标的物占有权。债权人基于留置权的效力，可以拒绝债务人的所有物返还请求权，继续占有债务人的动产，以迫使债务人履行债务。债权人的继续占有权不仅可以对抗一般人，还可以对抗债务人或其他关系人的债权请求权和物权请求权。(2)收取留置物孳息的权利。留置权人对留置物产生的孳息不享有所有权，收取的孳息应当首先冲抵收取孳息的费用，然后再冲抵债务及利息。(3)以留置物折价或者拍卖、变卖的价款优先受偿的权利。

留置权人的义务主要有：(1)保管留置物的义务。留置权人应尽妥善保管义务。留置权人因保管上的过失而致使留置财产毁损灭失的，应当承担赔偿责任。(2)不得使用、出租留置物及在留置物上再设立担保的义务。但是出于保存留置物的需要而适当使用留置物的，不在此限。(3)返还留置物的义务。债务人清偿债务或者提供担保的，债权人的留置权消灭，债权人应将留置物返还债务人。

（三）债务人的权利和义务

债务人的权利主要有：(1)留置物的返还请求权。债务人清偿债务或提供其他担保后，有权请求返还留置物。(2)损害赔偿请求权。因留置权人保管不善致使留置物灭失或毁损，债务人在清偿债务后有权请求留置权人给予赔偿。

债务人的义务主要是清偿义务。

四、留置权的实现

（一）留置权实现的条件

债务人不履行到期债务，是留置权成立的条件而并非留置权实行的条件。根据《民法典》第453条的规定，留置权发生后，债权人并不能马上处分留置物，而必须与债务人约定留置财产后的债务履行期间（学理上称为“宽限期”）；如果没有约定或者约定不明确的，留置权人应当给债务人两个月以上履行债务的宽限期,待宽限期届满后,留置权人才能实行留置权。但是,法律例外规定,留置物如系鲜活易腐等不易保管的动产,留置权的实行则不受履行债务宽限期的约束。

(二)留置权实现的方法

留置物是动产,因此留置权实现的方法主要是就标的物折价或以变卖、拍卖的价金优先受偿。由于折价和变卖标的物缺乏公开性,所以法律特别规定折价和变卖应当参照市场价格,而不能随意压低留置财产的价格。此外,留置权人还可以收取孳息用以清偿债权利息及债权。

五、留置权与抵押权、质权的冲突

由于动产既可以被抵押和质押,又可以被留置,因此实践中可能出现同一动产上存在两种以上担保物权的情形。抵押权、质权、留置权三种担保物权都具有优先受偿的效力,故在留置权与抵押权和质权冲突时,究竟何者效力优先必须作出明确的规定。由于留置权人通常是就标的物提供了材料或者劳务而未得到适当报酬的人,而且他提供的劳务或者材料可能使留置物得到增值,为了保证留置权人为标的物提供材料或劳务而使标的物增加的价值得以收回,应当承认留置权优先。因此法律规定,在同一动产上,无论留置权成立于抵押权或者质权之前,还是成立于抵押权或者质权之后,留置权的效力都优先于抵押权或者质权。但留置权人与债务人恶意串通的情况除外。

六、留置权的消灭

(一)留置权消灭的原因

留置权消灭的原因是多样的,可因物权的共同原因而消灭,也可因担保物权的共同原因而消灭。此外,留置权还有两个独特的消灭原因。

一是因留置权人对留置财产丧失占有而消灭。《民法典》第457条规定,留置权人对留置物丧失占有,留置权消灭。通说认为,此时,债权人已丧失留置权,但尚可依占有的规定请求返还留置物,在恢复占有时留置权再生,如不能恢复占有则留置权终局消灭。

二是因留置权人接受债务人另行提供担保而消灭。留置权本为伴随债务发生的法定担保物权,故留置权人接受债务人另行提供担保时,被担保的债权已趋安全,留置权亦无存在的必要;同时,考虑到有利于物的使用效率,也应当尽快使留置物从留置权关系中解放出来,所以法律把留置权人接受债务人另行提供担保作为留置权消灭的法定原因。

(二)留置权消灭的后果

留置权消灭,留置权人即负有向债务人返还留置物的义务。留置权因留置物灭失、被第三人侵夺等原因而消灭,债权人(留置权人)不能返还留置物的,无论债务人是否已经履行其债务,债权人对因自己过错造成债务人的损害,应当承担赔偿责任。

问题与思考

债务人以外的第三人所有的动产上能否成立留置权?我国原《担保法》对此没有作出规定,最高人民法院关于适用《中华人民共和国担保法》若干问题的解释第108条明确承认留置权的善意取得。也就是说,即使债权人留置的是债务人以外第三人的财产,只要他是善意的,也能成立留置权。不过原《物权法》第230条规定,债权人可以留置的财产仅是"债务人的动产",明确排除在债务人以外的第三人的财产成立留置权,因此理论界就产生了留置权能否善意取得的争论。从理论上讲,法律上设计留置权这一法定担保物权,其目的在于通过赋予债权人对债务人财产的留置权,从而达到迫使债务人不得不清偿债务的效果。留置债务人以外的第三人的财产,不仅不能迫使债务人清偿债务,而且使无辜的第三人利益受损。因此,债权人留置的标的物应该限于债务人的财产。可是,片面强调留置物必须是债务人所有的财产,债权人的利益又难以得到有效保障,留置权也可能因此不能发挥预期的作用,所以许多学者主张留置权可以善意取得。从各国和地区的规定来看,瑞士民法和我国台湾地区"民法"虽然都持留置权的客体只能是债务人所有之物,但也都分别承认留置权能够善意取得;而日本民法则完全认可在第三人所有物上成立留置权。我国司法实务中确立这样的规则:即原则上只承认在债务人所有的动产上成立留置权,当债权人为善意时,承认债权人对第三人所有的动产善意取得留置权。《民法典》在条文设计上与原《物权法》一致,法律适用上仍应遵循"优先保护利益创造者"的原则。

第六节　动产与权利统一担保

一、非典型担保物权

(一)概述

非典型担保,指除法律明确命名的担保物权以外的,一切以实现担保功能的合同所创设的担保形态的总称。根据《民法典》颁布前的法律规定,担保物权是一个封闭的体系,只有抵押权、质权、留置权以及船舶优先权、航空器优先权等。《民法典》第388条第1款则明确规定:"设立担保物权,应当依照本法和其他法律的规定订立担保合同。担保合同包括抵押合同、质押合同和其他具有担保功能的合同。……"根据这一规定,"其他具有担保功能的合同"可以创设担保物权,这就除去了当事人仅能按照抵押合同或者质押合同等特定类型合同创设担保物权的限制,而许可当事人采用任意合同类型创设担保物权,担保物权制度因此成为一个开放的体系,符合优化营商环境的社会政治需求。实践中,较为主要的非典型担保都是利用所有权形式为债权提供担保,包括所有权保留、融资租赁、保理、让与担保、买卖式担保等。

(二)所有权保留

所有权保留,为民法典合同编规定的买卖合同中的一个条款,即允许当事人在买卖合同中约定,买受人未履行支付价款或者其他义务前,标的物的所有权属于出卖人。法律上既承认该约定的效力,则该标的物按通常之权利变动规则本应发生权利转移之效果均不发生,即因约定所有权保留条款之效力,买受人即使已占有动产,在未履行支付价款等约定条件前,出卖人对出卖物继续享有所有权,这实际上改变了动产所有权的物权变动规则,其目的就是以保留的所有权保障出卖价款得以实现。从内部关系来看,出卖人在买受人违反特定事项时享有标的物之取回权,但与买受人协商不成,出卖人请求法院救济则只能主张变价权和优先受偿权,而不能主张完全的所有权。从对外关系来看,出卖人则可以保留所有权主张排他性地行使所有物返还请求权,但现行法律也要求,出卖人得先退还已收取的价款,才能行使该权利。

(三)融资租赁

融资租赁合同亦为合同编规定的一个有名合同,合同中的出租人享有的租赁物的所有权也具有保障租金债权实现的功能。承租人未按约支付租金,经催告后在合理期限内不支付租金,出租人可以解除合同,收回租赁物,但请求法院救济则只能主张变价权和优先受偿权。而对外,出租人可主张租赁物之所有权。

(四)保理

有追索权保理的保理人,在应收账款到期无法从债务人处收回时,有权向应收账款债权人反转让应收账款或要求债权人回购应收账款,因此保理人享有的应收账款债权本质上具有担保融资资金回收的功能;同时在应收账款未获清偿时,保理人可以应收账款债权人之身份行使权利。

(五)让与担保

让与担保,是指将担保物所有权移转于债权人以保障债务清偿的担保。让与担保的作用与买卖式担保相同,不同之处在于让与担保的法律关系中,所有权的移转并不假借买卖的方式进行,仍以借款的形式出现,担保物所有权的让与直接作为清偿债务的保证。让与担保根据让与方式的不同,可分为附条件的让与担保和信托式让与担保。附条件的让与担保是指以债务人到期不履行债务作为延缓条件,或者以债务人到期履行债务作为解除条件,将担保物所有权让与债权人,从而保证债务的清偿的担保。信托式让与担保是指债务人以信托方式将特定财产的所有权移转给债权人,以担保债务的清偿。

(六)买卖式担保

买卖式担保,是指债务人为保证自身债务的清偿,以买卖方式将标的物的所有权移转于债权人的担保方式。根据买卖所附条件不同,买卖式担保可分为附解除条件的买卖式担保和附买回条件的买卖式担保。前者是指在买卖合同中约定,出卖人如返还价金,买卖合同解除,买受人即返还标的物所有权的买卖。后者是指在买卖合同中约定出卖人可以一定价格买回出卖物的买卖。在以上关系中,标的物在名义上是出卖物,实质上是担保物。

以上各种非典型担保都是借用标的物的归属性权利进行担保,各种担保各有对应的客体,所有权保留兴起于19世纪末期,与分期付款买卖这种交易方式日益流行关系密切,初时主要运用于工业产品和农业产品,后扩及所有权以外的其他权利;融资租赁主要运用于大型生产设备,性质上均属动产;但二者皆不可运用于不动产及其上的用益物权。保理的客体仅限于债权。让与担保与买卖式担保,从理论上讲可运用于任何类型的标的物,但运用于不动产和动产上时,其各自的成立规则和效力皆有很大不同。

根据《民法典》的规定,上述非典型担保中具有担保功能的那部分效力是由法律规定,当事人不得在债务履行期届满前以约定方式加以改变的。从内部关系来看,担保物权人在债务人不能依约清偿债务或发生约定实现担保权的事由出现时,向法院请求救济只能主张就标的物变价并就价金优先受偿;从外部关系来看,如以动产或权利为客体之担保,担保物权人的所有权,如未办理登记,不得对抗善意第三人。

二、动产与权利担保制度之一体化

非典型担保物权的承认和动产与权利担保制度一体化有着内在的相互促进关系,一方面立法上广泛地承认非典型担保物权,使动产与权利担保一体化变得很有必要;另一方面动产与权利的统一登记制度为非典型担保物权的公示提供了可能。

(一)统一登记机关

《民法典》的出台,催生了动产和权利担保统一登记制度,国务院决定由中国人民银行征信中心动产融资统一登记公示系统办理全国的动产和权利担保登记，至此我国的动产和权利担保实现了一元化的登记制度，实现了动产与权利担保物权登录、查询便捷的目标。

（二）担保物权效力的一体化

动产质权与权利质权作为典型担保物权，其核心效力是债务人不履行到期债务或发生约定的实现质权的情形时，对质押财产优先受偿。而以动产或权利为客体的非典型担保物权，无论当事人的合同内容如何约定，基于该合同的担保效力都与质权的效力完全相同，这就实现了动产担保合同效力的同质化。

（三）同一动产或权利上的多个担保物权的顺位

1. 一般规则

根据《民法典》第 414 条的规定，可以登记的非典型担保物权的清偿顺序参照抵押权的清偿顺位规则，因此采用登记方式公示担保权利的担保形式无论是抵押还是非典型担保物权均可按照该条规定确定其顺位。同时，《民法典》第 415 条规定了抵押权与质权的顺位按照登记、交付的时间先后确定，这一规则非典型担保物权也参照适用。

2. 价款担保物权与其他担保物权的先后顺位

其一，与浮动抵押的顺位。浮动抵押是以抵押人所有的某一类型的现有的和将来的集合动产为客体所设定的抵押，因此，浮动抵押设定后由抵押人购入或以融资租赁方式承租的该类动产也自然成为浮动抵押权的客体，在浮动抵押人未付清购买价款或付清租金前，该动产的价金债权或租金债权就与浮动抵押权人的债权存在冲突，而浮动抵押权人的债权已有在先设立的浮动抵押权给予优先保护，此时为该价款债权和租金债权设定的担保物权若在其后，效力顺位如何安排？《担保制度解释》第 57 条作了如下规定，以下三种债权人在该动产交付买受人或承租人后 10 日内办理动产担保登记，其担保权优先于在先设立的浮动抵押权：在该动产上设立抵押权或者保留所有权的出卖人；为价款支付提供融资而在该动产上设立抵押权的债权人；以融资租赁方式出租该动产的出租人。该解释实质上是将价款抵押规则的适用范围从抵押权扩大到非典型担保物权。

其二，根据《担保制度解释》第 57 条第 2 款的规定，买受人取得动产但未付清价款或者承租人以融资租赁方式占有租赁物但未付清全部租金，又以该标的物为他人设立担保物权，前款所列权利人为担保价款债权或租金债权的实现而订立担保合同并在该动产交付后 10 日内办理登记，该登记之权利优先于买受人或承租人为他人设立的担保物权。

其三，同一动产上存在多个价款优先权的，则按登记的时间先后确定清偿顺序。

（四）动产抵押物转让规则的准用

《民法典》仅规定，动产抵押物转让，如抵押人之转让属于正常经营活动，当买受人支付合理价款并占有该动产时，登记的抵押权即丧失追及效力。《担保制度解释》第 57 条将此规则扩大适用到所有权保留的出卖人、融资租赁合同的出租人。

问题与思考

所有权保留中的出卖人与买受人的法律地位？由于买卖合同中所有权保留条款的作用，标的物所有权并不因交付而转移，出卖人仍享有标的物所有权，买受人虽已取得占有，但也仍只是享有请求转移所有权的一债权人而已。不过，随着买受人不断支付价款，出卖人的所有权的经济价值相应减少,而买受人在所有权所占的经济价值份额不断上升,出卖人保有绝对的所有权会产生出卖人与买受人经济上的失衡,买受人的经济利益难获有效保护,各国法律与学说遂出现限制出卖人所有权及强化买受人债权的总趋势。学说一:承认出卖人享有所有权,但增强买受人的权利,随着标的物的交付,买受人享有一项取得标的物所有权的期待权,这项权利被定性为附延缓条件的所有权,虽只是一个"希望",但它可相对独立于所有权,如买受人可以不经保留所有权人的许可而转让其买受人的权利;与此相对应,出卖人的所有权的权能则限于买受人不按期支付价款的取回权和二次出卖权。此说为德国法学上所倡。学说二:二重所有权,认为出卖人与买受人成为买卖标的物的共同所有权人,可参照适用共同所有权的规则。此学说见于日本法学。学说三:保留所有权本质上为担保权,此学说虽在德、日、美之法学上均能得见,但形于制度则在美国。美国法学理论中,出卖人保留之所有权为法定所有权,买受人随同物之占有而取得之权利为实益所有权,反映在制度上则为保留之所有权仅以"担保权益"为其内容。我国所有权保留在《民法典》颁布之前采德国学说和法律构造实行于司法实务,《民法典》则改弦易张,将保留之所有权明定为担保物权并配合动产登记制度,系借鉴美国统一商法典所设计的法律构造。因此,现行法上,我国所有权保留关系中,可谓:出卖人享有担保物权,买受人享有负有担保义务的所有权。

拓展阅读推荐

1. 最高人民法院民事审判第二庭:《最高人民法院民法典担保制度司法解释理解与适用》,人民法院出版社2021年版。
2. 程啸、高圣平、谢鸿飞:《最高人民法院新担保司法解释理解与适用》,法律出版社2021年版。
3. 程啸:《担保物权研究》(第二版),中国人民大学出版社2019年版。
4. 曹士兵:《中国担保制度与担保方法》,中国法制出版社2007年版。
5. 孙鹏、王勤劳、范雪飞:《担保物权法原理》,中国人民大学出版社2009年版。
6. 徐洁:《担保物权功能论》,法律出版社2006年版。
7. 董学立:《美国动产担保制度研究》,法律出版社2007年版。

第十七章　占　　有

学习要点

- 占有的构成要件
- 占有的种类
- 占有的效力

第一节　占有概述

一、占有的概念

占有是人对物（包括动产与不动产）进行支配、管领、控制的客观事实。占有本身并不是一项法律上的权利，也不一定以某项法律上的权利为基础，但为了维护社会的秩序与和平，法律对既存的占有事实进行保护，而且保护手段与对物权的保护手段基本相同。因此，占有人取得了类似于物权人的地位，占有人基于占有而获得的受法律保护的权利类似于物权，占有制度由此被称为类物权制度而成为物权法规制的对象。我国《民法典》物权编以第五分编第二十章专编专章规定了占有制度。

占有为社会上之现象，而非物理上之现象。某人是否支配某物，不能仅从物理的角度界定，而应通过时代和社会的一般观念判断。通常而言，占有须依社会观念斟酌外部可以认识的空间关系、时间关系和法律关系，就个案加以认定。空间关系即人与物存在某种场合上的结合关系，只要有此种场合上的结合关系，即便人对物没有具体接触，也产生人对物事实上的管领力。如随身携带之书本、置于屋内之家具、放牧于田野之牛羊等；时间关系即人与物之结合在时间上应具有相当的继续性。只有持续、稳定地支配某物才构成法律上的占有。仅对物进行短暂的管领和控制，例如，从书店的书架上取下一本书阅读、坐在公园的座椅上休息、使用餐厅的餐具用餐，仅构成事实上的持有，由于该持有稍纵即逝，社会观念上并不认为其已经构成对物的占有；法律关系即人与物因某种法律关系存在而结合时，即便不存在时间和空间上的关系，仍可通过该法律关系直接认定事实上管领力之存在。在依法律关系产生事实上之管领力时，占有人并非亲自管领，而是利用他人为媒介管领其物，其典型形式为间接占有以及依辅助人占有而为之占有。

通过上述分析不难发现，对占有的认定经历了从人对物进行身体上的接触（持有）到在一定空间内进行控制（外界尚可识别该种控制关系）到仅从法律关系上（无须空间限制）进行控制的扩张过程。伴随着这种扩张，占有之认定标准越益抽象化、观念化，占有之事实属性越益意志化、权利化。在持有之际，占有之认定是最为直观的、实在的；在一定空间内为控制（如对室内家具之控制）之情形，占有之认定仍是实在的，但其直观性已有所减弱；在基于法律关系为控制时，则占有之认定标准完全虚化,占有因此成为纯观念上的事实,正是由于此种占有之存在,占有的事实属性日益稀薄,其与权利的差别不断模糊。

二、占有制度的功能

一般认为,近现代民法上的占有制度为罗马法与日耳曼法占有制度之混合。罗马法上的占有制度以占有诉权为中心建立,其功能在于维系社会的秩序与和平。日耳曼法上的占有制度以公信力为中心,其作用在于保护交易安全。因此,近现代民法上的占有制度同时具有维系社会秩序和保护交易安全的双重作用。就维系社会秩序与和平的功能而言,其集中的表现是赋予占有以权利推定的效力。占有人只需证明对物存在管领和支配的事实,无须证明本权的存在,就可主张占有保护,从而排除外界对占有的侵夺,除非"妨碍"占有者能够证明自己拥有较占有人更为优越的法律上的地位或权利。早在罗马法时代,法学家就意识到,"如果每个占有者为了重新获得他人以恶劣方式从他那里夺走的物品都必须证明自己的权利,那么这种剥夺情况将会成为最常见的事情;而且如果由于占有者证明不了自己的权利而让剥夺者逍遥法外,将是对欺诈精神的大大纵容"。到了现代社会,由于经济流转速度空前加快,如何促进物之流转以充分发挥其效益已越来越多地为人们所关注。在此背景下,稳定的社会秩序已成为重要之问题。而稳定的社会秩序之形成有赖于事实的对物的支配秩序不为私力所破坏,只依公平之正当程序才允许改变这种秩序,从而占有制度维护事实支配秩序的价值就更凸显出来,并最终超越近代民法赋予占有制度的其他价值而成为占有制度的首要价值,并进而有发展为占有制度唯一价值之趋势。不过,将占有制度的基础性价值定位为维系社会的秩序与和平,丝毫不影响其肩负的保护交易安全之使命。在现代民法,交易安全业已成为重要的价值关怀,法律对通过占有制度实现动产交易安全之保护,更是怀抱着无限的憧憬与希望。而事实上,通过赋予占有以公信力,进而使信赖占有而受让占有者取得所有权的动产善意取得制度,正是对占有保护交易安全功能的最好诠释。

三、占有的构成要件

关于占有的构成,是一个长期争议的问题。争议的焦点是:除对物有事实上的管领之外,占有是否尚须以占有意思为其构成要件?对此问题,有三种学说:第一,主观说。该说源于罗马法,并为德国学者萨维尼所发展与倡导。在萨维尼看来,占有系以所有的意思而为物的事实上支配,占有意思为行使所有权的意思。但也有同属于主观说阵营的其他学者对占有意思作与萨维尼不同的解释,如温特夏伊德则认为,占有意思为在各方面支配物的意思,即"支配意思";邓伯格则认为占有意思系以自己之名或为自己的利益持有物之意思,即"为自己的意思"。第二,客观说。该说为德国学者耶林提出,认为只有因意思而生人与物的关系时,始成立法律关系上的占有。此等意思,仅系持有该物的意思,并非"所有的意思",也非"为自己的意思"或"支配意思"。第三,纯客观说。该说为德国学者贝克尔所创,认为占有为人对于物单纯的事实上的支配,不以任何意思为要件。

主观说以个人具体的意思为占有的要素,甚不可取,因为个人意思变幻不定,更难从外部证明。但这并不意味着占有意思就无足轻重,毕竟,占有为人的行为,必须考虑人对自己行为的心态,占有必然具备意志性。对于一般人而言,物被占有的事实,足以表明该物上已有他人的意志存在,对占有的妨害,必然意味着将与占有者的意志发生冲突,占有保护即排除来自外力的妨害以捍卫占有人意志的独立。如果从客观上看"占有"已经成立,但"占有人"却不认为自己在占有或者根本意识不到自己在占有，当有侵害时其也不主张保护，此时如仅从客观认定保护，则不可能达到建立占有制度的目的。例如，野兔在某人田地中掘窝栖息，该人全然无觉，依社会一般观念，该人不具备对野兔的占有意思，显然应与为人所饲养的家兔有别。需要强调的是，占有的构成离不开占有的意思，但所谓占有的意思是概括而抽象的，即耶林所谓“持有”的意思，而无须具体化“所有的意思”“为自己的意思”。同时，此种意思只是自然意义上的意思，其不必依照法律行为的生效条件而成立，占有人也不必具备行为能力。除了占有保护是建立在占有意思基础上之外，有些占有必须考虑占有人的意思才能确定其性质。如间接占有、他主占有、善意占有等。这些占有不但成立时必须有占有人表达的意思，而且只有借助占有人的意思才能将其与直接占有和自主占有、恶意占有区分开。故此，在占有的构成问题上，客观说的立场是妥当的。

四、占有与物权

在人类社会早期，占有更多地反映人与自然资源的关系，表现为人对资源的某种程度的控制和利用。由于当时的自然资源对于人类的需求相对来说并不紧张，因此人对资源的占有一般为自然状态，而且这种状态依据当时的社会道德受到他人的尊重。随着人类社会的发展，人们对于自然资源的利用能力不断提高，对资源的需求不断增加，同时，人们的需求也逐渐由维持生存扩及对于财富的拥有和精神生活等方面的满足。资源的有限性和某些资源的不可再生性不断被人们所认识，从而更加刺激人们对于资源的占有欲望。占有也从单纯的人与自然或物质的关系转变为更多的是人与人之间的关系，从而具备了意志性、支配性和排他性特征。而这些特征几乎包括后来的物权概念的全部要素，从而构成了物权支配的起点和基石。然而，纯粹的物之占有毕竟是非理性的，其在反映物的支配规律性因素的同时，其自发、原始的一面也制约了其本身进一步的丰富和发展，于是，一个抽象于物之意志支配之上，而且构成其实现的逻辑支点的更高层次的范畴，即物权观念和物权制度应运而生。

占有仅是对物进行管领、控制和支配的客观事实，与作为法律权利的物权存在重大的区别，具体表现为：(1) 占有是具体的、客观的、现实的支配状态；而物权为抽象的、主观的、观念化的法律上的权利义务关系。(2)有权利能力者，皆得享受物权；而有权利能力者，并非均能对物加以占有。(3)物之构成部分，原则上不能单独构成物权之标的，但却可对之成立占有。(4)物权有主从之分(如需役地权利与地役权)，而占有却无主从之别。(5)物权无直接间接之别，而占有则有直接间接之分。(6)物权可以成为担保物权的客体，而占有不能构成担保物权的对象。(7)物权与物权有混同可能，而占有与占有则不存在混同问题。

尽管作为事实的占有与作为法律权利的物权存在多方面的重大差别，但也不能因此忽视二者之间的密切联系。(1)物权人和占有人可能发生重叠。若物权包含占有权能，物权人行使其占有权能必然引发占有的事实，此刻的占有为有本权支持的占有，法律对占有的保护和对本权的保护目标是相同的。而且，通过占有的保护更为直接高效，因为，占有具有权利推定的效力，主张占有保护只需证明存在占有的事实，从而克服了对物权关系举证的困难。(2)占有是动产物权的证明手段和公示方法。基于占有的权利推定效力，动产的占有人可以通过占有的事实证明自己对动产享有物权，且在相反证据出现前，一直保持高度的证明力，即便是欠缺登记的不动产，占有也充当着物权证据的角色。此外，占有是绝大部分动产物权的天然的公示方法，通过占有，观念的物权得以彰显昭示于外。(3)占有是取得动产物权的重要手段。在形式主义的物权变动模式下，当事人依法律行为移转或创设物权，占有是物权是否变动的重要标志，是取得物权的事实前提。而在非基于法律行为的物权变动情形,占有也是通过先占、善意取得、取得时效等途径获得动产所有权的前提。(4)占有的保护手段与物权较为雷同。物权的重要保护方法为物上请求权,即返还原物请求权、排除妨碍请求权、消除危险请求权、恢复原状请求权。这些手段也可用于对占有的保护。事实上,占有保护请求权也一直被列入广义的物上请求权之范畴,占有亦因此被称为类物权。(5)即便是对无本权的占有进行保护,也与物权保护相衔接。例如,在拾得遗失物的情形,对拾得人的占有进行保护,不使他人任意掠夺,终究是对遗失物所有人利益的保护。

另外需指出的是,占有人虽然不享有占有物的物权,但可能系基于合法的债的关系而占有,此刻,占有人可借占有保护机制弥补债权无排他性之不足。例如,物之借用人在借用期间,即可凭借其占有物之事实,排除来自外界的、妨碍其使用借用物的行为。

《民法典》第458条规定,基于合同关系等产生的占有,有关不动产或者动产的使用、收益、违约责任等,按照合同约定;合同没有约定或者约定不明确的,依照有关法律规定。

问题与思考

为何立法上在所有权的内容中不包括“占有”?在古罗马时期,“占有”与“所有”是两种不同的制度,“占有”表示的是既成事实,无论其是否合法;“所有”表示的是保护争议人的权利,无论所有人是否占有争议物。所以,即使占有人与所有人发生了争议,裁判官会作出无论占有是否合法,先予保护占有人,而所有权人不得反抗的裁决。然后,裁判官再在占有人与所有人的诉讼中,裁决合法占有与非法占有、非法占有人是否返还。可见,古罗马法上占有与所有权是可以分离的;对占有的保护出于与所有权保护不同的社会目的。所以,在近代法国、德国、日本和瑞士的民法典中,均设有占有的章节或条款,其所有权的定义中并不包括占有。我国原《物权法》也遵循此体例,第五编第十九章规定了占有,且未包括在所有权一章。但苏俄民法典、我国台湾地区的“民法”中的所有权是以占有为基础的,因此其所有权制度中包括占有,我国原《民法通则》即是此立法例。

第二节 占有的种类

一、自主占有与他主占有

依占有人是否具有所有的意思为标准,占有可分为自主占有和他主占有。自主占有指以所有的意思而为占有。占有人是否真的所有人,在所不问,只要其具有将占有物视为自己所有的意思即可。因而,误信自己为所有人,甚至明知自己不是所有人而自视为所有人,均可成立自主占有。例如,盗贼对于盗赃物的占有、侵占人对于被侵占物的占等都构成自主占有。他主占有指不以所有人的意思而为占有,例如承租人、借用人、保管人、承揽人、质权人、留置权人的占有等。

认定占有人的占有意思,应考察占有人受让占有的原因。例如,因买卖而受让为自主占有,因租赁而受让为他主占有。捕获鸟兽为自主占有,拾得遗失物并积极寻找失主则构成他主占有。在不能认定占有人的占有意思时,推定为自主占有。

区别自主占有和他主占有的意义在于:(1)只有自主占有人才能依取得时效取得占有物的所有权;(2)只有自主占有人才能依先占原则取得占有物的所有权;(3)在传统民法上,他主占有人因可归责于自己的事由致使占有物毁损灭失时，须对返还原物请求人负担损害赔偿责任，而善意自主占有人不负担此种责任。

二、直接占有与间接占有

直接占有，是指不以他人的占有为媒介，直接对于物有事实上的管领力之占有。如借用人对借用物、承租人对租赁物的占有。间接占有，是指以他人的占有为媒介，自己不现实占有其物，仅基于一定的法律关系，对物有间接支配力之占有。例如，所有人对于已出租的所有物之占有，此刻，承租人是直接占有人，也是所有人间接占有的媒介人。

本来，占有是一种客观的事实，而间接占有表现为一种法律上的权利和地位，并非一种可从外观上识别的支配状态，法律之所以扩大占有概念，将间接占有包括在内，系出于几个方面的考虑：(1)使民法关于占有的规定原则上亦得适用于间接占有，从而使没有实际占有物但对物享有一定法律权利或法定地位的人能准用占有制度的规定，更为充分地保护其利益；(2)使信赖间接占有而进行动产交易的人能通过善意取得制度取得动产的所有权；(3)在取得时效中，合并计算直接占有和间接占有的时间，强化对占有人时效利益的保护；(4)使动产的交付（尤其是所有权的移转）得依占有改定为之，便利动产交易的进行。

三、有权占有与无权占有

有权占有又称合法占有，是指占有人具有可为占有的权利。相对于占有的事实，支撑占有的权利被称为本权。本权可以是物权、债权，也可以是其他法律关系所生的权利，例如监护人管理被监护人财产的权利。无本权的占有为无权占有，如对于盗赃物、遗失物的占有，承租人于租赁期满后对租赁物的占有等。在占有人有无本权不明时，推定为有本权的占有。

区别有权占有与无权占有的意义在于：(1)于有权占有情形，占有人基于其占有（所有权之外）之本权，可对抗所有权人的返还请求；而在无权占有，所有权人或其他物权人请求返还占有物时，占有人有返还的义务。(2)有权占有除受占有制度保护外，还受其他法律制度如所有权制度、他物权制度及某些债的规定、人身权的规定等的保护；而无权占有则只能根据其占有的事实状态受占有制度的保护。

四、善意占有与恶意占有

善意占有与恶意占有是对无权占有的进一步分类。善意占有又称诚实占有，即占有人不知道，也不可能知道自己的占有为无权占有，从而误信为有权占有的占有。例如，在公开交易市场以通常之市场价格购买小偷的赃物而加以占有；恶意占有又称非诚实占有，是指占有人知道或者可能知道其占有为无权占有的占有，如小偷占有其偷得的赃物。在无法判定占有人是善意占有或者恶意占有时，推定为善意占有。

善意占有和恶意占有是对占有最为重要的一种分类，根据传统大陆法系民法，其意义在于：(1)在取得时效制度，一些国家和地区规定占有人须为善意，方能依时效取得占有物之所有权。(2)在善意取得制度，占有人（第三人）善意为其构成要件，恶意占有者不能善意取得他人动产的所有权。(3)善意占有人对占有物有使用、收益之权（但占有表彰的权利不具有使用收益权能的除外），善意占有人无须向真正权利人返还其占有期间获得的收益。而恶意占有人对占有物则无使用和收益的权利，其占有期间获得的收益应返还给真正权利人。(4)善意占有人返还占有物时,仅返还现存利益。而恶意占有人则应一并返还由占有物产生的一切利益。(5)善意占有人有权要求真正权利人返还其为占有物支出的必要费用,并要求真正权利人在受益范围内返还其为占有物支出的有益费用。恶意占有人只能依无因管理的规定请求真正权利人返还必要费用,无权要求偿还有益费用。(6)善意自主占有人对因可归责于自己的原因而致占有物毁损灭失时,不负赔偿责任。而恶意占有人则须赔偿全部损失。

五、继续占有与不继续占有

继续占有,是指对于占有物为不间断的占有。不继续占有指占有曾经中断,即占有人的占有曾因某种原因而丧失,其后又恢复对同一物的占有。在是否继续占有不明时,推定为继续占有。区别继续占有与不继续占有的意义,在于因时效取得物之所有权,须以继续占有达一定期间为其要件。

六、瑕疵占有与无瑕疵占有

瑕疵占有和无瑕疵占有也是对无权占有的进一步分类。瑕疵占有包括强暴占有和隐秘占有。强暴占有是指依暴力、胁迫等手段取得或维持之占有。隐秘占有是指以隐秘的方式取得或维持占有,所谓隐秘是指对占有的利害关系人有意隐秘占有的事实,例如因窃取他人的物而形成之占有、继承人之一对其他继承人隐秘被继承人某一财产而形成的占有、拾得遗失物而加以隐秘的占有等。若无意对占有物的利害关系人隐秘占有之事实,或仅对利害关系人之外的其他人隐秘占有之事实,例如对珍贵古董进行严密收藏而不轻易示人,并不构成隐蔽占有。无瑕疵占有指以和平、公然的非强暴、非隐秘方式取得和维持的占有。当占有瑕疵不明时,推定为无瑕疵的和平占有、公然占有。区别瑕疵占有和无瑕疵占有的意义在于,唯有无瑕疵的占有,才可在法定期间经过后,依取得时效制度取得占有物的所有权。

七、单独占有与共同占有

单独占有,是指一人单独对物而为的占有。共同占有是指数人共同占有一物,如数人共同租住一所公寓,合伙人共同使用一幢房屋,窃贼共同占有赃物等。共同占有之成立,各占有人之间不必有共同占有的意思,即使各占有人信其自己为单独占有人,仍成立共同占有。共同占有人可以全部为自主占有,也可以是一部分人为自主占有,其他人为他主占有。物之共有人通常情形下为共同占有人,但如共有人之间约定各自分管共有物的一部分时,各共有人对于其分管的部分成立单独占有。

八、自己占有与辅助占有

自己占有,是指占有人不使用辅助人,仅以自己的行为对物进行事实上的管领。辅助占有是指占有人在使用辅助人的情况下,辅助人依占有人的指示而对物进行事实上的管领。辅助占有关系的成立,以受他人指示而对物加以控制为要件,即占有人(占有主人)与辅助占有人之间存在命令与服从的从属关系,例如,受雇之职工、店员、出纳、司机、保姆、看守人等,与雇用人之间因在受雇事务上有命令与服从的关系,在占有关系上即为辅助占有人。辅助占有人在其从属关系的范围内,取得对于物的管领时,其占有主人取得占有。例如,银行出纳员接收储户的存款,由银行取得占有;饭店服务员拾得顾客的遗失物,饭店为遗失物拾得人。辅助占有人虽然对物为事实上的管领，但不能取得占有，因此，占有主人即使强行收回其物，辅助占有人也不得实行自力救济或主张占有保护请求权。但对于第三人，辅助占有人可以依占有主人的指示，行使占有人的自力救济权。辅助占有人并非占有人，当占有主人侵害他人的占有时，该他人也不得向辅助占有人主张占有保护请求权。

九、准占有

准占有是指以财产权利为客体的占有，又称权利占有。准占有在效力上除适用占有的规则之外还有两种特别效力：(1)债务人对债权的准占有人善意而为之清偿，能产生清偿的效力；(2)准占有的标的如为继续行使之权利，则发生所有权以外财产权之时效取得效力。

问题与思考

甲从某处盗得一头牛，一匹马，将牛卖给不知情的乙，而将马留给自己使用。乙在使用牛耕田的过程中，牛腿不慎扭伤，尽管乙支出了相当的医疗费，但这头牛最终还是成为跛脚，后生产出一头小牛。丙从甲处盗走马匹，甲在一年后始得知马为丙所盗的事实，多次要求丙还马未果，在向法院起诉前该匹马被洪水冲走。后失主将甲诉至法院，法院判决甲承担相应的赔偿责任。判决生效后，执行员前往执行甲的财产，见甲家徒四壁，问甲有无其他财产，甲称曾将一头驴借给丁，丁至今未还，执行员前往丁处果然发现一头驴，由于丁不能证明对驴的所有权，遂将这头驴作为甲的财产进行了强制执行。本案涉及占有的一系列法律问题：甲通过偷盗取得牛和马，其对牛、马的占有为恶意非法占有。甲将牛出卖给乙后，移转了该牛的占有，由于乙善意不知情，其取得对牛的善意自主占有。由于该头牛为盗赃物，乙不能善意取得所有权。在善意自主占有期间，乙使用该头牛并致其损害，不须承担责任，在失主要求乙返还该头牛时，应将该牛及其生产的小牛一并返还，但可要求失主偿付其为该头牛所支出的医疗等费用，但不能要求失主给付购买价金。丙从甲处偷走马匹，甲本可请求其返还对马的占有，但由于自丙偷走马时已经过一年，该返还请求权在法律上消灭。因马被洪水冲走而灭失，恶意占有人甲应当向失主赔偿损失，恶意占有人丙也应当向失主赔偿损失。甲称丁借其一头驴未还，虽丁不能举证证明自己对这头驴享有所有权，但只要甲不能证明其对该头驴享有所有权及与丁之间存在借用关系，即应推定驴为占有人丁所有，法院不得对其为强制执行。

第三节　占有的效力

一、占有权

占有本身为一种客观事实状态，但为了社会的秩序与和平，并确保交易的安全与便捷，法律不得不对占有提供保护。因为法律的保护，使占有具有了一定的法律效力，这些效力集中表现为占有人的占有权。具体而言，占有权包括：(1)占有人于占有物上行使的权利，推定为其适法拥有的权利；(2)具备一定条件的占有人对其占有的动产可基于善意取得制度或取得时效制度取得所有权或其他物权；(3)占有人在其占有遭受侵害时，可请求排除侵害；(4)善意占有人对其占有之物可使用收益；(5)占有人在物权人请求返还原物时，可按法律规定要求物权人偿还其在占有物上所支出的必要费用。

占有权与所有权等物权中的占有权能存在巨大的差别,主要表现为:(1)发生和消灭的根据不同。占有权能产生于本权(所有权或其他物权),是本权的一项内容,一种作用与表现,随本权的发生而发生,随本权的消灭而消灭。而占有权则发生于占有之事实,无论占有人是否具备相应的本权,占有人均可依法律保护占有的规定而取得一定的占有权,该占有权随占有事实的消灭而消灭。(2)内容和表现形式不同。占有权能无论基于何种本权而发生,其内容都是确定的,都仅仅表现为对物进行管领和控制的权利。而占有权的内容则是多方面的,且依占有种类的不同而有所不同,例如,善意占有人和恶意占有人的占有权就存在较大的差别。(3)与占有的关系不同。就占有权能与占有的关系而言,拥有占有权能是对物进行占有的基础和前提,而对物的实际占有则是行使占有权能的表现。但在占有和占有权的关系中则完全颠倒过来,占有成了享有占有权的基础和前提。

在上列占有权中,由于善意取得已在所有权一章作了详细介绍,此处不予重复。此外,由于我国法律上尚未规定取得时效,对占有人的时效取得权也略去不论。

二、占有的权利推定效力

占有的权利推定,是指占有人在占有物上行使某种权利,法律即推定其具有该项合法的权利。至于占有人是否真有此权利,在其他人举证破除法律推定前在所不问,唯有在出现相反证据后,占有的事实才让位于权利。

关于权利推定的适用范围,应从以下几个方面理解:(1)从权利方面看,权利推定可适用于一切通过占有表现的权利,包括所有权与具有占有权能的他物权、债权。至于到底推定占有人享有何种权利,则取决于占有的名义和对物进行支配的范围。例如,以所有人的名义对物全面支配,即推定占有人享有所有权,以承租人名义对物进行有限支配,则推定占有人享有承租权。(2)从占有方面看,权利推定适用于一切占有,即无论是自主占有或者他主占有、善意占有或者恶意占有、有瑕疵占有或者无瑕疵占有,占有人都可援用权利推定效力。(3)从时间方面看,推定既适用于现在的占有,也适用于过去的占有。例如,物之现在占有人在诉讼中若有必要可援引前手的占有,并推定前手的权利。(4)从援用人方面看,不仅占有人本人可主张权利推定,第三人也可援用权利推定的效力。例如,债权人得主张债务人占有的财产为债务人所有而申请法院查封。(5)从目的方面看,既可作对占有人有利的推定,也可进行对占有人不利的推定。例如,占有物致他人以损害时,可推定占有人为权利人并使其承担损害赔偿责任。(6)从占有物方面看,权利推定效力主要适用于动产,因为不动产领域建立了登记制度,能够推定不动产权利的事实并非占有而系登记上的记载,当然,在没有登记的不动产,占有仍具有相当程度的权利推定效力。

三、对占有物的使用、收益

在传统大陆法系民法,善意占有人有权对占有物进行使用和收益。当然,善意占有人所行使的权利,必须具有使用和收益的内容。如果占有人行使的权利不含使用和收益的权能(如质权、留置权),自不得对于占有物使用和收益。善意占有人的使用、收益权及于整个善意占有期间,至于收益内容为天然孳息或法定孳息、是否由占有人劳力和费用所生等则在所不问。善意占有一旦转化为恶意占有,则在完成转化时失去对占有物进行使用、收益的权利。但根据《民法典》

第460条的规定,不动产或者动产被占有人占有的,权利人可以请求返还原物及其孳息;但是,应当支付善意占有人因维护该不动产或者动产支出的必要费用。可见,《民法典》并未赋予善意占有人以使用收益的权利。

四、占有人与真正权利人之间的权利和义务

无权占有人若不能通过善意取得、取得时效等取得物权,在真正权利人举证破除占有的权利推定效力后,即负有向真正权利人返还占有物的义务,并因此与真正权利人发生一系列权利义务关系。

(一)善意占有人的权利和义务

根据传统大陆法系民法,在返还原物时,善意占有人可请求所有人返还其为保管、保存占有物所支付的必要费用和因改良占有物所支出的有益费用。但对于普通修缮费、饲养费、捐税等通常必要费用,若占有人已取得物之收益,无论收益与费用能否相抵,均不得再请求返还,只有在没有任何收益的情况下,善意占有人才能请求偿还通常必要费用。而对抗击天灾等临时必要费用,善意占有人有请求偿还与收益抵销后的差额的权利。至于有益费用,善意占有人只能在因此改良而增加的价值的尚存部分请求真正权利人返还。根据《民法典》第460条的规定,善意占有人可请求真正权利人支付因维护占有物而支出的必要费用,但是并未区分通常必要费用和临时必要费用,同时,也并未规定有益费用的返还问题。

善意自主占有人因使用占有物等可归责于自己的原因,致使占有物毁损灭失的,不负担损害赔偿责任。这是因为,善意自主占有人如同所有人,而所有人致自己的所有物毁损灭失,无所谓损害赔偿。但善意的他主占有人因可归责于自己的原因导致占有物毁损灭失的,占有人仍应负担损害赔偿责任。我国原《物权法》只规定了恶意占有人的损害赔偿责任,而对于善意占有,并未进一步区分为自主占有和他主占有,似乎都不应承担损害赔偿责任。

真正权利人要求返还占有物时,占有物原物存在的,当然应当返还原物。若原物部分毁损,应返还残余的部分。如果善意占有人因占有物的毁损灭失受有利益,应将该利益作为不当得利返还给真正权利人。例如,占有物的毁损系他人行为所致,善意占有人应返还从第三人处获得的赔偿金;占有物发生保险事故,善意占有人应返还因此获得的损害赔偿金或保险金;占有物转让并被他人取得物权的,善意占有人应返还因转让所取得的价金。

(二)恶意占有人的权利和义务

真正权利人要求返还原物时,恶意占有人能否请求真正权利人返还相关费用,我国原《物权法》未作明确规定。但在传统大陆法系民法,恶意占有人可基于无因管理之规定要求真正权利人偿还其为占有物所支出的必要费用。也就是说,恶意占有人支出之费用,除为所有人尽公益上之义务或经所有人承认者外,须有利于所有人并不违反所有人可得推知之意思者,才能请求返还。至于恶意占有人支出的有益费用,立法上普遍规定不得请求返还。

恶意占有人因可归责于自己的事由致占有物毁损灭失的,对真正权利人负担全部的损害赔偿责任。恶意占有人因占有物毁损灭失而获得利益的,应当将此等利益返还给真正权利人,真正权利人的损害未得到足够补偿的,恶意占有人还应当赔偿损失。我国《民法典》对恶意占有人的责任,作了与其他大陆法系国家基本相同的规定。《民法典》第459条规定,占有人因使用占有的不动产或者动产,致使该不动产或者动产受到损害的,恶意占有人应当承担赔偿责任。第461条规定,占有的不动产或者动产毁损、灭失,该不动产或者动产的权利人请求赔偿的,占有人应当

将因毁损、灭失取得的保险金、赔偿金或者补偿金等返还给权利人;权利人的损害未得到足够弥补的,恶意占有人还应当赔偿损失。

若占有物因不可归责于占有人的原因毁损灭失,则无论是善意(自主)占有,还是恶意占有,占有人原则上都不承担损害赔偿责任。

五、占有的物上请求效力

占有人享有以维护占有为目的的各种物上请求权,包括占有物的返还请求权、占有妨害排除请求权、占有妨害防止即消除危险请求权等。占有物的返还请求权是指占有人在其占有被侵夺时,可请求返还其占有物。占有物被侵夺是指占有人已完全失去对占有物的管领力,如动产被抢劫,不动产被霸占等。我国《民法典》第 462 条规定,占有的不动产或者动产被侵占的,占有人有权请求返还原物;对妨害占有的行为,占有人有权请求排除妨害或者消除危险;因侵占或者妨害造成损害的,占有人有权依法请求损害赔偿。占有人返还原物的请求权,自侵占发生之日起 1 年内未行使的,该请求权消灭。由此可见,占有物返还请求权行使的除斥期间为 1 年,自侵占发生之日其 1 年内未行使的,该请求权消灭。占有妨害排除请求权是指占有被妨害时,占有人请求除去妨害的权利。占有妨害是指以侵夺以外的方法妨碍占有人管领、控制、支配占有物的行为。占有妨害防止请求权,指占有面临被妨害的危险时,占有人享有请求防止妨害的权利。该权利的请求对象是尚未发生,但有发生之可能的危险行为,如邻家的大树因大风将歪倒至自家房屋之上,房屋之占有人则有请求大树的主人排除危险的权利。

问题与思考

《民法典》在占有的效力与占有保护方面的规定与原《物权法》的规定基本一致。我们认为,在占有效力方面,占有本身作为一种表征权利的事实状态,应当具有推定效力。这个推定效力包括权利之推定和事实之推定,但这在我国《民法典》上尚无完整体现。关于占有人和回复请求权人之间的权利义务,《民法典》有所涉及,但在具体的权利义务方面规定不够明细。如占有人对占有物的毁损、灭失的赔偿责任既未规定损害是否应有"可归责于占有人的事由"为要件,也未规定善意占有人的赔偿责任;在占有人对占有物的使用、收益问题上,我国《民法典》既未规定善意占有人对占有物的使用收益权,也未规定恶意占有人对占有物的使用收益权;对占有物的偿还请求权问题上,我国《民法典》只规定了善意占有人的必要费用偿还请求权,至于占有人是否享有对占有物的有益费用请求权,以及恶意占有人的是否享有必要费用请求权,法律尚未规定。此外,在占有保护方面,对占有保护的方法主要分为物权法上的保护和债权法上的保护。前者主要通过占有人的自力救济权和占有保护请求权实现;后者主要通过不当得利请求权和占有人的损害赔偿请求权实现。我国目前尚未赋予占有人自力救济权,并且占有人可以主张的赔偿范围缺少明确的界定。

拓展阅读推荐

1. 王泽鉴:《民法物权 2:用益物权 · 占有》,中国政法大学出版社 2001 年版。

2. 赵晓钧:《论占有的效力》,法律出版社2010年版。
3. 刘智慧:《占有制度原理》,中国人民大学出版社2007年版。
4. 黄薇主编:《〈中华人民共和国民法典〉物权编解读》,中国法制出版社2020年版。
5. 孙宪忠、朱广新主编:《民法典评注》(物权编),中国法制出版社2020年版。

第四编 | 债与合同

第十八章 债与合同的一般原理

学习要点

- 债的概念和本质
- 债权与债务
- 债的义务群
- 债务与责任
- 债的相对性
- 债的相容性与平等性
- 按份之债与连带之债
- 债的效力
- 合同中心主义立法体例
- 合同编的法律适用

第一节 债的概念和特征

原《民法通则》第84条第1款曾经对债作了如下定义性规定："债是按照合同的约定或者依照法律的规定，在当事人之间产生的特定的权利和义务关系。"《民法典》总则编第118条第2款在此基础上对债权作了定义性规定："债权是因合同、侵权行为、无因管理、不当得利以及法律的其他规定，权利人请求特定义务人为或者不为一定行为的权利。"这些定义性规定，既揭示了债这一概念的内涵，同时又从债的发生原因方面界定了这一概念的外延。

一、债的概念

民法上债的概念源于罗马法。罗马法上债的概念自"私犯"(ex delicto)的产生就已经出现，它经历了人身刑和赎罪金等形式，直到后来成为仅具有财产意义上的债。罗马法学家依据法律效果的相同性将债定义为："债是一种迫使我们必须根据我们城邦的法律制度履行某种给付义务的法律约束。"〔1〕"债或是产生于契约，或是产生于不法行为，或是产生于法律规定的其他原因。"〔2〕罗马法上的债是一种只发生在债权人和债务人之间的法律约束关系，其本质上为当事人一方依法得请求他方为一定给付的法律关系或依国法而应负担履行义务。罗马法基于这种特定债权人仅得向特定债务人请求给付的特性，认为债是债权人与债务人之间的"法锁"(juris vincu-

〔1〕［意］彼德罗·彭梵得：《罗马法教科书》，黄风译，中国政法大学出版社1992年版，第283～284页。

〔2〕《民法大全选译·契约之债与准契约之债》，丁玫译，中国政法大学出版社1998年版，第3页。

lum)。此后,近现代民法学说通常将债定义为特定当事人间请求为特定的给付的法律关系。

现代民法上的债,是指特定债权人对于特定债务人以请求一定给付(作为或不作为)为内容的法律关系。其中,有权请求给付的一方当事人,享有债权,称为债权人;负有给付义务的一方当事人,负担债务,称为债务人。可见,债不仅指债务,还包括债权;不仅指金钱之债,还包括以提供劳务、信息、移转权利等为标的债;不仅指借贷、租赁等个别合同之债,还包括所有的合同之债;不仅指合同之债,还包括侵权行为之债、无因管理之债、不当得利之债等法定之债。

在研究债的含义时,还可以进一步将债区分狭义的债与广义的债。[3] 所谓狭义的债,是指个别的给付关系。自请求给付的一方当事人而言,是为债权;自负有给付义务的一方当事人而言,则为债务。换句话说,狭义的债是指一方当事人的一个债权与另一方当事人的一个债务的单一对应关系。例如,因买卖而发生的债,其中买方有向卖方请求交付标的物之债权,与此相对应,卖方负担交付标的物之债务。所谓广义的债,是指包括数个债权、债务(数个狭义的债)的概括法律关系,即数个狭义的债的复合关系。例如,因买卖而发生的债,就是一项由两个狭义债(给付出卖物的债与给付价金的债)有机结合起来的复合关系。商品交换关系是两项财产的对应流转关系,或者财产与劳务的对应流转关系,因此,基于商品交换关系而产生的债均表现为两个以上狭义之债的复合关系。在债法中,债法通则对债的一般规定往往立于狭义之债的观念之上;而分则对各种债的规定则往往立于广义之债的观念之上。了解这一点对学习、研究债法具有重要的意义。

二、债的本质

债作为跨越人类诸社会形态的一种法律形式,存在为它所固有的超历史、超阶级的本质属性。对于债的本质,早在罗马时代,法学家保罗就有过精彩的论述。他认为:"债的本质不在于我们取得某物的所有权或者获得役权,而在于其他人必须给我们某物或者做或履行某事。"[4]沿着认识债的本质这一理论思路,联系债法调整的社会关系的内容,我们有理由认为,债所固有的本质属性在于:债是特定当事人之间可以请求为一定给付的民事法律关系。债是民法调整商品交换关系和解决财产损益变动的法律形式。对债的本质认识可从以下两个方面去理解。

(一)债是民法调整交易关系和财产损益变动的法律形式

民法规定的债有合同之债与非合同之债两类。对合同之债,马克思曾经指出:"这种权利关系,不问是不是依法成立的,总归是在契约的形式上,是一种意志关系,在其中有经济关系反映出来。"[5]因此,对合同之债的本质,我们必须联系合同所反映的商品交换关系进行研究,才能获得正确认识。商品交换,从表面上看似乎是商品与商品的交换,是一种物物关系;但实际上是利益具有互补性的商品所有人之间的交易,是人与人的关系。因此,商品交换只有通过利益具有互补性的商品所有人相互让渡商品的共同意志行为,才能成立。这种共同意志行为或者说合意,就是合同。[6] 民法规定合同之债的主要目的也就在于通过赋予依法成立的合同具有法律拘束力,从而将作为经济关系的商品交换关系上升为具有债权、债务内容的法律关系,以运用国家公权力保

---

〔3〕 王泽鉴:《债法原理》(第一册),中国政法大学出版社 2001 年版,第 5 ~ 6 页。

〔4〕 [意]彼德罗·彭梵得:《罗马法教科书》,黄风译,中国政法大学出版社 1992 年版,第 283 页。

〔5〕 马克思:《资本论》(第一卷),人民出版社 1975 年版,第 61 页。

〔6〕 李开国:《民法基本问题研究》,法律出版社 1997 年版,第 408 页。

障交换双方交易目的的实现，由此维护商品交易秩序和安全，实现交易自由与交易公平，促进资金、物质、技术、劳务的健康、快速流转，发展市场经济。

民法规定的非合同之债主要有侵权行为之债、不当得利之债和无因管理之债。民法规定侵权行为之债的目的，在于运用债这一法律形式，使侵权行为人承担损害赔偿责任，弥补被侵权人所受的损失。民法规定不当得利之债、无因管理之债的目的，在于运用债权债务这一法律形式，平衡当事人之间因不当得利、无因管理的发生而失衡的财产利益。由此可见，非合同之债不过是民法用以处理因侵权行为、不当得利、无因管理而引起的财产损益变动的法律形式，其追求的社会目的在于保护民事主体的人身、财产权益不受损害，平衡当事人失衡的利益，维持良好的社会秩序和道德风尚，匡扶社会正义。

（二）债是债权人实现其预期经济利益的法律手段

具体的债，无论是合同之债还是非合同之债，一经成立，即意味着法律确认了特定债权人的特定利益，并为该债权人特定利益的实现提供了一系列法律手段。其中包括债权人有权请求债务人按照债的标的实施给付行为（包括给付财产、提供劳务等），并受领债务人所为的给付；当债务人不履行其债务时，债权人有权请求法院强制债务人履行债务并赔偿债权人所受的损失；当债务人因怠于行使其财产权利或者不当处分财产的行为有害债权人预期经济利益之实现时，债权人有权代位行使债务人的财产权利或者撤销债务人的不当财产处分行为等。债权人实现其预期经济利益的上述法律手段与债相始终，直至债务人全部履行债务，债权人的预期经济利益实现，债才归于消灭。

在近现代社会，取得财富及进行其他经济活动，首先须取得他人的合作。近代法律基本上将财产关系划分为债权关系和物权关系。所谓债权关系是经他人为中介以期将来获得财富的关系；而所谓物权关系是直接支配、利用财产的关系。由此而言，债权关系乃是形成物权关系的手段而已。然而在近现代社会，已不再将债权关系简单地看作物权关系的手段或辅助关系。尤其是市场经济经过商业资本主义、产业资本主义阶段而急剧发展到金融资本主义阶段，债权关系作为调节经济活动的法律手段，发挥独立且重要的作用。过去仅作为获取财富手段的债权，现已成为一项重要的财产权利，作为资本累积，债权关系已成长为具有支配资本作用的法律手段。所有经济活动的复杂现象都直接反映在债权关系之中。

三、债的特征

由债的本质所决定，债具有以下特征：

第一，债是特定当事人之间的民事法律关系。债的主体，无论是权利主体还是义务主体，都是特定的人。权利主体的特定性是指除债权人或债权人的代理人、继承人可向债务人请求履行债务外，其他人均不得向债务人请求履行债务；债务人未受债权人的指示而向第三人履行债务，其履行无效。义务主体的特定性是指债权人只能请求特定的债务人履行债务，不能请求其他人履行债务。债权人请求保证人履行债务，所依据的债不是原债，而是从属于原债的保证之债。债的主体的特定性，归根结底是由债法调整的，是特定当事人间的民事法律关系这一本质决定的。债的主体的特定性，是债的主体方面区别于物权关系、知识产权关系、继承权关系、人格权关系的特征。无论物权关系、知识产权关系、继承权关系还是人格权关系，其权利主体是特定的人，其义务主体则是不特定的任何人。

第二，债是以债权债务为内容的财产法律关系。债的内容为债权、债务。债权为债权人请求债务人为给付的权利。债务是债务人应债权人的请求为一定给付的义务。债以债权、债务为内容,这是债在内容方面区别于其他民事法律关系的特征。其他民事法律关系,如物权关系、知识产权关系,由于其表现的经济关系的内容为主体对其财产的现实支配或享用,因此只需要法律赋予主体支配其财产并排除他人干涉、妨碍、侵害的权利即可。

第三,债是以给付为标的的动态财产法律关系。债的标的(客体)为给付,包括作为和不作为。在债的关系中,债权表现为债权人请求债务人为一定给付行为的权利,而债务则表现为债务人应向债权人为一定给付行为的义务。债以给付为标的,不是以物或信息、财产为标的。在债存续期间,即使以移转财产(包括移转物权或知识产权)为内容的债,在债务人履行债务,完成给付行为之前,该财产仍属于债务人的财产,债权人无权支配该财产,而只能请求债务人为给付该财产的行为。待债务人履行债务,完成给付行为,债权人受领给付,取得对该财产的支配后,债则归于消灭。而物权关系、知识产权关系,由其表现的经济关系的内容所决定,其内容只能是物的支配权或者智慧财产的专有使用权以及社会一般人的不作为义务,因此,其法律关系的客体也就只能是权利主体支配的物或者专有的智慧财产。

四、债的产生根据

由于债的发生原因的复杂性,自古代罗马法到近现代各国民法典,其规定的债的发生原因(简称为"债因"或"债的渊源")并不完全一致,呈现大同小异的局面。在罗马法上,债的发生原因被归纳为四大类:契约、不法行为(私犯)、准契约和准不法行为(准私犯)。在近现代各国民法典中,1804 年法国民法典规定的债因更接近罗马法规定的债因。《法国民法典》第三章、第四章规定的债的发生原因,包括契约、准契约、侵权行为与准侵权行为。其中,准契约包括无因管理与不当得利;准侵权行为是指应由本人负责的他人行为或其管理下的物件所致的损害(《法国民法典》第 1384 条)。《法国民法典》在规定债因时,沿用了"契约"与"准契约"概念,但用"侵权行为"与"准侵权行为"概念取代了罗马法"私犯"与"准不法行为"概念。这是刑民分离,废止私刑的结果。《德国民法典》在规定债因时,没有再使用准契约、准侵权行为一类概念,在其债编第七章各种债的关系中规定的债因包括各种契约、悬赏广告、无因管理、共有、有价证券、不当得利、侵权行为等。《意大利民法典》第四编"债"第一章债的总则中概括规定了债因,该法典第 1173 条规定:"债产生于契约、违法行为或者法律规定的其他产生债的行为或事实。"而在以后各章中,则对契约、单方允诺、有价证券、无因管理、非债给付、不当得利、不法行为七种债因作了具体规定。《日本民法》债权编第二章至第五章为各种债的规定,其规定的债因有契约、无因管理、不当得利、侵权行为四种。我国《民法典》总则编第 118 条对于债的产生根据采取五分法,主要有合同、侵权行为、无因管理、不当得利以及法律的其他规定五种原因。

尽管各国民法规定的债的发生原因并不完全一致,但基本上可分为两类:一是基于法律行为,二是基于法律规定。基于法律行为而发生的债,称为意定之债。合同是这类债的主要类型。这种基于意思合致而发生的债,乃在实践私法自治的理念,因而是最普遍的债的发生原因。基于单方法律行为而发生债的关系,属于例外,遗赠为其典型例子。基于法律规定而发生的债,称为法定之债。各国民法共同规定的有:无因管理、不当得利与侵权行为。

问题与思考

债的概念应否保留？

民法上债的概念属于舶来品，中国民法学界主张取消“债权”概念的意见由来已久。早在制定《民法通则》时就有人主张应摒弃债的概念。[7] 但是大多数人认为，中国民法应当继受债的概念。根据大多数民法学者的意见，原《民法通则》专设“债权”一节（第五章第二节），并且明文规定了“债”的定义。原《民法通则》颁布、实施多年后，应当说“债权”“债务”概念已经深入人心，并在立法中广泛使用。但是，在起草中国民法典草案的过程中，就是否保留债的概念和设立债法总则编仍然发生激烈争论。主张取消“债权”概念和“债权总则编”的学者所持理由，主要有四：一是认为“债权”概念不通俗，不应迷信德国民法的体系；二是认为合同、侵权行为、不当得利和无因管理的构成要件、指导原则和社会功能各有不同，不足以作为债的共同构成因素；三是认为债权总则实际是合同总则；四是认为侵权责任不是债或者主要不是债。这四个理由都站不住脚。民法是一个具有严格逻辑性的行为规则体系和裁判规则体系。每一个概念均有特定的含义，概念相互之间有严格的逻辑关系。“物权”“债权”的明确区分，是大陆法系民法的基础性概念，采用“债权”概念，规定“债权总则编”，是民法典科学性和体系性的要求。债的发生虽有合同、侵权行为、不当得利、无因管理等不同原因，它们的构成要件、指导原则和社会功能的确各有不同，不足以作为债的共同构成因素。其构成债的内在统一性的，乃其法律效果的形式相同性。也就是说，它们在形式上均产生相同的法律效果：一方当事人可以向对方当事人请求特定给付。有的学者认为，侵权的本质是“责任”而不是“债”，或者仅“损害赔偿”是“债”，特别提到“停止侵害”“赔礼道歉”不是“债”。但是，侵权行为的后果，不仅请求加害人支付赔偿金是“债”，请求加害人停止侵害（不为一定行为）、赔礼道歉（为一定行为）也当然是“债”。《民法典》总则编第118条最终仍然承继了原《民法通则》对债权的规定，并进一步明确债权的内容主要是“权利人请求特定义务人为或者不为一定行为的权利”。并在民法规范中使用“债权”“债务”“债权人”“债务人”等债的概念。虽然在《民法典》分则中并没有设置债的总则编，但是合同编通则承担了实质上的债的总则的功能。[8]

第二节　债权与债务

一、债权

基于法律行为或者法律规定的法律事实，即在特定的主体之间产生债权债务关系。债权是债权人请求债务人为特定给付的权利。换言之，债权就是债权人请求特定义务人为或者不为一定行为的权利。由债权这一本质属性所决定，债权既有区别于其他民事权利的内容，也有区别于其他民事权利的特征。

（一）债权的权益

债权的权益，是债权人在法律保护下实现其预期经济利益的可能性。债权作为动态财产权，

〔7〕史际春：《关于债的概念和客体的若干问题》，载《法学研究》1985年第3期。

〔8〕《民法典》第468条规定：“非因合同产生的债权债务关系，适用有关该债权债务关系的法律规定；没有规定的，适用本编通则的有关规定，但是根据其性质不能适用的除外。”

其权益既不表现为人身利益,也不表现为对物的支配利益,而是表现为债权人请求债务人履行债务以实现其预期经济利益的可能性。在债权存在时,即意味着债权人的预期经济利益尚未实现,还处于在法律保护下可能实现的状态。而在债权人的预期经济利益实现时,即获得债务人所给付的财产或提供的劳务时,债权即归于消灭。

(二)债权的权能

债权的权能,是民法赋予债权人用以实现其预期经济利益的法律手段。尽管债权是以对于债务人的请求为主要内容,债权与请求权往往作为同义词而混用,但是债权的内容并不只限于请求权,尚有获得并保持债务人所给付利益的效力。

债权的权能是债的效力在债权人方面的表现,体现着民法对债权人预期经济利益的保护。债的效力,可区分为债的履行效力、债的保全效力与债的救济效力。由债的效力所决定,债权也就相应地具有以下三组权能:

1. 给付请求权与给付受领权

给付请求权是指债权人根据法律的规定或与债务人的约定,请求债务人按照债的标的实施特定给付行为的权能。近现代以来,为维护社会的文明秩序,法律既不允许债权人运用强占债务人财产的方式来实现债权,更不允许债权人运用人身拘押的方式强制债务人履行债务,因此,债权人预期经济利益的实现必依赖于债务人的给付行为。由债权实现的这一方式所决定,给付请求权便成为债权诸项权能中最为重要的权能。给付受领权是债权人接受债务人所为给付,并保持因债务人的给付而取得的利益的权利。债权人请求给付,债务人进行给付,债权人接受给付,是债运行的基本轨迹。因此,受领债务人的给付,也是债权的重要权能。受领债务人所为给付,既是债权人的权利,同时在一定程度上也是债权人的义务。如果债务人按债的标的要求即时提出给付,债权人不得拒绝受领。如债权人因拒绝受领而导致债的履行迟延或履行不能时,债权人应依法承担相应的民事责任。

2. 债权人的代位权与撤销权

债权人的代位权与撤销权是基于债的保全效力而产生的两项权能。债权人的代位权是指当债务人怠于行使其财产权利的行为害及债权人的债权时,债权人可以自己的名义行使债务人权利的权利。债权人的撤销权是指债权人对于债务人与第三人实施的法律行为害及债权人的债权时,债权人可请求法院予以撤销的权利。民法在一定条件下赋予债权人代位权和撤销权的目的,在于保全债务人的责任财产,防止因债务人财产的不当减少而危及其债权的实现。

3. 债权救济权

债权救济权是基于债的救济效力而产生的债权权能。所谓债权救济权,是指当债务人不履行债务而损害债权人的利益时,债权人可依法行使各种救济措施的权利。其中,既包括债权人依法诉诸法院请求强制履行、赔偿损失、支付违约金及其他与债务人违反债的具体情况相适应的强制措施的权利,同时也包括在符合法定条件下采取行使解除权、撤销权等形成权或者法律允许的自力救济措施的权利。

债权的上述权能并不居于同等地位,其中请求权能是核心,受领权能是其逻辑上的最终点,其他权能则是为实现债权人的请求权能服务的,而且并不必定发生。在一般情况下,它们只是高悬的剑,其作用在于迫使债务人履行债务。只有在特定条件下,它们才现实地发挥保全或保护债权的作用。

(三)债权与请求权

请求权这一概念由德国民法学者文德沙伊德(又译“温德赛”)所创造,他认为在诉权之外,还有实体法上的请求权(私权),实体法上的请求权在先,诉权在后。德国民法典采纳了这一理论,在民法典中规定请求权,具有进步意义。不过,对于债权与请求权的关系,在学说上认识并不一致。权利意思说认为,请求权为债权的本质,因而请求权和债权之间不存在实质上的区别。而权利利益说认为债权是可能获得生活利益的能力,请求权只是实现这一目的的一种手段、一种作用。而且请求权除因债权而发生(债权之请求权)以外,还因物权(物权之请求权)、亲属权(身份之请求权)等而发生。请求权是由基本权利衍生的一种权利,原则上受基本权利性质的制约,并与基本权利共有法律上的命运,因此必须严格区分债权和请求权。

债权为请求权,是指债权以请求权为其核心权能。债权为请求权,即意味着债权人既不能支配债务人应为给付的财产,也不能支配债务人的人身或给付行为,只能请求债务人履行债务。

债权人之所以不能支配债务人应该给付的财产,是因为在给付前,该项财产仍属债务人支配的财产,基于支配权的排他性,债权人仍负有不作为的义务。债权人之所以不能支配债务人的人身,是因为民事主体在人身上都是独立、自由、平等的,不受他人意志的支配。如果允许债权人支配债务人的人身,即意味着对民法这一基本原则的否定。同时,民事主体的人身自由受宪法的保护。有一种意见认为,债权人虽然不能支配债务人人身的全部,但作为债的标的给付行为可以与债务人的人身相分离,而成为债权人支配的对象。这种认识是不妥当的。王泽鉴先生指出:“行为是人格的直接表现,不是人格的产物,不能将之由人格本身分离,予以物体化,使之成为他人直接支配的客体。”[9]

必须特别说明的是,债权人不能支配债务人的财产、人身或行为,并不意味着债对债务人没有拘束力,债务人可以不受任何强制。债务的履行受国家公权力的拘束,如果债务人不自觉履行债务,经债权人申请,法院可以强制执行债务人财产。强制执行即意味着法院可以不顾债务人的意志,强行将债务人应该给付的财产移转给债权人。另外,债权人虽然不能仅凭债的效力而支配债务人的财产,但是可以根据其依法享有的担保物权而直接支配债务人的特定财产。

由此可见,请求权与债权不能等同。请求权不过是债权的表现方式之一,或者说债权请求权是实现债权的法律手段,而非与债权同其内容。请求权与债权的具体区别表现在:(1)债权成立后,履行期到来之前,债权已经存在,但债权人还不能行使其请求权;履行期到来时,债权人才能行使请求权。(2)综上所述,债权的权能除债权请求权外,还有给付受领权、债权人的撤销权、代位权等权能。

二、债务

(一)债务的概念和特征

债务是债的关系中的义务主体(债务人)应为一定给付的义务。债务作为一种给付义务,具有以下特征:

第一,债务为相对义务。民事义务,以是对社会一般人的义务或是对特定人的义务,可区分为绝对义务与相对义务。绝对义务是民事主体对社会一般人承担的不得侵害其人身权、物权、知识产权、继承权等不作为义务。债务是债务人对特定债权人承担的民事义务,为相对义务。只有

---

〔9〕 王泽鉴:《债法原理》(第二版),北京大学出版社2013年版,第59页。

特定的债权人才有权请求债务人履行其债务。

第二,债务是债务人负担的不利益。任何民事义务都具有利他性,但是并非任何民事义务都表现为义务主体的不利益。例如,民事主体对社会一般人承担的不侵害其人身权、物权、知识产权、继承权等绝对权的义务,虽有利于权利主体权利的实现,但对义务主体而言并非不利益,因为这些义务的承担并不要求义务主体付出任何利益。而债务作为给付义务,不管是积极作为的给付义务(给付财产或提供劳务),或消极的不作为的给付义务,其本质都表现为某种利益的付出,对债务人而言都是不利益的负担。积极作为的债务对债务人是一种不利益,消积不作为债务对债务人也是一种不利益。这是因为,作为债务的不作为义务,是对债务人自由的特别限制。由于此种限制已经超越了法律对自由的一般限制,因此,不作为债务的承担即意味民事主体原有的可以从事某种活动的自由因债的关系而丧失或者受到限制,伴随这种自由的丧失或限制也就会失去依这种自由可能取得的利益。例如,受雇人的竞业禁止义务的承担,即意味着受雇人即使利用工余时间也不能从事与雇主的营业相同的营业活动,这当然会使受雇人失去在不受这种限制的状态下可能取得的利益。

第三,债务具有限定性。债的标的确定,即给付什么、给付多少等内容的确定,是债成立的一个重要条件。标的确定后,即意味着针对该确定标的的债权、债务同时确定。因此,在任何具体的而不是抽象的债权债务关系中,其标的是确定的,其债权、债务也是确定的。债权人只能在标的确定的内容和范围内享有请求给付的权利,债务人也只在该标的确定的内容和范围内承担给付义务。

第四,债务具有法律的拘束力。债务的法律拘束力集中表现在,当债务人不自觉履行其债务时,债权人可依法请求法院强制执行,并责令债务人承担违反债的民事责任。虽然可以强制执行的债务,一般限于以财产为给付标的债务,但并不意味着以劳务为给付标的的债务不具有法律的拘束力。以劳务为给付标的的债务,由于其履行与债务人的人身密切联系,而不可能强制执行。但是,这类债务因其违反而产生的损害赔偿责任,纯为财产责任,则是可以强制执行的。

(二)债的义务群

债的关系的核心在于给付,但债所涉及的义务并不限于给付义务。如同请求权为债的关系中的核心权利而非唯一权利一样,给付义务并非债所涉及的唯一义务。除给付义务外,债还涉及其他种种义务,以致构成一个义务群。债法的变迁和进步是建立在债的关系上各种义务的形成和发展。在这个义务群中,按其不同的性质,可分为以下几类。

1.给付义务

给付义务具有双重含义:一是指为一定给付行为的义务;二是指产生一定给付效果的义务。有的债务,依债的性质,仅要求债务人实施一定给付行为,至于该给付行为是否产生了债权人预期的效果,则在所不问。例如,在雇佣关系中,受雇人的给付为劳务的提供,至于受雇人的劳动是否使雇主获得预期利益,则在所不问。有的债务,依债的性质不仅要求债务人实施一定给付行为,还要求该给付行为产生一定的给付效果。以金钱、实物为给付标的的债务,均属此种给付义务。有的债务,其给付义务究竟是实施一定给付行为或者取得某种给付效果,则取决于债务人的承诺。例如,家庭教师的聘用,若教师仅承诺每周给孩子辅导几个小时,不包孩子升学,那么家庭教师的债务仅为实施一定给付行为的义务;若承诺以包孩子升学为请求报酬的条件,那么家庭教师承担的债务则为取得特定给付效果的义务。

给付义务可以基于不同的标准划分为以下类型:

其一,主给付义务与从给付义务。以并存的数个给付义务之间的依存关系,可以将给付义务分为主给付义务与从给付义务。主给付义务，是债的关系所必备并决定债的性质和类型的基本给付义务。如买卖关系中出卖人交付标的物并转移标的物所有权的给付义务，买受人支付价金的给付义务。正是这两个对待给付义务决定着买卖这一类型的债，否则便不成其为买卖之债。从给付义务是不具有独立意义，仅伴随主给付义务而存在的给付义务，其功能在于辅助主给付义务，确保债权人的利益充分实现。从给付义务的发生原因有三个：(1)基于法律的明文规定。如《民法典》第599条规定："出卖人应当按照约定或者交易习惯向买受人交付提取标的物单证以外的有关单证和资料。"(2)基于当事人的约定。如一企业兼并另一企业，双方约定被兼并企业应提交其所有客户名单。(3)基于诚实信用原则及合同的补充解释。如汽车出卖人应交付必要的文件；名马的出卖人应交付血统证明书；受托人完成委托事务时，报告事务执行情况，并移转有关金钱、物品及权利等义务。从给付义务虽然从属于主给付义务，但既为给付义务，仍然构成相对人的给付请求权。但是，一方未履行从给付义务，相对人能否发生履行中的抗辩权或合同解除权，则应视其对合同目的之实现是否必要而定。如普通债权的让与，只要债权人通知债务人就能达成债权让与的目的，因此债权证明文书未给付，并不构成受让人拒绝履行对待给付义务或解除债权让与合同的原因。而在委托合同中，受托人移转因执行受托事务所及金钱、物品或权利的义务虽为从给付义务，但该从给付义务不履行即不能达成委托人委托的目的，因而构成委托人拒绝履行对待给付义务的原因。

其二，原给付与次给付义务。债务人的给付义务，依其存在时点及存在依据，可分为原给付义务与次给付义务。原给付义务指债的关系中的原有义务，亦即原定履行债务的义务，包括主给付义务与从给付义务。次给付义务指违反债的关系中原定给付义务所生的义务，债务不履行责任为次给付义务的典型形态。次给付义务既然基于原给付义务的不履行而来，债的关系的内容虽有所改变或扩张，但债的同一性仍然维持不变。在债的关系中，次给付义务主要表现为因债务人不履行原给付义务而发生的损害赔偿义务、支付违约金的义务以及合同解除时回复原状的义务等。有的次给付义务是替代原给付义务，如因原给付义务履行不能而生的损害赔偿义务；有的与原给付义务并存，如因原给付义务履行迟延而产生的支付违约金义务。在债的关系中，次给付义务并非必定发生。当原给付义务顺利履行时，债的关系因清偿而消灭，并不发生次给付义务。

2. 附随义务

自德国民法学者区分给付义务与保护义务以来，与给付义务无关的附随义务的概念一再被强调，更成为积极侵害债权、缔约上过失、附保护第三人作用合同理论的共同基础。附随义务为债的义务群发展过程中最重要的成就，即承认在给付义务之外，尚有附随义务。现代债法理论强调附随义务相对于给付义务的独立性，关于债的义务体系的建立，即在确立给付义务与附随义务二者的相对位置。我国民法理论通说就附随义务采取广义的概念，是指依诚实信用原则和社会一般交易观念，债的当事人所应负担的给付义务以外的其他义务。《民法典》第509条第2款规定："当事人应当遵循诚信原则，根据合同的性质、目的和交易习惯履行通知、协助、保密等义务。"此即附随义务的基本法律规范。附随义务的种类甚多，主要包括先合同义务、合同履行中的附随义务以及后合同义务。依其功能可分为：(1)辅助实现债权人给付利益的辅助给付功能之附随义务。例如，商店在出售商品时，应注意商品的包装，以便顾客安全携回。(2)避免侵害债权人的人身或财产上利益的保护功能之附随义务。例如，雇主应注意受雇人的人身安全，为受雇人提供安全的劳动条件。前者旨在促进及确保主给付义务的实现，后者旨在保护相对人的人身或财产上的利益。

附随义务与给付义务的区别在于:(1)给付义务基于合同的约定、法律的规定或合同的解释而发生,自始确定,其中主给付义务还决定着债的类型。而附随义务则随着债的关系的发展,从确保债的履行、维护相对人安全出发,基于诚信原则的要求而发生。因此,附随义务在任何债的关系中均可发生,不受债的特定类型的限制。而且,附随义务的内容并非自债的关系成立即自始确定,需要根据债的关系的发展进程,基于诚实信用原则予以确定。(2)针对给付义务,无论主给付义务或从给付义务,既为给付义务,自然形成相对人的独立请求权。而附随义务,并非给付义务,乃双方当事人基于诚信原则的要求应当承担的通知、协助、保密等义务,因此针对附随义务并不形成相对人的独立给付请求权。(3)在因合同而发生的债的关系中,给付义务的不履行,特别是主给付义务的不履行,发生相对人的抗辩权或合同解除权。而附随义务的不履行则仅产生债务不履行的责任,通常不发生相对人的抗辩权或合同解除权,除非该附随义务的不履行致使债权人的债权目的无法实现。

3. 不真正义务

债的关系,除给付义务与附随义务外,还有所谓不真正义务,是一种强度较弱的义务,其主要特征在于相对人通常不得请求履行,而其违反亦不发生损害赔偿责任,仅使负担此项义务的当事人遭受权利减损或丧失的不利益而已。民法规定不真正义务的目的,在于贯彻"自己行为自己负责"的原则,让权利人自己对其故意或过失行为承担权利减损或丧失的后果,不至于将此种损害后果转嫁给义务主体,从而公平保护义务主体的合法利益。

《民法典》中主要规定了以下两种不真正义务:(1)当债务人因违反债务而造成债权人损害时,债权人应该注意避免损害后果的扩大。《民法典》第591条第1款不仅明确规定了债权人的此项义务,而且明确规定了债权人违反此项义务的法律后果:"当事人一方违约后,对方应当采取适当措施防止损失的扩大;没有采取适当措施致使损失扩大的,不得就扩大的损失请求赔偿。"(2)对债务人交付的商品,债权人认为不符合合同要求的质量,应于异议期内提出异议,并妥善保管已接收的商品。如债权人违反此项义务,不在异议期内提出异议,或者造成已接收的商品毁损灭失的,无权要求债务人承担违约责任或行使合同解除权。对债权人的此项义务及其违反的后果,《民法典》第621条第1款有明确规定:"当事人约定检验期限的,买受人应当在检验期限内将标的物的数量或者质量不符合约定的情形通知出卖人。买受人怠于通知的,视为标的物的数量或者质量符合约定。"

4. 先合同义务与后合同义务

先合同义务,是指当事人在合同订立过程中,基于诚信原则的要求而负担的相互协力、通知、说明、照顾、保护等种种注意义务。先合同义务的理论依据在于:当事人为订立合同而相互接触、磋商、谈判之际,尽管合同尚未成立,但当事人双方已开始进入交易关系,形成了一定的结合关系。在这种结合关系中,当事人之间已有一定的信赖,并且可能已经为这种信赖而付出一定代价。因此,法律不仅应当保护当事人间合同有效成立后的结合关系,也应当保护当事人间合同成立前的结合关系,否则对交易安全的维护便是不完全的。因此,在合同订立过程中,如果一方因故意或过失违反先合同义务而造成他方损害,应负损害赔偿责任,此种责任称为缔约过失责任。缔约过失责任在性质上属于法定之债。

后合同义务,是指合同之债消灭后,当事人仍应负担某种作为或不作为的义务。《民法典》第558条对于此项义务有明确规定:"债权债务终止后,当事人应当遵循诚信等原则,根据交易习惯履行通知、协助、保密、旧物回收等义务。"例如,雇佣合同终止后,受雇人要求雇主出具服务证明的,雇主应当出具服务证明;医生给病人治病后,病人要求出具病情证明的,医生应当出具病情证明;公司职员在离职后仍应保守公司的商业秘密或技术秘密等。后合同义务的发生,有的基于法律的规定,有的基于合同的约定,有的基于诚信原则的要求。合同当事人负担后合同义务的目的,在于维护合同之债的给付效果,协助相对人处理善后事宜,满足当事人的与合同之债有牵连的特殊利益。违反后合同义务的法律后果,与违反一般合同义务相同,应依债务不履行的规定负其责任。

问题与思考

如何理解债务与责任的关系?

债的概念和债法体系起源于罗马法。罗马法没有债与责任的区别,而是融合于单一之 obligatio,债务与责任合而成为债务之观念,责任常随债务而生,二者有不可分离的关系。德国普通法时代,沿袭罗马法思想,亦未对债务与责任进行划分。债务与责任的严格区分,始于日耳曼法。日耳曼古法将债务(Schuld)与责任(Haftung)截然区别,以债务为给付之义务,不含法之强制;责任则为此义务之财产的担保(Einstehen)或应为一定给付义务的担保。由此可见,债务与责任,未必相结合,其发生的条件各有不同,有责任未必有债务,有债务未必有责任。由此,自然债务、担保物权之物的责任、有限责任、无限责任等观念,相继确立。

债务人就其债务,原则上以其全部财产对债权人负其责任,系属历史进步的产物。在古代,民刑不分,债务人不能履行义务时,可能沦为债奴。债权人可将债务人当作奴隶使用或出卖给他人,甚至有权杀害债务人。随着社会进步,"人的责任"才逐渐被废除,仅采取物的责任,即财产责任。人身责任绝迹以后,财产责任中,特定财产责任发展为担保物权,一般财产责任则形成当然附随于其总债务之原则,因而债务与一般财产责任,乃具有不可分离的关系。一般财产责任在观念上乃成为债权的效力或其作用的一部,因而认为两者无区别必要的思想,遂普遍发生。我国部分学者主张应当将责任与债相分离,并建立系统的民事责任制度,尤其是应将侵权行为之债划出债的关系法,归入民事责任。[10] 这些观点虽有一定合理性,唯其对债务与一般财产责任的关系的认识,多属零打碎敲、支离破碎,对于其背后所规划的深厚思想并未置喙,令人失望。我们认为,债务虽然不等同于责任,但债务之违反通常是责任之产生的前提和构成要件,责任是债务之所以具有法律拘束力的坚强后盾,二者难以分离,而且,债务与债务人的一般财产责任更是具有不可分离的关系。因此,强行将二者分离的观点既不可取,也不现实。

第三节 债 的 性 质

一、债的相对性原则

(一)债的相对性的含义

如上所述,债权人基于债的关系可向债务人请求给付,债务人的义务与债权人的权利是同一

---

〔10〕 代表性观点参见魏振瀛:《债与民事责任的起源及其相互关系》,载《法学家》2013 年第 1 期;魏振瀛:《民事责任与债分离研究》,北京大学出版社 2013 年版,第 1 页及以下。

给付关系的两面。这种仅特定债权人向特定债务人请求给付的法律关系,学说上称为债权(或债的关系)的相对性。债权的效力主要为对债务人的请求权,并不能直接及于债权的标的物。请求权不能实现债权目的时,赋予债权人救济权。依债权的相对性,债权人原则上只能向特定的债务人请求给付,不能向债务人以外的人请求给付。《民法典》第465条第2款规定:"依法成立的合同,仅对当事人具有法律约束力,但是法律另有规定的除外。"

债的相对性一般包括以下三个方面的内涵:(1)主体的相对性。即债的关系只能发生在特定的主体之间,只有债的关系当事人才能享有债权或负担债务,因而只有债的关系当事人一方能够向另一方提出给付请求或提起诉讼。(2)内容的相对性,或者说债的效力的相对性。债为特定当事人间的民事权利、义务关系,因此在一般情况下,债仅对债权人、债务人发生效力。由此,债权无优先性、排他性和追及效力。(3)责任的相对性。即债务不履行的责任只能由债务人向债权人承担,债权人只能请求债务人承担债务不履行的民事责任。

债的相对性与物权的绝对性奠定了近代民法将财产法分为物权法和债权法两大部分的理论基石,被奉为债法的基本原则。

(二)债的关系与第三人

随着社会经济的发展,债的相对性原则不断被突破,从而形成诸多例外,主要有以下三种类型的例外:

1. 债权的物权化

整个债的关系或个别债权被法律赋予对抗任何第三人的效果,此为债权的物权化。例如,在房屋租赁关系中,承租人对于租赁物所享有的占有、使用、收益权利具有类似物权的性质,我国《民法典》赋予房屋租赁之债具有特别效力:当出租人出卖租赁房屋时,承租人享有以同等条件有优先购买权;当租赁物在承租人按照租赁合同占有期限内发生所有权变动的,不影响租赁合同的效力。[11]

2. 整个债的关系或个别债权在个别关系中具有及于第三人的效果

债为特定当事人间的民事权利、义务关系,因此在一般情况下,债仅对债权人、债务人发生效力。但在例外情况下,债的效力也可能及于第三人。其主要表现在:(1)利益第三人合同中的第三人基于合同的约定享有自己独立的请求权,该第三人成为债权人,有权请求债务人履行债务并有权对债务人的不履行行为追究违约责任。(2)当债权人依据债的保全效力行使代位权和撤销权时,就涉及债务人以外的第三人:债务人的债务人或与债务人订立合同的相对人。此时,处于第三人地位的债务人或与债务人订立合同的相对人,须受债的保全效力的拘束。(3)由于保证债务从属于主债务,因此,主债务的效力亦影响保证债务及保证人,如主债务消灭,保证债务随之消灭;保证人依法享有主债务人的抗辩权等。(4)建设工程合同因非法分包、转包而无效的,实际施工人以发包人为被告主张权利的,人民法院应当追加转包人或者违法分包人为本案第三人,在查明发包人欠付转包人或者违法分包人建设工程价款的数额后,判决发包人在欠付建设工程价款范围内对实际施工人承担责任。(5)在房屋租赁关系中,与承租人同居的家属,既受租赁之债的保护,也受租赁之债的约束。

3. 第三人侵害债权

关于第三人可否侵害债权,我国《民法典》没有明确规定。对此问题,理论上主要有三种不

---

〔11〕 参见《民法典》第725条、第726条。

同见解:(1)肯定说认为,由权利不可侵犯性这一普遍原理可直接导出债权的不可侵犯性,第三人也应承担不侵害债权的义务。第三人不法侵害债权时,也要依法承担损害赔偿责任。(2)否定说认为,基于债的相对性原则,第三人不是债务人,不受债的约束,因而不发生侵害债权的问题。如果让债权具有绝对性,则债权与物权无从区别。(3)折中说。此说肯定存在第三人侵害债权的情形,但认为在认定第三人侵害债权的问题上,应从严掌握,如果第三人不是以故意侵害他人债权为目的而伤害债务人或损害债务人的财产或干涉债务人履行债务,不得认定第三人侵害债权。

上述三说以折中说为优。第一,否定说"寓有一项法律政策上的基本价值判断,即适当维护第三人的活动自由,不致因故意或过失侵害债务人的人身或给付标的,须对债权人负损害赔偿责任。"〔12〕此项价值确有重视的必要,应将保护债权的价值与此项价值相调和。第二,债权仅发生于特定当事人之间,且可任意设定,对于第三人缺少公示性,不应要求第三人承担过重的义务。第三,在商品经济高度发展的现代社会,人的经济联系十分广泛,以致形成一环扣一环的债的链条,对第三人侵害债权的问题如不从严掌握,只要第三人的行为构成债务人债务不履行的原因,就要第三人承担侵害债权的责任,难免牵涉面过宽,同时给债务人规避债务不履行之责任以口实,导致司法机关难以审理债务纠纷案件的不堪局面。第四,观诸各国有关第三人侵害债权的判例,在要件上也是十分严格的,一般仅以第三人故意侵害债权为限。这可以作为我国立法和司法的参考。

第三人侵害债权的构成要件应当比一般侵权行为的构成要件严格:(1)故意。加害人必须知道或应该知道所侵害债权存在,才能构成侵害债权的行为。(2)违法性。侵害债权的行为必须具有违法性。但是债权并无排他性,已知债权存在并不妨碍第三人取得同一内容的债权。通常认为,第三人以不正当竞争为目的,或采用诈欺、强迫等不正当手段取得债权或者阻碍债务人履行债务,可认定其行为即具有违法性。

二、债权具有相容性与平等性

与物权比较,债权不具有排他效力和优先效力,表现出债权在效力上具有相容性与平等性。债权的相容性与物权的排他性相对,指数人对于同一债务人,不妨同时享有同一内容之数个债权;债权的平等性与物权的优先性相对,指数人对于同一债务人享有之数个债权,并不因其成立之先后,而有优劣之别。二者均由物权是支配权,债权是请求权所决定。

(一)债权的相容性

债权的相容性是指债权不具有排他效力,在债务人某一特定财产上成立的债权,并不能排除债务人再以这一特定财产为他人设立债权,即在一特定财产上可以有效设立数个内容相同的债权,尽管实际上只有其中一个债能够履行,其他皆不能履行。在这种情况下,法律不顾债是否能实际履行,允许几个债都发生效力,其目的在于维护交易上的信用,保护债权人的期待利益。同时,允许在同一财产上数债并存,也是民法意思自治原则和诚信原则的要求。按照意思自治原则,任何人都应当对自己的承诺负责,包括对负担债务的承诺负责。按照诚信原则,在自己同一财产上承诺负担数个债务,无论出于债务人的故意或过失,终归是债务人的过错行为,他应当为此付出代价。再者,债权是对人权而非对物权,其成立也不要求债务人须有履行债务的现实财

〔12〕　王泽鉴:《债法原理》(第二版),北京大学出版社2013年版,第61页。

产。不要说同一财产上可数债并存,就是债务人以其并不享有的或根本就不存在的财产作为给付标的而负担债务,只要依社会一般观念认为该债是可能履行的,相对人的债权均可有效成立。

(二)债权的平等性

债权的平等性是指债权不具有优先效力,对同一债务人的数个债权,不论其成立的先后,均以同等地位并存,只要已到清偿期,对债务人的一般责任财产(除开担保物以外的财产)即有平等的受偿权,债务人应以其全部财产对每一个债务的履行负其责任。某一债权人先为强制执行而受清偿,其他债权人,即使其债权发生在前,亦仅能就剩余财产受偿。债权的平等性,并不意味着债权实现的结果平等,更不意味着多个债权人应当平均分配或者按比例分配债务人的财产,除非法律另有特别规定。如破产法规定,债务人破产时,债权不论其发生先后,均依比例参加分配。依法享有优先受偿权的债权除外。事实上,所谓债权的平等性仅仅是指数个债权之间各债权都不具有优先效力。基于债权的相对性,各债权人各自基于其与债务人的个别债权债务关系行使权利,各债权人行使权利的机会完全平等,至于能否实现其债权,则取决于多种因素,例如起诉的时间、采取的诉讼措施和手段、债务人的责任财产状况等。

三、债具有期限性

债权是反映财产流转关系的动态财产权。由于财产流转客观上要求双方在一定期限内交接财产,因此债具有一定的履行期限。债的履行期通常由当事人约定,当事人没有约定履行期的,债权人可随时请求债务人履行债务,但应给债务人一个准备履行的宽限期,此宽限期也具有履行期限的性质。

但需要注意的是,债的履行期并非债权的存在期。债的履行期本质上是保护债务人的期限,在履行期内债务人不履行债务,不构成对债的违反。因此,对债权人而言,债的履行期又是限制其请求权及诉权行使的期限。即债权人在债务履行期届满前无权请求债务人履行债务,在债的履行期内不得诉诸法院强制债务人履行债务。债务人应在债的履行期内履行债务,超过履行期即进入债的诉讼时效期。在诉讼时效期内,债权人随时都可以诉诸法院强制债务人履行债务,债务人随时都可能被强制执行。在诉讼时效期内,如债权人没有行使请求权(包括诉讼外的请求权和诉讼内的请求权),债务人也未重新承认债务,诉讼时效期届满,即引起一定法律效果。对诉讼时效期届满的法律效果,有不同的学说,但是无论哪种观点,均承认债权人仍保有给付受领权。由此可知,诉讼时效期限届满并不导致债权消灭。

四、债权具有可让与性

罗马法将债权作为特定人之间的法律关系,否认债权的可让与性。然而即使在古罗马,随着商业交易的发展,也意识到债权让与的必要性。为满足这一要求,采取了更改契约或特别委托等各种方法加以弥补。在近现代法律中,确立了债权为一种独立的财产权利范畴。债权具有财产价值,而债务人债务不履行的责任已从人身责任演进至纯粹的财产责任,脱离高度属人性的羁绊。加以民法制度日臻完整,已经建构出可以确保债权实现的规范体系,如债权人的代位权、撤销权以及各种物保、人保的设计与强制执行法等,让债权的实现受到巩固,增加其变现的可能性。由此,已彰显债权可以脱离其主体而存在,如同物一般作为独立的财产权,而成为交易的客体。近代以来,基于这样的认识以及交易上的实际需要,各国在立法上采取债权可以自由让与的原则,从而,债权作为可能获得财产价值的财产权,具有独立的可让与性、处分性。

问题与思考

1. 如何理解“一物数卖”的合同效力？

长期以来，“一物数卖”一直是司法实践中的疑难问题。正确解决这一问题，需要综合运用物权理论和债权理论加以分析。如甲以自己所有的一套房屋先以20万元价金与乙订立买卖合同，后又以25万元与丙订立买卖合同，并将所有权过户与丙。乙得知后，以自己的合同订立在先为由要求法院确认甲、丙之间的买卖合同无效，责令甲将房屋交付给自己。本案涉及以下法律问题：第一，房屋买卖合同的有效条件；第二，第二份房屋买卖合同是否有效，如果有效，两个合同在效力上是否有优劣之分；第三，登记的性质及其效力。关于第一个问题，房屋买卖合同作为合同，以当事人意思表示一致为成立条件，房屋买卖合同的有效，不以登记为条件。关于第二个问题，根据债权相容性的理论，在同一个标的物上，可以同时成立两个以上的债权，因此，不管丙是否知道该房已卖与乙，丙与甲之间的房屋买卖合同都是有效的。按照债权平等性理论，先成立的债权无优先于后成立的债权的效力，因此，甲将房屋所有权转移给丙，不违反法律的规定，符合债的原理。关于第三个问题，我国《民法典》第209条明确规定，不动产物权的设立、变更、转让和消灭，经依法登记，发生效力；未经登记，不发生效力，但是法律另有规定的除外。因此，丙因登记而取得对房屋的所有权。根据物权优先于债权的原则，乙的债权不能对抗丙的所有权，乙只能依据债权请求甲承担违约责任。

2. 讨论问题

最高人民法院《关于审理买卖合同纠纷案件适用法律问题的解释》(2021年1月1日)第6条规定，出卖人就同一普通动产订立多重买卖合同，在买卖合同均有效的情况下，买受人均要求实际履行合同的，应当按照以下情形分别处理：(1)先行受领交付的买受人请求确认所有权已经转移的，人民法院应予支持；(2)均未受领交付，先行支付价款的买受人请求出卖人履行交付标的物等合同义务的，人民法院应予支持；(3)均未受领交付，也未支付价款，依法成立在先合同的买受人请求出卖人履行交付标的物等合同义务的，人民法院应予支持。请分析该条司法解释是否符合债的原理。

3. 案例讨论

甲有A、B、C三屋，分别将A屋赠与乙，B屋出租与丙，C屋无偿借给丁使用，均已交付，但A屋未办理移转所有权手续。其后甲将A、B、C三屋出卖与戊，并办理所有权移转登记。试问：戊向乙、丙、丁请求返还房屋，有无理由？为什么？

第四节　债的分类

债的分类要讨论的问题是，各种债的性质、特点、发生原因和效力。债的分类直接影响债的关系当事人的利益，正确的分类应当如实反映当事人之间的利益关系，并在此基础上设计出既能够公平合理地分配当事人之间的利益和风险，又方便权利行使和义务履行的制度。债的分类规则是传统债法中的必要内容，我国《民法典》在合同履行部分对其作出了规定：(1)规定金钱之债(第514条)；(2)规定选择之债(第515条、第516条)；(3)规定按份债权与按份债务(第517条)；(4)规定连带债权与连带债务(第518条至第520条)。由于我国民法规定的债的种类较少,学界对此尚未进行深入研究,因此本节仅讨论《民法典》规定的这几种债的类型。

一、金钱之债

以给付一定数额金钱为内容的债,是金钱之债。与此相对的债,即为非金钱之债。《民法典》第514条规定:"以支付金钱为内容的债,除法律另有规定或者当事人另有约定外,债权人可以请求债务人以实际履行地的法定货币履行。"金钱债务的履行,涉及清偿时用何种货币以及用何种方式支付的问题。

(一)支付的货币种类

金钱亦称货币,包括商品货币和信用货币,商品货币具有商品价值和支付结算双重属性,已渐次被信用货币所取代。传统信用货币为国家发行的法定货币,即纸币或硬币,又称现金或通货。法定货币具有国家信用性,即以国家信用绝对确保持币人能以现金换取其意欲获得的商品或服务。货币除现金外,还包括银行存款,被称为银行货币、存款货币或记账货币[13]以及法定数字货币。[14] 存款货币本质上为对银行享有的提取相应法定货币并支付利息的债权,并以银行信用确保其支付和结算功能的实现。现代社会中,存款货币在流通中发挥了越来越重要的作用,理应与现金得到同等对待。根据《中国人民银行法》第16条的规定,中华人民共和国的法定货币是人民币。以人民币支付中华人民共和国境内的一切公共的和私人的债务,任何单位和个人不得拒收。在我国境内以外币计算的金钱之债,由于我国是外汇管制的国家,因此,除法律规定的外汇业务之外,仍必须使用人民币支付,其数额依照支付地支付时的汇率计算;但外币的消费借贷,借款人可以以外币偿还,也可以以人民币偿还。

(二)支付货币的方式

货币的支付方式主要包括现金支付、银行转账和电子支付(互联网支付和移动支付)等方式。近年来兴起的微信支付、支付宝等互联网支付和移动支付方式,充其量算得上货币的"电子化",在使用这些支付工具的时候,离不开与银行账户的关联,本质上是法币的一种数字化使用方式。根据相关法律法规的规定,为履行反洗钱、财务管理等方面的法定义务,应当使用非现金支付工具进行支付的,应当执行相关法律法规的规定。除法律另有强制性规定之外,当事人可以约定支付方式。除法律另有规定或者当事人另有约定外,任何单位和个人不得以格式条款、通知、声明、告示等方式拒收现金。[15]

由于存款货币作为非现金的支付手段具有方便、快捷、高效、安全等优点,在现代经济交往中越来越占据重要的地位,由此发生的民商事纠纷也越发多样而复杂。因为存款货币本质上是存款人在银行开立账户并存入款项而针对银行享有的债权,如果当事人之间有意或偶然地发生存款名义人与货币实际来源人(货币的"原权利人")不一致的情形,如何认定该货币的权利归属以及货币的原权利人如何实现货币返还(特别是能否优先于一般债权人),则是一个理论上和实践中的难题。

---

〔13〕 银行通过借贷方式凭空记账创造新的货币,即借贷创造货币,还贷消灭货币,在法币的世界里,央行凭空记账的货币为本位币,商业银行凭空记账的货币为信用货币,二者本质上是有区别的。

〔14〕 在数字经济时代,全球多国都在加紧研究数字货币,我国正在稳妥推进数字人民币研发工作。我国人民银行把数字货币和电子支付工具结合起来,目标是替代一部分现金。简单地说,人民银行数字货币可以看作数字化的人民币现金。数字货币与比特币、"天秤币"等虚拟货币有着本质的区别,后者没有国家信用,不具有法偿性;而人民银行数字货币是以国家信用为担保的一种法定货币,在这一点上与现金具有同样的效力。

〔15〕 参见《中国人民银行公告》〔2018〕第10号。

二、选择之债

依据债务标的在债的关系成立时是否确定为标准,可区分为确定之债与选择之债。在债的关系成立时,债务标的只有一项或者债务标的虽有多项但已确定债务人需履行的内容,此为确定之债。与此相对,选择之债"谓以得于数宗给付中,依选择而定之一个给付为标的之债。"〔16〕"在选择之债中,债务人所负担的交付标的物之义务只有一个,并非按照选取或选择的标的物数量成立数个债之关系。"〔17〕《民法典》第515条第1款关于"债务标的有多项而债务人只需履行其中一项"的规定,即对上述关于选择之债的学理的吸收,明确了选择之债的概念。关于选择之债,此前合同法以及相关司法解释均未作规定,《民法典》第515条、第516条为新增条文,分别规定了选择之债的概念、选择权归属、选择权转移以及行使规则,填补了我国债法规则体系的漏洞。

(一)选择权的归属

选择之债中,需通过选择以确定给付之标的,而且出于合同内容确定的要求,当事人原则上应仅得作出一次选择,故选择权的归属是该类型债权债务关系的核心问题,其法律后果在于以赋予当事人选择权的方式,促使债务内容特定化,使合同能够得以履行。通常而言,选择之债的特定化方式有二:一是当事人行使选择权;二是标的因其他标的全部为给付不能而获得确定。按第一种方式选定债务标的,原则上应仅由当事人一方作出一次选择;按第二种方式确定债务标的,原则上应排除当事人选择权的行使。当然,依《民法典》第516条第2款的规定,在标的不能履行是由对方造成的情形下,法律允许选择权人可以选择不能履行之标的。不过此时,选择权人选择不能履行之标的,意在寻求救济、追究对方违约责任而不在于债务的实际履行利益,于债的标的确定和履行并无实际意义。

《民法典》第515条第1款前段遵循更有利于债务履行的立法考量,基于债务人为作出给付行为一方,将选择权利益归属于债务人,规定"标的有多项而债务人只需履行其中一项的,债务人享有选择权",当然,这仅仅为选择权归属确定的一项原则,《民法典》第515条第1款后段规定:"法律另有规定、当事人另有约定或者另有交易习惯的除外。"

(二)选择权的转移

对选择之债的选择是一种权利,而非义务。为了防止因选择权人不行使选择权,使债务内容长期处于不确定状态,《民法典》第515条第2款规定了选择权的转移,该款规定:"享有选择权的当事人在约定期限内或者履行期限届满未作选择,经催告后在合理期限内仍未选择的,选择权转移至对方。"

就选择权转移而言,其构成要件有三:(1)在约定期限内或者履行期限届满,选择权人未作选择;(2)对方履行催告手续;(3)在经催告后的合理期限内,选择权人依然未作出选择。满足以上要件后,选择权即发生转移,即选择权转移至对方。当然,对于"合理期间"的确定,需要结合合同条款、交易习惯以及标的物性质等进行综合认定。

(三)选择权的行使

《民法典》第516条第1款规定:"当事人行使选择权应当及时通知对方,通知到达对方时,标的确定。标的确定后不得变更,但是经对方同意的除外。"选择权作为一种形成权,根据该款

---

〔16〕 史尚宽:《债法总论》,荣泰印书馆股份有限公司1978年版,第264页。

〔17〕 王洪亮:《债法总论》,北京大学出版社2016年版,第96页。

规定,在选择的意思到达对方时,即发生债之标的确定的效力;一旦标的确定后,原则上非经对方同意不得再作不同选择。根据《民法典》第 141 条“行为人可以撤回意思表示。撤回意思表示的通知应当在意思表示到达相对人前或者与意思表示同时到达相对人”的规定,选择权人有权撤回选择通知,一旦选择通知被有效撤回,则不产生选择的效果,选择权人仍有权进行选择。

在选择标的出现给付不能的情形时,如果可选择的标的全部履行不能,则债务内容消灭,此时则进入违约责任范畴;如果仅为部分标的履行不能,则需区分对方对于该等给付不能是否具有过错:(1)部分标的履行不能并非由对方过错造成的,则选择权人不能选择不能履行的标的,只能选择可以履行的其他标的;(2)部分标的履行不能是由对方造成的,选择权人有权选择可以履行的他标的,也有权选择不能履行的标的,进而向对方主张损害赔偿等违约责任。

三、按份之债

根据债的主体的人数是否为二人以上,债的关系可以划分为单一之债与多数人之债。债权人和债务人各为一人的债是单一之债,债权人和债务人一方或双方是二人以上的债是多数人之债。单一之债当事人之间的权利义务关系相对简单,因为它只有债权人和债务人之间的关系。多数人之债相对复杂,因为它不仅有债权人和债务人之间的关系,而且有一方多数当事人之间的内部关系以及由此带来的外部关系的复杂性。根据当事人内部关系的不同和双方当事人之间的权利义务关系的特点,我国《民法典》规定了按份之债和连带之债。《民法典》第 517 条第 1 款规定:“债权人为二人以上,标的可分,按照份额各自享有债权的,为按份债权;债务人为二人以上,标的可分,按照份额各自负担债务的,为按份债务。”

(一)按份之债的成立要件

一是以可分给付为标的。标的可分是成立按份之债的必要条件。“给付可分为数个给付,而不损其债之目的者,为可分给付。否则为不可分给付。”〔18〕给付有性质上不可分者,有性质上可分而当事人约定不可分者。标的可分不可分如有疑义,应考察其是否因分割给付而减少全部给付的价值,即债的终局目的是否可因此而完全达到。如果分割给付不影响债的终局目的的实现,即为可分之债,否则为不可分之债。

二是债权人或债务人为二人以上。

三是法律未另有规定,当事人亦未另外约定。数人负担同一债务或享有同一债权,其给付可分者,除法律另有规定或当事人另有约定外,即为按份债务或按份债权。易言之,以可分给付为标的的多数人之债,以按份之债为常态。法律另有规定者,如数个继承人所继承的债权或债务,为共同债权或共同债务。标的虽然可分,但当事人约定须共同履行或必须向全体债权人履行者,为不可分之债。

(二)按份之债的效力

1. 内部关系

内部关系指按份之债的多数债权人或多数债务人之间权利义务的分担和分享问题。根据《民法典》第 517 条第 1 款的规定,按份债权人“按照份额各自享有债权”,按份债务人“按照份额各自负担债务”。如果当事人之间未就分担、分享的份额作出约定,也不能依法律行为的性质决定时,应由债权人平均分享权利,或由债务人平均分担义务。《民法典》第 517 条第 2 款规定:

---

〔18〕 史尚宽:《债法总论》,荣泰印书馆股份有限公司 1978 年版,第 226 页。

“按份债权人或者按份债务人的份额难以确定的，视为份额相同。”如果当事人就外部关系约定了各人的份额，内部关系虽未约定，可解释为内部关系依外部关系之约定。

2. 外部关系

外部关系指债权人与债务人之间的关系。我国民法典对此无明确规定。我们认为，当事人可以约定按份之债的外部关系，如果当事人未明确约定，对于按份之债的外部关系可以作出以下几点学理解释：

第一，按份之债的各债权人和债务人仅就自己的部分享受权利或承担义务。按份债务与连带债务的区别在于，每个债务人仅对其应承担的那部分债务负责。所以，债权人不能向其中一个债务人主张全部债务而只能向各债务人分别主张。

第二，就一个当事人的应有部分所发生的有关事项，对其他当事人不发生影响。对于因一个债务人不履行债务而使债权人获得终止或解除合同或拒绝履行合同权利情况，按份债务与连带债务存在较大的不同。在按份债务中，其中一个债务人的不履行，原则上只能导致合同的部分终止或解除。约定按份债务的合同，可以被解释为合同约定由债务人各自履行其相应的那部分债务，而部分债务人根本不履行合同，只能终止或解除其相应部分的合同。同样，作为一个基本原则，如果某一债务人不履行或预期不履行其合同义务，则债权人也只能部分地拒绝履行合同。但是，如果债权人的履行是不可分的，则债权人的拒绝履行必然是全部的。例如，甲和乙向制造商丙订购一台农用机器，约定由买方甲、乙二人对合同价款承担按份责任，交货时付款。如果仅甲支付了其应付价款，乙不支付其应付价款，则丙可拒绝交货。

第三，一个债务人基于正当理由，如为了消灭债权人的履行抗辩权，清偿其他债务人的债务，应当承认其清偿行为有效，即该债务人可以代位行使债权人的权利，请求其他债务人向自己清偿债务。

四、连带之债

在多数人之债中，多数当事人之间依照法律规定或当事人约定享有连带权利或承担连带义务的债是连带之债。《民法典》第518条第1款对连带之债仅作了原则性规定。连带之债中连带债务在实务上和理论上具有重要意义，是研究的重点。

（一）连带债务

数人共负同一债务，每个人都对债权人负全部给付义务的债是连带债务。按照《民法典》第518条第1款的规定，债务人为二人以上，债权人可以请求部分或者全部债务人履行全部债务的，为连带债务。连带债务有利于保护债权人的利益，在民商事活动中有重要的意义。《民法典》在合伙、代理、共同侵权、担保等部分对法定连带责任有多处规定，[19]这里的连带责任实际上

〔19〕《民法典》中规定的连带债务主要包括以下情形：（1）侵权责任中的连带债务。《民法典》侵权责任编中，共同实施的侵权行为情形（第1168条）；共同危险行为中不能确定具体侵权人的情形（第1170条）；网络用户利用网络服务实施侵权行为，网络服务提供者未及时采取必要措施的情形（第1195条、第1197条）；挂靠机动车发生交通事故并负有侵权责任的情形（第1211条）；遗失、抛弃高度危险物或非法占有高度危险物造成他人损害，有过错的所有人、管理人与非法占有人承担连带责任（第1241条、第1242条）；等等。（2）代理中的连带债务。主要有代理人和相对人恶意串通损害被代理人合法利益的，代理人和相对人承担连带责任（第164条第2款），违法代理的连带责任（第167条）。（3）《民法典》在合同编分则中对部分典型合同当事人承担连带责任的情形也作出了明确的规定，如承揽合同中共同承揽人对定作人承担连带责任，但是当事人另有约定的除外（第786条）；运输合同中以同一运输方式联运的两个以上承运人对损失承担连带责任（第834条）；等等。

就是以责任为内容的连带债务。连带债务的法律特征如下:

第一,连带债务是数个独立的债务。即在内部关系上各个债务人都有自己独立的债务份额,只是因法律的规定或当事人的约定而在对外关系上互相连带。因此,就一债务人发生的事项原则上仅有相对效力。

第二,数个债务有共同目的。此共同目的即确保债权实现及行使方便。多数人债务因此目的互相结合,各个债务不过是为了达到此目的的手段。因此,债权因一个债务人全部履行而实现其目的时,其他债务人之债务即因反射作用而消灭。其他可与履行同视的事项,如抵销、混同等使债务消减时,其他债务人的债务亦因而消减。

第三,债务人各负全部给付义务。在对外关系上,构成连带债务之各个债务,均以全部给付为内容。这是连带债务与不可分债务的区别。

第四,各个债务不需以同一内容之给付为标的,亦不以同一发生原因为必要。如担保债务和主债务,既非基于同一原因发生,亦不一定以同一给付为标的。

第五,连带债务的产生以法律规定和当事人的约定为限。由于连带之债加重了单个债务人履行债务的负担,因此,按照《民法典》第 518 条第 2 款的规定,连带债务的设立必须依照法律的规定或者当事人的约定。[20]

连带债务的效力分析如下:

一是外部关系。债权人可先后或同时向全体或部分债务人请求履行全部或部分债务,而每个债务人都负有以全部给付为内容的债务。只要一个债务人全部履行,债权人的债权即因目的实现而消灭,整个连带债务关系亦随之消灭,而转化为连带债务人内部的关系。《民法典》第 520 条明确规定了一个连带债权人发生的事实,对其他债务人发生绝对效力的四种情形:(1)清偿。部分连带债务人履行、抵销债务或者提存标的物的,其他债务人对债权人的债务在相应范围内消灭。(2)债务免除。部分连带债务人的债务被债权人免除的,在该连带债务人应当承担的份额范围内,其他债务人对债权人的债务消灭。(3)混同。部分连带债务人的债务与债权人的债权同归于一人的,在扣除该债务人应当承担的份额后,债权人对其他债务人的债权继续存在。(4)受领迟延。债权人对部分连带债务人的给付受领迟延的,对其他连带债务人发生效力。除上述发生绝对效力的事项外,其他就连带债务人一人所发生之事项一般仅有相对效力,其利益或不利益,对其他债务人不发生效力。

二是内部关系。实际承担债务超过自己份额的连带债务人,有权就超出部分在其他连带债务人未履行的份额范围内向其追偿,并相应地享有债权人的权利,但是不得损害债权人的利益。其他连带债务人对债权人的抗辩,可以向该债务人主张。被追偿的连带债务人不能履行其应分担份额的,其他连带债务人应当在相应范围内按比例分担。向债权人清偿了全部或超出自己分担部分债务的债务人,成为新的债权人,其他债务人则成为其债务人,分别就自己分担的部分承担向新债权人履行的义务。连带债务人内部债务分担比例,由连带债务据以产生的内部关系决定,如合伙人的债务分担比例由合伙协议确定,保证人的连带责任由保证合同确定等。连带债务人之间的份额难以确定的,视为份额相同。

(二)连带债权

数人享有同一债权,每个债权人都可以请求债务人履行全部债务,债务人向任何一个债权人

[20] 《民法典》第 178 条第 3 款也有相似规定:"连带责任,由法律规定或者当事人约定。"

为全部给付,其债务即消灭的债权为连带债权。《民法典》第518条第1款规定,债权人为二人以上,部分或者全部债权人均可以请求债务人履行债务的,为连带债权。第2款规定,连带债权的设立必须依照法律的规定或者当事人的约定。前者如《民法典》第67条第2款规定:“法人分立的,其权利和义务由分立后的法人享有连带债权,承担连带债务,但是债权人和债务人另有约定的除外。”后者如按份共有人出卖共有物,与买受人约定得将价金给付给任何一个出卖人,出卖人之债权即为连带债权。

与连带债务类似,连带债权的效力也有对外效力和对内效力之分。

一是在对外效力方面,于其中一个连带债权人发生的事实,有的产生绝对效力,有的产生相对效力。正因如此,《民法典》第521条第3款规定,连带债权“参照适用”连带债务的相关规定。申言之,一个连带债权人发生的事实,对其他债权人产生绝对效力的有:(1)清偿。连带债权的各债权人均有权向债务人请求全部给付,债务人也有权向任一债权人主动履行全部债务。债务人向任一连带债权人履行全部给付后,其他债权人的债权同时归于消灭,其他连带债权人没有受到清偿的也是如此。(2)混同。如果债权与债务混同于一个连带债权人,则其他债权人对债务人的权利即为消灭,但在连带债权人内部仍按照内部份额分享权利。(3)债权人受领迟延。连带债权人受领迟延产生的法律效果应由连带债权人承担,之后再进行内部处理。

以上均为绝对效力事项,除此之外,非有特别约定,于其中一个连带债权人发生的事实,对其他连带债权人不发生效力。例如,一连带债权人对一债务人免除连带责任时,通常对其他连带债权人不生效力。一方面,他仅能对自己的债权部分处分;另一方面,他不能通过处分行为给其他连带债权人带来不利益。

二是在对内效力方面,《民法典》第521条第1款、第2款作出了明确规定:“连带债权人之间的份额难以确定的,视为份额相同。实际受领债权的连带债权人,应当按比例向其他连带债权人返还。”

问题与思考

1. 按份债务、连带债务与按份责任、连带责任

《民法典》总则编以及侵权责任编规定了按份责任、连带责任的规则,但其主要是从民事责任的层面对其作出规定,而没有从债的层面对其作出规定。因为多数人之债的发生原因并不限于法律规定,实践中大量是基于当事人约定而产生的,而且民事责任规则无法解决多数人之债的履行问题。因此,合同编对多数人之债的规则作出规定,有利于准确调整多数人之债的关系。理解按份债务、连带债务与按份责任、连带责任的关系,不应仅作字面解释,过于强调二者之间的区别,而应当运用债务与责任的关系理论,解释二者在实质内涵上具有的共同性,即按份债务与按份责任均为按照份额各自负担债务,连带债务与连带责任均为每个人都对债权人负全部给付义务。因此,《民法典》总则编以及侵权责任编等分编中规定承担按份责任或者连带责任的,均依其性质可以适用合同编关于按份债务、连带债务的规定。

2. 连带之债与不可分之债、共同之债

以不可分给付为标的之债,除法律另有规定或当事人另有约定外,为不可分之债。其中,债权人为多数者为不可分债权,债务人为多数者为不可分债务。所谓法律另有规定或当事人另有约定,指法律规定或当事人约定为连带之债或共同之债。这就是说,以不可分给付为标的的多数

人之债,以不可分之债为常态,以连带之债或共同之债为例外。

债权债务可以为多数主体享有和承担。当事人之间的关系,根据共同关系产生的原因,可以是按份共有,也可以是共同共有。多数债权人或债务人按份额或者比例共享一个债权或债务者,为按份共有债权或按份共有债务。多数债权人或债务人不分份额共享一个债权或债务,必须共同行使权利或共同履行义务者,为共同共有债权或共同共有债务,又称为共同债权或共同债务。典型者如《民法典》婚姻家庭编规定的夫妻共同债务(第1089条)。

由于我国法律对不可分之债和共同之债未作规定,实践中经常将不可分债权和共同债权当作连带债权处理,将不可分债务和共同债务当作连带债务处理,往往损害部分债权人的利益。让我们来看下面的真实案例:刘某和妻子A共有一处房产,有子女B和C。刘某死后,未进行遗产分割。旧城改造时,该房屋被拆除,开发商将应补偿房屋所有人的300万元通过银行转账的方式支付给B,并告知其该款项属于A、B、C三人所有。B背着A、C用300万元偿还了自己的债务。由于B已经丧失清偿能力,A、C诉至法院,要求开发商向其各支付100万元。法院依据原《物权法》第102条的规定,认为A、B、C三人享有的是连带债权,开发商已经履行了补偿义务,A、C应当向B追偿。实际上,法院如此判决等于没有解决当事人的纠纷,因为A、C并未实现其权利。我国《物权法》第102条的规定被《民法典》第307条一字未改予以继受,仍然规定"因共有的不动产或者动产产生的债权债务,在对外关系上,共有人享有连带债权、承担连带债务,但是法律另有规定或者第三人知道共有人不具有连带债权债务关系的除外;在共有人内部关系上,除共有人另有约定外,按份共有人按照份额享有债权、承担债务,共同共有人共同享有债权、承担债务。偿还债务超过自己应当承担份额的按份共有人,有权向其他共有人追偿。"但是,在理论上,这样的规定是值得商榷的。多数债权人虽然有一定的共同关系,但毕竟是各自独立的民事主体,他们各有自己独立的利益,并且往往利害相反,除当事人有委托外,任何一个债权人都不能当然代表全体债权人的利益受领给付。不可分债权和共同债权制度的设计,从制度上避免了因受领给付的债权人不诚信而损害其他债权人利益的问题。而连带债权的效力恰恰在于,任何一个债权人都可以要求债务人向自己履行全部给付义务,债务人也可以选择任何一个债权人履行自己的全部给付义务,而且一个全部给付即可以使连带债权关系消灭。如果接受履行的债权人无资力,其他债权人的利益即陷于无保障的危险之中,这是不符合当事人利益关系的实际情况和公平原则的。因此,在实施《民法典》的过程中如何运用法律解释方法克服或者避免这一不公平情形,将是民法研究面临的一个重要问题。

3. 不真正连带债务

根据德国债法理论,不真正连带之债是指数个债务人基于不同发生的原因而产生同一内容的给付,各个债务人分别对债权人负全部履行的义务,并因其中一个债务人的履行而使得全体债务人的债务都归于消灭。在某一债务人清偿之后,有权向终局的责任人追偿。我国部分民法学者主张借鉴德国法的这一理论,在连带债务之外将不真正连带债务作为一种独立类型的多数人之债。但是,学者对此认识并未统一,对于不真正连带债务的概念、特征、构成要件及其效力尚有争议。多数人认为,不真正连带债务的特征主要表现在,数个债务人虽然主观上没有共同的目的,但是基于不同的原因负有债务,这些债务因为偶然原因联系在一起,具有了给付的同一性,但这些债务人之间具有层次性,一般只有一个终局责任人,其他债务人属于中间责任人,承担了赔偿责任的中间责任人有权向终局责任人追偿。由此,不真正连带债务与连带债务的区别主要在于:一是产生的原因不同,连带债务通常是基于同一原因产生的,而不真正连带债务是基于不同的原因产生的;二是连带债务中,各个连带债务人都是终局责任人,处于同一层次,内部是按份之债,但是不真正连带之债中,存在一个终局责任人,虽然权利人可以选择任何一个债务人请求赔偿,但中间责任人赔偿以后,可以向终局责任人追偿。《民法典》未明确规定不真正连带债务,学理解释上通常将侵权责任编中产品责任中关于生产者与销售者之间的责任承担(第1203条),医疗损害责任中关于药品、消毒产品、医疗器械的缺陷,或者输入不合格血液责任(第1223条),环境污染和生态破坏责任中第三人过错污染环境责任(第1233条)等,解释为属于不真正连带责任的规定。

4. 讨论案例

甲委托乙运输公司承运一批货物,并就该批货物向丙保险公司投保。在运输过程中,因乙之过失造成货物灭失,则丙保险公司应当根据保险合同的约定向被保险人甲赔偿保险金,乙运输公司也因自己过失致货物灭失向托运人甲承担债务不履行的违约损害赔偿责任。请问:甲应如何向乙运输公司、丙保险公司主张权利?

第五节 合同中心主义的债法体例

一、大陆法系民法的立法体例

传统大陆法系民法理论认为,“无论制定什么样的民法典,债法总则都是必要的”。[21] 从历史上看,罗马法学家依据对生活的观察,将债的发生原因提炼为契约、不法行为以及法律规定的其他原因。传统大陆法系国家的法律发展受到罗马法中“对人权”与“对物权”区分的巨大影响,以《德国民法典》[22]和《瑞士债法典》[23]为代表的大陆法系法典,均设置了债法总则的规范。而《法国民法典》在其债法改革中,也将有关债的一般规则抽象出来,设置了债之通则单元。[24] 所以,无论是采取三编制还是五编制的立法模式,大陆法系各国大多沿袭了这一区分,建立了物权、债权二元结构。[25] 在这种立法模式下,虽然各国民法典对于债法总则采取了不同的立法模式,但大多保留了债法总则的规范。

债法总则是关于债的共通性规则的规定,确立了债的一般规则,基于总分结构,在区分债法总则和分则的基础上形成的。所谓总分结构,就是指按照提取公因式的方法(von die Klammer ziehen 或 von die Klammer setzen),区分共通性规则与特殊规则,将共通性规则集中起来作为总则或一般规定,将特殊规则集中起来编为分则或作为特别规则加以规定。

---

〔21〕 [日]藤康宏:《设立债法总则的必要性与侵权责任法的发展》,丁相顺译,载张新宝主编:《侵权法评论》(2004年第1辑),人民法院出版社2004年版,第178页。

〔22〕 在《德国民法典》的编纂中,对于是否设置债法总则,曾经出现不同的观点,但是最终颁布的民法典接受了设置总则的观点。参见谢鸿飞:《19世纪德国债法总则的缘起:理论内核与体系建构》,载《经贸法律评论》2018年第1期。

〔23〕 瑞士《民法典》共四编,分别是人法、亲属法、继承法以及物权法。根据1911年3月30日瑞士联邦议会的决议,《瑞士债法典》被视为《瑞士民法典》的第五编,即债法。而其中所设置的“债法总则”被认为是瑞士债法体系化的成功之处,很多大陆法系国家都争相效仿。作为世界上第一部采用“民商合一”的民法典,瑞士的立法体例早在中华民国时期便对我国的民事立法产生过巨大的影响。参见《瑞士债法典》,于海涌、唐伟玲译,法律出版社2018年版。

〔24〕 参见李世刚:《中国债编体系构建中若干基础关系的协调——从法国重构债法体系的经验观察》,载《法学研究》2016年第5期。

〔25〕 参见唐小晴:《拉丁法系视野下的物权概念及物权与对人权(债权)的区分》,载易继明主编:《私法》(第8辑第2卷),华中科技大学出版社2010年版,第93~94页。

债法总则的设立有助于提升民法典的体系性。德国学者 Reiner Schulze 认为,债法的总分结构的优点首先在于,其有利于减少债法规则的重复,增加民法典的体系性,便利债法规则的适用。具体来说,设立债法总则对于构建民法典体系的意义主要表现在:(1)有利于整合债法自身的体系。债的概念和基本制度可以为具体债法制度提供一个具有统领意义的框架,在这个框架之下,具体债的制度得到指引,并形成一个有机整体。如果不设立债法总则,则合同法、侵权责任法、无因管理、不当得利等具体债法制度中的共性内容难以得到体现,不利于对这些制度的系统把握。因此,债法总则所设立的共通性规则可以满足债法体系性的要求。(2)有利于构建财产权制度的体系。财产权制度主要包括物权法律制度和债权法律制度。债权是相对于物权而言的,债权和物权是民法上两种非常重要的权利,既然在民法典中设立物权编,自然应当设立债权编或债法总则编,否则,民法典的体系将显得支离破碎、极不对称,而且可能使规范财产流转关系的法律散乱无序,这也不利于对财产关系的正确认识和理解,从整体影响民法典体系的和谐和体系化程度。

二、我国《民法典》的合同中心主义立法体例

在我国《民法典》制定过程中,就是否设置债法总则,一直存在争议。1986 年《民法通则》在"民事权利"部分规定了债权且在相关规则的排列上明确体现了总分结构的安排,表明立法者对民法的构建仍然承认债法及其总则为民法的重要内容。1999 年的《合同法》是在统一了原有三部合同法的基础上所形成的内容完整、体系严谨的法律,它对合同的订立、合同的效力、合同的履行、合同的变更和转让、合同权利义务终止、违约责任等作出了规定,形成了相对独立和完整的合同法体系,这与传统大陆法系的债法总则仅将合同作为债的发生原因进行规定存在明显区别。在合同法体系形成以后,债法总则的内容大多被合同法总则所涵盖。2009 年《侵权责任法》的颁行采纳了侵权法独立成编的观点,构建了完整的侵权责任法体系。当时的争议主要是因为,我国已经颁布了独立的《合同法》《侵权责任法》,且《民法总则》也要规定民事权利和民事法律行为制度,这些内容都涉及债权债务关系,因而是否有必要设置债法总则,就值得考虑。

我国《民法典》的分则体系设计并未采纳德国、法国和瑞士的立法模式,没有设置债法总则,而是从中国实际情况出发,保持了合同法总则体系的完整性和内容的丰富性,并使合同法总则发挥债法总则的功能,这在大陆法系民法典体系中是一种重要的创新。[26]《民法典》合同编规定的属于债法总则的规范主要集中在债的发生根据、债的主体、债的分类、债的效力、债的履行、债的保全、债的移转、债的消灭等方面。比如《民法典》合同编第二章合同的订立规定了意定之债的发生根据,第三分编"准合同"规定了无因管理、不当得利等法定之债的发生根据,并通过引入准合同的概念,对无因管理、不当得利等法定之债的关系进行集中规定,而使不当得利与无因管理制度与合同制度有效联系,并充分考虑法律适用中的不同之处进行规定,从而实现了对法定之债与意定之债的整合。由此,确立了独具中国特色的合同中心主义立法体例。

三、《民法典》合同编的法律适用

我国《民法典》合同编发挥了债法总则的功能,这种体系安排在法律适用时将面临一个难题:如何判断其仅仅适用于合同,还是同样可以适用于合同之外的债权债务关系?

---

〔26〕 参见王利明:《中国民法典采取七编制的理由及其世界贡献》,载《比较法研究》2020 年第 4 期。

一是通过《民法典》合同编法律规范的用语确定其适用。如果条文中使用的是“债”、“债权”或者“债务”，这应当解释为该条文能够适用于所有的债。但如果条文中使用的是“合同”、“合同的权利”或者“合同的义务”，这意味着该条文仅能够直接适用于合同之债。例如，合同编第六章“合同的变更和转让”中，规定了债权转让与债务移转，但合同的概括转让，则采取“合同的权利义务一并转让”的表述（第556条），表明债权转让与债务移转可以适用于合同之外的债权债务转让，但合同的概括转让仅仅适用于合同关系。

二是通过《民法典》第468条的规定确定其适用。非因合同产生的债权债务关系，适用有关该债权债务关系的法律规定；没有规定的，适用合同编通则的有关规定，但是根据其性质不能适用的除外。例如，共同侵权产生的连带责任，共同侵权人之间的内部关系及共同侵权人与受害人之间的外部关系在性质上属于连带债务，因此可以适用合同编有关连带债务的法律规定。将合同编的规定参照适用于合同之外的债之关系，包括无因管理、不当得利、侵权责任等，应就个别债之关系加以解释，除了根据其性质不能适用的以外，均可适用合同编通则的有关规定。

三是通过《民法典》第464条第2款的规定确定身份法上协议（合同）的适用。《民法典》第464条第2款规定：“婚姻、收养、监护等有关身份关系的协议，适用有关该身份关系的法律规定；没有规定的，可以根据其性质参照适用本编规定。”

问题与思考

1. 准合同与合同之债的关系

从我国《民法典》合同编的规范功能看，《民法典》合同编实际发挥着债法总则的功能，通过《民法典》第468条的规定赋予合同编通则以债法总则的地位，学术界对此亦达成共识。因此，不能以准合同规定在合同编就直接得出准合同属于合同之债的结论。相反，正是将无因管理、不当得利作为准合同，与典型合同予以明确区分，突出其非合同之债的的属性。此处的“准”，应当解释为“准用”合同编中有关债法总则的规定。同时，从准合同本身的属性上看，准合同是法定之债，并非以合意为基础的意定之债。依债的发生原因之不同，债可分为意定之债及法定之债，后者又主要分为无因管理、不当得利及侵权责任三者，准合同与侵权责任仿佛法定之债之两轴，分别担当利益返还及损害赔偿之重大职责。因此，准合同不宜直接规定在侵权责任编，以区分两种制度各自独立的立法目的和功能价值。再者，从准合同之债的功能及主要类型上看，除了立法技术上的考虑，还因为不当得利制度与合同制度具有相对密切的联系，多数的不当得利都是因为合同无效、被撤销、不成立而产生，或者因非债清偿而产生。也就是说，不当得利的重要类型之一给付型不当得利，其功能就在于调整失败的合同，将其与典型合同并列在合同编，共同适用具有债法总则功能的合同编通则的一般规定，亦有其逻辑自洽之处。因此，虽然准合同在体例结构上属于合同编，但其并非合同之债，而是法定之债，其与侵权之债共同构成我国法定之债的体系，并与合同之债（意定之债）共同适用民法典合同编通则中有关债法总则的一般规定。

2. 行政协议是否适用《民法典》合同编？

行政机关与民事主体所签订的合同是否受《民法典》合同编的调整一直是颇具争议的问题。该问题的产生原因在于行政协议的双重属性，既具有行政管理活动“行政性”的一般属性，同时也具有“协议性”的特别属性。在行政协议经历无法可依到有法可依的历程后,[27]判断行政机关与民事主体所订立的合同是否应为合同编所调整时,应当遵循以下步骤:首先,应当确定行政主体与民事主体所签订的合同是否属于行政法所确定的行政协议。最高人民法院《关于适用〈中华人民共和国行政诉讼法〉若干问题的解释》第1条规定,行政机关为了实现行政管理或者公共服务目标,与公民、法人或者其他组织协商订立的具有行政法上权利义务内容的协议,属于行政诉讼法第12条第1款第11项规定的行政协议。该司法解释第2条具体列举了政府特许经营协议、土地房屋征收补偿协议、矿业权出让协议等国有自然资源使用权出让协议、政府投资的保障性住房的租赁、买卖等协议、符合司法解释规定的政府与社会资本合作协议等协议属于行政协议范围。对于行政机关之间因公务协助等事由而订立的协议、行政机关与其工作人员订立的劳动人事协议,不符合行政协议的基本要素,不属于人民法院行政诉讼受案范围。其次,如果其属于行政法所直接确定的行政协议,则应当在分析该合同产生的具体法律关系性质的基础上,结合该合同的目的进行综合判断。多数行政协议的内容既包括具有行政管理活动“行政性”的权利义务,又包括具有平等性主体之间的权利义务。如果其产生的权利义务性质上不具备交易关系所具有的特征,其目的又在于追求行政管理目标的实现,则其不受合同编的调整,应适用行政法的规定。如果该合同所产生的权利义务符合交易关系所具有的特征,其目的又是意图实现私法上的效果,则应当认定其受合同编所调整。正因如此,该司法解释第27条第2款规定:“人民法院审理行政协议案件,可以参照适用民事法律规范关于民事合同的相关规定。”

拓展阅读推荐

1. 王利明主编:《中国民法典释评(合同编·通则)》,中国人民大学出版社2020年版。
2. 朱广新、谢鸿飞:《民法典评注:合同编　通则》(共2册),中国法制出版社2020年版。
3. 最高人民法院民法典贯彻实施工作领导小组:《中华人民共和国民法典合同编理解与适用(一)》,人民法院出版社2020年版。
4. 王泽鉴:《债法原理》(第二版),北京大学出版社2013年版。
5. 王洪亮:《债法总论》,北京大学出版社2016年版。

〔27〕 自2015年5月1日起施行《关于修改〈中华人民共和国行政诉讼法〉的决定》,将行政协议纳入行政诉讼的受案范围,并明确规定了行政协议案件的裁判方式。最高人民法院《关于适用〈中华人民共和国行政诉讼法〉若干问题的解释》用6个条文,就行政协议案件审理的相关内容作了进一步明确。2019年11月12日,最高人民法院公布了《关于审理行政协议案件若干问题的规定》,自2020年1月1日起施行。

第十九章　合同的订立

学习要点

- 合同的概念
- 合同的分类
- 要约与承诺
- 以其他方式订立合同
- 格式条款
- 缔约过失责任

第一节　合同的概念和分类

一、合同的概念

合同又称为契约。[1] 在法学领域内,“合同”一词可以在如下多个层次上使用:最广义的合同泛指所有具有法律拘束力的协议。在罗马法,优士丁尼《学说汇编》曾把协议(conventio)分为国际协议、公法协议和私法协议三种。在近现代法,合同虽然是民法最重要的法律概念之一,但除了民事合同之外,还有公法上的行政合同以及国际法上的国家合同等。由此可见,法学中合同的概念可以容纳性质不同的多种法律关系。

民法上的合同是以发生私法上效果为目的的一切合意的总称,既可以指称合同行为,也可以指称合同法律关系。无论债权合同、物权合同(如抵押合同)、[2] 身份合同(如收养协议)均包括在内。西方国家民法上的“合同”一词源于罗马法上的 contractus,由“con”与“tractus”两个古拉丁语组合而成,有“共相交易”之意。正如马克思所说,“先有交易,后来才由交易发展为法制……这种通过交换和在交换中才产生的实际关系,后来获得了契约这样的法律形式”。[3]

合意是合同的基础,所有的法律体系都以两个要件来判断合意是否有法律拘束力:(1)当事

---

〔1〕 在传统民法学说中,曾经有学者主张“合同”与“契约”是不同的概念,后者的特点是相反的意思表示契合的一致,如买卖、互易等;前者的特点是相同的意思表示平行的联立,如合伙、社团的发起与解散等。但考虑到现代的“合同”行为中各方当事人之间仍可能有相互对立的利益,而传统意义上的“契约”中也不乏共同目的与利益关系,两者之间的截然区别并不存在,将合同与契约分开,既无实用价值,也容易造成用语上的混乱。因此,合同与契约可以视为同一概念。

〔2〕 物权合同是大陆法系的德国民法及受德国民法影响的少数民法特有的概念。英美法系民法及大陆法系的其他民法(如法国民法、奥地利民法等)以及社会主义国家的民法,均无所谓物权合同概念。参见王家福主编:《中国民法学·民法债权》,法律出版社 1991 年版,第 255 页。

〔3〕 《马克思恩格斯全集》(第 19 卷),人民出版社 1963 年版,第 423 页。

人必须表明同意受合同拘束，该要件源于这一前提，即合同债务必须是在双方同意下达成的。(2)他们必须在合意中表明，他们的同意是明确具体而足以强制执行的，该要件隐含于另一前提，即合同法将保护受允诺人的期待。我国民法基本上继受了大陆法系的概念，《民法典》第464条第1款规定:“合同是民事主体之间设立、变更、终止民事法律关系的协议。”强调了合同本质上是一种协议，是当事人意思表示一致的产物。

我国民法上的合同概念是统一的、可以包纳各种民事合同的抽象概念。《民法典》第464条第2款虽然规定，“婚姻、收养、监护等有关身份关系的协议，适用有关该身份关系的法律规定；没有规定的，可以根据其性质参照适用本编规定”，这不过是对身份合同法律适用的特别规定，即身份合同作为特别合同，按照特别法优先于普通法的适用原则，婚姻家庭编、继承编等法律对于身份合同有特别规定的，应当优先适用。不能据此解释为合同编将身份合同排斥在合同编所称的合同之外。基于同样的道理，物权编中的担保合同、《劳动合同法》中的劳动合同、《消费者权益保护法》中的消费者合同等特别合同，也属于《民法典》合同编第464条第1款规定所称的合同。只不过由于相关特别法有特别规定，应优先适用特别法的规定。对于特别法未规定的事项，仍应适用合同编通则的规定。

二、合同的法律特征

民法上的合同具有以下主要特征：

第一，合同是双方或多方的民事法律行为。合同作为一种民事法律行为，其特征在于:(1)合同的成立必须要有两个以上的当事人；(2)各方当事人须互相作出意思表示；(3)各个意思表示达成一致，也就是说当事人达成了一致的协议。因此，合同是一种双方或多方的民事法律行为。

第二，合同是当事人在平等、自愿的基础上所达成的协议。合同是由两个或两个以上意思表示相一致而达成的协议，因而，合同只能是当事人之间自愿协商的结果。这主要是因为，当事人只有从自愿的角度出发，在充分表示各自的意思的基础上，通过平等协商，才能彼此接受对方的意思，从而实现意思表示一致，达成合意。这就决定了合同必须有两个前提条件:(1)当事人法律地位的平等。没有平等，不可能进行真正的协商。(2)当事人的意思自由。没有自由，就不可能表达自己的真实意愿，没有自己的真实意思表示，也就无从考察是否一致。因此，如果不同时具备这两个条件，也就无所谓合同。这是由商品经济的性质决定的。合同在本质上是一种协议。合同与能够证明协议存在的合同书是不同的。合同书和其他有关合同的证据一样，只是用来证明协议的存在及协议的内容的证据，但其本身不能等同于合同，更不能认为有合同书才有协议或合同关系的存在。

第三，合同是以设立、变更和终止民事权利义务关系为目的的协议。合同以设立、变更、终止民事权利义务关系为目的，当事人既可订立合同设立民事权利义务关系，也可以订立合同变更或终止民事权利义务关系。由于合同是以产生、变更和终止民事权利义务关系为目的的，因此，不发生任何法律后果或在当事人之间不能产生权利义务关系的协议，就不是民法上的合同。

第四，合同经依法成立，即具有法律约束力。当事人达成的协议依法成立并生效，就对当事人产生法律效力，其中约定的权利义务便在法律上生效，从而有关当事人必须接受它的约束。我国《民法典》第119条规定:“依法成立的合同，对当事人具有法律约束力。”合同的法律约束力不但表现为权利人有权请求义务人履行合同义务，而且体现在义务人不履行时，对方当事人可依法追究其违反合同的民事责任。

三、合同的分类

合同的分类是按照一定的标准对合同进行抽象性划分。对合同加以分类,可以看出不同类型合同成立的条件及法律效力所具有的特点,这对于合同法律的制定、适用以及理论研究,有着重要的意义。

由于合同是双方法律行为,因而有关双方法律行为的分类完全适用于合同,故本章仅介绍合同的一些特有分类,其他分类请参照民法总论部分有关法律行为的内容,此不赘述。

(一)典型合同与非典型合同

以法律是否设有规范并赋予一个特定名称为标准,合同分为典型合同与非典型合同。

典型合同,又称有名合同,是指法律设有规范,并赋予一定名称的合同。《民法典》合同编第二分编"典型合同"规定的买卖、赠与、借款、保证、租赁、承揽、运输等 19 种合同均为典型合同。特别法规定的典型合同,如保险法上的保险合同,海商法上的海上运输合同及劳动法上的劳动合同等,亦为典型合同。

非典型合同,又称无名合同,是指法律未设有规范,亦未赋予一定名称的合同。根据合同自由原则,当事人可以自由确定合同内容,因此非典型合同是合同的重要类型。当事人通常可以采用以下方式之一确定非典型合同的内容:(1)将法律规定的数个合同类型相互结合或者混合。(2)订立法律完全没有规定的新类型的合同。

基于合同自由原则,当事人在不违反强制性规定及公序良俗的前提下,得订立任何内容的债权合同,可称为债权合同类型自由主义,这与物权法定主义不同。但这并不意味着典型合同无存在的必要。因为:(1)当事人所拟合同不周全、未达利益平衡是常有之事,而典型合同规范是立法者就实际存在的具有成熟性和典型性的交易形式,斟酌当事人的利益状态和各种冲突的可能性,以主给付义务为出发点所作的规定,一般都体现公平正义,符合当事人的利益。以典型合同规范补充当事人约定的疏漏,使合同内容臻于完备,十分必要。(2)典型合同规范中可设有强行性规范,在当事人的约定损害公共利益,或者使当事人之间的利益状态严重失衡时,可以该强行性规范进行矫正,从而保障公共利益和当事人的合法权益。正因如此,在合同类型自由的原则下规定典型合同,仍然必要。非典型合同产生以后,经过一定的发展阶段,具有成熟性和典型性时,合同立法应适时地规范,使之成为典型合同。在这种意义上说,合同法的历史是非典型合同不断地变成典型合同的过程。

非典型合同的主要难题,在于当事人的意思不完备时如何适用法律。《民法典》第 467 条第 1 款规定:"本法或者其他法律没有明文规定的合同,适用本编通则的规定,并可以参照适用本编或者其他法律最相类似合同的规定。"

(二)一时性合同与继续性合同

以时间因素在合同履行中所处的地位为标准,合同分为一时性合同与继续性合同。

一时性合同是指一次给付便使合同内容实现的合同。所谓一次给付,既指纯粹的一次履行完毕,还包括分期给付。之所以把分期给付合同界定为一时性合同,是因为它是单一的合同,总给付自始确定,时间因素对给付的内容和范围并无影响。继续性合同是指合同内容非一次给付可完结,而是继续地实现的合同。其基本特色在于,时间因素在合同履行上居于重要地位,总给付的内容取决于应为给付时间的长短。换言之,随着履行时间的推移在当事人之间不断地产生新的权利义务。合伙、租赁以及电力、石油、天然气、煤气、自来水等供用合同都是继续性合同。

区分一时性合同与继续性合同的法律意义在于:(1)解除权产生的原因不尽相同。一时性合同严格贯彻合同严守原则,只有在符合解除条件时方允许当事人解除合同。继续性合同特别重视信赖基础,要求当事人各尽其力实现合同目的,信赖基础一旦丧失,或因其他特殊事由难以期望当事人继续维持这种结合关系时,法律应允许一方当事人解除合同。例如,《民法典》第563条第2款规定:"以持续履行的债务为内容的不定期合同,当事人可以随时解除合同,但是应当在合理期限之前通知对方。"(2)合同消灭是否溯及既往不同。一时性合同消灭具有恢复原状的可能性,故法律规定一时性合同无效、被撤销时一律自始归于消灭,合同因违约而解除时可以溯及既往。但继续性合同消灭时,或无恢复原状的可能性,或不宜恢复原状,故学说多认为继续性合同无效、被撤销、解除应向将来发生效力,原则上无溯及力。

(三)束己合同与涉他合同

以合同效力是否及于第三人为标准,合同可分为束己合同与涉他合同。

束己合同,是指严格遵循债的相对性原则,合同当事人为自己约定并承受权利义务,第三人不能向合同当事人主张权利和追究责任,合同当事人也不得向第三人主张合同权利和违约责任的合同。它是合同的常态。

涉他合同,是指合同当事人在合同中为第三人设定了权利或约定了义务的合同,合同的效力及于第三人。它包括向第三人履行的合同、由第三人履行的合同以及利益第三人合同(参见债的履行部分)。在涉他合同中,厘清第三人的法律地位尤为重要。为第三人设定权利的合同,第三人基于合同取得何种权利取决于合同的约定。如果第三人仅取得受领权(有权接受债务人的履行)而无请求权,该第三人就仅为债权人的辅助人,此即向第三人履行的合同。《民法典》第522条第1款规定:"当事人约定由债务人向第三人履行债务,债务人未向第三人履行债务或者履行债务不符合约定的,应当向债权人承担违约责任。"如果第三人基于合同的约定享有自己独立的请求权,则该第三人成为债权人,有权请求债务人履行债务并有权对债务人的不履行行为追究违约责任,此即利益第三人合同。《民法典》第522条第2款规定:"法律规定或者当事人约定第三人可以直接请求债务人向其履行债务,第三人未在合理期限内明确拒绝,债务人未向第三人履行债务或者履行债务不符合约定的,第三人可以请求债务人承担违约责任;债务人对债权人的抗辩,可以向第三人主张。"为第三人设定义务的合同,《民法典》第523条规定:"当事人约定由第三人向债权人履行债务,第三人不履行债务或者履行债务不符合约定的,债务人应当向债权人承担违约责任。"

问题与思考

1. 如何区分法律上的合同与情谊行为(好意施惠关系)?

学说上把那些发生在法律层面之外的不能产生法律后果的协议称为"君子协定"、"情谊行为"或者"好意施惠关系"。当事人作出的欠缺法律上效果意思的约定,多发生在亲属朋友之间和一般社交场合。如父母答应孩子如考上大学即赠与一台电脑;甲邀请其朋友乙到重庆游玩。在这样的约定中,显然父母或甲并没有准备给对方"一项可以诉请的履行请求权"。这样的约定从形式上看似乎是一个合同,但是,其是否构成民法上的合同,单纯以《民法典》关于合同的法律定义为依据实难判断。

对于双方当事人达成的协议是否构成民法上的合同，通常可以按照以下方法予以认定：

首先，一般在有偿场合，当事人的约定通常构成民法上的合同。如朋友之间至餐馆就餐，约定按照AA制付款；朋友之间约定一起开车出去休假，使用一个人的汽车，其他人分担汽油费等。

其次，也不能仅由给付的无偿性推论其属于施惠关系。对于某些无偿协议，虽然不具有交易关系的实质，但《民法典》已基于立法价值判断，基于其在社会生活中的重要性而明确规定为法律上的合同，并对其内容，尤其是损害赔偿责任的构成或赔偿责任的减轻规定有明确的规则，例如赠与合同、无偿委托合同、无息借款合同等，自应适用法律关于典型合同的规定。对于法律并未有名化的无偿协议，判断其是民法上的合同或者是单纯的情谊行为，可以从主、客观两个方面加以判断：(1)注重行为人的意思。一项情谊行为，只有在给付者具有法律上受约束的意思时，才具有法律行为的性质。这种意思，表现为给付者有意使他的行为获得法律行为上的效力，即他想引起某种法律约束力，而且受领人也是在这个意义上受领这种给付的。如果不存在这种意思，则不得从法律行为的角度来评价这种行为。(2)在不能认定当事人具有真正的法律效果意思的情况下，应当根据客观标准来判断是否存在受法律约束的义务。客观标准主要涉及两个方面。一方面是风险分配，另一方面是能否苛求有关当事人对这种风险承担责任。

对于纯粹的情谊行为，即不构成民法上的合同之协议，一方当事人因过失侵害对方权利并造成损害的，由于无合同存在，无法依《民法典》合同编有关债务不履行的规定解决问题，应依一般侵权行为规则确定侵害人是否应负损害赔偿责任。同时，由于情谊行为的特殊性，即使构成侵权责任，也应减轻其责任。

2. 合同法律拘束力的基础问题

《民法典》第464条虽然对法律上的合同作了定义性规定，但是，当事人订立的协议都是法律上的合同而对当事人产生法律上的拘束力吗？从上述问题1的讨论可知，答案应当是否定的。那么我们应当进一步思考，法律赋予合同以拘束力的基础到底是什么？这一深层次的法律问题打开了合同法的“潘多拉魔盒”：什么是一个允诺得以强制执行的正当的依据和基础？

罗马时代的合同法是一部记录一系列被分离出的可强制执行的允诺的发展的历史，并未为可强制执行的允诺创造统一的基础。近代英美法发展出“约因学说”(Consideration Theory)，约因被用来判断允诺在普通法的视角下具有足够的社会重要性而法律认可其强制执行是正当的。英美法系合同法通说认为，除非有约因的支持，允诺人仅仅允诺为某行为是不得强制执行的。约因的实质在于认为交易中允诺的做出是为了获得一些东西——常常被称为对价(quid pro quo)——作为回报。约因可以是对允诺人的利益或是对受允诺人的不利，这仍是英国通常采取的判断方法。[4] 美国《合同法重述》抛弃了历史上作为要件的利益或是不利，而用检测是否存在“交易”(bargain)来取代其地位。在这种判断下，约因必须是当事人谈判所追求的允诺或履行，即允诺人追求的用以交换其允诺以及受允诺人用以交换其允诺而给予的东西。[5] 在约因学说下，由于缺乏交易，受允诺人主动给予的信赖(reliance)不是约因。但是，在允诺禁反言学说下，如果允诺人对这样的信赖有合理的预见，受允诺人主动给予的对允诺的信赖可能阻碍允诺人主张允诺缺乏约因。该学说不仅被用于赠与允诺而且也被用于其他无偿允诺。

在许多大陆法系国家，不存在与约因相对应的要件，只要某一允诺的作出含有受拘束的意图

---

〔4〕 Midland Bank Trust Co. Ltd. v. Green(1981) AC 513; G. H. Treitel, The Law of Contract ,11th ed., 2003, p. 67 ff.

〔5〕 Restatement(second) of Comtracts, §71.

(亦即“创设法律关系的意图”)就足够了。例如,德国民法就将其置于法律行为中的意思表示理论,合同当事人的合意只有构成意思表示才能作为法律行为而产生拘束力。在法国法和其他相关的法律体系,合同中的债务若要强制执行必须有原因(causa or cause)作为基础。[6]原因就是导致一方当事人参加该交易的原因。法国法院并不对当事人的动机进行主观的调查,但是如果作为债务的回报的履行一文不值,即根本没有什么实益,法院会以缺乏原因为理由拒绝对债务进行强制执行。目前,法国法中原因之重要性主要在于为法院拒绝强制执行违法或违背道德的合同提供授权的基础。此外,赠与允诺在大陆法系是可以强制执行的,但是需要作为证明形式的公证这一特别要件。[7]

我国《民法典》合同编对此问题尚未明确规范,学理上的探讨也刚开始展开。[8] 参考《民法典》合同编第472条有关要约的构成要件的规定,采取“创设法律关系的意图”的学说也许较为妥当。但是,这一理论如何由主观抽象细化为具有可操作性的具体标准,仍然是需要进一步解决的理论难题。

第二节 合同的订立

一、合同的成立与有效

要成立一个有法律效力的合同,需要具备若干要件,如要有当事人且其具备行为能力;意思表示一致且真实;不违反法律强制性规定和公序良俗;符合法定形式;等等。这些条件的性质和效力如何?是无它们则无合同呢,还是无之则无有约束力的合同?这就引出了一个争议颇大的问题:合同成立与合同有效的区分。

合同的成立是指合同当事人意思表示一致而达成协议,而合同的有效则是指已经成立的合同,只有在符合法定的有效要件时,才能够产生合同当事人所预期的法律后果并受法律的保护。合同有效与合同成立有其相似与相联系之处,但二者的区别也是非常明显的:

第一,合同的成立属于合同的订立范畴,解决的是合同是否存在的事实问题,属于对合同事实上的判断。而合同有效与否属于合同的效力范畴,解决的是已经存在的合同是否符合法律规定,是否具有法律效力的问题。合同只有成立后,才谈得上进一步衡量其是否有效的问题;合同不成立,则合同不存在,当然尚无“有效”与“无效”可言。

第二,合同的成立与有效在构成要件上不同。合同成立最基本的条件乃是当事人意思表示一致(体现于要约和承诺的交换过程中及承诺最后对要约确认)。合同的有效要件一般有四项:当事人有行为能力;意思表示真实;合同内容不违背法律及公序良俗;符合法定形式。

第三,合同不成立本身不可补正;而如果合同在效力上有瑕疵,特别是可撤销合同、效力未定的合同,其效力有可能事后加以补正。

---

〔6〕 关于其历史的发展,参见 Reinhard Zimmermann, *The Law of Obligations: Roman Foundations of the Civilian Tradition* (1990; paperback edn 1996), p. 549 ff。

〔7〕 Melvin A. Eisenberg, “Donative Promises”, (1979) 47 University of Chicago LR 1; James Gordley, *The Foundations of Private Law: Property, Tort, Contract, Unjust Enrichment* (2006), p. 352 ff.

〔8〕 王洪、王海燕:《论“创设法律关系的意图”在法律行为界定中的适用》,载《河北法学》2013年第11期。

二、要约

合同的订立是合同当事人就合同事项进行接触、协商及就合同内容达成一致意见的动态过程，这一过程一般分为要约和承诺两个阶段。《民法典》第 471 条规定："当事人订立合同，可以采取要约、承诺方式或者其他方式。"任何经合意而达成的合同必然要经过要约与承诺阶段，无要约与承诺则无合同，有合同则必有要约与承诺。要约是合同订立的启动点，是当事人实质进行合同订立过程的开始。

(一)要约的概念和要件

要约是以订立合同为目的之须受领的意思表示，其内容须确定或可得确定，并因相对人的承诺而使合同成立。《民法典》第 472 条规定："要约是希望与他人订立合同的意思表示，该意思表示应当符合下列条件：(一)内容具体确定；(二)表明经受要约人承诺，要约人即受该意思表示约束。"据此，一项有效的要约必须符合以下要件：

其一，要约人应当是明确的、特定的人，即为外界所客观确定的人，至于是自然人、法人或其他组织，是本人还是其代理人，则在所不问。

其二，要约应当以明示方式向受要约人发出。要约是要约人向受要约人作出的订立合同的意思表示，应当采用明示的方式作出。要约的形式可以为书面形式、口头形式、电子信件等方式，不存在默示方式的要约。要约应当向受要约人发出，受要约人一般为特定的人，因为一个理智的人一般不会把针对公众发出的建议或通知视为自我约束的意思表示。但是，向不特定人作出又无碍要约所达目的时，受要约人也可以是不特定的人，例如自动售货机之设置。

其三，要约的内容应当具体确定。要约人必须十分明确地具体说明所建议的交易的条件，受要约人一旦表示接受要约，则一项合同成立。至于要约的内容应具体确定到何种程度，应当依据要约人所要成立的合同的内容来确定，只要达到足以成立合同即可，要约人无须详细载明合同的全部内容，某些未列明条件，可以留待日后确定。

其四，要约应当表明经受要约人承诺即受其约束的确定意思。一方面，要约应当明确要约人与受要约人订立合同的明确意思；另一方面，要约应当有一经受要约人承诺即成立合同并受其拘束的表示。对于这种意旨之有无，采取"推定"的原则，即如要约人未表明相反意向，则认定其愿受约束。表明相反意向的方式是在提出的建议中附保留条件，如"以我方最后确认为准""有权先售"等。如果要约人没有接受约束的意思，依照法律也就根本不存在要约，而仅是一种希望对方作出要约或表明他是否已准备好进行谈判或磋商的要约邀请、谈判邀请。

(二)要约与要约邀请

要约邀请(要约引诱)是希望他人向自己发出要约的表示，其本身并不发生法律上的效果。其与要约有本质的区别：要约的发出是以订立合同为直接目的，而发出要约邀请则不过是欲邀请或诱使对方向自己发出要约。是否以缔结合同为目的，表意人是否受其意思表示的约束，是要约与邀请要约的主要区别。二者的差异在理论上虽甚明显，但实际上颇难分辨，原则上应依如下原则判断之：

首先，表意人表示其为要约，或要约邀请的，依其表示。

其次，表意人未为明确表示时，适用民法为典型情况而设之规定，即"拍卖公告、招标公告、招股说明书、债券募集办法、基金招募说明书、商业广告和宣传、寄送的价目表等为要约邀请。商业广告和宣传的内容符合要约条件的，构成要约"。(《民法典》第 473 条)

最后,在其他情形,应解释当事人的意思而定之,其所应考虑的因素有:(1)表示内容是否具体详尽;(2)是否注重相对人的性质;(3)要约是向特定的人或不特定的多数人发出;(4)当事人间的磋商过程;(5)交易惯例。

(三)要约生效的时间和期间

1. 要约生效的时间

要约生效的时间因对话与否而不同。向对话人发出要约(如面谈或打电话),采取了解主义,即在受要约人了解要约内容时,发生效力。向非对话人发出要约(如写信或打电报),采取到达主义,即在要约到达受要约人时生效。所谓"到达",指以非对话方式作出的要约在进入受要约人的控制区域和他可以获得该信息时视为到达。因此,邮寄之要约在要约被放入受要约人的信箱或邮箱或交付给获得受要约人授权代表其收信的某人手中时,即视为到达受要约人。采用数据电文形式发出要约,收件人指定特定系统接收数据电文的,该数据电文进入该特定系统的时间,视为到达时间;未指定特定系统的,该数据电文进入收件人的任何系统的首次时间,视为到达时间。

2. 要约的存续期间

指要约发生法律效力的期间,亦即受要约人得以承诺的期间,简称为承诺期间。它分为两种:(1)约定期间。要约人在要约中确定有存续期间,受要约人须在此期间内承诺,逾期要约失效。(2)法定期间。要约人未确定要约的存续期间时,应依法律之规定,分别情形确定:要约以对话方式作出的,应当即时作出承诺,但当事人另有约定的除外;要约以非对话方式作出的,承诺应当在合理期限内到达。所谓合理期间,通常包括受要约人考虑承诺所必需的时间及承诺发出到达要约人所必需的时间。

(四)要约的法律效力

1. 要约对要约人的约束力

要约一经生效,要约人即受到要约的拘束,不得随意撤销或者对要约的内容加以限制、变更和扩张。要约对要约人的约束力的范围与限度,因各国法律对交易自由与交易安全之间的侧重不同,有所差异。《民法典》第475条、第476条以维护要约人的缔约自由为基础,同时适当考虑对受要约人的保护和维护交易安全,规定了要约人对要约的撤回与撤销。

要约的撤回。指要约人在要约生效之前,以通知的方式取消要约的行为。为了尊重要约人的意志和保护要约人的利益,要约可以撤回。撤回要约的通知应当在要约到达受要约人之前或者与要约同时到达受要约人,才能产生撤回的效力。

要约的撤销。指要约人在要约生效以后,将该项要约取消,使要约的法律效力归于消灭的意思表示。对于已经生效的要约,自应维持要约的效力,在承认要约人的缔约自由的同时,保护受要约人的利益、维护交易安全。因而,《民法典》第476条、第477条一方面允许要约人可以撤销要约,撤销要约的意思表示以对话方式作出的,该意思表示的内容应当在受要约人作出承诺之前为受要约人所知道;撤销要约的意思表示以非对话方式作出的,应当在受要约人作出承诺之前到达受要约人。另一方面,又对要约的撤销进行了限制,规定两种情形下要约不得撤销:(1)要约人以确定承诺期限或者其他形式明示要约不可撤销;(2)受要约人有理由认为要约是不可撤销的,并已经为履行合同做了合理准备工作。

2. 要约对受要约人的法律效力

指受要约人在要约生效时,取得对要约为承诺而成立合同的法律地位。要约对受要约人的法律效力，强调的是要约一旦生效，受要约人即取得承诺的资格，有权在要约存续期间内作出承诺。但是，受要约人一般没有必须答复或承诺的义务，若不为承诺，受要约人只是丧失承诺的资格，导致合同不成立。受要约人也没有通知是否承诺的义务，即使要约人在要约中要求应为通知是否承诺。但是，依照法律规定或者一般商业惯例，受要约人负有为承诺与否之通知义务或者不得为拒绝要约的义务时，受要约人不得拒绝。受要约人负有承诺义务的特例，主要有两类情形：(1)法律规定的特定行业，如医疗业、公共服务业等；(2)依交易习惯而负有承诺义务，如出租车司机不得拒载乘客。

(五)要约的失效

要约的失效，是指要约丧失其法律效力，要约人不再受其拘束，受要约人也无从对之承诺而成立合同。要约的失效是以要约曾经生效为前提，故要约的撤回不属于要约失效的原因。要约失效的原因主要有：(1)要约被拒绝。即受要约人明确通知要约人拒绝接受要约，不为承诺。受要约人拒绝要约时，合同成立成为不可能，要约当然归于消灭。拒绝要约的通知到达要约人，要约即失效。值得注意的是，要约因拒绝而消灭，一般只发生于受要约人为特定人的场合。对不特定的人发出的要约，并不因某一特定人表示拒绝而消灭。(2)要约人依法撤销要约。(3)承诺期限届满，受要约人未作出承诺。(4)受要约人对要约的内容作出实质性变更。即对有关合同标的、数量、质量、价款或者报酬、履行期限、履行地点和方式、违约责任和解决争议方法等作出限制、更改或扩张。受要约人对要约的内容作出实质性变更的，为新要约，应当认为是对要约的拒绝。

至于要约是否因要约人或受要约人死亡或丧失行为能力而失效，《民法典》合同编对此没有明文规定。通常认为，要约人在发出要约后死亡或丧失行为能力，其要约的效力不因此而受影响，受要约人仍可为承诺，但该合同依其客观规范意义仅为要约人本身而订立，亦即含有人身专属性的，该要约因要约人死亡而消灭。受要约人在要约到达后死亡的，应视其承诺地位可否继承而定，承诺地位可以继承时，其继承人可以为承诺而使合同成立。

三、承诺

(一)承诺的概念和要件

承诺是受要约人同意要约的意思表示。即受约人同意接受要约的全部条件而与要约人成立合同。承诺一经作出，并送达要约人，合同即告成立，要约人不得加以拒绝。一项合格的承诺应当具备以下条件：

其一，承诺由受要约人作出。只有受要约人才有承诺的资格，因此，只能由受要约人作出，才为有效的承诺。其他人即使知道要约的内容并对之作出同意的意思表示，也不能构成承诺，而是向要约人提出的要约。

其二，承诺应当以通知或者其他方式向要约人作出。非向要约人作出的同意表示，不构成承诺。关于承诺的方式，《民法典》第 480 条规定，承诺应当以通知的方式作出；但是，根据交易习惯或者要约表明可以通过行为作出承诺的除外。通知方式是主要的承诺方式。行为方式的承诺，只有在依据交易习惯或者要约表明可以通过行为作出承诺时，才得适用。默示或者不作为不构成有效的承诺。

其三，承诺的内容应当与要约的内容一致。承诺是受要约人愿意按照要约的内容与要约人订立合同的意思表示。所以，欲取得成立合同的法律效果，承诺就必须在内容上与要约的内容一致。受要约人对要约的内容作出实质性变更的,为新要约。要约的实质内容,应当是作为合同主要内容的部分,即确定订约双方重要的合同权利义务的部分。依据《民法典》第 488 条的规定,有关合同标的、数量、质量、价款或者报酬、履行期限、履行地点和方式、违约责任和解决争议方法等的变更,是对要约内容的实质性变更。依据《民法典》第 489 条的规定,承诺对要约的内容作出非实质性变更的,除要约人及时表示反对或者要约表明承诺不得对要约的内容作出任何变更外,该承诺有效,合同的内容以承诺的内容为准。

其四,承诺须在承诺期限内作出。如果要约中明确规定了承诺期限或者要约存续期间的,承诺应当在此期间内作出。如果要约没有确定承诺期限的,要约以对话方式作出的,应当即时作出承诺,但当事人另有约定的除外;要约以非对话方式作出的,承诺应当在合理期限内作出。受要约人在承诺期限之后,向要约人发出承诺的,为逾期承诺(迟到的承诺)。除要约人及时通知受要约人该承诺有效的以外,逾期承诺不能发生承诺的效力,而为新要约。如果受要约人在承诺期限内发出承诺,按照通常情形能够及时到达要约人,但因其他原因承诺到达要约人时超过承诺期限的,为承诺迟到。除要约人及时通知受要约人因承诺超过期限不接受该承诺的以外,该承诺有效。

(二)承诺的生效

承诺的生效时间,《民法典》采取到达生效主义,即当承诺通知到达要约人时生效。承诺不需要通知的,根据交易习惯或者要约的要求作出承诺的行为时生效。

(三)承诺的效力

承诺的效力在于使合同成立。《民法典》第 483 条规定:“承诺生效时合同成立,但是法律另有规定或者当事人另有约定的除外。”

(四)承诺的撤回

承诺的撤回是指承诺生效之前,承诺人通知要约人收回承诺,以消灭承诺的行为。撤回承诺应当以通知的形式由承诺人向要约人发出。撤回通知应当明确表明撤回承诺,不愿意成立合同的意思,否则不产生撤回承诺的效力。按照《民法典》第 485 条的规定,撤回承诺的通知应当先于或与承诺同时到达要约人,才能发生撤回的效力。

四、以其他方式订立合同

传统缔约方式以“要约—承诺”为模型,但随着交易过程的多样化和复杂化,实践中有诸多合同的缔结无法简单归入“要约—承诺”的过程。合同的本质特征在于当事人的“合意”,“要约—承诺”仅是形成“合意”的一种缔约方式,而不是唯一的缔约方式。从意思自治(合同自由)原则的角度分析,当事人有权选择与谁缔约、何时缔约、以何种方式或者形式缔约,因此《民法典》第 471 条在原《合同法》第 13 条的基础上,增加了“其他方式”的缔约方式,以规范的形式,宣示合同双方之间有选择缔约方式的自由,既符合合同自由的原则,也可解决理论界、实务界对某些合同缔结过程存在的争议,将合同订立的关注焦点由“要约—承诺”为中心转变为以“合意”为中心。

(一)先订立预约,再成立本约

在商业交易的过程中,缔约双方从洽谈开始,经过不断谈判,直到就所有事项谈妥,终于缔结本约。在这个过程中,双方可能先就本约的某些条款达成合意,作成记录,虽然仍与订立本约有一段距离,此时,当事人一方面不愿意失去订约的机会,破坏谈判过程中所花费的努力,但另一方面,因为合同还有许多事项未确定,不能以此作为谈判的结果,希望能保留悔约的权利,故而衍生出预约制度,既能使双方负有继续谈判、进而缔结本约之义务,但又无法据此请求本约内容之履行,如此一来,充分尊重当事人的意思,此乃合同自由原则的体现。

1. 预约合同的概念及特征

预约乃以订立本约为意旨的合同,即当事人约定将来成立一定合同之合同。签订预约使当事人负有成立本约之义务,故本约的签订即为预约的履行,预约的目的因本约的签订而达成。反之,非以订立本约为意旨的合同,非属预约。从缔约过程观之,预约为双方谈判过程之交易记录,透过此种谈判交涉的过程,逐渐使双方就本约的条款达成完全的合致,实为成立合同的一种方法。

立法例上,有些国家的民法明文承认预约,例如,《瑞士民法》就预约有一般性规定,其债法第22条规定:"双方当事人可以契约形式约定在将来订立契约。"《德国民法》仅规定消费借贷之预约(第610条);《日本民法》就买卖预约及消费借贷之预约设有规定(第556条、第589条);至于法国法则有买卖预约之规定(第1589条),不过法国法上的预约系指单方许诺他方得以选择是否订立买卖合同之合同,与我国学说上的预约概念并不相同。我国原《合同法》虽未就预约作一般性规定,但是2012年《买卖合同解释》第2条明确规定,当事人签订认购书、订购书、预订书、意向书、备忘录等预约合同,约定在将来一定期限内订立买卖合同,一方不履行订立买卖合同的义务,对方请求其承担预约合同违约责任或者要求解除预约合同并主张损害赔偿的,人民法院应予支持。自此,我国合同法开始承认预约合同。在此基础上,《民法典》进一步将预约规定在第495条:"当事人约定在将来一定期限内订立合同的认购书、订购书、预订书等,构成预约合同。当事人一方不履行预约合同约定的订立合同义务的,对方可以请求其承担预约合同的违约责任。"

预约虽为合同之一种,但由于其与本约相牵连,因而具有下列不同于其他合同的特性:

第一,确定性。预约乃以将来成立本约为前提,故其内容应具备一定程度的确定性,否则即使签订预约,经法院判决胜诉时,仍无从订立本约,还须透过不断谈判来确定本约内容,致履行预约、签订本约有困难,将无从发挥预约的功能。因此,只空洞地表明某种缔约愿望或缺乏确定内容的意向书、备忘录等均非预约。不过,所谓确定性乃一抽象概念,究竟应该确定致何种程度方得谓之确定?又何种程度的确定方不致与本约相混淆?特别是当预约的确定程度与本约几乎相同,预约实为本约,又何必多此一举先行订立预约?实务与通说对此均未说明。

第二,预约的标的是行为。预约与本约均为债权行为,不因为预约之签订而使物权有得、丧、变更的法律效果,且预约并非物权变动的法律上原因,仍须另行订立本约。换言之,预约的标的是在将来一定期限内订立合同的行为,预约之签订仅使双方负有订立本约的义务,履行本约的义务须待本约签订后方才产生。

第三,与本约相牵连。预约为本约的前阶段,本约的签订即为预约的履行;反之,不履行预约将产生本约无法成立的结果。

2. 预约合同的识别

预约之定义系相对本约而来,为了解预约的意义,必须从其与本约间的区别着手。关于预约与本约的区别,归纳通说及实务见解如下:(1)通说以当事人意思为准。即以双方是否约定将来仍须另订本约为准,如所订合同为双方将来履行的依据,而无再行订约之必要者,即为本约;反之,即为预约。至于定金的交付与否,并非判断本约成立与否的依据。如果双方约定将来仍须订立本约，即使订约当时，一方已交付定金，该定金仅为担保预约之履行而交付的定金，仍无法认定本约已经成立。(2)以合同必要之点是否合致为准。有见解认为，当事人对于合同必要之点意思一致，而对于非必要之点未经表示意思者，推定其合同为成立。将本约的成立与否取决于合同必要之点是否合致。(3)兼采当事人意思及合同必要之点是否合致为准。当事人订立的合同，究为本约或系预约，应就当事人的意思定之，当事人的意思不明或有争执时，应通观合同全体内容是否包含合同的必备要素，以及能否依所订的合同即可履行而无须另订本约等情形决定。

预约的成立以尊重当事人的意思为前提，那么本约与预约的判断当然也应该以当事人的意思为准。预约的形态多种多样，有的非常简略，仅表达了当事人之间有将来订立本约的意思，至于本约规定什么内容留待以后磋商决定；有的非常详尽，未来本约应该规定的内容几乎都在预约中作了明确约定。若仅从内容上看，后者在合同内容的确定性上几乎与本约无异，即使欠缺某些条款，往往也可以通过合同解释的方式加以补全。因此，仅根据当事人合意内容上是否全面，并不足以界分预约和本约。判断当事人之间订立的合同系本约还是预约的根本标准应当是当事人的意思表示，也就是说，当事人是否有意在将来订立一个新的合同，以最终明确在双方之间形成某种法律关系的具体内容。如果当事人存在明确的将来订立本约的意思，那么，即使预约的内容与本约已经十分接近，即使通过合同解释，从预约中可以推导出本约的全部内容，也应当尊重当事人的意思表示排除这种客观解释的可能性。对于当事人约定在将来一定期限内订立合同的认购书、订购书、预订书等，不能仅凭一份孤立的协议就简单地认定其属于预约，而应当综合审查相关协议的内容以及当事人嗣后为达成交易进行的磋商甚至具体的履行行为等事实，从中探寻当事人的真实意思，并据此对当事人之间法律关系的性质作出准确界定。

3. 预约合同的效力

本约成立之后，预约的目的已达到，合同双方间的权利义务依本约履行即可。如一方不履行本约，他方得请求强制履行本约、解除合同或损害赔偿。因此，在本约已经成立的情况下，已无探讨预约效力的必要，唯预约仍具有辅助本约内容解释的功能。如果本约尚未成立，则预约当事人虽然未就所有合同之点达成合致，但预约仍为合同，对双方当事人仍然有拘束力，唯其拘束力的内涵如何？诚值探讨。关于预约之效力，可以从以下几点加以观察：

一是磋商义务或缔约义务。签订预约之后，究竟使当事人间产生磋商义务，或者缔约义务？学说上有不同看法。如果采前者见解，双方只要本于善意进行磋商即已履行预约义务，就算本约未能成立，亦不因此产生违约责任；反之，一方恶意磋商使本约谈判破裂，则仍有违反预约的问题。如果采后者看法，双方除有磋商义务外，更须进一步缔结本约，才能认为已履行预约义务。就此应依具体情形而定，如果预约内容详尽，主要条款均已缔结而近乎缔结本约阶段，亦即预约内容具有确定性，采缔约义务说较为合理；但如果预约内容尚嫌简略，谈判还在初始阶段，仍以磋商义务说较为可行。

二是请求订立本约。通说及实务见解大多认为，预约之一方违反预约合同，他方得请求订立本约，不得直接请求履行本约或因本约未能履行所生的损害赔偿。如果预约之一方不愿订立本约，他方有权向法院请求订立本约，于胜诉判决确定后，本约即为成立，且基于诉讼经济的要求，请求订立本约可与请求履行本约可以合并主张。如前所述，承认预约的理由在于尊重当事人意思，从缔约的过程到结果均取决于缔约双方的意志，因此，当一方不愿意履行预约、签订本约，而想要中止谈判时，即不宜透过公权力强迫成立本约，或者产生与本约相同的法律效果，否则无异于超越当事人在缔约过程中的期待，破坏私法自治原则下的商业交易秩序。因此，我们认为，强制订立本约的看法实有待商榷。双方在缔约过程中既然认为本约签订时机尚未成熟,许多事项仍待商议,甚或高层主管决策同意,故而保留缔结本约的机会,决定先签订预约,此时,本约之所以未成立实乃当事人意思尚未合致使然,法院又怎么能从事后诸葛的角度判决当事人应成立本约,进而使其负有履行本约之义务?如果预约已明确约定“本合同细节待双方将来洽谈后再行签订合同”或“本合同之内容以正式合同为准”等条款,法院仍然判令违反预约一方订立本约,完全违反当事人意思、超越当事人意志,与私法自治原则、合同自由原则背道而驰,实为不妥。

三是损害赔偿。当一方未能履行合同上的义务致他方受有损害,即应负合同上的损害赔偿责任,预约之一方有上述情形亦不例外。但有疑问的是,损害赔偿的范围如何?所受损害及所失利益是否均包括在内?所填补的为信赖利益或履行利益?由于本约尚未签订,以本约之履行利益为损害赔偿范围无异产生与订立本约相同的法律效果,此种看法并不妥当。不过,已签订的预约既然对当事人仍有拘束力,损害赔偿范围自然应以填补预约之履行利益为限,且基于预约为本约前阶段此一特性,预约的不履行即本约的不成立、预约的履行利益即相当于本约不能成立的信赖利益。换言之,凡因信赖本约可以成立而在谈判上所付出的诸如人事支出、交通、餐饮花费等(所受损害),以及依通常情形可得预期的利益,例如因与一方洽谈而丧失与他人缔约机会等情形(所失利益),均可请求相当的损害赔偿。

(二)悬赏广告

所谓悬赏,是指出具赏格,招人应征。[9] 出具赏格的人,即悬赏人,是允诺对完成特定行为的人支付报酬的人。悬赏广告是指以广告的方式公开表示对于完成一定行为的人给予报酬的意思表示。悬赏广告主要有两层意义:(1)指悬赏人作出悬赏广告的意思表示;(2)指此意思表示与指定行为的完成结合而成立的法律行为。悬赏公告在社会经济生活中应用广泛,比较常见的寻人、寻物启事,公安机关为侦破案件寻求线索的刑事悬赏,强制执行中对提供被执行人或者被执行人财产线索的悬赏,案件当事人进行的证据悬赏,以及报刊的创意大赛、有奖征文比赛等。实务中也发生有较多的悬赏广告引发的纠纷。原《合同法》并没有关于悬赏广告的规定,《合同法司法解释(二)》第 3 条对悬赏广告作出了规定,最高人民法院《民事案件案由规定》也将悬赏广告纠纷明确为三级案由,列在二级案由合同纠纷之下。《民法典》第 499 条对于悬赏公告的规定属于新增内容,明确了人民法院审理此类纠纷的法律依据。

1. 悬赏公告的性质

关于悬赏广告的法律性质,学说上历来有两种对立的理论:契约说与单独行为说。契约说(亦称要约说)认为,悬赏广告不是独立行为,而是对不特定人之要约。因此,必须与完成指定行为人之承诺相结合,其契约始能成立。单独行为说认为,悬赏广告系由广告人一方之意思表示而负担债务,在行为人方面无须承诺,以一定行为之完成为其生效要件。[10] 我们认为,采契约说更为符合悬赏公告的本质。

首先,悬赏广告通常可以分为三个阶段:(1)悬赏人作出悬赏广告;(2)应征人完成悬赏广告确定的特定行为;(3)应征人请求支付悬赏广告声明的报酬。因此,悬赏广告不是一个单独的行为,而是一个动态的行为链结,由三个相互递进的行为构成。

其次,对“契约论”提出挑战的主要有两点:(1)不知道有悬赏广告的人完成了悬赏广告确定

---

〔9〕《辞海》,上海辞书出版社 1999 年版,第 4541 页。

〔10〕王泽鉴:《债法原理》(第二版),北京大学出版社 2013 年版,第 251 页。

的行为的,有没有按照悬赏广告取得报酬的权利?(2)无民事行为能力人完成悬赏广告确定的行为的,是否享有悬赏广告确定的报酬请求权?单独行为说认为,按照通常的契约理论,显然不能认定于此上述两种情形时,合同已经成立,并产生合同法上的债权和债务。因为按照合同成立的原则,双方当事人的要约和承诺之间应当具有合致,而相对人完成行为时根本不知存在要约,则其完成行为不能认定为承诺。同样,合同成立的前提是合同主体必须适格,即具备相应的民事行为能力,无民事行为能力人不能订立合同。我们认为,应征人完成悬赏广告确定的特定行为时不知存在悬赏公告的,如果其后也一直不知,根本不可能请求支付悬赏广告声明的报酬。只有其完成行为后知悉悬赏公告,才可能向悬赏广告人请求报酬,其知悉并确定主张报酬之时,即为对悬赏公告这一的要约的承诺,该承诺自请求报酬时到达广告人,双方形成合意。至于无行为能力人能否做出有效承诺,取决于其法定代理人是否同意,那是合同效力判断问题,不属于能否成立合同的问题。

最后,从法律解释方法出发,按照文义解释、体系解释和历史解释方法,也应当认为我国民法对于悬赏公告的性质采取契约说。《合同法司法解释(二)》第 3 条、《民法典》第 499 条均将悬赏广告规定在合同订立部分,《民事案件案由规定》更是明确将悬赏广告纠纷列为三级案由,列在二级案由合同纠纷之下。

2. 因悬赏广告而成立合同

首先,须依广告的方法,对不特定人为意思表示。究竟何为广告,应依一般社会公众之观念判断之。民法上最简易之判断方法,就看其所使用的方法是否针对特定相对人作出的。如果该意思表示是向某一个或者某几个特定人发出的,则难称其为悬赏广告,只能视为一般之要约。至于广告的方法,无论是采用文字广告,如在报纸、网络上刊登广告,在广告栏内、电线杆上张贴广告,在公共车辆、场所内悬挂广告等,还是口头广告,如通过收音机、有线广播播发等,只要使用的方法能使不特定人了解其意思表示,都可以成立。

其次,广告须对完成一定行为的相对人,有给付一定报酬的表示。一定行为,各国民法上并无严格限制,不仅指积极的作为,如寻找走失之人,也包括消极的不作为。

再次,须完成一定的行为。这是广告人负担给付报酬义务的前提条件。对行为是否完成的认定,应依行为的性质而定。如果指定的行为是对广告人报告一定事项的行为,或广告含有须将完成行为的事实告知广告人的意思,在通知到达广告人时,才为完成了广告指定的行为。

最后,悬赏广告的撤回与撤销。按照契约说,发出悬赏广告属于要约。《民法典》第 139 条规定,以公告方式作出的意思表示,公告发布时生效。因此,在悬赏广告发布前,可以撤回悬赏广告,而一旦发布,即应适用撤销的规则。对定有完成行为期限的悬赏广告,不可撤销。对于可撤销的,应在特定行为完成前以与此前同样的方法撤销。

3. 报酬请求权

《民法典》第 499 条规定:"悬赏人以公开方式声明对完成特定行为的人支付报酬的,完成该行为的人可以请求其支付。"完成行为的人主张报酬请求权时,应注意以下问题:

一是报酬数额的确定。悬赏广告中明确了报酬的数额的,从其约定。悬赏广告中未明确报酬的数额,只是以"必有酬谢""必有重谢"表述,并未明确数额的,属于约定不明。在确定报酬数额时,应考虑以下因素:(1)广告的表述,"酬谢"与"重谢"显然不是一个程度的报酬;(2)悬赏人的受益情况,例如遗失物的价值、特定劳动成果的市场价值等;(3)应征人为完成特定行为所付出的合理成本和费用,这是报酬必须覆盖的。

二是行为人不知悬赏存在而完成广告指定行为可否请求报酬。《民法典》第 499 条并未对这个问题作出规定。从文义解释的角度,本条并未将知道悬赏广告的存在作为请求支付报酬的前提,所以悬赏人并不能以此为由拒绝履行支付义务。从比较法解释的角度,《德国民法典》第 657 条明确规定,该行为人不知有悬赏广告而完成行为者,亦有报酬请求权。我国台湾地区"民法"第 164 条亦有相同的规定。故悬赏人以行为人事前不知道有悬赏广告存在为由拒绝支付报酬的,人民法院不应支持。

三是数人完成悬赏广告行为的报酬请求权。悬赏人应对完成特定行为的人支付报酬,当完成特定行为的有数人时,如何确定数人的报酬请求权需要区别情况确定。首先是根据悬赏广告的内容确定,如果悬赏广告对此没有声明的,参照域外立法例,规则应为:(1)最先完成的有报酬请求权;(2)同时完成的,均等比例享有报酬请求权。

四是关于优等悬赏广告的报酬请求权。所谓优等悬赏广告,是指只就完成广告所指定行为的人中被评定为优等者给予报酬的广告。优等悬赏广告,属于悬赏广告的范畴,有别于普通悬赏广告之处,在于其报酬请求权的成立,不仅以指定行为的完成为前提,而且其行为必须应是优等。因此,指定行为性质上必须是数人各自独立完成,且行为结果能够相互比较,评定其优劣。

(三)电子合同

随着数字经济的发展,合同由传统纸质走向了电子化,以电子数据交换、电子邮件等方式订立的合同称为电子合同。《民法典》针对电子合同的形式、成立规则、交付时间作出规定,为解决电子商务合同纠纷提供了法律依据。

首先,在合同形式上,原《合同法》第 11 条直接将电子合同作为书面形式的一种类型,而根据《民法典》第 469 条第 2 款,书面形式是合同书、信件、电报、电传、传真等可以有形地表现所载内容的形式,电子合同不属于书面形式。电子合同如果同时满足能够有形地表现所载内容、可以随时调取查用两项特征,根据《民法典》第 469 条第 3 款的规定可"视为"书面形式,此即"书面等同原则",这与《电子签名法》第 4 条保持一致。

其次,在成立时间上,电子合同亦有其特殊性。若电子合同的双方当事人选择确认书形式订立合同,则签订确认书时合同成立;若双方没有选择签订确认书,则需判断双方意思表示是否符合要约、承诺的要件。按照《民法典》第 491 条第 2 款的规定,如果当事人一方通过互联网等信息网络发布的商品或者服务信息内容具体确定,且表明一经承诺即受约束的意思,则该商品或服务信息符合要约的条件,对方选择该商品或者服务并成功提交订单时合同成立。

最后,在合同履行方面,《民法典》第 512 条根据给付标的的差异,对电子合同的交付时间进行了区分。(1)若电子合同的标的为交付商品并采用快递物流方式交付的,收货人的签收时间为交付时间。(2)若电子合同的标的为提供服务的,生成的电子凭证或者实物凭证中载明的时间为提供服务时间;若电子凭证或实物凭证没有载明时间或者载明时间与实际提供服务时间不一致的,以实际提供服务的时间为准。(3)电子合同的标的物为采用在线传输方式交付的,合同标的物进入对方当事人指定的特定系统且能够检索识别的时间为交付时间。

五、合同的形式

合同的形式是当事人合意的表现形式,是合同内容的外部表现,是合同内容的载体。合同的形式包括口头形式、书面形式和其他形式。书面形式是指合同书、信件、电报、电传、传真等可以有形地表现所载内容的形式。以电子数据交换、电子邮件等方式能够有形地表现所载内容,并可以随时调取查用的数据电文,视为书面形式。

合同的形式问题一直在我国合同法领域占有突出的地位。在原《合同法》颁布之前,我国采用严格的形式要件主义,凡是法律、行政法规、规章规定或者当事人约定应当采用书面形式的合同,未采用书面形式的无效。这一方面扩大了合同无效的范围,另一方面干涉了当事人合同自由。正因如此,原《合同法》第10条就合同的形式以不要式主义为原则,以要式强制为例外。要式合同只有两种情形:一是法定要式合同,即法律、行政法规规定采用书面形式的,应当采用书面形式;二是约定要式合同,即当事人约定采用书面形式的,应当采用书面形式。《民法典》合同编更进一步强调了不要式主义原则,第469条第1款规定:“当事人订立合同,可以采用书面形式、口头形式或者其他形式。”

要式合同在解释上主要有三个法律问题:(1)法定要式的判断问题。由于我国现行法律、行政法规通常使用“应当”一词要求合同当事人采用书面形式,这些规定是否均为要式规定?由于“应当”一词在文义上具有多义性,既可以具有强制性,也可能具有提倡性或建设性意涵。因此,对于法条中使用“应当”一词的合同形式规范应通过目的解释和体系解释的方法明确其规范目的和意义,以此判断其规范属性。(2)要式欠缺的法律后果。合同形式既可以是合同成立的要件,也可作为合同有效或者生效的要件。法律、行政法规规定采用书面形式订立合同,当事人未采用书面形式的,合同是不成立还是无效或者不生效?一般而言,如果法律、行政法规明确指明了其法律后果的,依据其规定;法无明文时,应依法律解释方法予以明确。(3)履行治愈规则。《民法典》第490条规定:“当事人采用合同书形式订立合同的,自当事人均签名、盖章或者按指印时合同成立。在签名、盖章或者按指印之前,当事人一方已经履行主要义务,对方接受时,该合同成立。法律、行政法规规定或者当事人约定合同应当采用书面形式订立,当事人未采用书面形式但是一方已经履行主要义务,对方接受时,该合同成立。”该条规定履行治愈的仅是合同成立形式要件的瑕疵,并非合同效力瑕疵。如果某要式规范属于强制性效力规范,即使合同成立,仍然适用《民法典》第153条的规定而无效。

问题与思考

1. 如何判断合同是否成立?

《民法典》合同编第二章规定了要约与承诺规则,其实质仍然坚守传统的“镜像规则”,要求承诺的内容应当与要约相一致或者不得实质性变更。在合同成立的制度设计上,要约成为合同命运的主宰。这一僵硬的合同成立规则能否适应现代社会的需要,实为一个需要反省的问题。这是因为,由于追求交易的快捷和效率,合同当事人就合同主要条款达成合意后,就一边履行合同,一边就未尽事宜继续进行磋商谈判,其合同是否已经成立恐怕就成为一个问题。对于合同成立的这一变化,我国司法实务中也有应对。原《合同法司法解释(二)》第1条规定:“当事人对合同是否成立存在争议,人民法院能够确定当事人名称或者姓名、标的和数量的,一般应当认定合同成立。但法律另有规定或者当事人另有约定的除外。对合同欠缺的前款规定以外的其他内容,当事人达不成协议的,人民法院依照合同法第六十一条、第六十二条、第一百二十五条等有关规定予以确定。”该条司法解释已经突破了原《合同法》第30条的规定,合同只要具备当事人名称或者姓名、标的和数量,就可以认定合同成立,除非法律另有规定或者当事人另有约定。

《民法典》施行后,上述司法解释并未与合同编的规定相冲突,仍有继续保留的必要。当事人对合同是否成立存在争议，不宜简单以要约承诺规则予以形式化判断，而应当结合当事人在合同磋商、谈判、履行过程中的行为，对当事人的意思表示进行解释，如果双方对于合同成立已经通过行为等方式形成了合意，虽然不具备合同的全部主要条款，甚至对于部分条款仍在磋商，只要能够确定标的和数量的，一般应当认定合同成立。例如，买卖合同当事人已经就房屋买卖的标的物和价款达成合意，签订了认购协议，但是对于付款方式和税费负担仍然存在分歧，双方在认购协议中明确约定继续磋商，在合同条款全部达成一致意见后再签订买卖合同。在双方进一步磋商过程中，买方即支付了部分价款，卖方也将标的物交付给买方。双方最终因对付款方式和税费负担未能达成一致意见，未签订买卖合同。[11] 如果严格按照要约承诺规则，买卖合同似乎应认定为尚未成立，但是，双方已经部分付款和交付标的物的行为表明双方已经开始履行买卖合同，因此，可以确定双方已经就买卖的标的物和价款达成合意，买卖合同已经成立。而对于当事人未约定、约定不明或者存有争议的其他事项可以采取相应的解决办法。第一，由当事人通过协议进行事后补充，这是填补合同条款漏洞的首选，凸显当事人的意思自治；第二，当事人不能达成补充协议的，按照《民法典》第 142 条有关意思表示的解释方法予以确定；第三，根据前两项规则仍不能确定合同条款的，按照《民法典》第 511 条及参照典型合同规定的补漏条款填补合同漏洞。至于当事人对合同成立没有争议，只是因为无法证明争议事项已经取得合意的或者合同条款具体内含的，应当尊重当事人的意思自治，认定合同已经成立。对合同欠缺的内容，可以依照《民法典》第 466 条、第 510 条、第 511 条等有关规定予以确定。

2. 合同形式与合同成立及其效力的关系

我国现行法对合同的形式要求主要有书面形式、批准和登记三种，不同类型的合同形式要件要求对合同的效力有不同的影响：

第一类：法律要求订立合同应当采用书面形式，主要是出于满足证据、警示、信息提供等功能的考虑，如果当事人没有采用书面形式的，法律并未规定合同不成立或者无效。如《民法典》第 427 条、第 668 条、第 685 条、第 736 条、第 789 条、第 851 条、第 863 条等。通说认为，这类书面形式并非合同的成立要件或者有效要件，仅具有证据的效力，而不影响合同的成立或者生效。

第二类：法律规定订立合同应当采用书面形式，并应当办理批准手续才生效，如《中外合资经营企业法》第 3 条、《中外合作经营企业法》第 5 条、《中外合资经营企业法实施条例》第 14 条、《专利法》第 10 条第 1 款等。通说认为此类形式要件是合同的生效要件而非成立要件。《民法典》第 502 条亦明确规定，未办理批准等手续影响合同生效的，不影响合同中履行报批等义务条款以及相关条款的效力。应当办理申请批准等手续的当事人未履行义务的，对方可以请求其承担违反该义务的责任。如果在一审法庭辩论终结前当事人仍未办理批准手续的，应当认定该合同已经成立但是尚未生效。

第三类：法律规定订立合同应当采用书面形式，并应当进行登记。长期以来，我国民事立法在有关不动产转让或以不动产设定担保物权的合同明显混淆了合同的形式要件与物权的设立、变动之公示方法。这一问题已被原《物权法》第 15 条完全厘清，《民法典》第 215 条保留了这一规定："当事人之间订立有关设立、变更、转让和消灭不动产物权的合同，除法律另有规定或者当事人另有约定外，自合同成立时生效；未办理物权登记的，不影响合同效力。"

---

〔11〕 参见成都讯捷通讯连锁有限公司与四川蜀都实业有限责任公司房屋买卖合同纠纷案[（2013）民提字第 90 号]。

第三节　格式条款

一、格式条款的概念和特征

格式条款是当事人为了重复使用而预先拟定,并在订立合同时未与对方协商的条款。格式条款具有如下特点:

第一,格式条款是由一方为了反复使用而预先制定的。这就是说,格式条款在订约以前就已经预先制定出来,而不是在双方当事人反复协商的基础上制定出来的。

第二,格式条款是适用于不特定的相对人的。格式条款一般都是为了重复使用而不是为一次性使用制定的,与格式条款的制定人订立合同的,都是社会上不特定的相对人。

第三,格式条款的内容具有定型化的特点。所谓定型化是指格式条款具有稳定性和不变性,它普遍适用于一切要与起草人订立合同的不特定的相对人,而不因相对人的不同有所区别。相对人对合同的内容只能表示完全的同意或拒绝,而不能修改、变更合同的内容。因此,格式条款也就是指在订立合同时不能协商的条款。在格式条款的适用过程中,要约人和承诺人双方的地位也是固定的,而不像一般合同在订立过程中,要约方和承诺方的地位可以随时改变。

第四,相对人在订约中居于附从地位。相对人并不参与协商过程,只能对一方制定的格式条款,概括地予以接受或不接受,而不能就合同条款讨价还价,因而相对人在合同关系中处于附从地位。

《民法典》采用格式条款而不是格式合同的概念,意味着在一个合同中可以将所有的条款分为两类,即格式条款与非格式条款。格式条款的表现形式多种多样,既可以是合同书中合同条款的形式,也可以是店堂公告,还可以是在制式单据上印制的条款。无论是哪种形式存在,只要符合格式条款的特征,就应认定为格式条款。

二、格式条款的规制

格式条款有其明显的优势。它使个别的谈判不再是必需的,减少交易成本因而有利于双方当事人。此外,由于某项司法上的关于格式条款的解释可以作为对相似条款的解释,格式化可以更容易积累经验并有助于风险的计算。但是,格式化也有其固有的风险,即提供格式条款的一方当事人可能将某些不公平条款强加于不知情甚至是不愿意缔结这种条款的当事人。从表面上看,格式合同的最终订立也取决于当事人之间意思表示之一致,似乎也符合合同自由原则。然而,由于格式条款的不可协商性和接受格式条款一方在经济上或缔约信息上的弱势地位,处于强势地位一方也往往会利用预先拟订格式条款的优势,在合同中设定一些对接受格式条款方不公平的条款;接受格式条款一方往往是基于无奈的自愿、虚假的自由而订立格式合同。格式条款典型地表现出“要么接受,要么走开”(take it or leave it)的特性,在这种情况下选择除了是完全接受外就是完全拒绝。

格式条款的出现,不仅改变了传统的订约方式,而且对合同自由原则形成了冲击和挑战。为此,各国都纷纷通过修改法律或制定单行法对格式条款进行规范。我国《消费者权益保护法》第26条对格式条款有专门规定:经营者在经营活动中使用格式条款的,应当以显著方式提请消费者注意商品或者服务的数量和质量、价款或者费用、履行期限和方式、安全注意事项和风险警示、售后服务、民事责任等与消费者有重大利害关系的内容，并按照消费者的要求予以说明。经营者不得以格式条款、通知、声明、店堂告示等方式，作出排除或者限制消费者权利、减轻或者免除经营者责任、加重消费者责任等对消费者不公平、不合理的规定，不得利用格式条款并借助技术手段强制交易。格式条款、通知、声明、店堂告示等含有前款所列内容的，其内容无效。原《合同法》第39条至第41条亦设立了三项条款对格式条款进行规范，《民法典》第496条至第498条对于规范格式条款采取了更加科学的立法体例，形成了订入规则（第496条）、效力规则（第497条）、解释规则（第498条）三重规制，弥补了原《合同法》及相关司法解释的不足。

（一）提示说明义务与订入规则

为了防范格式条款提供者订入不公平条款，《民法典》第496条第2款规定，采用格式条款订立合同的，提供格式条款的一方应当遵循公平原则确定当事人之间的权利和义务，并采取合理的方式提示对方注意免除或者减轻其责任等与对方有重大利害关系的条款，按照对方的要求，对该条款予以说明。由此，格式条款提供者在拟定合同条款及利用格式条款订立合同时，应当负担三项法定义务：

其一，提供格式条款的一方应当遵循公平原则确定当事人之间的权利和义务。

其二，合理的提示义务。提供格式条款的一方应当采取合理的方式提示对方注意免除或者减轻其责任等与对方有重大利害关系的条款。格式条款是提供方预先拟定并未与对方协商的，如果提供方不主动履行提示义务，对方有可能不知道这些与其有重大利害关系条款的存在，就失去了就交易事项意思表示达成一致的基础。特别是对与对方有重大利害关系的条款，对方知晓后，才有选择接受与不接受条款的机会，故格式条款提供方应当主动履行提示义务。何谓“合理的方式”？《合同法司法解释（二）》第6条曾作出了解释：“提供格式条款的一方对格式条款中免除或者限制其责任的内容，在合同订立时采用足以引起对方注意的文字、符号、字体等特别标识，并按照对方的要求对该格式条款予以说明的，人民法院应当认定符合合同法第三十九条所称‘采取合理的方式’。提供格式条款一方对已尽合理提示及说明义务承担举证责任。”《民法典》虽然未吸收司法解释的这一规定，但是“合理的方式”的解释仍然可以援用。因此，提供格式条款的一方不但应采用文字、符号、字体等特别标识进行提示，而且应达到“足以引起对方注意”的程度。在司法实务中，法院认定不足以引起对方注意的情形主要包括：旅店的免责说明张贴在房间的门背后、文件夹子内页中或者旅客不容易看到的柱子侧面；停车场的免责条款张贴在司机不太容易看到的墙面上、被车挡住；保险公司合同上的免责条款虽以黑体字标识，但标识内容太过庞杂，令人眼花缭乱，或者字体过小，无法让人仔细阅读等。

其三，说明义务。在经提示知晓与其有重大利害关系条款的存在后，对方可能理解这些格式条款的内容，也可能不理解格式条款的内容。如果对格式条款不理解，对方可以要求格式条款的提供者予以说明，在理解条款的前提下选择接受还是拒绝格式条款、格式合同。对对方已经理解、未要求说明的条款，格式条款的提供者没有说明义务。在一般情形下，提供格式条款的一方是按照对方的要求，对该条款予以说明。但是，在消费者保护领域，如果法律明确规定提供格式条款的一方应当主动说明的，则属于法律规定的例外。例如《保险法》第17条规定，订立保险合同，采用保险人提供的格式条款的，保险人向投保人提供的投保单应当附格式条款，保险人应当向投保人说明合同的内容。对保险合同中免除保险人责任的条款，保险人在订立合同时应当在投保单、保险单或者其他保险凭证上作出足以引起投保人注意的提示，并对该条款的内容以书面或者口头形式向投保人作出明确说明,未作提示或者明确说明的,该条款不产生效力。原《合同法》第39条对提供格式条款的一方课以提示及说明义务,但对于违反该义务的法律后果付之阙如。《合同法司法解释(二)》第9条规定,违反提示说明义务导致对方没有注意免除或者限制其责任的条款,对方当事人可以申请法院撤销该条款。《民法典》第496条第2款后段在法律效果上进行了修正,增加了不订入规则:违反提示或者说明义务,致使对方没有注意或者理解与其有重大利害关系的条款的,对方可以主张该条款不成为合同的内容。其原理在于,因缺少有效的提示或说明,双方对相应条款内容并未形成真实的意思合致,相应格式条款内容不应构成合同的组成部分。

（二）不公平条款之禁止与效力规则

提供格式条款的一方不得利用格式条款不合理地免除或者减轻其责任、加重对方责任、限制或者排除对方主要权利。《民法典》第497条规定:“有下列情形之一的,该格式条款无效:(一)具有本法第一编第六章第三节和本法第五百零六条规定的无效情形;(二)提供格式条款一方不合理地免除或者减轻其责任、加重对方责任、限制对方主要权利;(三)提供格式条款一方排除对方主要权利。”在理解该条时,应当注意以下问题:

其一,《民法典》第一编第六章第三节规定的无效情形是对所有民事法律行为无效事由的规定,具有强行法的性质,格式条款如果具备这些无效事由,当然无效。

其二,按照《民法典》第506条的规定,造成对方人身损害的,或因故意或者重大过失造成对方财产损失的免责条款无效。该条具有强行法的性质,无论格式条款提供方是否尽到提示和说明义务,这两种格式条款当然无效。

其三,对于提供格式条款一方免除或者减轻其责任、加重对方责任、限制对方主要权利的格式条款,《民法典》第497条第2项并未规定该格式条款一概无效,而是特别新增了“不合理”这一限制条件。这一限制是必要的,即不能仅因为格式条款是免除或减轻己方责任、加重对方责任、限制对方主要权利的条款,就认定其为无效条款。这是因为,此类条款在某些类型的合同中属于必备条款,其与合同其他条款具有密切的关联性。例如,保险合同中的免责条款,与保险范围和保费密切相关,属于保险合同的必备条款。在绝大多数合同中,基于风险的分担或者经营便利的需要,“合理地”免除或减轻己方责任、加重对方责任、限制对方主要权利的格式条款并非都是不公平条款。如果一概确认此类条款无效,并无正当性理由。因此,《民法典》第497条的该项规定在原《合同法》第40条规定的基础上,增加了“不合理”的限制。对于此类格式条款是否合理,必须根据个别情形进行利益衡量才能作出判断。

其四,排除对方主要权利的格式条款无效。《民法典》第497条的这一规定是对原《合同法》第40条的延续。对于排除对方主要权利的条款之所以没有“不合理”的限制,是因为不存在“合理”排除对方主要权利的情形,或者说对方的主要权利不容排除,排除对方主要权利的条款必然导致双方的合同权利与义务严重失衡,违反了《民法典》第496条确定的格式条款提供方公平确定双方权利义务关系的原则。至于哪些合同上的权利属于“主要权利”,应根据合同的性质、交易类型、合同权利与合同义务的相互关系以及法律的规定予以判断。

（三）格式条款的解释规则

对格式条款的理解发生争议的,应当按照通常理解予以解释。对格式条款有两种以上解释的,应当作出不利于提供格式条款一方的解释。格式条款和非格式条款不一致的,应当采用非格式条款。

问题与思考

1. 格式条款的识别

《民法典》第496条第1款对于格式条款作出了定义性规定，根据该定义，格式条款应同时具备三个特征：一是预先拟定；二是重复使用；三是未经协商。格式条款的主要特点在于未与对方协商，对重复使用应否作为格式条款的特征，理论界和实务界曾有不同认识。有的学者指出，理解格式条款的定义时，不能将"反复使用"作为格式条款的特征，因为反复使用并不是格式条款的本质特征，而仅仅是为了说明预先制定的目的。"反复使用"是不能作为单独的特征存在的，原因是有的格式条款仅使用一次，并没有重复使用。"反复使用"只是其经济功能，而不是其法律特征。审判实务中也有相同的观点，认为审判实践不应过分强调重复使用的特征，"重复使用"并非司法认定格式条款的必要条件。如果将其作为格式条款的构成要件，那么当事人在主张某条款为格式条款时就负有这样的举证责任，需证明该条款已经被重复使用的事实。让当事人承担这样的举证责任，显然过于严苛，有违立法本意。在《民法典》起草过程中，曾经将重复使用这一特征删除，但最终还是予以恢复，说明立法机关认为重复使用系格式条款的实质特征，值得注意。

讨论问题：在商品房买卖和建设工程领域普遍推广使用合同示范文本，住房城乡建设部、国家工商行政管理总局先后制定了《商品房买卖合同（预售）示范文本》（GF-2014-0171）、《商品房买卖合同（现售）示范文本》（GF-2014-0172）、《建设工程施工合同（示范文本）》（GF-2017-0201）。合同当事人一方在与对方签订合同时提供的并非由自己预先拟定，而是由第三方拟定的合同文本，是否属于格式条款？

2. 电子合同中的格式条款

按照交易主体的不同，我国商务部发布的《电子商务模式规范》将电子商务（E-business）具体细分为：企业（或其他组织机构）之间（Business to Business，B2B）、企业（或其他组织机构）和消费者之间（Business to Consumer，B2C）、消费者之间（Consumer to Consumer，C2C）。电子合同也可以相应地分为企业之间、企业和消费者之间、消费者之间的合同。一般情况下，经营者和消费者在议价能力、专业水平等方面存在差距，消费者与经营者相比处于弱势地位，电子合同中消费者与经营者之间的差距不仅没有缩小，反而因为格式条款的大量应用、技术能力的差异等因素，在一定程度上被扩大，所以，通过电子合同交易的消费者更需要加以保护。《电子商务法》第49条第2款规定，电子商务经营者不得以格式条款等方式约定消费者支付价款后合同不成立；格式条款等含有该内容的，其内容无效。而企业与企业之间的合同、消费者与消费者之间的合同不适用《电子商务法》第49条第2款的规定。

3. 格式之战

为了促进交易的迅捷与便利，格式合同的应用越来越广泛与频繁，交易各方为了追求自身利益最大化，不可避免会出现格式合同之间的冲突。一方当事人按照自己事先拟定的含有一般交易条款的书面格式合同文本向对方提出要约，另一方也按其事先拟定的带有一般交易条款的格式合同文本表示承诺，当双方的交易条款不一致时，由此而引发的问题便是合同是否有效成立？如果合同成立，那么究竟该适用哪一方提出的一般交易条款？出现这种情形被称为"格式之战"（Battle of Forms）。基于"格式之战"问题的重要性，世界各国的国内立法，纷纷对该问题的解决作出相应的法律规定。随着国际统一立法进程的加快，目前已经有许多国际统一法律文件规定了“格式之战”问题的解决办法。以《国际商事合同通则》(2016)为例,依照第2.1.22条(格式之争)的规定,结合第2.1.11条第(2)款所规定的承诺变更的例外,《国际商事合同通则》(2016)区分两种情形分别解决:一是双方当事人未对彼此的标准条款提出反对就开始履行,则视为依最后发出或被引用的标准条款成立合同(“最后确定”原则);二是如果双方当事人均使用标准条款并对标准条款以外的条款达成一致,则合同应根据已达成一致的条款以及在实体内容上相同的标准条款订立(“排除异意”原则),除非一方当事人已明确表示或事后毫不迟延地通知另一方当事人其不愿受这种合同的约束。我国《民法典》未规定格式之战及其解决办法,有必要借鉴《国际商事合同通则》等比较法,通过法律漏洞填补方法弥补立法上的这一法律漏洞。

第四节　缔约过失责任

一、缔约过失责任的概念及性质

缔约过失责任,又称为先契约责任,是指当事人在订立合同过程中,因违反依诚实信用原则所产生的先合同义务,而致另一方遭受损失时,应承担的损害赔偿责任。

当事人为缔结合同而接触磋商之际,已由一般普通关系进入特殊联系关系,相互之间建立了一种特殊的信赖关系,依诚实信用原则,互负协力、通知、照顾、保护等先合同义务,论其性质及强度,超过一般侵权行为法上的注意义务,而与合同关系较为相近,适用合同法的原则,较为符合当事人的利益状态。缔约过失责任的发展首先建立在这样的考虑之上,侵权责任并不适于在先合同义务领域的所有情形为缔约当事人提供适当的保护。比如免责的可能性以及侵权法保护在纯粹经济损失方面的限制。各国早期的判例与学说发展出来的开始缔约磋商即成立某种先合同义务的原则,因一方当事人的过失未尽先合同义务,致他方当事人遭受损害时,应负损害赔偿责任,以此填补侵权法的漏洞。此后这一制度在诚实信用原则下日益展现出其正当性。合同磋商或交易性接触的开始建立了这样的期待,即每个人都将顾虑他人的权利、法益与利益。在此期待中当事人相互为对方提供了对自己的领域施加更高程度影响的可能性。如果这一期待破灭,以合同法准则为依据的责任就变得正当了。

因此,这种基于诚实信用原则及先合同义务而建立的缔约上过失责任,其法律性质属于一种法定的合同责任,是一种独立请求权类型。其发生于缔约过程之中,以诚实信用原则为其基础,依合同法负赔偿责任,整个制度由此圆满纳入合同法的体系之中。

二、缔约过失责任的构成要件

依据我国《民法典》第500条的规定,缔约过失责任应当具备以下要件:

其一,缔约一方违反先合同义务。在缔约过程中,当事人依诚实信用原则应当承担的协力、通知、照顾、保护及忠实义务等,称为先合同义务。先合同义务是法定义务,不得由当事人事先以约定排除。该项义务事先并不确定,因具体个案而不同,并随着缔约关系的发展而发展。当事人是否负有此项义务,应视具体缔约磋商接触情形,依诚实信用原则决定,行为人是否违反此项义务,应视行为人是否已尽交易上必要的注意而定之。在此方面,必须特别斟酌缔约当事人彼此间的信赖关系及各当事人在交易上通常所应承担的风险。

其二，造成损失。在缔约过程中，一方违反先合同义务造成对方损失时，始得承担责任，就此可以看出，缔约过失责任纯粹是一种损害赔偿责任。一般认为缔约过失所造成的损失为信赖利益损失，即当事人因信赖合同成立和有效，但合同未成立或无效而遭受的损失，主要包括为缔约或为履约所作准备而花费的费用、缔约机会丧失造成的损失，通常不是合同履行利益的损失。此外，缔约过失之损失也可以包括现有利益的损失，如泄露技术或者商业秘密所造成的损失。

其三，缔约过失。缔约上之过失，依《民法典》合同编第500条第1款规定为恶意行为，第2款规定为故意行为，第3款则对此未作明确规定，仅以其他违反诚实信用的行为概括之。一般认为，行为人只要违反了基于诚实信用原则而产生的先合同义务，则应当认为有缔约上的过失，不管是故意还是过失。由此可见，我国《民法典》对于缔约过失责任的归责原则不同于违约责任，采一般过错责任原则。

对于缔约上的过失的举证问题，学者们的见解亦是见仁见智。有的学者基于客观过错说认为应由受害人举证。但也有学者持反对态度，认为缔约过失责任以过错责任为归责原则，但在实践中应当适用过错推定责任。其实质即要求实行举证责任倒置，由过错方承担举证责任。我们认为，《民法典》第157条、第500条以及第501条就缔约过失责任既然实行过错原则，那么在一般情况下，应按照“谁主张，谁举证”原则，由受害方承担举证责任。但缔约过程中先合同义务之违反存在种种复杂情况，有时由受害方举证行为人的主观过错存在较大困难。如果仍固守“谁主张，谁举证”原则，受害方势必陷入一种极为不利的地位。这种情况下，对于缔约上的过失宜适用客观过错说，受害人只要证明自己的损失是由对方的违反先合同义务的行为造成的，即可推定对方有过错。被告方如要免除责任，则须举证证明自己主观上无过错。

三、缔约过失责任的重要类型

根据我国《民法典》第500条、第501条的规定，缔约过失责任的类型有如下几种：

一是假借订立合同，恶意进行磋商。假借订立合同，就是本无与对方缔结合同的目的，但以订立合同为表象，而欺诈对方。恶意进行磋商，指假借订立合同，而与对方进行谈判、磋商，以达到其损害他方利益的目的。恶意进行磋商，既可能是恶意进行谈判，也包括恶意终止谈判。

二是故意隐瞒与订立合同有关的重要事实或者提供虚假情况。此即一方有欺诈行为，将影响对方以自己真实的意思来缔结合同。

三是泄露或者不正当地使用商业秘密。在合同订立过程中，为订立合同一方向另一方提供其商业秘密的，对方应当对此给予保密，也不得为自己的利益而不当使用，否则应当承担缔约过失责任或者依反不正当竞争法承担侵权责任。

四是其他违背诚实信用原则而造成对方利益损失的行为。《民法典》这一包容性规定颇具扩张性，在实践中操作起来会更加困难，有必要以一定的法律形式对此进行规制。依通常理解，其他违背诚实信用原则而造成对方损失的行为，包括如下几种：(1)因一方的过错造成合同被撤销的。(2)因一方的过错造成合同无效的。依据《民法典》第502条第2款的规定：“依照法律、行政法规的规定，合同应当办理批准等手续的，依照其规定。未办理批准等手续影响合同生效的，不影响合同中履行报批等义务条款以及相关条款的效力。应当办理申请批准等手续的当事人未履行义务的，对方可以请求其承担违反该义务的责任。”(3)因一方过错造成合同不成立的。(4)因无权代理导致合同无效。对这几种情形下过错方的责任，《民法典》合同编均有相应规定，理论上可归于缔约过失责任。

四、缔约过失责任的损害赔偿

我国《民法典》确立了缔约过失责任制度,但对缔约过失责任的赔偿范围未作规定,理论界、实务界也存在诸多争议。多数人认为,缔约过失责任赔偿范围仅限于信赖利益,不应包括固有利益。其理由主要在于:缔约过失责任保护的是信赖利益,侵权责任保护的是固有利益。行为人未尽注意义务,侵害他人的人身或财产造成损害的,应当通过侵权法加以解决。如果将对固有利益的损害赔偿也通过缔约过失责任加以解决,势必混淆缔约过失责任与侵权责任的界限,不利于建立和谐的债法体系。也有人对此持有异议,认为缔约人未尽保护之责,致相对人人身、财产等权利受到损害理应承担缔约过失责任,主张缔约过失责任赔偿范围包括信赖利益和固有利益。这种认识上的差异主要是因为对于先合同义务的范围是否应当包含保护义务而导致的。我们认为,自缔约过失责任产生的基础而论,将保护义务纳入先合同义务更为合理,事实上,在以德国民法为代表的明确将缔约过失责任法典化的立法例,其判例与学说均将保护义务作为先合同义务的重要类型。因此,缔约过失责任的损害赔偿应当根据违反先合同义务的类型不同而异,违反保护义务致使对方的人身、财产权利受到损害的,应当赔偿其固有利益的损失。这一类型的缔约过失责任应实行完全赔偿原则。违反其他先合同义务给对方造成损失的,一般不会造成对方的固有利益损害,而是信赖利益损失,包括财产损失和机会损失,实际上是财产成本和机会成本因无法回复而导致的无意义消耗。因此,这一类型的缔约过失责任应实行信赖利益赔偿原则,其赔偿范围应当包括缔约成本及费用支出的损失与缔约机会丧失所受的财产利益损失。

问题与思考

1. 合同成立或生效后,当事人是否承担缔约过失责任?

《民法典》第500条规定,“当事人在订立合同中有下列情形之一,造成对方损失的,应当承担赔偿责任”,那么,“在订立合同中”是仅限定“下列情形之一”,还是同时限定“造成对方损失”?即合同成立后,因行为人违反先合同义务造成对方损失的,对方能否依据本条规定要求行为人承担缔约过失责任?《民法典》第501条规定,当事人在订立合同过程中知悉的商业秘密或者其他应当保密的信息,“无论合同是否成立”,不得泄露或者不正当地使用,否则应当承担赔偿责任。而第500条并没有“无论合同是否成立”这一表述,那么,是否意味着该条不能适用于已经成立的合同?我们认为,虽然本条并无该表述,但本条同样适用已经成立甚至是生效的合同。首先,仅就文义解释,本条并未将在合同成立后造成的对方损失除外。其次,多数学说也认为缔约过失责任包括合同不成立、合同成立但无效、被撤销、不生效以及合同有效等情形。[12] 违反先合同义务给对方造成的损失完全可能发生在合同成立或已生效的情形,如果该损失仅因为合同的成立或生效而无法得到赔偿,显然有失公正。最后,司法实务中已有合同成立后,行为人承担缔约过失责任,赔偿合同未能生效的损失的案例。[13] 合同的成立或生效并不应消灭违反先合同义务行为人的法律责任。当事人承担违约责任还是缔约过失责任,并非根据合同是否成立和生效来判断,而是根据其违反的合同义务性质来判断。违反先合同义务的承担缔约过失责任,违反

〔12〕 孙维飞:《〈合同法〉第42条(缔约过失责任)评注》,载《法学家》2018年第1期。
〔13〕 最高人民法院(2016)最高法民终802号,载《最高人民法院公报》2017年第12期。

合同义务的承担违约责任。因此,在合同订立过程中、合同成立之前,一方当事人违反先合同义务给对方造成损失的,其后合同不成立或者无效,固然应当承担缔约过失责任;在合同订立过程中、合同成立之前,一方当事人违反先合同义务给对方造成损失的,其后合同已经成立,仍然应当承担缔约过失责任;在合同成立之后、合同生效之前,一方当事人违反先合同义务给对方造成损失的,也应当承担缔约过失责任。

2. 缔约过失损害赔偿责任与侵权损害赔偿责任的请求权竞合

缔约过失责任和侵权责任有时会发生请求权竞合,受害人主张何种责任,直接关系到他的切身利益。例如,甲与某商场乙进行磋商欲订立一买卖合同,在查看样品时,样品发生爆炸而致人身伤害。在此案中,若依缔约过失责任,受害人甲仅能向乙索赔,若依侵权责任,甲不仅可向乙索赔,还可向产品的制造者索赔。那么,受害人应该以何种请求权来索赔呢?《民法典》虽未明确规定缔约过失责任与侵权责任的竞合问题,但是第186条承认违约责任与侵权责任的竞合,允许当事人选择其一进行索赔,充分体现了赋予受害人选择权的精神。因此,根据合同自由的立法原则,并参照最类似的第186条之规定,我们认为,既然受害人有时主张缔约过失责任有利,有时请求侵权责任更好,那么法律应该赋予选择权,允许受害人任意选择行使其中一种权利,以达到侧重于保护无辜受害人合法权益的目的。

拓展阅读推荐

1. 王利明主编:《中国民法典释评(合同编·通则)》,中国人民大学出版社2020年版。
2. 朱广新、谢鸿飞:《民法典评注:合同编　通则》(第1册),中国法制出版社2020年版。
3. 最高人民法院民法典贯彻实施工作领导小组:《中华人民共和国民法典合同编理解与适用(一)》,人民法院出版社2020年版。
4. 王泽鉴:《债法原理》(第二版),北京大学出版社2013年版。
5. 韩世远:《合同法总论》(第四版),法律出版社2018年版。
6. 张玉卿主编:《国际统一私法协会国际商事合同通则》(2010英汉对照),中国商务出版社2012年版。

第二十章　债的履行

学习要点

- 债的履行与诚实信用原则
- 合同内容的确定与合同解释
- 债的履行规则
- 同时履行抗辩权
- 不安抗辩权
- 情势变更

第一节　债的履行概述

一、债的履行的概念

债的履行，又称给付或清偿，是指债的当事人为实现债的目的，按照债的标的，一方为给付，另一方接受给付，从而消灭债的动态过程。给付既为债的标的，又为债的履行，二者的区别在于所处的状态。当给付处于债务人应当为特定行为、债权人可以请求债务人为特定行为，然而债务人尚未为该行为之应然状态时，给付为债的标的。当给付处于债务人具体为其应当为的行为之实然状态或者说运动状态时，给付为债的履行。清偿是债的履行的别称，当履行作为合同的权利义务终止原因时，传统民法不称“履行”，而称“清偿”。我国《民法典》使用“履行”一词，并在合同编第四章统一规定了合同的履行规则。在理论上，债的“履行”与“清偿”两个概念是完全可以互用的。

对债的履行这一概念，认识上应把握以下两点：

一方面，债的履行是债务人为给付、债权人接受给付的动态过程。债的履行从债权人请求给付开始，到债务人提出给付，再到债权人接受给付为止，是一个连续的、相互衔接的行为过程。当然，债的履行也可以由债务人提出给付开始，这时债的履行表现为债务人提出给付与债权人接受给付的行为过程。在以一次性给付财产为标的之债中，债务人、债权人按债的标的交接财产，债的履行即告完成。在以分期给付财产为标的之债中，债的履行则须债务人、债权人按债的标的数次交接财产，才能完成。在以供水、供电、供气或者提供劳务为标的等继续性债的关系中，债的履行，即给付与受领，则是一个持续的、不间断的过程。

另一方面，债的履行是以消灭债的关系为目的的行为。实现债的目的，从而消灭债，既是债的履行的出发点，也是债的履行的归宿。就债的履行与合同的权利义务终止的关系而言，债的履行是实现债的目的，从而消灭债的行为，而合同的权利义务终止则是债的履行的法律效果。由此可见,债的履行是一种含有消灭债的意思的行为。

二、债的履行与诚实信用原则

债的关系以当事人之间的信赖关系为基础,而社会生活极为复杂,非有限法律条文或当事人意思所可预先完全容纳,在此情形下,有关债的履行问题的妥善处理,非诉诸诚实信用原则的运用,难以期待圆满解决。因此,诚实信用原则是债的关系中债权人行使权利、债务人履行义务时应当遵循的基本原则。

诚实信用原则在债的关系上的适用,既表现为诚实信用原则本身即是债法规范的制定依据,又表现为诚实信用原则为债法规范不足时解释法律或补充当事人意思的依据。诚实信用原则体现于债的履行的全过程,其主要内容有:

第一,讲究信用,信守诺言。当事人在履行债的过程中,权利的行使及义务的履行,应依诚实和信用的方法进行,不能滥用权利或者规避义务来损害对方当事人、国家、集体或第三人的利益以及社会公共利益;全面履行自己的义务,不为弄虚作假、尔虞我诈、欺诈他人的行为。诚信的基本要求是"善意"行事,在履行债的过程中与人为善,在发生纠纷时,应当持善意的态度去解决纠纷。

第二,相互协助、相互合作。债的履行并不仅是某一方当事人的事,而是双方当事人的事。只有双方当事人在债的履行过程中相互协助、相互配合,出现问题,及时协商解决,债才会得到全面正确履行。如突遇不可抗力致使债不能履行或者不能按时履行时,应当及时通报情况,以避免对方的损失进一步扩大。即使一方不履行债务时,对方也应当及时采取措施防止损失的扩大。由此可见,在债的履行过程中,当事人不仅应当按照诚信原则善意行使权利和履行约定的义务,而且还要按照诚信原则履行附随义务。其中,合作义务(或者称为协力义务)成为附随义务的重要类型。

第三,经济合理,公平交易。通常,按照当事人的约定所设立的债,其内容本身就已经充分考虑了当事人各自的利益,因此,当事人按照约定履行,也就体现了双方的利益和交易的公平。但是,在有些情况下,由于客观情况的变化或者当事人约定不详,债的履行也会存在不尽经济合理之处。在此种情况下,就要求债的当事人遵行诚实信用原则,最大限度地维护交易的公平,衡平双方的利益。情势变更就是基于诚实信用原则发展出来的一项合同履行的重要规则,被誉为债法领域中的"重大发明",得到各国合同法立法或者判例的普遍认可。

问题与思考

债的履行究竟应当遵循哪些基本原则?

我国民法学理论对于债的履行基本原则认识不一,有的学者主张一原则说,认为诚实信用原则是债的履行应当遵循的唯一基本原则;有的学者主张二原则说,认为全面履行原则和适当履行原则是债的履行的基本原则;有的学者主张三原则说、四原则说甚至五原则说,将经济合理、相互协作、情势变更等亦作为债的履行的基本原则。我们认为,能够成为债的履行的基本原则必须是适用于债的履行全过程、体现债的履行的基本价值的准则。因此,仅有诚实信用原则堪当此任,其他所谓的"原则"要么是诚实信用原则的具体表现,要么只是债的履行中的个别现象,尚不足以统领债的履行的全部领域,如情势变更规则。

第二节　合同内容确定与合同解释

一、合同内容的确定方法

合同作为当事人自己订立的具有法律拘束力的协议,总是通过语言、文字或符号表现出来,固化为某种载体形式。基于合同自由原则,合同关系中的权利、义务以及责任首先取决于当事人的约定,亦即合同的内容由合同条款决定。由于当事人自身因素的限制、交易信息的不对称性、交易本身繁简难易的差异等诸多因素的影响,当事人订立内容完全明确具体、没有任何漏洞的完全合同几乎不大可能。按照合同法理论的通说,不完全合同是常态,完全合同是例外。当遇到当事人约定不明确或者没有约定的事项,如何确定其内容,就成为当事人履行合同,法院或者仲裁机构解决合同纠纷必须面对的问题。有一种观点认为,当合同存在漏洞时,直接适用法律规范予以填补即可。我们认为,这种看法违背了合同的本质属性和合同自由原则,误解了合同法规范的基本性质,也与《民法典》第142条第1款、第466条、第510条、第511条的规范旨意相背离,实不可采。

当合同没有约定或者约定不明确时,《民法典》合同编明确规定了以下三种方法来确定合同的具体内容:

第一,由当事人达成补充协议。按照《民法典》第510条的规定,当合同出现漏洞需要对其进行填补时,首先由合同当事人就没有约定或者约定不明确的事项达成补充协议。这是当事人意思自治原则最直接的体现。按照合同自由原则,合同的内容应当由当事人自由约定,在当事人就合同的条款规定不明确的情况下,由当事人继续通过达成补充协议,来填补合同的漏洞,这就充分体现了合同自由原则。同时,通过当事人达成协议来解决当事人之间的争议,也是最经济、最有效率的填补合同漏洞的方式。

第二,通过合同解释予以确定。按照《民法典》第510条的规定,当事人不能达成补充协议的,按照合同有关条款或者交易习惯确定。按照《民法典》第142条第1款、第466条的规定,当事人对合同条款的理解有争议的,应当按照合同所使用的词句,结合相关条款、行为的性质和目的、习惯以及诚信原则,确定意思表示的含义。从这两条的规范目的解释,均为确定合同内容、填补合同漏洞的解释方法或者解释规则,学理上称为合同解释方法。

第三,按照《民法典》合同编的补充性规范填补合同漏洞。当事人关于合同中的内容约定不明确或者没有约定时,依照上述两个方法仍无法对其内容予以确定时,就合同中的质量、价款、履行地点、履行期限、履行方式以及履行费用负担等问题,《民法典》第511条以及《民法典》第二分编"典型合同"作出了补充性的规定。这些补充性规定又被称为"任意性规定"、"预设规定"或"缺省规则",是《民法典》基于合同漏洞的填补需要而预设的一般性规则。值得注意的是,这些补充性规范只有在事后补充协议和合同解释方法都不能确定合同争议的内容时,才能予以适用。而且,在适用时仍应遵循具体规范优先于一般规范适用的原则,先适用《民法典》第二分编"典型合同"的规定,如果"典型合同"中未规定,最终以《民法典》第511条的规定填补合同漏洞。

二、合同解释方法

(一)合同解释的意义

合同解释亦即意思表示的解释,即对于意思表示内容含义所作的解释。合同(法律行为)之所以需要解释,最根本的原因在于语言文字的多义性。由此多义性,使合同所使用的文字、词句可能有不同的含义,不经解释不能判明其真实意思。当事人受文化水平所限及法律知识欠缺,也往往造成合同中的用词不当,使双方真实意思难以明确表达。也可能有当事人出于规避法律或其他不正当目的,故意使用模糊含混的文字词句,掩盖当事人的真实意思。因此,法院在审理案件时,往往需要先对合同的内容进行解释。虽然在诉讼中当事人双方往往提出各自不同的解释,但最终作为裁判依据的,是法庭所作出的解释。因此,民法上所谓合同解释,仅指法庭所作的解释。

解释合同(法律行为)的目的,在于探求当事人于意思表示中所表示的真实意思。唯需注意,此所谓当事人的真实意思,不是指当事人内心的意思(效果意思),而是指当事人在合同中所表示出来的真实意思。因此,现代民法大抵采介于意思主义与表示主义之间的折中主义。我国原《民法通则》关于合同(法律行为)的解释未设规定,致使审判实践中常发生因合同解释不当而致错误裁判。原《合同法》第 125 条弥补了这一立法上的漏洞,明确规定了合同的解释方法。《民法典》总则编将合同的解释纳入法律行为之意思表示的解释,第 142 条第 1 款规定:"有相对人的意思表示的解释,应当按照所使用的词句,结合相关条款、行为的性质和目的、习惯以及诚信原则,确定意思表示的含义。"

(二)合同解释诸方法

1. 文义解释

文义解释,也称为文本解释,主要是指依据合同所使用的词句确定合同中权利义务关系的解释规则。对于合同条文的解释,必须探究合同当事人内在的、真实的意思表示,而判断合同当事人真实意思表示的首要方法,就是判断合同条文的字面意思,即文义解释的方法。只有在文义解释不能确定合同条文的准确含义时,才能运用其他的解释方法。因此,文义解释是合同解释的基础和起点,如果脱离了文义,也就失去了解释合同的最基本标准。

文义解释作为合同解释方法之一在理论界和实务界已无争议,但关于文义解释的内涵,学者们有不同的见解。德国学者拉伦茨认为,字义作为一种表达方式的意义,文字的解释都应当始于字义。[1] 我国台湾地区学者黄茂荣认为,所谓的文义就是该词或者用语在一般的语言习惯中所具有的且被人们所了解的意涵。若该词句在相关行业已有约定成俗的其他意涵,应进行解释时应当适用后者。[2] 梁慧星先生认为,进行文义解释时,应当按照词句的通常意义进行解释,但是如果该词句由日常生活用语演化为专用名词术语后,即其与一般日常用语的意义不同,而具有特殊意义时,就应当按照其特殊意义进行解释。[3] 由此可见,将合同用语中的文义分为一般的文义和特殊文义,在解释合同中的词句时,通常情况下适用一般文义,在涉及特殊行业或者特殊目的时使用后者已经得到普遍认可。

---

[1] [德]卡尔·拉伦茨:《法学方法论》,陈爱娥译,商务印书馆 2003 年版,第 200 页。
[2] 黄茂荣:《法学方法与现代民法》(第五版),法律出版社 2007 年版,第 335 页。
[3] 梁慧星:《民法解释学》(第三版),法律出版社 2009 年版,第 217 页。

但是,由于语言文字本身具有多义性,及当事人语言程度和法律知识的不足,难免可能使用不准确、不适当之词句,以致表示于外部的意思与当事人真实意思不一致,甚至可能有的当事人基于不正当目的,故意用不当词句隐蔽其真实意思。因此进行文义解释,不应仅满足于对词语含义的解释,不应拘泥于所使用之不当词句。

2. 整体解释

所谓整体解释,又称为体系解释,是指把全部的合同条款和构成部分看作一个统一的整体,从合同的各个条款及其构成部分的相互关联、所处的地位和总体联系上阐明合同当事人系争的合同用语的含义。

一个法律行为例如一个合同是一个整体,要理解其整体意思必须准确理解其各个部分的意思;反之,要理解各个部分的意思,也必须将各个部分置于整体之中,使其相互协调,才可能理解各个部分的真实意思。如果将某个条款单独解释,或许存在不同的意思,难以确定哪一个意思是当事人的真意,但只要将该条款与其他条款相联系,相互解释,相互补充,即不难确定当事人的真实意思。

将整体解释作为合同解释的一般方法是各国法律普遍认可的。美国《合同法重述》(第二版)第235条第2款规定:"对于合同文书的解释,应将其作为整体进行解释。对于同一交易行为,若有多种文书形成其部分者,应当对其合并解释。"美国学者科宾也认为,合同解释时应当把合同的所有部分作为一个整体。这一要求不仅适用于书面文件,也适用于口头协议和由一系列文件加以证明的协议。绝不能脱离其上下文而赋予词句或段落以某种意思。[4]《国际商事合同规则》(2016年)第4.4条规定:"合同条款和表述应根据其所属的整个合同或全部陈述予以解释。"我国《民法典》第510条第2款关于按照合同的有关条款予以解释,第511条关于合同欠缺质量、价款或者报酬、履行地点等条款时按照合同有关条款加以确定的规定,可认为是对整体解释的立法肯定。

3. 目的解释

所谓目的解释,就是指如果合同条款出现分歧而可得出两种或者两种以上的解释时,应当选择最适合于合同目的的解释。如果说"立法旨趣之探求,是阐释法律疑义之钥匙",那么合同目的之探寻,亦有如此重要性。《民法典》第466条、第511条明确规定进行合同解释时,应当按照"合同的目的"确定合同条款的真实意思,如果合同文本有两种及两种以上的文字表述并约定其有同等效力时,如果这些不同的文本词句不一致时,则应"根据合同的目的"进行解释。这一规定从立法的角度确立了目的解释的方法。

当事人订立合同必有其目的,该目的是当事人真意所在,为决定合同内容之指针。因此,解释合同自应符合当事人所欲达成之目的。如当事人意思表示的内容前后矛盾或暧昧不明,应通过解释使之协调明确,以符合当事人之目的。合同所使用的文字或某个条款有两种相反的意思,自应采取其中最适合于当事人目的的意思。唯应注意,此所谓当事人目的,乃指双方当事人共同目的或者至少是为对方当事人已知或应知的一方当事人目的。若属于对方不可能得知的一方当事人目的,自不得作为解释之依据。

4. 交易习惯解释

交易习惯解释,就是指依照一定地域、领域或者行业内普遍采用的习惯或是当事人之间经常

---

〔4〕［美］A. L. 科宾:《科宾论合同》(上),王卫国等译,中国大百科全书出版社1998年版,第658页。

使用的做法来确定合同权利义务的解释规则。交易习惯在我国民事法中被多次提及,尤其是《民法典》第466条、第510条明确列为合同解释的基本规则之一。交易习惯解释,亦是国际上合同解释的惯用方法。例如,《联合国国际货物销售合同公约》第8条规定:"……(3)在确定一方当事人的意旨或一个通情达理的人应有的理解时,应适当地考虑到与事实有关的一切情况,包括谈判情形、当事人之间确立的任何习惯做法、惯例和当事人其后的任何行为。"第9条规定:"(1)双方当事人业已同意的任何惯例和他们之间确立的任何习惯做法,对双方当事人均有约束力。(2)除非另有协议,双方当事人应视为已默示地同意对他们的合同或合同的订立适用双方当事人已知道或理应知道的惯例,而这种惯例,在国际贸易上,已为有关特定贸易所涉同类合同的当事人所广泛知道并为他们所经常遵守。"

习惯解释的依据在于,人们的行为除受法律的支配外,往往还受习惯的支配。各地有各地的习惯,各行业有各行业的习惯,如不违反法律强行性规定和公序良俗,应可作为解释法律行为当事人真实意思的依据。例如,在合同内容有歧义时,应依据习惯予以明确;在合同约定不完全致使权利义务难以确定时,应依据习惯予以补充。此为各国法律及国际公约所公认的解释方法。唯应注意,采为解释依据的习惯,应是在交易行为当地或者某一领域、某一行业通常采用并为交易对方订立合同时所知道或者应当知道的做法;或者是当事人双方经常使用的习惯做法。对于交易习惯,由提出主张的一方当事人承担举证责任。

5. 诚信解释

所谓诚信解释,是指解释合同应遵循诚实信用的原则。在合同存在争议的情况下,依照其他解释方法难以得出合理正当的解释结果时,考虑双方当事人在合同订立时所处的地位以及双方权利义务分配是否符合一般的公平理念,这是诚信解释的基本立场。

诚实信用原则为现代民法上指导当事人行使权利履行义务之基本原则,也是指导法院或仲裁庭正确解释合同的基本原则。我国民法明文规定诚实信用为一切民事活动所应遵循的基本原则,合同解释当然应包括在内。依诚实信用原则,合同所使用文字词句有疑义时,应依诚实信用原则确定其正确意思,合同内容有漏洞不能妥善规定当事人权利义务时,应依诚实信用原则补充其漏洞。无论采何种解释方法,最后所得解释结果均不得违反诚实信用原则。

第三节 债的履行规则

一、履行主体

债的主体和债的履行主体并非同一概念。债的主体是债权人和债务人,而债的履行主体则指履行债务的人和接受履行的人。债的履行主体可以是债权人、债务人,也可是债权人、债务人的代理人或第三人。代理人作为履行主体的法律问题,按代理的理论和有关规定解决。这里仅讨论第三人作为履行主体的问题。

(一)由第三人履行

在通常情况下,债应由债务人履行,由债权人接受履行。基于债的相对性原则,债权人也只能向债务人请求履行债务,债务人亦应当向债权人履行自己的债务。但是,在某些情况下,债务也可以由第三人代为履行。《民法典》第523条规定:"当事人约定由第三人向债权人履行债务,第三人不履行债务或者履行债务不符合约定的,债务人应当向债权人承担违约责任。”

按照《民法典》第523条的文义解释,在债的当事人有约定时,可以由第三人向债权人履行债务。此处的当事人显然是指债的关系的主体,即债权人与债务人。如果债权人与债务人没有约定由第三人履行,下列两种情形在解释上仍然属于由第三人履行:

其一,债务人与第三人约定由第三人履行。这是实务中较为常见的一种情形。比如,债务人为了缩短结付、降低交易成本而与自己的债务人约定,由其债务人直接向债权人支付价款,以清偿债务。对此,外国民法及我国台湾地区“民法”规定第三人代为债务人履行债务不以债权人、债务人有约定为限。除法律规定、当事人事前约定或者依债务的性质不得由第三人履行者之外,其他债务均可由第三人履行。债务性质上的限制是相对的,只要有债权人的同意,就并不妨碍由第三人履行。我们认为,我国民法亦应作此解释。因为债务履行的最终目的还是债权人实现其债权。对于一般的债务而言,比如常见的支付金钱、交付种类物等债务,由谁履行对于债权人而言并不重要,只要债权人能够得到履行的标的,就能实现其债权。即使是那些专属于债务人的特定债务,只要债权人同意接受履行,由第三人履行亦可满足债权人的利益。因此,没有理由拒绝承认这种情形的由第三人履行。

其二,第三人代为履行。这种情形是指既无债权人与债务人之间的约定,也无债务人与第三人的约定,而由第三人代为履行。这种情形虽不常见,但实务中亦有案例发生。通常是第三人因与债务人有某种特殊的亲密关系而主动代为清偿债务,或者因第三人对于债务人履行债务具有自身的利益而主动代为清偿债务,或者因债务人陷入履行不能,债权人直接向与债务人有密切关系的第三人主张债权,而由第三人自愿代为清偿。例如,甲因经营需要向乙借款10万元,借期届满久拖不还,乙找到甲的父亲丙,要求子债父还,丙代为偿还甲的欠款。对此,大陆法系民法大多认为构成无因管理,适用无因管理的法律规则;英美法系国家通常将这类案件归入不当得利,认为债务人与第三人之间产生不当得利,第三人有权要求债务人返还代为清偿的利益。二者在处理债务人与第三人之间的关系问题上虽然基于不同的法律规范基础,但是都认可这种情形的由第三人履行,只要债权人接受了第三人的履行,债务人的债务就在清偿范围内消灭。我国《民法典》第524条规定:“债务人不履行债务,第三人对履行该债务具有合法利益的,第三人有权向债权人代为履行;但是,根据债务性质、按照当事人约定或者依照法律规定只能由债务人履行的除外。债权人接受第三人履行后,其对债务人的债权转让给第三人,但是债务人和第三人另有约定的除外。”该条规定仅明确了因第三人对于债务人履行债务具有合法利益而主动代为清偿债务,并未包含其他情形的代为履行。我们认为,基于与上述第一种情形相同的理由,即使第三人不存在合法利益,亦应认可第三人代为履行。

由第三人履行的法律效力是:(1)第三人履行债务后,在其已作履行的范围内消灭债务人对债权人的债务。(2)如果债的当事人约定由第三人履行债务,而第三人没有履行或者履行不符合要求,不是由第三人,而是由债务人向债权人承担违约责任,因为第三人并非债的当事人。如果债的当事人未约定由第三人履行债务,而第三人代为履行不符合要求,也应由债务人向债权人承担违约责任。(3)第三人履行债务后,是否取得对债务人的返还请求权,取决于第三人与债务人之间的法律关系。第三人如以赠与的目的而为履行,不能取得返还请求权;如因无因管理而代为履行,则能够取得返还请求权;如债务人构成不当得利,第三人亦可取得返还请求权。对于当事人代为履行,《民法典》第524条明确规定了债权的法定转让,即债权人接受第三人履行后,其对债务人的债权转让给第三人。第三人依法取得债权人的债权,以此可直接向债务人请求清偿债务。

(二)向第三人履行

《民法典》第522条第1款规定:"当事人约定由债务人向第三人履行债务,债务人未向第三人履行债务或者履行债务不符合约定的,应当向债权人承担违约责任。"除债权人指定的第三人外,依法对债务的履行享有受领权的第三人还有破产财产的管理人,依债的保全行使代位权的债权人。

按照《民法典》第522条第1款的规定进行文义解释,向第三人履行以债权人与债务人明确约定为条件。如果债权人与债务人未约定,债权人指示债务人向第三人履行,债务人同意向第三人履行的,亦同。否则,债务人只能向债权人履行,不得向第三人履行。

向第三人履行的法律效力是:(1)债务人向第三人履行后,在其已作履行的范围内消灭债务人对债权人的债务。(2)如果债的当事人约定向第三人履行债务,而债务人没有向第三人履行或者履行不符合要求,不是由债务人向第三人承担违约责任,而是由债务人向债权人承担违约责任,因为第三人并非债的当事人。(3)债务人向第三人履行债务后,债权人是否取得对第三人的返还请求权,取决于债权人与第三人之间的法律关系。债权人如以赠与的目的而约定债务人向第三人履行,不能取得返还请求权;如因委托合同委托第三人代为受领债务人的履行,则根据委托合同对第三人享有返还请求权。

(三)利益第三人合同

利益第三人合同又称为第三人利益订立的合同、利他合同、第三人取得债权的合同,它是指合同当事人约定由债务人向合同当事人之外的第三人履行债务,该第三人取得直接请求债务人履行债务的权利的合同。《民法典》第522条第2款规定:"法律规定或者当事人约定第三人可以直接请求债务人向其履行债务,第三人未在合理期限内明确拒绝,债务人未向第三人履行债务或者履行债务不符合约定的,第三人可以请求债务人承担违约责任;债务人对债权人的抗辩,可以向第三人主张。"

按照合同相对性原则,非合同当事人本不应享有合同权利或承担合同义务。因而合同当事人无权为第三人设定义务,但可以为第三人设定权利或者利益。在为第三人利益订立的合同中,第三人并非订约当事人,但是第三人可以基于合同的约定享有权利或者取得利益。利益第三人合同虽然突破了合同相对性原则,但是能够满足市场交易的需求,实现当事人订立合同的目的。例如保险合同约定第三人为保险金的受益人,信托合同约定第三人为信托财产的受益人等。这些合同当事人一方的合同目的就是当事人设定权利或利益。

利益第三人合同的法律效力是:(1)第三人的拒绝权。在利益第三人合同中,当事人在合同中为第三人设定权利是否真正符合其利益,第三人是否接受该利益,应当由第三人自己决定,所以,《民法典》第522条赋予第三人拒绝权是十分必要的。当然,第三人接受合同当事人为其设定的利益,并不需要以明确表示接受的方式作出,只要第三人没有明确反对,就应当视为其已经接受该利益。一旦第三人明确拒绝,则利益第三人合同中第三人利益条款不能生效,但合同的其他条款仍可在当事人之间生效,在此种情形下,利益第三人合同就转化为一般的合同。(2)第三人的履行请求权。第三人可以请求债务人向其履行债务,并接受债务人的给付。在合同成立并且生效以后,债务人负有向该第三人履行债务的义务,如果债务人不履行债务,则第三人可以请求债务人及时履行。第三人可以请求的内容应当是合同中为其设定的权利和利益,其请求的范围不得超出合同的约定。(3)请求债务人承担违约责任。如果债务人没有依约向第三人作出给付,则第三人应当有权请求债务人承担违约责任。但此处所说的“违约责任”并未明确具体的责任形式和赔偿范围。(4)依据《民法典》第 522 条第 2 款的规定,“……债务人对债权人的抗辩,可以向第三人主张”。

二、履行标的

债的履行标的与债的标的不同,债的标的是指债务人应为的给付,而债的履行标的则是给付的对象,如物、智慧财产、劳务等。有关债的履行标的之规则,主要有以下三条:

一是标的数量。债务人原则上应按约定的数量全部履行,如债务人任意为一部之履行,债权人有权拒绝。但是债务人之一部履行对债权人并无不利或不便时(如金钱债务的部分履行),债权人无权拒绝受领。部分履行所增加的费用,由债务人承担。另外,法院亦得斟酌债务人的履行能力,裁决债务人分期履行。以物为给付标的,标的数量的计量方法,合同有约定的按约定,没有约定或者约定不明确的,可以协议补充;不能达成补充协议的,按照合同有关条款或者交易习惯确定。对债务人多履行的部分,债权人有权拒付多出部分的价款,但应妥善保管多收的物品,并通知债务人取回。

二是标的质量。标的质量对满足债权人的利益十分重要,当事人在成立债的关系时应明确约定标的的质量。如当事人在成立债的关系时对标的质量没有约定或约定不明,可以协议补充;不能达成补充协议的,按照合同有关条款或者交易习惯确定。仍不能确定的,按《民法典》第 511 条第 1 项规定,质量要求不明确的,按照强制性国家标准履行;没有强制性国家标准的,按照推荐性国家标准履行;没有推荐性国家标准的,按照行业标准履行;没有国家标准、行业标准的,按照通常标准或者符合合同目的的特定标准履行。

三是标的价款或酬金。标的的价款或酬金由标的的单价或计酬标准乘以标的的数量构成。当事人在成立债的关系时应明确约定标的价格或计酬标准。如果当事人就价款或者报酬没有约定或约定不明确,又不能达成补充协议,按照合同有关条款或者交易习惯也不能确定的,按《民法典》第 511 条第 2 项规定,价款或者报酬不明确的,按照订立合同时履行地的市场价格履行;依法应当执行政府定价或者政府指导价的,按照规定履行。《民法典》第 513 条规定,执行政府定价或者政府指导价的,在合同约定的交付期内政府价格调整时,按照交付时的价格计价。逾期交付标的物的,遇价格上涨时,按照原价格执行,价格下降时,按照新价格执行。逾期提取标的物或者逾期付款的,遇价格上涨时,按照新价格执行;价格下降时,按照原价格执行。

三、履行期限

履行期限,是指债务人向债权人履行债务和债权人接受债务人履行的时间。债的主体应依照规定的期限履行债务和接受履行,任何一方都不应无故迟延履行或迟延接受。凡履行期限不明确,当事人又不能达成补充协议的,按照合同有关条款或者交易习惯也不能确定的,债务人可以随时向债权人履行义务,债权人也可以随时要求债务人履行义务。但请求履行的一方应该给对方以必要的准备时间。债务人在债权人要求的履行期限内履行或者在必要的准备时间之后履行的,债的履行期限即为适当。

提前履行是否为适当履行?按照债的性质,履行期限有为债务人利益的(如无息借贷约定的返还期),有为债权人利益的(如无偿寄存保管约定的取回保管物的期限),也有为双方当事人利益的(如有息借贷约定的返还期)。履行期限为债务人利益的,债权人不得请求提前履行,但债务人可以抛弃其期限利益提前履行;履行期限为债权人利益的,债权人可以拒绝债务人提前履行债务,除非提前履行不损害债权人利益。履行期限为双方当事人利益的,债务人无权强求债权人提前接受给付,债权人也无权请求债务人提前履行。

债的履行期限主要的法律意义在于:如债务人超过债的履行期限仍不履行债务,构成债务人迟延;在债的履行期内,如债务人提出履行而债权人不予受领,构成债权人迟延。债的履行期届满,开始计算诉讼时效。

四、履行地点

履行地点是债务人履行债务和债权人接受履行的地方。如果债务人在确定的履行地点以外的地方提出给付,债权人有权拒绝受领,不发生债的履行效果。

债的履行地点可以按照以下方法确定:(1)当事人有约定的,按约定的履行地点履行。(2)没有约定或者约定不明确,当事人又不能达成补充协议的,按照债的性质或者交易习惯确定履行地点。(3)当事人没有约定,又不能依债的性质或交易习惯确定债的履行地点的,应按《民法典》第511条第3项规定,履行地点不明确,给付货币的,在接受货币一方所在地履行;交付不动产的,在不动产所在地履行;其他标的,在履行义务一方所在地履行。《票据法》规定,汇票上未记载付款地的,付款人的营业场所、住所或者经常居住地为付款地。

债的履行地的确定具有以下法律意义:(1)决定债权人是否有权拒绝债务人提出的给付及债权人是否迟延受领;(2)决定债的提存地,以及提存公证的管辖;(3)决定债务纠纷的诉讼管辖的依据之一;(4)在国际私法上,是决定债务纠纷应适用的准据法的依据之一。

五、履行方式

履行的方式是指债务人履行债务的方式,如标的物的交付方式、工作成果的完成方式、运输方式、价款或酬金的支付方式等。根据当事人的约定、法律的规定、债的性质之不同,债可以用不同的方式履行:一次全部履行或者分期分批分地履行、直接交付或邮寄或托运履行等。凡要求一次性履行的,债务人不得分期分批履行;凡要求直接交付的,债务人不得以其他方式履行。

债的履行方式由当事人约定。未约定或者约定不明确,当事人又不能达成补充协议,按照合同有关条款或者交易习惯也不能确定的,则应按照诚实信用原则和有利于实现合同目的的方式履行。《民法典》第511条第5项规定,履行方式不明确的,按照有利于实现合同目的的方式履行。

六、履行费用

履行费用是指在履行债务时应支出的费用。履行费用的负担由当事人约定,当事人没有约定或者约定不明确,又不能达成补充协议,按照合同有关条款或者交易习惯也不能确定的,则由履行义务的一方当事人负担。《民法典》第511条第6项规定,履行费用的负担不明确的,由履行义务一方负担;因债权人原因增加的履行费用,由债权人负担。

问题与思考

1. 向第三人履行的合同与利益第三人合同的区别

向第三人履行的合同中的第三人仅取得受领权(有权接受债务人的履行)而无请求权,该第三人不过是债权人的辅助人,既无权向债务人请求履行,亦无权追究债务人不履行的违约责任;利益第三人合同中的第三人基于合同的约定享有自己独立的请求权,该第三人成为债权人,有权请求债务人履行债务并有权对债务人的不履行行为追究违约责任。由此可见,二者的法律地位显然不同。对于债权人与债务人约定向第三人履行的合同,应当根据合同是否约定第三人的请求权以区分该合同究竟是向第三人履行的合同还是利益第三人合同。如果属于向第三人履行的合同,应当适用《民法典》第 522 条第 1 款的规定;如果属于利益第三人合同,则应适用《民法典》第 522 条第 2 款的规定。

2. 由第三人履行时债权人是否有权拒绝?

基于债的相对性原则,债务应当由债务人向债权人履行,因此,除非合同明确约定由第三人履行,否则债权人有权拒绝第三人的履行。但是,《民法典》第 524 条规定的第三人代为履行是一例外。因为第三人对于债务人的债务具有合法权益,第三人有权代为履行。关键的问题在于,该条所要求的“合法利益”应当如何判断?我们认为,第三人对债务履行具有合法利益主要包括第三人与债务人之间具有一定的人身关系,或者在债务履行后,第三人可以获得一定的财产利益。司法实践中第三人对履行该债务具有合法利益主要包括如下情形:(1)抵押物转让中受让人代为清偿主债务,这一涤除权规则原来被规定于《物权法》第 191 条。所谓涤除权,是指在标的物之上存在抵押权的情形下,如果抵押人将标的物转让给第三人时,第三人愿意代债务人清偿债务,以消除标的物之上的抵押权。《民法典》删除了物权编中的涤除权规则,改为通过本条进行规定,即在抵押人转让抵押财产的情形下,可适用《民法典》第 524 条,认定买受人对债务的履行具有合法利益,从而允许其代为清偿债务,以消除抵押权。(2)第三人作为担保人为债务人清偿债务,以避免针对债务人提起的诉讼,因为诉讼费用可能将最终由第三人承担。(3)母公司为子公司代为偿还债务,由于子公司的债务问题可能会对母公司的信用评级或者财务报表产生不利影响,因此,母公司可代子公司清偿债务。(4)承租人代为出租人支付抵押贷款按揭,以避免其租赁的房屋被强制出售。(5)转租中次承租人代为支付租金,以避免自身承租的权利遭受损害。等等。在这些情形下,第三人可以在不考虑债权人的意志下代为债务人履行债务,债权人不能拒绝第三人履行该义务。

3. 债务人如果向无受领权的第三人履行债务,应如何处理?

一般而言,债务人向无受领权的第三人履行债务不产生履行的效力,债务人构成债务不履行,应向债权人承担违约责任。但是,在以下两种例外情形下,债务人的履行产生债务清偿的效果:(1)债务人向表见债权人履行。所谓表见债权人是指本无受领权,但持有债权凭据或者受领凭据的第三人。以债权凭据真实和债务人误认债权凭据持有人有受领权无过失为限,其履行有效,债权人不得要求债务人再为履行。如果债权凭据不真实或者债权凭据虽然真实,但债务人明知或因过失而不知凭据持有人无受领权,其履行无效,债权人有权请求债务人再为履行。(2)第三人受领债务人给付时虽无受领权,但受领后经债权人承认或者合法取得债权者,其受领有效。

第四节　合同履行中的抗辩权

一、同时履行抗辩权

（一）同时履行抗辩权的意义

同时履行抗辩权，是指无先后履行顺序的双务合同当事人一方在他方没有作出对待给付之前，有权拒绝自己的给付的权利。

《民法典》第525条规定："当事人互负债务，没有先后履行顺序的，应当同时履行。一方在对方履行之前有权拒绝其履行请求。一方在对方履行债务不符合约定时，有权拒绝其相应的履行请求。"该条第一句规定双务合同的同时履行原则，即在双务合同中，如当事人未约定债务履行的先后顺序，双方应同时履行各自的债务。此同时履行原则，是同时履行抗辩权的基础。因为有双务合同的同时履行原则，才发生双务合同当事人的同时履行抗辩权。但实际生活中双务合同通常会约定债务履行的先后顺序，例如"款到付货""货到付款"，约定了履行顺序，就不发生同时履行的问题。如果合同未约定债务履行的先后顺序，则按照同时履行原则，当事人在对方履行债务之前，有权拒绝对方的履行要求。这就是所谓同时履行抗辩权。例如，货物买卖合同，未约定履行顺序，出卖人在买受人付款之前，有权拒绝交货；买受人在出卖人交货之前，有权拒绝付款。反言之，按照同时履行原则，任何一方当事人，要求对方履行债务，均须以履行自己负担的债务为条件。买受人要求对方交货，必须自己先付款，买受人自己不付款，出卖人有权不交货；出卖人要求对方付款，必须自己先交货，出卖人自己不交货，买受人有权不付款。双方均可以对方未履行债务为由，拒绝履行自己负担的债务，这就叫行使同时履行抗辩权。

（二）同时履行抗辩权的法理基础

同时履行抗辩权的法理基础有二：

一是基于双务合同的牵连性。双务合同是当事人双方互负对待给付义务的合同，其建立在"你与则我与"的基础上。即一方当事人之所以愿意负担给付义务，旨在使他方当事人因此亦负有对待给付义务。给付与对待给付之间具有相互依存、互为因果、不可分离的关系，学说上称为双务合同的牵连性，分为发生上的牵连性、存续上的牵连性及功能上的牵连性。所谓功能上的牵连性是指当事人因合同互负给付义务，一方负担的给付义务是以他方负担义务为前提的，如果一方不履行自己的义务，对方的权利不能实现，其义务的履行也要受到影响，只有在双方均履行了各自义务以后，债的目的才能达到。

二是基于诚实信用原则。在双务合同中，当事人没有履行自己的义务而请求他人履行，如果对方必须作出履行，则对对方显然是不公平的，从根本上违背了诚实信用原则的利益平衡精神。一方不履行其义务，对方原则上亦可不履行，才能避免一方自己不履行却能够获得对方履行的不公平现象，使双方的利益处于平衡状态。

（三）同时履行抗辩权的成立条件

同时履行抗辩权的成立，应具备如下条件：

其一，须由同一双务合同互负债务。首先，双方当事人间的债务是根据一个合同产生的。如果双方的债务基于两个甚至多个合同产生，即使双方在事实上具有密切联系，也不产生同时履行抗辩权。其次,双方当事人互负的债务之间具有对价的牵连关系,即双方所负债务互为条件,呈现“对流”状态。例如,买卖合同中价金给付义务与标的物所有权移转义务即为有对价关系的义务。在双务合同中,主给付义务与从给付义务之间原则上不具有对价关系。一方单纯违反附随义务,但已经履行了主给付义务,另一方不能援用同时履行抗辩权,但如果附随义务的履行与合同目的之实现具有密切的关系,无此附随义务则合同难以履行,应认为该附随义务与对方的主给付义务之间具有牵连性和对价关系。

其二,双方互负的债务没有履行先后顺序。同时履行抗辩权的适用,是双方对待给付的交换关系的反映,旨在使双方所负债务同时履行,双方享有的债权同时实现。所以,只有在双方债务没有履行先后顺序时,才能行使同时履行抗辩权。如果双方互负的债务有先后顺序的,虽不发生同时履行抗辩的问题,但可以发生后履行抗辩权(第526条)或者不安抗辩权(第527条)。

其三,须对方未履行债务或者履行债务不符合约定。如果对方已履行债务则不发生同时履行抗辩权问题。如果对方虽然作出了履行,但构成瑕疵履行、部分履行或其他违约行为,可按照诚实信用原则,视具体情况决定援用同时履行抗辩权,在对方没有作出正确履行之前,拒绝其相应的履行要求。

其四,须对方的对待给付可能。同时履行抗辩权的宗旨在于促使双方当事人同时履行其债务。如果对方所负担的债务已丧失履行的可能性,则同时履行的目的已不可能实现。在这种情况下,应依照法律关于合同解除的规定,直接解除合同,不发生同时履行抗辩的问题。

(四)同时履行抗辩权的效力

同时履行抗辩在性质上为延期的抗辩,没有消灭对方请求权的效力,其效力仅为使对方的请求权在一定的期限内不能行使,即在对方未履行对待给付前,得拒绝自己债务的履行。一旦同时履行抗辩权成立的条件消灭,如对方已为履行,则抗辩权消灭。同时履行抗辩权依其性质应当由当事人自己行使,法院和仲裁机关不能依职权主动适用。

二、后履行抗辩权

后履行抗辩权,是指在有先后履行顺序的双务合同中,先履行一方未履行或履行债务不符合约定的,后履行一方有权拒绝其履行要求。

后履行抗辩权的性质、效力与同时履行抗辩权完全相同,都是一种延期的抗辩。外国立法例一般都将后履行抗辩权作为同时履行抗辩权的一种特殊情况,并未单独规定后履行抗辩权。因为按照举轻以明重的解释原则,既然没有履行先后顺序时法律规定了同时履行抗辩权,那么应当先履行合同义务的一方未履行或履行不符合约定时,后履行一方当事人当然有权拒绝对方履行要求。我国《民法典》第526条规定的后履行抗辩权,其依据就在于此。

三、不安抗辩权

(一)不安抗辩权的意义

不安抗辩权,是指在双务合同中,负担先履行义务一方有确切证据证明对方履行能力严重恶化时,在对方没有履行对待给付义务或提出充分担保前,可以中止先为给付的权利。

与同时履行抗辩权一样,不安抗辩权的法理基础也是基于双务合同的牵连性和诚实信用原则。双务合同中双方当事人所负担的债务在履行期限上不一致,先为履行一方本应如约履行自己的债务,后履行一方的债务履行期限未到,本不该履行,因此先履行一方通常没有针对后履行一方为抗辩的可能。但是,如果后履行一方在其履行期限届满前已明确向先履行一方表明他将不会履行合同,或者先履行一方有确切证据证明对方履行能力严重恶化,可能危及自身债权实现的情况下,还要求先履行一方必须先为给付,则有失公平。因此,法律特别设立不安抗辩权制度,赋予应先为给付的一方在一定条件下得中止履行的权利,以避免因他方已事先明确表明不会履行合同或因经济状况恶化等原因而合理判断他方已丧失履行债务的能力时遭受履行的风险,即先履行一方如果仍然履行自己的债务,将来无法得到对方的对待给付。此种履行风险必定让先履行一方极度不安,合同法赋予先履行一方不安抗辩权,方可消除其不安。

(二)不安抗辩权的成立条件

其一,双方债务因同一双务合同而发生。不安抗辩权只能产生于双务合同,要求当事人的给付为交换关系,一方的履行,是为了换取对方的履行,负担先履行义务的一方当事人在履行前,必须要考虑作为对价的对方的履行能否实现,若对待给付存在现实的危险,当事人有权保留自己的给付。

其二,双方债务有先后履行顺序,一方负担先为给付义务。不安抗辩权的发生前提之一是权利人负担先履行义务,先履行义务必然要承担对待履行不能实现的风险,只有当这种风险具有现实性的时候,当事人才可以将自己的给付暂时保留。

其三,须出现后履行义务一方到期不履行或有可能不履行债务的现实危险。我国《民法典》第527条规定,负担先履行义务一方主张不安抗辩权时必须有确切证据证明后履行一方存在以下情形之一:(1)经营状况严重恶化;(2)转移财产、抽逃资金,以逃避债务;(3)丧失商业信誉;(4)有丧失或者可能丧失履行债务能力的其他情形。如果并无确切证据证明以上情况,或者对方在接到中止履行的通知后提供了适当的担保,则不存在履行的风险或者已经排除了风险,先履行一方应当履行或者恢复履行,中止履行就将构成违约。

具备上述三项条件,不安抗辩权发生,应当先履行债务的一方当事人即有权中止自己的履行。

(三)不安抗辩权的行使

为谋求双务合同双方当事人利益的平衡,《民法典》第528条规定行使不安抗辩权的一方行使抗辩权时,应当及时通知对方。这是为了避免对方因此受到损害,同时也使对方在获此通知之后及时提供充分担保,以消灭不安抗辩权。对方提供适当担保的,应当恢复履行。

如因不安抗辩权的行使发生诉讼,主张不安抗辩权的一方应承担证明责任,举出另一方不能履行的确切证据。没有确切证据的,不安抗辩权主张不能成立,中止履行构成违约,应当承担违约责任。

(四)不安抗辩权的效力

一是中止履行。不安抗辩权的效力,一般仅在于暂时中止履行合同债务。即在对方未为对待给付或提出充分担保前,先为给付义务人可拒绝自己的给付。如果后履行方提供了适当担保或者作了对待履行,不安抗辩权即行消灭,主张不安抗辩权的一方就应当恢复履行自己的债务。

二是在符合预期违约构成要件的情况下,请求承担违约责任或解除合同。《民法典》第528条规定,"……中止履行后,对方在合理期限内未恢复履行能力且未提供适当担保的,视为以自己的行为表明不履行主要债务,中止履行的一方可以解除合同并可以请求对方承担违约责任"。这一新增规定将不安抗辩权与预期违约进行了有效衔接。一方面,依据这一规定,该行为属于《民法典》第563条第1款第2项所规定的"以自己的行为表明不履行主要债务",因此,对方有权解除合同。另一方面,预期违约也是一种违约形态,在构成预期违约的情形下,应当向对方承担违约责任。《民法典》第578条规定,一方以自己的行为表明不履行合同义务的,对方可以在履行期到来之前请求其承担违约责任。由此可见,我国《民法典》规定的不安抗辩权已经不再是纯粹的抗辩权,而是注入了预期违约的新鲜血液。

问题与思考

1. 如何理解双务合同履行上的牵连性

合同履行中的抗辩权产生的条件之一须由同一双务合同中双方互负债务。抗辩权乃是由于双务合同履行上的牵连性,根据诚信原则所产生的制度。具体来说,首先,须由同一双务合同产生债务,即双方当事人之间的债务是根据一个合同产生的。其次,需双方当事人互负相互牵连的债务。所谓互负债务,是指双方根据同一双务合同互相承担债务。所谓牵连关系是指双方所负的债务相互依存,不是相互独立的。最后,双方所负的债务之间具有相应性。《民法典》第525条所说的相应性实际上是指双方的债务之间具有对待给付关系。由于合同债务包括主给付义务(主债务)、从给付义务、附随义务、不真正义务、后合同义务等,所谓具有对待给付关系的债务通常是指主给付义务。如果一方当事人完全不履行主给付义务,另一方可以行使抗辩权,中止履行自己的主给付义务。如果如果一方当事人部分不履行主给付义务,另一方可以行使抗辩权,中止履行自己的相应部分的主给付义务。对于从给付义务,通常与主给付义务并无对待给付关系,因而一方不得以对方未履行从给付义务为由而中止履行自己的主给付义务。当然,在具体判断双务合同履行上的牵连性时,应当根据合同约定并根据诚信原则进行解释,方能作出准确判断。

2. 合同履行中的抗辩权的适用范围

通说认为合同履行中的抗辩权仅适用于双务合同。讨论下列情形是否应当适用?(1)双务合同中一方已经履行了全部债务但是履行迟延或者瑕疵履行,或者仅部分履行债务,基于合同约定应当向对方支付违约金。如果该方未支付违约金,对方可否主张行使抗辩权?(2)对于无效合同,法院判决双方互相返还财产,但未判令谁先返还;强制执行中,对方可否行使同时履行抗辩权?(3)在物业服务合同纠纷中,业主可否以物业服务公司提供的物业服务不符合约定为由拒绝交纳物业服务费?

第五节 合同履行中的情势变更

一、情势变更的意义

所谓情势变更,是指在合同有效成立以后,因不可归责于当事人双方的原因,合同成立的基础或环境发生了当事人在订立合同时无法预见的、非不可抗力造成的、不属于商业风险的重大变化,继续履行合同对于一方当事人明显不公平或者不能实现合同目的,当事人有权请求变更或解除合同。

合同严守原则是合同法的基本原则。《民法典》第509条第1款规定:“当事人应当按照约定全面履行自己的义务。”因此,只有在相当例外的情形,始有情势变更规则的适用,从而应将情势变更规则定位为例外规定。此规则代表现代合同法的发展趋势,赋予法院缓和合同自由、合同严守原则与公平正义之间的冲突的权力。

情势变更的产生根据是诚实信用原则。在当事人之间的利益关系中,诚实信用原则要求当事人以诚实信用的方法行使权利和履行义务,当发生了一些特殊情况,导致当事人之间利益关系失衡时,应平衡当事人之间的利益关系。所以,在发生了情势变更导致当事人利益失衡时,如果符合一定的条件,应允许当事人变更或解除合同。情势变更旨在平衡当事人双方的利益或者说根据诚实信用原则调整当事人之间的利益关系。正是在这个意义上,可以认为情势变更是诚实信用原则在合同履行中的运用。

情势变更的意义,在于通过司法权力的介入,强行改变合同已经确定的条款或解除合同,在合同双方当事人意志之外,重新分配交易双方应当获得的利益和承担的风险,其追求的价值目标是公平与公正。但是,情势变更恰如一柄"双刃剑",如果从全局的、动态的角度观察,该原则对社会经济生活的消极作用也相当地明显。如果将之规定得较为宽松,在司法中较易于得到适用,则易于被一方当事人利用为其规避交易风险或者转嫁交易风险给对方当事人,从而减弱当事人在交易中避免风险的动力和承受风险的能力,增加交易的不安全感和合同关系的不稳定性,从而有害于商品市场的交易活动。此外,对于情势变更事由的概括的和宽松的规定,还有可能导致法官滥用合同的司法变更权力。因此,各国立法都倾向于严格情势变更适用条件。

我国原《合同法》历次立法草案中一直有情势变更规则的法条,但在最后审议时被删除掉了,立法者主要是担心确立情势变更规则会对我国当前及今后一段时期的社会经济生活的消极影响太大。但是,如果因此就断然否认情势变更规则,势必无法实现某些个案的公平与正义,尤其是在我国,由于国家公权力对经济生活的干预导致经济形势、经济政策的巨大变化,合同成立的基础发生了当事人在订立合同时无法预见的、非不可抗力造成的不属于商业风险的重大变化,如果仍然强制一方当事人继续履行合同,这对于一方当事人明显不公平或者不能实现合同目的,此时确有必要对合同关系予以调整。鉴于此,最高人民法院在《合同法司法解释(二)》第26条规定,合同成立以后客观情况发生了当事人在订立合同时无法预见的、非不可抗力造成的不属于商业风险的重大变化,继续履行合同对于一方当事人明显不公平或者不能实现合同目的,当事人请求人民法院变更或者解除合同的,人民法院应当根据公平原则,并结合案件的实际情况确定是否变更或者解除。《民法典》第533条吸收了该司法解释的规定,正式确立了情势变更规则:合同成立后,合同的基础条件发生了当事人在订立合同时无法预见的、不属于商业风险的重大变化,继续履行合同对于当事人一方明显不公平的,受不利影响的当事人可以与对方重新协商;在合理期限内协商不成的,当事人可以请求人民法院或者仲裁机构变更或者解除合同。

二、情势变更的适用条件

其一,发生了情势变更的客观事实。这是适用情势变更的前提条件。所谓"情势",系指作为合同法律行为基础或环境的一切客观事实。包括政治、经济、法律及商业上的种种客观状况。具体如:国家政策、行政措施、现行法律规定、物价、币值等等。所谓"变更",乃指这种情势在客观上发生异常变动。这种变更可以是经济的,如通货膨胀、币值贬值等;也可以非经济因素的变动,如战争、疫情等导致的封锁、禁运等。该事实是否构成情势变更,应以是否导致合同赖以成立的基础丧失,以及是否造成双方的权利义务关系严重失衡为判断标准。

其二,情势变更发生在合同成立生效以后,合同履行期限届满以前。如果情势变更发生在合同订立时,应认为当事人已认识到发生的事实,合同的成立是以已变更的事实为基础的,不发生合同成立后的情势变更问题。如果情势变更发生在合同履行期间,又在履行过程中归于消灭,一般也不得适用情势变更原则,因为履行合同的基础已恢复至原状。如果债务人迟延履行合同债务,在迟延期间发生了情势变更,则债务人不得主张适用情势变更原则,因为债务人如按合同规定履行不会发生情势变更。如果在履行完毕之后才发生情势变更,因合同关系已经消灭,不适用情势变更规则。

其三,情势变更非当事人在订立合同时所能预见。变更是否属于不可预见,应根据当时的客观实际情况及商业习惯等为判断标准。如果当事人在订约时能够预见,则表明当事人已经考虑到这一情势可能给合同带来的风险并自愿承担风险,因此不适用情势变更规则。如果当事人对情势变更事实上没有预见,但是根据诚实信用原则应当可以预见,当事人仍然不能主张情势变更。

其四,情势变更不可归责于双方当事人。即情势变更的发生,必须是因不可归责于双方当事人的事由引起的,才可能适用该规则。如果情事的变更是因可归责于当事人的事由造成的,则有主观过错的当事人应承担由此而产生的风险,其不得以情势变更为由来请求免除自己的责任。

其五,因情势变更而使原合同的履行显失公平。此显失公平,应依社会一般人的看法,已超出了通常情形下一方可负的义务,包括债务人履行艰难及其履行对债权人无利益。适用该规则时,必须把握好一个"度",即唯有在情势变更造成当事人的利益极不均衡,假如情势变更对当事人之间的利益影响轻微,则不能适用之。

其六,情势变更规则的适用应以当事人主张为前提,法院无权直接适用。

此外,鉴于拟适用情势变更原则的合同纠纷案件,案情一般较为复杂,在事实的认定和实体处理上都有一定难度,根据案件的具体情况,确需在个案中适用的,应由高级人民法院审核,必要时应报最高院审核。[5]

三、情势变更的效力

确立情势变更规则的目的,在于排除因客观情况的变化而发生的不公平的结果,使合同在公平的基础上得到履行或解除。其法律效力通常表现在以下两个方面:

一是重新协商,又称"再交涉义务",即一方当事人可以要求对方就合同的内容重新协商。这一义务是基于诚实信用原则而产生的一项附随义务,以期当事人能够自行磋商进而达成协议,避免公权力过多干预合同关系。

二是诉请人民法院或仲裁机构变更或解除合同。变更合同就是在原合同的基础上,仅就合同不公正之点予以变更,使其双方的权利义务趋于平衡,从而使原合同在公平基础上得以履行。如增减给付、延期或分期履行、拒绝先为履行、变更标的物等。如果采用变更的方式不足以消除显失公平的后果,或者一方当事人认为合同的变更有悖于订约目的或者无法实现合同目的时,只有通过解除合同的方式来消除显失公平的后果。至于到底采取变更或是解除,各国立法和判例一般基于这样的考虑:从合同严守的立场出发,法律首先倾向于最大限度地维持既有的法律关系。对于不公平的后果首先应着眼于在维持原有法律关系的基础上调整当事人双方的权利义务,使之趋于平衡。只有在通过变更合同仍不足以排除不公平的后果时,才采取终止或消灭原合同关系的措施。

---

〔5〕 最高人民法院《关于正确适用〈中华人民共和国合同法〉若干问题的解释(二)服务党和国家的工作大局的通知》(法〔2009〕165号)。

问题与思考

情势变更与不可抗力都是当事人在订立合同时不能预见的客观情况,都可能造成合同履行不能和导致合同的变更或解除。二者的主要区别在于:(1)客观表现不同。情势变更主要表现为影响合同履行的社会经济形势的剧变事件,如货币严重贬值、金融危机和国家政策的转变等事由。由于情势变更的情况较为复杂,须经诉讼由法院裁量认定;不可抗力表现为人力不可抗拒的自然力,如地震、台风、洪水、海啸、旱灾等(自然灾害);也包括社会异常事件,如战争、罢工、瘟疫等。对于不可抗力,不一定需要通过诉讼予以确认。(2)造成的影响不同。发生情势变更,在一般情况下,合同仍然能履行,只是履行合同会造成明显的不公平后果或者合同目的无法实现;而发生不可抗力事件,既可能造成合同履行困难或履行迟延,也可能造成合同的全部义务都无法履行。(3)法律后果不同。在发生情势变更的情况下,并不当然免除该当事人对对方当事人的赔偿或补偿责任。情势变更规则只是赋予了当事人依法请求变更或解除合同关系并免责的权利,而最终是否变更或解除合同并免责,取决于人民法院或仲裁机构的裁判。不可抗力导致合同不能履行,一方当事人当然免于承担责任。因不可抗力事件导致合同不能履行并致使合同目的不能实现时,当事人有权通知对方当事人解除合同,合同自通知到达对方时解除,并可免予承担履行义务和违约责任。

但是,情势变更与不可抗力的界限绝非泾渭分明,因为二者在客观事由及不可预见性上具有相似性。例如,在合同履行期间暴发新冠疫情,显然属于不能预见、不能避免且不能克服的客观情况。同时,又可能构成"合同的基础条件发生了当事人在订立合同时无法预见的、不属于商业风险的重大变化,继续履行合同对于当事人一方明显不公平"的客观情势。二者可能发生交叉与重合。《合同法司法解释(二)》第26条明确将不可抗力排除在情势变更原则的适用范围外,即因不可抗力引起的情势变化,如果致使合同目的不能实现,应适用原《合同法》第94条第1款之规定解除合同,同时根据原《合同法》第117条免除因不可抗力而违约一方的责任。根据《民法典》第533条的规定,情势变更的认定变得更为宽泛,对"影响合同成立基础条件"发生变更即可认定为情势变更,同时删除了"非不可抗力造成的"及"不能实现合同目的"的表达,这是出于不再将不可抗力排除在情势变更事由之外的体系上的考虑,与不可抗力导致合同目的不能实现,当事人可以解除合同的情况进行了明确的区分。这样反而给二者一定程度的缓冲,避免了适用上的冲突和矛盾,使得二者不再是彻底对立的概念,而是赋予更多重合适用的可能。

拓展阅读推荐

1. 王利明主编:《中国民法典释评(合同编·通则)》,中国人民大学出版社2020年版。
2. 朱广新、谢鸿飞:《民法典评注:合同编　通则》(第1册),中国法制出版社2020年版。
3. 最高人民法院民法典贯彻实施工作领导小组:《中华人民共和国民法典合同编理解与适用(一)》,人民法院出版社2020年版。
4. 王泽鉴:《债法原理》(第二版),北京大学出版社2013年版。
5. 韩世远:《合同法总论》(第四版),法律出版社2018年版。
6. 张玉卿主编:《国际统一私法协会国际商事合同通则》(2010英汉对照),中国商务出版社2012年版。

第二十一章　债务不履行及其救济

学习要点

- 债务不履行
- 实际违约
- 预期违约
- 合同解除
- 违约责任的归责原则
- 免责事由
- 继续履行
- 损害赔偿
- 违约金
- 定金
- 其他补救措施

第一节　债务不履行概述

一、债务不履行的意义

所谓债务不履行,是指债权未能正常实现,即债务人未能按债务本旨履行。近代民法并未使用统一的“债务不履行”这一概念,而是按照债务不履行的具体形态分别规定不同的法律救济。如1900年《德国民法典》就只有给付不能与给付迟延两种形态。现代合同法学说认为,具体类型化的方式无法涵盖所有的债务不履行情形,因而倾向于采用统一的债务不履行概念。但就其概念构成而言,又有两种不同的立法例和学说。一种学说认为,是否为债务不履行,不能单纯以给付不能、给付迟延或不完全给付等履行障碍事实为断,尚须债务人存在归责事由,始属债务不履行。[1] 此可称为“不被免责的不履行”。大陆法系的德国、比利时、荷兰、法国和卢森堡等国民法采此说。另一种学说则将不履行作为一个整体概念,包括任何未履行合同义务的情况(完全不履行、迟延履行、瑕疵履行等)。因此,它包括免责的不履行和不被免责的不履行。例如,在普通法系中,合同责任是严格责任,绝大多数不履行的情况均为不被免责的不履行。只有在少数情况下,不履行才是被免责的,受害方的救济将受到限制。我国民法对于债务不履行主要规定在《民法典》合同编第八章“违约责任”(第577条至第594条)中,第577条规定:“当事人一方不履

〔1〕 邱聪智:《新订民法债编通则》(下),中国人民大学出版社2004年版,第271页。

行合同义务或者履行合同义务不符合约定的,应当承担继续履行、采取补救措施或者赔偿损失等违约责任。”基本上采用了后一种学说,统合各种不履行债务的行为,统一规定债务不履行的违约责任及其法律救济。

债权在正常实现的情况下,只需债权的请求力、给付保持力已足。但在债权未正常实现,即债务不履行的情况下,就需要保障债权实现的法律救济。对于债务不履行的法律救济手段,主要有强制履行和损害赔偿。因此,作为债权的效力,强制履行请求权与损害赔偿请求权极其重要。而这两项债权的效力,又以债务不履行为发动原因,因而必须了解债务不履行的形态及其要件。

二、债务不履行的类型

债务不履行,在我国民法被称为“违约行为”,是指合同当事人违反合同义务的行为。当事人一方不履行合同义务或者履行合同义务不符合约定的,即构成违约行为。

由于违约行为是对合同义务的违反,而合同义务的性质不同,将导致对这些义务的违反形态亦不相同,从而形成不同的违约形态。违约形态分类的主要意义在于:一方面,有助于当事人在对方违约情况下,寻求良好的补救方式以维护自己的利益。另一方面,违约形态的确定也有利于法官根据不同的违约形态确定违约方应负的责任,并准确认定合同是否可以被解除。〔2〕依据我国《民法典》合同编的规定,对违约行为可以作出如下分类:

其一,单方违约和双方违约。所谓单方违约,是指违约是由一方当事人的行为造成的。在单方违约的情况下,应由违约方承担违约责任。所谓双方违约,是指双方当事人的行为都构成违约。如债务人交付有瑕疵,而债权人接受也构成迟延。《民法典》第 592 条第 1 款规定:“当事人都违反合同的,应当各自承担相应的责任。”

其二,根本违约和非根本违约。根本违约是指一方的违约致使另一方订约目的不能实现或违约行为后果严重,从根本上摧毁了守约方对合同履行的合理期待。又称为“重大违约”“实质性违约”。非根本违约是指一方的违约并没有导致另一方订约目的不能实现或者使其遭受重大损害。这一分类的意义主要表现在:一方根本违约时,对方享有单方解除权;而在非根本违约的情况下,非违约方可以要求对方承担违约责任,但不能解除合同。

其三,预期违约和实际违约。预期违约是指在履行期到来之前的违约,包括明示预期违约和默示预期违约。实际违约是指在履行期到来以后因为一方不履行或不适当履行合同义务而构成违约。尽管预期违约和实际违约都会产生违约责任,但两者在构成要件以及救济措施方面是不完全相同的。

第二节　实际违约

在履行期限到来以后,当事人未依合同的本旨履行合同义务,都构成实际违约。《民法典》第 577 条规定:“当事人一方不履行合同义务或者履行合同义务不符合约定的,应当承担继续履行、采取补救措施或者赔偿损失等违约责任。”理论通说认为,该条为实际违约的一般性规范。实际违约可分为履行不能、履行迟延、不完全履行、债权人迟延四种类型。

---

〔2〕 王利明、崔建远:《合同法新论·总则》(修订版),中国政法大学出版社 2000 年版,第 584 页。

一、履行不能

(一)履行不能的意义

法律上所谓的不能履行债务,并非指物理上的不能(绝对不能),而指按照社会生活经验或交易上通行的观念,债务人已不能期望有实现履行的可能性(相对不能)。因此,即使在物理学上看来为可能的事,比如搜寻掉入大海的手表之类的事,在社会观念看来则为不可能。为了履行债务要付出与债务内容远远不相称的劳动力、费用,法律上就认为不能。相对地,如给付他人所有之物,将来产生之物或给付权利,合同订立时马上履行虽不可能,但至履行期限届满时债务人有获得这些物或权利的可能性,在法律上并不认为不能。另外,对于一般人来说是可能的,但对于债务人来说,比如缺少最普通的技术而不能期待履行实现时,履行就是不能的。而不问不能的原因是债务人本身的事由还是其他的事由(主观的不能和客观的不能)。对于债务人已不能期待实现履行,不仅要从债务人的角度加以考察,同时也应从债权人的角度加以考察。因此,专属的作为给付、不允许强制现实履行的债务,在债务人于履行期间内任意不履行时,原则上就可认为是给付不能。

(二)履行不能的后果

1. 替补赔偿

当给付完全不能时,以原来的给付为标的之请求权消灭,而成立取代它的替补赔偿请求权。这可以认为是债务的内容变更,而债务仍然保持同一性。当给付部分不能时,债权人可请求给付残存的部分,与不能部分的替补赔偿合并。但如残余部分履行对债权人已无利益时,或提供残余给付违反诚信原则时,债权人可以拒绝残余部分的给付,请求取代全部履行的替补赔偿。由于应归责于债务人的事由致使一时不能,使债务的履行迟延时,就产生给付迟延问题。当事人一方因不可抗力不能履行合同的,根据不可抗力的影响,部分或者全部免除责任(《民法典》第 590 条第 1 款)。

2. 合同解除权

因合同而发生的债务,由于债务人给付全部不能或部分不能,致使不能实现合同目的,债权人可解除合同。解除权的行使并不妨碍损害赔偿请求权。

3. 代偿请求权

因同一原因致给付不能,使债务人取得履行标的物代偿之利益时,例如债务标的物被第三人毁损灭失,致履行给付不能,同时债务人获得损害赔偿请求权、保险金请求权的情况下,如果没有归责于债务人的事由,债务人可否免除债务并保持其代偿的利益?或如有应归责于债务人的事由,是否应满足债权人对于债务人的损害赔偿请求?我国民法没有特别规定,而德国民法明文规定所谓代偿请求权(《德国民法典》第 281 条)。这一问题应基于公平之观念,按不当得利及侵权行为一般法律原理,借鉴德国民法,一般承认代偿请求权的成立。

二、履行迟延

(一)履行迟延的构成

履行迟延,又称"债务人迟延""给付迟延",是指尽管有可能在履行期内履行债务,但债务人未能履行。如果给付已无可能,即属履行不能,与迟延无关。如债务未到履行期,也不发生履行迟延问题。债务在履行期内履行为债权的本意,因此履行迟延构成对于债权的侵害。履行迟延的构成要件有三：

一是债务履行期限已经届满。必须履行期限届满才产生履行迟延，包括：(1)确定期限的债务，债务人自期限届至时起负迟延责任。(2)附有不确定期限的债，债务人自知悉期限届至时起，负迟延责任。(3)未定期限的债务，债务人自受履行请求时起，负迟延责任。

二是债务有可能履行。如果在履行期间即有债务不可能履行的情形，即属于上述履行不能的问题。在履行期限届至以后的履行迟延中，发生履行不能的情况下，究竟是履行迟延，还是履行不能？对此有不同见解。根据原《合同法》规定，履行迟延发生后的履行不能，即使是由于不可抗力所致，债务人仍然不能免除责任，并且因履行不能可直接请求赔偿损害或解除合同。所以无论如何解释，实际效果并没有什么不同。

三是违法性。履行迟延责任以违法性为构成要件。例如，债务人具有延期履行的抗辩权、留置权、同时履行抗辩权等法律上认为正当的事由，则不构成履行迟延。

(二)履行迟延的后果

1. 强制履行

履行迟延之情况下，只要继续履行仍有可能，即产生履行迟延效力之一——债权强制力(诉求力、执行力)。在履行迟延后，如果仅依损害赔偿、解除合同仍不能满足债权时，允许一次性的强制履行。而在为债权设定特别担保时，履行迟延的后果多为发动担保权。特别约定有违约金时，也产生给付违约金的效力。

2. 迟延赔偿

履行迟延的效力之二，为债权人可能提出因迟延而产生的损害赔偿，即迟延赔偿请求，金钱债务之迟延利息即其典型。在履行迟延情况下，如仍可能履行，则债权并未消灭，所以债权人在请求迟延赔偿的同时，亦能请求履行原来的给付。

基于履行迟延的效果，债权人能否不解除原合同，而拒绝受领债务人的迟延履行，直接请求取代全部履行之损害赔偿(替补赔偿)？我们认为，履行迟延并不导致债务的消灭，无论是迟延前还是迟延后，债权人如无正当理由不得拒绝债务人提供的履行。所以允许直接请求替补赔偿作为履行迟延的效力，是不恰当的。一般债务迟延情况下，不解除合同即不能请求替补赔偿。

3. 合同解除权

因合同而发生的债务，在债务人履行迟延时就产生契约解除权。根据《民法典》第563条第1款规定，当事人一方迟延履行主要债务，经催告后在合理期限内仍未履行；当事人一方迟延履行债务或者有其他违约行为致使不能实现合同目的的，当事人可以解除合同。同时，行使解除权并不妨碍损害赔偿之请求。

三、不完全履行

不完全履行，是指债务人在履行期限内虽有履行行为，但其履行不符合合同的约定或者法律的规定。不完全履行主要有两种情形。

(一)部分不履行

债务人虽然履行了债务，但没有完全按照债中规定的内容履行，就是债的部分不履行。债的部分不履行又可分为不适当履行和不完全履行两种。不适当履行，传统民法称为“履行瑕疵”，是专指履行有缺陷，不符合法律的规定或者当事人的约定。例如，买卖合同中交付的标的物不符合要求。不完全履行,一般是指没有按照合同规定全面履行债务。例如,买卖合同中履行标的数量不足,出卖人少交货或者买受人少付货款等即是。

部分不履行发生如下法律后果:债务部分不履行,债务人应承担包括支付违约金等相应的责任。其中,属于不适当履行者,债权人可请求债务人采取修理、重作、更换、降价等方法加以补救,因此而造成履行迟延的,则按履行迟延规则处理;如果债权人已不需要继续履行,或者虽仍继续履行,但债务人经采取补救措施仍无法适当履行,致使合同目的无法实现时,债权人有解除合同的权利,由此而造成的损失,债权人有请求赔偿的权利;如果债权人仍需继续履行且债务人有履行能力的,则可继续履行,继续履行部分属履行迟延的,按履行迟延规则处理。

(二)加害履行

加害履行又称为"加害给付",是指债务人的履行有瑕疵且因其瑕疵而致债权人受履行利益以外的人身或者财产利益损害的情形。例如,生猪买卖合同中,所交付的生猪患有猪瘟传染给其他的猪。

加害履行必须具备以下构成要件:(1)须债务人有履行行为。(2)须债务人的履行不合法律的规定或者合同的约定,即有瑕疵。(3)须因债务人的瑕疵履行而使债权人遭受履行利益以外的人身或财产利益损失。(4)须债务人有过错。如果债务人能够证明自己没有过错,也不能构成加害履行。

根据《民法典》第186条的规定,加害履行发生以下法律后果,债权人有权选择请求债务人承担债务不履行的违约责任或者侵权责任。

四、债权人迟延

债权人迟延,又称为"受领迟延",指在债务履行之受领需要债权人合作的情况下,虽然债务人按照债务本旨提供履行,但是债权人不合作,使履行处于迟延的状态。

尽管债务人按债务的本旨提供履行,可是由于债权人不合作,债务履行未能完成,因此而要使债务人仍受债务约束、承担由履行迟延产生的责任以及损失,显然是不公平的。按照诚信原则,债权人负有该原则所要求程度之内的协作义务,债权人迟延是债权人未能履行协作义务(附随义务)的不履行责任。因此,债权人迟延是基于诚信原则产生的法定迟延责任。

债权人受领迟延的构成条件有三:(1)对于履行债务的受领,必须要有债权人的合作。无须债权人合作受领债务的履行,不可能产生债权人迟延。(2)债务人已按债务本旨提供履行。如果债务人不提供履行或没有按债务的本旨提供履行时,不发生债权人迟延。(3)债权人拒绝受领或不能受领债务人的履行。债权人拒绝受领或不能受领,并不问其理由如何。但如果因给付不能而导致受领不能,则不应作为受领不能。

受领迟延发生如下法律后果:(1)免除债务人的不履行责任。因此,在受领迟延期间,债权人不能实施质权、抵押权,亦不能请求违约金、迟延利息及其他由不履行产生的损害赔偿,并且不允许因不履行而解除合同。(2)提存权。债权人受领迟延时债务人可将标的物提存,自将标的物提存于提存机构时起债务消灭。(3)双务合同中的风险转移,即由债权人承担标的物意外毁损灭失的风险。(4)停止约定利息,免除收取孳息义务,请求赔偿增加的费用等。

第三节　预期违约

一、预期违约的概念

预期违约(anticipatory breach of contract),又称为“期前毁约”“先期违约”,是指在合同有效成立后履行期限届满之前,一方无正当理由而明确表示其在履行期到来后将拒绝履行合同,或者其行为表明在履行期到来以后将不可能履行合同。预期违约是英美合同法通过判例发展起来的特有制度,随后被现代合同法及国际合同公约普遍接受。我国民法自原《合同法》引入预期违约制度,《民法典》第578条规定:“当事人一方明确表示或者以自己的行为表明不履行合同义务的,对方可以在履行期限届满前请求其承担违约责任。”由此可见,《民法典》规定的预期违约包括两种形态,即明示预期违约和默示预期违约。

二、明示预期违约

明示预期违约,是指一方当事人无正当理由,以明示的方式向对方表示其将在履行期限到来时不履行合同。在合同履行期限届满之前,债务人明确拒绝履行,已经从根本上摧毁了债权人对于合同履行的合理期待,通说认为与实际违约具有相同的性质,可以适用实际违约的规则给予非违约方法律救济。

构成明示预期违约必须具备如下条件:(1)必须发生在合同有效成立后、合同履行期到来前这段时间内。如果债务人在履行期间届满后表示拒绝履行合同,则属于实际违约。(2)必须是一方明确肯定地向对方作出拒绝履行的表示。换言之,一方表示的毁约意图是十分明确的、确定的、不附有任何条件的。(3)当事人表示的必须是不履行合同的主要义务。正是由于一方表示其在履行期到来之后,将不履行合同的主要义务,从而会使另一方订约目的不能实现,或严重损害其期待利益。如果被拒绝履行的仅是合同的部分内容或次要义务,并且不妨碍债权人所追求的根本目的,这种拒绝履行并没有使债权期待成为不能,就不构成预期违约。[3] (4)拒绝履行合同义务无正当理由。在具有正当理由的情况下,一方拒绝履行义务是合法的,不构成明示预期违约。

对于明示违约的法律救济,债权人有两种选择:(1)依据《民法典》第563条第1款第2项的规定解除合同并可依据第566条第2款的规定要求对方承担违约责任,而不必坐等履行期的到来。(2)可以不理会对方的明示违约而继续保持合同效力,等待明示预期违约方撤回毁约表示,以便从合同实际履行中获得预期的履行利益。如果合同履行期届满后仍拒绝履行,再按照实际违约寻求法律救济。但是,在任何一种情况下,债权人都可根据债务人的预期违约中止其履行。

三、默示预期违约

默示预期违约,是指在履行期到来之前,一方以自己的行为表明其将在履行期限到来时不履行主要债务。默示预期违约与明示预期违约的不同之处在于:明示预期违约一方明确表示其将

---

〔3〕 韩世远、崔建远:《先期违约与中国合同法》,载《法学研究》1993年第3期。

不履行合同义务;而在默示预期违约的情况下,债务人并未明确表示其将不履行合同,只是根据债务人在准备履约或履约过程中的行为、经济状况、商业信用等,合理地预见到其将不履行或不能履行合同,因而默示预期违约又被称为"推定的预期违约"。

《民法典》第578条前半段规定的当事人一方"以自己的行为表明不履行合同义务的",即为默示预期违约,但对其构成要件和法律后果却未明确规定。在构成要件上,默示预期违约与明示预期违约的不同在于:预期违约一方并没有将到期不履行合同义务的意思明确地表示出来,而是以其行为使另一方合理预见到其将不履行义务。这种预见毕竟属于主观上的推断,故在默示预期违约制度中,要求该预见必须具有合理性。在判断一方的预见是否合理方面,《美国统一商法典》第2-609条的规定是"有合理理由认为对方不能正常履行"。根据判例法,这种"合理的理由"主要有以下三种:第一,债务人的经济状况不佳,没有能力履约;第二,商业信用不佳,令人担忧;第三,债务人在准备履约或履约过程中的行为或实际状况表明债务人有违约的危险。《联合国国际货物买卖合同公约》第71条规定的标准是:(a)他履行义务的能力或他的信用有严重缺陷;或(b)他在准备履行合同和履行合同中的行为,即构成一方当事人显然将不履行其大部分的义务。公约规定的判断标准比《美国统一商法典》规定得更加具体和客观。我国《民法典》对于合同履行期限届满之前债务不履行的风险风范及其法律救济,不但规定了预期违约,而且规定了不安抗辩权,二者发生的事由具有相似性。因此,对于默示预期违约中"以自己的行为表明不履行合同义务的"的构成和判断,可以参照《民法典》第527条第1款的规定作出类推解释,即一方当事人在其债务履行期限届满之前,如果对方有证据证明其具有以下情形,即构成默示预期违约。这几种情形包括:(1)经营状况严重恶化;(2)转移财产、抽逃资金,以逃避债务;(3)丧失商业信誉;(4)有丧失或者可能丧失履行债务能力的其他情形。

由于默示预期违约系债权人以债务人的行为、履行义务的能力或信用有严重缺陷等情形推断债务人将不履行合同义务,并非债务人明示拒绝履行,亦非确定地不履行合同义务,因而其法律后果应当与明示预期违约有所区别。尽管《民法典》第563条第1款第2项规定"在履行期限届满前,当事人一方明确表示或者以自己的行为表明不履行主要债务",当事人可以解除合同。但是,与具有类似默示预期违约性质的不安抗辩权相比较,《民法典》第528条采取循序渐进式的救济路径,规定在先履行一方通知中止履行,在合理期限内,对方未恢复履行能力且未提供担保的,先履行一方才能行使合同解除权。两相比较,《民法典》第528条对于合同解除的规定更为合理,既体现了对非违约方的救济,又平衡了双方当事人的利益,尤其通过给予预期违约方提供适当担保的机会,恢复合同的履行。因此,我们认为,《民法典》未明确规定默示预期违约的法律后果,在法律解释上应当运用目的解释、体系解释的方法,类推适用《民法典》第528条的规定。据此,在默示预期违约的情况下,非违约方可以循序渐进地采取如下救济措施:(1)应当及时通知对方中止其自身的履行。(2)要求对方提供履约担保或者恢复履行能力。如果对方在合理期限内未恢复履行能力且未提供担保,则可以不必等待履行期限的到来而直接要求解除合同并要求其承担违约责任。(3)在履行期限到来以后要求毁约方继续履行或承担违约责任。也就是说,非违约方可以不考虑对方的默示违约而等到履行期限到来后再要求对方承担违约责任。

第四节　合 同 解 除

一、合同解除概述

合同解除是指在合同有效成立之后，因当事人一方的意思表示或者双方的协议，使基于合同发生的债权债务关系归于消灭的行为。

基于契约必须严守的理念与原则，合同作为意思自治的产物，订立后自当具有法律约束力，当事人双方均须严格按照合同约定履行各自的义务，以实现对方的权利，进而实现双方的合同目的，故不得轻言废弃、改变或解除。但是，在合同履行过程中，由于各种主观原因或者客观因素导致合同履行不能、合同目的无法实现或者继续履行合同对于债权人已无实际意义，继续遵循契约必须严守的原则很可能既违背了意思自治与合同自由之理念，又违背合同公平与正义。因此，各国民法均规定有合同解除制度，在符合法律规定的解除条件下宣告合同的死亡，消灭合同权利义务关系。然而，合同解除毕竟是契约必须严守原则的例外，各国民法规定的合同解除规则基本上秉承如下基本的理念与宗旨：其一，解除权原则上只能是对守约方的救济，只有守约方才能享有合同解除权。其二，法律规定的合同解除条件或原因必须严格，不能动辄使合同面临被解除的危险，进而危及交易安全与市场信心。其三，解除权的行使必须按照严格的方式进行，以防解除权的滥用。其四，合同解除的后果必须由法律作出统一而严格的规定，同时给予法官适当的自由裁量空间。[4]

我国《民法典》颁布之前，涉及合同解除制度的法律规范大致有四类：(1)原《合同法》总则关于合同解除的一般规则。此乃最主要和最重要的合同解除制度，包括原《合同法》第93条、第94条、第95条、第96条、第97条五个条文，其中尤以第94条关于合同法定解除的条件之规定、第96条关于解除权行使规则之规定、第97条关于合同解除后果之规定最为重要。(2)原《合同法》分则中有关各个典型合同，包括买卖合同、租赁合同、承揽合同、技术开发与技术转让合同、委托合同、保管合同、仓储合同、运输合同等主要类型，均有或多或少的有关合同解除的具体规则。[5] (3)最高人民法院有关合同法的司法解释，具体包括：①《合同法司法解释(二)》第24条关于解除权异议期间及其效力的规定；[6] ②2003年《商品房买卖合同解释》第15条关于解除权行使期

---

〔4〕 参见刘凯湘：《民法典合同解除制度评析与完善建议》，载《清华法学》2020年第3期。

〔5〕 例如原《合同法》第164条规定："因标的物的主物不符合约定而解除合同的，解除合同的效力及于从物。因标的物的从物不符合约定被解除的，解除的效力不及于主物。"第167条规定："分期付款的买受人未支付到期价款的金额达到全部价款的五分之一的，出卖人可以要求买受人支付全部价款或者解除合同。出卖人解除合同的，可以向买受人要求支付该标的物的使用费。"第231条规定："因不可归责于承租人的事由，致使租赁物部分或者全部毁损、灭失的，承租人可以要求减少租金或者不支付租金；因租赁物部分或者全部毁损、灭失，致使不能实现合同目的的，承租人可以解除合同。"第410条规定："委托人或者受托人可以随时解除委托合同。因解除合同给对方造成损失的，除不可归责于该当事人的事由以外，应当赔偿损失。"

〔6〕 《合同法司法解释(二)》第24条规定："当事人对合同法第九十六条、第九十九条规定的合同解除或者债务抵销虽有异议，但在约定的异议期限届满后才提出异议并向人民法院起诉的，人民法院不予支持；当事人没有约定异议期间，在解除合同或者债务抵销通知到达之日起三个月以后才向人民法院起诉的，人民法院不予支持。"

间的规定;[7]③2012 年《买卖合同解释》第 25 条关于从给付义务违反与合同解除关系的规定。[8] (4)其他民商事法律法规中涉及合同解除的规则,包括《海商法》《保险法》《消费者权益保护法》等法律法规。[9] 上述有关合同解除制度的法律规范确立了我国合同解除制度的基本框架,且二十余年的实践也证明这些制度基本上是可行的,满足了大多数情况下处理合同解除纠纷的规则供给需求。但是,理论界与实务界的共识是,这些有关合同解除的法律规则中,仍然存在不少值得斟酌之处,且漏洞与弊端不在少数。《民法典》在承继原《合同法》规定的合同解除规则的基础上,吸收了司法解释中的合理规定,采纳了学者提出的一些合理立法建议,构建出合同解除的法律规范体系。

二、合同解除的分类

合同解除按照不同的分类标准可以划分为以下丰富的类型:合意解除与单方解除;约定解除与法定解除;法定解除与任意解除;全部解除与部分解除;向后解除与向前解除;违约解除与非违约解除;目的不能解除与履行不能解除;一般解除与特别解除;守约方解除与违约方解除等。其中,最为基本的分类是以解除权的产生根据及其行使主体为依据,将合同解除分为单方解除和双方解除两种基本类型。

1. 双方解除

双方解除,又称“协议解除”“合意解除”,是根据双方当事人的意思表示一致而解除。《民法典》第 562 条第 1 款规定:“当事人协商一致,可以解除合同。”协议解除是当事人根据意思自治原则,在合同成立后基于各种事由而终止交易的双方法律行为。协议解除的方式应当依合同订立的方式为之。

2. 单方解除

单方解除是根据当事人一方的意思表示而解除合同。单方解除是典型意义上的合同解除,它是以消灭已生效的合同的效力意思为要素,依享有解除权的一方的意思表示而成立的单方法律行为。一方当事人的意思表示即可消灭合同的效力,是因为该方当事人基于合同约定或者依据法律规定享有解除权。所谓合同解除权,是指在合同生效后、履行完毕之前,当满足特定的条件时,当事人所享有的解除合同、使合同效力归于消灭的权利。解除权系典型的形成权。它的发生,一是依当事人的约定而生;二是依法律的规定而生。前者被称为“约定解除权”,后者被称为“法定解除权”。解除权的行使,应当向他方以意思表示为之。解除的意思表示,为不要式行为,以口头形式或书面形式通知对方当事人均可。解除合同,可以在诉讼外或诉讼中为之。如果合同就解除权行使方法约定用特殊方式的,应依其约定。

---

〔7〕 2003 年《商品房买卖合同解释》第 15 条第 2 款规定:“法律没有规定或者当事人没有约定,经对方当事人催告后,解除权行使的合理期限为三个月。对方当事人没有催告的,解除权应当在解除权发生之日起一年内行使;逾期不行使的,解除权消灭。”

〔8〕 2012 年《买卖合同解释》第 25 条规定:“出卖人没有履行或者不当履行从给付义务,致使买受人不能实现合同目的,买受人主张解除合同的,人民法院应当根据合同法第九十四条第(四)项的规定,予以支持。”

〔9〕 例如《消费者权益保护法》第 24 条第 1 款规定:“经营者提供的商品或者服务不符合质量要求的,消费者可以依照国家规定、当事人约定退货,或者要求经营者履行更换、修理等义务。没有国家规定和当事人约定的,消费者可以自收到商品之日起七日内退货;七日后符合法定解除合同条件的,消费者可以及时退货,不符合法定解除合同条件的,可以要求经营者履行更换、修理等义务。”

其一,约定解除权。由当事人双方以合同的形式约定而产生。《民法典》第 562 条第 2 款规定:“当事人可以约定一方解除合同的事由。解除合同的事由发生时,解除权人可以解除合同。”双方当事人可以在合同中或者合同订立的同时或者在其后另订合同,约定一方解除合同的事由。单务合同和双务合同都可以约定解除权。约定解除权通常附有解除权的发生事由、行使条件或期限,以及行使解除权的法律后果等。附停止条件或始期的,通常应解释为依条件的成就或始期的届至,其解除权发生。当事人约定解除权行使期限的,期限届满当事人不行使的,该权利即归于消灭。如果当事人没有约定解除权行使期限,经对方催告后在合理期限内不行使的,该权利亦归于消灭。

其二,法定解除权。其特点在于:由法律直接规定解除的条件,当此种条件具备时,当事人可以解除合同。换言之,法律规定了在何种情况下当事人享有法定解除权,通过行使解除权,可以导致合同的解除。合同解除关系到合同制度的严肃性,一旦合同解除,则基于合同所发生的债权债务关系归于消灭。因此,法律对解除合同必须持谨慎态度,对法定解除权的行使应作严格限制。《民法典》第 563 条即为最为基本的法定解除权产生条件的规定。

三、法定解除的发生事由

我国《民法典》第 563 条第 1 款前四项列举了四种典型的法定解除事由,而后是第 5 项“法律规定的其他情形”,指引其他法定解除情形,由近及远分别为合同编通则、典型合同、民法典其他各编,以及各种特别法规定的法定解除事由。归纳起来,我国民法规定的合同解除事由可以划分为以下三类。

1. 因不可抗力不能实现合同目的

《民法典》第 563 条第 1 款规定的合同法定解除条件的第 1 项为“因不可抗力致使不能实现合同目的”。依文义解释,满足该项条件需要两个因素:(1)发生了不可抗力;(2)因不可抗力导致不能实现合同目的。合同订立后在履行过程中发生了不可抗力,其对合同效力与合同履行会产生怎样的影响,取决于不可抗力本身的程度、影响的范围、合同履行所依赖的条件等各种因素,并非所有的不可抗力均会导致合同的完全不能履行。如果确实导致了合同完全不能履行,则肯定无法实现合同目的,但若只是导致部分不能履行或者迟延履行,则并不属于狭义上的履行不能,此时并不一定产生合同解除权。例如,在履行过程中发生了不可抗力,仅导致债务人履行迟延,不可抗力事由消除后,债务人可以继续履行,并不影响债权人合同目的的实现,债权人不得以不可抗力为由解除合同。因此,《民法典》将不能实现合同目的作为发生不可抗力时赋予当事人解除合同的因素或条件之一,是合理的。

2. 根本违约

一般而言,除不可归责于当事人的客观情形外,合同解除主要是由于一方当事人的违约行为所致,而且是严重的违约行为。换言之,轻微的违约行为不能产生解除权,否则合同严守与鼓励交易的立法目的便难以实现。因此,学理通说认为,必须达到根本违约才能导致合同解除,即“在违约的情形下,法定解除的基本条件是根本违约”。[10]《民法典》第 563 条第 1 款第 2 项、第 3 项、第 4 项规定的因违约行为而解除合同的,应当统领在“根本违约”这一原则基础上,考察违约的程度、对对方的损害以及合同目的的实现等几个关键因素予以解释。

---

〔10〕　王利明:《合同编解除制度的完善》,载《法学杂志》2018 年第 3 期。

其一，根本预期违约。《民法典》第 563 条第 1 款规定的合同法定解除条件的第 2 项即为预期违约："在履行期限届满前，当事人一方明确表示或者以自己的行为表明不履行主要债务。"对此应如何解释，参见前述第三节"预期违约"的内容，兹不赘述。

其二，根本实际违约。《民法典》第 563 条第 1 款第 3 项、第 4 项系因实际违约而解除合同的规定，分为三种情形：(1)当事人一方迟延履行主要债务，经催告后在合理期限内仍未履行。如果当事人一方在履行期限到来后迟延履行主债务，另一方当事人就可主张解除合同，必然会导致合同解除的任意性，造成不必要的财产损失和交易成本的增加。因此，履行期限对合同目的之实现不具有根本影响，债务人在履行期限届满后履行，通常仅会令债权人遭受有限损失，不至于使其合同目的落空。在这种情况下，即使债务人迟延履行合同主要债务，也不允许债权人立即解除合同，其应向债务人发出履行债务的催告。催告的主要目的在于，尽快确定宽限期，明确解除权行使的条件。债务人在宽限期届满时仍未履行的，债权人便有权解除合同。(2)当事人一方迟延履行债务致使不能实现合同目的。如果债权人的利益与履行的时效性密切关联，履行期限对合同目的之实现至关重要，债务人如不在约定的期日或者期限作出履行，债权人的合同目的将难以实现。"不能实现合同目的"的判断标准是违约结果的客观严重性，即是否实际剥夺了债权人的履行利益，使得当事人订立合同所追求的履行利益不能实现。例如，销售商向生产商订购重要节日（如春节、圣诞节）所需商品，但生产商却未能按期供货，势必会造成销售商所期待的合同利益落空。对于此种情形，只要债务人陷入迟延，即可认为构成根本违约，非违约方不必再发出催告，可立即解除合同。(3)当事人一方有其他违约行为致使不能实现合同目的。其他违约行为是指除前述的预期违约、迟延履行之外，各种违反法定或约定的义务致使合同目的不能实现的情形，如拒绝履行、瑕疵履行、部分履行和加害履行，以及不履行合同从给付义务、附随义务等违约行为。当事人如有其他违约行为致使不能实现合同目的的，其他根本违约行为构成一项概括性的合同解除权产生事由。关于如何理解"其他违约行为致使不能实现合同目的"的问题，可以结合前述关于"不能实现合同目的"的阐释加以理解，即债务人的其他违约行为实际剥夺了债权人的履行利益，使得当事人订立合同所追求的履行利益不能实现。只要满足能够认定违约方的行为构成根本违约之条件，严重影响债权人订立合同所期望的履行利益，均可导致合同的解除。例如，出卖人不履行或者不当履行从给付义务，致使买受人不能实现合同目的的，买受人享有合同解除权。

3. 法律规定的其他情形

"法律规定的其他情形"具体包括：(1)《民法典》合同编通则规定的其他的合同解除权。根据第 563 条第 2 款规定，不定期的持续履行债务的合同，当事人可以随时解除合同，但是应当在合理期限之前通知对方。第 528 条规定当事人因行使不安抗辩权而中止履行且经过合理期间后可以解除合同，第 533 条规定的发生情势变更后的合同解除，第 580 条第 2 款规定的履行不能而不能实现合同目的的司法终止，均属于合同编通则部分规定的法定解除权。(2)《民法典》合同编"典型合同"部分有对于各种合同解除权的具体规定。包括买卖合同的第 579 条、第 610 条、第 631～634 条，借款合同的第 673 条，租赁合同的第 711 条、第 716 条、第 722 条、第 724 条、第 729～731 条，融资租赁合同的第 752～754 条，承揽合同的第 772 条、第 778 条、第 787 条，建设工程合同的第 806 条，技术合同的第 857 条，委托合同的第 933 条，物业服务合同的第 946 条、第 948 条，合伙合同的第 976 条。(3)《民法典》其他各编包含少量的法定解除情形。其各有特别规范领域和规范目的，应该优先适用。例如，物权编第 384 条关于供役地权利人解除地役权合同的规则,人格权编第1022条肖像权人解除肖像许可使用合同的规则,以及婚姻家庭编第五章第三节“收养关系的解除”。(4)《民法典》之外的其他特别法上(如《海商法》《保险法》《消费者权益保护法》等)关于法定解除权的规定,于此不赘。

四、合同解除权的行使

(一)合同解除权的行使方式

合同解除权性质为形成权,以意思表示方式单方行使即可。(1)非诉方式行使。根据《民法典》第565条第1款的规定,当事人一方依法主张解除合同的,应当通知对方。通知作为须受领的意思表示,应适用《民法典》法律行为部分第137条的规则,包括在场对话方式、不在场的方式。(2)司法方式行使。根据《民法典》第565条第2款的规定,当事人一方未通知对方,可以直接以提起诉讼或者申请仲裁的方式依法主张解除合同。

(二)合同解除权的时间限制

《民法典》第564条在原《合同法》第95条的基础上进一步明确了解除权行使的期间限制。该条规定了两种期间,即第1款规定的“法律规定或者当事人约定解除权行使期限,期限届满当事人不行使的,该权利消灭。”第2款规定的“法律没有规定或者当事人没有约定解除权行使期限,自解除权人知道或者应当知道解除事由之日起一年内不行使,或者经对方催告后在合理期限内不行使的,该权利消灭。”即合同解除权的除斥期间为1年。除当事人约定解除权的行使期限外,由于法律规定解除权行使期限的较为少见,因此第2款规定的1年除斥期间会成为通常的解除权限制期间。除斥期间的意义在于督促当事人行使权利,而原《合同法》第95条欠缺明确的除斥期间,因此本款之设,有增进效率、明晰规则的优点。

(三)合同解除的异议

为维护非解除方的权益,防止解除权人滥用解除权,原《合同法》第96条规定了非解除方的异议权。当非解除方对解除权人解除合同持相反意见或者有其他抗辩理由时,可以请求人民法院或者仲裁机构确认合同解除效力。相比原《合同法》第96条的规定,《民法典》第565条对于解除异议有两处修改:(1)任何一方均可提请司法机构确认解除的效力,而非仅限于解除的对方。由此有利于明确解除的效果。(2)司法机构并非确认合同解除,而是确认“解除行为”,即解除是否为行使权利、解除的意思表示是否生效。换言之,合同解除不是司法机构确认的,而是行使解除权的后果,司法机构仅能确认解除行为是否生效(为确认之诉而非形成之诉)。

五、合同解除的法律后果

(一)合同解除的生效时间

合同解除权行使后,将导致解除效果。因此,判断解除生效的时点,对于合同当事人双方而言尤为重要。《民法典》第565条根据合同解除权行使方式的不同,分别规定了解除生效规则。(1)通知对方解除合同的。合同自通知到达对方时解除;通知载明债务人在一定期限内不履行债务则合同自动解除,债务人在该期限内未履行债务的,合同自通知载明的期限届满时解除。对方对解除合同有异议的,任何一方当事人均可以请求人民法院或者仲裁机构确认解除行为的效力。(2)未通知对方,直接以提起诉讼或者申请仲裁的方式依法主张解除合同的。人民法院或者仲裁机构确认该主张的,合同自起诉状副本或者仲裁申请书副本送达对方时解除。

(二)合同解除有无溯及力

合同解除具有使基于合同发生的债权债务关系消灭的效力。学理上对于合同解除的法律效果到底如何,历来众说纷纭,有直接效果说、间接效果说、折中说和债务关系转换说等不同观点。[11] 其中,以直接效果说和折中说为主。直接效果说认为,合同解除具有溯及力,尚未履行的债务免于履行,已经履行的则根据不同情况发生返还请求权。折中说则认为,尚未履行的债务归于消灭,但已经履行的债务并未消灭,而是发生新的返还债务。我们认为,合同解除是否具有溯及力,合同的权利义务是溯及自合同成立时起消灭,还是自解除之时起向将来消灭,不能一概而论。从《民法典》关于合同解除效力的规定来看,《民法典》第 557 条第 2 款规定:"合同解除的,该合同的权利义务关系终止。"《民法典》第 566 条规定:"合同解除后,尚未履行的,终止履行;已经履行的,根据履行情况和合同性质,当事人可以请求恢复原状或者采取其他补救措施,并有权请求赔偿损失。合同因违约解除的,解除权人可以请求违约方承担违约责任,但是当事人另有约定的除外。主合同解除后,担保人对债务人应当承担的民事责任仍应当承担担保责任,但是担保合同另有约定的除外。"该两条规定并未采纳直接效果说,否则第 566 条新增的第 2 款、第 3 款将无法解释,主债权债务终止,违约责任、担保责任从何而来?同时,对于已经履行的,根据履行情况和合同性质,当事人可以请求恢复原状或者采取其他补救措施,并有权请求赔偿损失。将是否溯及既往,根据履行情况和合同性质、当事人的选择区别对待,这样更有利于保护合同当事人特别是非违约方的利益。例如,当事人订立长期供货合同,已经履行了 2 年,还有 3 年未履行,对于已经履行部分,当事人认可其履行效力,此时解除合同就没有溯及力。

(三)合同解除后的返还义务

合同解除后,未履行的合同义务终止履行,已经履行的,应予恢复原状或采取其他补救措施。解除的后果不同于无效或撤销,它并不发生物权变动,因此,恢复原状并非物权请求权,而是指给付受领人在可以返还的情形下,根据给付的性质和内容进行返还。包括:物之受领人恢复让与所有权;如占有标的物,应返还标的物的控制支配;如受让债权等其他财产权,应各依其权利变动方式,以让与方式返还权利。但是,根据履行情况和合同性质,受领人受领之给付不可恢复,包括:作出的给付本身不适合返还,例如劳务或服务;标的物毁损、灭失而发生返还不能;标的物的使用利益不适合返还,例如受领人占有车辆并使用一段时间。于此,第 566 条第 1 款规定"其他补救措施"意味着受领人应按照对应的价值进行金钱偿还。

(四)合同解除与损害赔偿违约责任

对于合同解除是否可以发生损害赔偿责任,各国立法规定不一。我国民法持合同解除与债务不履行的损害赔偿可以并存的观点。《民法典》第 566 条第 2 款明确规定:"合同因违约解除的,解除权人可以请求违约方承担违约责任,但是当事人另有约定的除外。"

当解除合同与损害赔偿并存时,赔偿范围如何确定?由于《民法典》第 566 条对于合同解除后的赔偿损失规定得过于抽象,学界和实务界关于赔偿损失的范围一直存有争议,有赔偿信赖利益说和赔偿可得利益说两种观点。赔偿信赖利益说认为,合同解除后有溯及力的场合,当事人之间的合同关系归于消灭,合同当事人之间恢复到缔约前的状态,可得利益只有在合同被完全履行后才能实现。守约方选择合同解除,意味着其不愿继续履行合同,因此合同解除后,违约方的赔偿范围应当为信赖利益和返还利益。赔偿可得利益说认为,解除合同虽然可使合同溯及地归于

[11] 韩世远:《合同法总论》(第三版),法律出版社 2011 年版,第 514 页。

消灭,但在赔偿问题上应对溯及力加以限制,仍应按可得利益损失进行赔偿,并在赔偿可得利益之后,当事人的订约费用、履约准备费用等信赖利益只能当成交易成本从可得利益中获得补偿。在合同解除后无溯及力之情形,合同效力仅向将来终止,此时赔偿的范围不仅包括只恢复原状就能完全弥补解除权人因对方的债务不履行而蒙受的损失,还应该包括可得利益(履行利益)的损失,但必须扣除解除人因被免除债务或者请求返还已为给付而得到的利益,即进行损益相抵。我们赞同赔偿可得利益说。

(五)合同解除与担保责任

主合同无论是法定解除还是约定解除,均不影响担保合同的效力。《民法典》第566条第3款明确规定:“主合同解除后,担保人对债务人应当承担的民事责任仍应当承担担保责任,但是担保合同另有约定的除外。”由此可见,担保合同并非随主合同解除而解除,担保人仍需承担担保责任,除非担保合同另有约定。需要注意的是,这里的“另有约定”是指担保合同中关于主合同解除时担保人免责或担保人仍承担担保责任范围的约定,不包括担保合同中关于履行期限的约定。合同解除后,担保人不得主张担保合同约定的履行期限未届至,应按原主合同约定的履行期限来承担担保责任。

问题与思考

1. 不定期持续性合同的法定解除

根据给付持续的时间,合同可分为持续性合同与一时性合同。持续性合同的特点是给付范围取决于合同期限的长短。持续性合同的债务内容可以是持续地给付,也可以是不断重复的单个给付,前者包括租赁、合伙、劳务合同等,后者典型的是长期货物供应合同、长期货物运输合同等。在大陆法系国家,持续性合同通常被称为“继续性合同”;在英美法系国家,通常被称为“长期合同”。《国际商事合同通则》(2016年版)在比较各国术语使用的基础上,采用“长期合同”这一术语,并将其界定为“在一定期间内履行,并且通常不同程度上涉及交易复杂性以及当事人之间持续关系的合同”。

在解除权设置上,持续性合同具有特殊的价值考量。首先,持续性合同由于履行期间较长,随着时间发展,当事人方面不可避免地出现一些特殊事由,以至于继续履行合同会过于苛求当事人,或利益方面出现不均衡(但尚未达到情事变更的程度)。其次,持续性合同往往建立在当事人之间相互信任的基础上。例如,代理、合伙、合资经营、特许经营等,如果当事人一方出现机会主义行为或道德风险,但尚未达到违约的程度,于此,不可期待相对人继续履行合同。最后,在一些不定期的持续性合同中,如果义务履行没有终止时点,将可能对当事人构成长久的约束。基于上述理由,在持续性合同关系中,应赋予当事人更宽松的解除权,以符合这类合同的特性。[12] 近些年来,一些国际性合同法律文件开始重视这一特殊性。《欧洲合同法原则》第6章第109条规定了限期不定的合同可通过任意一方当事人给出合理期限的事先通知来终止合同。《欧洲示范民法典草案》第3-1:109(2)条中也包含这样类似的规定。我国《民法典》借鉴了这些新规则,第563条在原《合同法》第94条的基础上新增第2款规定:“以持续履行的债务为内容的不定期合同,当事人可以随时解除合同,但是应当在合理期限之前通知对方。”其规范理由在于:不定期

[12] 朱晓喆:《〈民法典〉合同法定解除权规则的体系重构》,载《财经法学》2020年第5期。

的持续性合同因为没有终止的时间限制,它不会自动走向合同的结束点,如果没有解除权,合同将会永久地约束当事人。不定期的持续性合同本身没有期间限制,当事人对于合同也没有形成值得保护的期限利益,因而任何一方都可以随时提出解除合同,而不需要说明理由。[13] 不定期持续性合同解除与一般解除权行使后的合同解除的生效时间不同。根据《民法典》第565条第1款第2句一般解除权的行使效果是"合同自通知到达对方时解除",但第563条第2款规定的是在解除通知后的一段合理期间经过后,才发生合同解除。因为不定期的持续性合同当事人虽然没有明确的期限利益,但如果一方随时解除会给相对方造成突然袭击,带来不测的损害。因此,合理期间给了相对方一个缓冲的期间,以便提前安排合同结束的后果。

对于约定有履行期限的持续性合同,《民法典》并未规定特别的解除事由。有学者建议借鉴《德国民法典》在2002年新债法改革后增设第314条关于持续性债之关系的基于重大事由的终止权,主张在合同编通则部分增设持续性合同基于重大事由解除规则。[14] 最终《民法典》并未增加此项规则。

2. 违约方是否有权解除合同?

通说认为,《民法典》第565条第1款规定的法定解除权是对非违约方的法律救济,违约方不得以自己根本违约为由主张解除合同。在司法实践中,肇始于《最高人民法院公报》2006年第6期登载的"新宇公司诉冯某梅商铺买卖合同纠纷案"(以下简称冯某梅案)[15],一些法院相继在个案裁判中支持违约方提出的解除合同请求,在我国民法理论界和实务界引起重大争议,被称为"违约方解除"或"合同僵局解除"问题。支持法院裁判的主要理由是:基于合同交易效率的考虑,如继续履行将导致双方遭受不利,而有解除权的一方违背诚信或滥用权利不解除合同,而且根据原《合同法》第110条第2项规定对方也不可要求实际履行,解除合同是经济理性的做法。反对法院裁判和违约方解除的理由主要是:所谓"违约方解除"将对合同信守的伦理构成致命的打击,合同僵局下的违背诚信行为应个案处理,原《合同法》第110条第2项仅赋予一方抗辩权而没有解除权等。2019年11月《九民会议纪要》第48条指出:"违约方不享有单方解除合同的权利。但是,在一些长期性合同如房屋租赁合同履行过程中,双方形成合同僵局,一概不允许违约方通过起诉的方式解除合同,有时对双方都不利。"在此前提下,又规定:"符合下列条件,违约方起诉请求解除合同的,人民法院依法予以支持:(1)违约方不存在恶意违约的情形;(2)违约方继续履行合同,对其显失公平;(3)守约方拒绝解除合同,违反诚实信用原则。人民法院判决解除合同的,违约方本应当承担的违约责任不能因解除合同而减少或者免除。"在《民法典》起草过程中,《民法典各分编"一次审议稿"》(2018年8月)、《民法典各分编"二次审议稿"》(2019年4

〔13〕 朱晓喆:《〈民法典〉合同法定解除权规则的体系重构》,载《财经法学》2020年第5期。

〔14〕 韩世远:《继续性合同的解除:违约方解除抑或重大事由解除》,载《中外法学》2020年第1期。

〔15〕 在该案中,冯某梅于1998年购买了新宇公司开发的南京市时代广场商铺物业,商铺已经交付但尚未办理所有权转移登记。2003年新宇公司拟对时代广场的全部经营面积进行调整,重新规划布局,为此陆续与大部分购房人解除了商铺买卖合同,并开始施工。2003年3月17日,新宇公司致函冯某梅解除合同。冯某梅不同意解除合同。由于冯某梅与另一购买商铺的邵姓业主坚持不退商铺,施工不能继续,6万平方米建筑闲置。新宇公司遂向南京市玄武区人民法院起诉请求解除合同,收回商铺。一审法院依据《合同法》第6条诚信原则判决合同解除。二审法院南京市中级人民法院认定:"《合同法》第110条第(二)项规定的'履行费用过高',可以根据履约成本是否超过各方所获利益来进行判断。当违约方继续履约所需的财力、物力超过合同双方基于合同履行所能获得的利益时,应该允许违约方解除合同,用赔偿损失来代替继续履行。在本案中,如果让新宇公司继续履行合同,则新宇公司必须以其6万余平方米的建筑面积来为冯某梅的22.50平方米商铺提供服务,支付的履行费用过高。"二审法院遂维持一审判决结果。

月)均规定了违约方在一定条件下可以解除合同。但是,鉴于理论界的反对意见较多,2019 年 12 月《民法典草案》删除了该款。此后,2020 年 5 月 22 日全国人大常委会提交给第十三届人大三次会议表决的《民法典草案》第 580 条增加了第 2 款规定,不过不是放置在第 565 条,而是规定在第 580 条。在第 580 条第 1 款规定非金钱债务的继续履行除外条款之后,增加第 2 款规定:"有前款规定的除外情形之一,致使不能实现合同目的的,人民法院或者仲裁机构可以根据当事人的请求终止合同权利义务关系,但是不影响违约责任的承担。"

《民法典》颁布后,如何解释该款的规范意旨,学理解释上又纷争四起。有学者认为,该款条文表述是"人民法院或者仲裁机构可以根据当事人的请求终止合同权利义务关系",这意味着当事人只是可以"请求终止"而非请求解除合同,而且只有司法机构有权决定终止或不终止。也有学者认为,该款是立法机关借鉴国外"司法解除"制度,并未赋予违约方有解除合同的形成权,而是规定违约方可以请求解除合同,但是否解除须由法院或者仲裁机构裁决。多数说认为,尽管根据第 1 款债务人可以在对方请求继续履行时提出抗辩,但其仍无法彻底摆脱合同的约束,因为合同并未因抗辩而解除。在双方形成合同僵局,非违约方又不解除合同的情形,违约方可以请求解除合同,但是,与一般的法定解除权不同之处在于,违约方须向法院或仲裁机构请求解除合同。换言之,这是一项"形成诉权",合同是否解除,须待法院或仲裁机构结合案件情况具体认定是否不能实现合同目的。这是因为违约方请求解除合同本身就与合同严守原则对立,且对其解除请求是否符合法定的严格限制条件的认定较为复杂,只有司法介入才能保证其客观性与公平合理性。

第五节　违约责任

一、违约责任的概念和特征

违约责任,又称为"违反合同的民事责任",是指合同当事人不履行合同义务或者履行合同义务不符合约定时所承担的民事责任。违约责任制度的目的,在于债务人不履行合同债务时,使该债务在性质上转化为一种强制履行的责任,从而使合同所设立的债权得以实现。

违约责任作为民事责任的一种,它既与刑事责任、行政责任截然不同,又与侵权责任等其他民事责任有别。除具有民事责任的一般特征之外,违约责任还具有独特的特征:

第一,违约责任以违反合同义务为前提。违约责任产生的前提和基础是双方当事人之间存在有效的合同关系。合同义务是发生违约责任的前提,违约责任则是违反合同义务的后果。如果合同不成立或无效、被撤销,则不发生违约责任问题。

第二,违约责任的确定,具有相对的任意性。侵权责任的方式和范围一般由法律直接规定,而违约责任的确定,除法律强制规定外,当事人可以在法律规定的范围内,通过合同加以确定。例如《民法典》第 585 条第 1 款规定:"当事人可以约定一方违约时应当根据违约情况向对方支付一定数额的违约金,也可以约定因违约产生的损失赔偿额的计算方法。"

第三,违约责任具有补偿性。自从彻底废除了古代法中的人身责任制度,违约责任即以财产责任作为其表现形式,补偿性就成为其基本特征和属性之一。违约责任补偿性的基本功能在于弥补或补偿因违约行为造成的各种损害后果。从我国《民法典》所确认的违约责任方式来看,无论是强制继续履行,还是支付违约金、赔偿金,或者采用其他补救措施,无不体现出补偿性。当然,这一补偿性并不意味着违约责任就不能具有一定的惩罚性,在某些情形下,合同法也承认惩罚性的违约责任形式。

第四,违约责任具有相对性。即违约责任只能在特定的当事人之间即合同关系的债权人和债务人之间发生,合同关系以外的第三人不负违约责任,合同当事人也不对第三人承担违约责任。违约责任的相对性是由"合同相对性"原则决定的。即使是因第三人的行为造成债务不能履行时,债务人仍应向债权人承担违约责任;债务人在承担违约责任后,有权向第三人追偿。对此《民法典》第 593 条有明确规定。

二、违约责任的归责原则

(一)严格责任原则

世界各国立法采用的违约责任的归责原则并不相同。大体而言,英美法系一般采用严格责任原则,而大陆法系则以过错责任原则作为一般的归责原则。

在原《合同法》颁布以前,原《民法通则》和合同法关于违约责任的归责原则规定不一致,造成立法及其解释的混乱。在原《合同法》起草过程中,起初倾向于采用过错推定原则。[16] 从《合同法草案第三稿》开始,将违约责任的归责原则规定为严格责任原则。尽管这一修改一直遭到激烈反对,后来正式颁布的原《合同法》第 107 条明确规定:"当事人一方不履行合同义务或者履行合同义务不符合约定的,应当承担继续履行、采取补救措施或者赔偿损失等违约责任。"明确将严格责任原则确定为违约责任的一般归责原则。《民法典》第 577 条也延续了这一立法原则。

所谓严格责任,是指违约方不履行合同义务,不管其主观上是否有过错,只要不存在法定或者约定的免责事由,均应承担违约责任。严格责任以违约方的违约行为与违约后果之间的因果关系为要件。从举证责任来看,非违约方只要能够证明某一违约后果系违约方不履行合同或者不完全履行合同的行为所引起,即可要求违约方承担责任。因此,严格责任不同于过错推定责任。

我国原《合同法》将违约责任的归责原则确定为严格责任原则,其立法理由主要在于[17]:(1)严格责任更符合违约责任的本质。一般侵权责任要求行为人有过错,其逻辑是:既然权利冲突是广泛存在的,损害发生是难以避免的,法律要求侵权行为人承担责任就不应仅以损害发生为理由,在损害事实之外还应另有其理由,这就是可归责性。过错就是可归责性。由于有过错,使追究一般侵权责任有了合理性和说服力。违约责任由合同义务转化而来,本质上出于当事人约定,不是法律强加的。在一方不履行合同义务时追究违约责任,不过是执行当事人的意愿和约定而已。质言之,违约责任出于当事人自己的约定,这就使违约责任具有了充分的合理性和说服力,此外无须再要求使违约责任具有合理性和说服力的其他理由。(2)严格责任具有显而易见的优点。一方面,在严格责任下,责任的构成仅以不履行为要件,被告的免责可能性在于证明有免责事由。由于不履行和免责事由属于客观存在的事实,其存在与否的证明和判断相对来说比

---

〔16〕《合同法专家建议稿》第 138 条曾规定:"合同当事人一方不履行合同债务或者其履行不符合法定或约定条件的,应承担违约责任,但当事人能够证明自己没有过错的除外。"

〔17〕梁慧星:《从过错责任到严格责任:关于合同法草案征求意见稿第 76 条第 1 款》,载梁慧星主编:《民商法论丛》(第 8 卷),法律出版社 1997 年版,第 3～7 页。

较容易。而过错属于主观的心理状态,其存在与否的证明与判断相对来说比较困难。因此,实行严格责任可以方便裁判,有利于诉讼经济。另一方面,在严格责任下,不履行与违约责任直接联系,违约行为与违约责任互为因果关系,有利于促使当事人严肃对待合同,有利于增强当事人的责任心和法律意识。(3)严格责任是合同法的发展趋势。英美合同法以及《联合国国际货物销售合同公约》《国际商事合同通则》《欧洲合同法原则》等国际性法律文件均采纳了严格责任,反映了合同法的共同发展趋势。

实行严格责任,并非意味着在任何情况下,只要债务人不履行合同债务就必然承担违约责任,若违约方具备免责事由,仍可部分或全部免除其责任。

(二)严格责任原则与过错

在《民法典》合同编第二分编"典型合同"中,多处使用"故意""重大过失""过失""过错"等概念,并规定因这些主观因素,当事人一方承担或不承担民事责任。这些概念均属于传统民法中的过错范畴,这些规定是否与严格责任原则冲突呢?要解释这一问题,首先应对有关条款作出具体分析。综观《民法典》合同编第二分编"典型合同"各章的规定,涉及过错的条款可归纳为两大类:

其一,因一方过错造成对方损害的,应承担损害赔偿责任。这种情形,又可分为两类:(1)因故意或重大过失造成对方损害的,违约方才承担损害赔偿责任。此类情形主要体现在赠与合同、无偿保管合同、无偿委托合同等无偿合同中。由于在这些合同中,赠与人、保管人、受托人只尽义务,而未获得相应利益。因此,从公平原则出发,这些当事人违约一般是不应该承担责任的,只有在其主观有故意或重大过失的情况下,才对因违约行为而给对方造成的损失承担赔偿责任。因为故意和重大过失行为,当事人主观上存在恶意,是严重违反合同义务的行为,理应受到法律制裁。(2)对因过错造成对方损害的,违约方应承担损害赔偿责任。这种情形主要体现在"运输合同"章,在旅客运输合同中,对旅客自带物品的损失,承运人只在有过错的条件下,承担损害赔偿责任;因托运人托运货物时的过错造成多式联运经营人损失的,托运人应承担损害赔偿责任。以上这两种情形,应属于过错责任。

其二,因对方过错造成的损失,违约方可不承担责任。这种情形主要体现在《民法典》第823条、第832条等条文中。从这些规定中可以看出,由于对方过错造成某种损失,违约方是不承担责任的。在这种情形下,法律将对方的过错作为免责事由,违约方证明该违约后果系对方过错行为所致,而与自己的违约行为无关,即可不承担违约责任。

三、免责事由

免责事由是免除违反合同的债务人承担违约责任的原因和理由,通常包括以下两种:一是法定的免责事由;二是约定的免责事由。法定免责事由是由法律规定的免除责任的绝对理由,约定免责事由则是依照意思自治所生的相对免除责任的理由。对于约定免责事由,需要根据法律的规定审查免责条款的合法性、有效性。

(一)法定的免责事由

即法律明文规定的当事人对其不履行合同不承担违约责任的条件。我国法律规定的免责事由主要有不可抗力、货物本身的自然性质、货物的合理损耗、债权人的过错等。其中,不可抗力是普遍适用的免责条件,其他则仅适用于法律特别规定的个别典型合同。

不可抗力是指合同订立后发生的,当事人订立合同时不能预见的,且不能避免和不能克服的导致合同不能履行或不能按期履行的客观现象。学理上通常认为不可抗力的范围包括以下三种情况:(1)自然灾害。如地震、台风、洪水、旱灾、海啸等。(2)政府行为。这主要是指当事人在订立合同以后,政府颁布新政策、法律和行政措施而导致合同不能履行。(3)社会异常事件。这主要是指一些偶发的事件阻碍合同的履行,如战争、罢工、骚乱、疫情等。不可抗力作为违约责任的法定免责条件,是现代各国民法的通例。我国《民法典》总则编第 180 条第 1 款第 1 句规定:“因不可抗力不能履行民事义务的,不承担民事责任。”《民法典》合同编第590 条第1 款第1 句规定:“当事人一方因不可抗力不能履行合同的,根据不可抗力的影响,部分或者全部免除责任,但是法律另有规定的除外。”据此,不可抗力的法律后果并非当然全部免除违约责任,而应视不可抗力的影响程度和给债务人造成的困难程度分别处理。如果不可抗力已使合同债务人的履行成为不可能,则应解除合同,并免除违约方的违约责任。如果不可抗力只造成债务人的履行部分不能,则应变更合同关系,免除违约方的部分违约责任;如果不可抗力仅造成债务人履行债务的暂时困难,则可要求债务人延期履行,但免除迟延履行的违约责任。

在不可抗力事件发生以后,当事人一方因不可抗力的原因而不能履行合同的,应及时向对方通报合同不能履行或者需要迟延履行、部分履行的事由,以减轻可能给对方造成的损失,并应在合理期限内提供有关不可抗力的证明。如果当事人怠于实施这些行为,造成对方损失的,仍应承担损害赔偿责任。

此外,在下列两种情形下不能因不可抗力而免责:(1)金钱债务的迟延履行。在金钱债务未能及时履行时,无论迟延履行因何种原因引起,债务人都负继续履行的责任。(2)迟延履行后发生不可抗力,不能免除责任。

(二)约定的免责事由

约定的免责事由,又称为“免责条款”,是指双方当事人在合同中约定一定的事由或条件,当违约符合所约定的事由或条件时,可限制或免除违约方的违约责任。

免责条款具有以下特点:(1)免责条款是合同的组成部分,是一种合同条款。因此必须是经当事人双方同意的,具有约定性。(2)免责条款必须是明示的,不允许以默示方式作出,也不允许法官推定免责条款的存在。(3)免责条款旨在排除或限制未来的民事责任,具有免责功能,这是免责条款最重要的属性,是区别于其他合同条款的明显特征。

免责条款成为合同的组成部分,并不意味着它一定有效。在现代社会里,免责条款被大量的格式合同所采用,而格式条款的使用者往往是经济强者,尤其是垄断或准垄断集团,条款的接受者则往往是处于弱势的消费者。为了保护消费者权益,维护合同公平正义,各国法律毫无例外地对免责条款进行严格控制。我国《民法典》对免责条款的管制性规定有:(1)免责条款的提供者未履行提示或者说明义务,致使对方没有注意或者理解与其有重大利害关系的免责条款的,对方可以主张该免责条款不成为合同的内容。(2)提供格式条款一方不合理地免除或者减轻其责任、加重对方责任、限制对方主要权利、排除对方主要权利的,该条款无效。(3)免除造成对方人身伤害或免除因故意或重大过失造成对方财产损失的责任的免责条款无效。

四、违约责任的形式

违约责任的形式是指合同当事人违反合同义务后,按照合同的约定或者法律的规定承担违约责任的具体方式。根据《民法典》合同编第八章“违约责任”的规定,违约责任的承担方式主要有如下几种。

(一)继续履行

继续履行,也称为“实际履行”“强制履行”,是指违约方不履行合同义务时,另一方有权要求违约方依据合同的规定继续履行合同义务。就性质而言,继续履行是原合同义务的转化形式,它是通过法律规定的强制手段迫使债务人履行其原义务,是一种违约责任的承担方式。

合同订立的目的在于履行。当一方违约时,法律是要求他恪守合同,强制他继续实际履行,还是允许他向另一方支付赔偿金,从而免除实际履行的义务呢? 这是违约救济的最基本问题。我国合同立法对此经历了观念上的重大变化。在计划经济体制时期,合同是实现国家经济计划的工具,因而继续履行成为最基本、最重要,也是首要的违约责任形式。随着经济体制改革和市场化的加快,计划经济的影响日趋式微,继续履行逐渐不再具有优越地位,而成为一种可供选择的违约责任形式。《民法典》承认当事人有要求继续履行的权利,同时又对非金钱债务的实际履行加以限制。

关于金钱债务的继续履行。金钱债务,又称为“金钱之债”“货币之债”,是指以给付一定数额的金钱为标的的债务。由于此类债务给付的标的本身是充当一切商品等价物的货币,不可能也没有必要转化为其他债务或者以其他违约责任形式取代继续履行。所以《民法典》第579条规定:“当事人一方未支付价款、报酬、租金、利息,或者不履行其他金钱债务的,对方可以请求其支付。”

关于非金钱债务的继续履行。当事人一方不履行非金钱债务或者履行非金钱债务不符合约定的,对方可以要求继续履行。按照《民法典》第580条第1款的规定,非金钱债务的继续履行作为一种违约责任形式,须具备下列条件:(1)须由非违约方在合理期限内提出继续履行的请求。如果非违约方认为继续履行已无必要,可以请求赔偿损失。没有当事人的请求,法院或仲裁机构不得依职权强制继续履行。如果请求继续履行,必须在合理的期限内向违约方提出,超出合理的期限,继续履行的请求权即为消灭。(2)须依据法律和合同的性质能够强制履行。如果合同债务已陷于法律上或事实上的履行不能,则不得要求违约方继续履行。(3)继续履行在经济上是合理的。如果债务的标的不适合于强制履行或履行费用过高的,则不能采取继续履行措施。

关于第三人替代履行的费用承担。当事人一方不履行债务或履行债务不符合约定,存在第三人替代履行的可能性,所产生的替代履行费用属于守约方因对方违约造成的损失范围,由违约方承担不仅符合民法的公平原则,也有利于促使当事人积极主动履行合同义务。

(二)损害赔偿

1. 损害赔偿的性质和目的

损害赔偿又称“赔偿损失”,是指因合同一方当事人的违约行为给对方造成损失时,由违约方向对方当事人赔偿所受损失的责任形式。

违约损害赔偿的基本目的是使受害方的利益达到如同合同履行后所应达到的状态。这一目的至少可以为确定损害赔偿划定下列界限:(1)赔偿的损失本来就是受害人不应该失去或者应该得到的,而不是一种额外的获益。(2)损害赔偿必须足以使受害人获取合同正常履行所能达到的同样状态,达不到这种程度就不足以保护受害人。(3)既然损害赔偿足以使受害人达到合同正常履行所能达到的同样状态,在通常情况下是否实际履行对于受害人不具有必需的意义,同样这也给了债务人自由选择的机会,即不愿意实际履行时可以通过损害赔偿代替履行,这对于资源的优化配置具有重要意义。正是由于损害赔偿具有这样的目的,故在该目的范围内的所有损害均应得到赔偿,此即所谓完全赔偿原则。在这一点上,各国合同法是一致的。

2. 损害赔偿的构成要件

赔偿损失作为违约救济措施,其适用必须符合一定的条件要求。赔偿损失的适用条件不同于一般所称的"违约责任构成要件",是在认定违约责任已经存在的前提下,可以采取赔偿损失这一救济措施保护受害人利益的法定条件。违约损害赔偿责任的构成要件包括损害的客观存在以及损害与违约行为之间的因果关系两项:(1)损失。根据《民法典》第584条的规定,违约损害赔偿额应相当于因违约所造成的损失,包括合同履行后可以获得的利益。这实际上采用了大陆法系民法的"实际损失"和"所失利益"的概念。在金钱赔偿原则之下,此损害的类型化可以财产损害为中心展开,包括守约方既有财产之积极减少的实际损失(所受损失)和本应增加之财产利益消极未增加的可得利益(所失利益)。(2)因果关系。因果关系是用来描述违约行为和受害人所受损失之间关联性的特殊概念。按照因果关系的理论,债务人仅就因其违约行为所造成的损害后果承担违约责任,如果损害的发生是由与债务人无关的原因或者行为所导致的,债务人不承担赔偿责任。因果关系表明或反映着违约行为和损失之间的客观关联性,尽管它具有不同于侵权责任中因果关系的诸多特点,但不容否认因果关系的客观存在;否则,就将使赔偿损失这一基本违约救济措施失去存在基础。至于可预见规则,它只能在因果关系已然存在的基础上才得以适用。具体来说,可预见规则是确定债务人在某一具体场合或案件中,是否应当承担赔偿责任的主观标尺,它必须以存在因果关系为前提,其主要功能在于判定哪些损失应予赔偿,或者哪些损失不应赔偿。

3. 约定损害赔偿

约定损害赔偿是指当事人在订立合同时,预先约定一方违约时,应向对方支付一定的金钱或约定损害赔偿额的计算方法。《民法典》第585条允许当事人约定损害赔偿,此即违约金,具体内容见下列违约金部分。

4. 法定损害赔偿

违约方因违约行为给对方当事人造成财产损失时,应全部赔偿该损失,即全部赔偿原则。《民法典》第584条规定:"当事人一方不履行合同义务或者履行合同义务不符合约定,造成对方损失的,损失赔偿额应当相当于因违约所造成的损失,包括合同履行后可以获得的利益;但是,不得超过违约一方订立合同时预见到或者应当预见到的因违约可能造成的损失。"这是我国民法对损害赔偿的法定赔偿范围所作的原则性规定。但完全赔偿并不意味着各种损失都应当赔偿,为了实现公平、正义,有必要对损害赔偿的范围设定一些规则,进行限制。

一是可预见规则。指违约损害赔偿的范围以违约方在订立合同时预见或者应当预见到的损失为限,或者说,对违约所造成损失的赔偿责任不得超过违反合同一方在订立合同时预见到或者应当预见到的因违反合同可能造成的损失。可预见规则是限制违约损害赔偿范围的一项重要规则,是划分应当赔偿的违约损失与不应赔偿的违约损失的法律界限。

二是减轻损失规则。当一方违约时,非违约方应及时采取合理的措施防止损失的扩大。这就是受害人防止损害扩大的义务。如果受害人违反此义务,应对因此给自己造成的损失负责。《民法典》合同编第591条规定:"当事人一方违约后,对方应当采取适当措施防止损失的扩大;没有采取适当措施致使损失扩大的,不得就扩大的损失请求赔偿。当事人因防止损失扩大而支出的合理费用,由违约方负担。"

三是损益相抵规则。损益相抵又称"损益同销",指赔偿权利人基于损害发生的同一违约行为而获得利益时,应将所受利益从所受损害中扣除。损害赔偿责任的目的,仅在于填补受害人的损失,并非给予受害人利益,故赔偿额与损失额应当一致。因同一事实既使债权人受到损害,又使债权人获得利益时,应在其所受的损害内扣除所受的利益。关于损益相抵的结果,当损害大于利益时,赔偿额即是所受损失与利益的差额;当所受利益大于损失时,即无须赔偿。

四是混合过错规则。亦称"与有过失""过失相抵",是指合同中受损害方对损害的发生也有过错时,法院应违约方之请求,应当扣减相应的损失赔偿额。《民法典》第 592 条规定:"当事人都违反合同的,应当各自承担相应的责任。当事人一方违约造成对方损失,对方对损失的发生有过错的,可以减少相应的损失赔偿额。"

(三)违约金

1. 违约金的概念

违约金是指当事人一方违约后,依照合同的预先约定或者法律的直接规定向对方支付一定数额的金钱。违约金作为违约责任的方式,直接源于双方当事人在合同中的约定。若当事人在合同中未约定违约金条款,除法律另有特别规定之外,不产生违约金责任。

违约金作为预先确定的赔偿数额,在违约后对损失予以补偿,非常简便迅速,免除了受害人一方在另一方违约后就实际损失所负的举证责任,同时也省去了法院和仲裁机关在计算实际损失方面的麻烦。由于违约金数额是预先确定的,它在事先就向债务人指明了违约后所应承担责任的具体范围,从而既能督促债务人履行合同,又有利于当事人在订约时计算风险和成本,因而也有利于促进交易的发展。

尽管违约金的设立旨在确保当事人履行债务,但它在性质上并非债的担保方式,它与担保存在本质的区别:任何担保,不论物的担保或人的担保,作为债的履行的特殊保证,有避免债权因债务人财产减少而不能获得清偿的风险的功能。而违约金同债务履行一样,是以债务人的一般财产为责任财产的,因此违约金虽有促使债务人履行债务的功能,但没有避免债权风险,从而保证债权实现的担保功能。[18] 违约金的适用作为对违约行为的制裁措施,是超越原债务的一种给付,表明其主要是作为一种违约后的责任形式而存在的。

2. 违约金的种类

其一,依发生原因不同,可将违约金分为约定违约金和法定违约金。当事人在合同中约定的违约金为约定违约金。由法律直接规定的违约金为法定违约金(如关于逾期利息的规定)。在原《合同法》之前,我国法律同时承认了约定违约金与法定违约金,并直接规定了较多的法定违约金。原《合同法》不再强调法定违约金,这符合合同自由原则的要求,适合违约金系赔偿损失额预定的性质。

其二,依目的及其功能不同,可将违约金分为赔偿性(补偿性)违约金和惩罚性违约金。《民法典》第 585 条规定的违约金的目的主要是赔偿损失额的预定,属于赔偿性(补偿性)违约金,主要功能在于:一方面是为了事先确定违约后的赔偿数额以减轻对于损害的举证责任。但另一方面当事人亦不同程度地意图借约定违约金向对方施加履约压力,督促其依约行事,形成与违约金的补偿功能相对的担保功能。在违约损害赔偿之外纯粹对违约行为进行惩罚而预先约定一定数额的违约金,属于惩罚性违约金。违约金的惩罚性可以表现为两种形态:一是约定的违约金兼具赔偿性与惩罚性,其典型为约定的违约金适度高于造成的损失的情形(不属于过分高于损失,无须司法调整)。二是约定的违约金纯属对违约行为的惩罚,违约方支付罚金后,仍应赔偿违约造

---

〔18〕 李开国:《民法基本问题研究:民法观念更新、制度完善及适用问题的若干思考》,法律出版社 1997 年版,第 315 页。

成的损失。对于前者,《民法典》第585条第2款已有规定,其约定的有效性不存在争议。对于后者,原来的学说大多以其违背违约金的赔偿性本质为由,否定其有效性。但是,新近的民法学说大多转向于维护契约自由,认为惩罚性违约金并非属于违反强制性规范或者公序良俗,没有理由否定其约定的有效性。

《民法典》第585条规定当事人可以约定一方违约时应当根据违约情况向对方支付一定数额的违约金,同时规定违约金与损失相差悬殊时,可以请求人民法院或仲裁机构予以增减,在实质上采补偿性违约金之立场。该条第3款规定当事人就迟延履行约定违约金的,违约方支付违约金后,还应当履行债务,被广泛作为合同法承认惩罚性违约金的例证,是值得商榷的。迟延履行的违约金是补偿对方因迟延履行所受损失,其性质仍然是补偿性的,就如同不能将在继续履行的同时赔偿迟延履行的损失叫作惩罚性赔偿金一样。

3. 违约金的司法调整

违约金作为赔偿损失额的预定,虽然属于当事人所享有的合同自由的范围,法律不要求其数额与损失额完全一致,事实上当事人在订立合同时也不可能准确计算出违约损失的数额,但两者相差不能过分悬殊,否则有违违约金原则上所具有的赔偿性和民法的公平原则。因此,违约金的数额过高或过低时,当事人可以请求人民法院或者仲裁机构予以调整。《民法典》第585条第2款规定:"约定的违约金低于造成的损失的,人民法院或者仲裁机构可以根据当事人的请求予以增加;约定的违约金过分高于造成的损失的,人民法院或者仲裁机构可以根据当事人的请求予以适当减少。"

当事人依照《民法典》第585条第2款的规定,请求人民法院增加违约金的,增加后的违约金数额以不超过实际损失额为限。当事人主张约定的违约金过高请求予以适当减少的,人民法院应当以实际损失为基础,兼顾合同的履行情况、当事人的过错程度以及预期利益等综合因素,根据公平原则和诚信原则予以衡量,并作出裁决。在司法实践中,人民法院依据《合同法司法解释(二)》之规定,一般将当事人约定的违约金超过造成损失的百分之三十的认定为"过分高于造成的损失"。

对于违约金的司法调整,须依当事人的请求。当事人请求适当减少或增加违约金数额时,既可以通过反诉的请求方式,也可以通过抗辩的主张方式。法院未经当事人请求不得依职权调整违约金的数额,但对明显过高或过低的违约金约定应当向当事人行使释明权。

4. 违约金与其他违约责任方式

关于违约金与继续履行。对于二者是否可以并用,应根据违约行为的类型作不同的解释。在履行不能时,非违约方只能请求支付违约金,不得请求继续履行。这时的违约金叫作"不履行的违约金",其作用是赔偿对方因合同不履行所遭受的损失,以替代原合同义务的继续履行。在拒绝履行时,非违约方可以选择请求支付违约金并解除合同,或者请求继续履行并赔偿迟延履行的损失。在不适当履行时,非违约方可请求支付违约金,同时请求继续履行或采取其他补救措施。

关于违约金与损害赔偿。预定赔偿损失额的违约金与赔偿损失具有质的同一性,只不过一个事先约定损失额,一个事后计算损失额,因而二者不得并用。但是,如果约定的违约金低于实际损失,非违约方主张违约金后不能完全填补损失的,可以在主张违约金之外,对于不足部分请求增加违约金或者请求赔偿损失。

关于违约金与定金。定金可以分为成约定金、证约定金、立约定金、解约定金和违约定金。

如果定金属于违约定金或立约定金,由于其具有预付违约金的性质,与违约金在目的、性质、功能方面相同,两者不能并用。如果定金为成约定金、证约定金或解约定金,其是作为合同的成立或者解除的条件或者证明合同的存在,不属于定金罚则的适用对象,不发生与违约金并用的问题。《民法典》第 588 条第 1 款规定:“当事人既约定违约金,又约定定金的,一方违约时,对方可以选择适用违约金或者定金条款。”

(四)定金

1. 定金的概述

定金是当事人约定一方向对方为一定的给付,以此作为债的担保。合同履行与否与该定金的得失有关,使当事人产生心理压力,从而积极而适当地履行债务,以发挥其担保作用。〔19〕因而,在合同实务中,定金的约定和适用极为普遍。我国原《合同法》《担保法》均有规定,《民法典》第 586 条明确规定“当事人可以约定一方向对方给付定金作为债权的担保”。

传统民法根据定金的性质及其效力的不同,将定金区分为成约定金〔20〕、证约定金〔21〕、违约定金〔22〕、立约定金〔23〕、解约定金〔24〕五种类型。我国原《合同法》《担保法》对定金仅作出了概括性规范,没有明确定金的类别,强调了定金对于合同债务履行的担保功能,并未强调定金在缔约过程或解除合同时的作用,可见其规定的定金性质更偏重于违约定金。《民法典》第 586 条的规定亦未区分定金的类型。在解释上,通说认为,如果合同当事人约定定金条款时未明确定金性质的,应解释为违约定金;明确约定定金性质或从约定内容能够直接判断出定金性质的,定金性质从其约定。〔25〕

2. 定金合同的成立

《民法典》第 586 条第 1 款明确规定“定金合同自实际交付定金时成立”,与原《担保法》第 90 条中关于“定金合同从实际交付定金之日起生效”的规定一脉相承,延续了定金合同为实践合同或要物合同的立法模式,只不过改“生效”要件为“成立要件”。因此,定金合同为法律规定的实践性合同。

---

〔19〕也有学者对定金的担保功能提出质疑,认为定金的数额具有限定性,往往不足以保障全部债权的实现,而且担保既未扩大责任财产范围,也未使责任财产特定化,担保的机能较弱,因而应当在一定程度上否定定金的作用。参见刘保玉、吕文江主编:《债权担保制度研究》,中国民主法制出版社 2000 年版,第 225 页。

〔20〕以交付定金作为合同成立要件,自交付定金时起认定合同成立。对于成约定金,原最高人民法院《关于适用〈中华人民共和国担保法〉若干问题的解释》(以下简称原《担保法司法解释》)第 116 条规定:“当事人约定以交付定金作为主合同成立或者生效要件的,给付定金的一方未支付定金,但主合同已经履行或者已经履行主要部分的,不影响主合同的成立或者生效。”

〔21〕这种定金不是合同的成立要件,仅以证明合同成立为目的。在罗马法中,定金通常有证约定金的性质。德国普通法及近代多数国家的立法多承认这种定金合同的存在。我国现行法对该类定金尚无明文规定,但学说认为,定金的交付一般都标志着合同的存在,故本身具有证明合同成立的作用。

〔22〕以定金担保合同义务的履行,交付定金的当事人若不履行债务,则需双倍返还定金。我国《民法典》第 587 条即是关于违约定金的规定。

〔23〕立约定金指为保证正式缔约而交付的定金。此类定金的效力在于:交付定金的当事人若拒绝立约,则丧失定金;接受定金的当事人若拒绝立约,则应双倍返还定金。

〔24〕按照合同的约定,在定金交付后,交付定金的一方可以丧失定金为代价而解除合同,收受定金的一方可以双倍返还定金为代价而解除合同。例如,根据原《担保法司法解释》第 117 条规定,定金交付后,交付定金的一方可以按照合同的约定以丧失定金为代价而解除合同,收受定金的一方可以双倍返还定金为代价而解除合同。

〔25〕最高人民法院民事审判第二庭编著:《最高人民法院关于买卖合同司法解释理解与适用》(条文 · 释义 · 理由 · 案例),人民法院出版社 2016 年版,第 442 页。

3. 定金数额的限制

《民法典》第586条第2款规定:"定金的数额由当事人约定;但是,不得超过主合同标的额的百分之二十,超过部分不产生定金的效力。实际交付的定金数额多于或者少于约定数额的,视为变更约定的定金数额。"限制定金数额的理由主要在于:在定金制度中,双方对自己违约后所承担的责任是可以预见的,支付定金的一方用支付一定数额定金的行为表达了自己对履约的诚意,收受定金的一方在接受定金后也承担了一旦违约将双倍返还定金的风险和义务。但这毕竟是在私人关系中加入惩罚的因素,如果允许双方任意约定定金数额,难免出现占优势一方引诱对方违约的情形。因此,法律通过对定金的数额进行限制,将定金的惩罚性限制在一定范围内,能保证双方的公平。而且,定金具有双向惩罚性,当事人也不会合意约定过高的数额,因为任何一方都不想让自己受到过高惩罚。如果预设的数额与实际损害赔偿数额差距过大,则签订定金条款的双方都有负担过分惩罚的风险。

根据第586条第2款规定,超过主合同标的额的百分之二十部分,不属于定金的范畴。但对于超出部分如何处理未作规定。在实务中,一般将超出部分作为已给付的合同价款。

4. 定金罚则

定金作为一种担保方式,其所担保的对象就是合同双方当事人的履行,并以适用定金罚则为手段实现担保目的。与其他担保制度相比,定金最重要的法律特征就是担保手段上的惩罚性。因此,《民法典》第587条规定:"债务人履行债务的,定金应当抵作价款或者收回。给付定金的一方不履行债务或者履行债务不符合约定,致使不能实现合同目的的,无权请求返还定金;收受定金的一方不履行债务或者履行债务不符合约定,致使不能实现合同目的的,应当双倍返还定金。"该条规定的定金罚则显然仅适用于违约定金。在解释上,立约定金具有担保预约合同履行的功能,当事人不履行预约合同订立本约,构成违反预约合同的违约行为,在性质上仍然属于违约定金,因而可以适用定金罚则。

(五)其他补救措施

其他补救措施,是指《民法典》第582条所规定的违约责任方式,即"履行不符合约定的,应当按照当事人的约定承担违约责任。对违约责任没有约定或者约定不明确,依据本法第五百一十条的规定仍不能确定的,受损害方根据标的的性质以及损失的大小,可以合理选择请求对方承担修理、重作、更换、退货、减少价款或者报酬等违约责任。"

理解该条文时应当注意:(1)它适用于债务人履行债务的标的不符合合同所约定的情形,属于瑕疵履行的范畴。(2)对其违约责任,合同事先未约定或约定不明确,事后又未达成补充协议进行约定,且依据合同有关条款或者交易习惯不能确定。(3)对于条文中所列举的修理、更换、重作、退货、减少价款或报酬等补救措施,在适用时没有先后顺序,而是赋予受损害方以选择权,由受损害方根据标的性质以及损失的大小,合理地进行选择。(4)当事人一方不履行合同义务或者履行合同义务不符合约定的,在履行义务或者采取补救措施后,对方还有其他损失的,应当赔偿损失。

五、违约责任与侵权责任的竞合

在加害给付的情形,可能发生既构成违约、须承担违约责任,同时又构成侵权、须承担侵权责任的情形。《民法典》第186条规定:"因当事人一方的违约行为,损害对方人身权益、财产权益的,受损害方有权选择请求其承担违约责任或者侵权责任。"这就是通常所说的违约责任和侵权责任的竞合。在责任竞合的情况下,受害人可以根据自己的判断选择行使请求权,但不能同时行使两个请求权。当事人选择行使何种请求权时,主要的考虑因素是举证的难易和赔偿范围的大小。按违约责任起诉,只需证明合同关系存在和加害人违反合同义务即可,按侵权责任起诉则须证明侵权责任的全部构成要件;违约损害赔偿原则上不包括精神损害赔偿,侵权人可请求精神损害赔偿。

受害人向人民法院起诉时作出选择后,在一审开庭以前又变更诉讼请求的,人民法院应当准许。

问题与思考

1. 违约损害是否包括非财产损失(精神损害)?

传统民法理论认为,合同法调整的是当事人之间的财产关系,一方违约给对方造成损失,仅指财产损失,不包括非财产损失。现代民法理论对此有新的认识,多数说认为从合同目的来看,尽管多数合同的目的是实现财产利益,但不可否认,有一些合同其本身的目的就是实现一方当事人的非财产利益或者说是精神利益。例如,旅游合同、婚庆服务合同等。如果否认非财产利益损失可得赔偿,将与合同目的不符,因违约遭受精神损害的一方将无法得到法律救济,显失公平。《民法典》第584条规定的"因违约所造成的损失",在解释上不应狭义解释为仅指财产损失,应解释为包括财产利益损失和人身权益损失。对此,《民法典》第186条有明文规定。在判例发展上,人民法院在个案裁判中早已突破了传统理论的桎梏,至少在以下类型的合同案件裁判中支持非财产损失赔偿:(1)合同当事人一方纯粹以支付价款获得精神利益(精神享受)的合同。例如,旅游合同、演出合同、美容美发合同等。(2)合同当事人一方以支付价款既取得财产利益,又获得精神利益(精神享受)的合同。例如,婚庆服务合同、度假合同等。(3)合同履行的标的物为某些具有人格利益的特定物的合同。

2. 减价作为违约责任方式

如果债务人的履行不符合约定,尤其是货物在交付时与合同不符,但是债权人可能希望维持合同的效力,尽管价值降低,与终止合同相比,这样做的好处是合同的最初目的仍然可以实现。从罗马法适用于保护有潜在缺陷的奴隶或牛的购买者的诉讼开始,旨在纠正合同失衡的减价一直是当今私法许多领域的一种补救措施。所有这些域外法律规则都有一个共同点,即减价的补救措施不需要过错,降低价格的权利独立于另一方的补救权利。[26] 我国《民法典》第582条虽然规定了减价作为其他补救措施,但是并未将其作为一种独立的违约补救措施,也未规定其具体规则。

关于减价权的性质,理论界一直存有形成权与请求权之争。在2012年《买卖合同解释》出台之前,形成权说为主流观点。该观点认为,买卖物、承揽物等存在瑕疵,买受人或定作人享有请求出卖人或承揽人等减少价款或酬金的权利,此类减价权非请求权,而是形成权;受损害方减价

---

〔26〕 See Nils Jansen and Reinhard Zimmermann, Commentaries on European Contract Laws, Oxford University Press, 2018, p. 1423.

的意思表示一到达对方,即发生减价的法律效果,而不需要向法院或仲裁机构提出请求。[27] 最高人民法院认为,减价权究竟为形成权还是请求权属于理论分歧。对于实务操作而言,因我国并没有减价除斥期间之规定,不存在因减价性质认定的不同而选择诉讼时效或除斥期间的问题。不论减价权为形成权还是请求权,减价具体实施的程序和结果并无不同:当双方当事人意见一致时,减价系由双方自主决定,自意思表示一致时即可实施;当双方意见不一致时,无论减价权是请求权还是形成权,事实上都不能依一方的意思表示当然发生减价的效果,而必须经过人民法院或者仲裁机构的裁判确认之后,才能在当事人之间具体实行。[28]

在司法实务中,减价对于救治失衡的合同关系,维护当事人之间的利益平衡,稳定交易关系,促进交易流转意义重大。减价是买卖合同中出卖人对标的物质量瑕疵承担违约责任的重要方式。虽然原《合同法》对于依何种计算标准进行减价、如何减价未作规定,致使减价责任规定缺乏可操作性,但是《买卖合同解释》第 23 条第 1 款对减价的时间标准和价格标准作出明确规定:"标的物质量不符合约定,买受人依照合同法第一百一十一条的规定要求减少价款的,人民法院应予支持。当事人主张以符合约定的标的物和实际交付的标的物按交付时的市场价值计算差价的,人民法院应予支持。"

3. 惩罚性违约金与损害赔偿请求权的关系问题

我国民法通说认为,合同法上的违约金系以补偿性为主、以惩罚性为辅,补偿性乃其主要属性,因此,违约金本质上属于损害赔偿额之预定,其主要功能在于填补守约方损失。违约金的损失填补功能决定了若违约金请求权与损害赔偿请求权指向的是同一损害,则应避免同时适用,否则将会出现债权人双重获益之结果。如果当事人对于约定的违约金属于补偿性违约金,不能同时行使违约损害赔偿请求权。由于《民法典》未明文规定惩罚性违约金,如果当事人明确约定违约金属于惩罚性违约金,该惩罚性违约金条款是否有效?可否与补偿性违约金及违约损害赔偿请求权同时并用?对此问题,理论界与实务界认识分歧,尚未形成权威性观点。我们认为,基于意思自治原则,《民法典》第 585 条第一句规定合同当事人可以约定一方违约时应当根据违约情况向对方支付一定数额的违约金,该违约金既可以是对违约损失的预定,也可以是对违约行为的经济惩罚,即可以约定惩罚性违约金或者罚金。惩罚性违约金与补偿性违约金不同,是单纯对违约行为的惩罚,并不以违约造成损失为前提条件。因此,在当事人一方违约时,非违约方有权按照合同约定请求违约方支付约定的惩罚性违约金。但是,如果约定惩罚性违约金与违约解约造成的损失相差较大,致使违约方在承担了损害赔偿责任后还要承担过重的惩罚性违约金,则可以参照《民法典》第 585 条第 2 款的规定予以适当减少。

4. 违约金调整请求权的行使问题

在司法实践中,违约方通常以其没有违约、不构成违约等不应支付违约金进行直接抗辩;当这种抗辩不成立时,违约方又会提出其原来的抗辩中包含了约定的违约金过高、请求予以减少的意思表示,请求人民法院予以减少。人民法院能否根据违约方的这种不违约抗辩,将其广义地理解为包含了约定的违约金过高、请求予以减少的意思表示,从而主动地减少违约金的数额?有观

---

〔27〕 参见韩世远:《减价责任的逻辑构成》,载《清华法学》2008 年第 1 期;杜景林:《我国合同法上减价制度的不足与完善》,载《法学》2008 年第 4 期;崔建远:《退货、减少价款的定性与定位》,载《法律科学(西北政法大学学报)》2012 年第 4 期。

〔28〕 最高人民法院民事审判第二庭编著:《最高人民法院关于买卖合同司法解释理解与适用》,人民法院出版社 2012 年版,第 378 页。

点认为，对于违约金过高的，当事人坚持自己未违约，其目的在于对抗对方的违约金请求权，此种情况下，如果当事人固守其未违约之主张，从逻辑上看，其认为自己不应支付违约金，无论法院定其应支付多少违约金，其均会认为违约金过高；法院如果机械地认为当事人未主张违约金过高，就不能调整违约金的做法，可能造成事实上的不公平。我们认为，当事人不违约的抗辩主张与其“约定的违约金过高、请求予以减少”的意思表示，在性质、意义上并不相同：前者是一种抗辩，旨在推卸责任；后者实为一项诉讼请求，意在减轻责任。而且，二者的逻辑前提也不相同：前者以其不存在归责事由（无违约行为）为前提；后者以其承认存在归责事由（有违约行为）因而应当承担责任为前提，只是在此前提下，请求减轻其责任。在此种情形下，当事人抗辩的内容是直接否认其存在违约行为，并未明确表达出违约金额与实际损失之间存在差异的问题，没有调整违约金的明确意思表示，因此不能直接适用违约金调整制度的规定。然而，基于诉讼经济之考虑，在当事人仅提出“并没有违约、不应当承担违约责任”的抗辩主张，人民法院认为不违约抗辩不成立时，应及时行使释明权，向违约方进行询问说明等。

拓展阅读推荐

1. 王利明主编：《中国民法典释评（合同编·通则）》，中国人民大学出版社 2020 年版。
2. 朱广新、谢鸿飞主编：《民法典评注：合同编　通则》（第 2 册），中国法制出版社 2020 年版。
3. 最高人民法院民法典贯彻实施工作领导小组主编：《中华人民共和国民法典合同编理解与适用（二）》，人民法院出版社 2020 年版。
4. 王泽鉴：《债法原理》（第二版），北京大学出版社 2013 年版。
5. 韩世远：《合同法总论》（第四版），法律出版社 2018 年版。
6. 张玉卿主编：《国际统一私法协会国际商事合同通则》（2010 英汉对照），中国商务出版社 2012 年版。

第二十二章　合同的保全

学习要点

- 合同的保全与债的担保
- 代位权
- 撤销权

第一节　合同的保全概述

一、合同的保全的意义

债务人以其一般财产对于债务承担责任，债务人的责任财产不仅担保个别债权的履行，而且是对于全体债权人债权的担保，因此，债务人责任财产的状态如何，直接关系到债权能否得以完全实现。为了保全债务人的责任财产，民法赋予债权人两项权利：代位权和撤销权。

按照民法意思自治原则，债务人作为民事主体，当然可以自由处分自己的财产（和财产权利），包括有偿转让（出卖财产给他人）、无偿转让（将财产赠与他人）以及放弃债权（免除他人债务）。但法律不允许债务人滥用财产处分自由，以损害债权人的利益；不允许债务人一边拖欠债权人的债务，一边无偿处分自己的财产或财产权利。因此，债的保全制度的实质，是在权衡债权人利益、交易安全与债务人财产自由之基础上，赋予债权人代位权和撤销权，使债权人能够依法适度干预债务人的财产自由，防止债务人责任财产的不当减少，维持债务人清偿债务的能力，以利债权的实现。

债权人代位权与债权人撤销权同属于“债权保全”制度，即通过保全债务人财产，维持债务人偿债能力，以保护债权人利益的法律制度。债权人代位权适用于债务人“怠于行使”债权的案型，债权人撤销权适用于债务人不当处分财产的案型。债权人代位权制度，赋予债权人法定代位权，使其可以代位行使债务人“怠于行使”的债权；债权人撤销权制度，赋予债权人法定撤销权，使其可以撤销债务人的不当处分财产行为。

债权人代位权和债权人撤销权，均属于法律强制性规定，不允许权利人预先放弃；合同中预先约定放弃债权人代位权或债权人撤销权的，该约定无效。但债权人是否行使代位权或者撤销权，则取决于权利人的自由意思，自不待言。

二、合同的保全与相关制度的区别

（一）合同的保全与债的担保

债的担保是指债的当事人依据法律规定或双方约定，以债务人或者第三人的特定财产或信用担保债权的实现和债务的履行的制度，如保证、抵押、质押、留置、定金。

合同的保全与债的担保的区别在于：（1）产生的依据不同。合同的保全直接依法律规定产生，保全的方式和条件必须符合法律的规定；债的担保主要因当事人的约定而产生，担保的种类、担保的范围、责任的大小等均可由当事人约定。（2）效力的范畴不同。合同的保全是债的对外效力的体现，其效力及于合同关系以外的第三人；而债的担保的效力是债的对内效力，仅限于对债的当事人和担保债务的担保人有效，不涉及债的关系和担保关系之外的人。（3）作用不同。合同的保全的作用是通过代位权和撤销权的行使，防止债务人责任财产的不当减少，以保持债务人的责任财产范围不变；债的担保是债权人通过法律规定或当事人约定而直接享有担保权利和优先受偿权利，扩大了债务人的责任财产范围。

（二）合同的保全与民事诉讼法上的财产保全

民事诉讼法上的财产保全，是指人民法院在案件受理前或者诉讼过程中，为保证判决的执行，或避免财产遭受损失，应当事人的请求而对对方当事人的财产或争议的标的物采取的查封、扣押、冻结等措施。

合同的保全与民事诉讼法上的财产保全的区别在于：（1）法律性质不同。合同的保全是民法即实体法所规定的制度，民事诉讼法上的财产保全是程序法所规定的措施。（2）实行措施不同。合同的保全的措施是债权人行使代位权或撤销权；民事诉讼法上的财产保全的措施是人民法院所采取的查封、扣押、冻结等。（3）是否请求不同。合同的保全必须由债权人提出请求，人民法院才可以确认债权人的债的保全权利；民事诉讼法上的财产保全不一定必须由当事人提出请求，按照法律规定人民法院可以依职权主动采取诉讼保全措施。

第二节　债权人的代位权

一、债权人代位权的意义及其性质

（一）债权人代位权的意义

债权人的代位权，是指因债务人怠于行使其债权或者与该债权有关的从权利，影响债权人的到期债权实现的，债权人可以向人民法院请求以自己的名义代位行使债务人对相对人的权利。

债权人的代位权承袭自法国民法（《法国民法典》第1166条）中间接诉权或代位诉权制度，而德国、瑞士民法并不认可这一制度。这一制度很可能是作为强制执行的一个环节，并为补充强制执行制度的缺陷而发展出来的，因而强制执行制度不完备的法国认可这一制度，而强制执行制度相当完备的德国就不承认这一制度。但是，不可否认，债权人代位权一方面具备强制执行的作用，另一方面又具有保全债务人责任财产的作用，具有独立存在的理由。代位权制度的核心功能是保全债务人的责任财产，防止债务人的消极行为致其责任财产减少，从而影响债权人所享债权的实现。因此，我国原《合同法》第73条、《民法典》合同编第535条至第537条对债权人的代位权作了规定。

《民法典》在继承原《合同法》及其司法解释相关规定的基础上，对债权人的代位权规则作出较大幅度的修改和完善，主要体现为：（1）扩大了代位权客体的范围，将某些非金钱债权和从权利也纳入该范围；(2)新增保存行为的规定，不再将行使代位权局限于实行行为；(3)明确规定了“直接清偿规则”，并对其内容进行了充实。这些修改和完善无疑更加有利于发挥代位权规则的保全功能及更大程度地保护债权人利益，并尽量平衡债权人、债务人与相对人等各方利益。

（二）债权人代位权的性质

虽然债权人代位权又称为间接诉权或代位诉权，但并非诉讼法上的权利，而是实体法上的权利。它是债权的效力或是从属于债权的特别权利。

债权人代位权的法律性质，历来有代理权说、为自己之委任说等，现在学理上通说采用固有权利说。债权人代位权是债权人以自己名义行使的权利，不同于以他人名义行使的代理权，因而是债权人固有的权利。在固有权利说中，有的学者进一步认为这是一种属于形成权或管理权的权利，而近年来一般认为债权人代位权属于广义上的管理权，其主要理由在于：债权人代位行使债务人的权利，在债务人与第三人之间引起的权利义务关系的变动，并非债权人单方意思表示的结果，而是债权人行使债务人权利的结果，其间借助了债务人权利的作用。因此，债权人的代位权是以行使他人权利为内容的管理权。

虽然债权人代位权也被称为“代位权”，但与一般之“代位”在性质上也不相同。一般所称的代位，是指权利因法律规定而当然转移至另一主体。如连带债务人、保证人的清偿代位。保证人、连带债务人履行债务后，依其代位权，完全取代原债权人的地位，成为原债务人或其他连带债务人的债权人，其行使债权的法律效果归属于自己而不归属于原债权人。债权人代位仅指权利行使上的代位，并不能因其“代位权”的行使而发生权利的当然转移，其名同而实异，值得注意。

二、债权人代位权成立的条件

根据《民法典》第535条的规定，债权人代位权的成立，必须同时具备以下要件：

1. 债务人享有对相对人的债权或者与该债权有关的从权利

债权人代位权的行使是为了增加债务人的财产，以保证债权的实现，因而债务人必须享有对第三人的债权或者与该债权有关的从权利。如果债务人对第三人并没有债权存在，债权人自无代位权可言。如果债务人对第三人的债权是专属于债务人自身的债权，如基于扶养关系、赡养关系、继承关系产生的给付请求权和劳动报酬、退休金、养老金、抚恤金、安置费、人身伤害赔偿请求权等权利，债权人不得代位行使。

对于代位权的客体，原《合同法》第73条规定为“到期债权”，《合同法司法解释（一）》第13条第1款将其进一步限定为“具有金钱给付内容的到期债权”，其理由主要是担心过分地扩大代位权的客体范围，会造成“冲击合同相对性原则”“威胁合同法相关制度”“三方当事人权益严重失衡”“损害交易安全”等恶果。[1] 学界普遍对原《合同法》及其司法解释的规定持批评意见，认为范围过于狭窄。多数学者主张应借鉴域外法规定，通过目的性扩张解释的途径扩大代位权客体的范围。《民法典》第535条第1款规定代位权的客体是“债权或者与该债权有关的从权利”，该规定相较于旧法的变化包括：(1)未将债权限定于“到期”，尤其是《民法典》第536条明确规定了“债权人的债权到期前，债务人的债权或者与该债权有关的从权利存在诉讼时效期间即将届满或者未及时申报破产债权等情形，影响债权人的债权实现的”，债权人可以行使代位权。

[1] 最高人民法院研究室编：《合同法司法解释理解与适用》，法律出版社2009年版，第72页。

(2)未将债权限定于“具有金钱给付内容”,使某些非金钱债权也被纳入代位权客体的范围之内。(3)增加规定“与该债权有关的从权利”,使违约金请求权、抵押权等从权利被纳入代位权的客体范围之内。

与该债权有关的从权利可以分为三类:(1)具有请求权性质的从权利,包括利息(孳息)请求权、违约金请求权、违约损害赔偿请求权等。此类从权利基于从随主的规则,其构成代位权的客体不存在疑义。(2)具有担保功能的从权利,包括抵押权、质权、留置权、定金、保证、抵销等。其中,抵押权和保证债权可以构成代位权的客体。虽然抵押权并非金钱债权,但其通常以变价方式行使,故债权人代位行使并无操作上的障碍。保证债权作为一种担保性从债权,其构成代位权的客体亦无疑义。债务人就相对人财产享有动产质权和留置权的,标的物由债务人占有,因此债权人无法行使代位权。债务人享有不移转占有之权利质权的,该权利质权可以构成代位权的客体。当事人约定定金的,如果相对人是收受定金的一方,债权人可代位请求其双倍返还定金。债务人享有的抵销权可以构成代位权的客体。债权人代位行使抵销权虽不能使自己直接受偿,但可有效防止债务人责任财产的减少。(3)具有形成权性质的从权利,包括债务人享有的合同撤销权、解除权等。对于这一类从权利可否代位,素有争论。一种观点认为,如果债务人自身没有撤销合同或者解除合同的意思,原则上债权人不能代位行使。因为在债务人并无撤销或者解除意思的情形下允许债权人代位,似对他人意思表示干涉过巨。我们认为,应从《民法典》第535条的规范目的进行解释,如果债务人怠于行使其享有的合同撤销权、解除权等形成权,影响债权人的到期债权实现的,债权人有权行使代位权。例如,债务人被相对人欺诈签订建设工程合同,债务人为此向相对人支付履约保证金,如果债权人怠于行使撤销权,已经支付的保证金无法收回,致使债权人的到期债权无法实现,此时如果以维护债务人意思自由为由而否认债权人享有撤销权,将致债权人与债务人利益保护严重失衡,架空《民法典》第535条的规范目的。

2. 债务人怠于行使对相对人的债权或者与该债权有关的从权利

虽然《民法典》第535条第1款删去“到期”的限定语,但仍应解释为在一般场合下“到期债权”才构成代位权的客体。如果债务人享有的债权尚未到期,债务人不行使该债权并不构成“怠于行使权利”,故不符合代位权的成立条件。在某些场合下,债务人的债权因某种事实被拟制提前到期,该债权可以构成代位权的客体。例如,相对人在到期前通知债务人拒绝履行(预期违约),该债权到期前即可构成代位权的客体。如果债权人系代位请求相对人履行债务,且无其他规则适用的影响,则仍应解释为该债权以到期为限。

债务人怠于行使对相对人的到期债权或者与该债权有关的从权利,是指债务人不履行其对债权人的债务,又不以诉讼方式或者仲裁方式向其相对人主张其享有的到期债权或者与该债权有关的从权利,致使债权人的到期债权未能实现。至于债务人不行使到期债权是否有过错、有无其他原因、是否经债权人催告,均在所不问。相对人(债务人的债务人)认为债务人没有怠于行使其到期债权的,应当承担举证责任。

3.“请求履行”等实行行为须债务清偿期限届满而未清偿

债务人对其债权人的债务清偿期限届满而未清偿,是债权人代位权成立的必要条件。如果债务人已构成履行迟延而又无资力清偿债务,则债权人的债权就有不能实现的危险,此时债权人就有保全债权的必要,债权人代位权得以成立。在债务人尚未构成迟延时,则债务人是否能够履行债务尚无法确定,债权人的债权是否存在不能实现的危险也难预料。于此情形,债权人代位权不能成立。因此,代位行使的债权原则上应当“到期”。

行使代位权的形态除包括“请求履行”等实行行为外,还包括“保存行为”,即虽非直接请求相对人履行义务,但通过中断时效、申报债权等行为防止债务人责任财产的减损。债权人的债权到期前和到期后均可实施保存行为,域外法对此多设有规定。理由在于:保存行为不仅对债务人没有不利,而且在很多紧急情况下对债务人财产管理的介入程度较小。因此,即使在被保全债权的履行期到来之前,也允许代位行使。我国原《合同法》及其司法解释对保存行为未作明确规定。《民法典》第 536 条新增保存行为的规定:“债权人的债权到期前,债务人的债权或者与该债权有关的从权利存在诉讼时效期间即将届满或者未及时申报破产债权等情形,影响债权人的债权实现的,债权人可以代位向债务人的相对人请求其向债务人履行、向破产管理人申报或者作出其他必要的行为。”该条扩大了行使代位权行为的形态,使债权人行使代位权的时间范围更广,更加有利于实现代位权规则的保全功能。

4. 须债权人有保全债权的必要

债权人有保全债权的必要,是指因债务人怠于行使其债权或者与该债权有关的从权利,影响债权人的到期债权实现,因而有代位行使债务人的权利以便实现债权的必要。关于保全的必要,各国与各地的民法有不同的立法例和解说。例如,法国民法认为代位权的成立以债务人无资力为必要,而日本民法和我国台湾地区“民法”并不以债务人无资力为必要。我们认为,不一定以债务人无资力为要件,因为债权的实现与债务人无资力并不一定具有直接关系。例如,债权人对债务人享有到期金钱债权,债务人因怠于行使其对相对人享有的到期金钱债权,即使债务人有房屋等不动产,并非全无资力,但是,债权人于此情形要实现其金钱债权,得通过诉讼程序强制执行,由法院变卖(拍卖)房屋后才能实现,徒增权利实现的时间成本和经济成本,此时应当可为保全债权而代位行使债务人的金钱债权。《民法典》第 535 条对此仅有原则性规定——“影响债权人的到期债权实现的”,并未以债务人是否无资力为要件。

三、债权人代位权的行使

债权人在行使代位权时应当符合法律的规定,即符合下列要求:

1. 代位权行使的主体是债权人

代位权的行使主体是债务人的债权人。债权人是多人的,则各个债权人在符合法律的规定时都可以行使代位权。然而,如果其中一个连带债权人已就某项权利行使了代位权,或者正在代位诉讼,则其他债权人不得就该项权利再行使代位权。

2. 代位权行使须以债权人自己的名义

债权人在行使代位权时,应当以自己的名义为之,而不能以债务人的名义行使。由于债权人的代位权具有管理权的属性,因而债权人必须以善良管理人的注意行使代位权。如违反该项义务给债务人造成损害的,应负赔偿责任。

3. 代位权行使须以诉讼的方式为之

代位权是债的外部效力,涉及债的关系以外的第三人,必须通过诉讼程序以法院裁判的方式行使,债权人不得自己径行行使。

4. 代位权行使须以保全债权为必要限度

债权人行使代位权的范围,以保全债权人的债权为必要限度。《民法典》第 535 条第 2 款规定:“代位权的行使范围以债权人的到期债权为限。债权人行使代位权的必要费用,由债务人负担。”在必要范围内,债权人可以同时或者顺次代位行使债务人的数项权利。但是,如果债权人就某一项权利行使代位权就可满足其清偿债权的需要时,则不得再对债务人的其他权利行使代位权;债权人行使代位权的请求数额超过债务人所负债务额或者超过次债务人所负债务额的,对超出部分人民法院不予支持。

5. 行使代位权的形态包括实行行为和保存行为

行使代位权的形态除包括"请求履行"等实行行为外,还包括保存行为。

保存行为包括:(1)在诉讼时效已经起算至届满前的任何时间,债权人均可实施保存行为以引起诉讼时效中断。(2)人民法院受理相对人破产申请后,债务人作为相对人的债权人未及时在人民法院确定的债权申报期限内向破产管理人申报债权。在此情形下,为防止因债务人未参与破产分配而丧失受偿机会,允许债权人代位实施申报债权的行为。(3)其他有害于债务人责任财产的情形。例如,人民法院受理相对人破产申请后,债务人未及时行使取回权、别除权、抵销权等情形,债权人可以代位行使。

四、债权人代位权行使的效力

债权人行使代位权,对于债务人、相对人和债权人会产生不同的法律效力。

(一)对债务人的效力

债权人代位行使债务人之权利后,债务人对该权利的处分权即应受限制,在债权人通知债务人后或债务人已知道债权人之代位后,债务人对于债权人代位行使的权利,不得再行使权利或进行处分。

债权人以诉讼方式行使代位权时,债务人有权参加诉讼。债权人以相对人为被告向人民法院提起代位权诉讼,未将债务人列为第三人的,人民法院可以追加债务人为第三人。如债务人不参加诉讼,法院已发生既判力的判决对债务人仍然具有法律效力。

(二)对相对人的效力

债权人代为行使债务人的权利时,相对人得以对抗债务人的一切抗辩事由,如同时履行抗辩、不安抗辩、权利不发生抗辩或权利消灭抗辩,对抗债权人。但相对人不得以其直接对于债权人的抗辩事由对抗债权人行使代位权。

债权人向相对人提起的代位权诉讼,经人民法院审理后认为代位权成立的,由债务人的相对人向债权人履行义务,债权人接受履行后,债权人与债务人、债务人与相对人之间相应的权利义务终止。

(三)对债权人的效力

传统民法学说及外国立法例认为,债权人代位所行使的仅仅为债务人的权利,其目的原则上在于保全债务人的责任财产,而非实现债权的权利。故债权人行使代位权所生效果应归属于债务人,应加入债务人责任财产之中,供履行债务人的全部债务。因此,债权人因行使代位权受领了相对人给付的财产,债权人对该财产无留置权、直接受偿权、对其他债权人的优先受偿权,也不能提出以其债权与债务人的返还请求权相抵消。这被称为"入库规则"。但是,债务人自愿以债权人受领的财产清偿其债务,或者债权人申请强制执行该财产,则认为发生清偿效力。

我国原《合同法》对此本无明确规定,《合同法司法解释(一)》第20条规定:"债权人向次债务人提起的代位权诉讼经人民法院审理后认为代位权成立的,由次债务人向债权人履行清偿义务,债权人与债务人、债务人与次债务人之间相应的债权债务关系消灭。"按照这一司法解释,债权人行使代位权的利益直接归属于债权人,而不是归属于债务人后由各债权人平等受偿;在债权人受清偿的范围内,债权人与债务人之间的债权债务关系消灭,债务人与次债务人之间的债权债务关系也相应消灭。有学者认为该解释是对传统“入库规则”的“悖离与超越”。[2]《民法典》继承了司法解释采取的“直接清偿规则”,第537条明确规定:“人民法院认定代位权成立的,由债务人的相对人向债权人履行义务,债权人接受履行后,债权人与债务人、债务人与相对人之间相应的权利义务终止。债务人对相对人的债权或者与该债权有关的从权利被采取保全、执行措施,或者债务人破产的,依照相关法律的规定处理。”该规定包含两层含义:

第一,由相对人直接向债权人履行义务。对《民法典》第537条的表述的解释,应结合代位行使的权利性质。债权人代位行使债权的,法院可以判决相对人直接向债权人履行给付义务。债权人代位行使抵押权等担保物权的,由债权人申请启动实现担保物权的特别程序,经法院审查符合法律规定的,裁定拍卖、变卖担保财产,债权人依据该裁定申请执行。

第二,债权人接受履行后,债权人与债务人、债务人与相对人之间相应的权利义务终止。在理解这一“直接清偿规则”时,必须注意:(1)直接清偿效果的发生时点是“债权人接受履行后”,而非代位权诉讼的裁决生效时。换言之,相对人未履行该生效裁决的,债权人仍须通过执行程序使其达成受偿目的,生效裁决本身并不能导致直接清偿的效果或者使债权人处于优先受偿的地位。(2)新增规定在债务人的权利被采取保全、执行措施或者债务人破产的情形下,依照相关法律的规定处理。换言之,在此类情形下“直接清偿规则”被限制适用。

“直接清偿规则”既保护了债权人行使代位权的积极性,又平衡了各方当事人利益,已适用二十年,在司法实践中适用效果总体良好。《民法典》在继承该规则的基础上,进一步充实和完善规则内容,是较为务实的态度,值得肯定。

问题与思考

1. 债权人代位权的客体范围

关于债权人代位权的客体范围,《民法典》第535条的规定与原《合同法》及其司法解释相比较,已经作出了一定程度的扩张,但是仍然限于债务人对相对人的债权或者与该债权有关的从权利。如果债务人怠于行使其对相对人享有的属于物权请求权范畴的返还原物请求权、属于形成权性质的撤销权、解除权等财产权利,影响债权人的到期债权实现的,债权人是否可以行使代位权?对此,理论与实务界素有争议。一种观点认为,应对代位权的客体基于目的性扩张解释方法进行扩大解释。该观点认为,就比较法角度而言,可代位行使的权利非常广泛,可概括为“属于债务人的权利”。对我国债权人代位权的行使范围应作广泛理解,既应包括债权,也应包括物权、物上请求权;既应包括上述财产请求权,也应包括有财产意义的形成权、有关财产保全行为及可能影响债务人之责任财产状况且不具有专属性的诉讼权利。另一种观点认为,应避免代位权扩大的倾向。由于该制度是对合同相对性的重大突破,过分扩大其适用范围,将威胁基于合同相对性原则而产生的各项合同法律制度,导致债权人、债务人、次债务人之间的利益失衡,损害交易安全。《民法典》未直接照搬法国、日本等国民法规定,而是适当扩大代位权客体的范围,以尽量实现保全功能与其他规则的协调,有其合理性。我们认为,代位权规则的核心功能是保全债务人

[2] 张玉敏、周清林:《“入库规则”:传统的悖离与超越》,载《现代法学》2002年第5期。

的责任财产，防止债务人的消极行为致其责任财产减少，从而影响债权人所享债权的实现。债务人有害于其责任财产的各类消极行为的对象，包括债权、物权、各种从权利以及诉讼法上的权利等。因此，设置有代位权规则的立法通常对代位权的客体范围规定得较为宽泛，以利于实现该规则的保全功能。例如，《法国民法典》第1166条规定代位权的客体是"债务人的一切权利和诉权"。《日本民法典》第423条将代位权的客体笼统表述为"属于债务人之权利"，学理及实务将其解释为请求权、形成权、诉讼上有关权利等。我国《民法典》规定的代位权的客体范围在文义上明显小于上述域外法规定，但是从目的解释而言，债权人代位权是保全债务人责任财产的目的性所决定，构成债务人一般责任财产的财产权，无论其种类如何，均可成为债权人代位权的客体。在司法实践中，遇到此类代位权诉讼时，不妨通过对《民法典》第535条的规定进行目的性扩张解释予以类推适用。

2. 债务人享有的代位权和撤销权可否构成代位权的客体？

有学者认为，债务人对其相对人（次债务人）享有的债权人代位权和债权人撤销权，在其性质上并非债权或者与该债权有关的从权利，因而不属于《民法典》第535条规定的代位权客体范围。又有学者认为，如果债务人怠于行使自身享有的代位权和撤销权，该代位权和撤销权也可构成代位权的客体。我们认为，对此应区别对待。(1)债务人享有的代位权不宜构成代位权的客体。一方面，如果允许债权人代位行使债务人享有的代位权，意味着债权人不是向相对人请求履行，而是向相对人的债务人请求履行。但依据《民法典》第535条和第537条规定，债权人行使代位权的对象应为"相对人"。另一方面，代位权作为一种突破合同相对性的例外制度，不应使其效力过于强大。如果允许债权人代位行使债务人享有的代位权，这种"代位的代位"的做法使代位权事实上具有追及效力而接近物权支配权的属性，似有不妥。(2)债务人享有的撤销权可以构成代位权的客体。因为撤销的对象是相对人与第三人之间的行为，其并未脱离相对人的范围。

3. 非金钱债权代位权是否适用"直接清偿规则"？

《民法典》第535条第1款规定代位权的客体是"债权或者与该债权有关的从权利"，未将债权限定于"具有金钱给付内容"，使某些非金钱债权也被纳入代位权客体的范围之内。但是，债权人对于债务人对其相对人的非金钱债权行使代位权，如果债权人对债务人所享债权与该非金钱债权非属同种类债权，债权人可否请求相对人直接向其交付或者转移财产？有观点认为，该情形无法适用抵销规则使两项债权均归消灭，因而不能适用"直接清偿规则"。我们认为，对此不应一概否认，而应区分不同情形予以处理：(1)如果债权人对债务人、债务人对其相对人享有的非金钱债权种类相同，根据《民法典》第569条的规定，当事人互负债务，该债务的标的物种类、品质相同的，任何一方可以将自己的债务与对方的到期债务抵销。因此，仍可直接适用《民法典》第537条规定的"直接清偿规则"。(2)如果债权人对债务人、债务人对其相对人享有的非金钱债权种类不相同，不宜直接适用"直接清偿规则"。例如，债权人对债务人享有50万元金钱债权，债务人对其相对人享有价值120万元的房屋交付请求权，于此情形，债权人仍须通过执行程序使其达成受偿目的，人民法院应当对相对人交付的财产进行变价或者折价，在代位权的行使范围内，债权人与债务人、债务人与相对人之间相应的权利义务终止。

第三节　债权人撤销权

一、债权人撤销权概述

(一)债权人撤销权的概念

债权人撤销权源于罗马法的“废罢诉权”,又称“撤销诉权”,是指因债务人实施减少其财产的行为害及债权人的债权实现时,债权人为保全自己的债权,依诉讼程序申请法院撤销该行为的一种权利。所谓债务人行为害及债权人的债权实现,一般是指债务人负债期间,将其财产之一部或全部低价转让与第三人,或无偿赠与他人等,致使债权人的债权实现受到损害,法律为保护债权人起见,特许其对于债务人的这些不当财产处分行为提起诉讼,请求予以撤销。

我国《民法典》第538条至第542条确立了债权人撤销权制度。法律赋予债权人撤销权的目的,在于通过撤销债务人的不当财产处分行为,使债务人不应减少的财产不致减少,从而保全债务人责任财产,以利债权的实现。债权人撤销权的实质,就是对债务人财产处分自由的限制。关键的问题是,债务人是否另有足以清偿债权人债务的财产?如果债务人另有足以清偿债权人债务的财产,则债务人的财产处分自由不受限制;反之,如果债务人没有其他的足以清偿债权人债务的财产,而意图通过任意处分自己的财产达到赖账的目的,则债权人可依据该条规定,行使债权人撤销权,撤销债务人的财产处分行为。

(二)债权人撤销权的性质

第一,债权人的撤销权为一项实体权利。债权人的撤销权附属于债权人的债权,与债权具有不可分离性,不能单独让与,是实体法上的权利,非程序法上的权利。传统民法将债权人的撤销权称之为“废罢诉权”或“撤销诉权”,并非说该项权利为诉讼上权利,而是说该项权利只能以“诉”的方式行使,不能以非诉的方式行使。

第二,债权人的撤销权具有请求权和形成权双重性质。关于债权人撤销权的性质,理论界有请求权说、形成权说、责任说、折中说等不同的学说。请求权说认为,撤销权的实质是对于因债务人的行为而受有利益的第三人直接请求其返还所得利益的权利。形成权说认为,债权人的撤销权的效力在于依债权人的意思而使债务人与第三人之间的法律行为溯及地消灭。责任说认为,债权人并不需请求第三人返还所得利益,而是将其利益视为债务人的责任财产,请求法院径直对之强制执行。折中说认为,债权人撤销权是具有请求权和形成权双重性质的权利,债权人撤销权行使的结果,一方面使债务人与第三人之间的行为归于无效,具有形成权的性质;另一方面使债务人的责任财产恢复原状,具有请求权的性质。我们认为,折中说能最好地实现撤销权制度的目的。

(三)债权人的撤销权与一般撤销权的区别

债权人的撤销权是撤销权的一种特殊形态,虽具有一般撤销权的共同属性,但亦在某些方面与一般撤销权存在区别:(1)发生原因不同。一般撤销权的发生原因,根据我国《民法典》的规定,是行为人一方有欺诈、胁迫、乘人之危、重大误解或行为内容显失公平。而债权人撤销权的发生原因,则是债务人的法律行为有害债权人的债权。作为债权人撤销客体的行为,其本身是有效法律行为,并不存在无效原因或可撤销的原因。(2)撤销权人不同。撤销权的权利人一般为可撤销民事行为的一方当事人。而债权人撤销权的权利人为债权人,不是被撤销的法律行为的当事人,而是行为人之外的第三人。(3)撤销权行使的方式不同。一般撤销权既可以在诉讼内行使,也可以在诉讼外行使。债权人撤销权则只能在诉讼内行使,不能在诉讼外行使。

二、债权人撤销权的成立条件

根据《民法典》第538条、第539条的规定,债权人撤销权的成立应当根据债务人的行为是否有偿而加以区别。债务人行为为无偿时,其成立只需具备客观要件;债务人行为为有偿的场合,其成立必须同时具备客观要件和主观要件。

(一)客观要件

所谓客观要件,是指债务人实施了危害债权人债权的法律行为,包括以下两个方面:

1. 债务人在债权成立后实施了使其财产减少的民事法律行为

由于债权人撤销权的目的在于防止债务人的责任财产减少而损害债权人的债权,所以,债权人行使撤销权的对象就应当是债务人实施使其财产减少的法律行为。关于债务人实施使其财产减少的行为,《民法典》第538条、第539条分别规定了两类:

第一,《民法典》第538条规定:"债务人以放弃其债权、放弃债权担保、无偿转让财产等方式无偿处分财产权益,或者恶意延长其到期债权的履行期限,影响债权人的债权实现的,债权人可以请求人民法院撤销债务人的行为。"该条主要规定了如下四种无偿行为:(1)债务人放弃其债权,既包括放弃到期债权亦包括放弃未到期债权,二者的法律效果都是导致债务人责任财产的流失,从而损及债权人利益;(2)放弃债权担保,债务人虽未放弃其债权,但放弃其债权担保,致使其债权沦为一般债权,同样可能导致债务人责任财产的减少,损害债权人利益;(3)无偿转让财产,直接导致债务人责任财产的减少;(4)恶意延长其到期债权的履行期限,这实质上是债务人通过侵害债权人的期限利益而损及其债权,甚至使债权人的债权事实上落空。

第二,《民法典》第539条规定:"债务人以明显不合理的低价转让财产、以明显不合理的高价受让他人财产或者为他人的债务提供担保,影响债权人的债权实现,债务人的相对人知道或者应当知道该情形的,债权人可以请求人民法院撤销债务人的行为。"该条主要规定了如下三种有偿行为:(1)以明显不合理的低价转让财产。(2)以明显不合理的高价受让他人财产。对于这两种行为的判断,时间基准为"交易当时",即实施交易行为时;空间基准为"交易当地",即实施交易的行为地;价格判断以指导价或者市场交易价为基准。在司法实践中,法院较多采用的参考标准为转让价格达不到交易时交易地的指导价或者市场交易价百分之七十的,一般可以视为明显不合理的低价。该参考标准并非绝对标准,对于季节性产品和易腐烂变质的时令果蔬在临近换季或者保质期将届满时,商家采取的大幅甩卖等手段,并不适用前述参考标准。(3)为他人的债务提供担保,该行为增加了债务人责任财产的负担,当被担保的债务人不履行债务时,债务人得以其财产清偿,造成债务人的责任财产减少。

2. 债务人的行为影响债权人的债权实现

所谓影响债权人的债权实现,是指债务人的行为足以减少其责任财产而使债权人的债权不能完全受清偿。如果债务人的行为虽使其财产减少却未影响其清偿能力,不影响债权人债权实现的,债权人不得行使撤销权。债务人是否害及债权人的债权,应从以下两方面考量:(1)债务人因其行为而使其无资力清偿债权。债务人有无资力清偿债权,应以债务人客观上能否支付的事实为判断标准。(2)债权人的债权因债务人的行为不能受完全清偿。但债权人的债权附有担保物权的,债权人只能于担保物的价值不足清偿的债权数额限度内行使撤销权。

(二)主观要件

主观要件,是指债务人与相对人为有偿法律行为时,相对人知道或者应当知道该情形而仍为之,即为主观具有恶意。即相对人在取得一定财产或一定财产利益时,已经知道债务人所为的行为有害于债权人的债权,已经认识到该行为影响债权人的债权实现的事实。至于相对人是否具有故意损害债权人的意图,或是否曾与债务人恶意串通,在所不问。对于相对人的恶意,须由债权人负担举证责任,证明债务人的行为缺乏对价性、影响其清偿能力、影响债权人的债权实现的事实,以当时具体情形应为相对人知道或者应当知道的,即可推定相对人为恶意。对于无偿行为,撤销权的成立不以相对人知道或者应当知道为要件。应当指出,无论债务人为有偿法律行为或者无偿处分,债权人均无须证明债务人是否具有主观恶意。之所以不要求这一主观要件,不是说债务人的行为没有主观恶意,而是不要求债权人对债务人的主观恶意进行举证,因为债务人明知其尚未清偿债务而为损及债权人的债权实现的行为,这种行为本身就具有恶意,从逻辑上当然推定债务人具有主观恶意,因而无须债权人举证证明。

三、债权人撤销权的行使

债权人撤销权由债权人行使。如果债权人为多数人,则分别按照按份债权或者连带债权的规则行使撤销权。对于共同债权,无论由谁行使撤销权,其结果都对全体债权人发生效力。

撤销权的行使与相对人有重大利害关系,有必要由法院审查债权人的撤销权是否成立,以防止债权人滥用撤销权,所以,债权人撤销权的行使应以诉讼方式为之。提起撤销权诉讼时只以债务人为被告,未将相对人列为第三人的,人民法院可以追加该相对人为第三人。

债权人撤销权的行使范围以保全债权人的债权为必要限度。《民法典》第 540 条规定:“撤销权的行使范围以债权人的债权为限。债权人行使撤销权的必要费用,由债务人负担。”

债权人撤销权应在法定的期限内行使。债权人撤销权如同其他撤销权一样,规定有除斥期间,债权人应于权利行使期间内行使;否则,除斥期间届满后,撤销权即消灭。《民法典》第 541 条规定:“撤销权自债权人知道或者应当知道撤销事由之日起一年内行使。自债务人的行为发生之日起五年内没有行使撤销权的,该撤销权消灭。”

四、债权人撤销权行使的效力

债权人撤销权行使的效力,依法院判决的确定而发生。其效力及于债权人、债务人及相对人。

对于债务人及相对人而言,债务人的行为一经法院撤销,即自始无效。对于其财产返还或者损害赔偿问题,应当适用《民法典》第 157 条的规定。

对于债权人而言,其行使撤销权的目的在于保全债务人的一般财产,故债权人撤销权一旦成立,债权人行使撤销权对诈害行为损及的债务人责任财产的保全效力就变为既定效力。《民法典》第 542 条仅规定债务人影响债权人的债权实现的行为被撤销的,自始没有法律约束力,并未规定无效的具体法律后果。传统观点认为,行使撤销权的债权人得请求相对人将所得的利益返还给债务人,作为债务人对全体一般债权人的共同担保;行使撤销权的债权人不享有从返还利益中优先受偿的权利。行使撤销权的债权人依强制执行程序请求受偿时,全体债权人得申请参与按比例分配。我们认为,债务人的行为一经法院撤销,相对人得依债权人的请求,返还其已受领的财产,债权人可直接受领返还财产,只是其对债务人负有返还义务,如果该返还义务与债务人所负债务构成抵销适状,债权人可以主张抵销,从而获得事实上优先受偿的效果。否则,债权人要从相对人返还的财产中受偿,仍须依照强制执行程序进行,与其他申请参与分配的债权人平等受偿。

问题与思考

1. 关于债权人撤销权的客体范围

由于债权人撤销权是以保全债权为目的,因此理论通说认为债务人的行为只要具有减少其责任财产的法律后果,债务人所实施的法律行为,并不限定其种类。所以不限于合同行为,还包括单独行为(如放弃权利、免除债务、承认等)、经营行为(如设立公司、合伙企业)、诉讼中的法律行为(如诉讼上的和解、抵销以及请求的放弃、承认等),而且也不问是债权行为,还是物权行为,抑或是准物权行为,都可以成为撤销的标的。《民法典》第538条、第539条分别列举规定了两类七种行为,并未在此之外使用"等"之类的字词,因此这两条规定属于限制列举性规定,而非例示性规定。在法律解释上,有人主张进行目的扩张性解释,将债权人撤销权的客体解释为以财产权为标的的所有法律行为。有人认为,这两条规定的撤销权的客体范围具体明确,应当严格按照文义解释,不宜扩大撤销权的客体范围。我们认为,后一种观点虽然符合文义解释的规则,但是难以实现债权人撤销权的规范目的。因为《民法典》第538条、第539条的列举规定无法囊括债权人所实施的各类五花八门的害及债权人的财产处分行为。例如,债务人放弃所有权的行为;债务人与相对人及第三人约定变更其债权的债务人,将原本具有履行能力的相对人变更为无实际履行能力的第三人等。如果严格按照文义解释,债权人将无权行使撤销权。而这些行为无论是在性质上还是在后果上,与债务人放弃债权并无实质性差异,都将影响债权人的债权实现。因此,按照债权人处分财产权益对债权人的债权实现有影响这一关键要素来把握,应当运用目的扩张性解释方法,将其解释为属于撤销权的客体范围。

对于债务人因婚姻、收养、离婚而发生的财产分配、放弃继承等具有身份行为性质,但是又以财产权利为内容的法律行为,可否成为撤销的标的?一种观点认为,由于此类身份行为直接涉及债务人的人格自由及尊严,他人不得干预,非债权人所得撤销。于此情形,债权人仅能依其他途径谋求救济。例如,继承之放弃如果是债务人与其他继承人恶意串通,以损害债权人利益的,债权人可以根据《民法典》第154条的规定,主张其无效。另一种观点认为,债务人放弃的财产权利虽然以身份为基础,但仍然属于财产权利,如果害及债权人的债权,可以成为撤销的标的。两种对立的观点何为可采?

2. 债权人撤销权的保全效力如何实现?

债权人行使撤销权的目的,是使流失的财产回归债务人的责任财产,从而增加自己债权受偿的可能。获得确认撤销的胜诉判决不是债权人行使撤销权的终极目的,债务人的责任财产实际恢复,才能有效保全债权。《民法典》第542条仅规定债务人影响债权人的债权实现的行为被撤销的,自始没有法律约束力,并未规定债权人可以像行使代位权一样请求相对人直接向其返还财产或者财产利益。《民法典合同编(草案)》(征求意见稿)第331条曾拟规定,债权人请求人民法院撤销债务人行为的,可同时依法以自己的名义代位行使债务人在其行为被撤销后对相对人所享有的权利,后该意见因分歧较大而被取消。最高人民法院发布的118号指导性案例(东北电气发展股份有限公司与国家开发银行股份有限公司、沈阳高压开关有限责任公司等执行复议案)从强制执行程序的角度回答了撤销权判决实现的问题。该指导案例认为,撤销权判决可以强制执行,并确认了债权人的申请执行人地位、相对人(受让人)的被执行人地位以及相对人对债权人的直接返还义务。[3] 对于债权人撤销权的保全效力如何实现的问题,目前实务界主要提出了以下路径:(1)撤销权和代位权同时行使。指债权人在诉讼中一并主张撤销权和代位权,当撤销权成立时,由于撤销后相对人需要向债务人返还财产,此时债务人对相对人产生一个请求权;债权人再对该返还请求权行使代位权,要求相对人直接向自己履行。因此,所谓的"同时行使",实际上也是要经历"先撤销,再代位"两个步骤,只不过由受诉法院在一个案件中判断。在同一个诉讼中提出两个有前提关系的权利,在诉讼法上并不存在障碍:两个权利主张诉的合并,法院在确认先决的权利主张成立后,再审判第二个权利主张,这与司法实践中承认的一并提出先决性的确认请求和给付请求的做法没有本质差异。同时,行使的障碍还是在实体法层面:根据《民法典》第535条第1款规定,代位权的行使要件是"债务人怠于行使其债权",撤销权判决生效时债务人才取得返还请求权。因此,在诉讼时,债务人并未怠于行使其权利,代位权的行使要件尚不具备,债权人的代位主张难以胜诉。(2)参照118号指导性案例,债权人借助执行程序实现撤销权判决,即直接执行被转移的财产给债权人。债权人已就其对债务人的债权提起诉讼或仲裁,并获得执行依据。债权人获得撤销权胜诉判决后,相对人未履行返还义务的,债权人可以债务人、相对人为被执行人申请强制执行。但是,这一路径无论是在实体方面还是在程序方面都存在问题。以118号指导性案例为例,债权人撤销权诉讼的生效判决撤销了债务人与受让人的财产转让合同,并判令受让人向债务人返还财产,受让人未履行返还义务。债权人虽然可以债务人、受让人为被执行人申请强制执行,但是受让人应当按照生效判决向债务人返还财产,而不是直接向债权人执行生效判决确定的财产返还义务。债权人要取得直接受领财产返还的依据仍然缺乏实体法的规定。

由此可见,对于债权人撤销权的保全效力实现的问题,既须通过维护债务人责任财产保障债权实现的实体法制度,又需要民事诉讼程序和强制执行程序的配合。只有实体与程序缜密衔接,才能解决实践中撤销权的保全效力如何实现的问题。

---

[3] 该案简介与裁判观点:沈阳高压开关有限责任公司(以下简称沈阳高开)曾向国家开发银行股份有限公司(以下简称国家开发银行)借款,但未能依约还本付息。债权人国家开发银行将债务人沈阳高开诉至法院后,发现沈阳高开有转移资产的行为,遂又提起债权人撤销权诉讼。后借款诉讼、撤销权诉讼并案处理,最高人民法院二审作出(2008)民二终字第23号判决(以下简称23号判决),判决沈阳高开承担还本付息的责任,同时认定沈阳高开与相对人东北电气的股权交易侵害债权人利益,应当撤销。具体而言,东北电气应当返还其持有的北富机械的95%股权、东利物流的95%股权、新东北隔离的74.4%股权,同时沈阳高开向东北电气返还股权交易对价;如果东北电气不能返还股权,则应向沈阳高开返还2.7亿余元(扣除沈阳高开的对待返还)。23号判决进入执行阶段后,执行法院认为相对人东北电气未履行判决项下返还义务,冻结了其名下财产。东北电气不服,提出执行异议,主张国开行无申请执行人资格且自己已履行返还义务。最高人民法院执行局经审查作出(2017)最高法执复27号裁定,认为:国开行有申请执行人资格。东北电气两次履行均无效:第一次履行时,虽然款项打入了沈阳高开账户,但最终又辗转打回东北电气账户,属闭环交易;第二次履行时,股权虽然转至沈阳高开名下,但未通知债权人,且股权很快被转至另一公司。因此,东北电气并未履行23号判决项下义务,冻结其财产并无不当,应驳回其执行异议。该执行案件被选为指导案例后,其裁判要旨被编写为:"1.债权人撤销权诉讼的生效判决撤销了债务人与受让人的财产转让合同,并判令受让人向债务人返还财产,受让人未履行返还义务的,债权人可以债务人、受让人为被执行人申请强制执行。2.受让人未通知债权人,自行向债务人返还财产,债务人将返还的财产立即转移,致使债权人丧失申请法院采取查封、冻结等措施的机会,撤销权诉讼目的无法实现的,不能认定生效判决已经得到有效履行。债权人申请对受让人执行生效判决确定的财产返还义务的,人民法院应予支持。"

拓展阅读推荐

1. 王利明主编:《中国民法典释评(合同编·通则)》,中国人民大学出版社 2020 年版。
2. 朱广新、谢鸿飞主编:《民法典评注:合同编　通则》(第 2 册),中国法制出版社 2020 年版。
3. 最高人民法院民法典贯彻实施工作领导小组主编:《中华人民共和国民法典合同编理解与适用(二)》,人民法院出版社 2020 年版。
4. 韩世远:《合同法总论》(第四版),法律出版社 2018 年版。
5. 王泽鉴:《债法原理》(第二版),北京大学出版社 2013 年版。
6. 张玉卿主编:《国际统一私法协会国际商事合同通则》(2010 英汉对照),中国商务出版社 2012 年版。

第二十三章 合同的变更和转让

学习要点

- 合同变更与合同更新
- 债权的可让与性
- 债权让与的要件及其限制
- 债权让与的效力
- 债务转移与债务加入
- 债的概括转移

第一节 合同变更

一、合同变更的意义

根据《民法典》第119条的规定,依法成立的合同,对当事人具有法律约束力。当事人应当严守合同,任何一方不得随意单方变更、解除或者终止合同,此为合同法律约束力的应有之义。但是,一方面,合同是当事人双方的合意,当事人也可以基于双方的合意变更合同,此为约定(意定)的合同变更,法律原则上不予干预当事人的合同自由。《民法典》第543条规定:"当事人协商一致,可以变更合同。"另一方面,合同有效成立后,如果发生不可归责于当事人的情势变更事由,致使继续履行合同对于当事人一方明显不公平的,受不利影响的当事人可以与对方重新协商;在合理期限内协商不成的,当事人可以请求人民法院或者仲裁机构变更或者解除合同。人民法院或者仲裁机构应当结合案件的实际情况,根据公平原则变更或者解除合同。此为基于法定事由,由人民法院或者仲裁机构依据《民法典》第533条的规定变更合同,此为法定的合同变更,体现法律适当干预当事人的合同自由。对于法定的合同变更,我国《民法典》规定在"合同的履行"一章,我们在"合同的履行"一章中已经阐述。本章所述的合同变更,专指约定的合同变更。而且,对于合同主体的变更,《民法典》将其归类为合同的转让,在合同编第六章专门规定债权让与、债务转让的规则。因此,《民法典》第543条规定的合同变更,应当限缩解释为合同内容的变更。

合同变更,必须经过当事人双方明确的约定始能发生变更的效力。当事人一方单方的变更合同的意思不发生变更的效力。当事人对合同变更的内容约定不明确的,推定为未变更。合同变更的情形,除了当事人另有约定外,应仅向将来发生效力,对已经按原合同所为的给付无溯及力,已经履行的债务继续有效,任何一方不能因合同的变更而要求对方返还已为的给付。当然,合同变更仅对已经变更的部分发生效力,未变更部分的合同权利义务继续有效。

二、合同变更与合同更新

当事人约定变更合同法律关系的主体、标的或者权利义务，将可能导致原合同法律关系的同一性发生改变。民法理论以合同同一性是否改变或者丧失为依据，将其区分为合同变更与合同更新（亦称为“合同更改”或者“债的更新”）。例如，买卖合同的当事人约定，延长买受人给付价金的期限，此项变更不影响买卖合同的同一性，属于合同变更。如果买卖合同的当事人约定原买卖合同不再履行，双方重新约定将出卖人的房屋由买卖变更为租赁，双方履行租赁合同，此类变更改变了合同的性质及类型，致使原来买卖合同的法律关系的同一性完全丧失，属于合同更新。我国《民法典》未规定合同更新，这不是留有法律漏洞，而是立法的理性选择。这是因为，对于合同内容（合同当事人的权利义务）的变更，到底属于合同变更还是合同更新，本质上属于合同解释问题，应依据当事人的意思而定。如果当事人明确约定改变合同的部分内容，其他内容继续履行，原合同法律关系继续存续，此为合同变更。如果当事人不但明确约定变更合同的内容，而且明确此变更后原合同不再继续履行，而是履行变更后的合同。于此情形，应当基于当事人的意思，解释为双方合意终止了原合同，重新订立了一个新合同。因此，对于原合同应当适用《民法典》合同编第七章合同权利义务终止的规定，对于变更后的新合同，适用《民法典》合同编各章的规定。

问题与思考

如何理解合同法律关系的同一性？

我国《民法典》第 543 条吸纳了原《合同法》第 77 条第 1 款，规定“当事人协商一致，可以变更合同”。基于此，有学说主张不区分合同变更与合同更新，用统一的合同变更制度解决合同更改问题。该学说认为，该条文规定之合同变更为广义，包括了合同更新的内容。然而，多数学说认为，该条仅规定了狭义的合同变更，并没有规定合同更新，但基于合同自由原则自然应当允许合同更新。同时，多数学说认为，依合同自由原则，在合同成立之后，当事人自然可以通过合意修改合同内容。然而，该种修改却会因性质的不同而产生截然不同的法律效果。若将该修改定性为合同变更，则合同原债权所附着之利益与瑕疵依然继续存在；若定性为合同更新，则原债权所附着之利益与瑕疵归于消灭。因合同变更与合同更新法律效果迥异，即便现行法未明文规定更新制度，也应当在法律解释上区分合同变更与合同更新，才符合当事人的真实意思，更有利于分析繁杂的各种“补充协议”“变更协议”等改变原合同约定的性质，厘清改变后的合同与原合同之间的关系，以利于妥当处理合同纠纷。

在民法理论上，对于合同变更与合同更新的区分似乎很明确：在合同内容修改后，合同关系保持同一性的为合同变更，失去同一性的为合同更新。但是，关于合同同一性的判断，解释上素有争论，主要有三种学说。(1)我国民法理论多数说认为，应区分要素变更和非要素变更，要素变更的场合不具有同一性的，为合同更新；反之，非要素变更的场合具有同一性的，为合同变更。关于如何判断某一合同内容的变更是否属于要素变更，一般认为应依当事人的意思和一般交易观念加以确定。例如，有学者列举了几种合同“实质性变更”的情形，包括合同标的变更、履行数量巨大变化、价款重大变化、合同性质变更等，属于要素变更的典型事例。(2)有学者主张不区分要素变更和非要素变更，认为合同内容上的变化是否丧失同一性，属于依据当事人的意思表示进行解释的问题。合同变更中形成的新合同关系应当包括原合同的实质内容,如果新合同关系并没有包括原合同的实质内容,则不属于合同的变更,而属于一个新合同的成立(合同更新)。对于如何解释当事人意思,又有不同认识。有学者认为,应将客观上合同实质内容的变更作为判断合同同一性的标准。也有学者认为,在判断标准上,应首先考量当事人明确的意思表示;在当事人意思表示不明确之时,应综合考量合同文义、合同变更幅度和变更法律效果等因素,在个案中探求当事人真意;在不明确、存在疑问之时,优先认定为合同变更。(3)有学者主张主客观结合说。考察我国现有学说,可以发现,虽然各学说具体考量标准有所不同,但无外乎从两个层面考察同一性识别标准问题。一是客观层面,即考察合同变更之内容是否构成了"实质内容"或"要素"的变更;二是主观层面,即考察当事人之间是否有消灭旧合同的合意。我们认为,上述各种学说均存在方法论上的缺陷,因为合同变更的主体是合同当事人,理应尊重当事人的意思,现有学说试图从客观层面着手认定,势必会产生"何种变更为要素变更"的争议,由此产生的后果是,在识别合同同一性时会首先判断合同的变更程度,而不去关注当事人的真实意思。这不仅会侵犯当事人的私法自治,还会在判断标准上产生识别难题,增加了识别标准的不确定性。例如,合同标的变更,如果当事人约定将原标的钢筋变更为同等价值的水泥,其他合同条款不变,此时当事人的意思是维持合同关系的同一性。如果当事人不但约定将原标的钢筋变更为水泥,而且重新约定了合同价格、履行时间、交货地点等,明确原合同不再履行,此时当事人的意思是终止原合同,成立新合同。因此,当事人对合同所做的修改,究竟是合同变更还是合同更新,实质上是一个合同解释问题。在判断合同同一性之时,应"返璞归真",重新回到判断当事人意思上来。只要当事人有明确的变更或者更新意思,即可认定合同变更或合同更新,无须判断该变更是要素变更还是非要素变更。在合同解释存有疑问的场合,应优先解释为保持合同同一性的合同变更。

第二节　债权让与

一、债权让与的演化

古代罗马法基于债权仅存在于特定人之间的法律观念,认为债的要素一旦变更,债即失去同一性,因此凡以合同变更债的要素时,就必须视为旧债权消灭、成立新的债权,这被称为"更改合同"。之后,随着经济贸易的发展而产生债权让与的需要,又承认"自我事务代理"(*mandatum in rem suam*),[1]实际上实现了债权让与的目的,但在法律上仍然不承认债权让与,也不允许债务承担。近代民法抛弃了罗马法式的思维方式,在合同自由原则支配下,原则上承认债的移转,即债的关系不失其同一性,而变更其主体。其中,以新债权人代替旧债权人者,为债权让与;以新债务人代替旧债务人者,为债务承担。近代民法对于债的移转,实质上是以债权作为财产的观点,处分自由的观点来进行处理,重点在于保障债权让与的自由。由于近代民法已在原则上承认了债权让与和债务承担,所以不妨认为更改制度实际上已失去存在的意义。

我国民法自原《民法通则》开始,设有关于债权让与和债务承担的一般规定。原《民法通则》

---

〔1〕 所谓自我事务代理,是指打算转让自己的债权的人将受让人设立为诉讼代理人(*cognitor*),准许他为自己的利益针对债务人采取行动,以获得对该债权的清偿。这种实践也发生在债务转让当中,其结果是代理人完全成为债务人的替身。

第91条前段规定:“合同一方将合同的权利、义务全部或者部分转让给第三人的,应当取得合同另一方的同意,并不得牟利。”这一立法将债权转让的效力交由当事人之外的债务人决定,严重限制了债权的自由转让。这是因为《民法通则》制定于1986年,当时我国尚处于限制流通和交易的计划经济体制时期,债权流通受到严格的管控与限制。原《合同法》设专章规定了债权让与和债务承担的规则,第79条明确了债权自由让与的原则,确认了债权人有权将其全部债权或部分债权转让给合同以外的第三人。据此,在保持债权同一性的前提下,债权人无须债务人协助就可将债权转让他人,债权也在实质上成为可流通的重要财产。由于原《合同法》作为特别法优先适用,原《民法通则》第91条有关债权让与的规则实质上已被废止。[2]《民法典》基本上承继了原《合同法》的规定,对于债权转让的规则主要作了两项修改:(1)将原来的“合同的权利”一词修改为“债权”。这并非简单的文字修改,而是提炼出债权转让(并不限于合同债权)的一般规则,在《民法典》没有专门设置债法总则的情况下,本条规定具有统领债法的作用。(2)《民法典》第545条在原《合同法》第79条的基础上新增了第2款:“当事人约定非金钱债权不得转让的,不得对抗善意第三人。当事人约定金钱债权不得转让的,不得对抗第三人。”这一规定明确了非金钱债权、金钱债权不得转让的约定的效力问题。第2款新增内容既符合债法原理,也有利于促进交易流转和维护交易安全。

二、债权的可让与性及其性质

我国民法按近代民法原理,在原则上承认债权的让与。这是市场经济中投资流动化要求促成的,并由此打破了债权仅存在于特定人之间的法律观念,彰显了债权的财产权性质。债权具有财产价值,而债务人不履行债务的责任业已从人身责任演进至纯粹的财产责任,脱离高度属人性之羁绊;加之市场法制日臻完整,已经建构出可以确保债权实现的规范体系,例如债权人的代位权、撤销权以及各种物保、人保的设计与强制执行法等,巩固了债权实现,增加了其变现的可能性。凡此种种,均已彰显债权可以脱离其主体而存在,如同物权一般可作为独立的财产权,而成为交易的客体。基于这样的认识以及交易上的实际需要,在立法上明白揭示债权自由让与之原则。[3]

债权让与是将债权作为一种财产来对待,而以让与合同来进行处分。让与合同一旦生效,就有直接使债权主体发生变更的效果,即债权让与仅以意思表示产生让与的效力,而以通知债务人为对抗要件。因而债权让与为处分行为,又称为“准物权行为”。至于债权让与是否也具有独立性而不受其原因法律关系所影响,理论通说采肯定见解。不过债权让与既然采意思主义,依据当事人的意思表示即生债权移转的法律效果,毋庸践行其他法定方式(如交付或登记),那么债权让与之意思表示与其原因关系事实上就难以区分,债权行为与债权让与行为极易具有共同之瑕疵而同其命运,因此,即便在学理上承认债权让与的无因性,但在实际案例上适用的机会恐怕不多。

三、债权让与的功能

债权原本的功能在于请求债务人依债的主旨而为给付,以满足债权人的需求。然而,在债权

---

〔2〕 庄加园:《合同法第79条(债权让与)评注》,载《法学家》2017年第3期。

〔3〕 各国与地区关于债权自由让与的规定,可参见《德国民法典》第398条、《瑞士债务法》第164条、《日本民法典》第466条、《美国合同法重述》(第2版)§317(2)、我国台湾地区“民法”第294条第1项等。

被从其特定的主体间解放出来,并被视为另一种独立的财产权形态之后,其便成为可以处分、转让的权利,其所能发挥的功能已经超越了债权本身原来的目的。债权作为独立的财产权,其所能发挥的经济效用首先是交换价值。由于债权实现的可能性受到法律充分的保障,因而提高其变现性,不仅可以之清偿债务,亦可将其出卖取得价金。前者如甲对乙负有100万元的价金债务,而对丙有120万元的借款债权,甲为清偿其对乙的债务,遂将对丙的借款债权让与给乙。这种以债权作为代物清偿标的的交易形态,在实务中甚为常见。后者如甲对乙有三个月后到期之300万元借款债权,而其因需要立即投资资金,遂以250万元的价格转让给丙,以此达成资金融通的目的。由于受让人须负担向债务人请求清偿的费用,并承担债务人届期不为清偿的风险,且其先对让与人支付对价之情形犹如期前清偿一般,受有利息上的损失,因此折价出卖是其特征。此外,以债权作为处分的标的亦能发挥担保的机能。民法的典型担保物权中以债权作为担保的标的,已设有权利质权的规定。此外,各国民法为因应社会经济生活的需要而发展出新型非典型担保形态,如债权让与担保,担保人直接将债权让与给债权人,使债权人取得担保利益。这种债权让与担保的交易模式往往是以一个合同将多数债权以"集合债权"的形态同时让与。"集合债权让与"不仅出现在以担保为目的的交易形态中,亦有可能出现在债权的买卖之中。以债权作为交易标的固然有使将来的权利之价值提前实现、促进资金融通的效用,但也不得不注意这种新兴交易形态对传统债法所可能产生的冲击。我国《民法典》第388条在法定担保之外,承认"其他具有担保功能的合同";《民法典》合同编新增保理合同的规则,即为充分发挥债权让与的功能提供法律规范支撑。

四、债权让与的要件

1. 须有有效存在的债权,且债权让与不改变其内容

债权有效存在是债权让与的前提,且让与之时债权必须是确定的。由于债权让与关系到债务人的切身利益,而在让与过程中债务人并没有参与,因此债权让与不得改变债权的内容,即不仅不得增加债务人的负担,即使免除债务人的部分债务,也应当直接向债务人作出免除的意思表示,不能由让与人与受让人自行决定。

2. 受让人与有处分权之让与人达成债权让与的合意

债权让与为权利的处分行为,因此让与人首先应当具有为让与的权利。对所让与的债权没有处分权的人所为的债权让与,不能发生债权让与的法律后果。由于债权本身为无形的权利,一般情况下不具备有效的公示方法以使人信赖无处分权的让与人即为权利人,因而即使受让人为善意,也不能准用动产的善意取得制度取得该债权。但在特殊情况下,如果债权具有公示性,善意受让人可取得无处分权的让与人所让与的债权。〔4〕

债权让与既为合同行为,自当适用民法关于意思表示的规定,任何在意思表示不真实、不自由情况下作出的债权让与或受让行为,其法律效果均将受到影响。关于债权让与双方当事人的民事行为能力问题,学者有不同意见。我们认为,一般情况下,债权让与的双方均应为完全民事行为能力人,仅当债权因赠与发生移转,且赠与不附负担时,受让人方可为限制民事行为能力人。

---

〔4〕 参见《民法典》第763条规定:"应收账款债权人与债务人虚构应收账款作为转让标的,与保理人订立保理合同的,应收账款债务人不得以应收账款不存在为由对抗保理人,但是保理人明知虚构的除外。"

3. 债权应具有可让与性

债权原则上具备可让与性，但某些债权不得让与。《民法典》第545条第1款明确规定了以下三类不得让与的债权：

第一，根据债权性质不得转让。债权性质不容许让与时，该债权不得让与。所谓根据债权性质不得让与的债权，是指改变债权人就不能维持同一性，或不能达到债权的目的。通常可例示如下债权：(1)基于特别信任关系发生的债权，如基于雇佣、租赁、委任等法律关系产生的债权；(2)以特定身份关系为基础的债权，如扶养请求权、遗产酌给请求权等；(3)以特定债权人为基础的债权，如侵害人身权所生的损害赔偿请求权；(4)不作为债权，但若其债权附属其他关系而存在时，得随同其他关系一并让与，如营业让与时，竞业禁止的债权可一并移转；(5)预约所生之债权，因此类债权多以预约当事人的信任关系为基础，其让与未必符合债务人之意图；(6)属于从权利的债权，如保证债权等。上述例示性列举的(1)、(2)两种债权曾被认为是绝对不具有让与性的债权，但在抛弃债的"法锁"观念的今天，这只是特定人之间个人的、人格信任性表现较强的债权而已。因此与全面变更债权标的、内容的情形相同，只要债务人承诺，就不妨承认其可让与性。从这个意义上说，此类并非绝对不得让与的债权。后几种债权只是在法律未承认或当事人未承诺的情况下，其让与性才受到限制。

关于因债权性质的让与限制，尚有将来之债权〔5〕争讼中之债权〔6〕保证债权、禁止扣押债权〔7〕等的让与性问题。我国《民法典》在保理合同中规定有将来债权的让与(第761条)，因而在解释上应认为将来债权不属于依其性质不得让与的债权。其他单个债权的让与性由于法无规定，解释上尚有争议。例如，演出合同中请求演出的债权，传统民法理论通说解释为"高度人身性债权或人身约束型债权"，认为属于根据其性质不得转让的债权。如果转让，只是发生债的更新，即旧债消灭、新债发生，债的同一性不复存在。其实这样的解释有时并不符合当事人的意思。如果演出人同意转让，且同意仍然按照演出合同履行，此时除了债权人变更，其他合同内容继续有效，怎么能强行解释为合同更新呢？有什么理由禁止其转让呢？再如工资债权，有学者认为其属于法律特别保护劳动者权益、具有严格的特定身份关系，因而也属于根据其性质不得转让的债权。这样的解释并不符合立法目的，因为就债权人与债务人之间的劳动合同关系而言，工资债权系法律特别保护的劳动者权益，劳动者与用人单位具有特定身份关系。但是劳动者处分其工资债权，并未被法律所禁止。劳动者因资金融通之急需(如因家属疾病急需筹措医疗费)，有什么理由禁止其转让工资债权呢？由此可见，传统民法学说在解释方法上应该检讨。必须注意到，基于债权性质的让与限制在解释上已日趋缓和，在解释时必须基于立法目的和合同目的、结合个别性债权转让合同的具体情形进行解释，方可得出妥当的见解。

第二，按照当事人约定不得转让。对于债权的让与，债权人与债务人可以约定债权人不得转

---

〔5〕 罗马法因强调要物性和形式性，因此不允许处分将来之物的物权行为，但却允许让与将来债权(以委付征讨形式)。一般以将来的租金债权、将来的利息债权等作为将来债权的典型。日本学说及判例很早就承认将来债权的让与性，并承认对于将来的债权让与具备现在的对抗要件。参见于保：《将来权利的处分》(财产管理权论序说第280页以下)。

〔6〕 为防止被用于不正当目的，罗马法禁止让与诉讼中的债权。但在近代法律中这几乎已不成为问题。《德国民事诉讼法》第265条即以明文承认让与诉讼中的债权。

〔7〕 禁止扣押是为了保护债权人，禁止不按债权人的意思进行处分，若债权人自行处分就毫无妨碍。根据这一理由，一般认为禁止扣押并不一定禁止让与。但《德国民法典》第400条规定禁止扣押的债权不得让与，《德国民事诉讼法》第851条规定只有不能让与的债权才允许扣押，使扣押性与让与性相一致。

让债权。对于能否以当事人之间的特约剥夺债权的让与性,这是在近代法律中产生的问题。各国民法认识也有不同。[8] 在承认禁止让与特约效力的立法例中,不承认其对于善意第三人的效力。这是考虑到要调和个别创设禁止让与特约的具体性、个别债权的特殊性与交易安全性之间的平衡。现代各国民法多数的立法、判例及学说认为这种按特约的债权非让与性并不是绝对的,而是相对的让与限制,当事人的约定通常仅对债权人与债务人产生约束力,不得对抗第三人。对于违反特约的债权人,债务人通过债务不履行的规定获得法律救济。我国《民法典》第545条第2款规定:"当事人约定非金钱债权不得转让的,不得对抗善意第三人。当事人约定金钱债权不得转让的,不得对抗第三人。"由此可见,我国民法对于约定的债权不得转让这一特约,区分金钱债权与非金钱债权。基于货币的高流通性,对于金钱之债的转让不应有所限制,否则将会使货币功能大打折扣,也不利于交易的便捷进行。正因如此,《民法典》第545条第2款规定了约定金钱之债不得转让的,不得对抗第三人。这里的第三人不以"善意"为要件。也就是说,金钱之债不得转让的约定,对于任何第三人都不发生效力,无论该第三人对此约定知情与否。若无本条其他限制情形,第三人对于金钱债权的受让就是合法有效的。对于非金钱债权,由于合同具有相对性,当事人关于排除债权转让的约定,同样具有相对性,原则上不具有对抗合同当事人之外的第三人的效力。结合善意保护的原则,对于明知有此约定的第三人,这一约定应当具有对抗效力,这也是诚信原则的基本要求。反之,合同当事人的这种特别约定,不能对抗善意第三人。

第三,依照法律规定不得转让。只能对债权人自身进行清偿的债权,法律明文禁止让与。例如,扶养请求权,其他由特别法规定的抚恤金请求权、受社会保险给付权利等,都禁止让与、担保、扣押。例如,《保险法》第34条第2款规定:"按照以死亡为给付保险金条件的合同所签发的保险单,未经被保险人书面同意,不得转让或者质押。"

五、债权让与的效力

(一)债权让与的对内效力

债权的让与由让与人和受让人间的诺成合同成立。债权让与最直接的法律效果就是形成债权的主体变更。债权让与在让与人与受让人之间所生的效力主要有如下三个方面:

1. 债权由让与人移转于受让人

债权让与是让与人通过债权让与合同将自己的债权转让给受让人,而由受让人继受取得该债权,因而在通常情况下,债权让与合同一经生效,债权即发生移转,原债权人脱离债的关系,而由新债权人承继其地位,获得同一债权。法律、行政法规规定转让权利应当办理批准登记手续的,依照其规定。债权让与合同中附条件或附期限的,自条件成就或期限届至时发生债权移转的法律效力。

2. 债权的从权利随同转移

《民法典》第547条第2款作了明确规定,即在债权转让中,主债权转让后,相应的从权利就一并转让,即使该从权利未办理移转登记或者移转占有,受让人仍然取得该从权利。债权让与

---

〔8〕 例如,法国法系的法律不承认禁止让与的特约。德国民法承认特约的效力,德国民法理论有不同意见,对于违反该特约的法律效力有相对无效说、债法义务说、区分善意恶意说等。近些年来,由于国际性合同立法普遍采取合同义务说,认为该项特约仅对当事人产生合同约束力,对第三人不生效力,以保障债权的流动性。各国民法判例和学说受此影响,有与国际性合同立法模式接轨的趋势。

时,相关的从权利一并转移,但该从权利专属于债权人自身的除外。从权利包括担保权、利息债权、违约金债权、违约损害赔偿请求权、选择权等。但是,与让与人有不可分离关系的权利不在此限,例如,解除权、撤销权等形成权。

3. 发生交付债权证明文件等附随义务

债权让与,让与人须承担告知、交付债权证明文件以及协助的义务,如告知债务人的联系方式、履行方法等。此外,根据诚信原则,让与人有义务提供受让人行使债权所需要的一切必要的合作。但是,除非让与人和受让人有明确约定,让与人对债务人的履行能力不负担保责任。受让人在取得债权时应充分考虑这一风险。

(二)债权让与的对外效力

由于债权让与因让与人和受让人间的意思表示而发生效力,与债权让与有关的债务人及第三人因不知债权让与的事实而有可能受到损害。所以承认债权让与的法律都在债权让与的规定中致力于设法保护债务人及第三人。我国《民法典》第 546 条规定:“债权人转让债权,未通知债务人的,该转让对债务人不发生效力。债权转让的通知不得撤销,但是经受让人同意的除外。”由此可见,债权让与如未通知债务人,该转让对债务人不发生效力。该条是为保护债务人的利益,因此债务人可以放弃这一利益。此外,债权让与还涉及能否对抗第三人的问题。

1. 通知

所谓通知,指让债务人得知债权让与事实的行为。通知性质为观念通知,一般解释应类推适用有关意思表示的规定。(1)关于通知义务人。我国《民法典》第 546 条规定应由债权人(让与人)进行通知,对于可否由受让人通知,《民法典》在保理合同一章中例外规定了作为债权受让人的保理人也可进行通知(第 764 条)。其他债权转让可否由受让人通知,《民法典》未予以明确规定。在比较法上,德国、法国、瑞士及我国台湾地区“民法”规定也可以由受让人通知,不过受让人的通知须是要式的。这一规定值得我们借鉴。(2)通知的相对人为债务人。当债务人有多人时,须分类处理:在存在多数债务人的情况下,对其中一人所为通知的效果,原则上不及于其他债务人,因此若想让债权让与的效力对抗所有债务人,就要通知全体债务人;在存在主债务人和担保人或者保证人的情况下,基于担保债务的从属性,仅通知主债务人即可。如果仅通知担保人或者保证人,该通知不得对抗主债务人;同时基于担保债务的从属性,其结果是不但不能对抗主债务人,同样也不能对抗已经通知了的担保人或者保证人。(3)通知的时间。无须与让与行为同时进行,亦可事后通知,但从通知之时起产生对抗效力。(4)通知的撤回与撤销。因通知采到达主义,民法中有关通知的撤回制度也适用于债权让与通知。只要通知义务人撤回债权让与通知的通知先于或与债权让与通知同时到达债务人,则债权让与通知不发生法律效力,债务人仍向原债权人履行债务。至于债权让与通知的撤销,各国法律出于对受让人的保护,均规定非经受让人同意,让与通知不得撤销。我国《民法典》第 546 条第 2 款也规定:“债权转让的通知不得撤销,但是经受让人同意的除外。”

2. 尚未通知时的效力

债权让与后,在未通知期间,受让人对于债务人不能主张债权让与效力,否则债务人有权拒绝向受让人履行债务。在通知之前,债务人对受让人的清偿及其他免责行为应为有效;债权让与人对债务人的抵销、免除也应为有效。如债务人承认债权让与效力则并无妨碍,其可以对受让人进行有效清偿。

3. 通知的效力

通知在到达债务人或其代理人时发生法律效力。值得讨论的是,债权让与通知对于债务人发生什么样的效力?对此,不同国家及地区的立法例并不一致,大体而言,有生效要件和对抗要件两种立法主义。按照生效要件主义,债权让与通知是债权让与合同的生效要件,在未通知债务人之前,债权让与合同尚未生效,该债权让与对债务人不发生效力,受让人不得向债务人主张债权,对于受让人的履行请求,债务人有权拒绝。按照对抗要件主义,债权让与通知并非债权让与合同的有效要件或者生效要件,即债权让与的效力在债权人与受让人之间不受影响,受让人仍然取得债权。通知仅对债务人发生效力,未经通知,债务人可以对抗向其主张债权的受让人。我国《民法典》第 546 条第 1 款规定:"债权人转让债权,未通知债务人的,该转让对债务人不发生效力。"从法律规范的目的及其文义解释,我们认为应解释为以通知作为对债务人发生对抗效力的要件。通知对债务人的效力具体表现为:(1) 自通知到达债务人之时起,债务人向债权让与人所为的清偿即属于非债清偿,不发生消灭债务的法律效果。这是通知对债务人的最主要的法律效力。例外的是,在债权表见让与的情形下,债务人对受让人所为的清偿仍然有效。所谓表见让与,即当债权人将债权让与第三人的事项通知债务人后,即使让与并未发生或者该让与无效,债务人基于对通知的信赖而向该第三人所为的履行。(2) 债务人抗辩权的保留。通知只能因债权的让与产生对抗力,对于债权的同一性并无任何影响,因而债务人仍能以通知前对抗债权让与人的事由对抗受让人。《民法典》第 548 条规定:"债务人接到债权转让通知后,债务人对让与人的抗辩,可以向受让人主张。"例如,债务不成立、无效、撤销、同时履行、时效届满等抗辩,以及免除等债务消灭的抗辩,都可用以对抗受让人。(3) 债务人的抵销权。《民法典》第 549 条规定:"有下列情形之一的,债务人可以向受让人主张抵销:(一) 债务人接到债权转让通知时,债务人对让与人享有债权,且债务人的债权先于转让的债权到期或者同时到期;(二) 债务人的债权与转让的债权是基于同一合同产生。"债务人对受让人的抵销权必须符合三个条件:第一,债务人收到债权转让通知前,对于让与人已有债权存在;第二,债务人对让与人债权的履行期先于或与转让的债权同时到期,或者债务人的债权与转让的债权是基于同一合同产生;第三,债务人行使抵销权应当符合《民法典》第 568 条、第 569 条的规定。

4. 对于债务人以外的第三人的问题

债权让与不仅在让与人、受让人与债务人之间发生效力,而且对第三人也可能产生影响。此处的第三人通常涉及的是从债务的债务人。例如,《民法典》第 407 条第二句规定:"债权转让的,担保该债权的抵押权一并转让,但是法律另有规定或者当事人另有约定的除外。"因此抵押人应向债权受让人承担担保责任。第 696 条规定:"债权人转让全部或者部分债权,未通知保证人的,该转让对保证人不发生效力。保证人与债权人约定禁止债权转让,债权人未经保证人书面同意转让债权的,保证人对受让人不再承担保证责任。"

(三) 债权转让增加履行费用的负担

所谓债务履行费用,是指因清偿债务所必须支出的费用。例如,因交付货物而支出的运输费。既然债务履行是由债务人作出的,所以债务履行的费用原则上应当由债务人负担。但如果当事人对债务履行的费用作出了特别约定,或者法律对债务履行的费用作出了特别规定时,则应当依据当事人的约定或者法律规定确定债务履行费用的负担。一般情况下,权利的转让不会损害债务人的利益,但在某些情况下,债权转让也可能增加债务人履行债务的负担,或者给债务人造成其他损失。关于债权转让增加了债务人履行债务的费用,《民法典》第 550 条规定:"因债权转让增加的履行费用,由让与人负担。”

问题与思考

1. 违反债权让与限制性规定的合同效力问题

《民法典》第545条规定了不得让与的债权,如果债权人违反该条规定与受让人订立债权让与合同,其合同效力如何?一般而言,对于根据债权性质不得转让或者依照法律规定不得转让的债权,该项不得转让的规定属于法律禁止性规定,其效力判断适用《民法典》第153条的规定。对于按照当事人约定不得转让的债权,第545条第2款区分金钱债权与非金钱债权,对于金钱债权,即使当事人特约不得转让,也不得对抗第三人,因而债权人违反该特约并不导致债权让与合同无效。对于非金钱债权,如果当事人特约不得转让,第545条第2款仅规定“不得对抗善意第三人”,并未明确债权人与合同是否因此而无效。在解释上,有学者主张相对无效说,认为禁止让与的特约并不属于保护公共利益的强行法,而是为实现保护特定债务人的目的,只能对该债务人无效,对其他人仍发生处分效力。有学者主张债法效力说,认为禁止让与的特约并未影响债权内容,只是在内部关系上增加了不作为义务,即违反该义务的债权人仅对债务人承担违约责任,在外部关系债权人仍享有自由处分债权的权利。也有学者主张区分第三人善恶意的学说,认为受让人是否知道或者应当知道禁止让与约定的存在,决定着禁止让与特约的效力。善意受让人可以有效地取得债权,只是债务人可以追究让与人的违约责任。在受让人恶意场合,或者受让人虽属善意但却有过失的场合,债权不具有让与性,因而债权让与合同无效。我们认为,在解释上应当首先明确禁止让与特约的规范属性。虽然禁止让与特约原本属于债权人与债务人之间的约定,但是,《民法典》第545条第1款已经将之明确规定为债权让与的除外情形,因而应当认定为强制性规定。对于违反法律强制性规定的法律行为,《民法典》第153条规定了其原则上无效,但“该强制性规定不导致该民事法律行为无效的除外”。禁止债权让与约定仅为保护债务人的利益,便使债权丧失交易能力,似有过度保护债务人之嫌。正如德国学者卡纳里斯所言,禁止债权让与的约定绝对无效,导致了近乎无限的债务人保护,超出该约定原本的保护范围,具有“过度溢出”(überschießende)作用。[9] 就此而言,禁止让与约定的必要性与其绝对无效的法律效果显著不成比例。由此可见,通过对债权人的处分自由、债务人利益的维护和受让人利益的保护进行利益衡量,合同义务说最为可采,禁止让与特约仅对债权人和债务人具有约束力,债权人违反该项特约,不应导致该债权让与合同无效,违反该约定义务的债权人仅对债务人承担违约责任。因此,第545条第2款规定的“不得对抗善意第三人”,应当解释为债权让与合同有效,受让人取得债权。

2. 债权双重让与的效力

债权让与属于债权处分行为,一旦让与合同生效,债权即发生移转,让与人失去债权,其再行让与同一债权的行为属于无权处分行为。因此,仅第一次让与发生让与的效力。第二次及其以后的再次让与,债权让与合同虽然有效,但是不发生债权变动的效力。因为第一次让与合同生效后,债权已经转让给第一个受让人,让与人已经不再享有债权,其后的转让陷于履行不能;第二次

---

〔9〕 Vgl. Claus-Wilhelm Canaris, “Die Rechtsfolgenrechtsgeschäftlicher Abtretungsverbote”, in: Festschrift für Rolf Serick zum 70. Geburtstag, Heiderberg: Verlag Recht und Wirtschaft GmbH, 1992, S. 32. 转引自庄加园:《合同法第79条(债权让与)评注》,载《法学家》2017年第3期。

及其以后的债权让与合同的受让人,仅能要求让与人承担违约责任或者解除合同,按照债务不履行的法律规定寻求救济。

对于债务人而言,由于须通知债务人始对债务人发生效力,如果第二次及其以后的让与先为通知,善意债务人按通知向后受让人清偿的,构成债权表见让与,债务人的清偿有效。由于后受让人并非真正债权人,受领清偿无法律上原因,因此,第一受让人作为真正债权人,可依不当得利的规定向后受让人请求返还利益。

第三节 债务承担

一、债务承担的概念

债务承担指在维持原债同一性的情况下,替换或者增加债务人。债务承担一旦生效,债不变更其同一性,即由第三人承受该债务或加入债的关系而成为债务人。

古代罗马法根据债的法锁观念否认债权让与,自然也就不承认债务承担。不过,债务承担实际上在债的更新制度中出现由债务人向债权人提供新债务人的委任承担(delegation)和由承担人与债权人缔结的代位承担(espromissio)的方式而得以实现。[10]《德国民法典》首次设立有关债务承担的一般规定(第414条至第419条),瑞士债务法随之仿效(第175条至第183条)。法国法系的立法没有关于债务承担的一般规定,理论上一般承认债务承担为有效。目前,对于债务的可转移性已无异议。我国《民法典》亦确认了债务承担制度。但是,由于债务人的资力与信用对于债权实现意义重大,为了保障债权人利益,债务承担要受到更多的限制。因此,债务承担不能像债权让与那样简单地自由移转,要考虑种种的限制。一方面,必须限制不经债权人同意的债务承担;另一方面,根据债务的性质或者当事人的约定或者法律规定,某些债务不得转让。

债务有按法律规定的直接移转,如继承、公司合并等概括性地移转,然而通常是以合同移转。因合同发生债务承担可以债务人是否继续承担债务为依据,区分为两种类型:(1)债务全部或者部分让与,债务转由第三人单独承担,债务人不再承担原来的全部或者部分债务,此种类型又称为"免责的债务承担"。(2)债务全部或者部分让与,原债务人仍不脱离债的关系,而与债务承担人共同对债权人负担债务,此种类型又称为"并存的债务承担"。我国《民法典》第551条规定的债务转移,即包括此两种类型。

债务承担不同于履行承担。履行承担亦称为由第三人"代为履行""由第三人履行",是指履行承担人与债务人或者债权人之间的合同,由履行承担人向债权人清偿债务人负担的债务,履行承担人并非债务人,而是债务人的履行辅助人。二者在成立方式、生效要件、履行名义、权利义务以及性质等诸方面都不同。我国《民法典》将履行承担规定在第523条、第524条。

二、债务承担的要件

1. 债务的可移转性

为使债务承担有效,该债务应该是能够移转的债务。债务与债权类似,一般为财产性义务,

---

〔10〕 参见[意]彼德罗·彭梵得:《罗马法教科书》(修订版),黄风译,中国政法大学出版社2005年版,第246页。

原则上都具有可移转性。参照债权让与性限制的理论和法律规定,对债务移转性的限制分析如下:

一是根据债务性质的移转限制。与债权性质的让与限制相似,根据债务性质的移转限制通常包括以下三种情形:(1)因债务人变更,其给付内容会完全变更的债务。(2)因债务人变更,债务履行会发生显著差异的债务。例如,雇佣、委托等。(3)具有必须由特定债务人进行清偿的事由的债务。债务性质上的移转限制正如对于债权让与的限制一样,并不是本质上的、绝对的不具有让与性,只是没有债权人的承诺就应予以禁止移转而已。

二是根据当事人约定的移转限制。债权人与债务人预先特别约定禁止债务人转移债务时,应遵守这一限制,但这一约定不得对抗善意第三人。

2. 当事人之间的债务承担合意

债务承担涉及债权人、债务人和承担人的三方关系,与之相对,存在三种缔结方式:第一种,由承担人与债务人直接缔结债务承担合同。第二种,由承担人和债权人缔结债务承担合同。第三种,由承担人、债务人、债权人三方订立债务承担合同。

关于承担人(新债务人)与债务人(原债务人)间的合同。由于债权的最后保障在于债务人的资力,因此债务承担对债权人利害关系重大。故承担人虽可与债务人订立债务承担合同,但非经债权人同意,对债权人不发生效力。债务承担合同的性质,通说认为,是一种处分行为,在债权人未同意前,对债权人而言,为效力未定的合同。

关于承担人(新债务人)与债权人间的合同。债务原则上得由第三人清偿,而债权人对自己的债权又有处分的权利,故承担人与债权人自可约定由承担人承担债务,无须经原债务人的同意。其合同内容可以是由承担人代替原债务人,承担其债务,而使原债务人免除债务;也可以是使承担人与债务人共同负担同一内容之债务,原债务人并不免除债务。合同一经成立,债务即同时转移给承担人,此时承担人即成为债务人。

关于承担人与债权人、债务人三方间的合同。上述第一种情形,债务承担合同当事人为承担人与债务人时,合同虽然成立,但非经债权人同意,仍不发生债务承担的效力。如果能由承担人、债务人及债权人三方当事人成立债务承担合同,就最为理想。然而尽管三方合同是可能的,但在一般解释上认为承担合同并不一定需要三方合同。

3. 债权人的同意

免责的债务承担,需经过债权人的同意。其原因如上所述,债务的履行涉及债务人资力或者履行能力问题,如果允许债务人随意转让债务,势必会造成债权难以实现的风险,而且债务作为一种义务乃是债务人必须履行的,为保护债权人的债权,有必要经债权人同意。债权人的同意可以采取明示的方式进行。如果债权人未明确表示同意,但其已经将第三人作为债务人并请求其履行,可以推定债权人已经同意债务的转让。如果债权人在债务人作出债务转让的通知以后,一直不作答复,且不能根据客观的情况推定其已经同意,则债务人可向债权人设定一个合理期限,要求其在此期限内作出答复。这符合诚信原则的要求,也有利于稳定交易秩序。在合理期限内债权人未作表示的,《民法典》第551条第2款规定"视为不同意"。

并存的债务承担,无须征得债权人的同意。此类债务承担,债务人并不脱离原合同关系,第三人加入债的关系后,与债务人共同向债权人履行债务。在债务加入情形下,原债务人并不能全部或者部分免除承担债务的责任,在此基础上增加一个第三人对债权人履行债务,不仅对债权人没有风险,反而增加了债权实现的安全性。因此,在债务加入的情形下,无须同债务转移一样征得债权人的同意。《民法典》第552条规定:“第三人与债务人约定加入债务并通知债权人,或者第三人向债权人表示愿意加入债务,债权人未在合理期限内明确拒绝的,债权人可以请求第三人在其愿意承担的债务范围内和债务人承担连带债务。”至于通知的主体和通知的形式,本条未作明确规定。解释上,债务人或者第三人都可以作为通知的主体,书面或者口头通知都可以。

三、债务承担的效力

(一)免责的债务承担的效力

其一,承担人成为新债务人而承担债务。在免责的债务承担情形下,债务不改变其同一性而由债务人移转至承担人,因此就免除债务人的债务,原债务人脱离债的关系,债权人仅能向新债务人请求给付。

其二,承担人享有原债务人对债权人的抗辩权。《民法典》第553条规定:“债务人转移债务的,新债务人可以主张原债务人对债权人的抗辩……”原债务人基于原债权债务关系的抗辩权,无论是债务成立的抗辩(如债的关系无效)、债务存续期间的抗辩(如同时履行抗辩权)或者债务消灭的抗辩(如诉讼时效的抗辩权),承担人均可行使。

其三,从债权、从债务继续存在。《民法典》第554条规定:“债务人转移债务的,新债务人应当承担与主债务有关的从债务,但是该从债务专属于原债务人自身的除外。”

其四,承担人不得以对抗原债务人的事由对抗债权人。承担人之所以愿意承担债务人的债务,必定有其原因,此多存在于承担人与债务人之间的关系。债务承担合同生效后,承担人虽然可以主张原债务人对债权人的抗辩权,但却不得援用自己与债务人之间的法律关系所生的抗辩对抗债权人。例如,债务承担基础的原因关系无效或被撤销或被解除,承担人不得为债务承担合同也随之无效或被撤销或被解除之抗辩。此即债务承担合同的无因性。

其五,原债务人的债权不得主张抵销。债务承担合同生效后,承担人不得以属于原债务人的债权,对债权人主张抵销。因为承担人对于债务人的财产并无处分权。

(二)并存的债务承担的效力

在并存的债务承担情形下,原债务人并不脱离债务关系,而由第三人加入债务关系,与债务人共同承担债务。需要明确的是,承担人与债务人之间承担的是何种责任。《民法典》第552条规定:“……债权人可以请求第三人在其愿意承担的债务范围内和债务人承担连带债务。”据此,有学者认为,在并存的债务承担成立后,债务人与承担人成为连带债务人,对债务的履行负连带责任。我们认为,连带债务的发生须以当事人的明确约定或法律明确规定为依据,因而债务人与承担人究竟是否承担连带债务,应根据债务承担合同确定。如果债务承担合同中明确约定承担连带债务或者按份债务,从其约定;如果债务承担合同并无明确约定,应根据《民法典》第552条的规定解释为承担连带债务。

并存的债务承担的其他效力,参照上述免责的债务承担的效力第2项至第5项内容,这里不再赘述。

问题与思考

1. 免责的债务承担与并存的债务承担的认定

免责的债务承担与并存的债务承担,在理论上的区别是非常清楚的,但在实务中,由于债务人与承担人之间,或者承担人与债权人之间订立债务承担合同时可能仅表示愿意承担债务,并未明确是免责的债务承担,还是并存的债务承担,此时即需要对当事人的意思表示进行解释,解释的关键是看有没有明确的债务人免责的意思。合同外的第三人向合同中的债权人承诺承担债务人义务的,如果没有充分的证据证明债权人同意债务转移给该第三人且原债务人退出合同关系,不宜认定构成免责的债务承担,一般应认定为并存的债务承担。第三人向债权人表明债务加入的意思后,即使债权人未明确表示同意,但只要其未明确表示反对或未以行为表示反对,仍应当认定为债务加入成立,债权人可以依照债务加入关系向该第三人主张权利。[11]

2. 债务承担合同与由第三人履行的合同的区别

就学理解释而言,二者的区别非常清楚:债务承担合同中的第三人加入债权人与债务人的债权债务关系,成为新的债务人,向债权人承担债务(免责的债务承担),或者与原债务人共同向债权人承担债务(并存的债务承担)。第三人履行合同中的第三人并非债务人,并不向债权人承担债务,不过是债务人的履行辅助人。二者的法律地位迥然有别。然而,在实务中,由于当事人在合同中没有明确约定第三人的履行究竟是代为履行还是债务加入,区别二者并非易事,非依合同解释方法难以确定第三人的法律地位。

请思考下列案例并按照合同解释方法分析。

甲公司与乙公司有长期业务往来。2001 年 10 月,双方对账,甲公司尚欠乙公司货款 5 万元,甲公司承诺于 2002 年 3 月付清该款。到期后,甲公司未能付款。在乙公司向甲公司催款过程中,甲公司与丙公司签订了一份还款协议,言明甲公司欠乙公司的货款 5 万元由丙公司于 2002 年 8 月前偿还给乙公司。协议订立后,甲公司将其与丙公司签订还款协议的事实通知了乙公司。2002 年 5 月,乙公司收到丙公司支付的 2 万元。2002 年 8 月,丙公司未能按约将剩余的 3 万元偿还给乙公司。乙公司于 2002 年 10 月诉至法院,要求甲公司偿还剩余货款。请问丙公司承诺清偿债务属于债务加入(并存的债务承担)还是代为履行(由第三人履行)?

3. 并存的债务承担与保证的关系

并存的债务承担与保证有相似的增加责任财产的功能。就学理解释而言,二者在债务属性、债务存续期间、抗辩事由援引及债务移转等具体法律效果上都存在差异。最高人民法院在判决中明确提出两者在功能上的差别:"保证系从合同,保证人是从债务人,是为他人债务负责;并存的债务承担系独立的合同,承担人是主债务人之一,是为自己的债务负责。"[12]

并存的债务承担和保证的区分,主要发生在第三人加入债务的情况下,它与《民法典》第 681 条、第 685 条第 2 款规定的保证合同缔结的情况是一致的。如果合同约定不明,例如与借贷合同无关的第三人向债权人出具承诺函,仅笼统承诺代为还款,第三人与债权人成立债务加入(债务承担)还是保证合同?对于并存的债务承担和保证的区分,最高人民法院在判决中设定了一条推定规则,即在不能明确区分两者的情况下,应当从保护债权人利益的立法目的出发,认定为并存的债务承担。[13] 这一观点受到质疑,有学者认为不同的认定后果对当事人利益影响甚大,需

〔11〕 参见广东达宝物业管理有限公司与广东中岱企业集团有限公司、广东中岱电讯产业有限公司、广州市中珊实业有限公司股权转让合作纠纷案,载《最高人民法院公报》2012 年第 5 期(总第 187 期)。

〔12〕 中国信达资产管理公司石家庄办事处与中国—阿拉伯化肥有限公司、河北省冀州中意玻璃钢厂借款担保合同纠纷案,(2005)民二终字第 200 号。

〔13〕 肖俊:《合同法第 84 条(债务承担规则)评注》,载《法学家》2018 年第 2 期。

要更为细致的划分标准。[14] 我们认为,当事人的意思表示是最重要的判断因素,债务承担要为自己承担和清偿债务,而保证则是为他人承担债务。围绕这一差异,需要根据《民法典》第124条第1款的规定确定意思表示的含义。比如,如果双方约定了债务人和承担人的先后履行顺序,即只有在主债务人届期不履行债务时,第三人才履行债务,此时即便双方约定为债务承担,实际上仍然只是保证。

此外,应当注意并存的债务承担与保证合同有关内容的衔接。《民法典》第697条规定:"债权人未经保证人书面同意,允许债务人转移全部或者部分债务,保证人对未经其同意转移的债务不再承担保证责任,但是债权人和保证人另有约定的除外。第三人加入债务的,保证人的保证责任不受影响。"据此,如果债权人许可债务人转移了部分债务,而未取得保证人的书面同意,则对转移的债务,保证人不再承担保证责任。债务人以外的第三人对债务所作的担保,是基于对原债务人的了解和信任而设定的,因此不经担保人认可,它们将随债务转移而消失。当然,如果是第三人加入债务的,保证人的保证责任不受影响;如果是债务部分转移的,对于没有转移的那部分债务,保证人继续承担保证责任。

第四节　债的概括转移

一、债的概括转移概述

债的概括转移即债权债务的概括转移,指债的关系的当事人一方将其债权债务一并转移给第三人,由第三人全部继受债权债务的情形。《民法典》第555条规定:"当事人一方经对方同意,可以将自己在合同中的权利和义务一并转让给第三人。"债权债务概括转移与债权让与、债务承担的不同之处在于:转移的内容包括债权和债务两个方面。这种债权债务的概括转移,即由新的当事人取代原来一方当事人,是合同之债的主体的变更,合同关系的内容并不因而有所变动。参照债务承担的用语,学理上又称为"合同承担"。

合同承担概念的发展,是20世纪以后的事,可以说合同承担还是相当年轻的法律制度。债的概括转移是市场交易形式的法律表现。由于市场交易中的合同基本上都是双务合同,一方当事人享有债权并承担债务,乃具有有机性的一体,合同主体地位也能像一般财产权一样,依合同而变动。其在经济上的重要性,非单纯的债权让与或债务承担可以比拟。合同承担,有的基于当事人的约定产生,有的基于法律的直接规定产生。

二、约定合同承担

(一)约定合同承担的性质

约定合同承担,即合同承担合同。依通说,合同承担兼具有处分行为与债务承担双重性质。一方面,就原有的合同当事人而言,合同承担合同是对合同关系整体的处分。另一方面,当事人基于原合同所有消极的地位(给付义务、附随义务等),均因承担合同而由承担人继受,因此,承担合同又具有债务承担的性质。

---

〔14〕 朱奕奕:《并存的债务承担之认定:以其与保证之区分为讨论核心》,载《东方法学》2016年第3期。

（二）约定合同承担的要件

合同承担须具备以下要件，才能生效：（1）须有合法有效的合同存在。这是合同承担的前提条件。如果合同为无效合同，不可能成立有效的合同承担；如果合同已无法律效力，如合同已经履行完毕，也没有合同承担的必要。（2）合同承担的合同为双务合同。（3）须原合同当事人一方与第三人达成合同承担的合意，法律、行政法规规定应当办理批准、登记手续的，应当办理。（4）须经对方当事人同意。由于合同承受所转移的内容既包括合同权利，又包括合同义务，因而合同承受须经对方当事人同意。当然，合同承担合同也可以由原合同双方当事人与第三人三方同意而成立。

（三）合同承担的效力

合同承担合同最主要的效力在于合同主体的变更，承受人取得了合同当事人的地位，享有原当事人享有的一切权利，承担原当事人负担的一切义务；而原当事人从合同关系中脱离出来。因此，《民法典》规定，有关债权债务的具体承担，适用法律关于债权让与或债务承担的规定。

三、法定合同承担

合同承担，除基于法律行为外，也可能因法律规定而当然发生。我国民法规定的最重要的法定合同承担情形，莫过于《民法典》第67条关于法人的分立与合并以及《民法典》第725条关于"买卖不破租赁"的规定。

（一）因法人的分立与合并而发生合同承担

法人的合并与分立是市场经济条件下法人发展的常态。法人的合并与分立，不同于法人破产，相对人的利益不受影响，合并或者分立之前的债权债务由合并或者分立后的法人承担。我国原《民法通则》第44条第2款规定："企业法人分立、合并，它的权利义务由变更后的法人享有和承担。"原《合同法》第90条对此又作了更为详细的规定，即当事人在订立合同后合并的，由合并后的法人或其他组织行使合同权利，履行合同义务；当事人订立合同后分立的，除债权人与债务人另有约定者外，由分立后的法人或者其他组织对合同的权利享有连带债权，对合同义务承担连带债务。《民法典》则只在总则编第67条规定了法人的分立与合并规则，"法人合并的，其权利和义务由合并后的法人享有和承担。法人分立的，其权利和义务由分立后的法人享有连带债权，承担连带债务，但是债权人和债务人另有约定的除外。"法人合并或者分立所致的债权债务概括转移，属于法定概括转移，无须征得相对人的同意，但由于合同当事人在合同成立后发生分立的，对对方当事人影响重大，因而法律明确规定，除非合同当事人另有约定，其权利和义务由分立后的法人享有连带债权，承担连带债务。

（二）因买卖不破租赁而发生合同承担

《民法典》第725条规定："租赁物在承租人按照租赁合同占有期限内发生所有权变动的，不影响租赁合同的效力。"此即学说所谓买卖不破租赁。依此规定，在租赁期间，租赁物所有权转让给第三人时，第三人取代让与人成为租赁合同的出租人，让与人则脱离原租赁关系。但是，合同承担前即已发生的权利与应负担的义务，均不转移于受让人，让与人可向承租人请求已到期但未支付的租金。合同承担后新发生的租金请求权由受让人取得。但在租赁物所有权转让前，出租人已按指示交付方式将租赁物返还请求权让与给受让人的，受让人因指示交付而取得租金请求权。

问题与思考

请思考下列案例并按照合同解释方法分析。

H公司向A银行贷款200万元。现该公司将一部分资产分离出去,另成立J公司,对于公司分立后这笔债务的清偿责任问题,H公司与J公司明确约定由H公司承担。问:H公司所欠银行贷款200万元及其利息应当由谁承担清偿责任?

思考提示:(1)根据《民法典》第67条的规定,分立后的法人对分立前法人的债务承担连带债务。(2)H公司与J公司的约定属于债务人内部的约定,不属于《民法典》第67条所规定的债权人和债务人的约定,除非取得债权人A银行的同意,该约定仅对H公司和J公司有效,对银行无约束力。

拓展阅读推荐

1. 王利明主编:《中国民法典释评(合同编·通则)》,中国人民大学出版社2020年版。
2. 朱广新、谢鸿飞主编:《民法典评注:合同编　通则》(第2册),中国法制出版社2020年版。
3. 最高人民法院民法典贯彻实施工作领导小组主编:《中华人民共和国民法典合同编理解与适用(二)》,人民法院出版社2020年版。
4. 韩世远:《合同法总论》(第四版),法律出版社2018年版。
5. 王泽鉴:《债法原理》(第二版),北京大学出版社2013年版。
6. 张玉卿主编:《国际统一私法协会国际商事合同通则》(2010英汉对照),中国商务出版社2012年版。

第二十四章 合同的权利义务终止

学习要点

- 合同权利义务的终止原因
- 合同权利义务终止的效力
- 清偿主体
- 代物清偿
- 清偿抵充
- 提存的效力
- 抵销的要件及效力
- 免除、混同

第一节 合同权利义务终止概述

一、合同权利义务终止的概念

合同权利义务的终止是指合同的权利义务关系在客观上消灭。当合同的权利义务终止原因发生时,合同的权利义务在法律上当然消灭。

《民法典》第557条吸收了原《合同法》第91条的规定,但在体例上进行了修改,将合同解除单列一款,同时将原《合同法》第91条中的"合同的权利义务终止"修改为"债权债务终止"。上述修改表明:(1)《民法典》第557条第1款规定的实际上是债的消灭原因,不但适用于合同权利义务的终止,而且适用于合同之债之外的其他债权债务关系的终止。(2)《民法典》第557条第2款将合同解除单列,是有意识地将合同终止和合同解除相区分。关于合同终止与合同解除的区别,在原《合同法》制定之时就有过争论,主张应对两者加以区分的理由为:其一,合同终止与合同解除虽然都是使合同债权债务消灭的事由,但两者效力不同。合同终止是使合同关系自终止之日起向将来消灭的行为,而合同解除可能发生合同权利义务关系自始消灭的效果。其二,合同一旦终止,从权利原则上也一并消灭(《民法典》第559条);而合同解除并不导致广义债之关系的消灭,例如合同解除后担保仍然存在(《民法典》第566条第3款),因此与履行之类的终止事由根本不同。其三,合同终止既可适用于违约的情形,也可以适用于非违约情形;而合同解除的性质主要是对违约的一种补救。

合同权利义务的终止不同于合同权利义务的转移。合同权利义务的终止为合同的权利义务的客观消失,即债权债务关系不复存在;而合同的权利义务的转移则仅在原主体间消灭,合同的权利义务的内容仍不失其同一性而存在于新的主体之间。

二、合同的权利义务终止的原因

《民法典》第557条第1款规定了债权债务终止的原因,包括:(1)债务已经履行;(2)债务相互抵销;(3)债务人依法将标的物提存;(4)债权人免除债务;(5)债权债务同归于一人;(6)法律规定或者当事人约定终止的其他情形。

合同的权利义务终止原因,可以按使债权归于消灭的理由及原因事实的法律性质,作以下分类:

一是按消灭理由分类。债权是达到一事实上目的之手段,目的消灭,债权也消灭。因此,债权消灭原因以消灭目的为理由,也可有其以外的理由。当债务人实现债权客体的给付、债权人并已受领时,以此达到债权的目的,债权存在意义完结而归于消灭。这是原本意义上的债权消灭,以清偿为其典型。代物清偿、提存及抵销亦同。当以第三人清偿、实现担保权、强制执行消灭债权时,也是达到目的的理由。另外,在请求权竞合的情形下,只以行使达到目的的一个请求权为限,就可以以此为由消灭其他请求权。至于不能达到目的的情形,债权内容变为损害赔偿而继续存在。目的消灭以外的理由,包括免除及混同。免除是放弃债权,虽然同样是基于债权人的意思而消灭,但并非达到目的。混同是以债权与债务归属于同一人,因而债权失去其存在的实际意义为理由的。

二是按原因事实的法律性质分类。合同的权利义务终止的一般原因,按原因事实是否为法律行为可作以下区分:(1)法律行为。免除是债权人的单方法律行为;抵销是债务人的单方行为。对于提存的理论构成有不同观点,有的认为是债务人的单方法律行为,有的认为是为第三人的合同。(2)准法律行为。对于清偿的法律性质也有不同观点,有法律行为说、事实行为说、折中说,现在一般认为既可能是法律行为,也可能是事实行为,须依据履行行为是否包含意思表示为依据个别判断。(3)事实。混同完全是一种事实。

三、合同的权利义务终止的效力

合同的权利义务终止的效力主要有以下几个方面:(1)合同的权利义务的关系不再存在,债权债务关系终止。(2)从权利和从义务一并消灭。合同的权利义务关系消灭的,依附于主债权债务的从属债权、债务,如担保、违约金等一并消灭。《民法典》第559条明确规定:"债权债务终止时,债权的从权利同时消灭,但是法律另有规定或者当事人另有约定的除外。"(3)在债的当事人之间产生后合同义务。后合同义务是在债的关系消灭后,依诚信原则在原债的当事人之间产生的通知、协助、保密等义务(《民法典》第558条)。例如,负债字据应当返还。负债字据是证明债权债务存在的重要文件,债权人持有负债字据,通常情形即足以证明债权存在。因此,债的关系消灭,债权人应当将负债字据返还债务人或者涂销;因故不能返还的,债务人可以请求债权人出据债务已经消灭的字据。违反后合同义务给对方造成损害的,应负相应的赔偿责任。(4)合同中的结算和清理条款,其效力具有独立性。合同终止,双方当事人的合同权利义务终结,但是合同中有关结算和清理的条款仍然有效。

第二节　清　　偿

一、清偿的意义及性质

清偿,是指债务人按债务本旨而实现债权内容的给付,以此使债权人实现获得一定财产或劳务的目的,并消灭债权。这与实现债务内容的过程称为债务的履行一样,表现为以此达到目的消灭债权的性质。因而清偿又称为“履行”。清偿为实现债的目的的行为,是债消灭的最主要和最常见的原因。债务人履行债务的行为为清偿行为,第三人为满足债权目的而为给付的行为也属清偿。此外,依强制执行或实现担保权而使债权满足的,亦为清偿。

为使清偿有效,履行债务必须按债务本旨。至于何谓债务本旨,应根据主体方面(清偿人、清偿受领人)、客体方面(清偿的标的)、场所、时间、方式等是否合乎债务内容而决定。约定债务的内容如有不明确之处,就产生解释问题。对此必须按照当事人的合同目的、习惯、诚信原则等加以解决。

关于债的履行的法律性质,究竟为法律行为或事实行为,众说纷纭。有的认为是法律行为,有的认为是事实行为,也有的加以折中认为是准法律行为。其主要分歧在于清偿人是否必须有清偿的意思,清偿受领人是否必须有受领清偿的意思。现在,一般认为清偿并非仅仅以清偿意思的后果消灭债权,还要按照达到清偿目的才能消灭债权,并且还应明确区分清偿和为清偿的给付行为。近年来,多数意见认为,须依据履行行为是否包含意思表示个别判断。关于清偿性质的讨论,过去曾是民法学理上争执不休的问题,现在则认为这一争论实益不大,不是重要问题。

二、清偿的主体

(一)清偿人

清偿人在一般情况下是债务人或者其代理人,但也可以是第三人。

1. 债务人

债务人负有清偿的义务,自属应为清偿之人。清偿应按债务本旨使债权人满足,因此原来意义上的清偿人即为债务人。当债务的内容不仅需要债务人的行为,而且还需要其他人的协助时,债务人可以使用履行辅助人。当给付行为是法律行为,而债务人为无行为能力人时,或者当实行给付需要处分财产,而债务人因破产宣告或执行遗嘱其处分权受限制时,不可以进行清偿。在这些情况下,如果债务人为给付,其给付行为无效。

2. 被授予清偿权限的人

例如,债务人的代理人、财产代管人、履行担保人等。

3. 第三人

第三人清偿是指第三人为消灭债务,以自己的名义向债权人为清偿。原则上应当允许第三人清偿,但在两种情况下限制第三人清偿:(1)债权人与债务人特别约定不得由第三人清偿的债务。(2)按照债的性质不得由第三人清偿的,这是指专属于债务人本人的给付,即给付着重于债务人的要素,以债务人的性质、人品、技能、熟练程度等为条件。第三人的清偿不限于原来意义上的清偿,也可以进行代物清偿、提存。但一般认为不允许第三人以自己对于债权人的债权与债务人的债务进行抵销。第三人清偿他人的债务,虽然有时以对债务人实行赠与的意思进行,但只要没有委托关系,就被视为无因管理。因此,外国民法考虑到第三人对于债务人的求偿权,认定第三人因清偿而发生代位。第三人的清偿以其代位为限,产生相对消减债权的后果。就这点而言,第三人清偿产生清偿的一切后果。对于第三人的清偿,债务人有权提出异议,此时债权人有权拒绝受领。如果债权人不予拒绝仍然接受给付,则第三人的清偿仍属有效。第三人清偿在债权人与债务人之间发生债务消灭的效力。第三人清偿全部债务的,债务人免除其全部债务,债的关系消灭;第三人清偿部分债务的,债的一部分消灭,未消灭的债务部分仍归债务人。由于债务人债务消灭,受有法律上利益,因此,第三人清偿后,在第三人与债务人之间发生一定的效力。如果第三人以赠与为目的而代为清偿,则第三人在清偿后无求偿权;如果第三人与债务人有某种法律关系,则第三人有权依其法律关系求偿。

(二)清偿受领人

1. 向受领权人为清偿

依债务本旨,向债权人或其他有受领权人为清偿,经其受领时,债的关系消灭。有权受领清偿之人,通常为债权人,但不限于债权人,还包括:(1)债权人的代理人。(2)破产财产的管理人。(3)行使代位权的债权人。债权人在符合法律规定的条件时,得行使代位权。当债务人的债务人向债权人清偿债务时,债权人有权接受清偿。(4)债权人与债务人约定受领清偿的第三人。债权人与债务人约定由债务人向第三人履行债务,第三人基于合同取得受领权,可以作为清偿受领人。

2. 向非受领权人为清偿

对于债权人及由受领权人以外的人进行的清偿,原则上不发生清偿的效力。由于清偿债务是日常极其频繁的行为,民法为了保证清偿的安全,在以下情形例外地承认其清偿为有效:(1)经债权人承认或受领人在受领后取得债权。于此情形,受领人欠缺受领权即予补正,债务人的清偿发生清偿效力。(2)向债权的准占有人为清偿。债权准占有人,也称为"表见债权人",是指并非真正债权人,但以自己享有债权,并以为自己的意思表示事实上行使了债权,在一般交易观念上具有使他人相信其为真正债权人外观的人。按照债权准占有人是否持有债权文书,可以将其分为持有债权文书的债权准占有人和非持有债权文书的债权准占有人,前者在实务中更为常见。债权证书的持有人,主要包括:储蓄存单、信用卡等金融票证的持有人;车票、船票、机票等客票的持有人;电影院、歌剧院等场所的入场券持有人;无记名股票、无记名债券的持有人等。如果债务人对债权准占有人履行了给付义务,是否发生履行的效力?我国民法对此无明确规定,按照学理通说,债务人对债权准占有人清偿发生效力应具备以下要件:一是受领人须为债权准占有人;二是清偿人实施清偿行为时须为善意;三是清偿人实施清偿行为须无过失;四是债务人须已经客观上向债权准占有人实施了清偿行为。债务人对债权准占有人的清偿具备了上述要件,可以发生清偿的效力,使债务人与真正债权人之间的债权债务关系消灭。真正债权人与债权准占有人之间产生不当得利之债的关系,真正债权人可以依据不当得利的规定请求债权准占有人返还取得的利益。

三、代物清偿

(一)代物清偿的概念和性质

代物清偿,是指债务人以他种给付代替原定给付,债权人予以受领从而消灭债的履行行为。

在债的履行过程中,根据债权人与债务人的合意,以工抵债,或者以一种物的给付代替原定另一种物的给付,以及以货币的给付代替原定物的给付等,都属代物清偿。

我国民法并无代物清偿的明确规定,在学理解释及实务上认识较为混乱。有观点借鉴德国民法的概念,认为代物清偿不但要债权人与债务人成立以他种给付代替原定给付的合意,而且必须实际交付才成立代物清偿,此即认为代物清偿是有偿要物合同。也有观点认为,只要债权人与债务人成立以他种给付代替原定给付的合意即可成立代物清偿。我们认为,德国民法上的代物清偿有其特定含义,德国民法对于债权人与债务人成立以他种给付代替原定给付的合意进行了区分:在此种合意之外并实际交付的,成立代物清偿,产生清偿的效力,债权人与债务人的债的关系消灭;仅有此种合意并未实际交付的,成立新债清偿,如果没有明确约定新债成立即旧债消灭的,新债清偿合同并不发生原有债权债务关系消灭的效力,而是在旧债未了的基础上又成立新债,债权人可以选择行使。因此,我们必须厘清概念,将代物清偿狭义地界定为以债权人受领债务人的替代给付为条件,其要物性为学者所公认。此种意义上的代物清偿为独立的要物合同。

至于债权人与债务人仅成立以他种给付代替原定给付的合同,未实际交付,虽然不发生清偿原债务的效力,不构成代物清偿,但是根据合同自由原则,应当承认其合同效力,只是须根据当事人的意思区分其不同性质。(1)如果当事人明确约定以他种给付代替原定给付,且其意思为此合同成立则原合同不再履行,此即构成合同更新,即原合同协议终止,当事人成立一个新合同。(2)如果当事人明确约定以他种给付代替原定给付,且其意思为此合同成立仅是变更履行标的,原合同其他权利义务继续履行,此即双方当事人合意变更合同。(3)如果当事人明确约定以他种给付代替原定给付,且其意思为此合同成立但未实际交付之前,原定给付并未消灭,此即在旧债之外又成立新债,即构成新债清偿,债权人可以选择行使债权。

(二)代物清偿的要件

代物清偿的成立,须具备以下条件:

其一,须有债权、债务存在。代物清偿是以他种给付代替原定给付,自须先有债权债务存在,然后才有以他种给付替代原定给付的问题。至于原债权债务为合同之债还是其他种类的债,则在所不问。代物清偿以消灭债权为目的,因此不存在债权时,就成为非债清偿。

其二,须以他种给付替代原定给付。与原定给付不同的其他给付,并不仅限于同种类的给付,如以提供劳务代替物的给付。其他给付也不必与原定给付具有同等价值,价值明显不足并不妨碍代物清偿成立,而超过的数额也不必然充作利息。对于不足部分也不必专门表示免除、放弃等意思。但当其他给付与原定给付相比显著过大,而且是乘债务人急迫、轻率、无经验的情况下,即成立暴利行为而视为无效。[1]

其三,须当事人间形成代物清偿的合意。依债的履行规则,不仅债务人应按债的标的,即债原定的给付履行债务,不得擅自变更债的标的,以他种给付代替原定给付;就是债权人也只能按债的标的请求债务人履行债务,无权要求债务人以他种给付代替原定给付。因此,代物清偿的成立必须债务人(或代债务人履行债务的第三人)与债权人达成代物清偿的合意。代物清偿既为一种合意,即双方法律行为,故无论债原定的给付行为或代物清偿行为为法律行为或事实行为,合意双方均应具有相应的行为能力。

其四,须当事人按代物清偿的合意实际履行。即须债务人按代物清偿的合意为他种给付及

---

〔1〕 参见《德国民法典》第138条第2项。

债权人受领此种给付,始生代物清偿的效力。代物清偿并非债的更改,而是债的一种履行方式,只有当事人按代物清偿的合意实际履行,才能产生代物清偿之效果。如当事人间仅有变更债的标的的协议,而未实际履行,则不构成代物清偿。

(三)代物清偿效力

一方面,引起合同的权利义务终止。代物清偿既为债的一种履行方式,自然发生债履行的法律效果,引起合同的权利义务终止。

另一方面,原定给付如为有偿给付,代物清偿人应对其给付承担权利瑕疵及质量瑕疵的担保责任。原定给付如为无偿给付,代物清偿人不负瑕疵担保责任,仅对其加害给付承担过失责任。

四、清偿抵充

(一)清偿抵充的概念

债务人对于同一债权人负有同样标的之数个债务时(如数个金钱债务、数个种类债务),或一个债务的清偿需要有数个给付时(如按月付给的租金、分期偿还的债务),当清偿提供的给付并不能消减全部债务,就要确定这一给付究竟是充作哪一宗债务或充作清偿哪一部分给付。因为在数个债务中是否附有利息、有没有担保、清偿期限是否届至等情形,对于首先充作哪一宗债务的清偿会产生种种利害关系,自有确定的必要。而如何确定,法律亦有规范的必要。

所谓清偿抵充,就是指债务人对于同一债权人负担数项同种类债务,或负担同一项债务而约定数次给付时,如果债务人的给付不足以清偿其全额债务,约定、决定该给付抵充某项债务的制度。对此,我国民法长期没有明文规定清偿抵充规则,直至《合同法司法解释(二)》第 20 条、第 21 条始确立明确的法律规则。我国《民法典》将这一规则吸收进来,第 560 条规定:“债务人对同一债权人负担的数项债务种类相同,债务人的给付不足以清偿全部债务的,除当事人另有约定外,由债务人在清偿时指定其履行的债务。债务人未作指定的,应当优先履行已经到期的债务;数项债务均到期的,优先履行对债权人缺乏担保或者担保最少的债务;均无担保或者担保相等的,优先履行债务人负担较重的债务;负担相同的,按照债务到期的先后顺序履行;到期时间相同的,按照债务比例履行。”

(二)清偿抵充的要件

其一,债务人对同一债权人负担数笔债务。如债务人对债权人仅负担一宗债务,债务人的给付自属履行该宗债务,不发生抵充问题。

其二,须数笔债务的给付种类相同。如数笔债务给付的种类不同,依债务人所为给付的种类即可确定其系清偿哪笔债务,无须再特别确定抵充。如数笔债务的给付种类相同,则无论是否设定了担保或是否已届清偿期,只要债务人提出的给付不足以清偿全部债务,均发生确定抵充哪笔债务的问题。

其三,须债务人所为给付不足以清偿全部债务。如债务人所为给付足以清偿全部债务,其全部债务一同归于消灭,自不发生抵充哪笔债务的问题。

(三)清偿抵充的确定方法

清偿抵充可分为三种类型:约定抵充、指定抵充和法定抵充。确定抵充顺序的基本规则为:有约定的从约定,无约定的依指定,无指定的依法定。

关于约定抵充。依契约自由原则,债务人可以与债权人约定抵充哪笔债务,债务人也可以在未提出给付前与债权人约定各笔债务清偿的先后顺序。

关于指定抵充。债务人在提出给付时有权指定抵充哪笔债务。[2]《民法典》第560条第1款规定："债务人对同一债权人负担的数项债务种类相同，债务人的给付不足以清偿全部债务的，除当事人另有约定外，由债务人在清偿时指定其履行的债务。"抵充指定权原则上归属于债务履行人，债务履行人不为指定时，视为放弃抵充指定权，此时即应当适用法定抵充的方法。如债务人的指定违反与债权人先前订立的合同，应如何处理？德国民法理论认为，指定抵充是债务人的一项形成权，债务人虽然违约，应依法承担违约责任，但如债权人受领债务人所为给付，仍应按债务人的指定发生抵充效果。债务人虽然有权指定抵充，但是应受到限制。因为债务人极有可能滥用权利而指定其给付先抵充本金，然后才抵充费用或利息，从而给债权人实现其债权带来负面影响。对此，不少国家的民法予以限制。例如，《德国民法典》第367条规定："(1)债务人除主债务之外尚应当支付利息和费用的，当其所提出的给付不足以清偿全部债务时，应先抵充费用，其次抵充利息，最后抵充主债务。(2)债务人指定抵充其他债务的，债权人可以拒绝受领。"为避免债务人为抵充指定时滥用权利，对于债务人指定抵充，应当根据我国《民法典》第561条的规定，解释为债务人有权指定主债务的清偿顺序，但是对于债务清偿的内容，除非当事人另有约定外，应当按照下列顺序抵充：(1)实现债权的有关费用；(2)利息；(3)主债务。也就是说，债务人的指定抵充须受该条规定的费用、利息、主债务的顺序抵充的限制，而不是依债务人的相反指定抵充。

关于法定抵充。在既无抵充约定，债务人在为给付时又未指定抵充哪笔债务时，应依法律规定的抵充次序确定抵充哪笔债务。《民法典》第560条对法定抵充顺序的规定为：(1)应当优先履行已经到期的债务；(2)数项债务均到期的，优先履行对债权人缺乏担保或者担保最少的债务；(3)均无担保或者担保相等的，优先履行债务人负担较重的债务；(4)负担相同的，按照债务到期的先后顺序履行；(5)到期时间相同的，按照债务比例履行。

关于数项债务的抵充问题。《民法典》第561条规定："债务人在履行主债务外还应当支付利息和实现债权的有关费用，其给付不足以清偿全部债务的，除当事人另有约定外，应当按照下列顺序履行：(一)实现债权的有关费用；(二)利息；(三)主债务。"当债务人对债权人负担数项种类相同的债务时，如果各项主债务均产生利息或实现债权之费用，究竟是应当先抵充所有各项债务之费用(实现债权的费用)，再抵充各项债务之利息，最后再抵充全体主债务？还是应当依照《民法典》第560条的规定，先确定应当优先抵充的主债务，在该应优先抵充的主债务中按照第561条规定的抵充顺序依次抵充该笔债务实现的费用、相应利息和该笔债务；抵充后如有剩余，再抵充次项债务的费用、利息和该次项债务，依此类推？我们认为，《民法典》第561条并非强制性规范，如果债权人和债务人对前述问题的抵充顺序有专门约定，则应按照双方的抵充合意来进行抵充。如果债权人和债务人对此并无约定，则在各项债务的费用之间(实现债权的费用)，在各项债务的利息之间所分别成立的费用之债、利息之债，仍然应当按照《民法典》第560条第2款关于法定抵充规定的顺序进行抵充。[3]

---

[2] 参见《德国民法典》第366条、《日本民法典》第488条、我国台湾地区"民法"第321条。

[3] 对此，《日本民法典》第489条第2款的规定可供参考，该款规定，"前款之情形，所作之给付不足以消灭费用、利息或本金中任意一者之全部时，准用前条之规定"。

问题与思考

1. 关于代物清偿的界定

由于我国民法未规定代物清偿,在学理解释和司法实践中对于代物清偿问题存在较大争议,并经历了立场上的变化。关于债务履行期限届满后的代物清偿协议效力,早期采要物合同说,即代物清偿协议为实践性合同,清偿人必须现实地提出代替给付并经清偿受领人现实受领,才发生代物清偿的效力,否则代物清偿协议不发生效力,当事人仍应履行原合同。例如,在最高人民法院(2011)民提字第210号成都市国土资源局武侯分局与招商(蛇口)成都房地产开发有限责任公司、成都港招实业开发有限责任公司、海南民丰科技实业开发总公司债权人代位权纠纷一案中,[4]最高人民法院认为,债务人与次债务人约定以代物清偿方式清偿债务的,因代物清偿协议系实践性合同,故若次债务人未实际履行代物清偿协议,则次债务人与债务人之间的原金钱债务并未消灭,债权人仍有权代位行使债务人的债权。但是,在最高人民法院(2016)最高法民终484号通州建总集团有限公司与内蒙古兴华房地产有限责任公司建设工程施工合同纠纷案中,[5]最高人民法院的解释立场则转为特殊变更契约说。最高人民法院认为,对以物抵债协议的效力、履行等问题的认定,应以尊重当事人的意思自治为基本原则。当事人于债务清偿期届满后达成的以物抵债协议,可能构成债的更改,即成立新债务,同时消灭旧债务;亦可能属于新债清偿,即成立新债务,与旧债务并存。如当事人没有明确消灭旧债的合意,以物抵债协议的性质一般应为新债清偿,此时旧债和新债并存,仅在新债合法有效并得以履行完毕后,才完成债务清偿义务,旧债方才归于消灭。我们认为,造成这种乱象的根源在于代物清偿的概念混乱,将各种类型的以物抵债协议统称为代物清偿。现在这一乱象在我国民法理论和实务界逐步得到澄清(参见前述代物清偿的概念和性质部分,此不赘述),由此足见法学研究中概念界定的重要性!

2. 思考案例

字节跳动公司系“西瓜视频”网络直播平台的运营商(已取得北京市文化和旅游局颁发的网络文化经营许可证)。钟某在字节跳动公司经营的“西瓜视频”平台注册账号,并与字节跳动公司签订《用户服务协议》《充值协议》。《西瓜视频用户服务协议》约定字节跳动公司系案涉网络服务提供者,对其包括钟某在内的注册用户提供包括但不限于以下七项网络服务:(1)域名为××的“西瓜视频”网站及标注名称为“西瓜视频”的客户端应用程序;(2)内容服务、标注名称为“鲜时光”的互联网电视业务平台(含“西瓜视频”与互联网电视播控集成机构和互联网电视内容牌照方合作的平台和与智能电视厂商合作的平台);(3)视频上传分享服务;(4)视频直播服务;(5)搜索服务;(6)虚拟社区币服务,包括钻石等;(7)其他产品或服务。《充值协议》第一章购买规则载明:“‘钻石’是本平台向您提供的用于在本平台上进行相关消费的虚拟货币,您可以用‘钻石’自由购买虚拟礼物等平台上各项产品或服务。您可将购买的虚拟礼物赠与主播或平台创作者。但‘钻石’不能兑换为人民币,您应根据实际需求购买相应数量的‘钻石’。‘钻石’不得用于本平台外之用途,亦不得以任何方式交易或转让他人……充值所增加的账号内‘钻石’可由您在本平台上自由使用,但本平台不会提供任何退还或逆向兑换服务。”2018年11月~2020年3月,钟某分别通过微信、支付宝转账的方式进行充值以购买虚拟钻石,累计充值1106次,充值

[4] 参见《最高人民法院公报》2012年第6期。
[5] 参见《最高人民法院公报》2017年第9期。

金额合计294,176元。钟某充值后,将所获得的虚拟钻石用于兑换虚拟礼物分别在372名主播的直播间内进行打赏,共计打赏132,202次,打赏钻石总数为2,940,721个,对应支出的金钱数额为294,156元。钟某所打赏的372名主播中,一部分是直接与“西瓜视频”平台签约,另一部分是签约于经纪公司,由经纪公司与“西瓜视频”平台签约。这些主播获得打赏的虚拟礼物后,根据平台规则进行分成,前者是直接与直播平台按比例分成,后者是直播平台与经纪公司按比例分成后,主播再与经纪公司进行分成。

讨论问题:(1)钟某在字节跳动公司平台充值的行为是履行网络服务合同还是订立并履行买卖合同?(2)钟某在字节跳动公司运营平台对主播的打赏是履行网络服务合同还是订立并履行赠与合同?

第三节　提　　存

一、提存的概念及其制度功能

提存,是指因债权人无正当理由拒绝接受履行,或因其他原因致使债务人难以履行债务时,债务人将履行的标的物提交给提存机关,以消灭债务的行为。

债务的履行往往需要债权人的协助,如果债权人无正当理由而拒绝受领或者因其他障碍不能受领,虽然债权人应当承担受领迟延的责任,但债务人的债务并未消灭。此种情况下,债务人仍应随时准备履行,为债务提供的担保也不能消灭,这样显然有失公平。故提存制度的建立和完善,有利于债务纠纷的及时解决,有利于更好地平衡债权人和债务人双方的利益冲突,保证市场机制的正常运行。提存在法律性质上兼具私法和公法的双重性质。近现代民法一般都将提存规定为一种债的消灭原因。

我国《民法通则意见》第104条规定:“债权人无正当理由拒绝债务人履行义务,债务人将履行的标的物向有关部门提存的,应当认定债务已经履行。因提存所支出的费用,应当由债权人承担。提存期间,财产收益归债权人所有,风险责任由债权人承担。”司法部于1995年6月2日发布施行了《提存公证规则》,全面规定了提存的原因、条件、程序、法律效力。原《合同法》第101条至第104条规定了提存的原因、提存后的通知义务、提存物意外灭失的风险负担、提存物的受领及受领权消灭等。《民法典》第570条至第574条基本延续了原《合同法》的提存规则,但在第571条新增了提存成立时间的规定:“债务人将标的物或者将标的物依法拍卖、变卖所得价款交付提存部门时,提存成立。提存成立的,视为债务人在其提存范围内已经交付标的物。”

二、提存的原因

根据《民法典》第570条第1款的规定,提存的原因包括:

其一,债权人无正当理由拒绝受领。当债务人在履行期限届满前履行义务并向债权人交付履行的标的物,在履行期届满后,债权人拒绝受领标的物的,则债务人难以完成债务履行的,此时债务人方可以提存。

其二,债权人下落不明。典型例子,如债权人是自然人,当债权人离开最后居住地在较长一段时间内无音信的,则构成下落不明。自然人下落不明的,如果其财产处于无人管理的状态,与其有权利义务关系的人则难以实现其合法权益。又如,债权人是法人或者非法人组织的,当其分立、合并或变更住所地、经营场所等,未及时进行登记,也未通知债务人,致使债务人无法通过合理方式找到债权人,履行债务发生困难。

其三,债权人死亡未确定继承人、遗产管理人,或者丧失民事行为能力未确定监护人。当债权人是自然人时,如果债权人死亡,应当由其继承人管理其生前财产,当继承人接受履行的,也应当履行相应的义务。如果债务人履行时,债权人死亡而未确定继承人、遗产管理人的,债务人的履行无法受领,此种情况下,为消灭债务,保护债权人的财产权利,债务人应当提存履行标的物。如债权人丧失民事行为能力未确定监护人的,债务人任意处分其履行义务将不利于债权人的利益;债权人不能受领债务人的履行使得债务继续存续,则对债务人不公平。通过将履行的物交至提存机关,能尽快消灭债务,也能保护债权人的财产利益。

其四,法律规定的其他情形。债务人也可以依照法律规定将标的物提存。

三、提存的方法及程序

对于可提存的物,根据我国《提存公证规则》第7条的规定,货币、有价证券、票据、提单、权利证书、贵重物品可以提存。戒指、项链、钻石、高级手表等均属于这里的"贵重物品",不动产作为贵重物品的一类,也可以提存。但是,并非一切贵重物品均可提存,只有适合提存的才能提存,由于动物难以保管,即使其价值较高,也不能提存。不能提存的物,根据《民法典》第571条的规定,债务人依法可以拍卖或者变卖,提存所得的价款。

根据《提存公证规则》第4条的规定,提存由债务履行地公证处管辖,但债务履行地公证处管辖有困难的,可以债权人住所地为履行地,而债权人住所不明,由债务人住所地公证处管辖。公证处受理提存,属于行政行为。债务人申请提存时,应当根据《提存公证规则》第9条提交相应材料。根据《提存公证规则》第13条的规定,公证处不但要进行形式审查,而且要审查提存物是否与债的标的相符;不相符或者难以判断的,公证处仍可接受提存,但如果不符则不生债消灭的效力。提存后,除债权人下落不明的以外,债务人应当及时通知债权人或者债权人的继承人、监护人。另外,根据《提存公证规则》第18条第2款、第3款的规定,公证处应自提存之日起7日内,以书面形式通知提存受领人,告知其领取提存物的时间、期限、地点、方法。提存受领人不清或下落不明、地址不详无法送达通知的,公证处应自提存之日起60日内,以公告方式通知。

四、提存的法律效力

提存实施后,在债务人、债权人、提存机关间将产生相应的法律效力。

(一)在提存人(债务人)与提存机关之间的效力

一是提存物的保管。提存机关有保管提存标的物的权利和义务。提存机关应采取适当的方法妥善保管提存标的物,对于不宜保存的,提存受领人到期不领取或者超过保管期限的提存物品,提存机关可以拍卖,保存其价款。提存的存款单、有价证券、奖券需要领息、承兑、领奖的,公证处应当代为承兑或领取,所获得的本金和孳息在不改变用途的前提下,按不损害提存受领人利益的原则处理。无法按原用途使用的,应以货币形式存入提存账户。定期存款到期的,原则上按原来期限将本金和利息一并转存。股息红利除用于支付有关费用外,剩余部分应当存入提存专用账户。

二是提存人的取回权。提存人可以凭人民法院生效的判决、裁定或提存之债已经清偿的公证证明取回提存物。提存受领人以书面形式向提存机关表示抛弃提存受领权的，提存人得取回提存物。债权人未履行对债务人的到期债务，债务人负担提存费用后有权取回提存物。提存人取回提存的，视为未提存，因此产生的费用由提存人承担。

（二）在债权人与提存机关之间的效力

一是债权人可以随时领取提存物。《民法典》第574条规定："债权人可以随时领取提存物。但是，债权人对债务人负有到期债务的，在债权人未履行债务或者提供担保之前，提存部门根据债务人的要求应当拒绝其领取提存物。债权人领取提存物的权利，自提存之日起五年内不行使而消灭，提存物扣除提存费用后归国家所有……"提存人领取提存物时，应提供身份证明、提存通知书或公告，以及有关债权的证明，并承担因提存所支出的费用。提存受领人未支付提存费用前，公证处有权留置价值相当的提存标的物。

二是提存物的风险责任。标的物在提存后，其意外灭失的风险责任由债权人承担，因而在提存后因不可归责于提存机关的原因致使提存标的物毁损灭失的，提存机关不负责任，但如果是由于提存机关的故意或者重大过失所致，债权人有权请求提存机关进行赔偿。

（三）在债权人与债务人之间的效力

其一，债务人及时通知义务。《民法典》第572条规定："标的物提存后，债务人应当及时通知债权人或者债权人的继承人、遗产管理人、监护人、财产代管人。"《提存公证规则》第18条第2款还规定了以清偿为目的的提存或提存人通知有困难的，由公证处通知。债务人实施提存后，若债权人不知提存已经发生，即使债权人客观上享有领取权，也不能认为债权可以得到实现。提存通知有以下两方面的意义：(1)向债权人表明债务人已履行债务，催告债权人领取提存物。提存通知可使债权人知悉标的物被提存的事实，从而及时领取提存物，使债权人实现债权成为可能，也避免了支付更多的费用和承担相应的风险。(2)保障债权人对提存标的物的异议权。提存是债务消灭的一种原因，但这并不意味着债务人一旦将标的物提存即当然地发生债务消灭的法律后果，须存在合法有效的提存原因且提存物须符合合同约定构成，符合约定的履行，而提存部门对提存标的物在质量、数量等方面是否完全符合合同约定无法作实质性审查，提存通知保障了债权人能够对提存是否符合约定提出异议。

其二，发生消灭债务的法律效果。债务人在将债的标的物提存后，无论债权人受领与否，均视为债务人在其提存范围内已经履行债务，发生债务消灭的效力。提存之债自提存之日消灭，因而提存日期的确定尤为重要。根据《提存公证规则》第16条的规定，提存货币的，以现金、支票交付公证处的日期或提存款划入公证处提存账户的日期为提存日期；提存的物品需要验收的，以公证处提存验收合格的日期为提存日期；提存的有价证券、提单、权利证书或无须验收的物品，以实际交付公证处的日期为提存日期。提存之债从提存之日即告清偿。

其三，提存物的所有权及其风险转移。《民法典》第573条规定："标的物提存后，毁损、灭失的风险由债权人承担。提存期间，标的物的孳息归债权人所有。提存费用由债权人负担。"由此，提存物的所有权自提存成立时移转于债权人，提存物毁损、灭失的风险移转于债权人；提存期间，标的物的孳息归债权人所有。

其四，债务人的履行抗辩权。双务合同中，提存是债务人履行行为的替代，债权人则对债务人负有对待给付义务。当债权人行使领取权时，若自己的给付义务已届清偿期，提存部门可以依据债务人的请求拒绝债权人领取，这种拒绝实际是提存部门行使了基础法律关系产生的履行抗辩权。对于债权人而言,这种拒绝是提存部门的权利;对提存人而言,拒绝又是提存部门应履行的义务。

问题与思考

关于提存的法律效力

在《民法典》颁布之前,《合同法司法解释(二)》第25条已对该问题作出规定:"依照合同法第一百零一条的规定,债务人将合同标的物或者标的物拍卖、变卖所得价款交付提存部门时,人民法院应当认定提存成立。提存成立的,视为债务人在其提存范围内已经履行债务。"本次《民法典》编纂过程中,对于提存发生后,债务从何时起消灭的问题,理论界存在不同观点。一种观点认为,债务因提存而当然消灭,如法国、意大利、瑞士等国民法皆采用这一观点。[6] 另一种观点认为,提存仅发生对债权人请求权的抗辩,因为债务人保留着取回提存物的权利,如果债务人行使取回权,则债权人的领取权消灭,因而提存不能发生效力。只有在提存人丧失提存物取回权时,债权人的债权才溯及提存之时而消灭。这一观点的典型代表为德国民法。[7] 我国《民法典》在总结提存实践经验后,继受原《合同法》司法解释的规定,新增第571条第2款,明确规定:"提存成立的,视为债务人在其提存范围内已经交付标的物。"结合《民法典》第557条第1款明确将"债务人依法将标的物提存"规定为债权债务终止的原因,可知《民法典》采纳的是第一种观点。我们认为,我国《民法典》的立法选择值得肯定。因为提存的目的就在于债务人以提存这一方式清偿债务,如果提存成立时尚不发生清偿的效力,债务人仅仅取得抗辩债权人履行请求的权利,那么债务未消灭,债务人仍然受其约束,有关担保责任无法消灭,势必从根本上减损提存的制度价值。更何况,长期以来我国提存实务并不承认债务人可以在提存后随时取回提存物。最终《民法典》第574条第2款的"但书"部分规定:"债权人未履行对债务人的到期债务,或者债权人向提存部门书面表示放弃领取提存物权利的,债务人负担提存费用后有权取回提存物。"因而债务人的取回权是受到严格限制的。

第四节 抵 销

一、抵销的概念及其意义

抵销,是指二人互负相同种类的债务时,各以其债权充当债务的清偿,从而使双方债务在对等额内消灭的制度。

抵销是债消灭的原因之一,其首要目的是避免反复给付,以节省交易费用,此为抵销的简化清偿功能。主动债权人只需向被动债权人作出抵销的意思表示即可,既无须双方协商,也不存在清偿行为,其法律后果是双方互负的债务在同等数额内消灭。"标的物种类、品质相同"的抵销

[6] 参见《日本民法典》第494条规定:"债权人拒绝受领或不能受领清偿时,清偿人可以为债权人提存清偿标的物而免其债务。"

[7] 参见《德国民法典》第379条规定:"(1)未免除提存物之取回权未者,债务人得请求债权人就提存物取偿……(3)债务人取回提存物者,视为未经提存。"

要件,正是服务于这一功能。

抵销还具有担保功能和自力实现债权的作用。在破产法上,通过抵销可以实现自己的债权,具有更大的意义。作为形成权的抵销权一旦行使,即可导致交叉债权在相应范围内相互消灭,一方面,是对自身债务的履行;另一方面,也使自己的债权在相应范围内获得全额清偿,相当于在抵销权行使范围内获得了一个法定的担保的权利。我国《企业破产法》第40条前段规定:"债权人在破产申请受理前对债务人负有债务的,可以向管理人主张抵销。"从而使交叉债权人获得相对于普通债权人的优先受偿地位。

我国民法历来承认抵销为债权债务终止的原因。《民法典》与原《合同法》相比,有两处修改:(1)不再以当事人互负的债务均为"到期债务"作为法定抵销的构成要件,只要主动债权已届清偿期即可;(2)在不得主张法定抵销的除外情形中,将"合同性质"这一表述修改为更为准确的"债务性质",并增加"当事人约定"这一情形。

二、抵销的要件及其限制

(一)抵销需要具备的要件

第一,当事人互负债务。这里所称"当事人双方互负债务",通常不是指基于同一合同关系而互负债务,因为双务合同的当事人均互负对待给付的债务,如果可以抵销,合同的法律约束力就荡然无存。当然,基于同一合同关系也可能互负债务,如买卖合同出卖人迟延交付应当承担违约金给付义务与买受人支付价金的义务。就另一角度而言,当事人互负债务亦即当事人互享债权。一般将主张抵销一方的债权称为主动债权,被抵销的债权称为被动债权。通常抵销必须是二人之间互相享有债权,以对第三人享有的债权抵销自己的债务是不可以的,但《民法典》第549条规定的第一种情形,突破了"债权相互性"的抵销要件,允许债权转让的债务人在一定条件下可向并无相互债权的受让人主张抵销,以避免因人为消除债权债务中原本存在的"相互性"而损害债务人的利益,否则将违背债务人不因债权转移而处于较不利地位的原则。

第二,债务的标的物种类、品质相同。对于金钱之债,只要是相同币种,即为标的物种类、品质相同。对于非金钱之债,不但应当种类相同,而且须品质相同。因为一旦抵销即可导致交叉债权在相应范围内相互消灭,因而债务的标的物种类、品质必须相同才能确定抵销的价额。正是由于这一条件的限制,使抵销最主要的适用对象为金钱之债。

第三,主动债权必须到期。因抵销的效果类似于清偿,故主张抵销的一方可放弃期限利益,即在主动债权已到期而被动债权未到期之时,提出抵销。主动债权未到期,一般不得主张抵销,否则相当于强迫对方提前清偿债务。

第四,主动债权具有实现可能性。即使主动债权到期,如果存在抗辩权,比如对方享有同时履行抗辩权、不安抗辩权、时效抗辩权的债权,因其实现受到限制,也不得作为主动债权;否则,无异于剥夺对方行使抗辩权的机会。

(二)抵销的限制

符合上述要件的债权债务,在以下情形下仍不得抵销:

其一,依性质不得抵销的债务。依债的性质不得抵销的债务,如不作为的债务、抚恤金债务、抚养费债务等,不得抵销。

其二,法律规定不得抵销的债务。主要有:(1)禁止强制执行的债务,如根据《民事诉讼法》的规定,人民法院在强制执行时,应当保留被执行人及其所供养的亲属的生活必需品和必要的生活费用。(2)因故意侵权而产生的债务。(3)约定应向第三人给付的债务。对于约定向第三人给付的债务,第三人请求债务人给付时,债务人不得以自己已经对于他方当事人享有债权而主张抵销,他方当事人请求债务人向第三人给付时,债务人也不得以第三人对自己负有债务而主张抵销。(4)存款人对银行的债权不得作为被动债权。(5)破产程序中限制抵销适用的三种情形。[8]

其三,当事人约定不得抵销的到期债权。对于当事人约定对符合法定抵销条件的到期债权不得予以抵销的,《合同法司法解释(二)》第23条规定"该约定有效"。《民法典》第568条第1款新增按照当事人约定不得抵销的除外情形,是私法自治原则的体现。例如,在实践中,银行经常直接扣划客户账上的款项以抵销客户因借款合同发生的债务。客户如希望限制银行的抵销权,保证经营活动的稳定性,可以在借款合同中明确约定该债权不得与其他账户资金抵销,这种约定即应优于法定抵销。

其四,抵销不得附条件或者附期限。设立抵销制度的直接目的,乃是简化清偿。若允许抵销附条件或者附期限,因条件是否成就具有不确定性,而且期限到来之前仍需计算债权利息,故两者均会影响抵销制度目的的实现,进而损害抵销制度的法理基础。

三、抵销的行使

立法例中,有的采用自动抵销的制度,即上述要件存在时债权自动抵销,如《法国民法典》第1290条;有的采用通过单方法律行为抵销的制度,当事人一方作出意思表示,才发生抵销的效力,德国和我国台湾地区"民法"采用此立法例。我国民法亦同。根据《民法典》第568条第2款规定,法定抵销权的行使由抵销权人将其抵销的意思表示通知对方,通知自到达对方时可发生抵销的效力。抵销权既可以通知的方式行使,也可以提出抗辩或者提起反诉的方式行使。

意定抵销是当事人双方协商一致,以抵销合同的方式进行。

四、抵销的效力

一方面,债权债务消灭。抵销一经生效,双方互负的债务在同等数额内消灭。双方互负的债务数额,是截至抵销条件成就之时各自负有的包括主债务、利息、违约金、赔偿金等在内的全部债务数额。行使抵销权一方享有的债权不足以抵销全部债务数额,当事人对抵销顺序又没有特别约定的,应当根据实现债权的费用、利息、主债务的顺序进行抵销,[9]此为抵销的抵充。

另一方面,抵销的溯及效力。抵销的意思表示溯及适于相互抵销之始发生效力。当双方债权适于抵销时,当事人一般也会进行债务关系的清算,承认抵销的溯及效力既合乎当事人的意思,也合乎交易的实际情况。因此自适于抵销之时起,不产生利息,并消灭给付迟延。不过抵销要在进行抵销意思表示的当时,已处于适于抵销的状态,如在适于抵销后又因清偿、解除等原因消灭适于抵销状态时,抵销的意思表示也就因缺乏其要件而不得产生溯及效力。

---

[8] 《企业破产法》第40条规定:"债权人在破产申请受理前对债务人负有债务的,可以向管理人主张抵销。但是,有下列情形之一的,不得抵销:(一)债务人的债务人在破产申请受理后取得他人对债务人的债权的;(二)债权人已知债务人有不能清偿到期债务或者破产申请的事实,对债务人负担债务的;但是,债权人因为法律规定或者有破产申请一年前所发生的原因而负担债务的除外;(三)债务人的债务人已知债务人有不能清偿到期债务或者破产申请的事实,对债务人取得债权的;但是,债务人的债务人因为法律规定或者有破产申请一年前所发生的原因而取得债权的除外。"

[9] 参见最高人民法院《全国法院民商事审判工作会议纪要》(法〔2019〕254号,以下简称《九民纪要》)第43条。

问题与思考

1. 关于抵销的定性

根据抵销的效力是否需要主张,以及债权是在抵销主张之时消灭还是在两个债权最初适于抵销之时消灭,各国理论与立法存在三种代表性观点。一是当然抵销主义,又称“自动抵销主义”“完全实质主义”,该理论认为,抵销的发生无须任何外在主张或宣告行为,依据法律规定直接发生效力,且效力的发生是在交叉债权最初适于抵销之时生效,其立法上的代表是《法国民法典》。二是抵销溯及力主义,该理论认为,抵销必须以意思表示向对方主张方能生效,但抵销效力的发生并非在主张之时,而是溯及至抵销适状之时,其立法上的代表是《德国民法典》,后成为大陆法国家通例。三是完全形式主义,该理论认为抵销效力的发生不仅需要主张的行为,而且应当在主张之时生效,而非溯及至抵销适状之时,这主要以英美法上的抵销为代表。可见,不同立法主义对抵销的定性截然不同:(1)完全形式主义与抵销溯及力主义要求抵销以意思表示行为作出,故抵销是一种法律行为;在当然抵销主义中,抵销直接依据法律规定产生效力,与意思表示毫无关系,是一个不以人的意志为转移的事件,具有客观性。(2)在完全形式主义与抵销溯及力主义中,抵销行为既可以主张,也可以放弃,故抵销是一种权利;在当然抵销主义中,抵销效力的发生无须任何外在行为,也不取决于当事人的主观意愿,故与民法上的权利毫无关系。

我国民法学界对此问题也有争议,立法和司法实务选择抵销溯及力理论。根据《民法典》第568条第2款关于主张抵销“应当通知对方”以及“通知自到达对方时生效”的规定,以及《九民纪要》第43条关于“抵销的意思表示自到达对方时生效,抵销一经生效,其效力溯及自抵销条件成就之时”的规定,可知我国立法采纳的是抵销溯及力主义,抵销的性质属于以意思表示为核心的法律行为,抵销权属于民事实体权利中的形成权。

2. 抵销与诉讼时效

关于诉讼时效已经届满的债权可否抵销的问题,有人认为,抵销权的成立依据是双方债务均为有效且适于抵销的事实,与其他问题无关。抵销权成立后,一方债务因时效完成成为享有时效抗辩权的债务,抵销权不受影响。因为抵销权是形成权,形成权受除斥期间的限制,不受诉讼时效的影响。各国民法均未对抵销权规定除斥期间,即只要抵销权成立,即使以后一方的债务因时效完成而消灭,当事人也可以主张抵销,而且主张抵销的行为使双方债务按照抵销额溯及抵销权成立时消灭。这不但符合抵销权的性质,而且符合当事人的合理预期。也有人认为,因抵销是单方法律行为,主张抵销一方只要为抵销的意思表示,就发生抵销的法律效力,故对被抵销的一方而言,抵销具有强制性。如果法律允许一方用自然债权抵销对方的债权,则将产生强制履行自然债务的结果,从而导致法律体系内部发生冲突。因此,已过诉讼时效的债权不得作为主动债权主张抵销。但已过诉讼时效的债权可以作为被动债权抵销,此时可认为自然债权的债务人放弃了时效利益。我们认为,前一种主张混淆了抵销适状(具备抵销的要件并不具有不得抵销的情形)与抵销生效,综上所述,我国《民法典》采纳的是抵销溯及力理论,抵销的性质属于以意思表示为核心的法律行为,抵销适状并不直接产生抵销的法律效力。在行使抵销权时,如果主动债权已过诉讼时效,则将产生强制履行自然债务的结果,无异于剥夺了对方行使时效抗辩权的机会。因此,该主张与《民法典》的规定不符,不足为采。后一种观点原则上与《民法典》的规定相符,但是,对于是否已过诉讼时效的判断时点,该观点又主张以两项债权适于抵销之时为准,一方因行使抵销权而获得的既得利益应予尊重,不因事后债权罹于时效而受影响。这样的解释存在逻辑不连贯之弊,因为两项债权适于抵销之时,如果抵销权人尚未行使抵销权,其并非取得了抵销的既得利益,因此,我们认为,对于是否已过诉讼时效的判断时点,应当以债权人行使抵销权,向对方发出抵销通知之时。

第五节 其他消灭原因

一、免除

免除,是指债权人对于债务人单方的消灭债权的意思表示。即债权人放弃自己的债权,从而使债务消灭。经放弃后的债权,不得再收回。债务人的债务一经债权人免除,债的关系即行消灭。所以,免除也是消灭债的一种原因。《民法典》第575条规定:"债权人免除债务人部分或者全部债务的,债权债务部分或者全部终止,但是债务人在合理期限内拒绝的除外。"

关于债务免除的性质,立法例及学说上存在单方行为说和合同说两种不同的观点。我国立法采单方行为说,免除只需债权人为意思表示即可成立,无须征得对方的同意。

债务免除是一种单方法律行为,故债务免除的成立除应具备法律行为成立的一般要件外,还须具备以下要件:(1)免除的意思表示须向债务人为之。债务免除是有相对人的单方法律行为,免除的意思表示应由债权人或其代理人向债务人或其代理人为之,该意思表示到达债务人或其代理人时生效。向第三人为免除之意思表示的,不发生免除的效力。(2)债权人须有处分能力。债务免除是债权人放弃自己的权利,处分自己债权的行为。因此,行为人必须有处分能力。对于法律禁止抛弃的债权,债权人不得抛弃。(3)免除不得损害第三人利益。债权人在法律允许的范围内可抛弃自己的权利,免除债务人的债务,但不得损害第三人的利益。(4)债务人在合理期限内未拒绝。债务免除通常有利于债务人,但是,如果债务履行对于债务人具有特别意义,应当尊重债务人的意思,因此,债务人有权拒绝免除其债务。在我国,债务人在收到债权人免除通知后,在合理期限内明确予以拒绝,债务免除不生效力。

免除的效力是使债消灭。债务全部免除的,债全部消灭;债务部分免除的,债于免除的范围内消灭。主债务因免除而消灭的,从债务也随之而消灭。但是,从债务因免除而消灭的,并不影响主债务的效力,主债务并不随之消灭。

二、混同

《民法典》第576条规定:"债权和债务同归于一人的,债权债务终止,但是损害第三人利益的除外。"此即为混同的法律规定。

混同是指债权与债务属于同一人的事实。例如,债权人继承债务人的权利义务;债权人公司与债务人公司合并;债务人受让债权等。混同产生后,原则上债权即消灭。一般来说,对自己具有债权是没有意义的。所以,如果这类债权持续存在有法律意义时,即使发生混同,债权仍不消灭。例如,票据、无记名债券、公司债等证券化债权,由于可以作为独立的有价物交易,自然也不因混同而消灭。债权以第三人权利为标的时,与物权混同情况相同,债权并未消灭。例如,债权为质权标的时,即使发生混同,债权仍不消灭。

此外,合同解除是合同之债消灭的原因之一,合同一经解除,当事人之间的债权债务即归于消灭。具体见本书"合同的不履行及其救济"章之"合同解除"部分。

问题与思考

债务免除的法律性质

关于免除的法律性质，学理上一直有契约说[10]、单方法律行为说[11]之争。《民法典》第575条规定的免除，性质到底为何？对此，我国多数学说解释为修正的单方行为。也就是说，允许债权人对债务人作出债务免除行为，无须债务人的同意，直接发生效力，但债务人可以通过行使拒绝权，使债务免除的效果溯及既往地不发生效力。在此情况下，即使债权人拒绝受领债务人的履行，而债务人通过提存的方式来履行，相应的提存利益也属于债权人，不会产生债务人的债权人通过代位权或撤销权等方式来介入的可能性。其理由在于：首先，如果债务免除行为是一种纯粹由债权人作出的单方法律行为，一旦债权人作出债务免除的意思，对于债务人即产生债务免除的法律效果，债务人只能承受这一法律后果，没有尊重债务人可能有不愿意受人恩惠之意思，完全不需要考虑债务人的利益、意志，因此存在明显缺陷。其次，契约说并不一定妥当，尤其是考虑到虽然自己并没有参与，但在绝大多数情况下，债务免除是有利于债务人的，债务人是愿意接受由债权人作出的债务免除行为的法律后果，不愿意接受债务免除后果的债务人毕竟是极少数的。为了极其个别的情况，在制度设计上就普遍要求债务人免除必须以债务人同意才发生效力，也难谓妥当。最后，如果债务人坚持要履行其债务，而债权人拒绝受领，债务人可以通过提存来实现债的履行效果。但对于债权人而言，完全可以通过放弃领取提存物的方法来达到抛弃其债权的效果。在纯粹的单方法律行为模式下，如果被免除债务的债务人坚持通过提存的方式去履行已免除的债务，这种履行行为可能会受债务人的债权人代位权及撤销权的影响。因此，关于债务免除的法律构造，更加合理的选择应该是采取修正的单方法律行为说。债务免除的制度构造的调整，是本次《民法典》编纂中值得关注的革新。本条关于债务免除的规定，可谓完美地体现了修正的单方法律行为的法律构造模式。通过赋予债务人拒绝权，债务人的自主决定权最终得到了保障；与此同时，单方法律行为的构造也尊重了在大多数情况下可以推知的当事人意思。

拓展阅读推荐

1. 王利明主编：《中国民法典释评（合同编·通则）》，中国人民大学出版社2020年版。
2. 朱广新、谢鸿飞主编：《民法典评注：合同编　通则》（第2册），中国法制出版社2020年版。
3. 最高人民法院民法典贯彻实施工作领导小组主编：《中华人民共和国民法典合同编理解与适用（一）》，人民法院出版社2020年版。
4. 王泽鉴：《债法原理》（第二版），北京大学出版社2013年版。
5. 韩世远：《合同法总论》（第四版），法律出版社2018年版。
6. 张玉卿主编：《国际统一私法协会国际商事合同通则》（2010英汉对照），中国商务出版社2012年版。

---

〔10〕 契约说的主要依据是：（1）债的关系是债权人与债务人之间特定的法律关系，不能仅依一方当事人的意思表示成立；（2）债权人免除债务人的债务是一种恩惠，而恩惠不能滥施于人；（3）债权人免除债务可能有其他动机和目的，为防止债权人滥用免除权损害债务人利益，免除应经债务人同意。

〔11〕 单方法律行为说的主要依据是：（1）免除使债务人享受利益，因此没有必要征得债务人的同意；（2）如果债务免除一定需要债务人同意，在债务人不同意的情形下，等于限制了债权人对权利的处分。

第二十五章　典 型 合 同

学习要点

- 《民法典》典型合同分编的规范性质及其功能
- 《民法典》典型合同分编的法律适用
- 交付财产的合同:买卖合同、赠与合同、借款合同、租赁合同
- 具有担保功能的合同:保证合同、融资租赁合同、保理合同
- 交付成果的合同:承揽合同、建设工程合同
- 提供劳务的合同:运输合同、保管合同、仓储合同、物业服务合同、委托合同、行纪合同、中介合同
- 其他典型合同:合伙合同、技术合同

第一节　典型合同概述

一、合同的典型化及其类型

民法调整的合同有典型合同(有名合同)与非典型合同(无名合同)之分。典型合同,又称有名合同,是指法律设有具体规范,并赋予一定名称的合同。《民法典》合同编第二分编"典型合同"在原《合同法》规定的买卖、赠与、借款、租赁、承揽、运输等15种合同的基础上,新增保理合同、保证合同、物业服务合同及合伙合同4种典型合同,[1]一共规定了19种典型合同。此外,特别法规定的典型合同,如保险法上的保险合同,海商法上的海上运输合同及劳动法上的劳动合同等,亦为典型合同。典型合同之所谓"典型",大致有三层含义:(1)典型合同的给付种类或合同类型在复杂多样的交易形态上具有普遍性、代表性。如买卖合同之出卖人转让财产所有权、买受人支付价金;租赁合同之在约定期限内持续使用收益他人之物的特征、承揽合同之付出劳务完成一定工作成果的特征等。(2)典型合同的法律规定可以作为当事人订立同类合同的示范或者典范(model)。典型合同为当事人预设了权利义务关系,供当事人在缔约时参照,以提升合同的完整度。(3)典型合同的规则可堪当其他非典型合同的模范,如关于买卖合同的法律规定可以作为其他有偿合同的规范参照(《民法典》第646条、第647条),关于典型合同的规定可以类推适用于非典型合同(《民法典》第646条)。

民法规定典型合同的依据主要是合同的主给付义务(要素债务或合同之必要之点),以主给

---

[1] 其中,保理合同为完全新增合同,保证合同、物业服务合同及合伙合同则是对民事单行法及司法解释的相关规则进行修改完善后,成为典型合同。

付义务作为典型合同的类型化方法。《民法典》合同编第二分编“典型合同”各章在第一条均规定了各个典型合同的定义。例如,《民法典》第595条规定:“买卖合同是出卖人转移标的物的所有权于买受人,买受人支付价款的合同。”在各个典型合同的定义规定中,都是以主给付义务确定系争合同属于民法上哪种典型合同。该定义规定的功能在于,只有符合定义时,定义规定以下的相关规定,才有适用的余地。

各个典型合同虽然各具独立性,但是,根据合同标的及其给付义务的相似性,传统民法理论一般将典型合同分为给付财产的合同、交付成果的合同及提供劳务的合同三大类。我国《民法典》以现实需要为指针(重要性思考),对一些在市场交易中比较重要的合同按照转移标的物所有权、转移标的物使用权、提供劳务或工作成果等进行类型化区分,并在传统典型合同之外增加了具有担保功能的合同类型(包括保证合同、保理合同、融资租赁合同),以及诸如合伙合同〔2〕、技术合同〔3〕等无法简单归类的混合型合同。本章将《民法典》合同编第二分编“典型合同”规定的19种典型合同划分为五大类:交付财产的合同、具有担保功能的合同、交付成果的合同、提供劳务的合同及其他典型合同。

二、典型合同分编的规范性质及其功能

法律依照当事人是否得以合意排除其适用,分为任意性规定与强制性规定。对于强制性规定,当事人不得以其意思排除适用;至于任意性规定,其功能主要在于补充当事人之意思,于当事人未明示排除时仍具强行性而应适用之。一般又将任意性规定分为补充规定及解释规定,前者乃于当事人无特别意思表示时,补充其意思之法律规定,后者乃为于当事人意思不明时,用以解释其意思表示之规定。当事人意思自治以及由此而来的合同自由是民法体系中最基本的原则,因此《民法典》合同编中的规则大多属于非强制性规定,强制性规定是例外。

基于合同自由原则,当事人在不违反强制性规定及公序良俗的前提下,得订立任何内容的债权合同,此即债权合同类型自由主义,这与物权法定主义不同。民法在合同类型自由主义下创设典型合同,其主要理由在于任意规定虽然不具有非强制性,但其仍然具有如下规范功能:(1)预设性或者示范性功能。立法者针对若干交易上经常发生的典型合同类型,基于一般理性当事人的立场,斟酌合同目的与当事人利益状态、基于公平利益之衡量,预设了大多数状况及相同状况下一般理性当事人可能选择的合同内容,有助于减低当事人需预测、规划未来所造成的缔约成本。同时,也为无法负担此缔约成本的当事人预设了权利义务关系,供当事人在缔约时参照,提升合同的完整度。在这一意义上,合同法中的任意规定又被称为“预设规定”或者“缺省规则”

---

〔2〕 合伙合同是两个以上合伙人为了共同的事业目的,订立的共享利益、共担风险的协议(《民法典》第967条)。合伙合同是以经营共同事业为目的的合同类型,当事人的给付义务共同指向合伙事务,彼此间并不负担对待给付义务,因而是关于团体合同的最基本类型。

〔3〕 技术合同是当事人就技术开发、转让、咨询或者服务订立的合同,具体包括技术开发合同(包括委托开发合同、合作开发合同、科技成果实施转化合同等)、技术转让合同(包括专利权转让、专利申请权转让、技术秘密转让、专利实施许可合同等)、技术咨询合同、技术服务合同等。技术合同不是基于给付行为的独特性而确立的一种合同类型,而是根据交易领域之特殊性(与技术有关的交易)对与技术交易相关的合同(甚至涉及技术中介合同、技术培训合同)作出的统括性规定。从立法技术上讲,《民法典》技术合同一章所提及的各种合同,是对各种技术交易形式予以事实描述的结果,而不是依照给付的独特性予以类型化处理的产物。所以,诚如韩世远教授所言,技术合同表面上是一独立的合同类型,实质上并非如此,它们不过是委托、合伙、买卖、承揽、居间等合同的具体运用而已。参见韩世远:《合同法学》,高等教育出版社2010年版,第519页。

(Default Rules)。(2)填补合同漏洞的功能。在现实生活中,由于各种主客观因素的限制,所有的合同都是“不完全合同”。当合同存在漏洞,又无法通过合同解释确定其内容时,任意规定即可成为填补合同漏洞的依据。在这一意义上,合同法中的任意规定又被称为“补充性规定”。

强制性规定依据其规范目的之不同,一般分为三种型态:(1)维护公益。透过强行规定贯彻社会的基础功能和价值,如维护人格尊严、保障社会安全、维系家庭功能以及增进市场竞争效率等。(2)保护信赖。为促进交易安全和商业效率,如对于可能受双方协议影响之人,其信赖在某些情形下即有保护的必要。(3)保障弱者。这是民法近期最显著的发展趋势,即对交易中较弱势一方的保障,如租赁合同中的承租人、劳动法领域中的受雇人以及消费者保护法中的消费者,以及某些以消除歧视为目标的强行规定亦属于此领域,如性别、身心障碍者等。此类型之强行规定乃系由于立法者预期合同中较弱势的一方无法有效地与较强势的一方议约,进而可能导致合同的无效率或者弱势方无法维护自己的利益,立法者规定了强制性义务和可选的补充规定以纠正不公平或欺诈性条款,从而保护弱势群体。

三、典型合同分编的法律适用

《民法典》合同编第二分编“典型合同”的规范属性确定了其法律适用的差异。对于强制性规定,直接适用;对于任意性规定,则不得直接适用。

在法律适用上,当事人就其合同法律关系有明确约定时,依其约定决定该法律关系的效力,约定排斥补充性的任意性规范的适用。此即“有约定的,从其约定”原则。《民法典》第509条第1款规定:“当事人应当按照约定全面履行自己的义务。”就此而言,法官不能依职权直接援引补充性的任意性规范来裁断合同当事人间的争议,必须尊重当事人的合同约定。一般而言,裁判合同当事人之间的争议应当遵循如下步骤:(1)审查合同当事人对争议事项是否作出了约定,若有约定,该约定可作为裁判依据。(2)经审查,如当事人未就争议事项预先作出明确约定,即“没有约定或者约定不明”时,应进一步审查在争议发生后合同当事人是否就争议事项达成了补充协议,若有补充协议,该补充协议可作为裁判依据(《民法典》第510条)。(3)经审查,如当事人之间未能达成事后补充协议,则应进一步对当事人之间的合同进行解释,如果能经由解释得出清晰、确定的结论,则该解释结论可作为裁判依据(《民法典》第466条)。(4)如经由解释,未能得出确定的解释结论,仍未找到处理争议的裁判依据的,裁判者才可援引补充性的任意性规范作为填补合同漏洞的依据。[4]

第二节　交付财产的合同

一、买卖合同

(一)买卖合同概述

买卖合同是出卖人转移标的物所有权于买受人,买受人支付价款的合同(《民法典》第595条)。买卖合同的内容一般包括标的物的名称、数量、质量、价款、履行期限、履行地点和方式、包

---

〔4〕 参见《民法典》第511条。

装方式、检验标准和方法、结算方式、合同使用的文字及其效力等条款。

我国合同法将买卖合同标的界定为“物的所有权”，包括动产与不动产的所有权。买卖合同的价金只能是金钱，否则就是互易合同。互易合同是当事人各负移转某物所有权义务的合同。对于互易合同，根据《民法典》第647条的规定，应参照适用买卖合同的规定。

至于有体物所有权之外的他物权或者可以成为交易标的的财产权利（如股权、债权等）或者无体财产权（如专利权、商标权等）的有偿转让合同，并非严格意义上的买卖合同，学者称为准买卖合同。由于买卖合同是最典型的诺成合同、有偿合同、双务合同，是财货交易的基本形态，因而对于准买卖合同，《民法典》第646条规定：“法律对其他有偿合同有规定的，依照其规定；没有规定的，参照适用买卖合同的有关规定。”

（二）买卖合同当事人的义务

1. 出卖人的主要义务

第一，交付标的物或者交付提取标的物的单证。交付标的物是指移转出卖物的占有，即将出卖物移转给买受人直接或间接占有。交付的方式有现实交付、简易交付、占有改定、指示交付等。出卖人交付标的物，在标的物有从物时，若当事人无另外的约定，应当随同交付从物（《民法典》第320条）。交付“提取标的物的单证”，最常见的是仓单、提单等物权凭证，将物权凭证交给买受人能够起到替代现实交付的效果。在出卖人在交付仓单、提单等用于提取标的物的单证外，还需要交付其他一些单证和资料，主要应当包括保险单、保修单、普通发票、增值税专用发票、产品合格证、质量保证书、质量鉴定书、品质检验证书、产品进出口检疫书、原产地证明书、使用说明书、装箱单等。出卖人应当按照约定的数额交付标的物。出卖人多交标的物的，买受人可以接收或者拒绝接收多交的部分；买受人拒绝接收多交部分的，应当及时通知出卖人（《民法典》第629条）。买受人接收多交部分的，按照约定的价格支付价款；出卖人少交标的物的，买受人可以拒绝接收。买受人拒绝接收标的物的，应当及时通知出卖人。买受人怠于通知的，应当承担因此产生的损害赔偿责任。但出卖人交付的标的物数量在合理的磅差或尾差之内的，应视为交付的数额符合约定的标准。合同中约定分批交付的，出卖人应按照约定的批量分批交付。出卖人未按照约定的时间和数额交付的，应就每一次的不适当交付负违约责任。出卖人应当按照约定的时间交付标的物。约定交付期限的，出卖人可以在该交付期限内的任何时间交付。当事人没有约定标的物的交付期限或者约定不明确的，适用《民法典》第510条、第511条第4项的规定。出卖人应当按照约定的地点交付标的物。当事人没有约定交付地点或者约定不明确，依据《民法典》第510条的规定仍不能确定的，适用下列规定：（1）标的物需要运输的，出卖人应当将标的物交付给第一承运人以运交给买受人；（2）标的物不需要运输，出卖人和买受人订立合同时知道标的物在某一地点的，出卖人应当在该地点交付标的物；不知道标的物在某一地点的，应当在出卖人订立合同时的营业地交付标的物。出卖人应当按照约定的包装方式交付标的物。对包装方式没有约定或者约定不明确的，可以协议补充；不能达成补充协议的，按照合同有关条款或者交易习惯确定；仍不能确定的，应当按照通用的方式包装；没有通用方式的，应当采取足以保护标的物且有利于节约资源、保护生态环境的包装方式。

第二，移转标的物所有权。买卖合同是以转移出卖物的所有权为目的的合同，因此，移转出卖物的所有权是出卖人的主要义务。以动产为标的之买卖，出卖人必须以移转财产所有权的意思实施交付行为；以不动产为标的之买卖以及以登记方式管理的特殊动产之买卖，出卖人须协助买受人办理产权转移登记手续。交付标的物并向买受人移转标的物所有权是出卖人的主给付义务。判断出卖人是否适当履行了这一主给付义务,应当结合《民法典》物权编的相关规定加以判断。

第三,物的瑕疵和权利瑕疵担保义务。(1)物的瑕疵担保义务。根据《民法典》第 615 条和第 616 条的规定,出卖人负有物的瑕疵担保义务。物的瑕疵是指物不具有应有的品质。这里品质的概念是指一切影响物的价值的因素,它不仅包括物的自然属性,也包括物的事实与法律关系,这种关系必须是植根于物的本身、持续性存在、对价值有影响的关系。应有的品质可以分为主观的品质和客观的品质。存在主观的品质时,适用主观的品质;否则,适用客观的品质。主观的品质即约定的品质,这规定在《民法典》第 615 条。出卖人应当按照约定的质量要求交付标的物。出卖人提供有关标的物质量说明的,交付的标的物应当符合该说明的质量要求。客观的品质即法定品质。对此,《民法典》第 616 条规定:"当事人对标的物的质量要求没有约定或者约定不明确,依据本法第五百一十条的规定仍不能确定的,适用本法第五百一十一条第一项的规定。"(2)权利瑕疵担保义务。根据《民法典》第 612 条的规定,出卖人负有确保第三人不向买受人就标的物主张任何权利的义务。但合同约定由买受人承担的第三人权利除外。这里的权利主要包括物权,也包括因标的物所有权移转而由买受人负担的债的关系,如让与不破租赁或者共有人之间管理共有物的约定。对标的物实施的公法上的处分,如强制执行中的扣押,也属于权利瑕疵。买受人订立合同时知道或者应当知道第三人对买卖的标的物享有权利的,出卖人不承担权利瑕疵担保义务(《民法典》第 613 条)。瑕疵所产生的权利的限制和排除。瑕疵所产生的权利,可以通过合同约定而排除或者限制。但是,出卖人故意不告知瑕疵时,瑕疵所产生的权利不得约定排除;出卖人对某一品质作出保证的时候,不具有该品质产生的权利也不得约定排除或者限制;这是为了防止出卖人言行不一,不能一边保证无某一品质,一边限制买受人的权利。《民法典》第 618 条规定,当事人约定减轻或者免除出卖人对标的物瑕疵承担的责任,因出卖人故意或者重大过失不告知买受人标的物瑕疵的,出卖人无权主张减轻或者免除责任。违反物的瑕疵和权利瑕疵担保义务的法律后果。我国法律并没有对瑕疵的法律效果作特别规定,《民法典》第 617 条规定:"出卖人交付的标的物不符合质量要求的,买受人可以依据本法第五百八十二条至第五百八十四条的规定请求承担违约责任。"因此,受损害方根据标的的性质以及损失的大小,可以合理选择请求对方承担修理、更换、重作、退货、减少价款或者报酬、赔偿损失、支付违约金等违约责任。

2. 买受人的主要义务

第一,买受人负有支付价金的义务。根据《民法典》第 626 条的规定,买受人应当按照约定的数额和支付方式支付价款。对价款的数额和支付方式没有约定或者约定不明确的,适用本法第 510 条、第 511 条第 2 项和第 5 项的规定。买受人应当按照约定的地点支付价款。对支付地点没有约定或者约定不明确,依照本法第 510 条的规定仍不能确定的,买受人应当在出卖人的营业地支付,但约定支付价款以交付标的物或者交付提取标的物单证为条件的,在交付标的物或者交付提取标的物单证的所在地支付。不过应当认为,这不适用于标的物需要运输的情形。出卖人告知买受人银行账号的,应当认为买受人可以通过转账的方式支付价金。

第二,受领出卖人交付的标的物,也是买受人的义务。

第三,及时检验出卖人交付的标的物。买受人收到标的物时,有及时检验义务。当事人约定检验期间的,买受人应当在约定期间内进行检验。没有约定检验期间的,买受人应当在收到标的物之后的合理期间内及时检验(《民法典》第 620 条)。在约定的检验期间,或者在买受人发现或者应当发现标的物数量或者质量不符合约定的合理期间内，或者自买受人接收标的物的交付之日起2年内，买受人没有通知标的物的数量和质量不符合约定的；或者在标的物的质量保证期内，买受人没有通知标的物的质量不符合约定的，通知期间过后，发生一项事实确定规则的适用，即标的物的数量和质量视为是符合约定的。该通知期间与保证期间类似，既非诉讼时效期间，也非除斥期间，而是民法上一种独立的期间类型，属于或有期间。在通知期间内，买受人通知出卖人的，即可取得寻求违约救济的请求权和形成权，该请求权随即开始进行诉讼时效期间的计算，该形成权随即开始除斥期间的计算。买卖合同当事人约定的检验期间过短，根据标的物的性质和交易习惯，买受人在检验期限内难以完成全面检验的，该期限仅视为买受人对标的物的外观瑕疵提出异议的期限。约定的检验期限或者质量保证期短于法律、行政法规规定期限的，应当以法律、行政法规规定的期限为准（《民法典》第622条）。当事人对检验期限未作约定，买受人签收的送货单、确认单等载明标的物数量、型号、规格的，推定买受人已经对数量和外观瑕疵进行检验，但是有相关证据足以推翻的除外（《民法典》第623条）。出卖人依照买受人的指示向第三人交付标的物，出卖人和买受人约定的检验标准与买受人和第三人约定的检验标准不一致的，以出卖人和买受人约定的检验标准为准（《民法典》第624条）。但出卖人知道或应当知道提供的标的物不符合约定的，买受人得随时通知出卖人标的物的数量或质量不符合约定（《民法典》第621条第3款）。买受人通知出卖人的，买受人向出卖人寻求违约救济的请求权开始进行诉讼时效期间的计算，形成权开始除斥期间的计算。该项义务属于买受人所负担的不真正义务。该项义务的违反不发生违约责任的承担，但由此造成的损失由买受人自己负担。

第四，买受人的从给付义务和附随义务，主要根据合同内容以及诚实信用原则确定。

（三）买卖标的物意外毁损灭失的风险负担

买卖标的物的风险负担是指买卖合同生效之后，标的物交付之前，因不可归责于双方当事人的原因致标的物毁损灭失，其损失由谁负担的问题。如果风险损失由买受人承担，标的物毁损灭失后，出卖人的价金请求权不受影响；如果风险损失由出卖人承担，标的物部分或全部毁损灭失后，买受人交付价金的义务应部分或全部免除。

1. 交付转移风险原则

风险负担制度作为在当事人之间就标的物毁损、灭失的损害进行合理分配的制度，始终是买卖法之核心问题。在某种意义上说，买卖法之目的就在于将基于合同关系所产生的各种损失的风险在当事人之间适当分配。《民法典》第604条规定："标的物毁损、灭失的风险，在标的物交付之前由出卖人承担，交付之后由买受人承担，但是法律另有规定或者当事人另有约定的除外。"该规定所确立的风险负担的一般规则与《民法典》第224条关于动产标的物所有权移转的一般规则"动产物权的设立和转让，自交付时发生效力"相一致。但是，该条规定所确立的风险负担的一般规则与不动产所有权的移转不尽一致，作为买卖合同标的物的不动产毁损灭失的风险负担，仍在不动产交付时移转。可见，《民法典》第604条采取的是交付转移风险原则（又称交付主义），以标的物的交付作为风险移转的时间标准，在标的物交付于买受人之前由出卖人承担风险，在标的物交付于买受人之后则由买受人承担风险，而无论标的物的所有权是否已经移转。交付主义原则的重要依据在于"占有者承担风险"，即谁占有标的物谁就应当承担标的物意外毁损灭失的风险，确立了风险负担的"实际控制标准"。

《民法典》从第604条至第611条以8个条文专门就标的物的风险负担作出了系统规定。由于标的物的风险既有可能在当事人未违约时发生，也有可能在当事人已违约时发生，而风险发生的外部条件不同,风险负担的规则也相应地存在差异。从类型化的角度,我们可以从区分未违约与已违约两种不同的情形来把握买卖合同的风险负担规则。

2. 未违约时风险负担规则

第一,交付转移风险原则。综上所述,《民法典》第 604 条规定了交付转移风险原则作为买卖标的物的风险负担的一般性规则。标的物毁损、灭失的风险,在标的物交付之前由出卖人承担,交付之后由买受人承担。这是法律对转移风险的原则性规定。法律另有规定或者当事人另有约定的除外。

第二,特定地点风险转移规则。考虑到买卖合同当事人在合同中约定在某一特定地点交货给承运人即为交付的情形在实践中较为常见,《民法典》第 607 条规定:“出卖人按照约定将标的物运送至买受人指定地点并交付给承运人后,标的物毁损、灭失的风险由买受人承担。当事人没有约定交付地点或者约定不明确,依据本法第六百零三条第二款第一项的规定标的物需要运输的,出卖人将标的物交付给第一承运人后,标的物毁损、灭失的风险由买受人承担。”由于《民法典》第 603 条第 2 款第 1 项规定,当事人未约定交付地点或者约定不明确,依照本法第 510 条的规定又不能确定时,如果是标的物需要运输的,出卖人应当将标的物交付给第一承运人以运交给买受人。这项规定实际上确定了在这种情况下,出卖人将标的物交付给第一承运人就是履行了合同的交付义务。而标的物的风险,交付前由出卖人承担,交付后由买受人承担。因此,在出卖人将标的物交付给第一承运人后,标的物的风险理应由买受人承担。

第三,路货买卖的风险负担规则。路货买卖,又称在途货物的买卖,是指货物已在运输途中,出卖人寻找买受人,出卖在途货物的买卖。路货买卖通常具有以下特点:(1)路货买卖是凭单据的交易。买卖双方只能凭单据判断标的物状况,不大可能知道标的物实际上是否存在损毁或灭失等情况。(2)在路货买卖合同订立时,标的物已经脱离了出卖人的实际控制,标的物在运输途中发生的毁损、灭失与出卖人并没有直接关系。(3)出卖人将标的物交付运输时,通常会对标的物进行投保。出卖人与买受人签订买卖合同后,有关在途标的物的单据以及保险单都会转移给买受人,所以即使标的物发生了毁损、灭失,买受人也可以获得保险利益。由上述特点所决定,在路货买卖中的风险负担规则不同于其他形态的货物买卖。因此,《民法典》第 606 条特别规定:“出卖人出卖交由承运人运输的在途标的物,除当事人另有约定外,毁损、灭失的风险自合同成立时起由买受人承担。”

第四,未经特定的标的物风险负担规则。民法理论认为,债务履行时其标的必须特定。就买卖合同而言,出卖人所交付之货物须是特定化或者已经特定化的货物,因此,在合同履行中,出卖人需将货物特定化到具体合同项下,从而在货物与特定合同之间建立一种联系。但是,在种类物买卖实践中,常有出卖人一次托运一批未经分开的货物以履行数份合同的情形(特别是大宗散装货时),或者一次托运超量的货物去履行已经签订的合同之情形,如果出现货物毁损、灭失,在货物未具体特定化于合同项下的情况下,将无法分清究竟是哪个合同的货物发生了货损。对此类情形中如何分配风险,《民法典》没有规定。《买卖合同解释》第 14 条规定:当事人对风险负担没有约定,标的物为种类物,出卖人未以装运单据、加盖标记、通知买受人等可识别的方式清楚地将标的物特定于买卖合同,买受人主张不负担标的物毁损、灭失的风险的,人民法院应予支持。在适用该条规定时,应当注意:标的物特定于买卖合同项下是买受人承担风险的前提,即买卖标的物未经特定时,风险不能由买受人负担。所谓货物特定化,是指卖方在货物上加标记,或以装运单据,或向买方发出通知或以其他方式清楚地将货物注明于有关合同项下的行为。买卖标的物未经特定时,风险不能由买受人负担,以防止出卖人谎称毁损、灭失的标的物正是买受人所购买的标的物。

3. 违约时风险负担规则

第一,因买受人的原因致使标的物不能按照约定的期限交付的,买受人应自违反约定之日起承担标的物毁损、灭失的风险(《民法典》第 605 条)。因为出卖人已经为标的物的交付做好了准备,标的物已处于可交付的状态,而买受人则违反了及时接收标的物的合同义务。因此,买受人从违反合同时起,承担货物的风险。例如,在商品房买卖合同中,买受人接到出卖人的书面交房通知,无正当理由拒绝接收的,房屋毁损、灭失的风险自书面交房通知确定的交付使用之日起由买受人承担。

第二,出卖人按照约定或有关法律规定将标的物置于交付地点,买受人违反约定没有收取的,标的物毁损、灭失的风险自违反约定之日起由买受人承担(《民法典》第 608 条)。

第三,因标的物质量不符合质量要求,致使不能实现合同目的的,买受人可以拒绝接受标的物或者解除合同。买受人拒绝接受标的物或者解除合同的,标的物的毁损、灭失的风险由出卖人承担(《民法典》第 610 条)。

第四,出卖人未按照约定交付有关标的物的单证和资料的,不影响标的物毁损、灭失风险的转移(《民法典》第 609 条)。标的物的毁损、灭失的风险由买受人承担的,不影响因出卖人履行债务不符合约定,买受人要求其承担相应违约责任的权利。

第五,路货买卖出卖人隐瞒风险事实之风险负担。《民法典》第 606 条确立了路货买卖的风险负担自合同成立时起转移的一般规则。但如果出卖人已经知道标的物在运输途中发生毁损、灭失的事实却隐瞒该事实而与买受人签订买卖合同,风险负担如何处理?原《合同法》对此未置明文。《买卖合同解释》第 13 条规定:出卖人出卖交由承运人运输的在途标的物,在合同成立时知道或者应当知道标的物已经毁损、灭失却未告知买受人,买受人主张出卖人负担标的物毁损、灭失的风险的,人民法院应予支持。

4. 当事人另有约定或法律另有规定的除外

"买卖货物的风险移转应由当事人根据货物状况、运输方式、当事人所处的位置等综合因素确定。任何国内法和国际公约都不可能制定出适用于所有情况的统一的关于风险移转的标准。"[5]这就要求在风险负担问题上充分尊重当事人的意思自治,关于风险负担的法律规定只能起到弥补当事人意思表示不备的作用。《民法典》第 604 条特别指明,法律另有规定或当事人另有约定的除外。所谓法律另有规定或当事人另有约定主要包括两种情况:(1)在交付前标的物风险即由买受人负担;(2)交付后的一段时间内标的物的风险仍由出卖人负担。

需要注意的是,此处所言"另有约定"专指买卖合同的双方当事人就"风险负担的移转"另有约定,而不是指就"标的物所有权的移转"另有约定。如果当事人仅就买卖标的物所有权的移转作出特别约定的,并不影响标的物的风险依据该条所定的"交付"标准而移转。例如,动产的出卖人与买受人在合同中仅约定"自买卖合同订立时起,买受人取得标的物的所有权",则该标的物的风险仍然在出卖人交付标的物时移转。

---

〔5〕 李巍:《联合国国际货物销售合同公约评释》,法律出版社 2002 年版,第 255 页。

(四)特种买卖

1. 所有权保留买卖

关于所有权保留的概念及功能。所有权保留，是指在买卖合同中，买受人虽先占有使用标的物，但在双方当事人约定的特定条件成就以前，出卖人对标的物仍然保留所有权，条件成就后，标的物的所有权转移于买受人。根据同时履行抗辩权的规定，出卖人可以在买受人支付价金前拒绝交付标的物，但是，如果买受人需要分期或者延期支付价金，而又有必要立即使用标的物的，出卖人需要获得担保，所有权保留买卖是可以选择的方式之一。《民法典》第641条规定了所有权保留买卖。当事人可以在买卖合同中约定买受人未履行支付价款或者其他义务的，标的物的所有权属于出卖人。所有权保留制度的主要功能在于担保，虽然不排除其具有担保之外的其他功能。说所有权保留具有担保性，仅仅是从其客观功能来定位的，并不是从法律层面上认定其为担保物权，因为理解为担保物权抑或是所有权，对出卖人来说，在买受人破产时区别甚大：如果是担保物权，则出卖人享有别除权；如果是所有权，则出卖人享有取回权。因此，虽然说所有权保留实质上是担保，但在形式上出卖人对标的物享有的是所有权而非担保物权，是自物权而非他物权。

关于所有权保留的登记。《民法典》第641条第2款规定所有权保留中的登记对抗主义，即"出卖人对标的物保留的所有权，未经登记，不得对抗善意第三人"。主要立法理由在于：如果所有权保留制度中没有登记，缺乏公示，既不利于保护出卖人的利益，也可能对第三人的利益构成侵害。只有建立了登记制度，才能强化对相关当事人的利益保护。

关于所有权保留中出卖人取回权。所有权保留制度是通过出卖人保留标的物所有权来保障买受人价款支付义务或其他义务的履行，在买受人未依约履行义务时，《民法典》第642条赋予出卖人取回权，取回权的行使能够有效解决出卖人相关合同义务的履行保障问题。当事人约定出卖人保留合同标的物的所有权，在标的物所有权转移前，买受人有下列情形之一，造成出卖人损害的，除当事人另有约定外，出卖人有权取回标的物：(1)未按照约定支付价款，经催告后在合理期限内仍未支付；但是，买受人已经支付标的物总价款的百分之七十五以上，出卖人主张取回标的物的，人民法院不予支持。(2)未按照约定完成特定条件。(3)将标的物出卖、出质或者作出其他不当处分；如果第三人依据《民法典》第311条的规定已经善意取得标的物所有权或者其他物权，出卖人主张取回标的物的，人民法院不予支持。我国所有权保留中的取回权是法定的，即只要交易双方约定了所有权保留条款，即使没有明确约定出卖人享有取回权，只要双方没有明确约定排除取回权的适用，出卖人就可以享有取回权。取回权法定主要是为了平衡保护出卖人和买受人双方的权益：就出卖人一方而言，在所有权保留买卖中由于买受人占有、使用标的物，这就造成所有权人与标的物相分离，一旦买受人不依约支付价款或对标的物进行不当处分，都将危害到出卖人的利益，因此，当买受人存在上述行为时，法律赋予出卖人取回权无疑是最好的手段；就买受人一方而言，取回权的行使关系到买受人的切身利益，由法律对该权利进行原则性规范可以防止买受人利益不当受损。《民法典》第642条第2款规定了两种取回权的行使程序：(1)约定的行使程序，即出卖人可以与买受人协商取回标的物，这属于私力救济的方式；(2)法定的行使程序，即协商不成的，可以参照适用担保物权的实现程序。从法律效果上看，取回权的行使并不导致买卖合同的解除，出卖人行使取回权是为了撤回先行给付以恢复同时履行的状态，并在一定条件下就标的物清偿价款债权，即就物受偿。

关于所有权保留中买受人回赎权、出卖人再出卖权以及相关清算。回赎权是指所有权保留买卖中出卖人对标的物行使取回权后，在一定期限内买受人消除出卖人取回标的物的事由后享有的重新占有标的物的权利。《民法典》第643条第1款规定，出卖人依据合同约定或者法律规定取回标的物后，买受人在双方约定或者出卖人指定的合理回赎期限内，消除出卖人取回标的物的事由的，可以请求回赎标的物。买受人行使回赎权的目的是阻止出卖人为实现债权而对标的物再行出卖，从而使原买卖交易重新回到正常轨道上来。回赎权行使的结果是买受人继续占有使用标的物。标的物的再次出卖及清算。买受人在回赎期限内没有回赎标的物，出卖人可以以合理价格将标的物出卖给第三人，出卖所得价款扣除买受人未支付的价款以及必要费用后仍有剩余的，应当返还买受人；不足部分由买受人清偿。（《民法典》第643条第2款）

2. 分期付款买卖

分期付款买卖是一种特殊的买卖形式，是买受人将其应付的总价款按照一定期限分批向出卖人支付的买卖。所谓“分期付款”系指买受人将应付的总价款在一定期间内至少分三次向出卖人支付(《买卖合同解释》第27条)。与一般买卖相比，其最大特点是，出卖人在合同成立或仅收到部分价款时即须交付标的物，剩余价款由买受人在受领标的物后分若干次付清。出卖人未得到全部价金即转移标的物，就存在不能取得全部价金的风险，而为降低这种风险，出卖人往往通过在合同中设定期限利益丧失、合同解除、所有权保留等条款，作为保障收回全部价款或不丧失标的物所有权的措施。如果当事人未明确约定，则需要在平等保护出卖人安全收回剩余价金和买受人有效取得买受物之双方利益的基础上，规定买受人违反分期付款义务的法律后果。

关于期限利益丧失。《民法典》第634条第1款规定：“分期付款的买受人未支付到期价款的数额达到全部价款的五分之一，经催告后在合理期限内仍未支付到期价款的，出卖人可以请求买受人支付全部价款或者解除合同。”出卖人要求买受人支付全部价款，在性质上属于继续履行合同，出卖人要求买受人继续履行买卖合同的全部价款支付义务，此时合同仍然有效，只是合同的履行期限发生了变化，买受人丧失了期限利益，履行期限提前届至，出卖人可以要求买受人支付到期以及未到期的全部价款。

关于出卖人的合同解除权。原《合同法》第167条单独规定出卖人的合同解除权，在解除权的条件设置上，容易使人误解为无须履行原《合同法》第94条第3项规定的催告义务并等待买受人在合理期限内仍未履行，仅需在买受人未支付的价金达到总价款的五分之一的条件下，就可以解除合同。因此，《民法典》第634条第1款对原《合同法》第167条进行了修改，除了买受人未支付到期价款达到全部价款的五分之一，还需要向买受人进行催告，并在合理期限内仍未支付到期价款。至此，分期付款买卖中，出卖人向买受人请求支付全部价款或者主张解除合同，就需要具备以下条件：(1)买受人支付迟延；(2)迟延支付价款的金额达到全部价款的五分之一；(3)出卖人已向买受人进行了付款催告；(4)买受人在合理期限内仍未支付到期价款。这就使出卖人行使全款清偿请求权和合同解除权的条件更加严格，有利于维护分期付款买卖合同的继续履行，有利于买受人避免仅因支付能力一时困难便丧失整个合同利益，进一步彰显了平等保护双方当事人的价值取向。

3. 凭样品买卖

凭样品买卖又称货样买卖，是按货物样品确定买卖标的物的买卖，出卖人交付的货物应当与当事人保留的样品具有相同的品质。凭样品买卖是一种特殊买卖，其特殊性表现在以货物样品来确定标的物。订货交易多采用凭样品买卖方式。

关于样品的确定。凭样品买卖是以样品来确定标的物的品质，而不是以出卖人交付的货物符合样品的品质为买卖生效的条件。凭样品买卖要求有样品存在，而且样品应当在订立合同时就存在。当事人在合同中应当约定以样品来确定标的物的品质,或者写明“凭样品买卖”等表明凭样品买卖的意思。通常当事人应封存货样,以待验证。同时,出卖人应当对样品质量予以说明。如果出卖人先向买受人提示样品,而后双方订立合同时未明确表明进行的是凭样品买卖,则不成立凭样品买卖。

关于出卖人的基本义务。凭样品买卖的特点,是加强出卖人的责任,视为出卖人担保交付的买卖标的物与货样有同一品质。出卖人交付的标的物应当与样品及其说明的质量相同是凭样品买卖合同中出卖人的基本义务(《民法典》第635条)。如果出卖人未履行这项义务,买受人可以要求其承担违约责任,并且可以单方解除合同。

关于凭样品买卖的特殊责任。出卖人交付的标的物符合约定样品的质量标准,即履行了适当交付标的物的合同义务,出卖人无须再对标的物承担质量瑕疵担保责任。但是,质量瑕疵有表面瑕疵和隐蔽瑕疵之分,表面瑕疵仅凭一般经验就可以发现,而隐蔽瑕疵凭一般经验难以发现。随着工业和科技水平的发展,产品越来越复杂,科技含量越来越高,在功能提升的同时,可能存在的品质瑕疵也越来越难以发现。为此,《民法典》第636条规定,如果样品本身存在隐蔽瑕疵,即使交付的标的物与样品相同,出卖人交付的标的物的质量仍然应当符合同种物的通常标准。在凭样品买卖中,如果样品存在隐蔽瑕疵,就不能仅要求出卖人交付的标的物与样品相符即可,而应参照适用对质量没有约定或约定不明时的标准,出卖人应当担保标的物没有质量瑕疵。

4. 试用买卖

试用买卖是一种附条件的买卖,指当事人双方约定由买受人试用或者检验标的物,以买受人的承认为买卖合同生效条件的买卖合同。试用买卖合同是一种附生效条件的买卖合同,其所附条件就是买受人对试用标的物的承认或认可,买受人认可标的物,则所附条件成就,合同生效;买受人不认可标的物,则所附条件不成就,合同不生效。

关于试用期限。鉴于买受人单方面即可决定试用买卖合同的是否生效,在买受人作出同意购买或拒绝购买的表示之前,买卖关系仍处于不确定的状态,为促使法律关系尽快明确,维护交易的稳定,买受人决定是否同意购买应受一定时间限制,有必要对试用期限进行明确。为此,《民法典》第637条规定,“试用买卖的当事人可以约定标的物的试用期限。对试用期限没有约定或者约定不明确,依据本法第五百一十条的规定仍不能确定的,由出卖人确定”。

关于买受人对标的物认可。试用买卖的买受人在试用期内可以购买标的物,也可以拒绝购买。买受人的同意或拒绝具有任意性,故试用买卖中一般不存在“为自己的利益不正当地阻止条件成就”的情形,无论买受人基于何种原因不同意购买,均不应适用《民法典》第159条的规定,将其视为不正当阻止条件成就而推定合同生效。一般情况下,买受人表示同意购买是以明示的方式作出。试用买卖的买受人在试用期内已经支付部分价款或者对标的物实施出卖、出租、设立担保物权等行为的,视为同意购买。试用期限届满,买受人对是否购买标的物未作表示的,视为购买(《民法典》第638条)。在试用买卖的场合下,买受人对标的物的承认不仅是对标的物的满意,也是对买卖合同的认可,不仅是一种观点告知,也是一种意思表示,其中包含了同意购买的效果意思。

关于试用期内标的物风险负担。标的物在试用期内毁损、灭失的风险由出卖人承担(《民法典》第640条)。

关于试用期内标的物使用费。试用买卖的当事人对标的物使用费没有约定或者约定不明确的,出卖人无权请求买受人支付(《民法典》第639条)。

二、供用电、水、气、热力合同

该类合同都是供应人向使用人供应电、水、气或者热力，使用人支付价款的合同，双方当事人的关系都是一种买卖关系。但是，这类合同的标的，即电、水、气、热力，既是国民经济中的重要能源，也是一种特殊的商品。因此，供用电、水、气、热力合同都属于特殊类型的买卖合同。此类合同的内容一般包括供应的方式、质量、时间，容量、地址、性质，计量方式，价格、费用的结算方式，供用设施的维护责任等条款。《民法典》合同编将供用电、水、气、热力合同独立于买卖合同，作为单独的一种典型合同来加以规定，主要是因为这类合同在合同性质、合同主体、合同标的物、合同履行方式、合同责任等方面具有显著特殊性。由于此类合同的共性，《民法典》以供电合同为其典型，规定了不同于一般买卖合同的合同义务及其责任，供用水、供用气、供用热力合同，参照适用供用电合同的有关规定(《民法典》第656条)。

(一)供应方的主体资格及其强制缔约义务

供应方是特殊主体，只能是依法取得特定营业资格的供应企业，其他任何单位和个人都不得作为供应方。如供电人只能是供电企业或者依法取得供电营业资格的非法人单位。供应水合同的供应方只能是自来水公司。供应方不是纯粹以营利为目的的企业，而是以满足生活消耗、生产经营等社会活动对电、水、气、热力的需求为目的而设立的企业。因此，此类合同属于公共供用合同，具有社会公共性和公益性。

为了保障社会公众对于电、水、气、热力的基本需求，防止公共服务提供者滥用市场垄断地位随意拒绝缔约，《民法典》第648条第2款规定："向社会公众供电的供电人，不得拒绝用电人合理的订立合同要求。"根据本条规定，向社会公众供电的供电人，不得拒绝用电人合理的订立合同要求。向社会公众供电的供电人是指经国家批准，取得供电营业许可的供电企业。用电人提出用电申请后，供电企业审查用电要求是否合理，对于合理的用电需求，用电人不得拒绝、拖延，应当尽快确定供电方案并以书面形式告知用户，签订供用电合同。

(二)此类合同属于持续供给合同

由于电、水、气、热力的供应与使用均是连续的，因此合同的履行方式都处于一种持续状态。供应方在正常情况下，应当连续向使用方供应，不得中断；使用方在合同约定的期限内，享有连续使用的权利。

(三)此类合同一般按照格式条款订立

由于此类合同的特殊性质，合同主要条款包括供应质量、价格、费用标准等均由国家统一规定，而不是由供电人和用电人自由协商确定。因此，为降低磋商成本，提高交易效率，此类合同一般由供应人按照有关规定进行拟定，用户有选择订立或不订立合同的权利，但一般不得对合同条款进行变更。但是，同时也存在如何限制供应方利用其垄断地位产生的不公平问题。对此，供应方作为格式条款的提供者，应当遵守《民法典》关于格式条款的法律规定。

(四)供应人的主要义务及其责任

《民法典》第650条至第653条以供电合同为典型，规定了供应人的主要义务及责任。

第一，及时、安全、合格供电。用户提出申请的，供电企业应尽速确定供电方案，并在一定期限内正式书面通知用户。供电人应当按照国家规定的供电质量标准安全供电。用户对供电质量有特殊要求的，供电企业应当根据其必要性和电网的可能，依约提供相应的电力。供电人未按照国家规定的供电质量标准和约定安全供电，造成用电人损失的，应当承担损害赔偿责任(《民法典》第651条)。

第二,履行地点。《民法典》第650条规定:"供用电合同的履行地点,按照当事人约定;当事人没有约定或者约定不明确的,供电设施的产权分界处为履行地点。"那么,如何确定供电设施的产权分界处?供电设施的产权分界处是划分供电设施所有权归属的分界点,分界点电源侧的供电设施归供电人所有,分界点负荷侧的供电设施归用电人所有。在用电人为单位时,供电设施的产权分界处通常为该单位变电设备的第一个磁瓶或开关;在用电人为散用户时,供电设施的产权分界处通常为进户墙的第一个接收点。上述供电设施的产权分界处为供电合同的履行地点。

第三,供电人因故中断供电时通知义务。供电人因供电设施计划检修、临时检修、依法限电或者用电人违法用电等原因,需要中断供电时,应当按照国家有关规定事先通知用电人。未事先通知用电人即中断供电,造成用电人损失的,应当承担损害赔偿责任(《民法典》第652条)。

第四,供电人的抢修义务。事故断电,是指因为自然灾害造成供电设施毁坏,以致电力无法继续正常供应的情况。此时,供电人应当按照国家有关规定及时抢修。未及时抢修,造成用电人损失的,应当承担损害赔偿责任(《民法典》第653条)。

(五)使用人的主要义务及其责任

第一,用电人交付电费的义务和逾期交付电费的违约责任。用电人应当按照国家有关规定和当事人的约定及时支付电费。用电人逾期不支付电费的,应当按照约定支付违约金。经催告用电人在合理期限内仍不支付电费和违约金的,供电人可以按照国家规定的程序中止供电。供电人依据前款规定中止供电的,应当事先通知用电人(《民法典》第654条)。

第二,用电人安全、节约和计划用电的义务及其损失赔偿责任。用电人应当按照国家有关规定和当事人的约定安全、节约和计划用电。用电人未按照国家有关规定和当事人的约定用电,造成供电人损失的,应当承担赔偿责任(《民法典》第655条)。

三、赠与合同

(一)赠与合同概述

赠与合同是赠与人将自己的财产无偿给予受赠人,受赠人表示接受赠与的合同(《民法典》第657条)。将自己的财产给与他方的人称为赠与人,同意接受财产的人称为受赠人。

赠与不同于遗赠,遗赠是公民用遗嘱的形式,将自己的财产于其死后赠与给国家、集体或其他人的行为。遗赠是单方民事法律行为,并于遗赠人死后生效。若受遗赠人不愿意接受遗赠财产,他可以放弃受遗赠权。

对于赠与合同是诺成性合同还是实践性合同,各国与地区的民事立法规定不一致,有规定为实践性合同的(如苏联及东欧各国),也有规定为诺成性合同的(如德国、法国、日本等国及我国台湾地区)。我国原《合同法》和《民法典》规定赠与合同为诺成合同。当事人意思表示一致时即成立,而无论其是以口头形式还是书面形式订立的,也无论赠与的财产是否交付。

赠与合同具有无偿性和非交易性的特征,赠与人将财产无偿给予受赠人本质上属于一种施惠行为,而且赠与合同是单务合同,受赠人是纯获利益者,赠与人撤销赠与的一般不会损害受赠人的权益,根据权利义务相称的原则,赠与合同对赠与人的约束可以较双务合同相对弱一些,准许赠与人在一定条件下反悔,因此,法律赋予赠与人任意撤销权,以平衡双方的权利义务关系。

(二)赠与合同当事人的权利与义务

1. 赠与人的义务

第一,交付赠与物的义务。赠与人应当按照赠与合同约定的交付时间、地点、方式履行其交付赠与物的义务。赠与的财产依法需要办理登记或者其他手续的,应当办理有关手续。由于赠与人在赠与财产的权利转移之前可以撤销赠与,因此,赠与人交付赠与物的义务取决于赠与人是否行使撤销权。对于赠与人不行使撤销权,或者经过公证的赠与合同或者依法不得撤销的具有救灾、扶贫、助残等公益、道德义务性质的赠与合同,赠与人不交付赠与财产的,受赠人可以请求交付(《民法典》第 660 条第 1 款)。应当交付的赠与财产因赠与人故意或者重大过失致使毁损、灭失的,赠与人应当承担赔偿责任(《民法典》第 660 条第 2 款)。

第二,赠与物瑕疵的告知义务。如果赠与物存在某些危及人身及财产安全的瑕疵,赠与人应如实告知受赠人。赠与人故意不告知瑕疵或者保证无瑕疵,造成受赠人损失的,应当承担赔偿责任(《民法典》第 662 条第 2 款)。

第三,赠与人对赠与财产的瑕疵担保责任。由于赠与合同的无偿性,赠与人并非像买卖合同那样承担瑕疵担保责任,因此,《民法典》第 662 条第 1 款规定:“赠与的财产有瑕疵的,赠与人不承担责任。……”但是,该条规定了三种例外情形:(1)赠与人不承担赠与财产的瑕疵担保责任,须以赠与人主观上无恶意为前提,如果赠与人在交付赠与财产时故意不告知受赠人赠与财产的瑕疵,因其具备主观上的恶意,在此情形下,赠与人应负瑕疵担保责任。(2)赠与人对赠与财产的瑕疵虽没有故意不告知,但如果保证赠与财产无瑕疵的,也应负瑕疵担保责任。(3)附义务的赠与,赠与的财产有瑕疵的,赠与人在附义务的限度内承担与出卖人相同的责任。

2. 受赠人的权利

第一,受赠人有权取得受赠财产的所有权或其他财产权利。

第二,损害赔偿请求权。赠与人故意违反告知义务或者瑕疵担保义务,而致受赠人损失的,受赠人享有损害赔偿请求权。

第三,赠与物交付请求权。对于赠与人不行使撤销权,或者具有救灾、扶贫等社会公益、道德义务性质的赠与合同或者经过公证的赠与合同,赠与人不交付赠与财产的,受赠人有权请求赠与人交付赠与财产。

(三)赠与合同的撤销与穷困抗辩

1. 赠与合同的撤销

关于赠与合同的任意撤销。赠与合同的任意撤销,是指赠与合同成立后,赠与财产的权利转移之前,赠与人可以根据自己的意思不再为赠与行为。法律规定赠与的任意撤销,源于赠与是无偿行为。即便赠与合同已经成立,也可以允许赠与人因自身的某种事由撤销赠与,这也是赠与合同与其他有偿合同的显著区别。尤其是有的赠与合同的订立,是因一时情感因素而欠于考虑,如果绝对不允许赠与人撤销,则对赠与人太过苛刻,也有失公允。然而,如果对于任意撤销不加任何限制,则等同于赠与合同无任何法律约束力,既对受赠人不公平,也违背诚实信用原则,对社会道德也是一种冲击。因此对赠与的撤销应有如下限制:(1)赠与的财产已转移其权利的,赠与人不得任意撤销赠与。如果赠与的财产一部分已交付并已转移其权利,任意撤销赠与仅限于未交付并未转移其权利的部分。(2)赠与合同订立后经公证证明的,赠与人不得任意撤销。(3)具有社会公益、道德义务性质的赠与合同,无论当事人以何种形式订立,无论是否经过公证,也不问赠与的财产是否已转移其权利,赠与人均不得任意撤销。

关于赠与人的法定撤销权。赠与合同的法定撤销,是指赠与合同成立后,在具备法律规定的情形时,赠与人可以撤销赠与。赠与的法定撤销与任意撤销的不同点在于:(1)撤销赠与须依法律规定的事由;(2)只要具备法定事由,无论赠与合同以何种形式订立以至经过公证证明,无论赠与的财产是否已交付,也无论赠与是否属于社会公益和道德义务性质,享有撤销权的人均可以撤销赠与。赠与本是使受赠人取得利益的行为,如果受赠人对赠与人有加害行为或者其他忘恩负义行为的,法律应赋予赠与人有撤销赠与的权利。根据《民法典》第663条的规定,受赠人有下列情形之一的,赠与人可以撤销赠与:(1)严重侵害赠与人或者赠与人近亲属的合法权益;(2)对赠与人有扶养义务而不履行;(3)不履行赠与合同约定的义务。赠与人行使撤销权的期间为1年,自知道或者应当知道撤销原因之日起计算。这一期间属于除斥期间,即法律对某种权利所预定的行使期间,不存在中止、中断和延长的问题。撤销权人如在法律规定的期间内不行使撤销权的,其撤销权即归于消灭。赠与的撤销权本应属于赠与人,但因受赠人的违法行为致赠与人死亡或使其丧失民事行为能力时,赠与人的撤销权事实上已无法行使。而由赠与人的继承人或法定代理人行使撤销权,才能实现赠与人撤销赠与的权利与意愿。《民法典》第664条规定,因受赠人的违法行为致使赠与人死亡或者丧失民事行为能力的,赠与人的继承人或者法定代理人可以撤销赠与。赠与人的继承人或者法定代理人的撤销权,自知道或者应当知道撤销事由之日起6个月内行使。

关于赠与合同被撤销的法律后果。赠与合同被撤销后,其撤销的效力溯及赠与合同成立时发生。赠与合同尚未履行的,赠与人可拒绝履行。已经履行的,其已给付之物因赠与的撤销,成为无法律上之原因的占有。赠与人撤销赠与的,可以向受赠人请求返还赠与的财产(《民法典》第665条)。

2. 赠与人的穷困抗辩

赠与合同成立后,赠与人在陷入经济窘困状况的情况下,可以不再履行赠与义务。赠与人的这一抗辩权利,也被称为“穷困抗辩权”。《民法典》第666条规定:“赠与人的经济状况显著恶化,严重影响其生产经营或者家庭生活的,可以不再履行赠与义务。”穷困抗辩是一种抗辩权,而不是解除权或撤销权,且并不能一定具有永久的抗辩效力,当赠与人的经济状况恢复后,受赠人可以请求赠与人继续履行赠与合同。而且,穷困抗辩只有在受赠人要求履行合同时赠与人方得行使该抗辩。如果赠与人陷入贫困困境后,受赠人放弃要求履行赠与的请求权,自然无须赠与人再主动主张穷困抗辩权。至于赠与人在行使穷困抗辩权时是否可以请求受赠人适当返还赠与的财产,通说持否定的见解。

(四)附义务的赠与

附义务的赠与,也称附负担的赠与,是指以受赠人对赠与人或者第三人为一定给付为条件的赠与,也即使受赠人接受赠与后负担一定义务的赠与。

附义务的赠与,受赠人应当于受赠财产价值范围内按照约定履行义务。若受赠人不履行约定的义务,赠与人有权请求其履行。受赠人拒不履行的,赠与人可以撤销赠与合同。若赠与合同所附义务因不可归责于受赠人之事由而不能履行的,赠与人无权撤销赠与合同。

附义务的赠与,赠与的财产有瑕疵的,赠与人在所附义务范围内承担与出卖人相同的瑕疵担保义务。

四、借款合同

(一)借款合同概述

借款合同是借款人向贷款人借款,到期返还借款并支付利息的合同(《民法典》第67条)。借款合同的内容一般包括借款种类、币种、用途、数额、利率、期限和还款方式等条款。

借款合同和传统民法借贷合同的概念有所区别。根据传统民法理论,借贷合同一般分为使用借贷和消费借贷,其中使用借贷是指无偿的将物品或者金钱借给一方使用的合同,又可称为借用合同。消费借贷是指有偿地将物品或者金钱交给一方使用的合同。我国民法中的借款合同仅指消费借贷中的金钱借贷。

原《合同法》规定的借款合同仅适用于金融借款合同以及自然人之间的借款合同,在2015年9月1日《民间借贷规定》[6]施行之前,对于非金融机构法人之间发生的借贷行为,人民法院在审理相关案件时,通常以该类主体不具有贷款资质为由而认定合同无效。而在实际上,该类非金融机构法人之间临时性的借贷行为,不仅有利于解决企业融资难问题,同时也不会损害社会公共利益,认定合同无效的理由实在牵强,在实践中也产生了一定的争议。随着对民间借贷领域审判实践认识的不断深入和司法实践经验的不断积累,《民间借贷规定》第1条规定,本规定所称的民间借贷,是指自然人、法人、其他组织之间及其相互之间进行资金融通的行为。这在宏观层面认可了非金融机构法人之间正常借贷行为的合法性。该司法解释第11条进一步规定,法人之间、其他组织之间以及它们相互之间为生产、经营需要订立的民间借贷合同,除存在原《合同法》第52条、本规定第14条规定的情形外,当事人主张民间借贷合同有效的,人民法院应予支持。这对非金融机构法人之间的正常借贷行为进行了明确指引。在此前提下,民法典编纂吸收了司法实践经验,顺应借贷领域的实践发展需要,扩大了合同编借款合同章的适用范围。借款合同章主要调整两部分内容,一部分是金融机构与自然人、法人和其他组织的借款合同关系,另一部分是法人、非法人组织、自然人相互之间的借款合同关系。前者称为金融借款合同,后者称为民间借贷合同。

借款合同应当采用书面形式,但是自然人之间借款另有约定的除外(《民法典》第668条)。自然人之间的借款合同,自贷款人提供借款时成立(《民法典》第679条)[7]。因此,自然人之间的借款合同是实践合同,除此之外,金融借款合同以及法人和其他组织的民间借贷合同是诺成合同。将自然人之间的借款合同确立为实践合同,主要理由有:(1)自然人之间的借款合同往往数

---

〔6〕 该规定于2015年6月23日最高人民法院审判委员会第1655次会议通过,根据2020年8月18日最高人民法院审判委员会第1809次会议通过的《最高人民法院关于修改〈关于审理民间借贷案件适用法律若干问题的规定〉的决定》第一次修正,根据2020年12月23日最高人民法院审判委员会第1823次会议通过的《最高人民法院关于修改〈最高人民法院关于在民事审判工作中适用《中华人民共和国工会法》若干问题的解释〉等二十七件民事类司法解释的决定》第二次修正。该修正自2021年1月1日起施行。

〔7〕 原《合同法》第210条规定,自然人之间的借款合同,自贷款人提供借款时生效。《民法典》第679条将其修改为“自贷款人提供借款时成立。”作出上述修改的主要考虑为:一是避免产生自然人之间借款合同是实践合同还是诺成合同的争议。实践合同是指除当事人间的意思表示一致以外,还需交付标的物才能成立的合同,它以当事人的合意和交付标的物为成立要件。而诺成合同是指当事人之间意思表示一致即能成立的合同,无须标的物的实际交付,它以当事人的合意为成立要件。由于立法本意是将自然人之间的借款合同确定为实践合同,而原《合同法》第210条中“生效”的表述,容易产生借款合同系诺成合同的误解,故作出修改完善。二是与民法典中定金合同和保管合同的条文表述保持一致,统一表述为自实际交付时“成立”。

额有限,内容也简单,而且当事人之间往往具有亲属、同事、朋友等特别的关系;(2)自然人通常不是专业机构的人士,赋予自然人借款合同以实践性可以给贷款人一定的思考时间,在实际提供借款之前,贷款人可以有反悔的机会;(3)自然人之间借款一般属于互助性质,无偿的情况也有不少,对合同的形式并不太注意,应结合实际考虑当事人的真实意思表示,不宜赋予当事人更重的责任。据此,《民法典》第679条规定自然人之间借款合同以贷款人交付借款为成立要件。这样有利于确定当事人之间的权利和义务,进而预防或减少纠纷的发生。

订立借款合同,贷款人可以要求借款人提供担保。《商业银行法》第36条规定:商业银行贷款,必须要求借款人提供担保,应当对保证人的偿还能力、抵押物、质物的权属和价值以及实现抵押权、质权的可能性进行严格的审查。经商业银行审查、评估、确认借款人资信良好,确能偿还贷款的,可以不提供担保。民间借贷合同,当事人可以依据实际情况对担保问题作出约定。

(二)当事人的权利、义务和违约责任

1. 贷款人的主要义务

第一,贷款人应按照合同约定的时间向借款人发放贷款。贷款人未按照约定的日期、数额提供借款,造成借款人损失的,应当赔偿损失(《民法典》第671条第1款)。

第二,贷款人发放贷款时,不得预先扣除贷款利息。若贷款人于提供贷款时预先扣除利息的,应当补足出借款的数额,并承担违约责任。贷款人不予补足出借款数额的,借款人应当按照实际借款数额返还借款并计算利息(《民法典》第670条)。

第三,保密义务。贷款人对于其在订立与履行借款合同的过程中所掌握到的借款人的商业秘密,有保密义务。保密义务为贷款人的附随义务。

2. 借款人的主要义务和责任

第一,按照约定的日期、数额接受借款。借款人未按照约定的日期、数额收取借款的,应当按照约定的日期、数额支付利息(《民法典》第671条第2款)。

第二,按照约定的用途使用借款,并为贷款人的合法检查、监督借款使用情况行为提供必要的协助。贷款人按照约定可以检查、监督借款的使用情况。借款人应当按照约定向贷款人定期提供有关财务会计报表或者其他资料。借款人未按照约定的借款用途使用借款的,贷款人可以停止发放借款、提前收回借款或者解除合同。

第三,按照合同约定的还款期限和方式及时偿还借款和利息。借款人应当按照约定的期限归还借款,并支付约定利息。借款人提前归还借款的,除当事人有约定的以外,应当按照实际借款的期间计算利息。借款人未按照约定的期限返还借款及利息的,应当按照约定或者国家有关规定支付逾期还款的利息;借款人可以在还款期限届满之前向贷款人申请展期。贷款人同意的,可以展期。

(三)借款合同的利息规制

1. 禁止高利放贷

《民法典》第680条第1款规定,禁止高利放贷,借款的利率不得违反国家有关规定。该款系民法典新增加的内容。在民法典中规定“禁止高利放贷”的主要理由为:基于借款合同章的适用范围扩大到所有借贷领域,同时为解决借贷领域存在的突出问题,维护正常金融秩序,避免经济脱实向虚,在十三届全国人民代表大会常务委员会第十五次会议审议整体民法典(草案)之前,经宪法和法律委员会审议研究,决定明确规定禁止高利放贷。

至于何为高利放贷以及何为借款利率的国家规定,应当区别金融借款合同与民间借贷合同。

对于金融借款合同，应当参照中国人民银行授权全国银行间同业拆借中心公布的贷款市场报价利率确定。[8] 中国人民银行在2019年8月17日发布公告，决定改革完善贷款市场报价利率（LPR）形成机制，从2019年8月20日起，中国人民银行授权全国银行间同业拆借中心于每月20日9时30分公布贷款市场报价利率。2019年10月28日，中国人民银行又发布公告，要求自2020年1月1日起，各金融机构不得签订参考贷款基准利率定价的浮动利率贷款合同。各银行实际发放的贷款利率可根据借款人的信用情况，考虑抵押、期限、利率浮动方式和类型等要素，在贷款市场报价利率基础上加减点确定。但是，迄今为止，中国银保监会或者中国人民银行并未制定明确的禁止高利贷的具体利率标准。

对于民间借贷合同，《民间借贷规定》在修正前对贷款利率规定了"两线三区"的利率标准[9]，修正后的《民间借贷规定》第26条规定：出借人请求借款人按照合同约定利率支付利息的，人民法院应予支持，但是双方约定的利率超过合同成立时一年期贷款市场报价利率四倍的除外。据此表明，最高利率标准应当是合同成立时一年期贷款市场报价利率的四倍。

2. 没有约定支付利息的借贷

《民法典》第680条第2款、第3款规定，借款合同对支付利息没有约定的，视为没有利息。借款合同对支付利息约定不明确，当事人不能达成补充协议的，按照当地或者当事人的交易方式、交易习惯、市场利率等因素确定利息；自然人之间借款的，视为没有利息。

3. 借款利息不得预先扣除

利息是按约定利率计算的孳息，是借款人支配和使用借款本金所承担的成本。如果事先从借款本金中扣除利息（俗称"砍头息"），无疑使借款人利用本金创造经济效益的资金条件受到限制，这对于借款人来说是不公平的。《民法典》第670条明确规定："借款的利息不得预先在本金中扣除。利息预先在本金中扣除的，应当按照实际借款数额返还借款并计算利息。"因此，预先在本金中扣除利息的，人民法院应当将实际出借的金额认定为本金。

4. 借款人支付利息的期限

向贷款人支付利息是借款人的主要义务，借款人不仅应当按照约定的数额支付利息，而且还应当在约定的期限支付。支付利息期限的方式有多种，当事人既可以约定在借款期限届满时和本金一并支付，也可以约定在借款期间内分批向贷款人支付。

如果当事人对支付利息的期限没有约定，或者约定不明确，根据《民法典》第674条的规定，首先应当依据《民法典》第510条的规定来确定，即当事人可以就支付利息的期限进行协议补充；不能达成补充协议的，按照合同相关条款或者交易习惯确定。如果依据以上原则仍不能确定支付利息的期限，借款人按照以下规定的期限向贷款人支付利息：（1）借款期间在1年以内的，在返还借款时一并支付，即利息在借款合同期限届满时和本金一并支付；（2）借款期间在1年以

---

[8] 贷款市场报价利率（Loan Prime Rate, LPR）是由具有代表性的报价行，根据本行对最优质客户的贷款利率，以公开市场操作利率（主要指中期借贷便利利率）加点形成的方式报价，由央行授权全国银行间同业拆借中心计算并公布的基础性的贷款参考利率，各金融机构应主要参考LPR进行贷款定价。LPR包括1年期和5年期以上两个品种。LPR市场化程度较高，能够充分反映信贷市场资金供求情况，使用LPR进行贷款定价可以促进形成市场化的贷款利率，提高市场利率向信贷利率的传导效率。

[9] 参见修正前的《民间借贷规定》第26条第1款规定："借贷双方约定的利率未超过年利率24%，出借人请求借款人按照约定的利率支付利息的，人民法院应予支持。"第2款规定："借贷双方约定的利率超过年利率36%，超过部分的利息约定无效。借款人请求出借人返还已支付的超过年利率36%部分的利息的，人民法院应予支持。"

上的,在每届满1年时支付,剩余期间不满1年的,在返还借款时一并支付。

5.支付逾期利息

借款人的主要义务是还本付息,未按期返还借款的,是一种严重违约行为,借款人应当对其违约行为承担相应的违约责任。《民法典》第676条规定:"借款人未按照约定的期限返还借款的,应当按照约定或者国家有关规定支付逾期利息。"根据本条规定,当事人可以在合同中对逾期利息的问题作出约定,借贷双方对逾期利率有约定的,从其约定,但是不得违反国家有关规定。民间借贷合同未约定逾期利率或者约定不明的,《民间借贷规定》第28条、第29条规定人民法院可以区分不同情况处理:(1)既未约定借期内利率,也未约定逾期利率,出借人主张借款人自逾期还款之日起参照当时一年期贷款市场报价利率标准计算的利息承担逾期还款违约责任的,人民法院应予支持。(2)约定了借期内利率但是未约定逾期利率,出借人主张借款人自逾期还款之日起按照借期内利率支付资金占用期间利息的,人民法院应予支持。(3)出借人与借款人既约定了逾期利率,又约定了违约金或者其他费用,出借人可以选择主张逾期利息、违约金或者其他费用,也可以一并主张,但是总计超过合同成立时一年期贷款市场报价利率四倍的部分,人民法院不予支持。

6.计算复利的限制

复利是指一笔资金除本金产生利息外,在下一个计息周期内,以前各计息周期内产生的利息也计算利息的计息方法。复利计算的特点是:把上期末的本利和作为下一期的本金,在计算时每一期本金的数额是不同的。复利的计算是对本金及其产生的利息一并计算,也就是利上有利(俗称"利滚利")。一些国家的民法禁止计算复利。我国《民法典》对此并未规定,形成法律漏洞。《民间借贷规定》基于中国人民银行有明文规定可以计收复利,[10]对当事人明确约定的计算复利予以有限制的认可,第27条规定:借贷双方对前期借款本息结算后将利息计入后期借款本金并重新出具债权凭证,如果前期利率没有超过合同成立时一年期贷款市场报价利率四倍,重新出具的债权凭证载明的金额可认定为后期借款本金。超过部分的利息,不应认定为后期借款本金。按前款计算,借款人在借款期间届满后应当支付的本息之和,超过以最初借款本金与以最初借款本金为基数、以合同成立时一年期贷款市场报价利率四倍计算的整个借款期间的利息之和的,人民法院不予支持。

五、租赁合同

(一)租赁合同概述

租赁合同即财产租赁合同,是指出租人将租赁物交付承租人使用、收益,承租人支付租金,并于租赁关系终止时归还租赁物的协议。

租赁合同是转移财产使用权的合同。租赁合同是一方当事人(出租人)将租赁物有限期地交给另一方当事人(承租人)使用,承租人按照约定使用该租赁物并获得收益。在租赁的有效期内,承租人可以对租赁物占有、使用、收益,而不能任意处分租赁物。当租赁合同期满,承租人要

---

〔10〕 按照中国人民银行发布的《人民币利率管理规定》和《关于人民币贷款利率有关问题的通知》的规定,应当对逾期利息计算复利。其中,《人民币利率管理规定》第21条规定,"对贷款期内不能按期支付的利息按合同利率按季计收复利,贷款逾期后改按罚息利率计收复利"。《关于人民币贷款利率有关问题的通知》第3条规定:"对逾期或未按合同约定用途使用借款的贷款,从逾期或未按合同约定用途使用贷款之日起,按罚息利率计收利息,直至清偿本息为止。对不能按时支付的利息,按罚息利率计收复利。"

将租赁物返还出租人。因此,租赁合同只是将租赁物的使用权转让给承租人,而租赁物的所有权或处分权仍属于出租人。租赁合同的这一特征区别于买卖合同和赠与合同。

承租人取得租赁物的使用权是以支付租金为代价。承租人使用租赁物是为了满足自己的生产或生活需要,出租人出租租赁物是为了使租赁物的价值得以实现,取得一定的收益。承租人要取得使用权不是无偿的,是要向出租人支付租金的。支付租金是租赁合同的本质特征。这一特征区别于借用合同,借用合同虽然借用人取得了借用物的使用权,但是借用是无偿的,不需付出任何代价。

租赁合同的标的物是有体物、非消耗物。租赁物无论是动产还是不动产,它们都是有形的,都是能以一定的物质形式表现出来的。无形的财产不能作为租赁的标的物。租赁物必须是耐消耗的特定物,因为在租赁合同期满时,承租人要将租赁物返还给出租人,这是租赁合同区别于消费借贷合同的重要特征。

租赁合同自双方当事人意思表示一致时成立,因此租赁合同为诺成性合同。租赁合同成立后,出租人承担交付出租物,并将出租物的使用、收益权移转于承租人的义务;承租人承担支付租金,于租期届满时归还租赁物的义务。因此,租赁合同为双务合同。承租人须向出租人支付租金。租金是承租人取得租赁物使用、收益权的代价。因此,租赁合同均为有偿合同。这是租赁合同区别于使用借贷合同的特征。

租赁合同是有期限的合同。出租人将其财产的使用收益在一定期限内转让给承租人,因为不是所有权的转移,因此,承租人不可能对租赁物永久地使用,物的使用价值也是有一定期限的。租赁期限分为定期租赁和不定期租赁。定期租赁是指合同约定有明确期限的租赁。租赁期限最长不能超过20年,超过20年的,超过部分无效(《民法典》第705条)。不定期租赁的产生有三种情形:(1)当事人在租赁合同中未约定租赁期限;(2)当事人在租赁合同中将租赁期限约定为6个月以上,但未采取书面形式,双方当事人又就租赁期限产生争议的,租赁合同视为不定期租赁合同(《民法典》第707条);(3)租赁期间届满,承租人继续使用租赁物,出租人没有提出异议的,原租赁合同继续有效,但租赁期限视为不定期(《民法典》第734条第1款)。在不定期租赁中,除非法律另有规定,双方当事人均可随时解除合同,但是应当在合理期限之前通知对方(《民法典》第730条)。

(二)合同当事人的义务

1. 出租人的义务

第一,交付租赁物并在租赁期间保持租赁物符合约定的用途的义务(《民法典》第708条)。由于租赁合同为诺成性合同,无须将标的物的交付作为合同的成立要件,因此交付租赁物是出租人于租赁合同成立后的一项债务。所谓交付租赁物,是指转移租赁物的占有于承租人,包括现实交付、指示交付和简易交付。承租人不仅应使交付的租赁物处于约定的使用、收益状态,而且在租赁关系存续期间也应保持租赁物的这种适合于约定使用、收益的状态。

第二,维修租赁物的义务(《民法典》第712条)。除合同另有约定外,出租人对租赁物有维修的义务。出租人的该项义务实际上是出租人保持租赁物使其合于使用、收益状态义务的延伸。在租赁物需要维修时,承租人可以要求出租人在合理期间内维修。出租人未履行维修义务的,承租人可以自行维修,维修费用由出租人负担。出租人因维修租赁物影响承租人使用的,应当相应减少租金或者延长租期(《民法典》第713条)。承租人未交付租金,出租人得行使同时履行抗辩权,拒绝履行其后的维修义务。因承租人的过错致使租赁物需要维修的,出租人不承担前款规定的维修义务。

第三,物的瑕疵担保义务。出租人应担保所交付的租赁物能够为承租人依约正常使用、收益。如果租赁物有使承租人不能为正常使用、收益的瑕疵,出租人即应承担违约责任,承租人得解除合同或者请求减少租金。双方当事人在订立合同时,承租人已知道租赁物存在瑕疵的,其后不得解除合同,如果租赁物危及承租人的安全或者健康的,即使承租人订立合同时明知该租赁物质量不合格,仍然可以随时解除合同(《民法典》第731条)。

第四,权利的瑕疵担保义务。出租人应担保不因第三人对承租人主张权利而使承租人不能依约为使用、收益。如因第三人主张权利,致使承租人不能对租赁物使用、收益的,承租人可以要求减少租金或者不支付租金。第三人主张权利的,承租人应当及时通知出租人(《民法典》第723条)。如果出租人没有将标的物供承租人为使用、收益的权限,如未经标的物的所有权人或者处分权人许可即出租他人之物,或者租赁物因受其他用益物权的限制,致使承租人事实上不能对租赁物为使用、收益的,即发生出租人违反权利的瑕疵担保义务所生的违约责任问题。

2. 承租人的义务

第一,支付租金的义务。承租人应当依照约定的期限支付租金,对支付期限没有约定或者约定不明确,可以协议补充,不能达成补充协议的,按照合同有关条款或者交易习惯确定。仍不能确定的,租赁期间不满1年的,应当在租赁期间届满时支付。租赁期间在1年以上的,应当在每届满1年时支付,剩余期间不满1年的,应当在租赁期间届满时支付(《民法典》第721条)。承租人无正当理由未支付或者迟延支付租金的,出租人可以要求承租人在合理期限内支付。此期间为宽限期,承租人逾期不支付的,出租人可以解除合同(《民法典》第722条)。

第二,依约定方法或租赁物的性质使用租赁物的义务。承租人在占有租赁物后,应当依照约定的方法使用租赁物,对使用租赁物的方法没有约定或者约定不明确,当事人可以协议补充,不能达成补充协议的,按照合同有关条款或者交易习惯确定。仍不能确定的,应当按照租赁物的性质使用(《民法典》第709条)。承租人按照约定的方法或者租赁物的性质使用租赁物,致使租赁物受到损耗的,不承担损害赔偿责任(《民法典》第710条)。承租人如果未依照约定的方法或者租赁物的性质使用租赁物,致使租赁物受到损失的,出租人可以解除合同并要求赔偿损失(《民法典》第711条)。

第三,妥善保管租赁物的义务。承租人作为租赁物的占有人,应当妥善保管租赁物。承租人未尽妥善保管义务,造成租赁物毁损、灭失的,应当承担损害赔偿责任(《民法典》第714条)。承租人不得随意对租赁物进行改善或在租赁物上增设他物。承租人基于租赁合同,对于租赁物所享有的租赁权,从权利属性上来讲,系属债权,因此,承租人只有在经过出租人同意的前提下,方可对租赁物进行改善或者增设他物,承租人未经出租人同意,即对租赁物进行改善或者增设他物的,出租人可以要求承租人恢复原状或者赔偿损失(《民法典》第715条)。

第四,承租人不得擅自转租。所谓转租,是指承租人不退出租赁合同关系,而将租赁物出租给次承租人使用、收益。承租人经出租人同意,可以将租赁物转租给第三人。承租人转租的,承租人与出租人之间的租赁合同继续有效;第三人造成租赁物损失的,承租人应当赔偿损失(《民法典》第716条第1款)。承租人未经出租人同意转租的,出租人可以解除合同(《民法典》第716条第2款)。承租人经出租人同意将租赁物转租给第三人,转租期限超过承租人剩余租赁期限的,超过部分的约定对出租人不具有法律约束力,但是出租人与承租人另有约定的除外(《民法典》第717条)。出租人知道或者应当知道承租人转租,但是在6个月内未提出异议的,视为出租人同意转租(《民法典》第718条)。承租人拖欠租金的,次承租人可以代承租人支付其欠付的租金和违约金,但是转租合同对出租人不具有法律约束力的除外。次承租人代为支付的租金和违约金,可以充抵次承租人应当向承租人支付的租金;超出其应付的租金数额的,可以向承租人追偿(《民法典》第719条)。

第五,返还租赁物的义务。租赁关系终止后,租赁物仍然存在的,承租人应当返还租赁物。返还的租赁物应当符合按照约定或者租赁物性质使用后的状态(《民法典》第733条)。承租人在租赁期间未经出租人同意,对租赁物进行改建、改装或者增加附着物的,在返还租赁物时,出租人有权要求予以拆除,恢复租赁物的原状或者赔偿损失(《民法典》第715条第2款)。承租人的上述行为经出租人同意的,可不恢复租赁物的原状,并就因此而使租赁物价值增加的部分,转而请求有益费用的返还。承租人在返还租赁物时,就其对租赁物所支出的必要费用,也可主张返还。

(三)租赁权的特别效力

在租赁合同中,承租人享有租赁物的交付请求权和租赁物用益权。租赁物的交付请求权是指承租人基于租赁合同请求出租人交付租赁物的权利。该权利为一般债权,可适用《民法典》中有关债权的规定。租赁物用益权是指对租赁物的占有、使用和部分收益的权利。这是通常意义上的租赁权,也是狭义的租赁权。租赁权不具有物权的本质。我国《民法典》对于承租人直接支配租赁物的事实并未按照物权关系设计,而是将租赁权在总体上作为债权,在以下三个方面赋予类似物权的效力,使租赁权物权化了:(1)第725条赋予了租赁权的对抗力。(2)第726条、第734条第2款赋予租赁权具有一定的优先权,包括承租人享有以同等条件优先购买的权利、以同等条件优先承租的权利。(3)第716条至第718条明确了承租人经出租人同意,可以将租赁物转租给第三人,有条件承认了承租人具有处分租赁权的权能。(关于转租的问题已经在上述承租人义务中阐述,此不赘述。)

1. 让与不破租赁

让与不破租赁的规范意旨。让与不破租赁(又称为"买卖不破租赁")是传统民法上的重要制度。出租人与承租人订立的租赁合同生效后,虽然出租人将租赁物交付承租人使用、收益,但租赁物的所有权仍然属于出租人,出租人对租赁物仍然享有处分权,可以将其对租赁物的所有权转移给他人。租赁物一旦发生所有权的变动,就租赁物不仅存在出租人与承租人的关系,还涉及承租人与租赁物受让人之间的关系。为维护租赁关系的稳定,大陆法系国家和地区民法在有关租赁关系的法律规范中普遍承认"让与不破租赁"的原则,即在租赁合同的有效期内,出租人将租赁物的所有权转让给第三人时,承租人的权利不因租赁物所有权的转移而消灭或者受到妨碍。我国《民法典》第725条规定:"租赁物在承租人按照租赁合同占有期限内发生所有权变动的,不影响租赁合同的效力。"本条规定体现了租赁合同的物权化特点。在租赁关系存续期间,承租人对取得租赁物所有权或者其他物权的人,可以主张其租赁权,继续对租赁物行使占有、使用权和部分收益权。

让与不破租赁的条件及其例外。让与不破租赁的条件是:(1)出租人将租赁物所有权让与第三人。出租人只要是让与人即可,是否是所有权人,在所不问。即使出租人不是所有权人,其让与所有权的法律行为因所有权人同意、事后取得所有权或者第三人善意取得而发生效力时,均适用让与不破租赁的规定。(2)让与所有权的生效时间在租赁期间内,这里,应当解释为出租人将租赁物交付给承租人之后即可,出租人出于维修等目的暂时将标的物取回的,仍适用让与不破租赁的规定。让与不破租赁并非绝对,租赁房屋具有下列情形的除外:(1)当事人另有约定。例如,租赁合同当事人明确约定在租赁期间出租人转让租赁房屋所有权,租赁合同终止,承租人应当返还房屋。(2)房屋在出租前已设立抵押权,因抵押权人实现抵押权发生所有权变动的。抵押期间,抵押人将抵押物出租,此时在同一标的物上抵押权与租赁权并存,抵押权更注重标的物的交换价值,而租赁权则更注重标的物的使用价值,二者并不冲突。但由于抵押权设定在先,因而具有优先效力,此后成立的租赁权不得损害抵押权,抵押权实现发生所有权的变动后,受让人不受租赁合同的约束,即先抵押后出租不适用“让与不破租赁”原则。但先出租后抵押的房屋发生所有权变动的,仍应适用“让与不破租赁”原则。(3)房屋在出租前已被人民法院依法查封的。

租赁物在租赁期间发生所有权变动的,不影响租赁合同的效力。这里所说的不影响租赁合同的效力是指,租赁物的所有权发生变动后,其设定在该租赁物上的租赁合同仍然存在,在承租人与受让人之间无须另行订立租赁合同,受让人在受让该租赁物的所有权时就与承租人产生了租赁合同关系,成为一个新的出租人,继承原出租人的权利和义务,受让人要受该租赁合同的约束。如果出租人没有将所有权变动的事项通知承租人,承租人向原出租人支付的租金效力及于受让人。

2. 承租人的优先购买权

承租人优先购买权的规范意旨。所谓房屋承租人优先购买权指在房屋租赁关系中,承租人依照法律规定所享有的、当出租人将租赁房屋转让给第三人时,在同等条件下优先于当事人而购买房屋的权利。优先购买权源于拜占庭时期罗马法关于租佃关系的规则,其精神被法国民法、德国民法等予以继受并加以完善,遂成为各国民法所普遍接受的一项制度。法律确立承租人优先购买权,一方面体现了对租赁关系中相对弱势一方的承租人的保护,另一方面也体现了维护因承租人使用收益租赁房屋而形成稳定的生产生活秩序的必要。我国民法对房屋承租人优先购买权的承认和保护由来已久。最高人民法院在《民法通则意见》第 118 条即规定“出租人出卖出租房屋,应提前 3 个月通知承租人。承租人在同等条件下,享有优先购买权”。这一规则被原《合同法》第 230 条和《城镇房屋租赁合同解释》加以总结、完善,最终被《民法典》所确认。《民法典》第 726 条第 1 款规定:“出租人出卖租赁房屋的,应当在出卖之前的合理期限内通知承租人,承租人享有以同等条件优先购买的权利……”

承租人行使优先购买权的条件及其例外。承租人的优先购买权需要具备下列条件:(1)须有出租人出卖租赁房屋的行为。这一承租人优先购买权的基础性条件,包括以下三个方面的内容:一是出租人出卖租赁房屋的行为需发生在租赁期间内;二是出租人的行为系出卖租赁房屋,即以出租人收取购房款为对价转移房屋所有权而非赠与等无偿行为或者互易等有偿行为;三是须出卖租赁房屋的行为现实发生,出卖租赁房屋的行为以出租人与第三人买卖房屋合同成立为判断依据。(2)在同等的条件下购买。承租人以同等条件购买租赁房屋,是其优先购买权得以取得和行使的实质要件,也是法律对承租人行使优先购买权所规定的限制性条件。在非同等条件下,承租人不能享有优先购买权。同等条件是指承租人与其他购买人在买卖条件上等同,包括买卖的价格、付款的期限和方式等。同等条件首先应该指价格条件相同,其次应当适当考虑支付方式、支付期限。在价格条件和支付方式、支付期限相同的情况下,对于其他交易条件是否需要完全相同,要看该条件是否影响到出租人的利益,如果没有影响,则应当认定为同等条件。(3)必须在一定期限内行使。出租人出卖租赁房屋的,应当在出卖之前的合理期限内通知承租人,出租人履行通知义务后,承租人在 15 日内未明确表示购买的,视为承租人放弃优先购买权。出租人委托拍卖人拍卖租赁房屋的,应当在拍卖5日前通知承租人。承租人未参加拍卖的,视为放弃优先购买权。承租人的优先购买权的排除。具有下列情形之一,承租人主张优先购买房屋的,人民法院不予支持:(1)房屋共有人行使优先购买权的;(2)出租人将房屋出卖给近亲属,包括配偶、父母、子女、兄弟姐妹、祖父母、外祖父母、孙子女、外孙子女的;(3)第三人善意购买租赁房屋并已经办理登记手续的。

出租人妨害承租人优先购买权行使的法律后果。《民法典》第728条规定:"出租人未通知承租人或者有其他妨害承租人行使优先购买权情形的,承租人可以请求出租人承担赔偿责任。但是,出租人与第三人订立的房屋买卖合同的效力不受影响。"由此可见,承租人优先购买权并不具有对抗第三人的效力,性质上仍然属于债权请求权,而非形成权或者物权请求权。承租人优先购买权受到侵害时,无权要求确认出租人与第三人房屋买卖合同无效,但可以请求法院判令出租人承担赔偿责任。该赔偿责任属于违约责任,损害赔偿的范围应当为房屋目前的市场价值减去合同中约定的房屋售价之差与承租人另找新房等必要花费之和。具体而言,包括两方面内容:(1)包括承租人在优先购买权受到侵害后,不能享有直接从先买权人转为所有人可带来的便利而必须支付的额外费用,包括另行寻找、购买或租赁房屋而支出的必要费用;(2)承租人优先购买权实现的可得利益损失,即由于房屋市场价格的变化,在出租人侵害出租人优先购买权时,因市场价格上涨而致使承租人如替代购买类似房屋而多支付的费用。这一部分费用实际上是正常履约状态下本可以避免的损失,或者说是当事人正常预期不必支付的费用,故亦在期待利益的范围之内。

3. 承租人优先承租权

《民法典》第734条规定:"租赁期限届满,承租人继续使用租赁物,出租人没有提出异议的,原租赁合同继续有效,但是租赁期限为不定期。租赁期限届满,房屋承租人享有以同等条件优先承租的权利。"本条规定租赁合同的租赁期间届满后,出租人和承租人之间租赁关系延续的两个方面:原租赁合同关系的继续;房屋承租人的优先承租权。本条第1款系对租赁期限届满后,承租人继续使用租赁物,出租人没有提出异议情形下,双方之间推定续订租赁关系的规定。由于按照该款规定,出租人与承租人之间的租赁合同关系被认定为继续有效,但租赁期限转为不定期,即双方之间仅租赁期限的约定与原租赁合同约定存在不同,租赁合同其他条款均应被视为继续有效,对双方均有拘束力。本条第2款明确租赁期限届满,房屋承租人享有以同等条件优先承租的权利,这是此次《民法典》编纂中新增的规定。从规范性质上看,系对房屋承租人的赋权性规范,即通过该款法律规定,为房屋承租人创设了优先承租权这一法定权利。其规范意旨与前述承租人的优先购买权相同,一方面体现了对租赁关系中相对弱势一方的承租人的保护,另一方面体现了维护因承租人继续使用收益租赁房屋而形成稳定的生产生活秩序的必要。

承租人行使优先承租权须满足以下条件:(1)租赁期限届满。(2)出租人存在相应条件下的出租意愿。出租人对拥有所有权的房屋是否出租拥有自主决定的权利,因而不应认为只要前一租赁合同期限届满出租人须继续将租赁物予以出租。如果租赁合同期限届满后,出租人未与他人缔结新的租赁合同,而是将房屋收回,即表明其没有出租的意愿。(3)承租人以同等条件承租。对于同等条件的理解,参照前述优先购买权的解释,此不赘述。

对于承租人优先承租权的限制、承租人优先承租权的行使及其分类后果,《民法典》第734条未作出规定。我们认为,按照法律适用的类推原理,承租人优先承租权与优先购买权相似,因而应当参照适用《民法典》第726条、第728条的规定。

(四)租赁合同的终止

租赁合同主要因下列事由而终止:租赁合同得因期限届满而终止;租赁合同因当事人的解除而消灭。

租赁合同期限虽未届满,但出现法定或约定情事,而由当事人双方或其中一方解除合同的,租赁合同也因此而消灭。在租赁合同一章中,《民法典》规定了较多的法定解除的情形,主要包括:(1)承租人未按照约定的方法或者未根据租赁物的性质使用租赁物,致使租赁物受到损失的,出租人可以解除合同并请求赔偿损失(《民法典》第711条)。(2)承租人未经出租人同意转租的,出租人可以解除合同(《民法典》第716条第2款)。(3)承租人无正当理由未支付或者迟延支付租金的,出租人可以请求承租人在合理期限内支付。承租人逾期不支付的,出租人可以解除合同(《民法典》第722条)。(4)租赁物被司法机关或者行政机关依法查封、扣押,或者租赁物权属有争议,或者租赁物具有违反法律、行政法规关于使用条件的强制性规定情形,非因承租人原因致使租赁物无法使用的,承租人可以解除合同(《民法典》第724条)。(5)当租赁物由于不可归责于承租人的事由,部分或全部毁损灭失,致使租赁合同的目的无法实现时,承租人可以解除合同,终止双方当事人间的租赁关系(《民法典》第729条后段)。承租人所享有的解除合同的权利,在租赁物的毁损、灭失是由于可归责于出租人的事由所致时,系违约的救济手段;在租赁物的毁损、灭失是由于不可归责于双方当事人的事由所致时,系不可抗力制度作为合同法定解除事由的运用,意在对租赁合同中租金的风险进行分配。(6)当事人对租赁期限没有约定或者约定不明确,依照《民法典》第510条的规定仍不能确定的,视为不定期租赁。当事人可以随时解除合同,但出租人解除合同时应当在合理期限之前通知承租人(《民法典》第730条)。(7)租赁物危及承租人的安全或者健康的,即使承租人订立合同时明知该租赁物质量不合格,承租人仍然可以随时解除合同(《民法典》第731条)。

问题与思考

1. 关于出卖人的瑕疵担保责任

对于买受人的瑕疵担保的性质,学说上分别有独立责任说、相对独立说、违约责任说等观点。通说认为,物的瑕疵担保责任已被统合入违约责任之中,与违约责任并无本质差别,具体理由如下:一方面,从立法目的和理论构造分析,在制定原《合同法》时,我国原《合同法》"买卖合同"一章大量借鉴了1980年《联合国国际货物销售合同公约》的规定,也参考了美国《统一商法典》和1994年国际统一私法协会《国际商事合同通则》等。这些公约和法律均将物的瑕疵担保责任纳入违约责任统一规定。无论是违约责任的产生还是物的瑕疵担保责任,都是由于出卖人违反了买卖合同的主合同义务而产生,两者产生原因相同,并不存在异质性。尤其是我国原《合同法》和《民法典》就违约责任的归责原则,一般采严格责任原则,使传统德国民法上违约责任与物的瑕疵担保责任的区别丧失了依据。故从理论构造的角度分析,物的瑕疵担保责任可以纳入违约责任中。另一方面,从法律规范解释看,《民法典》对于买卖合同标的物的质量瑕疵和权利瑕疵均规定为出卖人的义务,出卖人违反瑕疵担保义务的,构成违约行为,因此《民法典》第617条规定,出卖人交付的标的物不符合质量要求的,买受人可以依据本法第582条至第584条的规定请求承担违约责任。通过对上述规定进行体系解释,可以认定,在出卖人违反瑕疵担保义务时,应当适用关于违约责任的相关规定。由此可见,当出卖人违反瑕疵担保义务时,如果合同对此有明确约定的,买受人可以依据合同的约定寻求法律救济;如果合同对此没有约定或者约定不明的,买受人可以按照《民法典》合同编规定的债务不履行的法律救济措施,选择行使以下救济权利:(1)根据《民法典》关于合同履行中的抗辩权的规定,拒绝接受出卖人的交付,并有权拒绝对方的付款请求;(2)根据《民法典》第563条、第631条至第633条的规定解除合同,并可以请求违约方承担违约责任;(3)直接根据《民法典》第582条至第584条的规定请求出卖人承担违约责任。

2. 动产多重买卖的履行顺序

由于多重买卖行为兼涉合同法和物权法两大领域,因此成为买卖合同审判实务研究的重点问题。其中,多重买卖合同效力的认定、合同的实际履行顺序以及标的物所有权的归属等问题均系审判实务所关注的问题。最高人民法院认为,在平衡多重买卖行为中各方的利益时,应当依据诚实信用和公平原则予以衡量。具体而言:多重买卖通常是在出卖人因标的物价格上涨、后买受人支付的价金更高时发生。出卖人本应履行前一买卖合同,交付标的物于先买受人,但其却不履行该义务而将同一标的物出卖给后买受人,明显违反诚实信用原则。其在履行合同与不履行合同并承担违约责任之间的选择方面,通常选择后买受人支付的高价而对先买受人自愿承担低于高价的违约赔偿责任,从而损害交易安全。加之在数个合同均面临实际履行的请求场合,也容易催生出卖人与个别买受人恶意串通行为之发生。鉴于此,如果采纳"出卖人自主决定说",无疑是放任甚至怂恿出卖人的失信行为。因此《买卖合同解释》否定了出卖人自主决定说,而是综合先行支付价款说和合同成立在先说,确定了如下履行规则:(1)均未受领交付的,采纳先行支付价款说。《买卖合同解释》第6条第(2)项规定:"均未受领交付,先行支付价款的买受人请求出卖人履行交付标的物等合同义务的,人民法院应予支持。"理解该条项规定时应注意以下两个具体情形:其一,数个买受人先后均已支付价款,但先买受人仅支付部分价款,而后买受人支付全部价款时如何处理?有观点认为,应当支持已支付全部款项或者支付价款多的买受人的请求。最高人民法院认为,多重买卖之所以发生,主要是因为出卖人认为后买受人支付的价金更加有利可图。因此,为维护诚实信用原则,并避免问题复杂化,在制定《买卖合同解释》时,不再考量支付价款的多少因素,仅以支付时间先后为准。其二,数个买受人同时支付价款的,人民法院应当审查买受人行使请求权的时间先后,以买受人请求出卖人履行交付标的物等合同义务的时间先后,确定先行行使请求权的买受人的合同权利。(2)均未受领交付,也未支付价款的,采纳合同成立在先说。《买卖合同解释》第6条第(3)项规定:"均未受领交付,也未支付价款,依法成立在先合同的买受人请求出卖人履行交付标的物等合同义务的,人民法院应予支持。"人民法院应当注意审查合同成立时间的先后,支持成立在先的合同买受人的合同权利。

讨论问题:(1)《买卖合同解释》第6条、第7条关于多重买卖履行顺序的规定是否与债权相对性原则、债权平等性原则相抵触?(2)《买卖合同解释》第6条、第7条是否构成出卖人的抗辩事由?

3. 特殊动产的一物数卖

在审判实践中,船舶、航空器、机动车等特殊动产一物数卖中有时发生交付与登记的冲突,主要包括两种情形:(1)先买受人已受领交付但未办理所有权转移登记手续,后买受人办理所有权转移登记手续却未受领交付。(2)先买受人已办理所有权转移登记手续却未受领交付,后买受人已受领交付却未办理所有权转移登记手续。如何协调交付与登记的关系,直接关涉特殊动产物权变动的要件,尤其是《民法典》第224条与第225条的关系问题。[11] 对于上述特殊动产而言,其物权变动要件如何?交付和登记是什么关系?特别是在受领特殊动产交付的买受人与完成特殊动产所有权转移登记的买受人发生权利冲突之场合,该问题显得至关重要。对此,《买卖合同解释》第7条规定:“出卖人就同一船舶、航空器、机动车等特殊动产订立多重买卖合同,在买卖合同均有效的情况下,买受人均要求实际履行合同的,应当按照以下情形分别处理:(一)先行受领交付的买受人请求出卖人履行办理所有权转移登记手续等合同义务的,人民法院应予支持;(二)均未受领交付,先行办理所有权转移登记手续的买受人请求出卖人履行交付标的物等合同义务的,人民法院应予支持;(三)均未受领交付,也未办理所有权转移登记手续,依法成立在先合同的买受人请求出卖人履行交付标的物和办理所有权转移登记手续等合同义务的,人民法院应予支持;(四)出卖人将标的物交付给买受人之一,又为其他买受人办理所有权转移登记,已受领交付的买受人请求将标的物所有权登记在自己名下的,人民法院应予支持。”由此可见,交付不仅为动产所有权移转的生效要件,而且应是一切动产物权变动的生效要件。《民法典》第224条的规定具有普遍适用性,统领各种类型的动产物权的变动,仅有极个别的情形例外。《民法典》第225条关于船舶、航空器和机动车辆等物权变动场合将登记作为对抗第三人的要件之规定,不是对《民法典》第224条规定的交付为动产物权变动的生效要件主义的否定,而是对效力强弱和范围之补充,即特殊动产物权变动仍以交付为生效要件,而非以登记作为生效要件。最高人民法院认为,除非法律另有规定,交付是特殊动产物权变动的生效要件,登记是其物权变动的对抗要件。在特殊动产多重买卖场合发生交付与登记冲突时,交付应当优先于登记。

4. 所有权保留是否适用于不动产买卖

所有权保留是否适用于不动产,《民法典》未予明确。《买卖合同解释》第25条明确了所有权保留不适用于不动产,学者解释其理由在于:(1)是否允许不动产所有权保留很大程度上取决于不动产物权变动模式,《民法典》物权编原则上确立了债权形式主义的不动产物权变动模式,这种变动模式下一般无不动产所有权保留之必要。按照债权形式主义,不动产物权的变动除了需要买卖双方达成合意外,还需要转移所有权的变更登记,只有变更登记完成后所有权才发生转移。而所有权保留制度的目的是在使买受人占有、使用标的物的情形下又保障出卖人债权的充分实现,不动产买卖中,买卖双方订立买卖合同后出卖人将不动产交于买受人占有使用,在买受人未付清全部价款前双方不办理权属变更登记,该不动产的权属仍属于出卖人。这样已经能够兼顾买受人利用标的物和出卖人价金权利保障的双重目的,而不必一定采取所有权保留方式。(2)有学者认为,不动产物权变更登记对第三人有绝对的效力,一方面以登记而发生所有权转移的效力,另一方面又允许其保留所有权,观念上存在矛盾,且有损登记的公信力。(3)不动产所有权保留的制度功能可以被现行其他制度所取代。在不动产转移登记后出卖人要保障其价金债权,完全可以采取不动产抵押的方式来完成,不必一定需要保留所有权。

我们认为,《民法典》没有采纳《买卖合同解释》明确排除不动产适用于所有权保留的司法见解,就是为不动产适用于所有权保留预留了空间。这是因为,一方面,基于意思自治原则,当事人完全可以在合同中进行自由约定。在不动产买卖中,所有权保留条款的功能虽可被其他制度替代,但当事人仍应有选择是否进行所有权保留的自由。另一方面,不动产所有权保留买卖是否有

---

〔11〕《民法典》第224条规定:“动产物权的设立和转让,自交付时发生效力,但是法律另有规定的除外。”第225条规定:“船舶、航空器、机动车等的物权的设立、变更、转让和消灭,未经登记,不得对抗善意第三人。”

必要或者被其他制度替代,取决于当事人交易的目的及其需要,例如,房屋买受人在支付部分购房款后急需双方立即办理所有权变更登记,以便于融资担保,如果只能采取出卖人设定抵押权的方式,买受人的交易目的难以实现,如果采取所有权保留方式,那么出卖人价金债权将有所保障。因此,所有权保留作为一种非典型担保,禁止在不动产买卖中约定所有权保留,可能不利于发挥所有权保留的担保功能。因此,《买卖合同解释》第25条规定:买卖合同当事人主张《民法典》第641条关于标的物所有权保留的规定适用于不动产的,人民法院不予支持。并非禁止当事人在不动产买卖合同中约定所有权保留,而是指当事人未约定或者约定不明时,人民法院不得适用《民法典》第641条的规定填补合同漏洞。

5. 逾期利息与违约金

在借款合同中,当事人时常约定借款人迟延还款时,应当向贷款人支付逾期利息、罚息、并计算复利,此外还应支付违约金。即使借款合同未约定逾期还款的后果,在诉讼时贷款人通常也会主张资金占用费或者逾期利息。这就涉及两个法律问题:(1)逾期利息、罚息、复利等性质的解释问题。一种观点认为,逾期利息属于借款人占用本金应当支付的成本,性质上仍然属于利息,是借款人应当履行的主债务。罚息、复利属于逾期还款的违约责任,性质上并非主债务,而是违反主债务应当承担的违约金责任。另一种观点认为,逾期利息、罚息、复利等均属于逾期还款的违约责任,是违反主债务应当支付的违约金。我们认为,《民法典》第676条明确规定借款人未按照约定的期限返还借款的,应当按照约定或者国家有关规定支付逾期利息。该逾期利息与违约金一样,都只是借款人迟延履行还款义务的违约责任的具体表现形式。其他诸如罚息、复利等,都是违约金在借款合同中的特别称谓,兼具补偿性与惩罚性。〔12〕 (2)贷款人可否同时主张?如果同时主张,是否应受到限制?虽然学理解释上有人认为逾期利息、罚息、复利等性质相同,不应同时适用。但是,《民间借贷规定》第29条已经明确规定,出借人与借款人既约定了逾期利率,又约定了违约金或者其他费用,出借人可以选择主张逾期利息、违约金或者其他费用,也可以一并主张,但是总计超过合同成立时一年期贷款市场报价利率四倍的部分,人民法院不予支持。

6. 租赁合同是要式合同吗?

对于租赁合同的形式,《民法典》第707条规定:"租赁期限六个月以上的,应当采用书面形式。当事人未采用书面形式,无法确定租赁期限的,视为不定期租赁。"由此,学理解释通常认为租赁期限6个月以上的租赁合同是要式合同。我们认为,这一通说解释不符合该条的规范目的,也与要式合同的定义不相符。从文义解释看,本条对租赁合同的形式作了如下三个层次的规定:(1)租赁期限不满6个月的租赁合同,既可以采用口头形式,也可以采用书面形式,采取不要式原则。(2)租赁期限在6个月以上的应当采用书面形式。(3)租赁期限6个月以上的,当事人没有采用书面形式,无法确定租赁期限的,如果双方已经履行合同的主要义务,或者虽然没有履行主要义务,但当事人对其他问题没有争议,只是对租赁期限有争议的,依本条规定,视为不定期租赁。如果当事人没有采用书面形式,但是双方对于租赁期限无争议或者可以通过证据确定租赁期限的,租赁合同还是有效的。从规范目的看,该条主要解决租赁合同中租赁期限的确定方法,当事人已经成立甚至履行租赁合同,但由于没有订立书面合同,又无法通过其他合同解释方法确

---

〔12〕 例如,《贷款通则》中明确规定,贷款人对不能按借款合同的约定期限归还的贷款,应当按规定加罚利息。根据《中国人民银行关于人民币贷款利率有关问题的通知》(银发〔2003〕251号)第3条的规定,逾期贷款(借款人未按合同约定日期还款的借款)罚息利率改为在借款合同载明的贷款利率水平上加收百分之三十至百分之五十。

定租赁期限时,法律拟制性推定为不定期租赁。该条规定的书面形式既非合同的成立要件,亦非合同的有效要件或者生效要件,因此,租赁合同不属于要式合同。

7. 承租人优先购买权的性质和效力

优先购买权在性质上有物权优先购买权和债权优先购买权之分。物权性质的优先购买权具有对抗第三人的效力,其实质在于通过物权优先购买权的行使为将来以物权变动为内容的形成权行使提供物权性质的保护。物权性质的优先购买权以登记为优先购买权公示的方法,基于公示产生对抗第三人的效力。债权性质的优先购买权是基于合同约定或者法律规定对出卖人处分权的限制,使权利人在同等条件下取得优先缔结合同的权利。债权优先购买权不具有对抗第三人的效力,亦不限于以不动产为买卖标的物的情形。租赁权为债权,尽管具有一定的物权化特征,但不改变其作为债权的本质。由于我国法律并没有规定房屋租赁而产生的承租人优先购买权的公示方法,《商品房屋租赁管理办法》规定的租赁登记备案只是出于管理的需要,并没有物权公示的效果,而承租人优先购买权本身作为对民事主体意思自治的干预,体现的是公共政策考虑,也并不符合市场化的要求。因此,有必要在承租人优先购买权保护与尊重当事人意志、民事主体平等以及市场化配置资源之间寻求适当的平衡。在我国审判实践中,从《民法通则意见》承认承租人优先购买权具有对抗第三人的效力〔13〕,转变为《城镇房屋租赁合同解释》不再承认对第三人的对抗效力〔14〕,体现了对承租人优先购买权为债权性质的优先购买权的认识变化。《民法典》第728条延续《城镇房屋租赁合同解释》的规定,也体现了立法对承租人优先购买权为债权性质观点的确认。

第三节　交付成果的合同

一、承揽合同

(一)承揽合同概述

承揽合同是承揽人按照定作人的要求完成工作,交付工作成果,定作人支付报酬的合同(《民法典》第770条)。承揽合同的主体是承揽人和定作人。承揽人就是按照定作人指示完成特定工作并向定作人交付该工作成果的人。定作人是要求承揽人完成承揽工作并接受承揽工作成果、支付报酬的人。承揽人和定作人既可以是法人或者其他组织,也可以是自然人。

承揽合同以完成一定工作为目的。承揽合同中的承揽人必须按照定作人的要求完成一定的工作,定作人订立合同的目的是取得承揽人完成的一定工作成果。在承揽合同中,定作人所需要的不是承揽人的单纯劳务,而是其物化的劳动成果。也就是说,承揽人完成工作的劳务只有体现在其完成的工作成果上,只有与工作成果相结合,才能满足定作人的需要。

承揽合同的标的具有特定性。承揽合同的标的是定作人所要求的,由承揽人所完成工作成

---

〔13〕 参见《民法通则意见》第118条规定,出租人出卖出租房屋,应提前3个月通知承租人。承租人在同等条件下,享有优先购买权;出租人未按此规定出卖房屋的,承租人可以请求人民法院宣告该房屋买卖无效。

〔14〕 参见《房屋租赁合同司法解释》中,第21条规定:“出租人出卖租赁房屋未在合理期限内通知承租人或者存在其他侵害承租人优先购买权情形,承租人请求出租人承担赔偿责任的,人民法院应予支持,但请求确认出租人与第三人签订的房屋买卖合同无效的,人民法院不予支持。”

果。该工作成果既可以是体力劳动成果，也可以是脑力劳动成果；可以是物，也可以是其他财产。但其必须具有特定性，是按照定作人特定要求，只能由承揽人为满足定作人特殊需求通过自己与众不同的劳动技能而完成的。

承揽合同的承揽人应以自己的行为独立完成工作。承揽合同的定作人需要的是具有特定性的标的物。这种特定的标的物只能通过承揽人完成的工作来取得。因此，定作人是根据承揽人的条件认定承揽人能够完成工作来选择承揽人的，定作人注重的是特定承揽人的工作条件和技能，承揽人应当以自己的劳力、设备和技术，独立完成承揽工作，经定作人同意将承揽工作的一部分转由第三人完成的，承揽人对第三人的工作向定作人承担责任。承揽人应承担取得工作成果的风险，对工作成果的完成负全部责任。承揽人不能完成工作而取得定作人所指定的工作成果，就不能向定作人要求报酬。

承揽合同是一大类合同的总称。传统民法中承揽合同包括加工合同、定作合同、修理合同、复制合同、检验合同和建设工程合同等。由于建设工程合同在发展中形成了许多独特的行业特点，我国原《合同法》和《民法典》将建设工程合同独立于加工承揽合同单独加以规定，因此本节所指的承揽合同是指加工承揽合同而不包括工程建设合同。

（二）承揽合同当事人的权利和义务

1. 承揽人的义务

第一，完成定作人交付的工作。完成工作是承揽人的主要义务。因为承揽人只有按定作人的指示完成了特定的工作，并交付工作成果，才有权请求报酬。承揽合同是建立在定作人对承揽人的工作能力信任的基础上的，所以承揽人原则上应当亲自完成承揽工作的主要部分。根据我国《民法典》第 772 条第 2 款以及第 773 条的规定，在经过定作人许可的情况下，承揽人可以将其承揽的主要工作交由第三人完成，在未经定作人许可的情况下，也可以将辅助工作交由第三人完成。此时，发生次承揽法律关系。根据合同的相对性原则，承揽合同的承揽人，应就次承揽人的工作向定作人负责。对此，《民法典》第 772 条第 2 款规定："承揽人将其承揽的主要工作交由第三人完成的，应当就该第三人完成的工作成果向定作人负责……"第 773 条规定："承揽人可以将其承揽的辅助工作交由第三人完成。承揽人将其承揽的辅助工作交由第三人完成的，应当就该第三人完成的工作成果向定作人负责。"承揽人未经定作人同意，将其承揽的主要工作交由第三人完成的，定作人有权解除其与承揽人之间的合同（《民法典》第 772 条第 2 款）。

第二，依照约定的时间交付工作成果。承揽人应按期将所完成的工作成果交付于定作人，并提交必要的技术资料和有关质量证明。

第三，接受定作人提供的原材料，并履行检查保管及通知义务。完成承揽工作所需原材料由谁提供由当事人约定，如果约定由定作人提供原材料的，承揽人应当及时接受定作人交付的原材料。承揽人对定作人提供的原材料应及时检查验收，并应妥善保管。因保管不善造成原材料毁损灭失的，应承担赔偿责任。承揽人在检查验收定作人提供的原材料时或加工过程中，发现原材料数量、质量不符合要求的，应及时通知定作人补齐或调换。发现定作人提供的图纸或技术要求不合理的，应立即停止生产并及时通知定作人修改。

第四，保密义务。定作人要求对承揽工作成果保密的，承揽人应严格为其保密。未经定作人许可，不得保存技术资料和复制品。

第五，瑕疵担保义务。承揽人应担保他交付的工作成果的质量符合合同的规定。定作物的各项技术指标、包装、实际效用、警示性标识等方面达不到合同约定的标准，即为工作成果有瑕疵。凡下列原因之一所致的瑕疵,承揽人应承担瑕疵担保责任:(1)承揽人提供的原材料不合格所致的瑕疵;(2)由于承揽人偷工减料所致的瑕疵;(3)由于承揽人违反约定或法定技术操作规程所致的瑕疵;(4)由于承揽人违反通知义务所致的瑕疵,即由于定作人提供的原材料或图纸不符合要求,承揽人未通知定作人调换、修改所致的瑕疵。承揽人交付的工作成果不符合质量要求的,定作人可以要求承揽人承担修理、重作、减少报酬、赔偿损失等违约责任。

第六,容忍定作人必要监督、检验的义务。承揽人完成工作期间,定作人可以对承揽人的工作进行检验和监督,但不得因监督检验妨碍承揽人的正常工作。

2. 定作人的义务

第一,协助承揽人完成工作。承揽工作需要定作人协助才能完成的,定作人有协助的义务。如约定由定作人提供原材料的;需要定作人提供设计图纸或技术要求、技术资料的;由定作人提供样品的;应由定作人提供工作场所的等。若定作人接到有关补足、调换原材料或修改技术数据、图纸的通知,应及时履行补充、更换或修改义务。定作人不履行协助义务致使承揽工作不能完成的,承揽人可以催告定作人在合理期限内履行义务,并可以顺延履行期限;定作人逾期不履行的,承揽人可以解除合同,并请求赔偿因此而遭受的损失。

第二,向承揽人支付报酬。向承揽人支付报酬(包括材料费及劳务费用),是定作人的最基本的义务。定作人应当按照合同约定的期限支付报酬,合同中未约定支付期限或约定不明确的,应于接受工作成果时支付。工作成果部分交付的,定作人应当支付相应的报酬。承揽人交付的工作成果不符合质量要求,定作人同意使用的,可以要求减少报酬。定作人未向承揽人支付报酬或者材料费等价款的,承揽人对工作成果享有留置权,但当事人另有约定的除外。

第三,受领承揽人完成的工作成果。承揽人交付工作成果时,定作人应当验收该工作成果。定作人发现交付的工作成果质量不符合合同约定或法定的质量标准时,应当在约定期限或合理期限内通知承揽人。承揽人应当承担违约责任。

第四,定作人的任意解除权。定作人可以随时解除承揽合同,造成承揽人损失的,应当赔偿损失。定作人任意解除权的行使,应当在承揽人完成工作成果之前。

(三)风险负担

承揽合同的风险负担是指在承揽活动中,工作成果或承揽工作的半成品及原材料等因不可归责于双方当事人的事由毁损灭失时,应由谁承担损失的问题。

《民法典》对承揽合同的风险负担未作规定,如果承揽合同未约定风险负担,依据《民法典》第646条的规定,承揽合同的风险负担可以参照买卖合同的规定,由此可以确定以下风险负担规则:(1)对于劳务风险,工作成果须实际交付的,以交付作为风险负担转移的标准。在成果交付前发生风险的,由承揽人承担;成果交付后发生的,由定作人承担;定作人迟延受领的,自受领迟延时起,劳务风险由定作人承担。工作成果无须实际交付的(如建筑物的修缮承揽),在工作完成前发生的风险,其劳务损失风险由承揽人承担;在工作完成后发生的风险,其劳务风险由定作人承担。(2)原材料风险损失由原材料的所有人承担。即定作人提供的材料,其损失由定作人承担;承揽人提供的原材料,其损失由承揽人承担。

二、建设工程合同

(一)建设工程合同概述

建设工程合同是承包人进行工程建设,发包人支付价款的合同(《民法典》第788条)。建设工程合同包括工程勘察合同、工程设计合同、工程施工合同等。发包人一般是投资建设工程的单位,通常也称作“业主”。承包人是实施建设工程的勘察、设计、施工等业务的单位,包括对建设工程实行总承包的单位和承包分包工程的单位。

因为建设工程合同所要完成的建设工程具有投资大、周期长、质量要求高,以及与城市建设关系密切等特点,所以建设工程合同的发包人只能是经过批准的建设工程的开发单位,一般是法人;承揽人只能是具有从事勘察、设计、建筑、安装经营资格的法人。而一般承揽合同的主体既可以是公民,也可以是法人。

建设工程合同应当采用书面形式。这既是国家对基本建设工程管理的需要,也是由建设工程合同履行的特点决定的。某些建设工程合同尚须采取批准形式,例如,《民法典》第 792 条规定,国家重大建设工程合同,应当按照国家规定的程序和国家批准的投资计划、可行性研究报告等文件订立。

建设工程合同属于承揽合同的一种,《民法典》第 808 条规定:“本章没有规定的,适用承揽合同的有关规定。”由此可见,建设工程合同是从承揽合同中分离出来的一种特殊类型的承揽合同,在建设工程合同中,有特别规定的,优先适用各该特别规定;无特别规定的,则适用承揽合同的有关规定。

(二)建设工程合同订立的程序和方式

建设工程合同的订立必须遵循国家规定的程序。例如,一个工程项目的确定,首先要进行立项,即由有关业务主管部门和建设单位提出项目建议书,报经有权的计划机关批准。立项后进行可行性研究、编制计划任务书、选定工程建设地址。只有在计划任务书获得批准后,才能根据计划任务书签订勘察、设计合同,只有在勘察、设计合同履行后,才能根据批准的初步设计、技术设计、施工图和总概算等签订施工合同。

根据《建筑法》之规定,除某些不适宜招标发包的特殊建筑工程外,建筑工程合同应依法实行招标发包,并根据有关法律的规定公开、公平、公正地展开招标投标活动。

在以招标投标方式订立合同时,要经过招标、投标、开标、评标、定标等阶段。招标可以采取公开招标、邀请招标两种方式。根据有关招标投标的法律、法规的规定,公开招标时由招标人通过新闻媒介或以其他方式发布招标公告,邀请不特定的法人或其他组织投标;邀请招标时,招标人不发布招标公告,而是以投标邀请书的方式邀请三个以上具备承担招标项目的能力、资信良好的特定的法人或其他组织投标。招标公告和投标邀请书应载明招标项目的性质、数量、实施地点和时间以及获取招标文件的办法等事项。但无论以何种方式招标,招标人的意思表示仅属于要约邀请,而不具有要约的效力。投标人在按招标通告或投标邀请书投标时,其投标具有要约的效力,其标书一旦发出,不得更改。招标人在规定期限须在有关部门的参与下当众开标,进行评标、定标。招标人的定标具有承诺的性质。招标人在决定中标人后,应当向中标人发出中标通知,中标通知书对招标人和中标人均具有法律效力,在中标通知书发出后,招标人改变中标结果或中标人放弃中标项目,都应承担法律责任,在中标通知书发出之日起 30 日内,双方应按照招标文件和中标人的投标文件订立书面合同,该合同不得背离前述文件的实质性内容。

(三)建设工程的总承包、转包与分包

1. 总承包合同与分别承包合同

所谓总承包合同,是指发包人与承包人就某项建设工程的全部勘察、设计、施工签订的合同,承包人应当就建设工程从勘察到施工的整个过程负责,在这种合同中,承担建设任务的一方当事人称为总承包人;分别承包合同则是指发包人并不将工程项目的全部建设工作承包给某一建筑施工企业,而是单独与勘察人、设计人、施工人签订勘察、设计、施工合同,勘察人、设计人、施工人仅对自己负责的勘察、设计、施工的某一阶段对发包人负责。在实践中,发包人既可以与承包人就全部工程的建设任务签订总承包合同,也可以分别与勘察人、设计人、施工人签订勘察、设计、施工合同,《建筑法》还提倡工程实行总承包。但即便是选择分别承包,发包人也不得将应当由一个承包人完成的建设工程肢解成若干部分发包给几个承包人。例如,就某一大楼的设计任务,就不能将其分解成若干部分分别发包给两个以上的承包人,因为每个人的设计风格、思路不同,很难实现协调一致,不仅增加合同履行的困难,甚至可能影响工程质量。但是,大型建筑工程或者结构复杂的工程,可以将该工程作为一个整体由两个以上的承包单位联合共同承包,共同承包的各方对承包合同的履行承担连带责任。

2. 转包

所谓转包,是指承包人在承包建设工程后,又将其承担的工程建设任务全部转由第三人完成。转包有两种方式:一是直接将其承包的全部建设工程转交第三人完成;二是将其承包的全部建设工程肢解以后以分包的名义分别转包给第三人。无论是哪种形式的转包,承包人都不因转包合同的签订而退出承包关系,相反,在转包合同签订后,其具备了双重身份,在原承包关系中,其为承包人;在转包关系中,其为发包人(转包人)。我国《建筑法》等法律对建设工程的承包人作出了严格的资格要求,不具有相应资格者不能参与投标,不能承包工程,于是一些企业就从承包人手中转包工程,逃避法律的资格约束。因此,在建筑市场,相当多的承包人在承包工程后,纯为牟利之目的将承包到的工程转包给他人,从中收取高额的管理费,更有甚者层层转包,致使直接完成工程建设任务的承包人不得不偷工减料,粗制滥造,严重影响工程质量和工期,并最终导致建筑市场的混乱。因此,《建筑法》《民法典》都明确禁止转包,承包人不得将其承包的全部建设工程转包给第三人或者将其承包的全部建设工程支解以后以分包的名义分别转包给第三人。基于转包的建设工程合同无效。

3. 分包

所谓分包,是指已经与发包人签订建设工程合同的总承包人或者勘察人、设计人、施工人(以下统称承包人)与第三人签订合同,将其承包的工程建设任务的一部分交给第三人完成。在该法律关系中,我们可以将承包人与发包人之间签订的合同称为总包合同(不同于前述总承包合同),将承包人与第三人签订的合同称为分包合同(不同于前述分别承包合同),将第三人称为分包人。与转包一样,分包中的承包人也具有双重身份,相对于发包人,其为承包人;而相对于分包人,其为发包人。分包与转包的区别在于,转包中,承包人将工程的全部交给第三人完成(包括将全部建设工程肢解后以分包的名义转包给第三人),而在分包中,承包人只将工程的一部分交给第三人完成。与转包一律非法相反,分包既可能是合法的,也可能是违法的。合法的分包必须具备以下条件:(1)取得发包人同意,包括事前同意与事后追认。(2)第三人必须是具备相应资质条件的单位。(3)分包出去的部分不属于建设工程主体结构的施工。建设工程主体结构的施工必须由承包人自行完成,因为,工程的主体结构的技术要求高,施工难度大,如果承包人将其交给第三人完成,有违发包人的意愿。(4)只能是一次分包,即只有与发包人签订合同的承包人才能将其承包到的部分工程任务分包给第三人,接受该部分工程任务的第三人不能将其承包到的工程再分包，以保证工程质量，防止层层“扒皮”的现象。但根据《建设工程施工合同解释（一）》[15]第5条的规定，具有劳务作业法定资质的承包人与分包人签订的劳务分包合同有效。如果分包不符合上述条件，则构成违法分包，因违法分包而签订的建设工程合同无效。

在合法分包之情形，总包合同与分包合同是两个不同的、各自独立的合同，合同的当事人也并不完全一致，但合同的标的是有联系的，分包合同的标的是总包合同标的的一部分，发包人、总包人（承包人）、分包人之间形成了较为复杂的法律联系。由于总包人在签订分包合同后并不退出与发包人的建设工程合同关系，所以总包人应对包括合法分包给分包人承担部分的全部的工程建设任务向发包人负责，同时，由于发包人并不是分包合同的当事人，分包人也不是总包合同的当事人，故依合同相对性原理，在发包人与分包人之间原则上不发生权利义务关系。但《民法典》第791条第2款却积极地突破了合同相对性原则，规定分包人应就其完成的工作成果与总包人（承包人）向发包人承担连带责任。在因该部分建设工程质量发生争议时，发包人可以总包人和分包人为共同被告提其诉讼。

（四）建设工程勘察合同、设计合同当事人的权利义务

1. 发包人的权利义务

发包人主要权利是受领依约完成的勘察设计成果，而其主要义务分述如下：

第一，按照合同约定提供展开勘察、设计工作所需的基础资料、技术要求并对提供的时间、进度和资料可靠性负责。

第二，按照合同约定提供必要的协作条件。于勘察设计人员人进场工作时，发包人应提供必要的工作及生活条件，以使其正常开始工作。

第三，按照合同约定向勘察人、设计人支付勘察、设计费。当事人得依勘察及设计的收费标准规定约定收费金额，亦得约定由发包人先给付部分费用以为预付款。

第四，增加费用的支付。依《民法典》第805条的规定，因发包人变更计划，提供的资料不准确，或者未按照期限提供必需的勘察、设计工作条件而造成勘察、设计的返工、停工或者修改设计，发包人应当按照勘察人、设计人实际消耗的工作量增付费用。

第五，维护勘察、设计成果。发包人对勘察人、设计人交付的勘察、设计成果，不得擅自修改，亦不得转让给第三人重复使用。

2. 勘察设计人的权利义务

第一，按照合同约定按期完成勘察、设计工作，并向发包人提交勘察、设计成果。委托勘察者，勘察人应按照国家规定或合同约定的标准和技术条件进行工程测量、工程地质、水文地质等勘察工作；委托设计者，设计人应当按照合同约定，根据发包人提供的文件和资料进行设计工作。

第二，对勘察、设计成果负瑕疵担保责任即使在勘察合同履行后，于工程建设中发现勘察质量问题的，勘察人仍应负责重新勘察，如果造成发包人损失的，应赔偿其损失。设计合同履行后，因设计质量不合要求而引起返工时，设计人应当继续完成设计，如果造成发包人损失的，应赔偿其损失。

第三，按合同约定完成协作事项。例如，设计人应当按合同约定对其承担设计任务之工程建

---

〔15〕 最高人民法院《关于审理建设工程施工合同纠纷案件适用法律问题的解释（一）》（法释〔2020〕25号）于2020年12月25日由最高人民法院审判委员会第1825次会议通过，自2021年1月1日起施行。该司法解释将原来的“两解释一批复”整合在一起，与原来规定相比，内容修改整体不大。

设配合施工,解决施工过程有关设计之问题,参加隐蔽工程验收等。

(五)建设工程施工合同当事人的权利义务

1. 发包人的义务

第一,施工前的准备义务。发包人应当按照合同的约定做好施工前准备工作,包括:于施工前办妥正式工程和临时设施范围内的土地使用权、租用权手续;申请施工许可证和占道、爆破及临时铁道专用线接岔许可证;确定建筑物(或构筑物)、道路、线路、上下水道的定位标桩、水准点和坐标控制点;开工前,接通施工现场水源、电源和运输铁路,依约定清除施工现场的障碍物;组织有关单位对施工图等技术资料进行审定,并按约定的时间和份数提供给承包人。发包人未按合同的约定及时做好施工前准备工作的,除竣工日期得以顺延外,还应当赔偿承包人因此所受到的损失。

第二,按照约定及时向承包人提供各种材料和设备。合同中约定由发包人提供材料和设备的,发包人应按照约定的范围和时间向承包人提供材料和设备,并对所提供的材料和设备的瑕疵负担保责任。发包人未按照约定时间和要求提供原材料、设备、场地、资金、技术资料的,承包人可以顺延工程日期,并有权要求赔偿停工、窝工等损失。

第三,解决施工中的有关问题,组织工程竣工验收。在施工过程中,发包人应当派驻工地代表。在不妨碍承包人正常作业的情况下,可以随时对作业进度、质量进行必要的检查。办理中间交工工程的验收手续,负责签证、解决应由发包人解决的问题及其他事宜。发包人在接到承包人检查隐蔽工程的通知后未及时检查的,承包人可以顺延工程日期,并有权要求赔偿停工、窝工等损失。在工程完成时,发包人应按照合同规定组织竣工验收。工程经验收合格后,方可交付使用;未经验收或者验收不合格的,不得交付使用。

第四,接受建设工程并按约定支付工程价款。发包人于工程建设完成后,对竣工验收合格的工程应予以接受并按照合同约定的方式和期限进行工程决算,向承包人支付价款。发包人未按约定的期限支付价款的,承担逾期付款的违约责任。若发包人不向承包人支付价款,承包人可以催告发包人在合理期限内支付价款。发包人逾期不支付的,除按照建设工程的性质不宜折价、拍卖的以外,承包人可以与发包人协议将该工程折价,也可以申请人民法院将该工程依法拍卖。建设工程的价款就该工程折价或者拍卖的价款优先受偿。

第五,赔偿承包人中途因停工、窝工所受的损失。因发包人的原因致使工程中途停建、缓建的,发包人应当采取措施弥补或者减少损失,赔偿承包人因此造成的停工、窝工、倒运、机械设备调迁、材料和构件积压等损失和实际费用。

2. 承包人的义务

第一,按期开工,确保工程质量。承包人应按照合同约定的开工日期按时开工。在施工中,承包人须严格按照施工图及说明书进行施工。承包人对于发包人提供的施工图和其他技术资料,不得擅自修改。承包人不按照施工图及其说明施工而造成工程质量不符合合同规定质量标准的,应当负责无偿修理或者返工。

第二,接受发包人的必要监督。承包人应按照约定,及时向发包人提出开工通知书、施工进度报告表、施工平面布置图;隐蔽工程在隐蔽以前,承包人应当通知发包人检查;工程完工时及时发出验收报告;施工过程中及时向发包人提供月份作业计划、月份施工统计报表、工程事故报告等。在不妨碍其正常作业的情况下,应当接受发包人对作业进度、质量随时进行的监督、检查,并给予必要的协助。

第三,按期完工,并交付工程。承包人应按照合同规定的期限完成工程建设。承包人于工程竣工后、交付工程前,应负责保管完工工程,清理施工现场,及时提出竣工验收技术资料,通知发包人验收。验收不合格的,承包人应在规定的期限内无偿负责修理或返工、改建。经过修理或者返工、改建造成逾期交付的,应承担违约责任。在工程质量保证期内,发包人或者使用人发现工程瑕疵,有权请求承包人无偿修理或者返工、改建。

第四,工程质量瑕疵责任。建设工程的承包人应当对建设工程的质量负责。《民法典》第801条规定:“因施工人的原因致使建设工程质量不符合约定的,发包人有权请求施工人在合理期限内无偿修理或者返工、改建。经过修理或者返工、改建后,造成逾期交付的,施工人应当承担违约责任。”《民法典》第802条规定:“因承包人的原因致使建设工程在合理使用期限内造成人身损害和财产损失的,承包人应当承担赔偿责任。”

(六)建设工程合同中应注意的几个问题

1. 建设工程合同无效

在具备一般的民事法律行为无效原因时,建设工程合同当然无效。最高人民法院在充分把握建设工程合同特征的基础上,通过司法解释,在《建设工程施工合同解释(一)》第1条至第7条特别规定了几种导致建设工程施工合同无效的情形:(1)承包人未取得建筑施工企业资质或者超越资质等级签订建设工程施工合同。但承包人超越资质等级许可的业务范围签订建设工程施工合同,在建设工程竣工前取得相应资质等级的,合同仍应认定为有效。(2)没有资质的实际施工人借用有资质的建筑施工企业名义签订建设工程施工合同,不仅该建设工程施工合同无效,而且实际施工人与有资质的建筑施工企业之间的名义借用合同也无效。(3)建设工程必须进行招标而未招标或者中标无效的。(4)承包人因转包、违法分包建设工程与他人签订的建设工程施工合同,应当依据《民法典》第153条第1款及第791条第2款、第3款的规定,认定无效。(5)招标人和中标人另行签订的建设工程施工合同约定的工程范围、建设工期、工程质量、工程价款等实质性内容,与中标合同不一致,另行签订的建设工程施工合同无效,应当按照中标合同确定权利义务。(6)招标人和中标人在中标合同之外就明显高于市场价格购买承建房产、无偿建设住房配套设施、让利、向建设单位捐赠财物等另行签订合同,变相降低工程价款,该合同背离中标合同实质性内容,应当确认无效。(7)发包人未取得建设工程规划许可证等规划审批手续,但发包人在起诉前取得建设工程规划许可证等规划审批手续的除外。

建设工程施工合同无效,但是建设工程经验收合格的,可以参照合同关于工程价款的约定折价补偿承包人。建设工程施工合同无效,且建设工程经验收不合格的,按照以下情形处理:(1)修复后的建设工程经验收合格的,发包人可以请求承包人承担修复费用;(2)修复后的建设工程经验收不合格的,承包人无权请求参照合同关于工程价款的约定折价补偿。发包人对因建设工程不合格造成的损失有过错的,应当承担相应的责任。

建设工程施工合同无效,一方当事人请求对方赔偿损失的,应当就对方过错、损失大小、过错与损失之间的因果关系承担举证责任。损失大小无法确定,一方当事人请求参照合同约定的质量标准、建设工期、工程价款支付时间等内容确定损失大小的,人民法院可以结合双方过错程度、过错与损失之间的因果关系等因素作出裁判。缺乏资质的单位或者个人借用有资质的建筑施工企业名义签订建设工程施工合同,出借方与借用方对建设工程质量不合格等因出借资质造成的损失承担连带赔偿责任。

2. 建设工期问题

建设工期,是指施工人完成施工任务的期限。当事人应当在合同中明确约定工程的开工和竣工时间。如果建设工程施工合同没有约定或者约定不明,《民法典》对此没有规定。《建设工程施工合同解释(一)》第 8 条至第 11 条填补了法律漏洞,对于建设工程开工日期、竣工日期和工期顺延问题规定了如下三个方面的内容:

一是开工日期的认定标准。当事人对建设工程开工日期有争议的,人民法院应当分别按照以下情形予以认定:(1)开工日期为发包人或者监理人发出的开工通知载明的开工日期;开工通知发出后,尚不具备开工条件的,以开工条件具备的时间为开工日期;因承包人原因导致开工时间推迟的,以开工通知载明的时间为开工日期。(2)承包人经发包人同意已经实际进场施工的,以实际进场施工时间为开工日期。(3)发包人或者监理人未发出开工通知,亦无相关证据证明实际开工日期的,应当综合考虑开工报告、合同、施工许可证、竣工验收报告或者竣工验收备案表等载明的时间,并结合是否具备开工条件的事实,认定开工日期。

二是实际竣工日期的认定标准。当事人对建设工程实际竣工日期有争议的,人民法院应当分别按照以下情形予以认定:(1)建设工程经竣工验收合格的,以竣工验收合格之日为竣工日期;(2)承包人已经提交竣工验收报告,发包人拖延验收的,以承包人提交验收报告之日为竣工日期;(3)建设工程未经竣工验收,发包人擅自使用的,以转移占有建设工程之日为竣工日期。

三是工期顺延的认定问题。当事人约定顺延工期应当经发包人或者监理人签证等方式确认,承包人虽未取得工期顺延的确认,但能够证明在合同约定的期限内向发包人或者监理人申请过工期顺延且顺延事由符合合同约定,承包人以此为由主张工期顺延的,人民法院应予支持。当事人约定承包人未在约定期限内提出工期顺延申请视为工期不顺延的,按照约定处理,但发包人在约定期限后同意工期顺延或者承包人提出合理抗辩的除外。建设工程竣工前,当事人对工程质量发生争议,工程质量经鉴定合格的,鉴定期间为顺延工期期间。

3. 工程质量问题

对于工程质量问题,《民法典》仅第 801 条、第 802 条作了原则性规定,《建设工程施工合同解释(一)》第 12 条至第 18 条就建设工程质量缺陷责任承担、质量诉讼与反诉程序以及缺陷责任期等规定了如下三个方面的内容:

一是工程质量缺陷责任的承担问题。(1)因承包人原因导致的工程质量问题,由承包人承担,并进行修理、返工或改建,承包人拒绝修复的,发包人可以减少支付工程价款。(2)因发包人过错导致的工程质量缺陷,发包人应当承担过错责任。发包人过错包括发包人提供的设计有缺陷、发包人提供的设备不符合强制性标准、发包人提供或指定的设备材料不合格、发包人直接指定的分包人承担的分包工程存在质量缺陷。发包人未经竣工验收擅自使用工程的,不能再以使用部分质量不合格为由主张拒收或赔偿;承包人在工程合理使用寿命内对地基基础工程和主体结构质量承担民事责任。(3)发包人和承包人都有过错的,各自承担自己的责任。

二是承包人工程质量诉讼与发包人反诉的审理程序问题。(1)因工程质量发生争议,发包人可以以总包人、分包人、实际施工人为共同被告提起诉讼。(2)在承包人提起的建设工程施工合同纠纷案件中,发包人以工程质量问题为由提出反诉,要求承包商支付违约金或修复的合理费用等损失的,法院可以合并审理。(3)因保修人未及时履行保修义务导致损失的,保修人应当承担赔偿责任。保修人与建筑物所有人或者发包人对建筑物毁损均有过错的,各自承担相应的责任。

三是缺陷责任期和质保金返还问题。(1)缺陷责任期满,发包人应返还工程质保金。因发包人原因导致工程未按约定期限进行竣工验收的,自承包人提交工程竣工验收报告 90 日后,再加上当事人约定的缺陷责任期届满,返还质保金。(2)当事人未约定缺陷责任期的,该期限为自通过竣工验收之日起满 2 年;因发包人原因未按约定期限进行竣工验收的,自承包人提交工程竣工验收报告 90 日后满 2 年。

4. 工程计价结算、垫资和欠付工程款问题

《建设工程施工合同解释(一)》第 19 条至第 27 条规定了建设工程以什么方式计价结算,以及垫资和欠付工程款的利息计算问题,内容包含如下三个方面:

一是工程计价结算的标准和方式。(1)合同有约定的,按照约定方式计价结算。当事人对建设工程计价标准或计价方法有约定的,应按照约定方式计价和结算工程款。(2)设计变更部分的计价。如果在工程实施过程中因工程量或者质量标准发生变化,当事人对设计变更部分的计价不能协商一致的,可参照签约时当地建设行政主管部门发布的计价方法或计价标准结算。(3)工程量计量争议的问题。当事人对工程量有争议的,按照施工过程中形成的签证等书面文件确认。承包人能够证明发包人同意其施工,但未能提供签证文件证明工程量发生的,可按照其他证据确认实际工程量。(4)"黑白合同"情况下如何结算的问题。无论是强制招标项目还是自愿招标项目,当事人签订的合同与招标文件、投标文件、中标通知书载明的工程范围、建设工期、工程质量、工程价款不一致的,都应将招标文件、投标文件、中标通知书作为结算工程价款依据。自愿招标项目中,发包人将自愿招标项目进行招标后,与承包人另行订立的合同背离中标合同的实质性内容,当事人亦有权要求以中标合同作为结算工程价款的依据,但因客观情况发生了难以预见的变化而另行订立合同的除外。(5)数份合同全部无效的计价依据。如果同一项目数份合同均无效但工程质量合格,可以依次参照实际履行的合同、最后签订的合同关于工程价款的约定折价补偿承包人。(6)结算文件审核中的"默认"制度:如果当事人约定,发包人收到竣工结算文件后在约定期限内不予答复视为认可,按照约定处理;承包人有权请求按照竣工结算文件结算工程价款。

二是承包商垫资利息的计算。垫资不同于欠付工程款,司法解释对这两种情况的处理也完全不同。(1)垫资利息有约定的,按约定;垫资利息没有约定的,不能计取利息。有约定利息,按照约定返还垫资及其利息,但是约定的利息计算标准高于垫资时的同类贷款利率或者同期贷款市场报价利率的部分除外。对垫资利息没有约定的,不支持承包人的利息要求。(2)没有约定垫资的,视为工程欠款。当事人在合同中没有约定项目垫资的,按照工程欠款处理。

三是发包人欠付承包商工程款的利息计算。(1)欠付工程款的利息标准。当事人对欠付工程款利息计付标准有约定的,按照约定处理。没有约定的,按照同期同类贷款利率或者同期贷款市场报价利率计息。(2)欠付工程款利息的起算日。利息从应付工程价款之日开始计付。当事人对付款时间没有约定或者约定不明的,下列时间视为应付款时间:建设工程已实际交付的,为交付之日;建设工程没有交付的,为提交竣工结算文件之日;建设工程未交付,工程价款也未结算的,为当事人起诉之日。

5. 工程鉴定问题

《建设工程施工合同解释(一)》第 28 条至第 34 条规定了建设工程造价鉴定等鉴定问题的规定,包含如下七个方面的内容:(1)当事人双方在诉讼仲裁过程中就合同价款达不成一致,当事人可以申请进行造价鉴定,合同规定无须鉴定部分除外。如约定固定价款的,即无须再做造价

鉴定,即当事人约定按照固定价结算工程价款,一方当事人请求对建设工程造价进行鉴定的,人民法院不予支持。(2)签署诉前结算协议的,一般无须再做造价鉴定。当事人在诉讼前已经对建设工程价款结算达成协议,诉讼中一方当事人申请对工程造价进行造价鉴定的,法院应不予准许。(3)诉前造价咨询意见的效力,要看双方明确的意思表示。当事人在诉讼前共同委托有关机构、人员对建设工程造价出具咨询意见,诉讼中一方当事人不认可该咨询意见申请鉴定的,人民法院应予准许,但双方当事人明确表示受该咨询意见约束的除外。(4)鉴定的范围为争议事实。当事人对部分案件事实有争议的,仅对有争议的事实进行鉴定,但争议事实范围不能确定,或者双方当事人请求对全部事实鉴定的除外。(5)一审未鉴定,二审是否能够鉴定由法院依法确定。当事人对工程造价、质量、修复费用等专门性问题有争议,法院认为需要鉴定的,应当向负有举证责任的当事人释明。当事人经释明未申请鉴定,虽申请鉴定但未支付鉴定费用或者拒不提供相关材料的,应当承担举证不能的法律后果。一审诉讼中负有举证责任的当事人未申请鉴定,虽申请鉴定但未支付鉴定费用或者拒不提供相关材料,二审诉讼中申请鉴定,人民法院认为确有必要的,应当依照《民事诉讼法》第 170 条第 1 款第 3 项的规定处理。(6)法院依法确定委托鉴定的事项、范围和期限。法院准许当事人的鉴定申请后,应当根据当事人申请及查明案件事实的需要,确定委托鉴定的事项、范围、鉴定期限等。(7)应当对双方有争议的鉴定依据进行质证。鉴定人将当事人有争议且未经质证的材料作为鉴定依据的,人民法院应当组织当事人就该部分材料进行质证。经质证法院认为不能作为鉴定依据的,根据该材料作出的鉴定意见不得作为认定案件事实的依据。

6. 工程款优先受偿权

发包人未按合同约定的期限支付工程价款的,应负逾期付款的责任。若发包人不向承包人支付工程价款,如何保障承包人价款债权的实现呢? 对此,《民法典》第 807 条规定:“发包人未按照约定支付价款的,承包人可以催告发包人在合理期限内支付价款。发包人逾期不支付的,除根据建设工程的性质不宜折价、拍卖外,承包人可以与发包人协议将该工程折价,也可以请求人民法院将该工程依法拍卖。建设工程的价款就该工程折价或者拍卖的价款优先受偿。”对于该条规定的承包人权利的性质,民法理论上存在一定的争议,一种意见认为是留置权,另一种意见认为留置权的标的只能是动产,而建设工程为不动产,故本条规定的并非留置权,而是抵押权,由于该抵押权并非由当事人通过意思表示设定,而系法律直接规定,故为法定抵押权。多数意见认为,由于建设工程为不动产,故承包人对建设工程的变价受偿权不可能是留置权,再考虑到我国法律上并无法定抵押权的提法,且该条规定的承包人权利在效力和实现方式上与抵押权也有一定差别,故不如直接将其称为法定优先权。在适用法定优先权时,《建设工程施工合同解释(一)》第 35 ~ 42 条具体对工程款优先受偿权的享有主体、优先效力、行使优先权的前提条件、工程款优先受偿的范围、享有优先受偿权的期限、放弃优先受偿权的效力等作了规定,包括如下六方面的内容:(1)享有工程款优先受偿权的主体。与发包人订立建设工程施工合同的承包人和装饰装修工程的承包人,享有工程款优先受偿权。如果发包人未按照合同约定支付工程价款,承包人可以催告发包人在合理期限内支付价款。发包人逾期仍不支付的,除根据建设工程的性质不宜折价、拍卖外,承包人可以与发包人协议将该工程折价,也可以请求人民法院将该工程依法拍卖。建设工程的价款就该工程折价或者拍卖的价款优先受偿。(2)行使工程款优先受偿权的前提条件。行使优先受偿权的前提条件是建设工程质量合格;未竣工的建设工程质量合格,承包人也可以行使优先受偿权。装饰装修工程的承包人请求将装饰装修工程折价或者拍卖并优先受偿的，装饰装修工程应当具备折价或者拍卖条件。(3)工程款优先受偿的范围。工程款优先受偿的范围依照国务院有关行政主管部门关于建设工程价款范围的规定确定，逾期支付建设工程价款的利息、违约金、损害赔偿金等不能主张优先受偿。(4)享有工程款优先受偿权的期限。承包人应当在合理期限内行使建设工程价款优先受偿权，但最长不得超过18个月，自发包人应当给付建设工程价款之日起算。(5)工程款优先受偿权优先效力。建设工程价款优先受偿权优于抵押权和其他债权。(6)放弃工程款优先受偿权的效力。发包人与承包人约定放弃或者限制建设工程价款优先受偿权一般情况下是有效的，但是如果损害建筑工人利益的，则约定无效。

7. 实际施工人的保护

建设工程领域借用资质、挂靠、转包、违法分包等方式进行施工的情况较为普遍，这类施工合同因为法律上的严格禁止均属无效。但是，事实上建设工程施工合同的义务都是由实际施工人履行的。为了与有效建设工程施工合同的施工人相区别，最高人民法院在司法解释中使用了“实际施工人”一词。[16] 对于实际施工人的界定是以不存在合法有效的合同关系为前提，以实际施工人实际履行了建设工程施工合同的义务为条件。如果“实际施工人”的权利得不到法律保护，相关农民工利益也会受损，甚至有可能引发一系列社会问题。因此，《建设工程施工合同解释(一)》第43条、第44条规定了实际施工人的两项权利：

其一，转包人、违法分包实际施工人可以突破合同相对性。实际施工人以转包人、违法分包人为被告起诉的，人民法院应当依法受理。实际施工人以发包人为被告主张权利的，人民法院应当追加转包人或者违法分包人为本案第三人，在查明发包人欠付转包人或者违法分包人建设工程价款的数额后，判决发包人在欠付建设工程价款范围内对实际施工人承担责任。

其二，转包、违法分包的实际施工人享有代位权。实际施工人依据《民法典》第535条的规定，以转包人或者违法分包人怠于向发包人行使到期债权或者与该债权有关的从权利，影响其到期债权实现，提起代位权诉讼的，人民法院应予支持。

8. 建设工程合同的解除

《民法典》第806条规定了两项法定解除事由：(1)承包人将建设工程转包、违法分包的，发包人可以解除合同。(2)发包人提供的主要建筑材料、建筑构配件和设备不符合强制性标准或者不履行协助义务，致使承包人无法施工，经催告后在合理期限内仍未履行相应义务的，承包人可以解除合同。

合同解除后，已经完成的建设工程质量合格的，发包人应当按照约定支付相应的工程价款；已经完成的建设工程质量不合格的，参照《民法典》第793条的规定处理。

问题与思考

1. 关于挂靠施工合同的效力问题

对于挂靠施工合同的效力问题，实践中主要有两种观点。第一种观点认为，只要存在挂靠关系，没有建筑工程施工资质的单位或者个人挂靠有资质的建筑企业签订建设工程施工合同的，合同一律无效。第二种观点认为，挂靠人以被挂靠人名义对外签订建设工程施工合同的效力，应根

[16] “实际施工人”这一提法，最早出现于2004年最高人民法院《关于审理建设工程施工合同纠纷案件适用法律问题的解释》。参见该解释第1条第(二)项、第25条、第26条。

据发包人是否善意、在签订建设工程施工合同时是否知道挂靠事实来作出认定。如果发包人不知道挂靠事实,有理由相信承包人就是被挂靠人,则应优先保护善意相对人的利益,双方所签订的建设工程施工合同直接约束发包人和被挂靠人,该合同并不仅因存在挂靠关系而无效。

我们认为,在挂靠人借用被挂靠人的名义与发包人签订建设工程施工合同的情况下,三方当事人之间形成复杂的合同关系。一是挂靠人与被挂靠人之间的挂靠合同,又称为借名合同。二是发包人与被挂靠人签订的建设工程施工合同。三是发包人与挂靠人之间成立事实上的建设工程施工合同关系。对于这些合同的效力判断,应当基于合同当事人的意思表示,按照法律行为效力规范分别认定其效力。

关于挂靠人与被挂靠人之间的挂靠合同。通常包括纯粹的借名合同以及借名转包合同。该合同系挂靠人借用有资质的被挂靠人建筑施工企业名义,以及被挂靠人将以其名义所承包工程转包给挂靠人施工的行为,属于违反《民法典》第153条第1款及第791条第2款的强制性规定,按照《建设工程施工合同解释(一)》第1条的规定属于无效合同。

关于发包人与被挂靠人签订的建设工程施工合同。如果发包人在签订建设工程施工合同时知道挂靠人借用被挂靠人的资质的事实,发包人与被挂靠人之间的合同欠缺效果意思,属于通谋虚伪行为,依照原《民法总则》第146条第1款(《民法典》第146条)规定,该合同无效。如果发包人在签订建设工程施工合同时不知道或者不应当知道挂靠人借用被挂靠人的资质的事实属于真意保留的行为,为了保护发包人的合理信赖,不能按照被挂靠人的内心真意来确定该行为的效力,而应该按照表示出来的意思表示确定民事法律行为的内容。因此,应当认定合同有效。

关于发包人与挂靠人之间成立事实上的建设工程施工合同关系。在前述发包人与被挂靠人签订的建设工程施工合同有效之情形,发包人与挂靠人之间不发生事实上的建设工程施工合同关系。在发包人与被挂靠人签订的建设工程施工合同无效之情形,所隐藏的发包人与挂靠人之间的建设工程施工合同关系,属于《建设工程施工合同解释(一)》第1条第(1)项规定的承包人未取得建筑业企业资质或者超越资质等级的,以及第(2)项规定的无资质的企业或者个人借用其他企业的建筑工程施工资质签订的建筑工程施工合同,该合同无效。

2. 关于建设工程价款优先受偿权的权利主体

《民法典》第807条规定的承包人仅限于与发包人订立建设工程施工合同的承包人。首先,尽管建设工程合同包括工程勘察、设计、施工合同,但是工程价款优先受偿权的立法目的在于优先保护承包人的劳动物化的成果,因此仅限于建设工程施工合同,建设工程的勘察人和设计人不享有建设工程价款优先受偿权。其次,基于合同相对性原则,与发包人订立建设工程施工合同的承包人享有工程价款优先受偿权,转包合同和分包合同的承包人不享有建设工程价款优先受偿权。最后,工程价款优先受偿权是工程价款请求权的权能,而工程价款请求权是依据有效合同享有的债权,无效合同的承包人不应享有建设工程价款优先受偿权。《民法典》第793条关于建设工程施工合同无效的法律后果的规定明确区别于有效合同,即建设工程经验收合格的,可以参照合同关于工程价款的约定折价补偿承包人。也就是说,无效合同的承包人并没有工程价款请求权,仅享有补偿请求权,该补偿请求权的规范基础不是建设工程合同,而是《民法典》第985条规定的不当得利请求权。

3. 关于承包人的加害给付责任

《民法典》第802条规定,因承包人的原因致使建设工程在合理使用期限内造成人身损害和财产损失的,承包人应当承担赔偿责任。有观点认为,本条规定的责任限于违约责任,只是关于承包人对发包人责任的规定，承包人对第三人的侵权责任应当依据《民法典》第1252条规定处理。也有观点认为，本条涉及的是承包人的侵权责任，不应当放在《民法典》合同编。但是，如果将本条规定仅适用于承包人对发包人的责任，将会带来三方面问题。(1)《民法典》第1252条仅规定了建筑物、构筑物或者其他设施倒塌造成他人损害的侵权责任，实践中承包人的质量责任范围很广泛，例如电梯质量问题、水电气线路质量问题、外立面或玻璃幕墙掉落问题等对第三人造成的损害，承包人是否应当承担责任，需要明确。(2)《民法典》第1252条没有规定承包人承担质量责任的期限，如果建设工程已经超出了设计使用年限，发包人或者所有权人继续使用，建筑物、构筑物或者其他设施倒塌造成他人损害的，仍由建设单位与施工单位承担连带责任，缺乏法理基础。(3)本条规定的责任主体是承包人，《民法典》规定的承包人范围较为广泛，而《民法典》第1252条规定的责任主体是建设单位与施工单位，对勘察单位和设计单位的质量责任未作明确规定。我们认为，不宜将本条所规定的责任仅限定于承包人对发包人的违约责任，或者仅理解为侵权责任。因承包人的原因致使建设工程在合理使用期限内造成人身损害和财产损失，属于加害给付。本条规定的责任应当既包括承包人对发包人的违约责任，也包括承包人对发包人的侵权责任，属于责任竞合规范，而且是关于承包人对建设工程承担质量责任时间限制的规定。但是，不宜将本条规定解释为还包括承包人对建设工程合同之外的第三人承担侵权损害赔偿责任，因为这样理解已经突破合同相对性，承包人对第三人的侵权责任应当依据《民法典》侵权责任编的规定处理。

第四节 提供劳务的合同

一、运输合同

(一)运输合同概述

运输合同又称运送合同，是承运人将旅客或者货物从起运地点运输到约定地点，旅客、托运人或者收货人支付票款或者运输费用的合同(《民法典》第809条)。

运输业作为一种商业活动，最初仅作为商品买卖的重要辅助活动，运输人一般由从事商品买卖的商人充任。这种现象被称为商运合一。随着商品经济的不断发展，商品买卖活动与商品运输活动逐渐分化，产生了独立的运输营业活动，有了专门从事运输业的商人。运输合同已成为一种独立的典型合同。

按照不同的标准，可以对运输合同进行不同的分类。

一是以运送对象为标准，可将运输合同分为货物运输合同与旅客运送合同。凡以旅客为运送对象的合同称为旅客运输合同，凡以货物为运送对象的合同称为货物运输合同。货物运输合同又可细分为普通货物运输合同与特种货物运输合同。以易燃、易爆、有毒、有腐蚀性、有放射性等危险物品为运送对象的运输合同属于特种运输合同。《民法典》第828条规定："托运人托运易燃、易爆、有毒、有腐蚀性、有放射性等危险物品的，应当按照国家有关危险物品运输的规定对危险物品妥善包装，做出危险物品标志和标签，并将有关危险物品的名称、性质和防范措施的书面材料提交承运人。托运人违反前款规定的，承运人可以拒绝运输，也可以采取相应措施以避免损失的发生，因此产生的费用由托运人负担。"

二是以运输工具为标准可将运输合同分为铁路运输合同、公路运输合同、水路运输合同、航空运输合同和管道运输合同。在我国除管道运输合同外,其余各类合同均有专门法规予以调整。

三是以运输方式为标准,可将运输合同分为单一运输合同和多式联运合同。凡以一种运输工具从事运输活动就可以完成运输任务的称为单一运输合同;需以两种以上的运输工具进行运输活动才可以完成运输任务的,称为多式联运合同。

(二)客运合同当事人的义务

1. 旅客的义务

第一,支付票款的义务。旅客在购票时已支付票款的,在检票时应出示有效客票。旅客无票乘运、超程乘运、越级乘运或者持不符合减价条件的优惠客票乘坐的,应当补交票款,承运人可以按照规定加收票款;旅客不支付票款的,承运人可以拒绝运输(《民法典》第 815 条第 2 款)。

第二,旅客应当按照有效客票记载的时间、班次和座位号乘坐(《民法典》合同编第 815 条第 1 款)。

第三,旅客随身携带行李应当符合约定的限量和品类要求;超过限量或者违反品类要求携带行李的,应当办理托运手续(《民法典》第 817 条)。

第四,遵守客运安全规章的义务。《民法典》第 818 条规定,旅客不得随身携带或者在行李中夹带易燃、易爆、有毒、有腐蚀性、有放射性以及可能危及运输工具上人身和财产安全的危险物品或者违禁物品。旅客违反前款规定的,承运人可以将危险物品或者违禁物品卸下、销毁或者送交有关部门。旅客坚持携带或者夹带危险物品或者违禁物品的,承运人应当拒绝运输。

第五,爱护运送设施的义务。在运送过程中,旅客有使用运送设施的权利,但不得损坏承运人提供的运送设施。如果由于旅客的过错造成运送设施损坏的,旅客应当承担赔偿责任。

2. 承运人的义务

第一,按约履行运输义务。承运人应当按照合同约定的时间、班次和运输工具向旅客提供运输服务。承运人擅自变更运输工具而降低服务标准的,应当根据旅客的要求退票或者减收票款,提高服务标准的,不应当加收票款;承运人迟延运输的,应当尊重旅客的意愿,或者安排旅客改乘其他班次,或者为旅客退票。

第二,救助义务。在运输过程中,一方面承运人对运输安全和运输工具内的正常秩序负有保证义务;另一方面旅客在运输途中,遇突发事件很难自行解决,承运人应尽量给予救助。《民法典》第 822 条规定,承运人在运输途中,应当尽力救助患有急病、分娩、遇险的旅客。

第三,保障旅客及行李安全的义务。在运输过程中,承运人有义务保证持票旅客、按照规定可免票乘坐的儿童旅客以及经承运人许可搭乘的无票旅客的人身安全及财产安全,《民法典》第 823 条规定,承运人应当对运输过程中旅客的伤亡承担损害赔偿责任。但伤亡是旅客自身健康原因造成的,或者是旅客故意、重大过失造成的除外。在运输过程中旅客自带物品毁损、灭失,承运人有过错的,承运人应当承担损害赔偿责任。

第四,重要事由和注意事项告知义务。承运人有保证正常运输与安全运输的义务,如由于天气、交通管制、交通事故、运输工具等原因致使运输不能正常进行的,承运人应当向旅客及时告知有关不能正常运输的重要事由。交通运输具有一定的危险性和专业性,为了保证运输安全、旅客和财产的安全,承运人有义务适时将维护安全的有关事项,包括安全乘坐、正确使用运输工具有关设施、设备、遇险救助措施等基本知识和技能告知旅客。

（三）货物运输合同当事人的权利和义务

1. 托运人的权利和义务

托运人的主要权利：(1) 请求承运人依约定的时间发运货物并将货物运送到目的地。(2) 请求变更运输合同。在承运人将货物交付收货人之前，托运人可以要求承运人中止运输、返还货物、变更到达地或者收货人，但应当赔偿承运人因此受到的损失。

托运人的主要义务：(1) 交付托运货物的义务。(2) 包装托运货物的义务。托运人应当按照约定的方式包装货物。对包装方式没有约定或者约定不明确的，应当按照通用方式包装，没有通用方式的，应当采取足以保护标的物的包装方式。(3) 告知义务。托运的货物，按其性质有可能致其他财产或者他人人身损害的，托运人在订立合同时应如实告知承运人。违反告知义务致承运人损失的托运人应负赔偿责任。(4) 支付运杂费的义务。托运人预交的运费低于实际支出的运杂费的，应由托运人或者收货人补足少交的部分。(5) 押运义务。托运货物需要人途中照料的，托运人应按照约定派人押运。(6) 危险物品的警示义务。托运易燃、易爆、有毒、有腐蚀性、有放射性等危险物品的，应当按照国家有关危险物品运输的规定对危险物品妥善包装，作出危险物标志和标签，并将有关危险物品的名称、性质和防范措施的书面材料提交承运人。托运人违反前款规定的，承运人可以拒绝运输，也可以采取相应措施以避免损失的发生，因此产生的费用由托运人承担。(7) 办理审批检验手续的义务。如果货物运输需要办理审批、检验等手续的，应由托运人办理有关手续，托运人应当将办理完有关手续的文件提交承运人。

2. 承运人的权利义务

承运人的主要权利：(1) 收取运杂费的权利。托运人或收货人不支付运费、保管费以及其他运输费用的，承运人对相应的运输货物享有留置权，但当事人另有约定的除外。(2) 收货人不明或者收货人无正当理由拒绝受领货物的，承运人可以依照有关规定提存运输的货物；运输的货物不宜提存的，承运人可以依法拍卖或变卖运输的货物，提存所得的价款。

承运人的主要义务：(1) 按约完成运输货物的义务。承运人应按照约定的时间、方式、路线将承运货物安全运达托运人指定的地点。承运人未按合同规定的期限将货物运达目的地的，应承担违约责任。(2) 按照托运人的指示处理承运货物的义务。在承运货物交付给收货人之前，托运人要求返还运输货物、变更到达地或者收货人的，承运人应当按照托运人的意思退回托运货物，或改变送达地、收货人。(3) 保管运输货物的义务。自承运人接受承运货物时起，至收货人领取货物时止，承运人应妥善保管运输货物。因保管不善造成运输货物毁损灭失的，承运人应当承担赔偿义务。(4) 通知收货人提货与交付运输货物的义务。承运货物送达目的地之后，承运人应及时通知收货人领取运输货物。承运人将运输货物完整无损地交付给收货人，承运人的承运义务宣告完成。

3. 收货人的义务

收货人的义务有：(1) 按时领取运输货物。收货人接到提货通知后，应当及时提货。收货人逾期提货的，应当向承运人支付保管费等费用。(2) 及时验收货物。收货人提货时应当按照约定的期限检验货物。收货人在约定的期限或者合理的期限内对货物的数量、毁损等未提出异议的，视为承运人已经按照运输单证的记载交付的初步证据。(3) 补交运杂费。收货人提取货物时，应一次性补交托运人未交或少交的运费，以及在运输期间发生的其他杂费和由于托运人责任发生的垫付费用。

(四)运输过程中的货损责任

承运人对运输过程中货物的毁损、灭失承担损害赔偿责任,但承运人证明货物的毁损、灭失是因下列原因之一造成的,不承担责任:(1)不可抗力;(2)货物本身的自然属性;(3)合理损耗;(4)托运人、收货人的过错造成的。

货物的毁损、灭失的赔偿额,当事人有约定的,从其约定;没有约定或者约定不明确的,可由当事人协商确定;达不成协议的,按照交付或者应当交付时货物到达地的市场价格计算。法律、行政法规对赔偿额的计算方法和赔偿限额另有规定的,依照其规定确定。

两个以上承运人以同一运输方式联运的,与托运人订立合同的承运人应当对全程运输承担责任。损失发生在某一运输区段的,该区段的承运人与订立合同的承运人承担连带赔偿责任。

货物在运输过程中因不可抗力灭失,未收取运费的,承运人不得要求支付运费;已收取运费的,托运人可以要求返还。

(五)多式联运合同

多式联运合同又称为混合运送合同,是指多式联运经营人用两种以上不同的运输方式将货物运送到目的地,托运人支付运费的合同。例如,海陆联运、水铁联运等。

多式联运合同当事人的权利和义务与一般运输合同当事人的权利义务基本一致,不再赘述。和一般运输合同比较,多式联运合同的当事人的义务有自己的特点。

1. 多式联运经营人的义务

第一,签发多式联运单据的义务。多式联运单据是指证明多式联运合同以及证明多式联运经营人接管货物并负责按照合同条款交付货物的单据。国际集装箱多式联运单据是多式联运单据的主要形式。多式联运单据具有三个基本功能:(1)是多式联运合同订立的证明。多式联运单据的签发,表明托运人与多式联运经营人已经订立了多式联运合同关系。(2)多式联运单据是货物收据。多式联运单据的签发表明托运货物已经交由多式联运经营人掌管,经营人对货物的责任期间开始启动。(3)多式联运单据是提货凭证。收货人凭此单据要求提货。多式联运经营人收到托运人交付的货物时,应当签发多式联运单据。按照托运人的要求,多式联运单据可以是可转让单据,也可以是不可转让单据。如果多式联运单据为可转让的多式联运提单,则该提单具有货物所有权凭证的效力。

第二,向托运人承担全程承运人的义务。多式联运经营人负责履行或者组织履行多式联运合同,对全程运输承担承运人的义务。多式联运经营人可以与参加多式联运的各区段承运人就多式联运合同的各区段运输约定相互之间的责任,但该约定仅在承运一方当事人内部有效,对外不影响多式联运经营人对全程运输义务的承担。

第三,多式联运经营人的赔偿责任,适用货物毁损发生区段的有关法律规定。货物的毁损、灭失发生于多式联运的某一运输区段的,多式联运经营人的赔偿责任和责任限额,适用调整该区段运输关系的有关法律规定。货物毁损、灭失发生的运输区段不能确定的,按照《民法典》合同编关于货运合同的规定承担损害赔偿责任。

2. 托运人的赔偿责任

因托运人托运货物时的过错造成多式联运经营人损失的,即使托运人已经转让多式联运单据,托运人仍然应当承担损害责任。

二、保管合同

(一)保管合同概述

保管合同又称寄托合同、寄存合同,是指保管人保管寄存人交付的保管物,并返还该物的合同。寄存人到保管人处从事购物、就餐、住宿等活动,将物品存放在指定场所的,视为保管,但是当事人另有约定或者另有交易习惯的除外(《民法典》第888条)。

保管合同原则上为实践性合同。保管合同的成立,不仅需要当事人双方意思表示的一致,而且须有寄存人将保管物交付于保管人的行为。《民法典》第890条规定:"保管合同自保管物交付时成立,但当事人另有约定的除外。"

保管合同是否有偿,由当事人约定。当事人对保管费没有约定或者约定不明确,按照合同其他条款或交易习惯仍不能确定的,视为无偿保管(《民法典》第889条第2款)。

保管合同以保管物品为直接目的,因此,保管人只取得对保管物品的占有权,而不能对保管物品进行使用、收益,但当事人另有约定的除外。

(二)保管合同当事人的权利义务

1. 保管人的主要义务

保管人的主要义务有:(1)给付保管凭证。寄存人向保管人交付保管物的,保管人应当给付保管凭证,但另有交易习惯的除外。(2)保管人应当妥善保管保管物,当事人可以约定保管场所或者方法。除紧急情况或者为了维护寄存人的利益外,不得擅自改变保管场所或者方法。(3)保管人应当亲自保管标的物,未经寄存人同意,不得擅自将保管物品转交第三人保管,但当事人另有约定的除外。保管人将保管物转交第三人保管,对保管物造成损失的,应当承担损害赔偿责任。(4)通知义务。在第三人对保管物主张权利或者申请扣押保管物时,保管人应当通知寄存人,以便寄存人采取相应措施保护自己的利益。(5)返还保管物。保管期间届满或者寄存人提前领取保管物的,保管人应当将原物及其孳息归还寄存人。

2. 寄存人的主要义务

寄存人的主要义务有:(1)有偿的保管合同,寄存人应当按照约定的期限向保管人支付保管费。寄存人未按照约定支付保管费以及其他费用的,保管人对保管物享有留置权,但当事人另有约定的除外。(2)寄存人交付的保管物有瑕疵或者按照保管物的性质需要采取特殊保管措施的,寄存人应当将有关情况告知保管人。寄存人未告知,致使保管物受损失的,保管人不承担损害赔偿责任;保管人因此受损失的,除保管人知道或者应当知道并且未采取补救措施的以外,寄存人应当承担损害赔偿责任。(3)寄存人寄存货币、有价证券或者其他贵重物品的,应当向保管人声明,由保管人验收或者封存。寄存人未声明的,该物品毁损、灭失后,保管人可以按照一般物品予以赔偿。

(三)可替代物保管合同

可替代物保管合同,是指保管物为种类物,双方约定保管人取得寄存物的所有权,而仅以同种类、同数量、同品质之物返还给寄存人的保管合同。《民法典》第901条规定:"保管人保管货币的,可以返还相同种类、数量的货币;保管其他可替代物的,可以按照约定返还相同种类、品质、数量的物品。"

三、仓储合同

(一)仓储合同概述

仓储合同,是指保管人储存存货人交付的仓储物,存货人支付仓储费的合同(《民法典》第904条)。

仓储业是随着商品经济的发展,从保管业中发展、壮大起来的特殊营业。近代以来,仓储业日渐发达,原因就是随着国际及地区贸易的扩大,仓储业能为大批量货物提供便利、安全、价格合理的保管服务。因此,仓储合同不再作为一般的保管合同来对待,而是作为一种独立的典型合同。

与保管合同相比较,仓储合同具有以下特征:(1)保管人必须是具有仓库营业资质的人,即具有仓储设施、仓储设备,专事仓储保管业务的人。这是仓储合同主体上的重要特征。(2)仓储合同的标的物仅为动产,不动产不可能成为仓储合同的对象。(3)仓储合同为诺成合同。仓储合同自保管人和存货人意思表示一致时成立(《民法典》第905条)。仓储合同自成立时起生效。(4)仓储合同为双务、有偿合同。保管人提供储存、保管的义务,存货人承担支付仓储费的义务。

(二)仓储合同当事人的权利和义务

1. 保管人的主要义务

第一,接受和验收仓储物。保管人应当按照约定对入库仓储物进行验收。保管人验收时发现入库仓储物与约定不符合的,应当及时通知存货人。保管人验收后,发生仓储物的品种、数量、质量不符合约定的,保管人应当承担损害赔偿责任。

第二,填发和交付仓单。存货人交付仓储物的,保管人应当给付仓单。仓单是保管人收到仓储物后给存货人开付的提取仓储物的凭证,可以证明保管人已收到仓储物,以及保管人和存货人之间仓储关系的存在。仓单是有价证券的一种,其性质为记名的物权证券,存货人可以在仓单上背书并经保管人签字或者盖章,可以转让提取仓储物的权利。

第三,妥善保管仓储物,这是保管人的主要义务。保管人应当按照合同约定的地点、方式妥善保管仓储物。除非有特别事由,保管人不得改变储存物的场所和方法。储存期间,因保管人保管不善造成仓储物损坏、灭失的,保管人应承担赔偿责任。

第四,允许检查、提取样品。保管人因存货人或仓单持有人的要求,应允许其检查仓储物或者提取样品。

第五,危险通知义务。保管人对入库仓储物发现有变质或者其他损坏的,应当及时通知存货人或者仓单持有人,催告存货人或者仓单持有人作出必要的处置。因情况紧急,保管人可以作出必要的处置,但事后应当将该情况及时通知存货人或者仓单持有人。

第六,返还仓储物。返还仓储物是保管人的主要义务,在合同约定的储存期届满时或者存货人、仓单持有人提出请求时,保管人应当返还储存物。

2. 存货人的主要义务

第一,存货人应当按照约定的时间和储存货物的品种、数量、质量交付仓储物给保管人入库,并向保管人提供验收资料。存货人未按照约定交付全部仓储物的,应当承担违约责任。储存易燃、易爆、和毒、有腐蚀性、有放射性等危险物品或者易变质物品,存货人应当说明该物品的性质,提供有关资料。否则保管人可以拒收仓储物,也可以采取相应措施以避免损失的发生,因此产生的费用,由存货人承担。

第二，支付仓储费及其他必要费用。存货人未支付保管费和其他必要费用的，保管人对其保管的仓储物有留置权。

第三，及时提取仓储物。储存期间届满，存货人或者仓单持有人不提取仓储物的，保管人可以催告其在合理期限内提取，逾期不提取的，保管人可以提存仓储物。

四、物业服务合同

（一）物业服务合同概述

物业服务合同，是指物业服务人在物业服务区域内，为业主提供建筑物及其附属设施的维修养护、环境卫生和相关秩序的管理维护等物业服务，业主支付物业费的合同。物业服务合同是双务、有偿、诺成、要式合同，其内容一般包括服务事项、服务质量、服务费用的标准和收取办法、维修资金的使用、服务用房的管理和使用、服务期限、服务交接等条款。此外，物业服务人公开作出的有利于业主的服务承诺，为物业服务合同的组成部分。

在《民法典》编纂之前，物业服务合同虽被业主、业主大会、业主委员会与物业服务企业、其他管理人普遍使用，但原《合同法》却未对其进行明确规范，其属于无名合同。在民法典编纂过程中，很多专家学者提出因物业服务合同对推进住宅商品化改革至为重要，与人们的生活息息相关，其已经成为最重要的物业管理方式，故有必要规定物业服务合同的具体规则。立法机关接受了这一提议，在合同编第二十四章用 14 个条文具体规定物业服务合同的相关规则，使其从无名合同一跃“跻身”典型合同。

（二）物业服务合同当事人的权利与义务

物业服务合同的当事人是业主和物业服务人。其中，具有主导地位的当事人是业主，以及代表业主的业主大会和业主委员会。业主的合同主体地位原则上由业主委员会行使。物业服务人则包括两种：一是具有专业资格和法人资格的物业服务企业，其是最主要的物业服务人；二是其他管理人，如单个的具有专业物业管理技能的非法人组织或者自然人。

1. 业主的主要权利与义务

业主的核心权利是接受物业服务人提供的建筑物及其附属设施的维修养护、环境卫生和相关秩序的管理维护等物业服务。此外，业主还享有依照法定程序共同决定解聘、续聘物业服务人的权利；若物业服务人的服务存在重大、严重瑕疵，则业主享有减价的权利等。业主的主要义务为：

第一，按约定向物业服务人支付物业费。如前所述，物业服务合同是双务、有偿合同，物业服务人为业主提供了物业服务，业主就应当向其支付相应的物业费。对此，《民法典》第 944 条第 1 款规定，业主应当按照约定向物业服务人支付物业费。业主支付物业费的义务具有强制性，体现在两个方面：(1)业主不得无理由拒绝支付物业费。根据《民法典》第 944 条第 1 款的规定，若物业服务人已经按照约定和有关规定提供服务的，则业主不得以未接受或者无须接受相关物业服务为由拒绝支付物业费。(2)业主逾期支付物业费应承担相应责任。根据《民法典》第 944 条第 2 款的规定，业主违反约定逾期不支付物业费的，物业服务人可以催告其在合理期限内支付；合理期限届满仍不支付的，物业服务人可以提起诉讼或者申请仲裁。

第二，业主装饰装修、转让、出租专有部分，设立居住权或依法改变共有部分用途的，应事先告知物业服务人。根据《民法典》第 945 条的规定，业主的此种义务包括三方面内容：(1)业主对专有部分装修装饰，应事先通知物业服务人，若有必要应取得装修许可证，物业服务人向其提示注意事项如周末、工作日休息时间段不得装修,不得毁坏承重墙,不得无故对其他业主的生活造成不当影响等,物业服务人可随时检查,并制止业主在装饰装修过程中的违规违法行为。(2)业主转让、出租物业专有部分应提前告知物业服务人,以便其及时更新相关信息。(3)业主设立居住权或者依法改变共有部分用途的,应当及时将相关情况告知物业服务人,使其掌握具体情况,便于管理,为全体业主利益负责。

2. 物业服务人的主要权利与义务

物业服务人的核心权利是向业主收取物业费。此外,物业服务人在提供物业服务过程中有要求业主予以配合、协助的权利等。物业服务人的主要义务为:

第一,物业服务人应就委托第三人管理的专项服务事项向业主负责且禁止将全部物业服务转委托第三人。对此,《民法典》第 941 条规定,物业服务人将物业服务区域内的部分专项服务事项委托给专业性服务组织或者其他第三人的,应当就该部分专项服务事项向业主负责。物业服务人不得将其应当提供的全部物业服务转委托给第三人,或者将全部物业服务支解后分别转委托给第三人。

第二,履行基本的物业服务职责。根据《民法典》第 942 条的规定,物业服务人应当按照约定和物业的使用性质,履行如下基本职责:(1)妥善维修、养护、清洁、绿化和经营管理物业服务区域内的业主共有部分。(2)维护物业服务区域内的基本秩序。包括公共生活秩序、道路交通秩序、环境管理秩序等。(3)采取合理措施保护业主的人身、财产安全。如规范业主养狗行为以保护其他业主人身安全;严格门卫制度、按时巡查小区以防止其他不良社会人员进入小区给业主造成人身、财产损害;防止建筑物、高空抛物致人损害等。(4)及时纠正、制止业主及外来人员的违法违规行为。无论是本小区业主还是其他外来人员,只要在物业服务区域内存在违反有关治安、环保、消防等法律法规的行为,物业服务人应及时纠正、制止。

第三,定期公开履行管理职责的相关情况。根据《民法典》第 943 条的规定,物业服务人在履行管理职责中,应当贯彻公开原则,定期将服务的事项、负责人员、质量要求、收费项目、收费标准、履行情况,以及维修资金使用情况、业主共有部分的经营与收益情况等以合理方式向业主公开并向业主大会、业主委员会报告,以维护业主的合法权益。

第四,催收物业费时应合理、合法。根据《民法典》第 944 条第 3 款的规定,物业服务人不得采取停止供电、供水、供热、供燃气等方式催交物业费。

第五,物业服务人应承担的后合同义务。具体包括两项:(1)在物业服务合同终止后,物业服务人应当做好善后工作,完成自己应当履行的后合同义务。根据《民法典》第 949 条的规定,物业服务合同终止的,原物业服务人应当在约定期限或者合理期限内退出物业服务区域,将物业服务用房、相关设施、物业服务所必需的相关资料等交还给业主委员会、决定自行管理的业主或者其指定的人,配合新物业服务人做好交接工作,并如实告知物业的使用和管理状况。(2)因物业服务应当是连续性服务行为,不能中断,若新物业服务人或业主未正式接管而原物业服务人又直接退场,则业主利益将受到巨大损害甚至酿成危害。为了避免出现物业服务的"空档期",维护业主的切身利益,在新物业服务人或决定自行管理的业主正式接管之前,原物业服务人应继续提供物业服务,"站好最后一班岗"。也就是说,原物业服务人与新物业服务人或业主应实现物业服务工作的无缝对接,以保护全体业主的合法权益。对此,《民法典》第 950 条规定,物业服务合同终止后,在业主或者业主大会选聘的新物业服务人或者决定自行管理的业主接管之前,原物业服务人应当继续处理物业服务事项。物业服务人可以按照之前的合同约定和实际服务的工作量请求业主支付这期间的物业费。

五、委托合同

(一)委托合同概述

委托合同又称委任合同,是指委托人和受托人约定,由受托人处理委托人事务的合同(《民法典》第919条)。

委托合同的目的在于受托人处理委托人的事务。关于“事务”的解释,直接关系委托合同的适用范围,一般认为既可以是法律行为,也可以是事实行为,只要该项事务不背于公共利益、不违反法律的规定,皆可作为受托事务。委托人可以特别委托受托人处理一项或者数项事务,也可以概括委托受托人处理一切事务。

对于委托合同是否要以委托人的名义处理委托事务,有不同的看法。一种观点认为,委托合同应当规定受托人以委托人而非自己的名义进行活动,这样,也能够划清和行纪合同的关系。另一种观点认为,委托合同不应规定受托人以谁的名义处理委托事务。委托只涉及委托人与受托人之间的法律关系,不涉及第三人;代理则涉及代理人、被代理人及第三人三方的法律关系。委托是产生一切委托事务的基础,如代理、行纪、居间等均由委托而产生。委托合同是一基础合同,法律应予专门规定。原《合同法》和《民法典》基本采纳了后一种观点,侧重解决委托人和受托人之间的权利义务问题。

(二)委托合同当事人的权利和义务

1. 委托人的义务

第一,费用偿付义务。委托人应当预付处理委托事务的费用。受托人为处理委托事务垫付的必要费用,委托人应当偿还该费用及其利息。

第二,债务清偿义务。受托人因处理委托事务而负担必要的债务,有权请求委托人代其清偿。受托人处理委托事务产生债务有两种情况:(1)受托人在代理权限范围内以被代理人的名义与第三人签订合同。该种债务直接归属于委托人承担。(2)受托人在委托人授权范围内以自己的名义处理委托事务,由此产生的债务名义上为受托人所欠债务。对此债务,受托人有权请求委托人代为清偿。

第三,赔偿损失的义务。受托人在处理委托事务中,因非可归责于自己的事由致自己受到损害的,可以要求委托人赔偿自己的损失。如果这种损失是因委托人的过错造成的,该损失自然应由委托人承担。如果该损失系因不可抗力或意外事故所致,该损失应由委托人承担。如果该损失是由第三人的行为造成的,受托人有权请求第三人赔偿其损失,也可以要求委托人赔偿其损失,如果委托人已赔偿受托人因此所受的损失,委托人有权请求受托人让与其对第三人的赔偿请求权。

第四,有偿委托支付报酬的义务。委托合同可以有偿,也可以无偿。当委托合同为有偿合同时,受托人可以请求支付报酬。《民法典》第928条规定,受托人完成委托事务的,委托人应当按照约定向其支付报酬。因不可归责于受托人的事由,委托合同解除或者委托事务不能完成的,委托人应当向受托人支付相应的报酬。当事人另有约定的除外。

2. 受托人的义务

第一,处理委托事务。受托人应当按照委托人的指示处理委托事务。需要变更委托人指示的,应当经委托人同意,因情况紧急,难以和委托人取得联系的,受托人应当妥善处理委托事务,但事后应当将该情况及时报告委托人。

第二,亲自处理委托事务的义务。受托人应当亲自处理委托事务。经委托人同意,受托人可以转委托。转委托经同意的,委托人可以就委托事务直接指示转委托的第三人,受托人仅就第三人的选任及其对第三人的指示承担责任。转委托未经同意的,受托人应当对转委托的第三人的行为承担责任,但在紧急情况下受托人为维护委托人的利益需要转委托的除外。

第三,报告义务。受托人应将处理事务进行的情况向委托人报告,委托关系终止时,应将处理事务的始末和结果报告给委托人。

第四,交付财产和转移权利的义务。受托人处理委托事务取得的财产,应当转交给委托人。该财产应当包括,受托人因处理委托事务所受领的金钱、文件、器具、授权书等。交付的时间,当事人有约定的从其约定,如无约定,应于委托关系终止时交付,或于委托人请求其交付时交付,逾期交付的,应付迟延交付的责任。受托人以自己的名义处理委托事务取得的权利,应移转于委托人。

第五,损害赔偿义务。受托人在处理委托事务中应忠实地处理委托事务,而不得利用受托人的地位为自己谋取不正当利益。如受托人为自己的利益而使用应交付给委托人的金钱或者应为委托人利益而使用的金钱,应自使用之日起,支付利息。如造成其他损害,并应赔偿其损害。受托人在处理委托事务时,应尽相当的注意义务。违反注意义务给委托人造成损失,应承担赔偿责任。《民法典》第929条规定:“有偿的委托合同,因受托人的过错造成委托人损失的,委托人可以请求赔偿损失。无偿的委托合同,因受托人的故意或者重大过失造成委托人损失的,委托人可以请求赔偿损失。受托人超越权限造成委托人损失的,应当赔偿损失。”

(三)关于委托合同中的隐名代理

《民法典》第925条保留了原《合同法》第402条的内容,[17]但却经历了一个相当激烈的争论过程。由于本条规范的是委托人与受托人及第三人之间的外部关系,突破了委托合同的相对性,在效果归属上,本条又与《民法典》第162条极为相似,均发生代理归属效果。因此,关于本条的规范定位,观点不一。有观点认为本条确立的是间接代理制度[18],有观点认为本条是对英美法隐名代理制度的借鉴[19],也有观点认为本条是直接或者公开代理的特殊形态,还有观点认为本条既不属于间接代理,也不属于隐名代理,在比较法上没有先例[20]。立法机关认为,原《合同法》第402条实际上规定的是隐名代理,属于直接代理,而不是间接代理。[21]最高人民法院则认为,本条是属于隐名代理,第926条属于间接代理。[22]我们认为,尽管本条和第926条最早源于《国际货物销售代理公约》等有关规定,但从代理归属效果看,本条具备代理权要素且客观上充足了代理公开要素,与第162条(显名代理)的代理归属效果相同,唯一区别在于是以代理人

[17] 原《合同法》之所以规定第402条和第403条,源于当时对外贸易的现实需要。我国在改革开放过程中,因外贸经营权以及其他原因,出现了受托人以自己的名义从事贸易代理活动。根据代理制度的原理,适应经济贸易中有关代理的不同要求,兼顾委托人、受托人以及第三人的合法权益,原《合同法》借鉴《国际货物销售代理公约》等有关规定,规定了第402条和第403条。参见胡康生主编:《中华人民共和国合同法释义》,法律出版社2013年版,第623页。

[18] 王利明:《合同法研究》(第3卷),中国人民大学出版社2015年版,第716页。

[19] 江平:《中华人民共和国合同法精解》,中国政法大学出版社1999年版,第344页。

[20] 方新军:《民法典编纂视野下合同法第402条、第403条的存废》,载《法学研究》2019年第1期。

[21] 李适时主编:《中华人民共和国民法总则释义》,法律出版社2017年版,第507页。

[22] 参见《全国法院民商事审判工作会议纪要》(法〔2019〕254号)第2条(关于原《民法总则》与原《合同法》的关系及其适用)。

名义还是以被代理人名义,因此本条属于直接代理中的隐名代理。

根据合同相对性,委托合同对第三人没有约束力,而受托人以自己名义与第三人签订的合同,一般对委托人亦无约束力。但根据本条规定,虽然受托人以自己名义与第三人签订合同,符合下列条件的,该合同直接约束委托人和第三人。(1)在委托人的授权范围内。受托人必须在委托人授权范围内为法律行为,如果没有获得授权或者超越授权范围,则不符合本条的构成要件。需要注意的是,这里的授权范围,并非合同层面的委托范围或者受托范围,而是代理层面的代理权限范围。(2)第三人在订立合同时知道代理关系。受托人与第三人签订的合同要约束委托人和第三人,核心要素是第三人知道受托人背后的代理关系。第三人"知道"的范围和程度主要为:第三人要明确知道受托人与委托人之间的代理关系。注意这里是"代理关系",不是"委托合同关系"。第三人要明确知道被代理人姓名或者名称。因为本条与《民法典》第162条均为直接代理,主要区别在于是否以被代理人名义。只有第三人明知被代理人,才能表明第三人有与委托人缔约的内心意思。不要求第三人必须知道代理的具体内容和权限。从规范要件看,本条中的"在委托人的授权范围内与第三人订立的合同"要件是约束受托人的,并不属于"第三人知道"的要件构成;从注意义务看,如果要求第三人必须知道代理的内容和权限,对于第三人提出了过高的注意义务,实践中也难以操作。(3)没有确切证据证明该合同只约束受托人和第三人。如果有证据证明该合同只约束受托人和第三人,则不允许其他人介入合同的履行和后果承担,此时该合同就只能约束受托人和第三人,而不能直接约束委托人和第三人。

(四)委托合同中的间接代理

在间接代理中,代理人以自己的名义来实施民事法律行为,该行为的效力直接在代理人和相对人之间发生,然后再由代理人将取得的权利义务转移给被代理人,因而间接代理不会在被代理人和相对人之间直接设定任何权利义务关系。实际上,间接代理并非真正的代理,不会产生代理的三方关系。《民法典》所规定的行纪就是典型的间接代理。但在特殊情况下,为了交易活动的便捷,减少纠纷,间接代理可以发生直接代理的部分效力,这正是《民法典》第926条所规定的情形。需要注意的是,本条是间接代理的特殊情形,适用范围要严格把握,不能过于宽泛,否则将对行纪制度造成破坏性冲击。

1. 委托人的介入权

首先,委托人介入权的规范意义。所谓介入权,是指在受托人与第三人的合同关系中,当满足特定条件时,委托人可以取代受托人的地位,介入原本是受托人与第三人合同关系的权利。一般而言,受托人以自己的名义与第三人订立合同,如果第三人不知道受托人与委托人之间的代理关系的,受托人与第三人之间的合同成立并生效,且根据合同相对性原理,合同只约束受托人和第三人,法律效果也直接归属于受托人与第三人。但在符合本条所规定情形时,委托人可以介入受托人与第三人之间的合同,从而突破了合同的相对性。

其次,委托人行使介入权的条件。根据《民法典》第926条第1款的规定,委托人行使介入权应满足如下条件:(1)受托人以自己的名义与第三人订立合同。(2)第三人在订立合同时,不知道受托人与委托人之间有代理关系。这是区分本条和第925条的关键。如果第三人在订立合同时知道受托人与委托人之间代理关系的,则直接适用第925条之规定,合同直接约束委托人和第三人,不存在委托人介入权问题。(3)受托人因第三人的原因对委托人不履行义务。这是委托人行使介入权的必要性标准。如果合同履行顺利,委托人没有必要介入合同,只有因第三人的原因致使合同义务没有履行,委托人才有介入的必要。需注意的是,受托人不能向委托人履行义务系因第三人原因,而非受托人自身原因。如果是受托人自身原因,则委托人只能依据其与受托人之间的委托合同向受托人请求,而不能向第三人提出请求。(4)受托人已经向委托人披露了第三人。受托人的披露是委托人行使介入权的前提。因为委托人在介入前不是合同的当事人,往往无从知道合同的第三人为谁,只有在受托人披露了第三人,委托人才具备行使介入权的条件。需要说明的是,无论对委托人还是第三人,受托人的披露义务均属于不真正义务,受托人不履行披露义务,并不会承担相应的法律责任。实践中,一些受托人特别是商事受托人,真实的交易人或交易对手属于其商业秘密;有些交易,委托人或第三人基于各种原因不愿出现在交易中,强制要求受托人披露可能会给当事人利益带来较大损害。故对于受托人不披露的,不得强制披露。当然,受托人拒绝披露,将造成委托人介入权和受托人选择权无法行使,为保护委托人和第三人的利益,委托人和第三人可向受托人主张相关合同责任。

再次,委托人行使介入权的例外情形。《民法典》第926条第1款"但书"还规定了委托人行使介入权的除外情形,即第三人与受托人订立合同时如果知道该委托人就不会订立合同的。之所以设定这一例外,主要在于保护第三人的利益,委托人的介入不得明显违背第三人的意愿。第三人作为合同一方当事人,订立合同时的意思表示蕴含了自身预期,法律应对这种意思表示或者预期予以充分尊重,优先维持受托人与第三人之间合同关系的稳定性和预见性。因此,对于"但书"部分所包含的情形,应予扩大解释。具体而言,如下几种情形均属于"如果知道该委托人就不会订立合同"的情形:(1)受托人与第三人的合同中明确约定排除其他人的介入。(2)合同中虽然没有明确约定排除其他人介入,但合同相关条款有默示排除的意思。例如,合同中约定的履行对象或者履行方式,只能对受托人为之或者由受托人为之。(3)第三人纯粹是出于对受托人的资信状况、能力等因素的信赖或者考虑到受托人的个人因素而订立合同,如果受托人不作为合同主体,第三人将不会订立该合同。(4)尽管不符合上述几种情形,但第三人在与受托人订立合同之前,已有明确拒绝与委托人订立合同之事实。

最后,委托人行使介入权的法律后果。委托人的介入权和第三人的选择权一样,属于形成权,委托人可以行使,亦可不行使,主要基于委托人对自身利益的权衡。对于委托人行使介入权的,不需要第三人同意。委托人介入后,合同将直接约束委托人和第三人,受托人退出委托合同当事人的地位,委托人承受受托人的合同权利和义务。需要注意的是,委托人的介入权与行纪人的介入权不是同一概念,具体区别详见行纪合同的内容。

2. 第三人的选择权

首先,第三人选择权的规范意义。第三人的选择权是指受托人因委托人的原因对第三人不履行义务,在受托人披露委托人后,第三人可选择要求委托人履行合同债务,也可选择要求受托人履行合同债务。

其次,第三人行使选择权的条件。根据《民法典》第926条第2款的规定,第三人行使选择权需满足如下条件:(1)受托人以自己的名义与第三人订立合同。(2)第三人不知道受托人与委托人之间的代理关系。这两个条件与委托人行使介入权的条件一致。(3)受托人因委托人的原因对第三人不履行义务。如果不是委托人的原因对第三人不履行义务,而是因受托人原因对第三人不履行义务,则第三人只能依据合同的相对性向受托人主张,不得行使选择权。(4)受托人向第三人披露了委托人。受托人向第三人披露委托人是第三人行使选择权的前提条件,否则,第三人只能向受托人主张责任,即披露委托人后第三人才具备在受托人和委托人之间行使选择权的现实可能。

最后,第三人行使选择权的法律后果。选择权属于形成权,第三人行使选择权后,合同将直接约束第三人和第三人选择的委托人或受托人,未被选择的委托人或受托人不再是委托合同的当事人。对于选择的相对人,第三人不得变更,即使相对人不能履行合同,只能算作正常的商业风险,由第三人自己承担,不得转嫁。

3. 委托人和第三人的抗辩

根据《民法典》第 926 条第 3 款的规定,委托人介入情况下第三人对委托人行使抗辩的范围与第三人行使选择权选定委托人的情况下,委托人对第三人行使抗辩的范围有所差异,即第三人选择委托人时,委托人对第三人不但可以主张受托人对第三人的抗辩,还可以主张其对受托人的抗辩。之所以出现这种差异,主要在于受托人以自己名义订立合同,委托人介入合同后,可以视为取代了受托人的合同地位,第三人对受托人的抗辩可以向委托人主张。而在第三人行使选择权选定委托人的情况下,因为委托人和受托人之间还存在委托合同,基于委托合同存在的抗辩也得向第三人主张。具体而言,第三人的抗辩权主要包括两个方面:(1)第三人对委托人介入权的抗辩,主要依据是本条第 1 款的但书规定。(2)第三人基于与受托人之间的合同所享有的对合同的成立、效力以及合同的履行等抗辩权。委托人的抗辩权也包括两个方面:(1)委托人基于委托合同而产生的对受托人抗辩权。例如,委托人已经履行了相应义务,但由于受托人的行为致使未及时向第三人履行。(2)委托人代替受托人的地位后所取得的受托人对第三人的抗辩权。

六、行纪合同

(一)行纪合同概述

行纪合同是行纪人以自己的名义为委托人从事贸易活动,委托人支付报酬的合同(《民法典》第 951 条)。接受委托的一方为行纪人,而另一方则为委托人。

如何理解行纪合同的定义,重要的一点是分清行纪合同与委托合同的界限。两者的区别在于:(1)适用范围不同。行纪合同适用范围窄,仅限于代销等贸易行为;而委托合同的适用范围宽。(2)行纪合同的受托人只能以自己的名义处理委托事务;委托合同的受托人处理事务既可以用委托人名义,也可以用自己的名义。(3)行纪人一般是专门从事贸易活动,其开业和经营需要经过国家有关部门的审查、登记;而委托合同的当事人不必是专门从事贸易活动的,可以是公民,也可以是法人。(4)行纪合同是有偿合同;而委托合同既可以是有偿也可以无偿。但是,行纪合同和委托合同有许多共同点,如都是以提供劳务为合同的标的;都是以当事人双方的信任为基础;都是以处理一定事务为目的;行纪关系中委托人与行纪人的关系就是委托关系。所以,《民法典》第 960 条规定,行纪合同章没有规定的,适用委托合同的有关规定。

(二)行纪人的介入权

《民法典》第 956 条规定,行纪人卖出或者买入具有市场定价的商品,除委托人有相反的意思表示的以外,行纪人自己可以作为买受人或者出卖人。行纪人有前述情形的,仍然可以请求委托人支付报酬。

行纪人行使介入权须具备下列条件:(1)须行纪人与委托人间的行纪合同有效存在。(2)行纪人代购进或代卖出的商品,须是具有市场定价的商品。这是行纪人行使介入权的前提条件。(3)委托人没有相反的意思表示。委托人有相反表示,应由委托人举证。(4)须行纪人尚未与其他第三人开始交易行为。如果行纪人已经与第三人实施了交易行为,则行纪人的介入权无行使的余地。

行纪人行使介入权的方法为通知委托人。该介入行为应于通知送达委托人时生效。介入行为涉及商品的价格应以通知发送时的市场价格确定。

介入权行使的效力为:(1)介入行为的实施,致使行纪人与委托人之间直接发生买卖关系。民法典关于买卖合同的规定,适用于行纪人与委托人间的买卖关系。(2)行纪人与委托人之间的行纪合同关系继续有效,并因行纪人行使介入权的行为使行纪人已履行了行纪合同约定的义务,因此,可以请求委托人支付约定的报酬。

七、中介合同

中介合同又称为居间合同,是中介人向委托人报告订立合同机会或者为双方订立合同提供的媒介服务,委托人负有支付报酬义务的合同(《民法典》第961条)。

中介的宗旨是把同一交易的双方当事人联系在一起,以促成交易后取得合理佣金的服务。无论何种中介,中介人都不是委托人的代理人,而只是居于交易双方当事人之间起介绍、协助作用的中间人。

中介合同与委托合同、行纪合同三者的相同点都属于提供劳务性质的合同。它们的不同点在于:(1)中介合同的中介人,限于报告订约机会或媒介订约,其服务的范围有限制,只是介绍或协助委托人与第三人订立合同,中介人本人并不参与委托人与第三人之间的合同;委托合同的受托人办理委托事务时,以委托人或者以自己的名义进行活动,代委托人与第三人订立合同,依照委托人的指示参与并可决定委托人与第三人之间的关系内容,处理事务的后果直接归于委托人;行纪合同的行纪人是行纪合同的一方当事人,行纪人以自己的名义为委托人办理交易事务,与第三人发生直接的权利义务关系,处理事务的后果是间接地而不是直接地归于委托人。(2)中介合同的中介人,是为委托人提供与第三人订立合同的机会,其行为本身不具有法律意义;委托合同的受托人是按委托人的要求处理受托事务,处理的事务可以是有法律意义的事务,也可以是非法律意义的事务;行纪合同的行纪人则是按委托人的要求,从事购销、寄售等特定的法律行为,行纪人受托的事务只能是法律行为。(3)中介合同是有偿合同,但中介人只能在有中介结果时才可以请求报酬,并且在为订约媒介居间时可从委托人和其相对人双方取得报酬;委托合同可以是有偿的,也可以是无偿的;行纪合同都是有偿合同,行纪人却仅从委托人一方取得报酬。

问题与思考

1. 多式联运合同与货运代理合同的区别

货运代理合同,是指货运代理企业接受货方委托,以委托人名义办理货物运输并收取代理佣金作为报酬的合同。在国内运输市场,很多货运代理企业参与多式联运业务,很多合同名为"货运代理合同"或"物流服务合同",但实质上属于多式联运合同的范畴,在司法实践中引发了很多纠纷。当合同的名称与内容不一致时,应当根据当事人权利义务关系及合同履行的实际情况,正确界定合同性质及其类型,以审查认定的法律关系对案件进行处理。很多合同名为货运代理合同,但合同约定货运代理企业负责全程货物运输,此时应当将合同定性为运输合同。有的合同对当事人的权利义务约定不清晰,需要根据合同的实际履行情况确定合同的性质。对多式联运合同而言,组织全程运输是非常重要的特征,如果货运代理企业自己委托区段承运人从事区段运输,并由自己向区段承运人支付区段运输运费,再向货方收取全程运费,则其应当被认定为多式联运经营人。

2. 转委托与复代理、无权代理

在转委托的过程中,当委托事务是法律行为时,转委托、复代理、无权代理经常交织在一起。因此,在适用法律时要注意与《民法典》第 169 条(复代理)和第 171 条(无权代理)的衔接适用问题。一般而言,对于委托事务是法律行为的转委托与复代理发生的条件一致。经委托人同意或者追认的转委托,一般伴随委托人对转委托代理的同意或者追认。从合同层面,构成有效转委托;从代理层面,构成第 169 条规定的复代理。此时,次受托人以委托人名义所为法律行为,为有权代理,代理的效果归属委托人(被代理人)。如果是负担行为,则次受托人以委托人名义与相对人签订的债权合同,直接约束委托人与相对人。对于委托人不同意受托人转委托或者对转委托不予追认的,则在代理层面,委托人(被代理人)对受托人(代理人)授予次受托人(复代理人)代理权亦持否定态度,因此,并不构成复代理。在次受托人没有代理权的情况下,以委托人(被代理人)的名义与相对人所签订的合同,按照《民法典》第 171 条的规定,在委托人(被代理人)追认前,除表见代理外,对被代理人不发生代理之效果,即与相对人签订的合同并不约束委托人(被代理人)。相对人可以催告委托人(被代理人)自收到通知之日起30 日内予以追认。委托人(被代理人)未作表示的,视为拒绝追认。但委托人(被代理人)虽然未作表示,已经开始履行合同义务或者接受相对人履行的,根据《民法典》第 503 条的规定,视为对合同的追认。在委托人(被代理人)拒绝追认的情况下,善意相对人有权按照第 171 条的规定,请求无权代理的次受托人履行债务或者就其受到的损害请求次受托人赔偿。

而在委托人、受托人与次受托人之间的内部关系上,应当按照原委托合同和转委托合同的约定来分别进行处理,委托人与次受托人之间不产生直接的合同权利义务关系。即使是经委托人同意的转委托,虽然次受托人进行外部行为的法律后果应由委托人承担,但次受托人参与该法律行为的原因在于其与受托人之间的转委托关系,除委托人直接指示次受托人的情形外,次受托人并不直接向委托人负责,而是向受托人负责。而受托人作为原委托合同和转委托合同的共同主体,既应对自己向次受托人所作的指示向委托人负责,亦应对自己的指示向次受托人负责,即承担指示所产生的法律后果。

第五节　具有担保功能的合同

一、保证合同

(一)保证合同概述

1. 保证合同的概念与特征

保证合同是为保障债权的实现,保证人和债权人约定,当债务人不履行到期债务或者发生当事人约定的情形时,保证人履行债务或者承担责任的合同。保证合同的当事人为债权人和保证人,债务人不是保证合同的当事人,但保证人可以要求债务人提供反担保。

保证合同具有以下特征:(1)保证合同是单务合同。在保证合同中,只有保证人承担保证债务,债权人并不负对待给付义务。(2)保证合同是无偿合同。在保证合同中,债权人享有保证利益却无须支付相应对价,保证人承担保证债务却不能从债权人处取得利益。相反,如果债权人为保障债权而需要支付对价,则可能构成保险。由于保证合同的单务、无偿性,导致保证人面临较大经济风险,因此为了维护社会公共利益,《民法典》第683条规定,机关法人不得为保证人,但是经国务院批准为使用外国政府或者国际经济组织贷款进行转贷的除外。以公益为目的的非营利法人、非法人组织不得为保证人。此外,公司、合伙企业等提供保证也应当按照《公司法》、《合伙企业法》关于公司、合伙企业对外担保决议程序的规定进行。[23] (3)保证合同是诺成性合同。只要债权人与保证人就当债务人不履行到期债务或者发生当事人约定的情形时,保证人履行债务或者承担责任的意思达成一致,保证合同即成立。由于保证合同是单务、无偿合同,因此上述提供保证的意思应当明确。实践中的安慰函或者其他仅承诺督促债务人履行债务的增信文件,一般不能认定成立保证合同。但第三人向债权人提供差额补足、流动性支持等类似承诺文件作为增信措施,具有提供担保的意思表示,债权人请求第三人承担保证责任的,应当依照保证的有关规定处理。(4)保证合同是要式合同。由于保证合同生效后,保证人就有可能需要承担保证责任,因此保证合同的订立对于保证人具有重大的利害关系,需要保证人的谨慎对待,故而应要求保证合同应当以书面形式作出。当然,保证合同可以是单独订立的书面合同,也可以是主债权债务合同中的保证条款。第三人单方以书面形式向债权人作出保证,债权人接收且未提出异议的,也可以认定保证合同成立。(5)保证合同是从合同。保证合同是主债权债务合同的从合同。主债权债务合同无效的,保证合同无效,但是法律另有规定的除外。保证合同被确认无效后,债务人、保证人、债权人有过错的,应当根据其过错各自承担相应的民事责任。

2. 保证合同的内容

保证合同的内容一般包括被保证的主债权的种类、数额,债务人履行债务的期限,保证的方式、范围和期间等条款。同一债务有两个以上保证人的,保证人还可以在保证合同中约定各自的保证份额,没有约定保证份额的,债权人可以请求任何一个保证人在其保证范围内承担保证责任。

被保证的主债权既可以是金钱债权,也可以是非金钱债权。明确被保证的主债权的种类、数额,可以明确保证人的责任。但如果债权人与债务人之间在一段时间内需要连续发生某项交易往来(如贷款、货物赊销等),则就需要债权人与保证人分别签订保证合同。这一安排无疑与商业实践的效率要求不符,因此就出现了所谓的最高额保证合同,即保证人与债权人约定在最高债权额限度内就一定期间连续发生的债权提供保证。最高额保证除适用保证合同的规定外,还可以参照适用《民法典》第二编最高额抵押权的有关规定。

基于保证合同的从属性,原则上只有债务人不履行债务,保证人才需要承担保证责任。而债务人是否履行债务的判断基准就是在债务的履行期限届满时其是否履行了义务。因此,保证合同中应当明确债务人履行债务的期限。

保证的方式包括一般保证和连带责任保证。当事人在保证合同中约定,债务人不能履行债务时,由保证人承担保证责任的,为一般保证。一般保证的保证人在主合同纠纷未经审判或者仲裁,并就债务人财产依法强制执行仍不能履行债务前,有权拒绝向债权人承担保证责任,但是有下列情形之一的除外:(1)债务人下落不明,且无财产可供执行;(2)人民法院已经受理债务人破产案件;(3)债权人有证据证明债务人的财产不足以履行全部债务或者丧失履行债务能力;(4)保

---

[23] 参见《担保制度解释》第7条至第11条。

证人书面表示放弃本款规定的权利。当事人在保证合同中约定保证人和债务人对债务承担连带责任的,为连带责任保证。连带责任保证的债务人不履行到期债务或者发生当事人约定的情形时,债权人可以请求债务人履行债务,也可以请求保证人在其保证范围内承担保证责任。可见,一般保证与连带保证的区别在于保证人是否享有先诉抗辩权,即是否具有债务人应当先承担责任的意思表示。相比连带保证,一般保证对保证人更为有利。而且,连带责任是一种加重责任,只能由法律规定或者当事人明确约定,而不能采取推定的方式予以确立。[24] 因此,《民法典》第686条第2款改变了原《担保法》第19条的推定连带责任保证的规则,规定当事人在保证合同中对保证方式没有约定或者约定不明确的,应当按照一般保证承担保证责任。[25]

保证范围,是指保证人承担保证债务的范围。基于保证债务的从属性原理,保证的范围应当限定在债务人应当承担的责任范围内,但具体的范围则应当依据当事人的约定来确定。如当事人对保证范围没有约定或者约定不明确的,保证的范围包括主债权及其利息、违约金、损害赔偿金和实现债权的费用。

保证期间是确定保证人承担保证责任的期间,旨在保护保证人,因此,保证期间可以由债权人与保证人约定。但基于保证合同的从属性,如债权人与保证人约定的保证期间早于主债务履行期限或者与主债务履行期限同时届满的,会导致保证合同对债权人失去意义,应当视为没有约定;没有约定或者约定不明确的,保证期间为主债务履行期限届满之日起6个月。[26] 债权人与债务人对主债务履行期限没有约定或者约定不明确的,保证期间自债权人请求债务人履行债务的宽限期届满之日起计算。[27] 保证期间是不变期间,不发生中止、中断和延长。债权人在保证期间内未依法行使权利的,保证责任消灭。具体而言,一般保证的债权人未在保证期间对债务人提起诉讼或者申请仲裁的,保证人不再承担保证责任。连带责任保证的债权人未在保证期间请求保证人承担保证责任的,保证人不再承担保证责任。[28] 需要明确的是,保证合同无效,债权人也应当在约定或者法定的保证期间内依法行使权利,否则保证人就可以主张不承担赔偿责任。如果债权人在保证期间内依法行使了权利,则保证债务就确定地发生,保证人就不得再以保证期间届满为由免责。当然,在保证债务被确定以后,其还应当与其他债务一样适用诉讼时效的规定。《民法典》未对于保证债务的诉讼时效期间作出特别规定。按照《民法典》第188条的规定,

---

〔24〕 参见《民法典》第178条。

〔25〕 需要注意的是,对于那些在我国《民法典》生效之前设立的保证方式约定不明或没有约定的保证合同案件,应当遵循法不溯及既往的基本原理,仍应适用我国原《担保法》第19条的推定连带责任保证的规则。

〔26〕《担保制度解释》第32条规定:保证合同约定保证人承担保证责任直至主债务本息还清时为止等类似内容的,视为约定不明,保证期间为主债务履行期限届满之日起6个月。

〔27〕《担保制度解释》第30条规定:最高额保证合同对保证期间的计算方式、起算时间等有约定的,按照其约定(第1款)。最高额保证合同对保证期间的计算方式、起算时间等没有约定或者约定不明,被担保债权的履行期限均已届满的,保证期间自债权确定之日起开始计算;被担保债权的履行期限尚未届满的,保证期间自最后到期债权的履行期限届满之日起开始计算(第2款)。前款所称债权确定之日,依照《民法典》第423条的规定认定(第3款)。

〔28〕《担保制度解释》第31条规定:一般保证的债权人在保证期间内对债务人提起诉讼或者申请仲裁后,又撤回起诉或者仲裁申请,债权人在保证期间届满前未再行提起诉讼或者申请仲裁,保证人主张不再承担保证责任的,人民法院应予支持。连带责任保证的债权人在保证期间内对保证人提起诉讼或者申请仲裁后,又撤回起诉或者仲裁申请,起诉状副本或者仲裁申请书副本已经送达保证人的,人民法院应当认定债权人已经在保证期间内向保证人行使了权利。第34条规定:人民法院在审理保证合同纠纷案件时,应当将保证期间是否届满、债权人是否在保证期间内依法行使权利等事实作为案件基本事实予以查明。债权人在保证期间内未依法行使权利的,保证责任消灭。保证责任消灭后,债权人书面通知保证人要求承担保证责任,保证人在通知书上签字、盖章或者捺指印,债权人请求保证人继续承担保证责任的,人民法院不予支持,但是债权人有证据证明成立了新的保证合同的除外。

保证合同的诉讼时效期间应为3年,且自权利人知道或者应当知道权利受到损害以及义务人之日起计算。具体而言,一般保证的债权人在保证期间届满前对债务人提起诉讼或者申请仲裁的,从保证人拒绝承担保证责任的权利消灭之日起,开始计算保证债务的诉讼时效。连带责任保证的债权人在保证期间届满前请求保证人承担保证责任的,从债权人请求保证人承担保证责任之日起,开始计算保证债务的诉讼时效。

(二)当事人的权利和义务

1. 债权人的权利

作为保证合同的权利人,债权人可以依据保证合同请求保证人履行债务或者承担责任。

作为主债权债务合同的权利人,债权人可以依据主合同的约定和法律的规定享有相应的权利。比如,转让全部或者部分债权,同意债务人转移全部或者部分债务,与债务人协商变更主合同。但由于保证合同的存在,主合同法律关系的变动就不能对保证人产生不利影响。具体而言,由于债权转让仅涉及债权人变化,通常不会增加保证人的风险和负担,因此,除非保证人与债权人约定禁止债权转让,否则即使债权人未经保证人书面同意转让债权的,只要债权人转让全部或者部分债权时已依法通知保证人的,该转让对保证人发生效力,即保证人仍应对受让人承担保证责任。与债权转让不同,债务人转移全部或者部分债务则涉及了债务人的变化,关涉债权人与保证人的利益,因此,在免责的债务承担中,应当获得债权人与保证人的书面同意。《民法典》第697条规定:"债权人未经保证人书面同意,允许债务人转移全部或者部分债务,保证人对未经其同意转移的债务不再承担保证责任,但是债权人和保证人另有约定的除外。第三人加入债务的,保证人的保证责任不受影响。"主债权债务合同内容的变更既可能构成债务的减轻,也可能构成债务的加重,因此需要区别不同情形作不同处理。《民法典》第695条规定:"债权人和债务人未经保证人书面同意,协商变更主债权债务合同内容,减轻债务的,保证人仍对变更后的债务承担保证责任;加重债务的,保证人对加重的部分不承担保证责任。债权人和债务人变更主债权债务合同的履行期限,未经保证人书面同意的,保证期间不受影响。"

2. 保证人对债权人的权利

保证人可以基于保证合同享有相应的权利。比如,一般保证的保证人就享有先诉抗辩权。为此,《民法典》第698条规定:"一般保证的保证人在主债务履行期限届满后,向债权人提供债务人可供执行财产的真实情况,债权人放弃或者怠于行使权利致使该财产不能被执行的,保证人在其提供可供执行财产的价值范围内不再承担保证责任。"此外,基于保证合同的从属性,保证人还可以享有主合同之债务人享有的抗辩、抵销权、撤销权等权利或利益。具体而言,保证人可以主张债务人对债权人的抗辩。[29] 即使债务人放弃抗辩的,保证人仍有权向债权人主张抗辩。债务人对债权人享有抵销权或者撤销权时,若债务人自己行使了抵销权或者撤销权,则主债务会据此消灭或者部分消灭,保证人自当可以据此而拒绝消灭部分之债务的清偿。若债务人自己未主张抵销权或者撤销权,保证人虽不能越俎代庖行使债务人之抵销权或者撤销权,但为保护保证人之利益,应当认为保证人可以在相应范围内拒绝承担保证责任。

3. 保证人对债务人的权利

虽然债务人并非保证合同的当事人,但基于保证合同之目的,在保证人承担保证责任后,除

---

〔29〕 需要明确的是,这里所谓的抗辩既包括权利否认抗辩,也包括权利阻止抗辩(抗辩权)。参见高圣平:《民法典担保制度及其配套司法解释理解与适用》,中国法制出版社2021年版,第241~242页。

当事人另有约定外,有权在其承担保证责任的范围内向债务人追偿。这一权利被称为保证人的追偿权,该权利的成立需以保证人承担保证责任且无过失为前提。例如,保证人知道或者应当知道主债权诉讼时效期间届满仍然承担保证责任,保证人承担保证责任后向债务人追偿的,人民法院不予支持,但是债务人放弃诉讼时效抗辩的除外。

由于保证人所承担的保证责任可能仅涉及债权人对债务人的部分内容,即在保证人承担保证责任后,债权人对债务人仍有剩余债权,此时保证人对债务人的追偿权与债权人对债务人的剩余债权构成竞存,就保护债权人和保证合同的目的而言,保证人的追偿权不得损害债权人的利益。

保证人的追偿权一般只能在保证人承担保证责任后才能行使。但为了保证保证人追偿权的实现,我国法律也确立了追偿权预先行使制度。《企业破产法》第51条规定:"债务人的保证人或者其他连带债务人已经代替债务人清偿债务的,以其对债务人的求偿权申报债权。债务人的保证人或者其他连带债务人尚未代替债务人清偿债务的,以其对债务人的将来求偿权申报债权。但是,债权人已经向管理人申报全部债权的除外。"可见,追偿权预先行使制度的发生以保证人在债权申报期内知道债权人未申报债权为前提。因此,债权人应当在债权申报期内将其不申报债权的意思通知保证人。[30] 如债权人知道或者应当知道债务人破产,既未申报债权也未通知担保人,致使担保人不能预先行使追偿权的,担保人就该债权在破产程序中可能受偿的范围内免除担保责任,但是担保人因自身过错未行使追偿权的除外。

此外,当保证人承担保证责任之后,还可以基于法定的债权移转规则直接承受债权人的地位,在其承担保证责任的范围内承受债权人对债务人的债权,从而对债务人行使除专属于债权人自身以外的一切权利,包括享有担保该债权的其他担保权利。为与前述保证人对债务人的追偿权相区别,理论上将这一权利称为保证人的清偿承受权。当然,保证人清偿承受权的行使也不能损害债权人的利益。

二、融资租赁合同

(一)融资租赁合同概述

融资租赁合同是出租人根据承租人对出卖人、租赁物的选择,向出卖人购买租赁物,提供给承租人使用,承租人支付租金的合同(《民法典》第735条)。融资租赁合同的内容一般包括租赁物的名称、数量、规格、技术性能、检验方法,租赁期限,租金构成及其支付期限和方式、币种,租赁期限届满租赁物的归属等条款。

融资租赁是一种贸易与信贷相结合,融资与融物为一体的综合性交易。一般来说,融资租赁要有三方当事人(出租人、承租人和出卖人)参与,通常由两个合同(融资租赁合同、买卖合同)或者两个以上合同构成,其内容是融资,表现形式是融物。根据《民法典》第735条对融资租赁的界定,应当结合标的物的性质、价值、租金的构成以及当事人的合同权利和义务,对是否构成融资租赁法律关系作出认定。融资租赁合同具有以下三方面的含义:

其一,出租人须根据承租人对出卖人和租赁物的选择出资购买租赁物。这是融资租赁合同不同于租赁合同的一个重要特点。租赁合同的出租人是以自己现有的财物出租,或者根据自己的意愿购买财物用于出租。而融资租赁合同是出租人按照承租人的要求,主要是对出卖人和租

〔30〕 参见高圣平:《担保法前沿问题与判解研究》(第五卷),人民法院出版社2021年版,第191页。

赁物的选择,出资购买出租的财物,使承租人不必付出租赁物的价值,即可取得租赁物的使用收益,从而达到融资的效果。正是从这一意义上,这种合同被冠以“融资”的称号。

其二,出租人须将购买的租赁物交付承租人使用收益。在融资租赁合同中,出租人虽然须向第三人购买标的物,但其购买的直接目的是交付承租人使用收益,而不是为了自己使用。这是融资租赁合同中出租人的买卖行为不同于买卖合同之处。

其三,承租人须向出租人支付租金。融资租赁合同的承租人对出租人购买租赁物为使用收益,并须支付租金。也正是在这种意义上,该种合同的名称中含有“租赁”一词。

典型的融资租赁涉及三方当事人(出租人、承租人、出卖人)和两个合同(融资租赁合同和买卖合同)。在签订合同时,通行的做法是:当某个企业需要某种设备又缺少所需资金时,可以向租赁公司提出,要求租赁公司出资购买并租给其使用,双方达成一个租赁意向。租赁公司根据承租人对设备和出卖人的要求,与出卖人签订一个买卖合同,由出卖人将设备直接送交承租人,由承租人验收。出租人凭承租人的验收合格通知书向出卖人支付货款。出租人付款前,与承租人正式签订一份融资租赁合同。由此可以看出,融资租赁交易行为所包含的融资租赁合同和买卖合同是相互联系、相互影响的,各自虽具有独立性,但又并不完全独立,而是在一定意义上以对方的存在为条件。

(二)当事人的权利和义务

出卖人和出租人之间适用买卖合同的规定,在此无须特别讨论。需要注意的是,出卖人应当按照约定向承租人交付标的物,承租人享有与受领标的物有关的买受人的权利。

1. 出租人的权利义务

出租人和承租人之间,出租人的权利义务主要包括:(1)购买租赁物的义务。出租人应按照承租人对租赁物和出卖人的选择履行其出资购买租赁物的义务。出租人不履行其购买义务,给承租人造成损失的,应承担赔偿责任。(2)出租人根据承租人对出卖人、租赁物的选择订立的买卖合同,未经承租人同意,出租人不得变更与承租人有关的合同内容。(3)出租人和承租人可以约定租赁期限届满租赁物的归属;对租赁物的归属没有约定或者约定不明确,依据《民法典》第510条的规定仍不能确定的,租赁物的所有权归出租人。(4)如果出租人、出卖人、承租人约定,出卖人不履行买卖合同义务的,由承租人行使索赔权利的,出租人应当协助。(5)租赁物不符合约定或者不符合使用目的的,出租人不承担责任,但承租人依赖出租人的技能确定租赁物或者出租人干预选择租赁物的除外。(6)租赁期间内,出租人应保证承租人对租赁物的占有和使用,这既是融资租赁合同中出租人的一项主要义务,也是承租人的一项主要权利。(7)承租人占有租赁物期间,租赁物造成第三人的人身伤害或者财产损害的,出租人不承担责任。

2. 承租人的权利义务

承租人的权利义务主要有:(1)承租人应当按照合同约定的时间、地点、验收方法接收标的物。接收标的物,既是承租人的权利,也是承租人的义务。作为义务,承租人应当接收标的物,无正当理由不接收的,应当承担相应的迟延履行责任;作为权利,承租人有权接收标的物,出卖人不得拒绝将标的物交付给承租人。如果存在法律规定的出卖人违反向承租人交付标的物义务的情形,承租人也可拒绝受领出卖人向其交付的标的物,但应当及时通知出租人。《民法典》第740条规定的法定情形包括:标的物严重不符合约定;未按照约定交付标的物,经承租人或者出租人催告后在合理期限内仍未交付。(2)承租人应当按照合同约定向出租人支付租金,这是承租人的基本义务。由于融资租赁合同中的租金并非租赁物的对价,而是融资的对价,所以当租赁物存在瑕疵时,承租人不得以此为理由拒付租金。承租人经催告后在合理期限内仍不支付租金的,出租人可以要求支付全部租金;也可以解除合同,收回租赁物。(3)承租人应当妥善保管、使用租赁物。(4)当事人约定租赁期间届满租赁物归承租人所有,承租人已经支付大部分租金,但无力支付剩余租金,出租人因此解除合同收回租赁物的,收回的租赁物的价值超过承租人欠付的租金以及其他费用的,承租人可以要求部分返还。(5)租赁期满返还租赁物。由于租赁物的所有权归属于出租人,因此,租赁期满,承租人应当向出租人返还租赁物。但租赁合同约定租赁期满,租赁物归承租人所有的除外。

(三)融资租赁合同的解除

融资租赁合同的解除制度,是融资租赁法律关系中非常典型和特殊的制度,体现了融资与融物结合、物权保障与债权保护兼备的法律特征。按照《民法典》《融资租赁合同解释》的规定,存在法定或约定情形的,出租人或者承租人可以解除融资租赁合同。融资租赁合同解除后,导致损失赔偿、租赁物取回、买卖合同处置等法律后果。

1. 融资租赁合同解除权的特别规定

由于融资租赁交易具有融资性、周期长、利益重大、交易复杂等特点,融资租赁合同的解除与一般合同的解除相比有着更为严格的条件。融资租赁合同中一般都有类似"除合同约定条款外,未经对方书面同意,任何一方不得中途变更合同内容或解除合同"的约定,即所谓的"中途解约禁止条款"。但是,中途解约禁止并非融资租赁合同不适用解除制度,在出现法定或约定的特殊情况下,应当允许当事人基于一方或双方的意思使合同归于消灭。

根据《民法典》第752条、第753条、第754条以及《融资租赁合同解释》第5条、第6条之规定,出租人或者承租人可以解除融资租赁合同的情形包括以下几种:(1)承租人应当按照约定支付租金。承租人经催告后在合理期限内仍不支付租金的,出租人可以请求支付全部租金;也可以解除合同,收回租赁物。承租人未付租金包括两种情形:一是承租人未按照合同约定的期限和数额支付租金,符合合同约定的解除条件,经出租人催告后在合理期限内仍不支付的;二是合同对于欠付租金解除合同的情形没有明确约定,但承租人欠付租金达到两期以上,或者数额达到全部租金百分之十五以上,经出租人催告后在合理期限内仍不支付的。出租人既请求承租人支付合同约定的全部未付租金又请求解除融资租赁合同的,人民法院应告知其依照《民法典》第752条的规定作出选择。出租人请求承租人支付合同约定的全部未付租金,人民法院判决后承租人未予履行,出租人再行起诉请求解除融资租赁合同、收回租赁物的,人民法院应予受理。(2)承租人未经出租人同意,将租赁物转让、抵押、质押、投资入股或者以其他方式处分的,出租人可以解除融资租赁合同。(3)出租人与出卖人订立的买卖合同解除、被确认无效或者被撤销,且未能重新订立买卖合同。融资租赁合同和买卖合同是相互联系、相互影响的,若出租人与出卖人订立的买卖合同解除、被确认无效或者被撤销,承租人与出租人之间的融资租赁合同可能即因此丧失履行的基础和意义,因此,出租人与承租人均可解除融资租赁合同。(4)租赁物因不可归责于当事人的原因毁损、灭失,且不能修复或者确定替代物。(5)因出卖人的原因致使融资租赁合同的目的不能实现。对于融资租赁合同而言,出卖人的原因属于不能归责于融资租赁合同双方当事人的事由,出租人和承租人均可解除融资租赁合同。(6)因出租人的原因致使承租人无法占有、使用租赁物,承租人可以解除融资租赁合同。

2. 融资租赁合同解除后果的特别规定

主要包括:(1)融资租赁合同因买卖合同解除、被确认无效或者被撤销而解除,出卖人、租赁物系由承租人选择的,出租人有权请求承租人赔偿相应损失;但是,因出租人原因致使买卖合同解除、被确认无效或者被撤销的除外。(2)出租人的损失已经在买卖合同解除、被确认无效或者被撤销时获得赔偿的,承租人不再承担相应的赔偿责任。(3)融资租赁合同因租赁物交付承租人后意外毁损、灭失等不可归责于当事人的原因解除的,出租人可以请求承租人按照租赁物折旧情况给予补偿。(4)当事人约定租赁期限届满租赁物归承租人所有,承租人已经支付大部分租金,但是无力支付剩余租金,出租人因此解除合同收回租赁物,收回的租赁物的价值超过承租人欠付的租金以及其他费用的,承租人可以请求相应返还。(5)出租人依法请求解除融资租赁合同,同时请求收回租赁物并赔偿损失的,人民法院应予支持。损失赔偿范围为承租人全部未付租金及其他费用与收回租赁物价值的差额。合同约定租赁期间届满后租赁物归出租人所有的,损失赔偿范围还应包括融资租赁合同到期后租赁物的残值。

三、保理合同

(一)保理合同概述

保理合同是应收账款债权人将现有的或者将有的应收账款转让给保理人,保理人提供资金融通、应收账款管理或者催收、应收账款债务人付款担保等服务的合同。所谓保理人提供的应收账款债务人付款担保服务,是指保理人就应收账款债务人的付款义务向债权人提供担保,它是一项常见的保理服务。保理合同是双务、有偿、诺成、要式合同,应当采用书面形式,其内容一般包括业务类型、服务范围、服务期限、基础交易合同情况、应收账款信息、保理融资款或者服务报酬及其支付方式等条款。

保理业务最早出现于美国,之后发展于欧洲。自20世纪八九十年代以来,保理业务在我国得到迅猛发展,其体量和规模相当庞大。在《民法典》编纂之前,我国尚未对保理合同进行明确规定,导致法律无法满足现代经济社会的发展需求。当前,《民法典》合同编对保理合同进行专章规定,保理合同实际上已成为一种独立的有名合同。

根据法不溯及既往的原则,《民法典》合同编保理合同一章作为新增规定,其原则上只对《民法典》施行后的相关法律事实产生约束力,对施行前的法律事实无溯及力,但为了更好地保护民事主体的权利和利益而作的特别规定除外。根据最高人民法院《民法典时间效力规定》之意旨,对于《民法典》施行以前的法律事实所引起的民事纠纷案件,当时的法律、司法解释没有规定,但是《民法典》对其作出规定的,可以适用《民法典》的相关规定。据此,保理合同当事人因《民法典》施行前订立的保理合同发生争议的,可以适用《民法典》合同编关于保理合同的有关规定。

按照不同的标准,可以对保理进行不同的分类。

一是以保理人对应收账款债权人追索权的有无为标准,可将保理分为有追索权保理与无追索权保理。根据《民法典》第766条、第767条之规定,有追索权保理,是指当事人约定应收账款无法收回时,保理人有权向应收账款债权人追索已付保理融资款项本息,或者要求应收账款债权人回购应收账款,此外,保理人也可以向应收账款债务人主张应收账款债权。无追索权的保理,是指当事人约定应收账款债务人因发生信用风险而未按基础合同按时足额支付应收账款时,保理人不能向应收账款债权人进行追索,而只能向应收账款债务人主张应收账款债权。在有追索权的保理中,应收账款债权人将应收账款转让给保理人,其目的在于担保保理人对债权人所享有的保理融资款本息;而在无追索权的保理中,保理人受让应收账款是为了获取应收账款与保理融资款之间的差价。因此,有追索权的保理体现了保理合同的担保功能。值得注意的是,保理人提供应收账款债务人付款担保服务并非保理合同担保功能之所在。由于保理人在有追索权的保理中,既可以向应收账款债权人也可以向应收账款债务人主张权利,因此,当保理人分别以应收账款债权人和债务人为被告提起诉讼时,人民法院应予受理。根据《担保制度解释》第66条第2款之规定,保理人一并起诉应收账款债权人和债务人的,人民法院可以受理。从实质上说,有追索权的保理是应收账款债权人为保理人无法从债务人处收回应收账款债权而提供的担保,这是其被视为其他具有担保功能的合同的原因,故而应当适用担保的一般规则,即保理人有权同时起诉应收账款债权人和债务人。

二是以应收账款转让的事实是否通知债务人为标准,可将保理分为公开型保理和隐蔽型保理。公开型保理,又称明保理,是指将应收账款转让的事实通知债务人的保理。隐蔽型保理,又称暗保理,是指应收账款转让的事实不通知债务人的保理。

三是以基础合同当事人是否同属一国为标准,可将保理分为国际保理与国内保理。国际保理是指基础合同当事人分属不同国家的保理,国内保理是指基础合同当事人均在境内,且由符合法律规定的保理人提供服务的保理。

四是以提供服务的保理人为标准,可将保理分为银行保理和商业保理。银行保理是指由银行向应收账款债权人提供服务的保理,商业保理是指由依法取得保理业务资质的商业保理公司向应收账款债权人提供服务的保理。

保理业务的核心是应收账款的转让,鉴于保理合同与债权转让之间存在紧密的联系,学界通说认为保理合同是一种特殊的债权让与。根据《民法典》第769条之规定,对保理合同没有规定的,适用《民法典》合同编债权让与的有关规定。

(二)保理合同当事人的权利与义务

1. 保理人的权利与义务

保理人的主要权利:(1)请求债权人转让应收账款。保理业务以应收账款的转让为核心,保理人提供保理服务以应收账款的转让为基础,故保理人有权请求债权人按约转让应收账款并履行相应的转让程序。(2)向应收账款债权人主张返还保理融资款本息或回购应收账款,或者向应收账款债务人主张应收账款债权。根据《民法典》第766条、第767条之规定,保理人的该项权利依据其与债权人约定有无追索权而存在差异。在有追索权保理情形下,保理人可以向债权人主张返还保理融资款本息或者要求债权人回购应收账款债权,也可以向债务人主张应收账款债权。当保理人在债务人处实现应收账款债权后,若扣除保理融资款本息和相关费用后,仍有剩余款项的,保理人应将剩余部分返还给债权人。当应收账款债权人在向保理人返还保理融资款本息或者回购应收账款债权之后,保理人基于保理合同取得的应收账款债权理应返还给债权人,根据《担保制度解释》第66条第3款之规定,应收账款债权人此时有权请求债务人向其履行应收账款债务。在无追索权保理情形下,保理人只能向债务人主张应收账款债权,此时,若保理人取得的款项超过保理融资款本息和相关费用的总和,其无须将超过部分返还给应收账款债权人。(3)向应收账款债权人收取保理服务费用。保理人根据合同约定向债权人提供一项或多项保理服务,其有权向债权人收取相应的保理服务费用。(4)请求应收账款债权人予以配合、提供协助的权利。保理人在提供保理服务过程中,一般会要求债权人提供应收账款的必要证明文件以及告知债务人的清偿能力,该类请求符合保理服务开展的要求,合法合理。

保理人的主要义务:(1)向应收账款债权人提供保理服务的义务。根据《民法典》第761条之规定,其服务包括资金融通、应收账款管理或者催收、应收账款债务人付款担保等。上述服务在理论和实务中分别被称为保理的融资功能、服务功能与保付功能。若保理人仅接受应收账款的转让,而不向债权人提供任何一项服务,便是纯粹的应收账款买卖,尚不构成保理法律关系。因此,保理人在接受应收账款转让后,应当向债权人提供相应的保理服务。(2)审查义务。保理人在受理保理业务时,应当尽到相应的审查义务。例如:审核应收账款债权人或债务人的资信、经营及财务状况;分析拟做保理的应收账款是否出质、转让等基本情况;判断债权人的回购能力、债务人的付款意愿、付款能力;审查基础交易合同、交易背景的合法性、真实性和合理性,以防止应收账款债权人、债务人通过虚开票据或伪造基础合同等手段恶意骗取融资等保理服务。(3)附凭证通知债务人的义务。通常情况下,保理合同仅是由保理人与应收账款债权人双方签订,应收账款债务人对应收账款转让的事实以及保理人的身份并不知晓,此时债权人和保理人均可向债务人发出债权转让的通知。对此,《民法典》第 764 条规定,保理人向应收账款债务人发出应收账款转让通知的,应当表明保理人身份并附有必要凭证。

2. 应收账款债权人的权利与义务

应收账款债权人的主要权利是接受保理人提供的融资款项、应收账款管理或催收、债务人付款担保等保理服务。若保理人未按约定向债权人提供某一项或几项服务,债权人则有权请求保理人提供相应的保理服务。

应收账款债权人的主要义务:(1)向保理人转让应收账款并办理相应的转让手续。债权人对保理人负有转让应收账款、提供应收账款的必要证明文件等系列义务,但由于应收账款的转让是保理业务的核心,故应收账款债权人将应收账款转让给保理人便成为债权人所负的最典型的义务。这是保理作为融资等手段的法律基础,离开应收账款转让,即使保理人向应收账款债权人提供融资、保付等服务,保理也是不存在的。债权人在转让应收账款时,可单独履行向债务人发出应收账款转让通知的义务。(2)向保理人返还融资款本息或回购应收账款。在有追索权保理的情形下,保理人无法收回应收账款且向债权人提出主张时,债权人应当返还已付保理融资款项本息,或者按要求回购应收账款。此外,债权人在接受保理人提供的保理服务后,应当按约向保理人支付相应的服务费用。(3)向保理人提供协助的义务。保理人在受理保理业务并审查基础交易合同等内容时,通常会要求债权人提供相关的证明材料,故债权人应当积极配合保理人,向其提供基础交易合同、应收账款的证明文件,向其告知债权人或债务人资信、经营状况、清偿能力等。

(三)基础关系对保理合同的影响

保理合同以应收账款转让为基础,而该应收账款产生于债权人与债务人之间的基础交易关系,也即基础交易关系与保理合同的效力存在一定的联系。

若应收账款债权人与债务人虚构应收账款,并以此作为转让标的与保理人订立保理合同,当保理人要求应收账款债务人履行合同义务时,应收账款债务人不得以应收账款不存在为理由对保理人进行抗辩。但如果保理人明知债权人与债务人虚构应收账款这一事实,应收账款债务人则可以此为由对抗保理人。

保理合同订立后,保理人通常会向应收账款债务人发出应收账款转让的通知。在应收账款债务人接到该转让通知之后,如果应收账款债权人与债务人没有任何正当理由而对双方之间的基础合同关系予以协商变更或者终止,基础交易合同当事人的这一行为对保理人造成不利影响的,该基础交易关系则不对保理人发生任何效力,保理法律关系亦不受其影响。

（四）多重保理的清偿顺序

实践中存在多重保理的情形，即应收账款债权人就同一应收账款与多个保理人订立多份保理合同，最后导致多个保理人均对其主张权利。《民法典》第768条对该种情形下的清偿顺序作出了明确规定：已经登记的先于未登记的取得应收账款；均已经登记的，按照登记时间的先后顺序取得应收账款；均未登记的，由最先到达应收账款债务人的转让通知中载明的保理人取得应收账款；既未登记也未通知的，按照保理融资款或者服务报酬的比例取得应收账款。

另外，实践中也可能发生债权人将同一应收账款进行保理、应收账款质押或者债权转让的情形，根据《担保制度解释》第66条第1款之规定，《民法典》第768条所确立的多重保理清偿顺位规则，可以类推适用于同一应收账款同时存在保理、应收账款质押或者债权转让的场合。

问题与思考

1. 保证合同章在担保制度体系中的定位

不同于1995年的《担保法》，《民法典》没有将担保制度独立成编，而是分别将保证、定金和担保物权分别规定在合同编和物权编中，这样一来立法上就会面临如何处理担保制度一般规则的问题。

在《民法典》的编纂过程中，立法者是有意将保证合同章作为担保关系的一般规则来加以确立的。例如，《民法典》在担保物权分编中对于物上保证人的权利保护并未作出周全的规定。就物上保证人的权利保护问题，就应当类推适用保证合同章中保证人的权利保护规则。为此，《担保制度解释》第20条规定："人民法院在审理第三人提供的物的担保纠纷案件时，可以适用民法典第六百九十五条第一款、第六百九十六条第一款、第六百九十七条第二款、第六百九十九条、第七百条、第七百零一条、第七百零二条等关于保证合同的规定。"

当然，对于保证合同章作为担保关系的一般规则的基本思想，《民法典》其实并没有贯彻到底。比如，关于最高额担保制度，《民法典》主要是在担保物权分编抵押权章最高额抵押权节中加以规定。因此，最高额保证、最高额质权就都需要准用最高额抵押的相关规定。

2. 独立保证的效力识别

在过去的很长一段时期内，我国的司法实践区分国内的、国际的两种情形，只承认独立保证在对外担保和外国银行、机构对国内机构担保上的效力，而对于国内企业、银行之间的独立保证则采取否定的态度，不承认当事人对独立保证的约定的法律效力。这一做法虽然在一定程度上可以减少独立保证所引发的欺诈问题，但却违背了平等原则，有因噎废食之嫌。为此，《独立保函规定》首次明确统一了国际和国内独立保函的效力认定规则。

《独立保函规定》第23条规定："当事人约定在国内交易中适用独立保函，一方当事人以独立保函不具有涉外因素为由，主张保函独立性的约定无效的，人民法院不予支持。"可见，凡是由银行或者非银行金融机构开立的符合该司法解释第1条、第3条规定情形的保函，无论是用于国际商事交易还是用于国内商事交易，均不影响保函的效力。但需要注意的是，根据《独立保函规定》第1条的规定，独立保函的开立人被限定为银行或非银行金融机构。根据《中国银监会非银行金融机构行政许可事项实施办法》第2条的规定，"本办法所称非银行金融机构，包括经银监会批准设立的金融资产管理公司、企业集团财务公司、金融租赁公司、汽车金融公司、货币经纪公司、消费金融公司、境外非银行金融机构驻华代表处等机构"。因此，银行或者非银行金融机构之外的当事人开立的独立保函,以及当事人有关排除担保从属性的约定,应当认定无效。但是,根据“无效法律行为的转换”原理,在否定其独立担保效力的同时,应当将其认定为从属性担保。此时,如果主合同有效,则担保合同有效,担保人与主债务人承担连带保证责任。主合同无效,则该所谓的独立担保也随之无效,担保人无过错的,不承担责任;担保人有过错的,其承担民事责任的部分,不应超过债务人不能清偿部分的1/3。

3. 融资租赁合同的界定

融资租赁本质上是一种融资工具,但由于其“融物 + 融资”的特性,使其灵活性优于银行金融。对于承租人而言,融资租赁既可以为其提供资金配给方案,又可以盘活其已有资产、优化其资产负债结构;对于出租人而言,除享受利息收益外,还可以在能力范围内进行租赁物残值经营。我国融资租赁行业最基础的两类业务模式包括直租与售后回租。其他模式如杠杆租赁、委托租赁、转租赁等均是上述两种模式的混合和变化。直租的业务模式是由承租人选择需要购买的租赁物,出租人向供货商购买后,将租赁物出租给承租人使用;租赁期间承租人支付租金,期满后根据出租人与承租人的约定确定租赁物的归属。其包括三方当事人、两类合同:出租人与供货商之间的买卖合同、出租人与承租人之间的融资租赁合同。此为《民法典》第735条规定的融资租赁合同。售后回租是承租人将自己的资产出售给出租人,然后向出租人租回对应资产并使用的模式;租赁期间承租人支付租金,期满后,双方协商由承租人续租或承租人以约定价格回购租赁资产。售后回租虽然同样存在买卖和融资租赁两重法律关系,但相比直租其只涉及两个主体——出租人与承租人,其中承租人既充当出卖人(供货商)的角色,又为承租者。而且,售后回租并非以设备为盈利主线,而是以资金为主线,其收益主要为以租金形式体现,不包括残值收益、服务费收益等,故容易与借贷特别是抵押贷款混淆,易发展为类信贷业务或银行通道业务。

全国人民代表大会常务委员会2019年12月向社会公开征求意见的《民法典(草案)》,在第735条关于融资租赁合同的定义性条款中曾设置有第2款,内容为:承租人将其自有物出卖给出租人,再通过融资租赁合同将租赁物从出租人处租回的,承租人和出卖人系同一人不影响融资租赁合同的成立。但在2020年5月提交十三届全国人大三次会议审议的《民法典(草案)》中,删除了以上售后回租的条款。反对观点的主要理由是认为售后回租与融资租赁性质完全不同,它是承租人将自己拥有所有权的物通过一个买卖合同卖给出租人(大多是形式上的),再通过一个租赁合同租回(大多也是形式上的),从出租人处得到出卖款,用于他处,故其本质上就是抵押贷款,是以融资租赁合同为表现形式的抵押借款,其完全不具备融资租赁的融物法律特征。我们认为,上述反对理由以偏概全,并不符合融资租赁交易的实际情况。融资租赁的本质是“融物 + 融资”,其较借贷多出了一层租赁关系(融物),该租赁关系一方面保证承租人对物的使用,另一方面对出租人起到物权担保作用。售后回租如果具备“融物 + 融资”的本质特征,就不是借款合同或者抵押借款合同。《融资租赁合同解释》第2条规定:“承租人将其自有物出卖给出租人,再通过融资租赁合同将租赁物从出租人处租回的,人民法院不应仅以承租人和出卖人系同一人为由认定不构成融资租赁法律关系。”对售后回租并未一概否认其融资租赁的性质。因此,不应仅以承租人和出卖人系同一人为由认定不构成融资租赁法律关系,而应根据《民法典》第735条对融资租赁的界定,应当结合标的物的性质、价值、租金的构成以及当事人的合同权利和义务,对是否构成融资租赁法律关系作出认定。

4. 融资租赁合同不成立

如上文所述,融资租赁的本质是“融物 + 融资”,其较借贷多出了一层租赁关系(融物),该租赁关系一方面保证承租人对物的使用,另一方面对出租人起到物权担保作用,故要求租赁物本身具有独立性,承租人对租赁物享有占有、使用权,出租人对租赁物享有所有权。但在不少名为融资租赁的关系中,因不能满足上述融物要求,仅有融资之实,导致融资租赁关系不成立。司法实践中,大致有以下几种情况:(1)租赁物非“独立、明确”的物。融资租赁的租赁物必须是原《物权法》独立、明确、可处分的标的物,否则无法单独转让,出租人无法取得租赁物所有权,从而导致丧失了融资租赁的基础法律特征,而不能认定为融资租赁。(2)租赁物租赁期满后不可返还。融资租赁的法律关系,实际是以融资为目的租赁,其法律属性仍属于租赁法律关系之一种,而租赁法律关系中,承租人合同主要义务之一为依约返还租赁物,故依融资租赁合同的法律性质,其标的物应具备适于租赁的特性,即合同期限届满时,具有返还原物的可能性。(3)不存在实际租赁物。租赁物客观存在且所有权由出卖人转移给出租人是融资租赁合同区别于借款合同的重要特征。没有确定的、客观存在的租赁物,亦无租赁物的所有权转移,仅有资金的融通,不构成融资租赁合同关系。(4)租赁物所有权未转移。融资租赁要求出租人对租赁物享有所有权以实现租赁物的物权担保,若租赁物所有权未从出卖人处转移至出租人或者租赁物的价值明显偏低无法起到对租赁债权的担保,应认定该类融资租赁合同没有融物属性,不构成融资租赁关系。但实务中确实有部分租赁物的所有权转移难以实现。如房产的售后回租为避免高额税费,出租人多仅办理网签手续而不将房产过户到自己名下;汽车的售后回租为承租人使用需要、属地化车辆挂牌及年检等问题,出租人不得不将租赁物登记在承租人名下。上述情况导致纠纷频发,对此应根据案件事实作出审慎认定。

第六节　其他典型合同

一、合伙合同

(一)合伙合同概述

合伙合同,又称合伙协议,是指两个以上合伙人为了共同的事业目的,订立的共享利益、共担风险的协议。合伙合同是典型的继续性合同,且属于多方法律行为,其成立需要全体合伙人合伙的意思表示完全达成一致方可。据此,合伙合同的主要特征包括:(1)合伙合同的人数至少为两人;(2)合伙人须有共同的事业目的,这是合伙合同与其他合同的显著区别;(3)合伙人必须共同出资;(4)合伙人之间负连带责任。

原《民法通则》将个人合伙列于“公民(自然人)”一章中,对其作出了较为简单的规定。《民法典》合同编第二十七章在对原《民法通则》相关规定进行吸收、调整和完善之后,对合伙合同予以专章规定,实现了合伙合同的有名化。该章从合伙合同定义、合伙财产、合伙事务的执行、合伙利润亏损分配等方面对民事合伙作出了具体详细的规定。就合伙法律制度而言,我国《民法典》第102条第2款将合伙企业列为非法人组织的范畴,确立了合伙企业的民事主体地位;《合伙企业法》对商事合伙加以特别规范,确立了合伙企业处理内外部关系的规则;而《民法典》合同编则专门调整民事合伙法律关系,成为处理合伙法律关系的一般性规定。

(二)合伙合同当事人的权利与义务

合伙人的主要权利有:(1)合伙事务共同决定权。除合伙合同另有约定外,合伙人对合伙事务作出决定的,应当经全体合伙人一致同意。(2)合伙事务执行权。各合伙人基于合伙的性质和目的,都有权执行合伙事务,但通常情形下,由全体合伙人直接参与经营,处理合伙事务。根据《民法典》第970条第2款之规定,合伙事务由全体合伙人共同执行。(3)监督权。根据合伙合同的约定或者全体合伙人的决定,可以委托一个或者数个合伙人执行合伙事务,其他合伙人便不再执行合伙事务。但是合伙事务的执行关系到每个合伙人的切身利益,因此,不执行合伙事务的合伙人有权监督合伙事务的执行情况。(4)异议权。合伙人分别执行合伙事务的,执行事务合伙人可以对其他合伙人执行的事务提出异议;提出异议后,其他合伙人应当暂停该项事务的执行。(5)利润分配请求权。合伙的利润分配,按照合伙合同的约定办理;合同没有约定或者约定不明确的,由合伙人协商决定;协商不成的,由合伙人按照实缴出资比例分配;无法确定出资比例的,由合伙人平均分配。(6)追偿权。合伙人对合伙债务承担连带责任,但是合伙人清偿合伙债务超过自己应当承担份额的,其有权向其他合伙人追偿。(7)合伙财产份额的转让权。合伙人向合伙人以外的第三人转让其全部或部分财产份额,由于此时涉及第三方入伙以及合伙的稳定性等问题,若合伙合同没有其他约定,则须经其他合伙人一致同意。

合伙人的主要义务有:(1)履行出资的义务。合伙人应当按照合伙合同约定的出资方式、数额和缴付期限,履行出资义务。法律并不强制要求各合伙人等额出资,但若合伙合同没有约定,且合伙人协商不成的,合伙人则为等额出资。(2)分担亏损。合伙的亏损分担,按照合伙合同的约定办理;合同没有约定或者约定不明确的,由合伙人协商决定;协商不成的,按照实缴出资比例分担;无法确定出资比例的,由合伙人平均分担。(3)对合伙债务承担连带责任。该责任是对外的真正的连带责任,强调各合伙人均对其他合伙人责任财产不足负责,故在合伙债务未全部清偿之前,各合伙人均负连带责任。

(三)合伙合同中的限制性规定

关于合伙财产分割请求的限制。合伙财产包括合伙人的出资、因合伙事务依法取得的收益和其他财产,合伙财产作为共有财产,合伙人不能单独支配使用。故在合伙合同终止前,合伙人不得请求分割合伙财产。若不对此进行限制,将会导致合伙的合同目的无法实现,并且可能会损害债权人的利益。

关于报酬请求权的限制。合伙人基于其合伙人的身份、资格而执行合伙事务,原则上并不存在支付报酬等问题,故合伙人不得因执行合伙事务而请求支付报酬。但是如果执行合伙事务的合伙人以此获取报酬,可以提高合伙人的积极性,因此,合伙人可以在合同中约定执行事务的合伙人有权请求支付报酬。

关于合伙人的债权人行使代位权的限制性规定。依据《民法典》合同编"合伙合同"一章的规定,合伙人享有合伙财产的使用收益权;合伙事务的决定权、执行权、监督权、异议权;合伙财产份额的转让权。由于上述权利具有人身专属性,无法成为债权人代位权的客体,故合伙人的债权人不得代位行使合伙人依据合伙合同所享有的上述具有专属性的权利。但是对于利益分配请求权,主要是指合伙期间产生的利润分配请求权,其并不具有专属性,合伙人的债权人则可以对其行使代位权。

(四)不定期合伙合同

原《民法通则》对个人合伙的期限问题未作规定,对此,《民法典》第976条第1款明确对合伙合同的期限作出相应的规定。合伙人对合伙期限没有约定或者约定不明确,应当首先由合伙人协商一致确定。合伙人无法达成一致意见,并依据《民法典》第510条的规定仍不能确定的,将该合伙合同视为不定期合伙合同。

在有明确期限的合伙合同中,在合伙期限届满后,合伙人未协商一致延长合伙期限,但是合伙人继续执行合伙事务,并且其他合伙人对此没有提出任何异议的,原合伙合同继续有效,各合伙人按照原合伙合同享有权利、承担义务,但是合伙期限为不定期,原合伙合同变为不定期合伙合同。

在不定期合伙合同中,各合伙人在合同存续期间均可以随时提出解除合同。但是合伙人在解除合同时,应当遵循诚信原则,在合理期限之前通知其他合伙人。

(五)合伙合同的终止

具有以下几种情形的,合伙合同终止:(1)合伙合同约定的合伙期限届满;但是,构成不定期合伙合同的除外。(2)合伙人一致同意终止合伙合同。(3)合伙合同被依法解除。(4)合伙人死亡、丧失民事行为能力或者终止的,合伙合同终止。但是,合伙合同另有约定或者根据合伙事务的性质不宜终止的除外。例如,合伙人在合同中约定合伙人死亡的,其继承人成为新的合伙人,则该合伙合同不终止。

合伙合同终止后,合伙人应对合伙存续期间产生的财产和债务进行清算,且首先应将合伙财产用于支付因合伙终止而产生的费用以及清偿合伙债务。合伙财产在偿付完全之后仍有剩余的,应当按照合伙利润的分配规则进行分配。即对于剩余财产,按照合伙合同的约定进行分配;合同没有约定或约定不明确的,由合伙人协商决定;协商不成的,由合伙人按照实缴出资比例分配;无法确定出资比例的,由合伙人平均分配。

二、技术合同

(一)技术合同概述

1. 技术合同的概念与法律渊源

技术合同是当事人就技术开发、转让、许可、咨询或者服务订立的确立相互之间权利和义务的合同的总称,包括技术开发合同、技术转让合同、技术许可合同、技术咨询合同和技术服务合同五种类型。

技术合同的特殊性在于其标的的特殊性。技术合同的标的是凝聚着人类智慧的创造性的劳动成果,或者是利用劳动成果为社会提供的服务。[31] 技术合同的标的通常是技术成果或技术秘密。技术成果,是指利用科学技术知识、信息和经验作出的涉及产品、工艺、材料及其改进等的技术方案,包括专利、专利申请、技术秘密、计算机软件、集成电路布图设计、植物新品种等。技术秘密,是指不为公众所知悉、具有商业价值并经权利人采取相应保密措施的技术信息。可见,技术合同与知识产权的保护、科学技术的进步密切关联,因此对技术合同的法律调整,既涉及《民法典》的合同编,也与《民法典》的其他编以及知识产权法、反垄断法、反不正当竞争法等有关,具有综合性。

2. 技术合同的法律关系

技术合同的主体是民事主体,并且技术合同的一方当事人通常应该是能够利用自己的技术力量从事技术开发、转让、服务或者咨询的民事主体。

技术合同的客体与技术有密切关联,因此当事人订立技术合同,应当有利于知识产权的保护

---

〔31〕 黄薇主编:《中华人民共和国民法典合同编释义》,法律出版社 2020 年版,第 748 页。

和科学技术的进步,促进科学技术成果的研发、转化、应用和推广。非法垄断技术或者侵害他人技术成果的技术合同应当无效。[32] 所谓非法垄断技术包括如下情形:(1)限制当事人一方在合同标的技术基础上进行新的研究开发或者限制其使用所改进的技术,或者双方交换改进技术的条件不对等,包括要求一方将其自行改进的技术无偿提供给对方、非互惠性转让给对方、无偿独占或者共享该改进技术的知识产权;(2)限制当事人一方从其他来源获得与技术提供方类似技术或者与其竞争的技术;(3)阻碍当事人一方根据市场需求,按照合理方式充分实施合同标的技术,包括明显不合理地限制技术接受方实施合同标的技术生产产品或者提供服务的数量、品种、价格、销售渠道和出口市场;(4)要求技术接受方接受并非实施技术必不可少的附带条件,包括购买非必需的技术、原材料、产品、设备、服务以及接收非必需的人员等;(5)不合理地限制技术接受方购买原材料、零部件、产品或者设备等的渠道或者来源;(6)禁止技术接受方对合同标的技术知识产权的有效性提出异议或者对提出异议附加条件。

技术合同的内容由当事人约定。通常而言除了具备《民法典》第470条规定的内容以外,技术合同还需要包括项目的名称,标的的内容、范围和要求,履行的计划、地点和方式,技术信息和资料的保密,技术成果的归属和收益的分配办法,验收标准和方法,名词和术语的解释等条款。与履行合同有关的技术背景资料、可行性论证和技术评价报告、项目任务书和计划书、技术标准、技术规范、原始设计和工艺文件,以及其他技术文档,按照当事人的约定可以作为合同的组成部分。技术合同涉及专利的,还应当遵守专利法的规定,在合同中注明发明创造的名称、专利申请人和专利权人、申请日期、申请号、专利号以及专利权的有效期限,以防止对他人专利权的侵害。

技术合同是双务、有偿合同。技术合同价款、报酬或者使用费由当事人约定。当事人没有约定或者约定不明确的,可以按照以下原则处理:对于技术开发合同和技术转让合同、技术许可合同,根据有关技术成果的研究开发成本、先进性、实施转化和应用的程度,当事人享有的权益和承担的责任,以及技术成果的经济效益等合理确定;对于技术咨询合同和技术服务合同,根据有关咨询服务工作的技术含量、质量和数量,以及已经产生和预期产生的经济效益等合理确定。技术合同价款、报酬、使用费中包含非技术性款项的,应当分项计算。

技术合同价款、报酬或者使用费的支付方式有定额支付和提成支付两种。定额支付包括一次总算、一次总付和一次总算、分期支付两种类型。提成支付包括单纯提成支付和提成支付附加预付入门费两种。技术合同价款、报酬或者使用费的具体支付方式由当事人约定。如果约定提

---

〔32〕 需要注意的是,对于侵害他人技术成果的技术合同是否必然无效,司法实践存在争议。参见汤茂仁、沈兵:《技术合同中侵害他人技术成果的法律问题》,载《人民司法》2003年第10期;赵克:《侵害他人技术成果的技术合同的效力》,载《人民司法》2012年第16期。即使根据《民法典》第850条的规定,认定侵害他人技术秘密的技术合同无效,其无效后的处理也有其特殊性。《技术合同解释》第12条规定:"根据民法典第八百五十条的规定,侵害他人技术秘密的技术合同被确认无效后,除法律、行政法规另有规定的以外,善意取得该技术秘密的一方当事人可以在其取得时的范围内继续使用该技术秘密,但应当向权利人支付合理的使用费并承担保密义务。当事人双方恶意串通或者一方知道或者应当知道另一方侵权仍与其订立或者履行合同的,属于共同侵权,人民法院应当判令侵权人承担连带赔偿责任和保密义务,因此取得技术秘密的当事人不得继续使用该技术秘密。"第13条规定:"依照前条第一款规定可以继续使用技术秘密的人与权利人就使用费支付发生纠纷的,当事人任何一方都可以请求人民法院予以处理。继续使用技术秘密但又拒不支付使用费的,人民法院可以根据权利人的请求判令使用人停止使用。人民法院在确定使用费时,可以根据权利人通常对外许可该技术秘密的使用费或者使用人取得该技术秘密所支付的使用费,并考虑该技术秘密的研究开发成本、成果转化和应用程度以及使用人的使用规模、经济效益等因素合理确定。不论使用人是否继续使用技术秘密,人民法院均应当判令其向权利人支付已使用期间的使用费。使用人已向无效合同的让与人或者许可人支付的使用费应当由让与人或者许可人负责返还。"

成支付的,可以按照产品价格、实施专利和使用技术秘密后新增的产值、利润或者产品销售额的一定比例提成,也可以按照约定的其他方式计算。提成支付的比例可以采取固定比例、逐年递增比例或者逐年递减比例。由于提成支付方式存在计算、监督、检查等问题,因此约定提成支付的,当事人可以约定查阅有关会计账目的办法。

技术成果的财产权归属是技术合同中的重要内容。技术成果的财产权是指使用和转让技术成果的权利。技术成果的财产权归属依据其是否属于职务技术成果而有不同规定。对职务技术成果与非职务技术成果的区分,首先要尊重当事人的约定。在没有约定的情况下,则需要界定是否属于"执行法人或者非法人组织的工作任务"(执行单位任务)或"主要是利用法人或者非法人组织的物质技术条件"(利用单位条件)。依据《技术合同解释》的规定,所谓执行法人或者非法人组织的工作任务包括:(1)履行法人或者非法人组织的岗位职责或者承担其交付的其他技术开发任务;(2)离职后1年内继续从事与其原所在法人或者非法人组织的岗位职责或者交付的任务有关的技术开发工作,但法律、行政法规另有规定的除外。当然,法人或者非法人组织与其职工就职工在职期间或者离职以后所完成的技术成果的权益有约定的,人民法院应当依约定确认。所谓主要是利用法人或者非法人组织的物质技术条件既包括职工在技术成果的研究开发过程中,全部或者大部分利用了法人或者非法人组织的资金、设备、器材或者原材料等物质条件,并且这些物质条件对形成该技术成果具有实质性的影响,也包括该技术成果实质性内容是在法人或者非法人组织尚未公开的技术成果、阶段性技术成果基础上完成的情形。但下列情况除外:对利用法人或者非法人组织提供的物质技术条件,约定返还资金或者交纳使用费的;在技术成果完成后利用法人或者非法人组织的物质技术条件对技术方案进行验证、测试的。职务技术成果以外的技术成果属于非职务技术成果。

职务技术成果的使用权、转让权属于法人或者非法人组织的,法人或者非法人组织可以就该项职务技术成果订立技术合同。个人完成的技术成果,属于执行原所在法人或者非法人组织的工作任务,又主要利用了现所在法人或者非法人组织的物质技术条件的,应当按照该自然人原所在和现所在法人或者非法人组织达成的协议确认权益。不能达成协议的,根据对完成该项技术成果的贡献大小由双方合理分享。法人或者非法人组织订立技术合同转让职务技术成果时,职务技术成果的完成人享有以同等条件优先受让的权利。职务技术成果的完成人包括对技术成果单独或者共同作出创造性贡献的人,也即技术成果的发明人或者设计人。人民法院在对创造性贡献进行认定时,应当分解所涉及技术成果的实质性技术构成。提出实质性技术构成并由此实现技术方案的人,是作出创造性贡献的人。但提供资金、设备、材料、试验条件,进行组织管理,协助绘制图纸、整理资料、翻译文献等人员,不属于职务技术成果的完成人。非职务技术成果的使用权、转让权属于完成技术成果的个人,完成技术成果的个人可以就该项非职务技术成果订立技术合同。无论是职务技术成果还是非职务技术成果,完成技术成果的个人享有在有关技术成果文件上写明自己是技术成果完成者的权利和取得荣誉证书、奖励的权利。

(二)技术开发合同

1. 技术开发合同的概念与特征

技术开发合同是当事人之间就新技术、新产品、新工艺、新品种或者新材料及其系统的研究开发所订立的合同。所谓新技术、新产品、新工艺、新品种或者新材料及其系统,包括当事人在订立技术合同时尚未掌握的产品、工艺、材料及其系统等技术方案,但对技术上没有创新的现有产品的改型、工艺变更、材料配方调整以及对技术成果的验证、测试和使用除外。可见,技术开发合同的标的应有相对新的特点。因此,下列合同不属于技术开发合同:(1)合同标的为当事人已经掌握的技术方案,包括已完成产业化开发的产品、工艺、材料及其系统;(2)合同标的为通过简单改变尺寸、参数、排列,或者通过类似技术手段的变换实现的产品改型、工艺变更以及材料配方调整;(3)合同标的为一般检验、测试、鉴定、仿制和应用。

技术开发合同包括委托开发合同和合作开发合同。当事人之间就具有实用价值的科技成果实施转化订立的合同也可以参照适用技术开发合同的有关规定。这里所谓“当事人之间就具有实用价值的科技成果实施转化订立的”技术转化合同,是指当事人之间就具有实用价值但尚未实现工业化应用的科技成果(包括阶段性技术成果),以实现该科技成果工业化应用为目标,约定后续试验、开发和应用等内容的合同。

技术开发合同的客体是尚不存在的技术成果,技术开发活动具有探索性,因此在技术开发合同履行过程中,可能会出现无法克服的技术困难而致使研究开发失败或者部分失败。依据《民法典》第858条的规定,对于技术开发合同中的风险由当事人约定;没有约定或者约定不明确,且依《民法典》第510条的规定仍不能确定的,则由当事人合理分担。可见,《民法典》对技术合同中的风险负担采取了合理分担原则。但当事人一方发现可能致使研究开发失败或者部分失败的情形时,应当及时通知另一方并采取适当措施减少损失;没有及时通知并采取适当措施,致使损失扩大的,应当就扩大的损失承担责任。也正是由于技术开发合同的客体是具有创造性的技术成果。因此,作为技术开发合同标的的技术如果已经由他人公开,致使技术开发合同的履行没有意义的,当事人可以解除合同。

2. 当事人的权利和义务

委托开发合同,是指当事人就一方委托另一方进行一定的研究开发项目而订立的技术合同。委托开发合同的特征是委托方向研究开发方提供研究开发经费和报酬,研究开发方完成研究开发工作并向委托方交付成果。因此,委托开发合同的委托人应当按照约定支付研究开发经费和报酬,提供技术资料,提出研究开发要求,完成协作事项,接受研究开发成果。委托开发合同的研究开发人应当按照约定制订和实施研究开发计划,合理使用研究开发经费,按期完成研究开发工作,交付研究开发成果,提供有关的技术资料和必要的技术指导,帮助委托人掌握研究开发成果。委托开发合同的当事人违反约定造成研究开发工作停滞、延误或者失败的,应当承担违约责任。

合作开发合同,是指当事人各方就共同进行一定的研究开发项目而订立的技术合同。合作开发合同的当事人应当共同出资、共同参与研究开发活动、共同承担研究开发风险、共享研究开发成果。因此,合作开发合同的当事人应当按照约定进行投资,包括以技术进行投资,分工参与研究开发工作,协作配合研究开发工作。合作开发合同的当事人违反约定造成研究开发工作停滞、延误或者失败的,应当承担违约责任。

3. 技术开发合同中的技术成果权益的归属

委托开发完成的发明创造,除法律另有规定或者当事人另有约定外,申请专利的权利属于研究开发人。研究开发人取得专利权的,委托人可以依法实施该专利。[33] 研究开发人转让专利申请权的,委托人享有以同等条件优先受让的权利。

合作开发完成的发明创造,申请专利的权利属于合作开发的当事人共有;当事人一方转让其

---

〔33〕《民法典》第859条没有规定原《合同法》第339条委托人的免费实施权,这意味着此时委托人实施专利并不当然免费。

共有的专利申请权的,其他各方享有以同等条件优先受让的权利。但是,当事人另有约定的除外。合作开发的当事人一方声明放弃其共有的专利申请权的,除当事人另有约定外,可以由另一方单独申请或者由其他各方共同申请。申请人取得专利权的,放弃专利申请权的一方可以免费实施该专利。合作开发的当事人一方不同意申请专利的,另一方或者其他各方不得申请专利。

委托开发或者合作开发完成的技术秘密成果的使用权、转让权以及收益的分配办法,由当事人约定;没有约定或者约定不明确,依据《民法典》第510条的规定仍不能确定的,在没有相同技术方案被授予专利权前,当事人均有使用和转让的权利。但是,委托开发的研究开发人不得在向委托人交付研究开发成果之前,将研究开发成果转让给第三人。这里所谓"当事人均有使用和转让的权利",包括当事人均有不经对方同意而自己使用或者以普通使用许可的方式许可他人使用技术秘密,并独占由此所获利益的权利。[34]

技术开发合同当事人依照《民法典》的规定或者约定自行实施专利或使用技术秘密,但因其不具备独立实施专利或者使用技术秘密的条件也可以以一个普通许可方式许可他人实施或者使用。

(三)技术转让合同和技术许可合同

1. 技术转让合同和技术许可合同的概念与类型

技术转让合同是合法拥有技术的权利人,将现有特定的专利、专利申请、技术秘密的相关权利让与他人所订立的合同,包括专利权转让、专利申请权转让、技术秘密转让等合同。技术许可合同是合法拥有技术的权利人,将现有特定的专利、技术秘密的相关权利许可他人实施、使用所订立的合同,包括专利实施许可、技术秘密使用许可等合同。可见,技术转让合同和技术许可合同的客体是现有特定的专利、专利申请、技术秘密的相关权利,因此就尚待研究开发的技术成果或者不涉及专利、专利申请或者技术秘密的知识、技术、经验和信息所订立的合同不属于《民法典》规定的技术转让合同或者技术许可合同。但技术转让合同中关于让与人向受让人提供实施技术的专用设备、原材料或者提供有关的技术咨询、技术服务的约定,属于技术转让合同的组成部分。因此发生的纠纷,可以按照技术转让合同处理。同时,当事人以技术入股方式订立联营合同,但技术入股人不参与联营体的经营管理,并且以保底条款形式约定联营体或者联营对方支付其技术价款或者使用费的,应视为技术转让合同或者技术许可合同。此外,集成电路布图设计专有权、植物新品种权、计算机软件著作权等其他知识产权的转让和许可,也可以参照适用《民法典》技术转让合同和技术许可合同的有关规定。当然,法律、行政法规对技术进出口合同或者专利、专利申请合同另有规定的,依照其规定。

2. 当事人的权利和义务

技术转让合同和技术许可合同的内容是对技术的转让与许可。因此,技术转让合同的让与人和技术许可合同的许可人首先应当承担瑕疵担保义务,保证自己是所提供的技术的合法拥有者,并保证所提供的技术完整、无误、有效,能够达到约定的目标。以专利权为例,由于专利权具有期限性,因此专利实施许可合同仅在该专利权的存续期限内有效。专利权有效期限届满或者专利权被宣告无效的,专利权人不得就该专利与他人订立专利实施许可合同。其次,技术转让合同的让与人和技术许可合同的许可人还应按照约定转让或者许可技术。未按照约定转让或者许

---

〔34〕《技术合同解释》第20条规定,当事人一方将技术秘密成果的转让权让与他人,或者以独占或者排他使用许可的方式许可他人使用技术秘密,未经对方当事人同意或者追认的,应当认定该让与或者许可行为无效。

可技术的,应当返还部分或者全部使用费,并应当承担违约责任。最后,技术转让合同和技术许可合同还可以约定实施专利或者使用技术秘密的范围,但是不得限制技术竞争和技术发展。实施专利或者使用技术秘密超越约定的范围的,违反约定擅自许可第三人实施该项专利或者使用该项技术秘密的,应当停止违约行为,承担违约责任;违反约定的保密义务的,应当承担违约责任。此外,由于技术转让和技术许可的是让与人或许可人合法拥有的技术,因此,如果受让人或者被许可人按照约定实施专利、使用技术秘密侵害他人合法权益的,应当由让与人或者许可人承担责任,但是当事人另有约定的除外。

技术转让合同的受让人和技术许可合同的被许可人应当按照约定的范围和期限,对让与人、许可人提供的技术中尚未公开的秘密部分,承担保密义务。受让人和被许可人应当按照约定支付使用费,如未按照约定支付使用费的,应当补交使用费并按照约定支付违约金;不补交使用费或者支付违约金的,应当停止实施专利或者使用技术秘密,交还技术资料,承担违约责任;实施专利或者使用技术秘密超越约定的范围的,未经许可人同意擅自许可第三人实施该专利或者使用该技术秘密的,应当停止违约行为,承担违约责任;违反约定的保密义务的,应当承担违约责任。

在专利实施许可合同中,许可人应当按照约定许可被许可人实施专利,交付实施专利有关的技术资料,提供必要的技术指导。被许可人应当按照约定实施专利,不得许可约定以外的第三人实施该专利,并按照约定支付使用费。

在技术秘密转让合同和技术秘密使用许可合同中,让与人和许可人应当按照约定提供技术资料,进行技术指导,保证技术的实用性、可靠性,承担保密义务。但需要注意的是,与技术秘密转让合同不同,技术秘密许可合同的许可人只是将技术秘密许可给被许可人在一定的期限内使用,被许可人仅享有使用权,并没有所有权,许可人仍有权对其技术秘密进行处分,如申请专利。因此,前述保密义务的要求并不能限制许可人申请专利,但是当事人另有约定的除外。受让人和被许可人应当按照约定使用技术,支付转让费、使用费,承担保密义务。

在技术转让或技术许可合同的有效期内,一方或者双方可能会对作为合同标的的专利技术或者技术秘密成果作出革新和改良。对于这些超出原有技术的后续改进技术成果的分享,可以由当事人按照互利的原则进行约定;没有约定或者约定不明确,依据《民法典》第510条的规定仍不能确定的,则应当由完成该项后续改进的人享有,其他各方无权分享。

(四)技术咨询合同和技术服务合同

1. 技术咨询合同和技术服务合同的概念

技术咨询合同是当事人一方以技术知识为对方就特定技术项目提供可行性论证、技术预测、专题技术调查、分析评价报告等所订立的合同。这里所谓“特定技术项目”包括有关科学技术与经济社会协调发展的软科学研究项目,促进科技进步和管理现代化、提高经济效益和社会效益等运用科学知识和技术手段进行调查、分析、论证、评价、预测的专业性技术项目。

技术服务合同是当事人一方以技术知识为对方解决特定技术问题所订立的合同。这里所谓“特定技术问题”包括需要运用专业技术知识、经验和信息解决的有关改进产品结构、改良工艺流程、提高产品质量、降低产品成本、节约资源能耗、保护资源环境、实现安全操作、提高经济效益和社会效益等专业技术问题。可见,技术服务合同的内容须涉及专业技术问题,就不涉及专业技术问题的服务所订立的合同,不属于技术服务合同。据此,技术服务合同主要包括技术辅助服务合同、技术中介合同、技术培训合同,不包括建设工程合同和以常规手段或者为生产经营目的而订立的承揽合同。当事人一方以技术转让或者技术许可的名义提供已进入公有领域的技术,或者在技术转让合同、技术许可合同履行过程中合同标的技术进入公有领域,但是技术提供方进行技术指导、传授技术知识,为对方解决特定技术问题符合约定条件的,可以按照技术服务合同处理,约定的技术转让费、使用费可以视为提供技术服务的报酬和费用,但是法律、行政法规另有规定的除外。

2. 当事人的权利和义务

技术咨询合同的当事人包括委托人与受托人。委托人应当按照约定阐明咨询的问题,提供技术背景材料及有关技术资料,[35]接受受托人的工作成果,支付报酬。委托人未按照约定提供必要的资料,影响工作进度和质量,不接受或者逾期接受工作成果的,支付的报酬不得追回,未支付的报酬应当支付。受托人应当按照约定的期限完成咨询报告或者解答问题,提出的咨询报告应当达到约定的要求。受托人未按期提出咨询报告或者提出的咨询报告不符合约定的,应当承担减收或者免收报酬等违约责任。委托人按照受托人符合约定要求的咨询报告和意见作出决策所造成的损失,由委托人承担,但是当事人另有约定的除外。当事人对技术咨询合同委托人提供的技术资料和数据或者受托人提出的咨询报告和意见未约定保密义务,当事人一方引用、发表或者向第三人提供的,不构成违约行为,但侵害对方当事人对此享有的合法权益的,应当依法承担民事责任。

技术服务合同的当事人包括委托人与受托人。委托人应当按照约定提供工作条件,[36]完成配合事项,接受工作成果并支付报酬。委托人不履行合同义务或者履行合同义务不符合约定,影响工作进度和质量,不接受或者逾期接受工作成果的,支付的报酬不得追回,未支付的报酬应当支付。受托人应当按照约定完成服务项目,解决技术问题,保证工作质量,并传授解决技术问题的知识。受托人未按照约定完成服务工作的,应当承担免收报酬等违约责任。

技术咨询合同和技术服务合同对受托人正常开展工作所需费用的负担没有约定或者约定不明确的,由受托人负担。

技术咨询合同、技术服务合同履行过程中,受托人利用委托人提供的技术资料和工作条件完成的新的技术成果,属于受托人。委托人利用受托人的工作成果完成的新的技术成果,属于委托人。当事人另有约定的,按照其约定。

问题与思考

1. 技术合同中的风险负担问题

《民法典》第858条专门就技术开发合同中的风险负担问题作了规定。按照《民法典》的规定,技术开发合同中的风险负担首先由当事人约定;没有约定或者约定不明确,且依《民法典》第510条的规定仍不能确定的,则由当事人合理分担。之所以如此是因为技术开发是探索性的研究活动,经常会包含开发失败的风险。但需要注意的是,并非在开发过程中出现的任何风险都能

〔35〕《技术合同解释》第32条规定:技术咨询合同受托人发现委托人提供的资料、数据等有明显错误或者缺陷,未在合理期限内通知委托人的,视为其对委托人提供的技术资料、数据等予以认可。委托人在接到受托人的补正通知后未在合理期限内答复并予补正的,发生的损失由委托人承担。

〔36〕《技术合同解释》第35条规定:技术服务合同受托人发现委托人提供的资料、数据、样品、材料、场地等工作条件不符合约定,未在合理期限内通知委托人的,视为其对委托人提供的工作条件予以认可。委托人在接到受托人的补正通知后未在合理期限内答复并予补正的,发生的损失由委托人承担。

被认定为技术风险,技术风险的认定需要具备如下条件:(1)研究开发方在主观上作出了最大限度的努力,开发项目失败或部分失败完全是由于现有的技术限制或者科学认识限制等客观原因,致使无法逾越的技术困难出现。(2)出现的技术开发风险是不以人的意志为转移、无法预料的,并且是当事人通过主观努力尚不能消除的。(3)研究开发方在主观上无过错。

需要补充的是,《民法典》只在第858条中对技术开发合同中的风险负担作了规定,而对技术转让合同、技术许可合同、技术咨询合同和技术服务合同中的风险负担问题未设置规则,构成法律漏洞。有见解认为,技术转让合同、技术许可合同中的风险负担可以借鉴买卖合同场合的交付主义,在技术尚未转让或许可阶段由转让人负担风险,自技术转让或许可之时起由受让人负担风险。技术咨询合同、技术服务合同场合的风险负担则可以采取合理分担主义。[37]

2. 因履行无效或被撤销技术合同所产生的新的或者后续改进的技术成果的权属和利益分享

技术合同在履行了一段时间后被判定为无效或被撤销,此时因履行合同所产生的新的或者后续改进的技术成果的权属和利益应该如何确定和分配就会存在争议。一种意见认为,当事人不能对此重新协议的,应当归于成果完成人。因为这种技术成果多为阶段性技术成果,其实施往往还要依赖技术成果完成人的后续开发和提供技术支持或者技术服务,因此从有利于实现技术价值的角度出发,应当判归完成人。这其实也符合知识产权权利归属的一般判断原则。另一种意见认为,不能一概而论。就委托开发合同而言,订立合同的本来目的就是委托人希望获得并实施有关技术,因此应当根据具体案情作出具体判断。原则上可以判归完成人,但是根据公平原则,由对方当事人享有或者双方共享更有利于技术成果的转化、应用和推广的,可以判归对方当事人或者双方共享。判归对方的,应当给予完成人一定的经济补偿。

《技术合同解释》第11条规定:"技术合同无效或者被撤销后,技术开发合同研究开发人、技术转让合同让与人、技术许可合同许可人、技术咨询合同和技术服务合同的受托人已经履行或者部分履行了约定的义务,并且造成合同无效或者被撤销的过错在对方的,对其已履行部分应当收取的研究开发经费、技术使用费、提供咨询服务的报酬,人民法院可以认定为因对方原因导致合同无效或者被撤销给其造成的损失。技术合同无效或者被撤销后,因履行合同所完成新的技术成果或者在他人技术成果基础上完成后续改进技术成果的权利归属和利益分享,当事人不能重新协议确定的,人民法院可以判决由完成技术成果的一方享有。"可见,该解释基本采纳了第一种意见,但也不排除特殊情况下可以判归对方或由双方共享。

拓展阅读推荐

1. 王利明主编:《中国民法典释评》(合同编典型合同),中国人民大学出版社2020年版。
2. 谢鸿飞、朱广新主编:《民法典评注》(合同编　典型合同与准合同),中国法制出版社2020年版。
3. 最高人民法院民法典贯彻实施工作领导小组:《中华人民共和国民法典合同编理解与适用》(三)(四),人民法院出版社2020年版。
4. 王利明:《我国〈民法典〉保证合同新规则释评及适用要旨》,载《政治与法律》2020年第12期。
5. 高圣平:《民法典上保证期间的效力及计算》,载《甘肃政法大学学报》2020年第5期。

[37] 参见崔建远:《技术合同的立法论》,载《广东社会科学》2018年第1期。

第二十六章　准　合　同

学习要点

- 无因管理的概念及其制度功能
- 无因管理的成立要件
- 无因管理之债的效力
- 不当得利的概念及其制度功能
- 给付型不当得利与非给付型不当得利
- 不当得利之债的效力

因未设债权编,《民法典》合同编在第一分编“通则”和第二分编“典型合同”之后,设立“准合同”(第三分编),将无因管理(第二十八章)与不当得利(第二十九章)这两类非因法律行为发生的债的关系纳入“准合同”分编,作为基础的债之发生原因和重要的请求权基础,并对二者的构成要件、法律效果作出系统规定。

准合同制度肇始于罗马法,这一概念最初被称为“类合同”(quasi ex contractu),意思是“与合同很类似”,后来逐步演化为“准合同”(quasi – contract)。近代法国民法典继受了准合同这一概念〔1〕,但是德国民法典等欧洲大陆法系民法摒弃了准合同,因为这一概念“内容空洞”“难以涵盖非法律行为所生之债”。在学说上,所谓准合同是指其法律效果的发生不依赖当事人的主观意思,而是基于法律直接规定的法律事实,但是侵权行为是另一独立的债因(债的渊源),不属于准合同。我国民法典引入准合同的概念〔2〕,主要是出于立法的便利,在不设债编、分设合同编与侵权责任编的体例编排下,将无因管理、不当得利这类非因意思表示或者合意而产生的债的关系,基于其法律效果与合同具有相似性而纳入准合同之中,有利于维持民法典体系的完整性。通过对无因管理、不当得利等法定之债的关系进行集中规定,有助于合同编乃至民法典规则的体系化。我国《民法典》合同编设立准合同分编,不再在债法中割裂各种债的发生原因,而使得不当得利、无因管理制度与合同制度相联系,并充分考虑法律适用中的不同之处进行规定,从而实现了对法定之债与意定之债的整合。

---

〔1〕 2016 年法国对其合同法进行了大幅修订,修订后的民法典仍然保留了准合同这一概念。修订后的《法国民法典》第 1300 条是关于“其他债之渊源”的规定:“准合同是完全自愿的行为,由此使不当获得利益的人负担义务,或有时使行为人对他人负有义务。本节所称的准合同包括无因管理、非债清偿和不当得利。”

〔2〕 参见王利明:《准合同与债法总则的设立》,载《法学家》2018 年第 1 期。

第一节 无 因 管 理

一、无因管理的意义及制度功能

无因管理,是指无法定的和约定的义务,而为他人管理事务的行为。管理他人的事务者,称为管理人;受管理事务之他人,称为本人或受益人。

无因管理源于特定情形下对他人私人领域的介入需要,对介入者,即管理人而言,这源于朴素的利他情感;对被介入者,即本人而言,这源于无法掌控自己财产时对他人的求助。为了从法政策上平衡“禁止干预他人事务”这一基本法律原则与“鼓励互帮互助”这一人类共同生活的社会利益所需,逐步产生了调整无因管理行为的法律规定。无因管理制度使人类的互助心易于实现,发扬见义勇为、危难相助的美德,避免个人经济上的损失或遭受危难,增进全体社会的利益,使管理他人事务的人在一定条件下阻却违法性,不负损害赔偿责任,并使管理人与本人间发生债的关系,管理人可依法请求偿还费用等。同时又严格限制其范围,厘定其义务,以防止借无因管理为名,滥行干涉他人事务以损害本人利益之弊,从而保护本人。由此可见,无因管理制度的目的既在于保护本人与无因管理人的利益,同时又具有谋取社会利益的作用,如何使两者得以平衡而兼顾,是其在利益衡量与价值判断上最重要的课题。

《民法典》之前,我国原《民法通则》和原《民法总则》对无因管理制度都仅设一个条文作了相当原则性的规定,相关司法解释的规定也很简略,对无因管理的类型、构成要件、法律效果等主要内容都没有明确。原《民法通则》第 93 条规定,没有法定的或者约定的义务,为避免他人利益受损失进行管理或者服务的,有权要求受益人偿付由此而支付的必要费用。原《民法总则》第 121 条承继了这一规定。《民法典》合同编在第三分编“准合同”中以 6 个条文专章规定了无因管理制度,较为完整地规范了无因管理法律关系的构成要件和管理人与受益人之间的权利义务关系。

无因管理与合同虽均为债的发生原因,但基于合同而发生的债,是以当事人的意思表示为基础,属于意定之债;基于无因管理而发生的债,则与基于不当得利及侵权行为而发生的债相同,并非以当事人的意思表示为基础,是因具备法律所规定的要件而当然发生,属于法定之债。

二、无因管理的性质

由于无因管理的成立,虽以管理人有管理意思(管理人有将管理事务所得利益归属于本人的意思)为要件,但此项意思并非法效意思(效果意思),且无须加以表示,管理人一有管理的事实而具备无因管理的要件,则法律上即发生一定的效果,而不问管理人有无发生该法律效果的意思。而且,管理人所为构成无因管理的行为,有时为事实行为,例如管理人自行修缮邻人的门窗;有时为法律行为,例如管理人为修缮邻人的门窗而与工匠订立承揽合同。但这些行为均属于无因管理的手段或方法,而非无因管理本身,其为事实行为固不必论,即为法律行为,无因管理本身亦不因而成为法律行为。因此,无因管理并非法律行为,应属一种事实行为。由于无因管理并非法律行为,而管理人的管理意思又无须对外表示,只要其主观上有使管理行为事实上所生的利益归属于本人的意思即为已足,因而《民法总则》有关意思表示的规定对于无因管理无适用的余地,亦不能类推适用。此外,无因管理人或本人,均不以具有行为能力为必要。至于作为无因管理的手段或方法,如是法律行为,则就该项法律行为,仍应适用民法有关行为能力、意思表示及代理等规定,应予注意。

三、无因管理的成立要件

《民法典》第979条规定,管理人没有法定的或者约定的义务,为避免他人利益受损失而管理他人事务的,可以请求受益人偿还因管理事务而支出的必要费用。可见,无因管理的成立要件有三,即须管理他人的事务、须有为他人管理的意思、须无法律上或合同上的义务。

(一)须管理他人的事务

所谓"管理事务"是指处理事务的一切行为,无论其为管理行为(保存行为、利用行为、改良行为)或处分行为,法律行为或事实行为,均可为无因管理行为。例如,为人修理房屋、收留迷失儿童、出卖物品、出租房屋、为人保证、移转所有权、让与债权等。管理事务如是法律行为时,管理人可以自己名义或本人名义为之,若以本人名义为之,尚发生无权代理问题;若以管理人名义为之,如为处分行为,尚发生无权处分问题。又无因管理着重在管理事务本身及其过程,目的是否实现与无因管理的成立无关。例如,甲为预防乙的房屋被台风吹毁而加以修缮,即使该房屋仍被台风吹毁,甲乙间依然可成立无因管理。

无因管理的对象为事务,是指适于为债的标的的有关人们生活利益的一切事项,并不限于财产方面的事务,其他非财产的事务(如救助人命)也包括在内,且不问其为事实行为或为法律行为,亦不问是一次性行为或为继续性行为,均无不可。单纯的不作为,在解释上不得作为无因管理的事务,因其不发生管理一定事务的作用。违法行为或违背公序良俗的行为,不得为无因管理的事务,自不待言。此外,纯粹宗教、道德或友谊的事项,如为病人祈祷等,亦不得为无因管理的事务。

管理人所管理的事务在客观上是他人的事务,始得成立无因管理。而纯粹的自己事务,即使误信为他人的事务而为管理(所谓"幻想管理"),如误将自己的车辆作为他人的车辆而修理,不成立无因管理。至于管理的事务一部分为他人事务,另一部分为自己事务,就他人事务部分亦可成立无因管理。

(二)须有为他人管理的意思

法律之所以承认无因管理制度,在于管理人有为他人管理的意思,即管理人认识其所管理的是他人事务,且有将因管理事务事实上所发生的利益归属于他人(本人)的意思。管理人只要有"管理意思",不必将之表示于外,因此"管理意思"并非意思表示。"管理意思"的存在为无因管理的成立要件,从而主张无因管理上的权利者,应就此种意思的存在负举证责任。一般而言,关于客观的他人事务,因其性质上属于他人利益的范围,从而只要管理人认识其所管理的事务是属于他人事务,且无赠与或将其作为自己事务而管理,即可认其有为他人管理的意思。主观的他人事务,即须由行为人的主观意志赋予他人性的事务,如购入商品的行为,拾得遗失物的行为,此类行为必须有为他人的意思。确定的方法是从客观的行为来判断,如行为开始前的通知,移交管理所得,寻找失主等,均可证明为他人的意思。在为他人管理事务时兼有为自己的意思时,也可以成立无因管理。

无因管理的成立,虽以管理人有为他人管理事务的意思为要件,但所谓"他人",不以管理人确知其是何人为必要,也就是说,管理人对于本人为谁,并无认识的必要,即使对于本人有所误认,亦不妨对于真实的本人成立无因管理。例如,甲误认走失的小孩乙为丙的儿子而加以收留照顾,对于丙虽不能成立无因管理,但对小孩乙的父亲丁,则可成立无因管理。

管理他人事务但欠缺管理意思的其他情形包括:(1)误信他人的事务为自己的事务而管理,此为“误信的管理”,管理人主观上并无“为他人管理事务”的管理意思。(2)明知是他人的事务,为了自己的利益而为管理,此为“不法的管理”,管理人主观上也没有“为他人管理事务”的管理意思。

(三)须无法律上或合同上的义务

无因管理之所以称为“无因”,就是因为管理人为他人管理事务并无法律上或合同上的义务。无因管理的成立,须管理人对本人无法律上或合同上的义务,从而依约或依法对本人负有义务时,其处理事务为义务的履行,不能成立无因管理。本来有合同上或法律上的义务,而误信为无义务时,其管理事务实质上仍然为义务的履行,不能成立无因管理。至于有无法律上或合同上的义务,应以开始管理事务时为基准而确定。

所谓无法律上或合同上的义务,是指对本人无义务而言。从而即使对他人虽有义务,只要是对本人无义务,亦不妨成立无因管理。例如,保证人甲未受主债务人(被保证人)乙的委托,而与乙的债权人丙订立保证合同,就乙对丙的债务为担保,甲基于保证合同对丙为清偿,为履行其对债权人所负的保证债务(义务),而保证债务并非以处理主债务人的事务为内容,只因保证人履行保证债务,同时成为处理主债务人的事务,形成对主债务人(本人)无义务而处理其事务,因而保证人甲与主债务人乙可成立无因管理。

如果行为人以为自己有法律上的义务而管理他人事务,实际上却没有这样的义务时,该如何处理?这样的疑惑绝大多数产生于无效的合同之中。例如,甲与乙订立合同,约定甲为乙运输一批货物,甲运输完毕后,才发现该合同存在法定无效事由,甲的行为是否构成无因管理?其实这个问题的本质并不在于是否有意定之义务,而在于行为人是否具有为他人管理事务的意思。曾有判例认为,此类基于无效合同的“履行行为”构成无因管理,但遭到了大多数民法学者的批判。通说认为,在此类情形下,行为人通常意欲履行的只是自己的合同义务,因而不具有为他人管理事务的意思。易言之,由于行为人误认为自己负有某个意定义务,其实施管理行为的动机或谓之目的首要在于清偿自己的债务,而非为他人管理事务,因此欠缺了“为他人管理事务的意思”的要件,不构成无因管理。当然,这也不意味着行为人于此场合便丧失了救济途径,前例中,甲为乙运输货物的行为不构成无因管理,但仍可以通过不当得利制度主张权益。我国《民法典》第157条规定,民事法律行为无效、被撤销或者确定不发生效力后的“折价补偿”,就是不当得利制度的具体体现之一。

四、无因管理的效力

(一)阻却违法及发生债的关系

无因管理在本质上是无权限干预他人的事务,因而其行为本身势必侵害他人的权益,如修缮他人房屋,必侵害其所有权。侵害他人的权益,本应构成侵权行为,但因正当的无因管理,为人类的义举,有利于社会公益,因而法律特使其具有阻却违法性,而转为适法行为,此由民法规定无因管理为一种债的发生原因,即可知之。应当注意的是,无因管理本身虽然可以阻却违法,但是管理人在管理事务的过程中,因故意或过失不法侵害本人的权利,仍然可以成立侵权行为,不是说成立无因管理后,即可排斥侵权行为的成立。

无因管理一经成立,在管理人与本人之间即发生债权债务关系,属于一种法定之债。基于无因管理所发生之债,管理人如果违反义务致本人遭受损害,应对本人负债务不履行责任。因管理人的义务,即为本人的权利;管理人的权利,即为本人的义务,为说明方便起见,以下单就管理人一方的义务及权利立论,至于本人的权利及义务,则可从其反面解释得之。

(二)管理人的义务(本人的权利)

1. 适当管理义务

无因管理成立后,管理人对管理事务的实施,负有适当管理义务,此为管理人的主要义务。所谓适当,一般是指管理人应当依本人明示或可推知的意思以有利于本人的方法进行管理。《民法典》第981条规定:"管理人管理他人事务,应当采取有利于受益人的方法。中断管理对受益人不利的,无正当理由不得中断。"第979条第2款规定:"管理事务不符合受益人真实意思的,管理人不享有前款规定的权利;但是,受益人的真实意思违反法律或者违背公序良俗的除外。"例如,甲收留昏倒在路上的乙,其管理事务利于本人,并不违反本人的意思,可成立无因管理,但甲应予以适当的照顾,例如将乙送医诊治,如果甲未将乙送医诊治,而是求神拜佛,用土法治疗,以致乙病情加重甚至死亡,其管理事务的实施,未依本人明示或可推知的意思,以有利于本人的方法为之,应依债务不履行的规定负损害赔偿责任。

管理人为履行适当管理义务,应当尽适当的注意义务。民法上的注意义务,有善良管理人的注意义务(抽象过失)、与处理自己事务为同一之注意义务(具体过失)、一般人的注意义务(重大过失)之分,管理人究应尽何种注意义务,我国民法未设明文。由于无因管理人是无权限而干预他人事务,依其事件的特性,宜从重酌定其注意义务,因而管理人管理他人事务一般应尽善良管理人的注意义务。管理人未尽此项义务,致使本人遭受损害时,应依债务不履行规定负损害赔偿责任。但是,当本人正处在急迫危险的情况下,因事出意外而时间紧迫,以致难以周全时,如果仍然让管理人负善良管理人的注意义务,势必吓阻管理人致其瞻前顾后,反而对本人有害,因而管理人为免除本人的生命、身体或财产上的急迫危险而为管理时,对于因其管理所生损害,除有恶意或重大过失之外,不负赔偿责任。例如,为救火破门而入他人屋内,为救助溺水之人,撕破溺水者的衣服或擦伤其身体,如无恶意或重大过失,不必负赔偿责任。

2. 通知义务

管理人有通知义务,是因各人的事务本应由各人自行处理,无因管理不过是谋求本人利益的权宜措施,管理人自应于开始为无因管理时,将其情事通知本人。《民法典》第982条第1句规定:"管理人管理他人事务,能够通知受益人的,应当及时通知受益人。"由此可知,管理人的通知应当在开始管理时,向本人或其代理人为之。但通知义务,是以能通知为前提,从而客观上有不能通知的事情时,如不知本人为谁,或不知本人行踪所在,或因交通断绝无法通知,则可免其通知义务。对于管理人违反通知义务的法律后果,《民法典》没有明文规定。从理论上看,管理人违反通知义务,如能通知而不通知,或不在管理开始时通知,应负债务不履行责任。

管理人在通知本人后,对其管理的事务,除有急迫的事由,如管理易腐烂的肉类,须尽快变卖,仍可继续其管理外,如无急迫的事由,应等待本人的指示。《民法典》第982条第2句规定:"管理的事务不需要紧急处理的,应当等待受益人的指示。"从理论上看,本人接到管理人的通知后,如果指示为拒绝管理人继续管理,则管理人应不再管理,管理人如仍为管理时,应认为其管理事务违反本人的意思,自其违反指示而为管理时起,对于因其管理所生的损害,虽无过失,亦应负赔偿责任。如果本人指示同意其继续管理,则为本人承认管理人管理事务,适用关于委托合同的规定。如果本人未为指示时,管理人有无继续管理的义务?我们认为,管理人除有不得已的事由外,有继续管理的义务。从而管理人在不利于本人之时期终止管理,应负损害赔偿责任,但因不可归责于管理人的事由,致使其不得不终止管理的,不在此限。

3. 报告和计算义务

就处理他人事务而言,无因管理类似于委托,管理人虽非受托人,但其地位与受托人尚无大异,为保护本人的利益,管理人有报告和计算义务。《民法典》第983条规定:"管理结束后,管理人应当向受益人报告管理事务的情况。管理人管理事务取得的财产,应当及时转交给受益人。"此项义务可具体分为:(1)报告义务。管理人应将管理事务进行的状况报告本人;在管理关系终止时,应明确报告其始末。(2)交付及移权义务。管理人因管理事务所收取的金钱、物品及孳息,应交付于本人;管理人以自己的名义,为本人取得的权利,应移转于本人。(3)付息及赔偿义务。管理人为自己的利益,使用应交付于本人的金钱,或使用应为本人利益而使用的金钱,应自使用之日起,支付利息,如有损害,并应赔偿。

(三)管理人的权利(本人的义务)

管理人的权利,即为本人的义务。管理人对本人有费用偿还请求权、负债清偿请求权、损害赔偿请求权,管理人所享有的这些请求权,可以由继承人继承。

1. 费用偿还请求权

管理人为本人支出必要或有益的费用,可以请求本人偿还,并可以请求自支出时起依法定利率计算的利息。《民法典》第121条规定管理人"有权请求受益人偿付由此而支付的必要费用"。第979条规定管理人"可以请求受益人偿还因管理事务而支出的必要费用"。所谓"必要费用",应包括必要的费用和有益的费用。前者指管理上不可或缺的费用,如拯救病人所支付的医药费;后者指对本人增加利益的费用,如为增强病人体力所支付的营养费。至于管理人支出的费用是否属于必要或有益,应以支出之时的费用客观地加以认定。从而管理人虽认为是必要或有益,但客观上非属于必要或有益的费用,管理人无费用偿还请求权;反之,客观上属于必要或有益时,虽本人认为非属于必要或有益,管理人有费用偿还请求权。

管理人有费用偿还请求权,但无报酬请求权,即管理人不能就其为他人管理事务,而请求报酬,否则无因管理将成为变相的有偿合同,有违其为他益行为之义举,贬损其道德价值。

2. 负债清偿请求权

由此可以推知,管理人因管理事务而负担的债务,可请求本人代为清偿。本人代管理人清偿因管理事务而负担的债务,可直接对第三人(债权人)为清偿,也可对管理人为清偿,其直接对第三人(债权人)为清偿时,属于就债的履行由利害关系人为清偿,债权人不得拒绝。

管理人因管理事务而负担债务,其方式有二:(1)以管理人自己的名义负担债务;(2)以本人的名义负担债务。管理人以自己名义所负担的债务,除本人已为债务承担外,须因管理人的请求始负向第三人(债权人)清偿的义务。管理人以本人名义所负担的债务,为无权代理,除本人已为承认或有表见代理的情形之外,仍然须经管理人的请求,本人始负清偿之责。至于管理人可以请求本人代为清偿的债务,解释上应以必要或有益为限。

3. 损害赔偿请求权

《民法典》第979条规定管理人"因管理事务受到损失的,可以请求受益人给予适当补偿"。管理人因管理事务受有损失,如因救火而受伤或入海救人而撕落自己的手表,只要损害的发生与管理事务之间有因果关系,均可请求本人补偿其损害。损害包括积极损害与消极损害,前者是指现存财产减少，后者指应增加的财产或可取得的利益受损害而未增加或未取得。关于管理人可以请求本人赔偿的范围，通说认为以积极损害为限，消极损害不得请求本人赔偿。因为无因管理人不得请求报酬，其因管理事务致使可能取得的利益而未取得，属于管理人自始甘愿牺牲。

管理人不担保管理的结果，本人应承担无因管理的危险性，从而管理人依法对本人行使上述三种请求权时，无论本人因无因管理实际上有无得到利益或所受利益的多寡，甚至发生本人履行义务的结果超过其所受的利益（得不偿失），本人均应照数履行，不得主张减免，此为无因管理与不当得利的区别之所在。至于管理人因未尽其适当管理义务，以致本人遭受损害或未能取得应得的利益时，则应依债务不履行的规定对本人负损害赔偿责任，这是另一问题，对于管理人依法行使的上述请求权不发生影响。例如，管理人因救火而受伤，并在救火过程中因重大过失而毁损本人的名贵古董，此时管理人就名贵古董的毁损，虽应对本人负损害赔偿责任，但仍得请求本人赔偿因伤所支付的医疗费用。

问题与思考

1.《民法典》总则编第121条、合同编第979条规定的"为避免他人利益受损失"该作何解释？

在无因管理的构成要件中，"有为他人管理的意思"是最为重要的一项要件，旨在决定无因管理的当事人，并限定无因管理的适用范围，无疑是无因管理的核心概念，最值得注意。但是《民法典》总则编第121条、合同编第979条规定的却是"为避免他人利益受损失"，这一规定显然比"有为他人管理的意思"更为严格。按此规定，必然缩小无因管理之债的适用范围，影响其规范功能的发挥。例如，管理人为了他人得利而为管理行为。因此，在具体适用该条规定时，应采取目的扩张解释方法，按照大陆法系民法无因管理理论的通说，以有为他人管理事务的意思为无因管理的成立要件，而不应拘泥该法条所使用的用语。这不但是法律赋予无因管理之债的效力的根本原因，而且也是无因管理与侵权行为、不当得利的根本区别。

2. 因"见义勇为"所受损失是否可以无因管理为由请求受益人补偿？

原《民法通则》第109条将见义勇为发生的关系作为侵权行为所生之债，规定由侵害人赔偿，受益人也可以给予适当补偿。原《侵权责任法》第23条进一步规定，因防止、制止他人民事权益被侵害而使自己受到损害的，由侵权人承担责任。侵权人逃逸或者无力承担责任，被侵权人请求补偿的，受益人应当给予适当补偿。《民法典》总则编在民事责任一章第183条规定："因保护他人民事权益使自己受到损害的，由侵权人承担民事责任，受益人可以给予适当补偿。没有侵权人、侵权人逃逸或者无力承担民事责任，受害人请求补偿的，受益人应当给予适当补偿。"但是，将因见义勇为遭受损失所发生的关系规定在民事责任部分，在理论上是欠妥当的。这是因为：第一，加害人应当赔偿受害人的损失，作为一般原则在《民法典》第1165条〔3〕已有明确规定；第二，受益人的补偿责任不属于侵权责任，而属于无因管理所生之债；第三，受益人不是"可以给予适当补偿"，而是"应当给予补偿"。因此，对于因"见义勇为"所受损失的赔偿问题，应当依据《民法典》第121条、第979条、第1175条的规定，分别不同情形给予法律救济。一是有加害人且加害人具有赔偿能力时，可以适用《民法典》第1175条的规定，由加害人承担赔偿责任。二

---

〔3〕《民法典》第1165条第1款规定："行为人因过错侵害他人民事权益造成损害的，应当承担侵权责任。"

是无加害人或者在加害人逃逸或无力赔偿的情况下,如果见义勇为者尽到了适当管理注意义务的,应当适用《民法典》第979条的规定,"见义勇为"构成无因管理,由受益人支付见义勇为者支出的必要费用,见义勇为者在救助他人时受到的人身或财产损失,可请求受益人给予适当补偿。如果因见义勇为者未尽到适当管理注意义务致使无因管理不成立的,则没有《民法典》第979条的适用空间,可以适用《民法典》第121条的规定,根据案件具体情形,受益人可以给予适当补偿。

3. 无因管理与委托合同的衔接

无因管理和委托合同都是债的发生原因,二者之间存在密切的联系。一方面,无因管理和委托合同是可以相互衔接的。在委托合同终止之后,如果受托人仍然继续实施受托行为,委托终结之时即无因管理开始之时。例如,甲受乙的委托帮其临时看管孩子,甲的行为属于履行委托合同的行为。但在委托合同终止后,因乙的孩子无人看管,甲继续看管孩子即构成无因管理。从此时开始,当事人之间的关系即从委托合同关系转化为无因管理关系。另一方面,无因管理在特定情形下也可能转化为委托合同关系。《民法典》第984条规定:"管理人管理事务经受益人事后追认的,从管理事务开始时起,适用委托合同的有关规定,但是管理人另有意思表示的除外。"决定无因管理是否转化为委托合同的关键在于受益人事后追认。一般认为,受益人事后的追认性质上属于有相对人的单方法律行为,是基于一方意思表示即可成立的法律行为。受益人的追认须作出明示的意思表示,只要受益人向管理人作出意思表示,无须其承诺即成立。且该意思表示具有溯及既往的效力,即一旦受益人追认,自管理行为开始时就在管理人与受益人之间形成委托合同关系。如管理人在开始管理后及时通知了受益人,受益人同意管理人继续管理的,则应当依据具体情形、结合当事人之间的意思表示判断是否构成委托合同。如果受益人就其有无授权进行追认,则可成立委托合同;但如果受益人只是认可管理人的管理行为,则仍应当属于无因管理,而不成立委托合同。

第二节 不当得利

一、不当得利的概念及其制度功能

不当得利,是指无法律上的原因而受利益,致使他人受到损失的事实。基于此种事实,在受利益人与受损失人之间产生的以利益返还请求权为内容的法律关系,称为不当得利之债。

不当得利源于罗马法,但在罗马法中,并没有不当得利的一般概念和原则,仅有各种具体的返还诉权(condictio)制度,主要包括:非债清偿之返还、目的不达之返还、违背善良风俗之返还、不法原因之返还、无原因之返还等。自罗马法学家Pomponius提出著名的"损人而利己乃违反衡平"法谚后,此即成为17世纪和18世纪自然法关于不当得利的理论依据。德国法学家萨维尼在其传世之作《现代罗马法体系》中统一了各种源于罗马法的请求返还之诉,明确论述了罗马法中各种返还诉权的共同特征,即一方财产增多,但以另一方财产减少为代价;这种财产变动是不公正的,它或无法律上的原因,或曾经有但在财产变动时也已消失。因此,不当得利返还请求权的统一基础是:"一方增加财产若以他方受损为代价,则该财产转移不具备有效的法律上原因。"[4]

---

[4] Friedrich Karl Savigny, *System des heutigen rdmischen Rechts*, Vol. 5, 1841, pp. 503, 525.

至此,不当得利之债经过千余年的发展终于在理论上得以确立。此后,萨维尼的论述最终被提升成《德国民法典》中不当得利的基本条款,并得到各国民法的普遍承认,演变成民法的基本制度之一,与合同法、侵权法一起,共同构成现代债法的主体“骨架”。

不当得利法的规范目的在于取除受益人无法律上原因所受的利益(所谓“取除利益功能”)。该功能体现为矫正欠缺法律关系的财产转移与保护财产的归属两种具体实现方式。前一种方式主要在于补救不成立、无效或被撤销的合同,使一方当事人可向他方当事人请求返还其所为的给付,这对于建立市场经济及私法自治的法律制度,具有特别意义,即法律一方面允许当事人可依其意思从事各种交易,决定其给付目的。另一方面又设不当得利制度调整欠缺目的的财产变动,以补救失败的交易计划。后一种方式具有权利保护的继续作用,如在擅自出售他人寄托之物,致受让人善意取得其所有权;无权出租他人房屋,收取租金;擅自以他人肖像作为营业广告等情形,权利人可向加害人请求返还侵害其权益归属内容而取得的利益。取除利益功能不仅是不当得利制度赖以存在的基础与合理性依据,也是不当得利制度与其他民法制度相区别的根源所在。

无论是矫正欠缺法律关系的财产转移或是保护财产的归属,不当得利的规范目的都在于取除受益人无法律上的原因而得到的利益,考察的出发点都是受益人受有利益,而对其是否为故意或有过失、其行为是否具有可资非难的违法性,均在所不问。相形之下,侵权行为法的目的就颇为不同,它在于填补受害人所受的损失,其功能是“填补损害”,该制度考察的重心在于受害人所遭受的损害,而加害人是否得利,对侵权行为的构成没有影响。可见,在大陆法系民法理论中,不当得利法与侵权行为法的功能是有本质区别的。

不当得利制度旨在规范私法上无法律原因的财产变动,可以说是财产法体系的反射体,但财产变动是否欠缺法律上的原因,则须依赖合同法、物权法、人格权法、婚姻法、继承法、票据法等部门法作出判断,而由不当得利制度加以执行。不当得利法不仅从逻辑上讲是与合同法、侵权责任法鼎足而立的法律部门,而且从内容上看,不当得利法与合同法、侵权行为法、物权法等民法的各个主要部门存在互通互动、密不可分的联系。〔5〕从这个意义上说,不当得利制度发挥着起承转合的作用,直接关系到整个民法体系的构建与完善。然而,我国原《民法通则》对于不当得利的法律规定却极为简陋,仅设一个抽象条文予以概括(第 92 条),没有合法根据,取得不当利益,造成他人损失的,应当将取得的不当利益返还受损失的人。原《民法总则》承继了原《民法通则》的规定,也仅在第 122 条原则性规定:因他人没有法律根据,取得不当利益,受损失的人有权请求其返还不当利益。《民法典》合同编在第三分编“准合同”中以 4 个条文(第 985 条至第 988 条)专章规定了不当得利,初步建构起我国民法中的不当得利制度。

二、给付型不当得利

(一)给付型与非给付型不当得利的区分

现代不当得利法理论最大的变化便是,给付型及非给付型不当得利的导入。不当得利理论原本采统一说,即无须区分得利人得利的原因,只要:(1)得利人受有利益;(2)无法律上的原因;

---

〔5〕德国民法学家马肯西尼斯(Markesinis)曾作了一个精彩比喻。他说:“不当得利犹如罗马门神贾努斯(Janus)。它前顾而后盼,一面注视着合同,以拭其所溢;另一面紧盯着侵权,以纳其所遗;而其眼角余光更远及物权。”贾努斯(Janus)是古罗马的门神。有前后两副面孔,一个往前看,另一个往后看。惯例上其神殿于战时开启,也被供奉为事物开始之神。罗马历的 1 月(January),被称为“贾奴斯之月”。参见《牛津当代大辞典》,世界图书出版公司 1997 年版,第 897 页。

(3)受损害人的损害;(4)得利人受有利益与受损害人的损害之间有因果关系,双方当事人即可成立不当得利的法律关系。依统一说,不当得利法律关系成立的当事人,取决于财产上的直接变化发生在何人之间。如不当得利所涉及当事人仅有两人,则依统一说,不会产生判断上的困难,但是,如果不当得利关系涉及两人以上(多人关系的不当得利),则往往会发生判断上的困难。

为解决上述困难,奥地利学者威尔伯格(Wilburg)于1934年提出"非统一说"。该说区别给付与非给付两种情形,分别探讨所受利益是否有法律上原因。德国学者卡梅瑞(von Caemmerer)以威尔伯格的见解为基础,建立了不当得利的类型化理论,发展形成了所谓的现代不当得利法,其主要特色在于区分类型,探讨法律上的原因,除给付不当得利外,还有非给付不当得利,特别重视其中"侵害他人权益之不当得利"。[6] "非统一说"经过不断阐扬与发展,逐渐在理论上取得通说的地位。该理论最突出的优点是:由于给付不当得利请求权囊括了不当得利的绝大多数情况,经由他人的给付行为而受有利益,则不当得利法律关系仅能成立在有给付关系之当事人间,而在给付不当得利类型内,判断当事人间的财产转移是否构成不当得利,由其他部门法,尤其是合同法来确定,再无须借助"正义""衡平"等抽象概念,从而在很大程度上克服了传统理论的不确定性。不当得利类型化理论的另一个好处是,在涉及三方(甚至更多)当事人的情况下,"给付"提供了一个"谁得向谁主张不当得利请求权"的较为明确的判断标准。如此,棘手的多人关系之不当得利即可获得解决。

我国《民法典》第985条确定的是不当得利的基本构成,单就某个特定的个案来说,还缺乏具体的构成要件,仍有必要类型化。可以借鉴奥地利和德国的民法学说,把不当得利分为给付不当得利与非给付不当得利。

(二)给付型不当得利的构成要件

1. 受有利益

所谓受有利益,通说认为以财产上利益为限,即须以客观的、经济的标准予以衡量,包括财产总额增加而产生的积极得利与财产总额应减少而未减少所产生的消极得利。具体而言,取得利益包括:(1)取得某种法律权利。这里包括物权(所有权、用益物权、担保物权等)、债权(通过无因的债务承认取得)等,期待权也包括在内。权利效力的加强也属于取得某种法律地位,如抵押权顺位提前。另外,占有(直接占有和间接占有)、在不动产登记簿上登记也属于取得某种法律地位。(2)免除债务和负担。(3)取得使用利益和服务。

2. 所受利益须经由给付而来

就给付型不当得利而言,该构成要件最为复杂也最为重要。给付是指有意识且有目的地增加他人财产的行为。具体而言:(1)增加他人财产的行为必须是有意识的:指行为人主观上有增加他人之财产的意愿。如果受领人的得利并非基于给付者的意思,则不成立给付不当得利。(2)增加他人财产的行为必须是有目的的:指财产给与人主观上是为完成一定的法律上原因而为财产给与行为,而给付关系当事人,就成立在财产给与人和其主观上所欲达成之财产给与目的的相对人之间。(3)有意识且有目的地增加他人的财产的给付行为,可以是法律行为,如基于买卖合同所为的所有权变动;也可以是事实行为,如基于雇用合同所为的劳务给付。

---

〔6〕 王泽鉴:《不当得利》(第二版),北京大学出版社2015年版,第12~13页。

3. 所受利益须无法律上原因

就给付型不当得利而言，给付目的的达成就是给付利益取得有法律上原因，如给付目的不能达成，给付利益取得就是无法律上的原因。民法理论将给付利益取得之法律上的原因区分为清偿原因、负担原因及赠与原因。(1)清偿原因：给付的目的在于清偿合同债务或者法定债务，清偿即为其给付的原因。(2)负担原因：给付人为一给付行为，目的不在清偿债务，因为此时债务尚未成立，给付人给付的目的在于期待相对人会因自己的给付而为一定的作为或不作为。如相对人不为一定的作为或不作为，则给付人的给付原因不存在，可依不当得利要求返还其给付。(3)赠与原因：给付人之所以为给付，其目的在于无偿增加他人的财产。

利益取得法律上原因不存在，学说上将其区分为三种情况加以讨论：原因自始不存在、原因事后消灭、给付结果未发生。(1)原因自始不存在，指给付原因自始不成立或无效。如因买卖合同而交付财物，但买卖合同不成立。(2)给付原因曾经存在，但因法律行为被撤销，或因被解除而失去效力，致使给付目的不能达成，形成无法律原因的给付。(3)给付目的未达到，指给付人不但有意识地增益他人财产，且其给付目的更在于期待经由其给付，使特定行为或结果发生，如受给付人未为该特定行为，或该特定结果未发生，则给付人的期待落空，其给付目的未能达成，给付即无法律上的原因。例如，承租人为说服出租人能将房子出租，先给付 6 个月房租给出租人，出租人答应考虑，如出租人最后决定不出租房子，则出租人给付 6 个月房租目的未达，可依不当得利请求返还。

(三)不当得利请求权的排除

并非无法律上原因的给付均能成立不当得利请求权。民法基于一些价值判断和社会政策的考量，例外地排除得利人的返还义务。因是例外有利得利人，因而举证责任应由得利人负担。按照《民法典》第 985 条的规定，以下情况受损人不得请求返还：

一是为履行道德义务进行的给付。其规范旨在于调和法律与道德，使法律规定符合一定的道德观念。

二是债务到期之前的清偿。因为债务人的给付本是基于履行债务，虽为提前清偿，是其放弃期限利益，一经清偿，债权人便有权受领给付，也有权保有该给付。

三是明知无给付义务而进行的债务清偿。明知无给付义务，犹任意给付，再请求返还，有违诚信原则，无保护必要。其理由来自诚实信用原则中的“矛盾行为的禁止”(禁止出尔反尔原则)，即给付人明知无给付义务或结果自始不能发生而为给付，再请求返还，有违诚信原则。但是，如果无债清偿行为不存在上述矛盾性，则应依目的性限缩解释，以下情形不予适用：(1)给付人明知其无债务或结果自始不能发生，但因受胁迫而为给付。(2)给付人在给付时并不明确承认其债务，而保留将来待法律状况澄清后，再作进一步清理。

至于不法原因的给付是否应当排除不当得利返还请求权，我国《民法典》未予明确规定。所谓不法原因的给付，是指给付的原因违反法律的禁止性规定或公序良俗，如行贿、给付赌债等。通说认为，“不法原因给付，不得请求返还”。其理由主要在于，当事人因其违反法律的禁止性规定或背于公序良俗的行为，而将自己置于法律规范之外，无保护的必要，并强调此乃基于“禁止主张自己之不法”或“不洁净之手抗辩”等原则。[7] 如果双方当事人都存在不法事由，或者仅给付方存在不法事由，则排除不当得利请求权。但是，如果仅受领一方存在不法事由，给付人可以

〔7〕 王泽鉴：《不当得利》(第二版)，北京大学出版社 2015 年版，第 117 ~ 118 页。

依照不当得利请求返还。需要注意的是,不法原因的给付虽然在民法上被排除不当得利返还请求权,并不意味着不当得利人就有权保有其所受领的不当利益。由于不当得利的不法原因违反刑法、行政法等公法规范,依据其他公法的规定应当予以没收。

三、非给付型不当得利

(一)概念及类型

顾名思义,非给付型不当得利,指凡是非经由给付行为而无法律上原因取得利益。即当事人之间的财产变动并非出于受损方有意识的、基于一定目的的行为。其发生事由主要有三:(1)由于行为。基于给付以外的行为而产生的不当得利,又可分为受益人的行为,如偷窃他人之物;利益受损人自己的行为,如将他人之牛,误认为是自己之牛而喂食;第三人的行为,如甲为扑灭乙家之火而使用丙的灭火器。(2)由于自然事件,如甲养殖的鱼因涨水而溢入乙的网箱。(3)由于法律规定,如添附。这些非给付不当得利请求权,依其内容,一般可分为三种基本类型,即权益侵害型不当得利、支出费用型不当得利和追索型不当得利。其中,以权益侵害型不当得利最为重要。这种分类方法由德国学者卡梅瑞提出,已得到大陆法系国家和地区法学界和实务界的普遍接受。值得强调的是,该种分类只是列举性的,并没有穷尽所有类型的非给付不当得利。随着相关部门法,尤其是侵权法的发展,必然会不断出现新的非给付不当得利类型。

(二)非给付型不当得利的次要性原则

在进一步讨论非给付型不当得利构成要件之前,必须要提及“非给付型不当得利次要性原则”(“给付型不当得利优先性原则”):如果得利人的利益取得是经由给付行为而来,则得利人即无须对给付人以外的第三人负非给付型不当得利的返还责任,也就是说,如果得利人的利益取得是经由给付行为而来,则得利人可拒绝第三人的非给付型不当得利的请求。

在二人关系的不当得利,如果认定当事人之间有给付关系,就构成要件而言,当然排除非给付不当得利关系,只有在当事人间没有给付关系时,才可能发生非给付不当得利请求权。例如,甲受雇于乙,饲养乙的马。如果雇佣合同被撤销,甲对乙有给付不当得利请求权;如果甲与乙之间本无雇佣关系,而甲误认乙的马为自己的马而饲养时,因无给付关系,应成立非给付不当得利(支出费用不当得利)。

但在第三人介入损益变动过程而与受益人或受损人具有给付关系的时候,就涉及如何处理给付不当得利请求权与非给付不当得利请求权的关系,以及由此如何判断当事人的问题。现代不当得利法学建立给付型不当得利与非给付型不当得利两个基本类型,凸显二者的规范功能、思考方法,使不当得利请求权问题更加明晰,更具论证的说服力。对此,应首先审视受益人是基于何种事实取得利益,如果利益的取得是因给付行为而发生,则进一步考察该给付是否具有法律上的原因,若无,则判定其属于给付型不当得利,然后运用非给付型不当得利次要性原则,仅在有给付关系的当事人之间成立不当得利之债,从而排除第三人的非给付型不当得利的成立。例如,甲与乙签订了一份买卖合同,从乙处购得一块“珍贵”红木,并将之赠与雕刻家丙,丙将之雕刻成价值不菲的精美工艺品。但后来甲与乙的合同因欺诈被撤销。在此情形,甲得向谁主张不当得利请求权?一方面,甲与乙之间有给付关系,所以甲得向乙主张给付不当得利请求权;另一方面,丙因添附而取得了红木的所有权,甲可否向丙请求返还不当得利?对此问题,应优先适用给付不当得利原则。即在三人关系的不当得利,若存在因给付而受利益的情况,强调给付关系的优先性,对第三人原则上不成立非给付不当得利。

(三)权益侵害型不当得利

1. 权益侵害型不当得利的成立

自罗马法创设"返还诉权"以来,迄至近代各国立法,多以给付不当得利为重点,建构不当得利法的体系。权益侵害型不当得利的提出,扩大了不当得利请求权的适用范围,强化了对权益的保护,对不当得利制度的发展具有重大意义。但是,如何建立此类不当得利的理论架构,并据以提出可操作的法律技术概念,以此判断此类不当得利并非易事。

因侵害型不当得利无给付行为存在,无法以给付行为来决定不当得利关系应成立在何者当事人间,而只能以利益变动的因果关系来判定不当得利的关系人,因此其构成要件不同于给付型不当得利,而是以受有利益、侵害权益、受有利益与侵害权益之间有因果关系、无法律上原因来架构。(1)受有利益。其内容如同给付型不当得利,不再赘述。(2)侵害权益。侵害型不当得利的得利人受有利益须是经由侵害不当得利请求权人的权益而来。该侵害行为可以是得利人的行为,也可以是第三人的行为。而侵害行为依今日"权益归属理论"[8],是指对依法归属他人专有的权益内容造成影响或干预的行为,至于该行为有无归责性(故意或过失),则在所不问。因此,只要有归属他人专有的权益内容遭受影响,即成立侵害行为,侵害人即必须将侵害所得的利益,返还于原利益专属人。(3)受有利益与侵害权益之间有因果关系。即不当得利受益人所受的利益是因侵害他人的权益而来。该因果关系的判断依通说是采"直接因果关系理论"或曰"财产直接变动理论"。所谓"直接因果关系理论",是指受有利益与侵害权益须是基于同一事实所发生。按照"直接因果关系理论",只有在财产直接发生变动的当事人之间才能成立不当得利关系,也就是说,得利人的利益取得必须是直接由不当得利请求权人处取得,而非间接经由第三人处取得,其理由是前面所述三人给付关系中的法律实体的价值判断。但是,如果采用直接因果关系的结果并不符合实体价值判断,特别是当第三人并无法律保护必要时,则有采用间接因果关系说的例外。即受有利益与侵害权益之间有牵连关系即可,二者不必基于同一事实,其间虽有其他事实介入,只要无阻却不当得利成立的事由,即可成立不当得利。例如,甲的电视机被乙所盗,丙又从乙手中抢走电视机。甲失去电视机的占有是因乙的窃盗行为,而非丙的抢夺行为,如依直接因果关系理论,占有变动应发生在甲、乙之间,甲应仅能向乙主张侵害型不当得利,甲、丙间无不当得利返还关系。如此处理明显违反法律实体价值判断,因为甲的电视机究竟为何人所盗,实不应有所区别。因此,应许可甲向丙主张侵害型不当得利。(4)无法律上原因。在侵害型不当得利中,因得利人不是经由给付行为获得利益,原则上,只要有侵害事实存在,侵害行为无法律上原因(不法性)即可被肯定。得利人主张侵害行为有法律上的原因(阻却违法的正当化理由),必须负举证责任。例如,得利人必须主张并证明,其利益的取得已得到权益人的许可等。

2. 特殊的权益侵害型不当得利

按照不当得利的一般理论,财产转移有法律依据的,不成立不当得利。但法律有时规定,当事人之间发生财产变动,乃在于保护交易安全,或谋求法律技术上的方便,不过形式上使该权利

---

〔8〕 由于不当得利法的功能在于取除受益人无法律上原因所受的利益,所以其应审视的,不在于得利的过程,或财产变动的违法性,而在于考虑保有利益的合法性。给付过程的违法性与保有利益的合法性是两个不同的判断基准。权益有一定的利益,专属于权利所有人,如所有权专属于所有权人,有使用、收益、处分和排除他人干涉等内容。违反法秩序(legal order)所定权益归属而取得利益的,欠缺法律上原因,应成立权益侵害不当得利。"权益归属理论"以保有利益的合法性,而不是给付过程的违法性作为判断标准,符合不当得利法的目的与功能,因而成为通说。参见王泽鉴:《不当得利》(第二版),北京大学出版社 2015 年版,第 141 页。

先归属于受益人,而实质上并非使其终局性地受益。在这种情形下,受益人获益虽基于法律规定,但若保有利益,仍不具有法律上的原因,应构成不当得利。其典型是因添附而生不当得利。对于“因加工、附合、混合而产生的物”,《民法典》第 322 条确立了物的归属规则:有约定从约定,无约定从法定,无法定则应按照“充分发挥物的效用以及保护无过错当事人的原则确定”。同时,为平衡添附物所有权的变动,受损一方可要求“赔偿或者补偿”。法律这样的规定,纯粹为图法律技术上的方便,其目的并非使该新物取得人终局地、实质性地取得利益。因此,对于丧失所有权的他方当事人,应有不当得利返还请求权。

3. 权益侵害型不当得利与侵权行为的关系

权益侵害型不当得利与侵权之债可能发生并存或竞合关系。在这种情形下,请求权人可以在二者间选择其一,请求权的行使已达目的,其他请求权即行消灭,如未达目的,仍得行使其他请求权。但请求权人不可同时提出两种请求权,因为他不能因此而使自己得利。

(四)支出费用型不当得利

当事人在他人的财产上支出了费用而要求赔偿,通常由关于给付型不当得利、无权占有或无因管理的法律条款来调整。但仍有个别情形不能涵盖其中,这时,就需求助于“支出费用型不当得利”请求权。支出费用型不当得利是指非以给付的意思,为他人的财产支出费用,使其受有财产利益,而没有法律上的原因。例如,甲将其奥迪车出借给乙使用,乙将车转让给丙,丙为维修该车花费了 48000 元,而后甲将该车转卖给了丁。丙未经奥迪车所有人甲许可,为修理其车辆支出费用,甲因此而得利,构成支出费用型不当得利。丙既无给付的意思,甲欠缺受益的法律上原因,应当向丙返还车辆维修费用 48000 元。

(五)追索型不当得利

追偿型不当得利,是指第三人清偿他人债务,因不具备委托、无因管理或其他法定求偿要件而发生的不当得利请求权。

在实践中,追索型不当得利的适用范围比较狭窄,主要发生在第三人误以为自己负有债务或因其他原因,而代替债务人有效地向债权人给付,则第三人可向真正债务人追索,请求其返还不当得利。例如,发包人为避免农民工讨薪的信访压力,替承包人向其使用的 120 名农民工支付了工资 2501195 元。发包人与农民工之间并无合同关系,并不负有向农民工支付工资的义务,其向农民工支付工资的行为是在有意识、有目的地向农民工而非向承包人为给付,因而不能向承包人主张给付不当得利返还请求权;亦无法要求农民工返还,因为农民工受领工资有明确的合同及法律依据。在这种情况下,发包人实质上为清偿了承包人的债务,使承包人无法律原因而受有利益,他可以依据追索型不当得利,要求承包人返还其代付的工资。

四、不当得利之债的效力

《民法典》第 985 条规定:“得利人没有法律根据取得不当利益的,受损失的人可以请求得利人返还取得的利益……”按此规定,尽管不当得利分为给付与非给付两大基本类型,但该条关于不当得利法律效果的规定,统一地适用于这两种类型的不当得利。

在具体讨论不当得利返还范围前,首先应理解的是,不当得利不是损害赔偿,得利人所应返还的,应仅是就其所得的利益为返还,请求权人所遭受的损害大小,并非是不当得利返还范围所考虑的因素。《民法典》第 986 条、第 987 条明确了善意得利人、恶意得利人的返还范围以及利益不存在的返还规则问题,即根据当事人的主观状态确定不当得利返还的范围:善意得利人的返还范围限于现存利益，如果利益已经不存在，则不承担返还该利益的义务；而恶意得利人则以所得利益为限，即使利益不存在，也应当返还其所得利益的价值。

(一)返还标的

1. 原物返还

原物返还则是返还不当得利的主要方式。只有在所受利益依其性质，或受领人基于其他情形，不能返还时，才能以价额偿还。具体而言，原物返还的方式，因受领人所受领之物或权利的不同而有所不同。对于可转移的权利，如所有权、专利权、让与的债权等，为其返还，应为转移行为；已设定的物上权利，应废止之；已成立的债权，应免除之；已废止的物上负担，应回复之；已转移的占有，应交还。如果原得利的标的物已不存在时，如权利已行使、因原物损毁而对第三人有求偿权或自第三人受领有赔偿物，可以以替代给付为返还标的。

原物所产生的孳息，包括天然孳息及法定孳息，也在返还之列。须注意的是，孳息返还须以得利人事实上确实收取有孳息为必要，对应收取而未收取的孳息，不负返还之责，因不当得利之债的重要法理是：得利人仅就其所得的利益为返还，得利人不能在返还利益之后，反遭受不利益。

2. 相当价额

得利之标的物或其替代给付，以及本于该利益所得的收益，如果依其性质不能返还，或受领人基于其他事由不能返还的，应偿还其价额。所谓依其性质不能返还，多指所受利益为劳务、物的使用或消费等；所谓其他事由，诸如因灭失、被盗或遗失；受领人将受领标的物出售、赠予或与他人之物互易而转移其所有权等。至于偿还价额的计算，则应依一般市价。计算的时间点，应以取得利益的时点为准，如利益取得有附停止条件，应以条件成就的时点为计算。

典型依利益性质不能返还的，为受有利益是劳务或使用利益。对于使用利益的认定，以前的学说认为使用利益的得利人必须有费用的节省，始有使用利益的取得。今日通说则认为，只要有使用的事实即有使用利益的取得，是否有费用的节省，应属返还范围的问题。如有费用的节省，得利人应就其所节省的费用为返还；如无费用的节省，则不负返还责任。

3. 替代

所谓“替代”，是指因原客体灭失，而取得另外的替换客体。例如，甲不当得利所得的所有权，因第三人侵权行为而灭失，但取得赔偿金，该赔偿金即被认为是原所有权的替代，得利人不得主张所得利益不存在，而必须就该替代为返还。

(二)利益返还的范围

对受领人应返还义务的范围，依受领人为善意或者恶意而有不同，并因此影响第三人的返还义务。其分述如下：

1. 善意受领人的返还责任

受领时不知其所得利益无合法根据，即为善意。善意受领人仅负返还其现存利益的责任，如果所受利益已不存在，则不必返还或偿还价额。《民法典》第986条规定：“得利人不知道且不应当知道取得的利益没有法律根据，取得的利益已经不存在的，不承担返还该利益的义务。”这凸显了不当得利法的功能与目的，即在于取除受领人无法律上原因而得利益。返还责任的底线应当是保证善意受领人的财产不致因不当得利返还请求权而有所减少。显然，这有利于受领人，而对受损人不利。因此，如何合理解释“所受利益不存在”尤为重要。一般来说，“所受利益不存在”的举证责任在受领人一方，通常包括以下几种类型：(1)所得利益为物时，受领人证明该物非因其过失而损毁、灭失、被盗或其他事由而不能返还。如果因此获有补偿,如获得损害赔偿、保险金等,该补偿属于本于所受利益而得收益,应予返还。如果未得有任何补偿时,则免负返还或偿还价额的责任。(2)所得利益为金钱时,受领人须证明:一是所得钱款已花尽;二是如果此钱款非为其得利,则其不会花费;三是受领人花费此钱款,没有因此获得补偿,其财产也未得以增加。(3)所得利益为分期支付的工资、养老金、抚恤金等时,受领人须证明所得款额乃用于维持生计,并没有因此而有所积蓄,或财产有所增益,且若返还则难以生活。由于对弱者权益的保护已越来越受到重视,所以在被告为低收入者时,法院通常会支持被告的抗辩理由。(4)所得利益虽未灭失,但受领人为保养或维修该利益支出了必要的费用,则受领人可主张损益相抵,如果损益相当,也视为所受利益不存在。

对于善意受益人因取得利益所支出的费用,如运费、登记费、维护费等必要费用和有益费用的支出,于返还时可请求对方偿还。

2. 恶意受领人的加重返还责任

受领时知其所得利益无合法根据或其后知无合法根据而仍保持其利益,即为恶意。《民法典》第987条规定:"得利人知道或者应当知道取得的利益没有法律根据的,受损失的人可以请求得利人返还其取得的利益并依法赔偿损失。"恶意也包括受领行为违反法律禁止性规定或者背于善良风俗,以及不当得利请求权诉讼的起诉书副本送达得利人的情形。恶意受领人包括受领时明知(自始恶意),或是其后知道(中途恶意)无法律上原因而受领利益之人,并不包括因过失而不知无法律上原因之人。

恶意受领人应将其恶意开始之时所拥有的利益,不问请求返还时尚存在与否,均应返还,如不存在应返还其价额,如受领为金钱者应附加利息,如有损害并应赔偿。也就是说,恶意受领人的最重要加重责任是,恶意受领人不得主张所受利益不存在。例如,甲偷盗价值为10000元的电视机,以5000元卖给善意第三人,不得以现存利益为5000元,另外5000元利益已不存在为由仅返还5000元,仍应偿还10000元。

至于恶意受益人为不当得利所支出的费用是否有权请求对方偿还?对此,学理见解各异,我们认为,善意受领人不应在返还利益之后反而遭受不利益,因而有费用偿还请求权,但恶意受领人则无该信赖保护的必要,即使恶意受领人在返还利益之后,因其费用支出而反遭受不利益,亦无费用支出偿还请求权。

3. 第三人的返还义务

如上所述,善意受益人可主张所受利益不存在,而免负返还或偿还价额的责任。但如果受领人因将其所受领的标的物无偿赠与第三人,而致所受利益不存在时,该第三人是否应负返还责任呢?《民法典》第988条规定:"得利人已经将取得的利益无偿转让给第三人的,受损失的人可以请求第三人在相应范围内承担返还义务。"从理论上说,第三人所受利益,是来自不当得利受领人,未致受损人受损,因此并不成立不当得利。但从平衡有关当事人利益的角度来看,一方面受领人因所受利益不存在而免返还义务,另一方面第三人属于无偿取得利益,揆诸情理,显失公平。所以,受领人以其所得利益无偿让与第三人的,如果受领人因此而免除返还义务时,该第三人所负返还义务与无法律上原因而从债权人处所受利益相同。

问题与思考

1. 我国《民法典》是否区分给付型不当得利和非给付型不当得利?

从文义上看,《民法典》第122条和第985条并未区分给付型不当得利和非给付型不当得利,而是统一规定了不当得利的构成要件和法律效果。但是,不能仅以《民法典》对不当得利作统一规定,就主张我国《民法典》未区分给付型不当得利和非给付型不当得利。具体理由如下:

首先,从不当得利制度的发展及功能上看。虽然不当得利源于罗马法上调整失败的契约的个别财产返还之诉(主要是给付型不当得利),但经过德国民法典起草过程中的学说争议,发现了权益侵害等非给付型不当得利。由此,不当得利的功能,也从调整欠缺法律关系的财货转移发展到保护权益归属的双重作用。其次,《民法典》第985条关于不当得利的除外情形,已经重点突出了给付的概念(如第1项的"为履行道德义务而进行的给付"、第3项"明知无给付义务而进行的债务清偿"),且均系针对给付型不当得利。最后,从比较法上看,大陆法系国家的不当得利立法及理论学说均明确区分给付型不当得利和非给付型不当得利,尤其是在有无法律原因这一构成要件的判断上。区分不同类型的不当得利,有助于将不当得利类型化,有助于区分不同类型不当得利的功能,有助于明确不同类型不当得利请求权的构成要件,并使得不当得利制度充分发挥了其功能和价值。相反,统一说亦难以对不当得利进行统一的说明,或者过于空洞,或者无法涵盖所有情形下的不当得利。因此,我国民法学说和司法实践均认可我国民法应采纳非统一说,非统一说也成为我国的共识或通说。虽然《民法典》对不当得利的构成要件和法律效果作了统一规定,但是该构成要件的解释,仍然要区分不同类型的不当得利进行分别判断。正如崔建远教授所言,只有将"有无法律根据"予以类型化,才能够将该一般条款予以具体化,以防止该条款"自由自在"地徜徉在其"封地",避免司法判例的漫无目标、恣意丛生和摇摆不定的危险。[9]

2. 因合同无效、被撤销或者确定不发生效力所产生的返还请求权

根据《民法典》第157条的规定,民事法律行为无效、被撤销或者确定不发生效力后,行为人因该行为取得的财产,应当予以返还。该条规范并未明确返还请求权基础性质,也未规定可以援引不当得利规范。在理论上,关于该条款所明确的请求权基础性质究竟是恢复原状请求权、返还原物请求权抑或是不当得利请求权,存在争议。有观点认为,该请求权规范性质是物权请求权,(理由是物权请求权具有对抗其他债权请求权的效力,更有利于保护财产返还请求权人的利益);也有观点认为,该请求权规范性质是不当得利请求权,(理由是法律行为被撤销属于法律原因事后消失而引起的不当得利);更有观点认为,应当基于不同的给付标的而区分返还的性质,对于物的给付属于返还原物请求权(理由是我国民法不承认物权行为的独立性和无因性)、对于金钱和劳务的给付则属于不当得利返还请求。我们认为,应当区分给付标的物的性质而分别判断。虽然合同无效、被撤销或者确定不发生效力后,导致自始欠缺给付目的,符合不当得利无法律上原因这一构成要件。但是,当给付的标的物为有体物时,如不采物权行为独立性和无因性理论,标的物所有权未发生变动,受领人并未取得标的物所有权,并不符合不当得利一方受有利益(所有权)这一构成要件,自然也就不存在以"所有权"为利益的不当得利返还请求权;如果标的物已经转移占有或者办理登记,此时受领人取得"占有或登记"的利益,符合不当得利一方受有利益("占有或登记")这一构成要件,可以成立以"占有或登记"为利益的不当得利返还请求权,

---

〔9〕 崔建远:《不当得利规则的细化及解释》,载《现代法学》2020年第3期。

从请求权竞合理论以及更充分保护当事人权益的角度,亦应当允许该不当得利返还请求权与物权(占有返还)请求权竞合。然而,当给付标的物为金钱或者劳务时,由于无法再适用返还原物请求权,该请求权基础的性质只能解释为不当得利返还请求权。

3. 不当得利请求权与其他请求权的竞合

例如,甲向乙出租运动型自行车一辆,租赁关系终止后,乙拒不返还,继续使用1个月后,将车卖给善意第三人丙。甲对乙可以主张合同上的租赁物返还请求权、侵权行为损害赔偿请求权、不当得利请求权。由此产生一个问题,不当得利请求权与其他请求权究竟是什么关系?对此,《民法典》未明确规定,学说上有不当得利请求权辅助性说与不当得利请求权独立性说。前者主张不当得利请求权仅限于当事人不能依其他请求权得到完全满足时,始能行使;后者主张不当得利请求权可以与其他请求权独立并存,由此发生请求权竞合关系。我国民法学通说采请求权竞合说,因为请求权是否成立,应各就其构成要件加以判断,不应受其他请求权的影响。《民法典》第186条对于违约责任与侵权责任已采取竞合说。因此,对于不当得利请求权与其他请求权的关系,应肯定不当得利请求权的独立性,类推适用《民法典》第186条关于竞合的规定,由权利人选择其一行使请求权。

4. "强迫得利"是否构成不当得利?

如果利益的取得并非得利人所乐意,如甲委托乙修理因擦挂而面部受损的"现代"牌跑车,合同约定使用"现代"牌烤漆,但乙擅自改以"法拉利红"烤漆,并由此增加了费用且增加了车的价值。乙可否向甲主张不当得利?此为极具争议的"强迫得利"问题。即受损人因其行为而使得利人受有利益,但违反得利人的意思,不符合其计划。对此学理上有各种学说:有人认为应依据恶意当事人不受法律保护之原则,使受损人不享有不当得利请求权。有人提出所谓"取得利益主观化"理论,认为得利人是否受有利益,应以该利益对其个人主观上是否有益为断。也就是说,虽然利益在客观上是存在的,但是主观上,对受领人而言,却毫无价值,故受领人并未获得利益。我们认为,不宜为解决强迫得利这种特殊问题而将是否受有利益主观化,绝不可由"取得利益主观化"理论,轻易得出"有无受有利益,不是以客观决定,而是以主观决定"一般性结论。强迫得利应如何返还,不仅属于所受利益是否存在的问题,须依个别的情况、特别的关系而加以判断,而且应当根据行为人的主观状态判断是否构成明知无给付义务而进行的债务清偿,按照《民法典》第985条的规定排除不当得利请求权。

拓展阅读推荐

1. 谢鸿飞、朱广新主编:《民法典评注》(合同编　典型合同与准合同),中国法制出版社2020年版。
2. 最高人民法院民法典贯彻实施工作领导小组:《中华人民共和国民法典合同编理解与适用》(第4册),人民法院出版社2020年版。
3. 王泽鉴:《不当得利》(第二版),北京大学出版社2015年版。
4. 黄茂荣:《债法通则之四:无因管理与不当得利》,厦门大学出版社2014年版。
5. 刘言浩:《不当得利法的形成与展开》,法律出版社2013年版。

第五编 婚姻家庭

第二十七章　婚姻家庭法概述

学习要点

- 婚姻与家庭
- 婚姻家庭法
- 亲属、近亲属和家庭成员
- 婚姻自由原则
- 一夫一妻制

第一节　婚姻家庭和婚姻家庭法

一、婚姻家庭的概念

(一)婚姻

婚姻是男女双方以共同生活为目的而缔结,具有公示的配偶身份的结合。[1] 无论是我国1950年《婚姻法》、1980年《婚姻法》、2001年修正的《婚姻法》,还是我国《民法典》均未定义“婚姻”一词,但学者们从不同角度对“婚姻”作出不同的理解和解释。[2]

婚姻应具备如下三个要件:

第一,婚姻是男女两性的结合。对婚姻主体的限定是基于男女两性的生理差异,能实现性的需求以及生育的目的。我国《民法典》第1046条、第1049条及第1050条均指出结婚的主体是“男女双方”,因此从立法上看,我国不承认同性婚姻。

第二,婚姻是男女双方以配偶身份共同生活的结合。以配偶身份共同生活是婚姻关系的目的也是婚姻关系的本质。虽然我国法律并未明确规定夫妻必须同居共同生活,但因感情不和分居达到2年的,以及判决不准离婚后夫妻又分居满1年的,均构成我国《民法典》第1079条所规

---

〔1〕 陈苇主编:《婚姻家庭继承法学》(第三版),群众出版社2017年版,第2页。

〔2〕 有学者认为“婚姻,是男女双方以永久共同生活为目的,以夫妻的权利义务为内容的合法结合”,参见马忆南:《婚姻家庭法新论》,北京大学出版社2002年版,第2页。也有学者不赞同将婚姻界定为以永久共同生活为目的的结合,认为“婚姻是一男一女之间确立的以共同生活为目的、以夫妻间的权利义务为内容的合法的结合”。参见王丽萍:《婚姻家庭法律制度研究》,山东人民出版社2004年版,第8页。还有学者不认同“婚姻”一定是合法的结合,认为婚姻的法律概念应为“男女双方以共同生活为目的,以产生配偶之间的权利义务为内容的两性结合”,参见杨立新:《家事法》,法律出版社2013年版,第77页。也有学者认为:婚姻曾长期被定义为“以性别差异为基础的男女,基于相互缔结夫妻关系的一致意思表示而实施的结婚行为而在法律上获得的身份关系;他们基于该身份联系而对彼此负担义务并对婚姻共同体负责”,但是从20世纪六七十年代以来,这个定义显得不太准确了。参见蒋月:《婚姻家庭法前沿导论》(第二版),法律出版社2016年版,第1页。

定的判决离婚的法定条件。

第三,婚姻是具有公示性的男女结合。所谓“公示性”是指公开以配偶身份共同生活,可以表现为办理结婚登记,也可以表现为举行公开的婚礼,或者以夫妻名义同居生活。[3]

(二)家庭

家庭是一定范围内亲属所组成的共同生活单位。所有的社会中都有家庭,家庭是人们生活的基本社会组织,家庭承担着重要的社会功能。[4]

家庭是由一定范围内的亲属组成,但家庭成员的构成和规模在不同的时期会发生变化。社会学上将一对夫妇和他们未婚的子女住在一起的家庭称为核心家庭,如果还包含其他亲属则称为扩大家庭。我国《民法典》第1045条第3款规定,“配偶、父母、子女和其他共同生活的近亲属为家庭成员”。也即我国《民法典》中家庭是由配偶、父母、子女、祖父母、外祖父母、兄弟姐妹等亲属组成的,除配偶和父母子女,其他近亲属成为家庭成员则需要共同生活。

家庭成员之间通常互享特定权利并互负特定义务。家庭成员一般拥有共同的财产,如夫妻共同财产或家庭共同财产。家庭成员之间也有相互扶养、相互继承等权利义务关系。此外,根据《民法典》以及《反家庭暴力法》的规定,家庭成员应当敬老爱幼,互相帮助,互相关爱,履行家庭义务。禁止家庭成员之间实施殴打、捆绑、残害、限制人身自由以及经常性谩骂、恐吓等侵害行为,禁止家庭成员间的虐待和遗弃。

二、婚姻家庭法的概念与民法的关系、调整对象和特点

(一)婚姻家庭法的概念

婚姻家庭法是调整婚姻家庭关系的法律规范的总称,以婚姻家庭中的人身关系和财产关系为调整对象。

婚姻家庭法在传统法学上有两种含义:一是形式意义上的婚姻家庭法;二是实质意义上的婚姻家庭法。形式意义上的婚姻家庭法是指以“婚姻家庭法”(或者“婚姻法”“家庭法”“亲属法”)命名的法律文件,例如我国1950年《婚姻法》、1980年《婚姻法》以及《民法典》“婚姻家庭编”等。实质意义上的婚姻家庭法则是指调整婚姻家庭关系的法律规范的总称,例如1991年《收养法》、2003年《婚姻登记条例》等均为实质意义上的婚姻家庭法。

(二)婚姻家庭法与民法的关系

我国古代诸法合体,调整婚姻家庭的户婚律规定在各朝的统一律法之中。法律部门的严格划分始于西方资产阶级革命之后,理论和立法上将法律划分为宪法和部门法,后者调整不同的社会关系。调整婚姻家庭关系的法律被归于民法之中,或称亲属法,或称家庭法,是民法的组成部

---

[3] “婚姻”的概念并不包含合法性的前提,婚姻根据其是否具有法律效力又可以分为合法婚姻、无效婚姻、可撤销婚姻、事实婚姻等。

[4] 社会学家认为,家庭承担着生殖、保护、社会化、规范性行为、情感交流以及提供社会地位等功能。但也有学者认为,家庭是代际间转移权力、财富以及特权,并助长社会不公平的经济单位。同时,家庭中的暴力问题也引起了全社会的关注。参见[美]理查德·谢弗:《社会学与生活》(第9版),刘鹤群、房智慧译,世界图书出版公司2009年版,第228~229页。

分。十月革命以后,苏联将婚姻家庭法作为独立于民法的一个法律部门,[5]这一做法影响了其他社会主义国家,也包括我国。我国1950年《婚姻法》和1980年《婚姻法》均为独立部门法。2020年5月28日通过的《民法典》是我国第一部以法典命名的法律,婚姻家庭法的内容规定在《民法典》婚姻家庭编中,2001年修正的《婚姻法》、1998年修正的《收养法》等法律于《民法典》实施之日(2021年1月1日)废止。这也标志着婚姻家庭法向民法的回归,婚姻家庭法成为民法的重要组成部分。

(三)婚姻家庭法的调整对象

《民法典》第1040条规定:"本编调整因婚姻家庭产生的民事关系。"根据《民法典》第五编的具体内容,婚姻家庭法调整婚姻家庭中民事主体之间的人身关系和财产关系,以及其他近亲属关系。婚姻家庭关系中的民事主体包括夫妻、父母、子女,以及其他近亲属(祖父母、外祖父母、兄弟姐妹)。婚姻家庭关系中的民事主体关系因结婚、出生以及法律拟制而发生,因离婚、死亡以及法律拟制关系解除而终止。

婚姻家庭法主要规范如下事项:(1)结婚的条件和程序,离婚的条件、程序和法律后果,以及夫妻之间的人身关系和财产关系;(2)父母子女关系的类型,确认与否认,以及父母子女之间的权利义务;(3)近亲属的范围以及近亲属之间的扶养关系。

(四)《民法典》婚姻家庭编的特点

相较于《民法典》中的合同编、人格权编、物权编等,婚姻家庭编具有如下特点:

第一,《民法典》婚姻家庭编主要规范近亲属身份关系。《民法典》婚姻家庭编主要调整配偶、亲子及其他近亲属之间的身份关系,以及与之相关的财产关系。近亲属身份关系的产生和终止一般是基于特定的法律事实,自然血亲关系因出生而产生,因死亡而终止,配偶关系因结婚而产生,因离婚或死亡而终止,法律拟制的血亲关系则基于法定的身份行为产生或终止,例如,养父母子女关系因收养行为而产生,因收养关系的解除或死亡而终止。身份关系确定后,因之而产生的特定权利为身份权,身份权不能放弃、转让。例如,子女出生后与其父母形成亲子身份关系,因此子女享有抚养请求权,父母享有监护权、认领请求权等,父母不能放弃监护权,也不能请求法院终止亲子关系。因亲属身份而产生的财产关系,以亲属身份的存在为前提,例如,夫妻共同财产关系、日常家事代理权等,均以配偶身份存在为基础。这与《民法典》中其他各编的民事权利有较大的差异。

第二,《民法典》婚姻家庭编具有强烈的伦理性。婚姻家庭法的伦理性是指婚姻家庭规范明显地体现了我国社会主义道德和法律的一致性。婚姻家庭关系既是法律关系,也是伦理关系,[6]只有德法兼备才能更好地处理婚姻家庭问题,培养平等、和睦、文明的婚姻家庭关系。《民法典》婚姻家庭编中有很多条文都体现了社会主义伦理道德观,例如,第1043条规定:"家庭应当树立优良家风,弘扬家庭美德,重视家庭文明建设。夫妻应当互相忠实,互相尊重,互相关爱;

---

〔5〕 苏联法学界对婚姻家庭法的地位问题提出一种新的见解,认为社会主义婚姻家庭法是脱离民法独立存在的法律部门。其理论基础是:认为将婚姻家庭法划归民法是资产阶级意志和利益的体现,是婚姻家庭关系商品化、契约化的产物。民法是调整商品经济关系的法律,社会主义婚姻家庭关系不是商品关系,所以不能归属于民法范畴。参见王洪:《婚姻家庭法》,法律出版社2003年版,第11~12页。

〔6〕 "伦"的本义是关系和条理,中国古代所称"五伦"即指人与人的五种关系,所谓"五常"或"纲常","五伦"的主体是亲属关系,故有享受亲情的"天伦之乐",破坏亲属关系的则为"乱伦"。参见何怀宏:《伦理学是什么》,北京大学出版社2002年版,第8页。

家庭成员应当敬老爱幼,互相帮助,维护平等、和睦、文明的婚姻家庭关系。”

第三,《民法典》婚姻家庭编以强制性规范为主。法律规范根据其设定的权利或义务的刚性程度可以分为强制性规范和任意性规范。前者是指必须依法适用,不能依个人意志变更和排除其适用的规范,包括义务性规范和禁止性规范;后者是指在法定范围内允许民事主体自己确定权利义务的规范。相比《民法典》合同编中的法律规范,婚姻家庭编中强制性规范较多,其目的是保护自然人在婚姻家庭生活中的权益以及构成家庭关系基础的重要制度。例如,一夫一妻制度,结婚的当事人不能通过自愿约定排除其适用。再如,婚姻自由制度,当事人自愿结婚,但结婚的条件、程序以及结婚后的夫妻关系大多是强制性规范,当事人应当遵守,不能变更或排除这些规范的适用。当然,婚姻家庭编中也有一些任意性规范,例如,结婚后夫妻对财产制的选择,当事人可以排除法定财产制的适用而自行约定。

第二节　亲　　属

亲属关系通则一般放在婚姻家庭法或者亲属法的首端,是对亲属制度的总的、一般性的规定,通常包括亲属的概念、种类、范围、亲系划分、亲等计算、亲属关系的发生和消灭等内容。中华人民共和国成立后的婚姻家庭立法受苏联法的影响,婚姻家庭法主要规定婚姻和家庭中的亲属关系。苏联婚姻与家庭立法中规定的亲属包括了夫妻、父母、子女和其他家庭成员,其他家庭成员则包括了兄弟姐妹、祖孙、家庭中的继父母子女、养父母子女。[7] 我国婚姻家庭法所调整的亲属关系没有超出此范围。1950 年《婚姻法》名为“婚姻法”,但立法者亦将其作为“婚姻家庭法”。[8] 为瓦解旧的亲族制度,废除父权、夫权和家长制,建立以平等夫妻关系为核心的新型家庭,1950 年《婚姻法》仅调整两类亲属关系:配偶关系和亲子关系。1980 年《婚姻法》则增设家庭关系一章,将祖孙和兄弟姐妹纳入家庭关系。2001 年修订《婚姻法》时,也未改变亲属关系的已有立法。因此颁布《民法典》之前,我国的婚姻家庭法并没有亲属关系通则的相关规定,有关亲属的种类、范围、亲系、亲等、亲属关系的取得与消灭等主要依靠法学理论来解决实际问题。《民法典》增加了第 1045 条作为亲属关系通则性规定,共有三款,分别规定了亲属的种类、近亲属的范围以及家庭成员的范围。

一、亲属的概念、范围和分类

(一)概念

亲属是因婚姻、血缘和法律拟制产生的社会关系,法律上的亲属则是指依法确认的,相互之间具有法律上权利义务关系的亲属。作为社会关系的一种,法律上的亲属具如下明显特征:

第一,亲属之间具有固定的称谓。亲属之间总是有固定的称谓,这些约定俗成的称谓用以表明相互之间的关系,例如,妈妈和女儿,兄弟姐妹,舅舅和外甥。正如恩格斯在《家庭、私有制和国家的起源》一文中所指出的,“父亲、子女、兄弟、姊妹等称呼,并不是单纯的荣誉称号,而是代

---

〔7〕 参见[苏联]斯维尔德洛夫:《苏维埃婚姻与家庭的立法原则》,李世楷译,人民出版社 1953 年版。

〔8〕 1950 年 4 月 14 日《关于中华人民共和国婚姻法起草经过和起草理由的报告》,载金眉:《中国亲属法的近现代转型——从〈大清民律草案 · 亲属编〉到〈中华人民共和国婚姻法〉》,法律出版社 2010 年版,第 285 ~ 286 页。

表完全确定的、异常郑重的相互义务,这些义务的总和构成这些民族的社会制度的实质部分"。[9] 亲属的称谓因出生而自然形成,或因婚姻关系或法律拟制行为形成,一旦确定称谓非因法定事由不可变更。

第二,亲属关系基于特定的法律事实而产生。亲属关系因婚姻、血缘联系和法律拟制而产生。因婚姻关系的缔结,会在婚姻当事人之间产生配偶关系,婚姻当事人一方与另一方的其他血亲之间或者婚姻当事人双方的血亲之间产生姻亲关系,如女婿与岳父母、继父母子女等。因相互之间自然的血缘联系,产生亲属中的自然血亲关系,如父母、子女、兄弟姐妹、伯父、姨妈等。所谓法律拟制,是指在没有因婚姻或血缘联系而产生特定亲属关系的人之间因法律行为或法律事实而认可产生特定亲属关系。因法律拟制而产生的亲属关系最典型的就是收养行为形成的养父母子女关系。

第三,亲属之间有法律上的权利义务。法律调整一定范围内的亲属关系,赋予其特定的权利义务。例如,配偶之间的扶养,父母子女之间的抚养、赡养和继承,姻亲的回避义务等。

(二)范围

亲属是因婚姻、血缘和法律拟制而形成的社会关系,而法律调整的亲属关系总是有一定范围限定的。就限定之方法而言,有抽象限定法和具体限定法两种。[10] 抽象限定法是指对社会学意义上的亲属划出一个法律上亲属的范围,再就各个具体的情况规定不同种类和不同亲等的亲属在法律上之权利义务关系。[11] 具体限定法则并不先划出法律上亲属,直接就各个具体情况规定不同种类和不同亲等的亲属在法律上之效果,例如,禁婚的亲属、扶养的亲属、监护的亲属、继承的亲属,等等。现代各国法律大多采用此类限定法,我国亦是如此。《民法典》并未直接规定亲属的范围,而是针对各事项分别规定亲属的范围,例如《民法典》第 1048 条规定,"直系血亲或者三代以内的旁系血亲禁止结婚"。而亲属之间的扶养则规定在第 1059 条、第 1067 条、第 1074 条和第 1075 条。

(三)分类

《民法典》第 1045 条第 1 款将亲属分为三类,"亲属包括配偶、血亲和姻亲"。

1. 配偶

《民法典》将配偶纳入亲属的范围,符合我国立法的现状,配偶间相互享有人身和财产上的权利,承担法律义务,是一类非常重要的亲属。[12]

2. 血亲

血亲可分为自然血亲和拟制血亲,前者指有真实血缘联系的亲属,如父母子女、兄弟姐妹、伯姑姨舅、堂(表)兄弟姐妹等;后者指本无此种血缘联系,但法律上认为其与有自然血缘联系的亲属具有同样的权利义务关系的亲属,例如,收养了兄弟的子女,养父母子女间原来的叔侄关系就被法律拟制的父母子女关系所取代。按《民法典》第 1048 条,血亲的另一种分类是分为直系血

---

〔9〕[德]恩格斯:《家庭、私有制和国家的起源》(第 3 版),中共中央马克思恩格斯列宁斯大林著作编译局译,人民出版社 1999 年版,第 28 页。

〔10〕陈棋炎、黄宗乐、郭振恭:《民法亲属新论》(修订十一版),台北,三民书局 2013 年版,第 34 页。

〔11〕抽象限定法在我国历史上曾有,如《礼记·大传》载,"四世而缌,服之穷也。五世袒免,杀同姓也。六世,亲属竭矣"。《唐律》职制律"役使所监临"本注云,"亲属谓缌麻以上,及大功以上婚姻之家。余条亲属准此"。现代国家采用抽象限定法的典型代表是日本,《日本民法典》在第 725 条规定了亲属的范围。

〔12〕不过,也有不少国家和地区在指称亲属时是不包含配偶的,例如瑞士、德国、我国台湾地区等。

亲和旁系血亲。直系或旁系是亲系的划分,所谓亲系即为亲属之间的联系。直系血亲是指与己身(指自己)有直接血缘联系的亲属,包括己身所从出和己身所出两部分。己身所从出是指生育自己的各代长辈亲属,如父母、祖父母、外祖父母、曾祖父母、外曾祖父母、高祖父母、外高祖父母等。己身所出是指自己生育的后代,如子女、孙子女、外孙子女、曾孙子女、外曾孙子女、玄孙子女、外玄孙子女等。而旁系血亲,则是指除了直系血亲外,与自己同出一源的血亲,如兄弟姐妹、堂表兄弟姐妹、伯叔姑舅姨、侄子女外甥子女等。

3. 姻亲

《民法典》明确了姻亲也是亲属。姻亲是指以婚姻为中介而产生的亲属,姻亲关系可以分为血亲的配偶(如继母)、配偶的血亲(如岳父母)、血亲配偶的血亲(如继兄弟姐妹)、配偶血亲的配偶(如妯娌),《民法典》调整的姻亲关系只有前三种。姻亲之间的权利义务比较少,通常只有法律上的回避义务等,但是同居一家共同生活的姻亲之间,可能会因为相互扶养的事实而具有法律上的权利义务关系。例如继父母子女关系,根据《民法典》第 1072 条,"继父或者继母和受其抚养教育的继子女间的权利义务关系,适用本法关于父母子女关系的规定"。丧偶儿媳、女婿赡养公婆、岳父母,继兄弟姐妹之间的相互扶养,继父母子女之间的相互扶养会使这些姻亲取得法定继承权(《民法典》第 1127 条、第 1129 条)。

亲属以婚姻、血缘为基础,纵横交错,互相交织构成亲属网络,按照不同的联系标准,亲属除配偶外还可以分为父系亲与母系亲,是按父亲或者母亲的血统区分,如祖父母与外祖父母。

根据辈分不同,亲属可以分为长辈亲属、同辈亲属和晚辈亲属。辈分又称为行辈,是指亲属之间的世代第次。辈分按照世代来划分,以一世代为一辈分。长辈、同辈、晚辈是按亲属辈分的高低划分的,不分血亲、姻亲,也不分直系、旁系,均可以长辈、同辈、晚辈称之。并用时一般先说直系还是旁系,再说长辈还是晚辈,最后说血亲还是姻亲,例如《民法典》第 1015 条的"直系长辈血亲",第 1099 条的"旁系同辈血亲",第 1128 条的"直系晚辈血亲"。

二、近亲属与家庭成员

由于《民法典》在亲属范围的立法上采取的是具体限定法,所以难以避免表达上的烦琐。虽然各个具体事项上亲属的范围应有不同,但亦存在亲属范围相同的若干事项,尤其是在关系密切的亲属之间,故法律上以"近亲属"和"家庭成员"概括之。

(一)近亲属

近亲属,顾名思义,为与自己关系密切的、亲等较小的亲属。费孝通先生曾将亲属关系比喻丢石头形成的同心圆波纹,自己在中心,被波纹推及的就是亲属,一圈圈推出去,越推越远,也越推越薄。[13] 距离中心越近的亲属,相互之间的权利义务越多,这些亲属即为近亲属。在我国古代即有至亲、近亲的称谓,至亲包括兄弟、伯叔父、妻等期亲及以上亲属(父母、祖父母、子孙及夫等);近亲则通常指大功以上亲属。[14] 现代法律中的近亲属含义更接近至亲的概念。《民法典》第 1045 条第 2 款将配偶、父母、子女、兄弟姐妹、祖父母、外祖父母、孙子女、外孙子女纳入近亲属

---

〔13〕 费孝通:《乡土中国　生育制度》,北京大学出版社 1998 年版,第 26 ~ 27 页。

〔14〕 "期亲""大功亲"是我国古代的亲属类别。依亲属之间有无服制,亲属分为有服亲与无服亲。所谓服制即丧服制,丧服依其样式和材质的精粗分为五等,分别为:斩衰、齐衰、大功、小功和缌麻。有服制的亲属为有服亲,除直系尊亲属外,有服亲分为四等级:期亲、大功亲、小功亲、缌麻亲;无服亲即为袒免亲。

的范围。上述亲属除配偶外，为三代以内直系血亲和两代内的旁系血亲，是自然人关系非常密切的亲属。[15]

我国《民法典》中规定的近亲属之间的权利义务较多，主要包括：(1)近亲属担任无民事行为能力或限制民事行为能力成年人的法定监护人、意定监护人；(2)受赠人严重侵害赠与人近亲属合法权益的，赠与人享有法定撤销权；(3)近亲属对房屋享有比承租人更优先的购买权；(4)死者的姓名、肖像、名誉、荣誉、隐私、遗体等受到侵害的，其近亲属有权要求加害人承担民事责任；(5)侵权行为造成自然人死亡的，被侵权人的近亲属有权请求加害人承担侵权责任；(6)患者的近亲属享有对患者实施手术、特殊检查、特殊治疗的知情同意权(《民法典》第28条、第33条、第663条、第726条、第994条、第1181条、第1219条)。

(二)家庭成员

家庭成员一般指共同生活的一定范围内的亲属。一些法律法规也使用"家属"一词来代指共同生活的亲属。[16] "家庭成员"和"家属"是有区别的。所谓家属，一般与"家长"对应，过去礼法实行家长制，家设家长(一般为男性尊长)，家中其他成员则为家属。在家长之下，同居一家的家属由两部分人组成：一是固有家属，即家长的妻子、儿女、儿媳、子孙等近亲属；二是与家长没有亲属关系的妾、奴婢、童养媳、过门守贞之妇等。因此，我国古代所称"家属"，既有与家长共同生活的近亲属，也有只有人身依附关系的非亲属。而从1950年《婚姻法》到2020年《民法典》，我国的婚姻家庭法律均不承认家长制，并将共同生活的亲属称为家庭成员。家庭成员之间法律地位平等，无从属关系。

根据《民法典》第1045条第3款，"配偶、父母、子女和其他共同生活的近亲属为家庭成员"。配偶、父母和子女为核心家庭成员，而祖孙、兄弟姐妹共同生活组成扩大家庭，为扩大家庭成员。父母、子女和配偶是最亲密的亲属，也是相互间权利义务最多的亲属，即使没有共同生活也是家庭成员，而兄弟姐妹和祖孙相比前者，权利义务则减轻很多，所以一般共同生活才互为家庭成员。

我国《民法典》规定的家庭成员均为近亲属，除了法律赋予近亲属的权利义务之外，家庭成员还有如下权利义务：(1)家庭成员应当敬老爱幼，互相帮助，维护平等、和睦、文明的婚姻家庭关系；(2)禁止家庭成员之间的暴力行为，禁止家庭成员之间的虐待和遗弃。

三、亲等的计算

亲等是计算亲属关系亲疏远近的单位。亲等数小的，表示亲属关系亲近；亲等数大的，表示亲属关系疏远。亲等在法律上运用较广，诸如禁婚范围、亲属的继承权等，大都用亲等来限定。由于各国法律不同，使用的亲等制也不同，计算亲等的方法也不尽相同。国外通行的亲等的计算方法是世代亲等制，有罗马法和寺院法两种主要计算方法，以血缘联系为依据，以世代的多少来计算亲等，姻亲比照血亲计算亲等，配偶之间则无亲等。[17] 我国古代采用丧服制来表明亲属之间的亲疏远近关系。

我国现行法律以"代"来表明亲属关系的亲疏远近，主要用于确定禁婚亲属的范围以及特定

---

〔15〕 有些部门法有自己的近亲属范围，例如《刑事诉讼法》中近亲属确定范围为"夫、妻、父、母、子、女、同胞兄弟姊妹"。

〔16〕 例如，《民事诉讼法》有10处使用了"家属"一词，《刑事诉讼法》有11处，《刑法》有4处，《医疗机构管理条例》有3处。

〔17〕 罗马法和寺院法的亲等计算方法可以参考陈苇主编：《婚姻家庭继承法学》(第3版)，群众出版社2017年版，第30～31页。

被收养人范围,属于世代亲等制的一种。我国1950年《婚姻法》规定,“其他五代内的旁系血亲间禁止结婚的问题,从习惯”。我国2001年修正的《婚姻法》及《民法典》均规定,直系血亲和三代以内的旁系血亲禁止结婚。《民法典》还对“收养三代以内旁系同辈血亲的子女”的收养人放宽了收养条件。这里所说的“五代”“三代”就是我国法律规定的亲属之间亲疏远近的单位,代数小的比代数大的亲属关系更亲近。

(一)代的计算

计算亲属的代数分为直系血亲和旁系血亲两个方面的计算。

1. 直系血亲代数的计算

从己身开始,己身为一代,往上或往下数。往上数父母为二代,祖父母、外祖父母为三代,曾祖父母、外曾祖父母为四代,高祖父母、外高祖父母为五代。往下数,子女为二代,孙子女、外孙子女为三代,曾孙子女、外曾孙子女为四代,玄孙子女、外玄孙子女为五代。

2. 旁系血亲代数的计算

首先找出要计算的旁系血亲共同最近的直系血亲,按直系血亲代的计算法,从己身往上数至该同源直系血亲,记下代数。再从该同源直系血亲往下数至要计算的旁系血亲,记下代数。如果两边的代数相同,则用该代数,如果两边的代数不同,则取代数大的一边为代数。例如,要计算兄弟姐妹的代数,首先找出共同最近的直系血亲——父母,己身为一代,往上数至父母为二代;再从父母为一代,往下数至兄弟姐妹是二代。因此,兄弟姐妹之间是二代的旁系血亲。再如,要计算己身与外甥子女的代数,先找出共同最近的直系血亲——己身的父母(从外甥子女一边来说为外祖父母)。己身为一代,往上数至父母为二代,再从父母往下数至外甥子女为三代,取大的代数,因此己身与外甥子女为三代的旁系血亲。

(二)“三代”以内的旁系血亲

三代以内的旁系血亲,包括伯、叔、姑、舅、姨、兄弟姐妹、堂兄弟姐妹、表兄弟姐妹、侄子女、外甥子女。超过这一范围的亲属,就不属三代以内的旁系血亲。

四、亲属关系的发生和终止

(一)配偶关系的发生和终止

配偶因男女结婚而发生。结婚登记是确立配偶关系的必备要件,《民法典》第1049条规定,“完成结婚登记,即确立婚姻关系”。《婚姻家庭编解释(一)》第7条规定,未办结婚登记而以夫妻名义共同生活的男女,在1994年2月1日民政部《婚姻登记管理条例》公布实施前已符合结婚实质要件的,事实婚姻配偶关系成立。

配偶关系的消灭有两种原因:(1)因配偶一方或双方死亡(包括自然死亡和法院宣告死亡)而消灭;(2)因夫妻离婚而消灭,《民法典》第1080条规定:“完成离婚登记,或者离婚判决书、调解书生效,即解除婚姻关系。”

(二)血亲关系的发生和终止

1. 自然血亲的发生和消灭

自然血亲因出生而产生。因出生这一法律事实,出生者即与其父母、兄弟姐妹等亲属发生自然血亲关系。出生也是发生自然血亲关系的唯一原因。

自然血亲关系,仅因一方或双方死亡而消灭。例如,父母与子女的关系,不因父母离婚而消灭,也不因双方协议、一方声明或法院判决解除而消灭。即使子女被他人收养,也仅消灭双方的扶养、赡养、监护、继承等权利与义务,因自然原因而形成的父母子女血缘联系以及法律上的禁婚效力不消灭。

依《民法典》第 15 条之规定,自然人的出生和死亡时间的确定,以出生证明、死亡证明记载的时间为准;没有出生证明、死亡证明的,以户籍登记或者其他有效身份登记记载的时间为准。有其他证据足以推翻以上记载时间的,以该证据证明的时间为准。

2. 拟制血亲的发生和消灭

双方在自然血缘上没有特定的血亲关系,但法律规定双方互有特定血亲之间的权利义务,即互为拟制血亲关系。依《民法典》第 1111 条第 1 款以及第 1072 条第 2 款,法律上的拟制血亲关系有两类:(1)因收养而形成的养父母子女关系以及被收养人与收养人近亲属之间的近亲属关系;(2)因继父母抚养教育继子女而在继父母子女之间形成的父母子女关系。

第一类,养父母子女、养兄弟姐妹及养祖孙关系。收养行为将在被收养人与收养人及其近亲属之间形成法律拟制的血亲关系。《民法典》第 1111 条第 1 款规定:"自收养关系成立之日起,养父母与养子女间的权利义务关系,适用本法关于父母子女关系的规定;养子女与养父母的近亲属间的权利义务关系,适用本法关于子女与父母的近亲属关系的规定。"因收养形成的拟制血亲包括养父母子女、养兄弟姐妹及养祖孙关系。因收养而形成的血亲关系,除因一方死亡而消灭外,还可因收养解除而消灭。《民法典》第 1117 条规定,收养关系解除后,养子女与养父母及其他近亲属间的权利义务关系即行消除。

第二类,继父母与受其抚养教育的继子女关系。《民法典》第 1072 条规定:"继父或者继母和受其抚养教育的继子女间的权利义务关系,适用本法关于父母子女关系的规定。"继父母子女本为直系姻亲关系,要在二者间产生拟制的直系血亲关系,需要继父母对继子女抚养教育的法律事实的存在。与收养法律行为产生的拟制血亲不同,继父母抚养教育继子女并不会在继子女与继父母的其他近亲属之间形成拟制血亲关系。继父母与受其抚养教育的继子女之间所形成的拟制血亲关系,除因继父母子女任一方死亡而消灭之外,法律没有规定其消灭的原因。依法理及司法实践经验,继父母与受其抚养教育的继子女之间拟制血亲关系,因如下原因消灭:(1)继父母与生父母离婚,继父母不再愿意继续抚养继子女的;(2)与继父母结婚的生父母一方死亡,另一方生父母要求接回子女抚养,继父母同意其领回并不再继续抚养教育的;(3)继父母与受其抚养教育的成年继子女关系恶化,一方起诉要求解除关系的,法院可根据具体案情判决解除。但是,即使继父母与继子女解除拟制血亲关系,已经发生的抚养教育的事实并不会消灭。由继父母抚养成年的继子女,对因缺乏劳动能力或者生活困难而请求赡养的继父母应承担赡养扶助义务。

(三)姻亲关系的发生和终止

姻亲是以婚姻为中介而产生的亲属关系。男女结婚后,一方与对方的亲属及双方的亲属之间即发生姻亲关系。姻亲关系除因一方死亡而消灭外,是否因为其他原因消灭,现行法律没有明确规定。但结合学理以及《民法典》的其他规定,我们认为中介的婚姻因当事人离婚而消灭时,曾因此产生的姻亲关系也随之消灭;但中介的婚姻关系因婚姻当事人死亡而消灭的,因此产生的姻亲关系不消灭。例如,丧偶的儿媳与公婆,丧偶的女婿与岳父母之间,产生直系姻亲关系的中介的婚姻关系因婚姻当事人一方死亡而消灭,但二者之间的姻亲身份依然存在。《民法典》第 1129 条规定,丧偶的儿媳对公婆、丧偶的女婿对岳父母,无论再婚与否,尽了主要赡养义务的,在公婆或岳父母死亡后为第一顺序法定继承人,并且不影响子女的代位继承权。

问题与思考

《民法典》对近亲属范围的界定,能否适用于其他民事法律规范?我们认为,应根据该规范是否涉及民事实体法上的权利义务来具体判断。如《中华人民共和国反家庭暴力法》(以下简称《反家庭暴力法》)、《中华人民共和国老年人权益保障法》(以下简称《老年人权益保障法》)、《医疗纠纷预防和处理条例》等法律法规使用的近亲属,涉及民事实体法上权利义务的,近亲属的范围应适用《民法典》第1045条。其他实体法或程序法,则不可随意适用。法律法规有明确解释的按其解释,没有明确解释的则应根据具体情况判断。例如,《民事诉讼法》中使用"近亲属"多是用于回避、代理、申请等,不涉及民事权利义务,为保障当事人的诉讼权利,近亲属的范围可以比《民法典》规定的范围更宽泛一些。

第三节 《民法典》婚姻家庭编的原则及倡导性规定

《民法典》婚姻家庭编的原则是婚姻家庭制度的立法指导思想。延续了1950年《婚姻法》、1980年《婚姻法》开宗明义地在法律首端说明法律原则的立法传统,《民法典》婚姻家庭编在第一章规定了婚姻家庭编的原则。《民法典》第1041条规定:"婚姻家庭受国家保护。实行婚姻自由、一夫一妻、男女平等的婚姻制度。保护妇女、未成年人、老年人、残疾人的合法权益。"第1042条规定:"禁止包办、买卖婚姻和其他干涉婚姻自由的行为。禁止借婚姻索取财物。禁止重婚。禁止有配偶者与他人同居。禁止家庭暴力。禁止家庭成员间的虐待和遗弃。"上述法律条文从正、反两面概括了婚姻家庭编的五项原则:婚姻家庭受国家保护原则;婚姻自由原则;一夫一妻制原则;男女平等原则;保护妇女、未成年人、老年人、残疾人的合法权益原则。

《民法典》婚姻家庭编的倡导性规定是中国特色社会主义婚姻家庭伦理道德性规范。《民法典》第1043条规定:"家庭应当树立优良家风,弘扬家庭美德,重视家庭文明建设。夫妻应当互相忠实,互相尊重,互相关爱;家庭成员应当敬老爱幼,互相帮助,维护平等、和睦、文明的婚姻家庭关系。"

另外,《民法典》婚姻家庭编第一章第1044条是关于收养的原则:"收养应当遵循最有利于被收养人的原则,保障被收养人和收养人的合法权益。禁止借收养名义买卖未成年人。"考虑到该条款是具体制度的原则,本书将其放在收养章节另作说明。

一、婚姻家庭受国家保护原则

《宪法》第49条第1款规定:"婚姻、家庭、母亲和儿童受国家的保护。"1986年《民法通则》第104条第1款规定:"婚姻、家庭、老人、母亲和儿童受法律保护。"《民法典》把婚姻家庭受国家保护作为一项原则规定于婚姻家庭编第1041条第1款,"婚姻家庭受国家保护"。

婚姻家庭受国家保护原则是指国家保护依法成立的婚姻家庭关系。依法成立的婚姻家庭成员之间的权利义务受国家法律保护,婚姻家庭的共同生活不受非法干涉和破坏。因非婚同居或未经登记的收养而建立的共同生活关系不是婚姻家庭,不受法律调整和保护。

婚姻家庭虽然不是民事主体,而是自然人构成的共同生活单位,但是由于婚姻家庭承担着重要的社会功能,所以国家保护婚姻家庭。婚姻是以共同生活为目的之男女双方的结合,是构成家庭的基础。家庭是一定范围内亲属的共同生活体,由配偶、父母子女、祖孙和兄弟姐妹等近亲属构成。婚姻家庭是最基本的社会组织,担负着物质与人口生产、养老育幼等重要的社会职能。因此,婚姻并不完全是当事人的私人事务,会产生一系列重要社会后果,所以《民法典》对于婚姻的缔结、解除和法律效力都有明确规定。配偶以及其他家庭成员应维护婚姻家庭关系,婚姻家庭之外的个人和组织不得非法干涉婚姻家庭的共同生活,不得破坏和睦的婚姻家庭关系。婚姻家庭受国家保护原则体现在《民法典》的具体制度中。例如,对于因自己的法定过错导致婚姻关系无效或者被解除的当事人,应承担不利的法律后果(《民法典》第1054条)。

二、婚姻自由原则

(一)婚姻自由原则的概念和内容

婚姻自由原则包括结婚自由和离婚自由。结婚自由是指婚姻当事人有权依照法律规定的条件和程序,自主缔结婚姻关系,不受他人非法干涉和强迫。结婚自由还包括不结婚的自由和再婚的自由。不结婚的自由是自然人有权自主决定是否缔结婚姻关系的自由。而再婚自由是指处于离异、丧偶状态的自然人有再次结婚的自主权。《民法典》第1069条规定,"子女应当尊重父母的婚姻权利,不得干涉父母离婚、再婚以及婚后的生活"。离婚自由是指婚姻关系的当事人基于婚姻关系破裂无法共同生活的事实,有权依照法律规定的条件和程序,提出解除婚姻关系的请求。结婚自由和离婚自由共同构成了婚姻自由原则的内容。

理解婚姻自由原则,要注意如下三点:

一是婚姻自由是法律赋予自然人的人身权利。《民法典》第110条第1款规定:"自然人享有生命权、身体权、健康权、姓名权、肖像权、名誉权、荣誉权、隐私权、婚姻自主权等权利。"自然人依法行使婚姻自主权,自主决定自己的婚姻问题,不受他人的非法干涉和强迫。

二是婚姻自主权的行使应当符合法律规定的条件和程序。婚姻自由不是绝对的、无条件的自由,由于关系到婚姻关系另一方当事人以及其他家庭成员的权益,婚姻自由也是相对的。《宪法》第51条规定,"中华人民共和国公民在行使自由和权利的时候,不得损害国家的、社会的、集体的利益和其他公民的合法的自由和权利"。婚姻当事人应当在法定条件和程序下实现自己的婚姻自主权。特别是离婚自由,婚姻当事人有提出离婚的权利,但是否准予离婚并不由当事人任意决定,而是受到国家的干预。法律规定离婚的条件、程序、准予离婚的法律原则和条件,以及离婚对当事人以及子女的法律后果,这些规定既保障了离婚自由,又约束并限制了当事人的离婚自由。

三是为保障自然人的婚姻自由,法律禁止破坏和侵害婚姻自由的行为。除《民法典》外,相关法律也有相应的禁止性规定。《宪法》第49条第4款规定,"禁止破坏婚姻自由"。《中华人民共和国未成年人保护法》(以下简称《未成年人保护法》)第17条规定,未成年人的父母或者其他监护人不得"允许、迫使未成年人结婚或者为未成年人订立婚约"。《老年人权益保障法》第21条规定,"老年人的婚姻自由受法律保护。子女或者其他亲属不得干涉老年人离婚、再婚及婚后的生活"。《中华人民共和国妇女权益保障法》(以下简称《妇女权益保障法》)第44条规定,"国家保护妇女的婚姻自主权。禁止干涉妇女的结婚、离婚自由"。

(二)保障婚姻自由原则实施的禁止性规定

《民法典》第1042条第1款规定:"禁止包办、买卖婚姻和其他干涉婚姻自由的行为。禁止借婚姻索取财物。"这是《民法典》保障婚姻自由原则实施的禁止性规定。

1. 禁止包办、买卖婚姻和其他干涉婚姻自由的行为

包办婚姻是指包括父母在内的第三人,违背婚姻当事人的意愿,包办强迫他人婚姻的行为。买卖婚姻是指婚姻关系之外的第三人(包括父母)以索取财产为目的,包办强迫他人婚姻的行为。买卖婚姻与包办婚姻的共同点是:婚姻关系之外的第三人,违反婚姻自由原则,违背婚姻当事人的意愿,包办强迫他人婚姻。不同点在于,包办婚姻不以索取财产为目的,而买卖婚姻是以索取财产为目的。

其他干涉婚姻自由的行为,主要是指除包办、买卖之外的干涉他人婚姻自由,妨碍、阻挠、干涉他人行使婚姻自主权的行为。例如,干涉寡妇再婚、子女干涉父母再婚、父母干涉子女结婚、干涉前配偶再婚等。

包办、买卖婚姻的行为严重侵害当事人的婚姻自主权,破坏婚姻自由原则。婚姻登记机关对于当事人因包办强迫而申请结婚登记的,不予办理结婚登记。包办强迫他人结婚的第三人,胁迫当事人办理了结婚登记的,受胁迫的一方可以向人民法院请求撤销婚姻。包办、买卖婚姻,以及其他干涉婚姻自由的行为构成犯罪的,应追究其刑事责任。使用暴力包办强迫他人婚姻构成暴力干涉婚姻自由罪的,买卖婚姻的行为构成拐卖妇女罪、收买被拐卖的妇女罪的,均应依《刑法》追究其刑事责任。对于尚未构成犯罪的行为,可以根据《中华人民共和国治安管理处罚法》(以下简称《治安管理处罚法》)的规定给予治安管理处罚。

2. 禁止借婚姻索取财物

借婚姻索取财物,是指婚姻当事人一方或者父母等第三人,向对方索要一定财物作为结婚条件的违法行为。借婚姻索取财物与买卖婚姻虽然都有索取财物的行为,但存在如下区别:(1)借婚姻索取财物的婚姻当事人双方基本上是自愿结婚的,而买卖婚姻中婚姻当事人一方或双方是不同意结婚的。(2)借婚姻索取财物既可能是一方当事人向另一方索要,也可能是父母等第三人向对方索要财物,而买卖婚姻中索要财物的都是第三人。相比买卖婚姻,借婚姻索取财物的行为在民间更常见。强行索要财物,不给就不结婚或不准结婚,不仅违背了婚姻自由原则,而且也引发了一系列的矛盾纠纷,其社会危害性不容忽视。所以法律明令禁止借婚姻索取财物。借婚姻关系索取的财物,离婚时,如结婚时间不长,或者因索要财物造成对方生活困难的,司法实践中的处理一般是可酌情返还。

但是按照各地婚俗,当事人及其亲属自愿给付彩礼,或者相互馈赠,这些均不为法律所禁止。因婚姻未成或离婚而引发的彩礼或赠与物返还纠纷,应依法妥善处理。彩礼是当事人按照习俗自愿给付的财物,一般是男方或者男方亲属给付给女方或女方亲属的特定财产。《婚姻家庭编解释(一)》第5条规定:“当事人请求返还按照习俗给付的彩礼的,如果查明属于以下情形,人民法院应当予以支持:(一)双方未办理结婚登记手续;(二)双方办理结婚登记手续但确未共同生活;(三)婚前给付并导致给付人生活困难。适用前款第二项、第三项的规定,应当以双方离婚为条件。”赠与是当事人将自己的财产自愿无偿给予另一方当事人,如果是一方借婚姻索要的,不构成赠与。对取得财物的性质是索取还是赠与难以认定的,一般可按赠与处理。赠与合同纠纷,依照《民法典》第三编第十一章赠与合同的相关规定处理。

三、一夫一妻制原则

(一)一夫一妻制原则的概念和内容

一夫一妻制是一男一女互为配偶的个体婚姻形式,其本质特征是无论男女,任何人不得同时

拥有两名或两名以上的配偶。禁止一夫多妻、一妻多夫的结合，一切公开的或者隐蔽的一夫多妻、一夫一妻多妾、一妻多夫的结合都是非法的。禁止已婚男女在婚姻关系解除前又与他人结婚，禁止一人同时与二人或二人以上结婚。

为保障一夫一妻制原则的实施，《民法典》设置了两个禁止性规定：(1)禁止重婚；(2)禁止有配偶者与他人同居。

（二）禁止重婚

重婚，是指有配偶的人又与他人结婚的违法行为，或者明知他人有配偶而与他人登记结婚的违法行为。《刑法》第258条规定："有配偶而重婚的，或者明知他人有配偶而与之结婚的，处二年以下有期徒刑或者拘役。"重婚是对一夫一妻制的公然违反，实行一夫一妻制须禁止重婚。

重婚行为有两种形式：(1)有配偶的人，未办理离婚手续又与他人登记结婚，即法律上的重婚；(2)有配偶的人，虽未与他人登记结婚，但事实上与他人以夫妻名义公开同居生活的，即事实上的重婚。〔18〕明知他人有配偶而与之登记结婚，或者虽未登记结婚，但事实上与他人以夫妻名义公开同居生活，同样构成重婚。

事实重婚与有配偶者与他人同居具有相似性，都是有配偶者未与他人办理结婚手续而同居生活，但区别在于，事实重婚是以夫妻名义公开同居生活，而有配偶与他人同居是不以夫妻名义的共同居住生活。

重婚行为是严重违法的行为，根据《民法典》和《刑法》的相关规定，重婚行为人将面临以下不利的法律后果：一是重婚的民事后果：(1)重婚无效，《民法第》第1051条规定，重婚是婚姻无效的法定情形。(2)诉讼离婚中，一方重婚是人民法院认定夫妻感情确已破裂的法定情形。(3)因一方重婚导致离婚的，无过错方有权请求离婚损害赔偿。二是重婚的刑事后果。《刑法》第258条规定了重婚罪的刑罚处罚："有配偶而重婚的，或者明知他人有配偶而与之结婚的，处二年以下有期徒刑或者拘役。"第259条第1款规定："明知是现役军人的配偶而与之同居或者结婚的，处三年以下有期徒刑或者拘役。"与有配偶者结婚或者同居的一方，如不知道对方有配偶，不追究其刑事责任。

（三）禁止有配偶者与他人同居

根据《婚姻家庭编解释(一)》第2条的规定，"与他人同居"是指有配偶的人与婚外异性，不以夫妻名义，持续、稳定地共同居住。

与重婚行为一样，有配偶者与他人同居也是破坏一夫一妻制的违法行为，但行为的主观恶性和对社会秩序的破坏程度要小于重婚，所以有配偶者与他人同居的法律后果与重婚不同。一是民事上的后果：(1)诉讼离婚中，一方与他人同居是人民法院认定夫妻感情确已破裂的法定情形。(2)因一方与他人同居导致离婚的，无过错方有权请求离婚损害赔偿。二是刑事上的后果。

---

〔18〕最高人民法院《关于〈婚姻登记管理条例〉施行后发生的以夫妻名义非法同居的重婚案件是否以重婚罪定罪处罚的批复》（法复〔1994〕10号）中明确规定，1994年2月1日民政部《婚姻登记管理条例》"发布施行后，有配偶的人与他人以夫妻名义同居生活的，或者明知他人有配偶而与之以夫妻名义同居生活的，仍应按重婚罪定罪处罚"。根据该批复，司法实践中一直将重婚分为法律上的重婚和事实上的重婚。无论是法律上的重婚还是事实上的重婚，在法律责任上都是相同的，无轻重之分。但是必须注意的是，2013年1月14日最高人民法院《关于废止1980年1月1日至1997年6月30日期间发布的部分司法解释和司法解释性质文件(第九批)的决定》将上述批复废止。废止的理由是《婚姻登记管理条例》已经被废止，《刑法》对重婚罪已有明确规定。由于上述1994年批复废止，现在认定处理事实重婚缺乏法律依据。

根据《刑法》第259条第1款的规定，凡与现役军人配偶同居的，按破坏军人婚姻罪处3年以下有期徒刑或者拘役。

四、男女平等原则

根据《宪法》，实行男女平等是我国的基本国策。国家采取必要措施，逐步完善保障妇女权益的各项制度，消除对妇女一切形式的歧视。根据《妇女权益保障法》的规定，妇女在政治的、经济的、文化的、社会的和家庭的生活等方面享有同男子平等的权利。作为我国《民法典》婚姻家庭编的基本原则之一，男女平等是指男女两性在婚姻家庭领域平等地享有权利和承担义务。男女平等原则不仅对于保护妇女合法权益有着重要意义，而且有利于男女两性的平等保护和共同发展。

首先，男女平等原则表现为夫妻在家庭中地位平等。《妇女权益保障法》第43条规定，"国家保障妇女享有与男子平等的婚姻家庭权利"。《民法典》第1055条规定："夫妻在婚姻家庭中地位平等。"夫妻各自享有各自的人身和财产权利，另一方不得对他方加以限制和干涉。夫妻对未成年子女的抚养义务和监护、教育和保护职责也是平等的，任何一方不得推卸责任或者阻止他方行使权利、履行职责。其次，男女平等原则还表现为不同性别的家庭成员在家庭中平等地享有权利和承担义务。家庭成员除配偶外，还有父母子女、祖孙和兄弟姐妹等。无论是男性家庭成员，还是女性家庭成员，在家庭中法律地位都是平等的。最后，男女平等原则也体现在具体制度中，例如，坚持采用夫妻婚后所得共同财产制为法定的夫妻财产制度；增设日常家事代理制度保护未举债一方（主要是女方）的合法权益；删除家务劳动经济补偿的前置条件；增设离婚损害赔偿的兜底性条款等。[19]

夫妻以及其他不同性别家庭成员间的平等关系，是建立优良家风的基础，也是家庭美德和家庭文明建设的重要内容，还是和睦、文明的婚姻家庭关系的重要保障。

五、保护妇女、未成年人、老年人、残疾人的合法权益原则

保护妇女、未成年人、老年人、残疾人合法权益是《民法典》婚姻家庭编的重要原则之一。1950年《婚姻法》规定了保护妇女、子女合法权益的原则，1980年《婚姻法》补充了保护老人合法权益的内容，从而正式确立了"保护妇女、儿童和老人的合法权益"。《民法典》婚姻家庭编完善了用语并增加了保护残疾人合法权益的内容。

（一）保护妇女的合法权益

保护妇女的合法权益也是贯彻实施男女平等原则。目前，我国保护妇女合法权益已经形成了以《宪法》为根据，《妇女权益保障法》为主体，包括了《民法典》、《刑法》、《劳动法》、《中华人民共和国母婴保健法》和《女职工劳动保护特别规定》等法律、行政法规、行政规章和地方性法规在内的法律体系。

由于男女两性在生理上存在客观差异，以及重男轻女的落后习俗、男尊女卑的旧观念难以在短期内完全消灭，实现男女平等还要根据社会生活的实际对妇女的合法权益给予特殊的保护。例如，《民法典》第1082条规定，"女方在怀孕期间、分娩后一年内或者终止妊娠后六个月内，男方不得提出离婚"。这是法律针对因生育而处于特别生理阶段女性的特殊保护。再如，《民法

---

〔19〕　夏吟兰：《〈民法典·婚姻家庭编〉男女平等原则之发展与思考》，载《中华女子学院学报》2020年第4期。

典》第 1087 条规定，离婚判决分割夫妻共同财产，人民法院应遵循照顾子女、女方和无过错方权益的原则。

（二）保护未成年人的合法权益

根据《未成年人保护法》第 2 条规定，未成年人是指未满 18 周岁的自然人。未成年人是国家的未来，保护未成年人合法权益是振兴国家和民族的需要。《宪法》第 46 条第 1 款规定："国家培养青年、少年、儿童在品德、智力、体质等方面全面发展。"第 49 条第 1 款规定："婚姻、家庭、母亲和儿童受国家的保护。"《未成年人保护法》从家庭、学校、社会、网络、政府、司法等方面对未成年人的合法权益保护作了全面、具体的规定。

《民法典》婚姻家庭编就未成年人合法权益的保护主要表现在家庭成员对未成年人的抚养、教育和保护上。"父母有教育、保护未成年子女的权利和义务"，"父母不履行抚养义务的，未成年子女或者不能独立生活的成年子女，有要求父母给付抚养费的权利"，"离婚后，父母对于子女仍有抚养、教育、保护的权利和义务"（《民法典》第 1068 条、第 1067 条、第 1084 条）。此外，《民法典》规定了非婚生子女与婚生子女的同等保护、继子女与生子女的同等保护，不得虐待和歧视非婚生子女或者继子女（《民法典》第 1071 条、第 1072 条）。收养未成年人，应遵循最有利于被收养未成年人的原则，禁止借收养名义买卖未成年人（《民法典》第 1044 条）。

（三）保护老年人的合法权益

根据《老年人权益保障法》第 2 条的界定，老年人是指 60 周岁以上的自然人。尊老爱老是我国家庭的传统美德。父母为培养子女后代辛勤劳动，尽了自己的法定职责，当他们年老多病、失去劳动能力或生活困难的时候，子女就要承担起赡养的义务，给予经济上的供养、生活上的帮助和精神上的慰藉。

《民法典》婚姻家庭编保护老年人在婚姻家庭中的合法权益，主要有婚姻自由权（《民法典》第 1069 条）、受赡养权（《民法典》第 1067 条第 2 款）、继承权（《民法典》第 1070 条）等。

（四）保护残疾人的合法权益

根据《中华人民共和国残疾人保障法》（以下简称《残疾人保障法》）第 2 条的规定，残疾人是指在心理、生理、人体结构上，某种组织、功能丧失或者不正常，全部或者部分丧失以正常方式从事某种活动能力的人。残疾包括视力残疾、听力残疾、言语残疾、肢体残疾、智力残疾、精神残疾、多重残疾和其他残疾。

《宪法》第 45 条规定："中华人民共和国公民在年老、疾病或者丧失劳动能力的情况下，有从国家和社会获得物质帮助的权利。……"《残疾人保障法》第 3 条也规定，残疾人在政治、经济、文化、社会和家庭生活等方面享有同其他公民平等的权利。《民法典》第 128 条特别指出，法律对未成年人、老年人、残疾人、妇女、消费者等的民事权利保护有特别规定的，依照其规定。《民法典》婚姻家庭编作为家庭生活的基本规范，也突出了家庭对残疾人权益的特别保护。例如，对欠缺民事行为能力的精神残疾人，家庭成员和近亲属担任监护人履行监护职责（《民法典》第 28 条）；父母对虽然已经成年但因残疾不能独立生活的子女有抚养的义务（《民法典》第 1067 条第 1 款）；离婚时，如果一方因残疾而生活困难，有负担能力的另一方应该给予适当经济帮助（《民法典》第 1090 条）；收养残疾未成年人的，收养人不受无子女或只有一名子女的限制，也不受收养子女人数的限制（《民法典》第 1100 条第 2 款）。

（五）禁止家庭暴力

《民法典》第 1042 条第 3 款规定，"禁止家庭暴力"。反家庭暴力是国家、社会和每个家庭的共同责任。家庭成员之间应当互相帮助,互相关爱,和睦相处,履行家庭义务,构建平等、和睦、文明的家庭关系,家庭成员之间不得实施任何形式的家庭暴力。《民法典》明确反对家庭暴力,并对实施家庭暴力行为规定了相应民事不利后果。

家庭暴力,是指家庭成员之间以殴打、捆绑、残害、限制人身自由以及经常性谩骂、恐吓等方式实施的身体、精神等侵害行为(《反家庭暴力法》第 2 条)。

家庭暴力主要是家庭成员之间的暴力行为。家庭成员的范围包括配偶、父母、子女以及其他共同生活的近亲属(《民法典》第 1045 条)。除此之外,根据《反家庭暴力法》第 37 条,家庭成员以外共同生活的人之间实施的暴力行为,也可以参照《反家庭暴力法》执行。

家庭暴力行为严重侵害家庭成员的人身财产权益,肆意侵犯家庭成员的人身自由及人格尊严,是严重违法的行为。家庭暴力行为触犯《刑法》的,应受刑事处罚;违反《治安管理处罚法》的,应受行政处罚。实施家庭暴力,还将面临《民法典》的不利法律后果。家庭暴力行为侵害家庭成员民事权利的,依法承担停止侵害、损害赔偿的侵权民事责任;监护人实施家庭暴力,严重损害被监护人身心健康的,依法撤销行为人监护人资格(《民法典》第 36 条);诉讼离婚中,一方实施家庭暴力导致夫妻感情破裂的,是判决离婚的法定条件(《民法典》第 1079 条);因实施家庭暴力而离婚的,无过错方有权请求离婚损害赔偿(《民法典》第 1091 条)。

(六)禁止家庭成员间的虐待和遗弃

《民法典》第 1042 条第 3 款规定,“禁止家庭成员间的虐待和遗弃”。

1. 禁止虐待家庭成员

虐待,是指行为人经常以打骂、冻饿、禁闭、强迫过度劳动、有病不给治疗或其他方式,折磨、摧残家庭成员,对其身体、精神等方面造成伤害后果的行为。与家庭暴力一样,虐待也是侵害家庭成员人身财产权益的违法行为,但虐待与家庭暴力有如下不同:(1)虐待行为可以是作为的行为或不作为的行为,家庭暴力行为都是作为的行为。例如,对家庭成员有病不予以治疗、冻饿不给衣食等行为,属于虐待行为。(2)虐待行为一般在时间上具有持续性或经常性,而家庭暴力则不一定,偶然发生、单次发生的针对家庭成员的暴力均构成家庭暴力。另外,经常性、持续性的家庭暴力构成虐待。

2. 禁止遗弃家庭成员

遗弃,是指负有法定扶养义务又有负担能力的人,对年老、年幼、患病或其他没有独立生活能力的家庭成员,拒绝扶养的行为。《民法典》规定的有扶养义务人包括配偶、父母、成年子女,以及一定条件下的祖孙和兄弟姐妹。扶养义务人有负担能力,拒绝扶养没有独立生活能力需要扶养的家庭成员,构成遗弃。

3. 虐待、遗弃家庭成员的法律责任

虐待和遗弃家庭成员的行为根据其主观恶性以及造成后果的严重程度,应受刑事制裁或行政处罚。监护人虐待遗弃被监护人,严重损害被监护人身心健康的,依法撤销行为人监护人资格(《民法典》第 36 条);诉讼离婚中,因一方虐待、遗弃家庭成员导致夫妻感情破裂的,是判决离婚的法定条件(《民法典》第 1079 条);因虐待、遗弃家庭成员导致离婚的,无过错方有权请求离婚损害赔偿(《民法典》第 1091 条)。

六、《民法典》婚姻家庭编的倡导性规定

除了上述原则外,《民法典》婚姻家庭编还在原《婚姻法》第 4 条的基础上,倡导平等、和睦、

文明的婚姻家庭关系的建设。《民法典》第 1043 条规定:“家庭应当树立优良家风,弘扬家庭美德,重视家庭文明建设。夫妻应当互相忠实,互相尊重,互相关爱;家庭成员应当敬老爱幼,互相帮助,维护平等、和睦、文明的婚姻家庭关系。”将优良家风、家庭美德以及家庭文明建设写入《民法典》,是社会主义核心价值观与现代民法精神相辅相成、相得益彰的重要体现,也是新时代推进“德法共治”建设的具体举措。在民法领域一要贯彻法治,二要贯彻德治。在婚姻家庭领域,调整婚姻家庭关系,要特别强调弘扬社会主义核心价值观,特别强调法治和德治的结合,两者相辅相成、相互促进、缺一不可。[20]

(一)家庭应当树立优良家风,弘扬家庭美德,重视家庭文明建设

树立优良家风入法,体现了家庭在贯彻社会主义核心价值观中的重要作用。家风,也称门风或家庭的风气或风范,家风为家庭成员树立了无形的却又无处不在的价值准则。优良的家风支撑着家庭的和谐与平安,塑造着家庭成员的高尚品格和良好行为。家风是社会风气的一部分,家风正则民风淳,好的家风能够促进社会良好风气。

家庭美德是推动家庭文明建设和社会文明发展的重要力量。家庭美德,是指规范家庭生活方式、调节家庭成员关系、鼓励或者约束家庭成员行为的道德准则。传承和弘扬中华民族传统家庭美德,能够为家庭文明建设注入新的时代精神。

(二)建设平等、和睦、文明的夫妻关系和家庭关系

家庭文明建设,既包括家庭的物质文明、精神文明、法治文明的建设,也包括家庭成员的人身关系文明与财产关系文明的建设。要树立优良家风,弘扬家庭美德,重视家庭文明建设,就需要注重婚姻关系和家庭关系的建设。

其一,夫妻之间互相忠实、互相尊重、互相关爱等是良好夫妻关系的基础。作为最亲密的亲属和共同生活的伴侣,夫妻之间不仅有法定人身权益和财产权益,还应该相互忠实于对方、尊重对方人格平等、相互扶助和关爱。2001 年修订《婚姻法》时增加了“夫妻应当互相忠实、互相尊重”的条款,《民法典》在此基础上又增加了“互相关爱”。夫妻相互忠实、互敬互爱也是建立平等、和睦、文明婚姻关系的基本要求。法律倡导性规定目的在于促进夫妻平等和睦关系,增进夫妻的感情。不过夫妻互相忠实、互相尊重、互相关爱仍是道德上的义务,[21]法律无法强制配偶一方忠实、尊重和关爱对方。但是对于配偶不忠实、不尊重、不关爱对方的行为,《民法典》给予否定性评价。

其二,家庭是社会的细胞,家庭和睦是社会安定的重要基础。建设家庭关系文明,应提倡家庭成员间敬老爱幼,互相帮助。依法处理亲子关系及其他家庭成员关系,尊重家庭成员人格的平等、独立、自由与人格尊严,保护家庭成员的人身和财产权益,方能共同建立和维护平等、和睦、文明的婚姻家庭关系。

问题与思考

2001 年《婚姻法》第 4 条规定了夫妻应该互相忠实,但当年最高人民法院《关于适用〈中华人民共和国婚姻法〉若干问题的解释(一)》第 3 条即规定,当事人仅以《婚姻法》第 4 条为依据提起

〔20〕 黄薇主编:《中华人民共和国民法典婚姻家庭编解读》,中国法制出版社 2020 年版,第 19 页。
〔21〕 夏吟兰、薛宁兰主编:《民法典之婚姻家庭编立法研究》,北京大学出版社 2016 年版,第 177 页。

诉讼的,人民法院不予受理;已经受理的,裁定驳回起诉。司法实践中发现民众有将夫妻忠实义务契约化的倾向,即订立夫妻忠实协议,约定应相互忠实,若有违反则应承担约定的违约责任。总体而言,由于举证的合法性问题以及对违反法定义务的事先损害赔偿约定的有效性问题,学理及司法实践倾向于不认可忠诚协议的效力,或在一定范围内予以认可。《民法典》实施后,忠实义务及其违约后果的约定是否具有法律效力,应否保护当事人自愿且合法约定的问题,再次被提出来。《民法典》第464条规定:"合同是民事主体之间设立、变更、终止民事法律关系的协议。婚姻、收养、监护等有关身份关系的协议,适用有关该身份关系的法律规定;没有规定的,可以根据其性质参照适用本编规定。"在没有违反法律规定的情况下,夫妻自愿订立的忠诚协议是否受《民法典》合同编的调整,是一个值得探讨的问题。不过2021年《民法典婚姻家庭编解释(一)》第4条仍坚持,当事人仅以《民法典》第1043条为依据提起诉讼的,人民法院不予受理;已经受理的,裁定驳回起诉。

拓展阅读推荐

1. 马忆南:《婚姻家庭继承法学》(第四版),北京大学出版社2018年版。
2. 陈苇主编:《婚姻家庭继承法学》(第三版),群众出版社2017年版。
3. 黄薇主编:《中华人民共和国民法典婚姻家庭编解读》,中国法制出版社2020年版。
4. 薛宁兰、谢鸿飞主编:《民法典评注》(婚姻家庭编),中国法制出版社2020年版。

第二十八章　结　　婚

学习要点

- 结婚的实质要件
- 结婚的程序
- 无效婚姻与可撤销婚姻
- 事实婚姻

第一节　概　　述

结婚不仅关系到当事人及其家庭，而且关系到民族健康和社会发展，因此国家通过法律手段来规范结婚问题。凡是符合结婚要件的男女结合，法律赋予其婚姻的效力，双方依法具有配偶身份。不符合结婚要件的男女结合，不能成立婚姻关系，即使经过结婚登记，效力上亦为无效婚姻，或可撤销婚姻。

一、结婚的概念和要件

（一）结婚的概念

结婚亦称婚姻的成立，是指男女双方按照法定的条件和程序，确立配偶关系的民事法律行为。结婚是民事法律行为的身份行为，该行为使得没有配偶身份的男女之间建立配偶关系，他们与对方的亲属建立姻亲关系。结婚的概念有广义和狭义之分。广义说认为结婚包括订婚和结婚两个环节，订婚被视为结婚的前置程序，是结婚程序的一部分。狭义说认为结婚仅指夫妻关系的建立，不包括订婚。近现代婚姻家庭立法则多采狭义说。《民法典》婚姻家庭编亦持狭义说，没有规定婚约。

（二）结婚的要件

结婚是一种身份法律行为，只有符合法定的要件，婚姻的成立才能在当事人之间产生合法婚姻的效力。根据不同的分类标准，结婚要件通常可以按如下方式分类：

1. 结婚的实质要件和形式要件

根据法律规定结婚要件的不同，可分为结婚的实质要件和形式要件。

结婚的实质要件也称结婚的条件，是指结婚当事人本身，以及双方之间的关系必须符合的法定条件。例如，要求结婚的当事人必须已达法定婚龄；当事人之间没有禁止结婚的亲属关系；男女双方对结婚必须是完全自愿的；等等。

结婚的形式要件也称结婚的程序，是指婚姻成立的法定程序或方式，它是婚姻取得社会承认的方式。对结婚的方式存在两种立法主张:事实婚主义和要式婚主义。事实婚主义认为,当事人双方有结婚的合意,并且有以夫妻名义共同生活的事实,无须履行任何手续即可成立婚姻关系。要式婚主义则认为,当事人须履行法定的方式或程序,才能取得婚姻的效力;否则,即使以夫妻名义共同生活,只要未履行法定的结婚程序,当事人之间的关系也不受法律的调整和保护。事实婚主义重事实轻形式,虽有其合乎情理或习俗的一面,但不利于国家对结婚行为的监管,故当代多数国家采要式婚主义。

2. 结婚的必备条件和禁止条件

必备条件和禁止条件是对结婚的实质要件的分类。结婚的必备条件又称积极要件,是指结婚双方当事人必须具备的不可缺少的条件。《民法典》婚姻家庭编规定的结婚必备条件有二:(1)男女双方应当完全自愿;(2)当事人须达到法定婚龄。结婚的禁止条件又称消极要件,或称婚姻成立的障碍,是指法律规定不允许结婚的事项。《民法典》规定的结婚禁止条件也有二:(1)禁止直系血亲和三代以内旁系血亲结婚;(2)禁止有配偶者结婚。

二、婚约

(一)婚约的概念

婚约是男女双方以将来结婚为目的而作的事先约定,也称结婚的预约。订立婚约的行为称为订婚,订立婚约的当事人俗称未婚夫妻。

(二)我国现行法律、政策对婚约的态度

从1950年《婚姻法》到如今的《民法典》,法律都没有对婚约问题作出规定,即法律不调整婚约关系。司法实践中的婚约纠纷,主要根据有关司法解释及政策、法律的精神来处理。

首先,订婚不是结婚的必经程序。我国法律对婚约既不提倡,也不禁止。订婚不是结婚的必经手续。任何包办强迫的订婚,一律无效。男女自愿订婚者,听其订婚。法律不把订婚作为结婚的必经程序,是为了保障婚姻自由。

其次,婚约不能强制履行。婚约不能强制履行,只有双方完全自愿,婚约才能实际履行。如一方不愿履行婚约,另一方不得请求强制履行,否则构成对他人婚姻自主权的侵害。

最后,不得为未成年人订立婚约。《未成年人保护法》第17条规定,父母或者其他监护人不得"允许、迫使未成年人结婚或者为未成年人订立婚约"。这为预防和制止未成年人早婚提供了法律保障。

(三)婚约的解除及其相关财产纠纷的处理

根据有关法律政策的规定,从有利于贯彻婚姻自由原则及促进社会安定团结出发,对于婚约纠纷应区分不同的情况予以处理。

其一,解除婚约无须经诉讼程序。婚约经双方同意即可自行解除,无须经过特别的程序;一方要求解除的,只须向对方作出意思表示即可解除,无须征得对方的同意。一方自愿取消订婚者得通知对方取消之。[1]

其二,对因解除婚约引起的财物纠纷,应区别情况,妥善处理。对属于包办、买卖性质的订婚所收受的财物,属非法所得,应依法收缴。借订婚索取的财物,解除婚约时应当予以返还。对订婚中自愿赠与的财物,按《民法典》规定的赠与关系处理。对取得财物的性质是索取还是赠与难

---

[1] 1950年6月26日《中央人民政府法制委员会有关婚姻法施行的若干问题与解答》问题一。

以认定的,可以按赠与处理。但是,对于双方订情的信物,一方要求归还的,以归还为妥。对一方自愿支付的举行订婚仪式的花费,或者交往时食宿旅游共同的花费,一般不予补偿。订婚时一方按照习俗给付的彩礼,解除婚约时应予返还。

其三,对因解除婚约而提出的"青春损失"等赔偿的请求,一般不予支持。

问题与思考

学理上对结婚的条件还有公益要件和私益要件的区分。例如在法、德等国的民法学说中,结婚要件就有公益要件和私益要件之分。前者指关涉社会公共利益的要件,后者指仅与个人利益有关的要件,并且根据此种分类,有瑕疵的婚姻也区分为无效婚姻和可撤销婚姻。但是,"由于人类社会的发展进步,各种利益价值的多层性及复杂性,现在已经无人能够绝对分清抽象的社会公益与各种个人具体私益的明确界限",[2]哪些要件仅涉及公益,哪些要件仅涉及私益,难以截然分开。例如法定婚龄,有学者认为是公益要件,有的则认为是私益要件。就《民法典》婚姻家庭编中有关结婚的条件来看,大多既保护当事人的私益,又要满足了社会公益的要求,兼具公益和私益的属性。本书没有对结婚的条件作出公益要件和私益要件的区分,但并不否认公益要件和私益要件在理论上区分的必要性和可行性。

第二节 结婚的条件

结婚的条件,即结婚的实质要件,是指当事人本人以及相互间的关系应当满足的法定条件。根据《民法典》第1042条、第1046条至第1048条,结婚应满足如下条件:

一、结婚的必备条件

《民法典》规定的结婚必备条件有二:一是男女双方应当完全自愿;二是当事人须达到法定婚龄。

(一)男女双方应当完全自愿

《民法典》第1046条规定:"结婚应当男女双方完全自愿,禁止任何一方对另一方加以强迫,禁止任何组织或者个人加以干涉。"正确理解该条件应注意如下三点:(1)男女双方完全自愿意味着当事人有结婚的合意,对结婚是明知并完全同意的;(2)当事人结婚没有受到第三人或任何组织的干涉和强迫,任何一方当事人也没有被对方当事人强迫;(3)法律并未要求结婚的男女双方必须具有完全民事行为能力,结婚组建家庭是自然人的基本权利,除非结婚行为严重损害自己、他人和社会公益,法律明确禁止之外,不应干涉、限制他人的结婚自由。

(二)当事人须达到法定婚龄

法定婚龄,是指男女结婚必须达到的法律规定的最低年龄。男女双方或一方未达法定婚龄的,不得结婚。《民法典》第1047条规定,"结婚年龄,男不得早于二十二周岁,女不得早于二十周岁"。

---

[2] 王洪:《婚姻家庭法热点问题研究》,重庆大学出版社2000年版,第72页。

立法确定法定婚龄主要考虑两个方面的因素:自然因素和社会因素。自然因素主要是指自然人的生理和心理发育状况,只有达到一定年龄,生理和心理发育成熟,才能具备适合结婚的生理和心理条件,才能正确地认识结婚的法律效力,更好地在婚后承担对配偶、子女、家庭和社会的责任。社会因素是指当时的经济、政治、人口状况、人口政策、道德、宗教及民族风俗习惯等社会条件。其中,社会生产力的发展状况和人口状况是确定法定婚龄考虑的主要社会因素。

《民法典》保留了1980年《婚姻法》的法定婚龄的规定,比1950年《婚姻法》规定的男女最低结婚年龄各高2周岁。《民法典》编纂过程中,有学者提出我国计划生育政策发生了较大改变,降低法定婚龄能够提升我国的人口出生率,建议《民法典》适当降低法定婚龄。立法机关委托国家统计局对公民的结婚意向年龄开展调查,综合考虑各方面的因素,经报中央同意,仍维持现行法定婚龄不变。[3] 不过,根据《宪法》和《立法法》的规定,民族自治地区可以根据本民族的实际情况,制定地方性法规,适当降低结婚年龄。

二、结婚的禁止条件

《民法典》规定的结婚禁止条件有二:一是禁止直系血亲和三代以内旁系血亲结婚;二是禁止有配偶者结婚。

(一)禁止直系血亲和三代以内旁系血亲结婚

《民法典》第1048条规定,"直系血亲或者三代以内的旁系血亲禁止结婚"。我国禁止结婚的亲属均为血亲,既包括具有真实血缘联系的自然血亲,也包括法律拟制的血亲。前者包括生父母子女关系、祖孙关系等不受代数限制的直系血亲关系,以及兄弟姐妹关系(无论全血缘还是半血缘兄弟姐妹),堂(表)兄弟姐妹关系,叔、伯、姑、舅、姨与侄子女、外甥子女关系等三代以内的旁系血亲关系。后者包括因收养而成立的养父母子女关系、养祖孙关系、养兄弟姐妹关系,以及继父母和受其抚养教育的继子女的关系。

禁止一定范围的亲属结婚是古今中外婚姻立法的通例。其立法理由有二:一是基于伦理观念的要求;二是基于优生的要求。人类长期生活实践中所形成的伦理观念要求一定范围内的亲属不得结婚,通常认为近亲结婚有碍风化,为社会道德所不容。[4] 《礼记·大传》:"……四世而缌,服之穷也;五世袒免,杀同姓也。六世,亲属竭矣。其庶姓别于上,而戚单于下,昏姻可以通乎?系之以姓而弗别,缀之以食而弗殊,虽百世而昏姻不通者,周道然也……"[5] 我国古籍《白虎通·嫁娶》亦有言:不娶同姓者,重人伦,防淫佚,耻于禽兽同也。[6] 其他民族的风俗习惯中也都有关于亲属通婚的限制,例如古印度《摩奴法典》要求男子结婚应娶"非其母系或父系六代祖先以内"的女子。禁止一定范围内亲属结婚还有优生的考虑。遗传学和优生学的研究成果表明,基因遗传的自然规律决定了血缘关系较近的亲属结婚,容易将父母双方身体机能的缺陷累积遗传从而给后代健康带来不利影响。血缘关系较远或无血缘关系当事人的婚配,可以预防或减少遗传学上的消极影响。因此,为提高民族的人口质量,保证子孙后代的健康,保障优生优育,立法

---

〔3〕 杨明仑:《民法典婚姻家庭编的主要制度与创新》,载《中国人大》2020年第15期。

〔4〕 涂尔干在《乱伦禁忌及其起源》一文中认为,乱伦的禁忌所要防范的,是同一氏族的男女之间的性亲近。两性要相互避讳,对这一规则的任何违反都会激起憎恶之情。参见[法]爱弥尔·涂尔干:《乱伦禁忌及其起源》,汲喆等译,上海人民出版社2003年版,第43页。

〔5〕 孟子等:《四书五经》,中华书局2009年版,第374页。

〔6〕 杨大文主编:《亲属法》,法律出版社1997年版,第90页。

禁止直系血亲和三代以内旁系血亲结婚。

（二）禁止有配偶者结婚

《民法典》第1042条明确规定实行“一夫一妻”的婚姻制度，“禁止重婚”。《民法典》婚姻家庭编在结婚一章中虽未明确规定“禁止有配偶者结婚”，但禁止有配偶者结婚是实行一夫一妻制度的必然要求。要求结婚的男女双方，必须是无配偶的人，即婚姻状况为未婚、丧偶或者离异。有配偶的人又与他人结婚的行为属于重婚。重婚是严重违法的行为，如构成重婚罪，将按照《刑法》追究刑事责任。

问题与思考

《民法典》删除了《婚姻法》中禁止患有医学上认为不应当结婚的疾病者结婚的规定，同时相应增加“一方患有重大疾病的，应当在结婚登记前如实告知另一方；不如实告知的，另一方可以向人民法院请求撤销婚姻”的规定。删除的原因有二：一是因为结婚自由是自然人的宪法权利，虽然某些重大疾病会影响当事人的婚后共同生活，但另一方当事人知情并愿意与之结婚共同生活，法律应尊重当事人的选择和婚姻自主权。二是因为医学的不断进步和发展，在医学上并未形成何种疾病不应结婚的统一看法或共识。这也导致了守法和执法上的困难。最终《民法典》遵循了尊重当事人婚姻自主权的立法原则，删除了重大疾病禁止结婚的条款，而将隐瞒自己患有影响婚后生活的重大疾病作为婚姻可撤销的事由。

第三节　结婚的程序

结婚的程序，也称结婚的形式要件，是法律规定的当事人缔结婚姻所必需采取的方式。结婚登记是我国法律所要求的婚姻成立之法定程序。我国《民法典》第1049条规定：“要求结婚的男女双方应当亲自到婚姻登记机关申请结婚登记。符合本法规定的，予以登记，发给结婚证。完成结婚登记，即确立婚姻关系。未办理结婚登记的，应当补办登记。”

一、结婚登记的机关

我国实行婚姻统一登记的原则。2003年《婚姻登记条例》第2条规定：内地居民办理婚姻登记的机关是县级人民政府民政部门或者乡（镇）人民政府，省、自治区、直辖市人民政府可以按照便民原则确定农村居民办理婚姻登记的具体机关。中国公民同外国人，内地居民同香港特别行政区居民、澳门特别行政区居民、台湾地区居民、华侨办理婚姻登记的机关是省、自治区、直辖市人民政府民政部门或者省、自治区、直辖市人民政府民政部门确定的机关。

婚姻登记机关管辖的范围，原则上与户籍管辖范围相适应。内地居民结婚，男女双方应当共同到任何一方当事人常住户口所在地的婚姻登记机关办理结婚登记。中国公民同外国人在中国内地结婚的，内地居民同香港特别行政区居民、澳门特别行政区居民、台湾地区居民、华侨在中国内地结婚的，男女双方应当共同到内地居民常住户口所在地的婚姻登记机关办理结婚登记。现役军人结婚由部队驻地、入伍前常住户口所在地或另一方当事人常住户口所在地婚姻登记机关办理婚姻登记。

常住户口所在地即为内地居民的户籍所在地,我国《户口登记条例》第6条规定:"公民应当在经常居住的地方登记为常住人口,一个公民只能在一个地方登记为常住人口。"

二、结婚登记的程序

根据《民法典》第1049条、《婚姻登记条例》第5条至第7条以及《婚姻登记工作规范》的规定,结婚登记的程序为:申请——审查——登记。

1. 申请

要求结婚的男女双方应当亲自到婚姻登记机关申请结婚登记。为了确定结婚是男女双方本人的真实意思,结婚登记不能代理,须双方亲自到场向婚姻登记机关表明自愿结婚的意思。申请办理结婚登记的内地居民应当出具下列证件和声明:本人的户口簿、身份证;本人无配偶以及与对方当事人没有直系血亲和三代以内旁系血亲关系的签字声明。

2. 审查

婚姻登记机关应对当事人的结婚申请严格审核查实,主要审查两方面内容:(1)证件是否真实、完备,有无伪造、涂改或冒名顶替的情况。当事人户口簿上的婚姻状况如与当事人声明不一致,当事人应当向登记机关提供能够证明其声明真实性的法院生效司法文书、配偶居民死亡医学证明(推断)书等材料;不一致且无法提供相关材料的,当事人应当先到有关部门更正。若当事人声明的婚姻状况与婚姻登记档案记载不一致的,当事人应当向登记机关提供能够证明其声明真实性的相关材料。(2)审查当事人双方是否符合法定的结婚条件,是否具有结婚的意愿。在审查中,婚姻登记员就需要了解的情况,可以向当事人提出询问,当事人应如实作答。

3. 登记

经审查后,婚姻登记机关对于符合结婚条件的应及时予以登记,给当事人双方颁发结婚证。当事人从取得结婚证起,确立夫妻关系。

在审查中如果发现申请结婚的当事人有下列情形之一的,婚姻登记机关不予登记:(1)未达法定婚龄的;(2)非双方自愿的;(3)一方或双方已有配偶的;(4)属于直系血亲或三代以内旁系血亲关系的。婚姻登记机关决定不予登记应向当事人说明理由,当事人要求出具《不予办理结婚登记告知书》的,婚姻登记机关应当出具。当事人不服婚姻登记机关不予登记的决定,可按照《行政复议法》规定的条件和程序申请复议;不服复议决定的,可依据《行政诉讼法》提起行政诉讼。

三、结婚登记的效力

《民法典》第1049条规定,"完成结婚登记,即确立婚姻关系"。对该句的理解应注意:完成结婚登记,当事人双方即确立夫妻身份,之后是否举行婚礼,是否同居生活,都不影响其婚姻关系的成立;从结婚登记之日起,夫妻关系成立,当事人之间具有配偶身份,夫妻人身权利和财产权利受法律保护;已经确立的婚姻关系非经法律程序不得任意解除,如果登记结婚后一方反悔,要求解除夫妻关系,须按离婚程序办理。

问题与思考

《民法典》第1049条规定,"未办理结婚登记的,应当补办登记"。不要把补办结婚登记与补领结婚证相混淆。前者是当事人双方以夫妻名义共同生活,但是没有办理结婚登记,为依法确立婚姻关系，符合结婚条件的当事人亲自向婚姻登记机关申请补办结婚证，补办结婚登记后，当事人婚姻关系的效力从双方均符合婚姻法所规定的结婚的实质要件时起算。后者是指已经办理结婚登记的当事人遗失、损毁婚姻登记证，可以向原办理该婚姻登记的机关或者一方常住户口所在地的婚姻登记机关申请补领。

第四节　无效婚姻和可撤销婚姻

结婚登记的过程中，一些当事人弄虚作假、伪造相关证件骗取结婚登记，或者婚姻登记员玩忽职守、违反程序规定为不符合条件的当事人办理婚姻登记，导致一些实际上并不符合结婚的实质要件的当事人完成结婚登记领取了结婚证。为了制裁和处理违反结婚实质要件的违法婚姻，《民法典》第 1052 条至第 1054 条规定并完善了无效婚姻和可撤销婚姻制度，明确了无效婚姻和可撤销婚姻的法定事由、程序、法律后果等。我国婚姻无效的制度采双轨制，区分了无效婚姻和可撤销婚姻，这有利于预防和减少违法婚姻，既严格执行结婚要件的法律规定，又保护无过错当事人及其子女的合法利益。

一、无效婚姻

（一）概念和特征

无效婚姻是指虽已办理结婚登记，但因当事人未到法定婚龄或者具有结婚的禁止条件，而自始不具有婚姻效力的男女两性结合。

无效婚姻具有如下特征：(1)无效婚姻当事人之间已经办理结婚登记，没有办理结婚登记的男女两性结合不构成无效婚姻；(2)婚姻无效的原因是：当事人一方或双方未到法定婚龄，当事人一方或双方已有配偶，或者当事人之间是直系血亲或三代以内旁系血亲关系；(3)无效的婚姻关系自始无效，从一开始就不产生法律效力，也不受法律保护，当事人之间自始不产生配偶关系。

（二）婚姻无效的原因和宣告程序

1. 婚姻无效的原因

《民法典》第 1051 条规定：“有下列情形之一的，婚姻无效：（一）重婚；（二）有禁止结婚的亲属关系；（三）未到法定婚龄。”对该条的理解注意如下两点：(1)除上述三种情形外，其他情形例如违反结婚登记程序的情形，一方对另一方的人品、财富、职业等有重大误解或者受到欺骗，一方强迫另一方结婚等情形，均不能导致婚姻无效。《婚姻家庭编解释（一）》第 17 条明确，当事人以《民法典》第 1051 条规定的三种无效婚姻以外的情形请求确认婚姻无效的，人民法院应当判决驳回当事人的诉讼请求。当事人以结婚登记程序存在瑕疵为由提起民事诉讼，主张撤销结婚登记的，告知其可以依法申请行政复议或者提起行政诉讼。(2)要注意《民法典》第 1051 条对《婚姻法》第 10 条的修改，删除了“婚前患有医学上认为不应当结婚的疾病，婚后尚未治愈的”的情形。

2. 婚姻无效的宣告程序

虽然《民法典》没有明确婚姻无效的宣告程序，但是婚姻关系与一般民事交易关系不同，不仅影响当事人双方重大的人身和财产权益，还会影响子女等第三人的利益，所以经过结婚登记的婚姻关系不宜由当事人自行判断是否具有效力。最高人民法院通过司法解释规定，与民事法律行为的当然无效不同，婚姻无效是宣告无效，由婚姻当事人或利害关系人向人民法院提出申请，经人民法院宣告后,婚姻才自始无效。

根据《婚姻家庭编解释(一)》第9条的规定,有权申请宣告婚姻无效的主体有两类:(1)任何一方婚姻关系当事人本人。(2)利害关系人。以重婚为由申请宣告婚姻无效的,为当事人的近亲属及基层组织;以未到法定婚龄为由申请宣告婚姻无效的,为未达法定婚龄者的近亲属;以有禁止结婚的亲属关系为由申请宣告婚姻无效的,为当事人的近亲属。之所以会有不同范围的利害关系人,是因为不同的导致婚姻无效的情形,社会危害性不同,权益受到影响的利害关系人也不同。

婚姻无效的宣告机关是人民法院,《婚姻登记条例》2003年颁布后,婚姻登记机关确认婚姻无效的规定即被废止。根据《婚姻家庭编解释(一)》第10条至第17条的相关规定,婚姻无效宣告的程序如下:

婚姻无效宣告程序的启动:(1)经当事人或利害关系人向有管辖权的基层人民法院申请宣告婚姻无效。(2)人民法院受理离婚案件后,发现当事人之间的婚姻关系确属无效婚姻的,应当将婚姻无效的情形告知当事人,并依法宣告婚姻无效。(3)人民法院就同一婚姻关系分别受理了离婚和请求确认婚姻无效案件的,对于离婚案件的审理,应当待请求确认婚姻无效案件作出判决后进行。

人民法院审理宣告婚姻无效案件:(1)经审查确属无效婚姻的,应当依法宣告婚姻无效;原告申请撤诉的,不予准许。(2)对婚姻效力的审理不适用调解,应依法判决。涉及财产分割和子女抚养的,可以调解。调解达成协议的,另行制作调解书;未达成调解协议的,应当一并作出判决。[7] (3)当事人向人民法院申请宣告婚姻无效时,法定的无效婚姻情形在提起诉讼时已经消失的,人民法院不予支持。

二、可撤销婚姻

(一)概念和特征

可撤销婚姻是指虽已办理结婚登记,但因当事人在结婚时受到胁迫,或者当事人一方在结婚前未告知另一方其患有重大疾病,受胁迫的当事人或者不知情的一方当事人有权在法定期限内向人民法院请求撤销的婚姻。

可撤销婚姻具有如下特征:(1)可撤销婚姻当事人之间已经办理结婚登记,没有办理结婚登记不能构成可撤销婚姻;(2)婚姻无效的原因是:当事人在结婚时受到胁迫,或者当事人一方在结婚前未告知另一方其患有重大疾病;(3)可撤销婚姻关系从被撤销之日起自始无效,不受法律保护,当事人之间也自始不产生配偶关系。

(二)无效婚姻与可撤销婚姻的区别和联系

无效婚姻与可撤销婚姻共同点:(1)无效婚姻与可撤销婚姻都是已经办理结婚登记但是欠缺结婚实质要件的违法婚姻;(2)无效婚姻被宣告无效,可撤销婚姻被依法撤销之后的法律后果完全相同,都是自始无效,当事人之间不具有夫妻的人身和财产关系。

无效婚姻与可撤销婚姻的区别:(1)违反的实质要件不同。无效婚姻违反的是法律对法定

---

[7] 2001年最高人民法院《关于适用〈中华人民共和国婚姻法〉若干问题的解释(一)》曾将宣告婚姻无效的程序作为一个特别程序,婚姻无效的判决一经作出立即生效,不得上诉。但修订后的《民事诉讼法》并未增加婚姻无效宣告程序为特别程序,《民法典婚姻家庭编解释(一)》删除了这一规定。

婚龄、禁止有配偶者结婚、禁止一定范围内近血亲结婚的要求。可撤销婚姻违反的法定要件是当事人应当完全自愿,即一方当事人受胁迫而结婚,以及一方当事人隐瞒自己重大疾病侵害对方知情权,导致对方在不知情的情况下作出同意结婚的意思表示。(2)婚姻是否归于无效的弹性不同。根据《民法典》的规定,婚姻无效是绝对无效,而可撤销婚姻经撤销权人申请人民法院依法撤销后自始无效,超过除斥期间权利人未行使撤销权的,婚姻有效。《婚姻家庭编解释(一)》第10条所称申请时"法定的无效婚姻情形在提起诉讼时已经消失的",是指因时间的经过当事人已经达到法定婚龄,人民法院不再支持宣告婚姻无效的请求,但是重婚或有禁婚亲属关系而结婚的,法定无效情形不会因时间经过而消灭。当事人及利害关系人均可依法向人民法院申请宣告婚姻无效。可撤销婚姻是否撤销的权利被依法赋予被胁迫一方,以及对对方重大疾病不知情的一方,如果撤销权人决定继续维持婚姻关系,撤销权除斥期间届满后,婚姻不能被撤销;经撤销权人申请依法被撤销的,婚姻自始无效。

(三)婚姻可撤销的原因和程序

1. 婚姻可撤销的原因

《民法典》第1052条和第1053条规定了可撤销婚姻的原因:(1)"因胁迫结婚的,受胁迫的一方可以向人民法院请求撤销婚姻";(2)"一方患有重大疾病的,应当在结婚登记前如实告知另一方;不如实告知的,另一方可以向人民法院请求撤销婚姻"。

一是胁迫。胁迫,是指行为人以给另一方当事人或者其近亲属的生命、身体、健康、名誉、财产等方面造成损害为要挟,迫使另一方当事人违背真实意愿结婚的情况(《婚姻家庭编解释(一)》第18条)。因受到胁迫而结婚,不符合《民法典》第1046条关于结婚应男女双方完全自愿的要求,因此法律赋予受胁迫一方选择权,由其决定是否撤销非自愿缔结的婚姻。胁迫的主体可能是结婚的另一方当事人,也可能是第三人,如当事人的父母或亲属,甚至拐卖妇女的犯罪嫌疑人等。无论受到谁的胁迫,受胁迫方均可以请求人民法院撤销该婚姻。

二是违反重大疾病的告知义务。结婚当事人患有重大疾病,应当在结婚登记前如实告知对方,故意隐瞒病情甚至刻意欺骗对方,使对方在不知情的情况下同意结婚,即属违反重大疾病的告知义务。无论对方当事人是否询问,患有重大疾病一方当事人均应主动、如实告知病情。如违反此告知义务,不知情的另一方当事人可以向人民法院请求撤销婚姻。《民法典》编纂过程中,关于是否禁止"患一定疾病的人结婚"的问题一直存有争论。最终立法删除了患有一定疾病的人禁止结婚的规定,改为尊重当事人的选择,在明知对方重大疾病的事实,依然自愿与之结婚的情况下,法律不应过多干涉当事人的婚姻自主权。但是结婚的目的是建立婚后的共同生活,一方患有重大疾病会对夫妻将来的共同生活以及子女的健康带来很多问题和风险,因此法律规定重大疾病的婚前如实告知义务。违反此项义务,刻意隐瞒病情欺骗对方,造成不知情的一方及后代健康受损,为保障无过错方合法权益,法律赋予不知情的一方当事人撤销权,由其自己决定是否维持婚姻关系。

2. 撤销婚姻的程序

撤销权人有两类:(1)因胁迫而结婚的受胁迫的婚姻当事人本人(《民法典》第1052条及《婚姻家庭编解释(一)》第18条)。即使撤销权人处于被非法限制人身自由的状态,撤销权也不由他人代为行使。这是可撤销婚姻的特点,即尊重当事人对是否撤销婚姻的选择权。(2)因一方违反重大疾病告知义务而不知情的另一方当事人。

撤销权的除斥期间是指撤销权的存续期间,除斥期间不能中止、中断或延长,超出该期限的,撤销权消灭。这是因为可撤销的民事法律关系处于一种不稳定的状态,为督促权利人及时选择行使或不行使权利,终结婚姻关系的不稳定状态,法律规定撤销权的除斥期间为1年。因胁迫结婚的,撤销权应自胁迫行为终止之日起1年内行使,若撤销权人"被非法限制人身自由",撤销权应当自恢复人身自由之日起1年内行使。因一方违反重大疾病告知义务而撤销婚姻的,撤销权应当自知道或者应当知道撤销事由之日起1年内提出。

有权根据撤销权人的申请撤销婚姻的机关只有人民法院。《民法典》修改了原《婚姻法》中婚姻登记机关也有权撤销婚姻的规定,撤销婚姻的机关只保留了人民法院。这是因为撤销婚姻时必须对当事人的请求是否符合法律规定进行实质审查,例如是否受到胁迫,某种疾病是否属于法律规定的"重大疾病"等,婚姻登记机关有时难以判断,需要当事人额外提交具有公信力的证据,增加了当事人撤销婚姻的难度。另外,撤销婚姻时,常常涉及财产分割和子女抚养,婚姻登记机关难以处理,最终案件还是要到人民法院。所以立法确定的撤销婚姻的机关仅保留了人民法院。

撤销婚姻之诉为形成之诉,当事人享有的撤销婚姻的权利为形成诉权。审理撤销婚姻案件,可以适用民事简易程序或者普通程序,也就是说诉讼中法官可以基于自愿、合法的原则调解。这一点与宣告婚姻无效不同,宣告婚姻无效的程序不适用调解。

三、婚姻宣告无效或被撤销的法律后果

无效婚姻被宣告无效,以及可撤销婚姻被依法撤销,都导致婚姻自始没有法律效力。《民法典》第1054条第1款规定:"无效的或者被撤销的婚姻自始没有法律约束力,当事人不具有夫妻的权利和义务。同居期间所得的财产,由当事人协议处理;协议不成的,由人民法院根据照顾无过错方的原则判决。对重婚导致的无效婚姻的财产处理,不得侵害合法婚姻当事人的财产权益。当事人所生的子女,适用本法关于父母子女的规定。"因此,婚姻被宣告无效或被撤销后法律后果相同。

(一)对当事人和子女的法律后果

无效的婚姻和被撤销婚姻的当事人双方自始不具有配偶身份。

双方同居期间所得的财产,首先由当事人协商处理,协商不成由法院根据照顾无过错方的原则判决。照顾无过错方的原则体现了立法对善意当事人的保护。为统一裁判尺度,《婚姻家庭编解释(一)》第22条补充规定:被确认无效或者被撤销的婚姻,当事人同居期间所得的财产,除有证据证明为当事人一方所有的以外,按共同共有处理。《婚姻家庭编解释(一)》第16条补充规定,人民法院审理重婚导致的无效婚姻案件时,涉及财产处理的,应当准许合法婚姻当事人作为有独立请求权的第三人参加诉讼。

无效婚姻和被撤销婚姻当事人所生子女,与当事人为父母子女关系,双方的权利义务适用《民法典》第1067条至第1073条关于父母子女的规定。

(二)婚姻无效或被撤销的损害赔偿责任

《民法典》第1054条在原《婚姻法》第12条的基础上增加了第2款,"婚姻无效或者被撤销的,无过错方有权请求损害赔偿"。如同处理同居期间财产时法院应根据照顾无过错方的原则判决,立法赋予无过错方损害赔偿请求权也是对善意当事人合法权益的保护。考虑到婚姻无效或被撤销对无过错一方当事人产生重大影响,仅仅在分割财产时予以照顾可能难以弥补无过错方的损失,既不足以充分保护善意当事人合法权益,又不能体现立法惩罚违法行为的态度。所以,《民法典》增加规定了婚姻无效或被撤销的损害赔偿责任。

婚姻无效或被撤销的损害赔偿责任的构成要件为:(1)请求权人是无效婚姻或可撤销婚姻关系的无过错方。无过错方是指无效婚姻中符合结婚实质要件,对另一方当事人不符合结婚实质要件不知情的当事人,以及可撤销婚姻的受胁迫一方或对对方重大疾病不知情的一方当事人。(2)另一方当事人存在法定过错或违法行为,导致了婚姻被宣告无效或被撤销。例如,隐瞒自己患有重大疾病的事实,或者伪造证明材料掩盖不符合结婚实质要件的事实等。(3)婚姻被宣告无效或被撤销给无过错方造成客观损害,包括人身损害、财产损失以及精神损害。

问题与思考

《民法典》第1052条、第1053条所规定的撤销婚姻,是对结婚这一身份民事法律行为的撤销,产生的后果是婚姻自始不发生效力。撤销婚姻与撤销结婚登记不同。结婚登记是行政确认行为,即行政机关对当事人结婚行为进行行政确认的具体行政行为。如果具体行政行为存在主要证据不足、适用法律法规错误、违反法定程序、超越或滥用职权等情形,行政机关可以根据上级机关的指示或者人民法院的判决撤销行政行为。结婚登记的行政行为一旦被撤销,将导致当事人结婚的民事法律行为因欠缺结婚登记而不能成立。如当事人及当事人之间关系不存在导致婚姻无效或被撤销的情形,当事人可以申请补办结婚登记,婚姻的效力可以自双方均符合结婚要件同居时起算。

第五节　事实婚姻与非婚同居关系

事实婚姻和非婚同居关系均为未办理结婚登记的男女两性的结合,由于没有办理结婚登记手续,所以不受婚姻法律规范调整。原《婚姻法》和《民法典》均未明确规定事实婚姻和非婚同居关系,司法实践中处理事实婚姻和非婚同居关系主要依据《婚姻家庭编解释(一)》。根据《婚姻家庭编解释(一)》第7条的规定,未办理结婚登记而以夫妻名义共同生活的男女,起诉到人民法院要求离婚的,区分为“事实婚姻”和“同居关系”分别处理。

一、事实婚姻

(一)概念

事实婚姻的概念有广义与狭义之分。广义的事实婚姻是指未办结婚登记的男女以夫妻名义同居生活,群众也认为是夫妻关系的两性结合。而狭义的事实婚姻仅指1994年2月1日以前已经符合结婚法定条件的男女,未办结婚登记而以夫妻名义同居生活的两性结合。狭义的事实婚姻是被人民法院有条件承认的事实婚姻,具有与法律婚姻基本相同的法律效力。

(二)狭义事实婚姻的要件

1.时间要件

事实婚姻关系的男女双方在1994年2月1日之前已经符合结婚的实质要件。需要说明的是:(1)1994年2月1日是《婚姻登记管理条例》实施的时间,该条例实施之后,不再承认未办理结婚登记的男女以夫妻名义同居关系的婚姻效力。(2)男女双方在1994年2月1日之前已经符合当时法律规定的结婚之实质要件:已达法定婚龄、没有禁止结婚的亲属关系、均无配偶等。

2. 双方以夫妻名义同居生活

男女双方长期以夫妻名义公开共同生活,使群众也认为男女双方是夫妻关系。这是事实婚姻区别于其他同居关系的重要特征。例如,恋爱同居关系,男女双方以恋人的身份公开同居生活,但不以夫妻名义相称。

3. 未办理结婚登记

事实婚姻与法律婚姻相比,欠缺结婚的形式要件,即没有依法登记。有些当事人按照习俗举行了婚礼,但是没有按照原《婚姻法》或《民法典》的要求在婚姻登记机关办理结婚登记,双方不能确立夫妻关系。

(三)司法实践对事实婚姻的态度和处理

1. 有条件地承认事实婚姻

基于事实婚姻关系形成的原因和案件的具体情况复杂,为保护妇女和儿童的合法权益,有利于婚姻家庭关系的稳定,维护安定团结,在一定时期内,人民法院有条件地承认事实婚姻关系。根据《婚姻家庭编解释(一)》,1994 年 2 月 1 日以前,未办结婚登记而以夫妻名义同居的男女双方已经符合结婚实质要件的,按事实婚姻处理。

2. 补办结婚登记的补救措施

根据《民法典》第 1049 条以及《婚姻家庭编解释(一)》第 3 条、第 7 条的规定,1994 年 2 月 1 日以后,未办结婚登记而以夫妻名义同居的男女双方符合结婚实质要件的,人民法院应当告知其在案件受理前补办结婚登记。补办结婚登记的,产生追溯的效力,婚姻关系的效力从双方均符合《民法典》所规定的结婚的实质要件时起算。

3. 对事实婚姻离婚案件的处理

其一,人民法院应当先进行调解。经调解和好或撤诉的,确认婚姻关系有效,发给调解书或裁定书。经人民法院确认婚姻关系有效的事实婚姻具有与法律婚姻相同的效力:双方享有配偶的身份,同居期间所得财产适用夫妻财产制,互有配偶继承权,也互负扶养义务,此外双方所生的子女为婚生子女。

其二,经调解不能和好的,应调解或判决准予离婚。

其三,事实婚姻关系离婚时,有关未成年子女的抚养、共同财产分割及离婚救济制度的适用等,应按《民法典》婚姻家庭编离婚一章的有关规定处理。

二、非婚同居关系

(一)概念

非婚同居,是指双方当事人未办结婚登记,自愿、稳定的长期共同生活形式。未办结婚登记,是非婚同居与婚姻关系最主要的区别。除狭义的事实婚姻之外,其他以夫妻名义公开同居生活但未办理结婚登记的男女同居关系,均属于非婚同居关系。

(二)分类

非婚同居关系按是否具有违法性可以分为两类:(1)双方当事人均无配偶的同居关系,例如,恋爱同居关系、婚前同居关系等,不具有违法性;(2)双方或任一方当事人有配偶的同居,根据《民法典》第 1042 条第 2 款,均为法律所禁止的违法行为,即非法同居关系。

非婚同居关系按是否以夫妻名义同居生活可以分为两类:(1)以夫妻名义的非婚同居关系;(2)不以夫妻名义的非婚同居关系。如此分类的意义在于,以夫妻名义的非婚同居关系当事人在向法院诉请离婚时，人民法院按《婚姻家庭编解释（一）》，应当告知符合结婚实质要件的当事人，在案件受理前补办结婚登记，如果补办，按合法婚姻当事人起诉离婚处理；未补办的，人民法院不予受理其离婚的诉讼请求，已经受理的，裁定驳回起诉。而非以夫妻名义的非婚同居请求解除同居关系的，人民法院不予受理。

（三）对非婚同居关系的处理

根据《婚姻家庭编解释（一）》的相关规定，对非婚同居关系的处理如下：

其一，当事人提起诉讼仅请求解除同居关系的，人民法院不予受理；已经受理的，裁定驳回起诉。

其二，当事人因同居期间财产分割或者子女抚养纠纷提起诉讼的，人民法院应当受理，案由分别为同居关系析产纠纷和同居关系子女抚养纠纷。双方所生的子女，由哪一方抚养，双方协商；协商不成时，应根据子女的利益和双方的具体情况判决。非婚同居期间所生育的子女是当事人双方的非婚生子女。《民法典》第1071条规定："非婚生子女享有与婚生子女同等的权利，任何组织或者个人不得加以危害和歧视。不直接抚养非婚生子女的生父或者生母，应当负担未成年子女或者不能独立生活的成年子女的抚养费。"同居生活期间双方所得的财产和购置的财物，根据双方协议处理。协议不成的，由人民法院根据财产具体情况妥善分割，但不能适用婚姻财产制度。

问题与思考

原《婚姻法》和《民法典》均未调整事实婚姻和非婚同居关系，由于不承认1994年2月1日之后形成的未登记的事实婚姻，导致一些以夫妻名义共同生活的同居关系与一般的非婚同居都得不到法律的调整和保护。《民法典》编纂的过程中有学者建议立法规范事实婚姻关系，认为"不违背我国婚姻法规定的一夫一妻原则和其他法律强制性规定的非登记婚姻和同居，不应该一律简单否定。如果当事人能够做到履行夫妻一样的义务，那么也应该享受到夫妻一样的权利。因此，建议立法承认和保护非登记式婚姻，给予其婚姻的地位"。[8] 但立法机关考虑到如下情况最终并未在《民法典》中规定非婚同居关系：(1)同居在整个社会中仍远未达成共识，肯定同居制度容易对现行婚姻登记制度造成较大冲击。(2)目前同居的情形和原因比较复杂，法律难以统一规定。(3)同居涉及诸多法律问题，还需进一步研究后再立法。[9]

拓展阅读推荐

1. 陈棋炎、黄宗乐、郭振恭：《民法亲属新论》（修订十一版），台北，三民书局2013年版。
2. 金眉：《中国亲属法的近现代转型——从〈大清民律草案·亲属编〉到〈中华人民共和国婚姻法〉》，法律出版社2010年版。
3. 陈苇主编：《婚姻家庭继承法学》（第3版），中国政法大学出版社2018年版。
4. 蒋月：《婚姻家庭法前沿导论》（第2版），法律出版社2016年版。

〔8〕 孙宪忠：《民法典婚姻家庭编草案应该解决的四个现实问题》，载《中国人大》2019年第13期。

〔9〕 黄薇主编：《中华人民共和国民法典婚姻家庭编解读》，中国法制出版社2020年版，第47页。

第二十九章　家庭关系

学习要点

- 夫妻财产制
- 亲子关系的确认与否认
- 祖孙及兄弟姐妹扶养的条件

第一节　夫妻关系

一、夫妻关系概述

(一)概念

夫妻关系也称夫妻法律关系,是夫妻之间权利与义务的总和。夫妻关系包括夫妻人身关系和夫妻财产关系两方面。夫妻人身关系指与配偶身份相关的,不具有经济内容的权利义务关系,包括夫妻姓名权、婚姻住所决定权、夫妻人身自由权、日常家事代理权等。夫妻财产关系则指配偶间特有的具有经济内容的权利义务关系,包括夫妻扶养关系、夫妻财产制、夫妻继承权等。

(二)特点

第一,夫妻财产关系从属于配偶身份关系。配偶身份是夫妻法律关系的基础,夫妻财产关系从属于身份关系。结婚后夫妻之间确定配偶身份,依法产生夫妻相互扶养帮助的义务,夫妻间适用法定财产制或约定财产制,取得法定继承人的资格。配偶身份解除时,夫妻扶养义务依法终止,夫妻财产制终止,继承人资格消灭。例如《民法典》第 303 条规定,共同共有人在共有的基础丧失或者有重大理由需要分割时可以请求分割共同财产。夫妻共同财产的共有基础即为夫妻的配偶身份,夫妻离婚消灭配偶身份,共同共有的夫妻财产关系也将依法终止。

第二,夫妻在婚姻家庭中地位平等。《民法典》第 1055 条规定:"夫妻在婚姻家庭中地位平等。"这是《民法典》第 1041 条规定的实行"男女平等"的婚姻制度在夫妻关系中的具体体现,是对夫妻法律关系的原则性规定。夫妻是独立的民事主体,不因结婚而丧失或减损其基本民事权利。只有认可配偶的独立人格地位,夫妻才能在家庭地位中保持平等,相互尊重、相互帮助,共同建设和睦、文明的婚姻家庭关系。夫妻作为配偶法律地位平等,例如《民法典》第 1062 条第 2 款规定,夫妻对共同财产有平等的处理权。夫妻作为父母法律地位也是平等的,《民法典》第 1058 条规定:"夫妻双方平等享有对未成年子女抚养、教育和保护的权利,共同承担对未成年子女抚养、教育和保护的义务。"

二、夫妻人身关系

关于夫妻人身关系,1980 年《婚姻法》规定了夫妻姓名权、婚姻住所决定权、夫妻人身自由权和计划生育义务四方面内容。《民法典》婚姻家庭编保留了夫妻姓名权、婚姻住所决定权、夫妻人身自由权，删除了计划生育义务，增加了日常家事代理权等。

（一）夫妻姓名权

根据《民法典》第1056条的规定，夫妻姓名权是指夫妻双方都有各自使用自己姓名的权利。姓名权是自然人依法享有的决定、使用、改变自己姓名的权利，属于人格权。法律并未规定结婚后夫妻应选用相同的姓氏，因此夫妻均有权使用自己原来的姓名。

夫妻双方达成一致协议也可以夫妻同姓或者相互冠姓，但是不得违背公序良俗。《民法典》第1015条第1款规定："自然人应当随父姓或者母姓，但是有下列情形之一的，可以在父姓和母姓之外选取姓氏：（一）选取其他直系长辈血亲的姓氏；（二）因由法定扶养人以外的人扶养而选取扶养人姓氏；（三）有不违背公序良俗的其他正当理由。"我国历史上曾有妻子在结婚后冠夫姓的传统，夫妻协商一致的情况下可以冠姓，但应向公安机关办理登记手续。

（二）婚姻住所决定权

婚姻住所决定权是指选择、决定夫妻婚后共同生活住所的权利。婚姻住所是指夫妻共同居住和生活的主要场所，既是夫妻行使权利和履行义务的场所，也是未成年子女的生活居所，所以夫妻应共同商议决定，一方不得强迫另一方，第三人也不应干涉。"唯夫妻平等协商确定双方共同愿意居住之所，始能为婚姻长久和睦提供基本稳定环境"。

在决定婚姻住所的问题上夫妻拥有平等的权利，这改变了过去"妻从夫居"的婚居方式。《民法典》第1050条规定："登记结婚后，根据男女双方的约定，女方可以成为男方家庭的成员，男方可以成为女方家庭的成员。"夫妻双方享有互为对方家庭成员的约定权，女方可以成为男方家庭的成员，即"女到男家落户"，妻从夫居；男方可以成为女方家庭的成员，即"男到女家落户"，夫从妻居。夫妻婚后另组新家庭，不加入任何一方原来的家庭，即从新居。

（三）夫妻人身自由权

1950年《婚姻法》第9条规定：夫妻双方均有选择职业、参加工作和参加社会活动的自由。1980年《婚姻法》第11条规定：夫妻双方都有参加生产、工作、学习和社会活动的自由，一方不得对他方加以限制或干涉。2001年修正的《婚姻法》及《民法典》保留该项权利。《民法典》第1057条规定："夫妻双方都有参加生产、工作、学习和社会活动的自由，一方不得对另一方加以限制或者干涉。"

立法规定夫妻人身自由权，主要是针对现实生活中部分民众认为女性结婚后应在家相夫教子，干涉女性在外工作、学习和参加社会活动的自由。法律强调已婚妇女享有参加生产、工作、学习和社会活动的自由权利，既是夫妻法律地位平等的表现，又为夫妻平等地行使权利和承担义务提供了法律上的保障。

（四）日常家事代理权

《民法典》首次立法确认了夫妻日常家事代理，该法第1060条规定："夫妻一方因家庭日常生活需要而实施的民事法律行为，对夫妻双方发生效力，但是夫妻一方与相对人另有约定的除外。夫妻之间对一方可以实施的民事法律行为范围的限制，不得对抗善意相对人。"理解夫妻日常家事代理权应注意如下三点：

一是夫妻日常家事代理权，是夫妻身份关系所产生的法定效力，除非夫或者妻与第三人另有约定，夫妻一方因家庭日常生活需要与第三人为民事法律行为，该民事法律行为的效力依法及于夫妻另一方。例如，《民法典》第1064条第1款规定，"夫妻一方在婚姻关系存续期间以个人名义为家庭日常生活需要所负的债务,属于夫妻共同债务”,一方以个人名义负债而被认定为夫妻共同债务,即为日常家事代理权所产生的法律效力。

二是日常家事的范围。《民法典》并没有明文规定日常家事的范围,其通常与一对夫妻的社会地位、职业、资产、收入以及生活的地区习惯有关。学理上一般认为包括有未成年子女的夫妻共同生活的一切必要事项,如一家之食物、光热、衣着等的购买,正当的保健和娱乐、医疗,子女之教养,日常用品购买,保姆雇佣,亲友馈赠等。[1]

三是对日常家事代理权的限制。夫妻之间对一方可以实施的民事法律行为范围的限制,对夫妻双方产生法律约束力,即具有对内效力。但除非明确告知法律行为的相对人,否则此种限制不能对抗不知情的相对人。

三、夫妻财产关系

我国《民法典》婚姻家庭编有关夫妻财产关系的内容主要包括夫妻扶养关系、夫妻继承权和夫妻财产制三个方面。

(一)夫妻扶养关系

扶养的概念有狭义和广义之分。狭义的扶养指同辈亲属间相互在经济上供养和生活上扶助的法定权利义务;而广义的扶养则包括长辈对晚辈的抚养,晚辈对长辈的赡养,也包括同辈亲属间的狭义的扶养。

夫妻扶养义务,是指基于婚姻的效力而产生的,夫妻在经济上相互供养、生活上相互扶助,扶养对于夫妻而言既是义务也是权利。《民法典》第1059条规定:“夫妻有相互扶养的义务。需要扶养的一方,在另一方不履行扶养义务时,有要求其给付扶养费的权利。”

夫妻之间的扶养义务是法定义务,具有强制性。当夫妻一方需要扶养而另一方不履行扶养义务时,需要扶养的一方有权请求对方支付扶养费。对因患病、年老而需要扶养的配偶,有扶养能力却拒不扶养的,构成遗弃,应依法追究其法律责任。

(二)夫妻继承权

夫妻继承权,亦称配偶继承权,是指夫妻基于配偶身份而享有的相互继承对方遗产的权利。《民法典》第1061条规定,夫妻有相互继承遗产的权利;第1127条规定,配偶是被继承人第一顺序的法定继承人。夫妻继承权虽然是婚姻的效力之一,但是考虑其与继承制度的密切关系,有关夫妻继承权的内容我们主要在本书介绍《民法典》继承编的部分讲解。

(三)夫妻财产制

夫妻财产制也称婚姻财产制,主要规定各种夫妻财产制的设立、变更与终止,夫妻婚前财产和婚后所得财产的归属、管理、使用、收益、处分,以及家庭生活费用的负担,夫妻债务的清偿,婚姻终止时夫妻财产的清算和分割等问题。

现代夫妻财产制,从内容上可以分为三类,共有制、分别制和剩余分享制。(1)共有制也称共同财产制,以我国、法国等为代表,是指除特有财产外,夫妻的全部财产或部分财产归双方共同所有;因共有范围不同,共有制还可以分为一般共同制、动产及所得共同制、婚后所得共同制、婚后劳动所得共同制等不同形式。(2)分别制也称分别财产制,以英国、美国部分州、日本等为代表,是指夫妻婚前、婚后所得的财产均归各自所有,各自独立行使管理、使用、收益和处分权;但夫

---

〔1〕 史尚宽:《亲属法论》,中国政法大学出版社2000年版,第316页。

妻可以约定将其一方财产的管理权交付另一方行使,夫妻双方也可依法或依约定而拥有部分共同财产。(3)剩余分享制也称剩余共同制,以德国为代表,我国台湾地区、我国澳门特别行政区也采此财产制,是指夫妻对于自己的婚前财产及婚后所得财产,各自保留其所有权、管理权、使用收益权及有限制的处分权,当因一方死亡或双方离婚而终止夫妻财产制时,以夫妻双方在婚姻期间各自增值财产的差额为剩余财产,各自剩余财产加总后由双方分享。

夫妻财产制按发生原因又可分为法定财产制和约定财产制。(1)法定财产制指夫妻间依法律规定而直接适用的财产制。按适用情形不同,法定财产制还可分为通常法定财产制与非常法定财产制。前者是指在通常情况下婚姻当事人双方无约定时依法律的直接规定而适用的财产制;后者是指因法定情形的发生,依法或依夫妻一方的申请,由法院宣告撤销夫妻之前适用的共有制,而在夫妻间改为适用法定之分别制。(2)约定财产制是指夫妻排除法定财产制适用,以约定的方式决定婚后适用的财产制。夫妻约定财产制可以是选择某种财产制类型,也可以自行决定财产制的内容。

我国的夫妻财产制主要规定在《民法典》的第 1062 条至第 1066 条中,包括法定夫妻共同财产、法定个人特有财产、夫妻共同债务和个人债务、夫妻财产约定以及婚内共同财产分割。

1. 夫妻法定财产制

◆法定共同财产的范围

《民法典》第 1062 条规定:"夫妻在婚姻关系存续期间所得的下列财产,为夫妻的共同财产,归夫妻共同所有:(一)工资、奖金、劳务报酬;(二)生产、经营、投资的收益;(三)知识产权的收益;(四)继承或者受赠的财产,但是本法第一千零六十三条第三项规定的除外;(五)其他应当归共同所有的财产。夫妻对共同财产,有平等的处理权。"

结合《民法典》第 1062 条的规定,确定夫妻法定共同财产范围时,应注意以下几点:

第一,夫妻共同财产源于夫或者妻在婚姻关系存续期间分别或者共同的所得。"所得"是指法律上取得所有权,而不是对财产的实际占有。例如,女方的父亲在女方结婚前去世,依据《民法典》第 230 条,女方在父亲去世时(继承开始的时间)已经取得遗产之物权。即使女方实际占有其父亲遗产是在结婚以后,该遗产也不属于夫妻共同财产。另外,个人财产(如不动产)在婚姻关系存续期间因市场价格变化而增加的价值,原物的自然增值在性质上不属于"所得",也不作为夫妻共同财产。

第二,《民法典》第 1062 条第 1 款(一)项中的"工资、奖金、劳务报酬"均指一方或双方的劳动所得。其中工资、奖金是指夫妻双方或一方在婚后所得的工资和作为工资组成部分的奖金;劳务报酬,是指因提供劳务而得到的报酬。其中,"奖金"一词在日常生活中有多重含义,例如工作全勤奖,年终奖,彩票中奖的奖金,参加比赛获得的奖金,见义勇为得到的奖金,等等,我们认为应该根据具体情况予以认定。用人单位、接受劳务方发放的对工作或劳务的金钱奖励,应认定为《民法典》第 1062 条第 1 款(一)项中的"奖金"。

第三,《民法典》第 1062 条第 1 款(二)项中的"生产、经营、投资的收益"是指夫妻双方或一方在婚后从事生产、经营及投资活动所得的劳动性收入和资本性收入。《民法典》规定的收益,既包括夫妻一方利用共同财产或个人财产生产、经营、投资所获的收益,也包括夫妻双方共同生产、经营、投资获得的收益。例如,丈夫利用婚前个人财产投资债券,婚后取得的债券利息收入;再如,妻子将结婚前父母赠与给她的门面房婚后出租,所取得的租金收益。只要是通过生产、经营、投资活动而在婚姻关系存续期内获得的收益,无论是一方还是双方的行为,借助一方或双方的财产,均应为夫妻的共同财产。

第四,知识产权是权利人依法就作品,发明、实用新型、外观设计,商标,地理标志,商业秘密,集成电路布图设计,植物新品种,以及法律规定的其他客体所享有的专有的权利。《民法典》第1062条第1款第3项中的“知识产权的收益”,指夫妻在婚后转让或许可他人使用自己知识产权而得到的经济收入。需要说明的是:(1)只有知识产权在婚姻关系存续期间的“收益”属于夫妻共同财产,“知识产权”本身仍然属于取得知识产权的夫或妻一方。(2)知识产权的收益包括了实际取得或者已经明确可以取得的财产性收益(《婚姻家庭编解释(一)》第24条)。例如,专利许可使用合同中已经明确约定专利使用费1年30万元,婚姻关系存续期间合同已经履行,但使用费尚未支付,该笔使用费即属于已经明确可以取得的收益。(3)取得收益的知识产权只要是一方所享有,无论知识产权是在结婚之前取得的,还是结婚之后取得的,婚姻关系存续期间得到的收益就均为夫妻共同财产。

第五,《民法典》第1062条第1款第4项中的“继承或者受赠的财产”,是指夫妻双方或一方在婚后因继承或者受赠而取得的财产,除遗嘱或赠与合同确定财产只归一方的以外,均为夫妻共同财产。需要说明的是:(1)因继承取得的遗产,无论是法定继承还是遗嘱指定继承,均是指婚姻关系存续期间被继承人死亡而发生的继承。《民法典》第230条和第1121条规定,因继承取得物权的,自继承开始时发生效力,而继承从被继承人死亡时开始。因此,无论何时分割遗产,只有因婚姻关系存续期间被继承人死亡的继承而取得的遗产才归夫妻双方共同所有。(2)从继承开始到遗产分割可能会间隔一段时间,在遗产没有分割之前,夫或者妻作为继承人应当得到的遗产份额尚不能确定,因此《婚姻家庭编解释(一)》第81条规定:“婚姻关系存续期间,夫妻一方作为继承人依法可以继承的遗产,在继承人之间尚未实际分割,起诉离婚时另一方请求分割的,人民法院应当告知当事人在继承人之间实际分割遗产后另行起诉”。(3)受赠的财产是指夫或者妻一方在婚姻关系存续期间接受赠与取得的财产。根据《民法典》第209条和第224条的规定,不动产经登记取得物权,动产经交付取得物权。因此,在婚姻关系存续期间夫或者妻取得不动产登记或者接受动产交付而取得的受赠财产,除赠与合同确定只归一方的之外,属夫妻共同财产。

第六,其他应当归共同所有的财产,这是一项概括性的弹性规定。不过,由于《民法典》第1063条第1款也有类似规定——“(五)其他应当归一方的财产”,所以不能得出法律未规定为个人所有的财产均推定为夫妻共有的结论。对哪些其他财产应属于夫妻共同所有,应通过立法解释和司法解释来确定。根据《婚姻家庭编解释(一)》的规定,“其他应当归共同所有的财产”还包括:(1)男女双方实际取得或者应当取得的住房补贴、住房公积金。(2)男女双方实际取得或者应当取得的破产安置补偿费。(3)男女双方实际取得的基本养老金,以及尚未领取基本养老金时,一方养老金账户中婚姻关系存续期间以夫妻共同财产个人实际缴付部分。(4)婚姻期间发放到军人名下的复员费、自主择业费等一次性费用,以夫妻婚姻关系存续年限乘以年平均值所得数额为夫妻共同财产。(5)由一方婚前承租、婚后用共同财产购买的房屋,房屋权属证书登记在一方名下的,应当认定为夫妻共同财产。

第七,婚后夫妻双方对一方个人所有的房屋进行过修缮、装修、原拆原建的,其增值部分或扩建部分应认定为夫妻共同财产。夫妻“因加工、附合、混合而产生的物的归属”的纠纷,可参照《民法典》第322条的规定处理,“因加工、附合、混合而产生的物的归属,有约定的,按照约定;没有约定或者约定不明确的,依照法律规定;法律没有规定的,按照充分发挥物的效用以及保护无过错当事人的原则确定。因一方当事人的过错或者确定物的归属造成另一方当事人损害的,应当给予赔偿或者补偿”。

第八,《民法典》第1062条第2款规定,“夫妻对共同财产,有平等的处理权”。这是关于夫妻如何对共同财产行使所有权的规定。夫妻共有财产的性质是共同共有,夫妻对全部共有财产不分份额地共同享有所有权。根据《民法典》第301条,处分共同共有的财产或者对其作重大修缮、改变性质用途的,应经全体共同共有人同意。根据《民法典》第1060条的规定,夫妻一方因日常生活需要而处理夫妻共同财产的,任何一方均有权决定。夫或妻非因日常生活需要对夫妻共同财产作重要处理决定,夫妻双方应当平等协商,取得一致意见。他人有理由相信其为夫妻双方共同意思表示的,另一方不得以不同意或不知道,或夫妻之间对一方可以实施的民事法律行为范围有限制为由,对抗善意相对人。

◆法定个人特有财产的范围

个人特有财产,是指婚后在实行共有制的夫妻,依法律规定或依双方约定,各自保留的一定范围内的个人财产,也称为保留财产。根据保留财产的依据不同,特有财产分为法定个人特有财产与约定个人特有财产。《民法典》第1063条即为法定个人特有财产的规定:“下列财产为夫妻一方的个人财产:(一)一方的婚前财产;(二)一方因受到人身损害获得的赔偿或者补偿;(三)遗嘱或者赠与合同中确定只归一方的财产;(四)一方专用的生活用品;(五)其他应当归一方的财产。”

本条的基本要义为:

第一,一方婚前财产属于个人特有财产。个人婚前的财产不因婚姻关系的延续而转化为夫妻共同财产,除非当事人另有约定(《婚姻家庭编解释(一)》第31条);一方婚前个人财产的自然增值以及取得的孳息一般归个人所有(《婚姻家庭编解释(一)》第26条),但该增值不属于自然增值的,以及取得的孳息属于生产、经营和投资的收益的除外。另外,一方婚前取得产权的房屋,虽然婚后用共同财产还贷,若夫妻双方不能就房屋归属达成一致意见,该房屋应根据《民法典》第1063条确定为一方的婚前个人财产(《婚姻家庭编解释(一)》第78条)。

第二,一方因受到人身损害获得的赔偿或者补偿,根据《民法典》第1179条的规定,包括医疗费、护理费、交通费、营养费、住院伙食补助费等为治疗和康复支出的合理费用,以及因误工减少的收入;造成残疾的,还应当赔偿辅助器具费和残疾赔偿金。

第三,遗嘱或者赠与合同中确定只归一方的财产,属于一方个人特有财产。这是出于对遗嘱人和赠与人意愿的尊重,也是对其处分个人财产的自由的保护。需要说明的是:(1)遗嘱继承也称指定继承,遗嘱人可以通过遗嘱指定继承人和继承份额。当遗嘱人明确指定某继承人继承遗产,是否属于确定只归该继承人所有呢?我们认为应根据《民法典》第142条第2款来解释遗嘱,“不能完全拘泥于所使用的词句,而应当结合相关条款、行为的性质和目的、习惯以及诚信原则,确定行为人的真实意思”。因为遗嘱人打算将遗产留给夫妻中自己子女一方,也是人之常情,但在遗嘱中申明遗产只归继承人,与其配偶无关,这可能会引起家庭内部矛盾。(2)父母赠与子女财产是司法实践中最常见的,碍于情面,父母可能没有或不愿明明白白地说明受赠人是夫妻一方还是双方。为确定赠与人的意图,根据《婚姻家庭编解释(一)》第29条的规定,当事人结婚前,父母为双方购置房屋出资的,该出资应当认定为对自己子女个人的赠与,但父母明确表示赠与双方的除外。当事人结婚后,父母为双方购置房屋出资的,依照约定处理;没有约定或者约定不明确的,按照《民法典》第1062条规定的原则,认定为对夫妻双方的赠与。

第四,一方专用的生活用品,是指夫妻日常生活中所使用的个人专用物品,如个人使用的衣裤鞋袜、洗护用具、书籍文具等。一些价值不菲的财产虽然为一方专用,如机动车、珠宝饰品等,但不属于生活用品,不宜认定为使用方的个人财产。

第五,其他应当归一方的财产。结合《婚姻家庭编解释(一)》的规定,发放给军人的伤亡保险金、伤残补助金、医药生活补助费,是属于军人的个人财产。

◆夫妻个人债务与夫妻共同债务

《民法典》第1064条规定:“夫妻双方共同签名或者夫妻一方事后追认等共同意思表示所负的债务,以及夫妻一方在婚姻关系存续期间以个人名义为家庭日常生活需要所负的债务,属于夫妻共同债务。夫妻一方在婚姻关系存续期间以个人名义超出家庭日常生活需要所负的债务,不属于夫妻共同债务;但是,债权人能够证明该债务用于夫妻共同生活、共同生产经营或者基于夫妻双方共同意思表示的除外。”

《民法典》第1064条的规定,意义重大。在理解与把握时,应特别注意以下几点:

第一,夫妻双方共同签名举债的是夫妻共同债务,一方举债另一方事后追认作出了共同举债意思表示的也是共同债务,关键是夫妻有共同负债的意思表示,至于举债是否用于家庭共同生活、举债时间是否在婚姻关系存续期间等则在所不问。如夫妻双方共同向债权人举债,所借款项用于丈夫的母亲治疗疾病,虽然妻子对婆婆并没有法定的赡养义务,但夫妻共同举债即意味着夫妻双方愿意承担连带清偿责任。至于私下夫妻就其共同举债协商由某一方偿还的约定,不影响债权人对夫妻双方享有的共同债权。

第二,夫妻一方以个人名义在婚姻关系存续期内,为家庭日常生活所负债务,可认定为夫妻共同债务。(1)本条适用的前提是夫妻一方以个人名义所负的债务,不适用于以夫妻一方名义对外承担的保证责任,也不适用于因夫妻一方侵权行为所致的民事责任。(2)以夫妻一方名义所负债务是在婚姻关系存续期间发生的。(3)一方负债是为家庭日常生活所需。家庭日常生活所需一般是指夫妻以及他们未成年子女的日常共同生活所需,包括家庭成员日常生活费用,教育费用、医疗费用、一般的娱乐费用、交通通信费用、亲友馈赠往来费用等,通常判断是否属于家庭日常生活所需也会考虑每个家庭的具体情况。债权人在诉讼中并不需要证明上述负债的确用于了债务人的家庭共同生活,他只需要证明该笔负债并不超过家庭日常生活所需,且他善意相信债务人是为了家庭日常生活所需举债即可。

第三,夫妻一方在婚姻关系存续期间以个人名义超出家庭日常生活需要所负的债务,不属于夫妻共同债务。但债权人能够证明该债务用于夫妻共同生活、共同生产经营或者基于夫妻双方共同意思表示的,以一方名义所负债务也可认定为夫妻共同债务。(1)“夫妻共同生活”与“家庭日常共同生活”的差异在于“日常”二字,夫妻共同生活所需比日常生活所需范围更大,包括一方重大疾病的治疗,送子女去国外读书的高额学费,以及其他大额共同生活消费,例如夫妻一方以自己的名义举债,所得款项用于购置房屋,房屋归夫妻双方共同所有、共同使用等。这里的“用于夫妻共同生活”强调夫妻另一方从负债中获益,不论是增加了收入还是减少了支付。但如果夫妻另一方确未受益,如夫妻双方已经分居,一方个人负债用于个人奢侈消费甚至违法活动,不能认定一方个人负债用于了夫妻共同生活。(2)“共同生产经营”是追求盈利的商业活动,可能产生较大的资金需求。以一方名义所负债务,用于夫妻共同生产经营,夫妻应共享收益共担风险,债务应按夫妻共同债务处理。至于一方生产经营,另一方没有参与的情况,经营方的负债一般不能直接认定为夫妻共同债务。(3)“基于夫妻双方共同意思表示”是指债权人能证明负债是夫妻双方的共同意思,例如只有一方签字但是夫妻双方一起前往表示了共同负债的意思,或者另一方因在外地不能签字而通过电话、短信等表达了共同负债的意思等。

第四,结合《婚姻家庭编解释(一)》第33条、第34条的规定,夫妻共同债务的认定还要注意:(1)债权人就一方婚前所负个人债务向债务人的配偶主张权利的,人民法院不予支持。但债权人能够证明所负债务用于婚后家庭共同生活的除外。(2)夫妻一方与第三人串通虚构债务,夫妻一方在从事赌博、吸毒等违法犯罪活动中所负债务,第三人主张上述债务为夫妻共同债务的,人民法院不予支持。

2. 夫妻约定财产制

夫妻约定财产制是指,夫妻对夫妻在婚姻关系存续期间所得财产的归属、管理、使用、收益、处分以及家庭生活费用的负担和债务的清偿、婚姻终止时财产的清算等事项作出约定,排除法定财产制适用的制度。《民法典》第1065条是我国夫妻约定财产制的法律渊源:"男女双方可以约定婚姻关系存续期间所得的财产以及婚前财产归各自所有、共同所有或者部分各自所有、部分共同所有。约定应当采用书面形式。没有约定或者约定不明确的,适用本法第一千零六十二条、第一千零六十三条的规定。夫妻对婚姻关系存续期间所得的财产以及婚前财产的约定,对双方具有法律约束力。夫妻对婚姻关系存续期间所得的财产约定归各自所有,夫或者妻一方对外所负的债务,相对人知道该约定的,以夫或者妻一方的个人财产清偿。"

对《民法典》第1065条的理解,应注意如下几点:

第一,夫妻财产约定的条件和方式。夫妻财产约定是双方民事法律行为,须符合《民法典》第143条民事法律行为的有效要件方能发生法律效力:(1)约定的主体是具有完全民事行为能力的夫妻双方或者准备结婚的男女双方。(2)意思表示真实。男女双方应自愿作出财产约定,以欺诈、胁迫手段或乘人之危使对方违背真实意思作出的财产约定,受欺诈、胁迫或受损害方可请求撤销该约定。(3)约定不违反法律、行政法规的强制性规定,不违背公序良俗。例如,不得将其他家庭成员的财产或国家、集体及他人的财产列入约定财产的范围,不得免除养老育幼等法定义务等。(4)约定的形式为书面形式。

第二,夫妻财产约定的时间和内容。夫妻可以在结婚前、结婚时或婚姻关系存续期间进行约定,婚前约定的,婚姻关系成立时对夫妻双方发生效力。关于约定的内容,根据《民法典》第1065条,包括:(1)约定夫妻婚前财产或婚后所得财产的归属,可以约定婚前财产或婚后所得财产归各自所有、共同所有或部分各自所有、部分共同所有。(2)除财产归属外,夫妻也可以约定财产的使用、管理、收益、处分,约定家庭生活费用的负担,债务清偿责任,婚姻关系终止时财产的清算及分割等。(3)夫妻没有明确约定的财产制内容,或约定不明确的,适用法定财产制的规定。

第三,夫妻财产约定的效力,可分为对内效力与对外效力。对内效力指夫妻财产关系经双方约定成立后即对夫妻双方发生法律约束力,未经协商一致不得单方变更或解除约定。对外效力指对第三人的法律效力,夫妻财产约定对第三人发生效力的前提是第三人知道该约定。为保护交易安全及夫妻财产权益,依《民法典》第1065条第3款及《婚姻家庭编解释(一)》第37条的规定,夫妻对婚姻关系存续期间所得的财产约定归各自所有,并且相对人知道该约定的,夫妻一方对外所负的债务,以该方的个人财产清偿;相对人是否知道该约定,由夫或者妻负举证责任。

3. 夫妻共同财产的婚内分割

夫妻共有属于共同共有,对共同共有财产的处分应夫妻双方一致同意。夫妻在婚姻关系存续期间协商一致分割夫妻共同财产,按双方协议分割;夫妻一方请求分割共有财产,应符合《民法典》第303条的规定,共有人没有约定不得分割共有财产,共同共有人在共有的基础丧失或者有重大理由需要分割时可以请求分割。其中共有的基础丧失是指婚姻关系解除,而重大理由则规定在《民法典》第1066条:“婚姻关系存续期间,有下列情形之一的,夫妻一方可以向人民法院请求分割共同财产:(一)一方有隐藏、转移、变卖、毁损、挥霍夫妻共同财产或者伪造夫妻共同债务等严重损害夫妻共同财产利益的行为;(二)一方负有法定扶养义务的人患重大疾病需要医治,另一方不同意支付相关医疗费用。”

对此条规定,在理解和重用时,应注意如下三点:

第一,请求分割夫妻共同财产的重大理由之一是严重损害夫妻共同财产的行为,包括隐藏、转移、变卖、毁损、挥霍夫妻共同财产或者伪造夫妻共同债务等。其中,隐藏是指夫妻一方将财产故意藏匿起来不让对方发现,使其不知道财产的存在,或不知财产所在而脱离其控制;转移是指夫妻一方私自将财产移往别处或者将资金转往其他账户,脱离对方掌握;变卖是指夫妻一方私自将财产折价卖给他人;毁损是指夫妻一方故意采用破坏性手段使物品失去原貌,失去或者部分失去使用价值或交换价值;挥霍是指夫妻一方恶意超出合理范围任意处置、浪费夫妻共同财产;伪造夫妻共同债务则是指通过制造虚假债务意图让另一方承担清偿责任而侵占另一方财产。

第二,请求分割夫妻共同财产的重大理由之二是一方负有法定扶养义务的人患重大疾病需要医治,另一方不同意支付相关医疗费用。一方负有法定扶养义务通常是对自己的父母、与前配偶所生子女以及一定条件下对自己祖父母、外祖父母、兄弟姐妹负有扶养义务;对夫妻共同的子女,双方都平等地负有抚养的法定义务,不属于本条所指的情况。由于配偶一方对于患有重大疾病的人没有法定扶养义务,所以也没有使用共同财产承担医疗费用的义务,负有义务一方如果没有个人财产支付治疗费用,可以请求分割夫妻共同财产,再用分得的个人财产支付治疗费用。

第三,根据《婚姻家庭编解释(一)》第38条的规定,婚姻关系存续期间,除上述两种情形以外夫妻一方请求分割共同财产的,人民法院不予支持。也即一方要求分割夫妻共同财产的重大理由限于上述两项。

问题与思考

对夫妻同居义务是否为夫妻法定义务在司法实践中有不同观点。一种观点是夫妻同居义务不是法定义务,理由是立法没有明确规定,认定夫妻之间的同居义务于法无据。另一种观点则是,夫妻互负同居义务是婚姻关系的应有之义,因为夫妻之间存在同居义务,所以感情不和分居2年以上才会成为判定夫妻感情确已破裂的法定情形。我国1950年《婚姻法》第7条规定,“夫妻为共同生活的伴侣,在家庭中地位平等”,这被认为是夫妻同居义务的法律规定。但1980年《婚姻法》没有保留“夫妻为共同生活的伴侣”,《民法典》也没有明确规定夫妻有同居的义务。但是《民法典》第1079条却两次提到“分居”,均为判决离婚的法定理由,一是“因感情不和分居满二年”,二是“经人民法院判决不准离婚后,双方又分居满一年,一方再次提起离婚诉讼的,应当准予离婚”。我们认为,夫妻共同生活是婚姻关系的应有之义,也是夫妻之间相互帮助、相互关爱,以及行使权利履行义务的基础,但夫妻之间的同居不宜理解为法定义务。因为现行法律既未规定夫妻必须同居,亦未规定拒不同居的法律后果。《民法典》将因感情不和的分居作为判决离婚的法定情形,而离婚是不能被视为夫妻不履行同居义务的民事制裁的。

第二节　父母子女关系

一、父母子女关系概述

（一）概念

父母子女关系，也称亲子关系，亲是指父母，子是指子女，亲子关系即是指父母和子女之间的权利义务关系。父母子女关系是最近的直系血亲关系，也是家庭关系的核心组成部分。

父母子女之间的法律关系，主要有两方面的内容：（1）父母子女关系的确认和否认，即父母与子女之间建立和消灭亲子关系的方法或途径；（2）父母子女之间的抚养、监护、教育、保护、赡养、继承等权利义务关系。[2]

（二）种类

根据《民法典》第1071条、第1072条和第1111条的规定，父母子女关系可以分为自然血亲的亲子关系和法律拟制的亲子关系。除了上述分类外，人工生殖技术的运用带来了第三种亲子关系的分类——人工生育的亲子关系。

1. 自然血亲的亲子关系

自然血亲的亲子关系，是指基于出生的事实而产生的具有自然血缘联系的父母子女关系。

以子女是否在父母的婚姻关系期间受胎或出生，自然血亲的亲子关系可以分为婚生的父母子女关系和非婚生的父母子女关系。《民法典》第1071条第1款规定："非婚生子女享有与婚生子女同等的权利，任何组织或者个人不得加以危害和歧视。"自然血亲的亲子关系因出生而发生，因一方死亡而终止，不能人为地解除。

2. 拟制血亲的亲子关系

拟制血亲的亲子关系是因收养而在收养人和被收养人之间，或因继父母抚养教育了继子女而在继父母子女之间形成的父母子女关系。拟制血亲的父母子女关系因法律拟制而形成，除因一方死亡而终止外，还可人为地解除。考虑到篇幅，因收养形成的法律拟制亲子关系我们放在本编收养一章论述，这里只讲继父母子女之间形成拟制血亲关系的条件、效力以及消灭。

一是继父母子女形成拟制血亲的条件。《民法典》第1072条第2款规定："继父或者继母和受其抚养教育的继子女间的权利义务关系，适用本法关于父母子女关系的规定。"继父母子女本来是直系姻亲关系，在法律上没有实质的权利义务关系，从保护的角度，立法规定二者之间相互不得虐待或者歧视。但如果继父或者继母抚养教育了继子女，则将这种直系姻亲关系转化为法律拟制的亲子关系。根据法律规定及相关司法解释，继父母子女形成拟制血亲关系条件有二：（1）继父母子女之间存在直系姻亲关系，即继父与生母或继母与生父结婚，继父母和继子女之间就建立起直系姻亲关系。（2）继父母抚养教育了继子女。继父母对继子女的抚养教育可以是支付抚养费用，也可以是在生活学习上予以照顾教育和保护，一般而言，与继子女共同生活的继父母可以推定抚养教育了继子女。需要注意的是，只有继父母抚养教育了继子女才能形成法律拟制的亲子关系，继子女赡养扶助了继父母则并不会形成。只有两个条件同时具备，继父母子女之

---

〔2〕 有关儿童最大利益原则的形成、发展及对我国亲子关系法的影响，可以参见曹贤余：《儿童最大利益原则下的亲子法研究》，群众出版社2015年版。

间即形成法律上拟制的亲子关系。

二是形成拟制血亲关系的继父母子女间的法律效力。根据《民法典》第1072条的规定,形成拟制血亲关系的继父母子女间的权利义务关系适用《民法典》关于父母子女关系的规定。因此形成拟制血亲关系的继父母子女间具有如下权利义务:继父母对未成年继子女有抚养、监护、教育、保护的权利和义务,受继父母抚养教育成年的继子女对继父母有赡养、扶助和保护的义务,继父母子女之间有互享继承权。需要注意的是:继父母子女之间形成的这种拟制血亲关系,不及于继父母或继子女的其他近亲属,也不影响继子女与其生父母之间的权利义务关系。

三是继父母子女拟制血亲的消灭及法律后果。(1)根据《婚姻家庭编解释(一)》第54条的规定,生父与继母或生母与继父离婚时,对曾受其抚养教育的继子女,继父或继母不同意继续抚养的,仍应由生父母抚养。这是因为,继父母与继子女的生父母离婚,由于中介的婚姻关系因离婚而终止,继父母子女之间的姻亲关系终止,互相不再具有继父母和继子女的身份关系。如果继父母不同意继续抚养教育前继子女,则双方之间的关系不再适用父母子女关系。(2)根据1986年最高人民法院《关于继母与生父离婚后仍有权要求已与其形成扶养关系的继子女履行赡养义务的批复》,继父母与生父母离婚后,仍有权要求已与其形成抚养教育关系的成年继子女赡养。这是因为虽然原继父母子女之间的姻亲关系已经因继父母与生父母离婚而消灭,但原继父母子女之间已经形成的抚养关系不能消失,因此,有负担能力的继子女对曾经长期抚养教育过他们的年老体弱、生活困难的继父母应尽赡养扶助的义务。

3. 人工生育的亲子关系

人工生殖技术,通常包括人工受精、体外授精——胚胎移植等,改变了人类自然生育的单一模式。由于“生殖过程被分割为供卵、供精、受精、移植、妊娠、分娩及抚育等若干互不相属的阶段”,[3]分别由不同的人完成,子女可能存在遗传学意义上、生物学意义上以及社会学意义上实际抚养的父母。因此,人工生育的亲子关系需要特别的亲子关系确认规则。

一是现行法对人工辅助生殖技术的许可和限制。根据2001年卫生部《人类辅助生殖技术管理办法》的规定,现行法许可采用的人类辅助生殖技术包括人工授精和体外受精——胚胎移植技术及其各种衍生技术。根据精液来源不同,人工授精又可分为丈夫精液人工授精和供精人工授精。同时,该办法禁止以任何形式买卖配子、合子、胚胎;要求医疗机构和医务人员不得实施任何形式的代孕技术。

二是人工生育子女的亲子关系确认。(1)母亲身份的单一确认规则。人工生育子女的母亲确认仍然遵循分娩者为母的确认规则;即使因违法实施的代孕手术而代孕的女性,也应被认定为是其所生育子女的母亲。(2)协议(同意)原则。人工辅助生殖技术在我国仅提供给符合计划生育要求的夫妻,受术夫妇需要在充分了解手术的情况下签署知情同意书。《婚姻家庭编解释(一)》第40条规定:“婚姻关系存续期间,夫妻双方一致同意进行人工授精,所生子女应视为婚生子女,父母子女间的权利义务关系适用民法典的有关规定。”(3)捐精者、捐卵者与子女无亲子关系。根据相关规定,医务人员有义务告知供精者,对其供精出生的后代无任何的权利和义务。

---

[3] 杨芳:《人工生殖模式下亲子法的反思与重建——从英国修订〈人类受精与胚胎学法案〉谈起》,载《河北法学》2009年第10期。

二、父母子女关系的确认与否认

(一)母亲的确认

生育子女的女性是子女的母亲。[4] 从比较法的角度来看,很多国家和地区都在亲子关系法中确定生育子女是获得母亲身份的方式。《瑞士民法典》第 252 条第 1 款规定,“子女与母的亲子关系,因子女出生而发生”。[5] 《法国民法典》第 311 - 25 条规定子女出生证书上载明的生母是子女的母亲。我国澳门特别行政区民法规定,母亲与子女之亲子关系因出生之事实而产生。

我国《民法典》虽然没有明确母亲的确认方式,但生育子女的女性是子女的母亲在学理上和司法实践中均得到认可。

(二)父亲的确认

1. 父亲推定规则——母亲的丈夫是子女的父亲

父亲的婚生推定是确定父子女关系的传统方式,子女受胎或出生时母亲的丈夫被推定为子女的父亲。1956 年最高人民法院《关于徐秀梅所生的小孩应如何断定生父问题的复函》认可了婚生推定,“根据请示所提的情况,徐秀梅的丈夫向徐提出离婚,且不承认小孩是他生的。按这小孩是在双方婚姻关系继续存在中所生的,男方现主张非其所生,应提出证据证明。男方既提不出任何证据而法院亦无法另找证明方法,在这种情况下,法院只能认为男方的主张不能证明,在这认定下对小孩问题予以判决”。经婚生推定的子女即为《民法典》第 1071 条所称的婚生子女。

2. 父亲的诉讼确认

当父亲的身份不能通过婚生推定规则确认时,根据《民法典》第 1073 条,可以通过亲子关系确认之诉来确认父亲身份。

首先,有权提出确认之诉的:只能是子女的父亲或者是母亲,子女已经成年的,成年子女本人也有权起诉确认亲子关系。之所以限制权利人的范围,是考虑到亲子关系的确认将对父母子女双方以及其他近亲属的权利义务产生重要的影响。

其次,权利人提起亲子关系确认之诉,应当具有“正当理由”。权利人对亲子关系有异议,认为自己才是子女的父母,可以提起亲子关系确认之诉。但是考虑到“亲子关系对婚姻家庭关系影响巨大,更可能涉及未成年人合法权益的保护,如果任凭当事人的怀疑或者猜测就允许其提起亲子关系之诉,不利于夫妻关系和社会秩序的稳定,不利于构建和谐社会的总体要求”,[6] 所以《民法典》规定父或者母对亲子关系有异议时,还需举证证明其有“正当理由”,才能提起亲子关系之诉。我们认为,“正当理由”可以由人民法院根据案件具体情况来判断,但是应当符合保护未成年人合法权益的原则。例如,子女出生后遗弃子女,拒不履行抚养义务,后年老体弱生活困难需要有人赡养,又起诉要求确认与成年子女的亲子关系,应认为缺乏正当理由。

最后,确认之诉的举证与亲子身份推定。人民法院受理请求确认亲子关系的诉讼后,根据《婚姻家庭编解释(一)》第 39 条第 2 款的规定,“父或者母以及成年子女起诉请求确认亲子关系,并提供必要证据予以证明,另一方没有相反证据又拒绝做亲子鉴定的,人民法院可以认定确

---

[4] 大陆法系国家立法大多沿袭罗马法“分娩者即母亲”的恒定原则,依出生分娩事实,自动取得母亲身份。通常情况下,子女与生母的法律关系不易产生纷争,母亲身份都是基于子女出生的事实或者出生证上登记母亲的姓名自动取得。参见汪金兰、孟晓丽:《民法典中亲子关系确认制度的构建》,载《安徽大学学报(哲学社会科学版)》2020 年第 1 期。

[5] 《瑞士民法典》,戴永盛译,中国政法大学 2016 年版,第 86 页。

[6] 黄薇主编:《中华人民共和国民法典婚姻家庭编解读》,中国法制出版社 2020 年版,第 160 页。

认亲子关系一方的主张成立”。这里所指的“必要证据”指证据能够形成合理的证据链条证明当事人之间可能存在亲子关系。一般包括:(1)推定的情形:如与生母在法定受胎期间同居;(2)其他重大迹象:如出自所谓“生父”之手的信件或其他字据,能够确认父子关系的;所谓“父亲”以此身份对子女的生活教育与居住给予或参与负担费用等。亲子关系经法院判决确认之后,将在双方之间建立起父母子女的身份关系。

(三)亲子关系的否认

亲子关系的否认是指对已经确认的亲子关系提出异议并否认亲子关系的存在,主要是对父亲身份推定的否认。《民法典》第1073条第1款规定,“对亲子关系有异议且有正当理由的,父或者母可以向人民法院提起诉讼,请求确认或者否认亲子关系”。

首先,有权提出否认之诉的:只能是子女的父亲或者是母亲,成年子女不能起诉请求否认亲子关系。之所以限制否认权利人的范围,一是考虑到亲子关系的否认将对亲子身份以及其他近亲属关系产生重大影响,二是担心被父母抚养成年的子女,借亲子关系否认而拒绝承担赡养义务。

其次,权利人提起亲子关系否认之诉,应当具有“正当理由”。与亲子关系确认一样,否认亲子关系也需要具有正当理由,人民法院将据此判断亲子关系否认之诉的正当性、合理性,以维护家庭关系的稳定并保护未成年人的合法权益。例如,自称生父之第三人,起诉否认已被婚生推定并与父母共同生活的未成年子女的亲子关系,如果受理这样的亲子关系否认之诉,可能造成未成年人现有抚养环境的明显恶化,应认定缺乏正当理由。

最后,否认之诉的举证与身份否认推定。《婚姻家庭编解释(一)》第39条第1款规定,“父或者母向人民法院起诉请求否认亲子关系,并已提供必要证据予以证明,另一方没有相反证据又拒绝做亲子鉴定的,人民法院可以认定否认亲子关系一方的主张成立”。亲子关系经法院判决否认之后,将消灭双方的父母子女的身份关系,婚生子女被否认身份的,即为《民法典》第1071条所称的“非婚生子女”。

三、父母子女间的权利义务关系

根据我国《民法典》第1067条至第1072条的规定,父母子女的权利义务主要包括以下内容:

(一)父母是未成年子女第一顺序的法定监护人

《民法典》第27条规定,“父母是未成年子女的监护人”。父母监护人与其他监护人一样,应按照最有利于被监护人的原则履行监护人的职责,代理被监护人实施民事法律行为,保护被监护人的人身权利、财产权利以及其他合法权益等;除为维护被监护人利益外,不得处分被监护人的财产。父母在作出与未成年子女利益有关的决定时,应当根据子女的年龄和智力状况,尊重子女的真实意愿。父母监护人与其他监护人相比,享有一定特别权利,例如遗嘱指定监护人,《民法典》第29条规定,“被监护人的父母担任监护人的,可以通过遗嘱指定监护人”。

1. 父母亲自履行监护职责

2020年修订的《未成年人保护法》第16条、第17条对父母担任监护人时应当履行的职责和不当为的行为作出了规定。

父母应当履行的监护职责包括:(1)为未成年人提供生活、健康、安全等方面的保障;(2)关注未成年人的生理、心理状况和情感需求;(3)教育和引导未成年人遵纪守法、勤俭节约,养成良好的思想品德和行为习惯;(4)对未成年人进行安全教育,提高未成年人的自我保护意识和能力;(5)尊重未成年人受教育的权利,保障适龄未成年人依法接受并完成义务教育;(6)保障未成年人休息、娱乐和体育锻炼的时间,引导未成年人进行有益身心健康的活动;(7)妥善管理和保护未成年人的财产;(8)依法代理未成年人实施民事法律行为;(9)预防和制止未成年人的不良行为和违法犯罪行为,并进行合理管教;(10)其他应当履行的监护职责。

父母担任监护人时不得实施下列行为:(1)虐待、遗弃、非法送养未成年人或者对未成年人实施家庭暴力;(2)放任、教唆或者利用未成年人实施违法犯罪行为;(3)放任、唆使未成年人参与邪教、迷信活动或者接受恐怖主义、分裂主义、极端主义等侵害;(4)放任、唆使未成年人吸烟(含电子烟)、饮酒、赌博、流浪乞讨或者欺凌他人;(5)放任或者迫使应当接受义务教育的未成年人失学、辍学;(6)放任未成年人沉迷网络,接触危害或者可能影响其身心健康的图书、报刊、电影、广播电视节目、音像制品、电子出版物和网络信息等;(7)放任未成年人进入营业性娱乐场所、酒吧、互联网上网服务营业场所等不适宜未成年人活动的场所;(8)允许或者迫使未成年人从事国家规定以外的劳动;(9)允许、迫使未成年人结婚或者为未成年人订立婚约;(10)违法处分、侵吞未成年人的财产或者利用未成年人牟取不正当利益;(11)其他侵犯未成年人身心健康、财产权益或者不依法履行未成年人保护义务的行为。

2. 特殊情况下父母委托照护

"委托照护",是2020年修订的《未成年人保护法》所使用的新法律名词,是对过去委托监护的完善和发展。父母委托照护是指未成年子女的父母因外出务工等原因在一定期限内不能完全履行监护职责的,委托具有照护能力的完全民事行为能力人代为照护未成年子女。

其一,设立委托照护。父母以及其他监护人因正当理由(如外出务工)未与未成年人共同生活,在一定期限内无法完全履行监护职责,将照料和保护未成年子女的职责委托给符合条件且接受委托的照护人,照护人接受委托。监护人无正当理由的,不得委托他人代为照护。

其二,照护人职责。照护人接受委托后,应亲自代为履行受托的部分监护职责,照料未成年人的生活并保护其人身安全。

其三,照护人的资格。照护人应为完全民事行为能力人,具有照护未成年人的能力。父母在确定被委托人时,应当综合考虑其道德品质、家庭状况、身心健康状况与未成年人生活情感上的联系等情况,并听取有表达意愿能力未成年人的意见。具有下列情形之一的,不得作为被委托人:(1)曾实施性侵害、虐待、遗弃、拐卖、暴力伤害等违法犯罪行为;(2)有吸毒、酗酒、赌博等恶习;(3)曾拒不履行或者长期怠于履行监护、照护职责;(4)其他不适宜担任被委托人的情形。

其四,父母仍应履行监护职责。照护人只履行约定的照护职责,父母依然是未成年子女的监护人。为保障子女利益,父母应当及时将委托照护情况书面告知未成年人所在学校、幼儿园和实际居住地的居民委员会、村民委员会,加强和未成年人所在学校、幼儿园的沟通;与未成年人、被委托人至少每周联系和交流一次,了解未成年人的生活、学习、心理等情况,并给予未成年人亲情关爱。父母接到被委托人、居民委员会、村民委员会、学校、幼儿园等关于未成年人心理、行为异常的通知后,应当及时采取干预措施。

(二)父母对子女有抚养、教育、保护的权利和义务

《民法典》第26条第1款、第1067条第1款、第1068条规定了父母对子女负有抚养、教育和保护的权利和义务。父母对子女的抚养、教育和保护是父母天然的权利和职责,是亲子关系的重要内容。如同《德国基本法》所倡导的,父母应照料并教育子女,照料子女身体发育和健康的外部发展,教育子女以促进子女精神和心灵上的发展,培养其独立性、社会生活能力及经济的自立。

1. 抚养义务

抚养,是指父母对子女在经济上的供养和在生活中的照料。《民法典》第 1067 条第 1 款规定,“父母不履行抚养义务的,未成年子女或者不能独立生活的成年子女,有要求父母给付抚养费的权利”。

父母对未成年子女的抚养是无条件的,而对成年子女的抚养则是有条件的。父母对子女的抚养通常到子女成年即 18 周岁为止,但对于不能独立生活的成年子女,父母又有负担能力的,仍应给付必要的抚养费。所谓“不能独立生活的成年子女”,《婚姻家庭编解释(一)》第 41 条认为是“尚在校接受高中及其以下学历教育,或者丧失、部分丧失劳动能力等非因主观原因而无法维持正常生活的成年子女”。父母应支付的“抚养费”,“包括子女生活费、教育费、医疗费等费用”。

此外,父母的婚姻关系状态不影响父母对子女抚养义务的履行。《民法典》第 1084 条第 2 款规定,“离婚后,父母对于子女仍有抚养、教育、保护的权利和义务”。第 1071 条第 2 款规定,“不直接抚养非婚生子女的生父或者生母,应当负担未成年子女或者不能独立生活的成年子女的抚养费”。

父母不履行抚养义务的,子女有权请求父母双方支付抚养费。请求父母支付抚养费的权利,不适用诉讼时效的规定。对于只有一方父母不履行抚养义务的,未成年或者不能独立生活的成年子女也可以单独请求该方支付抚养费(《婚姻家庭编解释(一)》第 43 条)。父母拒不履行抚养义务,情节严重的,应追究其遗弃的刑事责任。

2. 教育的权利和义务

未成年人的健康成长和发展需要正确的引导和培养,这主要由家庭教育、学校教育和社会教育来实现。父母对子女的教育,不仅是父母对子女依法接受学校教育和社会教育的保护,也是父母对子女家庭教育的亲身实施,父母应该在日常共同生活中培养子女良好的品行,引导子女进行有益身心的活动,预防并制止子女的违法行为。《未成年人保护法》以及《义务教育法》要求:(1)父母应当学习家庭教育知识,接受家庭教育指导。(2)父母教育和引导未成年子女遵纪守法、勤俭节约,养成良好的思想品德和行为习惯。(3)父母应对未成年子女进行安全教育,提高未成年人的自我保护意识和能力。(4)父母应预防和制止未成年子女的不良行为和违法犯罪行为,并进行合理管教;不得放任、唆使未成年子女参与邪教、迷信活动或者接受恐怖主义、分裂主义、极端主义等侵害;不得放任、唆使未成年子女吸烟、饮酒、赌博、流浪乞讨或者欺凌他人;不得放任未成年人沉迷网络,接触危害或者可能影响其身心健康的图书、报刊、电影、广播电视节目、音像制品、电子出版物和网络信息等;不得放任未成年人进入营业性娱乐场所、酒吧、互联网上网服务营业场所等不适宜未成年人活动的场所等。(5)父母应当尊重未成年子女受教育的权利,必须让适龄的未成年子女按照规定接受义务教育,不得使在校接受义务教育的未成年子女辍学。

父母双方平等享有教育子女的权利,均应履行对子女的教育义务。父母教育子女既是权利也是义务,但是以履行义务为主,权利是父母履行义务的保障。父母不应在教育中缺位或放任不管,也不应采用暴力、侮辱等不当方式教育子女。父母应依法采取符合社会道德规范、适合子女发育程度的适当方法,对未成年子女加以教导,并对其行为进行必要的约束。未成年子女可能缺乏对事物的正确判断和处理能力,当子女出现不当、危险、违法的言行时,父母有责任批评、帮助,并给予正确的引导。对于未成年子女造成他人损害的,父母应当依法承担民事责任。《民法典》第 1188 条规定,被监护人造成他人损害的,由监护人承担侵权责任。监护人尽到监护职责的,可以减轻其侵权责任。

3. 保护的权利和义务

保护，是指父母应当保护未成年子女的人身财产安全。父母对子女的保护包括三方面的内容：(1)父母不得有危害子女的人身安全、侵害子女财产权益的行为。禁止对未成年子女实施家庭暴力，禁止虐待、遗弃未成年子女，不得歧视女性未成年子女或者有残疾的未成年子女。(2)父母应保护未成年子女远离危险的环境和事物，阻止来自其他人对未成年子女的侵害，确保未成年子女的安全和健康成长。(3)父母发现未成年子女身心健康受到侵害、疑似受到侵害或者其他合法权益受到侵犯的，应当及时了解情况并采取保护措施；情况严重的，应当立即向公安、民政、教育等部门报告。

《未成年人保护法》第 18 条还细化了日常生活中的人身安全保护，"未成年人的父母或者其他监护人应当为未成年人提供安全的家庭生活环境，及时排除引发触电、烫伤、跌落等伤害的安全隐患；采取配备儿童安全座椅、教育未成年人遵守交通规则等措施，防止未成年人受到交通事故的伤害；提高户外安全保护意识，避免未成年人发生溺水、动物伤害等事故"。

(三)成年子女对父母负有赡养、扶助和保护的义务

《民法典》第 26 条第 2 款规定，成年子女对父母负有赡养、扶助和保护的义务。《老年人权益保障法》第 14 条也规定，赡养人应当履行对老年人经济上供养、生活上照料和精神上慰藉的义务，照顾老年人的特殊需要。

1. 赡养义务

赡养，是指成年子女在经济上供养父母，为父母提供必要的生活费用和生活条件。《民法典》第 1067 条第 2 款规定，"成年子女不履行赡养义务的，缺乏劳动能力或者生活困难的父母，有要求成年子女给付赡养费的权利"。根据《民法典》及《老年人权益保障法》的相关规定，对父母赡养义务的理解要注意如下几点：(1)负有赡养义务的是有负担能力的成年子女，未成年的以及没有独立生活能力的成年子女不负有此项义务。(2)需要赡养的父母是缺乏劳动能力或者生活困难的父母，只要缺乏劳动能力和生活困难满足一项，就属于需要赡养的父母。(3)父母要求成年子女给付赡养费的权利不适用诉讼时效的规定。(4)子女对父母的赡养义务是法定义务，不得以放弃继承权或者其他原因为由，拒绝履行赡养义务。(5)无论父母离婚还是再婚，子女的赡养义务都不因父母婚姻关系的变化而终止。(6)多个子女为了更好地履行赡养义务，经父母同意，可以就履行赡养义务签订协议。赡养协议的内容不得违反法律的规定和老年人的意愿。

2. 扶助义务

扶助，是指子女在日常生活中照料帮助父母，精神上关心慰藉父母。子女应当使患病的父母得到及时治疗和护理；对生活不能自理的父母，子女应当亲自照料，或者按照老年人的意愿委托他人或者养老机构等照料；子女应当关心父母的精神需求，不得忽视、冷落父母；与父母分开居住的子女应当经常看望或者问候父母；等等。

3. 保护义务

保护，是指子女对父母人身、财产安全的保护。一方面，子女不得有危害父母的人身安全、财产权益的行为。禁止对父母实施家庭暴力，禁止虐待、遗弃父母；子女不得强迫父母居住或者迁居条件低劣的房屋，父母的住房子女不得侵占；子女不得要求父母承担力不能及的劳动；子女不得窃取、骗取、强行索取父母的财产或父母承包农地的收益；等等。另一方面，子女应保护父母，阻止其他人对父母的侵害行为，如欺骗老年人钱财的行为。

(四)子女应当尊重父母的婚姻权利

《老年人权益保障法》第21条规定,"老年人的婚姻自由受法律保护。子女或者其他亲属不得干涉老年人离婚、再婚及婚后的生活。赡养人的赡养义务不因老年人的婚姻关系变化而消除"。《民法典》第1069条也规定:"子女应当尊重父母的婚姻权利,不得干涉父母离婚、再婚以及婚后的生活。子女对父母的赡养义务,不因父母的婚姻关系变化而终止。"

(五)父母和子女有相互继承遗产的权利

《民法典》第1070条规定:"父母和子女有相互继承遗产的权利。"继承权基于父母子女双方的特定身份而产生。依据《民法典》继承编,父母和子女互为第一顺序的法定继承人。父母,包括生父母、养父母和有扶养关系的继父母;子女,包括婚生子女、非婚生子女、养子女和有扶养关系的继子女。有关父母子女之间继承权的具体内容,参见本书继承编有关章节。

问题与思考

继母与生父结婚后与当时5岁的继子共同生活,尽到了对继子抚养教育的义务。结婚5年后,生父意外身故,肇事方支付死亡赔偿金等共计105万元。继子的生母向人民法院提出变更抚养关系的请求,要求将子女领回抚养。理由有二:一是自己为亲生母亲,有权利也有义务抚养自己的子女;二是继母虽然曾抚养教育继子,但孩子生父已故,继母与生父的婚姻关系也随之消亡,没有继续抚养继子的权利和义务。继母不同意变更抚养关系,理由亦有二:一是自己已经与继子形成抚养教育关系,也是继子的法律上的母亲,当然有抚养继子的权利和义务;二是继子现在就在家附近读书,生活学习环境稳定,生母在外打工,居无定所,孩子跟随生母生活不利于子女成长。法院询问继子的意愿,表示愿意随继母生活。

本案中,核心问题有二。第一,生父去世后,继母是否有继续抚养教育继子的权利和义务?答案是肯定的,继母与继子间的直系姻亲关系并不会因为中介的婚姻关系有一方死亡而消灭,生父死亡后继母与继子依然具有继父母子女关系,继母抚养教育继子多年,并愿意继续抚养教育,应予准许。第二,继母和生母都有抚养教育该子女权利的前提下,是否应变更现有的抚养关系?答案是应该按照最有利于未成年子女的原则判决。本案中,继子熟悉现在学习生活的环境,继母愿意继续照料抚养,已满8周岁的继子亦自愿随继母生活,没有变更子女抚养关系的必要性。故,应驳回生母的诉讼请求。

第三节　其他近亲属关系

《民法典》第1045条规定的近亲属,除了配偶、父母、子女之外,还有祖父母、外祖父母、孙子女、外孙子女,以及兄弟姐妹。相比配偶关系和亲子关系,祖孙关系和兄弟姐妹关系法律上的权利义务关系较少,主要是一定条件下的相互扶养和继承关系。

一、祖父母、外祖父母与孙子女、外孙子女关系

祖孙关系包括祖父母与孙子女间权利义务关系和外祖父母与外孙子女间权利义务关系。法律上具有权利义务关系的祖孙关系包括自然血亲的祖孙关系和因收养而形成的拟制血亲的祖孙

关系。需要说明的是,养祖孙是指被收养人与收养人的父母所形成的亲属关系,而不是以祖孙相称的养父母子女关系。另外,受继父母扶养教育的继子女,与继父母所形成的亲子身份关系,效力不及于继父母的近亲属。

(一)祖孙之间的扶养义务

《民法典》第1074条规定:“有负担能力的祖父母、外祖父母,对于父母已经死亡或者父母无力抚养的未成年孙子女、外孙子女,有抚养的义务。有负担能力的孙子女、外孙子女,对于子女已经死亡或者子女无力赡养的祖父母、外祖父母,有赡养的义务。”

1. 祖父母、外祖父母抚养孙子女、外孙子女的条件

祖父母、外祖父母对孙子女、外孙子女承担抚养义务的条件包括:

第一,孙子女、外孙子女须未成年。孙子女、外孙子女未满18周岁,无独立生活能力,需要抚养。对于已经成年的孙子女、外孙子女,无论其是否具有独立生活能力,其祖父母、外祖父母均无法定抚养义务。

第二,孙子女、外孙子女的父母已经死亡或者无力抚养。父母已经死亡或者无力抚养,包括父母双亡,父母均无抚养能力,以及一方死亡而另一方无抚养能力这三种情况。“死亡”包括生理死亡和宣告死亡。

第三,祖父母、外祖父母有负担能力。祖父母、外祖父母在确保自身生活条件的同时,尚有余力负担孙子女、外孙子女的抚养费用。

以上三个条件必须同时具备,祖父母、外祖父母对孙子女、外孙子女才负有法律上的抚养义务。

2. 孙子女、外孙子女赡养祖父母、外祖父母的条件

根据我国《民法典》的规定,孙子女、外孙子女对祖父母、外祖父母承担赡养义务的条件包括:

第一,孙子女、外孙子女已成年且具有负担能力。孙子女、外孙子女已经年满18周岁,能够独立生活,且还具有负担祖父母、外祖父母赡养费用的能力。

第二,祖父母、外祖父母的子女已经死亡或者无力赡养。子女已经死亡或者无力抚养,包括祖父母、外祖父母的全部子女均已死亡,或者均无赡养能力,以及部分子女死亡而其他子女均无赡养能力这三种情况。“死亡”包括生理死亡和宣告死亡。

第三,祖父母、外祖父母需要赡养。参照《民法典》第1067条的规定,祖父母、外祖父母如缺乏劳动能力或者生活困难,即可视为需要赡养。

以上三个条件必须同时具备才产生孙子女、外孙子女对祖父母、外祖父母的赡养义务。

(二)祖孙之间的继承关系

根据《民法典》第1127条的规定,祖父母、外祖父母是孙子女、外孙子女第二顺序的法定继承人。孙子女、外孙子女没有第一顺序法定继承人时,祖父母、外祖父母可以继承孙子女、外孙子女的遗产。但是,孙子女、外孙子女不是祖父母、外祖父母第二顺序的继承人,而是代位继承人。《民法典》第1128条规定,当孙子女、外孙子女的父母先于祖父母、外祖父母死亡时,该孙子女、外孙子女可以代其父母之位,继承其祖父母、外祖父母的遗产,取得被代位父亲或者母亲有权继承的遗产份额。

二、兄弟姐妹关系

兄弟姐妹关系包括全血缘的兄弟姐妹关系,也包括半血缘的兄弟姐妹关系。法律上具有权利义务的兄弟姐妹关系包括自然血亲的兄弟姐妹关系和因收养而形成的拟制血亲的兄弟姐妹关系。需要说明的是,养兄弟姐妹是指被收养人与收养人的其他生子女或养子女之间的亲属关系。此外,受继父母扶养教育的继子女,与继父母的其他子女之间并不形成法律上拟制的兄弟姐妹关系,而是旁系姻亲关系。

(一)兄弟姐妹之间的扶养关系

《民法典》第1075条规定:"有负担能力的兄、姐,对于父母已经死亡或者父母无力抚养的未成年弟、妹,有扶养的义务。由兄、姐扶养长大的有负担能力的弟、妹,对于缺乏劳动能力又缺乏生活来源的兄、姐,有扶养的义务。"

1. 兄、姐对弟、妹承担扶养义务的条件

根据《民法典》的规定,兄、姐对弟、妹承担扶养义务的条件包括:

第一,弟、妹尚未成年,即不满18周岁,无独立生活能力。如果弟、妹已经成年,即使仍无独立生活能力,兄、姐也无扶养义务。

第二,父母双亡,或者父母均无抚养子女的能力,或者一方死亡而另一方无抚养子女的能力。

第三,兄、姐有负担能力,即兄、姐在保障自己生活的基础上可负担弟、妹的扶养费用。

上述三个条件必须同时具备才产生兄、姐对弟、妹的扶养义务。

2. 弟、妹对兄、姐负担扶养义务的条件

根据《民法典》的规定,弟、妹对兄、姐承担扶养义务的条件包括:

第一,弟、妹由兄、姐扶养长大。兄、姐曾扶养未成年弟、妹,照料其生活至其成年。

第二,兄、姐缺乏劳动能力又缺乏生活来源。兄、姐处于既缺乏劳动能力,又缺乏生活来源的困顿状态。如兄、姐虽然缺乏劳动能力但能够凭借个人财产生活,或者虽缺乏生活来源但具备劳动能力,均无权请求扶养。所谓"缺乏生活来源",包括没有父母、配偶、子女等第一顺序的扶养义务人,或第一顺序的扶养义务人没有扶养能力。

第三,弟、妹具有负担能力。弟、妹在能够保障自己生活的基础上,可负担兄、姐的扶养费用。

以上三个条件也必须同时具备才产生弟、妹对兄、姐的扶养义务。

(二)兄弟姐妹间的继承权

根据《民法典》第1127条的规定,兄弟姐妹互为第二顺序的法定继承人,即在法定继承中,被继承人没有第一顺序法定继承人或其第一顺序法定继承人均放弃继承或丧失继承权的情况下,被继承人的兄弟姐妹得继承其遗产。另外,根据《民法典》第1131条的规定,被继承人的兄弟姐妹对其扶养较多或者该被继承人的兄弟姐妹一直依靠被继承人扶养,即使被继承人有第一顺序法定继承人,也可酌情分给兄弟姐妹适当遗产。

问题与思考

继兄弟姐妹是指继子女与继父母的生子女或养子女之间的关系,属于同辈旁系姻亲关系,相互之间没有法律上扶养的义务,也不属于《民法典》第1045条所指的近亲属,即使共同生活也不是家庭成员。但是,根据《民法典》第1127条的规定,继兄弟姐妹之间如果有事实上相互的扶养关系,可以互为第二顺序的法定继承人。这与丧偶儿媳、女婿对公婆、岳父母尽了主要赡养义务而取得第一顺序法定继承人资格一样,在姻亲关系的基础上,加上事实上的扶养关系,可以取得继承的权利。但是,继兄弟姐妹并不因相互扶养而形成法律拟制的血亲关系,也即,并不适用《民法典》总则编、婚姻家庭编的相关制度。

拓展阅读推荐

1. 林秀雄:《夫妻财产制之研究》,中国政法大学出版社 2001 年版。
2. 张华贵主编:《夫妻财产关系法研究》,群众出版社 2017 年版。
3. 曹贤余:《儿童最大利益原则下的亲子法研究》,群众出版社 2015 年版。
4. 王丽萍:《亲子法研究》,法律出版社 2004 年版。
5. 史尚宽:《亲属法论》,中国政法大学出版社 2000 年版。
6. 张伟主编:《婚姻家庭继承法学》,法律出版社 2021 年版。

第三十章　离　婚

学习要点

- 行政登记离婚的条件和程序
- 判决离婚的原则和法定条件
- 离婚后未成年子女的抚养
- 离婚救济制度

第一节　离婚制度概述

一、离婚的概念和种类

（一）概念

离婚是婚姻关系终止的原因之一，是指夫妻双方在生存期间依照法定的条件和程序解除婚姻关系的法律行为。离婚具有如下特征：

第一，离婚是解除配偶关系的身份法律行为。作为民事法律行为，当事人离婚必须按法律规定的程序办理，得到国家法律认可后，才能发生法律效力。当事人之间未经法定程序的协商解除或一方当事人自行宣告解除，都不发生离婚的法律后果。

第二，离婚的主体是具有婚姻关系的男女双方，没有合法的夫妻身份便不符合离婚的主体条件。《婚姻家庭编解释（一）》第7条规定，未依法办理结婚登记而以夫妻名义共同生活的男女，起诉到人民法院要求离婚的，如果是1994年2月1日以后男女双方才符合结婚实质要件的，人民法院应当告知其在案件受理前补办结婚登记；未补办结婚登记的，人民法院不予受理其诉讼请求；已经受理的，裁定驳回起诉。

第三，离婚应在夫妻双方生存期间进行。如果一方或双方死亡，婚姻关系当然终止，不需离婚来解除。根据《民事诉讼法》的规定，即使是在离婚诉讼的过程中一方当事人死亡，离婚诉讼也会终止。

第四，离婚不仅解除当事人的婚姻关系，而且解除因此而生之姻亲关系。

（二）离婚的种类

依当事人对离婚的态度，可分为双方自愿的离婚和一方要求的离婚；依离婚的程序，可分为行政登记离婚和诉讼离婚；依解除婚姻关系的方式，可分为协议离婚和判决离婚。双方自愿的离婚可以通过行政登记离婚，也可以通过诉讼离婚解决，因为当事人可能对离婚是双方自愿的，但是对财产处理、子女抚养尚未达成一致，最终通过诉讼程序解决。行政登记的离婚都是双方自愿的离婚，也都是协议离婚，但协议离婚也可能发生在诉讼离婚中，当事人在诉讼中达成一致意见而调解离婚。

本教材将按照行政登记离婚和诉讼离婚的分类分别讲解离婚的条件和程序。

二、离婚自由及其限制

离婚不仅是夫妻当事人双方配偶身份和财产关系的全面解除，而且还影响父母对未成年子女的监护、抚养、教育以及保护义务的实际履行，可能还会涉及夫妻的债权人等第三人的合法权益保护。因此，无论是婚姻关系当事人对待自己的婚姻问题，还是婚姻登记机关办理离婚登记、人民法院处理离婚案件，都应既坚持保障离婚自由，又防止轻率离婚。

（一）保障离婚自由

离婚自由是指夫妻双方或一方，于夫妻感情破裂，无法继续共同生活时，有权依法提出解除夫妻关系的请求。

我国实行婚姻自由的法律制度，婚姻自由既包括结婚自由，也包括离婚自由。离婚自由是婚姻自由的重要组成部分，它与结婚自由共同构成婚姻自由的完整内容。如果法律只规定当事人的结婚自由，而不规定离婚自由，婚姻自由就是片面的、不完全的。保障离婚自由，不仅是为保护当事人的合法权益，也是构建和谐家庭与和谐社会的需要。因为离婚是解决夫妻间矛盾的一种手段，是对客观上夫妻共同生活破裂、夫妻感情破裂的承认和处理。婚姻是夫妻共同生活的伦理实体，包括夫妻间的情感、经济和亲密关系等内容，如果夫妻没有处理好相互关系而导致无法共同生活，婚姻可能已经名存实亡。依法解除这种死亡的婚姻，让当事人双方从不幸婚姻带来的痛苦中解脱，也是保障离婚自由的目的所在。因此应从积极方面认识《民法典》婚姻家庭编对离婚问题的规定。

保障离婚自由，在符合法律规定的条件下，婚姻登记机关和人民法院尊重当事人选择的法定离婚方式，对双方自愿离婚并对子女、财产等问题达成一致协议的，应当充分尊重双方当事人的意愿，准予离婚，颁发离婚证或制作离婚调解书，解除夫妻关系；对一方要求离婚并向人民法院起诉的，人民法院应依法受理。如果经调解无效，符合判决离婚的法定原则和条件，应准予离婚，并对离婚后子女抚养、财产债务问题一并处理。

（二）对离婚自由的限制——防止轻率离婚

轻率离婚是指婚姻关系并未完全破裂，当事人随意提出离婚请求。离婚自由并不意味着轻率对待自己的婚姻问题，离婚是解除婚姻关系的严肃的法律行为，正如马克思指出的，“婚姻不能听从已婚者的任性，相反地，已婚者的任性应该服从婚姻的本质”。[1] 离婚自由是一种有限制、有条件的自由，只有当“某一婚姻已经死亡，它的存在仅仅是一种外表和骗局”时，且只有在符合法律规定的前提下，才允许使用离婚这一法律手段。现实生活中有些人曲解离婚自由，将离婚自由视为随心所欲的权利，不仅给自己带来不幸，而且可能损害他人的合法利益。因此，个人在对待离婚，婚姻登记机关和人民法院在处理离婚问题时，应坚持防止轻率离婚，严肃执法，以维护社会主义婚姻制度。

《民法典》编纂的过程中，考虑到行政登记离婚的数量近二十年来快速增长，离婚当事人婚龄短，冲动型的轻率离婚数量增加，加上行政登记离婚手续过于简便，为了防止轻率离婚，《民法典》特别增设离婚冷静期制度。要求离婚的当事人在共同递交离婚申请后等待30日后再行办理

---

〔1〕《马克思恩格斯全集》（第21卷），中共中央马克思恩格斯列宁斯大林著作编译局译，人民出版社1965年版，第96页。

离婚登记手续,能在一定程度上防止冲动型的轻率离婚。

问题与思考

离婚是解除婚姻关系的重要身份行为,应当由婚姻当事人亲自决定并提出请求。但若夫妻一方丧失了行为能力,其父母能否代为提起离婚诉讼?司法实践中,夫妻一方因病或因伤导致丧失行为能力,另一方离家出走或对无行为能力配偶的生活和治疗漠不关心,丧失行为能力一方父母为获取监护权而到法院代其子女起诉要求离婚。这产生两个问题:其一,在夫妻未离婚的情况下,父母能否代为提出离婚之诉?其二,离婚诉讼中,无民事行为能力人可以作为被告应诉,但能否作为原告提起离婚之诉呢?《婚姻家庭编解释(一)》第62条明确回答了上述疑问:"无民事行为能力人的配偶有民法典第三十六条第一款规定行为,其他有监护资格的人可以要求撤销其监护资格,并依法指定新的监护人;变更后的监护人代理无民事行为能力一方提起离婚诉讼的,人民法院应予受理。"《民法典》第36条第1款规定的行为包括,"(一)实施严重损害被监护人身心健康的行为;(二)怠于履行监护职责,或者无法履行监护职责且拒绝将监护职责部分或者全部委托给他人,导致被监护人处于危困状态;(三)实施严重侵害被监护人合法权益的其他行为"。也就是说,当无民事行为能力人的配偶有严重侵害其人身或财产权益的行为时,无民事行为能力人的父母有权请求变更监护关系,不需要通过解除子女与其配偶的关系来获得监护人身份。无民事行为能力人的监护人在被监护人的配偶侵害其权益时有权提出离婚的请求。

第二节　行政登记离婚

一、行政登记离婚的概念和条件

(一)行政登记离婚的概念

行政登记离婚又被称为登记离婚,是指夫妻双方自愿解除婚姻关系,并对子女抚养、财产处理等问题达成一致意见后,由婚姻登记机关确认符合法律规定,发给离婚证即解除婚姻关系的离婚方式。

行政登记离婚是离婚自由原则在离婚程序上的具体体现,反映了法律尊重当事人婚姻自主的现代法治精神。登记离婚以当事人完全自愿离婚并达成协议为前提,有助于夫妻和平分手、防止矛盾激化,是一种先进的便捷的离婚制度。

(二)行政登记离婚的条件

根据《民法典》第1076条规定:"夫妻双方自愿离婚的,应当签订书面离婚协议,并亲自到婚姻登记机关申请离婚登记。离婚协议应当载明双方自愿离婚的意思表示和对子女抚养、财产以及债务处理等事项协商一致的意见。"我国行政登记离婚应符合以下条件:

第一,双方当事人具有完全民事行为能力。当事人具有完全民事行为能力是夫妻达成有效离婚协议的要求。依据《婚姻登记条例》第12条第2项之规定,办理离婚登记的一方或者双方当事人属于无民事行为能力人或限制民事行为能力人的,婚姻登记机关不予受理。对于夫妻一方为无民事行为能力人或限制民事行为能力人的离婚,应依诉讼程序,并由其法定代理人代理诉讼。

第二,双方当事人的结婚登记是在我国内地的婚姻登记机关办理的。双方的结婚证是办理离婚登记的重要证明文件。

第三,双方当事人自愿离婚并形成离婚协议书。即双方对离婚的意愿必须是自愿、真实、一致的。离婚协议书应当载明双方当事人自愿离婚的意思表示,以及对子女抚养、财产及债务处理等事项协商一致的意见。

第四,双方当事人应亲自到婚姻登记机关办理离婚登记。当事人亲自到场,婚姻登记员才能确定双方当事人是否属于自愿离婚。

二、行政登记离婚的程序

根据《民政部关于贯彻落实〈中华人民共和国民法典〉中有关婚姻登记规定的通知》,行政登记离婚程序分为:申请——受理——冷静期——审查——登记(发证)。

(一)申请

夫妻双方自愿离婚的,应当签订书面离婚协议,共同到有管辖权的婚姻登记机关提出申请,并提供以下证件和证明材料:(1)内地婚姻登记机关或者中国驻外使(领)馆颁发的结婚证;(2)符合《婚姻登记工作规范》第29条至第35条规定的有效身份证件;(3)在婚姻登记机关现场填写的《离婚登记申请书》。

(二)受理

婚姻登记员按照《婚姻登记工作规范》有关规定对当事人提交的上述材料进行初审。申请办理离婚登记的当事人有一本结婚证丢失的,当事人应当书面声明遗失,婚姻登记员可以根据另一本结婚证受理离婚登记申请;申请办理离婚登记的当事人两本结婚证都丢失的,当事人应当书面声明结婚证遗失并提供加盖查档专用章的结婚登记档案复印件,婚姻登记员可根据当事人提供的上述材料受理离婚登记申请。婚姻登记员对当事人提交的证件和证明材料初审无误后,发给《离婚登记申请受理回执单》;不符合离婚登记申请条件的,不予受理。当事人要求出具《不予受理离婚登记申请告知书》的,应当出具。

(三)冷静期

《民法典》第1077条规定了一定期限内离婚登记申请可被撤回。一定期限是指自婚姻登记机关收到离婚登记申请并向当事人发放《离婚登记申请受理回执单》之日起30日,俗称"离婚冷静期"。撤回人可以是夫妻中的任何一方,只要在期限内改变主意不愿意离婚了,就可以向婚姻登记机关撤回离婚登记申请。申请撤回的方式有两种:一是在"冷静期"内亲自去撤回。夫妻中任何一方不愿意离婚的,可以持本人有效身份证件和《离婚登记申请受理回执单》,向受理离婚登记申请的婚姻登记机关撤回离婚登记申请,并亲自填写《撤回离婚登记申请书》,经婚姻登记机关核实无误后,发给《撤回离婚登记申请确认单》。二是"冷静期"后的30日内双方未亲自去婚姻登记机关申请离婚,视为撤回离婚申请。

(四)审查

"离婚冷静期"届满后30日内(期间届满的最后一日是节假日的,以节假日后的第一日为期限届满的日期),双方应持相关证件和材料亲自到婚姻登记机关申请发给离婚证。婚姻登记机关按照《婚姻登记工作规范》相关规定的程序和条件执行和审查。婚姻登记机关对不符合离婚登记条件的,不予办理。当事人要求出具《不予办理离婚登记告知书》的,应当出具。

婚姻登记员应当严格审查当事人是否符合协议离婚的法定条件,当事人携带的证明材料、证件是否齐全、真实,以及登记机关是否具有管辖权。婚姻登记员受理离婚登记申请,应当按照下列程序进行:(1)分开询问当事人的离婚意愿,以及对离婚协议内容的意愿,并进行笔录,笔录当事人阅后签名。(2)查验相关证件和材料。申请办理离婚登记的当事人有一本结婚证丢失的,当事人应当书面声明遗失,婚姻登记机关可以根据另一本结婚证办理离婚登记;申请办理离婚登记的当事人两本结婚证都丢失的,当事人应当书面声明结婚证遗失并提供加盖查档专用章的结婚登记档案复印件,婚姻登记机关可根据当事人提供的上述材料办理离婚登记。(3)双方自愿离婚且对子女抚养、财产及债务处理等事项协商一致的,双方填写《申请离婚登记声明书》并在婚姻登记员面前完成签字并捺指纹。(4)夫妻双方应当在离婚协议上现场签名,婚姻登记员在离婚协议书上加盖"此件与存档件一致,涂改无效"的印章。协议书夫妻双方各一份,婚姻登记处存档一份。

(五)登记(发证)

婚姻登记员对当事人提交的证件、《申请离婚登记声明书》、离婚协议书进行审查,符合离婚条件的,填写《离婚登记审查处理表》和离婚证,并在当事人的结婚证上加盖印章,注明"双方离婚,证件失效"。离婚证应当在当事人双方均在场时,核对相关情况后颁发。完成离婚登记,婚姻关系即解除。

问题与思考

夫妻办理离婚登记时为达到某种目的而约定"假离婚",但一方当事人事后不愿意复婚,反而另行结婚。另一方当事人以"假离婚"为由,声称自己没有离婚的真实意思,是受人欺骗,向人民法院起诉要求撤销离婚登记。关于"假离婚"能否撤销离婚登记的问题,最高人民法院有明确处理意见。最高人民法院在1985年《关于男女登记离婚后一方翻悔,向人民法院提起诉讼,人民法院是否应当受理的批复》(已废止)中明确:"男女双方自愿离婚,并对子女和财产问题已有适当处理,在婚姻登记机关办理了离婚登记,领取了离婚证的,其婚姻关系即正式解除。一方对这种已经发生法律效力的离婚,及对子女和财产问题的处理翻悔,在原婚姻登记机关未撤销离婚登记的情况下,向人民法院提起诉讼的,人民法院不应受理……告知当事人向原婚姻登记机关申请解决。"不过,该处理意见是1985年作出的,那时我国尚无《行政诉讼法》。从1990年我国开始实施第一部《行政诉讼法》,请求撤销离婚登记这样的具体行政行为人民法院是可以受理的,但是否撤销,要看是否符合法律的规定。依据现行法,当事人双方共同向婚姻登记机关作出自愿离婚的虚假意思表示,婚姻登记机关没有违反法定程序、超越滥用职权等《行政诉讼法》第70条所规定的行为的,离婚登记不予撤销。

第三节　诉讼离婚

诉讼离婚又称裁判离婚,是指婚姻当事人一方基于一定理由,向法院提起离婚之诉,经法院审理判决离婚的制度。在我国,一方要求离婚或双方对子女抚养及财产分割有争议的离婚,应经人民法院诉讼审理后判决。

一、准予离婚的法定条件

《民法典》第1079条第1款规定:“夫妻一方要求离婚的,可以由有关组织进行调解或者直接向人民法院提起离婚诉讼。”所谓有关组织调解,是指诉讼外的调解,调解的有关组织可以是当事人双方所在单位,或者是村(居)民委员会,或者是人民调解委员会,以及乡、镇司法服务所等。诉讼外的调解不是离婚诉讼的必经程序。要求离婚的当事人可以要求或接受有关组织的调解,也可以拒绝有关组织调解,直接向人民法院起诉离婚。

(一)诉讼离婚的程序

1. 起诉和受理

根据《民事诉讼法》第119条、第124条的规定,提出离婚诉讼的只能是夫妻中的一方;被告是与原告存在夫妻关系的对方当事人;提出解除婚姻关系的诉讼请求,并说明事实及理由;还需要受诉人民法院有管辖权。如果人民法院已经判决不准离婚和调解和好的离婚案件,如没有新情况、新理由,原告在6个月之内又起诉的,人民法院不予受理。

离婚案件一般应由被告住所地人民法院管辖,被告住所地与经常居住地不一致的,由经常居住地人民法院管辖。离婚案件的被告属于:不在我国领域内居住的人、下落不明或者宣告失踪的人、被采取强制性教育措施的人、被监禁的人等情形的,由原告住所地法院管辖。根据相关司法解释:双方当事人都被监禁或者被采取强制性教育措施的,由被告原住所地人民法院管辖。被告被监禁或者被采取强制性教育措施1年以上的,由被告被监禁地或者被采取强制性教育措施地人民法院管辖。双方当事人均为军人的民事案件由军事法院管辖。夫妻一方离开住所地超过1年,另一方起诉离婚的案件,可以由原告住所地人民法院管辖。夫妻双方离开住所地超过1年,一方起诉离婚的案件,由被告经常居住地人民法院管辖;没有经常居住地的,由原告起诉时被告居住地的人民法院管辖。

2. 诉讼中的调解

诉讼中的调解,又称司法调解,是指由人民法院主持调解,双方当事人自愿达成协议,解决纠纷的程序。《民法典》第1079条第2款规定,“人民法院审理离婚案件,应当进行调解”。根据《民事诉讼法解释》第145条的规定:“人民法院审理民事案件,应当根据自愿、合法的原则进行调解。当事人一方或者双方坚持不愿调解的,应当及时裁判。人民法院审理离婚案件,应当进行调解,但不应久调不决。”

经过调解,可能有三种结果:(1)双方和好,原告撤诉,由人民法院将调解协议记录在卷。(2)双方都同意离婚,并对离婚后果达成协议,由人民法院制作离婚调解书,双方签收离婚调解书后,调解书生效,双方的婚姻关系解除。(3)调解无效,或者调解书签收前一方反悔的,继续诉讼,进入判决阶段。

3. 判决

根据案件的具体情况,人民法院对离婚案件的判决可能是判决准予离婚或者判决不准离婚。对于夫妻感情确已破裂,符合法律规定的准予离婚条件的,应当判决准予离婚,并对子女、财产等问题一并处理;对于感情尚未真正破裂,不符合法律规定的准予离婚条件的,应当判决不准离婚。无论是否判决准予离婚,当事人均有权在一审判决书送达之日起15日内向上一级人民法院提起上诉,上诉期内未依法上诉的,一审判决生效。依法上诉的,案件进入二审程序。二审人民法院仍可依法调解,调解无效时及时判决,二审判决是终审判决,一经送达即发生效力。当事人对已经发生法律效力的解除婚姻关系的判决、调解书,不得申请再审。

（二）准予离婚的法律条件

准予离婚的法律条件指对于夫妻一方提出的离婚请求,由法院依照法律作出准予离婚判决的法律准则或法律依据。我国《民法典》第1079条第2款至第5款规定了准予离婚的法律条件,包括准予离婚的法律原则和具体条件:"人民法院审理离婚案件,应当进行调解;如感情确已破裂,调解无效的,应当准予离婚。有下列情形之一,调解无效的,应当准予离婚:(一)重婚或者与他人同居;(二)实施家庭暴力或者虐待、遗弃家庭成员;(三)有赌博、吸毒等恶习屡教不改;(四)因感情不和分居满二年;(五)其他导致夫妻感情破裂的情形。一方被宣告失踪,另一方提起离婚诉讼的,应当准予离婚。经人民法院判决不准离婚后,双方又分居满一年,一方再次提起离婚诉讼的,应当准予离婚。"

1. 准予离婚的法律原则

准予离婚的法律原则是法院确定判决离婚具体理由时应当遵循的准则,在现代各国的立法中,准予离婚的法律原则主要有:过错原则、干扰原则和破裂原则。(1)过错原则是指夫妻一方以另一方有法定的过错行为,导致无法共同生活,提出离婚请求可获准离婚的立法准则。(2)干扰原则是指夫妻一方以另一方有客观上无法与之共同生活的情形,提出离婚请求可获准离婚的立法准则,如一方患有无法与之共同生活的疾病,一方失踪等。(3)破裂原则是指婚姻关系无可挽回地破裂时,经一方请求可准予离婚的立法准则。破裂原则有婚姻关系破裂和夫妻感情破裂两种标准。我国采用破裂原则,以夫妻感情确已破裂为准予离婚的法律原则。但是现代各国很少单一使用某一原则,通常同时使用两种或三种原则来确定准予离婚的具体理由。《民法典》在确定准予离婚的具体条件时,也考虑了当事人的过错行为和无法共同生活的客观情形。

"夫妻感情确已破裂,调解无效"是我国法律规定的准予离婚的法律原则。"夫妻感情确已破裂",意指夫妻感情已经彻底、全面、真正破裂,经调解无效,人民法院应当判决准予离婚。对于夫妻之间的感情,人民法院如何判断是否确已破裂呢?1989年最高人民法院《关于人民法院审理离婚案件如何认定夫妻感情确已破裂的若干具体意见》(已废止)曾给出了"四看"的方法,"判断夫妻感情是否确已破裂,应当从婚姻基础、婚后感情、离婚原因、夫妻关系的现状和有无和好的可能等方面综合分析"。"一看"婚姻基础,即看双方结合时的感情基础,是包办强迫的还是自主自愿的,是相互深入了解的还是草率结合的。"二看"婚后感情,即看婚后夫妻共同生活期间的感情状况,是较好的、一般的,还是不好的。"三看"离婚原因,即查清一方请求离婚的真实原因,可以抓住主要矛盾有针对性地解决问题。"四看"夫妻关系的现状及有无和好的可能性,有和好希望的,法院应尽力调解促进当事人和好;已无和好希望,调解无效的,可认定夫妻感情确已破裂。该司法解释虽已废止,但"四看"的方法对判断夫妻感情是否破裂仍然具有指导的意义。

2. 准予离婚的具体条件

除了通过"四看"判断夫妻感情确已破裂,《民法典》第1079条第3款还明确了准予离婚的具体条件,即只要出现如下情形,调解无效的,人民法院均应判决准予离婚,而不应以夫妻感情可能尚未破裂为由判决不准离婚。

准予离婚的具体条件包括如下情形:(1)重婚或有配偶者与他人同居的。重婚和有配偶者与他人同居均属于严重违法行为,其行为严重损害夫妻双方的感情,破坏了夫妻共同生活的基础,法院调解无效的,应准予离婚。(2)实施家庭暴力或虐待、遗弃家庭成员的。针对家庭成员的暴力行为，以及虐待、遗弃家庭成员，不仅违反家庭成员之间的法定义务，应承担相应法律责任，而且严重伤害夫妻感情，破坏夫妻关系。人民法院经调解无效的，应准予离婚。(3)有赌博、吸毒等恶习屡教不改的。赌博和吸毒都是严重违法行为，不仅可能构成犯罪，而且可能导致无法履行家庭义务。一方如偶然有上述行为，并认识到错误愿意改正，人民法院应予以调解，促进和好。但多次出现赌博和吸毒的行为，屡教不改，夫妻难以共同生活，对方坚决要求离婚的，调解无效，应判决准予离婚。(4)因感情不和分居满2年的。需要注意的是：第一，夫妻分居是因为感情不和，而不是因为一方在外工作、学习等客观原因；第二，夫妻分居的时间要满2年。夫妻同居共同生活是夫妻关系的核心内容，因感情不和分居达到一定期限，夫妻关系名存实亡，经人民法院调解无效的，应当判决准予离婚。(5)其他导致夫妻感情破裂的情形。除了上述四种情形之外，还存在其他导致夫妻感情破裂的情形，例如，一方被判处长期徒刑，其犯罪行为严重伤害夫妻感情，另一方坚决要求离婚，人民法院调解无效的；再如，夫妻双方因是否生育发生纠纷，致使感情确已破裂，一方请求离婚的，人民法院经调解无效的(《婚姻家庭编解释(一)》第23条)。“其他情形”应由人民法院根据夫妻关系的实际情况，经调解无效后，依法确定夫妻感情确已破裂，判决准予离婚。

除《民法典》第1079条第3款规定的准予离婚的具体条件之外，《民法典》第1079条第4款和第5款还规定了两种应当准予离婚的法定情形：(1)一方被宣告失踪，另一方提出离婚诉讼的，应当准予离婚。这是因为夫妻因一方被宣告失踪下落不明而无法共同生活，夫妻关系名存实亡，一方要求离婚的，人民法院应依法准予离婚。(2)一方起诉离婚，因不符合准予离婚的法定条件，人民法院判决不准离婚。之后双方又分居满1年，一方再次提起离婚诉讼的，应当准予离婚。在第一次离婚诉讼被判决不准离婚后，夫妻没有和好并分居满1年，表明夫妻关系的破裂不可挽回，已无和好的可能。因此当事人再次起诉离婚的，人民法院应判决准予离婚。

二、诉讼离婚中的两项特殊保护

(一)对现役军人的特殊保护

《民法典》第1081条规定：“现役军人的配偶要求离婚，应当征得军人同意，但军人一方有重大过错的除外。”中国人民解放军和中国人民武装警察部队是国家的武装力量，担负着保家卫国的神圣职责。保护军婚符合国家和人民的根本利益，也是我国婚姻家庭立法的良好传统。

对《民法典》第1081条的理解应注意如下几点：

一是现役军人的范围。根据《兵役法》的规定，我国的兵役分为现役和预备役，现役军人是正在中国人民解放军以及中国人民武装警察部队服现役、具有现役军籍，尚未退伍、转业、复员的军人，包括现役士兵(现役义务兵和现役志愿兵)和现役军官。中国人民解放军由陆军、海军、空军、火箭军、战略支援部队组成。中国人民武装警察部队主要由内卫总队、机动总队、海警总队和特殊队伍等组成。

二是保护军人婚姻的适用。只适用于非军人一方要求与军人一方的离婚。双方都是现役军人或军人一方向非军人一方提出离婚的不适用上述规定。

三是对现役军人特殊保护的内容。非军人一方要求与现役军人离婚，须得军人同意。军人不同意的，不得离婚。但是，军人如果有重大过错则除外。所谓军人的“重大过错”，是指军人一方重婚或者与他人同居，实施家庭暴力或虐待、遗弃家庭成员，有赌博或吸毒等恶习屡教不改，或者其他重大过错(《婚姻家庭编解释(一)》第64条)。军人有重大过错时，应保护配偶中非军人一方的合法权利。

(二)对女方的特殊保护

离婚诉讼中对女方的特殊保护是通过限制男方离婚诉权来实现的。《民法典》第1082条规定:"女方在怀孕期间、分娩后一年内或者终止妊娠后六个月内,男方不得提出离婚;但是,女方提出离婚或者人民法院认为确有必要受理男方离婚请求的除外。"

女性的怀孕期、分娩后或者终止妊娠后的一定时期,是女性特殊的生理状态期间,由于承担生育哺乳等重任,女性在上述期间理应得到特别的关心和权益保障,这是保护妇女和未成年人合法权益原则在离婚制度中的直接体现。因此,上述期间限制男方提出离婚的权利非常必要。

对《民法典》第1082条的理解应注意如下几点:

一是限制男方起诉请求离婚的权利,是推迟男方行使起诉离婚权利,待上述特别期间经过后男方仍可以提出离婚。故并非剥夺男方诉权,也非不准予其离婚。

二是女方在上述期间内提出离婚的,不受限制。此外,男女双方一致同意行政登记离婚的,也不受上述限制。

三是人民法院认为确有必要受理男方离婚请求的,不受上述期间限制。审判实践中,人民法院认为确有必要受理的情形一般包括:(1)女方因与婚外第三人发生两性关系而怀孕生育的,男方坚决要求离婚时,如不及时受理,可能使矛盾激化发生严重后果;(2)夫妻双方矛盾十分尖锐,发生激烈冲突,如不及时受理男方请求可能会发生危及女方、婴儿的生命安全的行为。人民法院受理男方的离婚请求后,是否准予离婚的问题,仍应根据案件具体情况和法律规定的条件处理。

问题与思考

我国以夫妻感情确已破裂为准予离婚的法律原则。一般而言,夫妻感情确已破裂,调解无效的,人民法院就应该判决准予离婚。但是司法实践中也存在特殊的情形,例如虽然夫妻感情确已破裂,但如果判决离婚,会让一方当事人陷入难以克服的困境,人民法院应在处理好一方当事人困境之后再判决准予离婚。例如,1984年最高人民法院《关于贯彻执行民事政策法律若干问题的意见》(已于2019年废止)规定,"(10)因一方患精神病对方要求离婚的,处理时既要保障婚姻自由,又有利于对患者的治疗和生活上的安置。婚前隐瞒了病情,婚后经治不愈,应做好工作,准予离婚;原来夫妻感情比较好,结婚多年,生育子女的,应指出夫妻间有互相扶助的义务,做好思想工作,以不离为宜。如确系久治不愈,事实证明夫妻关系已无法再维持下去的,经对方、亲属以及有关单位安排好病患者的生活、医疗、监护等问题后,可准予离婚"。该意见虽已废止,但上述情形中人民法院也应充分考虑判决离婚对当事人的影响。

第四节　离婚的法律后果

一、婚姻关系的解除

《民法典》第1080条规定了婚姻关系解除的时间点。行政登记离婚的,完成离婚登记,即解除婚姻关系;诉讼离婚的,人民法院判决准予离婚的判决书生效,或者离婚调解书经双方当事人签收生效,即解除婚姻关系。解除婚姻关系后,男女双方自愿恢复婚姻关系的,应当到婚姻登记机关重新进行结婚登记(《民法典》第1083条)。

婚姻关系解除,男女双方不再具有配偶的身份,因身份产生的权利义务关系终止,不再互负同居义务、忠实义务、扶养义务等,也不再互享日常家事代理权、继承权等,男女双方各自享有再婚的权利,因该婚姻而产生的姻亲关系的消灭,等等。婚姻关系解除的后果中,我们主要讲解如下三方面的内容:(1)离婚父母对未成年子女的抚养和探望;(2)因夫妻财产制终止而发生的财产清算与分割、债务清偿;(3)离婚救济制度的适用。

二、子女的抚养和探望

父母离婚,只是夫妻身份关系的解除,并不会因此消除父母与子女的亲子关系。离婚后,子女无论由父或者母直接抚养,仍然是父母双方的子女;父母对于子女仍然有抚养、教育、保护的权利和义务(《民法典》第1084条第1款、第2款)。

但是由于父母不再共同生活,子女只能跟随父母一方生活,这产生了由哪一方直接抚养子女,未直接抚养子女的一方父母如何履行抚养义务、监护职责,以及如何行使探望权等问题。

(一)子女由何方直接抚养

所谓直接抚养,是指以与子女共同生活的方式抚养子女。《民法典》第1084条第3款规定:“离婚后,不满两周岁的子女,以由母亲直接抚养为原则。已满两周岁的子女,父母双方对抚养问题协议不成的,由人民法院根据双方的具体情况,按照最有利于未成年子女的原则判决。子女已满八周岁的,应当尊重其真实意愿。”

1. 不满两周岁的子女以由母亲直接抚养为原则

不满两周岁的子女是处于哺乳期内的婴幼儿,心理学上的“幼年原则”[2]理论认为子女在年幼时对母亲的需要超过父亲,而且一般而言母亲比父亲更适合对年幼子女的养育和保护,所以跟随母亲生活对于哺乳期内的婴孩来说符合其最大利益。因此,离婚时对于不满两周岁的子女,无论双方争养还是均不愿抚养,人民法院以判决由母亲直接抚养为原则。根据《婚姻家庭编解释(一)》第44条规定,母亲有下列情形之一的,父亲请求直接抚养的,可随父亲生活:“(一)患有久治不愈的传染性疾病或者其他严重疾病,子女不宜与其共同生活;(二)有抚养条件不尽抚养义务,而父亲要求子女随其生活;(三)因其他原因,子女确不宜随母亲生活。”第45条规定:“父母双方协议不满两周岁子女由父亲直接抚养,并对子女健康成长无不利影响的,人民法院应予支持。”

2. 已满两周岁的子女由何方直接抚养

其一,父母协议由一方直接抚养的,依照协议抚养。《未成年人保护法》第24条第1款规定:“未成年人的父母离婚时,应当妥善处理未成年子女的抚养、教育、探望、财产等事宜,听取有表达意愿能力未成年人的意见。不得以抢夺、藏匿未成年子女等方式争夺抚养权。”父母就子女抚养达成一致意见,没有损害未成年子女合法权益的,应尊重父母的意愿。

其二,父母不能达成协议的,由人民法院根据双方的具体情况,按照最有利于未成年子女的原则判决。“按照最有利于未成年子女的原则”是指人民法院在决定由父母哪一方直接抚养的问题上,出发点是最有利于未成年子女,而不应以照顾某一方父母为出发点。

其三,子女已满8周岁的,应当尊重其真实意愿。父母双方对8周岁以上的未成年子女随哪

---

〔2〕 孙若军:《父母离婚后的子女监护问题研究》,载《法学家》2005年第6期。

一方生活发生争议的,应尊重子女的真实意愿。8周岁以上的未成年子女,属于限制民事行为能力人,具有一定的辨认识别能力。尊重子女的选择,也有利于亲子关系的和睦稳定。

(二)不直接抚养子女一方的权利和义务

1.不直接抚养子女的一方父母应支付抚养费

《民法典》第1085条规定:"离婚后,子女由一方直接抚养的,另一方应当负担部分或者全部抚养费。负担费用的多少和期限的长短,由双方协议;协议不成的,由人民法院判决。前款规定的协议或者判决,不妨碍子女在必要时向父母任何一方提出超过协议或者判决原定数额的合理要求。"对《民法典》第1085条的理解要注意如下三点:

一是不直接抚养子女一方承担支付抚养费的义务,抚养费包括子女的生活费、教育费、医疗费等费用。由于直接抚养子女一方承担了对子女日常生活的照料、教育、保护等职责,所以不直接抚养方应根据子女抚养的实际需要以及双方负担能力等具体情况承担抚养费用的部分和全部。

二是抚养费的多少和支付期限由父母根据子女的实际需要和双方的负担能力协商确定。在离婚诉讼中,父母双方可以协议由一方直接抚养子女并由直接抚养方负担子女全部抚养费。但是,直接抚养方的抚养能力明显不能保障子女所需费用,影响子女健康成长的,人民法院不予支持(《婚姻家庭编解释(一)》第52条)。父母不能达成一致意见的,由法院判决确定抚养费和支付期限。人民法院在判决时,应根据"子女的实际需要、父母双方的负担能力和当地的实际生活水平"确定(《婚姻家庭编解释(一)》第49条)。子女抚养费的支付期限一般到子女成年为止,对成年但尚在接受高中及其以下学历教育的子女,抚养费支付到接受上述教育完毕为止,对成年但丧失或部分丧失劳动能力的子女,待其恢复劳动能力后,父母可不再支付。

三是协议或者判决确定的抚养费是根据离婚时子女的实际需要和父母双方的负担能力确定的,当子女的实际需要发生变化时,子女可以提出增加抚养费的合理要求。是否增加或增加的数额由父母双方协议,协议不成的,子女可向人民法院起诉要求增加抚养费。有如下情形之一,父或者母又有负担能力的,法院应支持子女的合理要求:(1)原定抚育费数额不足以维持当地实际生活水平;(2)因子女患病、上学,实际需要已超过原定数额;(3)有其他正当理由应当增加的(《婚姻家庭编解释(一)》第58条)。

此外,司法实践中有父母离婚后,直接抚养子女的一方给子女改变姓氏引起对方不满,而拒绝支付抚养费的情况。对此的处理应当明确:(1)父母不得因为子女变更姓氏而拒付抚养费,抚养子女是父母的法定义务。(2)根据《民法典》第1015条规定,子女应当随父姓或者母姓,依法也可以选取其他直系长辈血亲的姓氏,或者因由法定扶养人以外的人扶养而选取扶养人姓氏,或者有不违背公序良俗的其他正当理由而选择父母姓氏之外的姓氏。因此,由于父或母一方擅自将子女姓氏改为继母或继父姓氏而引起抚养费纠纷的,人民法院应责令恢复原姓氏(《婚姻家庭编解释(一)》第59条)。

2.不直接抚养子女的一方父母享有探望权

《民法典》第1086条是立法对父母探望权的内容、行使以及中止和恢复的规定。"离婚后,不直接抚养子女的父或者母,有探望子女的权利,另一方有协助的义务。行使探望权利的方式、时间由当事人协议;协议不成的,由人民法院判决。父或者母探望子女,不利于子女身心健康的,由人民法院依法中止探望;中止的事由消失后,应当恢复探望。"

探望权是指离婚后不直接抚养子女的父母一方所享有的与子女会面、交往以及短期共同居

住的权利。探望权是父母特别享有的一项身份权利,与其他身份权利相比具有如下特征:

第一,探望权是父母离婚后不与子女共同生活一方享有的权利。父母离婚后子女由一方直接抚养,跟随该方共同生活,不与子女共同生活一方仍然是子女的父母,承担抚养、监护、教育等职责。为保障不与子女共同生活一方了解子女生活、学习情况和正确教育子女,同时增强未成年子女与父母的感情,立法确定了离婚后不与子女共同生活的一方仍然享有与子女的会面和交往的权利。至于子女的其他近亲属是否享有与该子女会面交往的权利,法律没有明确规定。我们认为,未成年子女与其近亲属交往有利于子女健康成长的,应支持祖父母、外祖父母、兄弟姐妹与其会面交往。但近亲属应在父母行使探望权的时候一起探望,没有必要单独赋予其探望权。如果近亲属无法通过父母探望权一同探望,可以与直接抚养一方父母协商,协商不成可以通过诉讼由人民法院根据案件具体情况按最有利于未成年子女利益的原则判决。

第二,探望权的义务主体是直接抚养子女的父母一方。不直接抚养方行使探望权,直接抚养方负有协助义务。直接抚养子女的父母应按照双方协议或人民法院的调解书或判决书确定的探望时间、场所、方式,配合权利人行使权利,不得无故拒绝或者阻挠探望。

行使探望权不得影响子女身心健康,不影响子女正常的生活和学习,不破坏子女与直接抚养一方父母的关系等。《未成年人保护法》第 24 条第 2 款规定:"未成年人的父母离婚后,不直接抚养未成年子女的一方应当依照协议、人民法院判决或者调解确定的时间和方式,在不影响未成年人学习、生活的情况下探望未成年子女,直接抚养的一方应当配合,但被人民法院依法中止探望权的除外。"

享有探望权的一方探望子女,如果"不利于子女身心健康",例如父母有不利于子女身心健康的疾病,或者有不利于子女身心健康的行为时,人民法院可依法中止其探望权。《婚姻家庭编解释(一)》第 66 条、第 67 条规定,探望权人行使探望权不利于子女身心健康的,未成年子女、直接抚养子女的父或者母以及其他对未成年子女负担抚养、教育、保护义务的法定监护人,有权向人民法院提出中止探望权的请求。人民法院在征询双方当事人意见后,认为需要中止探望的,依法作出裁定。

中止探望权是暂时停止探望权人行使探望权。根据《民法典》第 1086 条以及《婚姻家庭编解释(一)》第 66 条规定,当中止探望的情形消失后,人民法院应当根据当事人的请求书面通知其恢复探望。

三、财产分割与债务清偿

离婚后,因配偶身份关系解除夫妻的财产制终止,涉及共同财产分割和债务清偿的相关法律后果。

(一)夫妻共同财产的分割

夫妻共同财产的范围可参见本编第三章的相关内容,此处不再赘述。就已经确定的夫妻共同财产,其分割的原则和具体方法应以《民法典》以及相关司法解释的相关规定确定。

1. 夫妻共同财产分割的原则

《民法典》第 1087 条第 1 款规定了夫妻共同财产处理的原则:"离婚时,夫妻的共同财产由双方协议处理;协议不成的,由人民法院根据财产的具体情况,按照照顾子女、女方和无过错方权益的原则判决。"据此,夫妻共同财产分割的原则是:双方协议分割优先,不能协议的,按照照顾子女、女方和无过错方权益的原则分割。

“照顾子女、女方和无过错方权益的原则”是指分割夫妻共同财产时应对与子女共同生活一方、女方以及对于离婚没有过错的一方当事人的权益予以照顾。(1)子女不是父母共同财产的共有人,因此分割财产时照顾子女是指照顾直接抚养子女一方,直接抚养子女一方与子女共同生活,对该方的照顾也是保护未成年子女的合法权益,例如分割住房时照顾直接抚养子女一方,可以保障未成年子女的生活学习环境的稳定。(2)照顾女方,是对保护妇女权益原则的落实,由于女方承担了大部分照料保护子女的工作,在经济条件上大多不如男方,分割夫妻共同财产时应依法予以照顾。(3)对于因一方的过错导致的离婚,无过错方也承担了婚姻破裂的不利后果,为保护其合法权益,同时惩戒制裁过错方的行为,依法在分割夫妻共同财产时对无过错方予以照顾。

2. 夫妻共同财产分割的方法

夫妻共同财产的分割与共有物的分割略有不同。共有物的分割是指某明确的动产或不动产的分割,其分割规则参见《民法典》第 304 条第 1 款:“共有人可以协商确定分割方式。达不成协议,共有的不动产或者动产可以分割且不会因分割减损价值的,应当对实物予以分割;难以分割或者因分割会减损价值的,应当对折价或者拍卖、变卖取得的价款予以分割。”夫妻共同财产分割可以针对每一个共有物分割,但是考虑到共同财产的数量种类,也可以是一揽子分割,不精确到每一个共有物,可以在确定总体价值的情况下分割。

3. 夫妻财产分割中的特殊情形

根据《民法典》《农村土地承包法》《婚姻家庭编解释(一)》等法律法规和司法解释,对夫妻财产分割中的特殊情形可作如下处理:

其一,夫妻共有的出资。依据《婚姻家庭编解释(一)》第 72 条至第 75 条,人民法院审理离婚案件,按以下情形分割共同出资。(1)涉及分割共同财产中的股票、债券、投资基金份额等有价证券以及未上市股份有限公司股份时,协商不成或者按市价分配有困难的,人民法院可以根据数量按比例分配。(2)夫妻共同财产中以一方名义在有限责任公司的出资额,另一方不是该公司股东的,按以下情形分别处理:一是夫妻双方协商一致将出资额部分或者全部转让给该股东的配偶,其他股东过半数同意,并且其他股东均明确表示放弃优先购买权的,该股东的配偶可以成为该公司股东。二是夫妻双方就出资额转让份额和转让价格等事项协商一致后,其他股东半数以上不同意转让,但愿意以同等条件购买该出资额的,人民法院可以对转让出资所得财产进行分割。其他股东半数以上不同意转让,也不愿意以同等条件购买该出资额的,视为其同意转让,该股东的配偶可以成为该公司股东。用于证明前款规定的股东同意的证据,可以是股东会议材料,也可以是当事人通过其他合法途径取得的股东的书面声明材料。(3)夫妻共同财产中以一方名义在合伙企业中的出资,另一方不是该企业合伙人的,当夫妻双方协商一致,将其合伙企业中的财产份额全部或者部分转让给对方时,按以下情形分别处理:一是其他合伙人一致同意的,该配偶依法取得合伙人地位;二是其他合伙人不同意转让,在同等条件下行使优先购买权的,可以对转让所得的财产进行分割;三是其他合伙人不同意转让,也不行使优先购买权,但同意该合伙人退伙或者削减部分财产份额的,可以对结算后的财产进行分割;四是其他合伙人既不同意转让,也不行使优先购买权,又不同意该合伙人退伙或者削减部分财产份额的,视为全体合伙人同意转让,该配偶依法取得合伙人地位。(4)夫妻以一方名义投资设立个人独资企业的,人民法院分割夫妻在该个人独资企业中的共同财产时,应当按照以下情形分别处理:一是一方主张经营该企业的,对企业资产进行评估后,由取得企业资产所有权一方给予另一方相应的补偿;二是双方均主张经营该企业的,在双方竞价基础上,由取得企业资产所有权的一方给予另一方相应的补偿;

三是双方均不愿意经营该企业的,按照《个人独资企业法》等有关规定办理。

其二,夫妻共有的房屋。双方对共有的房屋价值及归属无法达成协议时,双方均主张房屋所有权可以竞价取得;一方主张房屋所有权的,由评估机构按市场价格对房屋作出评估,取得房屋所有权的一方应当给予另一方相应的补偿;双方均不主张房屋所有权的,根据当事人的申请拍卖、变卖房屋,就所得价款进行分割。离婚时尚未取得所有权或者因被查封等原因暂时无法处分的房屋,双方可以维持共有关系,待房屋取得完全所有权或可以处分后再分割。

其三,婚前承租婚后购买的房屋。由一方婚前承租、婚后用共同财产购买的房屋,登记在一方名下的,应当认定为夫妻共同财产(《婚姻家庭编解释(一)》第 27 条)。

其四,农村土地承包经营权益。《民法典》第 1087 条第 2 款明确规定:"对夫或妻在家庭土地承包经营中享有的权益等,应当依法予以保护。"《农村土地承包法》第 31 条规定,妇女离婚仍在原居住地生活或者不在原居住地生活但在新居住地未取得承包地的,发包方不得收回其原承包地。

其五,尚未领取的养老保险金。离婚时夫妻一方尚未退休、不符合领取基本养老金条件,另一方请求按照夫妻共同财产分割基本养老金的,人民法院不予支持;婚后以夫妻共同财产缴纳基本养老保险费,离婚时一方主张将养老金账户中婚姻关系存续期间个人实际缴纳部分及利息作为夫妻共同财产分割的,人民法院应予支持(《婚姻家庭编解释(一)》第 80 条)。

其六,一方婚前房产,婚后共同还贷。夫妻一方婚前签订不动产买卖合同,以个人财产支付首付款并在银行贷款,婚后用夫妻共同财产还贷,不动产登记于首付款支付方名下的,离婚时该不动产由双方协议处理。不能达成协议的,人民法院可以判决该不动产归登记一方,尚未归还的贷款为不动产登记一方的个人债务。双方婚后共同还贷支付的款项及其相对应财产增值部分,离婚时应根据《民法典》第 1087 条第 1 款规定的原则,由不动产登记一方对另一方进行补偿(《婚姻家庭编解释(一)》第 78 条)。

其七,夫妻共同出资购买以一方父母名义参加房改的房屋。婚姻关系存续期间,夫妻双方用共同财产出资购买以一方父母名义参加房改,产权登记在父母名下的房屋,该房屋不属于夫妻共同财产。但购买该房屋时的出资,可以作为夫妻共同债权分割(《婚姻家庭编解释(一)》第 79 条)。

其八,婚姻存续期间一方继承,但尚未分割的遗产。婚姻关系存续期间,夫妻一方作为继承人依法可以继承的遗产,离婚时尚未实际分割,另一方可以在遗产分割后再请求分割(《婚姻家庭编解释(一)》第 81 条)。

4. 离婚时未分割的共同财产的处理

根据《民法典》第 303 条的规定,男女双方在离婚时可以约定对部分共同财产维持共有关系,不予分割;离婚后一方有重大理由需要分割的,可以请求分割。

男女双方离婚时未约定维持共有,或者约定不明确的,根据《婚姻家庭编解释(一)》第 83 条,离婚后一方以尚有夫妻共同财产未处理为由向人民法院起诉请求分割的,经审查该财产确属离婚时未涉及的夫妻共同财产,人民法院应当依法予以分割。

因夫妻一方隐藏、转移、变卖夫妻共同财产,离婚时未分割上述财产,另一方可起诉请求分割;人民法院在处理时,对隐藏、转移、变卖夫妻共同财产的一方可以少分或者不分(《民法典》第 1092 条)。

(二)夫妻共同债务的清偿

《民法典》第 1089 条规定:“离婚时,夫妻共同债务应当共同偿还。共同财产不足清偿或者财产归各自所有的,由双方协议清偿;协议不成的,由人民法院判决。”

夫妻对共同债务负有共同偿还的责任。共同债务首先用共同财产予以清偿。如果共同财产不足以清偿共同债务,或者没有共同财产的,则由夫妻双方协议清偿。双方关于共同债务清偿的协议,对双方发生法律效力,但债权人仍然有权向夫妻双方或任一方要求全部清偿。如果双方对共同债务的清偿无法达成一致意见,则由人民法院根据债务的形成原因、双方的受益情况等依法判决。

四、离婚救济制度

(一)离婚家务劳动补偿制度

《民法典》第 1088 条规定了离婚家务劳动补偿制度。家务劳动是指不能直接带来经济收入,为满足家庭成员的生活需要而从事的劳动,包括日常洗衣,做饭,打扫,采购,照料、教育、保护子女,照顾、帮助老人,协助另一方工作等。家务劳动具有满足家庭成员生活需要的功能,同时也是不必支付报酬的劳动。婚姻关系存续期间,夫妻共享对方的经济收入和家务劳动价值,离婚时,如果一方负担的家务劳动较多却又无法从分割夫妻共同财产中得到补偿的,可以要求另一方给予经济上的补偿。根据《民法典》第 1088 条,离婚时,一方向对方主张家务劳动补偿的条件如下:

第一,夫妻一方承担了较多的家务劳动。夫妻一方在履行教育、照料、保护子女职责方面,照料老年人尤其对另一方的父母的照料和帮助方面,或者是协助另一方工作等方面负担了较多义务。

第二,离婚时有权向另一方请求补偿。家务劳动补偿是离婚时的救济制度。一般来说,夫妻离婚时承担家务劳动较多的一方能够从夫妻共同财产的分割中得到补偿。但是不排除夫妻约定分别财产制,或者没有足够的共同财产可以分割,使负担家务劳动较多的一方不能从离婚财产分割中获得补偿。当负担家务劳动较多的一方向另一方明确提出补偿时,另一方应当给予补偿。

离婚家务劳动补偿的具体办法由双方协议;协议不成的,由人民法院判决。人民法院可以根据一方所负担的家务劳动的市场价值,离婚时分得的共同财产的数量等确定补偿金额。

(二)离婚经济帮助制度

《民法典》第 1090 条规定了离婚经济帮助制度。夫妻离婚后扶养义务随之终止,但对于离婚时一方当事人的生活困难,有负担能力的另一方应给予经济上的帮助。根据《民法典》第 1090 条,离婚时一方向对方主张经济帮助的条件如下:

第一,离婚时一方生活困难。一方生活困难,一般是指依靠个人财产和离婚时分得的财产无法维持当地基本生活水平,例如一方离婚后没有住处的。需要注意的是,只有离婚时生活困难的才能适用离婚经济帮助制度,如果离婚时没有生活困难,离婚后一方因各种原因导致的生活困难不能请求对方给予经济帮助。

第二,另一方具有负担能力。生活困难一方请求经济帮助的对方,应具有帮助对方的经济能力,对于同样困难或者没有相应负担能力的另一方而言,不负有经济帮助的义务。

对于经济帮助方式,由双方协议;协议不成的,由人民法院判决。人民法院可结合双方的财产状况、收入情况、谋生能力及当地基本生活水平等因素作出判决。经济帮助的方式可以是给予现金,也可以是给予实物。对一方离婚后没有住房的,可以给予一定期限的租金补贴,也可以给予房屋的所有权或居住权(在自己所有的住房上为他方设置居住权,参见《民法典》第366条至第370条)。

（三）离婚损害赔偿制度

《民法典》第1091条规定了离婚损害赔偿制度。离婚损害赔偿是指因夫妻一方法定的重大过错导致离婚的,过错方应赔偿无过错方因此而遭受损失的法律制度。虽然我国诉讼离婚制度采破裂原则,只要夫妻感情确已破裂,无论因为何方的何种行为所导致,在调解无效的情况下均准予离婚。如果离婚是对"已死亡"婚姻的宣告,那么离婚损害赔偿制度就是对过错方的追究和制裁。离婚损害赔偿制度重申了婚姻关系中的正义,明确保护无过错方在婚姻中的合法权益,惩罚违反法定义务具有重大过错的一方当事人。根据《民法典》第1091条,离婚损害赔偿的构成要件如下:

第一,夫妻一方具有法定的重大过错行为。法定的重大过错行为包括:重婚,与他人同居,实施家庭暴力,虐待、遗弃家庭成员,以及有其他重大过错导致离婚的。前四种情形,均为严重的违法行为,破坏一夫一妻制原则,侵害对方或家庭成员的人身财产权利,也是2001年《婚姻法》首次规定离婚损害赔偿制度时就确定的重大过错行为。《民法典》采取列举性规定与概括性规定相结合的立法方式,在原《婚姻法》四项具体法定过错的基础上增加了"其他重大过错"的兜底条款。人民法院在审理案件时,可依法将给无过错方造成严重伤害的其他重大过错行为纳入损害赔偿的范围。

第二,一方的重大过错行为导致了离婚。夫妻离婚是因为一方的上述重大过错行为,即离婚和一方的重大过错行为之间具有因果关系。如果一方曾经有家庭暴力行为,但已经承认并改正了错误,也得到了另一方的谅解,后来因其职务犯罪行为被判处长期徒刑导致夫妻离婚,那么无过错的一方不能因此请求离婚损害赔偿。

第三,无过错方因此遭受了实际损害。离婚损害赔偿以无过错方实际上因此遭受的损害为基础来确定损害赔偿的金额。无过错方的损害包括因对方的法定过错行为和离婚事实本身给其带来的财产损失、人身损害和精神损害。对于因一方的法定过错行为(如家庭暴力)给无过错方造成损害时,可按《民法典》侵权责任编的相关规定来确定。对于因离婚本身而导致无过错方的损害时,可综合考虑双方结婚时间长短,无过错方离婚前后生活水平的变化,是否依靠或主要依靠对方扶养,以及是否直接抚养未成年子女等情形,来酌情确定离婚给无过错方带来的损害。

根据《婚姻家庭编解释(一)》的相关规定,对离婚损害赔偿请求权的行使要注意如下几点:(1)有权行使离婚损害赔偿请求权的主体只能是无过错的一方,"无过错"是指无《民法典》第1091条所列举的几种法定过错。如双方均有法定过错,则均无权向对方请求离婚损害赔偿。(2)承担离婚损害赔偿责任的主体,为离婚诉讼当事人中无过错方的配偶,无过错方不能向第三人请求离婚损害赔偿。(3)离婚损害赔偿只能在离婚时提出,不离婚或者判决不准离婚的不支持离婚损害赔偿的请求;离婚损害赔偿既适用于诉讼离婚也适用于行政登记离婚。(4)为保障无过错方权利的行使,在诉讼离婚中人民法院应将该权利书面告知当事人。无过错方为原告的,应在提起离婚诉讼的同时提出离婚损害赔偿请求。无过错方为被告的,如果不同意离婚也未提起损害赔偿请求的,可以在离婚后1年内就此单独提起诉讼;或者一审时无过错方未提出,二审期间提出的,人民法院应当进行调解,调解不成的,告知当事人在离婚后1年内另行起诉。双方当事人同意由第二审人民法院一并审理的,第二审人民法院可以一并裁判。(5)行政登记离婚的,当事人可以在离婚协议书中约定离婚损害赔偿的内容。没有约定的,已经办理离婚登记的当事人向人民法院提出离婚损害赔偿请求的,人民法院应当受理。但当事人在协议离婚时已经明确表示放弃该项请求的,不予支持。

问题与思考

对离婚损害赔偿中"损害"是因何所致,有不同的观点。第一种观点认为,损害是由法定违法行为造成,即重婚、有配偶者与他人同居、实施家庭暴力、虐待或遗弃家庭成员等法律明确规定的违法行为本身给受害人造成损害;[3]第二种观点认为,损害是由法定违法行为所导致的离婚造成的;[4]第三种观点认为,损害是由法定违法行为和因此而导致的离婚共同造成的。[5]我们更赞成第三种观点。理由如下:第一种观点没有区分婚姻关系存续期间的侵权损害赔偿和离婚损害赔偿。第二种观点认为违法行为导致的离婚造成了当事人的损害。但从法律适用的实际出发,如果在离婚时一方因法定过错行为造成无过错方的损害不属于离婚损害赔偿的范围,受害人就需要单独提出侵权损害赔偿之诉。因此,第三种观点认为离婚损害赔偿中的损害包括两个来源,法定违法行为及由其导致的离婚,能有效保护无过错方,并方便当事人诉讼。

拓展阅读推荐

1. 夏吟兰:《离婚自由与限制论》,中国政法大学出版社2007年版。
2. 冉启玉:《人文主义视阈下的离婚法律制度研究》,群众出版社2012年版。
3. 石雷:《英国现代离婚制度研究》,群众出版社2015年版。
4. 张学军:《论离婚后的扶养立法》,法律出版社2004年版。
5. 杨晋玲:《亲属法基础理论问题研究》,法律出版社2017年版。
6. 许莉主编:《婚姻家庭继承法学》(第三版),北京大学出版社2019年版。

---

〔3〕 王歌雅:《关于离婚损害赔偿制度的若干思考》,载《求是学刊》2004年第4期。
〔4〕 张学军:《离婚损害赔偿制度辨析》,载《政治与法律》2008年第2期。
〔5〕 陈苇:《离婚损害赔偿法律适用若干问题探讨》,载《法商研究》2002年第2期。

第三十一章 收　　养

学习要点

- 收养的原则
- 收养的要件与程序
- 收养的效力

第一节 收养概述

我国1991年颁布了第一部《收养法》,于1992年4月1日施行;该法于1998年11月4日修正,修正后的《收养法》于1999年4月1日起施行;2021年1月1日《民法典》施行,《收养法》废止。除上述法律之外,我国收养制度的法律渊源还包括:1999年《中国公民收养子女登记办法》和《外国人在中华人民共和国收养子女登记办法》;2008年《收养登记工作规范》;2021年《收养评估办法(试行)》;1992年最高人民法院《关于学习、宣传、贯彻执行〈中华人民共和国收养法〉的通知》等。

一、收养的概念

收养,是指自然人依法律规定的条件和程序,将他人子女领为自己子女的民事法律行为。

收养具有如下法律特征:

第一,收养是一种身份法律行为。身份法律行为是指以身份变动为目的的法律行为,收养行为将在收养人和被收养人之间创建亲子关系,被收养人与收养人的近亲属之间成立近亲属关系,被收养人原来的亲子关系和近亲属关系因此解消。

第二,收养以建立法律拟制的亲子关系为目的。收养的目的是使本无亲子身份关系的收养人和被收养人之间建立法律拟制的亲子关系,因此只能收养子女,不能收养孙子女,也不能收养弟妹。

第三,收养关系当事人资格受到诸多限制。确立了法律上的亲子关系,收养人和被收养人之间将产生亲子之间的权利和义务,不仅与收养人、送养人及被收养人身份利益密切相关,而且还涉及社会公共利益,因此立法对收养关系当事人资格加以严格限制。

第四,收养为要式的法律行为。身份法律行为多为要式,这是因为身份关系的变动不仅影响当事人的人身权益还影响其财产权益,不仅影响身份关系的双方当事人而且影响有利害关系的第三人,所以法律规定严格的形式要件以确保身份行为的真实性和合法性。

根据上述概念和特征,我们可以区分他人抚养和收养。《民法典》第1107条规定:“孤儿或者生父母无力抚养的子女,可以由生父母的亲属、朋友抚养;抚养人与被抚养人的关系不适用本章规定。"由于抚养人和被抚养人并不以建立亲子关系为目的,亲属、朋友对孤儿或者生父母无力抚养的子女的抚养可能不是法定义务,而是基于道义亲情等,因此应当得到保护和提倡,但双方并不因为抚养的事实而产生法律拟制的亲子身份。

二、收养的原则

《民法典》第1044是对收养原则的规定:"收养应当遵循最有利于被收养人的原则,保障被收养人和收养人的合法权益。禁止借收养名义买卖未成年人。"

一是最有利于被收养人原则。收养制度从"为家"的收养、"为亲"的收养,逐渐发展到现代"为子女"的收养。所谓"为子女"的收养,是指收养立法以保护养子女的利益作为出发点,把子女的最大利益作为优先考虑,以未成年养子女的健康成长为目的的收养。我国1991年加入《儿童权利公约》,在1991年《收养法》中已确定收养要"有利于被收养的未成年人的抚养、成长"这一原则,《民法典》进一步将之表述为"收养应当遵循最有利于被收养人的原则",既符合现代收养立法发展的趋势,也是我国《民法典》婚姻家庭编保护未成年人合法权益的具体体现。

二是保障被收养人和收养人的合法权益原则。1998年修订《收养法》时,增加"保障被收养人和收养人合法权益"的原则,《民法典》保留了该原则。收养关系涉及收养人和被收养人双方的利益,《民法典》应保障被收养人和收养人双方合法权益的平等实现。《民法典》中关于收养人的条件、送养人的条件、被收养人的意愿以及收养的效力等具体制度,都体现了保障被收养人和收养人合法权益原则。例如,《民法典》第1110条关于"收养人、送养人要求保守收养秘密的,其他人应当尊重其意愿,不得泄露"的规定,体现了对收养人合法合理的意愿的保护。

问题与思考

亲生母亲将自己的子女送给他人收养,并向其索要1万元营养费,"收养人"支付营养费后将孩子抱走抚养,这样的收养行为是否合法有效?这是典型的借收养名义买卖未成年人,是《民法典》第1044条第2款明确禁止的行为。买卖未成年人不以买卖他人子女为限,只要是未成年人,即使是自己的子女,也是违法犯罪行为。最高人民法院、最高人民检察院、公安部、司法部《关于依法惩治拐卖妇女儿童犯罪的意见》第16条明确,以非法获利为目的,出卖亲生子女的,应当以拐卖妇女、儿童罪论处。同时,根据《民法典》第153条,"违反法律、行政法规强制性规定的民事法律行为无效",亲生母亲与"收养人"之间的收养协议无效。

第二节　收养关系的成立

一、收养成立的条件

收养成立的条件是指收养关系当事人应当满足的条件以及当事人之间相互关系应该满足的条件。收养关系当事人包括被收养人、收养人和送养人。

(一)被收养人的条件

根据《民法典》第1093条的规定,被收养人只能是未成年人。与《收养法》要求的被收养人

为"不满十四周岁的未成年人"不同,《民法典》规定下列三类未成年人都可以被收养:

一是丧失父母的孤儿。父母双亡的未成年人是孤儿,只有父亲或母亲一方死亡,即使生存的一方父母没有行为能力,或者没有抚养能力,或者下落不明,都不能称为丧失父母的孤儿。

二是查找不到生父母的未成年人。查找不到生父母的未成年人是指被父母或其他监护人遗弃或者因其他原因与父母或监护人分离又无法查找到生父母的未成年人。

三是生父母有特殊困难无力抚养的子女。生父母有特殊困难无力抚养的子女,是指有抚养义务的生父母因身体健康、经济困难等客观原因无抚养子女的能力,而得不到生父母抚养的未成年子女。

(二)送养人的条件

根据《民法典》第1094条、第1095条的规定,送养人包括如下四类人:(1)孤儿的监护人;(2)儿童福利机构;(3)有特殊困难无力抚养自己子女的生父母;(4)未成年人的父母均不具备完全民事行为能力,且可能严重危害该未成年人的,该未成年人的监护人。

需要注意的是,儿童福利机构作为送养人,被收养人主要是由其抚养的由民政部门长期监护的未成年人。根据2020年《未成年人保护法》第94条、第95条的规定,民政部门进行收养评估后,可以依法将其长期监护的未成年人交由符合条件的申请人收养。民政部门长期监护的未成年人包括:(1)查找不到未成年人的父母或者其他监护人;(2)监护人死亡或者被宣告死亡且无其他人可以担任监护人;(3)监护人丧失监护能力且无其他人可以担任监护人;(4)人民法院判决撤销监护人资格并指定由民政部门担任监护人;(5)法律规定的其他情形。

(三)收养人的条件

根据《民法典》第1098条、第1102条的规定,收养人应满足如下条件:(1)无子女或只有一名子女;(2)有抚养教育和保护被收养人的能力;(3)未患有医学上认为不应该收养子女的疾病;(4)无不利于被收养人健康成长的违法犯罪记录;(5)年满30周岁;(6)无配偶者收养异性的,收养人与被收养人的年龄应当相差40周岁以上。

需要注意的是:其一,无子女的收养人可收养二名子女,有子女的收养人只能收养一名子女;其二,无不利于被收养人健康成长的违法犯罪记录,这是《民法典》对收养人新增的要求,也是"最有利于被收养人原则"的具体体现;其三,无配偶者收养异性的,收养人与被收养人的年龄应当相差40周岁以上,这是《民法典》根据男女平等的原则对《收养法》单身男性收养女性限制条件的修改。

(四)有关收养条件的几项特殊规定

第一,收养条件的豁免:(1)收养三代以内同辈旁系血亲子女的,可以不受生父母有特殊困难无力抚养以及单身异性收养相差40周岁的限制;华侨收养三代以内同辈旁系血亲的子女,还不受无子女或只有一名子女的限制。(2)收养孤儿、残疾儿童或者社会福利机构抚养的查找不到生父母的弃婴和儿童,可以不受收养子女人数以及收养人有无子女的限制。(3)继父或者继母经继子女的生父母同意收养继子女,不受生父母有特殊困难无力抚养的限制、不受收养子女人数的限制、不受《民法典》第1098条对收养人的条件限制。

第二,生父母送养子女,须父母共同送养。但生父母一方不明或者查找不到的,可以单方送养。配偶一方死亡,另一方送养未成年子女的,死亡一方的父母有优先抚养的权利。被宣告死亡的人在被宣告死亡期间,其子女被他人依法收养的,在死亡宣告被撤销后,不得以未经本人同意为由主张收养行为无效(《民法典》第52条、第1097条、第1108条)。

第三,有配偶者收养子女,应当夫妻共同收养(《民法典》第1101条)。

第四,收养8周岁以上未成年人的,应当征得被收养人的同意(《民法典》第1104条)。

第五,监护人送养未成年孤儿的,应当征得有抚养义务的人同意。有抚养义务的人不同意送养、监护人不愿意继续履行监护职责的,应当依照《民法典》第一编的规定另行确定监护人(《民法典》第1096条)。

二、收养成立的程序

《民法典》第1105条是关于收养成立程序的规定:"收养应当向县级以上人民政府民政部门登记。收养关系自登记之日起成立。收养查找不到生父母的未成年人的,办理登记的民政部门应当在登记前予以公告。收养关系当事人愿意签订收养协议的,可以签订收养协议。收养关系当事人各方或者一方要求办理收养公证的,应当办理收养公证。县级以上人民政府民政部门应当依法进行收养评估。"据此,收养登记是成立收养关系的唯一法定程序,而收养协议与收养公证则只是一种补充性程序,不直接对收养的成立产生影响。当然,即使没有签订收养协议,收养人收养与送养人送养,也应当双方自愿(《民法典》第1104条)。结合1999年5月25日民政部颁布的《中国公民收养子女登记办法》(2019年修订)和《民法典》第1105条的规定,收养成立的程序如下:

(一)办理收养登记的机关

办理收养登记的法定机关,是县级以上人民政府的民政部门。

按照被收养人情况的不同,《中国公民收养子女登记办法》第3条规定办理登记的机关也不同:(1)收养社会福利机构抚养的查找不到生父母的弃婴、儿童和孤儿的,在社会福利机构所在地的收养登记机关办理登记。(2)收养非社会福利机构抚养的查找不到生父母的弃婴和儿童的,在弃婴和儿童发现地的收养登记机关办理登记。(3)收养生父母有特殊困难无力抚养的子女或者由监护人监护的孤儿的,在被收养人生父母或者监护人户籍所在地(组织作监护人的,在该组织住所地)的收养登记机关办理登记。(4)收养三代以内旁系同辈血亲的子女,以及继父或者继母收养继子女的,在被收养人生父或者生母户口所在地的收养登记机关办理登记。

(二)收养登记的具体程序

1. 申请

办理收养登记时当事人应当亲自到场,这是为保证收养当事人意思表示真实的需要。申请收养登记时,收养人应当向收养登记机关提交收养申请书以及相关证件和证明材料(《中国公民收养子女登记办法》第5条)。申请办理收养登记时,送养人也应当向收养登记机关提交相关证件和证明材料(《中国公民收养子女登记办法》第6条)。

2. 评估

收养评估,是指民政部门对收养申请人是否具备抚养、教育和保护被收养人的能力进行调查、评估,并出具评估报告的专业服务行为。根据2020年《收养评估办法(试行)》,除收养继子女之外,中国内地居民在中国境内收养子女的,都应进行收养评估。收养评估的原则是:遵循最有利于被收养人的原则,独立、客观、公正地对收养申请人进行评估,依法保护个人信息和隐私。收养评估的内容是评估收养申请人的收养动机、道德品行、受教育程度、健康状况、经济及住房条件、婚姻家庭关系、共同生活家庭成员意见、抚育计划、邻里关系、社区环境、与被收养人融合情况(收养申请人与被收养人融合的时间不少于30日)等。最终形成的收养评估报告是民政部门办理收养登记的参考依据。

收养评估的实施，民政部门既可以自行组织，也可以委托第三方机构开展，但均应符合《收养评估办法（试行）》所要求的人员或机构条件。收养评估流程包括：书面告知、评估准备、实施评估、出具评估报告。收养评估期间，收养评估小组或者受委托的第三方机构发现收养申请人及其共同生活家庭成员有以下行为的，应当向民政部门报告：弄虚作假，伪造、变造相关材料或者隐瞒相关事实的；参加非法组织、邪教组织的；买卖、性侵、虐待或者遗弃、非法送养未成年人；有持续性、经常性的家庭暴力的；有故意犯罪行为，判处或者可能判处有期徒刑以上刑罚的；患有精神类疾病、传染性疾病、重度残疾或者智力残疾、重大疾病的；存在吸毒、酗酒、赌博、嫖娼等恶习的；故意或者过失导致正与其进行融合的未成年人受到侵害或者面临其他危险情形的；以及有其他不利于未成年人身心健康行为的。如果存在故意或者过失导致正与其进行融合的未成年人受到侵害或者面临其他危险情形的，民政部门应当立即向公安机关报案。

3. 审查

收养登记机关收到收养登记申请书及有关材料后，审查期限为30日。审查的主要内容包括：(1)收养申请人是否符合法律所规定的收养人条件以及其收养的目的是否正当；(2)被收养人是否符合法律所规定的被收养人条件；(3)送养人是否符合法律所规定的送养人条件；(4)当事人申请收养的意思表示是否真实；(5)是否通过县级以上人民政府民政部门依法进行的收养评估。

根据《民法典》第1105条第2款和《中国公民收养子女登记办法》第7条的规定，申请收养查找不到生父母的未成年人的，办理登记的民政部门应当在登记前予以公告。2008年《收养登记工作规范》要求公告应当刊登在收养登记机关所在地设区的市（地区）级以上地方报纸上，并附有查找不到生父母的未成年人的照片。公告之日起60日内，未成年人的生父母或者其他监护人未认领的，视为查找不到生父母的未成年人。

4. 登记

经审查收养登记机关认为申请人符合《民法典》规定的收养条件的，应为其办理收养登记，发给收养证。收养关系自登记之日起成立。对不符合《民法典》规定条件的，不予登记，并对当事人说明理由。

收养关系成立后，公安机关应当按照国家有关规定为被收养人办理户口登记（《民法典》第1106条）。

（三）外国人在中华人民共和国收养子女的程序

外国人依法可以在中华人民共和国收养子女，并应按照《民法典》《外国人在中华人民共和国收养子女登记办法》的规定办理收养登记。

外国人在中华人民共和国收养子女，应遵守我国法律，法定程序如下：(1)应当经其所在国主管机关依照该国法律审查同意。(2)收养人应当提供由其所在国有权机构出具的有关其年龄、婚姻、职业、财产、健康、有无受过刑事处罚等状况的证明材料。上述证明材料应当经收养人所在国外交机关或者外交机关授权的机构认证，并经中华人民共和国驻该国使领馆认证，但是国家另有规定的除外。(3)与送养人签订书面收养协议。(4)亲自向省、自治区、直辖市人民政府民政部门登记。办理收养登记后，当事人各方或者一方要求办理收养公证的，应当到收养登记地的具有办理涉外公证资格的公证机构办理收养公证。

问题与思考

依据《民法典》,被收养人只能是未成年人。而我国《收养法》一直承认特殊情况下的成年人收养,包括收养三代以内旁系血亲子女的,以及继父母收养继子女的情况。《民法典》不允许成年人收养的理由主要是:其一,根据最有利于被收养人的原则,《收养法》以向需要抚养的被收养人提供稳定的家庭成长环境以保证被收养人的健康成长为宗旨,所以《民法典》把被收养人的条件从不满14周岁的未成年人放宽到未成年人,但不再允许成年人收养。其二,如允许由生父母抚养成年的子女被他人收养,其与生父母的权利义务因此消除,不再负有对生父母的赡养扶助义务,这对生父母明显不利,也不符合现代收养制度的目的。其三,成年人收养的目的主要是养老或者财产传承的需要,例如收养三代以内旁系血亲子女的,有些就是基于民间立嗣(俗称"过继")的习惯,其目的是宗祧继承或养老。但是这些目的可经由遗嘱或遗赠扶养协议达成,而无须在立法上确立成年人收养。

第三节　收养的效力

一、收养的拟制效力与解消效力

收养的法律效力就是收养关系依法成立后在当事人及其近亲属之间引起的身份关系变动的法律后果。我国的收养制度是完全收养制度,即被收养人与收养人之间建立亲子关系,与收养人的近亲属之间建立近亲属关系;被收养人与生父母以及其近亲属之间的亲属身份关系消灭。据此,收养的效力分为拟制效力和解消效力。

(一)收养的拟制效力

收养的拟制效力使无亲子血缘关系的当事人之间产生了父母子女关系,收养的拟制效力还及于养父母的近亲属。根据《民法典》第1111条的规定,收养的拟制效力有二:

第一,收养人与被收养人之间产生法律拟制的父母子女关系。养子女可以随养父或者养母的姓氏,经当事人协商一致,也可以保留原姓氏(《民法典》第1112条)。

第二,被收养人与收养人的近亲属间产生拟制的近亲属关系。养子女与收养人的父母形成养祖孙关系;养子女与收养人的其他子女(包括婚生子女、非婚生子女、养子女)间形成养兄弟姐妹关系;除此之外,养子女与养父母的其他近亲属包括祖父母、外祖父母、孙子女、外孙子女以及兄弟姐妹之间也产生相应的亲属身份。

至于收养的效力中是否包括被收养人的后代与收养人及其近亲属间产生法律拟制的亲属身份关系,由于《民法典》不再允许收养成年人,所以被收养人的后代的确会与收养人及其近亲属产生相应的身份关系,但是这不属于收养所产生法律效力,而是基于自然人出生而与其父母的亲属所产生的效力。

(二)收养的解消效力

《民法典》第1111条第2款明确了收养的解消效力,"养子女与生父母及其他近亲属间的权利义务关系,因收养关系的成立而消除"。在被收养人与收养人及其近亲属产生拟制血亲关系的同时,被收养人与其生父母及其近亲属间的权利义务同时解消。但被收养人与生父母及其他近亲属之间自然的血缘联系不会因收养而消除,因此被收养人与原自然血亲仍受直系血亲和三代以内旁系血亲禁止结婚的限制。

二、无效的收养行为

(一)收养无效的原因

《民法典》第1113条第1款规定,“有本法第一编关于民事法律行为无效规定情形或者违反本编规定的收养行为无效”。据此,收养无效的原因包括:

第一,有《民法典》第一编关于民事法律行为无效规定情形的收养行为无效。《民法典》第一编关于民事法律行为无效规定情形具体包括以下情况:(1)当事人不具有民事行为能力(《民法典》第144条)。(2)违反法律、行政法规的强制性规定(《民法典》第153条第1款)。例如,违反法律禁止买卖未成年人规定,借收养名义买卖子女的。(3)违背公序良俗的(《民法典》第153条第2款)。例如,收养同辈分亲属为养子女的行为,造成亲属称谓、权利义务关系混乱的,属于违背善良风俗的收养。

第二,违反《民法典》婚姻家庭编之规定的收养行为无效。这主要是指不具备《民法典》婚姻家庭编所规定之收养要件,骗取收养登记的行为。例如,收养成年人;生母谎称生父不明而单独将子女送养等。

(二)收养无效的法律后果

根据《民法典》第1113条第2款的规定,无效的收养行为自始无效,即从行为开始时起就没有法律效力。

问题与思考

1991年《收养法》施行之前所形成的收养关系如何判断其是否合法有效?考虑到《收养法》施行前没有法律的明确规定,为了维护收养关系当事人的合法利益,稳定家庭扶养关系,司法机关有条件地承认部分收养关系。1992年最高人民法院《关于学习、宣传、贯彻执行〈中华人民共和国收养法〉的通知》第2条规定,“收养法施行前受理,施行时尚未审结的收养案件,或者收养法施行前发生的收养关系,收养法施行后当事人诉请确认收养关系的,审理时应适用当时的有关规定;当时没有规定的,可比照收养法处理”。其一,对办理了收养公证或户籍登记手续的收养关系,承认其合法有效。其二,对1991年《收养法》施行前已经形成的事实收养关系应予承认。事实收养关系的认定可参考1984年最高人民法院《关于贯彻执行民事政策法律若干问题的意见》之规定,即“亲友、群众公认,或有关组织证明确以养父母与养子女关系长期共同生活的,虽未办理合法手续,也应按收养关系对待”。最高人民法院《关于贯彻执行民事政策法律若干问题的意见》虽然于2019年废止,但此前据此作出的判决或裁定还是有效的,其对事实收养关系认定的规定依然具有参考价值。

第四节　收养关系的解除

收养关系的解除,是指收养有效成立后,基于当事人的合意,或者因为收养关系当事人关系恶化难以维系收养关系,基于一方当事人的请求,依法终止收养关系。收养关系的解除会引起身份关系的变化,影响被收养人的权益,不少国家或地区都明确规定收养关系一经形成不得解除。《民法典》考虑到收养关系当事人如果关系恶化而无法共同生活,或者一方严重侵害另一方合法权益,不允许解除并不能解决问题,所以规定收养关系可以依法解除,同时对收养关系的解除规定较为严格的条件,并直接规定赡养义务及经济补偿,避免不公平的法律后果。

一、收养关系的协议解除

(一)协议解除的条件

被收养人尚未成年的,为保障被收养人的权益,一般不得解除收养关系。但经收养人和送养人协议解除的除外。收养人、送养人协议解除收养关系的,还应征得8周岁以上养子女本人的同意(《民法典》第1114条第1款)。

被收养人已经成年的,如养父母和养子女之间关系恶化、无法共同生活的,收养关系也可以由收养人和被收养人协议解除(《民法典》第1115条)。

(二)协议解除的程序

《民法典》第1116条规定:"当事人协议解除收养关系的,应当到民政部门办理解除收养关系登记。"要求解除收养关系登记的当事人应持居民户口簿、居民身份证、收养登记证和解除收养关系的书面协议共同到被收养人常住户口所在地的收养登记机关办理解除收养关系登记。收养登记机关在收到解除收养关系登记申请书及有关材料后,应当自次日起30日内进行审查,对符合《民法典》相关规定的,为当事人办理解除收养关系的登记,收回收养登记证,发给解除收养关系证明(《中国公民收养子女登记办法》第9条、第10条)。

二、收养关系的诉讼解除

(一)诉讼解除的条件

被收养人尚未成年的,如收养人不履行抚养义务,有虐待、遗弃等侵害未成年养子女合法权益行为的,送养人有权要求解除养父母与养子女间的收养关系。送养人、收养人不能达成解除收养关系协议的,送养人可以向人民法院起诉解除收养关系(《民法典》第1114条第2款)。

被收养人已经成年的,如养父母与成年养子女关系恶化、无法共同生活,且双方无法就收养关系的解除达成协议的,当事人双方均可以向人民法院起诉要求解除(《民法典》第1115条)。

(二)诉讼解除的程序

其一,要求解除收养关系的当事人依照《民事诉讼法》的规定向有管辖权的人民法院提起诉讼。

其二,人民法院受理案件后,应当进行调解,调解无效的应根据案件实际情况判决是否准予解除收养关系。经审理查明收养人有不履行抚养义务或有虐待、遗弃未成年养子女合法权益行为的,应判决解除该收养关系。如果系因送养人反悔要求解除的,人民法院应维护合法的收养关系,对其诉讼请求不予支持。经审理查明养父母与成年养子女关系恶化、无法共同生活的,调解无效可判决解除收养关系。

三、收养关系解除的法律后果

根据《民法典》的规定,收养关系解除后,产生下列法律后果:

(一)拟制血亲关系的解除

《民法典》第1117条规定,收养关系解除后,养子女与养父母及其他近亲属间的权利义务关系即行消除。解除收养关系的直接后果是收养人和被收养人之间法律拟制亲子关系的终止,双方不再具有父母子女间的权利义务关系。因收养而产生的其他近亲属关系也随收养关系的解除而消灭。

(二)自然血亲关系的恢复

《民法典》第1117条同时规定,收养关系解除后,养子女与生父母及其他近亲属间的权利义务关系自行恢复。这是保障未成年养子女权益的必然要求,当拟制的亲子关系和近亲属关系消灭,自然的亲子关系和近亲属关系必须自行恢复,这样才能确保未成年子女的监护、抚养、教育和保护。但成年养子女与生父母及其他近亲属间的权利义务关系是否恢复,可以由双方协商确定。

(三)解除收养的其他法律后果

《民法典》第1118条对解除收养关系后,成年养子女对养父母的生活费给付义务、养父母向成年养子女或送养人的抚养费补偿请求权作了明确的规定。

其一,收养关系解除后,经养父母抚养的成年养子女,对缺乏劳动能力又缺乏生活来源的养父母,应当给付生活费。虽然双方的身份关系解除,但是养父母抚养教育养子女的事实不会随之消除,基于权利义务相一致的原则,养子女仍应负担需要赡养的养父母的生活费。至于生活费的数额,可依据养父母抚养养子女的事实、养父母的实际需要、成年养子女的负担能力等综合确定。

其二,养父母对成年养子女的补偿请求权。因养子女成年后虐待、遗弃养父母而解除收养关系的,养父母可以要求养子女补偿收养期间支出的抚养费。

其三,养父母对生父母的补偿请求权。因生父母要求解除收养关系的,养父母可以要求生父母适当补偿收养期间支出的抚养费;但是收养关系是因养父母虐待、遗弃养子女而解除的,养父母不得要求生父母的补偿抚养费。

问题与思考

养父母与成年养子女关系恶化,无法共同生活,一方起诉到人民法院坚决要求解除收养关系,另一方不同意解除的,人民法院应如何处理?人民法院应根据案件具体情况,审理查明双方是否关系恶化无法共同生活,并注意保护老年养父母的合法权益。同时应区分提出解除收养关系的是哪一方:如果是成年养子女提出,养父母不同意,那么人民法院应注重保护老年养父母的合法权益,在不解除收养关系更有利于收养人时,应判决不予解除。如果提出解除收养关系的是养父母,态度坚决,人民法院无法调和双方关系,继续维持收养关系对养父母的晚年生活确无益处,解除收养并不损害成年养子女的利益的,可以判决解除收养关系。

拓展阅读推荐

1. 蒋新苗:《国际收养法律制度研究》,法律出版社1999年版。
2. 雷明光主编:《中华人民共和国收养法评注》,厦门大学出版社2016年版。

3. 蒋新苗:《收养法比较研究》,北京大学出版社 2005 年版。
4. 王丽萍:《婚姻家庭法律制度研究》,山东人民出版社 2004 年版。
5. 黄薇主编:《中华人民共和国民法典婚姻家庭编解读》,中国法制出版社 2020 年版。
6. 杨大文、龙翼飞主编:《婚姻家庭法》(第八版),中国人民大学出版社 2020 年版。

第六编　继　承

第三十二章 继承制度概述

学习要点

- 继承的概念和特征
- 继承开始的时间
- 遗产的范围
- 继承权的概念以及继承权的取得、放弃、丧失和保护

第一节 继承概述

一、继承的概念

继承的概念有广义和狭义的区别，广义的继承包括祭祀继承、身份继承和财产继承，狭义的继承就是指财产继承。我国古代的宗祧继承就是广义的继承，财产继承只是祭祀继承和身份继承的附属。[1] 宗祧继承早已废止，现代法律中的继承通常仅指财产继承。

《民法典》继承编调整因继承产生的民事关系。现行法中的继承是财产继承，指自然人死亡时遗留的个人合法财产，由法律规定的或者由死者指定的人取得的制度。遗留财产的死者是被继承人，被继承人只能是自然人（《民法典》第124条），其他民事主体不能作为被继承人；被继承人死亡时所遗留的个人合法财产是遗产（法律规定或者按照其性质不得继承的除外）；取得遗产的人可能是继承人（包括法定继承人和遗嘱继承人）、受遗赠人或者酌情分得遗产的人。

二、继承的特征

继承作为取得财产的重要方式，与其他财产取得的民事法律制度相比，具有如下特点：

第一，继承因被继承人死亡而开始。民事权利能力始于出生，终于死亡。自然人死亡后，不再具有民事权利能力，不能享有民事权利、承担民事义务，需要有人承受其生前的财产。《民法典》第1121条第1款规定，“继承从被继承人死亡时开始”，被继承人死亡的时间即为继承开始的时间。自然人的死亡包括生理死亡和宣告死亡，二者都是继承开始的原因。

第二，继承的结果是遗产的权利转移。继承是财产权利转移的方式之一。被继承人死亡后，其遗产的处理按照继承的相关规则处理。《民法典》第1123条规定：“继承开始后，按照法定继承办理；有遗嘱的，按照遗嘱继承或者遗赠办理；有遗赠扶养协议的，按照协议办理。”也即被继承人死亡后，有遗赠扶养协议的，应先按遗赠扶养协议的约定转移遗产；没有遗赠扶养协议或者

---

[1] 刘春茂主编：《中国民法学·财产继承》（修订版），人民法院出版社2008年版，第2页。

协议尚有未处理完的遗产,如有遗嘱的,则由遗嘱继承人或受遗赠人取得遗产。根据《继承编解释(一)》第3条的规定,如果被继承人生前与他人订有遗赠扶养协议,同时又立有遗嘱,若二者没有相抵触,则遗产分别按协议和遗嘱处理,若二者有抵触,则按协议处理,与协议抵触的遗嘱全部或部分无效。没有遗嘱、遗嘱无效或遗嘱未处分全部遗产的,则遗产按照法定继承处理,由法定继承人或者酌分遗产人取得遗产。如上述遗产转移的方式都不能适用的,依《民法典》第1160条处理:无人继承又无人受遗赠的遗产,归国家所有,用于公益事业;死者生前是集体所有制组织成员的,归所在集体所有制组织所有。因此,继承的结果就是遗产的权利转移。

第三,继承人限于与被继承人有特定亲属关系的人。因继承而取得财产的可以是继承人、受遗赠人和酌情分得遗产的人,其中继承人是与被继承人有特定亲属关系的人,无亲属关系的人只能成为受遗赠人或酌情分得遗产的人。继承人按取得继承权的方式不同,分为法定继承人和遗嘱继承人,但遗嘱继承人只能是法定继承人之中的人。根据《民法典》第1127条至第1129条的规定,法定继承人均为被继承人的特定亲属,包括配偶、血亲以及有扶养关系的姻亲。

问题与思考

继承是自然人死亡后财产转移的规则,依据何种原则或目的制定规则,即为继承的根据之问题。史尚宽先生研究认为,继承的根据曾有如下四种:意思说;家族协同说;死后扶养之思想;以继承为无主财产之归属问题。并且认为,现代继承法所反映出来的继承的根据,实际上结合了上述四种思想。[2]

第二节 继承的开始

一、继承开始的时间

《民法典》第1121条第1款规定:"继承从被继承人死亡时开始。"被继承人死亡的时间即为继承开始的时间。

(一)继承开始的时间之法律意义

首先,继承开始的时间是确定继承人、受遗赠人范围的时间标准,即只有在继承开始时生存着的人或已受胎的胎儿才具有继承或受遗赠的资格;继承开始时已经死亡或者与被继承人同时死亡的人不能作为继承人或受遗赠人,在继承开始时尚未受胎的胎儿也不具有继承的资格。

其次,继承开始的时间也是确定遗产范围的时间标准,在继承开始时属于被继承人的个人合法财产才是遗产(《民法典》第1122条),继承开始前被继承人已经处分的财产或者因被继承人死亡而取得的赔偿金等不属于遗产。

再次,继承开始的时间也是遗产的所有权转移的时间,依《民法典》第230条的规定,"因继承取得物权的,自继承开始时发生效力"。

最后,继承开始的时间也是继承人可以放弃继承权的时间。从继承开始到遗产分割之前继承人可以表示放弃继承权,继承人无法在继承开始前预先放弃继承权。

---

〔2〕 史尚宽:《继承法论》,中国政法大学出版社2000年版,第3~6页。

(二)继承开始的时间之确定

法律对自然人死亡时间的确定,是以死亡证明记载的时间为准的;没有死亡证明的,以户籍登记或者其他有效身份登记上所记载的死亡时间为准;但有其他证据足以推翻上述记载时间的,以该证据证明的时间为准(《民法典》第15条)。如果不知道自然人是否死亡或者需要确定更确切的死亡时间以处理继承问题,就需要死亡宣告制度和死亡时间推定制度来确定继承开始的时间。

1. 宣告死亡制度

自然人失去音讯处于下落不明的状态达到一定期限,利害关系人可以申请宣告其死亡。被宣告死亡之人的死亡时间为人民法院宣告其死亡的判决作出之日;但因意外事件下落不明而被宣告死亡的,意外事件发生之日视为其死亡的日期(《民法典》第48条)。

2. 死亡时间推定制度

两个以上相互有继承关系的人在同一事件中死亡,又难以确定实际死亡时间的,为解决死者之间的相互继承问题,需要通过死亡时间推定制度来确定死亡顺序。根据《民法典》第1121条第2款的规定,我国的死亡时间推定制度包含三个具体规则:(1)推定没有其他继承人的人先死亡,意指除了在同一事件中一起死亡的人之外,再没有其他继承人的死者被推定为先死亡。(2)死者都有其他继承人时,如死者的辈份不同,如父母子女之间、祖孙之间,则推定长辈先死亡。(3)死者都有其他继承人时,如死者的辈分相同,例如兄弟姐妹之间、配偶之间,则推定同时死亡,相互不发生继承。

二、继承开始的地点

继承开始的地点是指民事主体参与继承法律关系,接受遗产的场所。确定继承开始的地点有利于调查、管理和分配被继承人的遗产,也有利于继承法律关系的主体参与诉讼,因此很多国家和地区都在继承法律中规定了继承开始的地点。例如,《瑞士民法典》第538条第1款规定:"继承,就全部财产,在被继承人的最后住所地开始。"《俄罗斯联邦民法典》第1115条规定,"继承发生的地点是被继承人的最后住所地";如果被继承人最后住所地不明或者在俄罗斯境外,而遗产在境内的,"俄罗斯联邦境内遗产继承发生的地点为遗产所在地"。

我国原《继承法》以及《民法典》均未规定继承开始的地点,学理上一般认为继承开始的地点应该是被继承人最后住所地或者主要遗产所在地。[3]《民事诉讼法》第33条在确定专属管辖时也规定,"因继承遗产纠纷提起的诉讼,由被继承人死亡时住所地或者主要遗产所在地人民法院管辖"。

三、继承开始的通知

继承开始的通知是指将被继承人死亡的事实通知继承人和遗嘱执行人,以便其及时开始处理继承问题。《民法典》第1150条规定:"继承开始后,知道被继承人死亡的继承人应当及时通知其他继承人和遗嘱执行人。继承人中无人知道被继承人死亡或者知道被继承人死亡而不能通知的,由被继承人生前所在单位或者住所地的居民委员会、村民委员会负责通知。"负有通知义

[3] 郭明瑞、房绍坤编著:《继承法》,法律出版社1996年版,第196页;杨立新、朱呈义:《继承法专论》,高等教育出版社2006年版,第243页。

务的人是知道被继承人死亡的继承人;继承人均不知道被继承人死亡或者虽然知道但没有通知的能力的,例如被继承人未成年,通知的义务则由被继承人生前所在单位或者住所地的居民委员会、村民委员会承担。通知义务的履行以将被继承人死亡的事实传达给继承人和遗嘱执行人为原则,方式不限,口头、书面均可。

问题与思考

自然人被宣告死亡后继承开始,其个人合法财产作为遗产被继承人或受遗赠人等取得。如被宣告死亡的自然人重新出现,因继承法律关系已经取得遗产的人是否应归还财产?《民法典》第53条对此有明确规定,被撤销死亡宣告的人有权请求依照继承规则取得其财产的民事主体返还财产;无法返还的,应当给予适当补偿。同时《民法典》对隐瞒真实情况,致使他人被宣告死亡而取得其财产的利害关系人,不但要求其返还财产,还要求其应当对由此造成的损失承担赔偿责任。

第三节　遗　　产

一、遗产的概念和特点

遗产是被继承人死亡时遗留的个人合法财产。遗产是继承法律关系的客体,我国民法所确定的遗产均为积极的财产权利。

遗产的特点有:

第一,遗产是被继承人死亡时遗留的财产。被继承人死亡时继承开始,只有在此时属于被继承人的财产才能属于其遗产。故此,因被继承人死亡而取得的抚恤金、死亡赔偿金以及保险金不属于被继承人的遗产,而应归法律上有权取得的主体所有。

第二,遗产是被继承人的个人合法财产。被继承人的财产有可能处于与他人共有的状态,在处理遗产时就应分出他人的财产部分,剩下的才是被继承人的遗产。"夫妻共同所有的财产,除有约定的外,遗产分割时,应当先将共同所有的财产的一半分出为配偶所有,其余的为被继承人的遗产。遗产在家庭共有财产之中的,遗产分割时,应当先分出他人的财产"(《民法典》第1153条)。被继承人非法侵占的财产或者依法不允许自然人拥有的财产,不是遗产。

第三,依照法律规定或者根据其性质不得继承的遗产,不得继承。自然人死亡时遗留的个人合法财产虽然是遗产,但并非都可以继承。根据《民法典》第1122条第2款的规定,"依照法律规定或者根据其性质不得继承的遗产,不得继承"。根据其性质不得继承的遗产,例如扶养请求权等专属被继承人的财产权,不得继承;依法不能直接继承的遗产,例如合伙企业中普通合伙人的合伙人资格,非经合伙协议的约定或者经全体合伙人一致同意,其继承人不能继承其合伙人资格。

二、遗产的范围

根据《民法典》的规定,遗产包括物权、债权、知识产权、继承权、股权和其他投资性权利等。

1. 物权

物权是权利人依法对特定的物享有直接支配和排他的权利,包括所有权、用益物权和担保物权，而物包括了动产和不动产（《民法典》第114条、第115条）。但用益物权的继承要区别情况，依法可以继承的方可继承。例如在农村土地承包权中，林地承包权，或通过招标、拍卖、公开协商等方式取得土地承包经营权，承包人死亡后，在承包期内其继承人可以继承其承包权。

2. 债权

债权是因合同、侵权行为、无因管理、不当得利以及法律的其他规定，权利人请求特定义务人为或者不为一定行为的权利（《民法典》第118条）。除依其性质或约定不能继承外，债权也可以作为遗产继承。

3. 知识产权中的财产性权利

知识产权是权利人依法就作品、发明、实用新型、外观设计，商标，地理标志，商业秘密，集成电路布图设计，植物新品种，以及法律规定的其他客体享有的专有的权利，除人身性质的权利外，知识产权中的财产性权利可以继承。

4. 继承权

继承权作为遗产主要发生在转继承中，被转继承人尚未来得及行使其继承权就死亡，其继承被继承人遗产的权利转由其继承人取得。

5. 股权和其他投资性权利

股权和其他投资性权利主要包括股份有限公司的股份、有限责任公司的股权、合伙企业的合伙份额、个人独资企业的出资额等。除依法或依约定不能继承的以外，股权和其他投资性权利可以继承。例如，有限责任公司的股东资格，除非章程另有规定，"自然人股东死亡后，其合法继承人可以继承股东资格"（《公司法》第75条）。

6. 其他

其他依法可以作为遗产的财产。例如，身故保险金一般应归属于受益人，但在下列情况下也可以作为被保险人的遗产：被保险人死亡后，"（一）没有指定受益人，或者受益人指定不明无法确定的；（二）受益人先于被保险人死亡，没有其他受益人的；（三）受益人依法丧失受益权或者放弃受益权，没有其他受益人的。受益人与被保险人在同一事件中死亡，且不能确定死亡先后顺序的，推定受益人死亡在先"（《保险法》第42条）。

问题与思考

被继承人生前享有的向侵权行为人请求精神损害赔偿的权利是否属于遗产？请求损害赔偿的权利属于债权（《民法典》第118条），一般认为可以继承。但精神损害赔偿的目的是抚慰人身权益受到侵害造成严重精神损害的受害人本人，如果本人已经在权利行使前死亡，抚慰的目的就无法实现了。

第四节　继　承　权

一、继承权的概念和种类

（一）继承权的概念

继承权是自然人依照法律规定或被继承人生前有效遗嘱的指定所享有的取得被继承人遗产

的权利。继承人依法取得遗产的权利是继承权,受遗赠人取得遗产的权利是受遗赠权。

法律以及法学著作通常在两种意义上使用“继承权”一词。一是继承开始之前对将来取得继承人地位的推定或者将来成为继承人的资格,学者们一般称为继承期待权,该期待权因法律规定的亲属关系或者遗嘱指定而取得,《民法典》第 1125 条所指的继承权就是在此意义上使用的;二是继承开始之后继承人实际取得的继承被继承人遗产的权利,即继承既得权,该权利在被继承人死亡后,依法或依遗嘱取得,继承既得权可以放弃,受到侵害亦可得到法律救济。

1. 继承期待权

继承期待权是一种不确定的权利,继承人在将来有继承遗产的可能性。在继承开始之前被推定的继承人地位可能因为继承人死亡、丧失继承权、被继承人订立遗嘱或者更优先顺位的继承人的出现而改变或丧失。因不具有客观的、现实的、具体的权利内容,所以继承期待权也无法处分,放弃继承只能在继承开始之后,放弃继承既得权。但是,继承期待权依然具有法律意义:其一,作为一种推定的地位或资格,继承期待权可能因法定之不法行为而被依法剥夺,这就是继承权丧失制度(《民法典》第 1125 条)。其二,享有继承期待权的继承人在一定情形下会限制被继承人的遗嘱自由,被继承人不能通过遗嘱取消缺乏劳动能力又没有生活来源的继承人的全部继承期待权,法律规定立遗嘱时应当为缺乏劳动能力又没有生活来源的继承人保留必要的遗产份额(《民法典》第 1141 条)。

2. 继承既得权

继承既得权是确定的现实的权利,享有继承期待权的推定继承人在继承开始后转化为享有继承既得权的应召继承人,享有取得被继承人遗产的权利。继承人可以选择接受或放弃继承既得权,行使继承既得权,推选或者担任遗产管理人,清偿被继承人债务,请求分割遗产等,在权利受侵害后有权请求保护。

(二)继承权的特征

第一,继承权是一项独立的民事财产权利。法学著作中关于继承权的性质有几种具有代表性的学说,包括法律地位说、物权说、选择权说以及独立民事权利说等。这些学说在一定的历史阶段中或在某些方面描述了继承权的特征,均具有一定合理性。但依据《民法典》对权利的分类,继承权与物权、债权、知识产权等均属于民事权利中的财产权利,故继承权在《民法典》的权利体系中是一项独立的民事财产权利:(1)该权利虽然基于特殊的身份关系取得但不属于人身权利,行使继承权的结果是取得遗产。(2)继承权具有其他财产权利所不具有的特性,因此不能被其他财产权利包含,所以是一项独立的民事财产权利。但也必须注意到,继承人所享有的继承权不仅指向民事权利,也可能会包括诉讼地位。如《民事诉讼法》第 150 条、第 151 条,被继承人死亡后,其诉讼地位可由继承人承接或放弃。

第二,继承权的主体只能是被继承人法定继承人范围之内的自然人。(1)继承权的主体只能是自然人,也只有自然人才能成为继承人。《民法典》第 124 条、第 1120 条确定并保护自然人的继承权。其他非自然人而取得遗产的民事主体不能称为继承人,例如被继承人通过遗嘱指定某村委会取得其遗产,该村委会为受遗赠人,村委会享有的取得遗产的权利为受遗赠权,而非继承权。(2)继承人只能是法定继承人范围之内的自然人。被继承人如通过遗嘱指定法定继承人之外的自然人取得其遗产,该自然人被称为受遗赠人,享有受遗赠权(《民法典》第 1133 条)。继承人之外的人因为扶养关系而依《民法典》第 1131 条取得遗产,为酌分遗产人,其享有的是请求适当分得遗产的权利,该权利不是继承权。(3)法定继承人范围内的自然人依遗嘱指定取得遗产的权利为遗嘱继承权，依法律直接规定取得遗产的权利为法定继承权。

二、继承权的取得和放弃

（一）继承权的取得

继承权依据取得根据的不同而分为法定继承权和遗嘱继承权。

1. 法定继承权

法定继承权是法定继承人依据法律的直接规定而享有的取得遗产的权利。法律的直接规定是指法律通过规定继承人的范围和顺序而确定继承人的继承权。法定继承权的取得基于两个法律事实：（1）被继承人死亡；（2）被继承人死亡时有法定继承人。根据《民法典》第1127条至第1129条的规定，法定继承人是被继承人一定范围内的亲属，包括了配偶、近血亲（包括自然血亲和拟制血亲）以及有扶养关系的姻亲。被继承人死亡后，顺序在先的法定继承人取得继承权。

2. 遗嘱继承权

遗嘱继承权基于被继承人的遗嘱指定。被继承人可以通过遗嘱来指定继承人、指定继承份额或具体遗产的取得，法定继承人因被继承人的意思而取得遗产的权利为遗嘱继承权。遗嘱继承权的取得也基于两个法律事实：（1）被继承人死亡；（2）被继承人生前立有合法有效的遗嘱指定了继承人。

法定继承人范围以外的组织、个人，或者集体、国家根据被继承人遗嘱或遗赠扶养协议取得遗产的权利为受遗赠权。受遗赠权的取得需要满足三个条件：（1）被继承人生前订立有效遗嘱或签订遗赠扶养协议且扶养人履行了约定的扶养义务；（2）被继承人死亡；（3）受遗赠人在法定期限内表示接受遗赠。

（二）继承权的放弃

继承人取得继承权并不需要表示接受继承，满足法律规定的法律事实即可取得继承权。继承开始后，享有继承期待权的继承人自动取得继承权，如不愿接受继承则需作出放弃继承权的表示。没有表示放弃继承的，则推定为接受继承。根据《民法典》第1124条第1款的规定，继承人应按照如下方式放弃继承：

1. 放弃继承权的时间

继承人放弃继承应在继承开始后，在遗产处理前。继承开始之前，继承人享有的是继承期待权，该权利不具有客观确定性，所以无法放弃。只有在继承开始后，继承人才能放弃继承既得权。放弃继承权，还应该在遗产处理之前。遗产处理前，继承人对遗产享有的是继承权，遗产处理后，继承人对遗产享有的是所有权。“遗产分割后表示放弃的不再是继承权，而是所有权。”（《继承编解释（一）》第35条）因此继承人应在继承开始后遗产处理前作出放弃继承的意思表示。由于立法并未规定遗产处理的期限，按照我国民众的继承习惯，遗产分割可能会在继承开始的数年甚至十数年之后，因此放弃继承权的期限是不确定的。

2. 放弃继承权的方式

《民法典》仅规定继承人应以书面形式作出放弃继承的表示。依据法理和最高人民法院的司法解释，放弃继承权应注意：

首先，放弃继承权不需得到他人的同意。放弃继承权的行为是单方法律行为，作出该意思表示即可放弃继承权，不需要其他继承人或遗产管理人或法院的同意。但为处理遗产的方便，放弃继承权的意思表示应向其他继承人、遗产管理人或人民法院作出。依《继承编解释（一）》第33

条、第34条的规定,继承人放弃继承应当以书面形式向遗产管理人或者其他继承人表示,也可以在诉讼中向人民法院作出。

其次,放弃继承权应以书面形式作出。书写放弃的声明、在遗产处理的协议文书中写明放弃继承权的内容、在公证机关将放弃继承的意思表示制作为公证文书等均属于以书面形式作出。根据《继承编解释(一)》第34条的规定,在诉讼中,继承人向人民法院以口头方式表示放弃继承的,要制作笔录,由放弃继承的人签名。

再次,放弃继承权不能部分接受、部分放弃。放弃继承权的后果是从继承一开始就不享有继承权,因此放弃继承权是整体地对继承人法律地位的放弃,无法放弃这部分遗产而接受另一部分遗产。同样,继承人表示放弃继承但指明自己的应继份由其他人取得,这种转让遗产份额的行为也不是放弃继承权,继承人放弃继承权后对遗产不享有处分的权利,遗产依遗嘱或依法律直接规定处理。另外,放弃继承权是对个人财产权利的放弃,不得以不承担法定义务为条件,例如以将来不赡养父亲为条件放弃对母亲遗产的继承权,以将来不抚养子女为条件放弃对配偶遗产的继承权,如果附有此类条件,视为未附条件。

最后,监护人一般不得代为放弃继承权。监护人的职责是代理被监护人实施民事法律行为,保护被监护人的人身权利、财产权利以及其他合法权益等。被继承人享有的继承权是其无偿取得遗产的依据,而我国实行法定限定继承制度(《民法典》第1161条),继承权是一项纯受益的财产权利,监护人不得代为放弃。《民法典》第35条第1款规定,“监护人应当按照最有利于被监护人的原则履行监护职责。监护人除为维护被监护人利益外,不得处分被监护人的财产”。明显损害被代理人利益的,应认定其代理行为无效。

3. 放弃继承权的法律效力

依《继承编解释(一)》第37条,放弃继承权的效力追溯到继承开始的时间。也即从继承开始该继承人就没有继承权,处理遗产时不再考虑该继承人。继承人不能取得遗产,但对被继承人依法应当缴纳的税款和债务也可以不负清偿责任(《民法典》第1161条第2款)。遗嘱继承人放弃遗嘱继承权的,遗产中的有关部分按照法定继承办理(《民法典》第1154条)。法定继承人放弃法定继承权的,被继承人的遗产依法由其他法定继承人取得。

与继承权的放弃不同,受遗赠人有两种方式可以放弃受遗赠权:(1)在知道受遗赠后60日内,作出放弃受遗赠的意思表示;(2)到期没有表示的,视为放弃受遗赠。受遗赠人放弃遗赠的,遗产中的有关部分按照法定继承办理(《民法典》第1154条)。

三、继承权的丧失

(一)继承权丧失的概念和特点

继承权丧失是有继承资格的人因有法律规定的违法行为而依法丧失继承资格。我国的继承权丧失具有如下特点:

第一,丧失的继承权既可能是继承期待权也可能是继承既得权,主要是指继承人的继承资格被依法剥夺。在继承开始之前丧失继承权的,继承开始后也不能取得继承权,当然也不可能放弃。

第二,继承权的丧失是一种民事制裁,针对的是法律明文规定的违法行为,其后果是直接丧失继承的权利。丧失继承权不同于被继承人通过遗嘱取消其继承权,也不同于因过错而分配遗产时少分或不分遗产,法律规定绝对丧失继承权的情形下即使被继承人宽恕也必然丧失。

第三,继承权丧失的规则适用于法定继承和遗嘱继承,也适用于遗赠的情形,受遗赠人有《民法典》第1125条第1款规定的行为的,丧失受遗赠权(《民法典》第1125条第3款)。

(二)继承权丧失的法定情形

根据《民法典》第1125条第1款的规定,继承人有下列行为之一的将丧失继承权:

1.故意杀害被继承人

故意杀害被继承人是严重的刑事犯罪行为,理应丧失继承权。关于此种情形有两点需要注意:(1)必须是故意杀害,有杀害被继承人的故意即可,不考虑其动机或目的,因过失行为致被继承人死亡并不导致继承权丧失。(2)无论杀害被继承人的犯罪行为既遂还是未遂,继承人只要有故意杀害被继承人的行为均丧失继承权(《继承编解释(一)》第7条)。

2.为争夺遗产而杀害其他继承人

杀害他人均为严重犯罪,但要导致继承人丧失继承权,需注意如下四点:(1)继承人杀害的是其他继承人,被杀害者是继承顺序在前或者与杀人者同一继承顺序的法定继承人,或者是遗嘱指定的继承人。(2)继承人杀害其他继承人的目的是争夺遗产,而不是因为其他纠纷。(3)杀害其他继承人的时间可能是在继承开始之前,也可能是在继承开始之后。(4)继承人为争夺遗产杀害其他继承人的行为无论既遂还是未遂,均导致该继承人丧失对被继承人的继承权。

3.遗弃被继承人,或者虐待被继承人情节严重

遗弃是指有扶养能力的人,对其负有扶养义务又需要其扶养的无独立生活能力的被继承人拒绝履行扶养义务的行为。遗弃是严重违反亲属间法定义务的行为,无论继承人遗弃被继承人的行为是否造成严重后果,也无论其情节是否恶劣,继承人均应丧失继承权。

虐待是指继承人经常以打骂、冻饿、禁闭、强迫过度劳动、有病不给治疗或其他方式摧残、折磨被继承人,给其精神上和身体上造成伤害的行为。虐待被继承人情节严重的行为将导致继承人丧失继承权。如何判定构成情节严重?根据《继承编解释(一)》第6条的规定,可以从继承人实施虐待行为的时间、手段的恶劣程度、后果的严重性和社会影响等方面认定其虐待被继承人的情节。只要继承人虐待被继承人情节严重,无论是否追究其刑事责任,均可确认其丧失继承权。

4.伪造、篡改、隐匿或者销毁遗嘱,情节严重

伪造遗嘱是指继承人以被继承人名义制作假遗嘱,篡改遗嘱是指对被继承人遗嘱进行修改增减以改变原遗嘱内容,《民法典》第1143条认为伪造的遗嘱,以及遗嘱中篡改的内容不是被继承人的真实意思而无效。隐匿遗嘱是指继承人明知被继承人订立了遗嘱而故意隐藏遗嘱;销毁遗嘱是指继承人将被继承人生前遗嘱故意破坏毁灭。以上伪造、篡改、隐匿和销毁遗嘱的行为通常都是为了使自己在继承中取得更多遗产,其行为严重违反了被继承人生前意愿,侵害了被继承人的遗嘱自由权以及其他继承人及受遗赠人的权利。继承人伪造、篡改、隐匿和销毁遗嘱的行为情节严重的,依法丧失继承权。判断伪造、篡改、隐匿和销毁遗嘱的行为是否构成情节严重,通常可以从行为的后果来判断,例如非法获利或造成损害的大小。《继承编解释(一)》第9条认为,若侵害了缺乏劳动能力又无生活来源的继承人利益,并造成其生活困难的,应认定伪造、篡改、隐匿和销毁遗嘱的行为情节严重。

5.以欺诈、胁迫手段迫使或者妨碍被继承人设立、变更或者撤回遗嘱,情节严重

欺诈是指故意告诉对方虚假情况,或者故意隐瞒真实情况,诱使对方作出错误的意思表示;胁迫是指给对方及其亲友的生命健康、荣誉名誉、财产等造成损害为要挟,迫使对方作出违背真实意思表示的行为。继承人为达到侵吞、多占遗产的目的,实施欺诈、胁迫行为迫使或者妨碍遗

嘱人设立、变更或者撤回遗嘱,使被继承人在违背真实意思的情况下作出遗嘱处分或无法作出遗嘱处分,侵害了被继承人的遗嘱自由,损害了其他继承人或受遗赠人的权益。如果上述不法行为情节严重,继承人将依法丧失继承权。判断情节是否严重,可以从非法获利大小、造成他人权益受损后果等方面判断。

(三)被继承人宽恕对继承权丧失的影响

《民法典》第1125条第1款所列的五项导致继承权丧失的情形中,有第1项和第2项行为的继承人依法绝对丧失继承权,即使被继承人嗣后表示宽恕原谅或者嗣后遗嘱指定该继承人的遗产份额,均无法恢复或重新赋予其继承权,这是因为第1项"故意杀害被继承人"和第2项"为争夺遗产而杀害其他继承人"都是非常严重的犯罪行为。根据《继承编解释(一)》第8条规定,若继承人有上述第1、2项行为,被继承人以遗嘱将遗产指定由该继承人继承的,可确认遗嘱无效。

但是继承人如果是有第3项至第5项行为,即"遗弃被继承人,或者虐待被继承人情节严重""伪造、篡改、隐匿或者销毁遗嘱,情节严重""以欺诈、胁迫手段迫使或者妨碍被继承人设立、变更或者撤回遗嘱,情节严重",法律规定若继承人确有悔改表现,被继承人表示宽恕或者事后在遗嘱中将其列为继承人的,该继承人不丧失继承权。第3项到第5项行为虽然也都是严重的不法行为,但与第1、2项行为相比要轻微,同时考虑到继承人与受害人的亲属关系,为了维护家庭和睦并鼓励有过错的继承人改过自新,在继承人悔改且被继承人谅解宽恕的情况下,继承人不丧失继承权。

(四)继承权丧失的效力

1. 当然丧失

继承权的丧失不需要经人民法院确定或宣告,有法律规定丧失继承权的情形的,继承人当然丧失继承权。但是继承人之间因是否丧失继承权发生纠纷,诉讼到人民法院的,人民法院可判决确认继承人是否丧失继承权(《继承编解释(一)》第5条)。人民法院的判决确认不是继承人丧失继承权的必经程序。

2. 不能代位继承

继承人丧失继承权,不再享有对被继承人遗产的继承期待权和继承既得权。这种丧失是相对的,即仅针对特定的被继承人丧失继承权,但其对其他人的继承权不受影响。根据《继承编解释(一)》第17条的规定,继承人丧失继承权的,其直系晚辈血亲不得代位继承。这是因为代位继承人只能继承被代位人有权继承的遗产,被代位人丧失继承权的,代位继承人也无法代其位继承被继承人的遗产。如该代位继承人缺乏劳动能力又没有生活来源,或者对被继承人尽赡养义务较多的,可以适当分给遗产。

四、继承权的保护

《民法典》第1120条规定,"国家保护自然人的继承权"。继承权是依法取得被继承人遗产的财产性权利,继承权受到侵害的情形通常包括否认继承人的继承权不分给其遗产,或没有继承权的人非法占有遗产拒不返还,或一部分继承人侵吞了应属于其他继承人的遗产,等等。继承权受侵害的继承人可以向人民法院请求保护其继承权。根据《民法典》第188条,继承权受到侵害的继承人向人民法院请求保护继承权的诉讼时效期间为3年。诉讼时效期间自继承人知道或者应当知道继承权受到损害以及义务人之日起计算。但自继承权受到损害之日起超过20年的,人民法院不予保护;有特殊情况的,人民法院可以根据继承人的申请决定延长。

问题与思考

被继承人通过遗嘱指定某一位子女继承某特定遗产，但遗嘱并未处分全部遗产，所以被继承人死亡后遗嘱指定的遗产由该子女取得，剩余遗产按法定继承处理，该子女作为第一顺序法定继承人也有权参与法定继承。就该子女能否仅接受遗嘱继承权而放弃法定继承权的问题，我们认为是可以的。继承权的放弃一般不能接受部分遗产而放弃部分遗产，是因为放弃继承的效力溯及继承开始之时，因此一旦放弃将失去继承人的法律地位。但是，放弃法定继承权而接受遗嘱继承权并非部分接受部分放弃，该子女虽然不再是法定继承人，但依然具有遗嘱继承人身份。

拓展阅读推荐

1. 张玉敏：《继承法律制度研究》（第 2 版），华中科技大学出版社 2016 年版。
2. 房绍坤、范李瑛、张洪波编著：《婚姻家庭继承法》（第七版），中国人民大学出版社 2021 年版。
3. 刘春茂主编：《中国民法学・财产继承》（修订版），人民法院出版社 2008 年版。
4. 张平华、刘耀东：《继承法原理》，中国法制出版社 2009 年版。
5. 杨立新、朱呈义：《继承法专论》，高等教育出版社 2006 年版。
6. 陈苇主编：《外国继承法比较研究与中国民法典继承编制定研究》，北京大学出版社 2011 年版。

第三十三章　法 定 继 承

学习要点

- 法定继承人的范围和顺序问题
- 代位继承和转继承
- 法定应继份的确定
- 酌情分得遗产的条件

第一节　法定继承概述

一、法定继承的概念和特征

法定继承是指由法律直接规定继承人的范围、继承顺序以及遗产分配的基本规则的继承方式。由于法定继承的适用顺序在遗赠扶养协议和遗嘱之后,故法定继承有时也被称为无遗嘱继承。

与遗嘱继承相比,法定继承最重要的特征是继承人范围、继承顺序以及遗产分配的规则均由法律直接规定。法定继承建立在严格的亲属身份关系上,并根据亲属的亲疏远近关系确定参与继承的先后顺序及遗产份额。我国的法定继承制度重视亲属身份关系,也重视亲属扶养关系,在遗产的分配规则上鼓励共同继承人协商一致处理遗产分割的问题。

二、法定继承的适用范围

根据《民法典》第 1123 条和第 1154 条的规定,继承开始后存在如下适用法定继承的情形:

第一,被继承人没有订立遗嘱和遗赠扶养协议。被继承人没有订立合法有效的遗嘱和遗赠扶养协议时,继承开始后继承人的范围、顺序和遗产分配规则按法律的直接规定确定。

第二,遗嘱继承人放弃继承或者受遗赠人放弃受遗赠。被继承人虽然订立了遗嘱,但遗嘱继承人或受遗赠人放弃继承权或受遗赠权,依遗嘱本应由遗嘱继承人或受遗赠人取得的遗产份额,适用法定继承规则由其他继承人取得。

第三,遗嘱继承人丧失继承权或者受遗赠人丧失受遗赠权。被继承人虽然订立了遗嘱,但遗嘱继承人或受遗赠人因法定违法行为而丧失继承权或受遗赠权,遗嘱中指定由该遗嘱继承人或受遗赠人取得的遗产份额,适用法定继承规则由其他继承人取得。

第四,遗嘱继承人、受遗赠人先于遗嘱人死亡或者终止。被继承人虽然订立了遗嘱,但遗嘱继承人或受遗赠人先于被继承人死亡或者在法律上终止主体资格,将导致遗嘱的这一部分不能生效。由于代位继承并不适用于遗嘱继承,因此遗嘱中指定给该遗嘱继承人或受遗赠人取得的遗产份额，适用法定继承规则由遗嘱人的法定继承人取得。

第五，有遗嘱无效部分所涉及的遗产。依《民法典》第1143条的规定，无民事行为能力人或者限制民事行为能力人所立的遗嘱，受欺诈、胁迫所立的遗嘱，伪造的遗嘱以及遗嘱中被篡改的内容无效。无效的遗嘱或遗嘱中无效部分所处置的遗产适用法定继承由继承人取得。

第六，有遗嘱未处分的遗产。被继承人虽然订立了有效遗嘱或遗赠扶养协议，但并未处理完全部遗产，遗嘱或遗赠扶养协议未处分的遗产亦适用法定继承规则。

问题与思考

遗嘱人在遗嘱中指定其大儿子继承某项不动产，考虑到大儿子体弱多病，在遗嘱中明确若大儿子先于遗嘱人死亡，则该项不动产由大儿子的子女取得。遗嘱人死亡时其大儿子已先于其死亡，遗嘱指定由大儿子继承的不动产，应该法定继承处理还是按遗嘱改由大儿子的子女取得？《民法典》继承编虽未规定替补继承，但学理上认为，遗嘱人指定大儿子的子女有权在其父先于遗嘱人死亡时取得遗产，符合附条件民事法律行为的要件，也体现了《民法典》继承编遗嘱自由的原则。我们认为，本案可由大儿子的子女取得遗嘱指定的遗产。

第二节　法定继承人的范围和顺序

法定继承人的范围是指适用法定继承时，何人可以作为继承人取得被继承人的遗产。法定继承人的顺序是法定继承人参加继承的先后顺序。法定继承人的范围和顺序问题是继承法的最基本问题之一。

一、法定继承人的范围

法定继承人包括了第一顺序和第二顺序的继承人，也包括依法可以代位继承的代位继承人。我国的法定继承人都是被继承人的亲属。依据《民法典》第1045条第1款的规定，亲属包括配偶、血亲和姻亲，法定继承人都是亲属，但亲属并不都是继承人，只有配偶、近血亲和有扶养关系的特定姻亲才是继承人。

（一）配偶

配偶之间互为继承人。依据现行法律，男女双方完成结婚登记，即确立婚姻关系，产生配偶的身份关系。配偶双方完成离婚登记，或者离婚判决书、调解书生效，婚姻关系即行解除，配偶身份关系消灭（《民法典》第1049条、第1080条）。在婚姻关系存续期间，一方死亡，另一方享有法定继承权。

但社会生活中存在符合结婚的条件且以夫妻名义共同生活的男女双方，没有办理结婚登记的情形。一方死亡，另一方以配偶身份主张享有继承权的，按《婚姻家庭编解释（一）》第7条、第8条的原则处理。即在1994年2月1日民政部《婚姻登记管理条例》公布实施以前，双方已符合结婚的实质要件并以夫妻名义同居生活的，双方关系按事实婚姻处理，一方死亡另一方可以配偶身份参加继承；1994年2月1日以后，男女双方符合结婚实质要件并以夫妻名义同居生活的，如未补办结婚登记，双方关系按同居关系处理，互不享有配偶的法定继承权。

(二)近血亲

依据《民法典》第1045条第2款的规定,配偶、父母、子女、兄弟姐妹、祖父母、外祖父母、孙子女、外孙子女为近亲属。除配偶外,我国《民法典》规定的近亲属均为近血亲。能够成为法定继承人的近血亲除了上述被继承人近亲属之外,还包括被继承人子女的其他直系晚辈血亲,以及被继承人兄弟姐妹的子女(《民法典》第1128条)。血亲包括自然血亲和法律拟制血亲,前者是指具有自然的血缘联系的血亲,无论兄弟姐妹是全血缘还是半血缘关系,也无论子女是否出生在婚姻关系之中;后者是指没有相应的自然血缘联系但法律赋予其相应的亲属权利义务而产生的血亲关系,例如因收养而形成的养父母子女关系、继父母与受其抚养教育的继子女之间的关系等。

1. 父母子女

父母子女是最近的直系血亲,《民法典》第1070条规定了"父母和子女有相互继承遗产的权利"。依据《民法典》第1072条第2款、第1111条的规定,被继承人的生父母和养父母,被继承人的婚生子女、非婚生子女和养子女均是其法定继承人;受被继承人抚养教育的继子女,抚养教育被继承人的继父母为被继承人的法定继承人。

需要注意的是:其一,《婚姻家庭编解释(一)》第40条规定,"婚姻关系存续期间,夫妻双方一致同意进行人工授精,所生子女应视为婚生子女,父母子女间的权利义务关系适用民法典的有关规定"。故双方一致同意进行人工授精所生子女即使与其父亲并无自然的血缘联系,但仍然是其父亲的法定继承人。其二,养子女在被收养后,与其养父母互为法定继承人,与其生父母不再互为法定继承人。

2. 兄弟姐妹

兄弟姐妹是最近的旁系血亲,被继承人的全血缘和半血缘的兄弟姐妹、养兄弟姐妹均是其法定继承人。全血缘兄弟姐妹是指同父同母的兄弟姐妹,半血缘兄弟姐妹是指同父异母或同母异父的兄弟姐妹。"养子女与生子女之间、养子女与养子女之间,系养兄弟姐妹"(《继承编解释(一)》第12条)。

3. 祖父母、外祖父母

《民法典》未界定祖父母、外祖父母,但依据《民法典》第1111条第1款的规定,被继承人的生父母之生父母或养父母,或养父母之生父母或养父母为被继承人的法定继承人。

4. 子女的直系晚辈血亲

所谓直系晚辈血亲是指己身所出的血亲,己身的子女、孙子女、外孙子女、曾孙子女等均为己身的直系晚辈血亲。被继承人子女的直系晚辈血亲作为代位继承人,不受辈数的限制。

根据《继承编解释(一)》第15条的规定,"被继承人的养子女、已形成扶养关系的继子女的生子女可以代位继承;被继承人亲生子女的养子女可以代位继承;被继承人养子女的养子女可以代位继承;与被继承人已形成扶养关系的继子女的养子女也可以代位继承"。即被继承人子女可以是生子女、养子女和形成扶养关系的继子女,但子女的直系晚辈血亲只能是具有自然血缘联系的直系晚辈血亲或因收养而形成的直系晚辈血亲。

5. 兄弟姐妹的子女

兄弟姐妹的子女即被继承人的侄子女和外甥子女。依据《民法典》第1127条第3款和第5款的规定,被继承人的兄弟姐妹、养兄弟姐妹、有扶养关系的继兄弟姐妹的婚生子女、非婚生子女、养子女、有扶养关系的继子女是代位继承人。

（三）有扶养关系的特定姻亲

姻亲是以婚姻为中介而形成的亲属关系，可分为直系姻亲和旁系姻亲，前者如公婆与儿媳，岳父母与女婿，继父母与继子女，后者如继兄弟姐妹等。在我国的亲属制度中，姻亲之间的权利义务关系很少，单纯的姻亲也不是法定继承人，但有扶养关系的特定姻亲可依法成为继承人。

1. 有扶养关系的继父母、有扶养关系的继子女

继父母子女关系是配偶一方和配偶另一方与前配偶所生子女之间的关系，该方配偶为继父母，另一方配偶与前配偶所生子女为继子女，继父母子女互为直系姻亲关系。依据《民法典》第1127条第3、4款的规定，有扶养关系的继父母与生父母、养父母一样是被继承人的法定继承人；有扶养关系的继子女与婚生子女、非婚生子女、养子女一样是被继承人的法定继承人。

这里要注意三点：(1)被继承人生前与其继父母或继子女之间存在扶养关系，这种扶养关系既包括被继承人扶养对方，也包括被对方扶养的情形。也即有扶养关系的继父母子女关系比《民法典》第1072条第2款规定的继父母和受其抚养教育的继子女关系范围更广，后者是《民法典》规定的拟制血亲，限于继父母抚养教育继子女的情形。(2)被继承人生前与继父母或继子女的姻亲关系存在。如果被继承人生前与有扶养关系的继父母或继子女已经终止姻亲关系，相互不再是继父母子女关系，也不能互为对方的法定继承人。例如，继父母曾抚养过继子女，但后来继父母与继子女的生父母离婚，作为姻亲关系中介的婚姻关系因离婚而终止，姻亲关系亦随之解除，二人之间不再是继父母子女关系，亦不再是对方的法定继承人。(3)继父母继承了继子女的遗产，或继子女继承了继父母的遗产，不影响其继承自己生子女或生父母的遗产（《继承编解释（一）》第11条）。

2. 有扶养关系的继兄弟姐妹

继兄弟姐妹是指继子女与继父母的生子女、养子女之间的相互关系。继兄弟姐妹之间是旁系姻亲关系，相互之间本来没有继承权，但如果继兄弟姐妹之间有扶养关系，则可互为法定继承人。

3. 对公婆、岳父母尽了主要赡养义务的丧偶儿媳、女婿

《民法典》第1129条规定："丧偶儿媳对公婆，丧偶女婿对岳父母，尽了主要赡养义务的，作为第一顺序继承人。"儿媳与公婆，女婿与岳父母本是直系姻亲关系，相互没有继承权。但是如果儿媳、女婿在丧偶后对公婆、岳父母尽到主要赡养义务的，为公婆、岳父母的法定继承人。这里注意两点：(1)姻亲关系在中介婚姻关系因离婚而终止时会随之解除，但并不会在中介婚姻关系因一方死亡而终止时随之解除，因此无论丧偶儿媳、女婿是否再婚，其与公婆和岳父母依然具有姻亲关系。(2)丧偶儿媳、女婿对公婆、岳父母尽到主要赡养义务，主要是指在丧偶后，儿媳、女婿对公婆、岳父母的生活提供了主要经济来源，或在劳务等方面给予了主要扶助（《继承编解释（一）》第19条）。

二、法定继承的顺序

法定继承的顺序是指法定继承人继承遗产的先后次序，通常根据法定继承人与被继承人的亲疏远近关系来确定。《民法典》第1127条第1款规定的法定继承顺序有二，即只有两个固定继承顺序，第一顺序继承人先参加继承，没有第一顺序的继承人或者第一顺序继承人放弃继承或丧失继承权的，第二顺序继承人才能参加继承。

继承开始后，实际参加继承的继承人为应召继承人。应召继承人是指继承开始后取得继承

既得权,能实际取得遗产的法定继承人。当被继承人死亡时,既有第一顺序又有第二顺序继承人的,第一顺序继承人为应召继承人,没有第一顺序继承人的,第二顺序继承人为应召继承人。

(一)第一顺序

被继承人的配偶、子女、父母为其第一顺序的法定继承人。根据《民法典》的规定,这里所指"子女"包括了婚生子女、非婚生子女、养子女和有扶养关系的继子女;"父母"则包括生父母、养父母和有扶养关系的继父母。

被继承人的子女先于被继承人死亡的,被继承人子女的直系晚辈血亲代其位取得被继承人的遗产,被继承人子女的直系晚辈血亲为代位继承人,在第一顺序参加继承。

对公婆、岳父母尽了主要赡养义务的丧偶儿媳、女婿,是独立的第一顺序的法定继承人,其参与继承不影响其子女代位继承。

(二)第二顺序

被继承人的兄弟姐妹、祖父母、外祖父母为其第二顺序的法定继承人。这里的"兄弟姐妹"包括同父母的兄弟姐妹、同父异母或者同母异父的兄弟姐妹、养兄弟姐妹、有扶养关系的继兄弟姐妹。

被继承人的兄弟姐妹先于被继承人死亡的,被继承人兄弟姐妹的子女代其位取得被继承人的遗产,被继承人兄弟姐妹的子女为代位继承人,在第二顺序参加继承。

问题与思考

我国《民法典》规定的法定继承人只有两个顺序,所有继承人均为固定顺序继承人,与《继承法》的规定保持了一致。由于配偶是第一顺序继承人,若被继承人没有父母和子女,遗产将全部由配偶取得,被继承人的其他近血亲不能取得遗产。再如,被继承人有巨额财产,其父母作为第一顺序继承人,与被继承人的子女一起参与继承,其所获财富已超出扶养的必要,可能影响财富向下传承。考虑到民间继承习惯以及财富传承的需要,借鉴比较法研究的结论,有学者建议我国的继承顺序可分为四个顺序:第一顺序是直系晚辈血亲;第二顺序为父母;第三顺序为兄弟姐妹及其子女;第四顺序为祖父母、外祖父母。配偶不作为固定的第一顺序的继承人,而与其他各顺序血亲继承人共同继承。[1] 不过,《民法典》编纂时,立法机关认为,"继承法深受民族传统和价值理念的影响,在中华民族的传统美德中孝文化占据着重要地位,先于父母死亡的人一般都希望能为父母留下一笔财产以供他们安度晚年,而法定继承制度是对被继承人财产处分意愿的推定,在确定法定继承的顺序时,父母的重要性不容忽视。继承法实行三十多年来,父母为第一顺序继承人的规定得到民众的普遍认可,应当慎重考虑是否修改,以免引起更多的争议"。另外,"如果不将配偶固定在第一顺序,易产生被继承人死亡后没有子女、父母时,所留遗产便由配偶与被继承人的兄弟姐妹等共同继承,虽然也可以规定继承份额的不同,但终究不算合理,也容易产生纠纷"。[2]

[1] 张玉敏:《继承法律制度研究》(第二版),华中科技大学出版社2016年版,第137页。

[2] 黄薇主编:《中华人民共和国民法典继承编解读》,中国法制出版社2020年版,第45~46页。

第三节 代位继承和转继承

一、代位继承的概念和条件

(一)代位继承的概念

《民法典》第1128条规定了代位继承制度:“被继承人的子女先于被继承人死亡的,由被继承人的子女的直系晚辈血亲代位继承。被继承人的兄弟姐妹先于被继承人死亡的,由被继承人的兄弟姐妹的子女代位继承。代位继承人一般只能继承被代位继承人有权继承的遗产份额。”

代位继承是指当被继承人的子女或兄弟姐妹先于被继承人死亡的,其子女的直系晚辈血亲或其兄弟姐妹的子女代替被继承人的子女或兄弟姐妹参加继承的制度。代位继承中,先于被继承人死亡的继承人为被代位继承人或被代位人,代替被代位人继承遗产的人为代位继承人。其特征如下:

第一,代位继承人按照被代位人的继承顺序和应继份参加继承。被继承人的子女先于被继承人死亡的,其直系晚辈血亲代其位作为第一顺序继承人参加继承,而被继承人的兄弟姐妹先于被继承人死亡的,其子女代其位作为第二顺序继承人参加继承。代位继承人为数人时,数名代位继承人一般只能共同取得被代位人的应继份。这是因为代位继承在实质上属于按支继承,被继承人的遗产被按支分配,某继承人先亡故而不能取得遗产,该继承人的直系晚辈血亲代其位取得该继承人有权取得的那一“支”的遗产份额。

第二,代位继承人直接继承被继承人的遗产。代位继承是一次继承。被继承人死亡后,代位继承人直接取得被继承人遗产,并不存在先由被代位人取得遗产再由代位继承人从被代位人处取得的情形。这也是代位继承与转继承的最大区别。转继承中发生了两次继承,被继承人死亡时发生一次继承,被转继承人死亡时又发生一次继承,而代位继承只有一次继承。《民法典》第1152条规定,“继承开始后,继承人于遗产分割前死亡,并没有放弃继承的,该继承人应当继承的遗产转给其继承人,但是遗嘱另有安排的除外”。

(二)代位继承的条件

第一,发生的原因。代位继承只能发生在法定继承中,且只有两种血亲继承适用。第一种是被继承人的子女先于被继承人死亡的,被继承人子女的直系晚辈血亲可以代位继承。第二种是第二顺序的法定继承人继承时,兄弟姐妹先于被继承人死亡的,其子女可以代位继承。

第二,被代位继承人。(1)被继承人的子女。被继承人的子女可以是被继承人的婚生子女、非婚生子女、养子女,以及有扶养关系的继子女。(2)被继承人的兄弟姐妹。被继承人的兄弟姐妹可以是被继承人同父同母的兄弟姐妹、同父异母或同母异父的兄弟姐妹、养兄弟姐妹以及有扶养关系的继兄弟姐妹。

第三,代位继承人。(1)被继承人子女的直系晚辈血亲。被继承人子女的直系晚辈血亲作为代位继承人,不受辈数的限制,被继承人的孙子女、外孙子女、曾孙子女等均可作为代位继承人。例如,被继承人的女儿A先于其死亡,A育有B,继承开始前B亦已死亡,B留有儿子C和女儿D。那么C和D可以作为A的代位继承人继承被继承人的遗产。另外,根据《继承编解释(一)》第15条的规定,“被继承人的养子女、已形成扶养关系的继子女的生子女可以代位继承;

被继承人亲生子女的养子女可以代位继承;被继承人养子女的养子女可以代位继承;与被继承人已形成扶养关系的继子女的养子女也可以代位继承"。即被继承人子女的直系晚辈血亲只能是其具有自然血缘联系的直系晚辈血亲或因收养而形成的直系晚辈血亲。(2)被继承人兄弟姐妹的子女。被继承人兄弟姐妹的子女即被继承人的侄子女和外甥子女,即被继承人的兄弟姐妹的婚生子女、非婚生子女、养子女是代位继承人。

第四,被代位人没有丧失继承权。根据《民法典》第1128条第3款,由于代位继承人只能继承被代位继承人有权继承的遗产份额,所以如果被代位人因丧失继承权而无权继承,代位继承人无位可代,代位继承就不能发生了。《继承编解释(一)》第17条也表明,"继承人丧失继承权的,其晚辈直系血亲不得代位继承"。不过,如果该代位继承人缺乏劳动能力又没有生活来源,或者对被继承人尽赡养义务较多的,还是可以根据《民法典》的规定适当分给遗产。

二、转继承

(一)转继承的概念

《民法典》第1152条规定:"继承开始后,继承人于遗产分割前死亡,并没有放弃继承的,该继承人应当继承的遗产转给其继承人,但是遗嘱另有安排的除外。"转继承是遗产分割时的一种特殊情况,指继承开始后遗产分割前,被转继承人尚未行使其继承权就死亡,其取得遗产的权利转给其合法继承人继承的制度。

(二)转继承的特点

第一,转继承涉及两次继承,被转继承人是第一次继承时的继承人,转继承发生在被转继承人死亡的第二次继承时。这也是转继承区别于代位继承的重要特征。

第二,转继承转的是被转继承人取得被继承人遗产的权利,而不是遗产的所有权。对"该继承人应当继承的遗产转给其继承人"这句话的理解要注意,"该继承人应当继承的遗产"是指被转继承人应当取得而又未实际取得的遗产,对遗产应该取得但又未实际取得的权利不是所有权而是继承权。如果被转继承人对遗产已享有所有权,法律就不能直接规定转给其继承人,因为根据《民法典》第1062条,婚姻关系存续期间一方继承所得的遗产除遗嘱确定只归其个人所有的之外为夫妻的共同财产。如果转的是遗产所有权,那么可能需要先划出一半归配偶所有,剩下的才能按继承的规则处理。因此,法律明确规定将"该继承人应该继承的遗产"转给其继承人的,只能理解为转继承转的是被转继承人尚未行使的继承权。[3]

第三,对有权取得但尚未分割的遗产,被转继承人在遗嘱中有明确处理的,按其遗嘱处分。

第四,转继承适用于遗嘱继承和法定继承,被转继承人只要在生前没有放弃继承权即可。但这一情况不适用于遗赠。继承开始后,受遗赠人表示接受遗赠,并于遗产分割前死亡的,其接受遗赠的权利转移给他的继承人(《继承编解释(一)》第38条);受遗赠人没有表示接受遗赠并于遗产分割前死亡的,不发生受遗赠权利的转移,遗嘱中对该遗赠部分的处分不发生效力。

(三)转继承与代位继承的区别

其一,转继承中发生了两次继承,被继承人死亡时发生一次继承,被转继承人死亡时又发生

---

〔3〕 关于转继承转的究竟是被继承人的遗产还是被转继承人的遗产,是否应该在转继承之前分出被转继承人配偶在上述遗产中的份额,学界也有不同的观点,可参见张平华、刘耀东:《继承法原理》,中国法制出版社2009年版,第209~210页。

一次继承,而代位继承只有一次继承。

其二,转继承的发生是被转继承人死于被继承人死亡后,而代位继承发生的前提是被代位人先于被继承人死亡。

其三,转继承人可以是被转继承人的所有应召继承人,不限于其直系晚辈血亲,而代位继承人的范围比较狭窄,只限于被继承人子女的直系晚辈血亲和被继承人兄弟姐妹的子女。

其四,转继承可以发生在法定继承和遗嘱继承中,而代位继承只能发生在法定继承中。

问题与思考

《民法典》在《继承法》规定的代位继承的基础上增加了兄弟姐妹子女的代位继承权。这是因为我国法定继承人的范围比较窄,继承顺序比较少,为了避免遗产因无人继承而成为无人承受的财产,《民法典》编纂时将被继承人的侄子女、外甥子女增加为代位继承人。当被继承人没有第一顺序的继承人,第二顺序的兄弟姐妹又先于其死亡,其侄子女、外甥子女有权代其父母之位继承叔伯姑姨舅的遗产。同时,代位继承人也是继承人,被继承人如果立遗嘱将遗产处分给自己的侄子女和外甥子女,应适用遗嘱继承而非遗赠的相关规则。

第四节　法定继承中的遗产分配

一、法定应继份的确定

遗产分配的基本规则是解决法定继承人为数人时如何在继承人之间确定遗产份额问题的法律依据,即确定法定应继份。所谓法定应继份,是指继承人依法取得遗产的一定比例。《民法典》第1130条对遗产在继承人中分配的原则规定如下:“同一顺序继承人继承遗产的份额,一般应当均等。对生活有特殊困难又缺乏劳动能力的继承人,分配遗产时,应当予以照顾。对被继承人尽了主要扶养义务或者与被继承人共同生活的继承人,分配遗产时,可以多分。有扶养能力和有扶养条件的继承人,不尽扶养义务的,分配遗产时,应当不分或者少分。继承人协商同意的,也可以不均等。”因此,我国法定应继份的分配规则如下:

第一,同一顺序继承人继承遗产的份额均等。我国法律对同一顺序的继承人不分配偶还是血亲,也无论辈分高低,实行按继承人的人数均分的原则。也就是说,同一继承顺序的继承人的法定应继份原则是相同的。继承开始后,如有继承人放弃继承或丧失继承权,其他有继承权的继承人的应继份相应增加。

第二,依法可不均等分配的情况。(1)对生活有特殊困难又缺乏劳动能力的继承人,分配遗产时,应当予以照顾。此处的继承人也包括代位继承人。对生活有特殊困难,又因年老、年幼、残疾而缺乏劳动能力的继承人予以照顾,体现了法定继承制度的扶养职能。(2)对被继承人尽了主要扶养义务或者与被继承人共同生活的继承人,分配遗产时,可以多分。不过,并非与被继承人共同生活就可以多分。有扶养能力和扶养条件的继承人虽然与被继承人共同生活,但对需要扶养的被继承人不尽扶养义务,分配遗产时,可以少分或者不分(《继承编解释(一)》第23条)。(3)有扶养能力和有扶养条件的继承人,不尽扶养义务的,分配遗产时,应当不分或者少分。但也要注意区分:继承人有扶养能力和扶养条件,愿意尽扶养义务,但被继承人因有固定收入和劳动能力,明确表示不要求其扶养的,分配遗产时,一般不应因此而影响其继承份额(《继承编解释(一)》第22条)。

第三,依继承人间协议可不均等分配。法律鼓励继承人互谅互让、和睦团结地协商处理继承问题。继承人协商同意的,遗产也可以不均等分配。但应注意协议不均等分配是全体继承人一致同意的结果,不适用少数服从多数的规则。

二、酌情分得遗产

《民法典》第1131条规定了酌情分配遗产的情形,"对继承人以外的依靠被继承人扶养的人,或者继承人以外的对被继承人扶养较多的人,可以分给适当的遗产"。

酌分遗产也称酌情分配遗产,是指将遗产酌情分给应召继承人以外依靠被继承人扶养或者对被继承人扶养较多的人。因依靠被继承人扶养或对被继承人扶养较多而分得部分遗产的人是酌分遗产人,其享有的请求酌情分得遗产的权利为酌分遗产权。

酌分遗产的规则如下:

第一,酌分遗产只适用于法定继承的情形,不适用于遗嘱继承的情形。

第二,酌分遗产人是应召继承人之外的,依靠被继承人扶养或者对被继承人扶养较多的人。这里需要注意两点:(1)酌分遗产人可以是应召继承人之外的法定继承人,如第二顺序的继承人或代位继承人,也可以是法定继承人之外的人,如非婚同居的伴侣、未办理收养登记的"事实收养"子女等。(2)酌分遗产人与被继承人之间有事实上的扶养关系,也即酌分遗产人实际上依靠被继承人扶养,或者酌分遗产人对被继承人扶养较多,而不考虑二者之间有无法定扶养义务,也不考虑受扶养一方是否缺乏劳动能力或有没有生活来源。例如,被继承人有第一顺序的继承人参加继承,但被继承人有残疾的姐姐一直依靠被继承人扶养,该姐姐即可以作为酌分遗产人请求酌情分得遗产。

第三,酌分遗产的数额是不确定的。其数额主要取决于酌分遗产人与被继承人之间的扶养程度以及应召继承人的情况。根据最高人民法院的司法解释,酌分遗产的数量按具体情况可多于或少于继承人。

第四,酌分遗产权不是继承权,而是请求分得遗产的权利,故其应该在被继承人遗产分割时提出请求酌情分配遗产。酌分遗产人依法取得被继承人遗产的权利受到侵犯时,本人有权以独立的诉讼主体的资格向人民法院提起诉讼,请求保护(《继承编解释(一)》第21条)。但明知遗产分割而未提出请求,或不知遗产分割而未提出但超出诉讼时效期间的,不予保护。

问题与思考

酌分遗产制度规定在《继承法》的第14条,原文为:"对继承人以外的依靠被继承人扶养的缺乏劳动能力又没有生活来源的人,或者继承人以外的对被继承人扶养较多的人,可以分给他们适当的遗产。"《民法典》第1131条保留该制度并予以完善,将"依靠被继承人扶养的缺乏劳动能力又没有生活来源的人"改为"依靠被继承人扶养的人"。之所以作这样的修改,立法机关的解释是:"从我国目前的社会保障情况来看,完全没有生活来源的人已经很少出现。如果严格按照继承法规定的条件确定可以适当分得遗产的人,可能会使很多受被继承人扶养的继承人以外的人不能分得任何遗产,使一些虽然有劳动能力但因其他原因导致生活来源较少的被扶养人以及虽然有一些生活来源但无劳动能力的被扶养人在被继承人死亡后生活水平大幅度下降，这也不符合被继承人的意愿。被继承人生前对继承人以外的人进行扶养，按照社会常理，在其死后也愿意分出遗产中的一部分以继续帮助其生前扶养的人，而无论该被扶养人是否缺乏劳动能力和有无生活来源。”〔4〕

拓展阅读推荐

1. 郭明瑞、房绍坤、关涛：《继承法研究》，中国人民大学出版社 2003 年版。
2. 梁慧星主编：《中国民法典草案建议稿附理由 · 侵权行为编、继承编》，法律出版社 2004 年版。
3. 张玉敏主编：《中国继承法立法建议稿及立法理由》，人民出版社 2006 年版。
4. 陈苇主编：《当代中国民众继承习惯调查实证研究》，群众出版社 2008 年版。
5. 刘文：《继承法律制度研究》，中国政法大学出版社 2016 年版。
6. 杜江涌：《继承法律制度研究》，中国人民公安大学出版社 2020 年版。

〔4〕 黄薇主编：《中华人民共和国民法典继承编解读》，中国法制出版社 2020 年版，第 67 页。

第三十四章　遗嘱继承、遗赠及遗嘱信托

学习要点

- 遗嘱继承的发生
- 遗嘱的形式
- 遗赠与遗赠扶养协议
- 遗嘱信托

第一节　遗　　嘱

一、遗嘱的概念和特征

遗嘱是自然人生前对个人财产进行处分并于其死亡后生效的单方民事法律行为。遗嘱处分的方式有两种,一是遗嘱继承,二是遗赠。依据《民法典》第1133条第2款、第3款的规定,自然人立遗嘱将个人财产指定由法定继承人中的一人或者数人继承的是遗嘱继承;自然人立遗嘱将个人财产赠与国家、集体或者法定继承人以外的人是遗赠。

遗嘱的特征如下:

第一,遗嘱是单方民事法律行为。根据《民法典》第134条、第138条的规定,遗嘱是无相对人的单方民事法律行为,遗嘱按照法律规定的形式和要件订立后即成立,无须他人了解更不需要他人同意。遗嘱的这一特征也决定了遗嘱人在死亡前可以随时随意变更、撤回其遗嘱处分。也因为遗嘱的这个特征,对遗嘱的解释[1]应根据《民法典》第142条第2款的规定:"无相对人的意思表示的解释,不能完全拘泥于所使用的词句,而应当结合相关条款、行为的性质和目的、习惯以及诚信原则,确定行为人的真实意思。"

第二,遗嘱于遗嘱人死亡时生效。遗嘱属于终意处分行为,在遗嘱人死亡前其均有权撤回、变更其遗嘱处分,所以即使是符合法律规定成立的遗嘱也不能于成立时生效,须继承开始后遗嘱方能执行。故根据《民法典》第136条、第138条、第1121条的规定,遗嘱于遗嘱符合有效要件完成时成立,于遗嘱人死亡时生效。

第三,遗嘱不得代理。为确保遗嘱是被继承人的真实意愿,根据《民法典》第1134条至第1139条规定的遗嘱形式要件要求,遗嘱人应亲自订立遗嘱,不得由他人代理。

第四,遗嘱是要式法律行为。遗嘱属于《民法典》第135条规定的要式法律行为,《民法典》第1134条至第1139条规定了遗嘱形式要件,只有符合法律规定的六种形式的遗嘱才能有效成

---

〔1〕关于遗嘱的解释方法,可参见张平华、刘耀东:《继承法原理》,中国法制出版社2009年版,第246~264页。

立。这是因为遗嘱生效执行时,遗嘱人已经死亡,故此必须要有严格的形式要件来保证其真实性。

二、遗嘱自由及限制

遗嘱自由是指遗嘱人可以通过遗嘱处分个人生前合法财产的自由,其可以指定继承人及其遗产份额,也可以取消法定继承人的继承权,还可以将个人财产赠与法定继承人之外的自然人、其他组织或国家,设定遗嘱负担,也可以随时撤回、变更其遗嘱。

但遗嘱自由也不是绝对的,在追求遗嘱自由的过程中,也必须考虑到继承制度所具有的家庭扶养功能,平衡遗嘱自由与公平价值、秩序价值之间的冲突。[2]《民法典》第1141条通过必留份制度限制了遗嘱人的遗嘱自由。必留份是指遗嘱应当为缺乏劳动能力又没有生活来源的继承人(又称"双缺继承人")保留的必要的遗产份额。如果遗嘱人在遗嘱中未保留"双缺继承人"的遗产份额,根据《继承编解释(一)》第25条,遗产处理时应当为该继承人留下必要的遗产,所剩余的部分才参照遗嘱确定的分配原则处理。这里注意三点:(1)判断继承人是否缺乏劳动能力又没有生活来源时,应按遗嘱生效时,而不是立遗嘱时该继承人的具体情况确定。(2)遗嘱中没有给缺乏劳动能力又没有生活来源的继承人保留必要的遗产份额并不会导致遗嘱无效,在遗嘱生效后,若有"双缺继承人",则先为其保留必要遗产即可。(3)必留份的数额根据"双缺继承人"的需求保留,但一般不超过其法定应继份,也即不超过无遗嘱而法定继承时该继承人可以分到的遗产份额。

三、遗嘱的形式

遗嘱是要式法律行为,《民法典》第1134条至第1139条提供了六种遗嘱的形式,即自书遗嘱、代书遗嘱、打印遗嘱、录音录像遗嘱、口头遗嘱和公证遗嘱,并对每种遗嘱形式都提出了严格要求。

1. 自书遗嘱

《民法典》第1134条规定:"自书遗嘱由遗嘱人亲笔书写,签名,注明年、月、日。"自书遗嘱,也称为亲笔遗嘱,要求遗嘱人亲笔书写全部遗嘱内容,并在遗嘱上签名,注明遗嘱书写的时间,具体到日期,也即注明年、月、日。自书遗嘱的形式要求比较简单,无须他人帮助即可自行完成。根据《继承编解释(一)》第27条的规定,自然人在遗书中涉及死后个人财产处分的内容,确为死者真实意思的表示,有本人签名并注明了年、月、日,又无相反证据的,可按自书遗嘱对待。

2. 代书遗嘱

《民法典》第1135条规定:"代书遗嘱应当有两个以上见证人在场见证,由其中一人代书,并由遗嘱人、代书人和其他见证人签名,注明年、月、日。"遗嘱人若因不识字或因病不能亲自书写遗嘱,可以采用代书遗嘱的形式。代书遗嘱要求:其一,需要两个以上见证人在场见证。两个以上是指最少需要两名见证人;在场见证是指见证人必须在订立遗嘱的现场亲自见证订立遗嘱的过程。其二,遗嘱人口授遗嘱内容,在场的一名见证人书写记录其遗嘱内容,该名见证人(代书人)在记录完成后向遗嘱人和其他见证人宣读讲解。其三,经遗嘱人和其他见证人确认遗嘱内容无误后,由遗嘱人、代书人和其他见证人签名并注明订立遗嘱的年、月、日。

---

〔2〕　李宏:《遗嘱继承的法理研究》,中国法制出版社2010年版,第138页。

《民法典》第1140条对见证人提出了消极条件的要求,即明确规定了不能担任遗嘱见证人的情况,包括:(1)无民事行为能力人、限制民事行为能力人以及其他不具有见证能力的人。见证能力主要是指能够履行见证职责的能力,如能够表达、能够看见的能力。(2)继承人、受遗赠人。继承人和受遗赠人的利益与遗嘱的内容息息相关,法律将其列为不适格的见证人是为保证遗嘱是遗嘱人的真实意思表示。(3)与继承人、受遗赠人有利害关系的人。包括继承人、受遗赠人的亲属、债权人、债务人,共同经营的合伙人等。这类人不能担任见证人的原因与继承人、受遗赠人不能担任见证人的原因相同,均为避免因利害关系而影响遗嘱的真实性。

3. 打印遗嘱

《民法典》第1136条规定:"打印遗嘱应当有两个以上见证人在场见证。遗嘱人和见证人应当在遗嘱每一页签名,注明年、月、日。"打印遗嘱是新的遗嘱形式,但在司法实践中多有出现。由于不是遗嘱人亲笔书写,容易被篡改,为确保其真实性,法律一方面承认打印遗嘱的效力,另一方面要求打印遗嘱需符合如下要求:其一,打印遗嘱需要两名以上见证人在场见证订立打印遗嘱的过程。其二,遗嘱人和见证人均应在打印遗嘱的每一页签名,并注明日期。

4. 录音录像遗嘱

《民法典》第1137条规定:"以录音录像形式立的遗嘱,应当有两个以上见证人在场见证。遗嘱人和见证人应当在录音录像中记录其姓名或者肖像,以及年、月、日。"由于智能手机的普及,不受书写能力和书写环境限制,在录音录像中口述遗嘱内容的遗嘱形式是比较方便的。但影像录音资料也容易被篡改,所以法律要求遗嘱人和见证人均需在录音录像中表明自己的姓名等身份信息以及录音录像的日期信息,录像中应出现遗嘱人和见证人的影像,以确保见证人是在场见证的。

5. 口头遗嘱

《民法典》第1138条规定:"遗嘱人在危急情况下,可以立口头遗嘱。口头遗嘱应当有两个以上见证人在场见证。危急情况消除后,遗嘱人能够以书面或者录音录像形式立遗嘱的,所立的口头遗嘱无效。"口头遗嘱属于特别遗嘱形式,无文字记载,全凭见证人证明,存在见证人记错记漏的可能性,且容易被篡改。故只有在无法订立其他形式遗嘱的危急情况下,遗嘱人可以订立口头遗嘱。订立口头遗嘱应注意:(1)在危急情况下才能订立口头遗嘱。危急情况一般是指因遗嘱人生命垂危或者与外界联系隔绝等紧急情况,无法订立其他形式遗嘱的情况。(2)口头遗嘱需两名以上见证人在场见证。(3)口头遗嘱从危急情况消除,遗嘱人能够以任何其他法定形式订立遗嘱之日起无效。能够以任何其他法定形式订立遗嘱是指一种可能性,并不需要遗嘱人在危急情况解除后实际上以其他形式订立遗嘱。只有遗嘱人能够以其他形式订立遗嘱,原来所订立的口头遗嘱就失去效力了。

6. 公证遗嘱

《民法典》第1139条规定:"公证遗嘱由遗嘱人经公证机构办理。"公证机构按照法定程序证明遗嘱人设立遗嘱行为真实、合法的活动为遗嘱公证,经公证证明的遗嘱为公证遗嘱。较之其他遗嘱形式,公证遗嘱的要件要求是最严格的。自然人办理遗嘱公证,应经由公证机关依照《公证法》、司法部发布的《公证程序规则》以及《遗嘱公证细则》所规定的条件和程序办理。

四、遗嘱的生效和无效

遗嘱的生效是指有效成立的遗嘱因被继承人死亡而发生法律效力。遗嘱不生效是指符合有效条件的遗嘱因某种客观原因而不能发生执行效力。遗嘱无效是指遗嘱因欠缺有效要件而自始无法律约束力。因遗嘱无效或遗嘱不生效而未能处置的遗产适用法定继承制度。

（一）遗嘱的生效和不生效

合法订立的遗嘱在遗嘱人死亡时生效，但有如下情况的，遗嘱相关部分不生效：（1）遗嘱继承人放弃继承或者受遗赠人放弃受遗赠的。继承人放弃继承或受遗赠人放弃受遗赠，其效力溯及继承开始，继承人自继承开始时就不是继承人或受遗赠人。遗嘱的这部分处分不能生效。（2）遗嘱继承人丧失继承权或者受遗赠人丧失受遗赠权的。遗嘱指定的继承人或受遗赠人因法定违法行为丧失继承权或受遗赠权的，不再享有取得被继承人遗产的权利，遗嘱的这部分处分不能生效。（3）遗嘱继承人、受遗赠人先于遗嘱人死亡或者终止的。遗嘱继承中不适用代位继承，因此只有继承开始时生存的继承人和受遗赠人才能取得遗产。被继承人死亡之前遗嘱指定的继承人、受遗赠人已经死亡或法律上终止的，遗嘱的这部分处分不能生效。

（二）遗嘱的无效

遗嘱在遗嘱人生前订立，遗嘱人在订立遗嘱时应具有相应的行为能力，所立遗嘱应符合法律规定的形式，遗嘱内容是遗嘱人的真实意思表示的，遗嘱成立并有效。下列遗嘱因欠缺遗嘱的有效要件而自始无效：

1. 缺乏遗嘱能力的人所立遗嘱无效

《民法典》第 1143 条第 1 款规定，无民事行为能力人或者限制民事行为能力人所立的遗嘱无效。限制行为能力人所立遗嘱，不存在经其法定代理人同意或追认后有效的情形。《继承编解释（一）》第 28 条规定，遗嘱人立遗嘱时必须有完全民事行为能力。无行为能力人所立的遗嘱，即使其本人后来有了行为能力，仍属无效遗嘱。遗嘱人立遗嘱时有完全行为能力，后来即使成为无民事行为能力人或者限制民事行为能力人的，也不影响遗嘱的效力。

2. 未表示遗嘱人真实意思的遗嘱无效

实施欺诈、胁迫行为迫使或者妨碍遗嘱人设立、变更或者撤回遗嘱，使被继承人在违背真实意思的情况下作出遗嘱处分的意思表示，不符合《民法典》第 1143 条第 2 款“遗嘱必须表示遗嘱人的真实意思”的规定。如下遗嘱因未表示遗嘱人真实意思而无效：（1）受欺诈、胁迫所立的遗嘱无效；（2）伪造的遗嘱无效；（3）遗嘱被篡改的，篡改的内容无效。

因欺诈、胁迫而实施的一般的民事法律行为，依据《民法典》第 148 条至第 150 条受欺诈或胁迫方可以请求撤销该行为，但因遗嘱行为的特殊性，《民法典》第 1143 条规定受欺诈、胁迫所立的遗嘱无效。伪造遗嘱是指继承人以被继承人名义制作假遗嘱，篡改遗嘱是指对被继承人遗嘱进行修改、增减以改变原遗嘱，《民法典》第 1143 条认为伪造的遗嘱及遗嘱中篡改的内容，因不是被继承人的真实意思而无效。篡改的遗嘱并非全部无效，篡改的内容无效，遗嘱人原有遗嘱内容仍然是有效的。

3. 遗嘱中处分了不属于个人合法财产的部分无效

《继承编解释（一）》第 26 条规定，“遗嘱人以遗嘱处分了国家、集体或者他人财产的，应当认定该部分遗嘱无效”。司法实践中常见的处分了不属于自己财产的遗嘱主要是处分了与他人共有的财产，尤其是夫妻共有的财产。《民法典》第 156 条规定，“民事法律行为部分无效，不影响其他部分效力的，其他部分仍然有效”。因此，遗嘱如果处分了共有的财产，遗嘱人对自己有权处分部分的财产的遗嘱处分仍然有效。

4. 违背公序良俗的遗嘱无效

《民法典》第 153 条第 2 款规定违背公序良俗的民事法律行为无效,遗嘱处分若有违背公序良俗的内容,该内容亦无效。

5. 口头遗嘱在危急情况消除后无效

《民法典》第 1138 条规定,"危急情况消除后,遗嘱人能够以书面或者录音录像形式立遗嘱的,所立的口头遗嘱无效"。也即在危急情况解除后,遗嘱的意思表示可以通过其他五种形式订立时,口头遗嘱的形式不再适用,其遗嘱处分的意思表示无效。

五、遗嘱的变更和撤回

《民法典》第 1142 条第 1 款规定,"遗嘱人可以撤回、变更自己所立的遗嘱"。

(一)遗嘱的变更和撤回的概念

遗嘱的变更是指遗嘱人对先前订立遗嘱的部分修改。遗嘱的撤回是遗嘱人取消先前订立遗嘱的全部或部分。无论是变更还是撤回,均导致先前的遗嘱处分的意思表示被废止。需要注意的是,撤回与撤销不同,撤回的标的是未生效的法律行为,已经生效的遗嘱不能撤回。我国《民法典》未规定遗嘱的撤销,欠缺有效要件的遗嘱为无效的遗嘱。

(二)遗嘱的变更和撤回的有效要件

遗嘱为要式民事法律行为,对遗嘱的变更和撤回的要求与遗嘱的订立一致。变更和撤回遗嘱时,遗嘱人应具有完全民事行为能力并亲自进行,遗嘱人对遗嘱的变更和撤回须为本人的真实意思表示,受到欺诈、胁迫而变更和撤回遗嘱的行为不具有法律效力。

(三)遗嘱的变更和撤回的方式

1. 订立新的遗嘱

遗嘱人可以订立新的遗嘱,明确表示变更或撤回先前的遗嘱;如在新遗嘱中没有明确表示变更或撤回先前遗嘱的意思,但新立遗嘱的内容与先前遗嘱相抵触,视为新立遗嘱对先前遗嘱相关部分的撤回。需要注意的是,只要是符合遗嘱要件的新遗嘱均可撤回、变更先前遗嘱,不拘遗嘱形式。

2. 销毁、涂改先前遗嘱

遗嘱人亲自销毁先前遗嘱,如故意撕毁、烧掉遗嘱载体的行为可撤回先前遗嘱的意思表示。遗嘱人在书面遗嘱上注明遗嘱作废,或者涂改遗嘱上的文字的行为,如果符合遗嘱的形式要件,如遗嘱人亲自在遗嘱上添加、删除文字,并在每一涂改处签名并注明年、月、日的,也可以变更、撤回先前遗嘱。

3. 实施与遗嘱内容相反的法律行为

《民法典》第 1142 条第 2 款规定,"立遗嘱后,遗嘱人实施与遗嘱内容相反的民事法律行为的,视为对遗嘱相关内容的撤回"。所谓实施与遗嘱内容相反的法律行为,主要是指遗嘱人生前行为与遗嘱的意思相反,将遗嘱中处分的财产在其生前另行处分了,导致继承开始后遗嘱中处分的财产已灭失、全部或部分不归属于遗产。遗嘱人生前的行为视为对相关遗嘱处分的撤回。

六、附义务的遗嘱

《民法典》第 1144 条规定了附义务遗嘱,"遗嘱继承或者遗赠附有义务的,继承人或者受遗赠人应当履行义务。没有正当理由不履行义务的,经利害关系人或者有关组织请求,人民法院可以取消其接受附义务部分遗产的权利”。

(一)附义务遗嘱的概念

附义务遗嘱是遗嘱人要求遗嘱继承人或受遗赠人取得遗产应履行一定义务的遗嘱。如遗嘱指定受遗赠人取得10万元遗产,但需照顾被继承人生前所饲养的宠物。遗嘱所附义务一般应满足如下几点:(1)遗嘱所附义务只能由遗嘱继承人和受遗赠人承担;(2)遗嘱所附义务应有完成的可能性,无法实现的义务法律不予保护;(3)遗嘱所附义务不得违反法律和公序良俗;(4)遗嘱所附义务一般不超过继承人或受遗赠人所取得的遗产收益。

(二)附义务遗嘱的效力

对于遗嘱中可以履行的义务,遗嘱继承人或受遗赠人没有正当理由不履行的,经受益人或者其他继承人请求,人民法院可以取消其接受附义务部分遗产的权利,根据《继承编解释(一)》第29条,由提出请求的继承人或者受益人负责按遗嘱人的意愿履行义务,接受遗产。

问题与思考

司法实践中常见共同遗嘱的纠纷。共同遗嘱是指两人或两人以上在同一份遗嘱证书上所订立的关于继承人指定、遗赠以及负担的遗嘱。通常情况下是共同遗嘱人相互指定对方为继承人的遗嘱,或者为了第三人的利益共同订立的遗嘱,或者共同遗嘱人订立相互依存的遗嘱。共同遗嘱通常在夫妻之间订立,也可能在其他亲属之间订立,有的国家和地区不承认共同遗嘱,如法国、意大利、日本、俄罗斯;有的只承认夫妻之间的共同遗嘱,如德国、我国澳门特区;有的则没有限制订立共同遗嘱的当事人,如英国。不过虽然法律不限制共同遗嘱的当事人,但在英国最常见的共同遗嘱还是父母将自己的遗产赠给对方,待双方均去世之后的遗产给他们的婚生子女。我国立法没有承认共同遗嘱,但公证机关可以为当事人订立共同遗嘱,司法实践中通常根据具体遗嘱是否符合遗嘱的有效要件来决定是否承认共同遗嘱的效力。

第二节　遗嘱继承

一、遗嘱继承的概念

遗嘱继承是指按照被继承人生前遗嘱,由其指定的继承人取得遗嘱确定的遗产份额的继承方式。生前订立遗嘱的被继承人是遗嘱人。遗嘱中指定有权取得遗产的法定继承人之中的人是遗嘱继承人。遗嘱继承在适用上优先于法定继承。遗嘱继承具有如下法律特征:

第一,遗嘱继承的发生需要两个法律事实,一是被继承人死亡,二是被继承人生前订立了有效遗嘱。

第二,遗嘱继承在适用上优先于法定继承,但是如果还另有遗赠扶养协议,则优先适用遗赠扶养协议。

第三,遗嘱继承人均为法定继承人范围之内的人,但不受法定继承顺序和法定应继份的限制,由遗嘱指定的继承人取得遗嘱确定的应继份。

第四,遗嘱继承不适用代位继承,遗嘱指定的继承人先于遗嘱人死亡的,遗嘱的这部分不生效。

二、遗嘱继承的适用条件

遗嘱继承在具备下列条件时适用：

其一，被继承人生前订立合法有效遗嘱。被继承人生前依照法律规定的遗嘱有效要件要求订立了遗嘱，这是适用遗嘱继承的首要条件。若出现《民法典》第 1143 条规定的情形，则遗嘱无效不能适用。

其二，遗嘱人死亡。遗嘱人死亡继承开始，这是遗嘱的生效要件。

其三，没有遗赠扶养协议或遗嘱未与遗赠扶养协议相抵触。根据《民法典》第 1123 条，继承开始后有遗嘱的，按照遗嘱继承或者遗赠办理，但有遗赠扶养协议的，按照协议办理。《继承编解释(一)》第 3 条也明确如果被继承人的遗赠扶养协议与其遗嘱有抵触，按协议处理，与协议抵触的遗嘱全部或部分无效。

其四，遗嘱继承人未放弃继承，也未丧失继承权。遗嘱继承人放弃继承或丧失继承权，遗嘱中指定其为继承人的部分不生效。

其五，遗嘱人先于遗嘱继承人死亡。代位继承不适用于遗嘱继承，如遗嘱指定的继承人先于遗嘱人死亡，遗嘱中指定其为继承人的部分不生效。

问题与思考

我国《继承法》区分遗嘱继承和遗赠的标准是取得遗产的人是否是法定继承人之中的人，《民法典》保留了这种区分方法。有学者认为这种区分标准不足以揭示遗嘱继承和遗赠的区别，即遗嘱继承指定了获得继承人法律地位的人。实际上，我国《民法典》的这种区分方式与古罗马法很相似。根据罗马法学家关于遗赠的定义，罗马法上的遗赠是遗赠人以遗嘱对继承人以外的第三人所作的赠与，而使继承人负执行义务的行为。[3] 从比较法的角度来看，一些国家是通过遗嘱中指定的遗产是概括的份额还是特定遗产来区分遗嘱继承和遗赠的；还有一些国家，如英国，没有遗嘱继承，只有遗赠。因为实行间接继承，继承开始后首先为遗产管理，管理人清理遗产债务、遗赠，再将剩余财产交给遗嘱指定的人，所以在遗嘱处分中并没有出现获得"继承人法律地位"的人。正如史尚宽先生所述："英国保存了欧洲中世纪纯粹的遗赠遗嘱制度，无遗嘱指定继承。"[4]

第三节　遗　　赠

一、遗赠的概念和特征

遗赠是自然人以遗嘱的方式将其个人财产赠与国家、集体或法定继承人以外的人，并于其死亡后生效的单方民事法律行为。遗嘱人是遗赠人，接受遗产的国家、集体或法定继承人以外的人是受遗赠人。

---

〔3〕 周枏著：《罗马法原论》(下册)，商务印书馆 1994 年版，第 546 页。

〔4〕 史尚宽：《继承法论》，中国政法大学出版社 2000 年版，第 43 页。

遗赠是遗嘱处分的一种,所以具有遗嘱的全部特征:遗赠是单方民事法律行为;遗赠于遗嘱人死亡时生效;遗赠行为不得代理;遗赠是要式法律行为。除上述特征外,与遗嘱继承相比,遗赠还具有如下特点:

第一,受遗赠人是法定继承人之外的人。遗嘱处分分为遗嘱继承和遗赠,二者最主要的区别在于接受遗产的人。遗嘱继承人都是法定继承人之中的人,而受遗赠人则是法定继承人之外的自然人、集体和国家。

第二,遗赠须由受遗赠人在法定期间表示接受。与遗嘱继承人不同,在继承开始后受遗赠人接受遗产须在知道受遗赠以后60日内表示接受,如到期未表示则视为放弃受遗赠。如果受遗赠人在法定期间内未作出接受的意思表示就死亡,不发生受遗赠权的转继承,按照放弃受遗赠处理。而在遗嘱继承中,“继承人于遗产分割前死亡,并没有放弃继承的,该继承人应当继承的遗产转给其继承人”(《民法典》第1152条)。

二、遗赠扶养协议

《民法典》第1158条规定了遗赠扶养协议,“自然人可以与继承人以外的组织或者个人签订遗赠扶养协议。按照协议,该组织或者个人承担该自然人生养死葬的义务,享有受遗赠的权利”。

(一)遗赠扶养协议的概念和特征

遗赠扶养协议是被扶养人与继承人以外的扶养人之间订立的,以扶养人对被扶养人生养死葬的义务以及被扶养人将个人财产遗赠给扶养人为内容的协议。遗赠扶养协议的效力优先于遗嘱继承和遗赠。遗赠扶养协议中被扶养人是遗赠人,扶养人是受遗赠人。

遗赠扶养协议是我国特有的扶养和遗赠相结合的法律制度,具有如下法律特征:

第一,遗赠扶养协议是双方法律行为。遗嘱是无相对人的单方法律行为,有严格的形式要件要求。而遗赠扶养协议是基于扶养人和被扶养人双方一致的意思表示成立的双方法律行为,法律也并未对其形式有特别要求。

第二,遗赠扶养协议是有偿法律行为。扶养人因承担了扶养义务而享有受遗赠的权利,被扶养人因遗赠而享有被扶养的权利,因此,无法定或约定的情形当事人不得随意变更、解除协议。而遗嘱处分则是无偿的法律行为,在生效之前可随时变更、撤回。

第三,遗赠扶养协议自协议成立起生效。遗赠扶养协议自成立起生效,扶养人应履行扶养义务。遗嘱的生效时间则是遗嘱人死亡时。

第四,遗赠扶养协议的扶养人是继承人之外的组织和个人。根据《民法典》第1158条,能够成为遗赠扶养协议中扶养人的是“继承人以外的组织或者个人”。法律这样规定的原因在于被继承人与继承人之间多是关系紧密的亲属,通常互为扶养的权利义务人,而继承人之外的组织或者个人没有对被继承人法定的扶养义务,依照遗赠扶养协议的约定承担扶养义务,从而取得受遗赠的权利。

第五,遗赠扶养协议效力优先于遗嘱和法定继承。遗赠扶养协议是法律规定的效力最优先的遗产转移方式,《民法典》第1123条规定,“继承开始后,按照法定继承办理;有遗嘱的,按照遗嘱继承或者遗赠办理;有遗赠扶养协议的,按照协议办理”。没有遗赠扶养协议,或者协议无效或被解除,或遗赠扶养协议没有处分全部遗产,才有遗嘱或法定继承适用的可能性。

(二)遗赠扶养协议当事人的权利义务

1. 扶养人的权利义务

扶养人应履行对被扶养人生养死葬的扶养义务,不得随意降低扶养标准甚至虐待被扶养人;扶养人享有被扶养人死亡后取得受赠遗产的权利。

2. 被扶养人的权利义务

被扶养人应确保遗赠扶养协议中确定遗赠的财产在其死亡后能转移给扶养人,这意味着遗赠扶养协议中明确遗赠给扶养人的财产虽然仍然属于被扶养人,但被扶养人不应另行处置,避免其死亡后无法转移遗赠的财产。若被扶养人擅自另行处分了约定的财产,可能导致扶养人解除协议。被扶养人的权利是生前接受扶养人的扶养,死后得到扶养人的安葬。

(三)遗赠扶养协议的解除

1. 协议解除

依《民法典》第562条,当事人协商一致可以解除遗赠扶养协议并明确协议解除的法律后果。

2. 因一方不履行协议而解除

根据《继承编解释(一)》第40条的规定,因协议当事人一方不履行协议而解除有两种情况:(1)扶养人无正当理由不履行,致协议解除的,不能享有受遗赠的权利,其支付的供养费用一般不予补偿。(2)遗赠人无正当理由不履行,致协议解除的,则应偿还继承人以外的组织或者个人已支付的供养费用。

问题与思考

遗赠扶养协议属于广义继承合同的一种。所谓继承合同是指,被继承人与继承人、其他自然人、法人和其他组织等就继承权或者受遗赠权利的取得或消灭等问题而达成的合意。各国对待继承合同,基于对继承权法律观念的差别,也有两种不同的态度——承认和不承认继承合同的法律效力。继承合同制度比较盛行的国家最主要的有大陆法系的德国、瑞士和英美法系国家。而法国旗帜鲜明地反对继承合同,意大利亦是如此,不仅不承认约定取得继承权,也不承认继承抛弃合同。我国《民法典》只承认遗赠扶养协议这一类继承合同,亦不承认在被继承人生前放弃继承权的效力。

第四节　遗嘱信托

一、遗嘱信托的概念

信托,根据我国《信托法》的规定,是指委托人基于对受托人的信任,将其财产权委托给受托人,由受托人按委托人的意愿以自己的名义,为受益人的利益或者特定目的,进行管理或者处分的行为。遗嘱信托,则是指遗嘱人以遗嘱的方式设立信托,将其遗产委托给受托人,由受托人根据遗嘱人的意愿,为遗嘱中指定受益人的利益或特定目的进行管理或处分的行为。《民法典》第1133条第4款规定:“自然人可以依法设立遗嘱信托。”《信托法》第8条规定:“设立信托,应当采取书面形式。书面形式包括信托合同、遗嘱或者法律、行政法规规定的其他书面文件等。……”

以遗嘱方式设立的信托，从受托人承诺受托时，信托方成立。遗嘱信托包括三方当事人：委托人（遗嘱人）、受托人（通常为遗嘱执行人）、受益人（通常为继承人或受遗赠人）。遗嘱信托应指定受托人，根据《信托法》的规定，受托人应当是具有完全民事行为能力的自然人、法人。委托人可以选择具有相关专业能力的律师、会计师、信托投资机构等专业人员或专业机构，也可以选择委托人信任的其他自然人或法人。

遗嘱信托与遗嘱继承或遗赠相比，具有以下特点：(1)遗产转为受托财产。在遗嘱信托中，遗嘱人去世时遗嘱生效，受托人承诺信托后遗嘱信托成立。被设立信托的遗产与遗嘱人未设立信托的遗产相区别，前者由受托人取得并由受托人对遗产进行管理处分，后者依照遗嘱或法律规定处理。(2)受托人为了受益人的利益而作出管理或处分行为。受托人应当遵守遗嘱的规定，为受益人的最大利益处理信托事务。受托人必须恪尽职守，履行诚实、信用、谨慎、有效管理的义务(《信托法》第25条)。(3)受托人以信托的遗产为限向受益人支付信托利益。遗嘱信托终止时，信托财产归属遗嘱指定的人，遗嘱没有指定的，由受益人或其继承人取得，受益人死亡或终止并且没有继承人时，由遗嘱人的继承人取得。

二、遗嘱信托的生效要件

第一，遗嘱信托的形式合法。2001年《信托法》第8条规定："设立信托，应当采取书面形式。书面形式包括信托合同、遗嘱或者法律、行政法规规定的其他书面文件等。……"该法第13条第1款同时规定："设立遗嘱信托，应当遵守继承法关于遗嘱的规定。"根据《民法典》继承编的规定，我国遗嘱信托的设立应采取书面遗嘱形式设立，包括自书遗嘱、代书遗嘱、打印遗嘱以及公证遗嘱；而录音录像遗嘱和口头遗嘱不符合"书面形式"的要求，不可设立遗嘱信托。设立遗嘱信托，遗嘱应当载明下列事项：遗嘱信托的目的；遗嘱人、受托人的姓名或者名称、住所；受益人或者受益人范围；遗嘱信托财产的范围、种类及状况；受益人取得信托利益的形式、方法；此外还可以载明遗嘱信托期限、遗嘱信托财产的管理方法、受托人的报酬、新受托人的选任方式、信托终止事由等事项。

第二，遗嘱人死亡且受托人承诺信托。遗嘱从遗嘱人死亡继承开始时生效，但此时遗嘱信托尚未设立。《信托法》第8条第3款规定："采取信托合同形式设立信托的，信托合同签订时，信托成立。采取其他书面形式设立信托的，受托人承诺信托时，信托成立。"遗嘱是单方法律行为，根据遗嘱人的意思即可订立。但是信托是双方法律行为，所以遗嘱信托的成立必须得到受托人的同意。另外，根据《信托法》第13条第2款的规定，遗嘱指定的受托人拒绝或者无能力担任的，由受益人另行选任受托人；受益人为无民事行为能力人或者限制民事行为能力人的，依法由其监护人代行选任。遗嘱对选任受托人另有规定的，从其规定。

第三，符合《信托法》关于信托设立的有效要件要求。根据《信托法》第11条的规定："有下列情形之一的，信托无效：(一)信托目的违反法律、行政法规或者损害社会公共利益；(二)信托财产不能确定；(三)委托人以非法财产或者本法规定不得设立信托的财产设立信托；(四)专以诉讼或者讨债为目的设立信托；(五)受益人或者受益人范围不能确定；(六)法律、行政法规规定的其他情形。"只有依法设立的信托，才能产生遗嘱人所期望的法律上的效力。

问题与思考

《民法典》第1133条第4款对遗嘱信托所作规定,系与《信托法》衔接之规范。2001年10月1日生效的《信托法》是民法的特别法,主要规定信托法律关系。《民法典》作为民事领域基本法并不直接规定信托,所以仅规定“自然人可以依法设立遗嘱信托”。信托制度在英美法系国家得到了广泛的运用,一些大陆法系国家或地区也在他们的法律制度中加入了类似英国信托的制度,但是信托制度本身的特点需要法律制度环境与其协调一致。故《民法典》对遗嘱信托的规定就是一种规范衔接的方式,具体制度适用以《信托法》为主。《信托法》对遗嘱信托已有特别规定,遗嘱信托的设立、生效、当事人关系、信托财产的法律属性、信托终止等,也应适用《信托法》。

拓展阅读推荐

1. 史尚宽:《继承法论》,中国政法大学出版社2000年版。
2. 陈苇、宋豫主编:《中国大陆与港、澳、台继承法比较研究》,群众出版社2007年版。
3. 魏小军:《遗嘱有效要件研究》,中国法制出版社2010年版。
4. 李宏:《遗嘱继承的法理研究》,中国法制出版社2010年版。
5. 杨立新著:《婚姻家庭与继承法》,法律出版社2021年版。

第三十五章　遗产的处理

学习要点

- 遗产管理人的确定及职责
- 遗产分割的原则和方法
- 限定继承与被继承人债务清偿
- 无人继承又无人受遗赠遗产的处理

第一节　遗产的管理

从被继承人死亡到遗产分割处理完成，其间有一个遗产管理的过程，包括清点、保存遗产，防止遗产受到损害，处理被继承人生前的债权债务关系，依法或依遗嘱分割遗产等。原《继承法》简要规定了遗产的保管，但未建立起遗产管理的制度。《民法典》第 1145 条至第 1149 条规定了遗产管理人，第 1150 条至第 1151 条保留了原《继承法》继承的通知以及遗产的保管。遗产管理制度的建立，有利于依法妥善处理被继承人遗产，减少共同继承人之间的纠纷，保护被继承人的债权人之利益。

一、遗产管理人的确定

遗产管理人是负责接管、清算、保全、分配被继承人遗产的人。[1] 根据《民法典》第 1145 条至第 1146 条的规定，遗产管理人依遗嘱指定、继承人推选、法律规定以及法院指定确定。

1. 遗嘱指定的遗嘱执行人为遗产管理人

继承开始后，遗嘱执行人为遗产管理人。遗嘱执行人是遗嘱人在遗嘱中指定的执行遗嘱内容的一人或数人。从尊重遗嘱人意愿的角度，遗嘱人指定的执行人作为遗产管理人是最合适的。当然，被指定的遗嘱执行人可以拒绝担任该职务。

2. 继承人推选或共同担任遗产管理人

没有遗嘱执行人的，或遗嘱执行人拒绝的，继承人应当及时推选遗产管理人；继承人未推选的，由继承人共同担任遗产管理人。继承人在享有继承权的同时，应承担遗产管理的责任。

3. 民政部门或者村民委员会担任遗产管理人

没有继承人或者继承人均放弃继承的，由被继承人生前住所地的民政部门或者村民委员会担任遗产管理人。如果被继承人是城镇居民，则其生前住所地的民政部门是遗产管理人；如果被

---

〔1〕 石婷：《遗产管理制度研究》，群众出版社 2017 年版，第 32 页。

继承人是农村居民,则其生前住所地的村民委员会是遗产管理人。

4. 法院指定遗产管理人

依据上述方法确定遗产管理人仍然存在争议的,利害关系人可以向人民法院申请指定遗产管理人。利害关系人可以是继承人、受遗赠人、被继承人的债权人和债务人等与遗产处理有法律上利害关系的人。

二、遗产管理人的职责

依《民法典》第 1147 条,遗产管理人负责清理遗产并制作遗产清单,向继承人报告遗产情况,采取必要措施防止遗产毁损,处理被继承人的债权债务,按照遗嘱或者依照法律规定分割遗产,以及实施与管理遗产有关的其他必要行为。

1. 清理遗产并制作遗产清单

清理遗产的工作主要包括清查遗产的种类、数量、价值、所在位置等状况。遗产管理人应及时在查清遗产状况的基础上编制遗产清单,遗产清单应尽可能全面和准确地反映遗产的真实状态,无漏记无差错。由于我国实行法定的限定继承,继承人仅在遗产范围内承担被继承人债务清偿的责任,故此遗产清单既可以确定遗产的数量种类和价值,又可以保持遗产的独立性以防与继承人财产混同而损害债权人利益。[2] 所以,清点遗产、制作遗产清单是遗产管理人的重要职责之一。

2. 向继承人报告遗产情况

遗产管理人就清理遗产并制作遗产清单的情况向继承人报告说明情况,这是继承人应当知情的。

3. 采取必要措施防止遗产毁损

遗产管理人应采取必要的行为来保存遗产,避免损失。例如,变卖易腐生鲜物品,修理房屋以防倒塌,对被继承人生前的经营继续必要的营业行为,缴纳维持财产权利的费用等。上述行为应以必要为限度,以防止遗产毁损、保护遗产为目的。

4. 处理被继承人的债权债务

遗产管理人应通知被继承人的债权人和债务人,已知的债权人和债务人逐一通知,对尚不知道的债权人和债务人可公告通知其申报。遗产管理人对已知的到期债权予以收回,未到期债权逐一登记;为了避免因遗产不足以清偿全部债务而损害部分债权人的权益,对已知和已申报的债务,遗产管理人核实后在公告期届满后清偿。[3] 为处理被继承人的债权债务,遗产管理人有权提起诉讼和应诉。

5. 按照遗嘱或者依照法律规定分割遗产

收回债权清偿债务后,遗产管理人可按照遗嘱或法定继承分割遗产并交付给继承人和受遗赠人。无人承受的遗产,遗产管理人应将遗产移交给代表国家接受遗产的机构或死者生前所属的集体所有制组织。

6. 实施与管理遗产有关的其他必要行为

除了上述职责外,与管理遗产有关的其他必要行为遗产管理人也应实施,例如支付死者的丧

---

〔2〕 黎乃忠:《限定继承制度研究》,群众出版社 2017 年版,第 60 ~ 61 页。

〔3〕 刘春茂主编:《中国民法学 · 财产继承》(修订版),人民法院出版社 2008 年版,第 415 页。

葬费用,缴纳税款等。

遗产管理人应当依法履行职责,尽到如同处理自己事务一样的注意义务。因故意或者重大过失造成继承人、受遗赠人、债权人损害的,遗产管理人应当承担相应的民事责任。同时,遗产管理人也享有依照法律规定或者按照约定获得报酬的权利。

三、继承的通知和遗产的保管

(一)继承的通知

继承的通知是指将被继承人死亡、继承开始的消息通知继承人以及遗嘱执行人等。《民法典》第1150条规定:“继承开始后,知道被继承人死亡的继承人应当及时通知其他继承人和遗嘱执行人。继承人中无人知道被继承人死亡或者知道被继承人死亡而不能通知的,由被继承人生前所在单位或者住所地的居民委员会、村民委员会负责通知。”所谓“知道被继承人死亡而不能通知”的情形主要是指继承人知道被继承人死亡了,但因为年幼、生理上缺陷或行为能力欠缺而不具有通知的能力。通知的方式可以是电话、书信、邮件、口传以及公告,以便继承人、遗嘱执行人及时参加继承。知道有继承人而无法通知的,不影响处理遗产,但分割遗产时应保留其应继份额并确定保管人。

(二)遗产的保管

在继承开始后,遗产分割之前,存有遗产的人,应当妥善保管遗产,任何组织或者个人不得侵吞或者争抢。《继承编解释(一)》第43条规定,“人民法院对故意隐匿、侵吞或争抢遗产的继承人,可以酌情减少其应继承的遗产”。

问题与思考

司法实践中曾有债权人向法院起诉债务人的继承人,要求其在遗产范围内清偿被继承人生前所欠债务,但所有继承人在庭审中均表示放弃继承而导致案件没有适格被告,法院不得不判决驳回债权人诉讼请求的情况。因继承人放弃继承或者被继承人没有继承人,债权人的合法权益得不到法律保护的情形,在《民法典》施行后不复存在。《民法典》建立了遗产管理人制度,当全部继承人都放弃继承时,由被继承人生前住所地的民政部门或者村民委员会担任遗产管理人。债权人可以起诉被继承人生前住所地的民政部门或者村民委员会,由上述遗产管理人应诉并根据遗产实际情况清偿被继承人生前债务。

第二节 遗产的分割和债务清偿

一、遗产分割

(一)遗产分割的概念和原则

遗产的分割是指存在数个继承人共同继承时,按照遗嘱指定或法定应继份将遗产分配给各继承人的行为。遗产的分割是将遗产视为一体,整体分割,而不是分割各个单独的财产。[4]

---

[4] 郭明瑞、房绍坤、关涛:《继承法研究》,中国人民大学出版社2003年版,第165页。

遗产分割前应先分出他人的财产,为缺乏劳动能力又没有生活来源的继承人保留适当的遗产,并清偿被继承人依法应当缴纳的税款和债务。遗产分割应当尊重被继承人的意愿,并考虑继承人的实际情况,按照有利于生产和生活需要,不损害遗产效用的原则处理。

(二)遗产分割的方法和瑕疵担保责任

遗产从共有状态经分割转为共同继承人各自所有,存在如何分割以及瑕疵担保责任承担的问题。

《民法典》第304条第1款关于共有物分割方法的条款,可以适用于遗产的分割。“共有人可以协商确定分割方式。达不成协议,共有的不动产或者动产可以分割且不会因分割减损价值的,应当对实物予以分割;难以分割或者因分割会减损价值的,应当对折价或者拍卖、变卖取得的价款予以分割。”

原《继承法》没有规定瑕疵担保责任,《民法典》第304条第2款明确:“共有人分割所得的不动产或者动产有瑕疵的,其他共有人应当分担损失。”此处的瑕疵,包括物上的瑕疵与权利上的瑕疵,该瑕疵在遗产分割时已经存在且不能归责于继承人,继承人在分割的时候不知情而在分割时未予斟酌或补偿。例如,继承人分到一头已经感染疾病但分割时尚未发病的牛,牵回家后牛因病死亡,对牛死亡的损失,其他继承人应当予以分担。

(三)遗产分割中应注意的问题

1. 对缺乏劳动能力又没有生活来源的继承人的保护

分割遗产时应考虑继承人的实际情况,法律对缺乏劳动能力又没有生活来源的继承人在遗产分割时有特别的保护。(1)立遗嘱时应当为缺乏劳动能力又没有生活来源的继承人保留必要的遗产份额(《民法典》第1141条)。如果遗嘱中没有保留,则在分割遗产时为其保留必要的遗产(《民法典》第1159条)。(2)在确定法定应继份时,“对生活有特殊困难又缺乏劳动能力的继承人,分配遗产时,应当予以照顾”(《民法典》第1130条第2款)。(3)无论是遗嘱继承还是法定继承,继承人中有缺乏劳动能力又没有生活来源的人,即使遗产不足清偿债务,也应为其保留必要遗产,然后再清偿债务(《民法典》第1159条)。

2. 为胎儿保留继承份额

在继承开始时已经受胎的胎儿可以享有继承权和受遗赠权,《民法典》第16条规定,涉及遗产继承、接受赠与等胎儿利益保护的,胎儿视为具有民事权利能力。遗产分割时如果享有继承权或受遗赠权的胎儿尚未出生,则应当根据遗产分割的原则为胎儿保留遗产份额。但法律同时规定,胎儿娩出时为死体的,即没有活着出生,其民事权利能力自始不存在。故为其保留遗产份额也失去权利依据,《民法典》第1155条规定,“胎儿娩出时是死体的,保留的份额按照法定继承办理”。例如,被继承人意外身亡,其妻怀有身孕,被继承人第一顺序法定继承人包括其父母、妻子和尚未出生的子女。胎儿出生前如果分割遗产,应先保留胎儿的法定应继份额。胎儿活着出生后,取得遗产。如果胎儿娩出时是死体,为其保留的遗产份额由被继承人的父母和妻子按法定继承分割。如果胎儿出生后很快死亡,则其已经取得的遗产由其第一顺序法定继承人即其母亲取得。

3. 发生转继承

《民法典》第1152条规定:“继承开始后,继承人于遗产分割前死亡,并没有放弃继承的,该继承人应当继承的遗产转给其继承人,但是遗嘱另有安排的除外。”被转继承人是第一次继承时的继承人,转继承发生在被转继承人死亡的第二次继承时。转继承转的是被转继承人取得被继承人遗产的权利,而不是遗产的所有权。对有权取得但尚未分割的遗产,被转继承人在遗嘱中有明确处理的,按其遗嘱处分。

4. 发生接受遗赠后的转移

继承开始后,受遗赠人表示接受遗赠,并于遗产分割前死亡的,其接受遗赠的权利转移给他的继承人(《继承编解释(一)》第 38 条);受遗赠人没有表示接受遗赠并于遗产分割前死亡的,不发生受遗赠权利的转移,遗嘱中对该遗赠部分的处分不生效力。

二、被继承人的债务清偿

被继承人死亡后,其生前应当偿还的公法和私法上的债务并不消灭,应由其继承人承担清偿被继承人债务的责任。但我国实行法定的限定继承制度,继承人以所得遗产实际价值为限清偿被继承人依法应当缴纳的税款和债务;超过遗产实际价值部分,继承人自愿偿还的不在此限。放弃继承的继承人,对被继承人依法应当缴纳的税款和债务可以不负清偿责任。

(一)被继承人债务的确定

被继承人债务是被继承人生前应当偿还但死亡前尚未清偿的债务,包括公法上的债务如未缴纳的税款、罚金,以及私法上的债务如借贷合同之债、损害赔偿的民事责任等。继承费用如遗产管理费用、丧葬费用等是被继承人死亡后才发生的费用,不属于被继承人生前债务,但可直接从遗产中支付。另外,遗赠不属于被继承人债务,执行遗赠前也应先清偿遗赠人依法应当缴纳的税款和债务(《民法典》第 1162 条)。

(二)清偿被继承人债务的原则

1. 继承人负有清偿被继承人债务的责任

继承人清偿被继承人债务,以继承人没有放弃继承为前提。《民法典》第 1161 条第 2 款规定,放弃继承的继承人,对被继承人依法应当缴纳的税款和债务可以不负清偿责任。

2. 限定继承的原则

限定继承是指继承人以取得遗产的价值范围为限承担被继承人生前债务,与之相对应的是无限继承,意指继承人承担被继承人生前债务不以所得到的遗产价值为限。根据《民法典》第 1161 条第 1 款,"继承人以所得遗产实际价值为限清偿被继承人依法应当缴纳的税款和债务。超过遗产实际价值部分,继承人自愿偿还的不在此限"。可见我国实行的是法定的限定继承原则,继承人当然地仅在取得的遗产实际价值范围内承担被继承人债务,超出部分继承人不负清偿责任,除非继承人自愿清偿。但继承人如自愿清偿了超出遗产实际价值的被继承人债务,不得以自己有权不予清偿为由主张返还。

3. 照顾缺乏劳动能力又没有生活来源的继承人的原则

《民法典》第 1159 条规定,分割遗产的时候即使需要清偿被继承人债务,也应当为缺乏劳动能力又没有生活来源的继承人保留必要的遗产。因此遗产分割时只要继承人中有缺乏劳动能力又没有生活来源的人,即使遗产不足清偿债务,也应为其保留适当遗产,然后再清偿债务。

(三)被继承人债务清偿的顺序

被继承人的遗产不足以清偿全部费用和债务时,应先扣除必要的继承费用,以及为缺乏劳动能力又没有生活来源的继承人保留适当的遗产之后,再清偿被继承人的债务。结合《民法典》第 1161 条及《企业破产法》第 109 条、第 113 条的规定,遗产不足以清偿全部债务时,其清偿顺序为:在特定遗产上享有担保权的债权人有权就该特定财产优先受偿;工资、社会保险和税款类债权;其他普通债权。

(四)债务尚未清偿但遗产已经分割的处理

被继承人债务应在执行遗赠、分割遗产之前予以清偿。如果被继承人债务尚未清偿完毕而遗产已经分割,则应由取得遗产的继承人和受遗赠人按照一定顺序和比例清偿债务。根据《民法典》第1163条,遗产因法定继承和遗嘱处分分割的,首先由法定继承人清偿被继承人依法应当缴纳的税款和债务;税款和债务超过法定继承人实际取得遗产价值的部分,由遗嘱继承人和受遗赠人按其取得遗产的比例以所得遗产为限清偿遗嘱人债务。当然,如果只有遗嘱继承和遗赠的,由遗嘱继承人和受遗赠人按取得遗产的比例以所得遗产为限清偿。

问题与思考

继承人在分割遗产债权时,存在不同的债务人偿债能力的差异,因而可能出现部分继承人分得的债权不能清偿或不能完全清偿的情况。共同继承人之间是否应对债权未能得到清偿的损失承担担保责任?依遗产分割中共同继承人之间的瑕疵担保责任,似乎共同继承人应分担该损失,但《民法典》第304条仅规定了不动产或动产分割的瑕疵担保责任。学理上认为遗产分割瑕疵担保责任包括对债务人资力的担保责任。为求得共同继承人间公平,故不需特别约定,对于分得债权之继承人,其他共同继承人法律上当然就债务人的支付能力负担保之责。尚未到期的债权,应对清偿时债务人的支付能力负担保之责。[5]

第三节　无人继承又无人受遗赠的遗产的处理

一、无人继承又无人受遗赠的遗产的确定

(一)遗产无人继承又无人受遗赠

遗产无人继承又无人受遗赠,也称遗产无人继承或遗产无人承受,指被继承人死亡时不能确定有没有继承人或受遗赠人,或者已知的继承人或受遗赠人均放弃继承或放弃受遗赠,或者已知继承人或受遗赠人均丧失继承权或受遗赠权,被继承人死亡后所遗留的财产处于无人承受的状态。

被继承人死亡后,不能确定有没有继承人时,应开展遗产的管理和搜寻继承人的工作。遗产管理应依《民法典》第1145条确定遗产管理人,死者生前住所地的民政部门或者村民委员会担任遗产管理人,应清理遗产并制作遗产清单,采取必要措施防止遗产毁损,处理被继承人的债权债务,实施与管理遗产有关的其他必要行为。除了保存和管理遗产,清偿死者生前所欠的税款和债务之外,遗产管理人还应该搜寻继承人。

(二)搜寻继承人

我国《民法典》没有规定搜寻继承人,《民事诉讼法》第二编第十五章第五节"认定财产无主案件"的程序适用于搜寻继承人。

[5] 王利明主编:《中国民法典学者建议稿及立法理由·人格权编、婚姻家庭编、继承编》,法律出版社2005年版,第620~621页。

遗产管理人或利害关系人可以向遗产所在地的基层人民法院提出申请，请求人民法院发出认领公告，以确定财产无主。人民法院受理申请后，经审查核实，应当发出财产认领公告。公告期间有人对财产提出请求的，人民法院应当裁定终结特别程序，申请人可另行通过普通程序诉讼；公告满1年无人认领的，判决认定财产无主。判决认定财产无主后，如果继承人出现并在诉讼时效期间对财产提出请求，人民法院审查属实后，应当作出新判决，撤销原判决。

二、无人继承又无人受遗赠的遗产的归属

遗产经认定财产无主程序确定无人认领后，即属无人继承又无人受遗赠的遗产。如果没有酌分遗产人提出酌情分得遗产的请求，判定财产无主的人民法院应依《民法典》第1160条确定该遗产归国家所有，用于公益事业；如死者生前是集体所有制组织成员，判归其所在的集体所有制组织所有。

问题与思考

由于《民法典》没有规定如何确定遗产无人继承又无人受遗赠，所以只能适用《民事诉讼法》认定财产无主的程序。但是无人继承又无人受遗赠的遗产，与无主财产不同。其一，无人继承又无人受遗赠的遗产是知道原所有权人的，只是原所有权人死亡后，没有人继承也没有人受遗赠。无主财产是不知道权利人是谁，如拾到的遗失物、漂流物，发现的埋藏物或者隐藏物等。其二，无人继承又无人受遗赠的遗产，按照《民法典》第1131条的规定，可以由酌情分得遗产人向遗产管理人主张取得，没有酌分遗产请求权人的，归国家所有（用于公益事业）或死者生前所在的集体所有制组织所有。而无主财产，找到权利人的应返还权利人，找不到权利人的，经法定程序和期限，归国家所有（《民法典》第318条）。

拓展阅读推荐

1. 房绍坤主编：《亲属与继承法》（第二版），科学出版社2019年版。
2. 石婷：《遗产管理制度研究》，群众出版社2017年版。
3. 陈苇主编：《当代中国民众财产继承观念与遗产处理习惯实证调查研究》（上卷、下卷），中国人民公安大学出版社2019年版。
4. 杜江涌：《遗产债务法律制度研究》，群众出版社2013年版。
5. 黎乃忠：《限定继承制度研究》，群众出版社2017年版。

第七编 | 侵权责任

第三十六章 侵权责任法概述

学习要点

- 侵权责任法的概念
- 侵权责任法的保护对象
- 侵权责任的法律适用问题
- 侵权行为
- 侵权行为与犯罪行为、违约行为的比较
- 侵权行为类型

第一节 侵权责任法概述

一、侵权责任法的概念

侵权责任法律制度，简称侵权责任法或称侵权法，是民法的重要组成部分。《民法典》第1164条规定："本编调整因侵害民事权益产生的民事关系。"由此可见，从调整对象上看，侵权责任法是调整有关因侵害他人财产、人身的行为而产生的侵权责任关系的法律规范的总和。[1] 从内容上看，侵权责任法是规定侵权行为形态、构成要件、责任方式的法律。[2]

侵权责任法所调整的社会关系是一种特定的社会关系，它是因侵权行为人的侵权行为而引起的侵权行为人与受害人之间的民事责任关系。侵权责任关系，具有以下几个方面的特性：(1)是特定主体之间的权利义务关系，即侵权行为人与受害人之间的关系；(2)以已有的法定民事权利义务关系为前提（如财产所有权关系、人身权关系），只有当一方当事人的合法民事权益受到侵害时，才产生侵权责任关系；(3)以侵权行为人的侵权行为为事实构成要件，一方当事人的合法民事权益受到侵害总是通过另一方当事人的加害行为而实现；(4)以法律规定的民事责任为内容，即一方（受害人）有权请求对方（侵权行为人）为一定的行为承担相应的民事责任，但这种请求不限于财产的给付，也包括要求履行某些具有人身意义的义务（如赔礼道歉）；(5)对于这种关系的调整，往往适用强制性的民事法律规范而不是适用任意性的民事法律规范。应当指出的是，侵权责任关系虽然以已有的民事权利义务关系为前提，但它却不是这种已有的权利义务关系的简单重复，而是形成了一种新的民事关系。

---

〔1〕 张新宝：《中国侵权责任法》（第2版），中国社会科学出版社1998年版。

〔2〕 王利明：《侵权责任法制定中的若干问题》，载《当代法学》2008年第5期。

二、侵权责任法的保护对象

法谚有云,无救济即无权利。《民法典》第3条规定:“民事主体的人身权利、财产权利以及其他合法权益受法律保护,任何组织或者个人不得侵犯。”我国《民法典》继续沿袭了“权利—保护”的立法思路,在物权、人格权、婚姻家庭等编规范民事权利,在侵权责任编规定权利保护和救济,在总则编规定权利和权利保护的共同性规则。

侵权责任法提供了合法权益受不法侵害时的保护机制,使被害人得依私法规定寻求救济,令加害人就其侵权行为负责,其所维护者,系个人的自主、个人的尊严,其重要性不低于冷酷的效率,实为人类社会存在的基本价值。填补损害系基于公平正义的理念,其主要目的在使被害人的损害能获得实质、完整迅速的填补。[3] 甚至可以说,如何克服困难,填补损害,以创设更完美的社会生活,应为侵权行为制度之最终目标。[4] 当然,侵权责任法不应成为填补损害的唯一或主要制度,而应与其他制度共存,担任着不同的任务。现代社会存在各种补偿制度,这些补偿制度已经自成体系,且发挥着重要的作用。但是,严格地说,这些补偿制度并没有根本动摇侵权责任法在补偿体系中的核心地位。[5]

填补损害只是侵权法机能或目的浅层次的表述,从更深层次上说,侵权法的功能最终还是要实现对民事权益的保护。换言之,侵权法是保护法、救济法。侵权法通过规定侵权责任,使受害人的损害达到弥补,而实现保护民事权利之功能。法治的实质是规范公权,保障私权。侵权责任法的核心就在于保障私权。[6] 就保护权益的理念而言,侵权责任法既注重事后救济,也具有事前预防之功能。实际上,“消除影响及停止侵害行为之诉已经成为欧洲共同的法律制度”。[7] 损害的预防胜于损害补偿。侵权责任法规定何种不法侵害他人权益的行为,应予负责,借着确定行为人应遵行的规范,及损害赔偿的制裁而吓阻侵害行为,具有一定程度的预防功能。[8] “预防”目标为经济分析方法所证实,对过失责任和危险责任都十分重要。[9]

值得探讨的是侵权责任法的保护对象问题。综观我国学者今日之通说,似乎都承认“我国侵权责任法的保护对象包括两个方面:一是人身权、物权、知识产权等绝对权;二是保护绝对权之外的各种利益”。[10] 从我国《民法典》第1164条的规定可以看出,侵权责任法的保护对象不仅限于各种民事权利,也包括尚未上升为权利的某些特定利益。侵权责任法所保护的权益应当有如下几个特点:第一,此种权益应为私法上的利益。第二,这种权益应具有确定性。如果很难确定行为人究竟侵害了何种权利和利益,那也很难说其侵害了私法上的权益。第三,要考虑权利侵害情况下的补救可能性。侵权责任法要提供补救,必须强调权利的可补救性即最终能够强制执行。

侵权责任法的保护功能并非没有边界。《民法典》第3条、第1164条的主要意义在于“立法宣示”,司法机关在个案中须对“民事权益”进行甄别判断,以免过度限制行为自由。侵权责任法

---

〔3〕 王泽鉴:《侵权责任法》(第一册),中国政法大学出版社2001年版,第7~8页。

〔4〕 孙森焱:《民法债编总论》(上册),法律出版社2006年版,第165页。

〔5〕 王利明:《侵权责任法制定中的若干问题》,载《当代法学》2008年第5期。

〔6〕 王利明:《侵权责任法制定中的若干问题》,载《当代法学》2008年第5期。

〔7〕 [德]克雷斯蒂安·冯·巴尔:《欧洲比较侵权责任法》(下),焦美华译,法律出版社2004年版,第146页。

〔8〕 王泽鉴:《侵权责任法》(第一册),中国政法大学出版社2001年版,第10页。

〔9〕 朱岩、王竹:《比较法视野下的中德侵权法(上)——第二届中德侵权法研讨会会议综述》,载《判解研究》2007年第3辑。

〔10〕 王利明:《侵权责任法制定中的若干问题》,载《当代法学》2008年第5期。

的历史都集中在寻找两种基本利益的协调，即权利保护（安全的利益）和行为自由（自由行动的利益）。近年我国出现一种“泛权利论”的现象，“亲吻权”之类的权利“满天飞”，非常值得警醒。法律保护权利，但既不支持权利滥用，也不认肯权利泛化。

德国法兰克福高等普通法院的一个判例或许能够给我们提供一些思考的线索。原告已经有一个出生时即为病婴的儿子，因此不想再生育了，所以她一直在服用避孕药。一次耳部手术后，医生给原告开了一种被告药厂生产的抗生素，原告不久就怀孕并又生下了个孩子（德国法律对人工流产有很严格的限制），原告因该抗生素对避孕药的减效作用而起诉制药商，要求其赔偿抚养孩子的费用。法院认为，被告作为抗生素的生产者，因没有说明该药品的某些副作用，从而有可能产生了侵权责任法所规定的生产者责任。不过，即便判定被告不作为的行为违法，那也只有当原告在第 823 条第 1 款意义上的法益受到损害时，被告才承担侵权责任法上的责任。原告因意外怀孕和分娩而带来的身体上的负担可被视为是由被告造成的身体损害，但是，分娩后产生的抚养义务并不属于对原告造成的身体负担。对损害一般人格权的诉讼理由——例如认为损害原告生育计划的自主权——法院也不支持：“这样一项权利并不为第 823 条第 1 款中的‘其他权利’所认可，否则，‘其他权利’的保护范围就会最终无限制地超出立法者为其设置的界限。”[11]

三、我国侵权责任的法律适用问题

《民法典》于 2021 年 1 月 1 日起施行。该法典包括总则、物权、合同、人格权、婚姻家庭、继承和侵权责任等七编。其中，侵权责任编包含十章，共 95 条。在司法实践中，需处理好《民法典》与其他法的关系，也需处理好《民法典》各编之间的关系，以妥当地理解和适用法律。

（一）《宪法》不宜直接作为侵权责任的裁判依据

我国宪法中保护公民基本权利的某些规定，涉及公民的财产和人身权的保护，应当成为我国侵权责任法的法源。但是，宪法主要是作为民事立法的依据，而不是作为民事案件的裁判依据。换言之，在民事案件中，人民法院一般不得援引《宪法》条款裁判案件。[12]

当然，这并不意味着人民法院不能在侵权案件中援引宪法。作为判决理由，法院引用宪法论证，无可厚非，因为宪法本身就是最高的价值判断，宪法本身就是最好的说理证据。[13] 在以下几种情况下，人民法院可以在侵权案件中援引宪法：只有援引宪法才能足以证明公民的某项权利是受法律保护的权利；只有援引宪法才能说明选择法律适用的准确性和合法性；援引宪法作为解释民法的依据。

（二）《民法典》是处理侵权案件的主要法律依据

在中华人民共和国成立后的很长一段时间里，司法实践都是按照民事政策来解决侵权案件的。直到 1986 年《民法通则》的颁布才真正标志着我国侵权责任法制度化的正式开始，此后我国以《民法通则》为基础，又陆续制定了大量的单行法规、司法解释，从而逐步使我国告别了处理侵权案件无法可依的局面。[14]

---

〔11〕［德］马克西米利安·福克斯：《侵权责任法》，齐晓琨译，法律出版社 2006 年版，第 15～16 页。

〔12〕朱福惠：《我国人民法院裁判文书援引〈宪法〉研究》，载《现代法学》2010 年第 1 期。

〔13〕张红：《基本权利与私法》，法律出版社 2010 年版，第 278 页。

〔14〕李开国、黄忠：《我国侵权行为立法发展评述》，载《法治研究》2008 年第 10 期。

2010年7月1日开始实施的《侵权责任法》,是《民法典》的先声,也是我国侵权责任领域的重要法律。2020年,该法的主要内容经过修改完善之后,编纂纳入《民法典》。自2021年1月1日起,《民法典》成为处理侵权案件的重要基本法律依据。不过,适用《民法典》时,还需注意处理好各编之间的逻辑关系:

1.《民法典》总则编在侵权案件中的适用

第一,涉及侵权案件的诉讼时效时,应适用《民法典》总则编第九章的规定。

第二,涉及自然人行为能力、责任能力、监护人责任等问题时,应结合《民法典》总则编第二章的规定。

第三,涉及见义勇为情形下责任承担问题时,应适用《民法典》总则编第183条。因保护他人民事权益使自己受到损害的,由侵权人承担民事责任,受益人可以给予适当补偿。没有侵权人、侵权人逃逸或者无力承担民事责任,受害人请求补偿的,受益人应当给予适当补偿。

第四,《民法典》总则编第184条规定的"好人法"可以成为侵权案件中的特殊抗辩事由,即"因自愿实施紧急救助行为造成受助人损害的,救助人不承担民事责任"。

第五,涉及英雄烈士的人格保护时,适用《民法典》人格权编第994条,即"死者的姓名、肖像、名誉、荣誉、隐私、遗体等受到侵害的,其配偶、子女、父母有权依法请求行为人承担民事责任;死者没有配偶、子女且父母已经死亡的,其他近亲属有权依法请求行为人承担民事责任",以及《民法典》总则编第185条,即"侵害英雄烈士等的姓名、肖像、名誉、荣誉,损害社会公共利益的,应当承担民事责任"。此外,根据《英雄烈士保护法》第25条的规定,英雄烈士没有近亲属或者近亲属不提起诉讼的,检察机关依法对侵害英雄烈士的姓名、肖像、名誉、荣誉,损害社会公共利益的行为向人民法院提起诉讼。

第六,涉及侵权责任的具体内容时,可能适用《民法典》侵权责任编的规定,也可能适用《民法典》总则编的规定,如责任承担方式(第179条)、一般抗辩事由(第180条不可抗力、第181条正当防卫、第182条紧急避险)以及违约责任与侵权责任的竞合(第186条)。

2.《民法典》物权编、人格权编在侵权案件中的适用

第一,《民法典》物权编、人格权编主要内容是关于物权、人格权的种类和内容的规定,这些规定可能成为侵权责任案件法律论证(法院说理)的依据。

第二,物权被侵犯时,《民法典》物权编第三章"物权的保护"中的规范优先适用,《民法典》侵权责任编的规定补充适用。同理,人格权被侵犯时,优先适用《民法典》人格权编的规定,《民法典》侵权责任编的规定补充适用。

(三)侵权责任与行政责任、刑事责任的适用关系

在现实生活中,某些行为在刑法方面构成犯罪,在民法方面构成侵权,在行政法方面可能又构成行政违法,造成这种状况的原因是近现代民事、刑事、行政法律部门的划分。在诸法合体、刑民不分的法律体制下不会产生这一问题,在严格划分民法、刑法、行政法的法律体制下,则可能出现同一行为的法律责任重合问题。[15] 如果发生这种情况,民事责任、行政责任和刑事责任之间在法律适用上是什么关系?

《民法典》第187条规定:"民事主体因同一行为应当承担民事责任、行政责任和刑事责任的,承担行政责任或者刑事责任不影响承担民事责任;民事主体的财产不足以支付的,优先用于

〔15〕 张新宝:《中国侵权行为法》(第2版),中国社会科学出版社1998年版,第209页。

承担民事责任。"这一规定可以概括为侵权责任的独立性和优先性,是《民法典》的"民权性"的集中表现。(1)侵权责任独立原则。由于民法、行政法和刑法保护的利益重点不同,所以在同一行为构成多种不同性质的法律责任时不能相互代替。侵权责任是加害人向受害人承担的责任,其直接目的是向受害人提供同质救济,使其受侵害的民事权利恢复圆满状态。行政责任和刑事责任是向国家承担的责任,其目的和作用是通过对行为人的制裁,维护社会秩序和国家管理秩序。三种责任的性质和功能不同,不能相互替代,因此,侵权责任应独立于刑事责任、行政责任。(2)民事责任优先原则。如果在追究刑事责任时给予财产刑,或在追究行政责任时给予罚款,很可能会影响其民事赔偿责任的承担。所谓民事责任优先原则,是指在追究违法人法律责任,依法应对其给予财产刑或行政罚款等处罚时,如果侵权人的财产不足以支付的,则对违法人所欠债务以及因违法行为造成的受害人的财产损失,应当优先偿还、优先赔偿的一种原则。

民事责任优先的理论基础,可以概括为:(1)是人道主义的要求。对于国库来说,是否得到某一笔罚款、罚金或没收的财产,虽然也很重要,但并非重大利益;而对于受害人来说,是否能够得到相应的赔偿,则是重大利益,甚至关系生命健康。因此,因执行财产刑而使国家和民事主体利益无法兼顾时,放弃财产刑的执行可以取得良好的社会效益,也更能体现法律的人道和正义,人道和正义是法的社会功能的体现,也是法所追求的主要价值所在。(2)是民事责任的特性决定的。民事责任与刑罚不同,它不是对责任人的惩罚,它具有补偿性的特点,承担民事责任的前提是权利受到侵害。民事责任的实现只能依赖于债务人的给付行为。如果被告人陷于无财产的状态,则债权人的损失将无法弥补。对被判处死刑、无期徒刑以外的被告人,虽然存在刑满后重新工作偿还债务的可能性,但毕竟迁延日久,且前景难以确定。故而,应当优先实现民事责任。(3)是民事责任的实现方式决定的。就执行对象而言,刑罚涉及被告人的人身和财产,而民事责任的履行只能针对财产,不能执行债务人的人身。因此,如果债务人无财产履行民事责任,只能等债务人有财产时再予执行或者终结执行,这显然不利于债权人利益的保护。而被告人无财产时,针对被告人的财产刑可以通过易科为其他刑种的方式得到执行。(4)是时效制度决定的。财产刑一般无行刑时效的限制。例如,对于不能全部缴纳罚金的,人民法院在任何时候发现被执行人有可以执行的财产,有权随时追缴。因此,民事责任优先不会导致财产刑的绝对不执行。

对于民事责任的独立性和优先性问题,除《民法典》的规定外,我国其他法律亦表达了相同的立场。例如,《行政处罚法》第8条规定:"公民、法人或者其他组织因违法受到行政处罚,其违法行为对他人造成损害的,应当依法承担民事责任。违法行为构成犯罪的,应当依法追究刑事责任,不得以行政处罚代替刑事处罚。"《刑法》第36条规定:"由于犯罪行为而使被害人遭受经济损失的,对犯罪分子除依法给予刑事处罚外,并应根据情况判处赔偿经济损失。承担民事赔偿责任的犯罪分子,同时被判处罚金,其财产不足以全部支付的,或者被判处没收财产的,应当先承担对被害人的民事赔偿责任。"此前,《民法通则》《食品安全法》《侵权责任法》《民法总则》等也有相关规定。《刑事诉讼法》更专章规定了刑事诉讼附带民事诉讼的问题。这些规定说明,当一个违法行为同时构成民事责任、行政责任、刑事责任等多种法律责任(包括同时构成其中两种或三种责任)时,无论由哪个国家机关先追究何种法律责任,违法行为人都不能免除其他法律责任的承担,民事责任、行政责任、刑事责任的并用是一项既定的法制原则。故,我们并不赞同最高人民法院《关于适用〈中华人民共和国刑事诉讼法〉的解释》(法释〔2012〕21号,以下简称《刑诉法司法解释》)第138条的立场。[16]

问题与思考

"亲吻权"受法律保护吗?吴某驾驶的奥拓汽车将陶女士撞伤,经交警部门对事故认定为:吴某系酒后驾车,对事故负全责。陶女士经鉴定已构成十级伤残。车祸后,陶女士经常出现短暂失忆,思维判断出错;两颗门牙折断既影响身体的完整性,又损害了撕咬食物的功能。由于嘴唇的原因,她再与丈夫亲吻时常常感到害怕、有排斥感,阻碍了她与丈夫的感情交流。她认为,作为妻子,不能与丈夫感受亲吻时醉人的甜蜜;作为人母,也不能像往常一样满足女儿的"索吻"。此后,陶女士向法院起诉,请求判令吴某赔偿其身体权、亲吻权、健康权、财产权等被侵害遭遇的损失3.9万元。"亲吻权"是民事权利吗?其是否属于《民法典》第3条中的"其他合法权益"或第1164条所称的"民事权益"?

第二节 侵权行为概述

一、侵权行为的概念

(一)含义

汉语中的"侵权行为"是一个外来词,是在清末和民国初期传入中国的诸多民法概念之一,并第一次出现在清末编制的《大清民律草案》(第二编"债权"的第八章"侵权行为")中。这些民法概念在中国这样的东方古国是难以找到其本土语源的。

"侵权行为",在国际上最为常用的是"tort"一词,英文中的"tort"实际上是一个法语单词,源于拉丁语的"tortus",义为"扭曲""扭歪",这喻示着侵权行为的不正当性或反常性。在法国,侵权行为被称为"delict",这个词源于拉丁语中的"delictum",其原意是"过错""罪过"。在德语中,与tort对应的词语是unerlaubte Handlung(不许行为)或者Delikt(不法行为),被解释为对他人利益的不法侵害。在日本称为"不法行为"。以上的语源考查使我们认识到,侵权行为,按照人们长期以来的固有观念,乃是一种为社会所不容的行为,或者说,是一种违反公共行为规范的行为。

侵权行为的概念,直接源于罗马法上的私犯和准私犯的概念。但在罗马法中,对私犯、准私犯概念的界定,着眼于其外延,而缺乏对其内涵的准确表述。

《法国民法典》在历史上第一次使用了侵权行为的概念。该法原第1382条[17]规定:"任何行为使他人受到损害时,因自己的过失致使损害发生之人,对该他人负赔偿的责任。"原第1383条[18]规定:"任何人不仅对因其行为所引起的损失,而且对因其过失或疏忽所造成的损害,负赔偿责任。"《法国民法典》关于侵权责任法的规定,源于但又不同于《罗马法》,结束了立法对侵权行为要做具体规定的历史,开创了侵权责任法概括性立法的新时期,这在侵权责任法的历史上具

[16] 《最高人民法院关于适用〈中华人民共和国刑事诉讼法〉的解释》(法释〔2021〕1号)第175条第2款规定:"因受到犯罪侵犯,提起附带民事诉讼或者单独提起民事诉讼要求赔偿精神损失的,人民法院一般不予受理。"

[17] 2016年法国债法改革后,条文序号变更为第1240条。

[18] 2016年法国债法改革后,条文序号变更为第1241条。

有划时代的重要意义。此后,《德国民法典》、《日本民法》及我国台湾地区“民法”都对侵权行为作了立法上的定义。

侵权行为,是指行为人由于过错,或者在法律特别规定的场合没有过错,违反法律规定的义务,以作为或者不作为的方式,侵害他人的人身权益或财产权益,依法应当承当损害赔偿等法律后果的行为。

(二)特征

第一,侵权行为是违法行为,属于法律事实中的事实行为。侵权行为是侵害他人合法权益的行为,不可能产生加害人预期的法律后果,是违法行为;它是加害人单方面实施的、不以意思表示为要素的非法行为,因此它在性质上属于单方事实行为,而不是民事法律行为。

第二,侵权行为通常是一种有过错的行为。通常情况下,过错是侵权行为的构成要件,“无过错即无责任”。无过错的当事人承担侵权责任必须有法律的明文规定。需要注意的是,侵权行为必定会给他人、社会或国家造成一定的损害,但这并不是侵权行为的本质属性。有些情况下,有损害但由于行为人并无过错,因此不构成侵权行为。正如耶林所说,“使人负损害赔偿的,不是因为有损害,而是因为有过失,其道理就如同化学上之原则,使蜡烛燃烧的,不是光,而是氧,一般的浅显明白”。

第三,侵权行为包括作为和不作为两种方式。侵权行为必须是一种客观行为而不是一种思想活动,因为任何人不会因为思想而受到处罚。作为是侵权行为的常态,不作为是侵权行为的变态。

第四,侵权行为的侵害对象是他人的人身权益和财产权益。传统民法认为,绝对权是侵权责任法的保护对象。但是,随着社会的发展,侵权责任法保护的对象范围正在逐渐扩大“私法上所保护的利益”。我国《民法典》第1164条已体现出“与时俱进”的特点。

第五,侵权行为是应当承担以损害赔偿为主要形式,同时也包括其他形式的民事责任的行为。我国原《民法通则》创造性地将侵权行为的法律责任,从“损害赔偿”扩大为“民事责任”,使其包括停止侵害、排除妨碍、消除危险、消除影响、恢复名誉、赔礼道歉、返还财产、恢复原状、赔偿损失等,但损害赔偿仍是侵权责任的主要形式。此后的《侵权责任法》以及《民法典》都沿袭了这一立法模式。

(三)侵权行为的后果

侵权行为的法律后果到底是债务或责任,我国民法学界的认识并不一致。一些学者认为,不止损害赔偿,其他的侵权法律后果如停止侵害、赔礼道歉、恢复名誉、消除影响等性质上都属于债务,[19]因为,债权是一方请求他方为一定行为和不为一定行为的权利,从来没有限定所请求的“行为”必须具有金钱价值。立足于这样的理解,侵权法归属于债法之内就理所当然了。另外一些学者不否认损害赔偿的债务性质,同时指出损害赔偿之外的侵权后果并不是债的关系,传统民法典之所以将侵权法作为债法的组成部分,很大程度上系因过分偏重于侵权损害赔偿的功能。伴随着人格权和知识产权的发展,侵权行为的法律后果日益多元化,赔礼道歉、停止侵害等损害赔偿之外的救济手段获得了广泛的运用,这种“侵权责任形式的多样性决定了债权法对侵权责任关系调整的有限性”。因此,侵权法应该突破债法体系的封锁,脱离于债法而自成体系,使其

〔19〕 崔建远:《债法总则与中国民法典的制定——兼论赔礼道歉、恢复名誉、消除影响的定位》,载《清华大学学报》(哲学版)2003年第4期。

不仅具有补救权利的功能,而且还具有生成权利的功能。[20]

侵权行为的法律后果到底是债务或责任,直接影响侵权法在民法典中的地位。如果侵权行为的法律后果为债务,则将侵权法继续保留在债法体系内就拥有了较为坚实的理论基础。反之,若侵权行为的法律后果为责任,在区分义务(债务)与责任的近现代大陆法系(包括我国)民法,则为侵权法独立于债法之外留下了更多的空间。根据《民法典》第118条第2款的规定,债权是因合同、侵权行为、无因管理、不当得利以及法律的其他规定,权利人请求特定义务人为或者不为一定行为的权利。由此可见,我国基本民事立法已确认侵权行为产生债的后果。

二、侵权行为与相关概念的比较

(一)侵权行为与犯罪行为

在法律发展的最早时期,侵权行为与犯罪行为是不加区分的,我国如此,外国也基本如此。到罗马法,人们才开始将侵权行为与犯罪行为进行初步的区别,但是在罗马法上,私犯与准私犯,并不都是侵权行为,里面也包括犯罪行为。在国外,在将法律区分为公法与私法之后,开始严格区分侵权行为与犯罪行为;我国则是在清末变法时期,才开始区分公法与私法的不同性质,也才开始区分侵权行为与犯罪行为。

如今,侵权行为是民事违法行为,犯罪行为是刑事违法行为,分别由民法和刑法这两部不同的基本法律来进行调整,无论是在性质上还是在构成上,都有明显的区别,此即为"罪与非罪"界限:(1)法律依据不同。前者是私法上的概念;后者是公法规制的对象。(2)侵害客体不同。侵权行为侵害的是人身权益和财产权益;犯罪行为除侵害人身权益或财产权益外,还包括我国法律保护的一定的社会关系,如政治的、军事的、经济的、文化的等。(3)社会危害程度不同。前者可能并不具有直接的社会危害性;后者具有社会危害性。(4)行为人的主观恶性不同。前者较小;后者较大。(5)行为形态不同。前者仅有"既遂"可言;后者则有既遂、未遂、预备等不同的犯罪形态。

当然,侵权行为与犯罪行为也有一些联系:都是违法行为;都要受到法律的制裁;存在责任聚合的可能。对此,如前所述,我国《民法典》第187条规定民事责任的独立性和优先性。

(二)侵权行为与违约行为

违约行为,是指合同当事人违背合同义务的行为。违约行为与侵权行为联系很紧密:都是民事违法行为;都是要承担民事责任的行为;所承担的主要民事责任形式都是损害赔偿;可能产生责任竞合的问题。基于此,我国原《合同法》第122条规定,因当事人一方的违约行为,侵害对方人身、财产权益的,受损害方有权选择依照本法要求其承担违约责任或者依照其他法律要求其承担侵权责任。《民法典》第186条也设有相同的规定。

但是,我们也不能忽视违约行为与侵权行为的区别:(1)是否以合同为前提不同。违约行为产生的前提是当事人之间必须存在合法有效的合同关系;侵权行为则无此要求。(2)违反的义务的性质不同。前者主要是对约定义务的违反;后者则是对法定义务的违反。(3)行为的主体不同。前者主体是特定合同的当事人,且只能是完全民事行为能力人;后者主体不特定,包括完全民事行为能力人、限制民事行为能力人和无民事行为能力人。(4)侵害的对象不同。前者侵害的是合同债权(相对权);后者侵害的民事绝对权及某些法益,至于债权是否应纳入侵权责任

---

[20] 王利明:《论侵权责任法的独立成编》,载《现代法学》2003年第4期。

法的保护范围一直存在不同的意见。(5)归责原则不同。前者是严格责任,过错责任为例外;后者有过错责任,也有无过错责任。(6)法律责任的形式不同。前者的责任形式包括继续履行、采取补救措施、修理、更换、重作、支付违约金、赔偿损失等;后者的责任形式包括停止侵害、排除妨碍、消除危险、消除影响、恢复名誉、赔礼道歉、返还财产、恢复原状、赔偿损失等。

需要特别指出的是,过去我国司法实务长期不认可违约责任中的精神损害赔偿,但理论上一般认为违约责任与精神损害赔偿并不排斥。2020 年颁布的《民法典》对这一问题有明确表态,该法第 996 条规定:“因当事人一方的违约行为,损害对方人格权并造成严重精神损害,受损害方选择请求其承担违约责任的,不影响受损害方请求精神损害赔偿。”

三、侵权行为的分类

(一)一般侵权行为与特殊侵权行为

根据法律对损害赔偿责任构成要件有无特殊规定,可以将侵权行为分为一般侵权行为和特殊侵权行为。一般侵权行为,即过错侵权行为,是指法律对赔偿责任构成要件无特殊规定,适用法律关于侵权赔偿责任构成要件的一般规定,并由行为人自己承担责任的侵权行为。特殊侵权行为是法律针对某些特别情况对责任构成要件或责任承担主体有特别规定的侵权行为,包括过错推定侵权行为及无过错侵权行为。

我国《民法典》第 1165 条第 1 款规定:“行为人因过错侵害他人民事权益造成损害的,应当承担侵权责任。”这就是关于一般侵权行为损害赔偿责任的规定。在立法上,需要在这个“一般条款”之外特别规定的侵权行为除特殊侵权行为之外,也有一些有特殊性的一般侵权行为。有特殊性的侵权责任在责任构成的某个要件或者某些要件上“特殊”,或者在责任承担上有所不同。除了这些“特殊”之外,则与一般侵权责任无异。

《民法典》侵权责任编第三章至第十章关于是关于特殊侵权行为的规定。但是,第三章第 1194 条、第 1195 条、第 1196、第 1197 条规定的网络侵权行为,第 1198 条规定的违反安全保障义务的侵权行为以及第六章规定的医疗侵权行为在本质上仍然属于过错侵权行为,只是其在过错认定或责任主体等方面存在某些特殊性,因此法律对其予以特别规定。

特殊侵权行为与一般侵权行为的区别是,一般侵权行为的损害赔偿责任须由原告证明被告具备主观过错,特殊侵权行为赔偿责任的成立不一定需要主观过错,或者由法律直接推定被告有过错。此外,一般侵权行为通常由行为人对自己的行为承担责任,特殊侵权行为的责任主体则可能是行为人以外的人。在法律适用上,特殊侵权行为须有法律的明文规定,法律无特别规定的,应适用一般侵权行为的规定。

(二)作为的侵权行为与不作为的侵权行为

侵权行为通常以作为的方式表现。作为的侵权行为是指行为人违反不作为的义务,以积极作为的方式侵害他人民事权益的侵权行为。不作为的侵权行为是指行为人违反作为的义务,不为应为之行为而致他人损害的行为。不作为侵权行为的成立以行为人负有作为的义务为前提。《民法典》第 3 条规定:“民事主体的人身权利、财产权利以及其他合法权益受法律保护,任何组织或者个人不得侵犯。”据此,所有民事主体负有不侵害他人民事权益的不作为义务,违反此项义务,侵害他人的民事权益,即构成作为的侵权行为。

(三)单一主体侵权与多数主体侵权

单一主体侵权即单独侵权,是指一人单独实施的侵权行为。单一主体侵权法律关系相对简单，多数主体侵权是指二个以上的行为人所实施的侵害他人民事权益的侵权行为。多数人侵权构成赔偿责任时，法律不仅要对多数侵权人对受害人的责任作出规定，而且要对侵权人内部的权利义务关系作出规定，法律关系相对复杂。

问题与思考

关于违约精神损害赔偿。精神损害赔偿是否构成侵权责任独有的责任形式，或者说，违约人是否可能承担精神损害赔偿责任？对于合同法是否应该对因违约造成的精神损害进行补救，目前学术界多数学者是持否定态度的。《民法典》侵权责任编第 1183 条明确规定，侵害自然人"人身权益"且造成他人严重精神损害的，才可能成立精神损害赔偿责任。从这一规定的文义来看，似乎并未排斥违约精神损害赔偿。在《民法典》人格权编第 996 条则明确地承认了损害人格权时可能成立违约精神损害赔偿。那么，在司法实务中，应如何妥善适用《民法典》人格权编、侵权责任编、合同编乃至总则编的规定，对违约精神损害赔偿责任进行准确的把握？

拓展阅读推荐

1. 王泽鉴：《侵权行为法》（第一册），中国政法大学出版社 2001 年版。
2. 张新宝：《侵权责任法》（第五版），中国人民大学出版社 2020 年版。
3. 邹海林、朱广新主编：《民法典评注：侵权责任编》，中国法制出版社 2020 年版。
4. 程啸：《侵权责任法》（第三版），法律出版社 2021 年版。
5. 侯国跃：《我国侵权法律规范的冲突及协调》，载《甘肃政法学院学报》2013 年第 3 期。

第三十七章　侵权责任的构成

学习要点

- 过错责任
- 无过错责任
- 公平分担损失
- 侵权责任一般构成
- 侵权责任抗辩事由

第一节　侵权责任的归责原则

一、归责原则的概念

侵权法的归责原则，是指承担侵权责任的基础，因此又称为侵权责任的归责原则。任何人的利益在受到损害时，都会面临这样的问题：损害后果是由自己承担或者可以转由他人承担吗？在这个问题上，各国侵权行为法的基本政策是一致的：损害后果原则上由受害人自己承担，除非存在正当、合法的理由，始能请求他人赔偿，将损害后果转由他人承担。[1] 诚如美国著名法学家 Holmes 所言，“良好的政策应让损失停留于其发生之处，除非有特别干预的理由存在”。[2] 这与罗马法谚“灾祸由击中者自担”的思想是一致的。这种“正当、合法的理由”，集中体现于归责原则。

探讨侵权法的归责原则，首先要理解为何各国侵权行为法在损害后果的分配上要实行“损害后果原则上由受害人自担，除非存在正当、合法的理由，始能转由他人承担”的基本政策？根据学者的分析，理由主要有：(1)这一“良好的政策乃在避免增加损失，因为使被害人得向加害人请求损害赔偿，无论在法律规范或实际执行上，势必耗费资源或产生交易成本”。[3] (2)在人类社会生活中，客观上存在大量的与他人行为毫不相干，只能由受害人自担的损害。这种损害归纳起来，至少有以下三类：一是由自己行为造成的损害；二是自然灾害造成的损害；三是战争造成的人身伤亡和财产损失。[4] (3)即使自己之损害与他人行为有牵连，也不是一有牵连就可以要求

---

〔1〕 李开国：《侵权责任构成理论研究——一种新的分析框架和路径的提出》，载《中国法学》2008 年第 2 期。

〔2〕 O. W. Holmes, *The Common Iaw*, 1891, p. 150，转引自王泽鉴：《侵权行为法》(第一册)，中国政法大学出版社 2001 年版，第 11～12 页。

〔3〕 王泽鉴：《侵权行为法》(第一册)，中国政法大学出版社 2001 年版，第 12 页。

〔4〕 李开国：《侵权责任构成理论研究——一种新的分析框架和路径的提出》，载《中国法学》2008 年第 2 期。

他人赔偿,这里还存在一个符合伦理道德要求、具有合理性、能为社会认同的问题。[5]

就立法而言,归责原则所体现的是立法者对相互冲突的民事利益的平衡和选择;就司法而言,归责原则关系到民事纠纷的正确解决和当事人权利的保护。[6] 因此,侵权责任的归责原则不仅是理论上的研究热点,也同样构成立法与司法所关注的焦点。确定科学的归责原则,建立逻辑统一的归责原则体系,是构建整个侵权行为法的内容和体系的关键。

二、侵权责任归责原则体系

关于侵权法的归责原则,我国学者有多种观点,大抵包括:(1)过错责任一元说;[7](2)过错责任与无过错责任(严格责任)二元说;[8](3)过错责任、无过错责任与公平责任三元说。三元论曾经是侵权责任归责原则体系的通说,现在的司法实践大多还是坚持这个意见。[9] 但在三元论中,也还有不同的意见。

我们认为,侵权法的归责原则当是过错责任原则与无过错责任原则。从《民法典》第1165条和第1166条的文义来看,现行法所确立的也是以过错责任原则和无过错责任原则为内容的二元归责原则体系。

三、过错责任原则

过错责任原则又称为过失责任原则,是指以行为人的过错作为令其承担赔偿责任依据的归责原则。《民法典》第1165条第1款规定:"行为人因过错侵害他人民事权益造成损害的,应当承担侵权责任。"这就是对过错责任的一般规定。所谓以行为人的过错作为归责依据,是指在构成赔偿责任的客观要件已经具备的前提下,以行为人主观上是否存在过错作为确定责任的最终依据。过错责任原则有以下特点:(1)以加害人的过错作为赔偿损失责任的构成要件。过错包括故意和过失。(2)过错责任原则具有普遍的适用意义。凡法律无特别规定者,即应适用过错责任原则。(3)按照证明责任分配原则,受害人请求加害人承担赔偿损失的责任时,应当证明加害人对损害的发生有过错。

需要注意的是过错推定的问题。《民法典》第1165条第2款规定:"依照法律规定推定行为人有过错,其不能证明自己没有过错的,应当承担侵权责任。"有人据此认为过错推定是一种单独的归责原则。但我们认为,过错推定,是认定过错的方法问题。在过错责任领域,一般情况下原告须举证证明被告的过错,而在某些特殊侵权责任中,由于实行过错推定,即法律直接推定(假定)被告有过错,也就无须原告再举证了。推定过错责任仍然属于过错责任,过错仍然是承担赔偿责任的基础,只不过这种过错是由法律推定的,而一般的过错责任,受害人须对加害人的过错予以举证证明。一般过错责任与推定过错责任,仅是被告的过错认定方法不同,前者是原告

---

[5] 李开国:《侵权责任构成理论研究——一种新的分析框架和路径的提出》,载《中国法学》2008年第2期。

[6] 张玉敏:《侵害知识产权民事责任归责原则研究》,载《法学论坛》2003年第3期。

[7] 王卫国:《过错责任原则:第三次勃兴》,中国法制出版社2000年版;张佩林:《也谈侵权行为的归责原则——驳"无过错责任原则"》,载《政法论坛》1990年第2期。

[8] 参见米健:《现代侵权行为法归责原则探索》,载《法学研究》1985年第5期;米健:《再论现代侵权行为法的归责原则》,载《政法论坛》1991年第2期;张新宝:《中国侵权行为法》(第2版),中国社会科学出版社1998年版,第45页以下。

[9] 孔祥俊:《论侵权行为法的归责原则》,载《中国法学》1992年第5期;刘淑珍:《试论侵权损害的归责原则》,载《法学研究》1984年第4期。

用证据证明，后者是法律进行直接推定，区别仅此而已。所以，过错推定不是独立的归责原则。过错推定是一种法律上的推定，因此其适用须有法律的明确规定。

四、无过错责任原则

无过错责任原则是指，无论行为人主观上有无过错，只要其行为给他人造成损害，就应当承担损害赔偿责任的归责原则。《民法典》第1166条规定："行为人造成他人民事权益损害，不论行为人有无过错，法律规定应当承担侵权责任的，依照其规定。"无过错责任有以下特点：(1)不以加害人的主观过错作为承担损害赔偿责任的条件。因此，受害人在请求赔偿时不必证明加害人的过错，加害人也不能以自己没有过错抗辩。(2)行为违法和行为与损害之间的因果关系是赔偿责任成立的充分条件。也就是说，即便此种责任不考虑过错，但因果关系仍然是责任构成要件之一。(3)无过错责任并非结果责任，法律仍然可以规定某些免责事由。(4)无过错责任的适用范围须由法律明确规定。

按传统的侵权行为法，过错是使加害人承担责任的最终依据，这是符合人类理性和正义要求的。那么，无过错责任的理由是什么呢？对此，西方的学者曾经提出过各种解释。随着社会的发展，人们对于侵权损害赔偿制度的功能以及思考问题的方式、思路都发生了重要的变化。目前，人们对无过失责任的合理性作出了如下解释：(1)无过失责任的基本思想，不在于对违法行为的制裁，而在于对"不幸损害"的合理分配。危险事业、设施、物品的所有人、持有人有可能通过价格机制和保险机制将损害分散，因而应当承担赔偿责任。(2)从事危险事业的企业或危险物品、设施的所有人、持有人制造了危险来源，应当承担因危险实现（事故发生）而造成的损失。(3)在某种程度上，只有这些企业、所有人、持有人才可能控制这些危险，令其承担赔偿责任，有利于促使其积极采取措施，预防损害发生。(4)获得利益者承担风险，符合公平正义的理念。

在无过失责任原则之下，侵权行为法填补损害功能的实现方式由转移损害转向分散损害，其思考问题的方式不再是加害行为的可非难性，而是如何对受害人给予迅速合理的补偿和如何分散损害。实际上，无过失责任所涉及的，不再限于加害人和受害人，一般社会大众也牵涉其中。法律首先将损害分配给有能力分散损害的人承担，即将损害内部化，责任人则通过价格机制、责任保险机制将损害分散于社会大众。这种制度使社会成员体认识到我们所处的社会是一个祸福与共的社会，显示了侵权损害赔偿社会化的发展趋势。

无过错责任与推定过错的区别在于，在推定过错的情况下，加害人可以通过证明自己没有过错而免责，而在无过错责任的情况下，加害人不能通过证明自己没有过错而免责，他只能通过证明法律规定的免责事由的存在而免责。

五、关于公平分担损失规则

近年学界倾向于认为公平责任原则不是一个独立的归责原则。所谓公平原则，实际上仅是在特殊情况下进行损失分担时的考量因素而已，不宜作为归责原则对待。其实，公平正义是所有法律的基本价值。但我们不能把公平列为侵权法的归责原则，否则就混淆了法律价值与归责原则（或法律原则）的关系。法律价值是法律的理想，是先验的，"既不能用事实来证明，也不能用逻辑来证明"；而法律原则虽然相对于规则而言抽象性较强，但仍然可以证成，其证成的依据就是法律价值。因此，法律原则是反映法律价值的基本形式，法律价值则制约着法律原则的选择，但法律原则与法律价值是处于不同位阶的范畴，界限分明。易言之，公平是侵权法的价值，为实现此种价值,在不同领域将确立过错责任和无过错责任两大不同的归责原则。

当然,现实生活中导致损害发生的原因十分复杂,过错责任原则和无过错责任原则不能解决所有的损害赔偿问题。而且在有些情况下,由于当事人对损害的发生根本没有过错,令其承担赔偿责任似乎有失公允。此时,法律可能基于公平的理念规定损失的分担规则。唯需注意的是,当事人分担损失的规则只适用于过错责任的案件而不适用于无过错责任的案件。因为,在无过错责任案件中,加害人是否有过错在所不问,亦即无论加害人是否有过错均应承担侵权责任。

关于公平分担损失,原《侵权责任法》第 24 条规定:“受害人和行为人对损害的发生都没有过错的,可以根据实际情况,由双方分担损失。”《民法典》第 1186 条规定:“受害人和行为人对损害的发生都没有过错的,依照法律的规定由双方分担损失”。相比较而言,《民法典》强调“依照法律的规定”,一般的理解是意在限制适用范围。本条规定的规范功能已由《侵权责任法》第 24 条授权人民法院行使自由裁量权的一般裁判规范,变化为将法律适用指向具体法律规定的转致规范,将公平责任的适用范围法定化。[10] 这是将适用这一条文裁判案件的权力从司法手中收回到立法,将此前赋予的法官自由裁量权收回,法官必须依照法律的规定才能做出损失分担的裁判。[11]

我国法律规定的公平分担损失的规则主要有:(1)受益人对受害人的补偿。《民法典》第 183 条规定:“因保护他人民事权益使自己受到损害的,由侵权人承担民事责任,受益人可以给予适当补偿。没有侵权人、侵权人逃逸或者无力承担民事责任,受害人请求补偿的,受益人应当给予适当补偿。”(2)避险人的补偿。因紧急避险造成损害的,由引起险情发生的人承担民事责任;危险由自然原因引起的,紧急避险人不承担民事责任,可以给予适当补偿;紧急避险采取措施不当或者超过必要的限度,造成不应有的损害的,紧急避险人应当承担适当的民事责任。(3)完全民事行为能力人对自己的行为暂时没有意识或者失去控制造成他人损害有过错的,应当承担侵权责任;没有过错的,根据行为人的经济状况对受害人适当补偿。(4)不明抛坠物致害时的补偿。根据《民法典》第 1254 条第 1 款的规定,从建筑物中抛掷物品或者从建筑物上坠落的物品造成他人损害的,由侵权人依法承担侵权责任;经调查难以确定具体侵权人的,除能够证明自己不是侵权人的外,由可能加害的建筑物使用人给予补偿。可能加害的建筑物使用人补偿后,有权向侵权人追偿。(5)接受劳务一方的补偿。《民法典》第 1192 条第 2 款规定:“提供劳务期间,因第三人的行为造成提供劳务一方损害的,提供劳务一方有权请求第三人承担侵权责任,也有权请求接受劳务一方给予补偿。接受劳务一方补偿后,可以向第三人追偿。”

至于应当如何分担损失,无法也不宜由法律作出具体规定,而应交由司法实践去解决。一般认为,在进行公平损失分配时应当考虑的因素有受害人所受损害的程度、当事人的经济状况以及其他应当考虑的因素等。在个案中,分担损失可以通常不是全额分担,在多个分担之间既可以是等额分担,也可以是非等额的分担。

问题与思考

1. 关于归责原则与责任形式。归责原则的研究必须针对具体的侵权行为类型和民事责任的

〔10〕 邹海林、朱广新主编:《民法典评注:侵权责任编》,中国法制出版社 2020 年版,第 257 页。
〔11〕 孟强:《民法典侵权责任编释论:条文缕析、法条关联与案例评议》,中国法制出版社 2020 年版,第 210 页。

方式,即不同的侵权行为类型和侵权责任方式,在适用时应考虑采用不同的归责原则,没有适用于一切民事责任的抽象的归责原则。我国《民法典》第 1165 条第 1 款在规定过错责任原则时严格区分了侵害与损害,从而明确了过错责任原则是损害赔偿的归责原则,也进一步使被统一规定为民事责任承担方式的侵权损害赔偿请求权与绝对权请求权的区分得以确立。[12] 侵权行为类型与归责原则的关系属于立法政策问题,它所体现的是立法者对相互冲突的利益的衡量和政策选择,例如,高度危险作业致人损害、环境污染致人损害、缺陷产品致人损害等应适用何种归责原则,以及哪些作业应归入高度危险作业,就需要进行慎重的政策选择。因此,这个问题原则上应当由立法解决。在这方面,学术研究的作用主要在于为立法提供理论基础以及对法律进行解释、批评,指导司法,推动法律的不断完善。而责任形式与归责原则的关系则基本上是一个逻辑问题,即如何按照思维逻辑清楚地加以表达的问题。[13] 一般讲侵权责任的归责原则,其实是指所有侵权责任之归责原则的最大范围("并集")。

2. 如果《民法典》第 1186 条的规定仅为"转致"规范,法官还必须找到具体的"法律的规定",那么,本条存在的意义何在?另外,本条中"法律的规定"是否包括《民法典》第 6 条(公平原则)?如果包括,限制适用公平分担损失的规则并避免滥用的立法目的又如何能够实现?这是值得进一步思考的问题。

第二节　侵权责任的一般构成要件

关于侵权责任的一般构成要件,我国民法学界持有不同意见,通说采四要件说,即认为一般侵权损害赔偿责任的构成要件是:行为违法、损害、违法行为和损害之间有因果关系、过错,前三个要件是客观要件,第四个要件是主观要件。顾名思义,侵权责任的一般构成要件讨论的是适用过错责任原则的侵权责任的一般构成要件,特殊侵权责任的构成要件应适用法律的特别规定。

一、行为违法

行为违法是令行为人承担民事责任,包括损害赔偿责任的前提条件。行为违法是指行为人的行为违反了法律的规定,侵害了他人合法的民事权益。如果行为人的行为有合法的根据,即使造成损害,也不应令其承担民事责任。

(一)违法的判断标准

如何判断行为人的行为是否违法?这可以分两种情况分析。一种是行为人的行为违反了法律的明确规定,如实施了法律禁止实施的行为,侵犯知识产权的行为多数属于这一类。另一种是行为人的行为侵害了他人合法的民事权益,又无阻却违法的事由,即构成违法。民法规定了民事主体享有的广泛的民事权利,如人身权、物权、债权、继承权、知识产权等,这些权利受法律保护,任何组织和个人不得侵犯。因此,如果行为人的行为侵害了他人的民事权利,又无阻却违法的事由,即应当认定为违法行为。所谓侵害他人的民事权利,指妨害他人权利的享有和行使。

侵害他人尚未上升为权利的民事利益是否构成侵权行为?王泽鉴先生指出:"就各国立法

---

〔12〕 程啸:《侵权责任法》(第三版),法律出版社 2021 年版,第 213 页。

〔13〕 张玉敏:《侵害知识产权民事责任归责原则研究》,载《法学论坛》2003 年第 3 期。

及判例学说加以观察，可以发现一个共同规范趋势，即对纯粹财产上利益的侵害出于故意时，应成立侵权行为。英美法上若干以故意为要件的侵权行为，多以纯粹经济上损失为其保护客体，如欺诈、胁迫、干预契约关系等。”并认为《德国民法典》第826条和我国台湾地区“民法”第184条是以概括方式保护纯粹财产上利益的规定。[14] 我国原《民法通则》第5条规定：“公民、法人的合法的民事权益受法律保护，任何组织和个人不得侵犯。”原《侵权责任法》以及《民法典》在规定其适用范围时也使用了“民事权益”这个概念。《反不正当竞争法》则明确规定故意侵犯作为民事利益的“商业秘密”应承担损害赔偿责任。值得特别指出的是，最高人民法院2001年3月8日的《精神损害赔偿解释》规定，违反社会公共利益、社会公德侵害他人隐私或者其他人格利益，受害人可以请求精神损害赔偿，以侮辱、诽谤、丑化等违反善良风俗的方式侵害死者的人格利益等，近亲属可以请求精神损害赔偿(详见精神损害赔偿部分)。因此，根据我国法律和司法解释，在我国，故意侵害民事主体合法的利益，包括财产利益和人身利益的行为，构成侵权行为。

(二)作为的违法与不作为的违法

侵权行为可分为作为的侵权行为与不作为的侵权行为。作为的侵权行为指积极实施行为致人损害，如假冒他人注册商标、未经许可实施他人专利、毁坏他人财产等。不作为的侵权行为指违反作为的义务，不实施应当实施的行为而致损害发生，如《民法典》第1219条规定的医务人员未尽到说明义务导致损害发生的，就属于不作为的违法行为。不作为成立侵权行为须具备以下条件：(1)须以作为义务的存在为前提。所谓作为义务，学说上认为包括基于法律规定、服务关系、契约上义务、自己之前行为，以及公序良俗所生之作为义务。[15] (2)须有违反作为义务而不作为的事实。

(三)阻却违法的事由

行为虽然侵害了他人的民事权益，但有法律规定的抗辩理由的，即可排除行为的违法性。我国法律规定的可以阻却违法的抗辩事由有不可抗力、正当防卫、紧急避险、受害人的同意、损害是由第三人造成的等。

二、损害

(一)损害的概念

在任何国家的侵权责任法中，“损害”都是最基本的概念，是侵权行为的构成要件之一。[16] 损害是指对民事主体财产利益和人身利益的损害，包括因权利被侵害所产生的利益损害和无权利保护的利益的损害。无权利保护的利益，是指虽无权利的外衣，但为社会一般观念认为正当的利益，包括财产利益和人身利益。在英美法上，无权利外衣的财产利益称为纯粹财产上利益，我国台湾地区亦称为纯粹财产上利益。损害事实的客观存在，是构成侵权民事责任的客观基础。由于民事责任的主要功能在于填补受害人的损失，因此，无损害即无责任。当然，对于侵权法上的损害要作广义的理解，既包括财产方面的不利后果，又包括人身方面的不利后果；既包括已发生的损害，也包括潜在的危险(现实威胁)。在法律有规定时，即使实际损害尚未出现，也认为存

〔14〕 王泽鉴：《侵权行为法》(第一册)，中国政法大学出版社2001年版，第111～112页。
〔15〕 史尚宽：《债法总论》，自刊1983年版，第119～120页。
〔16〕 张新宝：《侵权责任法原理》，中国人民大学出版社2005年版，第53页。

在法律上的损害或者侵权行为的构成不以实际损害已经出现为要件。[17] 侵权责任法所救济的损害，是指受害人人身或财产方面的不利后果。这种"不利性"表现为：财产的减少、利益的丧失以及名誉的毁损、精神痛苦或疼痛、生命丧失（死亡）、身体损害（残疾）、健康损害、自由损害、知识产权的损害等。

作为侵权责任构成要件的损害，须具备以下条件：（1）确定性。损害的确定性是指，损害已经发生，是真实存在的，而非主观臆测的。（2）损害具有可补救性。可补救性是指，损害在程度上具有一定的严重性，在法律上认为有给予补救的必要。可补救性并非指损害应当能够以金钱计量，在当今世界，人身利益的损害可以以金钱给予补偿已成通例。

（二）损害的分类

损害可以分为财产利益的损害和人身利益的损害。

财产利益损害分为现有利益的损失和可得利益的损失，包括因人身被侵害所造成的财产损失。现有利益的损失指现有财产的减少，可得利益的损失指应当获得的财产由于侵权行为而未能获得。可得利益并非现实存在的财产利益，因而其认定应当慎重，只有那些取得的条件已经具备，如果没有侵权行为的发生，肯定能够取得的财产利益，才可以认定为可得利益的损失。

人身利益损害又称为精神损害、非财产上损害，是指自然人由于人格权和特定的身份权或其他人格利益被侵害所引起的心理上的痛苦和生理上的痛苦，以及消极的损害，即心神丧失（植物人）。人身利益损害主要由人格权（包括精神性人格权和物质性人格权）被侵害引起，身份权被侵害，如配偶、父母子女之间的身份权利被侵害，也会引起人身利益损害。具有重要人格意义的特定的纪念物品被损坏，也会给当事人造成严重的精神损害。

三、违法行为与损害之间的因果关系

（一）因果关系的概念

因果关系是指事物之间引起和被引起的关系，引起他事物发生者为原因，被引起者为结果。侵权责任法上的因果关系是指违法行为与损害后果之间有因果关系，这是确定损害赔偿责任的客观基础。

因果关系问题无疑是侵权责任法理论和实践中最具有挑战性的话题。美国著名法学家普洛赛尔教授曾指出，因果关系的理论和实践仍然是一团麻，什么事实上的原因、法律上的原因、近因等。他谦虚地说，该说的都说了，不该说的也说了很多，但是还是没有说清楚。[18] 因果关系理论的确很复杂，因为因果关系的认定不仅是一个法技术问题，还是一个价值判断问题，加之，不同法律部门关于因果关系的主张或角度又不完全相同，自然使因果关系理论呈现出仁智互现、百家争鸣的状态。

（二）因果关系的确定

因果关系可以分为责任成立的因果关系和责任范围的因果关系。责任成立的因果关系指可归责的行为与权利（利益）被侵害之间的因果关系，如甲之死亡是否由乙之伤害行为所致。责任范围的因果关系是指权利受侵害与损害之间的因果关系，如在因侵害人身权发生的赔偿纠纷中，确定赔偿责任时，双方往往对医疗费中的某些费用是否与侵权损害有关发生争执，其实质即是，

---

〔17〕 张新宝：《侵权责任法原理》，中国人民大学出版社 2005 年版，第 53 页。

〔18〕 杨立新、张新宝、姚辉：《侵权法三人谈》，法律出版社 2007 年版，第 107 页。

某项费用的支出与侵权损害是否有因果关系。责任成立的因果关系解决的是责任是否成立的问题,责任范围的因果关系解决的是赔偿责任的范围问题。普通法系将因果关系分为“事实上的因果关系”和“法律上的因果关系”。两者虽然名称有异,但实质相同。其基本观点都是将法律因果关系(或责任范围内的因果关系)作为限制侵权责任的工具,而其基本的方法又都不约而同地以限制因果关系的外衣达到限制侵权责任的目的。[19] 故,从学说起源的角度来看,创制法律因果关系理论就是为责任限制提供工具。[20]

古希腊德谟克利特曾说过:“找到一个原因,胜过当一世国王。”由此可见,因果关系的证明十分重要,且具有相当的难度。受害人(原告)要求被告承担侵权责任,是提出一种法律主张,根据“谁主张,谁举证”的原则,受害人自然须证明该种主张成立,即侵权责任成立,而因果关系是侵权责任成立的一般要件。

受害人(原告)证明因果关系,且应举证到较为充分的程度,这是一般原则。唯因果关系多涉及科技及证据距离等专业问题,由原告负举证责任,有时不符侵权行为法救济受害人的理念,故有必要合理地减轻举证责任。此外,因果关系由受害人证明尚有三个例外:[21] (1)法律推定损害结果存在的,即无须证明因果关系。例如,在诽谤案件中,通常推定受害人存在一定程度的精神痛苦,因而,受害人一般无须就其精神损害本身举证(除非原告要求较高数额的精神损害赔偿)。(2)在一些特别类型的案件中,受害人只需进行“盖然性”的证明,而无须进行充分的因果关系之证明,这取决于法律的具体规定。(3)法律实行举证责任倒置的,应当由被告证明不存在因果关系,否则,应当认定存在因果关系。

(三)因果关系的分类

因果关系是一个复杂的问题,其复杂性不仅表现在加害行为与损害结果之间的联系有时并不是明显的,常常需要借助于科学手段加以认定,而且表现在因果关系的表现形式的多样性上。

1. 直接因果关系和间接因果关系

某一行为直接引起某一损害后果的发生,期间没有其他中介,该行为与该损害后果之间的因果联系为直接因果关系。如甲持刀杀乙,致乙受伤,甲之杀人行为与乙之受伤结果之间的因果联系为直接因果关系。这种因果关系一般较易认识,但也有比较复杂,需要借助科学手段才能认定的,如“蛋壳脑袋”问题。某一行为不是直接和损害结果相联系,而是通过一定的中介条件,间接地对损害结果发生作用,先前的行为与后来的损害结果之间的联系为间接因果关系。间接因果关系中的中介条件包括他人的行为、自然力、受害人自身的行为等。如甲当众侮辱乙,乙受辱后服毒自杀,甲的侮辱行为与乙的死亡之间的因果联系为间接因果关系;丙用石头将丁的脚打伤出血,致丁感染破伤风死亡,丙的伤害行为与丁的死亡之间的因果联系为间接因果关系。由于间接因果关系中有中介条件介入,行为人对损害后果难以预料,因而要特别注意查清行为人的主观过错。如果中间介入他人的违法行为,即可能构成多因一果,须按各自的过错确定责任。

2. 因果关系的具体形态

因果关系的具体形态有一因一果、多因一果、一因多果和多因多果。一因一果是指一个原因引起一个损害结果。多因一果是指两个以上的原因引起一个损害结果。一因多果是指一个原因

---

〔19〕 韩强:《法律因果关系理论研究——以学说史为素材》,北京大学出版社 2008 年版,第 244 页。

〔20〕 See Fowler V. Harper and Fleming James, The Law of Torts, Volume 2, Little Brown and Company, 1956, p. 1108.

〔21〕 杨立新、张新宝、姚辉:《侵权法三人谈》,法律出版社 2007 年版,第 108 页。

引起数个损害后果。多因多果是指两个以上的原因引起两个以上的损害结果。

多因一果又可分为聚合的因果关系（累积性因果关系）、共同的因果关系和择一的因果关系。聚合的因果关系是指，多个原因共同引起一个损害结果，其中每个原因都足以导致损害的发生，如A、B两个工厂分别向一条河流排污，致使下游人畜受害，按各厂的排污量，均足以造成该损害结果。在聚合的因果关系的情况下，不能适用“若无，则不”的因果关系判断方法。《民法典》第1171条规定：“二人以上分别实施侵权行为造成同一损害，每个人的侵权行为都足以造成全部损害的，行为人承担连带责任。”共同的因果关系，是指几个原因事实互相结合起来，共同导致损害的发生，如甲抄袭他人作品，乙杂志社发表该作品，甲的抄袭行为和乙的发表行为共同构成一个损害结果——对著作权人权利的侵害。择一的因果关系主要指的是共同危险行为的因果关系，即多个行为中的每个行为都可能导致损害结果的发生，但是不知道到底是由哪个行为造成的。《民法典》第1170条规定：“二人以上实施危及他人人身、财产安全的行为，其中一人或者数人的行为造成他人损害，能够确定具体侵权人的，由侵权人承担责任；不能确定具体侵权人的，行为人承担连带责任。”

在多因多果和多因一果的情况下，要注意分清主要原因和次要原因，作为主要原因的行为人要承担主要的责任，反之则承担次要的责任。在无法区分主要原因和次要原因或无必要区分时，行为人应当平均分担责任。构成共同侵权行为的，行为人对外要承担连带责任。在我国理论与实践中有所谓“原因力”的概念。所谓原因力，是指在导致受害人同一损害后果的数个原因中，各原因对于该损害后果的发生或扩大所发挥的作用力。〔22〕一般认为，原因力的大小取决于各个原因的性质、原因事实与损害结果的距离以及原因事实的强度。《人身损害赔偿司法解释》第3条第2款规定：“二人以上没有共同故意或者共同过失，但其分别实施的数个行为间接结合发生同一损害后果的，应当根据过失大小或者原因力比例各自承担相应的赔偿责任。”

四、过错

（一）过错的概念

过错是应受谴责的主观心理状态。自19世纪以来，过错概念在学说上一直存在分歧。总体来说有两大派系：主观说与客观说。这两大派系的主要分歧点有三个：一是过错的本质；二是过错与不法的关系；三是过错的判定标准与方法。〔23〕主观说认为，过错在本质上是一种应受谴责的心理状态；而客观说则把过错看作违反社会准则的行为意识状态。我们认为，从侵权法与过错概念的历史发展来看，过错的确是对加害人内心主观心态的描述，正是因为加害人存有这样一种当受到非难的心态，他才需要承担某种法律责任，才应当受到法律的追诉。德国学者指出，一种法律秩序在何时、在什么条件下将已发生的损失转由他人承担，这取决于很多因素，特别是取决于在该社会中占主导地位的思维方式和传统习惯。侵权行为法和损失赔偿法是“特定文化阶段中的伦理道德观念以及社会、经济关系，在极其特殊的程度上的产物和反映”。

过错在客观上表现为违反义务或未尽注意。我国许多学者在过错概念的表述上采用主观说，但在过错的判断标准和方法上却采用客观说，主张“以行为人是否应当注意，能够注意却未

---

〔22〕张新宝、明俊：《侵权法上的原因力理论研究》，载《中国法学》2005年第2期。

〔23〕王卫国：《过错责任：第三次勃兴》，中国法制出版社2000年版，第250页。

注意到作为根据”。[24] 还有学者认为,主观说和客观说,可以统一起来——“过错虽然是一种心理状态,但它是通过行为人违反义务的行为表现出来的”。[25] 不能忽略的是,无论是对加害人的谴责还是追诉,最终都必须确认他的过错的存在。因而,过错概念的法律规定与理论研究,最终都是用来解决是否构成侵权责任这一问题的。从这个意义上说,规定过错的概念还是得坚持主客观相结合的观点。学者指出,对民法上的过失的概念必须作客观的理解,也就是说,加害人个人的缺陷并不能免除他的责任,知道这一点,对我们来说十分重要。假如一个刚开始接受外科培训的医生做了一个复杂的心脏手术后,就不能在事后为开脱责任而宣称自己还不具备必要的专业知识,因为在没有把握的情况下,他就不该贸然行事。[26]

从主客观相结合出发,我们赞同王卫国教授的观点:“过错就是行为人未尽自己应尽和能尽的注意而违反义务,因而为法律所不容忍的行为意志状态。这就是说,过错的实质是行为的不可原宥性,这种不可原宥是一种社会评价,而这种评价所针对的是行为的本质和核心——意志,而意志是通过行为人的外部活动表现出来的。所以,过错概念在法律实施过程中的运用,不是体现为对行为人实施行为时心理活动的再现性描述,而是对那些足以表明行为意志状态的客观事实的综合性判断。”[27]

(二)过错的形态

过错分为故意和过失两种形式。

故意是指行为人预见到自己的行为可能发生损害后果,仍然希望或者放任该损害结果发生的行为意志状态。所谓预见到损害后果,是指行为人预见到自己的行为会发生损害他人的后果,至于是否明确地认识到其行为的具体后果及其法律责任,在所不问。

过失是行为人违反其应尽和能尽的注意义务的行为意志状态。过失虽然是行为人的主观心理状态,但是,未付诸行动的纯粹的主观心理状态是不可捉摸而且没有法律意义的,因此,判断行为人有无过失应当采用客观标准。所谓客观标准,就是以一个合理人应有的注意程度作为判断标准,来判断一个人是否达到了应尽的注意义务。未尽到一个普通人的注意义务而致使损害发生,为重大过失。未尽到一个谨慎之人(善良管理人)所应有的注意而致人损害,为一般过失或曰轻过失。善良管理人的注意是一种客观化或者类型化的过失标准,即行为人应当具有所从事的职业、某种社会活动的成员或者某年龄阶段的人通常所具有的知识、能力和注意程度,而不考虑具体的人的个人情况。[28] 所以这种过失又叫抽象轻过失。与此相对应,未尽到与处理自己事务同样的注意义务而致损害发生,为具体轻过失。

过错是一种应受非难的主观心理状态,是让行为人承担赔偿责任的最终的、决定性的条件,在责任构成要件中具有十分重要的意义,也是侵权责任法发挥教育和预防功能的重要机制。在民法上,一般来说区分故意和过失无多大实益,因为一般说来行为人的故意或过失对其应当承担的民事责任没有实质性影响,但并非完全没有意义。从外国立法和我国有关法律和司法解释来

---

〔24〕 佟柔主编:《民法原理》,法律出版社 1987 年版,第 243 ~ 244 页;金平主编:《民法通则教程》,重庆出版社 1987 年版,第 471 页。

〔25〕 王利明、方流芳、郭明瑞:《民法新论》(上册),中国政法大学出版社 1988 年版,第 471 页。

〔26〕 [德]马克西米利安·福克斯:《侵权行为法》(2004 年第 5 版),齐晓琨译,法律出版社 2006 年版,第 92 页。

〔27〕 王卫国:《过错责任:第三次勃兴》,中国法制出版社 2000 年版,第 253 页。

〔28〕 王泽鉴:《侵权行为法》(第一册),中国政法大学出版社 2001 年版,第 294 ~ 296 页。

看,纯粹财产损失的赔偿,通常以故意为构成要件,惩罚性赔偿也以故意为必要条件。[29] 此外,故意和过失的区分在免责和减责抗辩中也具有重要意义。

（三）过错的地位

无论是民法理论还是立法例,都坚持以过错作为一般侵权责任的构成要件。正如德国学者耶林所指出,“使人负损害赔偿责任的,不是因为有损害,而是因为有过失,其道理就如同化学上之原则,使蜡烛燃烧的,不是光,而是氧,一般的浅显明白”。[30] 因此,在侵权案件的处理中,必须考察行为人的过错:在过错责任中,要考虑加害人与受害人的过错;在无过错责任中,要考虑受害人有无过错。

问题与思考

关于侵权责任的一般构成要件。就此,在学理上有三要件说和四要件说。三要件说以过错吸收违法,认为损害赔偿责任的构成要件是损害事实、因果关系和过错。主张三要件说者认为,没有过错的违法和不违法的过错同样是不可理解的,因而违法不应当是一个独立的要件,它包含于过错之中。四要件说则认为,违法行为是一个客观事实,而过错是行为人的主观心理状态,二者应为各自独立的要件。如果说在历史上三要件说有一定的合理性,那么,在现代侵权行为法已经发生了巨大变化,立法上已经对过错和违法作出明确区分,而且在知识产权领域无过错而侵权的情况并不罕见的情况下,三要件说的合理性就值得怀疑了。[31] 但也有人认为,从我国《民法典》第1165条第1款的规定来看,“我国法律并未区分过错与违法性,同时也不承认侵权责任能力”。[32]

第三节　抗辩事由

侵权法既是一部有关责任的法律,也是一部有关无责任的法律。[33] 因此。抗辩事由是每一个侵权行为案件都必须面对的问题。

一、受害人过错

（一）受害人过错的内涵

大陆法系中,受害人过错又被称为“与有过失”“被害人的共同过失”“共同过错”“过失抵销”“过失相抵”“过失相杀”等。在英美侵权行为法中,受害人过错细分为共同过错或称“助成过失”(contributory negligent)、最后的明显机会(last clear chance)、比较过失(comparative negligence)和风险自负(assumption of risk)。

“受害人过错(过失相抵)并不是指赔偿权利人之过失与赔偿义务人的过失相互抵消,过失

〔29〕 参见《反不正当竞争法》。
〔30〕 王泽鉴:《民法学说与判例研究》(第二册),中国政法大学出版社1998年版,第144～145页。
〔31〕 张玉敏主编:《民法》,高等教育出版社2007年版,第552页。
〔32〕 程啸:《侵权责任法》(第三版),法律出版社2021年版,第215页。
〔33〕 [德]克雷斯蒂安・冯・巴尔:《欧洲比较侵权行为法》(下),焦美华译,法律出版社2004年版,第1页。

不能相互抵消,就像违法行为不能相互抵消一样。"[34]"过失相抵,'不过为形容之语',实质是就加害人与受害人的过失两相较量,以定责任之有无及其范围,而非两者相互抵消。"[35]过错相抵的基本精神在于,当事人对于损害的发生均应负责时,应当合理分担损失。所以,无论是在过错责任还是无过错责任的案件中,均可以根据受害人的过失,考虑是否减轻或免除侵害人的责任。比较过错制度是过错责任原则的发展,本质上是过错责任提出的应依据过错确定责任和责任范围的要求。这不仅体现了法律所蕴含的公平正义理念,而且更加坚定地维护了责任自负的现代法治精神。[36] 过失相抵的法理依据,通说认为是公平和诚实信用原则,即加害人只应对因自己的行为造成的损失负责,而不能要求其对他人的过错造成的损害负责。[37]

(二)受害人过错对侵权责任的影响

受害人过错规则,是指就损害的发生或者扩大,受害人存在过错,则可依据一定的标准减轻或者免除加害人的侵权责任,从而公平合理地分担损害的一种制度。《民法典》第1173条至第1174条规定,被侵权人对同一损害的发生或者扩大有过错的,可以减轻侵权人的责任;损害是因受害人故意造成的,行为人不承担责任。

适用受害人过错规则须具备以下条件:(1)受害人与加害人之行为都是损害的原因,而且损害结果具有同一性。"得发生过失相抵者,常为赔偿义务人之过失所引发之损害,与赔偿权利人之过失所酿成之损害为同一,而且该二过失相互助成以致损害发生或扩大。"[38]损害结果不具有同一性,即谈不上相抵。(2)受害人对损害的发生有过失。曾兴隆教授认为,凡系命义务人负担全部损害额,在情理上有欠公平时,对于被害人不违背法律上注意义务之单纯不注意,亦得依衡平及诚信原则,予以斟酌,以减轻加害人之赔偿责任。[39]

关于过失相抵的适用范围,史尚宽先生指出,过失相抵系基于公平分担损失和诚实信用原则,所以无过失责任亦非例外,曾世雄先生持相同主张。[40] 最高人民法院《人身损害赔偿解释》对《民法通则》第131条(关于过失相抵的规定)的适用范围解释为三个方面:(1)受害人对同一损害的发生或者扩大有故意、过失的,可以减轻或者免除义务人的赔偿责任;(2)侵权人故意或者重大过失致人损害,受害人只有一般过失的,不减轻义务人的赔偿责任;(3)在义务人承担无过错责任的场合,受害人有重大过失的,可以减轻赔偿义务人的赔偿责任。该解释帮助我们理解《民法典》第1173条和第1174条。

二、第三人原因

就某个特定的侵权案件而言,如果经查明原告的损害发生或扩大的原因,是由于原、被告之外的第三人的过错行为所引发,则被告得依此主张减轻或者免除侵权的民事责任;与此相对应,第三人应对损害后果承担部分或全部赔偿责任。但就被告抗辩的角度而言,被告一方欲以第三人的过错作为抗辩以达减轻或免除其民事责任,就应证明第三人的过错、违法行为以及因果关

[34] 曾世雄:《损害赔偿法原理》,中国政法大学出版社2001年版,第259页。
[35] 史尚宽:《债法总论》,中国政法大学出版社2000年版,第303页。
[36] 王利明:《侵权行为法归责原则研究》(修订版),中国政法大学出版社2003年版,第331~332页。
[37] 曾世雄:《损害赔偿法原理》,中国政法大学出版社2001年版,第259~260页。
[38] 曾世雄:《损害赔偿法原理》,中国政法大学出版社2001年版,第259~260页。
[39] 曾兴隆:《现代损害赔偿法论》,1988年11月修订三版,第561~562页。
[40] 史尚宽:《债法总论》,中国政法大学出版社2000年版,第303页。

系,并说明第三人的行为与加害人的行为不构成共同侵权。至于是否追究有过错的第三人的民事责任,则由原告自行决定。

《民法典》第1175条规定,损害是因第三人造成的,第三人应当承担侵权责任。关于第三人原因抗辩的适用范围,过错责任适用第三人原因抗辩是没有问题的,至于在无过错责任是否适用却有不同的看法。我国《民法典》第1204条、第1233条、第1250条、第1192条对于第三人原因引发的损害之赔偿责任设有特殊规则:当受害人选择要求相关责任主体(产品生产者或销售者、环境污染者、动物饲养人或管理人)赔偿或者要求接受劳务一方补偿时,该等责任主体不能以第三人原因为由向受害人提出抗辩,仅能依法向第三人追偿。

三、正当防卫

正当防卫,是指为了使公共利益、本人或者他人的财产、人身或者其他合法权益免受正在进行的不法侵害,而对不法侵害人所实施的不超过必要限度的行为。正当防卫的构成条件如下:(1)现时性。所谓现时性,是指存在客观的、正在进行的某人的不法侵害行为。这意味着,它必须已经开始或者直接就在眼前,而且还没有结束。正当防卫不得针对尚未发生或者已经发生的侵害行为。(2)必要性。所谓必要性,是指不实施正当防卫不足以避免损害的发生或者扩大。对于有条件和有能力通过非防卫的合法方式制止侵害行为或者防止损害后果扩大,不得实施正当防卫。(3)针对性。所谓针对性,是指正当防卫必须针对侵害人本人实施。不法侵害行为来自侵害人,防卫的目的在于制止侵害,故防卫行为只能对侵害人本人实施,不得针对第三人。(4)目的性。所谓目的性,是指防卫人具有保护合法权益的意图。防卫不得出于报复,不得针对侵害非法权益的行为。(5)合理性。所谓合理性,是指正当防卫不得超过必要的限度。"必要限度"以防卫行为足以制止侵害行为和避免损害的发生或者扩大为限,其最高限度为防卫行为造成的损害后果不得超过侵害行为在通常情况下可能造成的损害后果。对必要限度的判断,常常应当考虑以下两个方面:其一,不法侵害的手段和强度;其二,所防卫权益的性质。

我国《民法典》第181条对正当防卫进行了规定,"因正当防卫造成损害的,不承担民事责任。正当防卫超过必要的限度,造成不应有的损害的,正当防卫人应当承担适当的民事责任"。在民法理论和实务上一般认为,此处的"适当",是指防卫人仅对不应有的损害承担民事责任。详言之:其一,防卫过当不能免除民事责任;其二,防卫过当造成的损害一般要适当减轻其民事责任;其三,在防卫过程中故意对不法行为人采取加害行为的,应当对超出必要限度的损害承担全额赔偿责任。

四、紧急避险

紧急避险,是指为了使公共利益、本人或者他人的财产、人身或者其他合法权益免受正在发生的危险,而不得已采取的致他人较小损害的行为。

紧急避险与前条规定的正当防卫,共同性是都以保护公共利益、本人或他人利益为目的,都构成侵权民事责任的抗辩事由。不同点有:紧急避险的危险来源是多样的,而正当防卫的危险来源则是不法侵害人的侵害;紧急避险所造成的损害必须小于危险可能造成的损害,而正当防卫则要求相适应即可;正当防卫只能针对不法侵害人本人实施,而紧急避险则可以针对第三人实施。

紧急避险是一种合法行为,因此避险人不需承担赔偿责任。故,紧急避险的构成要件及认定十分重要。按照民法理论,紧急避险的构成条件如下:(1)危险的紧迫性。所谓紧迫性,是指合法权益正遭受危险。“危险”是指现实存在的某种有可能立即对合法权益造成损害的紧迫事实状态;“合法权益”意味着紧急避险不适用于非法利益遭受危险。(2)避险措施的必要性。所谓必要性,是指避险人在不得已的情况下采取避险措施。不采取该措施就不足以使合法权益避免现实正在遭受的危险,不足以保全较大的合法权益。(3)避险行为的合理性。合理性,是指避险行为适当并不得超过必要的限度。必要限度要求避险行为造成的损害应当小于危险可能造成的损害,即通常所说的“因大失小”。损害的比较涉及利益衡量,所应遵循的原则是人身权利大于财产权利,生命权、身体权和健康权在人身权中位于前列;财产权可依财产价值的大小加以衡量。

《民法典》第182条规定:“因紧急避险造成损害的,由引起险情发生的人承担民事责任。危险由自然原因引起的,紧急避险人不承担民事责任,可以给予适当补偿。紧急避险采取措施不当或者超过必要的限度,造成不应有的损害的,紧急避险人应当承担适当的民事责任。”

五、不可抗力

不可抗力是指不能预见、不能避免并不可克服的客观情况,包括自然灾害、战争等。《民法典》总则编的第180条规定:“因不可抗力不能履行民事义务的,不承担民事责任。法律另有规定的,依照其规定。不可抗力是不能预见、不能避免且不能克服的客观情况。”《民法典》侵权责任编没有就不可抗力作为侵权责任的一般免责事由作出单独的规定,而是在某些特殊侵权责任中列举规定不可抗力。原《侵权责任法》第29条规定,因不可抗力造成他人损害的,不承担民事责任,法律另有规定的除外。该规定与原《民法通则》第107条的规定相同。不可抗力作为免责条件,必须是损害发生的唯一原因或者最终原因。

《民法典》第180条中“法律另有规定的,依照其规定”应当如何理解以及是否适用于特殊侵权责任(特别是高度危险责任),我国学界存在不同的理解。需要注意的是,《民法典》第1239条至第1240条明确规定高度危险责任适用不可抗力作为免责条件;但是,第1237条规定,民用核设施或者运入运出核设施的核材料发生核事故造成他人损害的,仅“战争、武装冲突、暴乱等情形或者受害人故意”可以作为免责事由,并未将不可抗力全部规定为免责事由;而第1238条规定,民用航空器造成他人损害的,不可抗力不能作为免责事由。

六、自助行为

“自我保护是自然之第一法则。”[41]按照法治理念,允许法律主体在一定范围内按照一定的方式进行私力救济。所谓私力救济,是指“当事人认定权利遭受侵害,在没有第三方以中立名义介入纠纷解决的情形下,不通过国家机关和法定程序,而依靠自身或私人力量,解决纠纷,实现权利”。[42]一般认为,私力救济包括自卫行为和自助行为,自卫行为又包括正当防卫和紧急避险。

所谓自助行为是指权利人为了保护自己的权利,在情势紧迫而又不能及时请求国家机关予以救助的情况下,对他人的财产或自由加以扣押、拘束或其他相应措施,而为法律或公共道德所认可的行为。[43]在一些国家,自助行为被承认为合法的侵权责任之抗辩事由,在《民法典》颁行之前,我国理论界对是否确认自助行为为合法的抗辩事由存在争议。《民法典》第1177条规定:

---

〔41〕 李亚虹:《美国侵权法》,法律出版社1999年版,第38页。
〔42〕 徐昕:《论私力救济》,中国政法大学出版社2005年版,第102~103页。
〔43〕 张文显:《法哲学范畴研究》(修订版),中国政法大学出版社2001年版,第144页。

“合法权益受到侵害,情况紧迫且不能及时获得国家机关保护,不立即采取措施将使其合法权益受到难以弥补的损害的,受害人可以在保护自己合法权益的必要范围内采取扣留侵权人的财物等合理措施;但是,应当立即请求有关国家机关处理。受害人采取的措施不当造成他人损害的,应当承担侵权责任。”该条第1款正式确立了自助行为可以作为侵权责任的抗辩事由。

自助行为,与正当防卫和紧急避险最大的区别有二:(1)它只能在紧急情况下为保护自己的请求权而实施;(2)它不再是防卫性、被动型的,而是侵犯性、主动型的。在一个法治社会中,社会为公民提供了足够的法律保护,因此,公民利用自己的力量来实现自己的请求权,即使这种请求权是成立的,也只能是一种例外,而且还有特殊的和极其严格限制的前提条件的约束,因此,它只在极少数例外的情况下才被允许使用。合法的自助行为的要件如下:(1)存在请求权;(2)不能及时得到官方的帮助;(3)如果不及时反击,请求权实现就有受阻碍或变得很难实现的危险。〔44〕在这样的情况下,为维护自己的合法权益而对加害人实施自助行为的,行为人不承担民事责任。但自助行为超过必要限度的,行为人应当承担相应的责任。最后,尤其需要注意的是,“自助原则上只能是一种对请求权进行暂时保全的措施,请求权的最终实现还必须通过司法程序来进行”。〔45〕

七、自甘冒险

所谓自甘冒险,又称甘冒风险(assumption of risk),是指被害人原可以预见损害之发生而又自愿冒损害发生之危险,而损害结果真不幸发生的情形。受害人事先了解为某项行为可能随着风险、损失或事故,但仍自愿为此行为,并同意自行承担可能的后果。在现代民法上,自甘冒险作为一项抗辩事由,通常也会产生减轻或免除加害人赔偿责任的后果。法谚有云:“自甘冒险者自食其果。”

自甘冒险以前在法理上或有讨论,在个案中也有涉及。原《侵权责任法》第76条规定:“未经许可进入高度危险活动区域或者高度危险物存放区域受到损害,管理人已经采取安全措施并尽到警示义务的,可以减轻或者不承担责任。”一般认为这是在高度危险责任领域确立了自甘冒险规则。《民法典》第1176条第1款规定:“自愿参加具有一定风险的文体活动,因其他参加者的行为受到损害的,受害人不得请求其他参加者承担侵权责任;但是,其他参加者对损害的发生有故意或者重大过失的除外。”作为一般抗辩事由的自甘冒险规则得以正式确立。

八、其他抗辩事由

除《民法典》规定的以上抗辩事由外,传统民法理论承认的抗辩事由还有依法行使权利或依法执行职务、受害人同意等抗辩事由。

1. 依法行使权利和执行职务

法谚云:“依法行使权利,对于任何人皆非不法。”从比较法的角度观察,无论其民法或侵权行为法是否直接作出规定,各国一般都承认,由法律强制规定的义务或者法定的授权原则上都得作为一种正当理由的抗辩而免除行为人的侵权责任。“同样,引起损害的行为如果是为主管当局命令行使,也不予承担责任。”依法行使权利与执行职务,造成损害而行为人不承损赔偿责任,

---

〔44〕［德］卡尔·拉伦茨:《德国民法通论》(上册),王晓晔等译,法律出版社2003年版,第371页。

〔45〕［德］卡尔·拉伦茨:《德国民法通论》(上册),王晓晔等译,法律出版社2003年版,第371页。

这是因为这种行为具有法律所要求的正义性和合法性,法律的尊严和法定权利不仅支配一般公民的法律情感,也决定一个行为的性质及其后果之承担。[46] 故,依法行使权利和执行职务是侵权法意义上的免责事由。

这里需要把握依法行使权利和执行职务与侵权行为的界限。依法行使权利,要求具有合法权利,且不得滥用权利。滥用权利,虽具有行使权利的表征,但因为超越了权利的界限或违背了诚信原则,从而在本质上属于违法行为,若给他人造成损害,则要承担侵权责任。依法执行职务具有更为严格的要求:首先,执行者须有合法授权;其次,执行职务的程序和方式必须合法;最后,造成损害是执行职务所不可避免的或必要的,且损害不超过必要限度。

2. 受害人同意

一些国家的法律将自甘冒险和受害人同意等同对待,受害人的行为表明其自愿接受了损害的发生。受害人同意是指受害人事前明确作出自愿承担某种损害结果,且不违背法律和公共道德的意思表示。[47] 在大陆法系国家中,德国民法规定,受害人的同意不管是以明示的或者默示的方式表示出来,只要不违反法律和违背社会公德,都可以作为一种正当理由而使加害人免除民事责任。而法国民法则认为,受害人的同意并不能完全否定加害人的过错。因为任何一个合理的人都不会实施不法行为,即使这些行为是得到受害人同意的。在这种情况下,受害人的同意"视为受害人与加害人具有共同过错,因此可以减轻乃至免除加害人的赔偿责任。这实质上是用过错责任理论处理此类案件达到与德国民法的有关规定殊途同归的效果"。[48] 在英美法系国家中,关于侵权行为责任的免除,一人不得就其同意之事项起诉,是为基本原则。所谓"同意",须表意人有同意能力,不逾越同意范围且无欺诈行为为限。雇用人或公开营业之人不得预先与受雇人约定免除侵权行为责任。[49]

一般认为,"受害人同意"原则作为侵权责任的抗辩理由,应当符合以下条件:(1)加害人所侵害的权利,必须是法律规定可以自由抛弃的权利;(2)受害人必须具有承诺能力,即理解行为的性质、效果及其危险程度的能力;(3)受害人的同意原则上须以明示的方式作出;(4)受害人的同意必须在侵害行为实行之前作出;(5)受害人的同意不得违反法律和违背社会公德;(6)加害人主观上必须是善意;(7)加害人的侵害行为不得超过受害人同意的范围和限度。

问题与思考

1. 法律规定之外的抗辩事由应如何适用?学说上一般认为,除《侵权责任法》规定的抗辩事由之外,还有依法行使权利或依法执行职务、受害人同意等可以作为侵权责任的抗辩事由。那么,在我国现行法律框架下,法官应当如何适用这些抗辩事由呢?

2. 侵权责任构成要件的适用。侵权损害责任的一般构成要件在司法实践中具有十分重要的意义,只有同时具备构成要件的行为人,才应当承担损害赔偿责任。实践中的思维逻辑是,当有损害发生后,首先要确定被损害的利益是否为法律所保护的利益,如果是,则从损害事实出发寻找造成损害的原因,找出事实上的原因之后,再对这些事实进行法律评价,将与人的行为无关的

〔46〕 张新宝:《侵权责任法原理》,中国人民大学出版社2005年版,第124页。
〔47〕 王利明、杨立新:《侵权行为法》,法律出版社1996年版,第83页。
〔48〕 张新宝:《中国侵权行为法》,中国社会科学出版社1995年版,第403页。
〔49〕 叶知年:《受害人同意与侵权损害赔偿》,载《山东法学》1999年第1期。

原因排除(实际上这种筛选过程必然是在一定的价值判断和法律规范的指导下进行的),剩下的就是与损害有因果关系的行为,然后,对成立因果关系的行为进行违法性判断,如果违法性成立,则再进一步考察行为人有无过错,如果过错成立,即应当承担赔偿责任。这个判断过程是很复杂的,不仅有侵权行为法上的问题,而且涉及其他民事法律制度以及内容广泛的各种实际问题。例如,要确定某种权利是否被侵害,就必须对这种权利的内容、范围以及行使方式有全面的把握。

拓展阅读推荐

1. 程啸:《侵权责任法》(第三版),法律出版社 2021 年版。
2. 李开国:《侵权责任构成理论研究——一种新的分析框架和路径的提出》,载《中国法学》2008 年第 2 期。
3. 王利明:《我国〈侵权责任法〉采纳了违法性要件吗》,载《中外法学》2012 年第 1 期。
4. 孙鹏:《受害人特殊体质对侵权责任之影响》,载《法学》2012 年第 12 期。
5. 黄薇主编:《中华人民共和国民法典释义》,法律出版社 2020 年版。

第三十八章　侵权责任方式

学习要点

- 侵权责任的承担方式
- 侵权损害赔偿
- 赔偿权利人、赔偿义务人
- 财产损害赔偿
- 精神损害赔偿

第一节　侵权责任方式概述

一、侵权责任方式的概念

侵权责任方式,也称为侵权责任承担方式或承担侵权责任的方式,是民事责任承担方式的下位概念。

我国《民法典》规定了承担民事责任的方式,但并未对民事责任的承担方式进行定义性规定。一般认为,民事责任方式或民事责任承担方式,是国家公权力为维护受侵害的民事权利,根据民事责任人实施的违法行为对他人民事权利造成的侵害后果,强制民事责任人对受侵害的权利人负担相应的给付义务(实施或不实施特定行为),以消除其侵害后果之方法或手段。强制民事责任人(民事违法行为人)对受其侵害的民事权利人负担相应的给付义务,这一做法就国家法律而言,是国家法律对民事违法行为人采取的制裁措施;就受害人而言是国家法律对受害人进行救济的手段,是受害人取得救济性请求权的法律基础;就违法行为人而言则是其依法承担民事责任的方式。

以此推之,侵权责任方式或侵权责任的承担方式,是国家公权力为维护受侵害的民事权利,根据侵权责任人对其应负责任的侵权行为对他人民事权利造成的侵害后果,强制侵权责任人对受其侵害的权利人负担相应的给付义务,以消除其侵害后果的方法或手段。侵权责任人对被侵害的权利人的所负担的给付义务具有债务的性质。

在《民法典》第179条规定的承担民事责任的十一种方式中,除继续履行、支付违约金和修理、重作、更换三种方式外,其余八种责任承担方式都可以适用于侵权责任。对于这八种责任承担方式,《民法典》侵权责任编、物权编、人格权编等设有一些具体规定。总之而言,承担侵权责任的方式有:停止侵害;排除妨碍;消除危险;返还财产;恢复原状;赔偿损失;赔礼道歉;消除影响、恢复名誉。

二、侵权责任方式的分类

《民法典》规定的八种侵权责任承担方式,按其性质和功能的不同可以分为以下四类:

(一)制止型、预防型的责任方式

侵权法经常被一致认为是补偿已经发生的损害;但是,这一观念的确是太狭隘了……在损害没有实际发生的时候,法律都可能采取行动。例如,在有确凿证据证实即将发行的杂志或者书刊的有关内容存在严重失实,或者有关内容严重侵害他人隐私的情况下,当事人可以请求法院采取保全措施,禁止杂志或者书刊的上市流通;在遇有对于环境、公共健康造成重大损害的危险的时候,法律应当允许法院判决有关当事方采取措施,切实消除可能发生的危险。在当代,"损害"这一范畴,从传统的实际损害、现实损害的观念,已发展到涵盖了潜在和未来的损害。[1] 侵权法是救济法,是损害补偿法,但侵权法也有预防实际损害发生的功能。故,消除影响及停止侵害行为之诉已经成为欧洲共同的法律制度。

我国过去法律、司法解释对停止侵害、排除妨碍、消除危险等责任形式已有规定,[2]这些规定是《民法典》的立法基础。《民法典》第 1167 条规定:"侵权行为危及他人人身、财产安全的,被侵权人有权请求侵权人承担停止侵害、排除妨碍、消除危险等侵权责任。"这里的"危及"应当是:(1)侵权行为正在实施和持续而非已经结束;(2)侵权行为已经危及被侵权人的人身、财产安全而非不可能危及;(3)是侵权人所为的侵权行为而非自然原因。对正在危及他人的人身、财产安全的侵权行为发生的情况下,赋予被侵权人请求停止侵害、排除妨碍、消除危险等责任方式,目的在于防止损害后果的扩大,维护被侵权人的合法权益。[3]

停止侵害、排除妨碍、消除危险等责任方式的功能,在于制止已发生的侵权行为和预防可能发生的侵权行为,故被称为制止型、预防型责任方式。在制定《侵权责任法》和《民法典》的过程中,有学者对制止型、预防型责任方式存在的必要性提出质疑,但多数学者主张,停止侵害、消除危险、排除妨碍等民事责任方式尽管与物上请求权等存在理论上的竞合,但是为了发挥侵权行为法的积极功能,仍吸收《民法通则》的成功经验,对这些民事责任方式继续加以规定。[4]

所谓停止侵害,是指侵权行为人根据权利人的请求或主管机关的命令,立即停止其侵权行为,以防止损害发生或扩大的责任方式。停止侵害的适用条件是:侵害正在进行或仍在延续之中。这种责任形式可以有效防止损害的扩大,是除损害赔偿外最重要的一种责任形式。停止侵害可以适用于侵害人身权、物权、知识产权和占有的侵权行为。特别在侵害知识产权和人身权的纠纷中,停止侵害责任的适用具有十分重要的意义。[5]

排除妨碍,是指实施侵权行为妨碍或可能妨碍他人正常行使民事权利时,侵权行为人应根据权利人的请求或法院的裁判,除去其已经造成的妨碍或者停止其可能造成妨碍的行为。排除妨碍的适用条件是:(1)妨碍行为是不正当的;(2)因妨碍而导致已经存在某种危险。

消除危险,是指当人的行为或人管理的动产、不动产对他人人身及公私财产存在某种危险隐

---

[1] 王利明:《侵权责任法制定中的若干问题》,载《当代法学》2008 年第 5 期。

[2] 参见原《民法通则》第 83 条,原《物权法》第 35 条、第 83 条,《环境保护法》第 41 条,《民法通则意见》第 97 条、第 98 条、第 154 条等。

[3] 王胜明:《中华人民共和国侵权责任法释义》,法律出版社 2010 年版,第 105 页。

[4] 张新宝:《侵权责任法原理》,中国人民大学出版社 2005 年版,第 468 页。

[5] 张玉敏:《民法》,高等教育出版社 2007 年版,第 578 页。

患时,有关责任人应依法消除危险隐患的责任方式。消除危险的适用条件是:须损害尚未实际发生,也没有妨碍他人民事权利的行使,但行为人的行为又确有可能造成损害的后果,对他人构成威胁。

停止侵害、排除妨碍、消除危险这三种责任形式的适用,可以在判决中作出,也可以先行裁定。原《民法通则意见》第162条第1款曾规定:在诉讼中遇有需要停止侵害、排除妨碍、消除危险的情况时,人民法院可以根据当事人的申请或者依职权先行作出裁定。《最高人民法院关于诉前停止侵犯专利权行为适用法律问题的若干规定》第1条也有相关规定。《民法典》第997条规定:"民事主体有证据证明行为人正在实施或者即将实施侵害其人格权的违法行为,不及时制止将使其合法权益受到难以弥补的损害的,有权依法向人民法院申请采取责令行为人停止有关行为的措施。"

(二)回复型的责任方式

此类责任承担方式包括返还财产与恢复原状两种方式,其功能在回复权利之原状,故又被称之为权利保全型的责任方式。

1. 返还财产

返还财产或称返还原物,是指财产的非法占有人,应将其非法占有的财产返还给财产权利人的责任承担方式。返还财产的请求权人常常是所有权人,但也可能是占有人。

关于返还财产这一责任方式,在适用应遵循的规则有以下几点:(1)负返还原物责任的主体须是不法占有人。合法占有人在其合法占有期间不负返还原物的责任。(2)请求返还原物的主体须是物的所有人或其他合法占有人。不法占有人的占有只受占有之诉的保护,不受物权之诉的保护。(3)适用返还财产责任方式的前提是该财产还存在,如果该财产已经灭失,适用该责任方式就不可能,受害人只能要求赔偿损失;该财产虽然存在,但已经损坏的,权利人可以根据自己的意愿,请求返还财产、恢复原状或者赔偿损失等责任方式。此外,如占有人已将该财产转让给第三人,则只有在第三人不构成善意取得的情况下,才能请求返还财产。在第三人善意取得财产所有权的情况下,原权利人只能向无权处分人请求赔偿损失(也可能发生侵权责任与违约责任的竞合)。〔6〕 (4)负返还原物责任的主体,在返还原物时应同时返还原物的孳息。

返还财产时,可否主张对该财产曾经支出的费用?我们认为,对于善意占有人的这种主张应当予以支持。《民法典》第460条规定:"不动产或者动产被占有人占有的,权利人可以请求返还原物及其孳息;但是,应当支付善意占有人因维护该不动产或者动产支出的必要费用。"根据比较法解释方法,参阅《德国民法典》第850条的规定,亦可得出相同结论。〔7〕

2. 恢复原状

关于恢复原状,在民法上有不同的理解。我国《民法典》规定的恢复原状是与返还原物并列的责任方式,故宜作狭义的理解,即解为通过修理等手段恢复被损坏的有形财产的原状。

对"恢复原状"既然作狭义理解,恢复原状责任的构成应具备以下条件:(1)须有恢复的可能;(2)恢复原状有必要,即受害人认为恢复原状是必要的且具有经济上的合理性;(3)财产损坏须出于责任人的违法行为。合法使用他人所有物产生的磨损,不构成恢复原状责任。

---

〔6〕 参见原《物权法》第106条。

〔7〕 《德国民法典》第850条规定:如果返还侵夺财物的义务人对财物曾支出费用,对受害人享有与占有人对所有权人关于要求偿还费用的相同的权利。

在我国,恢复原状和损害赔偿都是独立的侵权责任方式,但这不意味着这二者在实际适用中存在某种特殊的联系。因此,曾有学者建议规定:受害人有权选择要求恢复原状和赔偿损失的选择权;但是,对被损坏的财产进行恢复原状不具有经济合理性的,受害人仅得请求损害赔偿。[8]此种立法建议,有他国民法典之立场可资参考。例如,《阿根廷共和国民法典》第1083条规定:损害赔偿应为恢复事物的原状。如不可能恢复原状,即应确定金钱上的赔偿额。受害人亦可选择金钱上的赔偿。《意大利民法典》第2058条规定:在全部或部分可能的情况下,受害人可以要求以完整无损的返还形式赔偿。以修复完好的方式返还会导致债务人负担过重的,法官可以规定一个等值的赔偿。《捷克斯洛伐克民法典》第442条规定:赔偿的只是现实的损失,赔偿的方法是恢复原状;如果这样做有极大困难或者不合理,可以用金钱补偿。

3. 返还财产与恢复原状的关系

返还财产与恢复原状虽然都具有回复权利(物权)的功能,而且在特殊情况下还可能并存——对损坏的财产进行恢复原状的处理仍不能达到其受损前的价值的,受害人还可要求对减损的价值进行赔偿。但是,二者在责任构成条件上与责任内容上并不相同:(1)在责任构成上,作为返还财产责任构成重要条件的违法加害行为是非法占有他人财产的违法行为;而作为恢复原状责任构成重要条件的违法加害行为是非法损坏他人财产的违法行为。(2)在责任内容上,即责任人依法应当履行的给付义务上,返还财产的责任人应当履行的给付义务是向权利人返还原物的义务;而恢复原状的责任人应当履行的给付义务是通过修理恢复财产原状的义务。

(三)补偿型的责任方式

补偿型的责任方式即损害赔偿或赔偿损失。赔偿损失,是指责任人向受害人支付一定数额的金钱以弥补其损失的责任方式。赔偿损失是实现侵权法弥补损害之立法目的的最基本的责任方式,也是运用最为广泛的责任方式。如前所述,在国外民法上恢复原状是损害赔偿的方法之一。但在我国,恢复原状与赔偿损失是两种不同的责任形式。

在侵权案件中,被告侵权损害赔偿责任之是否构成,一般要考虑以下三类因素:(1)客观构成条件。包括原告损害事实的存在、被告行为与原告所受损害之间具有因果关系、被告之加害行为具有违法性。(2)主观归责理由。被告的过错、被告行为具有的危险性、平衡原被告利益之要求,都可成为责令被告承担赔偿责任的理由。(3)免责事由。被告可基于"正当理由"或"外来原因",主张免除或减轻责任。

(四)人身型的责任方式

此类责任方式包括消除影响、恢复名誉与赔礼道歉两种责任方式。《韩国民法典》第764条规定:"对于损害他人名誉的人,法院依被害人的请求,命其作出代替损害赔偿或者与损害赔偿并处恢复名誉的适当行为。"我国《民法典》所规定的赔礼道歉、消除影响、恢复名誉等责任形式也主要是针对侵害名誉权、隐私权、姓名权、肖像权等人格权益的情形。赔礼道歉这种责任形式,在侵害人身权的情况下,常常被适用。实际上,在一些侵权案件中,原告所期待的并非金钱赔偿,而是要"讨个说法",或者恢复自己的名誉,消除侵权行为造成的不良影响。在另一些侵权案件中,受害人可能并没有遭受财产方面的损失,此时也只能要求赔礼道歉或精神损害赔偿。

1. 消除影响、恢复名誉

消除影响、恢复名誉,是指不法侵害他人精神性人格权时,侵害人应依法在其不良影响所及

---

〔8〕 侯国跃:《中国侵权法立法建议稿及理由》,法律出版社2009年版,第184~195页。

之范围内采取一定措施澄清事实,消除其不法行为对受害人造成的不良影响,恢复受害人原有的良好的社会评价。

2. 赔礼道歉

赔礼道歉是指责令不法行为人向受害人公开认错、表示歉意。[9] 赔礼道歉原来只是一种道德责任,以前的《民法通则》将它规定为承担民事责任的一种方式,并为后来的立法《侵权责任法》《民法典》所延续,具有以下意义:(1)在司法实务上,有利于化解当事人之间的矛盾和纠纷。赔礼道歉既是对受害人精神的抚慰,也是对加害人的教育,如果适用得当,可以化解矛盾,促进团结,有利于民事纠纷的解决。[10] (2)有利于提高侵权行为法的教育、预防功能。

适用赔礼道歉这种责任形式时,法官应根据个案的具体情况而决定其具体方式和内容。赔礼道歉既可以公开,也可以私下进行;既可以口头方式进行,也可以书面等方式进行,具体采用什么形式由法官依据案件的具体情况作出。口头道歉是由行为人直接向受害人表示,基本不公开进行;书面道歉以文字形式进行,可以登载在报刊上,或者张贴于有关场所。行为人不赔礼道歉的,人民法院可以判决按照确定的方式进行,产生的所有费用由行为人承担。

三、侵权责任方式的适用

《民法典》规定的八种侵权责任承担方式,如前所述都有自己的适用条件和适用范围,必须妥当适用。在司法实务中,对具体的侵权行为妥当适用侵权责任承担方式,才能正确处理当事人之间的侵权纠纷,充分发挥侵权行为法的作用,实现侵权行为法的规范目的。妥当适用侵权责任承担方式,应当注意以下问题:

其一,责行相当原则。责行相当原则,是指责令侵权行为人承担的侵权责任应当与侵权行为人实施的侵权行为相当,不能将与侵权行为不相当的责任加于侵权行为人。责行相当是民法公平原则对侵权责任适用上的要求。责行相当包括质的相当与量的相当。质的相当,是指对侵权行为人适用的侵权责任方式,应当与侵权行为人实施的侵权行为的具体性质和特征相当。量的相当,是指责令侵权行为人承担的侵权责任之轻重,即要求侵权行为人实施的具体给付行为之多少或程度,应当与侵权行为人实施的侵权行为所造成的不良后果相当。例如,《民法典》第1000条第1款规定:"行为人因侵害人格权承担消除影响、恢复名誉、赔礼道歉等民事责任的,应当与行为的具体方式和造成的影响范围相当。"基于责行相当原则,在损害赔偿民事责任中,应坚持补偿原则或填平原则,惩罚性赔偿应局限于法律明文规定的情形。对此,《民法典》第179条第2款明确:"法律规定惩罚性赔偿的,依照其规定。"

其二,侵权责任方式的单独适用与合并适用。《民法典》第179条第3款规定:"本条规定的承担民事责任的方式,可以单独适用,也可以合并适用。"对侵权行为人是单独适用一种侵权责任方式,或者是合并适用几种侵权责任方式,应当根据责行相当的原则,看侵权行为人的侵权行为是只满足了某一种责任承担方式的构成要件,或者是同时满足几种责任承担方式的构成要件。如果只满足了某一种责任承担方式的构成要件,就只能适用该种责任方式,不能同时适用其他责任方式。当然,在侵权个案中,多种侵权责任方式的适用可以由受害人提出,也可以由法官根据不同案情依职权决定,但无论是受害人提出,还是法官依职权决定,法官在最终裁决时都要注意,

---

[9] 马俊驹、余延满:《民法原论》(第二版),法律出版社2005年版,第1040页。

[10] 张玉敏:《民法》,高等教育出版社2007年版,第579页。

采用一种或者两种方式足以保护受害人利益的，就不必再采取其他方式，以避免行为人承担不适当的责任。同时，还需注意的是，从受害人的角度来看，侵权责任方式是受害人自己享有的请求权，受害人可以处分这种请求权。受害人坚持自己的请求权，若该请求权适当，且没有给行为人施加不适当责任的，法官原则上应支持其请求权；受害人自愿放弃某种可以行使的侵权责任方式的，法官不应当干预，如受害人自愿放弃对行为人的赔偿损失请求权的，法官就不应当违背受害人的意愿强行判决行为人赔偿损失。[11]

其三，侵权责任方式与过错的关系。学者指出，归责原则的研究必须针对具体的侵权行为类型和民事责任的方式，即不同的侵权行为类型和侵权责任方式，在适用时应考虑采用不同的归责原则，没有适用于一切民事责任的抽象的归责原则。侵权行为类型与归责原则的关系属于立法政策问题，它所体现的是立法者对相互冲突的利益的衡量和政策选择，例如，高度危险作业致人损害、环境污染致人损害、缺陷产品致人损害等应适用何种归责原则，以及哪些作业应归入高度危险作业，就需要进行慎重的政策选择。因此，这个问题原则上应当由立法解决。在这方面，学术研究的作用主要在于为立法提供理论基础以及对法律进行解释、批评，指导司法，推动法律的不断完善。而责任形式与归责原则的关系则基本上是一个逻辑问题，即如何按照思维逻辑清楚地加以表达的问题。[12]《民法典》第1165条、第1166条规定的归责原则，属于所有侵权责任形式之归责原则的最大范围（借用数学上的概念可以表述为“并集”），但就每一种侵权责任形式而言，其归责原则是不完全相同的。

属于绝对权保护方法的各种责任形式，无论侵权行为类型是一般的还是特殊的，均不考虑行为人的过错，即应适用无过错责任原则。这可以说是一个公理。绝对权保护方法适用无过错责任原则的基本理由可以概括为两点：一是权利的不可侵性，既为权利，即不可侵犯，一经侵犯，即应该停止侵权，否则，权利将不成其为权利；二是绝对权保护方法以恢复权利的圆满状态为原则，不对侵权人施以惩罚。例如，无合法根据占有他人财产者应当将所占有的财产返还给权利人，这种返还只是让占有者交出本不属于自己的财产，并未给其增加另外的负担；未经许可使用他人的专利技术者应当停止使用，这种责任也仅使其停止对他人技术的无根据的使用，并未使其失去更多的利益。只有这样，才能维护法律的尊严，才符合公平正义的要求。各国民法在规定绝对权保护方法时，均不以加害人的过错为条件，足见各国立法者在这个问题上的认识是一致的。而债权保护方法（赔偿损失）要以加害人的财产填补受害人的损失，其情况要复杂得多。按照各国立法，一般侵权行为适用过错责任原则，特殊侵权行为则要分别不同情况，在进行审慎的利益衡量和价值判断的基础上确定归责原则。[13]

我国从《民法通则》以来的民事法律关于民事责任的具体规定，基本上考虑到不同责任形式的区别。返还原物、妨害除去、妨害防止责任为无过错责任。[14] 停止侵害、排除妨碍、消除危险这些侵权责任的构成就要比损害赔偿责任简单，因为它们都不要求要有损害事实、因果关系、过

---

〔11〕 王胜明：《中华人民共和国侵权责任法释义》，法律出版社2010年版，第82～83页。

〔12〕 张玉敏：《侵害知识产权民事责任归责原则研究》，载《法学论坛》2003年第3期。

〔13〕 张玉敏：《侵害知识产权民事责任归责原则研究》，载《法学论坛》2003年第3期。

〔14〕 魏振瀛：《〈民法通则〉规定的民事责任——从物权法到民法典的规定》，载《现代法学》2006年第3期。此外，李开国教授也指出：原《物权法》规定的三种物权请求权，即返还原物请求权、排除妨害请求权，恢复原状请求权，其取得亦不以相对人有过错为条件。参见李开国：《侵权责任构成理论研究——一种新的分析框架和路径的提出》，载《中国法学》2008年第2期。

错等构成因素,只要被告对原告有侵害行为、妨碍行为或者被告造成了损害原告的危险就够了。〔15〕 德国学者也认为,预防性法律保护措施原则上不以被告方的过错为前提。因为在民法规定中只有对已经发生的损害给予赔偿时才考察加害人有无过错问题。不以过错为前提并不排除我们在被诉行为是蓄意的或只是疏忽之间作区分。〔16〕 我们同意上述学术观点,主张在适用"赔礼道歉""赔偿损失"的侵权责任方式时须以当事人的过错为条件,而其他侵权责任方式的适用,则不以当事人的过错为条件。

问题与思考

关于消除影响、恢复名誉与赔礼道歉的关系。《民法通则》颁布施行以来,我国习惯于将"消除影响"、"恢复名誉"与"赔礼道歉"并列为民事责任形式,《侵权责任法》《民法典》亦同。但是,将"消除影响"、"恢复名誉"与"赔礼道歉"并列为民事责任形式的做法是否妥当值得进一步思考。首先,"消除影响""恢复名誉"似乎是日常生活用语而不是法律术语,不宜在立法上使用。其次,消除影响、恢复名誉强调的是目的,而赔礼道歉等是为了实现这一目的可得采用的手段,属于目的性的术语和属于手段性质的术语不宜并列为民事责任形式。其道理就像不宜把"赔偿损失"和"弥补损失"并列、把"修理"与"恢复原状"并列一样。而且,目的性术语本来就不宜单列为民事责任形式,因为民事责任形式均属于手段性质的事物。我们注意到,我国台湾地区"民法"第195条在规定侵害身体、健康、名誉或自由之非财产上损害赔偿时,使用的表述方法是"其名誉被侵害者,并得请求为回复名誉之适当处分"。〔17〕 什么是"回复名誉之适当处分"?"通常是在报刊上登载'谢罪广告'或'道歉启事'"。〔18〕 由此可见,在我国台湾地区,"回复名誉"也是目的性描述,而非手段性质的民事责任形式。最后,如果名誉被侵害,通过司法机关确认侵权的事实(否定性评价),并判令被告赔礼道歉或赔偿损失,则事实上已经实现了消除影响、恢复名誉的目的,无须将消除影响、恢复名誉规定为责任形式。

第二节　损害赔偿责任

如前所述,赔偿损失是实现侵权法弥补损害之立法目的的最基本的责任方式,也是运用最为广泛的责任方式。《民法典》在侵权责任编专章规定损害赔偿,本节也将专门介绍损害赔偿责任的基本问题。

一、侵权损害赔偿的原则

(一)填平原则

侵权法上的损害赔偿原则是填平原则,即有损失才赔偿,有多少损失就赔偿多少的原则。这

〔15〕 李开国:《侵权责任构成理论研究——一种新的分析框架和路径的提出》,载《中国法学》2008年第2期。

〔16〕 [德]克雷斯蒂安·冯·巴尔:《欧洲比较侵权行为法》(下),焦美华译,法律出版社2004年版,第160页。

〔17〕 我国台湾地区"民法"第195条规定:不法侵害他人之身体、健康、名誉或自由者,被害人虽非财产上之损害,亦得请求赔偿相当之金额。其名誉被侵害者,并得请求为回复名誉之适当处分。前项请求权,不得让与或继承。但以金额赔偿之请求权已依契约承诺,或已起诉者,不在此限。

〔18〕 魏振瀛:《〈民法通则〉规定的民事责任——从物权法到民法典的规定》,载《现代法学》2006年第3期。

是由民法的平等原则决定的。民事主体在民事领域法律地位是平等的，侵权事实不能改变当事人的平等地位，而平等的当事人不能互相惩罚。

为贯彻填平原则，应当承认损益同销规则。损益同销，指受害人基于与受损害的同一原因而受有利益时，其所受利益应当在确定赔偿额时予以扣除的规则。损益同销规则设立的理由，在于受害人不得受双重利益，即受害人因他人违反义务的行为受有利益时，就此部分不得再请求赔偿。对此，各国民法学说及判例均予以承认。我国法律虽无明文规定，但实务上均依此精神处理。[19] 损益同销规则的适用条件有：[20]（1）须有侵权损害赔偿关系的成立；（2）须受害人受有利益；（3）须损害事实与所得利益之间有因果关系。

（二）惩罚性赔偿与赔偿限额

在侵权责任法领域，损害赔偿以填平原则或全面赔偿原则为一般原则，但也存在例外。惩罚性赔偿和赔偿限额制度即为例外的主要表现。

1. 惩罚性赔偿

由于某些新型的侵权行为的特殊性，即侵权行为不易发现，侵权行为往往具有反复性和持续性，权利人调查取证往往耗资巨大，填平原则既不能真正填平受害人的损失，也不能起到吓阻和教育作用。因为在这种情况下，加害人的违法收益大大高于其违法成本，其违法行为所造成的损害不能通过损害转移有效地内部化。由于这种情况的严重性，有些国家针对某些特殊的侵权行为，规定了惩罚性赔偿。惩罚性赔偿，是指超出实际损失的范围判决加害人或者其他赔偿义务人对受害人予以额外的金钱赔偿。例如，美国对于恶意侵害商业秘密和专利权的行为，可以判令侵权行为人承担惩罚性赔偿责任，惩罚性赔偿最高可达已经确定的实际损失的两倍（包括实际损失赔偿）。

就我国而言，《民法典》第1207条和《食品安全法》第148条规定了产品责任领域的惩罚性赔偿。《民法典》第1207规定："明知产品存在缺陷仍然生产、销售，或者没有依据前条规定采取有效补救措施，造成他人死亡或者健康严重损害的，被侵权人有权请求相应的惩罚性赔偿。"[21] 而对于产品责任，如果生产者有过错，惩罚性赔偿的数额没有法定限制。《食品安全法》（2021年修正）第148条第2款规定："生产不符合食品安全标准的食品或者经营明知是不符合食品安全标准的食品，消费者除要求赔偿损失外，还可以向生产者或者经营者要求支付价款十倍或者损失三倍的赔偿金；增加赔偿的金额不足一千元的，为一千元。"《消费者权益保护法》（2013年修正）第55条第2款则规定："经营者明知商品或者服务存在缺陷，仍然向消费者提供，造成消费者或者其他受害人死亡或者健康严重损害的，受害人有权要求经营者依照本法第四十九条、第五十一条等法律规定赔偿损失，并有权要求所受损失二倍以下的惩罚性赔偿。"[22]

在我国当前社会情势之下，惩罚性赔偿制度具有某种特殊的制度价值。固然，行政责任、刑事责任亦可实现惩罚之目的，但是负有特定职责的国家机关常常缺乏追究其他主体之法律责任的激励，而有关监督机制又未必能够发挥良好的作用，所以，法律上的行政责任、刑事责任制度在

---

[19] 张广兴：《债法总论》，法律出版社1997年版，第298页。

[20] 马俊驹、余延满：《民法原论》（第二版），法律出版社2005年版，第1042页。

[21] "前条"是指《民法典》第1206条，即：产品投入流通后发现存在缺陷的，生产者、销售者应当及时采取停止销售、警示、召回等补救措施；未及时采取补救措施或者补救措施不力造成损害扩大的，对扩大的损害也应当承担侵权责任。依据前款规定采取召回措施的，生产者、销售者应当负担被侵权人因此支出的必要费用。

[22] 除此之外，我国关于惩罚性赔偿的规定还有：《消费者权益保护法》第55条第1款；《旅游法》第70条。

很多时候未能发动,致使制度目的不达。相反,如在私法领域规定惩罚性赔偿制度,由成千上万的受害人拿起法律武器与此类违法犯罪行为斗争,对受害人而言,有激励,也无须监督;对人民法院来说,必须受理惩罚性赔偿案件并作出有利于受害人的判决。我国《消费者权益保护法》颁布以来,由于消费者频频援引法律规定"为权利而斗争",对于假冒伪劣、缺斤短两等现象的遏制和打击作用是十分明显的。此种法律实践再次证明,惩罚性赔偿制度至少在一定时期和在一定领域内还是十分必要的。[23]

根据《民法典》的规定,产品责任中的惩罚性赔偿,有以下条件限制:(1)经营者在主观方面处于明知或者故意的状态;(2)造成他人死亡或者健康严重损害的后果。关于惩罚性赔偿的力度,法律有规定的依照其规定(如《食品安全法》规定为价格的十倍),法律没有规定的则由法官自由裁量。

在《民法典》制定过程中,有学者认为,对于侵害知识产权和其他侵害他人商业信誉的行为,也应当适用惩罚性赔偿。[24]《民法典》在一定范围内扩大了惩罚性赔偿责任的适用范围。该法第 1185 条规定:"故意侵害他人知识产权,情节严重的,被侵权人有权请求相应的惩罚性赔偿。"第 1232 条规定:"侵权人违反法律规定故意污染环境、破坏生态造成严重后果的,被侵权人有权请求相应的惩罚性赔偿。"但是无论如何,惩罚性赔偿是民法上的例外特殊制度,不得做扩大解释,不得类推适用。

2. 赔偿限额

有些特殊的侵权行为,主要是高度危险作业致人损害以及其他一些营业过程中造成的损害,其损害后果往往巨大,受害者众多,如果坚持损失多少赔偿多少的原则,加害企业可能无力承受,高额的赔偿可能使企业陷入困境甚至破产。为了保护受害人的利益并兼顾从事危险事业经营的企业的利益,也为了使赔偿的标准基本一致,对于这类损害的赔偿往往有最高限额的规定。原《侵权责任法》第 77 条规定:"承担高度危险责任,法律规定赔偿限额的,依照其规定。"《民法典》第 1244 条规定:"承担高度危险责任,法律规定赔偿限额的,依照其规定,但是行为人有故意或者重大过失的除外。"由此可见,根据《民法典》的规定,限额赔偿不适用行为人可非难的情况(故意或者重大过失)。关于限额赔偿,详见"高度危险责任"部分。

二、侵权损害赔偿的范围

关于损害赔偿的适用范围或赔偿范围,一直是我国学术界有争议的问题。一般认为,损害赔偿的适用范围包括:(1)直接和间接财产损失,既包括侵害物权性质的财产权导致的损害,也包括侵害财产利益导致的损害;(2)人身损害案件中各种相关的财产损失;(3)死亡与残疾赔偿;(4)法律、行政法规、司法解释规定的各种精神损害赔偿;(5)受害人(包括死者)近亲属生活费的赔偿。[25]

关于人身损害案件中的财产损失,《民法典》第 1179 条规定:"侵害他人造成人身损害的,应当赔偿医疗费、护理费、交通费、营养费、住院伙食补助费等为治疗和康复支出的合理费用,以及因误工减少的收入。造成残疾的,还应当赔偿辅助器具费和残疾赔偿金;造成死亡的,还应当赔

---

[23] 侯国跃:《中国侵权法立法建议稿及理由》,法律出版社 2009 年版,第 44 页。

[24] 张玉敏:《民法》,高等教育出版社 2007 年版,第 579 页。

[25] 张新宝:《侵权责任法原理》,中国人民大学出版社 2005 年版,第 469 页。

偿丧葬费和死亡赔偿金。”最高人民法院修改《最高人民法院关于审理人身损害赔偿案件适用法律若干问题的解释》时增加一条作为第 16 条，明文规定：“被扶养人生活费计入残疾赔偿金或者死亡赔偿金。”〔26〕关于精神损害赔偿，《民法典》第 1183 条规定：“侵害自然人人身权益造成严重精神损害的，被侵权人有权请求精神损害赔偿。因故意或者重大过失侵害自然人具有人身意义的特定物造成严重精神损害的，被侵权人有权请求精神损害赔偿。”

三、赔偿权利主体与赔偿义务主体

（一）赔偿权利主体

《民法典》第 120 条规定：“民事权益受到侵害的，被侵权人有权请求侵权人承担侵权责任。”第 1181 条规定：“被侵权人死亡的，其近亲属有权请求侵权人承担侵权责任。被侵权人为组织，该组织分立、合并的，承继权利的组织有权请求侵权人承担侵权责任。被侵权人死亡的，支付被侵权人医疗费、丧葬费等合理费用的人有权请求侵权人赔偿费用，但是侵权人已经支付该费用的除外。”

据此可知，侵权损害赔偿中的求偿主体包括：（1）被侵权人。一般情况下，赔偿权利主体是受害人本人。这是基本的法律正义观，无须赘述。（2）在被侵权人死亡时，其近亲属成为赔偿权利人。此外，根据《民法典》第 994 条的规定，死者的姓名、肖像、名誉、荣誉、隐私、遗体等属于民事权益的范畴，系侵权法律制度的保护对象；当其受到侵害时，其配偶、子女、父母有权依法请求行为人承担民事责任；死者没有配偶、子女且父母已经死亡的，其他近亲属有权依法请求行为人承担民事责任。值得讨论的是，自然人的近亲属请求侵权损害赔偿的，是否应有顺位之分？我们持肯定立场。根据人类之人情伦理，近亲属之“近”亦有程度之别，故自然人因侵权致死的，近亲属请求侵权损害赔偿的，应有顺位之分。在《民法典》颁布之前，最高人民法院《精神损害赔偿解释》第 7 条把可得提起诉讼的近亲属分为两个顺位，即配偶、子女、父母列第一顺位，其他近亲属列第二顺位。《民法典》出台后，修订后的《精神损害赔偿解释》虽然没有作出这样的规定，但参照《民法典》第 994 条关于死者人格权益被侵害时求偿主体的规定，似乎也应得出相同的结论。（3）被侵权人为法人或其他组织，而该组织基于分立、合并等原因而发生变更的，承继权利的组织有权请求侵权人承担侵权责任。《民法典》第 1181 条与原《侵权责任法》第 18 条、原《民法通则》第 44 条都规定了这一立场。（4）支付被侵权人医疗费、丧葬费等合理费用的人可以成为求偿主体。在实践中，支付被侵权人医疗费、丧葬费等合理费用的人，可能是死者的近亲属，也可能是其他主体（如所在单位或近亲属以外的亲属或朋友等）。谁垫付了该费用，就可以向侵权人赔偿该等费用。赋予实际支付医疗费、丧葬费等费用的主体独立请求权，有利于弘扬帮扶帮衬的社会美德，保护善良的社会风俗，也可以防止侵权人获得不当利益。

（二）赔偿义务主体

根据《民法典》第 120 条的规定，侵权人是赔偿义务人。这里的侵权人，其实是指侵权责任人，既可能是指实施侵权行为的人，也可能是与侵权行为人有监护、劳动、雇佣等法律关系的人，还可能是对致人损害之物有管领义务的主体。

---

〔26〕　参见最高人民法院关于修改《最高人民法院关于在民事审判工作中适用〈中华人民共和国工会法〉若干问题的解释》等二十七件民事类司法解释的决定（法释〔2020〕17 号）。

四、财产损害赔偿

(一)侵害人身引起的财产损害赔偿

1. 概述

在人身权益被损害的情况下,财产损失的计算首先是考虑受害人的损害。(1)侵害他人生命、健康、身体等权益造成的财产损失的赔偿范围,一般包括积极的财产损失和可得利益的损失。根据《民法典》第1179条的规定,侵害他人造成人身损害的,应当赔偿医疗费、护理费、交通费、营养费、住院伙食补助费等为治疗和康复支出的合理费用,以及因误工减少的收入。造成残疾的,还应当赔偿残疾生活辅助器具费和残疾赔偿金。造成死亡的,还应当赔偿丧葬费和死亡赔偿金。(2)侵害他人名誉权、荣誉权、姓名权、肖像权和隐私权等人身权益造成的财产损失。侵害他人非物质性人身权有时也会产生财产损害,应当按照其实际损害赔偿。

一些侵害人身权益的行为财产损失难以确定,尤其是在被侵权人的名誉受损、隐私被披露等侵害非物质性人身权益的情况下,很难确定财产损失。在此情形下,侵权人如何赔偿,怎样确定赔偿数额是困扰司法实践中的一个难题。《民法典》第998条规定:"认定行为人承担侵害除生命权、身体权和健康权外的人格权的民事责任,应当考虑行为人和受害人的职业、影响范围、过错程度,以及行为的目的、方式、后果等因素。"最高人民法院《精神损害赔偿解释》第5条关于确定精神损害的赔偿数额应考虑的因素中,将"侵权人的获利情况"列为其中之一。此司法解释意见虽仅适用于精神损害赔偿数额的确定,但对于财产损失亦有启示意义。从某种意义上讲,侵权人所获得的利益,也就是被侵权人的财产损失,只是计算财产损失的角度不同而已。当然,侵权人获得的利益难以确定的情况也可能存在,最典型的莫过于"损人不利己"的侵权行为,此时由人民法院根据实际情况确定具体赔偿数额。立法的基本思想,是不能因为没有获利或者获利难以计算就使侵权人"逍遥法外"。

基于上述考虑,《民法典》第1182条规定:"侵害他人人身权益造成财产损失的,按照被侵权人因此受到的损失或者侵权人因此获得的利益赔偿;被侵权人因此受到的损失以及侵权人因此获得的利益难以确定,被侵权人和侵权人就赔偿数额协商不一致,向人民法院提起诉讼的,由人民法院根据实际情况确定赔偿数额。"

最高人民法院《信息网络侵权规定》第12条规定:"被侵权人为制止侵权行为所支付的合理开支,可以认定为民法典第一千一百八十二条规定的财产损失。合理开支包括被侵权人或者委托代理人对侵权行为进行调查、取证的合理费用。人民法院根据当事人的请求和具体案情,可以将符合国家有关部门规定的律师费用计算在赔偿范围内。被侵权人因人身权益受侵害造成的财产损失以及侵权人因此获得的利益难以确定的,人民法院可以根据具体案情在50万元以下的范围内确定赔偿数额。"该规定虽然仅适用于"利用信息网络侵害人身权益民事纠纷案件"即利用信息网络侵害他人姓名权、名称权、名誉权、荣誉权、肖像权、隐私权等人身权益引起的纠纷案件,但对于其他侵犯人身权益的案件也有参考意义。

2. 人身损害的赔偿项目

过去我国《民法通则》第119条和《人身损害赔偿解释》第17条、第18条对人身损害赔偿项目设有规定,《消费者权益保护法》《产品质量法》对此也有所涉及。总体来说,我国原有法律及司法解释对人身损害赔偿项目的规定并不完全一致,大致包括:医疗费(包含康复费、后续治疗费等)、误工费、护理费、交通费、住宿费、住院伙食补助费、必要的营养费、残疾赔偿金、残疾辅助器具费、被扶养人生活费、丧葬费、死亡补偿费、精神损害等。在制定《侵权责任法》和《民法典》的过程中，一些学者主张，以残疾赔偿金、死亡赔偿金已经包含对被扶养人生活费的赔偿，不应重复计算。立法者采纳了这一主张，在原《侵权责任法》和《民法典》中未规定被扶养人生活费。

根据《民法典》第1179条的规定，人身损害赔偿的一般赔偿范围是医疗费、护理费、交通费、营养费、住院伙食补助费等为治疗和康复支出的合理费用，以及因误工减少的收入。造成受害人残疾的，还应当赔偿残疾生活辅助器具费和残疾赔偿金；造成他人死亡的，还应当赔偿丧葬费和死亡赔偿金。其中，医疗费，包括挂号费、检查费、药费、治疗费、康复费等费用；护理费，是指受害人因受到损害导致生活不能自理，需要有人进行护理而产生的费用支出；交通费，是指受害人及其必要的陪护人员因就医或者转院所实际发生的用于交通的费用；因误工减少的收入，是指受害人由于受到伤害，无法从事正常工作或者劳动而失去或者减少的工作、劳动收入；残疾生活辅助器具费，是指受害人因残疾而造成身体功能全部或者部分丧失后需要配制补偿功能的残疾辅助器具的费用。残疾生活辅助器具主要包括假肢及其零部件、假眼、助听器、盲人阅读器、助视器、矫形器等。此外，《民法典》第1183条还规定了精神损害赔偿。精神损害赔偿是与财产损害赔偿对应的概念，不属于此处所讲的财产损害的赔偿，因此，本书后面再作论述。

3. 残疾赔偿金、死亡赔偿金的定性

对残疾赔偿金，虽在我国的法律和司法解释已作了明确规定，但理论界和实务界对其性质和赔偿标准有较大争论。有人认为，残疾赔偿金属于对残疾者的精神损害赔偿；有人认为，残疾赔偿金是对受害人未来的预期收入损失的赔偿；还有人认为，残疾赔偿金既是对受害人未来预期收入损失的赔偿，也是对其因残疾丧失的一些精神生活的赔偿。从比较法上观察，较多国家和地区将残疾赔偿金定性为对受害人未来财产损失的赔偿，只是在确定赔偿标准时有不同做法，有的采用了“收入所得丧失说”，有的采用“生活来源丧失说”，而有的采用了“劳动能力丧失说”。以上三种做法各有利弊，“收入所得丧失说”可操作性较强，但在实践中若完全依据该做法，一些无收入的受害者，如家庭主妇、儿童、失业者等，由于在受到残疾前并没有收入，就有可能得不到赔偿，对这些受害者是相当不公平的；根据“生活来源丧失说”，残疾赔偿金赔偿的是受害人残疾前后生活费的差额。根据这种做法确定的残疾赔偿金比较低，不利于保护受害人的利益。“劳动能力丧失说”比较符合损害发生时的实际情况，但没有考虑到受害人未来劳动能力的提高和精神生活受到损害的情况，且完全忽视了受害人的具体情况，如受教育程度、年龄、受害人的实际收入等因素。[27] 我国现在的司法实践主要采用的是“劳动能力丧失说”。

在制定《民法典》的过程中，关于死亡赔偿金的定性，理论界和实务界也有较大的争议。有学者认为，自然人的权利能力始于出生、终于死亡，所谓“死亡赔偿金”性质上只能是对死者遗属的精神损害赔偿。[28] 日本、韩国民法持此种立场。与此立场不同的，主要有两种观点：一是以被扶养人丧失生活来源作为依据的“扶养丧失说”。依据“扶养丧失说”，受害人死亡后，其被扶养人因此失去了生活来源，侵害人对此应予赔偿。死亡赔偿金的范围是被扶养人生活费。二是以受害人死亡导致的预期收入减少为依据的“继承丧失说”，即侵权人向死者近亲属赔偿死者余命年限内（主要以一个国家的平均寿命减去死者死亡时的年龄）将获得的除去生活费等正常开支

---

〔27〕 王胜明：《中华人民共和国侵权责任法释义》，法律出版社2010年版，第88页。

〔28〕 梁慧星：《侵权责任法（第三次审议稿）的评析与修改建议》，载中国法学网，最后访问日期：2009年11月20日。

的剩余收入。[29] 在立法上,《德国民法典》、《荷兰民法典》、《俄罗斯联邦民法典》、我国澳门特区民法典及我国台湾地区"民法"采用的是"扶养丧失说";而《阿根廷共和国民法典》则采"继承丧失说"。

我们认为,宜将死亡赔偿金、残疾赔偿金定性为被害人预期收入损失的赔偿,与精神抚慰金并列,并且不宜单列被扶养人生活费的赔偿。(1)将死亡赔偿金、残疾赔偿金定性为被害人预期收入损失的赔偿符合客观实际。被害人死亡后,其将来一定时期内可取得收入的机会即完全灭失;被害人残疾后,其将来一定时期内可取得的收入可能减少。因而,侵权责任人对其"所失利益"("逸失利益")进行赔偿,符合客观实际,亦公平合理。(2)不宜将死亡赔偿金、残疾赔偿金与被扶养人生活费并列。在被害人未被致死或未残疾的情况下,其用于支付被扶养人生活费用的来源,乃在于被害人的收入,因而,侵权责任人赔偿侵害人预期收入损失后,不必再支付被扶养人生活费。否则,就会造成责任人重复赔偿。(3)死亡赔偿金、残疾赔偿金与精神抚慰金是并列的赔偿项目。人的生活分为物质生活和精神生活,即使物质生活,也不单纯是取得报酬或者收入。侵权人的侵权行为造成被侵权人死亡或残疾的,其赔偿范围也应包括物质损失和非物质损失。这样,有利于保护被侵权人的合法权益,符合民法损害赔偿原则,彰显尊重生命的时代精神。

最高人民法院原有司法解释《精神损害赔偿解释》(法释〔2001〕7 号)第 9 条曾将死亡赔偿金、残疾赔偿金定性为精神抚慰金,但 2020 年修正时已删除该规定。此外,《人身损害赔偿解释》(法释〔2003〕20 号)也将精神抚慰金与死亡赔偿金、残疾赔偿金并列。此后,《侵权责任法》第 16 条规定的死亡赔偿金、残疾赔偿金与第 22 条规定的精神抚慰金也是并列关系。《民法典》的规定亦然。

2020 年修正的《人身损害赔偿解释》第 16 条规定:"被扶养人生活费计入残疾赔偿金或者死亡赔偿金。"这一规定与我国司法实践长期以来的做法是一致的。在当前的情况下,由于死亡赔偿金、残疾赔偿金的计算方法(参见《人身损害赔偿解释》第 12 条、第 15 条)本身存在问题和争议,故司法作出这样的选择并与过去保持一致,可能具有一定的合理性。但从长远考虑,从根本上革新死亡赔偿金与残疾赔偿金的确定方法或计算方法才是解决问题的方向。

4. 同一侵权事实中死亡赔偿金数额可以相同

《民法典》第 1180 条规定:"因同一侵权行为造成多人死亡的,可以以相同数额确定死亡赔偿金。"本条是关于同一侵权事实中死亡赔偿金可以相同的立法表达。

根据我国过去司法解释规定,对农村居民和城市居民按不同标准支付死亡赔偿金,城市居民获得的死亡赔偿金比农村居民往往高一倍至两倍,一度引发"同命不同价"的争论。依我们之见,生命无价,侵权事实致人死亡后,责任人其实并无法对"命价"进行赔偿,所谓"死亡赔偿金"是对死者生前预期收入减少("逸失利益")的赔偿,而非"生命"之"对价"。故而,"同命同价"本来就是个"伪命题"。

关于死亡赔偿金的确定标准问题。从境外的情况来看,主要有两种做法:(1)定额赔偿法。"定额赔偿法"实际是一种单一赔偿标准,不考虑具体受害人的个人收入状况、职业、受教育程度等方面的差异,原则上按照平均收入乘以一定年限计算赔偿数额,从而以抽象化、定型化的方式确定死者未来收入损失。(2)个体赔偿法。原则上根据死者近期收入乘以一定年限计算赔偿数

---

〔29〕 王胜明:《中华人民共和国侵权责任法释义》,法律出版社 2010 年版,第 89 页。

额。死者无收入的,划分不同情况按照平均收入乘以一定年限计算赔偿数额。[30] 客观地说,"个体赔偿法"更加符合客观实际,也更为公平。因为,每个死者的职业、年龄、受教育程度、劳动能力等因素不同,其"逸失利益"也不相同,其被侵害致死所获得的赔偿金也应不同。我们难以想象,在没有死亡的情况下,每一个人的预期收入本就不同,却仅因为他被侵害致死,其近亲属就要得到相同的预期收入。正因为个体赔偿法具有合理性,所以大多数国家和地区都采用这种方法。当然,由于"个体赔偿法"强调个体差异,必然给法院确定损失金额和当事人举证带来较大的困难。

为解决法官在审判实践中难以操作,人身损害赔偿案件的裁判尺度难以统一等问题,《侵权责任法》曾试图对死亡赔偿金的赔偿标准作相对明确而统一的规定。[31] 但是,最终考虑到实践中的人身损害死亡赔偿案件千差万别,我国各地的经济情况差异较大,个体之间的实际情况也不完全相同,情况非常复杂,法律规定的任何赔偿标准都有可能无法照顾到这些差异,都有可能引起较大争议。从国外的经验来看,多数国家都没有在法律中对人身损害死亡赔偿金的赔偿标准作明确规定,主要由法官在司法实践中根据具体案情自由裁量。因此,目前由法律对死亡赔偿金的标准作统一、具体的规定较为困难,侵权责任法暂不规定为好,宜由法官在司法实践中,根据案件的具体情况,综合考虑各种因素后,确定死亡赔偿金的数额。但是,为了便于解决纠纷,使受害人及时有效地获得赔偿,对因同一侵权行为造成多人死亡的情况,《侵权责任法》第 17 条明确规定,可以以相同数额确定死亡赔偿金。虽然,死亡赔偿金是对死者"逸失利益"的赔偿,在个案中一般是不同的。但是,我国在过去的实践中,因同一矿难事故、交通事故、药物中毒等事故造成多人死亡时,采用每个死者统一赔偿 20 万元或 40 万元的做法,的确有利于避免原告举证困难,有利于方便快捷地解决纠纷,并收到了良好的社会效果。其实,在国外也有类似的做法。例如,日本自 20 世纪 70 年代以来,在环境污染、药物损害、交通事故等导致多人死亡的侵权案件中,常常采用"概括的一揽子赔偿方式"解决死亡赔偿问题。"概括的一揽子赔偿"将受害人受到的所有社会、经济、精神损害作为一个损害,不区分财产损害与非财产损害,也不将财产损害细化为若干项目,而赋予受害人统一的赔偿请求权。基于上述经验,《民法典》第 1180 条沿袭了原《侵权责任法》的规定。

不过,在适用《民法典》第 1180 条时,需要注意:(1)非同一侵权行为造成多人死亡的案件不能适用。以相同数额确定死亡赔偿金仅适用于因同一侵权行为造成多人死亡的案件,并非确定死亡赔偿金的一般方式,对其他案件并不适用。(2)同一侵权行为造成多人死亡的案件未必全部适用。即便对于因同一侵权行为造成多人死亡的案件,也不是必须以相同数额确定死亡赔偿金:若分别计算死亡赔偿金较为容易,可以不采用这种方式;在分别计算死亡赔偿金相对困难的情况下,法院可以根据具体案情,综合考虑各种因素后决定。在法院需要考虑的诸因素中,原告的态度是一个重要考虑因素,多数原告主动请求以相同数额确定死亡赔偿金的,法院可以相同数额确定死亡赔偿金;原告没有主动请求,但多数原告对法院所提以相同数额确定的死亡赔偿金方

---

〔30〕 王胜明:《中华人民共和国侵权责任法释义》,法律出版社 2010 年版,第 90 页。

〔31〕 《中华人民共和国侵权责任法(草案)》(2009 年 8 月 20 日修改稿)第 18 条第 1 款、第 2 款规定:"死亡赔偿金一般按照国家上年度城镇职工年平均工资乘以十五年计算。具体数额根据受害人年龄、收入状况等因素可以适当增加或者减少。残疾赔偿金主要根据受害人丧失劳动能力的程度确定,最高不超过国家上年度城镇职工年平均工资乘以十五年。"第 19 条规定:"因交通事故、矿山事故等侵权行为造成死亡人数较多的,可以不考虑年龄、收入状况等因素,以同一标准确定死亡赔偿金。"

案没有异议的,也可以适用这种方式。(3)只有死亡赔偿金可以适用。本条只是规定,因同一侵权行为造成多人死亡的,可以对“死亡赔偿金”以相同数额确定,对死者在死亡前产生的医疗费、护理费等合理费用支出,以及丧葬费支出,宜根据实际支出情况单独计算,损失多少,赔偿多少。同理,对于残疾赔偿金的计算,也不能适用本条规定。

(二)侵害财产引起的财产损害赔偿

侵害他人财产通常也会使他人遭受经济损失。关于此种情形下财产损失的计算,《民法典》第1184条规定:“侵害他人财产的,财产损失按照损失发生时的市场价格或者其他合理方式计算。”也就是说,财产损失的计算一般应尊重市场价值。为此,要重点把握“损失发生时”“市场价格”两个要点。

(三)纯粹经济损失

纯粹经济损失(Pure economic loss, pecuniary loss)是英美法上常见的法律概念。然而对于什么是“纯粹经济损失”各国规定一直都有很大区别,主要有两大流派:其一,所谓“纯粹经济损失”是指那些不依赖于物的损坏或者身体健康损害而发生的损失;其二,非作为权利或受保护的利益侵害结果存在的损失。[32] 区分纯粹经济损失和物的损坏、身体健康而遭受的损害,在通常情况下是容易的,但有时候也会遇到困难。不过,我们可以从学者们举示的实例中可以得到一些启示:如果一条纯种母狗被一条杂种狗交配并由此生下一只毫无价值的杂种狗,那他的主人遭受的则是物的损坏而绝不仅是纯粹经济损失,因为狗的妊娠期导致了其生理上的变化;如果鱼食用了混合了抗生素的饲料,虽然健康状况仍很好也没有遭受任何动物医学上的伤害,但却因此而无法销售出去了,“鱼的生理条件改变了”这一点就足以要求行为人承担纯粹经济损失的赔偿责任;如果加油站给顾客的车辆加了不纯的汽油,很显然对发动机造成的损害属于物的损坏,然而如果该加油站向汽油供货商要求追偿,他只能就纯粹经济损失提起诉讼。[33]

各国立法或司法对待纯粹经济损失的立场具有很大的不同。学者的概括是:德国法——立法的拒绝赔偿、司法的松动和契约法的救济偏好;英国法——普通法的不赔传统、司法的波折反复和侵权法的救济偏好;美国法——“开明”的不赔原则、更加多元化的实践规则;法国法——宽松的立法、苛重的赔偿责任和侵权法的救济偏好。[34] 总之,对于纯粹经济损失,几乎所有的国家都曾经奉不赔原则为圭臬。但时至今日,选择性赔偿则成为多数国家不约而同的制度选择。

纯粹经济损失概念的创设初衷在于为可赔偿性损害与不可赔偿性损害的划分提供一个精确的标准,但其在各国的立法规定与法律适用中却风格各异。总体来说,各国在处理纯粹经济损失时从不予赔偿到接受越来越多的例外,从而扩大了损失赔偿的范围,具体说来有以下几种方式:(1)将纯粹经济损失权利化;(2)扩张合同法来弥补侵权行为法之缺陷;(3)将纯粹经济损失纳入一般条款的保护之中。相比较而言,第三种方法更具合理性。它为一切侵权请求提供了统一的标准,避免了权利样态间难以自圆其说以及侵权行为法与合同法体系之间的矛盾。而且法律适用的成本较低,符合效率的要求。[35]

---

〔32〕［德］克雷斯蒂安·冯·巴尔:《欧洲比较侵权行为法》(下),焦美华译,法律出版社2004年版,第32页。

〔33〕［德］克雷斯蒂安·冯·巴尔:《欧洲比较侵权行为法》(下),焦美华译,法律出版社2004年版,第38、40页。

〔34〕徐海燕、朱辰昊:《纯粹经济损失赔偿制度研究——兼论证券市场中介机构不实陈述的民事责任》,载《甘肃社会科学》2008年第3期。

〔35〕王颖琼、黄长明、徐彬:《纯粹经济损失理论之践行——评〈山西日报〉巨额赔偿案》,载《时代法学》2003年第2期。

五、精神损害赔偿

（一）精神损害赔偿的概念及意义

1. 精神损害赔偿的概念

精神损害相当于大陆法系国家传统民法中的非财产上损害。非财产上损害是指没有直接的财产内容或者不具有财产上价值的损害。关于非财产上损害的范围，广义说认为财产损害以外的一切形态的损害都属于非财产上损害，包括生理损害、心理损害以及超出生理、心理范围的抽象的精神利益损害，此损害不以民事主体是否具有精神感受能力为前提，因此法人和其他社会组织在遭受侵害时也会发生非财产上损害的问题。狭义说认为，非财产上损害仅限于自然人人格权益遭受侵害导致的精神痛苦和肉体痛苦，并依一般社会观念称为精神损害。法人和其他社会组织不具有自然人的生理和心理感受能力，无精神痛苦可言，因此，不存在精神损害的问题。法人和其他社会组织的名称权、名誉权遭受侵害，所产生的损害实际上是财产损害。

在侵权行为法上，确定精神损害的范围是为了解决赔偿问题，必须考虑立法的目的和价值取向，以利于实现民法的调整功能和价值理念。因此，狭义说更为可取。按照狭义说，精神损害是指自然人因侵权行为所造成的生理损害和心理损害，包括积极的损害和消极的损害。积极的损害是指精神痛苦和肉体痛苦，消极的损害是指知觉丧失（如成为植物人）和心神丧失（如成为精神病人）。〔36〕 就我国的法律立场而言，原《民法通则》第 120 条似乎采纳了广义说，但最高人民法院的司法解释表明，我国的司法实践倾向于狭义说。〔37〕《民法典》第 1183 条亦采狭义说。

精神损害赔偿是以金钱赔偿方式对受害人精神损害予以救济的特殊侵权责任方式。需要注意的是，作为民事责任方式的精神损害赔偿，以法律、行政法规和司法解释等有规定者为限。〔38〕

2. 确立精神损害赔偿制度的意义

我国曾经长期坚持精神损害不能用金钱赔偿的观点，认为人格利益的价值不能用金钱来衡量，承认精神损害赔偿会导致人格商品化，随着时代的发展，人们逐渐认识到以法律手段保护人身权利的重要性，原《民法通则》专列一节规定人身权利，并在第 120 条明确规定公民的姓名权、肖像权、名誉权、荣誉权受到侵害的，有权要求停止侵害、恢复名誉、消除影响、赔礼道歉，并可以要求赔偿损失。学界和司法实务中均认为本条规定是精神损害赔偿的根据，并据此处理了大量要求精神损害赔偿的纠纷。此后的一些单行法律和行政法规则进一步规定，自然人的生命权、健康权受到侵害，加害人也应当赔偿受害人的精神损害。这说明我国自《民法通则》颁布以后，立法和司法实践已经逐步承认了精神损害赔偿，并且赔偿范围逐步从精神性人格利益损害扩大到物质性人格利益损害。《精神损害赔偿解释》在总结近几年实践经验的基础上，进一步扩大了精神损害赔偿的适用范围，并使之条理化，使我国的精神损害赔偿制度趋于完善。原《侵权责任法》第 22 条则第一次在立法上明确规定了精神损害赔偿责任，而新修正的《国家赔偿法》则将精神损害纳入了国家赔偿的范围，彰显了重大的立法进步。《民法典》融合《侵权责任法》和《精神损害赔偿解释》的规定，使我国的精神损害赔偿制度逐步趋于合理。

---

〔36〕 张玉敏：《民法》，高等教育出版社 2007 年版，第 587 页。

〔37〕《精神损害赔偿司法解释》（2020 年修正）第 4 条规定："法人或者非法人组织以名誉权、荣誉权、名称权遭受侵害为由，向人民法院起诉请求精神损害赔偿的，人民法院不予支持。"

〔38〕 张新宝：《侵权责任法原理》，中国人民大学出版社 2005 年版，第 521 页。

随着社会经济文化的发展和文明程度的提高,精神利益在人们生活中的地位越来越重要,建立和完善精神损害赔偿制度,有利于加强对自然人人身权利的全面保护,有利于在全社会提倡和建立尊重他人人身权利、人格尊严的道德风尚,促进社会的文明和进步,对于我国这样一个缺乏尊重人权传统的国家,这一点具有特别重要的意义。[39]

具体而言,精神损害赔偿制度具有以下功能:(1)补偿功能。尽管精神损害不是现实的、有形的损害,但毕竟是一种损害事实。法律肯定精神损害赔偿制度,就是肯定对受害人的补偿功能。(2)抚慰功能。精神损害是一种特殊形式的损害,主要涉及人的主观意识,在很多时候金钱并不能填补精神损害,也不能完全消除痛苦。但给予财产形式的精神损害赔偿可以抚慰人格、身份利益受到损害或者遭受精神痛苦的当事人。这种抚慰功能主要是通过对受害人进行精神损害赔偿,使受害人感到正义得到伸张、权益得到维护,从而直接缓和其精神痛苦。精神损害赔偿金又被称为精神抚慰金,主要就是基于这个方面的功能。(3)惩罚和教育功能。主体的违法行为给当事人造成了损害,就应当使其承担不利后果,使其不仅不能从中获利,反而因为自己的违法不当行为遭受财产上的减损,这样无疑惩罚和教育了行为人,并警示了社会一般人,从而抑制和预防不法行为的发生。

(二)精神损害赔偿制度保护的客体:人身权益

一般认为对精神损害赔偿要适当限制适用,但到底应当如何限定精神损害赔偿制度保护的客体,则意见不完全一致。人格权、身份权受到侵害,使自然人遭受精神痛苦时,可以要求精神损害赔偿,这几乎没有什么争议。德国、韩国民法典采此种观点,[40]我国司法机关的立场也是如此。[41]《民法典》第1183条规定:"侵害自然人人身权益造成严重精神损害的,被侵权人有权请求精神损害赔偿。因故意或者重大过失侵害自然人具有人身意义的特定物造成严重精神损害的,被侵权人有权请求精神损害赔偿。"从该规定可见,精神损害赔偿制度保护的客体在于人身权益。

值得探讨的问题有二:一是死者的人格受到侵害的,能否要求精神损害赔偿?二是财产权益受到侵害时,能否要求精神损害赔偿?对于这两个问题,最高人民法院的司法解释均持肯定态度,但都严格限制了其适用范围。关于自然人死亡后,其人格受到侵害的可诉性,其范围从名誉发展到姓名、肖像、名誉、荣誉、隐私、遗体、遗骨。[42]财产权益受到侵害的,一般不可主张精神损害赔偿,过去司法解释仅有一个例外,即"具有人格象征意义的特定纪念物品,因侵权行为而永久性灭失或者毁损"时,可得主张精神损害赔偿。[43]《民法典》第1183条第2款规定:"因故意

---

〔39〕 张玉敏:《民法》,高等教育出版社2007年版,第587~588页。

〔40〕 《德国民法典》第847条规定:"(1)在侵害身体或者健康,以及在剥夺人身自由的情况下,受害人所受损害即使不是财产上的损失,亦可以因受损害而要求合理的金钱赔偿。(2)对妇女犯有违反道德的犯罪行为或者不法行为,或者以欺诈、威胁或者滥用从属关系,诱使妇女允诺婚姻以外的同居的,该妇女享有相同的请求权。"《韩国民法典》第751条规定:"(1)损害他人的身体、自由或者名誉,或者对他人造成精神上痛苦的人,对财产以外的损害也负有赔偿责任。(2)……"

〔41〕 参见《人身损害赔偿司法解释》第1条。

〔42〕 参见最高人民法院《关于死亡人的名誉权应受法律保护的函》(1989年)、最高人民法院《关于范应莲诉敬永祥等侵害海灯法师名誉权一案有关诉讼程序问题的复函》(1990年)、《名誉权案件司法解释》(1993年)第5条、《精神损害赔偿司法解释》(2020年修正)第3条。

〔43〕 原《精神损害赔偿解释》第4条规定:"具有人格象征意义的特定纪念物品,因侵权行为而永久性灭失或者毁损,物品所有人以侵权为由,向人民法院起诉请求赔偿精神损害的,人民法院应当依法予以受理。"现因《民法典》已有相关规定,故最高人民法院在2020年修正该司法解释时已删除该规定。

或者重大过失侵害自然人具有人身意义的特定物造成严重精神损害的,被侵权人有权请求精神损害赔偿。”由此可见,对于财产权益损害时的精神损害赔偿问题,我国立法持相对谨慎的肯定态度,即予以承认但严格限定适用范围:(1)仅限于自然人的具有人身意义的特定物;(2)仅限于侵害者故意或者重大过失的心理状态;(3)仅救济严重精神损害。

在理解精神损害赔偿责任的保护客体或适用范围这一问题时,需要注意该制度特定的立法主张。关于精神损害赔偿的适用范围,有法定主义和自由裁量主义两种。法定主义立法明确规定,精神损害赔偿责任以法律有规定者为限,多数大陆法系国家的立法采法定主义。自由裁量主义立法对精神损害赔偿的适用范围不作特别的限制性规定,而由法官根据一般社会观念、法律的价值取向和案件具体情况自由裁量。从《民法典》和有关民事法律、法规的规定来看,我国采取的是法定主义。故而,解释和适用精神损害赔偿制度的保护客体或适用范围时,不能以类推或自由裁量为由,随意滥用精神损害赔偿制度。

(三)精神损害赔偿责任对损害程度的要求

精神损害赔偿责任以精神痛苦为条件,而且这种精神痛苦须达到较为严重的程度,此为理论界的通说。我国司法机关也通常以“是否造成严重后果”为考量精神损害赔偿的条件,[44]《民法典》延续了这一立场。当然,如果侵害的是生命权、健康权,并且造成死亡或残疾的后果,则一般会认定精神痛苦程度较为严重或造成严重后果,可以给予一定数额的精神抚慰金。但是,死亡或残疾不是精神损害赔偿责任的必要条件。

(四)精神损害赔偿制度保护的主体范围

1. 仅有自然人可得主张精神损害赔偿

关于精神损害赔偿权利人的范围,通说认为,应当限于自然人。关于法人或其他组织能否主张精神损害赔偿,存有一定争议。过去,我国《民法通则》和《最高人民法院关于贯彻执行〈中华人民共和国民法通则〉若干问题的意见(试行)》均持肯定态度,[45]但却受到了广泛的质疑和批评。后来最高人民法院通过的司法解释均改持否定立场。[46] 此后的立法,《侵权责任法》《民法典》均沿袭了否定立场。此种限制性的立法主张,殊值赞同,理由是:其一,精神痛苦是自然人的特有现象,精神损害赔偿当然只能由自然人才能主张;其二,从精神损害赔偿制度的目的来看,法院在适用时本来就应当限制其范围和数额,故不宜扩大到法人或其他组织。《侵权责任法》第22条所规定的“人身权益”当做限缩解释,仅指自然人的“人身权益”。对此,《民法典》第1183条在文字上即予以了明确。这里的自然人,一般是指受害人本人,在直接受害人死亡情况下,是指受

---

〔44〕 原《精神损害赔偿解释》第8条规定:因侵权致人精神损害,但未造成严重后果,受害人请求赔偿精神损害的,一般不予支持,人民法院可以根据情形判令侵权人停止侵害、恢复名誉、消除影响、赔礼道歉。因侵权致人精神损害,造成严重后果的,人民法院除判令侵权人承担停止侵害、恢复名誉、消除影响、赔礼道歉等民事责任外,可以根据受害人一方的请求判令其赔偿相应的精神损害抚慰金。

〔45〕 原《民法通则》第120条规定:公民的姓名权、肖像权、名誉权、荣誉权受到侵害的,有权要求停止侵害,恢复名誉,消除影响,赔礼道歉,并可以要求赔偿损失。法人的名称权、名誉权、荣誉权受到侵害的,适用前款规定。《民法通则意见》第150条规定:公民的姓名权、肖像权、名誉权、荣誉权和法人的名称权、名誉权、荣誉权受到侵害,公民或者法人要求赔偿损失的,人民法院可以根据侵权人的过错程度、侵权行为的具体情节、后果和影响确定其赔偿责任。

〔46〕 《名誉权案件司法解释》第10条规定:公民、法人因名誉权受到侵害要求赔偿的,侵权人应赔偿侵权行为造成的经济损失;公民并提出精神损害赔偿要求的,人民法院可根据侵权人的过错程度、侵权行为的具体情节、给受害人造成精神损害的后果等情况酌定。原《精神损害赔偿解释》第5条规定:法人或者其他组织以人格权利遭受侵害为由,向人民法院起诉请求赔偿精神损害的,人民法院不予受理。

害人的近亲属。

2. 关于震惊损害

震惊损害,又称为“精神打击”或“休克损害”,是指第三人因为目睹或听闻受害人遇害而遭受到的精神损害。震惊损害赔偿制度肇始于英国法,是侵权法中一个颇具争议的话题。在英国长期的司法实践中,一方面,“精神打击”损害赔偿范围有逐渐拓宽的趋势;另一方面,为了避免诉讼泛滥和虚假诉讼而对“精神打击”损害赔偿施加各种限制的主张,也在发挥重要作用。故我国学者建议,法律应对过失和故意导致的“精神打击”损害赔偿责任的认定分别加以规定。[47]

在大陆法系,也有关于震惊损害的判例。例如,德国联邦最高普通法院民事判例集(BGHZ 56,163)有这样一个判例:原告的丈夫在一起由被告造成的交通事故中死亡,原告声称,对丈夫在事故中死亡这一事件的处理过程,引发了她健康方面的损害,并就此要求赔偿损失。联邦最高普通法院肯定了因蒙受精神痛苦而产生的损害赔偿的可能性,但前提是,这种精神的痛苦是(自己)身体或(自己)健康受到损害而产生的影响;即使这种反应由于此前的身体器官或心灵的脆弱而有异于常人,上述对精神痛苦进行损害赔偿的可能性仍然存在。[48]

在我国的立法过程中,有人建议规定:“自然人目睹其近亲属遭受人身伤害的残酷场面,确实受到严重精神损害的,可以请求适当的精神损害抚慰金。”由此可见,震惊损害赔偿制度仅适用于“目睹”“残酷场面”的近亲属,以免被滥用。此外,因为“震惊”而可得主张的损害应当受到限制。“有必要要求这种损害不仅是从医学角度,而且从人们日常交往的观点,也应被认为是对身体或健康的损害……所以,虽然某种损害在医学上是可以确诊的,但却无法将其定义为‘以震惊的方式’侵害健康,对这类损害有时也只能不予赔偿。这种往往并非轻微的、人的健康感受所蒙受的负面影响,通常同一起令人悲痛的事件联系在一起,但这一负面影响却无法构成一个独立的损害赔偿请求权的基础。”[49]《民法典》虽然没有明文规定“震惊损害”的赔偿问题,但是该法典第1165条、第1183条未必没有为此留下解释的空间。

3. 精神损害赔偿请求权的专有和承继问题

民事法律制度应当阐明哪些权利可以由继承人通过继承途径获得。一些古老的侵权行为法基于伦理道德的考虑在这个问题上持保守态度,而现代侵权行为法则不仅在价值观念上有所转变,而且开始明确区分不同的请求权之目标取向。我们认为,一般而言,死者生前尚未产生的权利不能为继承人继承。但是,死者精神损害赔偿请求权的可继承性问题,所涉及的是法律对死者生前已无法实现而死后应加以保护的利益。[50]《民法典》第992条规定,“人格权不得放弃、转让或者继承”,但是并未规定人格权被侵害时的损害赔偿请求权不能继承。最高人民法院原来的司法解释《人身损害赔偿司法解释》第18条第2款就规定:“精神损害抚慰金的请求权,不得让与或者继承。但赔偿义务人已经以书面方式承诺给予金钱赔偿,或者赔偿权利人已经向人民法院起诉的除外。”但2020年修正时,这一规定已被删除。其实,从《民法典》第1181条关于“被侵权人死亡的,其近亲属有权请求侵权人承担侵权责任”的规定来看,似乎应承认精神损害抚慰金请求权允许承继而由近亲属行使。

---

〔47〕 张新宝、高燕竹:《英美法上“精神打击”损害赔偿制度及其借鉴》,载《法商研究》2007年第5期。

〔48〕 [德]马克西米利安·福克斯:《侵权行为法》,齐晓琨译,法律出版社2006年版,第81页。

〔49〕 [德]马克西米利安·福克斯:《侵权行为法》,齐晓琨译,法律出版社2006年版,第81~82页。

〔50〕 [德]克雷斯蒂安·冯·巴尔:《欧洲比较侵权行为法》(下),焦美华译,法律出版社2004年版,第74页。

(五)精神损害赔偿数额的确定

关于精神损害赔偿的数额问题,是一个值得研究又存在争议的问题。精神无价,痛苦无价,所以本无精神损害赔偿一说。在法律上,只是为了惩治加害人、抚慰受害人,方才建立起精神损害赔偿制度。基于此,法律显然无法统一规定精神损害抚慰金的具体数额,仅可设置有一些原则性规定。在《民法典》未明文规定的情况下,司法机关可以考虑以下原则:

一是非赔偿责任方式优先考虑。当司法机关判令侵权人承担停止侵害、赔礼道歉等民事责任即足以实现"惩治加害人"和"抚慰受害人"之目的,则不宜再判决精神损害赔偿金。所以,在处理精神损害赔偿之诉求时,要坚持非赔偿责任方式(停止侵害、赔礼道歉等)优先考虑的原则。

二是综合考虑各种因素。《精神损害赔偿解释》第 5 条规定:"精神损害的赔偿数额根据以下因素确定:(一)侵权人的过错程度,但是法律另有规定的除外;(二)侵权行为的目的、方式、场合等具体情节;(三)侵权行为所造成的后果;(四)侵权人的获利情况;(五)侵权人承担责任的经济能力;(六)受理诉讼法院所在地的平均生活水平。"

三是过错相抵原则。最高人民法院于 2020 年修正《精神损害赔偿解释》时,虽删除原第 11 条的规定,[51] 但并不意味着改变了该条所体现的过错相抵之原则,而只是因为《民法典》在侵权责任编(第七编)的"一般规定"(第一章)中已设有关于过错相抵的明文(第 1173 条、第 1174 条),当然可以适用于精神损害赔偿,而无须重复规定。

六、损害赔偿金的支付

根据《民法典》第 1187 条的规定,损害发生后,当事人可以协商赔偿费用的支付方式。协商不一致的,赔偿费用应当一次性支付;一次性支付确有困难的,可以分期支付,但是被侵权人有权请求提供相应的担保。故而,赔偿金的支付方式,首先由当事人协商确定;协商不成的,原则上应当一次性支付;分期赔偿的条件是,一次性支付确有困难,同时又提供了相应的担保。关于赔偿金支付方式的准强制性规定,是从有利于受害人保护出发作出的立法选择。

问题与思考

"同命"真的应该"同价"吗?在重庆的一起交通事故中,搭乘同一辆三轮车的 3 名花季少女遭车祸丧生,3 个家庭沉浸在同样的悲痛中。不同的是,根据法院判决,遭遇该车祸的两个城市女孩的父母得到了 20 多万元的赔偿,而死者何源的户口在江北区农村,其父母获得的赔偿仅为 5.8 万余元。法院判决的最主要依据是最高人民法院《关于审理人身损害赔偿案件适用法律若干问题的解释》第 29 条(2020 年修正后第 15 条),该条规定死亡赔偿金按照受诉法院所在地上一年度城镇居民人均可支配收入或者农村居民人均纯收入标准,按 20 年计算。然而,仅因户口上的城乡差异,就使同一车祸中受害人死亡损害赔偿额出现天壤之别,该判决结果及判决依据旋即在全社会引起了轩然大波,"同命不同价"的批评铺天盖地。"同命"真的该"同价"吗?死亡损害赔偿并非对生命权本身的救济,而是对因侵害生命权所引起的各种现实利益损失的补偿。由于受害人个体情况的差异,赔偿的结果却千差万别,植根于"同命同价"思维的死亡损害赔偿定

---

〔51〕 2020 年修正时被删除的原有第 11 条的规定是:"受害人对损害事实和损害后果的发生有过错的,可以根据其过错程度减轻或者免除侵权人的精神损害赔偿责任。"

额化是对实质平等精神的背离,我国的死亡损害赔偿法不应追随定额化的赔偿模式,而应尽可能地对死亡损害赔偿额进行精细的个别化计算。

拓展阅读推荐

1. 曾世雄:《损害赔偿法原理》,中国政法大学出版社 2001 年版。
2. 侯国跃:《中国侵权法立法建议稿及理由》,法律出版社 2009 年版。
3. 黄忠:《赔礼道歉的法律化:何以可能及如何实践》,载《法制与社会发展》2009 年第 2 期。
4. 孙鹏:《"同命"真该"同价"? ——对死亡损害赔偿的民法思考》,载《法学论坛》2007 年第 3 期。
5. 徐银波:《论侵权损害完全赔偿原则之缓和》,载《法商研究》2013 年第 3 期。

第三十九章　共同侵权责任

学习要点

- 共同侵权行为
- 共同加害行为
- 共同危险行为
- 教唆、帮助行为
- 数人分别侵权行为

第一节　共同侵权行为

共同侵权行为，又称数人侵权行为，是指侵权行为人是复数的一种侵权行为类型。它相对于单独侵权行为而言。[1] 数人侵权具备如下三个特征：(1)侵权行为人或责任人为复数。[2] (2)产生同一损害后果。所谓“同一”，是指损害后果的单一或被视为一个整体，损害后果同一才会产生责任分担的问题。(3)各个侵权行为人的侵权行为均与损害后果之间存在因果关系。与此对应，数人侵权责任则是指侵权主体为复数情况下的侵权责任形态，本质是侵权行为人为复数时数个责任人之间的责任分配问题。

一般认为，共同侵权行为包括典型共同侵权行为（包括帮助行为和教唆行为）、共同危险行为及数人分别侵权行为三种类型。[3]

一、共同侵权行为的概念

根据法律规定和民法理论，共同侵权行为，是指两人以上共同实施的侵害他人权益且应承担连带责任的行为。共同侵权行为相对于单独侵权行为而言，具备以下特征：

第一，主体复数性。侵权行为人必须为二人或者二人以上，单个的侵权人的侵权行为不可能构成共同侵权行为。

第二，各主体间存在共同故意。共同侵权要求数个侵权行为人主观上具有意思联络，否则不构成共同侵权。但有学者认为，共同侵权可以包括共同过失，甚至是一方为故意、另一方为过失的情形，而不限于共同故意。但我们认为，《民法典》第1168条“共同实施”之“共同”仅指“共同故意”，这一点将在“共同加害行为”一节中加以论述。

---

〔1〕 王利明：《侵权行为法研究》，中国人民大学出版社2004年版，第686页。

〔2〕 复数责任人情况主要发生在特殊侵权里，因为在涉及替代责任的特殊侵权里不一定有侵权行为人。

〔3〕 王利明、杨立新：《侵权行为法》，法律出版社1996年版，第186页。

第三,侵权行为结果的同一性。共同侵权行为导致的损害后果是一个统一的不可分割的整体,任何一部分损害后果都不能从整体损害后果中独立出来。

第四,侵权行为与损害后果之间具有因果关系。在共同侵权行为中,有时各个侵权行为对造成损害后果的比例有所不同,但必须存在法律上的因果关系,如果某个行为人的行为与损害后果之间没有因果关系,不应与其他行为人构成共同侵权。

第五,责任承担的连带性。由于共同侵权行为人主观上具有共同故意,易造成比单独侵权更严重的损害后果,让各侵权行为人就共同侵权行为承担连带责任,不但能体现对共同侵权人更严厉的惩罚,也有利于对受害人的保护。

二、共同侵权行为的类型

关于共同侵权行为类型的划分,在我国理论界存在争议:第一种观点认为,共同侵权只包括共同侵权行为与共同危险行为两种;前者包括三种,即共同正犯,教唆、帮助他人实行的侵权行为,团伙成员实行的侵权行为。[4] 第二种观点认为,共同侵权行为包括:(1)典型的共同侵权行为,即共同加害行为,所谓加害人包含了实行行为人、教唆行为人与帮助行为人;(2)共同危险行为;(3)合伙致人损害,此种情形本不属于共同侵权,但其致害是因为合伙人执行合伙事务,且又必须承担连带责任,因此作为共同侵权行为。[5] 第三种观点认为,共同侵权行为包括:(1)共同加害行为,即狭义的共同侵权行为;(2)共同危险行为;(3)视为共同侵权行为,即帮助或者教唆他人实施侵权行为的人,应与该行为人一同视为共同侵权行为人。[6] 显然这一观点坚持了传统大陆法系共同侵权行为的类型。第四种观点认为,共同侵权行为包括:(1)共同加害行为,也称共同过错;(2)共同危险行为;(3)数人分别侵权,即数个行为人事先并无共同的意思联络而致同一受害人共同损害的情形。[7] 教唆与帮助行为应当纳入共同加害行为当中,而非独立的共同侵权行为类型。[8]

我国《民法典》确立的共同侵权行为的类型包括:(1)共同加害行为。《民法典》第1168条规定:“二人以上共同实施侵权行为,造成他人损害的,应当承担连带责任。”(2)共同危险行为,又称为准共同侵权行为。《民法典》第1170条规定:“二人以上实施危及他人人身、财产安全的行为,其中一人或者数人的行为造成他人损害,能够确定具体侵权人的,由侵权人承担责任;不能确定具体侵权人的,行为人承担连带责任。”(3)帮助、教唆行为,视为共同侵权行为。《民法典》第1169条第1款规定:“教唆、帮助他人实施侵权行为的,应当与行为人承担连带责任。”

问题与思考

是否存在“共同过失行为”?有学者认为,共同侵权可以包括共同过失,甚至是一方为故意、另一方为过失的情形,而不限于共同故意。那么到底何为共同故意、共同过失?同时的过失或内容相同的过失就是共同过失吗?《民法典》第1168条“共同实施侵权行为”与原《民法通则》第

[4] 张新宝、李玲:《共同侵权的法理探讨》,载《人民法院报》2001年11月9日。
[5] 杨立新:《侵权法论》(上册),吉林人民出版社2000年版,第311页。
[6] 孔祥俊:《民商法新问题与判解研究》,人民法院出版社1996年版,第245页。
[7] 王利明:《侵权行为法归责原则研究》(修订本),中国政法大学出版社2003年版,第304页。
[8] 王利明:《侵权行为法归责原则研究》(修订本),中国政法大学出版社2003年版,第307页

130条之“共同侵权”是同一含义吗?

第二节　共同加害行为

一、共同加害行为的概念

共同加害行为,即狭义的共同侵权行为。《民法典》第1168条规定:“二人以上共同实施侵权行为,造成他人损害的,应当承担连带责任。”该条文着重强调了行为的后果——连带责任,但由于国内外的理论界和实践界对“共同”的含义及由此确定的侵权行为的类型存在较大分歧,因此该条对共同侵权行为的界定是不明确的。

二、对“共同性”要件的理解

“共同性”是共同侵权行为(这里指共同加害行为——笔者注)的本质属性,[9]对“共同”含义的合理界定是准确认定共同加害行为的本质的关键。“共同性”要件在共同加害行为构成中起着桥梁作用:一方面上承主体的复数性,另一方面下起责任承担的连带性。我国学者对“共同性”的含义的理解,理论上存在三种学说:主观说、客观说和折中说。

(一)主观说

主观说又可分为意思联络说、共同过错说和共同认识说,这三种学说都将侵权人的主观方面作为共同加害行为的构成要件。

1. 意思联络说

该说认为,意思联络是共同侵权行为的必要条件,要使主体各自的行为统一起来成为一个共同行为,就必须要有他们的愿望和动机,即共同的意思联络,或曰共同通谋,或曰共同故意。有了意思联络,便在主体间产生两个方面的统一:一方面是主体意志的统一;另一方面是主体行为的统一。反之,如果没有主体间的意思联络,则诸行为就无法在实质上统一起来,因而也就不能成为一个积极的具有内在联系的共同行为。因此,共同过失不是也不可能是共同侵权行为的主观要件(主观特征)。[10] 正是由于当事人之间有共同的故意,所以才使主体的意志统一起来,各行为人才能对共同的损害结果承担连带的赔偿责任。[11]

共同侵权行为中的“共同”二字,虽然首先出现在《德国民法典》第830条的规定中,但德国立法却没有明确规定“共同”的含义。德国联邦最高法院在一则案件中指出:“就第830条第1款第1句意义上的共同侵权行为而言,只要依据共同的意思就足以共同引发。因此,每个共同行为人对于损害结果的参与程度如何并不重要,特别是在行为人各自实施侵权行为之时,无须身体上的协同,只要存在共同的意愿,且损害结果是全体活动共同作用所生。”许多德国法学权威也都支持这一观点。

王泽鉴先生指出:《德国民法典》第830条中所称的“共同”一语,系指主观共同——“彼邦学

---

〔9〕 王利明、杨立新:《侵权行为法》,法律出版社1996年版,第187页。

〔10〕 伍再阳:《意思联络是共同侵权行为的必备要件》,载《法学季刊》1984年第2期。

〔11〕 黄立:《民法债编总论》,中国政法大学出版社2002年版,第287页。

说判例,咸以有意思联络为必要,略无争论”。[12] 也就是说,意思联络是共同侵权行为的必备要件,它仅包括共同故意而不包含共同过失。如果意思联络包含共同过失,必然混淆共同侵权行为与单独侵权行为的差异。唯借助于意思联络或共同通谋(共同故意)才使数个主体各自独立的行为统一起来,成为一个共同行为。[13]

2. 共同过错说

该学说实际是对意思联络说的扩张,即共同侵权行为中各行为人之间的意思联络不以共同故意为限,还包括共同过失。共同故意和共同过失是共同过错的两种类型。所谓共同过失包括两种情形:一是指各个行为人对损害后果都具有共同的可预见性,但因疏忽或者过于自信等原因造成了同一损害后果。[14] 二是指数人共同实施某种行为造成他人损害,不能确定行为人对损害结果的发生具有共同故意,但可根据案件的情况,认定行为人具有共同的过失。[15] 基于共同过错,各行为人的意志构成了一个意志的综合,各行为人的行为形成一个集体行为。[16]

赞成共同过错说的学者认为,随着经济和科技的迅速发展,尤其在“二战”以后,产品责任、专家责任、环境侵权等案件的涌现,若仅以“意思联络”为要件,将过失排除在共同侵权行为之外,完全采取共同故意未免过于狭窄,尽管贯彻了侵权法的“为自己的行为负责”的思想,但违背了民法的过错责任原则,且在平衡共同加害人与受害人的利益方面有失偏颇,不利于受害人的保护。

还有学者认为,即使依“共同过错说”将共同侵权的“关联共同性”扩及至“共同过失”,实际上一般也仅将这种“共同过失”限定于各行为人之间对“损害”发生与避免的预见认识进行了交流的基础之上。[17] 一般情况下,不会造成连带责任适用的泛滥。

3. 共同认识说

共同认识说与共同过错说相类似,虽不主张数人之间必须有意思联络,但要求必须有共同认识,亦可成立共同加害行为。即只要各行为主体对造成损害的行为群或者说整体的侵害活动具有共同的认识即可构成共同侵权行为。[18] 所谓共同认识,是指“各加害人之间虽然无须通谋,但对于共同加害须经过认识且相互利用”。[19]

(二)客观说

客观说关注的是行为在客观方面的关联性或行为与损害结果的关联性,即各加害人客观上有共同的加害行为或加害行为只要相互结合发生同一损害结果就构成共同侵权并承担连带责任。因对共同性的理解不同,客观说可分为共同行为说、关联共同说和结果共同说。[20]

1. 共同行为说

共同行为说认为,行为人的行为须均为损害发生的原因,各个人的行为之间存在相互依存或相互结合的关系,才能构成共同侵权行为。共同行为是共同侵权的本质特征,是共同加害人对外

---

〔12〕 王泽鉴:《民法学说与判例研究》(第1册),中国政法大学出版社1998年版,第58页。

〔13〕 张晓东:《论共同侵权行为之“共同”》,载《河南公安高等专科学校学报》2006年第6期。

〔14〕 王利明:《共同侵权行为的概念和本质》,载《判解研究》2004年第3辑。

〔15〕 王胜明:《中华人民共和国侵权责任法释义》,法律出版社2010年版,第56页。

〔16〕 王利明:《侵权行为法规则原则研究》,中国政法大学出版社1992年版,第290页。

〔17〕 王泽鉴:《民法学说与判例研究》(一),中国政法大学出版社1998年版,第64页。

〔18〕 沈幼伦:《试论共同侵权行为的特征》,载《法学》1987年第1期。

〔19〕 谭玲:《论共同侵权行为的内容》,载《政法学刊》1997年第4期。

〔20〕 张铁薇:《共同侵权行为本质论》,载《求是学刊》2006年第2期。

承担连带责任的基础，也是认定共同加害人的重要要件。[21] 因此，数人分别侵权，也构成共同侵权行为。

王泽鉴先生认为："民事上之共同侵权行为与刑事上之共同正犯不同，其构成要件并不相同，共同侵权行为间不以有意思联络为必要，数人因过失不法侵害他人之权利，苟各行为人之过失行为均为其所生损害之共同原因，即所谓行为关联共同，亦足以成立共同侵权行为。"[22]

2. 关联共同说

关联共同说认为，共同侵权行为是一种关联共同的违法行为，即共同侵权行为人中的每个人的行为，都构成同一损害结果的相关联的原因。[23] 学说所关注的实际上是各个加害人的行为与损害结果在因果关系上的客观关联，各个行为人之间不必有意思联络。数人为侵权行为的时间或地点，虽无须为统一，但损害则必须不可分离，始成立关联共同。[24] 客观说所指的关联共同并不以主观性的联系为必要，只要在相当因果关系的范围内有关联共同的行为即可。[25] 我国台湾地区学者史尚宽也认为："民法上之共同侵权行为与刑法上之共犯不同，苟各自之行为，客观上有关联共同，即为足矣。"[26]

3. 结果共同说

结果共同说认为，各行为人的行为在客观上发生了同一损害结果就构成共同侵权，而主观上的共谋并非共同侵权行为的构成要件。如 Otermann 教授就认为，各个加害人之间无须具备意思的联络，只要数人的行为在客观上发生同一损害结果，就应当成立共同侵权行为。[27] RumPf 教授也认为，主观上的结合关系存在与否并不影响《民法典》第 830 条第 1 款第 1 句的适用，关键是看数人客观的不法行为有无产生作为一个整体的损害。如果损害结果是无法按照一定的金额加以分割，那么数个行为人就应承担连带赔偿责任。[28]

王泽鉴先生在《连带侵权责任与内部求偿关系》一文所举两人无意思联络互有过失相撞致人损害的案例中，两车相撞即一种行为直接结合导致同一损害后果，仍然成立共同侵权。

（三）折中说

主观说和客观说的不同源于其各自的出发点与保护利益的侧重点不同，主观说更注重的是对加害人的保护或者说对广泛的自由的保护，而客观说则从对受害人的保护角度出发，增大受害人获得保护的可能。[29] 折中说认为，主观说害怕扩大共同侵权及其连带责任之适用而加重加害人的负担，客观说则试图寻求对受害人更为有力的保护和救济，二者均有可取之处以及相应的法理，但是各执一端难免有失偏颇。

折中说的具体要求是：就主观方面而言，各加害人应均有过错，或为故意或为过失，但并不要

[21] 邓大榜：《共同侵权行为的民事责任初探》，载《法学》1982 年第 3 期。

[22] 王泽鉴：《民法学说与判例研究》（第三册），中国政法大学出版社 1997 年版，第 309 页。

[23] 李由义：《民法学》，北京大学出版社 1988 年版，第 637 页。

[24] 欧阳经宇：《民法债编通则实用》，翰林出版社 1978 年版，第 78 页。

[25] 于敏：《日本侵权行为法》，法律出版社 1998 年版。

[26] 史尚宽：《债法总论》，中国政法大学出版社 2000 年版，第 166 页。

[27] 郑玉波主编：《民法债编总论》，中国政法大学出版社 2004 年版，第 166 页。

[28] 温坟科：《共同侵权行为之研究——以共同之意思与损害之单一性为中心》，第 17 页。转引自王利明主编：《人身损害赔偿疑难问题》，中国社会科学出版社 2004 年版，第 143 页。

[29] 颜晨：《浅析共同侵权行为的认定——兼论共同侵权行为的本质》，载中国民商法律 2008 年 3 月 31 日，http://www.civillaw.com.cn/Article/default.asp? id = 34711）。

求共同的故意或者意思上的联络,而只要求过错的内容应当是相同或者相似的。从客观方面而言,各加害人的行为应当具有关联性,构成一个统一的不可分割的整体,而且都是损害发生的不可或缺的共同原因。[30] 我国学者张新宝持此见解。[31] 我国台湾地区学者王泽鉴的主张与上述观点较相类似,认为关于共同侵权行为,无论采主观说或客观说,对被害人利益的保护利弊兼具。为确实保护被害人,其最佳之途径,系对"共同"采取广义解释,认为兼指意思共同或者行为共同。换言之,即数行为人具有意思联络者,就行为分担所生不同之损害,故构成共同侵权行为;行为人虽无意思联络,但数人之行为客观上造成同一损害结果者亦同。[32]

三、意思联络应当作为共同加害行为的构成要件

意思联络说是共同加害行为最早的一种认定标准学说。将意思联络排除在共同加害行为的构成要件之外,会严重背离侵权行为法的"自己责任"原则,连带责任的正当性在理论上必然受到质疑。[33] 因此,我们并不赞成客观说。

而数个人共同对他人实施侵害的行为之所以被称为共同侵权行为,而使共同侵权行为人承担连带责任,关键就在于他们之间具有意思联络,他们认识到或者主动追求自己的行为与他人的行为结为一体,共同对他人造成伤害。[34] 不仅能够预见自己还能预见其他共同侵权行为人的行为可能产生的损害后果,主观上有更大的可责难性,客观上也造成更大的损失,从保护和补偿被害人和惩戒加害人的角度都应该加重加害人的责任,从而适用连带责任。因此,意思联络仅包括共同故意,而不包括所谓的"共同过失",我们也不赞成共同过错说和共同认识说。

折中说虽在利益平衡方面具有十分积极的意义,但是它所追求的主客观两方面利益的衡量增大了判断的难度,很难达到其本欲实现的平衡目的。

一些学者认为,采意思联络说会导致共同侵权行为的构成要件过于严格,从而导致共同侵权行为不易成立而无法适用连带责任,也就造成对受害人利益保护的不利。主要表现为数人分别侵权行为中出现结果单一不可分又无法确定各侵权行为人责任大小的情形,如果不认定为共同侵权而舍去连带责任就很难救济。实际上,这些学者产生上述困惑的根本原因在于,没有正确地认识共同危险行为制度的功能与适用范围。综观我国现有的侵权责任法方面的法学著作,我国学者几乎一致认为,共同危险行为仅适用于数人分别侵权而加害人不明的情形。事实上,这种看法是片面的。程啸教授就认为,将加害人不明规定为共同危险行为的原因在于,数人分别侵权而加害人又不明的情形无法认定为共同侵权行为,受害人必须举证证明具体的加害人是谁才能得到赔偿,这显然是困难的。法律为了保护此种情形中的受害人的合法权益,便设立了共同危险行为加以处理。然而,在无意思联络的数人致受害人遭受单一不可分的损害时,尽管各个加害人是明确的,但是他们各自对受害人损害的参与部分即加害份额却无法明确,由于该数个加害人之间没有意思联络,也无法认定为共同侵权行为,而必须分别证明各加害人的行为与自己损害之间的

---

〔30〕 张新宝、李玲:《共同侵权的法理探讨》,载《人民法院报》2001 年 11 月 9 日。
〔31〕 张新宝:《中国侵权行为法》,中国社会科学出版社 1995 年版,第 85 页、第 167 ~ 168 页。
〔32〕 王泽鉴:《民法学说与判例研究》(第三册),中国政法大学出版社 1998 年版,第 13 页。
〔33〕 欧彦峰:《以"法规目的"界分直接结合与间接结合——对〈最高人民法院关于审理人身损害赔偿案件适用法律若干问题的解释〉第 3 条的司法理解与操作》,载万鄂湘主编:《全国法院第二十届学术讨论会论文集》,人民法院出版社 2008 年版,第 951 页。
〔34〕 程啸:《侵权行为法总论》,中国人民大学出版社 2008 年版,第 384 页。

因果关系,这种证明也是困难的,其结果与加害人不明的情形相同。因此,将加害部分不明的情况纳入共同危险行为,即可以保证数人分别侵权而加害人又不明的情形中受害人得到应有的赔偿,又可以避免对共同侵权行为适用范围的盲目扩张。[35]

问题与思考

关于共同加害行为之“共同”要件。“共同性”是共同加害侵权行为的本质属性,对“共同”含义的合理界定是准确认定共同加害行为的本质的关键。“共同性”要件在共同加害行为构成中起桥梁作用:一方面上承主体的复数性,另一方面下起责任承担的连带性。我国学者对“共同性”的含义的理解,理论上存在三种学说:主观说、客观说和折中说。原《民法通则》第130条规定:“二人以上共同侵权造成他人损害的,应当承担连带责任。”何为“共同侵权”,可谓语焉不详。自此,各种解释意见仁智互现。最高人民法院原有司法解释《人身损害赔偿解释》第3条(2020年修正时已删除)则规定共同故意、共同过失、直接结合均可构成共同侵权行为。《民法典》第1168条的规定已排除直接结合,但是否排除“共同过失”在解释上不无疑问。

第三节　其他数人侵权行为

一、共同危险行为

(一)共同危险行为的概念

共同危险行为,又称为准共同侵权行为,是指二人以上共同实施有侵害他人权利危险性的行为,并且已造成损害结果,但不能判明其中谁是加害人的行为。

《民法典》第1170条规定:“二人以上实施危及他人人身、财产安全的行为,其中一人或者数人的行为造成他人损害,能够确定具体侵权人的,由侵权人承担责任;不能确定具体侵权人的,行为人承担连带责任。”

严格地说,在共同危险行为中,有些人的行为与损害结果之间并没有因果关系,因此本不应承担共同侵权行为的责任,但法律为了保护受害人,所以仍按照狭义的共同侵权行为处理,故而共同危险行为也被称为“准共同侵权行为”。[36] 从法理上看,非致害的那些人的危险行为虽然没有对受害人造成实际的损害,但对受害人造成了危险,使受害人的合法权益陷入了危险的境地,其行为具备了可责难性,因此非致害人需要对其危险行为承担责任,这样的责任承担方式,有利于对受害人的优先保护,同时也体现了侵权行为法的价值取向。

在《侵权责任法》制定过程中,有的人提出需要加上“共同”二字,即“二人以上共同实施”。但是立法机关认为,在共同危险行为制度中,“共同”的含义主要是要求数个行为人的行为必须是在同一事件、同一场所的行为,即“时空上的共同性”,如果各被告的行为在时间上、场所上发生了分离,就不属于共同危险行为。有关共同加害行为制度(注:原《侵权责任法》第8条、《民法典》第1168条)中的“共同”与此处的“共同”的含义不一样,在同一部法律中不宜出现表达相同

[35]　程啸:《侵权行为法总论》,中国人民大学出版社2008年版,第384~386页。
[36]　史尚宽:《债法总论》,中国政法大学出版社2000年版,第173页。

但含义不同的法律术语。所以,没有采纳这一建议。[37] 基于相同的考虑,《民法典》关于共同危险行为的规定与原《侵权责任法》的表述完全一致。

(二)共同危险行为的构成要件

其一,无意思联络的两个以上的人。主体要件要求:一是无意思联络,二是数人。如果是有意思联络可直接认定为共同侵权行为,不用再适用共同危险行为。主体为数人是最基本的条件,因为只有数个加害人共同侵害了他人的合法权益,才能认为其构成了共同侵权。

其二,共同实施了危险行为。这里的"共同"不同于共同侵权行为的"共同",是指数个行为人的行为在时间、场所上的同一。共同实施了危险行为即数个行为人在同一时间和场所实施了危及他人合法权益的行为,这种危险性是现实存在的,不仅是一种可能性或者或然性。

其三,加害人不明或加害部分不明。所谓"加害人不明",是指无法确定数行为人中究竟是哪个或哪几个行为人的行为造成了损害结果。所谓"加害部分不明",是指虽然具体加害人是明确的,但是每一个具体加害人的加害行为造成的具体加害部分无法确定。

(三)共同危险行为的责任承担及免责事由

1. 共同危险行为的责任承担

对于共同危险行为,各国大都比照共同侵权行为对危险行为人课以连带责任,我国《民法典》也是这样规定的。在共同危险行为的外部责任上采取连带责任的方式,不仅使受害人的损害赔偿请求简便易行、举证负担减轻,而且使请求权的实现有了充分的法律保障,能切实保护受害者的利益,实现侵权法的补偿与恢复功能。

共同危险行为的内部责任分担,通说认为各共同危险行为人应平均分担赔偿责任,也有学者认为应以平均分担为原则,比例分担为例外。他们认为,各共同危险行为人的致人损害的几率相当,过错程度难以区分,而且其导致的责任的不可分性,决定了平均分担责任原则的合理性,只有在例外的情况下,如果认为根据共同危险行为人的市场份额或者其过错程度来分担责任更为合理的,才可以按比例分担涉及各行为人之间应该是平均分担责任还是按比例分担责任、已承担了赔偿责任的被告对其他行为人的求偿权的性质以及求偿权的行使条件等问题。[38]

2. 共同危险行为的免责事由

共同危险行为人的免责事由,学界存在比较大的争论,焦点就是共同危险行为人是否能够通过证明自己的行为根本就不可能导致损害的发生而免除责任?

肯定说认为,只要共同危险行为人中有人能够证明自己根本就没有实施加害受害人的行为的可能,即使不能确知其他共同危险行为人中究竟谁为加害人,也应当将该人排除在共同危险人之外,使其免除责任。[39] 否定说认为,即使数人中的某人能够证明自己没有加害行为,也不能当然的令他人负赔偿责任,倘若其他人也如法炮制地证明自己没有加害行为,势必会发生全体危险行为人逃脱责任的现象,受害人所受损害根本无法获得补救。因此共同危险人能够证明自己并非加害人并不能免责。[40]

---

〔37〕 王胜明:《中华人民共和国侵权责任法释义》,法律出版社2010年版。

〔38〕 王泽鉴:《民法学说与判例研究》(第1册),中国政法大学出版社1997年版,第62页。

〔39〕 史尚宽:《债法总论》,中国政法大学出版社2000年版,第176页;梅仲协:《民法要义》,中国政法大学出版社1998年版,第198页;王利明主编:《民法·侵权行为法》,中国人民大学出版社1993年版,第363页以下。

〔40〕 王伯琦:《民法债编总论》,编译馆1997年版,第81页;郑玉波:《民法债编总论》,台北,三民书局1998年版,第165页;胡长清:《中国民法债编总论》,商务印书馆1968年版,第156页。

我国立法应当采纳哪种主张，在起草原《侵权责任法》的过程中曾有过不同意见。赞成肯定说的人认为，为了保护受害人的利益，共同危险行为制度将部分不应承担责任的行为人作为责任人，应当给予这部分人免除责任的机会，如果必须指明谁是加害人，失之过严。赞成否定说的人认为，相对受害人而言，行为人容易证明谁是加害人，如果允许行为人通过证明自己不可能是加害人来免责，可能导致法官过大的自由裁量权、行为人轻易从责任中逃逸，使受害人无法得到救济。这两种观点都有其合理性。本条规定，不能确定具体加害人的，由行为人承担连带责任；换言之，只有在确定具体加害人的情形下，其他行为人才可以免除责任。[41]《民法典》沿袭了这一立场。

从本条规定的文义来看，《民法典》侵权责任编系采取"因果关系确证说"。因为，依照"因果关系排除说"，其内容应当体现"共同危险行为人能够证明损害后果不是由其行为造成的，不承担赔偿责任"的表述，而本条规定"能够确定具体侵权人的，由侵权人承担责任；不能确定具体侵权人的，行为人承担连带责任"。依文义解释，本条显然是要求在明确证明谁是具体造成损害后果的侵权行为人时，其他人才可以免责。而且，从逻辑上讲，共同危险行为应当存在一个基于充分救济受害人考虑的构成共同危险行为时的数人连带责任规则，这应属于外部责任；而共同危险人之间如何免责的问题，则可以类似于他们之间的内部责任。从本条规定加强对受害人保护的初衷以及公平原则的考虑，"确定具体侵权人"的举证责任也不能分配给受害人一方，而只能分配给主张自己免责的实施危险行为的人。[42]

二、教唆、帮助侵权行为

（一）教唆、帮助侵权行为概述

教唆、帮助侵权行为，是指行为人教唆或帮助他人实施侵权的行为。

关于教唆帮助行为与共同侵权行为之间的关系，有的学者认为，教唆、帮助侵权行为就是共同侵权行为的一种，实行行为人、教唆行为人和帮助行为人都是共同加害人，还有学者认为教唆和帮助侵权行为属于法定的共同侵权行为。但笔者赞同，教唆或者帮助他人实施侵权行为的人并未直接从事加害行为，原则上不应承担侵权责任，但是，如果不令这些教唆人或者帮助人承担侵权责任必将大大违背社会正义观念，而且也不利于遏制此等教唆行为或帮助行为之发生，因此，在侵权责任法中将这两类人与直接从事侵权行为的人同样对待，视其为共同侵权行为人。[43]

《民法典》第1169条规定："教唆、帮助他人实施侵权行为的，应当与行为人承担连带责任。教唆、帮助无民事行为能力人、限制民事行为能力人实施侵权行为的，应当承担侵权责任；该无民事行为能力人、限制民事行为能力人的监护人未尽到监护职责的，应当承担相应的责任。"

（二）教唆、帮助侵权行为的构成要件

其一，被教唆或者被帮助而实施侵权行为的人应是完全民事行为能力人。根据《民法典》第1169条可知，教唆或者帮助无民事行为能力人、限制民事行为能力人实施侵权行为的，教唆人或者帮助人为侵权人。此时，无民事行为能力人、限制民事行为能力人相当于侵权人自己实施侵权

---

〔41〕 王胜明：《中华人民共和国侵权责任法释义》，法律出版社2010年版，第66～67页。

〔42〕 最高人民法院民法典贯彻实施工作领导小组主编：《中华人民共和国民法典侵权责任编理解与适用》，人民法院出版社2020年版，第75页。

〔43〕 王伯琦：《民法债编总论》，编译馆1997年版，第81～82页。

行为的“工具”或“手段”而已。只有在被教唆人或被帮助人为完全民事行为能力人时,教唆人或者帮助人才能被“视为”共同侵权行为人,共同承担连带责任。

其二,教唆人或者帮助人主观上具有过错。对于“过错”的理解,教唆人的教唆行为所对应的主观心理状态只能是故意,不会是过失;但帮助人的帮助行为在主观上可以是故意,也可以是过失。

其三,教唆或者帮助行为与损害结果间具有相当因果关系。教唆、帮助侵权行为是一种特殊形态的侵权行为,不仅直接的侵权实行行为与损害结果之间存在因果关系,教唆行为或者帮助行为与损害结果之间也存在不可忽视的因果关系。正是教唆或者帮助行为与损害结果之间相当因果关系的存在,才使教唆人和帮助人承担法律责任。无论是教唆行为还是帮助行为,只要它们成为损害发生的不可欠缺条件并且在实质上增加损害发生的客观可能性,我们就可以认定它们与损害结果之间存在相当因果关系。

三、数人分别侵权行为

(一)数人分别侵权行为的构成要件

数人分别侵权,是指数个行为人事先没有共同的意思联络,只是由于行为的客观上的联系,而共同造成同一个损害结果。

数人分别侵权的构成要件有:

其一,行为人为二人以上。行为人为二人以上是复数侵权行为在主体方面的特征,据此与单独侵权相区别。数人分别侵权的构成,也需要存在多个侵权行为人,而且每一个人都具有相应的识别和判断能力,也即责任能力。每个行为人都实施了侵权行为,且数人的侵权行为相结合造成了受害人的损害或者是更大的损害,但每个人单独的侵权行为却不必然导致受害人受损。

其二,数个行为人之间无意思联络。在数人分别侵权中,各侵权行为人之间往往不存在任何的身份关系和其他联系,彼此之间甚至互不相识,对于彼此的行为性质及后果缺乏认识,各行为人对于损害的发生不存在共同故意或共同过失。

其三,数个行为人的行为偶然结合造成同一损害。由于数人在主观上无意思联络,只是因为偶然因素使无意思联络人的各行为偶然结合而造成同一损害结果。使各行为人的行为结合在一起的因素,不是主观因素,而是行为人所不能预见和认识的客观的、外来的、偶然的情况,个别行为偶然聚合而形成损害的原因,每个人的行为只不过是损害产生的一个条件。如果各个行为人对受害者所造成的损害是不同的,即便因偶然的原因而同时发生在一个人身上,行为人也应当分别在相当因果关系的范围内就各自所致的损害承担赔偿责任,这属于多个独立的侵权行为的累积,也称“并发的侵权行为”。[44]

其四,数个行为人的行为与损害结果之间具有相当因果关系。数个侵权行为人的行为在一般正常的条件下有引起该损害结果的可能性,即对损害结果构成适当条件,实际上该行为又确实引起了该损害结果,就可判定行为与损害结果之间具有相当因果关系,行为人应当就其各自实施的行为向受害人承担责任。

---

〔44〕 程啸:《数人分别侵权》,载王利明主编:《人身损害赔偿疑难问题——最高法院人身损害赔偿司法解释之评论与展望》,中国社会科学出版社 2004 年版,第 190 页。

（二）数人分别侵权行为人承担按份责任的情形

《民法典》第 1172 条规定："二人以上分别实施侵权行为造成同一损害，能够确定责任大小的，各自承担相应的责任；难以确定责任大小的，平均承担责任。"这条中的"二人以上分别实施侵权行为"是指数个侵权行为人之间没有意思联络，数个侵权行为相互之间是独立的，不属于共同侵权行为；"造成同一损害"是指数个侵权行为所造成的损害的性质是相同的，都是身体伤害或者财产损失，并且损害内容具有关联性，不能明显区分。如果各个行为人对受害人所造成的损害是不同的，即便因偶然原因而同时发生在一个人身上，行为人也应当就各自所致的损害承担赔偿责任。

1. 能够确定行为人责任大小的责任承担

《民法典》第 1172 条前半段规定了能够确定行为人责任大小的责任承担，适用按份责任，行为人根据各自责任的大小各自承担责任。如何确定行为人各自责任的大小，可以根据各个侵权行为对造成损害后果的可能性（盖然性）来确定责任份额。判断这种可能性，可以综合各个行为人的过错程度、各个侵权行为与损害后果因果关系的紧密程度、公平原则以及政策考量等因素。有的学者将这种可能性称为"原因力"，指在构成损害结果的共同原因中，每一个原因对于损害结果发生或扩大所发挥的作用力。法律不可能脱离具体案件，事先抽象出各种确定责任份额的标准，只能由法官在具体案件中综合考虑各种因素来确定。[45]

2. 不能确定行为人责任大小的责任承担

《民法典》第 1172 条后半段规定了不能够确定行为人责任大小的责任承担，由各行为人平均承担责任。但我们认为，数人分别侵权而不能确定行为人责任大小的情形，应当纳入共同危险行为的范畴，适用连带责任的责任方式，不赞同适用平均责任。理由在共同危险行为一节已有论述。也就是说，侵权人对外（对受害人）承担的责任应当是连带责任，而所谓平均责任仅适用于侵权人内部的责任分担。

（三）数人分别侵权行为人承担连带责任的情形

《民法典》第 1171 条规定："二人以上分别实施侵权行为造成同一损害，每个人的侵权行为都足以造成全部损害的，行为人承担连带责任。"本条比第 1172 条多一个构成要件，即"每个人的侵权行为都足以造成全部损害"，其中"足以"并不是指每个侵权行为都实际上造成了全部损害，而是指即便没有其他侵权行为的共同作用，独立的单个侵权行为也有可能造成全部损害。[46]一旦满足第 1171 条规定的三个构成要件，即使是无意思联络的数人也必须对造成的损害承担连带责任。此条即属于《民法典》总则编第 178 条第 3 款所称的"由法律规定"的连带责任。

判断每个侵权行为是否足以造成全部损害是适用本条的关键。本条中的"足以"并不是指每个侵权行为都实际上造成了全部损害，而是指即便没有其他侵权行为的共同作用，单个侵权行为也完全可以造成这一损害后果。如甲、乙两个人分别从不同方向向同一房屋放火，将该房屋烧毁，根据两个方向的火势判断，如果不存在另一把火，每把火都有可能将整栋房屋烧毁，但事实上两把火共同作用烧毁了该房屋，所以只能说每把火都"足以"烧毁整栋房屋。这里的"足以"主要体现在因果关系的判断上，学者称为叠加的因果关系。从实际情况观察，两个以上的侵权人分别实施侵权行为，已经确定其为各个独立的侵权行为，应当由侵权人各自承担侵权责任。但叠加的

---

〔45〕 王胜明：《中华人民共和国侵权责任法释义》，法律出版社 2010 年版，第 70 页。

〔46〕 王胜明：《中华人民共和国侵权责任法释义》，法律出版社 2010 年版，第 68 页。

共同侵权行为中的每一个行为人对于损害的发生都具有全部的原因力,每个人都应当承担全部赔偿责任。之所以要作如此严格的限制,就是因为侵权人承担的是连带责任,为了防止滥科连带责任,必须从因果关系的角度加以限制。否则,在各个侵权人没有意思联络的情况下,仅是为了受害人的赔偿更有保障而使各侵权人承担连带责任,理由不充分。由此可见,这里"足以"的表述实际上是一个关于"程度"的认定问题,而不是要求每一个侵权行为都已经造成了实际损失。如在致人死亡的案件中,前一行为已经导致受害人死亡,就不存在后一行为再造成受害人死亡的问题。[47]

在这里需要注意的是,要准确认识本条规定的侵权行为类型与共同危险行为的区别。此二者都属于无意思联络数人侵权行为的类型,但仍有明显区别:(1)因果关系类型不同。本条规定的侵权行为中,每一个侵权人的行为与损害后果之间的责任成立因果关系都是明确的。但是共同危险行为中,责任成立因果关系处于不明确的状态,即无法确定具体的侵权人。可以说,这时每一个人的行为都只是与损害之间具有潜在的因果关系。这就导致二者在侵权行为构成上有明显的不同,共同危险行为并不要求每一个行为有独立的侵权责任构成,而本条规定的侵权行为则须以每一个侵权行为都要符合独立的侵权责任构成为前提。(2)举证责任分配不同。在共同危险行为中,原告方仅需对数人实施共同危险行为承担举证责任,而不必就具体由哪一个侵权行为造成的损害后果承担举证责任,但在本条规定的侵权行为类型中,原告方需要对每一个侵权行为"足以"造成"同一损害后果"承担举证责任。[48]

问题与思考

关于共同危险行为的类型问题。《民法典》确认了加害人不明的共同危险行为是唯一的一种共同危险行为类型,而且这种观点也为我国大多数学者赞同。但也有学者认为,共同危险行为除了包括加害人不明的类型之外,还包括加害部分不明的类型。此种加害部分不明的共同危险行为已为《民法典》第1172条规定为"无意思联络数人承担按份责任的分别侵权行为"中"难以确定责任大小"的情形。《民法典》将加害部分不明的情形的责任承担确定为平均责任,这样的规定并不合理。

我们认为,应将加害部分不明的类型归入共同危险行为,而适用连带责任,理由如下:(1)加害部分不明实际上就是损害的不可分,对于这种不可分债务应当按照连带责任而非按份责任(包括平均责任)承担责任。(2)加害人不明的情形之所以被规定为准共同侵权行为而适用连带责任,是为了确保在加害人不明的情形下受害人能得到应有的、最充分的赔偿,因为让受害人证明谁是具体的加害人是相当困难的。同理,在加害部分不明的情形下,即使加害人是明确的,让受害人来证明各加害人的具体加害份额也是相当困难的,因此,将加害不明的情形也归入共同危险行为适用连带责任,才能使受害人能得到应有的、最充分的赔偿。(3)《德国民法典》(第一草案)第714条后段规定:"数人负所生损害之责任时,如就该损害,不能检出个人之分担部分者,数人纵非共同而实施行为,亦同前段。"这句话明确将加害部分不明的情形归入了共同危险行

〔47〕　最高人民法院民法典贯彻实施工作领导小组主编:《中华人民共和国民法典侵权责任编理解与适用》,人民法院出版社2020年版,第80~81页。

〔48〕　最高人民法院民法典贯彻实施工作领导小组主编:《中华人民共和国民法典侵权责任编理解与适用》,人民法院出版社2020年版,第78~79页。

为。虽然在后来的第二草案和正式颁布的《德国民法典》中并未保留后半段的内容,但是德国民法学界的主流观点和德国法院的大量判例仍然坚持了这样的观点。

拓展阅读推荐

1. 陈现杰:《共同侵权的立法规制与审判实务》,载《人民司法(应用)》2010 年第 3 期。
2. 叶金强:《共同侵权的类型要素及法律效果》,载《中国法学》2010 年第 1 期。
3. [日]原田刚:《论"共同侵权行为规定"之解释——以"共同"的解释和加害人不明情形的解释为中心》,罗丽译,载《清华法学》2013 年第 3 期。
4. 陈坚:《从共同侵权的"共同性"看〈侵权责任法〉对连带责任适用范围的限缩》,载《时代法学》2012 年第 3 期。
5. 最高人民法院民法典贯彻实施工作领导小组主编:《中华人民共和国民法典侵权责任编理解与适用》,人民法院出版社 2020 年版。
6. 孟强:《民法典侵权责任编释论:条文缕析、法条关联与案例评议》,中国法制出版社 2020 年版。

第四十章　特殊的侵权责任

学习要点

- 网络侵权责任
- 违反安全保障义务的侵权责任
- 医疗损害责任
- 监护人责任
- 建筑物和物件损害责任
- 教育机构侵权责任
- 产品责任
- 机动车交通事故责任
- 环境污染和生态破坏责任
- 饲养动物损害责任
- 高度危险责任

第一节　过错侵权责任

过错侵权责任一般应适用《民法典》第 1165 条第 1 款(一般条款),但是有些过错侵权责任在构成要件上具有一定的特殊性,因此《民法典》在一般条款之外对其进行专门规定。

一、网络侵权责任

《民法典》第 1194 条至第 1197 条规定了网络侵权责任。最高人民法院《信息网络侵权规定》(法释〔2014〕11 号,2020 年修正)则对网络侵权责任制度及相关法律程序问题进行了细化。

(一)网络用户或者网络服务提供者的侵权责任

《民法典》第 1194 条第一句规定:“网络用户、网络服务提供者利用网络侵害他人民事权益的,应当承担侵权责任。”这是网络用户、网络服务提供者对自己行为所承担的侵权责任,只是其行为与网络有关即“利用网络侵害他人民事权益”而已。此处的侵权责任是一般侵权责任,应适用《民法典》第 1165 条第 1 款的规定。

(二)网络服务提供者的连带责任

网络服务提供者的连带责任,是指网络用户利用网络实施侵权行为后,网络服务提供者在法定情况下应与网络用户承担的连带责任。根据《民法典》第 1195 条的规定,网络服务提供者是否应当就网络用户利用网络实施的侵权行为承担连带责任,取决于是否及时履行“通知—删除”

等义务以及是否“明知”。

1.“通知—删除”规则

网络服务具有其特殊性,网络信息量大且审查难度很大,因此,一般认为,网络服务提供者对网络上发表的信息(网络服务提供者自己发布的信息除外)不负有事先实质审查义务,这是网络与传统媒体的重要区别。如果没有证据显示网络服务提供者知道网络用户利用其网络实施侵权行为,则被侵权人知道自己被侵权的事实后,有权向网络服务提供者发出通知,要求其采取删除、屏蔽、断开链接等必要措施。

一般而言,被侵权人以书面形式或者网络服务提供者公示的方式向网络服务提供者发出的通知,应包含下列内容:(1)通知人的姓名(名称)和联系方式等真实信息;(2)要求采取必要措施的网络地址或者足以准确定位侵权内容的相关信息;(3)通知人要求删除相关信息的理由,即构成侵权的初步证据。《民法典》赋予权利人“通知—删除”的机会,是为了充分保护其权利而尽量避免其损害,但这并不是要纵容其任性行为限制网络功能的发挥,或者影响他人自由及权利。因此,被侵权人发送的通知未满足上述条件,网络服务提供者主张免除责任的,人民法院应予支持;相反,如果权利人因错误通知造成网络用户或者网络服务提供者损害的,亦应当承担侵权责任。

网络服务提供者接到通知后,应当及时将该通知转送相关网络用户,并根据构成侵权的初步证据和服务类型采取必要措施;未及时采取必要措施的,对损害的扩大部分与该网络用户承担连带责任。理由是,网络服务提供者未及时采取必要措施,则构成对网络用户实施的侵权行为的放任,具有间接故意,视为与侵权人构成共同侵权行为。如果网络服务提供者未经通知或者在接到通知后即采取必要措施,则网络服务提供者就不承担责任,此即“避风港”规则。自2006年7月1日开始实施的《信息网络传播权保护条例》第15条亦有类似的规定。这里的“及时”,属于不确定概念,在个案中需要进行价值填补。根据《信息网络侵权规定》第4条,认定网络服务提供者采取的删除、屏蔽、断开链接等必要措施是否及时,应当根据网络服务的类型和性质、有效通知的形式和准确程度、网络信息侵害权益的类型和程度等因素综合判断。

当然,网络用户接到转送的通知后,可以向网络服务提供者提交不存在侵权行为的声明。声明应当包括不存在侵权行为的初步证据及网络用户的真实身份信息。网络服务提供者接到声明后,应当将该声明转送发出通知的权利人,并告知其可以向有关部门投诉或者向人民法院提起诉讼。网络服务提供者在转送声明到达权利人后的合理期限内,未收到权利人已经投诉或者提起诉讼通知的,应当及时终止所采取的措施。

2.知道规则

根据《民法典》第1197条的规定,网络服务提供者知道或者应当知道网络用户利用其网络服务侵害他人民事权益,未采取必要措施的,与该网络用户承担连带责任。这意味着,在被侵害人有证据证明网络服务提供者明知网络用户利用其网络实施侵权行为,但却任凭网络用户利用其提供的网络平台实施侵权行为,而未采取删除、屏蔽或者断开链接等必要措施,则可以认定其对于该网络用户实施的侵权行为具有放任的间接故意,因此,应当承担连带责任。

认定网络服务提供者是否知道或者应当知道,应当综合考虑下列因素:(1)网络服务提供者是否以人工或者自动方式对侵权网络信息以推荐、排名、选择、编辑、整理、修改等方式作出处理;(2)网络服务提供者应当具备的管理信息的能力,以及所提供服务的性质、方式及其引发侵权的可能性大小;(3)该网络信息侵害人身权益的类型及明显程度;(4)该网络信息的社会影响程度或者一定时间内的浏览量;(5)网络服务提供者采取预防侵权措施的技术可能性及其是否采取了相应的合理措施;(6)网络服务提供者是否针对同一网络用户的重复侵权行为或者同一侵权信息采取了相应的合理措施;(7)其他相关因素。

二、违反安全保障义务的侵权责任

近年来,经营者或其他法律主体违反安全保障义务致使他人受损的案件,时有发生。因此,最高人民法院2003年《人身损害赔偿解释》第6条和2009年《侵权责任法》第37条规定了违反安全保障义务的侵权责任。《民法典》第1198条规定:"宾馆、商场、银行、车站、机场、体育场馆、娱乐场所等经营场所、公共场所的经营者、管理者或者群众性活动的组织者,未尽到安全保障义务,造成他人损害的,应当承担侵权责任。因第三人的行为造成他人损害的,由第三人承担侵权责任;经营者、管理者或者组织者未尽到安全保障义务的,承担相应的补充责任。经营者、管理者或者组织者承担补充责任后,可以向第三人追偿。"《民法典》本条规定对原《侵权责任法》第37条从两个方面进行了修改完善:一是对第1款的修改,在列举式中增加了机场、体育场馆这两类典型的公共场所,另外将安全保障义务主体表述由原来的"公共场所的管理人"调整为"经营场所、公共杨所的经营者、管理者";二是第2款增加规定了安全保障义务主体在承担相应的补充责任后,有权向实施了直接侵权行为的第三人追偿。

(一)安全保障义务的概念

所谓安全保障义务,是指宾馆、商场、银行、车站、机场、体育场馆、娱乐场所等经营场所、公共场所的经营者、管理者或者群众性活动的组织者,所负有的在合理限度范围内保护他人人身和财产安全的义务。我国过去理论与实务界对于违反安全保障义务之责任的性质,存在颇多争议,有的认定为侵权责任,有的认定为违约责任,有的认为是其他责任(如缔约过失责任),各地法院的判决结果也大相径庭。在我们看来,这些分歧的根本原因,是对安全保障义务的性质及其与契约附随义务关系的认识不同。附随义务与安全保障义务,二者适用主体范围不同,前者仅限于契约当事人,后者则不限于此;二者内容无本质差异,但程度之要求有别,前者较后者要高。在契约履行之际不法侵害他人权益,是属于侵权行为还是对契约义务的违反,属法律解释问题。在受害人救济权利的道路上,被告的责任是因合同而产生还是因侵权而产生,并非一个实质性的问题,而是一个技术问题。[1]

(二)安全保障义务人的范围

违反安全保障义务的侵权责任是否成立,关键在于安全保障义务的认定,即被告是否负有安全保障义务以及安全保障义务的限度。合理确定安全保障义务人的范围及义务的限度,既要以人为本,要求行为人履行必要的防损义务,充分保护公众的人身和财产安全;又要考虑我国国情,从促进社会和谐稳定的目的出发,不能盲目地扩大安全保障义务人的范围,避免引发过多社会纠纷;同时还要处理好未尽到安全保障义务的侵权行为与其他侵权行为之间的关系,避免或者减少相关法律规定间的冲突或者竞合。

《民法典》以场所与活动两种标准界定,将安全保障义务人区分为以下两类:(1)经营场所、公共场所的经营者、管理者。《民法典》所列举的宾馆、商场、银行、车站、机场、体育场馆、娱乐场所都是典型的公共场所或经营场所,此外,码头、公园、餐厅等通常也应归属其中。(2)群众性活动的组织者。群众性活动是指法人或者其他组织面向社会公众的、参加人数较多的活动,如体育

---

〔1〕 侯国跃:《契约附随义务研究》,法律出版社2007年版,第198页。

比赛活动、文艺演出活动、展览展销活动、游园活动、焰火晚会活动、人才招聘会、现场开奖的彩票销售活动等。

(三)安全保障义务的内容和限度

安全保障义务的目的是保护他人的人身和财产安全,其主要内容是作为,即要求义务人必须采取一定的行为来维护他人的人身或者财产免受侵害。对于实践中需要确定义务人应当负有的具体安全保障义务的内容,进而判断安全保障义务人是否已经尽到安全保障义务的,可以参考该安全保障义务人所在行业的普遍情况、所在地区的具体条件、所组织活动的规模等各种因素,从侵权行为的性质和力度、义务人的保安能力以及发生侵权行为前后所采取的防范、制止侵权行为的状况等方面,结合实际情况综合判断。一般认为,安全保障义务属于"方式性义务"(尽其可能确保安全的义务),而非"结果性义务"(保证安全结果的义务)。

例如,实践中经常遇到物业公司安全保障义务的范围问题。物业公司毕竟是民事主体,不具强制执行的权力,对治安、消防等安全事故的控制能力有限,并非只要出现安全事故物业公司就应当然地承担侵权责任。考虑到权责匹配的问题,物业公司的安全保障义务应主要体现为协助性和防范性特征。即对消防、治安等安全事故,物业公司并非首要和第一责任人,物业公司有义务协助有关单位进行安全隐患排查、采取应急措施、配合损失救助等,以防范安全事故的发生或损失的扩大。对物业公司是否尽到安全保障义务的认定,应结合合同约定的物业服务标准、事故的急难险重程度、与物业公司资质相匹配的专业管理能力等因素综合考量。[2]

(四)违反安全保障义务的侵权责任

违反安全保障义务的,安全保障义务人要对他人承担侵权责任,此种责任的性质为过错责任、自己责任,赔偿范围为受害人所受损害的全部。但是,因第三人的行为造成他人损害的,由第三人承担侵权责任;管理人或者组织者未尽到安全保障义务的,承担相应的补充责任。所谓"相应的补充责任",应理解为:(1)第三人的侵权责任和安全保障义务人的补充责任有先后顺序,首先由第三人承担侵权责任,在无法找到第三人或者第三人没有能力全部承担赔偿责任时,才由安全保障义务人承担侵权责任。如果第三人已经全部承担侵权责任,则安全保障义务人不再承担侵权责任。(2)对于第三人未能赔偿的损失,安全保障义务人也不是全部承担下来,而是根据安全保障义务人未尽到的安全保障义务的程度(或过错程度)来确定其应当承担的责任份额。

三、医疗损害责任

(一)概念与性质

《民法典》侵权责任编第六章规定了"医疗损害责任"。2020 年修正的《最高人民法院关于审理医疗损害责任纠纷案件适用法律若干问题的解释》(法释〔2017〕20 号,以下简称《医疗损害责任解释》)构成对该章规定的重要补充。

这里的"医疗损害责任"仅指"医疗侵权责任",而不包括医疗机构违反医疗服务合同而应当承担的损害赔偿责任(违约责任)。医疗损害责任或称医疗侵权责任,是指因医疗机构和医务人员的诊疗行为存在过错而对患方造成损害时医疗机构承担的赔偿责任。根据《医疗损害责任解释》第 1 条的规定,前述"诊疗行为"不仅包括常规的医疗行为,也包括美容医疗机构或者开设医

---

〔2〕 最高人民法院民法典贯彻实施工作领导小组主编:《中华人民共和国民法典侵权责任编理解与适用》,人民法院出版社 2020 年版,第 293～294 页。

疗美容科室的医疗机构实施的医疗美容活动。

关于医疗侵权责任的性质,我国经历了从过错推定责任到过错责任的转变。《最高人民法院关于民事诉讼证据的若干规定》(法释〔2001〕33 号),以下简称《民事诉讼证据规定》)第 4 条第 1 款第 8 项规定:“因医疗行为引起的侵权诉讼,由医疗机构就医疗行为与损害结果之间不存在因果关系及不存在医疗过错承担举证责任。”但是,原《侵权责任法》第 54 条规定:“患者在诊疗活动中受到损害,医疗机构及其医务人员有过错的,由医疗机构承担赔偿责任。”此后,最高人民法院修正《民事诉讼证据规定》(法释〔2019〕19 号),删除了前述第 4 条第 1 款第 8 项的规定。《民法典》第 1218 条沿袭了原《侵权责任法》的规定。但从文义上看,医疗损害责任的责任性质及其证明责任的变化是明显的。

在实践中,这种证明责任规则的正确理解和适用是非常重要的。根据《医疗损害责任解释》第 4 条的规定,患者依据《民法典》第 1218 条规定主张医疗机构承担赔偿责任的,应当提交到该医疗机构就诊、受到损害的证据;如果患者无法提交医疗机构或者其医务人员有过错、诊疗行为与损害之间具有因果关系的证据,依法提出医疗损害鉴定申请的,人民法院应予准许;医疗机构主张不承担责任的,应当就《民法典》第 1224 条第 1 款规定情形等抗辩事由承担举证证明责任。此外,在患者一方或者医疗机构一方举证时,都可以依法申请对医疗损害责任纠纷中的专门性问题进行鉴定(《医疗损害责任解释》第 8 条)。

（二）医疗损害责任的法律适用

国务院发布的《医疗事故处理条例》自 2002 年 9 月 1 日起施行。这部行政法规对于正确处理医疗事故曾发挥了十分重要的作用,但它应当如何适用于医疗侵权民事案件？最高人民法院《关于参照〈医疗事故处理条例〉审理医疗纠纷民事案件的通知》(以下简称《参照医疗事故处理条例的通知》)规定:“《医疗事故处理条例》施行后发生的医疗事故引起的医疗赔偿纠纷诉到法院的,参照《医疗事故处理条例》的规定办理;因医疗事故以外的原因引起的其他医疗赔偿纠纷,适用《民法通则》的规定。”此处“参照”一词语焉不详,与“适用”是何种关系亦有不同理解,又由于《医疗事故处理条例》与《民法典》(包括过去的《侵权责任法》、《民法通则》及《人身损害赔偿解释》)在赔偿项目和标准上均存在冲突,因而在过去的司法实践中,医疗侵权案件应如何适用法律成为长期争论不休的问题。在实践中仍然有依照该条例处理医疗损害责任纠纷的案例。我们认为,《民法典》出台后,人民法院在处理医疗侵权纠纷时,不能援引《医疗事故处理条例》,其理由是:行政法规的“管辖范围”,本不应包括侵权损害赔偿制度,《医疗事故处理条例》中的损害赔偿制度应当被删除或撤销;根据法律位阶理论,《民法典》属于基本法律,而《医疗事故处理条例》属于行政法规,即便在《医疗事故处理条例》被删除或撤销之前,也不宜继续在医疗侵权案件中援引该条例的规定。自 2018 年 10 月 1 日起施行的《医疗纠纷预防和处理条例》第 55 条规定:“对诊疗活动中医疗事故的行政调查处理,依照《医疗事故处理条例》的相关规定执行。”据此,国务院也有意明确和限制《医疗事故处理条例》的适用范围。

（三）医疗过错的认定

1. 医疗过错的表现

为避免适用一般过错责任原则对患方的不公,我国立法关于医疗过错的认定,实行过错客观化的方法。医方的过错表现为两个方面:

其一,义务违反构成过错。(1)医方违反知情同意义务即构成过错。在医患关系中,患方享有知情权和同意权,医务人员负有相应的说明义务。因此,《民法典》第 1219 条的规定,医务人员在诊疗活动中应当向患者说明病情和医疗措施。需要实施手术、特殊检查、特殊治疗的，医务人员应当及时向患者说明医疗风险、替代医疗方案等情况，并取得其书面同意；不能或者不宜向患者说明的，应当向患者的近亲属说明，并取得其明确同意。医务人员未尽到“说明同意义务”（“知情—同意义务”）的，应当认定医方有过错，医疗机构应当承担损害赔偿责任。当然，因抢救生命垂危的患者等紧急情况，不能取得患者或者其近亲属意见的，经医疗机构负责人或者授权的负责人批准，可以立即实施相应的医疗措施（《民法典》第 1220 条）。(2)未尽到“与当时的医疗水平相应的诊疗义务”即构成过错。根据《民法典》第 1221 条的规定，医务人员在诊疗活动中未尽到“与当时的医疗水平相应的诊疗义务”，造成患者损害的，医疗机构应当承担赔偿责任。对此，需要特别注意，从理论上讲，医疗水平是不断提高的，医疗人员只能尽到与当时的医疗水平相应的诊疗义务，因此不能以“今天”的医疗水平来判断“昨天”的诊疗活动是否尽到应有的诊疗义务以及是否有过错。

其二，违法视为过错。根据《民法典》第 1222 条的规定，患者在诊疗活动中受到损害，有下列情形之一的，推定医疗机构有过错：(1)违反法律、行政法规、规章以及其他有关诊疗规范的规定；(2)隐匿或者拒绝提供与纠纷有关的病历资料；(3)遗失、伪造、篡改或者违法销毁病历资料。此外，《民法典》第 1227 条规定：“医疗机构及其医务人员不得违反诊疗规范实施不必要的检查。”因而，“过度检查”“过度治疗”亦视为医疗机构存在过错。

由此可见，医疗机构的过错表现为对相关义务或法律规范的违反，反之，即不构成过错。《民法典》第 1224 条第 1 款规定，患者在诊疗活动中受到损害，因下列情形之一的，医疗机构不承担赔偿责任：(1)患者或者其近亲属不配合医疗机构进行符合诊疗规范的诊疗；(2)医务人员在抢救生命垂危的患者等紧急情况下已经尽到合理诊疗义务；(3)限于当时的医疗水平难以诊疗。其实，在上述三种情况下，可以认定医疗机构并不存在过错，因而无须承担侵权责任。

2. 医疗过错的鉴定

在《侵权责任法》实施以前，我国医疗损害赔偿案件存在法律适用和鉴定的“二元化”现象。医疗机构及其医务人员在医疗活动中，违反医疗卫生管理法律、行政法规、部门规章和诊疗护理规范、常规，过失造成患者人身损害的事故属医疗事故，适用《医疗事故处理条例》的规定和医学会的技术鉴定；而非医疗事故则适用《民法通则》《人身损害赔偿解释》的规定和司法鉴定机构的鉴定。在过去的司法实践中，医疗纠纷案件处理中法律适用及医疗鉴定的“二元化”现象损害了我国法制的严肃性和统一性，影响司法公正，加剧了医患矛盾，亟须通过立法加以解决。自《侵权责任法》开始，法律专章规定“医疗损害责任”一章，调整范围涵盖了前述的医疗事故和非医疗事故，患者在诊疗活动中受到损害的，都统一适用本法的各项规定，从而有利于消除“二元化”现象。[3] 最高人民法院《关于适用〈中华人民共和国侵权责任法〉若干问题的通知》（以下简称《适用侵权责任法的通知》）亦明确规定：“人民法院适用侵权责任法审理民事纠纷案件，根据当事人的申请或者依职权决定进行医疗损害鉴定的，按照《全国人民代表大会常务委员会关于司法鉴定管理问题的决定》、《人民法院对外委托司法鉴定管理规定》及国家有关部门的规定组织鉴定。”自此，应该明确医疗损害鉴定（包括医疗过错鉴定、医疗损害后果鉴定和医疗因果关系鉴定等）均属于医疗司法鉴定，而不应纳入医疗事故技术鉴定。

---

〔3〕 王胜明：《中华人民共和国侵权责任法释义》，法律出版社 2010 年版，第 276 页。

(四)因医疗用品缺陷致害时的医疗损害责任

医务人员在对患者实施诊疗活动中不可必免地需要使用药品、消毒产品、医疗器械(统称医疗产品),或者输入血液,因这些医疗用品有缺陷或者不合格,也会对患者造成损害,由此而发生医疗损害责任。对此,《民法典》第1223条规定:“因药品、消毒产品、医疗器械的缺陷,或者输入不合格的血液造成患者损害的,患者可以向药品上市许可持有人、生产者、血液提供机构请求赔偿,也可以向医疗机构请求赔偿。患者向医疗机构请求赔偿的,医疗机构赔偿后,有权向负有责任的药品上市许可持有人、生产者、血液提供机构追偿。”由于血液不是产品,药品、医疗器械等虽然是产品但医疗机构并非《产品质量法》意义上的“销售者”,因此,医疗机构并不能依据法律规定承担销售者的产品责任。但从《侵权责任法》的规定来看,医疗机构在这种情况下承担的侵权责任类似于产品销售者的产品责任,或者说,本质上仍然属于特殊的产品责任。

基于医疗产品责任的性质,产品责任中的惩罚性赔偿制度(《民法典》第1207条)可否适用于医疗产品责任,存在解释的空间。2020年修正的《医疗损害责任解释》第23条规定:“医疗产品的生产者、销售者、药品上市许可持有人明知医疗产品存在缺陷仍然生产、销售,造成患者死亡或者健康严重损害,被侵权人请求生产者、销售者、药品上市许可持有人赔偿损失及二倍以下惩罚性赔偿的,人民法院应予支持。”由此可见,最高司法机关的肯定态度是明确的。

因医疗用品缺陷造成患者损害的,患者有选择权,可以选择向药品上市许可持有人、生产者或者血液提供机构请求赔偿,也可以选择向医疗机构请求赔偿。患者请求医疗机构赔偿的,医疗机构不能以损害是因医疗用品缺陷造成而主张免责,亦即无论其有无过错均应承担赔偿责任。医疗机构向患者承担责任后有权向生产者或者血液提供机构追偿。这样处理既便于保护患者的权益,又明确了最终的责任主体,维护了医疗机构的利益。

(五)侵害患者隐私的医疗损害责任

患者享有隐私权,医疗机构对患者的隐私负有保密义务。《民法典》第1226条规定:“医疗机构及其医务人员应当对患者的隐私和个人信息保密。泄露患者的隐私和个人信息,或者未经患者同意公开其病历资料的,应当承担侵权责任。”侵害患者隐私的损害不同于其他侵害隐私权的损害,其区别主要在于:(1)患者的隐私是在医疗活动中为医务人员所获取的;(2)隐私的侵害是因医疗机构及其医务人员泄露或者公开患者的病历资料造成的。泄露患者的隐私或者未经患者同意公开患者的病历资料,给患者造成损害,医疗机构应承担侵害患者隐私的医疗损害责任。不过,在法律性质上,此种责任依然属于一般过错责任。可以说,《民法典》第1226条其实就是第1165条的具体化而已。

问题与思考

1. 共享单车企业是否负有安全保障义务?上海市某区人民法院受理了一起11岁男孩擅骑共享单车发生交通事故的案件,此案引发共享单车企业是否负有安全保障义务的争议。《民法典》侵权责任编第1198条限定了责任主体范围,导致学界对此条款是否构成安全保障义务的一般条款认识不一。有学者指出,在对第1198条定性未达一致的情况下,儿童骑共享单车发生伤亡的,可以通过法律解释,将共享单车企业纳入此条“经营者”的范围。因单车锁具设计有缺陷、车锁损坏未及时维修、前人骑后未关锁等原因使儿童轻易开锁骑行发生伤亡的,可以认定共享单车企业违反安全保障义务,其不作为与儿童伤亡结果具有因果关系,且对损害结果能够预见而未能避免，存在过错，由其依据《民法典》第 1198 条第 1 款承担损害赔偿责任，但因儿童一方也有过失得减轻责任。在存在第三人侵权（交通事故）的情况下，第三人的介入不中断共享单车企业的不作为与儿童损害之间的因果关系，共享单车企业应当在未尽到安全保障义务的范围内承担相应的赔偿责任。

2. 关于医疗损害责任与医疗鉴定制度改革。《民法典》抛弃“医疗事故”这一概念，统一使用“医疗损害”一词，但并未就医疗损害鉴定进行规定，在《民法典》之外也没有其他法律就此进行明确，导致目前医学会进行医疗事故技术鉴定和司法鉴定机构进行医疗损害司法鉴定两种鉴定模式并存。《民法典》侵权责任编第六章之精神实质在于抛弃“医疗事故”之概念，在医疗损害责任的确定上，应以医疗过错为构成要件。此种医疗过错的确定，如需鉴定则只能以司法鉴定意见作为依据，而不是医疗事故技术鉴定之鉴定意见。《民法典》实施后，《医疗事故处理条例》第 49 条关于“不属于医疗事故的，医疗机构不承担赔偿责任”之立场，由于背离了《民法典》第 1218 条规定的过错责任原则，而不应当继续成为法院确定医疗损害是否承担责任之理由。这实际上已经否定了将医疗事故作为医院承担赔偿责任的前提，因而在民事赔偿责任中，医疗事故技术鉴定已经失去存在的必要性。概言之，《医疗事故处理条例》可以适用于医疗事故的行政调查处理，但不能适用于医疗损害责任的民事司法裁判。

第二节　过错推定侵权责任

一、监护人责任

（一）监护人责任的意义及沿革

监护人责任，又称为法定代理人侵权责任，是指因无民事行为能力人或限制民事行为能力人的行为造成他人损害时由其监护人承担的侵权责任。监护人责任属于特殊侵权责任。

法律责任的设定必须以有责任能力者为对象。无责任能力者便不能要求其承担责任。[4] 故而，在法律上，并非所有人都能够被指责为有过错，并非所有人都应当承担侵权责任。在无民事行为能力人、限制民事行为能力人致人损害的情况下，其自身不能承担侵权责任，而是由其监护人承担侵权责任，已为民法理论及各国立法所认肯。监护人责任制度最早可追溯到古罗马时代的《十二铜表法》的规定。我国原《民法通则》规定了监护人责任，原《侵权责任法》则对该制度有所发展。

《民法典》第 1188 条规定：“无民事行为能力人、限制民事行为能力人造成他人损害的，由监护人承担侵权责任。监护人尽到监护职责的，可以减轻其侵权责任。有财产的无民事行为能力人、限制民事行为能力人造成他人损害的，从本人财产中支付赔偿费用；不足部分，由监护人赔偿。”本条规定，相较于原《侵权责任法》第 32 条，除将“职责”改为“责任”外，内容基本相同，但因《民法典》总则编在监护制度中增加规定了成年人监护制度，故本条规定的实施加害行为的被监护人，不再限于未成年人和精神病人，丧失民事行为能力的老年人、植物人等成年人致人损害的，监护人也应承担监护责任。因此，本条规定的监护人责任的内涵与外延较原《侵权责任法》

[4] 张恒山：《法理要论》，北京大学出版社 2002 年版，第 404 页。

第32条更为丰富。

(二)监护人责任之归责原则

对于监护人责任之归责原则,则有不同观点:一是(一般)过错责任说。根据该学说,监护人责任是自己责任,只有证明监护人在履行监护职责过程中有过错,才能够导致监护人责任的产生。采纳此种学说的立法体例的代表是《奥地利民法典》(第1308条与第1309条)。在奥地利等国家,责任保险的覆盖范围十分广泛,对无行为能力人或限制行为能力人单独提起诉讼,足以弥补被害人的损害。二是无过错责任说。监护人不是就自己履行监护职责的行为而是对被监护人的侵权行为承担替代责任,无论监护人在履行监护职责过程中有无过错,对被监护人的侵权行为都要承担监护责任。采纳此种学说的立法例的典型代表是《意大利民法典》(第2047条第1款)。三是过错推定责任说。有学者认为,虽然监护人责任是自己责任,是监护人对自己在履行监护职责过程中的过错负责任,但监护人的过错无须由受害人证明,而由法律推定监护人有过错,监护人只有在证明"自己已尽到监护义务"或"自己虽然未尽到监护义务,但是该侵权事实的发生与是否尽了监护义务无关",才可免除其责任。[5] 也有学者认为,从性质上说,监护人承担的责任为转承责任、过错推定责任。因为,监护人尽到了监护职责的,可以适当减轻其民事责任。[6] 四是过错责任与公平责任混合说。[7] 过错责任与公平责任混合说是指,对于无民事行为能力人来说,监护人的替代责任是过错推定责任,对于限制民事行为能力人来说,监护人的责任是过错责任;同时,两者都可适用公平责任原则来减轻监护人的责任。如《荷兰民法典》就针对不同年龄阶段的未成年人造成的损害分别规定为无过错责任原则、过错推定责任原则或者过错责任原则。

我们认为,监护人责任的性质为过错推定责任。这是多数国家立法的通例。《德国民法典》第832条、《日本民法》第714条、《魁北克民法典》第1459条、《韩国民法典》第755条等都采过错推定责任。从我国《民法典》第1188条第1款的规定来看,亦应理解为过错推定责任。因为:(1)"监护人尽到了监护职责的",可以"适当减轻"其民事责任,意味着我国立法采纳了过错推定原则——是否尽到了监护责任,是由监护人(责任方)来举证的,也就是被告方通过证明自己没有过错而免除其部分责任,这符合过错推定责任的本质特征;(2)中国古谚云:"子不教父之过",由此可见,在被监护人致人损害时,采过错推定责任原则有其社会基础;(3)被监护人致害时,通常监护人是有过错的,此时对监护人实行过错推定,符合过错推定所要求的社会现实基础和概率原则;(4)实行过错推定,在一定程度上可以减轻监护人责任或"解放监护人",有助于避免过去常常发生的近亲属不愿意担任监护人以及青年一代惧怕生育子女等社会问题。

(三)监护人责任的承担

1. 监护人责任的合理限制

设置监护人责任制度时,应规定监护人承担责任的限制性条件。有学者曾建议规定:"在当时情形加害人即便具有完全民事行为能力也不对损害承担民事责任的,其监护人不承担民事责任。"[8] 这就是说,监护人对被监护人的加害行为负责,只是责任主体的"转换",在责任成立上

---

〔5〕 参见王利明、杨立新:《侵权行为法》,法律出版社1996年版,第247页。

〔6〕 侯国跃:《中国侵权法立法建议稿及理由》,法律出版社2009年版,第238页。

〔7〕 魏振瀛主编:《民法学》,北京大学出版社、高等教育出版社2003年版,第685页。

〔8〕 侯国跃:《中国侵权法立法建议稿及理由》,法律出版社2009年版,第237页。

并无本质变化。这一理论主张,虽未被立法所采纳,但我们认为,法官在具体个案中进行法律适用时,应当适当考虑这一点,以妥当确定监护人责任。避免监护人负担过于沉重,对于整个社会的发展来说是很重要的。

2. 被监护人有财产时监护人的侵权责任

《民法典》第 1188 条第 2 款规定:"有财产的无民事行为能力人、限制民事行为能力人造成他人损害的,从本人财产中支付赔偿费用;不足部分,由监护人赔偿。"据此规定,如果被监护人有财产的,那么应当首先从被监护人的财产中支付赔偿费用,不足的部分再由监护人承担赔偿责任。这一规定相对于原《民法通则》第 133 条第 2 款而言,有两处不同:(1)为了保护被侵权人的合法权益,加重了监护人的责任。《民法典》规定对于无民事行为能力人或者限制民事行为能力人赔偿后,就不足部分由监护人给予全部赔偿,而不同于原《民法通则》规定监护人仅给予"适当补偿"。(2)作为监护人的单位和个人责任承担完全相同。为了促使单位监护人尽职履行监护职责,防止其放任被监护人侵权行为的发生,保证被侵权人受到的损害得到赔偿,原《侵权责任法》以及其后的《民法典》修改了原《民法通则》单位监护人不承担责任的规定,明确单位监护人应当承担与非单位监护人同样的责任。

随着经济和社会的多元化发展,无民事行为能力人或限制民事行为能力人通过创作、接受赠与或者继承等方式取得独立财产的情况将会越来越普遍,因此,以自己的财产对自己造成他人的损害承担赔偿责任,也是公平的,所谓"有财产即有人格"。在父母等亲属之外的人员或者单位担任监护人的情况下,被监护人有独立财产的情况可能较为普遍,在这种情况下,先从被监护人的财产中支付赔偿费用则更有必要。当然,从被监护人的财产中支付赔偿费用的,不得对被监护人的生活和教育产生严重不利影响。这是为了保护"年幼者与精神错乱者",是人权的基本要求,也意在强化监护人的伦理责任与法律责任。

3. 年满 18 周岁但没有支付能力的人致人损害时侵权责任的承担

基于侵权行为能力制度与侵权行为责任的对应性关系,限制民事行为能力人在自己的识别能力之内造成他人损害的,应当由本人承担侵权责任。此外,年满 18 周岁的完全民事行为能力人造成他人损害的,当然应当由本人承担侵权责任。但是,考虑到行为人应当承担责任但并无财产可供执行的情况,可以根据实际情况判令监护人或原监护人垫付。对此,原《民法通则意见》第 161 条第 2 款有规定:"行为人致人损害时年满十八周岁的,应当由本人承担民事责任;没有经济收入的,由扶养人垫付,垫付有困难的,也可以判决或者调解延期给付。"这样处理的意义在于对受害人的保护。该规定现已作废,但我们认为,实践中仍然可以认定监护人或原监护人的垫付义务。此种垫付义务在伦理上的正当性胜于法律层面上的依据。因而,对待此类问题,不能完全照搬法律理论进行解释。梁慧星教授就认为,"一个在校的大学生,花费都是父母给的,这是中国的国情。我们判决父母承担责任没有什么不妥"。[9]

4. 监护人将监护职责委托给他人时的责任承担

《民法典》第 1189 条规定:"无民事行为能力人、限制民事行为能力人造成他人损害,监护人将监护职责委托给他人的,监护人应当承担侵权责任;受托人有过错的,承担相应的责任。"委托监护是监护人与受托人之间的相对法律关系,并不改变监护人对受害人的责任承担。但是,监护人承担责任之后,可以依据委托监护的合同约定向受托人主张追偿。此外,如果受托人对于受害

[9] 梁慧星等:《会商新类型案件的司法审判》,载《法制资讯》2009 年第 1 期。

人的损害确有过错的,受托人也可能直接向受害人承担相应的过错责任。

5. 对自己的行为暂时没有意识或者失去控制造成他人损害时的责任承担[10]

《民法典》第 1190 条规定:“完全民事行为能力人对自己的行为暂时没有意识或者失去控制造成他人损害有过错的,应当承担侵权责任;没有过错的,根据行为人的经济状况对受害人适当补偿。完全民事行为能力人因醉酒、滥用麻醉药品或者精神药品对自己的行为暂时没有意识或者失去控制造成他人损害的,应当承担侵权责任。”完全民事行为能力人明知自己的行为(如吸食毒品)会导致自己暂时没有意识或失去控制,仍然放任自己的行为,因此对导致自己暂时没有意识或失去控制具有主观上的过错,或者说,醉酒、滥用麻醉药品或者精神药品等是行为人有过错情形的一种具体表现。如果由此给他人造成损害的,应自己承担侵权责任。完全民事行为能力人对暂时没有意识或失去控制(如驾车途中突发疾病)没有过错的,基于公平的考虑,应根据行为人的经济状况对受害人适当补偿,毕竟他还是加害“行为人”。

二、教育机构侵权责任

(一)概念界定

“教育机构侵权责任”是特指学生伤害事件中学校、幼儿园等教育机构(以下简称教育机构)的侵权责任。学生伤害事件,[11] 是指在教育机构作为主体组织和实施的活动中,以及在教育机构负有管理责任的场所内,发生的学生伤害他人事件和学生受到人身伤害的事件。其中学生受到人身伤害事件又根据致害主体的不同可分为教育机构致学生伤害事件(设施有缺陷或者管理不善)、学生致学生伤害事件以及第三人致学生伤害事件。

学生伤害事件的侵权责任,是侵权责任理论在学生伤害事件这一侵权类型中的具体化。根据监护理论及我国法律关于监护制度的规定,学生伤害事件原则上应由未成年学生的监护人承担责任。第三人致学生伤害事件适用一般过错责任并无争议。因此,学生伤害事件的侵权责任问题,主要是教育机构在学生伤害事件中的侵权责任问题。而教育机构在学生伤害事件中承担什么样的侵权责任,在理论和实践界一直存在很大分歧。根据《民法典》第 1199 条、第 1200 条、第 1121 条的规定,对于无民事行为能力学生受到伤害的事件,教育机构承担过错推定责任;对于限制民事行为能力学生受到伤害的事件,教育机构承担一般过错责任;第三人致未成年学生伤害事件,由第三人承担一般过错责任,教育机构承担一般过错补充责任。

(二)学生伤害事件中教育机构责任的归责原则

1. 学生致他人伤害时教育机构侵权责任的归责原则

目前,大陆法系国家或地区关于学生致他人伤害事件归责原则存在两种不同的立法例。一是采过错推定责任原则的立法例,如德国、日本、俄罗斯、希腊、葡萄牙等;二是过错责任原则的立法例,如法国、比利时、意大利、卢森堡、荷兰、西班牙和我国台湾地区等。就我国而言,《民法典》对学生致他人伤害事件未设专门规定。但是,教育机构在未成年学生脱离监护人监管的时空承

---

[10] 严格来说,这种情况并非本章所讲的被监护人致害时监护人侵权责任的问题,但考虑到《民法典》有规定,且置于其他地方未必合适,就在此处进行交代。

[11] 在相关的法律法规条文和学者论著中,对学生在学校受到人身伤害的称谓是多种多样的,但归纳起来,主要有三种代表性称谓(或其近似称谓),第一种是校园(或学生)伤害事件,第二种是校园(或学生)伤害事故,第三种是校园侵权事件。我们认为,使用学生伤害事件这一称谓,既可以避免将伤害局限于校园这一地域范围内,又可以避免使用“事故”一词而未涵盖非故意行为所致的侵权损害的缺陷,是比较恰当的选择。

担教育管理责任,如对于学生伤害他人的事件不承担责任则于法于情都不合理,因此我们认为,教育机构在学生致他人伤害事件中承担一般过错责任,监护人则承担推定过错的补充责任。

2. 学生受到伤害时教育机构侵权责任的归责原则

我国曾经在制定《侵权责任法》的过程中,对于是否规定学生受到伤害时幼儿园、学校和其他教育机构的侵权责任,存在一定争议。考虑到未成年人天性好动、喜欢冒险,但同时身心方面的发展远未成熟,缺少自我保护的知识和能力,在参加各种活动时极有可能造成自身或者他人的损害。即便幼儿园、学校等教育机构和教师尽了全部注意义务,也很难杜绝损害的发生。再加之我国目前各类幼儿园、学校等教育机构的教育管理水平仍有待提高,近年来,因儿童、学生伤害事故而引起的赔偿案件逐年增多,成为社会普遍关注的热点问题。在立法中明确界定幼儿园、学校和其他教育机构的侵权责任,有利于及时有效地解决纠纷,切实保护未成年人的合法权益,加强学校、幼儿园的教学管理工作。因此,有必要在侵权责任法中对学校、幼儿园和其他教育机构的侵权责任作出规定。[12]

根据《民法典》第1199条的规定,无民事行为能力人在幼儿园、学校或者其他教育机构学习、生活期间受到人身损害的,幼儿园、学校或者其他教育机构应当承担侵权责任;但是,能够证明尽到教育、管理职责的,不承担侵权责任。由此可见,对无民事行为能力人受到伤害的情况教育机构承担过错推定责任。根据《民法典》第1200条的规定,限制民事行为能力人在学校或者其他教育机构学习、生活期间受到人身损害的,如果该限制民事行为能力人或者其监护人能够证明学校或者其他教育机构没有尽到教育、管理职责,对该限制民事行为能力人所发生的人身损害有过错,学校或者其他教育机构就要承担责任。由此可见,对限制民事行为能力人受到伤害的情况,教育机构应承担过错责任。

根据《民法典》第1201条的规定,无民事行为能力人或者限制民事行为能力人在幼儿园、学校或者其他教育机构学习、生活期间,受到幼儿园、学校或者其他教育机构以外的第三人人身损害的,由第三人承担侵权责任;幼儿园、学校或者其他教育机构未尽到管理职责的,承担相应的补充责任。幼儿园、学校或者其他教育机构承担补充责任后,可以向第三人追偿。此处,教育机构承担的是过错补充责任。

三、建筑物和物件损害责任

(一)建筑物致害责任

1. 建筑物致害责任的构成

建筑物致害责任,是指建筑物、构筑物或者附着于土地的其他设施及其搁置物、悬挂物造成他人损害,其所有人、管理人或者使用人应当承担的侵权责任。

建筑物致害责任的构成,要求损害的发生是因为建筑物等设施危险的实现,即建筑物等设施现实地发生了损害或可能损害他人的危险事件。常见的现象是建筑物、构筑物或者其他设施本身的结构性脱落、坠落,如其墙上装修的瓷砖、玻璃幕墙、室内装修、屋顶装饰、防护栏、支撑结构发生脱落、坠落等;也有建筑物、构筑物或者其他设施上的搁置物、悬挂物发生脱落、坠落(如阳台上的花盆坠落等)以及建筑物、构筑物或者其他设施发生倒塌、塌陷等情况。建筑物等设施的危险实现,如果造成实际损害,则产生损害赔偿责任;如果实际损害并未发生,只是危及他人人

---

〔12〕 王胜明主编:《中华人民共和国侵权责任法释义》,法律出版社2010年版,第206~207页。

身、财产安全,则可能依据《民法典》第 1167 条成立消除危险责任。

2. 建筑物致害责任的承担

建筑物致害责任实行过错推定或无过错责任原则。建筑物致害责任的责任主体一般是所有人、管理人或使用人。所有人是指对建筑物等设施拥有所有权的人;管理人是指基于国家法律的授权或基于所有人的授权,对建筑物等设施及其搁置物、悬挂物负有管理、维护义务的人;使用人是指因租赁、借用或者其他情形实际使用建筑物等设施的人。

根据《民法典》第 1252 条的规定,建筑物、构筑物或者其他设施倒塌、塌陷造成他人损害的,其责任主体是建设单位与施工单位,并且二者承担的是连带责任。建设单位对建筑物等设施质量有最终验收的义务,并且是建筑物等设施最初的所有人、管理人和使用人的直接提供者,施工单位对建筑物等设施有最直接的质量控制义务,故要求二者对建筑物等倒塌致害承担连带责任,完全合理。此外,建设单位和施工单位承担连带责任的规定,也可强化建设单位与施工单位的责任感,引导其提高建设工程质量,尽力杜绝“豆腐渣”工程,以保障人民群众的生命财产安全。但是,在建筑物等设施倒塌或塌陷致害责任中,如果并非因建筑物等设施的质量原因,而是由于所有人、管理人或者使用人管理不善等原因造成建筑物等设施倒塌致害,则所有人、管理人或者使用人应当承担侵权责任。

3. 追偿权

在建筑物致害责任中,如果有其他责任人的,责任人承担了责任后有权向其他责任人追偿。如果损害并非真正来自所有人、管理人、使用人、建设单位或施工单位,而是这些人之外的人为原因,则允许责任人在承担责任之后向真正的致害人追偿,由后者承担责任符合公平正义的理念。《民法典》的规定,与我国台湾地区“民法”第 191 条规定之精神是一致的。[13] 在实践中,建筑物等设施脱落、坠落致害责任中的“其他责任人”是指所有人、管理人或者使用人之外的,对损害的发生负有责任的人;建筑物等设施倒塌、塌陷致害责任中的“其他责任人”,是指建设单位和施工单位之外的,对因质量原因引起倒塌或塌陷致害负有责任的人,既可能是勘察单位、设计单位、监理单位等责任人,也可能是其他责任人。

4. 不明抛掷物、坠落物致害的补偿责任

实践中,源于建筑物的不明抛掷物、坠落物致人损害的情形时有发生,过去发生的“烟灰缸案”“菜板案”即典例。这些案例的处理结果差异很大,理论界的观点也是仁智互现。《民法典》采用了折中的方案,该法第 1254 条规定:“禁止从建筑物中抛掷物品。从建筑物中抛掷物品或者从建筑物上坠落的物品造成他人损害的,由侵权人依法承担侵权责任;经调查难以确定具体侵权人的,除能够证明自己不是侵权人的外,由可能加害的建筑物使用人给予补偿。可能加害的建筑物使用人补偿后,有权向侵权人追偿。物业服务企业等建筑物管理人应当采取必要的安全保障措施防止前款规定情形的发生;未采取必要的安全保障措施的,应当依法承担未履行安全保障义务的侵权责任。发生本条第一款规定的情形的,公安等机关应当依法及时调查,查清责任人。”

理解这一规定,需要注意以下几点:(1)致害物是从建筑物中抛掷或者建筑物上坠落的。实践中区分是“抛掷物”还是“坠落物”意义并不大,其最直观的表现是从建筑物中或建筑物上坠落了物品。(2)加害人不明。加害人不明是指通过所有的手段最后仍无法确定物品具体是从哪一

---

〔13〕 我国台湾地区“民法”第 191 条规定:“土地上之建筑物或其他工作物所致他人权利之损害,由工作物之所有人负赔偿责任……如别有应负责任之人时,赔偿损害之所有人,对于该应负责者,有求偿权。”

个地方抛掷、坠落而无法确定具体的加害人。这是适用本规则的核心要件。如果可以确定加害人,则按前述建筑物等设施脱落、坠落致害责任处理。(3)由“可能加害的建筑物的使用人”给予补偿。这里的“可能”,要根据社会生活经验、科学手段以及其他方法推测进行判断;这里的“使用人”包括使用建筑物的所有权人(业主)、承租人、借用人以及其他使用建筑物的人。所谓“补偿”责任,并不是一种严格意义上的赔偿责任,因为具体加害人不能确定,但从理论上讲,这既不是共同加害责任,也不是共同危险责任,所以不是严格意义上的侵权赔偿责任而是补偿责任。此外,“补偿”通常并非全额补偿,而是适当补偿,特别是受害人的精神损失一般不予补偿。如果受害人参加了保险并能够获得保险金,保险金中已可补偿损失,则应免除可能加害人的补偿责任,并禁止保险公司向可能的使用人进行代位追偿。(4)《民法典》并未明确各使用人之间是连带补偿关系,因而不宜裁判使用人承担连带补偿责任。(5)本条第 2 款规定了物业服务企业等建筑物管理人的安全保障义务。(6)本条第 3 款规定了公安等机关的法定义务,以尽量还原事实,让具体的侵权人承担责任。

近年来,高空抛物、坠物事件不断发生,严重危害公共安全,侵害人民群众合法权益,影响社会和谐稳定。为充分发挥司法审判的惩罚、规范和预防功能,依法妥善审理高空抛物、坠物案件,切实维护人民群众“头顶上的安全”,保障人民安居乐业,维护社会公平正义,最高人民法院于 2019 年发布《关于依法妥善审理高空抛物、坠物案件的意见》(法发〔2019〕25 号)。该意见明确,根据民事、刑事等法律的规定,高空抛物、坠物的事实可能涉及民事、刑事、行政责任。根据《民法典》第 187 条,此种情况下,亦应按照民事责任独立、民事责任优先的原则解决相关纠纷。

(二)其他物件致害责任

1. 堆放物致害责任

堆放物倒塌造成他人损害的,应当适用何种归责原则,在实务中有一定的争议。《民法典》第 1255 条规定:“堆放物倒塌、滚落或者滑落造成他人损害,堆放人不能证明自己没有过错的,应当承担侵权责任。”由此可见,堆放人应当承担过错推定责任。

2. 林木致害责任

我国过去发生过“大风吹断护路树致人损害”的案件,在法律适用上,多主张类推适用原《民法通则》第 126 条关于建筑物致害责任的规定。在原《侵权责任法》制定过程中,学者也建议就林木折断与建筑物致害实行相同的归责原则,立法者采纳了这一意见。其第 90 条规定:“因林木折断造成他人损害,林木的所有人或者管理人不能证明自己没有过错的,应当承担侵权责任。”《民法典》第 1257 条在此基础上,吸收过去司法解释和司法经验,对规则进行了补充和完善,即因林木折断、倾倒或者果实坠落等造成他人损害,林木的所有人或者管理人不能证明自己没有过错的,应当承担侵权责任。

3. 妨碍通行的物品致害责任

《民法典》第 1256 条规定:“在公共道路上堆放、倾倒、遗撒妨碍通行的物品造成他人损害的,由行为人承担侵权责任。公共道路管理人不能证明已经尽到清理、防护、警示等义务的,应当承担相应的责任。”公共道路的使用关系公众的利益,在道路上堆放、倾倒、遗撒物品,会对他人的安全造成不合理的危险,法律一般禁止此类行为。如果在公共道路上堆放、倾倒、遗撒妨碍通行的物品造成他人损害的,堆放人、倾倒人、遗撒人应承担过错责任。公共道路管理人负有清理、防护、警示等义务,故若其不能证明已经尽到相应义务的,应当承担相应的责任。但为公平及预防违法考虑,应当允许公共道路管理人承担责任后,向其他堆放、倾倒、遗撒妨碍通行物品的人追偿。

4. 地下设施致害责任

地下设施致害责任,是指在公共场所或者道路上挖掘、修缮安装地下设施等或者已经竣工的地下设施(如窨井)造成他人损害,责任人应当承担的侵权责任。这里的“地下设施”,是指位于地表以下的设施,如坑、水井、地窖、窨井、下水道、输油管道、输水管道、排污管道、输电管道、通信管道以及其他地下坑道等。由于地下设施具有隐蔽性,对周围环境具有一定危险,因此要求地下设施的施工人或管理人必须尽到提示、维护等管理职责,防止地下设施给他人造成损害。与高度危险作业不同,地下设施的施工人或管理人如果尽到了管理职责,损害一般可以避免,所以如果损害是因施工人或管理人未尽管理职责,就应承担责任。换言之,该责任属于过错推定责任。《民法典》第1258条对此设有规定。

问题与思考

关于监护人责任的诉讼架构。在实务中,在被监护人致害的情况下,求偿权利人应当如何罗列被告?有人认为,应当列监护人为被告,因为监护人是责任主体,也就是诉讼主体。有人则认为,应当列被监护人为被告,监护人为被监护人为法定代理人,但可以判决法定代理人承担赔偿责任,为避免利益冲突,法定代理人不能同时又被列为被告,故监护人只能是法定代理人而不能是被告。还有人则认为,应当列被监护人和监护人为共同被告,同时,监护人还是被监护人的法定代理人。

根据我国《民法典》第1188条第1款和第2款之规定,被监护人造成他人损害的,应从被监护人本人财产中支付赔偿费用;不足部分,才由监护人赔偿。由此可见,监护人承担的责任具有“补充责任”的性质。故而,第三种观点更具合理性,法院判决监护人承担补充责任,该责任应在执行程序中去实现。

第三节 无过错侵权责任

一、用人者责任

用人者责任或称使用人责任,在境外相关法律规定及文献资料上一般称为雇主责任,即雇主对雇员从事雇佣活动时致人损害的行为承担替代赔偿责任。用人者责任属于特殊侵权责任。我国《民法典》第1191条规定的用人单位的责任和第1192条规定的个人劳务关系中接受劳务一方的责任构成本章“用人者责任”。

从立法渊源来看,《民法典》第1191条属于对原《侵权责任法》第34条进行完善的条文,并且将劳务派遣中劳务派遣单位的责任定性为与其过错相对应的按份责任,而不再是与其过错相对应的补充责任;同时,该条吸收了《人身损害赔偿司法解释》第9条的规定,明确“用人单位承担侵权责任后,可以向有故意或者重大过失的工作人员追偿”。《民法典》第1192条属于对原《侵权责任法》第35条的完善条文,既增加了特定条件下接受劳务一方承担替代责任后对提供劳务一方享有追偿权的规定,也增加了第三人行为导致提供劳务一方受损时的损失分担条款;相对于《人身损害赔偿解释》而言,本条将该司法解释第9条和第11条的规定进行了合并,且接受劳务一方享有追偿权的案件范围从司法解释所确定的“人身侵权案件”扩张到了所有类型的侵权案件。

（一）用人单位责任

1. 用人单位责任的含义及范围

用人单位的工作人员因执行工作任务造成他人损害的，由用人单位承担侵权责任。用人单位承担的是对其工作人员致害侵权行为的替代责任。

此处的用人单位的范围比《劳动法》《劳动合同法》中用人单位的范围更广，包括企业、事业单位、国家机关、社会团体、个体经济组织等。这里的“工作人员”包括劳动者、公务员以及参照公务员进行管理的其他工作人员。

在原《侵权责任法》颁布以前，我国对用人单位承担侵权责任的规定是根据主体性质的不同而分别立法的。对于国家机关工作人员职务行为造成损害的应当适用国家赔偿责任，主要法律依据是《国家赔偿法》；[14] 其他法人的工作人员职务行为造成损害的，应当适用法人的工作人员致害责任，主要法律依据是原《民法通则》第 43 条、第 121 条及《人身损害赔偿解释》第 8 条；而对私人企业、非法人型三资企业、个人合伙、个体工商户等用工的情况，则适用雇主责任，主要法律依据是《人身损害赔偿解释》第 9 条。随着私有经济的不断发展壮大，各种混合经济形式的不断出现，这样的划分饱受诟病。不但从根本上违反了对各类所有制经济平等保护的原则，不利于维护各类所有制组织劳动者的平等权利，同时也给受害者维权过程中的法律适用造成了困惑，而且，此种区分在比较法上也很难找到依据。因此，对用人单位的工作人员执行工作任务行为的侵权责任统一适用一种责任加以解决，是世界各主要民法的立法通例，也为我国原《侵权责任法》所采纳。《民法典》承继了该种立法例。

需要指出的是，国家机关以及工作人员因工作造成他人损害的，一类属于履行公职权的行为，另一类不属于履行公职权的行为，是国家机关为了维持国家机关正常运转所进行的民事行为。对于第一类属于履行公职权的行为，依据《国家赔偿法》的规定，有的需要国家机关承担国家赔偿责任。对于第二类国家机关在民事活动中侵害他人合法权益的，国家机关需要承担民事侵权责任。例如，国家机关的司机外出办理公务，发生了交通事故，应当由国家机关承担侵权责任。《民法典》侵权责任编调整国家机关及工作人员在民事活动中发生的侵权行为，对于属于《国家赔偿法》调整范围的，应适用《国家赔偿法》的规定。

2. 用人单位责任的法理基础

法定代表人代表法人进行活动，因此其职务上的行为直接就是法人的行为。因此，法人对其法定代表人的职务行为所承担的民事责任，是直接的代表责任，而非间接的代理责任。[15] 对法定代表人以外的其他工作人员的职务行为的性质，按传统民法的观念，是工作人员自己的行为，而非法人的行为，当工作人员履行职务的事实行为致他人损害时，法人承担的民事责任为用人单位（雇主）责任。[16] 由此可见，法人对代表人和其他工作人员（代理人）的行为承担责任，在原理上虽不完全相同，但在后果上却是一致。关于用人单位责任的法理基础，主要有风险控制理论、

---

〔14〕 尽管原《民法通则》第 121 条也规定了国家机关的赔偿责任，但在司法实践中，法院倾向于适用《国家赔偿法》，以致“《民法通则》中的规定已经成了死的法律”。参见杨立新、张新宝、姚辉：《侵权法三人谈》，法律出版社 2007 年版，第 27 页。

〔15〕 《民法典》第 62 条第 1 款规定：“法定代表人因执行职务造成他人损害的，由法人承担民事责任。”

〔16〕 李开国：《民法总则研究》，法律出版社 2003 年版，第 197 页。

报偿理论、弱者保护理论以及权利义务相一致理论。其中，权利义务相一致理论是我国立法机关所采纳的通说。由于工作人员是为用人单位工作，用人单位可以从工作人员的工作中获取一定的利益，因此，工作人员因工作所产生的风险，需要用人单位承担。用人单位与工作人员相比，一般经济能力较强，让用人单位承担责任，既有利于更好地保护被侵权人的合法权益，也有利于用人单位在选任工作人员时能尽到相当的谨慎和注意义务，加强对工作人员的监督和管理。[17]

3. 用人单位责任的归责原则

雇主责任或用人单位责任的归责原则是用人单位责任法律制度的基石，决定了用人单位责任的构成要件、举证责任、免责事由等重要内容。但雇主责任或用人单位责任到底是过错推定责任还是无过错责任，有不同看法。从我国《民法典》第1191条第1款的规定（用人单位的工作人员因执行工作任务造成他人损害的，由用人单位承担侵权责任）来看，对用人单位责任实际上采取的是无过错责任。只要工作人员执行工作任务的行为造成他人损害，用人单位就要承担侵权责任。用人单位不能通过证明自己在选任或者监督方面尽到了相应的义务来免除自己的责任。

4. 用人单位责任的构成要件

其一，工作人员的行为必须构成侵权行为。用人单位责任的承担应当以工作人员执行工作任务的行为应当承担侵权责任为前提。即若工作人员的职务行为的侵权责任不以过错为要件，则无论工作人员有无过错，工作单位都应承担责任；若工作人员的职务行为的侵权责任以过错为要件，则工作人员没有过错或因存在特定抗辩事由，则不构成侵权，用人单位无须承担责任，工作人员有过错且不存在特定抗辩事由时，由用人单位对工作人员的职务行为承担替代责任。这里有责任的“转承”，但没有责任构成的不同。

其二，用人单位与工作人员之间存在用工关系。用工关系通常以劳动合同确定，所以，判断用人单位与工作人员之间是否存在用工关系，首要是看双方有无劳动合同。如无劳动合同，再从实质要件上来考察是否存在事实上的劳动关系。[18] 一般认为，判断事实上的劳动关系，首先要看一方是否给用人单位提供了劳务，其次要看提供劳务一方是否受用人单位的控制、指挥、监督。只要客观上被用人单位使用而为之提供劳务又受其监督者均与用人单位形成用工关系。

其三，工作人员必须是在执行工作任务中造成他人损害。用人单位承担侵权责任的前提是工作人员的行为是“执行工作任务”的行为，即用人单位只对工作人员在执行工作任务时对他人造成的损害承担侵权责任，并非是对工作人员的所有行为都承担责任。与工作无关的行为，即使发生在工作时间内，用人单位也不承担侵权责任，该责任由工作人员自己承担。实际上，世界各国法律无论以何种规范形式，都将“因执行职务”不法侵害他人权益作为用人单位（雇主）替代责任的要件。

“执行工作任务”或执行职务的行为，在认定标准方面包括主观说、客观说。主观说又包括用人单位（雇主）意思说和劳动者（雇员）意思说。前者是以用人单位（雇主）的主观意思来判断是否构成“执行工作任务”。后者是在用人单位（雇主）指示不够具体明确或者情势发生变化的情况下，考虑为实现用人单位（雇主）的指示所包含的利益而自行对该指示进行适当调整的劳动者（雇主）的主观意思来判断是否构成“执行工作任务”。客观说是指判断标准的客观化，依据社会一般观念，从外观上判断行为是否属于职务行为，不问主观意思上是图利自己还是图利雇主。

---

〔17〕 王胜明主编：《中华人民共和国侵权责任法释义》，法律出版社2010年版，第167页。

〔18〕 根据《劳动合同法》第7条的规定，用人单位自用工之日起即与劳动者建立劳动关系。

采用人单位(雇主)意思说,在实践中容易使用人单位(雇主)以劳动者(雇员)的行为不符合其主观意思因而主张不属于执行工作任务进行抗辩提供借口,因而不宜采用。而采劳动者(雇员)意思说,有使执行工作任务的范围任意扩大并致采用人单位(雇主)承担不可预料风险之风险。因此,亦不宜采纳。而采客观说可能会使用人单位(雇主)就其劳动者(雇员)假借执行职务为名牟取私利的行为承担侵权责任。因此判断执行工作任务范围的方法,还得回归到"主客观相一致"的标准上来,即利用"意志、利益联系"的检验法,从行为人的主观意思和行为的客观性质两个方面加以判断,在劳动者(雇员)主观动机可以判断为执行职务行为时,如在客观行为上亦不悖于情理,则可认定该行为是执行工作任务或职务的行为。

执行工作任务的判定是非常复杂的,必须要考察具体案情,结合多项判断标准进行综合判断。首先考察劳动者(雇员)的行为是否在用人单位(雇主)授权的时间和地点内;如不在用人单位(雇主)的工作时间和地点内,就要考察是否其行为是服务于用人单位(雇主)的目的或者促进了用人单位(雇主)的利益;其行为是否与用人单位(雇主)的事业具有内在的关联等因素,如劳动者(雇员)以执行职务为方法、借用机会以达到个人不法目的的侵权行为,而缺少了职务上的机会便很难实施,因其行为与履行职务之间的内在关联,也应当认定为职务行为;劳动者(雇员)为了履行职务所为的辅助行为,性质上显然属于职务行为;再如,履行职务的附属行为,其并不直接对履行职务发生作用,而纯粹由劳动者(雇员)的生活需要、个人嗜好等所引发,但通常也应当被认定为与履行职务有内在联系的行为。另外,确定一些排除的条款也是很重要的判断标准,如是否完全为了劳动者(雇员)自己的目的与利益的不合理的绕道或嬉戏行为。但关于被禁止的行为,即使劳动者(雇员)的行为是用人单位(雇主)明确禁止的,用人单位(雇主)责任也将可能存在。如果用人单位(雇主)所禁止的是有关劳动者(雇员)职务范围内的行为方式的禁止,则这种禁止行为不能认为是在雇佣范围之外。[19]

5. 关于用人单位的追偿权

在我国民法法人理论中,有所谓"两罚制"。两罚制是指法人在对法定代表人及其他工作人员的职务行为承担民事责任的同时,法定代表人及其他工作人员亦应对其过失行为负责。[20]《民法典》第62条第2款规定:"法人承担民事责任后,依照法律或者法人章程的规定,可以向有过错的法定代表人追偿。"对法人的致害行为实行两罚制,几乎已成为世界各国法人制度,特别是企业法人制度的通例。如《瑞士民法典》第55条即有此种规定。

法定代表人或其他工作人员个人承担责任,各国与地区民法均采过错责任原则。个人承担责任的方式,主要有两种:(1)与法人一起承担连带责任。日本、我国台湾地区采此原则,我国最高人民法院的司法解释也有这种倾向;[21](2)个人承担补偿责任,即法人承担责任后,向有过错的个人追偿。苏联采此立法例。我们认为,后一种立法主张更为合理,因为:如果规定连带责任,实践中通常也是法人(经济强者)先承担全部责任,再向个人追偿,即仍然存在追偿问题。故而,不如直接规定法人对外承担责任,再向个人追偿,这样立法在责任层次上内外分明,便于理解和适用。当然,追偿是全额追偿还是部分追偿,存在立法上的空白及司法过程中的争议,我们主张

---

〔19〕 曹艳春:《雇主替代责任的雇佣范围之考量》,载《法学杂志》2008年第4期。

〔20〕 李开国:《民法总则研究》,法律出版社2003年版,第193页。

〔21〕 原《人身损害赔偿解释》第9条规定:"雇员在从事雇佣活动中致人损害的,雇主应当承担赔偿责任;雇员因故意或者重大过失致人损害的,应当与雇主承担连带赔偿责任。雇主承担连带赔偿责任的,可以向雇员追偿。"2020年最高人民法院修正该司法解释时已删除此规定。

不宜全额追偿,至于追偿的比例,可以由法官根据其行为人过错的大小来决定。

对于两罚制的问题,之前的《侵权责任法》没有作出明确规定,实务中不无争议。《民法典》第1191条第1款第二句进行了明确,即“用人单位承担侵权责任后,可以向有故意或者重大过失的工作人员追偿”。值得注意的是,单位对造成他人权益受损的工作人员所享有的追偿权,并不是在任何情形下均享有的,其前提在于该工作人员对自己的侵权行为主观上存在“故意或者重大过失”的过错。所以,司法实务的重点将是对这一过错的认定。一般认为,专业人员违背自己专业范围内的常识知识,可认定为重大过失。[22]

6. 关于劳务派遣期间责任主体的特殊规定

《民法典》第1191条第2款规定:“劳务派遣期间,被派遣的工作人员因执行工作任务造成他人损害的,由接受劳务派遣的用工单位承担侵权责任;劳务派遣单位有过错的,承担相应的责任。”据此规定,用工单位是第一顺位责任人,劳务派遣单位(用人单位)是第二顺位责任人,劳务派遣单位仅在用工单位无法全部赔偿的情况下,承担剩余部分的赔偿,而且是仅在自己过错的范围内承担责任。[23]

所谓劳务派遣,是指劳务派遣单位先与劳动者签订劳动合同,然后将劳动者派遣到接受劳务派遣的用工单位工作,涉及派遣单位、用工单位和劳动者三方主体的用工机制。根据我国《劳动合同法》的规定,劳动派遣单位与被派遣劳动者之间成立劳动合同关系,接受派遣的单位与劳动者之间是用工关系。这就带来一个问题,被派遣劳动者在劳动过程中致人损害时,责任由谁来承担?《民法典》的规定是,应当由接受劳动派遣的单位承担无过错侵权责任,而劳动派遣单位承担过错补充责任。理由是:接受劳动派遣的单位是用工单位,是劳动人员的管理者、劳动过程的组织者,是劳动风险的主要控制者,也是劳动过程的直接受益者,自然应当对劳动者致人损害的行为承担民事责任;劳动派遣单位是劳动者的挑选者、培训者,是劳动过程的间接受益者,亦应对劳动者致人损害的后果承担过错补充责任。

《民法典》第1191条未规定用工单位承担赔偿责任后能否向用人单位追偿的问题。我们认为,关于用工单位的追偿,双方有约定的按照约定执行;没有约定的,在用人单位有过错的情况下,可以成立与该过错对应的追偿权。

7. 用人单位侵权责任制度的适用

一是劳动者因执行工作任务而被第三人伤害时的责任承担。劳动者因执行工作任务而被第三人伤害时的责任承担,《民法典》未作出规定,但在实践中,劳动者对第三人的侵权责任请求权与对用人单位的工伤赔偿请求权的关系是长期存在争议的话题。《人身损害赔偿解释》(2020年修正)第3条第2款规定:“因用人单位以外的第三人侵权造成劳动者人身损害,赔偿权利人请求第三人承担民事赔偿责任的,人民法院应予支持。”由此可见,劳动者或其近亲属(劳动者死亡的情况)可以选择救济途径,要么向侵权的第三人主张侵权责任,要么向用人单位或社保机构主张工伤待遇。

二是劳动者因执行工作任务而使自己受到伤害时的责任承担。劳动者因执行工作任务而自己受到伤害时的责任承担,《民法典》未作出规定,但实践中常发生。在现行法的规定下,符合工伤保险条件且不存在第三人之加害行为的情形,由工伤保险基金给付赔偿金,雇主不承担任何赔

〔22〕 石冠彬:《民法典用工责任规范的实践困境及破解之道》,载《江海学刊》2020年第6期。

〔23〕 王胜明主编:《中华人民共和国侵权责任法释义》,法律出版社2010年版,第173~174页。

偿责任。这是别无选择且不存在任何“补充”的救济。雇主有义务参加工伤保险统筹而未参加者,应当承担如同工伤保险基金一样的给付责任。不符合工伤保险条件的,由雇主承担一般人身损害赔偿责任。如是由于第三人的原因致使劳动者受害,应当如何处理?根据《人身损害赔偿解释》第3条的规定,受害人只能要求工伤保险待遇,或者要求第三人承担侵权责任,而不能要求用人单位或雇主承担侵权责任。这一司法解释存在不能充分保护受害人(雇员或劳动者)之可能性。如果选择适用《工伤保险条例》按照工伤处理,当工伤保险待遇不足以弥补其损害时,亦无其他救济途径了。

我们认为,对于工伤事故,劳动法从工伤保险的角度加以规范,民法从工业事故无过错责任特殊侵权行为的角度加以规范,就构成了工伤事故这一法律关系的双重性质,它既是工业事故的特殊侵权行为,又是工伤事故的劳动保险。[24] 如果用人单位对于劳动者受害存在过错或构成侵权的,劳动者亦可在获工伤保险赔偿后,就工伤保险与民事赔偿的差额部分向用人单位主张侵权损害赔偿。综合上述考虑,我们主张工伤保险责任优先适用,但并不是最后选择。故此,劳动者因工伤事故遭受人身伤害,劳动者或者其近亲属可以按照有关法律规定请求工伤赔偿金,但可以就工伤保险金不足弥补损失的部分,按照相关法律规定要求用人单位承担侵权责任。因第三人侵权造成劳动者人身伤害的,劳动者或者其近亲属也可以直接依据相关规定要求第三人承担侵权责任。

(二)个人劳务关系中的侵权责任

1. 个人劳务关系的概念

个人劳务关系,是指因提供劳务一方有偿或无偿地为接受劳务一方提供劳务服务,而在个人之间形成的民事权利义务关系。在《侵权责任法》出台后,立法机关工作人员编写的释义书指出,这里的“个人”仅指自然人,不包括个体工商户和合伙,如果个体工商户和合伙的雇员因工作发生的纠纷,按照原《侵权责任法》第34条用人单位责任的规定处理。[25] 后《民法典》时代,这一观点依然成立。

《民法典》第1192条之所以在第1191条之外单独规定了个人劳务关系中的侵权责任,其原因主要是劳务关系不同于劳动关系。此处的不同主要表现在:(1)劳务关系本质上是普通民事关系,主要由《民法典》合同编和总则编进行规范和调整。企业、个体经济组织与劳动者之间的劳动关系,属于特殊民事关系,由劳动法律制度予以规范和调整。(2)劳务关系的主体可以是自然人之间或者自然人与单位之间,但本条仅调整个人之间形成的劳务关系。劳动关系中的一方应是符合法定条件的用人单位,另一方必须是符合劳动年龄条件,且具有与履行劳动合同义务相适应的能力的自然人。(3)劳务关系中,提供劳务一方不是接受劳务一方的职工,双方不存在隶属关系。劳动关系中的用人单位与员工之间存在隶属关系。(4)劳务关系中,接受劳务一方不为提供劳务一方办理社会保险。劳动关系中的用人单位必须按照相关规定为职工购买社会保险。(5)劳务关系中,接受劳务的一方有权中断劳务关系,但没有用人单位对职工处分等权利;用人单位对职员违反用人单位劳动纪律和规章制度等行为,有权依法进行处理,但仅能在法律明文规定的情形下才能解除劳动合同。(6)劳务关系中,报酬完全由双方当事人协商确定。劳动关系中,用人单位对职工有工资、奖金等方面的分配权利,但用人单位向员工支付的工资应遵循

〔24〕 杨立新、袁雪石、陶丽琴:《侵权行为法》,中国法制出版社2008年版,第370～371页。
〔25〕 王胜明主编:《中华人民共和国侵权责任法释义》,法律出版社2010年版,第176页。

按劳分配、同工同酬的原则,并遵守当地有关最低工资标准的规定。[26]

2. 个人劳务关系中接受劳务一方的侵权责任

《民法典》第1192条第1款规定:"个人之间形成劳务关系,提供劳务一方因劳务造成他人损害的,由接受劳务一方承担侵权责任。接受劳务一方承担侵权责任后,可以向有故意或者重大过失的提供劳务一方追偿……"据此规定,个人劳务关系中接受劳务一方应对提供劳务一方造成他人损害的侵权行为承担无过错的替代责任。

接受劳务一方承担无过错的替代责任,前提是提供劳务一方造成他人损害的侵权行为必须是因劳务而产生的,对于提供劳务一方与提供劳务无关的个人行为造成他人损害的,接受劳务一方无须承担责任。当然,接受劳务一方承担侵权责任后,可以向有故意或者重大过失的提供劳务一方追偿。

3. 个人劳务关系中提供劳务者因劳务致使自己受害时的责任承担

雇员在雇佣活动中受到损害的,应由雇主承担侵权责任。雇员在雇佣活动中遭受损害时雇主承担责任的理由,主要是报偿理论,即雇主是雇佣活动的受益者,自然应当对雇佣活动的危险承担风险,如雇员遭受损失,雇主应负其责。其实,从朴素的公平理念出发,如果雇主亲自从事该等行为并从中受益,亦可能遭受同样的损失,故要求雇主承担责任,并不违反法律的公平原则。此外,要求雇主承担责任,也有利于保护雇员这样的财富创造者、经济弱势者。雇员在雇佣活动中受到伤害时,雇主承担的责任,就性质而言,"属于直接责任、单方责任,是一种普通的人身损害赔偿责任"。[27]

以上见解已被《民法典》所采纳,该法第1192条第1款最后一句规定:"提供劳务一方因劳务受到损害的,根据双方各自的过错承担相应的责任。"即提供劳务一方因劳务受到损害的,适用过错责任原则,由接受劳务一方和提供劳务一方根据自己的过错分别承担责任。这一规定和劳动者在用人单位受到损害的规定有所不同。理由是,由于"个人之间形成劳务关系的",不属于依法应当参加工伤保险统筹的情况,提供劳务一方受到损害后,没有工伤保险来分散接受劳务一方的风险,因此,不宜像用人单位一样要求接受劳务一方承担无过错责任,而应当区分情况,根据双方的过错来处理比较合理。[28] 此外,个人之间形成劳务关系时,接受劳务者往往不能像用人单位一样来进行劳动过程及劳动风险的组织和控制,如何提供劳务在很大程度上取决于提供劳务者,接受劳务者也不能像用人单位一样进行劳动者的管理和培训,因而实行过错责任原则更为合理。

4. 提供劳务一方因劳务而被第三人伤害时责任的承担

在制定原《侵权责任法》的过程中,有学者建议规定,第三人造成雇员损害的,雇员或其近亲属可以要求第三人承担侵权责任,也可以要求雇主承担侵权责任。此时,无论是雇主还是第三人,都有义务承担赔偿责任,均不享有赔偿顺位抗辩权。不过,雇主承担赔偿责任后,可以向第三人追偿。[29] 但原《侵权责任法》未对此进行规定,致使司法实践如何处理这类案件的争议未得平息。我们认为,因为雇主责任和第三人侵权责任在性质上不同,此时可能发生受害人民事权利

---

〔26〕 王胜明主编:《中华人民共和国侵权责任法释义》,法律出版社2010年版,第175～176页。

〔27〕 杨立新、袁雪石、陶丽琴:《侵权行为法》,中国法制出版社2008年版,第384页。

〔28〕 王胜明主编:《中华人民共和国侵权责任法释义》,法律出版社2010年版,第177页。

〔29〕 侯国跃:《中国侵权法立法建议稿及理由》,法律出版社2009年版,第628页。

“竞合”。受害的提供劳务者享有选择权,既可以类推适用无因管理的规定要求接受劳务者承担责任,[30]也可以请求侵权第三人承担赔偿责任。此种见解似被《民法典》采纳,该法第1192条第2款规定:“提供劳务期间,因第三人的行为造成提供劳务一方损害的,提供劳务一方有权请求第三人承担侵权责任,也有权请求接受劳务一方给予补偿。接受劳务一方补偿后,可以向第三人追偿。”

5. 无偿帮工情况下的损害赔偿问题

我国民间常有无偿帮工的现象。无偿帮工,本质上属于无偿劳务关系,因此,在无偿帮工的情况下,损害赔偿问题应适用相同的法律原理。不过,无偿帮工有应邀帮工和主动帮工的区分,在帮工人主动帮工时,要适当考虑被帮工人的意愿,如被帮工人明确拒绝的,不宜要求其对帮工活动中的损害承担责任,但《民法典》第6条规定的公平原则仍然予以适用。

对此,2020年修正的《人身损害赔偿解释》第4条规定,无偿提供劳务的帮工人,在从事帮工活动中致人损害的,被帮工人应当承担赔偿责任。被帮工人承担赔偿责任后向有故意或者重大过失的帮工人追偿的,人民法院应予支持。被帮工人明确拒绝帮工的,不承担赔偿责任。该司法解释第5条规定,无偿提供劳务的帮工人因帮工活动遭受人身损害的,根据帮工人和被帮工人各自的过错承担相应的责任;被帮工人明确拒绝帮工的,被帮工人不承担赔偿责任,但可以在受益范围内予以适当补偿。帮工人在帮工活动中因第三人的行为遭受人身损害的,有权请求第三人承担赔偿责任,也有权请求被帮工人予以适当补偿。被帮工人补偿后,可以向第三人追偿。

6. 其他相关情形下的损害承担问题

一是提供劳务一方因劳务而致使接受劳务一方受损时责任的承担。提供劳务一方因劳务而致使接受劳务一方受损时的责任承担,《民法典》未作规定。我们认为,这种情况应当同提供劳务一方因劳务而致使自己受损的情形一样,根据双方各自的过错承担相应的责任。

二是承揽活动中的损害承担问题。《民法典》第1193条规定:“承揽人在完成工作过程中造成第三人损害或者自己损害的,定作人不承担侵权责任。但是,定作人对定作、指示或者选任有过错的,应当承担相应的责任。”单位用工责任规范、个人用工责任规范和承揽用工责任规范共同组建了用工责任规范群。

二、产品责任

产品责任,是指因产品存在缺陷致他人遭受损害而产生的侵权责任。产品责任即产品侵权责任,与产品质量责任不同。产品质量责任包括作为违约责任的产品瑕疵责任以及违反产品质量管理法规的行政责任。产品责任属于无过错责任。关于产品责任中的惩罚性赔偿制度,本书“侵权责任方式”部分已述,此处不再重复。

(一)产品责任的构成要件

其一,产品存在缺陷。根据《产品质量法》第2条的规定,产品是指经过加工、制作,用于销

---

[30] 原《民法通则意见》第132条规定:“民法通则第九十三条规定的管理人或者服务人可以要求受益人偿付的必要费用,包括在管理或者服务活动中直接支出的费用,以及在该活动中受到的实际损失。”本条规定在这里可以适用,但不是直接适用,而是类推适用。原因在于提供劳务者向接受劳务者提供劳务,并非无因管理,但关于该过程中的风险控制与风险负担与无因管理具有类似性。实际上,从最朴素的法律观念出发,如果不是由他人提供劳务,而是由接受劳务者亲力亲为,这一过程中的风险也是由其自行承担的。

售的动产。[31] 此定义告诉我们,以销售为目的,通过工业加工等生产方式所获得的具有特定使用性能的物品为产品。未经加工的天然形成的产品,如原矿、原煤、原油、天然气等以及初级农产品,如农、林、牧、渔等产品,不属于《产品质量法》上的产品。缺陷是产品责任制度中一个关键性概念,也是司法实践中比较头痛的问题。我国《产品质量法》第 46 条规定,本法所称缺陷,是指产品存在危及人身、他人财产安全的不合理的危险;产品有保障人体健康和人身、财产安全的国家标准、行业标准的,是指不符合该标准。根据该规定,认定产品缺陷的方法有:(1)合法性判断:不合法即为缺陷。产品不符合有关保障人体健康和人身、财产安全的国家标准或行业标准的,即可被认定为有缺陷。但是,反过来并不成立,或者说,产品的合法性不意味着产品没有缺陷。(2)危险性审查:不合理危险构成缺陷。如果没有保障人体健康和人身、财产安全的国家标准或行业标准,则"不合理危险"是认定产品是否存在缺陷的关键性因素。产品缺陷分为设计缺陷、制造缺陷和警示缺陷。设计缺陷指产品设计的结构、配方等方面存在不合理的危险。制造缺陷指产品因原材料或配件在物理学上存在缺陷,或在装配成最终产品时出现某种错误,使产品具有不合理的危险性。警示缺陷,又叫作标示缺陷,是指经营者对其产品没有提供适当的警示与说明。

其二,损害或危害是由缺陷产品造成的。这一构成要件要求损害的发生与产品的缺陷有因果关系,即损害是由使用或者消费缺陷产品所致。虽然损害的发生与产品有关,但是不是因为产品的质量缺陷引起的,则不属于产品责任。产品责任因果关系的证明,与一般侵权责任因果关系的证明有所不同。一般而言,受害人只要证明损害的发生是因使用和消费产品引起的,法官即可根据情况,责令产品的生产者、销售者证明因果关系不存在。如果生产者、销售者不能证明损害的发生与产品缺陷无关,即可认定因果关系成立。这是因为产品缺陷涉及复杂的技术问题,要求受害人完全证明因果关系是不现实的。需要注意的是,这里的损害包括人身损害、财产损害,但不包括缺陷产品本身的损害。

根据《民法典》第 1205 条的规定,产品责任的责任形式还可能是排除妨碍、消除危险等,即因产品缺陷危及他人人身、财产安全的,被侵权人有权请求生产者、销售者承担排除妨碍、消除危险等侵权责任。

(二)产品缺陷致害的责任承担

产品缺陷致害的责任承担,规定于《民法典》第 1202 条至第 1204 条。根据法律规定,因产品缺陷受到损害的人,既可以向生产者要求赔偿,也可以向销售者要求赔偿。即无论产品的缺陷是生产者的责任还是销售者的责任,受害人都可以选择生产者或者销售者要求赔偿,也可以以生产者、销售者为共同被告要求赔偿。生产者与销售者承担的责任为不真正连带责任。在外部,即相对于受害人,生产者或销售者均不能以没有过错为由提出抗辩。外部责任的规定有利于保护消费者等社会弱者。

但出于公平考虑,在生产者和销售者内部,应当各自按照法律的规定承担其责任,即就最终责任而言,生产者承担无过错责任,销售者承担过错责任。详言之:(1)如果产品缺陷是由销售者的过错造成并致人损害的,由销售者承担赔偿责任;生产者在向受害人赔偿后,可以向销售者追偿。(2)如果销售者对于产品的缺陷没有过错,应由生产者承担无过错责任;销售者在向受害

---

〔31〕《产品质量法》第 2 条定义"产品"却落脚于"产品",即"产品是产品",有循环定义之嫌,应当将定义的中心语改为"产品"的上位概念"动产"。故作者认为,产品是指经过加工、制作,用于销售的动产。

人赔偿以后，可以向生产者追偿。(3)如果销售者不能指明缺陷产品的生产者，也不能指明缺陷产品的供货者的，则销售者应当承担侵权责任。(4)因运输者、仓储者等第三人的过错使产品存在缺陷，造成他人损害的，产品的生产者、销售者赔偿后，有权向第三人追偿。

(三)产品责任的抗辩事由

因产品缺陷致人损害的侵权诉讼，由被告就法律规定的免责事由承担举证责任。根据《产品质量法》第41条第2款的规定，生产者就产品责任可得主张的抗辩事由包括：(1)未将产品投入流通。投入流通指将产品出售、出租、赠送、出质、典当等交易行为和赠与行为。如果产品仍处于生产、仓储阶段，不成立产品责任。(2)产品投入流通时，引起损害的缺陷尚不存在。即引起损害的产品缺陷是在产品流通的过程中，由于运送者、仓储者等第三人或者使用者自己的过错造成的。需要注意，根据《民法典》第1204条的规定，第三人原因不能成为生产者或销售者对抗受害人的抗辩事由，仅得成立生产者或销售者向第三人的追偿权。(3)将产品投入流通时的科学技术水平不能发现缺陷存在的。但是，根据《民法典》的规定，产品投入流通后发现存在缺陷的，生产者、销售者应当及时采取停止销售、警示、召回等补救措施；未及时采取补救措施或者补救措施不力造成损害扩大的，对扩大的损害也应当承担侵权责任。依据前款规定采取召回措施的，生产者、销售者应当负担被侵权人因此支出的必要费用。(4)使用者的过错。如果损害的发生是由于使用者使用不当引起的，生产者和销售者不承担赔偿责任。使用不当指不按照规定的用途使用、违反警示标志的警告使用产品以及超过规定的安全使用期使用产品等行为。

(四)产品代言人的连带责任

《食品安全法》(2021年修正)第140条第3款规定："社会团体或者其他组织、个人在虚假广告或者其他虚假宣传中向消费者推荐食品，使消费者的合法权益受到损害的，应当与食品生产经营者承担连带责任。"值得注意的是，该规定仅适用于食品，而不适用于其他产品或物品。食品，指各种供人食用或者饮用的成品和原料以及按照传统既是食品又是药品的物品，但是不包括以治疗为目的的物品。在制定原《侵权责任法》的过程中，曾有学者建议规定"产品推荐者的责任"，即"任何组织或个人在虚假广告中向消费者推荐产品，致使消费者的合法权益受到损害的，应当与产品生产者或销售者承担连带责任。"[32]但这一建议并未得到原《侵权责任法》和《民法典》的立法者采纳。根据民法原理和《民法典》第178条第3款的规定，法定连带责任属于特殊责任，法律未规定则不得适用。

唯需特别注意的是，我国《广告法》(2021年修订)第56条第1款至第3款规定："违反本法规定，发布虚假广告，欺骗、误导消费者，使购买商品或者接受服务的消费者的合法权益受到损害的，由广告主依法承担民事责任。广告经营者、广告发布者不能提供广告主的真实名称、地址和有效联系方式的，消费者可以要求广告经营者、广告发布者先行赔偿。关系消费者生命健康的商品或者服务的虚假广告，造成消费者损害的，其广告经营者、广告发布者、广告代言人应当与广告主承担连带责任。前款规定以外的商品或者服务的虚假广告，造成消费者损害的，其广告经营者、广告发布者、广告代言人，明知或者应知广告虚假仍设计、制作、代理、发布或者作推荐、证明的，应当与广告主承担连带责任。"根据该法第2条第5款的规定，广告代言人是指广告主以外的，在广告中以自己的名义或者形象对商品、服务作推荐、证明的自然人、法人或者其他组织。

---

〔32〕 侯国跃：《中国侵权法立法建议稿及理由》，法律出版社2009年版，第372页。

三、机动车交通事故责任

(一)机动车交通事故责任的性质与法律适用

交通事故,是指车辆在道路上因过错或者意外造成的人身伤亡或者财产损失的事件。根据《道路交通安全法》的规定,车辆有机动车与非机动车两种类型。机动车,是指以动力装置驱动或者牵引,上道路行驶的供人员乘用或者用于运送物品以及进行工程专项作业的轮式车辆。非机动车,是指以人力或者畜力驱动,在道路行驶的交通工具,以及虽有动力装置驱动但设计最高时速、空车质量、外形尺寸符合有关国家标准的残疾人机动轮椅车、电动自行车等交通工具。道路是指公路、城市道路和虽在单位管辖范围但允许社会机动车通行的地方,包括广场、公共停车场等用于公众通行的场所。机动车交通事故责任,或机动车运行致害责任,是指因机动车在道路上发生交通事故导致他人损害所产生的侵权责任。

机动车交通事故责任的性质,理论上存在不同主张,一为危险责任说,二为报偿责任说。本书持前一种学说。机动车作为一种危险物,有必要对其引起的事故责任进行法定化。机动车的使用属于危险作业,它会给社会带来损害,但它也会给人们带来财富和便利,为人类社会的发展创造着条件。因此,它是一种被允许的危险活动。从事这种危险活动的人,即是控制危险的人,应当对此危险活动引发的后果承担责任。

大陆法系关于机动车交通事故责任的立法模式,有在民法典中规定(对机动车交通事故责任设置专门条文或规定于危险物责任之中)的,有在民法典之外规定(制定专门的机动车损害赔偿法或者在有关道路交通相关的法律中设置机动车交通事故责任的条文)的。就我国而言,原《民法通则》第123条将机动车归于“高速运输工具”,故机动车交通事故责任属于高度危险责任。但是,“民法通则第123条将交通事故与其他危险责任合并规定,实际上仅解决了责任原则和免责事由,加之条文过分简略,法院及交通事故管理机关普遍反映解释适用面临困难”。〔33〕2003年10月28日全国人大常委会通过的《道路交通安全法》(2021年修正),在第76条专门规定了机动车交通事故责任规则。《侵权责任法》第六章专门规定了机动车交通事故责任,该章规定经修改后成就《民法典》侵权责任编第五章。就法律适用而言,应当首先适用《道路交通安全法》,没有规定则适用《民法典》。此外,最高人民法院《道路交通事故赔偿解释》(法释〔2012〕19号,2020年修正)对机动车交通事故责任进行了细化规定。

(二)机动车交通事故责任的归责原则

《民法典》第1213条规定:“机动车发生交通事故造成损害,属于该机动车一方责任的,先由承保机动车强制保险的保险人在强制保险责任限额范围内予以赔偿;不足部分,由承保机动车商业保险的保险人按照保险合同的约定予以赔偿;仍然不足或者没有投保机动车商业保险的,由侵权人赔偿。”这种保险前置、侵权人托底的规定,充分体现了保险的作用和及时救济受害人、分散机动车使用人风险的目的,符合强制保险的赔偿替代性和商业保险的补充性的性质,也最大程度地平衡了强制保险、商业保险和侵权人的责任与义务。〔34〕

此处的“侵权人”确定,须根据机动车交通事故责任的归责原则来确定。《道路交通安全法》第76条规定,机动车发生交通事故造成人身伤亡、财产损失的,由保险公司在机动车第三者责任

〔33〕　梁慧星:《关于中国道路交通事故赔偿的法律制度》,载《安徽大学学报》(哲学社会科学版)1995年第6期。

〔34〕　黄薇主编:《中华人民共和国民法典释义》,法律出版社2020年版,第2352页。

强制保险责任限额范围内予以赔偿；不足的部分，按照下列规定承担赔偿责任：(1)机动车之间发生交通事故的，由有过错的一方承担赔偿责任；双方都有过错的，按照各自过错的比例分担责任。(2)机动车与非机动车驾驶人、行人之间发生交通事故，非机动车驾驶人、行人没有过错的，由机动车一方承担赔偿责任；有证据证明非机动车驾驶人、行人有过错的，根据过错程度适当减轻机动车一方的赔偿责任；机动车一方没有过错的，承担不超过百分之十的赔偿责任。交通事故的损失是由非机动车驾驶人、行人故意碰撞机动车造成的，机动车一方不承担赔偿责任。

根据前述规定可知，机动车交通事故责任的归责原则为：(1)机动车与机动车之间发生交通事故的，适用过错责任原则。因为机动车相互碰撞，双方主体的法律地位平等，应当根据过错责任原则确定各自责任的大小，而无须适用高度危险责任制度。(2)机动车因交通事故导致非机动车或行人受到损害的，机动车一方承担无过错责任。总之，机动车交通事故责任的归责原则，实行的是过错责任与无过错责任相结合的二元归责体系。

(三)机动车交通事故赔偿责任的责任主体

在实践中，机动车交通事故造成他人损害时，可能涉及多个潜在的被告，如承保机动车第三者责任强制保险的保险公司、机动车的所有人、驾驶人、管理人、占有人等。我国《道路交通安全法》第76条规定的机动车交通事故责任的主体是“机动车一方”，但何谓“机动车一方”存有争议，实务中也有不同做法。我们认为，应从机动车交通事故责任为高度危险责任这一性质出发，规定由机动车所有人承担责任，但所有人和实际管领人（“作业人”）不一致时，则由实际管领人承担责任。

为解决实务中的争议，最高人民法院先后发布了两个司法解释和一个批复，分别就一些特定案例中的机动车交通事故责任主体认定问题进行了规定。第一个司法解释是《最高人民法院关于被盗机动车辆肇事后由谁承担损害赔偿责任问题的批复》(法释〔1999〕13号)，该批复规定：“使用盗窃的机动车辆肇事，造成被害人物质损失的，肇事人应当依法承担损害赔偿责任，被盗机动车辆的所有人不承担损害赔偿责任。”第二个司法解释是《最高人民法院关于购买人使用分期付款购买的车辆从事运输因交通事故造成他人财产损失，保留车辆所有权的出卖方不应承担民事责任的批复》(法释〔2000〕38号)，该批复规定：“采取分期付款方式购车，出卖方在购买方付清全部车款前保留车辆所有权的，购买方以自己名义与他人订立货物运输合同并使用该车运输时，因交通事故造成他人财产损失的，出卖方不承担民事责任。”以上两个司法解释与本书观点相同。

此后，最高人民法院民一庭的《关于连环购车未办理过户手续，原车主是否对机动车发生交通事故致人损害承担责任的复函》(〔2001〕民一他字第32号)指出：“连环购车未办理过户手续，因车辆已交付，原车主既不能支配该车的营运，也不能从该车的营运中获得利益，故原车主不应对机动车发生交通事故致人损害承担责任。但是，连环购车未办理过户手续的行为，违反有关行政管理法规的，应受其规定的调整。”这一批复的结论亦与本书观点相同，但关于责任主体的判断标准却采纳了德国、日本民法中“运行支配＋运行利益”的二元相结合模式。我们认为，危险责任理论与“运行支配＋运行利益”理论，并没有不可逾越的鸿沟。运行支配者、运行获利者，亦即危险活动控制者及危险活动获益者。

1. 机动车之间发生交通事故致使第三人受到损害时的责任承担

如果机动车发生交通事故造成第三人损害的，应当由机动车“车方”对第三人按照危险责任的原则承担连带责任。[35]

2. 机动车所有人与使用人不一致时的责任承担

机动车所有人与使用人不一致,常常是因租赁、借用等原因造成的。《民法典》第1209条明确规定:"因租赁、借用等情形机动车所有人、管理人与使用人不是同一人时,发生交通事故造成损害,属于该机动车一方责任的,由机动车使用人承担赔偿责任;机动车所有人、管理人对损害的发生有过错的,承担相应的赔偿责任。"

据此规定,因租赁、借用等情形机动车所有人、管理人与使用人不是同一人而发生交通事故时,必须确定责任是否在机动车一方,若不在机动车一方,如是由非机动车驾驶人、行人故意碰撞机动车造成的,则机动车一方无须承担责任,此时无所谓机动车所有人与使用人的具体责任分担问题。如果确定责任在机动车一方(无论全部还是部分),则按照如下规则承担责任:(1)由保险公司在机动车强制保险责任限额范围内予以赔偿;(2)保险公司在机动车强制保险责任限额范围内赔偿之后,如果还有不足部分的,则由机动车使用人承担赔偿责任;(3)如果机动车所有人、管理人对损害的发生有过错的,则承担相应的赔偿责任。所谓机动车所有人、管理人对损害的发生有过错,如所有人、管理人明知机动车本身存在缺陷,却隐瞒该事实而仍将该机动车出租、借用给他人;明知承租人、借用人没有驾驶证,而仍将其机动车出租、借用给这些人员等。在上述情况下,机动车所有人、管理人的过错是导致机动车交通事故发生的间接原因,故根据其过错程度及原因力大小,承担一定的赔偿责任。

机动车所有人、管理人与使用人不一致,也可能是由于机动车被盗窃、抢劫或者抢夺而造成的。《民法典》第1215条明确规定:"盗窃、抢劫或者抢夺的机动车发生交通事故造成损害的,由盗窃人、抢劫人或者抢夺人承担赔偿责任。盗窃人、抢劫人或者抢夺人与机动车使用人不是同一人,发生交通事故造成损害,属于该机动车一方责任的,由盗窃人、抢劫人或者抢夺人与机动车使用人承担连带责任。保险人在机动车强制保险责任限额范围内垫付抢救费用的,有权向交通事故责任人追偿。"

同理,还有未经允许驾驶他人机动车的情况,也应适用相同的法律规则。《民法典》第1212条规定:"未经允许驾驶他人机动车,发生交通事故造成损害,属于该机动车一方责任的,由机动车使用人承担赔偿责任;机动车所有人、管理人对损害的发生有过错的,承担相应的赔偿责任,但是本章另有规定的除外。"

3. 以买卖等方式转让并交付机动车但未办理所有权转移登记时的责任承担

《民法典》第225条规定:"船舶、航空器和机动车等的物权的设立、变更、转让和消灭,未经登记,不得对抗善意第三人。"这意味着,当事人之间已经以买卖或其他方式转让并交付机动车,虽未办理所有权转移登记,但机动车的所有权也已转移。此种情况下,机动车发生交通事故时责任应如何承担?《民法典》第1210条对此设有明确规定,即"当事人之间已经以买卖或者其他方式转让并交付机动车但是未办理登记,发生交通事故造成损害,属于该机动车一方责任的,由受让人承担赔偿责任"。这里的受让人即所有人。换言之,机动车的责任和所有权均随交付而转移,是否办理所有权转移登记既不影响机动车所有权的转移,也不影响机动车交通事故责任的承担。

4. 以买卖等方式转让拼装或者已达到报废标准的机动车时的责任承担

《道路交通安全法》第14条明确规定:"国家实行机动车强制报废制度,根据机动车的安全

[35] 侯国跃:《中国侵权法立法建议稿及理由》,法律出版社2009年版,第339页。

技术状况和不同用途，规定不同的报废标准。应当报废的机动车必须及时办理注销登记。达到报废标准的机动车不得上道路行驶。报废的大型客、货车及其他营运车辆应当在公安机关交通管理部门的监督下解体。”但在现实生活中，经常出现将报废的机动车的不同零件进行组合，拼装成一部机动车，再予以销售，或者直接将报废的机动车销售于他人。因而，立法应当重点考虑惩罚转让人和受让人以遏制转让拼装或者已达到报废标准的机动车的违法行为，最终实现对公共安全的维护。在这种思想指导下，《民法典》第 1214 条明确规定：“以买卖或者其他方式转让拼装或者已经达到报废标准的机动车，发生交通事故造成损害的，由转让人和受让人承担连带责任。”

5. 机动车驾驶人发生交通事故后逃逸时的责任承担

机动车驾驶人发生交通事故后，如果积极承担相应的民事责任，通常有利于对受害人利益的保护，但现实生活中，不少机动车驾驶人在发生交通事故后，都意图通过逃逸的方式逃避责任的承担，这种情况下，可能使受害人不能获得良好的救济。对此，《民法典》第 1216 条明确规定：“机动车驾驶人发生交通事故后逃逸，该机动车参加强制保险的，由保险人在机动车强制保险责任限额范围内予以赔偿；机动车不明、该机动车未参加强制保险或者抢救费用超过机动车强制保险责任限额，需要支付被侵权人人身伤亡的抢救、丧葬等费用的，由道路交通事故社会救助基金垫付。道路交通事故社会救助基金垫付后，其管理机构有权向交通事故责任人追偿。”

6. 机动车“挂靠”情况下的责任承担

在现实生活中，机动车“挂靠”是一种比较常见的现象，即个人将自己出资购买的机动车登记于其他具有运输经营资质的公司，向该公司缴纳或不缴纳一定的管理费用，由该公司为其代办各种相应手续。实践中对于挂靠人发生交通事故时候，被挂靠单位是否需要承担责任以及如何承担责任，存在很大的争议。有的法院判决挂靠人与被挂靠单位承担连带赔偿责任；有的法院判决应由挂靠人承担责任，但被挂靠单位应在收取挂靠费用范围内与挂靠人承担连带责任；有的法院判决仅由挂靠人承担责任，被挂靠人不承担任何赔偿责任。我们认为，原则上应当由挂靠人即实际车主承担责任，但为保护受害人考虑，被挂靠单位应当在其收取管理费的范围内承担连带责任。如果被挂靠单位是由于地方政府的强制性规定，而被迫让他人挂靠在自己名下，也没有收取任何费用，那么就不应将被挂靠人认定为机动车的保有人，而应由挂靠人单独承担责任。[36] 对此，《民法典》第 1211 条规定：“以挂靠形式从事道路运输经营活动的机动车，发生交通事故造成损害，属于该机动车一方责任的，由挂靠人和被挂靠人承担连带责任。”

（四）机动车交通事故责任的抗辩事由

机动车交通事故责任为特殊的危险责任，因此各国立法均采取限制其抗辩事由的严格立场。根据《道路交通安全法》第 76 条的规定，受害人的故意是机动车交通事故责任的免责事由，而受害人过失是机动车交通事故责任的减责事由。此外，根据《民法典》的规定，机动车交通事故是因不可抗力或第三人原因造成的，亦可免除或减轻行为人的责任。

（五）关于“好意搭乘”发生交通事故时的责任承担

所谓好意搭乘，俗称“搭便车”“搭顺风车”，是指机动车所有人驾驶人出于好意，无偿邀请或者允许他人搭乘自己所有或驾驶的机动车。

我们认为，好意搭乘发生交通事故时应当按照以下规定确定赔偿责任：机动车在运行中造成

〔36〕 程啸：《机动车损害赔偿责任主体研究》，载《法学研究》2006 年第 4 期。

无偿搭乘机动车的人受到损害的,不能免除机动车一方的民事责任,但应当适当减轻;机动车在运行中造成有偿搭乘机动车的人受到损害的,可以参照客运合同的规定确定赔偿责任;机动车驾驶人不知道搭车人搭车,或者明确对搭车人予以拒绝的,机动车一方不对因此发生的损害承担责任。[37]

对此,《民法典》第1217条规定:"非营运机动车发生交通事故造成无偿搭乘人损害,属于该机动车一方责任的,应当减轻其赔偿责任,但是机动车使用人有故意或者重大过失的除外。"对本条对理解需要注意:(1)本规则属于利益衡量规则。在好意搭乘的情形下,既要保护受害人的利益,也要尊重我国助人为乐的传统美德,保护民事主体之间的信赖关系,鼓励人际友善,维护公序良俗。(2)好意搭乘不适用于营运机动车。但是,出租汽车等营运机动车在上班前或者下班后等非营运时间,出于助人的好意,免费搭乘人员的,可以参照本条规定。[38] 另外,在实践中,常有所谓"顺风车"现象。如果合乘者分担出行成本,则属于共享出行方式,是有偿的、营运的。其不适用《民法典》第1217条的规定。

四、环境污染和生态破坏责任

(一)环境污染和生态破坏责任的概念

环境污染和生态破坏责任,亦称环境侵权责任,是指由于污染环境、破坏生态的行为给他人造成损害或危害而应当承担的侵权责任。

环境,是指影响人类生存和发展的各种天然的和经过人工改造的自然因素的总体,包括大气、水、海洋、土地、矿藏、森林、草原、野生生物、自然遗迹、人文遗迹、自然保护区、风景名胜区、城市和乡村等。污染环境,主要指向环境排放物质或能量超过了环境的自净能力,从而导致环境质量降低;生态破坏,大多是对自然资源的不合理开发利用行为,导致环境要素的数量减少或质量降低,破坏环境效能和生态平衡。

环境污染、破坏生态产生的损害,应当作广义的理解。在实践中,环境污染侵权行为可能在损害当事人的财产权益同时,也给生态环境造成了破坏性影响。侵权法可以对受害人提供救济,但是否可以对生态环境的损害提供救济呢?这是侵权法中需要解决的一个疑难问题。要对整个生态环境提供救济和保护,首先涉及请求权主体的确定问题。任何一部侵权行为法都只会赋予自身遭受损害的人损害赔偿请求权。纵然一些法律制度认可了特定情况下的"第三人损失",但却不能掩盖这一结论,即一个人原则上既不可能(程序法上的原因)也不允许(实体法上的原因)对他人的损失提起赔偿之诉。自己因他人的损失而得到赔偿就是得了不义之财。基于此侵权行为法必须明鉴谁是损害赔偿请求权的拥有者。[39] 王利明教授认为,侵权法主要应当规定对受害人损失的补救问题,除了财产损失之外,还可以包括因为恢复生态而支出的费用。例如,由于违规排放污水致使部分耕地上的农作物全部死亡,同时导致了这部分土地严重碱化。在这种情况下,污染人除了要赔偿受害人因此直接遭受的农作物损失之外,还应当支付因恢复地力而需要支出的费用。[40] 《民法典》侵权责任编第七章为"环境污染和生态破坏责任"。本章主要包括两方

---

〔37〕 侯国跃:《中国侵权法立法建议稿及理由》,法律出版社2009年版,第341~346页。

〔38〕 黄薇主编:《中华人民共和国民法典释义》,法律出版社2020年版,第2358页。

〔39〕 [德]克雷斯蒂安·冯·巴尔:《欧洲比较侵权行为法》(下),焦美华译,法律出版社2004年版,第49页。

〔40〕 王利明:《侵权责任法制定中的若干问题》,载《民商法学》(复印报刊资料)2009年第2期。

面内容:一是私益损害,行为人因污染环境、破坏生态造成他人合法权益损害的,应当承担侵权责任;二是生态环境损害,行为人违反国家规定造成生态环境损害的,应当依法承担修复责任。[41]

此外,受害人虽然没有直接遭受财产和人身损害,但其能否以"生活环境遭到了破坏"为由请求损害赔偿? 例如,由于水污染等侵害致使相关居民附近的绿地、河流等自然生活环境恶化,这些居民为了恢复原有的良好环境,自主出资进行了治理,那么污染人是否应当支付治理费用呢? 王利明教授认为,尽管受害人没有遭受直接损害,但是其为了恢复原有的正常生活环境,需要支付一定的费用,属于纯经济损失范畴。如果这种纯经济损失与环境侵权行为有直接的因果关系,侵权人应当对这种损失承担责任。但是对于整个生态环境造成的损失,受害人个人一般不能主张财产损失,在必要时可以采取公益诉讼的方式来对环境进行保护。但这个问题主要不是由侵权责任法来进行规定,而应由环境保护法律来作出规定。[42]

在掌握环境污染和生态破坏责任时,可以同时关注《最高人民法院关于审理环境民事公益诉讼案件适用法律若干问题的解释》(法释〔2015〕1 号)、《最高人民法院关于审理海洋自然资源与生态环境损害赔偿纠纷案件若干问题的规定》(法释〔2017〕23 号)、《最高人民法院关于审理生态环境损害赔偿案件的若干规定(试行)》(法释〔2019〕8 号,2020 年修正)等司法解释的规定。

(二)环境污染和生态破坏责任的归责原则

《民法典》第 1229 条规定:"因污染环境、破坏生态造成他人损害的,侵权人应当承担侵权责任。"由此可见,环境污染和生态破坏责任采取无过错的归责原则。需注意的是,本条主要规范因工业生产或者其他人为活动造成的环境污染、生态破坏而对他人的人身、财产造成损害的行为,相邻关系人之间的生活污染行为不包括在内。相邻关系人的环境污染发生在相邻不动产所有人或者使用人之间,由物权编调整,造成损失主张赔偿的,适用侵权责任一般过错原则。[43]《最高人民法院关于审理环境侵权责任纠纷案件适用法律若干问题的解释》(法释〔2015〕12 号,以下简称《环境侵权责任解释》,2020 年修正)第 17 条第 2 款也规定,"相邻污染侵害"和"劳动者在职业活动中因受污染损害"引发的纠纷不适用环境侵权责任制度。

环境侵权责任适用无过错责任的归责原则的理由有:(1)这是当代世界各国环境保护立法和侵权行为法的基本趋势;(2)有利于强化污染环境者的法律责任,促使其履行环境保护义务,严格控制和积极治理污染;(3)有利于保护受害人的合法权益,减轻受害人证明加害人的过错的举证责任;(4)有利于简化诉讼程序,及时审结案件。[44] 根据无过错责任原则,只要有污染环境的排污行为,无论是否超过国家规定的标准,都要对因此产生的损害承担责任。需要注意的是,违法性也不是污染环境责任的构成要件。对此,《环境侵权责任解释》第 1 条第 1 款、第 2 款再次重申:"因污染环境、破坏生态造成他人损害,不论侵权人有无过错,侵权人应当承担侵权责任。侵权人以排污符合国家或者地方污染物排放标准为由主张不承担责任的,人民法院不予支持。"由此可见,原《民法通则》第 124 条所要求的"违反国家保护环境防止污染的规定"已被废弃。对污染环境的行为,推行不以违法性来认定侵权行为,是现代社会为了确保社会的公平分配,实现人文关怀终极目的的有力手段。

---

〔41〕 黄薇主编:《中华人民共和国民法典侵权责任编解读》,中国法制出版社 2020 年版,第 240 页。

〔42〕 王利明:《侵权责任法制定中的若干问题》,载《民商法学》(复印报刊资料)2009 年第 2 期。

〔43〕 黄薇主编:《中华人民共和国民法典释义》,法律出版社 2020 年版,第 2386 页。

〔44〕 张新宝:《侵权责任法原理》,中国人民大学出版社 2005 年版,第 379 页。

《民法典》虽然规定了环境污染和生态破坏适用无过错责任,但优先适用的是过错责任。对过失致污染环境、破坏生态,虽不适用惩罚赔偿,但也应优先适用过错责任,指出其责任教育行为人,发挥侵权责任的预防和制裁侵权行为的功能最高人民法院发布的十起环境公益诉讼指导案例,无一例外地适用过错责任充分证明了优先适用过错责任的结论。[45]

(三)环境污染和生态破坏责任中的因果关系

环境侵权责任要求污染环境和损害后果之间有因果关系。但由于污染环境具有渐进性、复杂性等特点,给因果关系的证明带来困难。随着环境污染问题越来越严重,为了保护受害人的正当利益,应当实行因果关系的推定,即原告只要对因果关系证明到一定程度,即可推定因果关系成立,证明责任转移到被告一方,如果被告不能证明污染与损害之间无因果关系,就要承担赔偿责任。原告需举证到什么程度?《环境侵权责任解释》第6条规定:"被侵权人根据民法典第七编第七章的规定请求赔偿的,应当提供证明以下事实的证据材料:(一)侵权人排放了污染物或者破坏了生态;(二)被侵权人的损害;(三)侵权人排放的污染物或者其次生污染物、破坏生态行为与损害之间具有关联性。"由此可见,原告并非不承担任何证明责任。

在原告举示初步证据之后,证明责任就发生转移。《民法典》第1230条规定:"因污染环境、破坏生态发生纠纷,行为人应当就法律规定的不承担责任或者减轻责任的情形及其行为与损害之间不存在因果关系承担举证责任。"根据《环境侵权责任解释》第7条的规定,侵权人举证证明下列情形之一的,人民法院应当认定其污染环境、破坏生态行为与损害之间不存在因果关系:(1)排放污染物、破坏生态的行为没有造成该损害可能的;(2)排放的可造成该损害的污染物未到达该损害发生地的;(3)该损害于排放污染物、破坏生态行为实施之前已发生的;(4)其他可以认定污染环境、破坏生态行为与损害之间不存在因果关系的情形。

环境污染和生态破坏责任中还存在比例因果关系规则。《民法典》第1231条规定:"两个以上侵权人污染环境、破坏生态的,承担责任的大小,根据污染物的种类、浓度、排放量,破坏生态的方式、范围、程度,以及行为对损害后果所起的作用等因素确定。"《环境侵权责任解释》第4条进一步规定:"两个以上侵权人污染环境、破坏生态,对侵权人承担责任的大小,人民法院应当根据污染物的种类、浓度、排放量、危害性,有无排污许可证、是否超过污染物排放标准、是否超过重点污染物排放总量控制指标,破坏生态的方式、范围、程度,以及行为对损害后果所起的作用等因素确定。"

(四)环境污染和生态破坏责任的抗辩事由

《环境侵权责任解释》第1条第3款规定:"侵权人不承担责任或者减轻责任的情形,适用海洋环境保护法、水污染防治法、大气污染防治法等环境保护单行法的规定;相关环境保护单行法没有规定的,适用民法典的规定。"根据我国法律规定,环境污染和生态破坏责任中可能适用的抗辩事由包括:

1. 受害人过错

《水污染防治法》规定,如果损害的发生是由于受害人自身的过错所致,排污单位不承担责任。《海洋环境保护法》也规定,完全是由于当事人的故意或者过失造成污染损害海洋环境的,由当事人承担赔偿责任。但根据民法理论及《民法典》的规定,我们认为,仅有受害人故意可以作为免除排污者侵权责任的抗辩事由,受害人过失不能免除排污者的侵权责任,但受害人存在重

---

[45] 刘士国:《民法典"环境污染和生态破坏责任"评析》,载《东方法学》2020年第4期。

大过失的,可以减轻排污者的侵权责任。因为,一般的民事主体在预防和抵御环境污染方面处于弱势,如果受害人一有过失就要免除或减轻侵权人的责任,将不利于保护受害人的利益,也不利于促使潜在环境污染人及时发现和预防环境污染。

2. 不可抗力

不可抗力是否可以成为环境侵权责任的免责事由?《海洋环境保护法》中规定,完全由于不可抗拒的自然灾害,并经及时采取合理措施,仍然不能避免造成环境污染损害的,免予承担责任。从该规定来看,不可抗力可以作为免责事由,但有严格的限制条件:(1)"不可抗拒的自然灾害"不等于不可抗力,仅是不可抗力的一部分;(2)完全是由于此种不可抗力因素导致损害;(3)经及时采取合理措施仍然不能避免损害。此外,《海洋环境保护法》第 92 条规定,战争行为是对海洋环境造成污染的免责条件。

3. 第三人原因

如果环境污染物所引起的损害不是由污染源所有者引起的,而是由第三人引起的,如果第三人不明确或者缺乏赔偿能力的情况下,能否要求污染源所有者先行承担赔偿责任?学理上对此有不同的看法。[46] 我国新修改的《水污染防治法》第 96 条规定:"水污染损害是由第三人造成的,排污方承担赔偿责任后,有权向第三人追偿。"该规定在修改时曾引起了激烈的讨论。从保护受害人的利益出发,规定让排污当事人无条件向受害人承担因第三人致损的赔偿责任,具有合理性。原《侵权责任法》和《民法典》延续了这一规定所体现的精神。《民法典》第 1233 条规定:"因第三人的过错污染环境、破坏生态的,被侵权人可以向侵权人请求赔偿,也可以向第三人请求赔偿。侵权人赔偿后,有权向第三人追偿。"此条规定,优先考虑的是保护受污染者和环境公共利益。因污染者的赔偿能力一般比第三人强,但也有第三人的赔偿能力比污染者强或者虽未必比污染者强但有相应的赔偿能力,受污染者可酌情选择责任者。

(五)环境污染和生态破坏责任的承担方式

排除危害和赔偿损失是传统环境侵权民事责任主要的承担方式。《环境侵权责任解释》第 13 条明文规定:"人民法院应当根据被侵权人的诉讼请求以及具体案情,合理判定侵权人承担停止侵害、排除妨碍、消除危险、修复生态环境、赔礼道歉、赔偿损失等民事责任。"由此可知,环境污染和生态破坏责任的承担方式主要是损害赔偿,但也可能是停止侵害、排除妨碍、消除危险、修复生态环境、赔礼道歉等方式。

基于生态环境保护的紧迫性和及时性要求,《环境侵权责任解释》第 12 条规定:"被申请人具有环境保护法第六十三条规定情形之一,当事人或者利害关系人根据民事诉讼法第一百条或者第一百零一条规定申请保全的,人民法院可以裁定责令被申请人立即停止侵害行为或者采取污染防治措施。"

环境污染和生态破坏责任中的损害赔偿范围是具有一定特殊性的新问题。《环境侵权责任解释》第 15 条规定:"被侵权人起诉请求侵权人赔偿因污染环境、破坏生态造成的财产损失、人身损害以及为防止损害发生和扩大、清除污染、修复生态环境而采取必要措施所支出的合理费用的,人民法院应予支持。"另外,违反法律规定故意污染环境、破坏生态造成严重后果时,可能成立惩罚性赔偿(见《民法典》第 1232 条),本书在损害赔偿部分已涉及,此处不再赘述。

修复生态环境可以理解为"恢复原状"的具体形式,但有其特殊性。传统民法中,恢复原状

---

〔46〕 王明远:《相邻关系制度的调整与环境侵权的救济》,载《法学研究》1999 年第 3 期。

的内涵较窄,指恢复到利益受损害前的状态,不影响正常使用;而生态环境具有特殊性,一旦遭到污染或者破坏,通常不可能完全恢复到受损害前的状态,只能通过技术措施,尽可能地恢复其原有的生态功能、文化功能等,所以,生态环境修复概念的内涵更为宽泛,更有弹性。从这个意义上讲,修复生态环境实际上是传统恢复原状责任在生态环境侵权领域的具体表达。《环境侵权责任解释》第 14 条规定:“被侵权人请求修复生态环境的,人民法院可以依法裁判侵权人承担环境修复责任,并同时确定其不履行环境修复义务时应当承担的环境修复费用。侵权人在生效裁判确定的期限内未履行环境修复义务的,人民法院可以委托其他人进行环境修复,所需费用由侵权人承担。”

修复以可能和必要为前提,以恢复其生态服务功能为标准。替代修复是修复的特殊情况。如无修复或替代修复的可能和必要,只能由污染者承担赔偿责任。民法典规定生态环境破坏修复和惩罚赔偿,意味着法律贯彻污染者负担原则,意味着计划经济时期企业执行国家计划无独立责任能力,造成环境生态破坏由国家负责修复,到今后发生环境破坏首先由破坏者承担修复责任,国家承担责任退居其次的根本转变,这意味着从行政治理为主到市场或私法治理与公法治理并举,并且以私法治理为基础的转变。[47]

(六)环境污染和生态破坏责任中的连带责任

根据《环境保护法》第 65 条之规定,环境影响评价机构、环境监测机构以及从事环境监测设备和防治污染设施维护、运营的机构,在有关环境服务活动中弄虚作假,对造成的环境污染和生态破坏负有责任的,除依照有关法律法规规定予以处罚外,还应当与造成环境污染和生态破坏的其他责任者承担连带责任。

(七)环境民事公益诉讼和生态环境损害赔偿诉讼

污染环境、破坏生态,不仅可能造成他人人身损害、财产损失,还可能损害社会公共利益,甚至还可能会造成生态环境损害,故为严格保护生态环境,国家建立了环境民事公益诉讼和生态环境损害赔偿制度。就前者而言,在《民事诉讼法》第 55 条规定公益诉讼制度的基础上,最高人民法院出台《关于审理环境民事公益诉讼案件适用法律若干问题的解释》(法释〔2015〕1 号)予以细化。就后者,即生态环境损害赔偿制度,是生态文明制度体系的重要组成部分,在我国则经历了从无到有的初创过程。2015 年年底,作为生态文明体制改革六大配套方案之一的生态环境损害赔偿制度改革试点方案出台,经过两年试点,2017 年年底中央正式发布生态环境损害赔偿制度改革方案,在全国试行生态环境损害赔偿制度,提出到 2020 年,力争在全国范围内初步构建责任明确、途径畅通、技术规范、保障有力、赔偿到位、修复有效的生态环境损害赔偿制度。

此后,最高人民法院制定《关于审理生态环境损害赔偿案件的若干规定(试行)》(法释〔2019〕8 号)。《民法典》第 1234 条规定:“违反国家规定造成生态环境损害,生态环境能够修复的,国家规定的机关或者法律规定的组织有权请求侵权人在合理期限内承担修复责任。侵权人在期限内未修复的,国家规定的机关或者法律规定的组织可以自行或者委托他人进行修复,所需费用由侵权人负担。”该条中“违反国家规定”之用语值得注意。我国实行排污许可管理制度,只要经营者依法申请排污许可证并实现达标排放,便不应当承担行政法意义上的责任,而生态环境损害赔偿的权利主体主要是国家机关,国家机关不能一方面发放排污许可证,另一方面对排污行为主张损害赔偿,行政机关可以通过排污许可证制度实现污染物排放总量,和生态环境标准控

〔47〕 刘士国:《民法典“环境污染和生态破坏责任”评析》,载《东方法学》2020 年第 4 期。

制,所以,不宜令其承担生态损害赔偿责任。从这个意义上讲,主流观点认为,生态环境侵权实行过错责任。[48]

《民法典》侵权责任编第1234条规定,延用了司法解释中"生态环境损害"的概念,显然与司法解释一致,是将司法解释上升为法典化的规定,但所在侵权责任一章名称为"环境污染和生态破坏责任",其环境污染是指侵权责任法规定的有具体受害人的情况,其生态破坏与第1234条对应,应指"生态环境污染"中的生态破坏情况。但作为法典一般性规定,亦应扩大解释为包括一切生态破坏的情况,即将司法解释的生态破坏扩大解释为还包括其他环境污染引起的生态破坏,以及其他非因环境污染引起的生态破坏。这种扩大解释才更适合立法本意。[49]

生态环境损害赔偿的范围,在《民法典》第1235条设有规定,具体包括以下损失和费用:(1)生态环境受到损害至修复完成期间服务功能丧失导致的损失;(2)生态环境功能永久性损害造成的损失;(3)生态环境损害调查、鉴定评估等费用;(4)清除污染、修复生态环境费用;(5)防止损害的发生和扩大所支出的合理费用。需要注意的是,《民法典》第1235条规定的修复费用和其他损失实为公共利益损害,与公益损害为同一顺序,不能适用《民法典》第187条规定的私益优先于公益赔偿的规定。[50]

五、高度危险责任

(一)概念与性质

关于高度危险责任,原《民法通则》第123条采用"列举+概括"的方式规定高度危险作业致害的侵权责任,但其规定不仅包括危险作业,也包括危险物品。"危险物品"是集合概念,"指代的是一类对周围环境有高度危险性的物品,它不仅仅包括《民法通则》第123条规定的四种危险物品,而且还包括《危险货物分类与品名编号》中规定的其他危险物品"。[51] 危险物品致人损害,本质上属于物件致害的情况,造成损害的原因是"物"本身所具有的高度危险性,为准侵权行为,原则上由管领者承担侵权责任。它与高度危险作业致人损害不同。后者属于行为致害,造成损害的原因是"作业"(活动)所具有的高度危险性,原则上由行为人承担侵权责任。故,在制定原《侵权责任法》的过程中,我们建议将危险物品和危险作业进行区分并各自设置相关规则。[52] 但是,原《侵权责任法》第九章"高度危险责任"仍然采危险物与危险作业合并规定的立法模式。据此,高度危险责任是指因所从事的对周围环境有高度危险的作业或所管理的对周围环境有高度危险的物件给他人造成的损害时应当承担的侵权责任。《民法典》在侵权责任编第八章规定了"高度危险责任",基本沿袭了原《侵权责任法》的立法模式与规范内容。

对于高度危险责任,《民法典》与原《民法通则》、原《侵权责任法》一样,采无过错责任原则,即"危险所在,责任所在",而不问是否存在过错。具体而言,危险作业致害的,由作业人承担无过错责任;危险物品致害的,由占有人或使用人承担无过错责任。

(二)高度危险责任的一般规定与类型化规定

《民法典》第1236条规定:"从事高度危险作业造成他人损害的,应当承担侵权责任。"这是

---

[48] 黄薇主编:《中华人民共和国民法典侵权责任编解读》,中国法制出版社2020年版,第258页。
[49] 刘士国:《民法典"环境污染和生态破坏责任"评析》,载《东方法学》2020年第4期。
[50] 蔡唱:《民法典时代环境侵权的法律适用研究》,载《法商研究》2020年第4期。
[51] 张新宝:《侵权责任法原理》,中国人民大学出版社2005年版,第342页。
[52] 侯国跃:《中国侵权法立法建议稿及理由》,法律出版社2009年版,第41页。

危险作业致害责任的一般规定。

此外,《民法典》第1237条至第1242条还列举规定了几种主要的危险作业致害责任和危险物致害责任:(1)民用核设施致害责任。民用核设施或者运入运出核设施的核材料发生核事故造成他人损害的,民用核设施的营运单位应当承担侵权责任;但是,能够证明损害是因战争、武装冲突、暴乱等情形或者受害人故意造成的,不承担责任。(2)民用航空器致害责任。民用航空器造成他人损害的,民用航空器的经营者应当承担侵权责任;但是,能够证明损害是因受害人故意造成的,不承担责任。(3)高度危险物致害责任。占有或者使用易燃、易爆、剧毒、高放射性、强腐蚀性、高致病性等高度危险物造成他人损害的,占有人或者使用人应当承担侵权责任;但是,能够证明损害是因受害人故意或者不可抗力造成的,不承担责任。被侵权人对损害的发生有重大过失的,可以减轻占有人或者使用人的责任。(4)从事高空、高压、地下挖掘活动或者使用高速轨道运输工具致害责任。从事高空、高压、地下挖掘活动或者使用高速轨道运输工具造成他人损害的,经营者应当承担侵权责任;但是,能够证明损害是因受害人故意或者不可抗力造成的,不承担责任。被侵权人对损害的发生有重大过失的,可以减轻经营者的责任。(5)遗失、抛弃高度危险物致害责任。遗失、抛弃高度危险物造成他人损害的,由所有人承担侵权责任。所有人将高度危险物交由他人管理的,由管理人承担侵权责任;所有人有过错的,与管理人承担连带责任。(6)非法占有高度危险物致害责任。非法占有高度危险物造成他人损害的,由非法占有人承担侵权责任。所有人、管理人不能证明对防止非法占有尽到高度注意义务的,与非法占有人承担连带责任。

(三)抗辩事由

1. 受害人过错

受害人故意系高度危险责任的免责事由,这在我国法律有明文规定,各国立法和理论上皆无争议。但受害人的过失对高度危险作业人的责任有无影响,则备受争议。我们认为,无过错责任只是不考虑加害人的过错,并非不考虑受害人的过错。因此,受害人过失通常可以减轻加害人的责任。但根据《民法典》的规定,在高度危险责任仍有一些特殊之处需注意:占有或者使用易燃、易爆、剧毒、放射性等高度危险物造成他人损害的,占有人或者使用人应当承担侵权责任;只有被侵权人对损害的发生有重大过失的,才可以减轻占有人或者使用人的责任;未经许可进入高度危险活动区域或者高度危险物存放区域受到损害,管理人已经采取安全措施并尽到警示义务的,可以减轻或者不承担责任。

2. 不可抗力

关于不可抗力可否作为高度危险责任的免责事由,存在争议。对此问题,《民法典》的规定是:因战争等情形致使民用核设施发生核事故造成他人损害的,民用核设施的经营者不承担责任;不可抗力致使易燃、易爆、剧毒、放射性等高度危险物造成他人损害的,占有人或者使用人不承担责任;不可抗力致使高空、高压、地下挖掘活动或者使用高速轨道运输工具等作业活动造成他人损害的,经营者不承担责任;其他危险责任,不可抗力不能免责。

(四)责任限额

高度危险责任属于无过错责任,因此法律对于高度危险责任人的要求较为严格。但是,从行业发展和权利义务平衡的角度来看,法律必须考虑在这种严格责任的前提下,设置责任限额的规定,这也是许多国家在高度危险责任立法上的一致立场。我国现行法律对于高度危险责任赔偿限额问题也有一些明确的规定。对此,《民法典》第1244条规定:“承担高度危险责任,法律规定赔偿限额的，依照其规定，但是行为人有故意或者重大过失的除外。”其中，“但是行为人有故意或者重大过失的除外”是相较于原《侵权责任法》的新增内容。

《民用航空法》第128条第1款规定，国内航空运输承运人的赔偿责任限额由国务院民用航空主管部门制定，报国务院批准后公布执行。该条第2款规定，旅客或者托运人在交运托运行李或者货物时，特别声明在目的地点交付时的利益，并在必要时支付附加费的，除承运人证明旅客或者托运人声明的金额高于托运行李或者货物在目的地点交付时的实际利益外，承运人应当在声明金额范围内承担责任；本法第129条的其他规定，除赔偿责任限额外，适用于国内航空运输。该法第129条规定，国际航空运输承运人的赔偿责任限额按照下列规定执行：(1)对每名旅客的赔偿责任限额为16600计算单位；但是，旅客可以同承运人书面约定高于本项规定的赔偿责任限额。(2)对托运行李或者货物的赔偿责任限额，每公斤为17计算单位。旅客或者托运人在交运托运行李或者货物时，特别声明在目的地点交付时的利益，并在必要时支付附加费的，除承运人证明旅客或者托运人声明的金额高于托运行李或者货物在目的地点交付时的实际利益外，承运人应当在声明金额范围内承担责任。托运行李或者货物的一部分或者托运行李、货物中的任何物件毁灭、遗失、损坏或者延误的，用以确定承运人赔偿责任限额的重量，仅为该一包件或者数包件的总重量；但是，因托运行李或者货物的一部分或者托运行李、货物中的任何物件的毁灭、遗失、损坏或者延误，影响同一份行李票或者同一份航空货运单所列其他包件的价值的，确定承运人的赔偿责任限额时，此种包件的总重量也应当考虑在内。(3)对每名旅客随身携带的物品的赔偿责任限额为332计算单位。该法第130条规定，任何旨在免除本法规定的承运人责任或者降低本法规定的赔偿责任限额的条款，均属无效；但是，此种条款的无效，不影响整个航空运输合同的效力。

关于民用航空器致人损害赔偿责任限额，相关的规范性文件还有《国内航空运输承运人赔偿责任限额规定》。该规定第3条明确，国内航空运输承运人（以下简称承运人）应当在下列规定的赔偿责任限额内按照实际损害承担赔偿责任，但是《民用航空法》另有规定的除外：(1)对每名旅客的赔偿责任限额为人民币40万元；(2)对每名旅客随身携带物品的赔偿责任限额为人民币3000元；(3)对旅客托运的行李和对运输的货物的赔偿责任限额，为每公斤人民币100元。规定第4条明确，本规定第3条所确定的赔偿责任限额的调整，由国务院民用航空主管部门制定，报国务院批准后公布执行。第5条规定，旅客自行向保险公司投保航空旅客人身意外保险的，此项保险金额的给付，不免除或者减少承运人应当承担的赔偿责任。

关于民用核设施发生核事故致人损害的赔偿限额，《国务院关于核事故损害赔偿责任问题的批复》（国函〔2007〕64号）第7项规定，核电站的营运者和乏燃料贮存、运输、后处理的营运者，对一次核事故所造成的核事故损害的最高赔偿额为3亿元人民币；其他营运者对一次核事故所造成的核事故损害的最高赔偿额为1亿元人民币。核事故损害的应赔总额超过规定的最高赔偿额的，国家提供最高限额为8亿元人民币的财政补偿。对非常核事故造成的核事故损害赔偿，需要国家增加财政补偿金额的由国务院评估后决定。

高度危险责任的赔偿限额是否应设例外？原《侵权责任法》第77条并未规定高度危险责任赔偿限额的例外。在民法典编纂过程中，有的意见提出，高度危险责任是无过错责任，承担这种责任无须考虑侵权人的过错。但是，如果受害人举证证明侵权人存在过错，那么在受害人损失明显大于赔偿标准时，仍然适用限额标准存在不公平。实际上，《民用航空法》第132条规定：“经证明，航空运输中的损失是由于承运人或者其受雇人、代理人的故意或者明知可能造成损失而轻率地作为或者不作为造成的,承运人无权援用本法第一百二十八条、第一百二十九条有关赔偿责任限制的规定;证明承运人的受雇人、代理人有此种作为或者不作为的,还应当证明该受雇人、代理人是在受雇、代理范围内行事。”该条已经以立法的形式明确了,承担高度危险责任的人有过错时,不适用责任限额的规定。可以认为,此时受害人主张的是一般侵权责任,当适用无过错责任的责任限额会导致明显不公平时,应当允许对责任限额制度作出例外规定,即无过错责任与过错责任相互之间变通适用。如果被侵权人能够举证证明侵权人有过错,可以适用过错责任;而在被侵权人不能或者难以举证证明侵权人有过错时,可以适用严格责任要求依照赔偿限额标准获得赔偿。这种有限度的突破限额赔偿制度,使受害人权益之保护愈加完善,同时也能有效督促危险责任保有人尽安全注意义务,努力避免损害之发生。[53] 因此,本条在《民法典》第1244条的基础上增加了“但书”规定。

六、饲养动物致害责任

(一)饲养动物致害责任的界定

动物致人损害时其管领人应承担侵权责任,是自罗马法以来的一项古老的法律原则。动物致人损害的侵权责任,同样属于“物致人损害”的情形,只是动物有生命,危险更大,且动物需特别照管,故各国法律多单独进行规定。

关于动物致害侵权责任中的“动物”的范围,在不同时期、不同国家或地区法律中的界定是不同的。在古罗马,《十二铜表法》第8表第6条规定,牲畜致人损害时,由其所有人把该牲畜交给被害人处理,或赔偿所致的损害。这里规定动物是“牲畜”,后来扩充适用于一切四脚动物,再后来,对于鸡、鸭等两脚动物的损害,也可适用。但驯养的野兽,如狮、虎、熊、豹等伤害人的,由于抓噬乃野兽之本性,只要所有人在管理上无过失,就不须负责。[54] 其后,各国或地区民法典多规定“动物”,如法国、德国、意大利、瑞士、荷兰、我国澳门特区等。我国原《民法通则》第127条规定的是“饲养的动物”。我们曾建议规定为“动物”,既包括饲养动物,又包括野生动物。[55] 但原《侵权责任法》规定的动物仅包括饲养动物,《民法典》亦然。不过,《民法典》规范中的饲养动物的范围是值得讨论的一个问题。一般认为,“饲养的动物”应同时具备以下条件:为特定的人所有或者占有;饲养人或者管理人对动物具有适当程度的控制力;依动物自身的特性,有可能对他人或者财产造成损害;该动物为家畜、家禽、宠物或者驯养的野兽、爬行类动物等。因此,饲养的动物必须是能够为人所占有或者控制的动物。那么,对于自然保护区或者野生动物保护区的野兽,虽然可能为人们在一定程度上所饲养或者管理,如定期投放食物,甚至为其生存和繁殖提供了适宜的条件和环境,但人们对它的控制力较低。因此,野生动物不能列入本法所说“饲养的动物”。[56] 此外,特别爱好者在家里养的小金鱼、小蝌蚪、小蚯蚓等,基于对他人并无危险性可言,也不必纳入“饲养动物损害责任”的规范范围,应无疑议。

(二)归责原则

饲养动物致人损害时饲养人或管理人承担的责任属于无过错责任。例外情况是,根据《民

---

〔53〕 黄薇主编:《中华人民共和国民法典侵权责任编解读》,中国法制出版社2020年版,第296页。

〔54〕 周枏:《罗马法原论》,商务印书馆1994年版,第809页。

〔55〕 侯国跃:《中国侵权法立法建议稿及理由》,法律出版社2009年版,第301~303页。

〔56〕 黄薇主编:《中华人民共和国民法典侵权责任编解读》,中国法制出版社2020年版,第299~300页。

法典》第1248条的规定,动物园的动物造成他人损害的,动物园承担过错推定责任,即动物园能够证明尽到管理职责的则不承担责任。

(三)动物饲养人或管理人责任的加重

在制定原《侵权责任法》和《民法典》的过程中,"适当加重动物管领者的法律责任"的呼声很高。理由主要有:保护动物是为了保护人,人本身才是立法保护的重点和最终目的;从我国当前驯养动物及动物致害的现状来看,动物管领者责任意识淡薄,动物致害现象严重,甚至动物在一定程度上威胁到人类自身的安危,因此,应当建立更为严格的动物致害责任制度。

从《民法典》的内容来看,立法者对此呼吁有一定的积极回应。具体而言,除了在第1251条规定"饲养动物应当遵守法律法规,尊重社会公德,不得妨碍他人生活"之外,还体现在以下几个方面:(1)只有在受害人有重大过失时,动物的饲养人或管理人才可以主张减轻责任;(2)违反管理规定未对动物采取安全措施造成他人损害的,动物饲养人或者管理人应当承担侵权责任,而不得主张免责,即便动物饲养人或者管理人能够证明损害是因被侵权人故意造成的,也只能主张减轻责任;(3)禁止饲养的烈性犬等危险动物造成他人损害的,动物饲养人或者管理人应当承担侵权责任,不得主张减责或免责;(4)遗弃、逃逸的动物在遗弃、逃逸期间造成他人损害的,由原动物饲养人或者管理人承担侵权责任;(5)因第三人的过错致使动物造成他人损害的,受害人可以向动物饲养人或者管理人请求赔偿,也可以向第三人请求赔偿。动物饲养人或者管理人赔偿后,有权向第三人追偿。

问题与思考

关于藏獒坠楼砸伤行人案件的法律适用问题。被告晏某某饲养的藏獒从九楼坠落到地面,砸伤途经此地的原告张某某。重庆市某区法院以《民法通则》第106条第2款作为裁判依据,判决被告承担赔偿责任。在二审阶段,重庆市某中级人民法院对赔偿数额略有调整,但适用《民法通则》第127条关于饲养动物致害责任的规定,维持一审被告应当承担赔偿责任的判决。

本案的裁判引发一个法律适用的问题,即本案是饲养动物致害还是建筑物坠落物致害?对于建筑物坠落物致害责任和饲养动物致害责任,我国《民法通则》分别在第126条、第127条对其作出了规定。《侵权责任法》则专门在第十章和第十一章予以规定,《民法典》亦然。有观点认为,无论是饲养动物本身的攻击对他人造成损害,如狗咬伤人、马踢伤人,还是被非常凶猛的动物外相吓倒而摔伤,甚至因饲养动物砸坠落等原因伤人,都应适用饲养动物致害责任,由动物的饲养人或管理人承担赔偿责任。但也有人认为,由于饲养动物自身的危险实现而对他人造成损害的,应适用饲养动物致害责任制度;如果饲养动物从建筑物上坠落,并由于重力原因对他人造成损害,则应成立建筑物坠落物致害责任。

拓展阅读推荐

1. 黄薇主编:《中华人民共和国民法典侵权责任编解读》,中国法制出版社2020年版。
2. 严桂珍:《民法典安全保障义务条款与共享单车企业民事责任——以儿童骑共享单车发生伤亡事件为例》,载《东方法学》2020年第6期。
3. 侯国跃:《输血感染损害责任的归责原则和求偿机制》,载《社会科学》2014年第2期。

4. 蔡唱:《民法典时代环境侵权的法律适用研究》,载《法商研究》2020 年第 4 期。
5. 石冠彬:《民法典用工责任规范的实践困境及破解之道》,载《江海学刊》2020 年第 6 期。
6. 刘士国:《民法典“环境污染和生态破坏责任”评析》,载《东方法学》2020 年第 4 期。